트로츠키주의인가 레닌주의인가?

TROTSKYISM OR LENINISM?

트로츠키주의인가 레닌주의인가?
TROTSKYISM OR LENINISM

저자 | 하르팔 브라르
역자 | 문영찬

펴낸이 | 채만수
펴낸곳 | 노사과연
편집·교정·교열 | 노준엽
표지디자인 | 이규환

신고번호 | 제2021-000036호(2005.04.20.)
주소 | 서울시 영등포구 영등포로 397-1, 2층
전화 | (02) 790-1917·팩스 | (02) 790-1918
이메일 | wissk@lodong.org
홈페이지 | http://www.lodong.org

초판 발행 | 2023년 4월 20일
ISBN 978-89-93852-44-8(03340)

* 책값은 뒤표지에 있습니다.
* 잘못된 책은 바꿔드립니다.

역자 서문

쏘련 해체 뒤 우리 운동에 청산주의가 밀려 들어오면서 변혁 운동은 해체의 길로 접어들었다. 그리하여 맑스-레닌주의 자체가 부정되면서, 그것을 대신한 것은 뜨로쯔끼주의, 좌익공산주의, 푸코, 들뢰즈, 데리다, 라캉 같은 사조였으며, 실천적 운동은 시민운동으로 용해되면서 개량주의 운동으로 전화되었다. 그리고 노동운동은 변혁성을 점차 상실하면서 조합주의 운동으로 전락해 왔다.

이러한 상황에서 사회주의의 기치를 재정립하고 변혁 운동을 재건하고 새로운 사회주의 운동을 모색하는 것은, 한편으로 노동운동의 변혁성과 헤게모니를 재정립하는 것을 필요로 하고, 다른 한편으로는 20세기 사회주의에 대한 과학적 평가를 통하여 사회주의 운동의 상을 잡아나가는 것을 필요로 한다. 이를 위해 일차적으로는, 노동운동의 헤게모니를 부정하고 노동운동을 사회에 존재하는 다양한 저항 운동의 하나로 격하시키는 푸코류의 신좌파 운동을 극복하는 것이 필요하다. 푸코는 변증법을 부정하고 사적 유물론을 부정하면서 계급적 접근 자체를 부정하는데, 사회에 존재하는 다양한 저항 운동들의 무차별적 연대를 대안 전략으로 제시한 바 있었다. 그러나 쏘련 해체 뒤 30여 년의 경과는 푸코류의 신좌파 운동이 변혁의 전망을 제시하지 못하는 운동이며, 노동자계급과 민중의 변혁성을 소진하게 하는 잘못된 운동 노선임을 드러냈다.

다른 한편으로 새로운 사회주의 운동의 모색은 20세기 사회주의에 대한 과학적 평가를 통하여 20세기 사회주의의 성과와 한계, 오류를 정확히 잡아내는 것을 기초로 새로운 사회주의 운동의 전망을 개척해 가는 것을 필요로 한다. 그런데 뜨로쯔끼주의는 20세기 사회주의를 전면적으로 부정하여 '좌익적 청산주의'의 입장을 취한다. 이렇게 되면 새로운 사회주의 운동은 역사적 기반을 갖지 못하게 되어 현실적 영향력을 갖지 못하고 지식인의 써클에 머물 수밖에 없게 된다. 나아가 뜨로쯔끼주의 자체는 일국에서 사회주의 건설을 부정하고, 노동자계급과 농민층의 동맹을 사실상 부정하는 등 심각한 좌편향을 보이고 있어서, 겉으로 보이는 요란한 '초혁명적' 모습에도 불구하고 노동자계급의 변혁 운동에서 좌편향을 강화하여 변혁 운동을 해체하는 요소로 작용하고 있다.

뜨로쯔끼주의는 뜨로쯔끼가 1920년대 쏘련공산당(볼쉐비키)의 노선 투쟁에서 패배한 뒤부터 쏘련이 사회주의의 길로부터 이탈했다고 본다. 그러나 쏘련은 1920년대의 신경제정책의 시기를 성공적으로 마무리하고 1930년대 사회주의적 공업화와 농업집단화를 통해 사회주의 생산관계를 확립하여 인간에 의한 인간의 착취를 성공적으로 폐지하였다. 이후 쏘련은 쓰딸린의 지도력하에서 나찌독일의 침략을 격퇴하고 사회주의 세계체제를 성립시켰으며, 중국혁명을 지원하는 등 민족해방 운동을 지원하여 세계 식민지 체제가 붕괴하는 데 커다란 공헌을 하였다. 이러한 역사적 경과를 볼 때, 뜨로쯔끼주의는 1920년대 쏘련 사회에서 존재하던 네프맨 등 신흥 자본가와 다양한 소부르주아 부문이 당내에서 반영된 것에 지나지 않은 것이다. 서유럽 혁명의 지원이 없는 한, 쏘련에서 사회주의를 건설하는 것은 불가능하다는 뜨로쯔끼의 주장은, 실은 당시 쏘련에서 사회주의 건설을 반대하던 타도당한 구 지배계급(즉 지주와 자본가)과 내전에서의 백위군 세력(멘쉐비키, 사회혁명당 등) 그리고 신경제정책을 통하여 쏘련이 자본주의 방향으로 갈 것을 기대하던 다양한 경향의 집약점으로 역할했다. 그리하여 쏘련에서 사회주의 생산관계가 성립되어 가면 갈수록 뜨로쯔끼 세력은 약화될 수밖에 없었고, 뜨로쯔끼가 끝내 반대파 입장을 버리지 못하고 당에 반대하는, 쏘비에트 체제에 반대하는 세력으로 전화되었을 때, 쏘련공산당(볼쉐비키)은 뜨로쯔끼를 당에서 제명하는 것으로 대응했던 것이다.

그러나 뜨로쯔끼는 국외로 추방당한 후에도 반쏘비에트 활동을 지속하였고 심지어 나찌와 결탁하는 방향으로 나아갔다. 쏘련에서 사회주의 건설의 가능성을 부정하고 파시즘 등 자본주의 세력의 역량을 과대평가한 결과, 뜨로쯔끼는 쏘련이 나찌 독일에 의해 무너질 것을 예상하면서 그들과의 동맹으로까지 나아갔던 것이다. 그러나 이는 뜨로쯔끼의 주관적 바람과 예측이 어떠했는가와 관계없이, 세계노동자계급 운동에 대한 배신이었으며, 또 자신의 조국인 쏘련에 대한 반역에 지나지 않았다.

21세기 지금의 조건에서 뜨로쯔끼주의는 초혁명적인 말들로 자신들의 반혁명성을 감추는 것을 통해 노동운동을 교란하는 역할을 하고 있다. 그리하여 뜨로쯔끼주의는 21세기 사회주의 운동의 모색과정에서 이들 운동이 20세기 사회주의에 대한 과학적 평가에 도달하는 것을 방해하고 있으며, 노동자계급의 변혁 운동의 재정립의 걸림돌이 되고 있다. 초혁명적 말들로 역사적 진실을 감추는 것, 그리고 변혁 운동의 재정립을 위해 필요한 과학적 노선의 정립을 방해하는 것이 21세기 지금에 있어서 뜨로쯔끼주의의 본질적 역할이다.

이 책은 Harpal Brar, *Trotskyism or Leninism*(Delhi: Progressive Printers, 1993)을 번역한 것이다. 인도 출신의 영국인인 하르팔 브라르는 영국에서 맑스-레닌주의 당 운동을 하고 있는 사람이다. 하르팔 브라르의 이 책은 1970년대부터 1990년대 초까지 쓰인 글들을 모은 것인데, 그는 놀랍도록 정확한 관점에서 뜨로쯔끼주의의 본질과 운동에서의 반동적 역할을 분석하고 폭로하고 있다. 특히 그는 흐루쇼프의 수정주의를 전면적으로 비판하는 가운데 세계적 차원의 반수정주의 운동의 흐름 속에서 맑스-레닌주의 운동을 이끌 것을 주장하고 있다.

이러한 관점에서 쓰인 이 책의 내용은 방대하다. 당 건설 이론, 일국 사회주의, 농업 집단화, 모스끄바 재판, 중국혁명, 스페인 내전, 사회주의 사회에서 계급투쟁의 문제 등 20세기 사회주의와 관련되는 제반 쟁점을 다루고 있는데, 그러한 쟁점을 뜨로쯔끼주의 비판을 초점으로 하여 전개하고 있다는 것이 특징적이다.

따라서 이 책은 뜨로쯔끼주의 비판에 관한 한 하나의 고전적 저작이라 할 수 있으며, 20세기 사회주의에 대한 '좌편향적' 청산주의(즉 뜨로쯔끼주의!)를 극복하여 20세기 사회주의의 역사를 온전히 노동자계급의 자산으로 삼는 것에 일조할 것이다. 그런데 약간의 쟁점, 예를 들면 농업 집단화와 1930년대 숙청과정에 대해서는 역자와 약간의 이견이 있다(그 이견의 내용에 대해서는 이 책과 역자의 저서인 ≪20세기 사회주의의 역사적 성격≫(노사과연)을 참조하시라). 그럼에도 불구하고 이 책은 뜨로쯔끼주의의 본질을 폭로한다는 점에서는 부족함이 없으며, 이 책을 통해 한국의 노동자계급과 독자는 초좌익적 말들로 자신의 본질을 감추는 좌편향에 대해 대응할 수 있는 무기를 획득할 수 있다. 아무쪼록 이 책이 사회주의가 과연 무엇인지, 한국 사회 변혁의 전망은 어떻게 가능한지를 고민하는 많은 분들께 조금의 도움이라도 될 수 있기를 바란다.

문영찬

트로츠키주의인가 레닌주의인가?

TROTSKYISM OR LENINISM

역자 서문·i

저자 서문_1

제1부
노동자계급의 전위당에 대하여 그리고 레닌의 혁명론 대(對) 뜨로쯔끼의 '영구혁명'론_97

제1장 1부에 대한 서론_99
제2장 [프롤레타리아트의 당] 새로운 유형의 당에 대한 레닌의 사상과 뜨로쯔끼의 청산주의_108
제3장 [혁명론] 레닌의 혁명론 대(對) 뜨로쯔끼의 '영구혁명'론_133
제4장 1부에 대한 결론, 뜨로쯔끼주의—프롤레타리아 혁명과 민족해방 운동의 적_158

제2부
일국에서의 사회주의_173

제5장 일국에서의 사회주의_175
제6장 집단화—농촌에서 사회주의의 건설_203

제3부
모스끄바 재판들_227

제7장 서론_229
제8장 테러리즘_272
제9장 파괴, 교란 그리고 사보타주_297
제10장 파시즘과의 반역적 협정_320
제11장 음모의 군사적 측면—쿠데타 계획_337
제12장 모스끄바 재판에 대한 부르주아적 비판과 이들 비판에 대한 반박_354

제4부
중국혁명에 대한 두 노선
—코민테른의 노선과 뜨로쯔끼주의 반대파의 노선_403

제13장 국제공산주의 운동과 관련한 뜨로쯔끼주의_405
제14장 왜 뜨로쯔끼주의 반대파는 그들이 중국혁명과 관련하여 범한 종류의 오류들을 쏘련에서 범했는가?_431
제15장 코민테른이 중국공산당에게 영향을 준 통일전선의 개념_451

제5부
스페인 내전_473

제16장 스페인 내전의 배경_475
제17장 인민전선의 형성과 전쟁의 경과_491

제6부
집단화에 대하여_529

제18장 집단화_531
제19장 중국정책연구그룹(China Policy Study Group)에 대한 비판_573

제7부
프롤레타리아 독재하에서의 계급투쟁의 기제들에 대하여_611

제20장 프롤레타리아 독재하에서의 계급투쟁의 기제들에 대하여_613
제21장 계급과 계급투쟁_616
제22장 사회주의하에서 계급투쟁의 격화_630
제23장 '일국에서의 공산주의'_651
제24장 '민족주의적 타락'_659
제25장 '대중노선의 결여'_700
제26장 쓰딸린과 인텔리겐챠_714
제27장 결론_720

부록 1 레닌의 유언_727
부록 2 뜨로쯔끼와 제국주의 언론_742
부록 3 한 뜨로쯔끼주의자가 뜨로쯔끼를 살해했다_765

볼쉐비키당의 지도자,
위대한 사회주의 10월 혁명의 고무자
그리고 맑스주의에 대한 모든 왜곡과 위조에 대한
단호하고 비타협적인 투사인
블라지미르 일리치 레닌에게
바친다.

저자 서문

제국주의적 부르주아지의 적지 않은 도움을 받아 뜨로쯔끼주의자들이 만들어낸 신화들 중의 하나는 레닌주의와 뜨로쯔끼주의는 동의어라는 것이다. 즉 뜨로쯔끼는 레닌 이후 가장 훌륭하고 위대한 볼쉐비키였다는 것(심지어 일부는 레닌이 위대한 뜨로쯔끼주의자였다고까지 암시한다), 혹은 뜨로쯔끼야말로 레닌주의의 진정한 상속자이고 레닌의 존경할 만한 계승자였으나 원통하게도 이오씨프 쓰딸린이라는 3류의 평범하고 게다가 동양적인 전제군주의 교활한 책략에 의해 자신의 합당한 지위를 박탈당했다는 것이다. 이 반공산주의적 신화는 참으로 괴벨스적인 방식으로 수십 년간 지겹도록 반복되었는데, 뜨로쯔끼주의의 간행물에서뿐만 아니라 소부르주아적인 역사학 및 사회학 교수들이나 선생들에 의해서 교실에서도 반복되었고 제국주의 언론과 전자적 매체는 말할 것도 없다. 그리하여 이 신화는 공공연한 편견으로서의 힘을 획득했다. 이러한 편견은, 한편으로는 맑스-레닌주의에 대한 뜨로쯔끼주의와 그 부르주아 동맹자들에 의한 의도적인 왜곡과 위조의 산물이자 위대한 10월 혁명의 역사 및 쏘련의 혁명적 실천과 역할에 대한 의도적인 날조, 기만, 빈정거림, 생략, 그리고 저의를 가진 해석의 산물이며, 다른 한편으로는 이 기만과 왜곡, 노골적인 위조가 가해진 사람들의 무지의 산물이다. 그 주제에 대해서, 깊은 연구는 차치하고, 약간의 연구를 한 사람이면 누구나 이 신화의 총체적인 기만성을 알지 않을 수 없다. 이러한 신화를 폭로하는 것, 그리고 뜨로쯔끼주의라는, 참으로 반동적이고 반혁명적인 소부르주아 이데올로기의 본질을 발가벗기는 것이 바로 이 책의 목적이다. 뜨로쯔끼주의는 프롤레타리아트에 대해서 부르주아지가 그러하듯이—그 사이비 맑스주의적, 초'좌익'적,

초'혁명'적 언술(言述)에도 불구하고—맑스-레닌주의에 대해 화해할 수 없이 적대적이다.

이 책에서 내 자신이 설정한 과제는 레닌주의와 뜨로쯔끼주의는 서로 용납할 수 없다는 것, 뜨로쯔끼주의는 레닌주의에 대해 화해할 수 없이 적대적이라는 것, 맑스-레닌주의자임을 자임하는 사람들은 프롤레타리아트를 위해서 뜨로쯔끼주의에 대한 무자비하고 비타협적인 투쟁을 수행할 의무를 지고 있고 그들이 노동자계급 운동의 한 사상적 조류로서의 뜨로쯔끼주의를 매장해야만 한다는 것을 보여주는 것이다. 나아가서 내가 논증하려는 바는, 1924년 1월에 레닌이 사망한 후 레닌주의가 이제 쓰딸린의 지도력하에 볼쉐비키당에 의해 지지되었을 때, 뜨로쯔끼주의는 그 공격 형태를 약간 전술적으로 조정하면서 끊임없이 레닌주의에 대해 맹공격을 계속했다는 것이다. 뜨로쯔끼주의는 이제 레닌주의의 이름으로 '쓰딸린주의'를 공격한다는 구실로 레닌주의와 당의 레닌주의적 정책을 공격했다. 결국, 뜨로쯔끼주의는, 레닌을 공공연하고 특정하게 목표로 거명하지 않았지만, 혁명적 레닌주의에 대한 자신의 반혁명적 투쟁을 계속했던 것이다. 뜨로쯔끼주의가 레닌이 생존했던 때와 마찬가지로 강력한 타격을 입고 수치스러운 패배를 맛보았던 것은 볼세비키 당과 그 지도자 쓰딸린의 명예라고 해야 할 것이다. 특히 나는 뜨로쯔끼주의 세 가지 독특한 특징들—뜨로쯔끼주의로 하여금 화해할 수 없이 레닌주의에 반대하도록 한 특징들—을 강조하고자 한다.

뜨로쯔끼주의의 세 가지 독특한 특징들

1. '영구혁명'

뜨로쯔끼주의는 '영구' 혁명이론을 지지하는데, 그리하여 광범한 빈농 대중을 혁명적 세력으로서 그리고 프롤레타리아트의 믿을 수 있는 동맹으로서 고려하지 못한다. 레닌이 올바르게 지적했듯이, 뜨로쯔끼의 '영구' 혁명은 농민운동을 '건너뛰고' "권력의 장악 놀음을 하는" 것과 같다. 뜨로쯔끼에 의해 옹호되는 이러한 혁명에 대한 어떠한 시도도 틀림없이 실패했을 것인데, 왜냐하면 그것은 러시아 프롤레타리아트에게서 가장 의지할 수 있는 동맹, 빈농의 지지를 빼앗을 것이기 때문이다. 이것만이 1905년부터 계속된, 뜨로쯔끼주의에 대한 레닌주의의 가차 없는 투쟁을 설명한다.

뜨로쯔끼주의의 입장에서는, 레닌주의가 적절한 때에 프롤레타리아트와 농민의 독재라는 사상을 올바르게 옹호하고 지지했다는 바로 그 이유 때문에, 레닌주의를 "**반혁명적 특징들**"을 가지고 있는 이론이라고 간주했다. 이러한 분노에 찬 견해를 훨씬 넘어, 뜨로쯔끼주의는 주장한다:

"현재의 레닌주의의 전체적인 체계는 거짓말과 위조 위에 세워지고 있고 자신의 내부에 그 스스로 부패하게 하는 독소를 지니고 있다."
크하이제[Chkeidze]에게 보내는 뜨로쯔끼의 편지, 1913.

레닌주의는 반대로 주장한다:

"뜨로쯔끼는 맑스주의의 어떠한 중요한 문제에 대해서도 아직 확고한 견해를 가져본 적이 없다. 그는 언제나 용케 어떤 주어진 견해의 차이의 틈으로 교묘히 빌붙어서 자신의 길을 가고 한편을 위해 다른 한편을 버린다. 현재의 시점에서 그는 분트주의자들과 청산주의자들과 한 패이다. 그리고 이 신사 분들은 당이 관련된 곳에서 예의를 차리지 않는다."
레닌, ≪전집 20권≫, p. 448. 1914.

2. 조직문제에서 레닌주의에 대한 불신

뜨로쯔끼주의는 조직문제에서 레닌주의에 대한, 볼쉐비즘에 대한 불신을 갖고 있다. 볼쉐비즘은 새로운 유형의, 규율 잡힌 그리고 단일한 당이라는 혁명적 프롤레타리아 당의 원칙을 지지하고 기회주의 요소에 적대적인 반면에, 뜨로쯔끼주의는 혁명가들과 기회주의자들의 공존을, 그리고 하나의 당내에 그룹과 분파들 그리고 패거리의 형성을 지지한다.

마르또프주의자들과 오트조프주의자들1, 청산주의자들2과 뜨로쯔끼주의자들이 볼쉐비즘에 반대하는 자신들의 투쟁에서 즐겁게 협력했던, 뜨로쯔끼의 악명 높은 8월 블록의 역사에 대해 조금이라도 알고 있는 사람이라면 누구나 뜨로쯔끼주의의 이 청산주의적인 특징을 주목하지 않을 수 없다. 이렇듯이 이 중대한 역사적 시기에 레닌주의는 8월 블록의 해체를 프롤레타리아 당의 발전을 위한 전제조건으로 간주한 반면에, 뜨로쯔끼주의는 청산주의적인 8월 블록을 '실제적인' 당을 건설하기 위한 기초로 간주했다.

이 전 시기—1903년부터 1917년까지—를 통하여 레닌은 다시 그리고 또다시 뜨로쯔끼에 대해 "출세주의", "멘쉐비즘", "조정주의", "청산주의"라고 탄핵했다. 여기에 동일한 맥락에서 레닌의 저작 중에서 임의로 선택된 약간의 사례가 있다:

---

1 오트조프주의자들: 1908년에 러시아 사회민주노동당에서 형성된 기회주의자들의 그룹. 그것은 보그다노프가 지도했다. 혁명적 말투의 무대 뒤에서 오트조프주의자들은, 반동이 날뛰기 때문에 당은 자신을 비합법 작업에 한정해야만 한다고 주장하면서, 제3차 듀마(짜르의 의회)에서 사회민주당의 의원들의 소환과 합법적이고 반합법적인 조직에서 당 활동의 중지를 요구했다.
이는 당을 대중으로부터 고립시키고 또 다른 혁명적 봉기를 위한 힘을 모으는 것이 불가능한 분파적 조직으로 당을 전환시키는 것이었다.
레닌은 오트조프주의자들의 견해가 일관성이 없고 무원칙하며 맑스주의에 적대적임을 보여주었다. 1909년 6월에 볼쉐비키 신문 《프롤레타리》의 확대 편집부의 회의에서, "러시아 사회민주노동당의 선명한 한 조류로서 볼쉐비즘은 오트조프주의와 최후통첩주의(오트조프주의의 변종)와 전혀 공통점이 없다"는 취지의 결의가 통과되었다.
2 청산주의자들: 1907-1912년의 반동의 시기에 러시아 사회민주노동당에서 기회주의적 조류의 대표자들. 멘쉐비키들은 1905-1907년 혁명의 패배로 인해 완전히 타락하였다. 그들은 비합법 당조직들의 해체와 지하의 혁명적 활동의 중지를 원했다. 그들의 목표는 노동자계급의 혁명적 당을 청산하고 공공연한 개량주의적 당을 세우는 것이었다. 청산주의자들은 노동자계급을 부르주아지에게 타협하게 하고 노동자계급을 러시아의 반동적 정권과 화해시키려 하였다.
청산주의자들은 마르토프, 악셀로드, 단, 마르티노프 그리고 다른 멘쉐비키 지도자들이 이끌었다. 뜨로쯔끼는 사실상 청산주의자들 편을 들었다.
러시아사회민주노동당의 제6차 (프라하) 전 러시아 협의회에서(1912년 1월), 청산주의자들은 당으로부터 추방되었다.

저자 서문

1909년 8월 24일자의 지노비예프에게 보내는 편지에서 레닌은 쓰고 있다:

" ... 뜨로쯔끼는 랴자노프 유형의 비열한 출세주의자와 분파주의자처럼 행동한다. 편집부에서 동등함, 중앙위원회에 대한 복종 그리고 뜨로쯔끼 (불한당, 그는 우리의 비용으로 '프라우다'의 전체 악당 패거리들을 '손질하기' 원한다!)를 제외한 누구도 빠리로 이전하지 않는 것—혹은 이 사기꾼과 절연하고 그를 중앙 조직위원회에서 폭로하는 것. 그는 당에 입에 발린 말을 하고 어떤 다른 분파주의자들보다도 더 나쁘게 행동한다."
≪전집 34권≫, p. 400.

레닌이 당에서 청산주의자들과 오트조프주의자들을 일소하려고 생사를 건 투쟁을 수행할 때, 뜨로쯔끼는 조정자의 역할을 하는 척 하면서 당과 이 두 부르주아 조류들을 화해시키려고 최악의 활동을 했다. 레닌은 이로 인하여 뜨로쯔끼를 다음의 말로 탄핵했다:

"자신의 결의의 바로 첫 마디에서 뜨로쯔끼는 최악의 종류의 조정, 인용부호가 찍힌 '조정', 분파적이고 속물적인 조정의 충만한 정신을 표현했는데, 그것은 당 사업의 주어진 정책노선, 주어진 정신, 주어진 사상적 및 정치적 내용을 다루는 것이 아니라 '주어진 사람들'을 다루고 있다."
"당에서 청산주의와 오트조프주의를 일소하는 것을 의미하는 실제적인 당주의partyism와, 실제적으로 청산주의자들과 오트조프주의자들에게 가장 충실하게 봉사하고 따라서 더 교활하고 더 교묘하고 더 수사적으로 자신을 거짓된 친당(親黨)적, 거짓된 반분파적 선언들로 덮어 가리기 때문에 더욱더 당에 위험한 해악이 되는 뜨로쯔끼와 그 일당의 '조정' 사이의 거대한 차이는 바로 이러한 점에 있다.".—강조는 추가된 것
<한 정치 평론가의 노트>, ≪전집 16권≫,
1910년 6월, p. 211.

레닌은 1910년 11월에, "특히 낭랑한 어구들 뒤에 숨어서, 멘쉐비키를 따라"가고 있다는 혐의로, "독일의 동지들 앞에 맑스주의적 옷을 입힌 자유주의적 견해들을 제출하는" 혐의로, "울리기는 하지만 텅 빈 어구들"의 거장이라는 혐의로, "러시아 혁명의 경제적 내용"을 이해하지

못하고 무시하고 있다는 혐의로, 그리고 따라서 스스로에게서 "러시아에서 당내 투쟁의 역사적 의미를 이해할 가능성을" 앗아가고 있다는 혐의로 뜨로쯔끼를 고발하면서, 계속하여 다음과 같이 진술하고 있다:

> "볼쉐비즘과 멘쉐비즘 사이의 투쟁은 … 자유주의자들을 지지할 것인가, 아니면 농민에 대한 자유주의자들의 헤게모니를 타도할 것인가의 문제에 대한 투쟁이다. 따라서 [뜨로쯔끼가 그러하듯이] 우리의 분열을 인텔리겐챠의 영향 탓으로, 프롤레타리아트의 미성숙 등으로 돌리는 것은 자유주의적 동화에 대한 유치할 정도로 순진한 반복이다."

그에 더하여:

> "뜨로쯔끼는 러시아 부르주아 혁명에서 프롤레타리아트의 역할에 대한 어떤 명확한 견해를 형성할 능력이 결코 없기 때문에 볼쉐비즘을 왜곡한다."

레닌은, 뜨로쯔끼가 독일 사회민주당의 언론에서 거짓말과 위조를 하는 것에 대하여 반격을 하고 그리고 뜨로쯔끼에 대해 "광고"의 정책을 쫓고 있다는 혐의로, "당을 하찮게 여기는 데 있어서의 뻔뻔함과 독일인들 앞에서 스스로 우쭐한다는" 혐의로 고발하면서, 다음과 같이 결론짓는다:

> "따라서 뜨로쯔끼가 독일 동지들에게 그가 '당의 일반적 경향'을 대표하고 있다고 말할 때, 나는 뜨로쯔끼가 단지 자기 자신의 분파만을 대표하고 있고 오로지 오트조프주의자들과 청산주의자들 사이에서만 일정 정도의 신뢰를 향유한다고 말하지 않을 수 없다."
>
> <러시아에서 당내 투쟁의 역사적 의미>, ≪전집 16권≫,
> pp. 374-392.

뜨로쯔끼의 비엔나 클럽이 자신의 활동을 강화하면서, "러시아 사회민주노동당의 협의회를 준비하고 소집할 목적으로 전(全)당 기금"을 조직한다는 결의를 1910년 11월에 통과시켰을 때, 레닌은 이것을 "분열로의 직접적 한 걸음이며 … 당적 합법성의 명백한 위반이며 뜨로쯔끼가 실패하게 될 모험의 시작"이라고 규정지었다.

레닌은 계속하여 다음과 같이 말한다:

"그것은 이데올로기적 의미에서 모험이다. 뜨로쯔끼는 맑스주의의 모든 적들을 모은다. 그는, 그들이 부르고 싶은 대로 부른다면, '레닌-플레하노프' 블록을 혐오하는 포트레소프와 막시모프를 단결시킨다. **뜨로쯔끼는 이데올로기적 부패와 친숙한 모든 사람들을**, 맑스주의의 옹호와 관련이 없는 모든 사람들을, 투쟁의 이유를 이해하지 못하고 그리고 견해의 상이함의 이데올로기적 뿌리를 배우고, 사고하고, 발견하기를 원하지 않는 모든 속물들을 **단결시킨다**. 이러한 혼란, 분열, 동요의 시기에 뜨로쯔끼가 '시대의 영웅'이 되고 자신의 주위에 추잡한 모든 요소들을 모으는 것은 쉬운 일이다. 이러한 시도가 더 공공연할수록 패배는 더욱더 볼 만할 것이다."(강조가 추가됨)

레닌은 이 편지를 특히 **"뜨로쯔끼의 분열적인 전술과 무원칙한 모험주의에 반대하는 투쟁"**을 요구하는 것으로 끝맺는다.(러시아 사회민주노동당 중앙위원회의 전 러시아 협의회에 보내는 편지, 전집 17권, pp. 17-22. 1910년 12월)

1911년 12월에 청산주의자들과 오트조프주의자들의 변호인이자 외교관으로서 뜨로쯔끼의 더러운 작업에 신물이 나고 싫증이 나서, 레닌은 뜨로쯔끼의 분파주의를 폭로하며 다음과 같이 썼다:

"어떤 쟁점의 취할 점에 대해 뜨로쯔끼와 논쟁하는 것은 불가능한데, 왜냐하면 뜨로쯔끼는 도대체 어떤 견해도 견지하지 않기 때문이다. 우리는 확신에 찬 청산주의자들과 오트조프주의자들과 논쟁할 수 있고 해야만 하지만 이들 양 조류의 오류를 숨기는 것이 수법인 사람과는 논쟁하는 것이 소용없다. 그의 경우에 해야 할 것은 사소한 재간을 가진 외교관으로서 그를 폭로하는 것이다."

<뜨로쯔끼의 외교와 어떤 당 강령>, ≪전집 17권≫, pp. 360-362.

레닌은, 1912년 5월 5일부터 페테르스부르크에서 발간되었던 볼쉐

비키의 합법적인 일간 신문이었던 ≪프라우다≫의 편집자에게 보내는 1912년 7월의 편지에서, 편집자에게 뜨로쯔끼의 "**파괴적이고 비방적인 편지들**"에 답을 하지 말도록 충고하면서, 다음과 같이 덧붙였다:

"뜨로쯔끼의 ≪프라우다≫에 대한 더러운 캠페인은 한 무더기의 거짓말과 비방이다. … 이 음모가이자 청산주의자는 계속하여 좌충우돌 거짓말을 한다."

≪전집 35권≫, pp. 40-41.

<'8월' 블록의 해체>(1914년 3월)에서 레닌은 다음과 같이 쓰고 있다:

"그런데 뜨로쯔끼는 도대체 어떠한 '형상'을 띤 적이 없다. 그가 가지고 있는 유일한 것은 측면들을 바꾸고, 자유주의자들에게서 맑스주의자들로 깡충 뛰고 다시 반대로 뛰고, 표어들과 과장된 앵무새같은 수사(修辭)들의 조각들을 외쳐대는 습관이다."

그리고:

"실제로 계급의식이 없는 노동자들을 혼란시키는, 소리 높은, 공허하고 모호한 수사들의 장막 아래에서, 뜨로쯔끼는 '지하의' 문제들을 침묵으로써 넘겨버림에 의해, 러시아에는 자유주의적 노동정책은 전혀 없다고 주장하는 것 따위에 의해 청산주의자들을 옹호하고 있다."
" … 통일은, 오랫동안 알려진, 청산주의를 비난하는 결정에 대해 러시아의 노동자들의 다수를 집결시키는 것을 의미한다 … "
"그러나 자신들 스스로의 8월 블록을 스스로 해체하고, 당의 결정들을 조롱하고 스스로를 조직된 노동자들뿐만 아니라 '지하'로부터 분리시킨 청산주의자들과 뜨로쯔끼는 … 최악의 분열주의자들이다. 다행스럽게도 노동자들은 이 점을 이미 깨달았고 모든 계급의식적인 노동자들은 통일에 대한 파괴자들인 청산주의자들에 반대하는 자신들의 실제적인 통일을 창출하고 있다."

≪전집 20권≫, pp. 158-161.

1914년 6월에 씌어진 **<통일에 대한 외침의 장막하에서 통일의 파괴>**라는 자신의 기사에서, 레닌은 뜨로쯔끼를 분파주의와 청산주의로 탄핵하고, 뜨로쯔끼와 청산주의자들에 의해 볼쉐비키에게 퍼부어진 분열주의의 혐의의 완전한 기만성을 폭로한다. 스스로의 주장에 의하면 비분파적인 잡지인 《보르바》에 씌어진 글에서 뜨로쯔끼는, 볼쉐비키들이 청산주의를 폭로하고 반대했다는 이유만으로 분열주의라고 고발하면서, 계속하여 볼쉐비키의 **"분열적인 전술이 차례차례로 자멸적인 승리를 거두고 있다"**고 인정하고 있다. 뜨로쯔끼는 다음과 같이 덧붙이고 있다.

"완전히 정치적으로 어리둥절해 하는 상태에 있는 수많은 선진 노동자들이, 스스로 종종 분열의 적극적인 대리인이 되었다."

다음은 이러한 고발과 '설명'에 대한 레닌의 반박이다:

"말할 필요도 없이, 이러한 설명은 뜨로쯔끼와 … 청산주의자들에게 매우 아첨하는 것이다. 뜨로쯔끼는 박식한 전문가인 체 하면서, 자신에게 아첨하는 방식으로 역사적 현상을 설명하는 젠 체하고 소리 높은 수사들을 사용하는 것을 매우 좋아한다. '수많은 선진 노동자들'이 뜨로쯔끼 노선에 부합하지 않는 정치적 노선과 당 노선(볼쉐비키당 노선)의 '적극적 대리인들'이 되었기 때문에 뜨로쯔끼는 망설임 없이 즉시 문제를 해결한다: 이 선진 노동자들은 '완전히 정치적으로 어리둥절해 하는 상태에' 있다, 반면에 뜨로쯔끼, 그는 분명히 정치적으로 확고하고 명료한 '상태에' 있고 올바른 노선을 견지한다! … 그리고 바로 그 동일한 뜨로쯔끼는 그의 가슴을 치면서 분파주의, 편협성에 대해, 그리고 자신들의 의지를 노동자들에게 부과하는 인텔리겐챠의 노력에 대해 반대하며 호통친다!"

"이러한 것을 읽으면, 누구나, 이러한 소리가 나오는 곳이 정신이상자 수용시설로부터인가 하고 스스로 묻지 않을 수 없다."

《전집 20권》, pp. 327-347.

레닌은 계속한다:

"뜨로쯔끼가 사실들과 구체적 언급들을 회피하는 이유는 그것들이 그의 모든 성난 외침들과 젠체하는 수사들을 가차 없이 반박하기 때문이다. 물론 짐짓 점잔을 빼고 '잔혹하고 분파적인 희화화'라고 말하는 것은 매우 쉽다. 혹은 '보수적 분파주의로부터 해방'이라는 더욱더 신랄하고 젠 체하는 표어를 덧붙이는 것은 매우 쉽다."

"그러나 이것은 매우 값싸지 않은가? 뜨로쯔끼가 고등학생 소년들로 구성된 청중 앞에서 화려한 자세를 취하던 시기의 병기고로부터 이 무기를 빌려 온 것이 아닌가?"

같은 책.

레닌은 당과 청산주의자들 사이에서 뜨로쯔끼의 동요와 망설임에 대한 찬란한 묘사로 그의 글을 끝맺는다. 당 앞에서 "믿을 수 없이 허세 부리는 요구들을 하고, 당의 결정들―1908년 이래로 청산주의에 대한 우리의 태도를 규정하고 수립했던―과, 혹은 러시아의 현재 운동의 경험―앞서 말한 결정들의 완전한 승인에 기초한 다수의 통일을 실제로 가져왔던―을 절대적으로 고려하지 않으려 하는" 그를 "변절자"라고 부른다.(같은 책)

이 찬란한 묘사는 주요하게는 이 저작의 본론에 포함되어 있고 따라서 서문에서는 빠져 있다.

동일한 시기에―1914년 초―뜨로쯔끼는 그의 잡지 ≪보르바≫ 제2호에 글을 쓰면서, 민족 자결권이 "완전히 정치적 내용을 결여하고 있고 강령으로부터 삭제되어야 한다"는 입장을 그릇되게도―로자 룩셈부르크가 아닌―"폴란드 맑스주의자들" 탓으로 돌렸다. 이 오류는 레닌에게서 다음의 관찰을 끌어냈다:

"친절한 뜨로쯔끼는 적보다 더 위험하다! 뜨로쯔끼는 '사적인 대화들'(즉 뜨로쯔끼가 언제나 그에 기대어 생활해 가는 단순한 가십들)을 제외하고는 어떤 증거도 만들 수 없었는데, 그는 '폴란드 맑스주의자들'을 일반적으로 로자 룩셈부르크의 모든 기사에 대한 지지자로 분류했다 … "

"뜨로쯔끼는 맑스주의의 어떠한 중요한 문제에 대해서도 아직 확고한 견해를 가져본 적이 없다. 그는 언제나 용케 어떤 주어진 견해의 차이의 틈으로 교묘히 빌붙어서 자신의 길을 가고 한편을 위해 다른 한편을 버린다.

현재의 시점에서 그는 분트주의자들과 청산주의자들과 한 패이다. 그리고 이 신사분들은 당이 관련된 곳에서 예의를 차리지 않는다."

<민족 자결권>, ≪전집 20권≫, p. 347.

1916년 3월 8일자의 헨리에테 롤란드-홀스트에게 보내는 편지에서, 레닌은 묻는다:

"우리와 뜨로쯔끼의 차이는 무엇인가?"

이 문제에 대해 그는 다음과 같이 답을 한다:

"간단히 말해—그는 카우츠키주의자Kautskyite이다. 즉 그는 인터내셔널에서 카우츠키주의자들과, 그리고 러시아에서 크하이제Chkheidze의 의회적 그룹과의 통일을 지지한다. 우리는 이러한 통일에 대해 절대적으로 반대한다. … "

≪전집 43권≫, pp. 515-516.

1917년 2월 17일에 알렉산드라 콜론타이에게 쓴 편지에서, 레닌은 말한다:

" … 이 뜨로쯔끼는 얼마나 야비한 녀석인가—좌익적 수사들 그리고 짐머발트 좌파에 반대하는 우익과 블록이라니!! 그는 그저 ≪사회민주주의자≫에 보내는 간략한 편지로 (당신에 의해서) 폭로되어야 한다!"

≪전집 35권≫, p. 285.

마지막으로 레닌은 1917년 2월 19일자의 이네사 아만드에게 보내는 편지에서, 특히 다음과 같이 쓰고 있다:

"아메리카에서 노르웨이로 돌아온 콜론타이가 보낸 한 통의 편지가 있다. N. Iv와 파블로프가 … 노비 미르Novy Mir를 획득했다. 그녀가 말하기를, … 그러나 … 뜨로쯔끼가 도착했고 이 악당은 즉시 짐머발트 좌파에 반대하여 노비 미르의 우익과 한 패가 되었다!! 바로 그렇다!! 그것이 바로 뜨로쯔끼이다!! 언제나 본성에 충실하여: 비비 꼬고, 협잡하고, 좌익으로서 자세를 취하지만 할 수 있는 한 우익을 돕는다 … "

《전집 35권》, p. 288.

　가장 나무랄 데 없고 반박할 수 없는 종류의, 앞서의 역사적 증거들의 관점에서, 뜨로쯔끼가 이 긴 기간—1903년부터 1917년까지의 사이에—동안에 프롤레타리아트의 혁명적 당을 건설하려는 볼쉐비키의 시도들에 반대하여 가장 더럽고 분파적인 캠페인을 수행한 멘쉐비키였고 청산주의자였다는 것을 확실하게 주장할 수 있다.

　볼쉐비키당의 역사에 대해 지식이 있는 사람들은 1903년부터 1917년 8월까지 뜨로쯔끼가 멘쉐비키였고 청산주의자였다는 것을 또한 잘 알지만, 뜨로쯔끼주의자들은 일반적으로 이 문제에 대해 고의적인 침묵을 견지하고 있고, 더욱 나쁜 것은 그들이 이 점에 대해 뜨로쯔끼를 시험해보고는 너그럽게 봐준다는 것이다. 따라서 뜨로쯔끼의 멘쉐비즘, 중도주의, 조정주의 그리고 분파주의를 비난하는 뜨로쯔끼주의자들을 발견하는 것은 매우 후련한 것이다. 소위 제4 인터내셔널의 국제공산주의동맹International Communist League, ICL의 뜨로쯔끼주의자들이 이러한 범주에 해당한다(물론, 공식적인 제4 인터내셔널, 왜냐하면 수많은 뜨로쯔끼주의 조직들이 저마다 공식적 제4 인터내셔널이라고 주장하고 모든 다른 뜨로쯔끼주의 조직을 가짜라고 묘사하고 있기 때문이다—《브라이언의 생애》를 생각나게 하는 재미있는 현상이다). ICL은 이론적 잡지인 《스파르타쿠스단원》을 발행한다. 뜨로쯔끼의 멘쉐비즘에 대한 그들의 솔직한 인정과 비난의 경우는, 피에르 브루가 쓴 1988년에 발행된 레온 뜨로쯔끼의 전기에 대해 한 ICL 회원인 다니엘 도제트가 쓴 《스파르타쿠스단원》 45호와 46호(1990년-91년 겨울, 영어판)의 비평이 있었다. 피에르 브루는 그레노블 대학의 정치학 연구소 교수인데 40년 동안 "**프랑스의 표면상의 뜨로쯔끼주의적 람베트Lambert주의적 경향**"(ICL의 앞서 말한 비평에서의 묘사)의 당원 즉, 국제 공산주의자당PCI의 당원이었다.

　브루는 뜨로쯔끼가 "**프리랜서**"였다는 것을 칭찬한다. 이 칭찬은 ICL을 분노하게 하고 노골적으로 모욕하는 것이었다. ICL의 유창한 문장의 완전한 힘과, 완전히 불타는 분노와 부끄러움을, 그리고 그들의 주장의 공격성을 잃어버리지 않기 위하여 그리고 그것들을 전후관계를 무시하고 인용했다는 고발을 당하지 않기 위하여, 우리는 1903년부터 1917년까지 사이에 뜨로쯔끼의 분파주의와 멘쉐비즘과 관련된 비평의 거의 전 부분을 여기에 재현한다:

"프리랜서로서의 뜨로쯔끼"

"[3]1903년의 볼쉐비키-멘쉐비키의 결정적인 분열과 10월 혁명 사이의 기간에, 뜨로쯔끼의 정치적 활동에 대한 브루의 취급은 그의 해석의 핵심이다. 왜냐하면 이러한 당을 단련시키는 데 있어 정치적 및 강령적 논쟁의 역할에 대해서 뿐만 아니라, 혁명적 당이 국가 권력을 장악하려 한다면 반드시 가져야만 하는 성격, 형식 그리고 구조에 대한 러시아 사회민주주의 내부에서의 논쟁들을 그가 취급하는 것은 바로 여기이기 때문이다. 볼쉐비키와 멘쉐비키의 1903년의 분열 후에 뜨로쯔끼는 '당에서 일종의 프리랜서'가 되었다."

"브루는 이 점에 대해 뜨로쯔끼를 칭찬하는데, 1905년 혁명에서 성 페테르스부르크 쏘비에트의 의장으로서 뜨로쯔끼의 지도적 역할과 1905년 패배 후 그의 재판을 화려한 선전으로 활용한 것의 원인들을 바로 이 점에서 찾는다:

"사실, 어떠한 분파적 구속으로부터도 효과적으로 자유롭고, 두 주요 분파들 사이의 분쟁의 부침에 대해 적당한 거리를 두고, 미래에 승리가 확실한 것으로 보였던 자신의 '통일적인 당'이라는 입장에 만족하면서, 뜨로쯔끼는 그의 관심과 활동을 러시아에서 펼쳐지고 있던 사건들에 집중하기 위해 그의 손을 완전히 자유롭게 하였다 … "[통일적인 당이라는 입장은 현실로 존재하는 볼쉐비키와 멘쉐비키의 두 분파를 부정하고 당은 단일한 것이어야 한다는 것을 고수하는 입장을 의미한다-역자 주]

브루, p. 97.

---

3 [편집자주] 15p까지 저자의 글과 인용문이 분간되지 않고 쌍따옴표로 처리되어 있다. 원서에 표기되어 있는 따옴표는 그대로 살리고, 인용문과 저자의 글을 편집자의 추정에 따라 구분해 놓았다.

"이 점을 읽으면, 혹자는 멘쉐비즘에 대한 레닌의 분파적 투쟁은 혁명투쟁에 개입하고 지도하는 데 있어서—완전히 대립되는 것은 아닐지라도—부적절했다고 결론지을 것이다. 물론 브루는 뜨로쯔끼의 역할을 모범적인 것으로서 볼쉐비키와 멘쉐비키 사이의 지도적인 '조정자'로 본다."

"브루가 주목하는 대로 뜨로쯔끼는 그가 시베리아로 유형당한 이래로 중앙집권주의와 중앙위원회의 권위에 대한 열렬한 지지자로서 레닌의 '달갑지 않은 비판가'hatchet man으로서 망명자 집단에 나타났다. 1903년 대회에서 뜨로쯔끼는 당 문제에 대해 레닌에 반대하는 강령적 투쟁을 시작했다. 예를 들면 뜨로쯔끼는 당대회의 최고권위를 반대했다: '대회는 기록자, 조정자이지 창조자가 아니다'(시베리아 대표단의 보고, 1903). 강령적인 관련이 있는가는 당시에 명확하지 않았지만, 1903년 분열은 당 문제에 대한 근본적인 분열이었다. 이 문제에 대한 뜨로쯔끼의 연방주의적 입장은 또한 당원에 대한 볼쉐비키적 규정—'당조직의 하나에 대한 개인적 참가'를 요구했던—에 대한 그의 거부가 포함된 '시베리아 대표단의 보고'에서 반영되었다. 실천적 의미에서 뜨로쯔끼는, '당에 대한 개인적 도움'을 주는 자로서 당원이라는 멘쉐비키적 규정에 찬성했다—그는 많은 주요 러시아 도시들에서 당 위원회들과 나란히 존재하는 모든 광범한 '노동자 조직들'이 당대회의 규칙 혹은 결정들에 대한 그들의 지지 여부와 무관하게 당의 이름으로 행동하는 것을 허용하기를 원했다."

"브루는 뜨로쯔끼의 독자성에 열광하는 동시에, 그는 지나가는 말로, 뜨로쯔끼가 이 전 기간 동안에 당 문제에 대해 틀렸다고 언급한다. 그러나 그의 말은 뜨로쯔끼 자신의 판단과 비교할 때 빛이 바래진다:

"전체적인 기간 동안에 나를 볼쉐비즘으로부터 분리하도록 하고 많은 경우들에서 볼쉐비즘에 대한 날카롭고 적대적인 반대의 입장에 서게 한 깊은 차이들은 멘쉐비키 분파와 관련하여 가장 여실히 표현되었다. 혁명의 과정과 프롤레타리아 대중들의 압력이 두 분파로 하여금 동일한 길을 가도록 궁극적으로 강제할 것이라는 근본적으로 잘못된 전망을 갖고 나는 시작했다. 그리하여 나는 분열이 혁명세력들의 불필요한 파괴라고 간주했다.

그러나 분열에서 능동적 역할은 볼쉐비키 측이었는데, 왜냐하면 레닌의 견해에 의하면 프롤레타리아 당의 혁명적 성격을 보증하는 것이 가능한 것은 이데올로기 측면에서만이 아니라 조직적 측면에서의 무자비한 선긋기에서만 가능했기 때문이다.(그리고 이어지는 전체적인 역사는 그러한 정책의 올바름을 충분히 확인시켰다)—나의 '조정주의'는 많은 날카로운 전환의 시기에 나를 볼쉐비즘과 적대적인 충돌의 길로 이끌었다."

뜨로쯔끼, <우리의 차이들>, 1924년 11월.

사회민주주의의 전통적인 '중앙파'와 우익은 자신들의 입장에 대한 좌익적 장막으로서 그리고 레닌에 반대하는 무기로서 뜨로쯔끼의 이름과 저널리즘적인 화려함을 사용할 수 있어서 더없이 즐거울 따름이었다. 그리하여 브루가 보고하기를 "뜨로쯔끼는 적어도 1912년까지 카우츠키와 독일 사회민주주의의 '중앙파'와 좋은 관계였다 … 뜨로쯔끼에게 '≪신시대≫'와 '≪전진≫'의 지면을 열어주어 레닌으로 하여금 화가 나게 했던 사람은 이 시기의 카우츠키였다." 브루는 또한 뜨로쯔끼가 비엔나의 오스트리아—맑스주의자들과 원만한 관계였다는 것을 상세하게 다루고 있고 뜨로쯔끼가 1909년부터 1912년까지 빠르게 '비엔나의 사회민주주의 집단의 독보적인 우두머리'가 되었다는 점을 주목하고 있다. 그는 동일한 시기 동안에 로자 룩셈부르크가 뜨로쯔끼를 '체계적 의심'을 갖고 '미심쩍은 인물'로서 보았다는 것을 빠르게 지나쳐 버리는데, 이는 의심의 여지없이 독일 사회민주주의에서 그녀의 우익적 적수들과 뜨로쯔끼의 연계 때문이었다.

이 기간 동안에 뜨로쯔끼에 대한 브루의 태도는 악명 높은 8월 블록에 대한 그의 취급에서 예증된다. 뜨로쯔끼에 의해 편집된 비엔나의 '≪프라우다≫'는 볼쉐비키와 멘쉐비키 분파를 '조정'하려 시도했다—브루는 직업적 반공주의자인 레오나드 샤피로가 비엔나 '≪프라우다≫'를 볼쉐비키 신문처럼 논쟁적이지 않다는 이유로 칭찬한 것을 만족해하면서 인용한다. 분파들 간의 1910년 협정은 비엔나 '≪프라우다≫'에 대한 볼쉐비키의 재정적 지원을 가능하게 했는데, 카메네프(레닌과 가깝고 뜨로쯔끼의 의형제였다)가 볼쉐비키 자금을 관리하는 책임을 맡았다. 그 협정은 멘쉐비키가 자신들의 우익을 제거하고 볼쉐비키가 자신들의 좌익을 제거하는 것을 조건으로 하였다. 볼쉐비키는 그 협정을 존중했지만 멘쉐비키는 그러하지 않았고 그리고 이어지는 논쟁에서 뜨로쯔끼는 멘쉐비키를 편들었고 카메네프를 제거하였다. 그 논쟁의 세부사항에 익숙하지 않은 러시아 내의 전투적인 사람들을 목표로 하는 뜨로쯔끼의 기사들은, 볼쉐비키들을 '망명자 집단의 음모'라고 탄핵했다. 카우츠키는 뜨로쯔끼로 하여금 볼쉐비키를 공격하는 기사를 쓰도록 요청하고 그 기사를 발행했는데, 이것은 레닌만이 아니라 플레하노프와 로자 룩셈부르크로 하여금 또한 분노의 답변을 하게 했다. 1912년의 볼쉐비키 프라하 대회가 스스로 전체 당을 대표한다고 선언했을 때, 뜨로쯔끼는 8월에 비엔나에서 '통일'(을 위한-역자) 반(反)협의회 'unity' counterconference를 조직했다.[뜨로쯔끼의 '통일' 반협의회는 볼쉐비키가 전체 당을 대표한다고 선언한 것에 맞서 당의 '통일'을 내세우는 자신의 협의회를 조직한 것을 의미한다-역자 주]

"뜨로쯔끼의 생각에서 (그 협의회는) 당의 전반적 통일, 재통일이어야만 했다. 사실 볼쉐비키의 통일 거부로 인해, 참가자들은 볼쉐비키들에 반대하는 블록으로 축소되었는데, 그것에 대해 볼쉐비키들은 '8월 블록'이라는 세례명를 주었다. 폴란드 사회민주주의자들과 플레하노프도 또한 나타나지 않았다. … 사실 분파의 무대로 뜨로쯔끼가 복귀한 것은 특히 불운한 것으로 판명되었다. 그의 의도 그리고 심지어 그의 경계심과도 무관하게, 프라하 협의회 뒤에 그가 취한 입장과 8월 블록을 만드는 데 있어서 그의 역할은, 자신의 의지와 무관하게 그를 볼쉐비키에 반대하는 전반적 연합의 중심인물로 그리고 '청산주의자들'의 간접적 지지자로 보이게 했다."

브루, pp. 139-140.

"8월 블록에서 뜨로쯔끼의 역할에 대한 브루의 묘사에서 모든 수식어는 틀렸거나 잘못된 것이다. 뜨로쯔끼가 볼쉐비키를 '망명자 집단'이라고 탄핵한 것에서 명백하듯이, 뜨로쯔끼는 브루가 '전반적 통일'이라고 미묘하게 칭하는 것이 레닌을 공격하기 위한 논쟁의 몽둥이였다는 것을 잘 알고 있었다. 뜨로쯔끼는 반볼쉐비키 연합의 중심인물로 단지 '보인' 것이 아니라 사실상 중심인물이었는데, 왜냐하면 그는 볼쉐비키 외부에서 가장 좌익적이었고 가장 존경받는 세력이었기 때문이었다. 뜨로쯔끼의 행동들은 '그 자신과 무관하게' 곡해된 것이 아니라 그가

1903년부터 적어도 1915년까지의 전 기간에 걸쳐 볼쉐비키에 맞서 그가 했던 역할의 정확한 반영이었다."

"제1차 세계대전의 발발과 제2인터내셔널의 당들의 배신―그 대부분의 지도자들이 유혈의 상호간의 제국주의 전쟁에서 '자신의' 정부를 지지했던―은, 세계 사회주의 운동 내에서 논쟁의 무대를 이동시키면서 재편성과 재조직화를 강제했다. 레닌과 뜨로쯔끼 두 사람은 제국주의 전쟁에 반대하여 싸웠고 그 둘은 1915년 9월에 스위스 짐머발트에서 열린 반전 사회주의자 모임에 참석했다."

pp. 33-34.

내친김에 그 마지막 문장은 부정직의 혹은 단순한 무지의 산물―전자일 가능성이 가장 크다―이라는 점이 주목되어야 한다. 왜냐하면 이 문제에 대해 최소한이라도 알고 있는 사람이라면, 당시 타오르던 제국주의 전쟁에서 자국 정부의 패배를 위해 활동한다는 볼쉐비키의 슬로건이 '승리도 아니고 패배도 아니다'라는 뜨로쯔끼의 국수주의적 슬로건에 의해 반대에 부딪혔다는 것을 알기 때문이다. 더구나 우리는 위에서, 이 시기 동안 뜨로쯔끼가 카우츠키주의자였고 레닌의 볼쉐비키에 의해 영도되는 짐머발트 좌익에 반대하여 싸웠다는 취지로 레닌으로부터 인용했었다. 그러나 그것은 여기에서 우리와는 관계가 없다. ICL은 계속하여 말한다:

"브루는 레닌과 뜨로쯔끼 사이에 '실제적 불일치'에도 불구하고 짐머발트 이후에, '두 사람 사이에 점차적인 화해에 대한 납득할 만한 전망'이 있었다―'오래 전에 낡아 버린 1903년 분열에 의해서만(원문 그대로) 현실에서는 나뉘어져 있었다'―고 주장한다. 브루가 간과하고 있는 것은, 레닌이 1903년의 분열을 거부한 적이 없고, 대신에 레닌이 그 분열로부터, 개량주의와 중앙파적 경향으로부터 분리된 전위당을 혁명적 간부들이 조직할 필요성에 대한 완전히 형성된 이론적 입장을 일반화했다는 사실이다. 뜨로쯔끼는 궁극적으로 1917년에 이 문제에 대한 레닌의 입장으로 설득되었다."

"뜨로쯔끼를 단순한 '스타', '프리랜서'―'사람들의 지도자'가 되고 혁명 전후에 화려한 연설을 하느라 너무 바빠서 '당의 사람'이 될 수 없었던,

혹은 '복도에서의 분파투쟁에 자신을 더 밀착시킬' 시간이 없었던—라고 브루가 반복하여 제기하는 것은 시대착오적이며 프랑스의 정치적 전통의 최악의 측면들을 환기시키는 그러한 것이다. 뜨로쯔끼는 1917년 이전에—그릇된 측면에서—분파주의자였다. 그러나 조정주의라는 그의 강령으로 인해 당에서 지도권을 획득할 수 있는 탄탄한 분파를 건설할 수 없었고, 혹은 국가권력을 장악할 수 있는 그런 당을 건설할 수도 없었다."

p. 34.

ICL의 뜨로쯔끼주의 신사분들이 참 잘 말했다! 우리는 이것에 대한 어떠한 추가적 언급도 필요 없다고 생각한다.

그러나 이 모든 것은 뜨로쯔끼가 레닌 사후에 **"쓰딸린의 찬탈에 반대하여 진정한 볼쉐비키 강령을 수행할"** 최선의 상태였다고 ICL의 뜨로쯔끼주의자들이 얼굴도 붉히지 않고 주장하는 것을 막지는 못한다. 정말 매우 이상한 논리인데, 이 논리를 따르면, 멘쉐비키 청산주의자인 뜨로쯔끼—레닌주의의 모든 측면에 반대하는 용서할 수 없는 투쟁에 20년을 보낸—가, 볼쉐비키 강령을 충심으로 지지하고 실제적으로 수행하는 데 25년을 보낸 쓰딸린 같은 사람보다도, '진정한' 볼쉐비키 강령을 수행하는 데 더 잘 적합하다는 것이다. 여기에 ICL이 제기하는 것이 있다:

"좌익 멘쉐비키인 뜨로쯔끼를 숭배하면서, 브루는 뜨로쯔끼가 1903년에 탄탄한 당원으로서 레닌의 편으로 건너 왔다면 완강한 볼쉐비키들 사이에서 뜨로쯔끼가 획득하고 보유했을 잠재적 가능성—그가 쓰딸린의 찬탈에 반대하여 진정한 볼쉐비키 강령을 수행하기 위해 싸웠던 이어지는 시기에 그에게 잘 봉사할 수 있던 권위—을 또한 결코 고려하지 않는다."

앞의 책, p. 35.

돼지들도 날 수 있다! ICL의 위의 진술은, 그것이 도대체 어떤 것을 의미할 수 있다 할지라도, 의미 없는 동어반복일 따름이다. 말하자면 뜨로쯔끼가 1903-1917년의 시기에 레닌주의의 완강한 지지자였다면, 그는 레닌 사후에 진정한 볼쉐비키 강령을 수행할 좋은 위치였을 것이라는 것이다. 그러나 문제는 이 오랜 기간 동안에 그리고 이어지는 시기에서도 그는 레닌주의의 완강한 지지자가 아니었다는 것이다. 이 오씨프 쓰딸린이라는 이름의 완강한 레닌주의자가, 찬탈자가 되려하는 자, 즉 뜨로쯔끼에 반대하여, 진정한 볼쉐비키 강령을 실현하도록 당을 지도하기 위해 볼쉐비키당에 의해 매우 올바르게 선택되었다.

ICL의 미친 헛소리에는 방식이 있다. 그들은 뜨로쯔끼—갑자기 햇빛을 보고 1917년 후에 다른 누구보다 더 좋은 볼쉐비키가 되었다고 하는—의 부적당한 면을 삭제한 판본을 쉽게 속아 넘어가는 독자들에게 제공하기 위해서 1917년 이전의 뜨로쯔끼의 멘쉐비즘을 인정한다.

ICL은 다음과 같이 쓰고 있다.

"사실은 브루가 … 1917년 전의 뜨로쯔끼의 조정주의에 동의하고 있고 볼쉐비키로서의 뜨로쯔끼보다 반레닌주의자인 뜨로쯔끼를 훨씬 더 선호한다는 것이다."

브루와 달리, 뜨로쯔끼주의에 대한 신용을 얻기 위한 헛된 시도로, ICL은 더 열정적으로 뜨로쯔끼의 옷깃에 완강한 레닌주의자라는 딱지를 붙이기 위하여 뜨로쯔끼의 1917년 이전의 멘쉐비즘과 반레닌주의를 명확하게 인정하려 한다. 그러나 이러한 속임수는 통하지 않을 것이다. 왜냐하면 그가 반레닌주의의 상투적 수단을 그의 찬장에 감추고 있던 10월 동안의 짧은 기간을 별도로 하면, 뜨로쯔끼가 더 훌륭한 동기에서 비롯되는 열정으로, 그의 반레닌주의, 반볼쉐비즘을 계속하여 실천하였기 때문이다. ICL이 정당하게 주장하듯이, 브루가 "**반레닌주의적인 쏘비에트 인텔리겐챠**"(이 단어는 1990-91년의 겨울에 쓰여졌다)의 환심을 사기 위해 "**레닌을 교활하게 총포 아래에 두고 있다는**" 것만이 사실인 것은 아니다. ICL의 뜨로쯔끼주의자들이 1917년 이전의 뜨로쯔끼주의를 탄핵함에도 불구하고, 다른 모든 뜨로쯔끼주의자들과 공통적으로, 레닌주의를 뜨로쯔끼주의로 대체하려고 시도하고 있다는 것 또한 사실이다. 어떠한 평계, 어떠한 책략, 어떠한 교묘한 발뺌, 어떠한 기만도 이 사실을 손상할 수 없다—심지어 레닌주의를 칭찬하는 척하는 것조차도.

3. 볼쉐비키 지도력에 대한 불신

뜨로쯔끼는 볼쉐비즘의 지도자들에 대한 불신, 그들에 대한 신뢰를 해하고 비방하는 입장을 지지한다. 쓰딸린이 올바르게 관찰했듯이:

"나는 레닌주의의 지도자들 혹은 당의 중앙 기관들에 대한 신뢰를 해한다는 문제에서 뜨로쯔끼주의와 비교할 수 있는, 당내의 단 하나의 조류도 알지 못한다."

≪전집 6권≫, p. 366.

이미 인용되었던, 크하이제Chkheidze에게 보내는 편지에서, 뜨로쯔끼는 레닌을 "**러시아 노동자계급 운동의 모든 종류의 후진성에 대한 직업적 착취자**"로 묘사했다.

뜨로쯔끼가 레닌주의에 대해 이러한 버릇없는 견해를 표명할 수 있었다면, 그가 레닌 사후에 레닌의 가장 충실한 제자인 쓰딸린에게 훨씬 더 비열한 욕을 퍼부었다는 사실에서 어떤 놀라운 점이 있겠는가?

뜨로쯔끼는 어떻게 마지막에 볼쉐비키 대열 내에 있을 수 있었는가?

이렇게 완벽하게 반볼쉐비키적이고 반레닌주의적인 경력을 갖고 있는 뜨로쯔끼가 10월 혁명의 기간에 볼쉐비키 대열 내에 있었던 것은 어찌된 것인가? 쓰딸린은 1924년 11월 19일의 연설에서 이 문제에 대해 질문하고 답을 했다:

"자신의 등에 더러운 상투적 수단을 지니고 있던 뜨로쯔끼가 어쨋거나 10월의 운동 동안에 볼쉐비키 대열 내에 있었던 것은 어찌된 것인가? 그것은 그 때에 뜨로쯔끼가 그 상투적 수단을 포기했고(실제로 포기했다) 그것을 찬장에 감추어 두었기 때문이었다. 그가 그러한 '수술'을 하지 않았다면 그와의 실제적 협력은 불가능했을 것이다. 8월 블록의 이론, 즉 멘쉐비키와 통일의 이론은 이미 혁명에 의해 부서지고 버려졌는데, 왜냐하면 무장투쟁이 볼쉐비키와 멘쉐비키 사이에서 벌어지는 때에 통일에 대한 어떤 말이 있을 수 있겠는가? 뜨로쯔끼는 이 이론이 쓸모없다고 인정하는 것 이외에는 대안이 없었다."

"동일한 재난이 영구혁명의 이론에 '발생했다'. 왜냐하면 단 한 사람의 볼쉐비키도 2월 혁명 직후에 권력의 즉각적 장악을 기도하지 않았고 그리고 뜨로쯔끼는 볼쉐비키가 그에게—레닌의 말을 빌면—'권력 장악 놀음'을 허용하지 않으리라는 것을 알 수밖에 없었기 때문이다. 뜨로쯔끼는 쏘비에트에서 영향력을 위해 싸운다는, 농민의 지지를 얻기 위해 싸운다는 볼쉐비키의 정책을 승인하는 것 이외에는 대안이 없었다. 뜨로쯔끼주의의 세 번째 특유한 특징(볼쉐비키 지도자들에 대한 불신)에 대해 말하자면 그것은 처음의 두 특징의 명백한 실패로 인해 자연스럽게 배후로 후퇴해야만 했다."

"그러한 상황하에서, 뜨로쯔끼가, 어떤 의미 있는 자신의 그룹을 갖고 있지 못하고 군대 없는 정치적 개인으로서 볼쉐비키에 왔다는 것을 고려하면, 자신의 상투적 수단을 찬장에 감추고 볼쉐비키 뒤를 따르는 것 이외에 무엇을 할 수 있었겠는가? 물론, 그는 할 수 없었다!"

"이로부터 어떤 교훈을 배울 수 있는가? 단지 하나의 교훈만이 있다: 레닌주의자들과 뜨로쯔끼 사이의 오랜 협력은 오직 후자가 자신의 낡은 상투적 수단을 완전히 포기할 때만, 그가 완전히 레닌주의를 받아들일 때만 가능하다. 뜨로쯔끼는 10월의 교훈에 대해 쓰고 있지만 그는 … 내가 방금 언급한 것—뜨로쯔끼주의에 대해 우선적으로 중요성이 있는 것—을 잊는다. 뜨로쯔끼주의 역시 10월의 그 교훈을 배워야만 한다."

《전집 6권》, pp. 366-367.

그러나 뜨로쯔끼는 이 교훈을 배우는 데 실패했고 10월의 운동 시기에 찬장에 감추어 두었던 낡은 상투적 수단들을 다시 한 번 햇살 아래로 끌어냈는데, 특히 레닌 사후에, 볼쉐비키당 규율을 침식하고, 레닌을 깎아 내리고 불신하게 하고(레닌을 칭찬하고 찬양한다는 가면하에 서이지만), 그리고 영구혁명—세 번에 걸친 러시아 혁명의 경험, 즉 1905년의 혁명과 1917년 2월과 10월의 혁명에 의해 부서진—이라는 크게 신용이 깎인 이론의 올바름을 주장하는 것을 목표로 하는 뜨로쯔끼주의 문헌의 선언들을 통해서 그러했다.

1917년에 페트로그라드에 도착하자마자, 뜨로쯔끼는 볼쉐비키와 멘쉐비키 사이에서 동요하는 그룹이었던 메쯔라욘찌Mezhrayontsi(지역간 그룹)에 가입했다. 1917년 8월에 볼쉐비키와 차이가 없다고 선언하면서 메쯔라욘찌는 러시아 사회민주노동당(볼쉐비키)에 결합했다. 뜨로쯔끼는 그들과 함께 볼쉐비키에 결합했다. 볼쉐비키에 결합하자마자 많은 수의 메쯔라욘찌는 기회주의와 관계를 끊었다. 그러나 이어지는 사건들이 폭로하듯이, 뜨로쯔끼와 그의 몇몇의 추종자들에게는 볼쉐비키에 결합하는 것이 단지 책략일 뿐이었다. 그들은 계속하여 자신들의 해롭고 반동적인 견해를 제출했고 규율을 비웃고 당의 조직적 및 사상적 통일을 침식했다.

뜨로쯔끼주의는 자신의 낡고 더러운 상투수단들을 포기하는 것과는 거리가 멀었고, 반대로 그것을 햇살 아래로 끌어내었기 때문에, 자신의 전체적인 내적인 내용에 따라서, 그때(1920년대와 1930년대) 프롤레타리아 독재를 붕괴시키려고 전력을 다하고 있던 쏘련 내의 비프롤레타리아적 요소들뿐만 아니라, 막강한 10월 혁명에 의해 도입된 프롤레타리아 정권을 타도하기 위한 많은 수단들을 찾고 있던 제국주의적 부르주아지의 중앙 및 결집점이 되었다. 러시아 혁명과 쏘련에서 프롤레타리아 독재의 존재의 발전의 모든 결정적 단계에서, 뜨로쯔끼주의는 이론에서뿐만 아니라 조직의 문제에서도 자신의 반동적인 반볼쉐비키, 반레닌주의적 입장을 계속하여 유지했다—'혁명적' 수사의 두터운 층으로 그것을 덮어 가리면서,

브레스트-리똡스크

1918년에 싸울 수 있는 의지와 능력이 있는 어떤 군대도 없던 젊은 쏘비에트 공화국은, 독일제국주의와 브레스트-리똡스크 평화협정을 체결하고 그에 따라 지쳐있던 인민들에게 매우 필요한 휴식을 얻는 것을 통해 자신의 생존 자체를 위해 싸우고 있었다. 이 협상의 결정적 순간에 뜨로쯔끼는 평화회담의 쏘비에트 대표단의 영수로서 당중앙위원회와 쏘비에트 정부의 지시를 위반하고 전쟁으로부터 쏘비에트 공화국의 일방적 철수, 러시아 군대의 동원 해제를 선언했으며, 그리고 나서

"우리는 진정한 의미에서 전 유럽적인 혁명에 의해서만 구원될 수 있다"는 그럴듯한 이유를 대고 브레스트-리똡스크를 떠났다.(러시아 공산당(볼)의 7차 특별대회)

이것은 독일의 사령관에게, 휴전을 끝내고 공세를 개시하고 쏘비에트 정부로 하여금 "**훨씬 더 굴욕적인 평화**"에 조인하게 강제하고 "**이것에 대한 책임은 앞서의 평화를 받아들이기를 거부한 사람들에게 있게 되는**" 구실을 주었다.(레닌, <러시아 공산당(볼) 7차 특별대회에 대한 중앙위원회의 정치 보고>, 1918년 3월 7일, 전집 27권)

때마침, 유럽혁명이 성숙하지 못하고 실패했다는 것은 볼쉐비키 혁명으로 하여금 자신의 문제를 스스로 풀도록 했고 볼쉐비키들에게, 그들이 희망한 것과는 조금 다른 현실을 직시할 것을 강제했다. 레닌은 뜨로쯔끼와 당내의 그의 집단에게 다음과 같은 말로 경고했다:

"당신이 스스로를 적응시킬 수 없다면, 당신이 진흙탕에서 배를 깔고 기어가고 싶지 않다면, 당신은 혁명가가 아니라 수다쟁이이다. 그리고 나는 이것을 제안하는데, 왜냐하면 내가 그것을 좋아하기 때문이 아니라 우리가 다른 어떤 길도 없기 때문이며, 역사는 혁명이 어디에서나 동시에 성숙하도록 할 만큼 친절하지 않기 때문이다."

앞의 책.

이리하여 젊은 쏘비에트 공화국은 뜨로쯔끼의 모험주의와 미사여구로 장식된 패배주의로 인해 매우 중대한 대가를 치렀는데, 이 패배주의는—세계혁명이 수반되지 않는다면 어떠한 혁명으로부터도 결코 좋은 어떤 것이 나올 수 없다는—영구혁명이라는 그의 썩은 이론의 주요한 특징이다.

노동조합 논쟁

1918-1920년의 내전이 승리로 결론 나고, 쏘비에트 공화국이 레닌의 인도하에 전시 공산주의에서 신경제정책NEP으로 전환하고 경제의 회생과 활력의 재건—농업에서 고조를 통해, 그리고 노동자와 노동조합을

계획적인 조직화와 설득(강제가 아니라)을 통해 적극적인 사회주의 건설로 끌어들이는 것에 의한 경제의 복구—의 프로그램에 착수할 때에, 뜨로쯔끼와 그의 지지자들은 노동조합의 문제에 대한 당내 토론(당시 당이 여유가 거의 없던 시절에, 경제건설의 문제로부터의, 기근과 경제적 혼란에 대한 싸움으로부터의 방향전환이었고 일종의 사치였다)을 강요했다. 쓰딸린이 올바르게 지칭했듯이, 관료주의자들의 수장이었던 뜨로쯔끼는 "나사를 조일 것"을, 그리고 노동조합을 "대개혁shaking up" 할 것을, 그리고 노동조합을 국가기관으로 전환시킬 것을, 그리고 설득 대신에 강제를 사용할 것을 주장했다.

노동조합에 대한 당내 토론은 뜨로쯔끼와 그 지지자들의 총체적인 참패로 끝났다. 당의 중앙위원회가 뜨로쯔끼의 프러시아 하사관 같은 제안을 거부했을 때, 뜨로쯔끼는 밖으로 나가서 중앙위원회에 맞서 싸울 목적으로 그의 지지자 그룹을 모았다. 뜨로쯔끼의 분파주의와 당규율에 대한 조롱에 크게 놀란 레닌은, 10차 당대회(1921년 3월)가 분파의 형성을 금지하고 현존하는 분파들의 즉각적인 해산을 요구하는 결의를 통과시키도록 했다. "이 결정을 완전히 준수하지 않으면 당으로부터 무조건적이고 즉각적인 추방이 있을 것이다"라는 것이 추가적으로 선언되었다.

뜨로쯔끼의 완연한 분파주의로의 복귀

이 결의는 뜨로쯔끼의 깊은 증오와 반대를 자극하는 것이었다. 왜냐하면 그가 어떠한 문제에 대해 자기 자신의 길을 갈 수 없을 때는 언제나, 그는 그것이 분열의 위협을 의미한다 할지라도 당내에서 뜨로쯔끼주의 분파를 형성하려 달려들었기 때문이었다.

1921년 동안에 레닌의 건강이 쇠약해지기 시작했다. 뇌의 동맥경화가 이미 그의 혈액순환을 막고 있었고 그 대가를 강요했는데, 그 결과 지칠 줄 모르는 정력과 추진력의 소유자인 이 사람은 쉽게 피곤해 했고 여름의 대부분을 모스끄바로부터 멀리 떨어지지 않은 고리끼의 마을에서 휴식을 취하면서 보냈다. 1922년 3월 말에 열린 제11차 당대회는 서기장이라는 새로운 직책을 신설했는데, 그 대회의 폐막 후 어느 날 (즉 1922년 4월 3일에) 레닌의 제안과 지지로 쓰딸린이 그 직책에 지명되었다. 1922년 5월 26일에 고리끼에서 휴식하고 있던 레닌은 심각한 발작을 했고 그 발작은 레닌의 신체의 오른편의 부분적 마비와 언어능력의 상실을 가져왔다. 그는 놀랍게도 빨리 이 발작으로부터 회복했고 1922년 10월 초에 업무에 복귀했다. 1922년 12월 13일과 16일의 두 차례의 사소한 발작 후에, 그는 1923년 3월 10일 심각한 발작을 했는데, 그로부터 레닌은 결코 회복할 수 없었고 이후 레닌은 더 이상 정치에 참가할 수 없었다.

레닌의 최후의 발작 이후에 뜨로쯔끼는 지도부에 주목하면서 자신의 분파적 활동을 가속화하고 당의 지도부, 그 중앙기관들과 정책에 대한 비열하고 중상적인 공격을 강화했다. 1923년 10월 8일에 그는 중앙위원회에 편지를 한 통 보냈는데, 거기에서 그는 나라가 당 지도부에 의해 냉혹하게 대재난으로 이끌리고 있다고 주장하면서, 그것을 막기 위해 그는 보다 큰 당내 민주주의를 요구했다. 뜨로쯔끼의 용어법을 빼고 보면, 이것은 분파를 형성할 권리를 의미했다. 뜨로쯔끼의 46인의 추종자 그룹이 같은 취지의 선언문—46인 선언이라 알려진—을 또한 제출했다. 뜨로쯔끼의 편지와 46인 선언은 1923년 10월 당중앙위원회와 중앙통제위원회의 합동 전원회의—가장 큰 당조직 10개의 대표들 또한 참석한—에서 논의되었고 비난받았다.

뜨로쯔끼는 편지에 이어 <신노선>이라고 제목을 붙인 팜플렛을 추가로 제출했는데, 거기서 그는 더 많은 당내 민주주의에 대한 요구에 더하여 고참 볼쉐비키들—당 지도부—의 타락을 고발했다. 그는 젊은이들, 특히 학생들을 고참 볼쉐비키에 대치시켰는데, 전자를 당의 척도라고 선언했다.

'고참 부대'의 타락에 대해 언급하면서, 뜨로쯔끼는 "우리, 고참 볼쉐비키들"이라는 표현을 사용했는데, 그것이 쓰딸린을 자극하여 신랄한 빈정거림으로 가득 찬 다음과 같은 관찰을 하게 했다:

"첫째로, 나는 있을 수 있는 오해를 일소해야만 한다. 명백하게도 ··· 뜨로쯔끼는 자신을 볼쉐비키 고참 부대에 포함시켰다. 그리하여 고참 부대가 타락의 길을 간다면 그들에게 퍼부어질 수도 있는 책임을 스스로 지려는 의지를 보여주고 있다. 자기희생에 대한 그의 의지는 의심의 여지없이 고상한 성격이라는 것이 인정되어야만 한다. 그러나 나는 뜨로쯔끼를 뜨로쯔끼로부터 보호해야만 하는데, 왜냐하면 명백한 이유들 때문에 그는 볼쉐비키 고참 부대의 주요 간부들의 있을 수 있는 타락에 대해 책임을 질 수도 없고 책임을 져도 안 되기 때문이다. … "

뜨로쯔끼의 오랜 멘쉐비키적 과거에 대해 암암리에 언급을 하면서, 쓰딸린은 볼쉐비키 고참 부대의 타락의 가능성을 인정하면서, 계속하여 덧붙인다:

"그럼에도 불구하고, 우리 당의 어떤 대열의 실제적 타락의 위험을 야기시킬 수 있는 많은 요소들이 당내에 존재한다. 나는, 우리 당에 본의 아니게 결합하고 자신들의 기회주의적 습관을 제거하지 못한 멘쉐비키 분파를 염두에 두고 있다."

≪전집 5권≫, p. 395.

1924년 1월 16-18일에 열린 러시아 공산당(볼)의 13차 협의회는 뜨로쯔끼와 그 추종자들의 분파주의를 강하게 비난하고 다음과 같이 선언했다.

"현재의 반대파는 볼쉐비즘을 수정하려는 시도일 뿐만 아니라, 레닌주의로부터의 극악무도한 이탈이며, 명백히 소부르주아적 일탈이다. 이 반대파가 프롤레타리아 당의 입장과 그 정책에 대한 소부르주아지의 압력을 반영한다는 것은 완전히 의심의 여지가 없다."

토론의 결과에 대한 그리고 당내의 소부르주아적 일탈에 대한 결의
―쏘련공산당의 결의들, 2권.

레닌의 사망과 레닌주의를 뜨로쯔끼주의로 대체하려는 뜨로쯔끼의 시도

레닌은 1924년 1월 21일 아침에 한 차례의 발작을 한 후에 저녁에 사망했다. 뜨로쯔끼는 당의 신참임에도 불구하고, 그가 쓰딸린 같은 고참, 신뢰받고 시련을 거친 볼쉐비키들보다 레닌의 뒤를 이어야 한다는 요구를 할 수 있는 더 나은 적임자라고 스스로 확신하고 있었다. 그리하여 1924년 10월에 뜨로쯔끼는 ≪10월의 교훈≫이라고 제목을 붙인 자신의 전집의 서문을 발행했는데, 그것은 10월 혁명에서 볼쉐비키의 승리의 이유들을 다루고 있는 것이 요지이다. 거기에서 뜨로쯔끼는, 혁명의 성공을 위한 혁명당의 필요성에 대해 의례적인 일반적 언급을 하고 나서, 계속하여 볼쉐비키당의 역할을 깎아 내리고 혁명에서 자기 자신의 역할을 칭송하고 있고, 레닌이 갑자기 이전의 입장에서 뜨로쯔끼의 입장으로 변경했다는 것을 암시하고 있는데, 10월 혁명의 성공은 바로 그 사실에 의한 것으로 돌려지고 있었다. 그는 또한 자신의 찬장에서 낡고 크게 신용이 떨어졌던 '영구혁명'의 이론을 끄집어내었는데, 프롤레타리아 전위와 광범한 농민대중 사이에 적대적 충돌이 불가피하다고 주장했다. 그의 ≪10월의 교훈≫을 읽으면 10월 혁명의 승리를 조직한 사람은 뜨로쯔끼라는 인상이 든다.

다른 말로 하면, 14년의 긴 기간 동안 볼쉐비즘과 레닌주의를 반대하여 싸웠던 사람이, 정치권력을 장악하는 데 있어 프롤레타리아트와 광범한 대중들을 지도할 능력이 있는 프롤레타리아적인 혁명당을 레닌의 볼쉐비키들이 건설하는 것을 반대하는 멘쉐비키와 청산주의자들을 편들었던 사람이, '영구혁명'이라는 터무니없는 이론으로 레닌의 프롤레타리아 혁명이론을 반대하는 데 자신의 생을 바쳤던 사람이, 제국주의 전쟁(제1차 세계대전)에서 '**승리도 아니고 패배도 아니다**'라는 자신의 국수주의적인 슬로건으로써 자국정부의 패배라는 볼쉐비키의 슬로건을 반대했던 사람이, 갑자기 그리고 운 좋게도 페테르스부르크의 무대에 등장하여 볼쉐비키 중앙위원회를 구성하는 겁이 많고 쓸모없던 사람들―≪아라비안나이트≫같은 이 동화에 따르면 그들은 10월 봉기에 반대했다―로부터 혁명을 구원했다는 것이다!

진실로부터 이렇게 동떨어진 것은 어떠한 것도 없을 것이다. 10월에서 뜨로쯔끼의 특수한 역할은 ≪세계를 뒤흔든 10일≫의 저자인 존 리드로부터 유래했는데, 존 리드는 볼쉐비키당과 떨어져 있어서 1917년 10월 23일의 중앙위원회의 비밀회합을 알지 못했고 그리하여 수하노프 같은 사람들에 의해 퍼진 소문에 속았던 것이다. 10월에서 뜨로쯔끼의 특수한 역할에 관한 이러한 동화는 후에 회자되었고 10월에 대한 시르킨의 팜플렛을 포함하여 뜨로쯔끼주의자들에 의해 쓰여진 몇몇의 팜플렛에서 반복되었다. 레닌 사후에 뜨로쯔끼는 자신의 문서로 된 선언들에서 이 소문을 강하게 지지했다.

뜨로쯔끼주의자들이 10월의 역사에 대해 다시 쓰고 쏘비에트 젊은이들을 이 전설에 따라 육성하려는 체계적인 시도를 함에 따라, 쓰딸린은 AUCCTU[4]의 중앙그룹 전원회의에서 행한 연설에서—확고한 사실을 참고하여—이 아라비안나이트 동화를 그의 특유한 통렬한 방식으로 반박했다. 쓰딸린은 1917년 10월 23일의 볼쉐비키 중앙위원회 모임의 의사록을 인용하면서, 봉기에 대한 결의가 10대 2의 다수로 채택되었다는 것, 동일한 회의가 봉기를 지도하기 위한 정치국이라 불린 **정치적 중앙**을 선출하였는데, 그 중앙의 성원은 레닌, 지노비예프, 쓰딸린, 카메네프, 뜨로쯔끼, 소콜니코프 그리고 부브노프였다는 것을 입증했다. 그리하여 그 중앙은 봉기에 대한 결의에 반대하여 투표한 유일한 두 사람이었던 지노비예프와 카메네프조차도 포함한 것이었다. 이러한 것은 그들 사이에 정치적 불일치에도 불구하고 가능했는데, 왜냐하면 당시에 이들 두 사람(지노비예프와 카메네프)과 중앙위원회의 나머지 간에 "러시아 혁명의 성격, 혁명의 추진세력들, 농민의 역할, 당 지도부의 원칙들 등등"(쓰딸린, 전집 6권, p. 341)과 같은 근본적인 문제들에 대한 견해의 통일이 있었기 때문이었다. 그리하여 봉기에 대한 결정은 중앙위원회에 의해, 그리고 중앙위원회만에 의해 채택되었다. 따라서 봉기의 정치적 방향은 굳건하게 중앙위원회의 수중에 있었다.

뜨로쯔끼가 거기에서 '특수한' 역할을 했다는 전설에 따르면, 뜨로쯔끼가 10월 봉기에 '영감을 주었고' 또한 '유일한 지도자'였다는 것이다.

---

[4] AUCCTU: 전연방 노동조합 중앙위원회

이 전설은 레스너에 의해 퍼졌고 쓰딸린은 그에 대해 다음과 같이 다루고 있다:

"뜨로쯔끼주의자들은 뜨로쯔끼가 10월 봉기에 대해 영감을 주었고 또한 유일한 지도자였다는 소문을 정력적으로 퍼뜨리고 있다. 소위 뜨로쯔끼 저작의 편집자인 레스너는 이례적인 열정으로 이 소문들을 퍼뜨리고 있다. 뜨로쯔끼 자신은 당과 중앙위원회와 당의 페트로그라드 위원회에 대한 언급을 일관되게 회피하는 것에 의해, 봉기에서 이들 조직들의 지도적 역할에 대해 한 마디도 하지 않고 정력적으로 자기 자신을 10월 봉기의 중심인물로 밀어 넣는 것에 의해, 그가 봉기에서 했다고 여겨지는 특수한 역할에 대한 소문들을 퍼뜨리는 데 자발적으로 혹은 비자발적으로 도움을 주고 있다. 나는 결코 뜨로쯔끼가 봉기에서 의심의 여지없이 중요한 역할을 했다는 것을 부정하지 않는다. 그러나 나는 뜨로쯔끼가 10월 봉기에서 어떤 특수한 역할을 하지 않았다는 것을 혹은 할 수 없었다는 것을 말해야만 한다. 페트로그라드 의장으로서 그는 그가 취했던 모든 조치들을 지도했던 관련 당조직들의 의지를 단순히 수행했을 뿐이다. 수하노프 같은 속물들에게 이 모든 것은 이상할 수도 있지만 사실들은, 진정한 사실들은 내가 말하는 것을 전체적으로 그리고 완전히 확증한다."

앞의 책, pp. 341-342.

그리고 나서 쓰딸린은 계속하여 1917년 10월 29일에 열린 중앙위원회의 의사록에 대한 검토로 나아간다. 중앙위원회 성원들 이외에 이 회의에는 페트로그라드 위원회의 대표들, 군사조직들과 공장위원회들, 노동조합들, 그리고 철도 노동자들의 대표들이 참석했다. 이 회의에서 봉기에 대한 레닌의 결의는 20대 2의 다수로—그리고 세 명이 기권하여—채택되었다. 이 회의에서는 또한 봉기의 조직적 지도를 위해 하나의 **실천 중앙**이 선출되었다. 이 실천 중앙에는 다음의 다섯 명이 선출되었다: 스베르들로프, 쓰딸린, 제르진스키, 부브노프 그리고 유리스키. 쓰딸린은 다음과 같이 말한다:

"실천 중앙의 기능들은 중앙위원회의 지령에 따라서 봉기의 모든 실천 기관들을 지도하는 것이다. 그리하여 당신이 아는 바와 같이, '끔찍한' 어떤 일이 중앙위원회의 이 회의에서 발생했는데, 즉 '이상하게도', '영감을 주는 사람', '중심인물', 봉기의 '유일한 지도자'인 뜨로쯔끼가 봉기를 지도하는 임무를 띠었던 실천 중앙으로 선출되지 못한 것이다. 이것은 뜨로쯔끼의 특수한 역할에 관한 최근의 견해들과 어떻게 조화될 수 있는가? 이 모든 것은 수하노프나 뜨로쯔끼주의자들이 말하듯이 약간 '이상한' 것이 아닌가? 그리고 이제 엄격히 말한다면 그것에는 이상한 것이 전혀 없다. 왜냐하면 당내에서도 혹은 10월 봉기에서도 뜨로쯔끼는 어떤 특수한 역할을 하지 않았고 혹은 그렇게 할 수도 없었기 때문이다. 이것은 그가 10월의 시기에 우리 당에서 비교적 신참이었기 때문이었다. 그는 모든 책임 있는 노동자들과 같이 중앙위원회와 그 기관들의 의지를 단순히 수행했을 뿐이다. 볼쉐비키당 지도부의 기제에 대해 익숙한 사람은 누구나 그럴 수밖에 없었다는 것을 이해하는 데 있어 어려움이 없을 것이다. 뜨로쯔끼가 중앙위원회의 의지에 반했다면, 사건들의 과정에서 모든 영향력을 상실했을 것이라고 말하는 것으로 충분하다. 뜨로쯔끼의 특수한 역할에 대한 이 이야기는 친절한 '당'의 소문에 의해 퍼지고 있는 전설이다."5

---

5 "이러한 전설들 가운데에서 뜨로쯔끼가 내전의 전선에서 승리의 '유일한' 혹은 '주요한 조직자'였다는 널리 퍼진 이야기가 포함되어야 한다. 동지들, 진실의 관점에서, 이러한 의견은 사실에 매우 부합하지 않는다는 것을 나는 선언해야만 한다. 나는 뜨로쯔끼가 내전에서 중요한 역할을 했다는 것을 부정하지 않는다. 그러나 우리의 승리의 조직자라는 큰 영예는 개인에게가 아니라 우리나라의 선진 노동자들의 위대한 집단적 조직, 러시아 공산당에게 속한다는 것을 나는 강조해야만 한다. 아마도 약간의 사례를 드는 것이 부적절하지는 않을 것이다. 여러분은 콜차크와 데니킨이 쏘비에트 공화국의 주요한 적들로 간주되었다는 것을 알고 있다. 여러분은 우리나라가 그러한 적들이 패배한 뒤에야 자유롭게 숨을 쉴 수 있게 되었다는 것을 알고 있다. 자, 역사는 이들 두 적, 콜차크와 데니킨이 뜨로쯔끼의 계획들에도 **불구하고** 우리 부대에 의해 뿌리 뽑혔다는 것을 보여준다."
"여러분 스스로 판단해 보라:
(1) **콜차크**. 이것은 1919년 여름이다. 우리의 부대들은 콜차크에 맞서 전진하고 있고 우파 근처에서 작전을 수행하고 있다. 중앙위원회의 회의가 열린다. 뜨로쯔끼는 벨라야강(우파 근처)의 전선을 따라 전진을 멈출 것을, 그리고 우랄을 콜차크의 수중에 남겨놓을 것을, 그리고 부대의 일부를 동부전선에서 철수시켜 남부전선으로 이동할 것을 제안한다. 뜨거운 논쟁이 발생한다. 중앙위원회는 뜨로쯔끼에 반대하고 다음과 같은 의견이 된다. 우랄은 그 공장들과 철도망과 함께 콜차크의 수중에 남겨두어서는 안 된다. 왜냐하면 콜차크는 거기서 쉽게 회복하고 강력한 부대를 조직하여 다시 볼가에 이를 수 있기 때문이다. 콜차크는 우랄 경계 너머로 시베리아 초원지대로 우

"이것은 물론 10월 봉기에서 영감을 주는 사람이 없었다는 것을 의미하지는 않는다. 봉기에는 영감을 주는 사람과 지도자가 있었는데, 이 사람은 레닌이고 다른 누구도 아니다. 봉기의 문제를 결정할 때 중앙위원회가 채택했던 결의를 제출한 바로 그 레닌, 뜨로쯔끼가 말하는 것에도 불구하고 숨어서 봉기에 실제적 영감을 주었던 바로 그 레닌. 레닌이 숨어 있었다는 것에 관한 소문에 의해, 봉기에 영감을 주었던 사람은 당의 지도자, V. I. 레닌이었다는 의심의 여지없는 사실을 모호하게 하려는 지금의 시도는 어리석고 조소할 만한 것이다."
"이것이 사실들이다."

≪전집 6권≫, pp. 342-344.

쓰딸린은 계속한다:

"자, 우리가 듣기에, 뜨로쯔끼가 10월의 시기에 잘 싸웠다는 것은 부인될 수 없다고 한다. 맞다, 그것은 진실이다. 물론 뜨로쯔끼는 10월에 잘 싸웠다. 그러나 뜨로쯔끼가 10월의 시기에 잘 싸운 유일한 사람은 아니었다. 당시에 볼쉐비키 편에 섰던 사회혁명당 좌파같은 사람들조차도 또한 잘 싸웠다. 일반적으로, 적이 고립되고 봉기가 성장하고 있는, 승리하는 봉기의 시기에 잘 싸우는 것은 어려운 일이 아니다. 이러한 순간에는 심

선적으로 몰아내야 한다. 그리고 그 후에야 부대들이 남부로 이동되어야 한다. 중앙위원회는 뜨로쯔끼의 계획을 거부한다. 뜨로쯔끼는 사표를 제출한다. 중앙위원회는 그것을 받아들이기를 거부한다. 뜨로쯔끼의 계획을 지지했던 사령관 바세티스는 사임한다. 그의 자리는 신임 사령관 카메네프로 대체된다. 그 시점부터 뜨로쯔끼는 동부전선의 일에 직접적으로 관여하지 않게 된다."
"데니킨. 이것은 1919년 가을이다. 데니킨에 대한 공세는 성공적으로 진행되지 못한다. 마몬토프를 둘러싼 '철의 고리'(마몬토프의 침입)는 명백히 붕괴하고 있다. 데니킨이 쿠르스크를 획득한다. 데니킨이 오렐로 접근하고 있다. 뜨로쯔끼가 중앙위원회 회의에 참석하기 위해 남부전선에서 소환되고 있다. 중앙위원회는 상황이 급박한 것으로 보고 남부전선으로 새로운 군사 지도자들을 보내기로 결정하고 뜨로쯔끼를 철수시킨다. 새로운 군사 지도자들은 남부전선의 일에 대한 뜨로쯔끼의 '어떤 간섭도 없을 것'을 요구한다. 남부전선의 작전들은, 우리 부대들에 의한 로스토프-온-돈과 오뎃사의 획득까지 뜨로쯔끼없이 진행된다."
"누구라도 이러한 사실들을 반박해 보시라."

쓰딸린, ≪전집 6권≫, pp. 350-352.

지어 후진적인 사람들도 영웅이 된다."

"그러나 프롤레타리아트의 투쟁은 중단되지 않는 전진, 승리들의 끊어지지 않는 사슬이 아니다. 프롤레타리아트의 투쟁은 또한 시련의 때가 있고 패배를 당할 수도 있다. 진정한 혁명가는 승리하는 봉기의 시기에 용기를 내보이는 사람이 아니라, 혁명의 승리의 전진의 기간에 잘 싸울 뿐만 아니라, 혁명이 퇴각하고 프롤레타리아트가 패배로 고통 받을 때 용기를 보이는 사람, 혁명이 역전으로 고통 받을 때, 그리고 적들이 성공을 거둘 때 허둥대지 않고 움츠리지 않는 사람, 혁명이 퇴각의 시기에 있을 때 공황에 빠지지 않고 절망에 빠지지 않는 사람이다. 사회혁명당 좌파는 10월의 시기에 잘못 싸우지 않았고 그들은 볼쉐비키를 지지했다. 그러나 그 '용감한' 전사들이—독일제국주의의 전진이 그들을 절망과 히스테리로 몰아넣었던—브레스트의 시기에 공황에 빠졌다는 것을 누가 모르는가? 10월의 시기에 잘 싸웠던 뜨로쯔끼가, 브레스트의 시기에, 혁명이 역전으로 고통 받고 있던 시기에, 그 어려운 때에 충분한 완강함을 보일 수 있는, 그리고 사회혁명당 좌파들의 뒤를 따라가는 것을 회피할 수 있는 용기가 없었다는 것은 매우 슬프지만 의심의 여지없는 사실이다. 의심의 여지없이 그때는 어려운 때였다. 누구나 당황하지 않고 적절한 때에 퇴각하고 적절한 때에 평화를 얻고 프롤레타리아 군대를 독일 제국주의의 타격의 범위로부터 철수시키고 농민 예비군을 보전하고 이러한 방식으로 중간 휴식을 취한 후에 새로워진 힘으로 적을 타격할 예외적인 용기와 침착한 냉정함을 보여야만 했다. 불행하게도 뜨로쯔끼는 그 어려운 때에 이러한 용기와 혁명적 완강함을 결여하고 있는 것이 드러났다."

"뜨로쯔끼의 견해에서는, 프롤레타리아 혁명의 주요한 교훈은 10월의 기간에 '움츠러들지 않는 것'이다. 뜨로쯔끼의 주장은 혁명의 교훈들에 대한 진실의 극히 적은 부분만을 포함하고 있기 때문에 잘못된 것이다. 프롤레타리아 혁명의 교훈들에 대한 전체적인 진실은 혁명이 전진하고 있을 때만이 아니라 혁명이 퇴각하고 있을 때, 적이 우세하고 혁명이 역전으로 고통 받을 때에도 움츠러들지 않는 것이다. 혁명은 10월로 끝나지 않았다. 10월은 프롤레타리아 혁명의 단지 시작일 뿐이다. 봉기의 파고가 올라갈 때 움츠러드는 것은 나쁘다. 그러나 권력을 장악한 후에 혁명이 심각한 시련들을 통과하고 있을 때 움츠러드는 것은 더 나쁘다. 혁명 직후에 권력을 유지하는 것은 권력을 획득하는 것만큼이나 중요하다."

앞의 책, pp. 344-345.

쓰딸린은 질문을 했다:

"뜨로쯔끼는 어떤 목적을 위하여 10월에 대한, 10월의 준비에 대한, 그리고 레닌과 레닌의 당에 대한 이 모든 전설들을 필요로 했는가? 뜨로쯔끼의 당에 반대하는 새로운 문서상의 선언들의 목적은 무엇인가? … "

앞의 책, p. 363.

답을 하면서 쓰딸린은 계속한다:

"뜨로쯔끼는 이 모든 것은 10월을 '연구할' 목적으로 필요하다고 주장한다. 그러나 당과 그 지도자 레닌을 발로 차지 않더라도 10월을 연구하는 것은 가능하지 않은가? 10월 봉기의 주요 지도자를 불신시키고 봉기를 조직하고 수행했던 당을 불신시키려는 시도로 시작하고 끝나는 것은 어떤 종류의 10월의 '역사'인가? … 그것은 10월을 연구하는 길이 아니다. 그것은 10월의 역사를 서술하는 길이 아니다. 명백하게, 여기에는 상이한 '의도'가 있다. 그리고 이러한 '의도'는, 뜨로쯔끼가 문서상의 선언들에 의해 레닌주의를 뜨로쯔끼주의로 대체하려는 조건들을 창출하기 위한 또 하나의(아직은 또 하나의!) 시도를 하고 있다는 것임을 모든 것은 보여주고 있다. 뜨로쯔끼는 당을 불신시킨 후에, 계속하여 레닌주의를 불신시키기 위하여 봉기를 수행했던 당과 그 간부들을 불신시키는 것을 '필사적으로' 필요로 하고 있다. 그리고 '유일한' '프롤레타리아적인'(웃지 마시라!) 사상으로서 뜨로쯔끼주의를 끌어내기 위해 그가 레닌주의를 불신시키는 것은 필연적이다. 이 모든 것은 물론(아, 물론!) 레닌주의의 기치하에 그러한데, 오래 끄는 수술이 '가능한 한 고통 없이' 이루어질 수 있도록 하기 위해서이다."
"그것이 뜨로쯔끼의 최근의 문서상의 선언들의 본질이다."

앞의 책, pp. 363-364.

뜨로쯔끼주의—반혁명을 위한 결집점

쓰딸린은 계속하여 다음과 같이 결론짓는다. 위험은 "… 뜨로쯔끼주의가 자신의 내적인 모든 내용으로 인해, 프롤레타리아 독재를 약화시키고 해체하려고 노력하는 비프롤레타리아 요소들의 중심과 결집점이 될 모든 가능성을 띠고 있다는 것"이었으며 그런 관점에서 "사상적 조류로서 뜨로쯔끼주의를 매장하는 것이 당의 의무"였다.(앞의 책, p. 373.)

후일에 뜨로쯔끼 스스로 "이 전위(즉 뜨로쯔끼주의 반대파)를 뒤쫓아서 모든 종류의 불만에 찬, 준비가 제대로 되지 않은, 심지어는 유감스러울 정도의 출세주의자들이 꼬리를 끌며 나타났다"는 것을 인정해야만 했고, 덧붙이자면, 반대파는 스스로를 "우연적이고 초대받지 않은 여행자 친구들"로부터 해방시켜야만 했다. 반대로 이 책의 이어지는 내용들이 드러내듯이, 쏘련에서 뜨로쯔끼주의 반대파를 지지하고 계속하여 뜨로쯔끼가 쏘련에서 추방된 후에 해외에서 그를 지지한 사람들은, 프롤레타리아 독재에 대해 화해할 수 없는 적대감을 갖고 있고 프롤레타리아 독재를 해체시키기 위해 노력했던 비프롤레타리아 요소들 바로 그것들이었다. 그 때 이후로 뜨로쯔끼주의 주위에 결집한 사람들은 맑스-레닌주의와 프롤레타리아트 독재에 대해 선천적인 증오를 갖고 있는, 바로 그 동일한 유형의 사람들이다.

심지어는 뜨로쯔끼주의자인 도이처도 다음과 같이 말해야만 했다:

"당 바깥에서, 형체 없는 혁명적 좌절감은 명백히 반혁명적 조류들과 섞였다. 지도적 그룹이 뜨로쯔끼를 공격 목표로 선발했기 때문에 그는 자동적으로 그때까지 그를 증오했던 많은 사람들의 겉치레의 동정을 얻었다. 그가 모스끄바의 거리에 [1924년 봄에] 모습을 나타냈을 때, 그는 관념적인 공산주의자들이 멘쉐비키, 사회혁명당, 그리고 NEP의 신흥 부르주아지와 어울려서 몰려 있던 군중들로부터, 또한 물론 다양한 이유들로 인해 변화[즉 볼쉐비키당의 약화와 해체를 통해 프롤레타리아 독재를 해체하는 것]를 바라는 모든 사람들로부터 자발적인 박수를 받았다."

아이작 도이처, ≪쓰딸린≫, 펠리칸판, 1966년, p. 279.

1925년 1월 17-20일에 열린 전체회의에서 러시아공산당(볼)의 중앙위원회는 뜨로쯔끼주의를 "멘쉐비즘의 변종"이라고, 그리고 볼쉐비즘에 대한 뜨로쯔끼의 끊임없는 공격들이 레닌주의를 뜨로쯔끼주의로 대체하려는 시도라고 성격지웠다. 이 회의는 뜨로쯔끼를 쏘련 혁명군사위원회의 의장직에서 해임하기로 결의했고, 그는 "볼쉐비키당의 당원은 말이 아닌, 실제적인, 당 규율에의 복종을 요구한다는 것을, 그리고 레닌주의 이념에 대한 어떠한 공격이라도 총체적이고 무조건적으로 포기할 것을 요구한다는 것을 가장 강한 어조로 경고 받았다."

신반대파의 출현

위에서 언급한 회의가 뜨로쯔끼에 반대하는 선언을 하고 그의 분열주의적 행동과 반레닌주의적 선전이 당원 자격과 양립할 수 없다는 것을 경고한 후에, 뜨로쯔끼는 잠시 동안 퇴각하여 기회를 기다렸다. 이 기회는, 지노비예프와 카메네프—두 고참 볼쉐비키—가 어려움들에 놀라고 패배주의에 빠져서, 쏘련에서 사회주의 건설의 가능성을 확인했던 14차 당 협의회(1925년 4월) 이후 반대파로 옮겨갔을 때 찾아왔다. 교정할 수 없는 패배주의자이며 회의주의자로서 지노비예프와 카메네프는 쏘련에서 사회주의 건설의 가능성을 부정했고, 그리고 그 길에서 희망없음의 전형인 '영구혁명' 이론의 저자인 뜨로쯔끼에 의해 체현된 비관주의, 회의주의, 그리고 패배주의와 공통의 지반을 발견했다.

신반대파(그들은 그렇게 불렸다)는 지노비예프와 카메네프에 의해 이끌어졌는데, 1925년 12월에 열린 제14차 당대회에서 (사회주의 건설의 가능성에 대한) 당의 레닌주의 노선에 대한 사악한 공격을 시작했다. 그 대회에서 치명적인 패배를 당한 후에, 지노비예프와 카메네프(그들은 바로 최근까지도 뜨로쯔끼를 지도부에서 제거하려 했었고, 또 뜨로쯔끼는 반대로 그들을 당의 지도부에서 제거하려 했었다)를 영수로 하는 신반대파는 뜨로쯔끼주의를 공공연하게 껴안았다. 이렇게 반당적인 반대파 블록이 출현하였는데, 당에 의해 이전에 분쇄되었던 다양한 반대파 그룹들의 잔존세력이 이들에게로 모여들었다. 이들 모두는 쏘련에서 프롤레타리아 독재를 강화하고 사회주의를 건설하는 당의 정책에 대한 증오와 반대에 의해 움직였다.

이 반대파의 지도자인 뜨로쯔끼, 지노비예프 그리고 카메네프는, 쓰딸린이 지적한 대로 "서로 간에 사면을 하면서" 영국 총파업의 붕괴(이에 대해 이들은 영국의 노동자들에게 지도와 인도를 제공하는데 실패했다고 하면서 볼쉐비키당의 지도부를 비난했다)를 호기로 삼고 구실로 삼아 그들의 강령—뜨로쯔끼에 의해 쓰이고, 1926년 4월 6-9일에 열린 중앙위원회 전체회의에 부분적으로 제출되고 1926년 7월 14-23일의 회의에 완전히 제출된—을 만들어 냈다. 당 규율을 극악무도하게 파괴하면서, 반대파는 그들의 강령에 대한 충분한 토론을 요구하면서 공장들에서 시위를 조직했다. 공산주의적 노동자들은 반대파 지도자들을 격렬하게 비난하고 그들이 집회에서 떠날 것을 요구했다. 이 굴욕적인 패배를 당하여, 반대파 지도자들은 퇴각했고 1926년 10월 16일자 성명서를 보내왔는데, 거기에서 그들은 자신들의 잘못을 고백하고 당에 반대하는 분파적 활동을 앞으로 중지하겠다는 것을 약속했다. 이안 그레이의 표현으로는:

> "그들 자신의 무모함과 분별없음에 소스라치게 놀라서, 6명의 지도자들—뜨로쯔끼, 지노비예프, 카메네프, 피야타코프, 소콜니코프 그리고 예브도키모프—은 공식적인 선언으로 그들의 죄를 실토했고 앞으로는 분파적 활동을 추구하지 않겠다는 맹세를 했다. 그들은 또한 코민테른과 노동자 반대파 그룹에 있는 그들 자신의 좌익적 지지자들을 탄핵했다."
>
> 이안 그레이, 《쓰딸린—역사의 인물》, 아바쿠스, 1982, pp. 213-214.

비합법 당의 형성

1926년 10월의 반대파의 성명은 전적으로 신실하지 못하고 철저히 위선적인 것으로 판명 났다. 사실상 반대파는 그들 자신의 비합법 당을 형성했는데, 성원 간의 분리된 체계, 지구 위원회들 그리고 중앙이 있었다. 비합법 당은 비밀스런 비합법 인쇄소를 가지고 있었고 비밀회의를 열었는데, 거기서 반대파의 분파적 강령, 그리고 볼쉐비키당에 반대하여 채택된 전술들이 토론되었다. 이 모든 것은 당내에서 분리된 분파의 형성과 지속을 금지했던 10차 당대회의 결정들을 위반한 것이었다.

1926년 10월에 중앙위원회 전체 회의가 중앙통제위원회와 합동하여 열려서, 반대파의 지도자들에 대한 심각한 경고를 했고, 뜨로쯔끼를 정치국에서 해임하고 카메네프를 이 기구의 후보위원에서 해임했다. 지노비예프는 코민테른에서 해임되었다.

15차 전연방당협의회(1926년 10월-11월)는 뜨로쯔끼-지노비예프 반대파를 당내의 멘쉐비키적 일탈이라고 규정하고, 멘쉐비즘의 방향으로 더 이상 발전한다면 당으로부터 반대파의 추방을 초래할 것임을 경고했다.

1927년 초에 반대파는 중국혁명에 대한 코민테른의 정책에 대한 공격을 새롭게 시작했는데, 중국혁명의 역전에 대하여 코민테른과 쏘련공산당을 비난했다. 쏘련의 국제적인 위치의 악화뿐만 아니라 내부적 어려움을 이용하면서 반대파는 다시금 소위 '83인의 강령'이라는 것을 들고 나왔다. 당에 대해 다시 비방을 시작한 반대파는 이 강령에서 쏘련 정부가 외국무역의 독점을 폐지하고 쿨락에게 정치적 권리를 부여하려 한다고 주장했다. 이러한 비방은 쿨락과 제국주의자들이 함께 쏘비에트 정부에 압력을 가하여 쏘비에트 정부로터 이러한 양보를 얻어내려는 시도를 고무하지 않을 수 없었다. 그에 더하여, 반대파는 당에서 보다 큰 자유의 확대를 요구하는 악선동을 했는데, 이는 분파를 형성하고 "중앙위원회, 쏘련공산당(볼) 그리고 ECCI[공산주의 인터내셔널 집행위원회-역자]에 대한 전대미문의 비방과 허용될 수 없는 중상을 마음껏 누리려는" 자유를 의미했다.

> "그들은 코민테른과 쏘련공산당(볼) 내에서 '정권'에 대해 불평한다. 본질적으로 그들이 원하는 것은 코민테른과 쏘련공산당(볼)을 해체하려는 자유이다. … "
>
> 쓰딸린, ≪전집 9권≫, p. 317.

'쓰딸린주의'에 대한 뜨로쯔끼주의의 투쟁
—레닌주의에 대한 투쟁의 연속

뜨로쯔끼주의 반대파가 맞서 싸우고 있는 것은 레닌의 지도하에 10차 당대회에 의해 수립된 정권—분파주의를 금지함에 의해, 볼쉐비키 당내에서 통일과 철의 규율을 통해 프롤레타리아트의 독재를 강화하기 위해 기획된 정권—이었다. 10차 당대회에 의해 수립된 정권의 근저가 되는 원칙은 "당내의 민주주의를 작동시키고 당의 결함과 오류에 대한 실제적인 비판은 허용하되, 어떠한 분파주의도 결코 허용되지 않으며 그리고 당으로부터 추방당하지 않으려면 모든 분파주의는 포기되어야만 한다"는 것이었다.(쓰딸린, <러시아 반대파의 정치적 성격>, 전집 10권, p. 166.)

쓰딸린은 말했다.

"뜨로쯔끼주의자들은 레닌의 시절에 당에서 레닌주의 정권에 반대하여 싸움을 이미 시작했었고 그리고 뜨로쯔끼주의자들이 지금[즉 1927년 9월] 수행하고 있는 싸움은 레닌 시절에 그들이 이미 수행했던, 당에서 정권에 반대하는 싸움의 연속이라고 나는 주장한다."

앞의 책.

반대파의 강령이 노동자들로부터 어떤 지지도 끌어내지 못하자 반대파는 다시 퇴각했고 1927년 8월에 중앙위원회로 또 하나의 선언을 제출했는데, 거기에서 그들은 자신들의 분파적 활동을 중지하겠다고 다시 약속했지만 불과 한 달 후에 그것을 위반했다.

1927년 9월 15차 당대회를 위한 준비가 진행되고 있을 때, 반대파는 자신들의 목표와 정책을 담은 세 번째 성명을 작성했다. 반대파의 분파주의, 그것의 해체적 활동, 죄에 대해 인정하는 위선적인 선언과 분파 활동을 중지하겠다는 약속의 반복된 위반이라는 게임에 종지부를 찍어야만 했다. 그리하여 1927년 10월 말에 중앙위원회는 중앙통제위원회와의 합동회의에서 뜨로쯔끼와 지노비예프를 중앙위원회로부터 추방했고 나아가 15차 당대회에서의 심의를 위하여 뜨로쯔끼주의 반대파의 분파적 활동에 관련된 모든 문건들을 제출하기로 결정했다.

15차 당대회 전의 당내 토론의 기간에 724,000명이 중앙위원회의 레닌주의적 정책에 찬성하여 투표했고 반면에 보잘것없는 4,000 명만이 뜨로쯔끼-지노비예프 반대파 블록의 강령에 표를 던졌다. 즉 이 논쟁에 참여한 성원 중의 0.5%에 불과하였는데 이러한 사실은 되돌아볼 만한 것이다.

반대파는 왜 실패했는가?

반대파는 당조직들에서 어떠한 지지를 얻는 데에도 실패했다. 왜냐하면 그 노선은 완전한 파산의 노선—뜨로쯔끼주의로 레닌주의를 대신하기를 원하는 노선—이었는데, 반면에 당은 레닌주의의 노선—혁명적 볼쉐비즘의 노선—을 추구하기를 충심으로 원했기 때문이었다.

쓰딸린은 물었다.

"그러면, 그의 웅변술에도 불구하고, 지도하고자 하는 그의 의지에도 불구하고, 그의 능력에도 불구하고 뜨로쯔끼가 쏘련공산당(볼)이라 불리는 위대한 당의 지도부로부터 쫓겨났다는 사실은 어떻게 설명되어야 하는가?"

그는 계속하여 답변했다:

"그 이유는 반대파가 레닌주의를 뜨로쯔끼주의로 대체하려 하고 레닌주의를 뜨로쯔끼주의로써 '개선하려' 했다는 것이다. 그러나 당은 당내의 보잘 것 없는 귀족들aristocrats의 다양한 책략에도 불구하고 레닌주의에 충실하기를 원한다. 그 점이, 3번의 혁명을 수행했던 당이 전체적으로 뜨로쯔끼와 반대파에 등을 돌리는 것이 필요하다고 판단한 근원이다."

≪전집 10권≫, p. 165.

당의 15차 대회에서 연설하면서 쓰딸린은 다시 이 문제로 돌아왔다.

"전체 당이 그리고 또한 당 뒤에 있는 노동자계급이 반대파를 그렇게 철저하게 고립시켰다는 일은 어떻게 일어날 수 있었는가? 어쨌거나 반대파는 저명한 이름의 저명한 사람들에 의해, 스스로를 광고할 줄 아는 사람들, … 겸손함 때문에 괴로워하지 않는 사람들, 그리고 자기 자신의 트럼펫을 불 줄 아는 사람들, 자신들의 상품을 최대한 활용할 줄 아는 사람들이 이끌었다."

"그것은, 반대파의 지도적 그룹이 생활과 분리된, 혁명과 분리된, 당으로부터 분리된, 노동자계급으로부터 분리된 소부르주아 지식인들의 그룹으로 판명되었기 때문에 일어난 것이다."

쓰딸린, 앞의 책, p. 345.

당내의 분파주의로부터 쏘비에트 정권에 반대하는 반혁명적 투쟁으로

당내에서의 완전한 패배에 직면하고, 정치적으로 파산하고 당원들로부터 고립된 뜨로쯔끼-지노비예프주의자 블록은 당내의 분파적 활동으로부터 볼쉐비키 정권에 반대하는 반쏘비에트적이고 반혁명적인 활동으로 전환했는데, 그 과정에서 모든 반쏘비에트적 요소들을 자신들의 진영으로 끌어들였다.

10월 혁명 10주년인 1927년 11월 7일에 뜨로쯔끼와 지노비예프는 모스끄바와 레닌그라드에서 반당적인 시위들을 조직했다. 참여자가 별로 없었던 이들 반혁명적인 시위는 쏘련공산당의 지도하에 노동자계급의 시위자들에 의해 쉽게 해산되었다.

11월 7일 행동에 의해 반대파는 쏘련에서 프롤레타리아 독재에 공공연히 적대적인 반혁명세력으로 전화되었다는 충분한 증거를 제공했다. 당 생활의 모든 규범과 규칙들을 위반했던 뜨로쯔끼주의자들은 이제는 국가의 법률들을 위반하는 이력을 시작했는데, 머지않아 그들은 살인, 사보타지, 파괴 그리고 최종적으로 파시즘과의 동맹으로 나아갔다.

1927년 11월 14일에 중앙위원회는 뜨로쯔끼와 지노비예프를 당에서 추방했고 그들 그룹의 다른 성원들은 중앙위원회와 중앙통제위원회로부터 제거되었다.

제15차 당대회(1927년 12월)는, 반대파가 사상적으로 레닌주의와 결별했다는 것을, 멘쉐비즘으로 타락했다는 것을, 국제적으로는 제국주의에 대해 그리고 국내적적으로는 부르주아지에 대해 항복의 길을 채택했다는 것을, 그리고 프롤레타리아 독재에 반대하는 투쟁의 도구가 되었음을 주목하면서, 이 추방을 열렬하게 승인했다. 게다가 당대회는 15명의 민주주의 중앙집권주의자들뿐만 아니라 뜨로쯔끼-지노비예프 블록의 75인을 추가적으로 추방했다. 나아가 대회는 당조직들에게 그 대열 내에서 교정할 수 없는 뜨로쯔끼주의자들을 일소할 것과 레닌주의의 정신으로 반대파의 평당원들을 재교육하는 조치들을 취할 것을 지시했다.

당대회 후에 반대파의 많은 보통의 성원들은 자신들의 오류를 인정하고 뜨로쯔끼주의와 관계를 단절하고 당원으로 복권되었다. 1928년 1월에 뜨로쯔끼는 중앙아시아의 알마아타(카자흐스탄)로 추방되었다. 그는 거기에서조차 계속하여 은밀하게 그의 반당적, 반쏘비에트적 활동을 하였다. 그리하여 그 결과 그는 1929년 1월에 쏘련으로부터 추방되었다.

반대파가 볼쉐비키당을 레닌주의의 길로부터 뜨로쯔끼주의의 길로 조금씩 전환시키려 했기 때문에, 그리고 당은 레닌주의 당으로 남아있기를 원했기 때문에, 당이 반대파에 등을 돌리고 이전보다 더 레닌주의의 기치를 높이 올렸던 것은 자연스러운 것이었을 뿐이다. 이것만이 쓰딸린이 말한 바와 같이 **"'어제'의 당 지도자들이 오늘은 배반자가 된"** 이유를 설명한다.(《전집 10권》, p. 199.)

개인적 요인들이 아니라 레닌주의로부터의 이탈이 뜨로쯔끼주의의 실패의 원인이다

이러한 진실을 파악하는 대신에 당시의 뜨로쯔끼주의 반대파 그리고 그때 이후의 뜨로쯔끼주의자들은 반대파의 패배를 개인적 요인들에 의해 설명해왔다. 다음은 쓰딸린이 볼쉐비즘에 반대하는 뜨로쯔끼의 싸움의 멀리까지 미치는 역사적 뿌리들 및 반대파 노선의 실패와 파산의

이유들을 설명한 방식이다:

"반대파들은 자신의 패배가 개인적 요인에 의해, 쓰딸린의 무도함에 의해 '설명될' 수 있다고 생각한다. … 그것은 너무나 값싼 설명이다! 그것은 마술이지, 설명이 아니다. 뜨로쯔끼는 1904년 이후로 레닌주의와 싸워왔다. 1904년 이후 1917년 2월 혁명까지 그는 멘쉐비키들의 주위를 맴돌면서 그동안 내내 레닌의 당과 필사적으로 싸워왔다. 그 시기 동안 뜨로쯔끼는 레닌의 당에 의해 수많은 패배를 당했다. 왜? 아마도 쓰딸린의 무도함이 비난받아야 하는가? 그러나 쓰딸린은 당시에 중앙위원회의 서기가 아직 아니었다. 그는 외국에 있지 않고 러시아에 있었으며 지하에서 짜리즘과 싸우고 있었다. 반면에 뜨로쯔끼와 레닌 간의 투쟁은 해외에서 사납게 전개되었다. 그렇다면 쓰딸린의 무도함이 그것과 어떤 관계가 있는가?"

"10월 혁명부터 1922년까지의 기간에 뜨로쯔끼는 이미 볼쉐비키당의 당원이었는데 레닌과 그의 당에 반대하는 두 번의 '장대한' 돌격을 했었다: 1918년에 브레스트 평화(조약-역자)의 문제에 대해 그리고 1921년 노동조합문제에 대해. 그 두 번의 돌격은 뜨로쯔끼의 패배로 끝났다. 왜? 아마도 쓰딸린의 무도함이 여기서 비난받아야 하는가? 그러나 당시에 쓰딸린은 아직 중앙위원회의 서기가 아니었다. 서기라는 직위는 당시에 악명 높은 뜨로쯔끼주의자들에 의해 장악되어 있었다. 그렇다면 쓰딸린의 무도함이 그것과 어떤 관계가 있는가?"

"이후에 뜨로쯔끼는 당에 반대하는 수많은 새로운 돌격(1923년, 1924년, 1926년, 1927년)들을 했고 각각의 돌격은 뜨로쯔끼가 새로운 패배를 맛보는 것으로 끝났다."

"이 모든 것으로부터, 레닌주의 당에 반대하는 뜨로쯔끼의 싸움은 깊고 멀리 미치는 역사적 뿌리들을 갖고 있다는 것이 명백하지 아니한가? 이것으로부터, 당이 지금 뜨로쯔끼주의에 반대하여 수행하는 투쟁은, 당이 레닌의 지도하에 1904년부터 수행했던 투쟁의 연속이라는 것이 명백하지 아니한가?"

"이 모든 것으로부터 레닌주의를 뜨로쯔끼주의로 대체하려는 뜨로쯔끼주의자들의 시도들이 반대파의 전체 노선의 실패와 파산의 주요 원인이라는 것이 명백하지 아니한가?"

"우리 당은 혁명적 전투들의 폭풍 속에서 태어났고 성장했다. 우리 당은 평화적 발전의 시기에 성장한 당이 아니다. 바로 그 이유 때문에 우리 당은 혁명적 전통이 풍부하고 그 지도자들에 대해 숭배를 하지 않는다. 한 때는 플레하노프가 당의 가장 인기 있는 사람이었다. 아니 그 이상으로 그는 당의 설립자였고 그의 인기는 뜨로쯔끼나 지노비예프의 인기보다 비교할 수 없이 컸다. 그럼에도 불구하고, 당은 플레하노프가 맑스주의로부터 일탈하고 기회주의로 넘어가자마자 플레하노프로부터 등을 돌렸다. 그러면 뜨로쯔끼나 지노비예프 같이, 그렇게 '위대하지' 않은 사람들이 레닌주의로부터 일탈하기 시작한 후에 당의 꼬트머리에서 자신들을 발견하는 것이 놀라운 것인가?"

《전집 10권》, pp. 199-201.

1924년 이후로 쓰딸린에 의해 영도되는 볼쉐비키당이 뜨로쯔끼주의에 반대하여 수행한 투쟁이, 레닌에 의해 영도되는 당이 1903년 이후로 수행한 투쟁의 연속이듯이, 마찬가지로 쓰딸린에 의해 영도되는 볼쉐비키당에 반대하는 뜨로쯔끼의 투쟁은 레닌에 의해 영도되는 볼쉐비키당에 반대하여 뜨로쯔끼가 수행했던 투쟁의 계속이다. 레닌은 1903년부터 1917년까지 뜨로쯔끼의 비방의 주요한 표적이었다. 레닌이 사망한 후에 쓰딸린이 이 영광스러운 자리를 차지하게 되었고 반대파의 공격의 주요한 표적이 되었다. 이것이, 쓰딸린이 레닌주의 노선을 충성스럽게 옹호하고 수행함에 의해 볼쉐비키당의 가장 대표적인 대변인이 되었고 또 그러한 능력으로 인하여, 레닌주의를 뜨로쯔끼주의로 대체하려는 반대파의 반복된 시도들—비록 성공적이지는 않았지만—에서 반대파가 분노했던 이유이다. 그것은, 자칭 레닌주의자인 뜨로쯔끼가, 뜨로쯔끼주의자들의 동화에서 주장하듯이 소위 외부의 찬탈자인 쓰딸린에 반대하는 투쟁의 경우가 아니었다. 반대로, 뜨로쯔끼주의라는 반볼쉐비키적이고 소부르주아적인 이데올로기에 대해 성공적인 레닌주의적 공격을 멋지게 계속한 사람은 완강하고 지칠 줄 모르는 레닌주의자(쓰딸린)였다. 이것만이 이오씨프 쓰딸린에 대한 뜨로쯔끼주의의 증오를 설명하는데, 쓰딸린이라는 이름만 언급하면 뜨로쯔끼주의자 신사들이 입에 거품을 무는 이유이다. 다음은 자신에 대한 반대파의 증오를 쓰딸린이 묘사한 방식이다:

"무엇보다도 먼저 개인적 요인에 대하여. 여러분은 여기서 반대파들이 얼마나 주도면밀하게 쓰딸린을 비난하고 자신들의 온 힘을 다하여 그를 비난하는지를 들어왔다. 주요한 공격이 쓰딸린에 대해 향해지는 이유는 쓰딸린이 모든 반대파의 술책을, 아마도 우리의 일부 동지들보다 더 잘 알기 때문인데, 내가 감히 말하건대 그를 바보 취급하는 것은 쉽지 않다. 그래서 그들은 우선적으로 쓰딸린에 대해 공격을 가하는 것이다. 그렇다면, 그들로 하여금 마음껏 비난하게 내버려 두자."

"그리고 쓰딸린은 어떤 사람인가? 쓰딸린은 단지 사소한 인물일 뿐이다. 레닌을 들어보자. 8월 블록의 시절에 뜨로쯔끼에 의해 영도되는 반대파는 레닌에 반대하는 훨씬 더 무례한 비방 캠페인을 수행했다는 것을 누가 모르는가? 예를 들면 뜨로쯔끼의 말을 들어보자:

"러시아 노동운동에서 후진적인 모든 것에 대한 직업적 착취자인, 게임에서 노련한 사람인 레닌에 의해 체계적으로 야기된 비열한 말싸움은 의미 없는 망상 같은 것이다."(뜨로쯔끼의 크하이제(CHkeidze)에게 보내는 편지를 보라, 1913년 4월)

"동지들! 단어를 주목하라. 단어를 주목하라! 글을 쓰고 있는 사람은 뜨로쯔끼이다. 그리고 레닌에 대해 쓰고 있는 것이다."

"그러면, 레닌의 신발끈도 묶을 자격이 없는 뜨로쯔끼가 위대한 레닌에 대해 이렇게 형편없는 예의로 쓰고 있는데, 그가 레닌의 수많은 제자 중의 한 사람—쓰딸린 동지—에 대해 지금 비난을 하는 것이 놀라운 것인가?"

"그것 이상이다. 나는 반대파들이 자신의 모든 증오를 쓰딸린에 대해 터뜨리는 것에 의해 나를 영광스럽게 하고 있다고 생각한다. 그것은 응당 그러한 것이다. 나는, 당을 침몰시키려 애쓰는 반대파가 레닌주의적 당 원칙의 근본을 옹호하고 있는 쓰딸린을 칭찬한다는 것은 이상하고 불쾌한 것이라고 생각한다."

≪전집 10권≫, pp. 177-178.

파멸에 대한 뜨로쯔끼의 반복된 예언

반레닌주의적임은 말할 것도 없고 비과학적이고 비관주의적인 '영구혁명'의 이론—세 번에 걸친 러시아 혁명의 경험과 쏘련과 그밖에서의 가일층의 모든 발전에 의해 반박되었던—으로부터 뜨로쯔끼는 오직 파멸만을 예언할 수 있었고 실제로 예언했다. 1923년부터 1940년까지의 그의 모든 진술들의 근원적인 주제와 목적은, 세계혁명이 쏘련을 구원하지 않는다면, 쏘련에서 사회주의 건설의 모든 가능성을 부정하는 것이었고, 그리하여 자신의 노력에 의해 새로운 사회를 건설함에 있어서 쏘비에트 프롤레타리아트의 확신을 침식하는 것이었다. 이것은, 특별한 어려움과 특별한 성취의 이 획기적인 시기에 쏘련의 성공의 유일한 보증, 즉 당과 프롤레타리아 독재 국가의 레닌주의적 지도부에 대한 사악한 공격을 수반하는 것이었다. 물론 이러한 공격들은 언제나, 주장하는 바에 의하면, 문제를 개선하기 위한 의도에서 '관료주의적인 국가 기구' 혹은 '쓰딸린주의적 관료주의'에 대해 공격한다는 위장하에 숨겨져 있었다. 그리고 자주 예언되었던 재난이 발생하지 않았을 때, 이것은 단지 뜨로쯔끼에게 그의 하소연을 충족시키는 수단으로서 고안된 광범한 재난, 환멸 그리고 타락에 대해 보고할 기회를 제공했을 뿐이다.

뜨로쯔끼의 '신노선'이 당의 타락을 예언하다

신경제정책NEP시기였던 1923년에 뜨로쯔끼는 "국가기구의 부르주아적 방향으로 타락"에 의해 프롤레타리아 독재가 곧 파멸할 것으로 예언했다. 1923년에 쓴 그의 <신노선>에서 그는 "관료주의가 과도하고 진정으로 긴박한 발전에 도달했다"고 주장했다. 다음은 그가 NEP를 통한 자본주의의 복고를 예언한 방식인데, 양이 일정한 단계에서는 질로 전화된다는 것을 주장하고 있다:

"사적 자본의 급속한 발전은 … 사적인 자본이 노동자의 국가와 농민층 사이에 점점 더 끼어들고 있고 경제적인 그리고 따라서 정치적인 영향력을 얻고 있다는 것을 보여줄 것이다. … 쏘비에트 공업과 농업 사이의, 그리고 프롤레타리아트와 농민층 사이의 이러한 불화는 프롤레타리아 혁명에 대한 중대한 위험을 구성하며, 반혁명의 승리의 가능성의 징후가 될 것이다."
"방금 발표된 경제적 가정들이 실현된다면, 반혁명의 승리가 찾아올지도 모를 정치적 길은 무엇인가? … 정치적 과정은 국가기구가 부르주아적 방향으로 타락하는 주요한 특징을 띠게 될 것이다. … 사적 자본이 빠르게 증가하고 농민층과의 융합에 성공한다면, 그때에는 공산당에 반대하는 방향의 적극적인 반혁명적 경향들이 아마도 지배적이 될 것이다. … "
"반혁명적 경향들은 쿨락, 중간 상인, 소매상, 특히 사업자들, 한마디로 국가기구를 둘러쌀 수 있는 능력에 있어서 당 자체보다 뛰어난, 이 요소들 가운데에서 지지를 얻을 수 있다. …"
"우리가 방금 열거했고 또 지금은 관료주의를 양육하는 부정적인 사회적 현상들은 그것들이 계속 발전한다면 혁명을 위험에 빠뜨릴 수 있다. … 국가와 당 기구에서의 관료주의는 우리의 상황에 고유한 가장 곤란한 경향들의, 혁명의 기초를 약화시킬 수도 있는 … 우리 사업에서의 결점들과 일탈들의 표현이다. … 양은 일정 단계에서 질로 전화할 것이다."

4장.

이 모든 것에서 뜨로쯔끼는 프롤레타리아 독재의 역할을 완전히 잊고 있다. 물론 NEP의 도입은 특히 농촌에서 자본주의적 요소들에 대한 속박을 풀었다. 물론 그것은 자본주의로의 부분적인 복귀였다. 그 모든 것은 NEP의 저자인 블라디미르 일리이치 레닌에게 알려진 것이었다. 그러나 NEP가 농촌에서 자본주의적 요소들의 속박을 푸는 것에 의해 자본주의 복고의 위험을 가져왔다 할지라도 NEP를 통하지 않고서는 전시 공산주의로부터 사회주의로의 이행의 다른 길이 없었다. 그러나 이 위험은, 자본주의 복고의 이러한 가능성은 프롤레타리아 독재가 적대적인 자본주의적 계급들—쿨락과 상인들—에 대한 자신의 철의 지배를 실시하는 한 결코 실현될 수 없었다. 그것이 레닌이 프롤레타리아 독재의 최대한의 강화를 요구한 이유이다. 이것은 또한 통치하고 있던 볼쉐비키당내에서 의지의 통일과 철의 규율을 통해서만 이루어질 수 있었다. 그것이, 레닌이 10차 당대회에서 그 결의를—레닌 자신에 의해 쓰이고, 당내에서 현존하는 분파들이 앞으로 해체될 것을 요구하고, 새로운 분파의 형성이 금지될 것을 요구하며, 이 결의를 승낙하지 않는 누구라도 당에서 즉각적으로 추방될 것이라고 선언하고 있는—통과시키도록 한 이유이다. 뜨로쯔끼는 당의 지도부에 대한 자신의 사악한 공격에 의해, 쏘련의 당과 국가기구에 대한 자신의 모욕에 의해, 그리고 볼쉐비키당의 모든 규범과 규율들을 조롱함에 의해 프롤레타리아 독재를 끊임없이 침식했다.

뜨로쯔끼의 예언들의 실패

뜨로쯔끼의 사보타지에도 불구하고 뜨로쯔끼의 예언들은 실현되지 않았는데, 그것은 이 어려운 시기 동안 당과 국가의 레닌주의적 지도부 덕분이었다. 대신에 NEP 러시아는 실제로는 나찌의 강력한 전쟁기구들을 거의 단독으로 분쇄하는 더없는 영광을 획득하는 길로 계속 나아갔던 강력한 사회주의 쏘련으로 전환되었다. 뜨로쯔끼에 의해 예언된, **"타락", "주도성을 죽이는 관료주의", "냉담함", "소외"** 그리고 **"병적인 불안"**은 현실화되지 않았고 쏘련이 5개년 계획의 집단화와 산업화의 추진을 통해 전환되기 시작했을 때, 뜨로쯔끼는 쏘련과 볼쉐비키 당의 지도부에 대한 그의 공격들을 강화했다.—그 과정에서 시장 사회주의자로서, 즉 사회민주주의적 변종의 부르주아 사회주의자로서 자신의 진정한 소름끼치는 특징들을 드러냈다.

경멸스럽고 비겁한 투항자

1933년에 뜨로쯔끼는 자신의 팜플렛 ≪위험에 처해있는 쏘비에트 경제≫를 발간했는데, 거기에서 그는 자본주의에 대한 이 두 번째의 공격, 즉 사회주의적 공업화와 집단화—세계사적으로 혁명적인 의미를 갖는 두 가지 조치들—를 통해 개시된 공격에 반대하고 나섰다. 그는 "올바르고 경제적으로 건전한 집단화는, 일정한 시기에는, NEP의 제**거를 초래해서는 안 되고 그것의 방법들에 대한 점차적인 재조직화를 초래해야만 한다**"고 선언했다.(p. 32.)

다른 말로 하면, 일반적으로 자본주의를, 그리고 특수하게는 농촌에서 자본주의를 제거하는 어떠한 시도도 있어서는 안 된다는 것이었다.

시장에 대한 일정 종류의 통제를 지지하는 체하는 고르바쵸프의 스타일인데, 뜨로쯔끼의 시장에 대한 통제의 방법은 시장이 스스로를 통제하도록 내버려 두는 것이었다!

"시장에 대한 규제는", 그는 말한다, "그것 스스로 그 매개를 통해 발생하는 경향들에 의존해야만 한다."(p. 30.)

당시의 쏘비에트 경제의 모든 혁명적인 거대한 전진은 시장의 밖에서 이루어진 것이었기 때문에 시장 사회주의의 이 지체 높은 옹호자에 의해 무질서와 **"경제적 혼돈"**으로 묘사된다. 그는 말한다:

"시장을 제거하고 대신에 아시아적 저자거리를 설치함에 의해 관료주의는 … 가격들의 가장 미개한 회전을 위한 조건을 창출했으며, 그리하여 결과적으로 상업적 계산 밑에 지뢰를 묻었다(상업적 계산을 실제로는 엉터리로 만든다는 비유-역자). 그 결과 경제적 혼돈이 배가되었다."

p. 34.

1925년 12월에, 쏘련공산당 제14차 당대회에서, 이러한 집단화를 위해 필요한 조건들이 총체적으로 결여되어 있을 때, 농민층의 즉각적인 집단화라는 정책을 당에 강요하려 시도했던 뜨로쯔끼가, 그 동일한 뜨로쯔끼가, 집단화가 완성을 향해 가고 있던 1933년에, 계급으로서 쿨락을 청산하는 정책을 반대하고, 대신에 **"쿨락의 착취적 경향을 심각하게 제한하는 정책"**의 수립을 요구하고 나섰다.(p. 47.)

다른 말로 하면 자본주의는 농촌에서 제거되어서는 안 된다는 것이었다.

기적을 위해 기도하면서 뜨로쯔끼는 선언한다:

"상품들은 인간의 필요에 적응되어야 한다 … "

뜨로쯔끼의 입장은 결국 다음과 같이 되었다:

'경제적 회계는 시장관계 없이는 생각할 수 없다.'

이러한 관점에서, 뜨로쯔끼가 다음과 같은 결론에 도달한 것은 전혀 놀라운 것이 아니다:

"제2차 5개년 계획을 연기하는 것이 필요하다. 울부짓는 열광은 물러가라."

p. 41.

쓰딸린이 제17차 당대회(1934년 1월 26일)에 대한 그의 보고에서 뜨로쯔끼주의의 강령에 대한 다음과 같은 관찰을 한 것은 놀라운 것이 아닙니다:

"우리는 '좌익들'이 좌익적 수사에 의해 자신들의 우익성을 감추는 사실상의 우익들이라고 언제나 말해왔다. 지금은 '좌익들' 스스로가 우리의 주장의 올바름을 확증한다. 뜨로쯔끼주의자들의 ≪실탄≫의 작년 호들을 보자. 뜨로쯔끼주의자 신사들은 무엇을 요구하는가? 그들은 무엇에 대해 쓰는가? 그들의 '좌익적' 강령들은 어떤 점에서 표현되는가? 그들은 요구한다: 수지가 맞지 않는다는 이유로 **국영농장을 해체**할 것, **집단농장들의 대다수를 그것들이 허구적인 것이라는 이유로 해체**할 것, **쿨락의 제거**라는 정책의 포기, 양보정책으로의 복귀, 그리고 **수많은 우리의 공업기업들**을 수지맞지 않는다는 이유로 **업자들에게 임대**할 것."

"거기에서 여러분은 이 경멸할 만한 겁장이들과 투항자들의 강령─쏘련에서 자본주의를 복고하기 위한 반혁명적인 그들의 강령─을 가지고 있다."

"이 강령과 극우의 강령 간에 어떤 차이가 있는가? 명백하게 전혀 없다. '좌익들'은 우익들과 블록을 형성하여 당에 반대하는 결합된 투쟁을 수행하기 위해 우익의 반혁명적 강령과 공공연하게 연합한다는 것이 도출된다."

쓰딸린, ≪전집 13권≫, pp. 370-371.

뜨로쯔끼의 반쏘비에트 비방은 제국주의자들의 방앗간의 곡물이다.

뜨로쯔끼가 폰 미제스와 브루쯔쿠스같은 부르주아 경제학자들에 의해 10년 전에 언급되었던 것을 서투른 방식으로 단지 반복할 뿐이라는 것을 볼 때, 부르주아 경제학이 뜨로쯔끼의 ≪위험에 처한 쏘비에트 경제≫로부터 아무것도 배우지 못했지만, 그럼에도 불구하고 그 팜플렛은 제국주의 언론에서 사회주의 건설에 대한 부르주아적 비평가들에 의해 광범위하게 인용되었다. 왜냐하면 그 팜플렛이 그들로 하여금, 사회주의에 대한 그들의 '객관적'이고 '불편부당한' 비평들, 그리고 사회를 시장으로부터 자유롭게 한다는 것은 불가능하다는 그들의 도그마를 이

'고참 볼쉐비키'가 충분히 받아들였다는 것을 강조하는 것을 가능하게 했기 때문이다.(이 주제에 대해 보다 충분히 다루려는 독자는 나의 책 ≪페레스트로이카―수정주의의 완전한 붕괴≫의 11장을 참조하라).

쏘비에트 정권에 반대하는 뜨로쯔끼의 비방들은 독일과 이탈리아의 파시스트들에 의해 민첩하게 파악되었다: "나의 친구들은 보시오." 괴벨스는 독일의 사회주의자들과 공산주의자들에게 말했다. "뜨로쯔끼가 쏘비에트 국가에 대해 말하고 있는 것을. 그것은 더 이상 사회주의 국가가 아니라 러시아 인민들에 붙어사는 기생적인 관료주의에 의해 지배되는 국가이다."(부록 2를 보라) 이것들과 그리고 유사한 주장들은 파시스트들뿐만 아니라 제국주의 국가들에 의해서도 퍼졌는데, 쏘련에서 대중들이 갖고 있는 신념들뿐만 아니라 대중들의 스스로에 대한 신념, 스스로 새로운 삶을 건설할 대중들의 능력에 대한 신념을 약화시키려고 고안된 것이었다. 이러한 뜨로쯔끼주의자들의 주장들은 노동운동에서 공산주의의 적수들에 의해서뿐만 아니라 급진적인 소부르주아 지식인들에 의해 이용되었고 계속하여 이용될 것이다. 뜨로쯔끼주의는 이렇게 노동자계급 운동을 정치적으로 그리고 이데올로기적으로 혼란시키고 무장 해제시키는 기능을 수행해 왔고 계속하여 수행할 것이다.

모든 현실에 대해 반항하고, 쏘련에서 사회주의 건설에서의 발전들을 무시하면서 뜨로쯔끼는 계속하여 재난을 예언하고 '쓰딸린주의 관료주의'―볼쉐비키당과 쏘비에트 국가의 레닌주의적 지도부에 대한 완곡한 표현―의 타도를 옹호했다. 다른 말로 하면 프롤레타리아 독재의 타도를 옹호했다. 1933년 10월에 씌여진 기사에서, 뜨로쯔끼는 '쓰딸린주의 관료주의'가 계속하여 지배한다면 자본주의가 복고할 것이라고 예언했다:

"관료주의가 방해받지 않고 가일층 발전한다면, 불가피하게 경제적 및 문화적 성장의 정지를, 끔찍한 사회적 위기를, 그리고 전 사회의 아래쪽으로의 급강하를 초래할 것이다. 그러나 이것은 프롤레타리아 독재의 붕괴뿐만 아니라 관료주의 지배의 종말을 의미할 것이다. 노동자 국가 대신에 '사회적 관료주의'가 나타나는 것이 아니라 자본주의 관계들이 나타날 것이다."

≪쏘비에트 국가의 계급적 성격≫

1935년 2월에 뜨로쯔끼는, "**쓰딸린주의 정권의 불가피한 붕괴**"를 예언했고, 만약에 쏘비에트 정권의 제거가 "**프롤레타리아 전위의 의식적인 행동**"으로 나타나지 않을 경우 쏘비에트 정권이 "**파시스트-자본주의적 반혁명**"에 의해 대체될 것을 예언했다. 그 동일한 뜨로쯔끼주의 반혁명분자는, 먼저 사회주의 건설의 가능성 자체를 부정했고, 사회주의 건설의 길에 모든 장해물을 놓으려 했고(비록 성공적이지는 못했지만), 제국주의 부르주아지와 손을 잡고 쏘비에트 국가와 볼쉐비키당 지도부를 비방했고, 사회주의적 공업, 농업, 과학, 기술 그리고 예술의 단하나의 업적이라도 모두 깎아 내리고 모욕했고, 그리고 독일과 일본의 파시즘의 동맹자이자 도구가 되었던 것으로 끝을 마감했다!! 이 매우 경멸스러운 겁쟁이들 그리고 반혁명분자들은, 자본주의 복고 강령에 대한 이 열렬한 옹호자들은, 뜨로쯔끼주의의 거짓과 음모의 거꾸로 된 세계에서 스스로 자신들이 '프롤레타리아 전위'라고 확신하고 있는 것이다! 동시에 뜨로쯔끼가 말하기를, 레닌주의 노선을 따라 쏘련에서 사회주의 건설의 가능성을 믿고 있을 뿐만 아니라 실제로 그것을 내부적 및 외부적 적들과 어려움들에도 불구하고 성공적으로 달성하고 있는 볼쉐비키당이, 만약에 스스로에게 "프롤레타리아 전위"라고 호칭을 부여한 반혁명적인 뜨로쯔끼주의자들의 손에 의해 제거되지 않는다면 '반혁명'에 길을 내주어야만 하는 '보나파르티즘' 정권이라고 하고 있다!

"보나파르티즘의 제거가 프롤레타리아 전위의 의식적인 행동으로서 나타날 경우에만 쓰딸린주의 정권의 불가피한 붕괴는 쏘비에트 민주주의의 수립을 초래할 것이다. 다른 모든 경우에는 쓰딸린주의 대신에 파시스트-자본주의적 반혁명이 나타날 뿐이다."
　　　　　　　　　뜨로쯔끼, 《노동자의 국가》, 테르미도르 그리고 보나파르티즘.

뜨로쯔끼가 신용을 얻기 위해
사회주의의 업적들을 인정하다

그러나 제2차 5개년 계획이 끝날 무렵, 장님조차도 사회주의 건설의 거대하고 진정으로 영웅적이고 세계사적인 업적들을 보지 않을 수 없었다. 심지어 제국주의의 지적인 대표들도 쏘련—자본주의 세계가 경기후퇴에 비틀거리는 동안에 완전 고용을 달성한 유일한 나라—의 모든 생활의 측면에서 사회주의의 업적을 인정하기 시작했다. 뜨로쯔끼는 쏘비에트의 현실과 뜨로쯔끼의 그에 대한 묘사 사이의 심한 불일치 때문에 불신당할 위험에 처했다. 그래서 뜨로쯔끼는, 모든 반쏘비에트주의자들 중에서 가장 반쏘비에트적인 그는 신용을 일정하게 얻기 위하여 쏘련에서 사회주의의 성과들에 대해 거의 토로하듯이 쓸 수밖에 없었다. 물론, 그것은 다시금 쏘비에트 정권에 반대하는 거짓말과 비방을 더욱더 무례하게 전개하는 캠페인의 서곡일 뿐이지만. ≪배반당한 혁명≫(1933)에서 그는 쓰고 있다:

"공업에서 거대한 성취들, 농업에서 커다란 전망이 있는 시작들, 옛 공업도시들에서 특별한 성장과 새로운 도시들의 건설, 노동자 수의 빠른 증가, 문화 수준과 문화적 요구들의 향상—이런 것은 10월 혁명의 의심의 여지없는 결과들이다. … "

"사회주의는 자신의 승리의 권리를 과시했는데, ≪자본론≫의 페이지에서가 아니라 지구 표면의 1/6에 달하는 공업지대에서—변증법의 언어가 아니라 강철, 시멘트, 그리고 전력의 언어로서 … 한 후진적 나라가 역사상 유례없는 성공을 10년이 못되어 달성했다."

"이것은 또한 노동자 운동에서 개량주의자들과의 싸움을 종식시킨다. 우리가 그들의 쥐새끼 같은 소동을, 혁명에 의해 새로운 생활로 깨어난 이 사람들에 의해 달성된 거대한 사업과 한 순간이라도 비교할 수 있는가? … "

이렇게 매우 신비스럽게 그리고 뜨로쯔끼로부터 정정이나 사과는 고사하고 어떠한 설명도 없는 채로, 한편으로는 **"관성"**에 의해 다른 한편으로는 **"비판을 향한 적대적인 폭력"**에 의해 특징지어지는 **"독선적인,**

부정적인, 오만한, 배타적인, 관료주의적 기구"―대중의 지지를 상실할 위험에 처해 있고, "소매상들, 중간상인들, … 그리고 쿨락" 가운데에서의 반혁명적인 경향들에게 국가의 지배를 박탈당할 위험에 처해 있을 정도로, 현실과 너무나 동떨어진 **"출세주의자들과 정치적 하수인들"** 로 채워져 있는―"이 관료주의적 기구", 즉 볼쉐비키당과 쏘비에트 국가의 지도부가 어쨌거나 위기에 대처했고 **"역사상 유례없는 성공의 10년"** 을 조직했다는 것이다!

보통 뜨로쯔끼주의는 쏘비에트 인민에 대해, 온순하게 그리고 음울하게 자신들의 운명을 받아들이면서 '쓰딸린 관료주의'에 의해 명령받고 떼를 짓는 것으로 그림을 그린다. 그런데 이 책의 어떤 페이지에서―동일한 책의 다른 페이지와는 특징적으로 모순된다―뜨로쯔끼는 쏘비에트 젊은이들이 경제적, 문화적 그리고 예술적 활동에 열정적으로 뛰어들고 있는 것을 다음과 같은 강렬한 어휘로 묘사한다:

"확실히 젊은이들은 경제의 영역에서 매우 활동적이다. 쏘련에서는 지금 집단농장들에 1백 2십 만 명의 공산주의 청년들이 있다. 수십만의 공산주의 청년들이 최근의 기간에 동원되어 건설작업, 벌목작업, 석탄채굴, 금 생산에 종사하고 북극에서, 사할린에서, 혹은 콤소몰스크의 새로운 도시가 건설과정에 있는 아무르에서 작업에 종사한다. 새로운 세대는 돌격대, 노동 영웅들, 스타하노프주의자들, 십장들, 하급관리자로서 나서고 있다. 젊은이들은 공부하고 있는데, 그들 중 상당 부분은 부지런히 공부하고 있다. 그들은 체육의 영역에서 활동적인데, 낙하산 점프, 그리고 사격술 같은 가장 용감하고 전투적 형식에서 그러하다. 진취적이고 대담한 사람들은 모든 종류의 위험한 탐험을 하러 가고 있다."

"'우리 젊은이들의 더 나은 부분은' 최근에 유명한 극지 탐험가 슈미트는 말했다, '어려움이 그들을 기다리고 있는 곳에서 열심히 작업하려 한다'. 이것은 의심의 여지없이 진실이다. … "

"젊은이들이 개인적 이해에 의해 전적으로 혹은 상당히 통제되는 것으로 묘사하는 것은 젊은이에 대한 잔혹한 비방이다. 아니다. 젊은이들 일반 대중은 관대하고, 감응적이고, 진취적이다. … 그들의 깊은 곳에서는 다양한 공식화되지 않은 경향들이 있는데, 이것들은 영웅주의에 입각하고 있고 단지 아직 실제로 적용되기를 기다리고 있을 뿐이다. 가장 최신의 종류의 쏘비에트 애국주의가 번성하고 있는 것은 특히 이러한 분위기에서이다. 그것은 의심의 여지없이 매우 깊고 신실하고 역동적이다. … "

7장.

사회주의에 대한 더욱 무례한 공격들

그러나 이 모든 것은 사회주의 정권에 대한 사악한 탄핵의, 쏘비에트의 업적들과 모든 사회주의적인 것의 부정의, 쏘비에트 역사에 대한 왜곡—아니 직접적인 위조—의 단지 서곡일 뿐이다. 사회주의가 "자신의 승리의 권리를 드러냈다"고, 쏘비에트 국가가 "역사상 유례없는 10년의 성공"을 달성했다고 입에 발린 말을 할 수밖에 없으면서도, 뜨로쯔끼는 그의 책의 나머지를 쏘련과 그 지도부에 대한 신랄한 공격에 바친다. "역사상 유례없는 성공"에 대한 그 모든 인정에도 불구하고 우리는 다음과 같은 말을 듣게 된다. "쏘비에트 국가는 모든 관계들에서 공산주의보다는 후진적 자본주의에 더 가까워졌다."(p. 22.); 쏘련은 공산주의의 낮은 단계를 성취하는 것과는 거리가 멀고 쏘련이 성취한 것은 "자본주의로부터 사회주의로 이행하는 예비적 정권"이다; 이 정권은 불평등의 증대를 야기하고 있다: 뜨로쯔끼가 주장하기를 "쏘련에서 임금격차는 자본주의 나라들보다 적지 않고 더 크다"(p. 228.); 그리고 산업은 "노예 감독자들의 집단"에 의해 지배되고 있다.(p. 229.) 이 이행하는 정권이 사회주의의 방향으로 발전할 수 있기 전에, "관료주의적 절대주의에 반대하는 제2의 보충적 혁명"이 있을 수밖에 없다는 것이 절대적으로 필연적이다.(p. 272.) 왜냐하면 "관료주의는 오직 혁명적 세력에 의해서만 제거될 수 있고 언제나처럼 공격이 더 용감하고 결정적일수록 희생은 더 적어질 것이기"(p. 271.) 때문이다. 쏘비에트 지도부가 노동자계급과 집단화된 농민층의 압도적인 지지를 얻고 있었기 때문에, 뜨로쯔끼의 "혁명적 세력"에 대한 언급들은 볼쉐비키당의 지도부에 반대하는 테러주의의 행동들 혹은 군사적 음모 혹은 볼쉐비키 정권의 타도를 위한 외국의 개입—혹은 이 모든 수단들의 결합—을 의미할 수 있을 뿐이었다. 이것이 뜨로쯔끼가 마음속에 품었던 것이라는 점이 이 책의 서술의 과정에서 명백하게 드러날 것이다.

'영구혁명'이라는 불신당한 이론을 다시 주장함

 사회주의로의 전진은 어느 정도는 먼저 유럽의 나머지 지역에서 혁명이 앞서서 승리하는 것에 의존한다는 불가피한 주장—'영구 혁명'의 이론이라고 꾸며대는 뜨로쯔끼의 영구적인 희망 없음의 재탕이고 최신판이다—이 또한 있다. 사정이 그러하므로 누구나 다음과 같이 묻기만 하면 용서받을 수 있다: 만약 혁명이 성장하다가 "유럽의 나머지 지역에서 혁명의 승리"가 없을 경우 혁명이 희망의 상실로 타락한다면 "관료주의적 절대주의에 반대하는 보충적 혁명"은 무엇을 성취할 것인가?
 덧붙이자면, 그 책은 노동생산성을 높이고자 하는 모든 시도들—자본주의의 조건에서 얻어질 수 없는—에 대한 악의에 찬 탄핵들을 포함하고 있다. 뜨로쯔끼는 모든 임금격차들, 성과급제도들, 사회주의적 경쟁의 추진을 공격한다—이것들 모두는 "불의, 억압, 그리고 다수에 대한 강제, 소수를 위한 특권과 '행복한 생활'의 원천"으로 단지 탄핵될 뿐이다.(pp. 244-245.) 그 모든 악선동을 별도로 하면, 명확해지는 것은 완전한 무지—부정직은 말할 것도 없고—이다. 그 책의 저자는 ≪고타 강령 비판≫—거기서 맑스는 특히 공산주의의 낮은 단계와 높은 단계하에서 분배의 규칙을 다루고 있다—의 본질을 파악하는 데 총체적으로 실패하고 있다는 것이 드러난다. 낮은 단계에서, 분배는 '각자로부터는 그의 능력에 따라, 각자에게는 그의 노동에 따라'라는 정식에 따를 수 있을 뿐인데, 이 정식은 "분배의 결함과 '부르주아적 권리'의 불평등을 제거"하지 못한다.(레닌, ≪국가와 혁명≫)

사회주의와 파시즘의 동일시
그리고 패배주의적 타락의 확산

 쏘비에트 국가에 대한 그의 강렬하고 이성이 결여된 증오에 의해 추동되어서, 그리고, 볼쉐비키 정권이 그의 교정 불가능한 분파주의 때문에 그를 추방하기로 결정했다는 이유에서 비롯된 볼쉐비키 정권에 반대하는 어리석은 주관주의와 끝이 없는 복수심에 의해 추동되어서, 뜨로쯔끼는 그의 책 ≪배반당한 혁명≫의 11장에서 "쓰딸린주의와 파시즘은

… 대칭적인 현상이다. 그들은 많은 특징들에서 지독한 유사성을 보인다"라고 야비할 정도의 말을 하고 있다.

그의 책 부록에서 뜨로쯔끼는 말한다:

" … 노동자계급에게 그리고 인텔리겐챠 사이에서의 노동자계급의 진실한 옹호자들에게 우리의 작업은 의심을 야기하고 불신—혁명에 대해서가 아니라 혁명의 찬탈자들에 대한—을 불러일으킬 것이다. 그러나 그것이 바로 우리가 바라는 목표이다."

뜨로쯔끼가 전쟁에서 쏘련의 패배를 예언하고 요구하다

뜨로쯔끼는 이기적인 분파주의와 부르주아적 주관주의의 조합에 의해 추동되어, 언제나 볼쉐비키당과 쏘비에트 국가의 레닌주의적 지도부를 "쓰딸린주의적 관료주의", "찬탈자들의 카스트들", "전체주의적 정권" 등으로 언급했다. 그렇기 때문에 뜨로쯔끼의 정신착란 상태의 욕설 배후의 목적과 의도가, 전 세계의 노동자들에게 이 정권은—뜨로쯔끼에 따르면 파시즘과 분간할 수 없는—그들의 지지를 받을 가치가 없다는 것을 확신시키려 시도함에 의해 쏘비에트 정권을 중상하는 것임은 거의 의심될 수 없다. 이러한 태도는 파시즘에 반대하는 어떠한 전쟁에서도—타락을 확산시킴에 의해—이 정권의 패배를 소망하고 요구하는 것의 서곡일 뿐이다. 뜨로쯔끼주의가 비밀스럽게, 뿐만 아니라 공공연하게 이러한 걸음을 걸었다는 것은 당시 임박한 제2차 대전에 관련된 다음의 역겨운 선언들로부터 볼 때 명백하다. 이 선언들에서 뜨로쯔끼는 다가오는 전쟁에서 쏘련의 군사적 패배를 악의적인 기쁨으로 예언한다. 물론 그는 더 나아가, 군사적 패배 없이 오래 끄는 전쟁은 "부르주아-보나파르트주의적 혁명을 초래할 것임이 틀림없다"고 주장한다. 여기에 뜨로쯔끼의 바로 그 말이 있다:

"그러나 다가오는 대전쟁에서 쏘련이 패배 없이 빠져나올 수 있을 것이라고 우리는 기대할 수 있는가? 이 솔직하게 제기된 질문에 대하여 우리는 솔직하게 대답할 것이다; 전쟁이 단지 전쟁으로 남아 있는 한, 쏘련의 패배는 불가피할 것이다. 기술적, 경제적, 그리고 군사적 의미에서 제국주의는 비교할 수 없이 더 강하다. 서구에서 혁명에 의해 마비되지 않는 한, 제국주의는 10월 혁명으로부터 발생한 그 정권을 쓸어버릴 것이다."

≪배반당한 혁명≫, p. 216.

쏘련이 뜨로쯔끼가 할당한 그 운명에서 살아남는다면 어떻게 될 것인가? 어쨋거나 쏘비에트 국가의 파괴는 바로 동일한 것을 결과할 것이다. 우리가 돌아서거나 아니면 비틀더라도—군사적 패배이건 아니건—쏘련은 전쟁에서 살아남을 수 없을 것이다:

"전쟁의 오래 끄는 성격은", 뜨로쯔끼는 썼다, "쏘련의 이행기 경제와 그것의 관료주의적 계획과의 모순을 드러낼 것이다. … 세계 프롤레타리아트의 수동성을 동반하는 오래 끄는 전쟁의 경우에는 쏘련의 내적인 사회적 모순들은 부르주아-보나파르트주의적 혁명을 초래할 수 있고 반드시 초래할 것이다."

≪제4인터내셔널과 전쟁≫

그의 인생—레닌주의를 향한 화해할 수 없는 적대감으로 가득 찬 인생—의 끝의 언저리인 1940년에, 뜨로쯔끼는 보다 더 훌륭한 목적이 있는 열정으로 다시금 쏘련의 패배와 히틀러 독일의 승리를 예언했다.

"우리는 크레믈린의 국제 정책이 … 전쟁을 수행하는 데 있어서 무능력한 새로운 귀족들에 의해 결정되었다는 사실에서 언제나 출발한다."
" … 지배 카스트는 더 이상 내일에 대해 생각할 능력이 없다. 그것의 공식은 '나중에야 될 대로 되라'식의, 모든 멸망할 운명에 처한 정권들의 그것이다. … "
"전쟁은 많은 것들 그리고 많은 개인들을 와해시킬 것이다. 술책, 속임수, 음모 그리고 반역은 그것의 가혹한 심판을 회피하는 데 있어 소용이 없다는 것이 입증될 것이다."

≪쓰딸린-히틀러의 보급부대원≫에 관하여 영국 자본가 언론에 기고한 성명

"쓰딸린은 불만스러워하는 노동자들과 농민들 그리고 숙청을 당한 적군 Red Army으로는 전쟁을 할 수 없다."

≪독일-쏘비에트 동맹≫

"쏘련의 생산력 수준은 주요한 전쟁을 허락하지 않는다 … 이 시기가 종료되기 전에 쏘련이 주요 전쟁에 개입하는 것은 어떤 경우이든지 불평등한 무기를 가진 투쟁을 의미할 것이다."

"주관적 요인들—물질적인 것보다 덜 중요하지 않은—은 최근에 더 첨예하게 악화되었다 … "

"쓰딸린은 승리에 대한 어떤 희망이라도 갖고서 공세적 전쟁을 수행할 수 없다."

"쏘련이 셀 수 없는 희생자와 궁핍이 있는 채 전쟁을 개시한다면, 공식적인 정권의 모든 사기, 난폭함과 폭력은, 불가피하게 인민—이번 세기에서 세 번의 혁명을 이미 수행한—의 편에서 심각한 반발을 야기할 것이다. … "

"현재의 전쟁은 혁명이 몇몇의 자본주의 나라에서 발생하기 훨씬 전에 크레믈린 관료주의를 분쇄할 수 있다 …"

≪쌍둥이 별:히틀러-쓰딸린≫

제2차 대전에서 쏘련의 영웅적 승리에 의해 반박된 뜨로쯔끼의 예언들

대개의 경우 그런 것처럼 그리고 인류에게 다행스럽게도 뜨로쯔끼의 모든 예언들은 총체적으로 그릇됨이 드러났다. 나찌의 기습공격에 주요하게 기인하는, 전쟁의 처음의 몇 주의 최초의 패배 이후로 쏘비에트의 방어는 강고해졌다. 오래지 않아 그들은 반격을 했다. 세계의 나머지는, 뜨로쯔끼와 같이, 소위 무적의 나찌 전쟁기구들의 강습에 직면하여 쏘련이 붕괴하는 데는 몇 주면 족하리라고 했었다. 적군과 쏘비에트 인민은 쏘련공산당과 최고사령관 이오씨프 쓰딸린의 지도력하에 하나로 단결하여 나찌의 무적 신화를 폭파시켰다. 모스끄바, 쓰딸린그라드, 쿠르스크 그리고 레닌그라드의 거대한 전투에서 쏘비에트의 승리는 쏘비에트의, 위대하고 영광스런 쏘련의 민족들뿐만 아니라 모든 진보적 인류에 의해 영원히 기억될 것이다.

"모스끄바 전투는 하나의 영웅적 사건이었다 … 그것은 2백만의 사람,

2,500대의 탱크, 1,800대의 항공기 그리고 25,000문의 대포 이상이 투입되었다. 사상자는 그 규모에서 끔찍스러운 것이었다. 러시아 사람들의 승리로 그 전투는 끝났다. 그들은 독일의 '전격적' 공세에 의해 커다란 충격을 당했지만 그들의 손실에도 불구하고 … 그들은 효과적인 반격을 할 수 있었다. 그들은 독일의 무적신화를 깨뜨리기 시작했다. … "

이안 그레이, 《쓰딸린―역사의 인물》, 아바쿠스, p. 344.

쓰딸린그라드에서 1943년 2월 1일 파시스트 장군 폰 파울루스 그리고 다른 23명의 장군들의 항복은 세계를 홀리게 했다. 쓰딸린그라드에서 적군의 승리는 그것이 영웅적인 것인 만큼 믿을 수 없는 것이었다. 볼가-돈-쓰딸린그라드 지역에서 나찌의 손실은 1백 5십만의 사람, 3,500대의 탱크, 12,000문의 대포 그리고 3,000대의 항공기였다. 나찌의 전쟁 기구들은―많은 나날을 여러 나라를 누비는 데 익숙해져 있던―이전에는 결코 이러한 굴욕적인 패배를 당한 적이 없었다. 그리고 이 패배 속에서 "독일 군대의 꽃은 시들었다. 쓰딸린이 이제 세계인들의 눈에 거의 거대한 모습으로 떠오른 것은 … 이 전투를 배경으로 한 것이었다."(도이처, 《쓰딸린》, p. 472.)

지금부터 계속하여 패배만이 독일인들을 응시하였고 그 패배는 적군(赤軍)의 베를린으로의 입성과 1945년 4월 30일 라이히슈탁에 대한 적군의 돌격으로 이어졌다―같은 날에 총통은 자살했다. 6일 후에 야전군 원수 빌헬름 카이텔이 독일 최고사령관을 대신하여 주코프 원수에게 항복했다.

쓰딸린과 위대한 조국전쟁

승리에 대한 영예가 쏘비에트 군대와 쏘비에트 인민의 영웅적 노력에 올바르게 주어져야만 하지만, 이 결정적 시기에 대한 어떤 이야기도, 쏘련공산당(볼)과 쏘비에트 인민의 의심의 여지없는 지도자이고 쏘비에트 군대의 최고사령관인 이오씨프 쓰딸린에 대한 언급, 즉 완전한 찬사가 없다면 완벽하지 않다. 고르바쵸프 같은 배반자조차 제2차 대전에서 쏘비에트의 승리에 대해 다음과 같이 인정해야만 했다:

"승리의 성취의 한 요인은 이오씨프 쓰딸린이 전쟁 기간에 보인, 거대한 정치적 의지, 목적의식성 그리고 완강함, 인민을 조직하고 규율하는 능력이었다."

1987년 11월 2일 모스끄바에서 열린
≪위대한 10월 혁명 70주년 기념식의 경축 모임에서의 보고≫, p. 25.

부르주아이지만 정직한 작가인 이안 그레이는 이 점에 대해 이렇게 말해야만 했다:

"대규모의 패배와 모스끄바에 대한 임박한 위협은 대부분의 사람들이 용기를 잃게 했으나, 그러나 쓰딸린에 대한 그 영향은 싸우겠다는 그의 불굴의 결의를 강화시키는 것이었다. 이것은 이때에 다른 어떠한 요인보다도 나라를 해체로부터 지켜내는 데 있어 더 중요했다."

앞의 책, p. 335.

나아가:

"그것은 실제적 의미에서 그의(쓰딸린의) 승리였다. 그것은 그의 공업화 캠페인과 특히 볼가 너머의 공업의 집중적인 발전이 없었다면 얻어질 수 없었을 것이다. 집단화는, 정부가 공업의 마비와 도시의 기근을 방지하기 위해 식량과 원료자원을 비축할 수 있도록 함으로써 승리에 기여했다. 그러나 또한 집단화는 그것의 기계·트랙터 기지들을 통해서 농민들에게 트랙터와 다른 기계들을 사용하는 훈련을 처음으로 제공했다."

앞의 책, p. 419.

쓰딸린에게 우호적인 것과는 거리가 먼 아이작 도이처를 인용하면서, 이안 그레이는 긍정적으로 계속한다:

"'집단화된 농업은 기계화된 전쟁에 대한 '농민들'의 예비학교였다' … "
"그것은 또한 그의 승리였는데, 왜냐하면 그가 모든 분야의 러시아의 작전들을 전쟁 내내 지도하고 통제했기 때문이다. 그의 책임의 범위와 짐은 특별한 것이었는데, 매일같이 4년의 전쟁 기간 동안 한 순간도 한 시도 쉼 없이 그는 러시아 군대에 대한 직접적 지휘를 하였고 물자의 공급,

전쟁 산업들 그리고 대외정책을 포함한 정부정책에 대한 통제를 하였다."

앞의 책, pp. 419-420.

마지막으로 동일한 필자는 말한다:

"그것은 그의 승리였는데, 왜냐하면 무엇보다도 그것은 그의 천재성과 규모에 있어서 영웅적인 노력으로 인해 획득되었기 때문이다. 러시아 사람들은 그의 지도력에 의지했는데, 그는 그들을 실망시키지 않았다. 1941년 7월 3일과 11월 6일의 그의 연설들―이것은 그들을 전쟁의 시련을 위해 단련시켰다―그리고 모스끄바시의 대전투의 기간에 모스끄바에 그가 머물고 있다는 사실은 승리를 향한 그의 의지를 드러내었다. 그는 … 그들에게 영감을 주었고 그들에게 긍정적인 방향을 부여했다. 그는 세세한 것에 주의하고 광범위한 상황을 마음에 두었고, 과거를 기억하고 현재에 열중하면서도 끊임없이 미래를 쳐다보고 있었다."

p. 424.

쓰딸린에 대해 선천적으로 적대적이지만, 도이처는 그럼에도 불구하고 전쟁 기간의 쓰딸린의 역할에 대해 다음과 같은 모습을 그리지 않을 수 없었다:

"전쟁 동안에 크레믈린을 방문한 많은 동맹국 방문자들은 크고 작은 많은 쟁점들, 군사적, 정치적 혹은 외교적 쟁점들에 대해 쓰딸린 자신이 최종 결정을 하는 것을 보고는 놀랐다. 그는 사실상 최고사령관, 국방장관, 병참장교, 보급 장관, 외교장관, 그리고 심지어 의전 책임자였다. 러시아 붉은 군대의 총사령부는 크레믈린에 있는 그의 사무실에 있었다. 그의 사무실 책상에서 다양한 전선들의 지휘에 대해 끊임없고 직접적인 접촉을 하면서 그는 야전의 군사행동들을 관찰하고 지도했다. 그는 또한 사무실 책상에서 또 하나의 엄청난 작전, 즉 서부 러시아와 우크라이나로부터 볼가, 우랄 그리고 시베리아로 1,360개의 기업체와 공장들을 소개―그 소개는 기계와 설비들뿐만 아니라 수백만의 노동자와 그의 가족들을 포함한 것이었다―해냈다. 하나의 직무와 나머지 다른 직무를 오가면서, 말하자면, 알루미늄의 양 혹은 캘리버 총 그리고 서구의 동맹국으로부터 러시아로 전달되는 대공포 등에 대해 비버브룩 및 해리만과 흥정을 했다. 혹은 그는 독일이 점령한 지역의 게릴라 지도자들을 접견하고 그들과 적의 전선으로부터 수백 마일 떨어진 후방에서 수행되는 습격들을 토론했다. 히틀러의 대포 소리가 모스끄바의 거리에 불길하게 맴돌던 때인, 1941년 12월, 모스끄바 전투가 최고조에 달했을 때, 그는 시간을 내어 폴란드 장군 시코르스키와 미묘한 외교적 게임을 시작했는데, 그 장군은 러시아-폴란드 협정을 체결하기 위해 왔었다. … 그는 그들(외교적 사절과 방문자들)을 대개 밤늦게까지 그리고 때로는 아침 시간에 이르기까지 대접했다. 군사적 보고들, 작전에 관한 결정들, 경제적 지령들, 그리고 외교적 입씨름으로 가득 찬 하루를 보낸 후에 그는 새벽녘에 내무인민위원회, NKVD가 보낸 최신의 급보들에 대해 숙고했다. … 그는 교전상태의 몇 년 동안 이렇게 매일같이 계속했다—경이로운 인내, 완강함 그리고 경계심, 그리고 거의 어디에나 있었고 거의 무엇이든 알고 있었다."

아이작 도이처, ≪쓰딸린≫, pp. 456-457.

그리고 나아가:

"그가 그들의(쏘비에트 부대들의) 실제적인 최고사령관이었다는 것은 의심의 여지가 없다. 그의 지도력은 민간인 정치가들이 출중할 수 있는 추상적인 전략적 결정들을 수행하는 것에 결코 한정된 것이 아니었다. 그가 열성적인 관심을 갖고 매우 상세한 부분까지 현대 전쟁의 기술적 측면들을 연구한 것은 그가 결코 아마추어가 아니었음을 보여준다. 그는 우선적으로 병참술의 각도에서 전쟁을 바라보았다 … 적당한 양과 비율에 맞춰 인력의 예비와 무기의 공급을 확보하는 것, 그것들을 할당하고 그것들을 적시에 적절한 곳으로 수송하는 것, 결정적인 전략적 예비를 모으고 그것을 결정적 순간에 개입시키기 위해 준비하는 것—이 작전들은 그의 과제의 10분의 9를 차지했다."

앞의 책, p. 459.

도이처는 또한 쏘비에트 정권에 대한 인민의 적대감에 대한 어떠한 주장도 쫓아버린다:

"그 나라의 다수가 정부에 적대적이라는 것은 상상할 수 없다. 만약 사정이 그러했다면 어떠한 애국적 호소들도, 어떠한 촉구도 혹은 어떠한 강제도, 히틀러가 자신감을 갖고 희망했던 러시아의 정치적 붕괴를 막을 수 없었을 것이다. 그 나라가 전쟁 전에 거쳤던 위대한 전환은 … 그 나라의 도덕적 기질을 강화했다. 다수는 나라의 경제적 및 사회적 전진이라는 강력한 느낌에 감화되어 있었다. 그리고 그들은 외부로부터 위험에 대해 방어하고자 하는 엄격한 결의를 하고 있었다. … "

앞의 책, p. 473.

"전쟁을 수행하기에는 무능력한 새로운 귀족들", "불만족스러워 하는 노동자들과 농민들 그리고 숙청이 이루어진 군대"는 전쟁을 할 수 없다고 하는, 붉은 군대의 무기들의 열악함이라고 왜곡하는, 쓰딸린은 "어떤 승리의 희망이 있는 공격적 전쟁을 수행"할 수 없다고 하는, 그리고 전쟁은 "크레믈린 관료주의"를 분쇄할 것이라고 하는, 뜨로쯔끼주의자의 허튼 소리가 당시에 상당했다.

분쇄되기는커녕 쏘비에트 정권은 훨씬 더 강화된 모습으로 전쟁으로부터 떠올랐다. 쏘련에 대한 전쟁에 의해 쏘비에트 정권을 분쇄하기는커녕 나찌 정권 스스로가 분쇄되었고 독일이 그렇게 분쇄되었다. 더욱 더 중요한 것은, 쏘비에트의 승리가 전쟁 전에 뜨로쯔끼주의자들과 제국주의자들의 반대에도 불구하고 쏘비에트 정권이 추구한 공업화와 집단화 정책들의 올바름을 대단히 잘 드러내었다는 점이다.

"쓰딸린의 역할에 대한 새로운 평가는 승리로 인한 활기에서 생긴 사후적인 생각들로부터만 솟아난 것이 아니었다. 전쟁은 러시아의 집중적인 공업화, 특히 동부 지방의 공업화가 없었다면 이길 수 없었다는 것이 진실이었다. 또한 전쟁은 많은 농장들의 집단화 없이는 이길 수 없었다. 트랙터나 다른 어떤 기계도 결코 다룰 줄 몰랐던 1930년의 농민(muzik: 무지렁이라는 뜻을 내포하는 것으로서 농민을 낮추는 말-역자)은 현대의 전쟁에는 거의 쓸모가 없었다. 집단화된 농장들은 그것의 기계-트랙터 기지와 함께 기계화된 전쟁을 위한 농민들(peasants: 농민에 대한 일반적인 말로서 부농, 중농, 소농, 빈농 등을 모두 포함하는 말-역자)의 예비학교가 되었다. 교육의 평균 수준의 빠른 상승은 또한 붉은 군대가 지적인 장교와 병사들의 상당한 예비를 끌어내는 것을 가능하게 했다. '우리는 50년 혹은 100년을 선진적 나라들보다 뒤쳐져 있다. 우리는 이 격차를 10년 내에 따라잡아야 한다. 우리가 그것을 해낼 것인가, 아니면 그들이 우리를 분쇄할 것인가.' —이 말을 정확히 쓰딸린은 히틀러가 러시아 정복을 개시하기 10년 전에

했다. 그의 말은, 지금 회상해보면, 인민들에게 완전히 적중된 예언으로서, 가장 시의적절한 행동의 요구로서 영향을 주었던 것이다. 그리고 정말로 러시아의 현대화에 있어 몇 년간이라도 지체되었다면 승리와 패배가 달라졌을 것이다."

아이작 도이처, 앞의 책, p. 535.

다음은 도이처가 전쟁이 끝났을 때 붉은 광장에서의 승리 퍼레이드를 포착한 것이다:

"1945년 6월 24일에 쓰딸린은 레닌의 묘지 위에 서서 히틀러의 공격 4주년을 기념하는 붉은 군대의 위대한 승리의 퍼레이드를 지켜보았다. 쓰딸린의 옆에는 그의 대리인이자, 모스끄바, 쓰딸린그라드, 그리고 베를린의 승리자였던 주코프 원수가 서 있었다. 그를 지나쳐 행진하는 부대들은 로코조프스키 원수가 지휘했다. 그들이 걸어서 혹은 말을 타고 행진하고 붉은 광장을 질주할 때 보병, 기병, 그리고 탱크 연대들이 히틀러의 군대의 수많은 기치와 기장들로 보도의 진흙―그날은 비가 억수같이 내리는 날이었다―을 쓸어버렸다. 묘지 앞에서 그들은 그 기치들을 쓰딸린의 발 아래에 던졌다. 그 우의(寓意)적인 광경은 이상하게도 상상력을 자극하는 것이었다 …"

"그다음 날 쓰딸린은 1941년의 모스끄바의 방어에 대하여 모스끄바 시의 찬사를 받았다. 그날 이후 그는 '쏘련의 영웅'으로 갈채를 받았으며 대원수의 칭호를 받았다."

앞의 책, p. 534.

도이처는 계속한다.

"꿈꾸지 못했던 승리와 영광의 이 시기에, 쓰딸린은 대중적 인정과 감사의 완전한 격정 속에 있었다. 이러한 느낌은 자발적인 것이었고 진정한 것이었고 공식적 선전가들에 의해 조작되는 것이 아니었다. '쓰딸린 시대의 업적들'에 대한 슬로건이 전면을 장식하고 젊은 세대만이 아니라 구세대의 회의론자와 불평분자들에게도 신선한 의미를 전달했다. … "

앞의 책, p. 534.

이리하여 전쟁의 끝났을 때 뜨로쯔끼주의는 완전히 불신되었고—완전히 파산하였고—단지 제국주의의 정보국이자 반공산주의 동맹으로서만 간주되었다. 특히 조선(한국 Korean) 인민에 대해 미국에 의해 주도된 침략전쟁의 시기에 그러했다. 이 시기에 대부분의 뜨로쯔끼주의자들은 쏘련에 대한 선천적인 증오에 불타서 실제적으로 미 제국주의의 편을 들었고 민족해방과 사회주의 세력을 반대했다.

냉전—승리한 사회주의의 위신에 대한 제국주의의 반응

쏘련 농업의 집단화와 대규모적인 사회주의적 공업화의 성공 그리고 교육, 과학, 기술 및 문화에서 거대한 성취들, 노동자계급과 집단적 농민들의 생활수준의 끊임없는 상승, 그리고 위대한 반파시스트 조국전쟁에서 쏘련의 결정적 승리, 그리고 폴란드, 헝가리, 체코슬로바키아, 루마니아, 불가리아 및 알바니아에서 인민민주주의 정부들의 승리의 결과—이러한 것들은 쏘비에트의 위신을 솟구치게 하였다. 제국주의 부르주아지를 몹시 겁나게 하고, 제국주의 부르주아지로 하여금 가장 강력한 제국주의 세력으로서 전쟁으로부터 떠오른 미 제국주의의 지도력하에 냉전을 시작하게 하고, NATO라는 침략적이고 전쟁광적인 군사 동맹을 수립하게 하고, 서독일을 이 동맹의 성원으로서 재무장하게 한 것은, 승리하는, 확신에 찬, 그리고 전진하는 사회주의를 그 배경으로 한다.

NATO라는 전쟁광들은 쏘련을 경제적 봉쇄와 핵 공갈로 위협했다. 그러나 쏘련은 봉쇄와 군사적 위협을 다 같이 허용하지 않았다. 쏘련은 경제를 건설하고 미국의 원자탄 독점을 분쇄하기 위한 노력을 배가했다. 마오쩌뚱 동지가 중화인민공화국과 중국혁명의 성공을 선언했던 때와 같은 주인 1949년 9월 말에, 세계는 쏘련의 최초의 원자탄 폭발 소식을 들었다. 쓰딸린에 대한 증오가 총체적이고 또 쓰딸린을 "둔하고 음산하다"고 묘사하는 기회를 결코 놓치지 않았던 뜨로쯔끼주의 작가인 아이작 도이처조차도 다음과 같이 인정해야만 했다:

"그(쓰딸린)는 그의 몇몇의 사활적 목적들을 성취했다. 그는 전쟁을 확산하려는 미국의 어떠한 기도도 저지하기에 충분할 정도로 서구의 압력에 굳세게 저항했다. 그리고 쏘비에트 핵 산업은 일사천리로 진보했고 그 자신의 최초의 수소폭탄을 미국인들이 수소폭탄을 만든 직후인 1953년에 생산했다. 쏘비에트 경제의 기본적 부분들은, 1948-49년에 전쟁 전 수준의 생산고에 도달했고 쓰딸린의 최후의 시기에 50% 넘게 상승했다. 쏘련의 현대화와 도시화가 가속화되었다. 50년대 초 만해도 쏘련의 도시인구가 약 2천 5백만 명이 증가하였다. 중등교육의 학교와 대학들이 1940년 당시보다 2배 이상 많은 학생들을 가르치고 있었다. 세계전쟁의 파괴로부터 러시아의 갱신된 산업적 및 군사적 우세를 위한 토대들이 다시 놓였고 그러한 우세는 최근에 세계를 깜짝 놀라게 했다."

≪쓰딸린≫. pp. 585-586.

몇 페이지를 내려가 보면, 도이처는 다음과 같이 관찰하고 있다:

" … '쓰딸린은 나무쟁기를 가진 러시아를 발견하였고 원자로를 장비한 러시아를 남겨주었다'는 것은 사실이다. … 쓰딸린의 지배에 대한 이러한 요약은 물론 그의 업적에 대한 찬사이다."

앞의 책, p. 609.

도이처에 의해 인용된 말은 1953년 3월 6일의 ≪맨체스터 가디언≫지에 실린 그 자신의 쓰딸린 사망기사로부터 인용된 것이다.

물론, 정신착란 상태의 뜨로쯔끼주의자들만이 위의 업적들이, 으레 그렇듯이 지도부 때문이 아니라, 지도부에도 불구하고, 10월 혁명으로부터 물려받은 사회주의적 소유관계의 토대에서 자동적으로 발생했다고 주장할 수 있다. 아니다. 이러한 업적들은 올바른 지도부 없이는 나오지 않는다. 누구나 쏘련에서 50년대 중반까지 지도부에 의해 추구된 정책들, 그리고 그러한 정책들의 결과들과 업적들을, 20차 당대회(1956년)로부터 쏘련의 해체로 귀결되었던 1991년 8월의 쿠데타까지 계속된 지도부의 그것들과 비교하기만 하면, 어떠한 간극이 두 시기를 나누는지 깨달을 수 있다. 전혀 쓰딸린의 친구가 아니고 철저히 반쓰딸린적인 ≪역사가 판단하게 하라≫의 저자인 로이 메드베제프조차 다음과 같이 말해야만 했다. "쓰딸린은 폐허 속의 쏘련을 발견하였고 초강대국의 쏘련을 물려주었다. 고르바쵸프는 초강대국을 물려받았고 폐허 속의 그것을 물려주었다."

흐루쇼프 수정주의의 승리와 뜨로쯔끼주의의 소생

이렇게 사회주의 건설의 레닌주의적 길을 따르는 데 있어서 집요한 완강함의 결실이었던 쏘련의 거대한 업적들의 견지에서, 노동인민은 쏘련과 그 지도부에 반대하는 뜨로쯔끼주의의 헛소리를 완전한 경멸로써 취급했다. 이 모든 것은 그러나, 쓰딸린 사후 쏘련공산당에서 흐루쇼프 수정주의의 승리와 더불어 변했다. 레닌 사후에 그리고 사회주의적 산업화와 집단화의 문제에서 레닌주의 노선의 승리를 위한 모진 투쟁 속에서, 쏘련에서 사회주의 건설의 가장 대표적인 대변자가 되었고, 그 이름이 그 건설과 지워지지 않게 그리고 뒤엉켜서 연계된 사람, 즉 이오씨프 쓰딸린이라는 사람을 공격하지 않는다면, 흐루쇼프 수정주의는 사회주의를 침식하고, 제국주의와 화해에 도달하고, 자본주의로 복고로의 길의 오랜 과정을 시작하려는 바람을 전혀 달성할 수 없었다. 그리하여 1956년 쏘련공산당 20차 당대회에서의 그의 소위 비밀보고에서 쓰딸린에 대한 흐루쇼프의 공격이 있었다. 소위 쓰딸린의 '개인숭배'에 대한 이러한 공격—이 모든 것은, 말하자면, 레닌주의의 이름으로, 그리고 소위 진정한 레닌주의 규범으로 돌아갈 목적으로 행해졌다—과 더불어, 흐루쇼프의 최후의 계승자인 고르바쵸프의 사랑스럽고 친절한 보살핌 아래에서 완전히 익은 자본주의의 열매를 맺게 되는, 오랜 기간의 정치적 및 경제적 과정이 시작되었다. 나는 나의 ≪페레스트로이카-수정주의의 완전한 붕괴≫에서 보다 상세하게 다룬 이 문제에 대해 여기서 더 깊이 들어갈 수 없다.

흐루쇼프의 쓰딸린에 대한 공격은 20년대 중반부터 계속된, 쏘련에 대한 뜨로쯔끼주의의 반혁명적 맹공에 대해 일정한 소급된 신용을 가져다주었다. 흐루쇼프와 그의 계승자들의 보호 아래, 유럽과 다른 곳에서의 수정주의 정당들뿐만 아니라 쏘련공산당 자체가 실제로 타락하기 시작했고, 1923년부터 계속하여 쏘련공산당을 장악했다는 소위 테르미도르와 타락에 대한 뜨로쯔끼주의자들의 오래 반복되어온 하소연이 그럴듯한 외관을 얻게 되었다.

뜨로쯔끼주의가 하나하나의 반혁명 운동을 편들다

쏘련공산당의 20차 당대회에서 수정주의의 승리의 여파로, 그리고 그것의 직접적 자극하에, 노동자계급 당들 내에서 부르주아-민족주의적 경향들이—교회뿐만 아니라 제국주의의 대리인들과 방송매체 등과 긴밀히 협조하여 활동하는—약간의 인민민주주의(국가-역자)들에서 표면화되었다. 수많은 곳에서—가장 유명한 것은 헝가리—이들은 반혁명적 봉기들을 일으켰다. 사회주의와 노동자계급의 지배를 반대하는 방향의 이러한 격변들의 모든 곳에서, 뜨로쯔끼주의자들은 으레 예상되듯이, 제국주의, 반동, 반혁명과 성직자 파시즘clerico-fascism의 편에 섰다. 뜨로쯔끼주의자들의 11차 세계 대회는 CIA-바티칸에 의해 고무되고 지도된 헝가리의 반혁명에 대해 다음의 강렬한 말로 경의를 표했다:

> "1956년의 10월-11월 헝가리 혁명은 완전히 날개를 편 반관료주의 정치혁명의 길을 최대한 밀고 나갔다."
>
> Imprecor, 1979년 11월.

미국의 뜨로쯔끼주의자이고 1940년까지 뜨로쯔끼가 신뢰하는 추종자였던 제임스 번햄은 1950년부터 계속하여 "노예민족들의 해방"이라는 미국의 정책—동유럽에서 인민민주주의를 동요시키는 정책—을 옹호했다.

뜨로쯔끼주의와 체코슬로바키아의 반혁명

체코슬로바키아에서 극단적인 수정주의자들이, 두브체크 지도부하에, 자본주의 경제와 복수정당 부르주아 민주주의를 복고하는 것을 목표로 하는 '개혁'의 느린 속도를 참지 못하고 소위 프라하의 봄을 시작했을 때, 그들은 자신들의 목표가 "맑스주의를 쓰딸린주의적 및 관료주의적 왜곡으로부터 해방시키는 것"이고 "공산주의 운동의 인간주의적 사명을 공식화하는 것"이라고 완곡하게 선언했다. 이들 외관상으로 매력적인 구호들의 의미는 1989년 기간—그 시기까지 폴란드와 헝가리에서 공산당들의 청산이, 그들 나라에서 경제의 사회주의적 계획으로서 남아있는 것들의 해체가, 그리고 자본주의와 부르주아 민주주의로의 돌입이, 제국주의와 그것의 정신적 무기인 바티칸의 부드러운 자비하에서 명확하게 되었다—동안에 모두 명확하게 드러났다. 두브체크는 당 지도부에 보내는 편지에서, 그들이 폴란드와 헝가리의 개혁들을 비난하지 말도록 간청했다. 그의 동료인 지리 펠리칸 또한 그러했다. 그는 "폴란드의 … 솔리다르노스찌와 헝가리의 … 민주주의 포럼과 체코슬로바키아의 … 77헌장과(즉 자본주의 복고세력과) 대화를 발전시키기 위한 서유럽의 민주주의 운동"을 요구했다. 당시인 1968년에, 뿐만 아니라 뒤이어 최근 1980년대와 현재의 십년(1990년대—역자 주)의 초에 뜨로쯔끼주의자들은 언제나 그러했듯이 반혁명의 편에서 발견되었다.

　뜨로쯔끼주의자인 피터 울은 반공산주의적인 77헌장의 가장 활동적인 성원 중의 한 사람이었다. 1988년 10월 15일에 77헌장의 지도자들과 다른 반대파 그룹들은 시민적 자유를 위한 운동의 선언Manifest of the Movement for Civil Liberty—특히, "경제적 및 정치적 복수주의", "중앙집중화된 관료주의의 멍에"로부터 사업을 자유화할 것, "상업, 수공업, 중소규모의 사업에서 … 사적인 기업의 완전한 재설립", 그리고 "노동의 국제적 분업에 기초하여 자연스러운 방식으로 체코 경제를 … 세계경제로 통합하는 것"을 요구하는—즉 자본주의의 복고와 부르주아 민주주의를 위한 선언에 서명을 했다. 스스로 벨벳 반혁명의 이러한 선언에 동정적이라고 선언하면서도 울은 그것에 서명하는 것이 시의적절한 것인지 판단하지 못하고 심지어 그것을 "자유주의적 민주주의" 그리고 "전체주의"라고까지 비난하였다. 결론은? 그것을 탄핵하고 그리고 그 스스로를 그것으로부터 분리하는 대신에 그는 그 선언을 환영했는데, 왜냐하면 그것 안에 "대기업에서 노동자 통제를 위한 요구"가 포함되어 있다는 것 때문이었다. 그러나 그러한 요구는 제국주의 나라들에서 주식소유 민주주의라는 사기가 넘쳐나는 그러한 종류의 것이었다. 반혁명의 성공과 위의 선언의 수행 이후에 울은 말했다:

"누군가 뜨로쯔끼의 정치혁명 이론이 정당화된 정도를 논의할 수 있다. 나는 이 이론에 가장 가까운 현실은 체코슬로바키아라고 생각한다."

그는 계속하여 이 '정치혁명'과 이 반공산주의적인 연합의 구성에 대해 설명을 덧붙인다:

"사람들이 '공산주의, 쓰딸린주의 그리고 관료주의'에 반대한다고 말할 수 있는 때, 그때에는 모든 사람들이 동의에 다다른 것이다."

Imprecor, no. 304, 1990, p. 26.

그리고 나아가:

"77헌장에서 정치혁명의 방향으로의 한 걸음을 본 사람들—나도 그 중의 한 명이었다—이 있었다. 다른 사람들은 그것을 그리스도의 세계를 선전하는 수단으로 보았다. 그것은 진정한 인내의 실험실이었다."

Imprecor. no. 300, 1990, p. 8.

벨기에 노동당PTB의 의장인 루도 마르탱 동지는, 그의 책 ≪벨벳 반혁명≫—내가 이 사건들에 대한 상세한 내용을 원하는 어떤 독자에게라도 추천하는 책—에서 올바르게 이러한 점에 대해 언급하고 있다:

"사회주의(그것이 강력하고 강건한 사회주의이거나 혹은 침식되고 병약한 사회주의이거나)를 타도하고 파괴하기 위하여, 성직자-파시스트들, 반동적 민족주의자들, CIA의 대리인들과 사회민주주의자들은 모두 함께 달라붙었고 말할 필요도 없이 그들은" 으레 그렇듯이 '좌익적' 용어에 감추어진, 자본주의의 단순한 복고를 위한 또 하나의 표현에 불과하였던 것으로 판명된 소위 반관료주의적인 정치혁명에 대한 "뜨로쯔끼로부터의 반복된 인용들으로써 그들의 정치적 선동을 뒷받침하는 사이비-사회주의자들에 대한 커다란 '인내'를 보여주었다." 이렇게 뜨로쯔끼주의는 "쓰딸린주의 관료주의"에 반대하는 그것의 "정치혁명"에 도달했다.

벨기에의 뜨로쯔끼주의자인 에르네스트 만델은 1990년 1월 12일의 사건들을 "동방 나라들의 수억의 남녀들의 정치적 생활로의 갑작스런 접근"이라고 반겼다.(Imprecor, no. 300, 1990, p. 8.) 이러한 의미 없는 과장법의 의미는 꼭 같이 득의양양하고 젠체하는 뜨로쯔끼주의자 신사들에 의해 10개월 만에 명백해졌는데, 1990년 11월 23일에 쓰기를:

"피터 울에 따르면, 아마도 지역적 및 지방적 수준에서는 시민 포럼Civic Forum 출신의 수천 혹은 심지어 수백 명이 싸웠을 뿐이었다."

나아가:

"1989년 11월 사건들에 크게 영감을 주었던 학생운동은 더 이상 존재하지 않는다."
Imprecor, no. 319, 1990, p. 4.

체코슬로바키아에서는, 만델이 그렇게 서정적으로 포장을 했던 "정치적 생활로의 접근"이, 악명 높은 CIA의 대리인인 하벨의 지도하에 있는 반혁명적인 시민 포럼을 대중들이 따라가고 있던 때에 일어났다. 다음은, CIA가 자금을 대는 라디오 자유 유럽의 체코 부분의 지도자인 파벨 페차체크가 이 경우에 했던 말이다:

"우리는 언제나 중요한 역할을 수행해 왔다. 브라티슬라바의 학생 반란 지도자에 따르면, 도화선을 당긴 것은 라디오 자유 유럽이었다. 우리는 언제나 하벨, 카모구르스키 그리고 디엔쯔바이어와 밀접한 접촉을 가져왔는데, 그들은 오늘날 새 정부의 성원이다. 그렇지만 그들은 오랫동안 우리를 위해 독립적인 통신원으로 일했다."

이들은 체코슬로바키아에서 "대중들을 정치적 생활로 깨어나게 한" 사람들—하벨과 페차체크 같은 사람들—이었다. 시민포럼이 자본주의 복고를 지지한다는 것을, 1990년 10월 이후 시민포럼의 지도자이며 하벨에 대한 주요한 조언자의 한 사람인 바츨라프 클라우스가 밀턴 프리드만과 하이예크—각각 미국의 전 대통령이고 영국의 전 수상이었던 로널드 레이건과 마가렛 대처가 가장 숭배했던 두 사람의 부르주아 경제학자들—에 대해 그의 숭배를 공개적으로 표했다는 것뿐만 아니라 "조건 없는 시장경제"에 대한 그의 언급을 충분히 잘 알고 있으면서— 이 모든 것을 알고 있으면서 만델은 벨기에의 금융신문 1990년 3월 21일 자에서 다음과 같이 말했다:

> "완전히 서구적인 모델로의 이행은 가능하다. 그러나 쏘련과 체코슬로바키아 같은 나라들에서는 그렇지 않다."
>
> De Financieel Ekonomische Tijd, 90년 3월 21일.

이 모든 것을 알고 있으면서 왜 뜨로쯔끼주의자들은 시민포럼과 함께 가는가? 사회주의와 공산주의에 대한 그들의 선천적인 증오가 그 답이다. 이 진실은, 시민포럼과 하벨에 대한 자신의 지지는 사회주의 체제의 잔재를 제거하기 위한 바람이 동기였다고 설명한 얼간이 울에 의해 누설되었다!

몇 번의 정치적 재주넘기와 정신적 뒤틀림 후에, 뜨로쯔끼주의자 울은 마침내 그리고 예상 밖은 아니지만, 스스로를 위해 새로운 부르주아 체코 국가에서 작은 멋진 분야를 마련했는데, 자본주의 복고의 경이로움과 이 복고—당신이 원한다면 '반관료주의 혁명'—에 의해 준비된 "정치적 생활로의 접근"을 선전하는, 체코 언론국의 장(長)에 1990년 2월에 임명되었다. 바로 어제 노동자의 통제에 대해 재잘거렸던 울은, 체코 국가가 사회를 대표한다는 것을 대중들에게 전달하는 직업과 잘 조화되는 것에 별다른 어려움이 없었다:

> "우리가 국가에 의존한다면, 반드시 그런 것은 아니지만, 우리가 정부를 지지한다는 것이 일반적으로 이해되고 있다. 물론 우리는 '정부'를 존중해야만 하지만, 만약에 갈등이 있다면 결정을 내리는 것은 의회 위원회의 몫이 될 것이다. 왜냐하면 의회는 정부보다 국가를 더 대표하기 때문이다. 우리의 과제는 체코 사회에 대한 뉴스를 외부로 선전하는 것이다. 이것이 체코 국가의 관심사인데, 왜냐하면 국가는 당장 지금은 체코 사회를 대표하기 때문이다."
>
> Imprecor, no.304, 1990, p. 27.

만약에 이 허튼소리가 어떤 의미가 있다면 그것은 의회주의 크레틴병의 가장 최악의 형태를 의미한다. 그리고 그에 따르면 체코 의회와 부르주아 체코 국가는 동의어이며 그리고 따라서 이 뜨로쯔끼주의 천치에 따르면 국가는 사회를 대표하고 "**체코 사회에 대한 뉴스를 외부로 선전하는 것이 우리의 임무**"라는 것이다!! 이것이 그렇게 많이 나팔을 분 뜨로쯔끼주의의 "**반관료주의 정치혁명**"의 시작과 끝이고 유일한 의미이다. 다른 어떤 것도 이보다 더 명백할 수는 없다.

벨기에 뜨로쯔끼주의자 만델과 프랑스 뜨로쯔끼주의자 브루는 반혁명을 잔혹하게 옹호한다

자신의 반맑스주의와 저열한 경제주의로 악명 높은 만델은, 폭력적인 반혁명이 없다면 자본주의는 사회주의 나라들에서 복고될 수는 없다는 견해를 20년 이상이나 유지했었다. 이러한 오류에 찬 전제로부터 계속하여, 그는 오랫동안 복수정당 민주주의(모두를 위한 민주주의)를 옹호해왔다. 그의 추론에 따르면, 사회주의에 대한 위험은 존재하지 않고 실제적 적은 '관료주의'에 있으므로 복수정당 민주주의를 통해 사회주의는 민주적 성격을 획득할 것이었다. 1989년 말 경 차우세스쿠와 그의 아내 헬레나의 타도와 그들에 대한 더러운 살인으로 귀결된 티미소아라에서의 반혁명 운동에 관하여, 만델은 "**티미소아라에서 소름끼치는 쓰딸린주의 범죄들**"—전혀 범해지지 않은 것으로 판명된 범죄들—을 탄핵하는 데 있어 거짓말하는 제국주의 매체들을 능가했다. 티미소아라에서 7만 명에서 10만 명이 죽었다는 부르주아 매체의 선동적인 숫자와 대규모 묘지에 대한 공포스런 이야기들은 완전히 조작된 것으로 판명되었다. 오직 700명이 죽었고 그 대부분은 루마니아 비밀경찰 Securitate보다는 군대의 손에 의해 죽었다는 내용의 교정은, 속지로 밀려나서 반(半)인치의 줄로 쓰여졌다.

독일민주공화국에서 반혁명적 운동에 관하여 만델은 다음과 같이 선언했다:

"나는 베를린에서 일어나고 있는 것에 대해 기쁘다. 반(反)사회주의 운동은 현실적으로 약하다."

이 "**혁명**"을 환영하면서 그는 계속하여 외친다:

"뜨로쯔끼가 일찍이 원했던 모든 것이 지금 현실로 되고 있다."
Dans Humo, 89년 12월 21일.

뜨로쯔끼주의 써클에 있어서—물론 제국주의자들도 그렇지만—고르바쵸프, 옐친 그리고 뜨로쯔끼는 혁명가이지만 쓰딸린과 그가 이끌었던 볼쉐비키당은 반혁명적이다!!

만델이 뜨로쯔끼주의 제4 인터내셔널의 이론가라는 것을 고려하면, 고르바쵸프의 페레스트로이카에서 현실화된 자본주의 복고라는 반혁명적 강령에 대한 만델의 견해는 재현될 가치가 있다. ≪뉴 타임즈≫의 한 언론인과의 인터뷰에서 그는 다음과 같이 질문을 받았다:

"미하일 고르바쵸프가 페레스트로이카는 진정한 새로운 혁명이라고 말한 것은 진실이 아닌가?"

그에 대해 만델은 답변했다:

"그렇다. 그는 그렇게 말했다. 그리고 이것은 다시금 매우 명확하다. 우리의 운동은 55년 동안 이 테제를 옹호했고 그리하여 반혁명적이라는 딱지가 붙었다. 오늘날 인민들은 쏘련과 많은 국제적 공산주의 운동에서 실제적 반혁명이 어디에 있었는지 더 잘 이해하고 있다."
no.38, 1990, 프랑스어 판.

다시, 이미 언급된 동일한 벨기에의 금융신문에서 만델은 스스로 다음과 같은 말로 이 질문에 대해 견해를 표명한다:

"개혁가 옐친은 거대한 국가기구를 감축하기를 원하는 경향을 대표한다. 결과적으로 그는 뜨로쯔끼의 발걸음을 따라가고 있다."
1990년 3월 21일.

우리가 진심으로 감사를 해야 하는, 뜨로쯔끼주의자 만델로부터의 이 놀라운 인정들은 뜨로쯔끼의 반공산주의와 반볼쉐비즘을 폭로하는 우리의 일을 더 쉽게 할 뿐이다. 한번은 만델이 절대적으로 올바르다. 고르바쵸프, 옐친 그리고 뜨로쯔끼는 동일한 사상적 그리고 정치적 특색을 갖고 있다─그들은 모두 자본주의 복고를 지지한다.

이 동일한 비열한 만델은 일찍이 교활한 반동적 군주주의자인 사하로프를 "급진적이고 진보적인 좌익"의 한 사람으로, 그리고 리투아니아의 부르주아 민족주의자인 사주디스를 "급진적 민주주의 및 민족주의 인민운동"에 속하는 것으로 묘사했었다!!(Imprecor, no.285, 1989년 4월 3일)

예외 없이 모든 뜨로쯔끼주의자들은 CIA의 그리고 바티칸의 반혁명적인 창작물인 폴란드의 솔리다르노스찌─자신들의 상승과 권력에의 접근에 환호하고 있는─를 모든 곳에서 지지했다. 다시금 뜨로쯔끼의 "반관료주의 정치혁명"의 이름 아래.

이미 언급된 바 있는 프랑스의 뜨로쯔끼주의자 브루는 동유럽의 반혁명적인 운동들─그의 ≪뜨로쯔끼≫라는 책이 발행되고 2년 후에, 자본주의 복고주의자들의 정권을 이끌게 된─에 박수를 보냈다. 그리고 올바르게도 뜨로쯔끼에게 다음과 같은 **"정치혁명"** 버전을 헌사한다.

> "노동자와 젊은이들의 이 운동에서 나타나는 요구들은 뜨로쯔끼가 묘사했던 '정치혁명'의 강령의 규정들을 재구성한 것이다: 민주주의, 당들을 위한 자유, 관료주의 기구의 파괴, '자유' 노동조합, 선거의 자유 그리고 비판의 권리, 인권에 대한 침해의 종식, 범죄에 책임 있는 사람들을 처벌하는 것, 언론, 집회, 시위의 민주적 권리들을 획득하는 것, 뿐만 아니라 자유로운─그리고 따라서 자극적인─언론의 출현."
>
> 앞의 책, p. 943.

미국의 뜨로쯔끼주의자들인 ICL의
반혁명에 대한 약아빠진 옹호

물론 만델씨와 브루씨가 "쓰딸린주의 관료주의"에 반대하는 뜨로쯔끼의 "정치혁명"에 대해 올바르고 진솔하게 묘사한 것은 ICL의 스파르타쿠스 단원들—반혁명적인 뜨로쯔끼주의와 영구적인 희망 없음의 이론에 대해 더욱더 성공적인 선전을 수행하기 위하여 진보적 노동자의 눈에 뜨로쯔끼주의에 대한 일정한 신뢰를 얻기 위한 노력으로, 뜨로쯔끼주의의 소독된(뜨로쯔끼주의의 오류를 감추는-역자) 판을 영구적으로 제출하고 있는—을 매우 당혹시키는 것이다. 그 점이, 단순한 진실에 대한 만델과 브루의 직설적인 인정에 반대하여 그들이 흥분하는 까닭이다.

ICL 자신의 입장은 무엇인가? 경솔하거나 혹은 피상적인 관찰자에게는 그들이 사회주의의 성과물과 사회주의 건설 그리고 노동자의 국가를 옹호하고 있는 것처럼 보이지만, 이는 그렇지 않다. 그들은, 앞서의 사회주의 정권들, 특히 1923년부터 1953년까지의 쏘비에트 정권—그들은 언제나 "**정치혁명**"에 의해 타도되어야 할 필요가 있는 "**관료주의**"라고 탄핵해 왔다—에 대해 비방하는 데 있어서 둘째가라면 서러운 사람들이다. 그들은 방심할 때는 무심코 자신들의 평상시의 가면을 벗어버리고 자신들의 뜨로쯔끼주의 정치노선의 반동적 본질을 드러낸다. 뜨로쯔끼주의의 소독된 판을 제출한다는 유일한 목적을 위해 1992년 11월에 쓰인 한 기사에서, 그들의 의도에도 불구하고, 다음과 같은 글에서 진실이 글자 그대로 새어나오고 있다:

> "'사회주의'가 제국주의 적들에 의해 둘러싸인 한 나라(그리고 당시에는 후진적인 나라)에서 건설될 수 있다는 생각은 맑스주의의 민족주의적 곡해이다."
>
> "쓰딸린의 '일국사회주의'라는 교조는 레닌주의의 국제주의를 **패배시키**고 민족주의적 관료주의 카스트를 권력에 올려놓은 정치적 반혁명의 사상적 유복자였다."

일국사회주의라는 사상은 실제로 "맑스주의의 민족주의적 곡해"인가? 그것은 실제로 "레닌주의의 국제주의를 패배시키고 민족주의적 관료주카스트를 권력에 올려놓은 정치적 반혁명의 사상적 유복자"인가? 스파르타쿠스 단원들이 말하는 것이 진실이라면, 그들이 혹은 다른 누구라도 "민족주의적 곡해"의 성과물들을 옹호할 가치가 있는가? ICL의 스파르타쿠스 단원들은, 그들이 전체적인 게임에서 패배하고 있다는 것을, 말로는 사회주의를 옹호하면서 행동으로 사회주의를 침식하고 있다는 것을 깨닫기 위해, 이 질문에 답을 해야만 한다. 스파르타쿠스 단원들은 일국사회주의라는 "민족주의적 곡해"가 "쓰딸린의 교조"가 아니라 레닌의 것이라는 것을 깨닫지 못할 만큼 레닌의 저작들에 대해 실제로 무지한 것인가? 그(레닌—역자)가 그리고 그만이 이 '교조'의 원작자라는 신뢰(혹은 불신)를 얻어야만 한다. 스파르타쿠스 단원들은 그렇게 무지해서는 안 된다. 왜냐하면 그들은 스스로 레닌주의자라고 주장하고 또 그들의 지도자인 뜨로쯔끼 또한 레닌주의자라는 같은 주장을 하기 때문이다. 그러면 그들로 하여금 레닌의 1916년 기사인 '프롤레타리아 혁명의 군사강령'과, 뜨로쯔끼가 그의 반레닌주의적이고 반혁명적인 팜플렛인 '신노선'을 쓰고 있던 때인 1923년 초에 쓰인 협동조합에 관한 그(레닌—역자)의 기사를 읽도록 하자. 그리고 그들로 하여금 모스끄바 쏘비에트에서의 1922년 11월 20일의 레닌의 연설로부터 뽑은 다음의 글을 읽게 하자.

"우리는 일상적 문제들의 핵심 자체에 접근했고 그것은 거대한 성취이다. 사회주의는 더 이상 먼 미래의 문제 혹은 추상적 상 혹은 아이콘이 아니다. 아이콘들에 대한 우리의 의견은 동일하다—매우 나쁜 것. **우리는 사회주의를 일상의 삶으로 가져왔고** 그리고 여기에서 문제들이 어떠한지 보아야만 한다. 그것은 우리 생애의 과제이고 우리 신시대의 과제이다. 이 과제가 아무리 어려울 지라도, 그 과제가 우리의 이전의 과제와 비교할 때 아무리 새롭더라도, 그리고 그것이 수반하는 어려움들이 아무리 수없이 많다고 하더라도, 우리는—단 하루가 아니라 수년에 걸쳐서—NEP(신경제정책—역자) 러시아가 **사회주의 러시아로 되게 하기 위하여** 어떤 비용이 들지라도, 우리 모두는 함께 그것을 완수할 것이다."

레닌, 《전집 33권》, p. 443.—강조는 추가된 것.

이 이후에 스파르타쿠스 단원들이 신념을 가진 용기가 있다면, 그들은,

그들이 쓰딸린의 셔츠 소매에 핀을 꼽으려고 시도하는 그 "교조"의 혐의를 레닌에게 돌려야 할 것이다. 그들은 이 "민족주의적 곡해"라는 비난을 쓰딸린에게 놓는 것이 아니라 레닌을 다그쳐야만 할 것이다.

SWP 어린애들은 공산주의의 종언을 환영한다

영국 최대의 뜨로쯔끼주의자 조직인 사회주의 노동자당SWP은 CIA-바티칸이 영감을 준 헝가리 봉기부터 자본주의 복고주의자들의 솔리다르노스찌 그리고 체코슬로바키아의 시민포럼에 이르기까지 동부 유럽의 모든 반혁명적 운동에 환호하면서 쏘련에서 사회주의의 종언을 열광적인 기쁨으로 반겼다. 그것의 기관지 ≪사회주의 노동자≫는 기쁨에 차서 다음과 같이 선언했다:

"공산주의가 붕괴했다. 이제 진짜 사회주의를 위해 싸우자."
1991년 8월 31일.

그들은 나아가 스베르들로프, 드제르진스키 그리고 다른 "이전의 공산주의 당의 아이콘들"의 동상이 쓰러지는 것에 환호했다. 그들은 심지어 위대한 레닌의 동상이 쓰러지는 사진을 싣는 것이, 그리고 "공산주의가 붕괴했다. … 그것은 모든 사회주의자들이 기뻐해야만 하는 사실이다."고 선언하는 것이 시의적절하다고 간주했다.

SWP는 옐친의 승리가 "쏘련의 노동자들이 1917년의 사회주의 혁명의 정신으로부터 더 멀어지게 하는 것이 아니라 더 가깝게 다가서게" 했다고 주장하는 정도에까지 나아갔다.

자, 1989년 11월 9일에 베를린 장벽이 무너졌을 때, '공산주의의 죽음'과 '진짜 사회주의'를 위한 싸움의 발자국을 따라 무엇이 나타났는가? 바로 제국주의가 수십 년간이나 바라고 있었고 작업해왔던 것. 바로 반공산주의적 증오에 사로잡히지 않은 모든 지적인 관찰자가 그러리라고 예상했던 것. 시장의 힘이 동부유럽과 예전의 쏘련의 불행한 사람들에게로 풀려났다. 모든 곳에서 증대하는 실업, 생산의 수축, 재난적인 인플레이션율, 민족적 분쟁, 점증하는 인종주의, 반유태주의 그리고 파시즘, 범죄의 증가, 마약거래, 매춘, 암시장 그리고 굶주림 등이 나타났다. 음식, 공공시설, 전기 그리고 의류 등과 같은 기본적인 필수품들의 가격이 천문학적으로 상승했다. 다른 말로 하면, 자유로운 시장경제와 뜨로쯔끼주의자들의 "쓰딸린주의 관료주의"에 반대하는 "정치혁명"과 연관되어 있는 모든 자유들이 해방되었다.

예를 들면 1990년 초부터 1991년 말까지 사이에 독일민주공화국(동독—역자)에서는, 모든 기업들이 문을 닫음에 따라 경제가 20% 수축하였다. 1990년의 전반기에는 공업산출고가 무려 40%씩이나 떨어졌다. 같은 해 후반기에는 또다시 40%가 떨어졌다! 1991년 봄에 이르면 동부 독일인의 1/3이 직업을 잃었거나 단시간 작업에 종사했다. 실업자는 1990년 7월의 27만 명으로부터 1991년 말에 이르면 백만으로 그리고 1992년에는 백 5십만으로 뛰었다.

폴란드에서는 노동력의 15%를 차지하는 2백만의 노동자들이 실업자가 되었고 반면에 실질 임금은 30% 하락했고 생활비용은 40% 상승했다.

상황은 헝가리와 체코슬로바키아에서도 마찬가지인데 거기에서는 공업생산이 1/5 떨어졌다.

1985년 이전에 거대한 경제를 가지고 있던 쏘련에서는 산업생산이 그때 이후로 40%가 떨어졌고 인플레이션율은 어마어마하게 2,500%에 달했다. 통화는 휴지조각이 되었고 미국 달러보다 더 높은 가치를 가지고 있었던 루블은 지금은 달러 당 800루블의 교환비율이 되었다 (1993년 3월).

섬뜩한 기쁨으로 "공산주의의 죽음"을 "실제적 사회주의"를 위한 싸움의 시작으로 반겼던 SWP의 동일한 얼간이들은 2년 후에는 순결한 처녀 같은 방식으로, 그러한 변화들이 노동자에게 해를 끼치고 있다는 사실을 한탄한다. 1991년 11월 9일자의 ≪사회주의 노동자≫에서 그들은 다음과 같이 말한다:

"부, 자유, 민주주의—언론 매체들이 주장했듯이 이것은 베를린 장벽이 1989년 11월 9일에 무너졌을 때 동부 독일의 미래였다."

"이어지는 몇 주 만에 체코슬로바키아인들, 불가리아인들 그리고 루마니아인들은 그들의 쓰딸린주의적 지배자들을 역시 타도하였다. 폴란드인들과 헝가리인들은 개혁을 위한 압력을 증대시켰다."

'2년 동안 계속하여 그 동일한 정치가들, 해설자들 그리고 학자들이 침묵하고 있다. 그들의 예언의 하나도 실현되지 못했고 누구도 예언의 적중의 전망을 조금도 보여주지 못하고 있다."

" … 시장경제는 번영을 초래하지 못했고 단지 비참함을 심화했을 뿐이다."

그 반대이다. 부르주아 정치가들과 언론 매체들의 모든 예언들은 실현되었다. 자본주의는 복고되고 있다. 그리고 이 과정은, 모든 사람들(자신들의 "쓰딸린주의"와 "명령 경제"에 반대하는 "반관료주의적 정치혁명"이—그들의 모든 '좌익적' 용어를 잘라낸다면—결국 이러한 자본주의 복고가 되어 버린, 얼간이 뜨로쯔끼주의자들을 포함하여)에게 잘 알려져 있듯이, 단지 노동자 대중들의 비참함과 파멸 속에서 그리고 소수가 특별하게 부유하게 되는 상황 속에서만 발생할 수 있다. 모든 중앙계획의 해체와 사적 소유의 도입을 포함하는 그 운동은 충격, 놀라움 그리고 혼란—이전의 사회주의 국가들의 노동자계급에게 상처를 주고 있는—속에서 스스로를 표현하지 않을 수 없다.

그들이 조금이라도 부끄러운 느낌이 있고 한 톨의 사회주의라도 그들에게 있다면 최소한 조용해야만 하는 사람들이 SWP 도사들(멸시의 느낌이 있는 표현-역자)이다. 왜냐하면 '민주주의'와 '자유시장'의 기적을 도입하고 있는 것은 그들의 연인들인 폴란드의 레흐 바웬사와 그의 솔리다르노스찌, 체코 공화국의 하벨과 그의 시민포럼, 러시아의 보리스 옐찐 등, 즉 뜨로쯔끼주의의 **"반관료주의 혁명"**의 모든 지도자들이기 때문이다. 현명하게 조용하게 있는 대신에 ≪사회주의 노동자≫는 동유럽의 나라들에서 시장경제의 도입의 결과들을 요약하면서 계속하여 부드럽게 불평한다:

"그럼에도 이것은 그리고 동부 독일과 폴란드에서의 비참함은 러시아의 대통령 보리스 예찐이 빠르고 광범한 사유화 그리고 음식과 집세 보조금의 신속한 제거라는 프로그램을 제안하는 것을 막지 못했다."

그러나 그들은 아직 그 결과들에 행복하지 못한 것으로 보인다. 왜냐하면 그들은 새롭게 수립된 부르주아 정권들이 예전의 사회주의 나라들에서의 이전의 정권들과 연관된 모든 흔적들, 기구들, 제도들을 파괴하는 데 있어서 충분하지 못하다고 믿기 때문이다:

"그리고 한때는 쓰딸린주의 정권들을 강제했던 증오스런 스타시, 비밀경찰Securitate, 헝가리의 AVO 그리고 다른 모든 인간 쓰레기들이 여전히 배회한다는 것을 입증하는 폭로는 매주 일어나고 있다!"

위의 문장은 또한, 그들의 증오가 대부분 사회주의 정권들에 대해 향해 있다는 것을 드러낸다는 것은 별도로 하고, 모든 곳의 뜨로쯔끼주의 조직들의 평회원들이면서 구호에 약한 단순한 시몬들Simons을 바보로 만들어서 동유럽의 이전의 정권들이 쓰딸린주의(즉 레닌주의) 정권이었다고 믿게 하려는 영악한 시도이기도 하다. 나의 책 ≪페레스트로이카, 수정주의의 완전한 붕괴≫의 서문에서 뜨로쯔끼주의자들, 수정주의자들 그리고 사회민주주의자들을 이러한 맥락에서 언급하면서 나는 말했다:

"이 반역의 신사들―특히 반혁명적인 뜨로쯔끼 신봉자들―은 동유럽과 쏘련에서, 소위 쓰딸린주의의 붕괴에 대한 헛소리에 고소해한다. 사실은 그 반대이다. 붕괴한 것은 수정주의이며 수정주의의 보통의 자본주의로의 불가피한 타락이다. 이 야비한 사람들에 의해 '쓰딸린주의'라고 불렸던 것은 실제로는 단지 레닌주의일 뿐이다. 레닌주의가 쏘련에서 실천에 옮겨졌을 때―그것은 쏘련공산당의 쓰딸린의 지도력의 30년 동안 의심의 여지 없이 그러했다―레닌주의는 모든 전선에서―경제적, 사회적, 문화적, 외교적 그리고 군사적―세계사적인 위업을 달성했다. 그리고 바로 그 점이 쓰딸린이라는 그 이름이 부르주아지와 그들에게 '고용된 일등 투사들'에 의해 그렇게 많은 비난의 표적이 된 이유이다. 그렇듯이 붕괴된 것은 수정주의이다. 프롤레타리아트를 혼란시키기 위해서이지만, 교활하지만 생각이 없고 거친 뜨로쯔끼주의자들은, 정치적 성격으로서보다는 욕설로서 '쓰딸린주의'라는 말을 사용하면서, 쓰딸린에 대한 무서운 증오를 품고 있는 바로 그 수정주의자들에게 쓰딸린주의라는 표현을 적용시킨다."

pp. viii–ix.

모든 것이 이야기되고 행해진 이후에, ≪사회주의 노동자≫는 동유럽에서 반혁명의 성취들에 매우 만족하면서 다음의 독선적이고 말할 필요 없이 더러운 결론으로 끝을 맺는다:

"≪사회주의 노동자≫가 1989년 11월에 말했던 것은 오늘날에도 진실이다: '동유럽에서 새로운 운동들에 관해 실제로 놀라운 것은, 그들이 당시에 동쪽과 서쪽에서 존재하던 것보다 더 나은, 더 자유로운 그리고 더 민주적인 사회의 가능성을 높이고 있다는 것이다.'"

다른 말로 하면, 놀라웠던 것은 이전의 사회주의 정권들을 부르주아 정권들과 시장경제로 대체했다는 것이다. 그것들의 결과에 대해 ≪사회주의 노동자≫에서 이 기사의 필자인 알랜 깁슨씨는 매우 발광하여 그리고 자기파괴적인 방식으로 애도한다!!

1991년 8월에 커다란 반혁명적 열정으로, 옐친의 승리는 "쏘련의 노동자를 1917년 사회주의 혁명의 정신에 더 가깝게" 데려갔다고 선언했던 바로 그 동일한 SWP가, 지금은 야비한 존 몰리뉴의 칼럼을 통해서, "자신의 강령을 강요하기 위해 옐친으로 하여금 독재적 권력들을 열망하게 하는 것은 그의 자유 시장 '개혁'의 사악한 반노동계급적 성격 바로 그것이다. 결론적으로 어떤 사회주의자도 옐친을 지지해서는 안 된다."라고 선언하고 있다.(≪사회주의 노동자≫, 1993년 4월 10일, "러시아: 우리가 지지해야만 하는가?")

이런 것이 SWP라는 반혁명적인 신사들의 논리이다. 옐친의 승리가 쏘련의 프롤레타리아트를 "1917년 사회주의 혁명의 정신에 더 가깝게" 다가서게 했다는 맥락에서 옐친의 1991년 8월의 반혁명을 지지하고, 그리고는 SWP가 그렇게 웅변적으로 덧칠했던 바로 그 반혁명의 선언된 강령들을 실행하기 위한 옐친의 시도에 대해 1993년 4월에 옐친을 반대하는 것!!

공산주의의 죽음에 우쭐하던 바로 그 동일한 ≪사회주의 노동자≫가 노동당의 4번의 연속적인 선거 참패에 직면하여 깊은 "침체"와 "선거 후 사기저하"로 고통받는다는 사실보다 SWP의 소름끼치는 사회민주주의적 얼굴을 잘 드러내는 것은 없다. ≪사회주의 노동자≫는 다음과 같이 푸념한다:

"선거 결과는 보다 나은 사회를 원하는 모든 사람들에게 재난이었다."

자본주의와 그 대표자들에 대한 SWP의 옹호의 미숙함은 또 하나의 반혁명적 뜨로쯔끼주의 조직인 ICL의 스파르타쿠스 단원들조차도 다음의 올바른 관찰을 하지 않을 수 없게 했다:

"옛 쏘련의 대중들에게 빈곤, 대규모 실업 그리고 비참함을 가져다 준 옐친의 반혁명적 세력들의 승리가 '모든 사회주의자의 기쁨이 되어야 한다'는 대의를 발견했던 한 조직(즉 SWP—하르팔 브라르)은, 네일 키녹의 파업 파괴 무리의 노동 배반자들의 패배에 대해 '사회주의자들'이 흐느껴야만 한다는 대의를 발견하고 있는데, 명백하게도 매우 비비꼬인 변덕장이이다. … "

≪노동자의 망치≫, 1993년 7월/8월.

그리고 더 나아가 동일한 기사에서 ICL은 계속한다:

"동유럽과 쏘련에서 자본주의적 반혁명은 그들 나라들에서 노동 대중들에 대해 알려지지 않았던 비참함—빈곤, 집 없는 신세 그리고 굶주림—을 의미했고 피에 굶주린 민족주의적 형제살해의 습격을 가져왔다. 유럽—동구와 서구—은 대규모 실업, 반유태주의의 불길한 고조, 인종주의 그리고 파시스트 테러, 여성의 권리에 대한 공격들에 직면하고 있다. … 이제는 반쏘비에트주의로 (그들을-역자) 하나로 묶어주는 실이 더 이상 그들의 경쟁관계들을 약화시키지 못하고 있기 때문에, 제국주의 지배계급들은 '자국'의 프롤레타리아트에 대한 착취의 나사를 조이려고 시도하고 있다. 동시에 그들은 '공산주의는 죽었다'고, 이 착취와 억압의 체제를 타도하려는 어떠한 시도도 먼저 쓸모없고 심지어는 범죄적이라고 비난받는다는 거짓말을 노동자계급과 피억압자에게 퍼뜨리려 시도하고 있다."

"SWP는 스스로를 싸우는 대안세력으로 제기하려 한다. 이 세상에 조금이라도 정의가 있다면 이 제3 진영의 배반자들은 자신들의 얼굴을 공개적으로 드러내려는 시도에서조차 부끄러움을 느껴야만 한다! 폴란드에서 동부독일까지 그리고 모스끄바까지, 그들은 지금 동유럽과 구쏘련사회를 절망시키고 있는 반혁명의 세력들에 대한 이전의 응원단들에 속해 있었다. 좌익의 나머지의 대부분은 남이 하는 대로 하고 어떠한 반쏘비에트 '운동'

을 옹호함에 있어 제국주의적 늑대들과 함께 짖어대는 반면에, SWP는 반동의 가장 어두운 세력들의 일정부분을 지지했을 뿐만 아니라 쓰딸린주의적 '전체주의'에 반대하는 투쟁의 모범을 그들에게 제공했다."

"그래서, 예를 들면, 아프카니스탄에서 쏘비에트의 철수에 뒤이어서, 클리프주의자들은 지금 그 나라에서 어떠한 약간의 사회적 진보도 피로 물들이고 있는, CIA가 자금 지원하는 이슬람 반동들을 선전했다. <사회주의 노동자>(1989년 2월 4일)는 '무자헤딘의 승리는 쏘련과 동유럽의 어디에서나 러시아의 지배에 대한 적수들을 고무할 것이다'고 감격했다! 정당하게 SWP는 '러시아의 지배에 대한 적수들', 즉 사악한 민족주의적 반동들, 파시스트 테러리스트들, 여성을 증오하는 성직자들이 자본주의 반혁명에 의해 해방되었다는 것을 지금 즐거워해야만 한다."

앞의 책.

SWP는 독립적으로 조직될 수 있다. 그러나 그것의 강령과 정치적, 사상적 특색이라는 점에서 그것은 사회민주주의적인 노동당과 구분할 수 없다―물론 사회민주주의의 반공산주의적인 전투적 날개로서 어디에서나 활동하는 모든 뜨로쯔끼 신봉자들의 조직들이 그러하지만.

SWP의 반노동당이라는 가짜의 입장의 위선은 또 한 사람의 뜨로쯔끼 신봉자인 신 마트감나에 의해 폭로된다. 1992년 11월 19일의 ≪사회주의 조직자≫에 쓴 글에서, 노동당의 내부에서 좌익을 건설하는 것을 돕는 SWP가 노동당내에서 갖고 있는 관점을 언급하면서, 그는 SWP의 솔직하지 못한 얼굴로부터 허위의 반노동당주의라는 가면을 찢어버린다:

"1979년 총선거에서 SWP는 스스로 노동당에 대한 '사회주의적 대안'이라고 선언하면서도, 후보자를 내기를 거부하고 노동당을 지지했다! … 런던 이브닝 스탠더드 지에서 많이 인용된 인터뷰에서, SWP의 이중성을 표현하는 것은, 정치적 노동운동을 우익에 맡겨버리는 매우 아둔한 접근을 표현하는 것은 풋Foot의 몫이었다. 그는 말했다: '그다음 3주 동안 나는 노동당에 대한 강력한 지지자이다. 토리 정부가 복귀해서는 안 된다는 것을 나는 매우 원하고 있고 그리고 노동당에 투표하라고 모든 사람에게 우리가 알리고 있는 모임들에 돌아다니게 될 것이다.'(1979년 4월 9일)"

마트감나는 결론을 내린다:

"부르주아지와 매체에 대한 SWP 대사(大使)라는 그의 역할에서 풋 Foot은, 종종 보통의 '사회주의적인' 흐리멍텅함과 미사여구없이 SWP의 정책들에 대한 진실을 누설한다. 미셀 풋의 조카 폴은 함께 하기에 이렇듯 쓸모 있는 사람이다."

힐리주의Healyite 뜨로쯔끼 신봉자들이
뜨로쯔끼의 노선을 간파하고
고르바쵸프의 페레스트로이카를 환영하다.

　최근의 뻔뻔한 어린이 성추행자이며 반공산주의와 반쏘비에트주의의 대의에 대한 그의 오랜 헌신으로 인하여 아랍정권들로부터 CIA에 이르기까지 매우 넓은 범위의 출처로부터 기금을 받고 있는 자, 즉 오래되고 악명 높은 사회주의 노동자 동맹SLL의 뜨로쯔끼 신봉자인 게리 힐리는 고르바쵸프의 페레스트로이카와 글라스노스찌를 "볼쉐비키의 세계혁명적 전망을 복원시키는 정치적 혁명"으로서 환영하였다. 쏘련의 붕괴와 그것의 해체 이후로, 힐리의 추종자들, 소위 맑스주의 당의 레드그레이브 어린애들은, 레닌이 처음부터 끝까지 틀렸었고, 레닌에 대해, 로자 룩셈부르크가 "동정 없는 중앙집권주의"를 통해 "권력에 굶주린 지식인 엘리트"에게로 "맹목적인 복종"을 목표로 하는 "단조로운 감독자"라고 탄핵한 것이 올발랐다고 주장함으로써 쏘비에트의 모든 발전과 역사를 검게 칠하는 것으로 나아갔다.
　이전의 사회주의 국가들이 사라지고 부르주아 정권들이 권력에 오름에 따라, 뜨로쯔끼 신봉자들은 그들의 파산한 "반관료주의 정치적 혁명"이라는 이론을 어떻게 설명할 것인지에 대해 의견이 엇갈리고 있다. 그 결과 그들은 서로에게 목청을 높이고 있다. 힐리의 열광적 지지파의 다른 지류들, 노스 신봉자들 그리고 토랜스 신봉자들은 이 점에 대해 경련하고 있다. 노스 신봉자들은, 그들이 말하기를, 혁명을 할 수 있는 아무것도 남겨놓지 않았다는 이유로 잘못을 저지른 뜨로쯔끼에게

책임을 돌린다:

"1936년부터 1940년까지 파괴된 것은 맑스주의의 꽃만이 아니라 그것의 뿌리이다."

"뜨로쯔끼가 모스끄바 재판에 대한 그의 탄핵을 쓰고 있을 때조차 그가 쏘련에서 발생하고 있었던 대숙청의 규모에 대해 전혀 알고 있지 못했다고 말하는 것은 뜨로쯔끼의 작업으로부터 어떤 것도 손상시키는 것이 아니다."

이것은 둘 중의 하나를 의미할 수 있다: 하나는 1930년대 말에 사회주의가 존재하기를 멈추고 자본주의가 복고되었다는 것인데, 그 경우에는 노스 신봉자들은 뜨로쯔끼가 그가 실제로 했던 것보다 더 격렬하게 쏘비에트 정권을 탄핵했어야만 한다는 것을 주장하고 있는 듯하다. 다른 하나는 '왜곡된' 것이었지만 노동자 국가가 쏘련에서 계속 존재했었고, 그렇지만 모스끄바 반역 재판 이후로 뜨로쯔끼주의의 '정치적 혁명'에 영향을 줄 수 있는 남겨진 '혁명적 전위'가 없었다는 것, 그리고 따라서 '관료주의의 타도'는 단지 자본주의의 수립을 초래할 뿐이고 그 목표를 향해서 뜨로쯔끼주의자들은 그들의 '정치적 혁명'의 이론으로써 이 모든 시기동안 일해 왔다는 것이다. 이 경우에, 뜨로쯔끼는 그의 '정치적 혁명'을 옹호함에 있어서 또한 잘못되었다는 것이고 따라서 그의 추종자들을 자본주의 복고를 초래하는 맹목적 길로 이끌었다는 것이다. 위의 노스 신봉자의 인용에서 어떤 길을 보든지 간에, 혹자는 이들 신사분들이 그들이 뜨로쯔끼주의의 딱딱한 표현에 편한 느낌을 갖는 것만큼이나 쏘련에서의 중대한 발전들을 설명하는 데 있어 어찌할 바를 모르고 있다는 결론에 도달한다.

진정성이 있는 것 같은 수사들과 터무니없는 "반관료주의 정치적 혁명"에 대한 거짓된 믿음에 의해 감춰진 반쏘비에트 패배주의로부터, 노스 신봉자 어린애들은 어떠한 어려움도 없이 다음의 솔직하고 절대적인 패배주의로 건너뛰는데, 1917년 10월부터 계속된 전 기간을 하나의 완전한 재난으로 특징짓는다:

"우리는 과도하게 사용하면 진부해지는 수사들을 사용하는 것을 피해야 한다. 그러나 이 경우에 우리는 1917년에 열려진 전체의 역사적 시기의 끝에 우리가 도달했다는 것을 진정으로 말할 수 있어야 한다."

어린애들 같은 토랜스 분파, 뉴스라인 노동자혁명당WRP의 잔당 출신의 그들의 경쟁자들은 노스주의의 '설명'을 좋아하지 않는데, 이들의 완전한 패배주의는 그들을 매우 당혹하게 하는 것이다. 뜨로쯔끼주의에 대한 일정한 신뢰를 얻고, 그들의 도사(guru: 멸시의 느낌이 있는 단어-역자) 뜨로쯔끼의 "정치적 혁명"의 이론과 반쏘비에트 활동에 쓰여진 그의 생애가 혁명적 내용은 말할 것도 없고, 티끌만큼이라도 진보적 요소를 갖고 있었는지에 대해 뜨로쯔끼주의 평회원들 사이에서의 의심을 극복하기 위해, 토랜스 신봉자들은 만델식으로 쏘련과 동유럽에서 반혁명적 발전들을 본성에서 "혁명적"인 것으로서 성격지우는 데 찬성한다. 노스 신봉자들을 조롱하면서, 토랜스 신봉자들은 쓴다:

"이 모든 것의 웃기는 면은 관료주의가 '결정적 세력'이기 때문에, 소위 '군산복합체'가 옐친을 타도하려 하고 쏘련을 복원하려 한다면 그러면 의심의 여지없이 노스는 쏘련이 다시 한 번 노동자의 국가가 되었다고 말해야만 할 것이다. 그는 '쓰딸린주의 관료주의에 대해 감사하다'고 말해야만 할 것이다."

이렇게 우리는 어린애들(노스 신봉자들)의 한 분파가 뜨로쯔끼에 대해, 쏘련을 반대하는 그의 맹렬한 비난에서 충분히 확고하지 않았고 그리하여 정치적 혁명이 필요한 노동자의 국가에 대해 지지하는 맹목적 길로 그의 지지자들을 잘못 이끌었다고 비난하는 것을 볼 수 있는데, 그때에, 노스주의자들이 말하기를, 사회주의는 이미 파괴되었고 따라서 혁명을 위해 반대해야 할 것이 남아 있지 않았다는 것이다. 다른 분파(토랜스 신봉자들)는, 반혁명이 전혀 발생하지 않았고 옐친은 과정 속에서 "볼쉐비즘을 복구"하게 될 "정치적 혁명"을 대표한다고 거짓말하는 것에 의해, 오랜 반쏘비에트적인 그리고 반공산주의적인 활동에 대한 모든 책임으로부터, 스스로를 면제하고 있다.

약간의 다른 어린애들

방금 위에서 언급한 뜨로쯔끼주의 누더기 ≪사회주의 조직자≫는 옐친 세력의 승리에 대해 무척 기뻐했다. 그리하여:

"쓰딸린주의 권력에 대한 그의 용기 있는 저항은 노동자들로 하여금 쟁점이 무엇인지 볼 수 있게 할 것이다―한편에서는 법의 지배의, 그리고 일정 정도의 민주적 자기통제의 시작들과 함께 열려지는 사회, 다른 한편에서는 숨 막히는 빙하시대의 쓰딸린주의 독재."

SO 부록, 1992년 8월 20일.

'전투적인' 뜨로쯔끼 신봉자은 옐친의 반혁명을 환영하는 데 있어 야비할 정도로 후안무치하다:

"전 세계에 걸쳐 노동자들은 이것을, 독재의 위협을 형편없는 각본의 어릿광대극으로 떨어뜨리는 인민의 권력으로 볼 것이다. 모든 독재자들은 그 자신의 백성들이 이러한 행동을 일으키리라는 전망에 와들와들 떨 것이다."

그런데 또 하나의 뜨로쯔끼주의 집단인 '노동자 권력'은 "옐친의 강령의 사회적으로 반혁명적인 성격"과 그를 지지하는 "건달과 공갈단"을 충분히 인식하고 있으면서도, 그럼에도 불구하고 옐친을 지지해야만 한다고 느꼈다:

"옐친의 사회적으로 반혁명적인 강령이 무엇이든지 간에, 러시아 의회를 방어하기 위해 바리케이드에 얼마나 많은 건달들과 공갈단이 결합했던지 간에, 쿠데타 무리를 지지하고 민주적 권리들의 파괴를 지지하는 것은 정치적 자살이다..."
"쏘련의 풋내기 노동자 조직들이 관료주의의 복고의 흐름에 반대하여 헤엄치는 것을 배우는 것이 감옥 방의 '환풍구'에 쑤셔 넣어지는 것보다 훨씬 더 좋다."
"다음 단계―중앙계획의 기구들을 빠르게 분해하는 과제"(노동자 권력,

1991년 9월)를 커다란 열정으로 기대하면서, '노동자 권력'은 자신의 반혁명적 논리를 어리석음으로까지 떨어뜨리면서 반혁명에 대한 "노동자 통제"를 주장한다—중도에서 멈추지 않는 "노동자들의 옐친"을:
"혁명가들은 그들의 억압의 실제적 그리고 상징적 대표들에 대한 노동자들의 증오를 공유하고 있다. 우리는 궁전 같은 쏘련공산당 사무실, 개인 상점들 그리고 요양소들의 폐쇄와 KGB관리들의 박멸을 지지한다. 그러나 우리는 쓰딸린주의 독재의 파괴를 수행하는 데 있어서 옐친에 대해 혹은 주요 마을과 도시들의 주요한 쏘비에트들의 지도부에 대해 신뢰를 둘 수 없다."
"우리는 쏘련공산당 독재의 파괴의 과정에 대해 모든 지점에서 대중들을 독립적으로 관련시키고자 한다. … "
"노동자들은 쓰딸린주의자들에 대한 파괴의 과정을 끝까지 통제해야만 하고 옐친으로 하여금 그에게 쓸모 있는 것을 보전하도록 허용해서는 안 된다."

≪사회주의 조직자≫와 마찬가지로 그것—'노동자 권력'—또한 옐친을 지지하는 세력들을 충분히 인식하고 있었다. 그것의 현장 보고서는 옐친의 바리케이드에 배치된 사람들은 "대부분 가장 대담한 노동자와 학생들이 아니었다"고 말했는데, 덧붙이기를:

"그렇기보다 그들은 대부분, 소상인들, 투기업자들 그리고 협동조합('자유기업')의 소유들, '민주적 러시아'(러시아 민족주의자들)의 전통적 토대, 그리고 더하기 수백 명의 젊은 열정가들이었다. 쏘련의 다른 부분들에서는 파업행동과 대중동원에 대한 보고들이 있었지만, 적어도 모스끄바에서는 노동자계급은 쿠데타에 대한 저항에서 거의 역할하지 않았다."

물론 여기서 전혀 언급되지 않은 수많은 다른 뜨로쯔끼주의 그룹들이 있다. 그러나 그들 모두를 언급하는 것은 가능하거나 혹은 필요하거나 혹은 심지어 바람직하지 않는데, 왜냐하면 그들은 주요 뜨로쯔끼주의 경향들에 대한 위에서의 간단한 스케치 속에서 이미 마주친 주제들에 대한 변종들 이상이 아니기 때문이다. 그러나 그들을 단결시키는 것은 그들 모두가 뜨로쯔끼주의자들이라는 것이다. 그러므로 그들은 모두 철저하게 반혁명적이다—그렇게 되기를 소망해서가 아니라 그들이 뜨로쯔끼의 소부르주아적, 비관주의적 그리고 반혁명적인 '영구혁명'의 이론을 따르고 있는 한 반혁명분자들이 되지 않을 수 없기 때문이다.

뜨로쯔끼주의의 파산과 사회주의의 승리

동유럽과 쏘련을 압도한 최근 몇 년간의 사건들은 흐루쇼프 수정주의의 완전한 파산을 입증했을 뿐만 아니라, 이러한 폭로가 필요하다면, 뜨로쯔끼주의의 완전한 반혁명적 성격을 폭로했다. 이러한 사건들은 의심의 여지없이, 형태상의 차이에도 불구하고 수정주의와 뜨로쯔끼주의의 내적인 유사성을 입증했다. 흐루쇼프 수정주의가 형태와 본질에서 우익적으로 공산당을 통하여 목적을 추구했다면, 쏘련과 다른 동유럽에서 자본주의를 복구한다는 동일한 목적을 뜨로쯔끼주의는 '좌익'의 형태로, 본질에서 우익적으로, 20년대 이후로 소위 "반관료주의 혁명"을 통하여 시도해왔다. 수정주의와 뜨로쯔끼주의의 이 유사성과 반혁명적 본질의 가장 명백한 형태와 실천에서 나타나는 증거는 이들 두 반혁명적 조류들을 폭로하고 싸우는 과제를 촉진할 것을 제기하고 있다.

그러나 우리는 사상적 부패, 혼란, 분열 그리고 동요의 한 시기—배신과 변절이 시대의 질서인 시기—를 통과하고 있다. 어디에서나 수정주의 정당들의 청산뿐만 아니라 흐루쇼프 수정주의의 완전한 붕괴, 쏘련과 동유럽의 사회주의 정권들의 해체와 더불어, 뜨로쯔끼주의자들이 다시금 전면에 나서서 다음과 같이 말하는 것이 예상될 수 있다:

'우리는 당신들에게 그렇게 말했다. 뜨로쯔끼는 사회주의가 한 나라에서 건설될 수 없다고 주장함에 있어 올발랐다. 등등.'

우리의 임무는 이러한 부조리하고 반혁명적인 수다를 반박하는 것이다. 쏘련의 붕괴는 뜨로쯔끼주의의 올바름을 입증하는 것과는 거리가 멀고 실제로는 트로츠키주의를 분쇄하여 작은 파편들로 만든다. 그것(쏘련의 붕괴-역자)이 입증하는 것은, 뜨로쯔끼주의(혹은 그 문제에 대한 부하린주의)가 20년대 중반에 쏘련에서 실행되었다면 후자(쏘련-역자)는 훨씬 일찍, 60여 년 전에 더 일찍 붕괴했을 것이라는 점이다. 그러나 쏘련공산당은 뜨로쯔끼주의와 부하린주의를 거부하고 계속하여 사회주의와 강력한 쏘비에트 국가를 건설하였다. 사회주의의 요새이자 등대이며 전쟁과 평화에서 그 시대적 업적들, 사회 발전, 경제, 교육, 예술, 군사 그리고 과학의 모든 영역에서 영웅적 위업들, 인간에 의한 인간의 착취에 기반한 것이 아니라 인민의 끊임없이 증대하는 필요의 만족을 위해 국민경제의 균형 있는 발전의 법칙에 기초한 새로운 사회, 민족분쟁과 인종주의가 아니라 형제적 협력에 기초한 사회, 성차별이 아니라 성평등에 기초한 사회를 건설하려는 초인적인 인내들, 히틀러 독일에 반대하는 거대한 투쟁 그리고 영광스런 승리들—인류를 파시즘의 천형으로부터 해방시킨 승리들—은 동유럽에 사회주의를 가져왔고 민족해방운동에 거대한 자극을 주었으며 그에 따라 제국주의를 약화시켰는데, 그리고 어디에서나 혁명적 프롤레타리아와 민족해방에 대한 무조건적인 그(쏘련의-역자) 지지는 인류에게 모든 착취를 폐지하고 프롤레타리아 독재를 통하여 계급 없는 공산주의사회를 달성하려는 노력에 영감을 주었다.

뜨로쯔끼주의인가 레닌주의인가?

사상적 혼란의 이 시기에 뜨로쯔끼 신봉자들은 사상적 진공상태를 채우고 뜨로쯔끼주의를 레닌주의로 속여 넘기기 위한 시도 속에서, 지식인들과 비계급의식적인 노동자들을 혼란시키는 몇몇의 거만하고, 소리 높고, 텅 비어 있고, 모호하고 그리고 과장된 표어들을 가지고 앞으로 나오려 하는 것이 틀림없다. 그들은 또한 뜨로쯔끼주의로써 레닌주의를 대체하려는 또 하나의 시도들을 할 것이 틀림없다. 그들이 이것을 하도록 허용되어서는 안 된다. 모든 맑스-레닌주의자들, 모든 계급의식적인 노동자는 이러한 시도를 좌절시키는 데 있어서 그리고 그것이 과거의 유사한 모든 시도에서처럼 비참하게 실패할 것임을 보장하는 데 있어서 자신의 역할을 해야만 한다.

이 책이 제기하는 것은 뜨로쯔끼주의로 레닌주의를 대체하려는 이 시도를 좌절시키는 데 공헌하려는 것이다. 필자는 이 목표의 충족 이외에는 다른 보답을 전혀 바라지 않는다. 선택이 앞에 놓여 있다: 반혁명적인 뜨로쯔끼주의인가 아니면 혁명적인 레닌주의인가? 이것 아니면 저것이다. 뜨로쯔끼주의인가 레닌주의인가?

이 책에 대한 몇몇의 언급들

마지막으로 이 책을 구성하는 자료들에 대한 몇 가지의 언급들. 1부에서 4부까지는, 뜨로쯔끼주의자들과 수정주의자들로부터의 공격에 반대하는 맑스-레닌주의의 근본들을 옹호하는 데 있어, 수는 적지만 매우 중요한 역할을 수행했던 반수정주의 그룹인 공산주의 노동자 연합ACW의 초청을 받아 런던에서 행한 강의들의 시리즈에 기초하고 있다. 원래 이 부분은 '혁명적 레닌주의에 반대하는 반혁명적 뜨로쯔끼주의에 대한 투쟁에 관한 몇몇의 질문들'이라는 제목하에 네 개의 분리된 팜플렛으로서 나뉘어 있었다. 스페인 내전을 취급하는 부분(5부)은 당시에 결코 완성되지 않았다. 그때 이후로 내가 다룰 수 있던 몇몇의 노트에 기초하여 또 나의 동지이자 친구인 엘라 룰은 그녀의 조사에 기초하여 이 부분을 써서 그것을 1991년 3월 24일에 쓰딸린 협회의 토의 논문으로서 제출했다. 집단화와 프롤레타리아 독재라는 조건하의 계급투쟁의 문제를 다루는 부분은 이 두 중요한 문제에 대한 쓰딸린의 글들의 모음에 대한 서문으로서 쓰였다. 이것들은 또한 분리된 팜플렛이었는데 집단화에 대한 것은 1975년에, 계급투쟁에 관한 것은 1973년에 쓰여졌다. 이 마지막 팜플렛에서 독일-쏘비에트 불가침협정을 다루는 부분은 원래 팜플렛에는 있지 않았던 구체화된 증거를 포함하기 위해 매우 확장되었다. 이 협정이 새로운 비판을 받고 있으므로 나는 이 자료들을 포함하기로 결정했다. 또한 나는 원래의 자료가 만들어진 이후에 발간되었거나 혹은 그때 이후로 나의 주목을 끌게 된 글들을 참작하기 위해 내용을 갱신했다. 그런 맥락에서 그리고 언급된 발행시기로부터 독자는 새로운 자료를 알아내는 데 있어 거의 어려움이 없을 것이다.

이 마지막 두 개의 발행물은 쓰딸린의 지도력의 기간(1924-1953) 동안의 쏘련공산당(볼)의 맑스-레닌주의 정책에 대한 개인들과 조직들의 공격의 흐름에 의해 필수적이 되었는데, 그들은 스스로를 반수정주의자라고 불렀고 따라서 그러한 정의에 의해, 뜨로쯔끼주의뿐만 아니라 수정주의에 대해 반대했어야 했다는 것이었다. 그러나 이 사람들이 실천적으로 제기하고 있는 것은 믿을 수 없이 혼란되고 믿을 수 없이 반동적인—많은 경우들에서 단지 뜨로쯔끼의 명제들의 재탕에 불과한—것이었다. 그들의 글들은 오류에 찬 시시한 말과 무지한 거만함의 복합물로 특징지어진다. 그 당시의 영국의 반수정주의 운동은 실제로, 엥엘스의 표현을 빌면, 그들이 결코 단 한마디도 배우지 못했던 맑스-레닌주의의 과학에 대해 젠체하는 태도를 갖고 있는 몇몇의 사람들을 만들어내면서, 상당한 양의 "터무니없는 헛소리"에 열중하였다.

1870년대에 그의 ≪반뒤링≫의 서문에서 엥엘스는, 사회주의 인텔리겐챠의 일부분을 포함한 독일의 인텔리겐챠의 많은 부분을 괴롭히고 있던 "소아병"에 대해 몹시 불평하고 있는데, 그 글에서 "과학의 자유가, 사람들이 자신들이 배우지도 않은 모든 주제에 대해 글을 쓰고 이것을 유일하게 엄격한 과학적인 방법으로 제기하는 것을 의미하기 위해 도입된다"고 썼다.

이 "소아병"은 1970년대의 반수정주의 운동과 그것의 동조자들의 많은 부분에서 커다란 혼란을 야기하면서 만연하고 있었다. 다시 돌아가면, 노동자 연합의 초대의 자리에서, 나는 위에서 언급된 주제들에 대한 쓰딸린의 글들의 두 모음을 편집했고, 각 모음마다 긴 서문을 만들었는데, 맑스-레닌주의 과학에 대해 단지 사소한 지식만을 갖고 있고 상당한 양의 자만과 무지를 갖고 있으면서, 맑스주의의 이름으로 많은 혼란되고 반동적인 헛소리를 하고 있었던 우리의 적수들의 숭고한 헛소리와 상투어들을 반박할 목적이었다. 이 반동적인 헛소리가 적어도 명목적으로 반수정주의 운동의 부분에서 나왔기 때문에 그것은 다루어져야만 했다.

이 책의 내용들이 6개의 분리된 팜플렛의 형태로 최초로 발간된 이후로 오랜 시간이 흘렀다. 논쟁의 대상이 되었던 일부 사람들은 죽거나 은퇴했거나 단순하게 그리고 현명하게 그들이 자신들을 위해 개척한 사소한 부르주아적 영역으로 퇴각했다. 마찬가지로 조직들의 일부는 자발적으로 해소되거나 정치적 망각 속으로 사라졌다. 반면에 다른 조직들은 자신의 이름을 한번 이상 바꾸었기 때문에(이것은 특히 뜨로쯔끼 신봉자 조직들에 적용된다) 더 이상 알아 볼 수가 없다. 이것들 중 어떤 것도 조금도 중요하지 않다. 실제로 중요한 것은 그 당시 존재했었고 그리고 현재 혹은 미래에 열띤 주장과 논쟁들의 주제가 되는 모든 표시를 보여주는 쟁점과 의문들이다. 그 경우에 우리가 할 필요가 있는 모든 것은, 내가 20년 전에 논쟁했던 사람들에 의해 제기되었던 유형의 헛소리를 고집스레 제기할 지도 모르는 사람들에 반대하는 주장의 내용들을 사용하면서 개인 혹은 조직의 이름을 제거하는 것이다. 더구나 내가 논쟁했던 사람들은 오늘날 중요하지 않거나 아마도 당시에도 중요하지 않았다. 그러나 유사한 헛소리가 무게 있고 영향력 있고 권위 있는, 훨씬 더 중요한 부분들로부터 나오고 있다. 나의 적수들에 대한 나의 논쟁들이 이들 고귀한 부분들로부터의 유해한 헛소리를 똑같이 상대한다는 바람직한 효과를 갖기를 나는 희망한다.

원래는, 이 책의 내용들이 분리된 팜플렛으로 나뉘어 있을 때, 각 팜플렛은 각각이, 원한다면 독자적으로 읽혀지기 위해서 각각의 서문을 갖고 있었다. 그 형식은 지금 나오는 책에서도 유지되고 있다. 이것은 독자가 어떤 순서를 원한다 할지라도 그 책의 상이한 부분들을 읽는 것을 더 쉽게 하기 위한 것이다. 나는 계획적으로 다소 긴 서문을 썼다. 첫째로, 1956년에 쏘련공산당의 제20차 대회에서 흐루쇼프주의자들의 현대 수정주의의 승리에 의해 준비가 갖추어진 정치, 정치경제학, 계급투쟁 그리고 철학의 분야들에서 수정주의적 이론과 실천의 오랜 과정의 정점으로서 쏘련과 동유럽에서 사회주의의 종언에 대한 간략한 언급을 포함하므로써 자료들을 최신 내용으로 갱신하기 위해. 둘째로, 동유럽에서 자본주의 복고에 대한 현재의 지도적인 뜨로쯔끼주의 조직들과 개인들의 반응에 대한 언급을 통해 뜨로쯔끼주의의 완전한 반혁명적 성격의 더욱 많은 증거를 제공하기 위해. 그리고 마지막으로 원래 분리된 팜플렛으로서 제출되었기 때문에 그것들이 아마도 갖고 있지 못했을 일정 정도의 통일성을 이 책에서 다루어지는 모든 문제들에 제공하기 위해.

또한 세 개의 부록을 넣는 것이 결정되었다—하나는 레닌의 유언이라 불리게 된 것에 대해, 다른 하나는 뜨로쯔끼와 제국주의 언론의 관계에 대해, 그리고 다른 하나는 자신의 추종자 중의 한 명에 의한 뜨로쯔끼의 살해에 대해. 그것들은 자족적인 설명 내용을 가지므로 여기에서 그것들에 대해 어떤 말을 할 필요는 없다.

이러한 언급과 함께, 나는, 뜨로쯔끼주의와 수정주의에 반대하는 투쟁에서 그리고 영원히 올바른 맑스-레닌주의의 명제들을 옹호하는 데 있어서 아무리 작다 하더라도 이 책이 쓸모 있는 공헌을 하기를 희망하면서 이 서문을 결론짓는다. 나는 이 책을 쓰는 데 있어 어떠한 독창적인 권리(창작자로서의 권리를 의미함-역자)도 갖지 않는다. 내가 이 책에서 말해야만 하는 것은 맑스-레닌주의의 구세대에게는 보통의 지식일 것이다. 그러나 부끄러운 일이지만 일반적으로 알려진 진실이어야만 하는 것에 대한 지식이 젊은 세대에게는 점점 더 줄어들고 있다. 우리는 그 운동에 함께 하고 우리의 작업을 돕기를 원하는 젊은 동지들을 만난다. 우리가 이 동지들과 무엇을 함께 할 것인가? 나는 이 문제에 대해 쓰딸린의 다음과 같은 말로써 답변한다:

"나는 소위 '일반적으로 알려진' 진실들에 대한 체계적인 반복과 인내력 있는 설명이 맑스주의로 이 동지들을 교육하는 최선의 방법들 중의 하나라고 생각한다."
쓰딸린, ≪쏘련에서 사회주의의 경제적 문제들≫, FLPH, 베이징. p. 9.

내가 소위 '일반적으로 알려진' 진실들의 일부에 대해 최소한 올바르고 체계적으로 반복하는 데 성공했다면, 나는 스스로 관련된 일에 전적으로 만족하게 될 것이다.

하르팔 브라르, 1993년 7월 21일.

제1부
노동자계급의 전위당에 대하여 그리고 레닌의 혁명론 대(對) 뜨로쯔끼의 '영구혁명'론

> "권력을 향한 투쟁에서 프롤레타리아트는
> 조직이외에 다른 무기가 없다"
> "혁명적 이론 없이
> 혁명 운동은 있을 수 없다"
> — 레닌

제1장
제1부에 대한 서문

뜨로쯔끼주의는 노동자계급의 대열 내에 있는 부르주아 이데올로기이다. 뜨로쯔끼주의가 사상적으로 매장되지 않는다면, 그리고 매장될 때까지 그것이 노동자계급 운동에서 쫓겨나지 않는다면, 그것은 커다란 혼란과 해를 계속하여 야기할 것이고, 그리고 그것은 그리하여 프롤레타리아 혁명을 향한 프롤레타리아트의 조직을 혼란스럽게 할 것이다. 따라서 뜨로쯔끼주의를 참패시킬 필요성이 있다. 뜨로쯔끼주의를 사상적 조류로서 매장시킬 필요성이 있다.

지금 영국에서는, 뜨로쯔끼주의는 노동자계급 운동 내에서 단지 부르주아적이고 오류투성이이고 반레닌주의적이고 반공산주의적 사상적 조류이며 자신의 지지를 반레닌주의적 그리고 반공산주의적 강령에서 끌어내고 있다. 비록 그것의 반레닌주의와 반공산주의가 '쓰딸린주의' 혹은 '쓰딸린주의 관료주의'에 반대하여 싸운다는 구호하에 위장되어 있지만. 소부르주아 인텔리겐챠와 개인주의적 경향의, 특히 대학의 젊은이들이 뜨로쯔끼주의를 매력적인 것으로 여기는 것은 그것의 강령의 반레닌주의적 성격 때문이다. 따라서 영국에서 뜨로쯔끼주의 조직들의 대부분의 압도적인 소부르주아적 구성은 그 때문이다. 대부분의 뜨로쯔끼주의 조직들의 소부르주아적 구성에도 불구하고 뜨로쯔끼주의가 노동자계급의 일정 부분에서 일정한 지지를 계속하여 향유하고 있다는 것은 부정할 수 없다. 왜? 왜냐하면 뜨로쯔끼주의는, 수정주의적 영국 공산당CPGB의 파산의 결과로서, 수정주의에 대한 '전투적인 좌익'적 대안으로 스스로를 제기할 수 있게 되었고, 이 나라에서 맑스-레닌주의 운동이 참으로 매우 약하고 그리고 프롤레타리아트의 실제적인 혁명적 맑스-레닌주의 당이 여전히 존재하지 않기 때문이다.

그러나 맑스-레닌주의 운동이 성장함에 따라, 그리고 뜨로쯔끼주의가 그에 따라 약화됨에 따라 뜨로쯔끼주의는 또 하나의 조류—반레닌주의적, 반공산주의적 오류투성이의, 그러나 그럼에도 불구하고 하나의 조류—임을 멈출 것이고 쓰딸린이 말했듯이, "정보부서의 지시에 따라 행동하는 미치광이들의, 그리고 규율 없는 파괴자, 교란자diversionists, 스파이 그리고 살인자들의 집단 ···", 즉 부르주아지의 선진적인 분견대로 점점 더 되어가도록 몰릴 것이다. 뜨로쯔끼주의는 1930년대에 부르주아지의 이러한 분견대가 되었다. 그것은 파시즘과 동맹했다. 그것은 노동자계급의 최초의 국가—즉 쏘련—을 타도하기 위해 최선을 다했고 만약에 다시금 필요성이 생긴다면, 뜨로쯔끼주의는 1930년대에 그것이 차지했던 그 입장으로 복귀하리라는 것은 우리 생각에 도대체 의심의 여지가 없다. 그것은 노동자계급 운동 내에서의 부르주아적 조류로부터 부르주아지의 선진적 분견대로 전화할 것이다.

이것이 우리가 뜨로쯔끼주의의 내용에 대해 연구해야만 하는 이유이고, 또 그것이 타락할 수밖에 없는 이유이다. 반혁명적 사상으로서, 반레닌주의적 사상으로서, 그리고 노동자들이 추종한다면 단지 노동자들 자신의 노예화를 초래할 뿐인 사상으로서 뜨로쯔끼주의를 폭로하는 것은 이 나라에서 혁명 운동의 발전의 견지에서 가장 중요한 것이다. 어떤 성실한 동지들은 이따금 '뜨로쯔끼주의는 반혁명적이고 우리가 그것에 대해 조금도 시간을 낭비할 필요는 없다. 모든 사람이 그것이 반혁명적이라는 것을 알고 있다'고 주장한다. 이러한 접근은 옳지 않다. 뜨로쯔끼주의는 상당한 영향력을 갖고 있다. 따라서 과학적으로 뜨로쯔끼주의의 내적인 반혁명적 본질을 발가벗기는 것, 그것의 얼굴에서 초-'좌익'적 가면을 찢어버리는 것, 그리고 그것의 실제적인 우익적 본질을 폭로하는 것은 우리의 의무이다. 그리고 우리는 일반적 소문—뜨로쯔끼주의자들이 선호하는 방법—에 의해서가 아니라 역사적 진실과 문서들을 참조하는 것을 통해 그것을 폭로해야만 한다.

뜨로쯔끼주의를 웃음거리로서(비록 우리가 어떤 뜨로쯔끼 신봉자들을 웃음거리로서 올바르게 취급할지라도) 취급하지 않고 노동자계급 운동에 심각한 해를 야기하는 사상으로서 취급하는 것이 우리의 의무이다. 우리는 이 부르주아 사상을 과학적으로 논박해야만 하고 노동자들에게(우리 자신에게가 아니라) 뜨로쯔끼주의는—비록 편의와 기만을 위해 그것이 '맑스주의-레닌주의'의 간판하에 활동하는 것을 선호할지라도—반공산주의적이고 반레닌주의적인 반혁명적 부르주아 사상이라는 것을 입증해야만 한다.

레닌은 뜨로쯔끼주의에 반대하여 완강하고 무자비한 투쟁을 전개했고, 10월 혁명을 이끈 사건들에 의해 뜨로쯔끼주의는 패배하여 자신이 올바르게 속하고 있는 쓰레기더미에 버려졌다. 10월 혁명 몇 주 전에 뜨로쯔끼가 사건들에 의해—현실에 의해—그의 이전의 입장과 결별하고 볼쉐비키당에 결합하고 볼쉐비키당의 강령을 받아들일 것을 강제당했다는 바로 그 사실은 뜨로쯔끼주의가 철저히 불신 당했고 논박되었다는 것의 충분한 증거이다.

레닌 사후에 뜨로쯔끼주의는 무대에 돌아와서 레닌주의를 뜨로쯔끼주의로 대체하려는 또 다른 시도를 했다. 그것은 완전한 재난에 부딪혔는데, 이 점은 모스끄바 재판에 관한 장에서 보여 질 것이다. 그것은 패배했다.

50년대 중반 이후로 뜨로쯔끼주의는 레닌주의를 뜨로쯔끼주의로 대체하려는 또 다른 시도를 했는데 명백하게 일정한 약간의 성공을 했다. 이것은, 쏘련을 통치하는 수정주의적 배신자 도당에 의한 맑스-레닌주의에 대한 배반 덕분으로 뜨로쯔끼주의가 소생하고 새로운 생명의 기간을 부여받았기 때문이다. 쏘련공산당CPSU 제20차 대회에서, 쏘련에서 자본주의를 복고하는 것이 주요 목표인 흐루쇼프에 의해 영도되는 배반자들과 배신자들의 도당에게 권력을 가져다주었던 쿠데타가 발생했다. 그러나 이것은 동시에 제20차 당대회에 이르는 30여 년 동안의 사회주의 건설의 획득물을 불신하는 것 없이는, 그리고 그 지도력 하에서 이 사회주의 건설의 성과물들을 만들어낸 사람들을 또한 불신함이 없이는 달성될 수 없었다.

쓰딸린 동지에 대한 공격이 이해될 수 있는 것은 이 점에서이다. 전 세계의 혁명가들은 맑스-레닌주의의 기치를, 프롤레타리아 혁명의 기치를 높이 든 이 위대한 맑스-레닌주의자에 대해 거대한 존경과 애정을 가지고 있다. 쓰딸린은 쏘련에서 프롤레타리아 독재를 노동자계급 운동의 내부에서 그리고 외부에서 노동자계급의 적들로부터 가장 단호하고

용감하게 방어했다. 중국혁명의 위대한 지도자 마오쩌뚱은 쓰딸린의 60회 생일에 이렇게 말했다:

> "쓰딸린은 세계혁명의 지도자이다. 이것은 최고의 중요성이 있다. 인류가 쓰딸린으로 인해 축복받는다는 것은 커다란 사건이다. 우리에게 그가 있기에, 일이 잘될 수 있다. 여러분 모두가 아는 대로 맑스는 죽었고 엥엘스도 죽었고 레닌도 죽었다. 쓰딸린이 없었다면 누가 방향을 주었겠는가? 그러나 그가 있다는 것은, 이것은 하나의 축복이다. 지금 세계에 쏘련이 있고 공산당이 있고 또한 쓰딸린이 있다. 그래서 세상의 일이 잘 될 수 있다."

이것이 쓰딸린의 문제에 대한 전 세계의 혁명적 인민의 감정을 요약하는 것이다. 바로 이 이유 때문에, 노동자계급의 계급적 적들이 레닌의 땅에서 레닌주의를 패배시키고, 내부에서 요새를 장악하고, 자본주의 복고로의 길을 닦기 전에 쓰딸린 동지를 공격하는 것이 최고로 필요했던 것이다. 수정주의적 배신자 도당의 공격은 개인으로서 쓰딸린에 대한 공격이 아니었다. 그것은 볼쉐비키당에 대한 공격, 그것의 방법들과 조직의 형식들에 대한 공격, 쓰딸린 동지에 의해 영도된 볼쉐비키당의 지도력하에 수행된 사회주의 건설에 대한 공격, 반파시스트 전쟁에서 볼쉐비키당과 쓰딸린의 지도력하에 이루어진 쏘련의 승리에 대한 공격이었다. 쓰딸린이 모든 반동들의 증오에 부딪혔던 것은 그가 투쟁을 통하여 볼쉐비키당의 가장 대표적인 대변자로서 떠올랐다는 것 때문이다. 쏘련에서 지배적인 수정주의적 배신자들이 뜨로쯔끼주의자들과 구분될 수 없는 것은 볼쉐비키당과 프롤레타리아 독재에 대한 이러한 반대와 그에 대한 그들의 공격이다.

그러면 "쏘련공산당의 지도부에 의한 쓰딸린에 반대하는 광적인 캠페인이, 오랫동안 정치적 시체가 되었던 뜨로쯔끼주의자들로 하여금 다시 생명을 얻고 '뜨로쯔끼의 복권'을 떠들어 대게 하는 것을 가능하게 했다는 것"이 놀라운 것인가?(<쏘련공산 당중앙위원회의 공개편지에 대한 두 번째 언급>, 중국공산당, 1963년 9월 13일)

그리하여 제20차 당대회의 결과로서, 오랫동안 세계 인민에 의해 불신되고 매장되었던 뜨로쯔끼주의는 무덤을 파고 나와 프롤레타리아트의 대열에서 혼란을 야기했다.

뜨로쯔끼주의자들이 어떤 다른 선진적 서유럽 나라보다 더 잘 기반을 굳힌 영국과 같은 나라에서 그들은 노동자계급과 전투적 대중들을 오도하기 위해 상대적으로 잘 자리 잡고 있다.

이미 이야기된 것의 견지에서, 노동자계급의 대열 내에서 부르주아지의 사상적 영향일 뿐인 뜨로쯔끼주의에 반대하는 날카롭고 무자비한 투쟁을 전개하는 것은 모든 혁명적 맑스-레닌주의자들의 의무가 된다.

그러나 뜨로쯔끼주의에 반대하는 투쟁을 전개하기 위하여 우리는 무엇보다도 먼저, 뜨로쯔끼주의의 성격, 그것이 채택하는 방법들 그리고 그것이 때때로 추한 외양을 띠는 형태들을 알아야만 한다.

뜨로쯔끼주의의 본질은 혁명적 볼쉐비즘인 레닌주의에 화해할 수 없이 반대하는 비프롤레타리아적, 부르주아적 사상이라는 점에 있다. 이 진실은 모든 곳의 혁명가들과 프롤레타리아에 의해 충분히 파악되어야만 한다. 뜨로쯔끼주의는 당의 성격과 역할, 혁명의 이론 그리고 지도력의 역할과 같은 중요한 문제들에 대해 레닌주의에 반대한다. 1903년부터 10월 혁명 직전까지 하나의 이데올로기로서 뜨로쯔끼주의는 레닌주의에 반대하는 그리고 볼쉐비즘에 반대하는 신랄한 투쟁에 종사하고 있었다. 사실 뜨로쯔끼주의는 레닌주의에 반대하는 신랄한 투쟁을 수행하는 것을 멈춘 적이 없었다. 10월 혁명 전에 뜨로쯔끼주의는 레닌주의에 대한 공개된, 정면의 공격에 종사했지만, 10월 혁명 중에 그리고 그 후에 그것은 레닌주의를 은밀하게 침식하는 정책을, 언제나 레닌과 레닌주의를 '찬양한다는' 가림 막하에 채택했다. 이것은 뜨로쯔끼주의가 러시아에서 3번의 혁명들—1905년 혁명, 1917년의 2월 혁명, 그리고 또한 1917년의 위대한 10월 사회주의 혁명—에 의해 취약한 것으로 간주되었고 쓸모없는 것으로 입증되었기 때문이다. 다른 한편으로 레닌주의는 승리자로서 떠올랐고 자신의 올바름을 입증했고 세 번의 혁명들의 시험을 견뎌냈다. 이것은 쓰딸린 동지가 취약한, 10월 혁명 후의 뜨로쯔끼주의를 묘사한 방식이다:

"새로운 뜨로쯔끼주의는 구 뜨로쯔끼주의의 단순한 반복이 아니다. 그것의 깃털은 뜯어졌고 좀 더럽혀져 있다. 구 뜨로쯔끼주의보다 정신에서 비교할 수 없이 온순해졌고 형식에서 더 온건해졌다. 그러나 본질에서 그것은 구 뜨로쯔끼주의의 모든 특수한 특징들을 의심의 여지없이 보유하고 있다. 새로운 뜨로쯔끼주의는 감히 레닌주의에 반대하는 전투적 세력으로서 나타나지 않고 있다. 그것은 레닌주의의 공통된 기치하에서, 레닌주의를 해석하고 개선한다는 구호하에서 활동하기를 선호한다. 이것은 그것이 약하기 때문이다. 새로운 뜨로쯔끼주의의 출현이 레닌의 서거와 일치하는 것은 우연으로 간주될 수 없다. 레닌의 생전에 그것은 감히 이러한 위험스런 발걸음을 취하려 하지 않았다."

≪레닌주의의 제 문제≫

새로운 뜨로쯔끼주의의 특수한 특징들에 대한 쓰딸린 동지의 이러한 심오한 언급에 대해 한 가지 더, 즉 뜨로쯔끼주의는 레닌주의에 반대하는 공공연하거나 은밀한 직접적인 공격들을 감히 더 이상 전개하지 못한다는 것이 추가되어야 한다. 반대로 그것은 레닌주의를 공격하고 레닌주의를 뜨로쯔끼주의로 대체한다는 동일한 낡은 목표를, 간접적이고 솔직하지 못하고 그래서 비교할 수 없이 더 위험하고 해로운 방법, 즉 물론 언제나 레닌주의를 '옹호한다'는 구실하에 쓰딸린과 '쓰딸린주의'를 공격하여 레닌주의의 모든 기초들을 공격하는 것에 의해 추구하고 있다.

뜨로쯔끼주의의 현실적인 성격은 노동자계급과 광범한 인민대중에 대한 믿음의 결여를, 그리고 자본주의에 대한 항복을 감추려는 목적으로 '좌익'적 수사들을 사용하는 것이다. 뜨로쯔끼주의의 본질은 그것의 초'좌익'적 수사에 의해서가 아니라 그것의 좌익적인 것과는 거리가 먼 활동에 의해 폭로된다. 초(超)반혁명적인 행동들을 가리기 위한 초'좌익'적 수사―이것이 뜨로쯔끼주의의 본성이다.

부르주아-뜨로쯔끼주의적 전설들과 거짓말들 속에서 자라난 많은 사람들은 다음과 같이 말하기가 쉽다: '뜨로쯔끼는 레닌의 절친한 동지이다. 뜨로쯔끼는 레닌에 반대하여 어떠한 말도 하지 않았다. 뜨로쯔끼는 쓰딸린주의에 반대하는 볼쉐비키의 싸움에서 레닌주의를 옹호하는 데 종사한 볼쉐비키이다' 등등. 그러나 이러한 견해는 오류에 찬 것이며 역사적 진실에 대한 완전한 무지뿐만 아니라 의식의 완전한 결여를 보여준다. 뜨로쯔끼가 혁명적 레닌주의와 볼쉐비즘에 반대하여 호되게 싸웠다는 것은, 그리고 레닌이 오랜 기간에 걸쳐(1903년부터

1917년까지—10월 혁명 전에 그리고 그 후에) 반혁명적인 뜨로쯔끼주의에 반대하여 무자비한 투쟁을 전개했다는 것은 잘 알려진 역사적 사실이다. 그러나 이 점은 뜨로쯔끼 신봉자들의 '관심을 피해갔'는데, 왜냐하면 그들이 진실을 알기를 원하지 않기 때문이거나, 혹은 그들이 혁명적 볼쉐비즘의 역사에 대해 배운 적이 없거나, 심지어는 읽은 적조차 없고, 볼쉐비즘에 대한 지식과 그것이 지지하는 모든 것에 관한 한, "발가벗고 돌아다니는 것이 '특별한 것'the thing인 양 간주되는" 뜨로쯔끼 신봉자 써클에 단지 우연히 들어가게 된, 레닌의 용어법을 쓰자면, 완전히 '아는 체 하는 바보' 그리고 '바지 벗은 아이들'이기 때문이다. 뜨로쯔끼가 레닌주의와 레닌에 대해 사악한 공격을 했다는 것은, 뜨로쯔끼주의자들이 대개 주장하듯이, '쓰딸린의 창작품'이 아니며 1913년에 쓴 뜨로쯔끼가 크하이제에 보내는 편지로부터의 다음과 같은 발췌들로부터 볼 수 있다.

"레닌주의의 전 체계는 거짓말과 위조에 기초하여 만들어졌으며, 그 내부에 자신의 부패의 유독한 요소들을 포함하고 있다."

계속하여 같은 편지에서 뜨로쯔끼는 레닌을 다음과 같이 묘사한다:

"러시아 노동자계급 운동에서 모든 종류의 후진성의 직업적인 착취자."

여기서 곧장 가장 확실한 근거로부터, 당신은 순수한 형태로 뜨로쯔끼주의가 레닌주의에 대해 가지는 진정한 생각을 볼 수 있다: 그것은 "레닌주의의 전 체계"를 "거짓말과 위조에 기초하여 만들어진" 것으로 간주하고 레닌을 "러시아 노동자계급 운동에서 모든 종류의 후진성의 직업적인 착취자"로 간주하고 있다.

그러나 이것은 뜨로쯔끼가 레닌 사후에 그가 '쓰딸린주의 관료주의'에' 반대하여 싸우는 위대한 레닌주의자라고 주장하는 것을 막지는 못했다. 뿐만 아니라 그것은 오늘날의 뜨로쯔끼주의자들이 레닌주의에 반대하는 그들의 끊임없는 투쟁에서, 똑같이 스스로를 '쓰딸린주의 관료주의'에 반대하는 레닌주의의 옹호자로서 끊임없이 제기하면서, 위대한 레닌의 이름을 사용하고 뜨로쯔끼가 레닌의 절친한 동지이고 위대한 레닌주의자라는 노골적인 허위를 말하는 것을 막지 못한다.

  진실은 마치 땅이 하늘로부터 떨어져 있는 것처럼 뜨로쯔끼주의가 레닌주의로부터 멀리 떨어져 있다는 것이다. 진실은 뜨로쯔끼주의가 과거에 레닌주의에 반대하여 싸웠고 지금 레닌주의에 반대하여 싸우고 있다는 것이다. 10월 혁명 전에 그것은 레닌주의와 공공연하게 싸웠다. 10월 혁명 후에 그것은 레닌주의와 그렇게 공공연하게 싸우지는 않았다. 오늘날에는 그것은 쓰딸린과 '쓰딸린주의'에 대한 사악한 공격을 함으로써 간접적으로 레닌주의와 싸운다. 왜? 왜냐하면 쓰딸린에 대한 탄핵은, 레닌주의와 볼쉐비즘, 프롤레타리아 독재에 대한 탄핵을 위한 그리고 레닌과 쓰딸린 시기의 쏘련에서의 사회주의 건설에 대한 탄핵을 위한 필수적인 전제조건이기 때문이다. 쓰딸린은 30년 동안 쏘련과 전 세계에서 지배적인 조건들에 레닌주의를 성공적으로 적용시킨 위대한 맑스-레닌주의자였다. 쏘비에트 인민이 쏘련에서 사회주의를 건설하고 반파시즘 전쟁에서 세계의 인민을 이끈 것은, 그의 레닌주의적 지도력하에서, 뜨로쯔끼 신봉자들의 반대에도 불구하고 이루어진 것이었다. 이것들은 물론 영광스런 업적들이다. 이러한 업적들과 30년의 가장 찬란한 레닌주의의 적용이 부정된다면, 그러면 레닌주의에 무엇이 남겠는가? 그렇다면 '쓰딸린주의'에 대한 공격이 물론 레닌주의에 대한 공격이고 그것은 레닌주의를 뜨로쯔끼주의로 대체하려는 뜨로쯔끼 신봉자들에 의한 또 하나의—물론 또 하나의!—시도를 대표한다는 것은 모든 사람에게 명백한 것이 아닌가? 이것이 뜨로쯔끼주의가 레닌주의에 반대하여 싸우기 위해 '레닌주의'를 사용하는 방법이다.

  뜨로쯔끼주의가 레닌주의에 반대하여 공공연하게 싸우는가 혹은 그렇게 공공연한 것이 아닌가는 기술적 세부사항의 문제이다. 그것은 방법론의 영역에 속하는 것이다. 그러나 엄연한 현실은 불변인 채로 남아 있는데, 즉 뜨로쯔끼주의는 레닌주의를 공격하느라고 바쁘다는 것이다(1917년 이전보다 더 복잡할지라도 그럼에도 불구하고 레닌주의를 공격하는 것이다).

  요약하자면 뜨로쯔끼주의는 반레닌주의이고 반볼쉐비즘이다. 그것은 반혁명적이다.

  레닌주의는 다른 한편으로 혁명적 볼쉐비즘이다:

"레닌주의는 제국주의와 프롤레타리아 혁명 시대의 맑스주의이다. 보다 정확하게 말하면 레닌주의는 일반적으로 프롤레타리아 혁명의 이론과 전술이고 특수하게는 프롤레타리아 독재의 이론과 전술이다."

쓰딸린, ≪레닌주의의 기초≫

이 두 사상—한편으로는 뜨로쯔끼주의 다른 한편으로는 레닌주의—은 서로에게 화해할 수 없이 적대적이다. 누구나 동시에 다른 하나를 버리지 않으면 이 두 사상 중의 하나를 받아들일 수 없다. 레닌주의를 부정하지 않고서는 누구도 뜨로쯔끼주의자가 될 수 없다. 이것이냐, 저것이냐: 뜨로쯔끼주의인가 레닌주의인가?

이제 이러한 진술들을 구체화하는 과정이 지금 제기되어 있다. 이것을 하기 위해, 즉 뜨로쯔끼주의의 실제적 성격을 보이기 위해, 그것으로부터 초'좌익'적 수사를 벗겨냄으로써 그것의 실제적인 기회주의적, 반혁명적 형식을 보이기 위해, 매우 간략하게 말한다면 뜨로쯔끼와 그의 추종자들의 이론과 실천, 즉 족히 반세기에 걸친 시기에서 가장 중요한 쟁점들과 운동들에 대한 뜨로쯔끼주의의 이론적 및 실천적 관점에 대해 언급하는 것이 필수적일 것이다. 예를 들면 볼쉐비키당과 관련하여 뜨로쯔끼가 취한 입장은 무엇이었는가? 그리고 러시아 혁명에 대한 그의 전략과 전술은 무엇이었는가? 일국에서 사회주의를 건설하는 문제를 둘러싸고 발생한 논쟁에서 뜨로쯔끼와 그의 추종자들이 취한 입장을 조사하는 것, 그리고 일국에서 사회주의를 건설하는 것에 반대하는 그들의 정책의 패배에 대해 뜨로쯔끼와 그의 추종자들의 반응을 살펴보는 것으로 넘어가는 것이 필요할 것이다. 예를 들면, 뜨로쯔끼와 그의 추종자들은 쏘비에트 인민의 압도적 다수에 의해 거부된 것을 얻기 위해 반당적 활동들, 테러 그리고 살인, 파괴와 사보타지에 호소했는가? 그들은 노동자 국가를 공격할 목적으로 파시스트들과 손을 잡았는가 아닌가? 노동자 국가에 대한 그들의 증오가 너무 거대해서 그들이 나찌와 동맹을 체결할 준비가 되어 있었던가 아닌가? 그들은 제2차 세계대전에 앞서 전 세계에 걸친 인민전선 운동을 사보타주하려고 시도했는가 아닌가? 그들은 스페인에서 인민전선을 성공적으로 사보타주하여 그 나라에서 프랑코가 이끈 파시스트들의 승리에 공헌했는가 아닌가? 또한 중국혁명에 대한 뜨로쯔끼와 나머지 반대파의 관점이 조사될 것이다.

제2장 [프롤레타리아트의 당]
새로운 유형의 프롤레타리아 당에 대한 레닌의 사상과 뜨로쯔끼의 청산주의

당의 중요성

"권력을 향한 자신의 투쟁에서 프롤레타리아트는 조직 이외에 다른 무기를 갖고 있지 않다. 부르주아 사회에서 무정부적 경쟁의 법칙에 의해 흩어지고, 자본을 위한 강제된 노동에 의해 학대당하고, '보다 낮은 깊이'의 완전한 결핍, 야만상태 그리고 타락으로 끊임없이 내던져지는 프롤레타리아트는, 맑스주의의 원칙에 의한 사상적 통일이 조직—수백만의 근로자들을 노동자계급의 군대로 결합시키는—이라는 물질적 통일로 공고화될 때에만 무적의 세력으로 될 수 있고 필연적으로 그렇게 될 것이다."

레닌, ≪한걸음 앞으로 두 걸음 뒤로≫

소부르주아 개인주의와 '귀족적인 무정부주의'에 반대하는 레닌의 투쟁 덕분으로, 프롤레타리아 혁명이 있으려면 프롤레타리아트와 수백만의 근로자 대중을 이런 혁명을 수행하는 데로 이끄는 프롤레타리아트의 당이 있어야만 한다는 것은 우리 맑스-레닌주의자들에게는 지금은 이미 내려진 결론이다. 아무리 자주 주장해도 지나치지 않을 이 진실은 러시아, 중국 등에서 프롤레타리아 혁명의 역사에 의해 확증되고 있다.

러시아를 예로 들어보자. 위대한 10월 사회주의 혁명으로 인해 전체 인류는 거대한 한 걸음을 내딛었다. 10월 혁명은 새로운 시대—프롤레타리아 혁명의 그리고 자본주의의 몰락의 시대—를 열었다. 10월 혁명에 뒤이어 매우 짧은 기간 내에, 후진적이고 무지하고 야만적인 러시아가, 그 계획 경제와 경제적 발전이 전 세계 경제학자들의 수중에서 연구의 주제가 된 높은 수준의 문화적 및 경제적 발전이 이루어진 사회주의 국가로 변환되었다. 10월 혁명이라는 축포는 이전의 후진적인 러시아 프롤레타리아트를 세계 프롤레타리아 운동의 선두에 놓았고 러시아를 '민족들의 감옥'에서 민족들의 자유로운 우애로 전환시켰다. 심지어 다수의 유럽의 '사회주의적' 지도자조차도 터무니없다고 했던 이러한 전환이 어떻게 가능했던가? 20년이라는 짧은 기간 내에 어떤 외부로부터의 도움도 없이, 그리고 자본주의 국가들과 뜨로쯔끼주의 반대파의 가장 광적인 적대에도 불구하고, 쏘련이 자신의 자원에 기초하여 전진하고 사회주의 국가를 건설할 수 있었다는 것은 어찌된 것인가?

그것은 다음에 의해 가능했다:

(1) 공장들에서, 광산들에서 그리고 토지에서 광범한 인민대중들의 헌신과 창조적 에너지들. 인민대중들의 협력과 참가가 없었다면, 쏘련에서 성공적으로 성취된 사회적 변혁과 같은 것은 불가능했을 것이다. 혁명이 아무런 자신의 전문가도 갖지 못했고 그 많은 수가 볼쉐비즘의, 그리고 결과적으로 10월 혁명의 가장 심각한 적이었던, 짜리즘과 자본주의로부터 물려받은 전문가들을 활용해야만 했다는 사실에도 불구하고, 쏘련이 모든 분야—경제적, 군사적, 사상적 그리고 문화적—에서 거대한 전진을 한 것은 쏘비에트 인민의 협력과 참가 때문이었다. 무수히 많은 러시아 대중들의 성심성의의 지지, 협력, 열정 그리고 노동 영웅주의가 없었다면 쏘련이 성취한 거대한 전진은 달성되지 못했을 것이다.

(2) 혁명적 당의 지도력. 만약에 러시아 노동자들이 혁명적 당—높은 수준의 지도력에 기초하여 노동자들의 자기희생과 영웅주의가 확신을 획득했던 당, 혁명의 이전과 그 과정 그리고 이후의 투쟁의 모든 단계에서 노동자들이 따를 준비가 되어 있었던 당—에 의해 지도되지 않았다면, 쏘비에트 국가는 이런 조건들에서 발전은커녕 살아남을 수도 없었다고 말하는 것은 허풍이 아닐 것이다.

당이 없다면 프롤레타리아트는, 사회주의의 완전한 승리를 위한 물질적 및 정신적 조건들의 창출, 공산주의의 낮은 단계(사회주의)로부터 공산주의의 높은 단계로 사회의 이행을 위한 조건들의 창출—즉 인류가 "각자로부터는 그의 능력에 따라, 각자에게는 그의 필요에 따라"

(맑스, <고타강령 비판>)라는 정식을 수행할 수 있게 되는 때가 되는, 국가 사멸의 조건들의 창출—을 위하여 프롤레타리아 독재를 달성할 수도 없고 혹은 그것을 유지하고 공고화하고 확장할 수도 없다.

1920년에 레닌은 노동자계급의 확신과 지지와 분리할 수 없이 연계되어 있고 또 그것을 향유하는 진정으로 혁명적이고 규율 있는 당의 중요성을 강조할 기회가 있었다:

"틀림없이, 지금은 거의 모든 사람들은 (만약 다음의 점이 없었다면-역자) 볼쉐비키들이 스스로 권력의 자리에서 2년 반은 고사하고 2개월 반도 유지할 수 없었을 것이라는 점을 알고 있다. 즉 우리의 당에서 가장 엄격하고 진정한 철의 규율이 없었다면, 그리고 노동자계급의 전체 대중이, 자신들과 함께 후진적 층을 움직일 수 있는 모든 생각 있고, 정직하고, 자기희생적이고 그리고 영향력 있는 요소들이 당에 대한 가장 완전하고 유보되지 않는 지지를 하지 않았다면."

레닌, <공산주의에서의 좌익 소아병>, ≪전집 31권≫, p. 23.

프롤레타리아 독재를 달성하고 유지하고 확장하기 위해, "프롤레타리아 대중들 사이에서 소부르주아 요소들의 힘과 소부르주아 습관들의 좀먹는 영향력에 반대하는 강고한 힘과 보루를"(쓰딸린, ≪레닌주의의 기초≫) 창출하는 것이 필수적이다. 프롤레타리아 대중들에게 규율과 조직의 정신을 불어넣는 것이 필수적이다. 프롤레타리아트를 도와서 스스로를, 인류를 계급 없는 공산주의 사회라는 자신의 목표로 이끌 수 있는 능력 있는 세력으로 인식하도록 가르치는 것이 필수적이다. 그러나 계급 없는 사회는 프롤레타리아트가 자신의 당—투쟁 속에서 단련되는 강철 같은 당—을 필요로 하는 가장 완강한 계급투쟁의 한 시대를 경과해서만 도달할 수 있다.

"프롤레타리아 독재는", 레닌은 말한다:

"낡은 사회의 힘들과 전통들에 반대하는 완강한 투쟁—유혈 및 무혈의, 폭력적 및 평화적, 군사적 및 경제적, 교육적 및 행정적—이다. 수백만의 그리고 수천만의 습관의 힘은 가장 두려운 힘이다. 투쟁에서 단련된 강철 같은 당이 없다면, 주어진 계급(the given class:노동자계급을 의미-역자)에서 정직한 모든 사람의 확신을 향유하는 당이 없다면, 대중의 분위기를 관찰하고 거기에 영향을 줄 수 있는 능력이 있는 당이 없다면, 이런 투쟁을 성공적으로 수행하는 것은 불가능하다."

레닌, 앞의 책, p. 44.

우리가 프롤레타리아트의 진정으로 혁명적인 전위 당에서 철의 규율에 대해 이야기할 때, 이것은 '맹목적' 규율을 의미하는가? 이러한 철의 규율은 모든 논쟁과 당내에서 의견의 분쟁의 모든 가능성을 배제하는 것인가? 아니다, 그것은 그렇지 않다. 진정으로 철의 규율은 논쟁, 비판, 그리고 당내에서 의견의 분쟁의 가능성을 배제하지 않을 뿐만 아니라, 반대로 그것은 이러한 비판, 논쟁, 그리고 의견의 분쟁을 전제로 하는 것이다. 진정으로 혁명적인 당에서 철의 규율은 그 성원들의 의식적이고 자발적인 복종과 그들의 의지의 통일과 행동의 통일에 기초하는 것이다. 이러한 의지의 통일과 행동의 통일이 없다면, 자발적이고 의식적인 복종이 없다면, 철의 규율은 불가능하다. 여기에 레닌이 혁명적 당에서 규율의 유지의 문제에 대해 말한 것이 있다:

"그리고 무엇보다도 먼저 다음과 같은 질문들이 떠오른다: 프롤레타리아트의 혁명적 당의 규율은 어떻게 유지되는가? 그것은 어떻게 검증되는가? 먼저, 프롤레타리아 전위의 계급의식에 의해 그리고 그것의 혁명에의 헌신에 의해, 그것의 인내, 자기희생 그리고 영웅주의에 의해. 둘째, 스스로를 광범한 근로대중들—우선은 프롤레타리아트 그러나 또한 비프롤레타리아적인 근로대중들—과 연결하고, 긴밀한 접촉을 유지하고, 어느 정도는 당신이 좋다면, 융합하는 능력에 의해. 셋째, 가장 광범한 대중들이 그들 자신의 경험에 의해 그들이 옳다고 확신하는 것을 조건으로, 이 전위에 의해 실천되는 정치적 지도의 올바름에 의해, 그것의 전략과 전술의 올바름에 의해. 이러한 조건들이 없다면, 그 사명이 부르주아지를 타도하고 전 사회를 변혁하는 것인 선진계급의 당이 실제로 될 수 있는 능력이 있는 혁명적 당에서의 규율은 달성될 수 없다. 이러한 조건들이 없다면, 규율을 수립하려는 모든 시도는 불가피하게 실패로 돌아가고 미사여구와 표정꾸미기(규율을 지키는 체한다는 의미-역자)로 끝난다. 다른 한편으로 이러한 조건들은 갑자기 만들어지지 않는다. 그것들은 오랜 기간의 노력과 힘들게 얻어진 경험에 의해서만 창출된다. 그것의 창출은 올바른 혁명적

이론에 의해 촉진되는데, 그것은 교조가 아니며, 진정으로 대중적인 그리고 진정으로 혁명적인 운동의 실천 활동과 긴밀한 연관 속에서만 최종적 모습을 띤다."

앞의 책, pp. 24-25.

맑스-레닌주의자에게 있어서, 진정으로 프롤레타리아적인 혁명가들에게 있어서, 프롤레타리아트의 혁명적 당의 역할과, 이러한 당이 가장 광범한 근로자 대중들과 유지해야만 하는 분리될 수 없는 연관들을 아무리 강조해도 지나치지 않는다. 그러나 소부르주아적인 지식인들에게는 프롤레타리아트의 혁명적 당의 중요성을 이해하는 것은 거의 불가능하다. 이 소부르주아적인 지식인들은 혁명의 모든 단계에서—혁명 이전과 그 과정과 혁명 이후에—볼쉐비키당에 의해 수행된 위대한 역할을 이해했던 적이 없고 그리고 결코(그들이 스스로를 '사회주의자'라고 묘사할지라도) 이해할 수 없을 것이다. 소부르주아 지식인 대중은 단지 지도자들과 추종자들의 무리만 볼 수 있다: 즉 레닌이 이것을 했다 혹은 쓰딸린이 저것을 했다는 식으로. 그들은 당의 중요성과 역할, 레닌의 지도력하에 창출된 이 독특한 기구의 역할을 인정하는 것을 개인주의적 경향의 지식인의 방식으로 완고하게 거부한다. 그러나 그 당은 프롤레타리아 독재 수립의 어려움들, 내부의 반동들과 배반자들—백위대들—과 협력한 외국의 제국주의의 무력 침공에 맞서 싸우는 것의 어려움들, 그리고 마지막으로는 후진적 나라에서 사회주의를 건설하는 것의 어려움들 속에서 러시아 인민을 지도했었다.

레닌은 소부르주아 지식인과 심지어 일부 '사회주의자들'의 무능력 바로 그것 때문에 재차 볼쉐비키당에 의해 수행된 중요한 역할과 그것의 대중과의 연계와 관계를 강조하게 되었다. 레닌은 그로 인해 다음과 같은 언급을 하게 되었다:

"쏘비에트 권력과 볼쉐비키들을 찬양하는 환호가, 볼쉐비키들이 왜 혁명적 당이 필요로 하는 규율을 건설할 수 있었는가에 대한 이유에 대한 심오한 분석을 자주 수반한다면 그것은 더 좋은 것이 아닌가?"

우리는 위에서, 근로대중들, 프롤레타리아들과 비프롤레타리아들과

제2장　새로운 유형의 프롤레타리아 당에 대한 레닌의 사상　　　　113

　분리할 수 없이 연계되어 있는 혁명적 전위—프롤레타리아트의 당—의 중요성을 보였다. 그리고 우리는 소부르주아 지식인들(소부르주아 지식인들 사이에는 뜨로쯔끼주의자들이 포함되어야만 한다)이 조직적 및 정치적 문제를 개인적 수준으로 축소하지 않을 수 없다는 것을 되풀이 말한다. 그들은 정치적, 조직적 그리고 전술적 문제들에 대한 두 노선 간의 투쟁을 두 사람 개인 간의 투쟁 이상으로 볼 능력이 없다. 그것이 1923년부터 계속하여 앞서 말한 신사들이 뜨로쯔끼와 쓰딸린의 투쟁을 개인적 지배력을 위한 것으로만 보는 이유이다.
　이것은 잘못되었고 앞으로도 그렇게 될 것인데, 우리는 이를 역사적 사실들과 문서들을 참조하는 것에 의해(뜨로쯔끼주의자들에 의해 채택된 방식, 즉 단순한 소문과 거짓말들의 방식에 의해서가 아니라) 입증하기를 희망한다. 쓰딸린과 뜨로쯔끼의 투쟁은 개인들 간의 투쟁이 아니었고 두 노선 간의 투쟁이었다. 그것은 혁명적 레닌주의와 반혁명적인 뜨로쯔끼주의 간의 투쟁이었다. 그것은 레닌 생전에 20년의 기간 동안 계속되었던 레닌주의와 뜨로쯔끼주의 간의 바로 그 동일한 투쟁이, 레닌 사후에 계속되는 것이다. 유일한 차이는 지금 레닌은 죽었고 레닌주의는 쓰딸린을 영수로 하는 볼쉐비키당에 의해 지지되고 있었다는 것이다. 뜨로쯔끼와 그의 추종자들은 뜨로쯔끼주의의 취약한 입장을 고려하여 그들의 전술에서 변화를 주는 것이 필요하다고 생각했다. 그들이 1917년 이전에 할 수 있었던 대로 레닌주의를 직접적이고 공공연하게 공격하는 것은 더 이상 가능하지 않았다. 그들은 그래서, 물론 레닌주의를 '방어하기' 위하여 '쓰딸린주의'를 공격한다는 가장하에 볼쉐비키당의 레닌주의적 정책들을 공격한다는 미묘하고 교활한—그리고 그래서 더 해로운—전술을 채택했다. 이것이 쓰딸린에 의해 영도되는 볼쉐비키당의 레닌주의적 정책들을 불신시키려고 뜨로쯔끼와 그 추종자들이 추구했던 방식이다. 이것은 물론 레닌주의에 반대하여—레닌주의의 전체적인 내적인 내용을 반대하여—싸우기 위해 레닌이라는 이름을 사용한다는 고전적 사례, 붉은 깃발을 반대하기 위해 붉은 깃발을 흔드는 명백한 사례, 보통의 뜨로쯔끼주의자들의 사기 수법의 명백한 사례이다.
　쓰딸린에 대한 뜨로쯔끼의 공격은 이러한 맥락에서 이해되어야만 한다. 쓰딸린에 대한 뜨로쯔끼의 공격은 개인으로서 쓰딸린에 대한 것이 아니라 투쟁의 과정에서 레닌주의를 떠받치고, 옹호하고 적용하는 볼쉐비키당의 가장 대표적인 대변자로 떠오른 사람에 대한 것이다. 따라서 뜨로쯔끼의 공격의 주요한 목표는 쓰딸린이 아니라 볼쉐비키당이었다. 공격을 받고 있었던 것은 혁명적 볼쉐비즘—레닌주의—이었다. 그것은 볼쉐비키당의 방법들과 형식들에 대한 공격—당에 의해 추구되어 온 근본적인 레닌주의적 정책들에 대한 공격—이었다.

뜨로쯔끼 대 쓰딸린이 아니라 뜨로쯔끼주의 대 레닌주의가 러시아 혁명과 뜨로쯔끼의 관계에 대한 진정한 정식화이다. 뜨로쯔끼 대 레닌주의적 정책을 가진 볼쉐비키당. 이것이, 혁명 전과 혁명 후, 그리고 레닌 사망 전과 후에 볼쉐비키당에 대한 뜨로쯔끼의 관계에 관한 문제가 무엇인지를 말하는 것이다.

거의 모든 주요한 쟁점에서 뜨로쯔끼의 노선은 볼쉐비키당의 노선과 갈등했고, 실천은, 이러한 경우들의 각각에서 그의 노선이 총체적으로 잘못되었고 완전히 파산했다는 것을 입증했다. 그럼에도 불구하고 이것은 뜨로쯔끼가, 위대한 레닌의 사망 후에, 약간의 조심성을 갖고서, 볼쉐비키당이 틀렸고 그가 언제나 올발랐다고 주장하는 것을 막지는 못했다. 오늘날의 뜨로쯔끼주의자들이 거짓말을 하고 소부르주아적인 이기주의에 빠질 때, 그들은 단지 그들의 지도자 뜨로쯔끼 자신을 따라 행동할 뿐—차라리 그를 따라 행동하려고 노력할 뿐—이라는 것을 혹자는 이해할 수 있다.

프롤레타리아트의 혁명적 당을 건설하려는 레닌의 투쟁과 이런 당의 건설을 방해하려는 뜨로쯔끼의 투쟁

볼쉐비키 혁명 후에 뜨로쯔끼는 물론 볼쉐비키당—1917년 이전에 그 당이 존재하게 되는 것을 막기 위해 그가 최선을 다했던 그 당—을 승인하는 체했다. 레닌이 그 당을 발전시키기 위해 바쁜 시기 동안에 뜨로쯔끼는 레닌을 사악하게 공격했고 레닌이 시도하는 모든 것을 반대하는 데 그의 적지 않은 욕설로 된 어휘를 소진했다. 레닌은 짜르 경찰을 괘념치 않고 자신의 작업을 수행할 수 있는 중앙 집중화되고

제2장   새로운 유형의 프롤레타리아 당에 대한 레닌의 사상   115

혁명적인 당을 건설하려고 시도했다. 당시의 짜르 러시아에서 지배적이었던 조건들하에서, 당원들이 짜르 비밀경찰에 의한 빈번한 체포를 당하지 않게 하면서 공개된 민주주의의 기초 위에 이런 당을 건설하는 것은 불가능했다. 그리하여 레닌은 당의 당원 자격은 스스로 당에 가입하고자 하는 누구에게나 개방되어서는 안 된다고 믿었다1. 당의 다양한 시 위원회들이 중앙위원회에 의해 선발되었고 모든 위원회들은 선출의 권리를 가졌다. 1903년에 런던에서 열린 러시아 사회민주노동당RSDLP의 제2차 대회에서 이 갈등은 최고조에 달했고 뜨로쯔끼는 대회의 우익을 따라서 조직문제에 대한 레닌의 입장을 거칠게 반대했다. 레닌은 이 쟁점에 있어서 두세 번의 투표에서 다수파에게 패배했다.

동지들, 우리가 이 대회의 과정들을 조금 더 상세하게 파고들만한 가치가 있을 것이다. 이 대회의 의사일정에 대한 세 개의 주요 주제는 다음과 같다:

1. 당 강령의 채택;
2. 당 규약(당헌)의 채택, 그리고
3. 간부들의 선출.

비록 기회주의자들은 대회에서 당 강령에 필사적으로 반대했고, 특히 당 강령에 프롤레타리아 독재의 문제를, 농민문제에 대한 요구를, 그리고 민족들의 자결권을 포함시키는 것에 대해 반대했지만, 그들은 강령의 채택의 문제에서 주요한 싸움을 진행하지는 못했다. 제2차 당 대회에서 대표된 두 분파(하나는 레닌에 의해 영도되고 플레하노프2와 다른 견고한 이스크라주의자들에 의해 지지받는 혁명적 분파이고, 나머지

---

1   이 원칙은 모든 환경들에 대해 적합하고 지금은 전 세계의 모든 맑스-레닌주의자들에 의해 보편적으로 받아들여진다. 역사적 경험과 투쟁의 필요는 전위당의 당원자격은 당에 가입하려는 누구에게나 개방되어서는 안 된다는 것을 요구한다. 사람들은 당 자체에 의해 당에 가입을 승인받아야 한다. 수정주의자들, 뜨로쯔끼주의자들 그리고 다양한 부르주아적 요소들만이 이러한 레닌주의적 조직원칙을 위반한다.
2   이 대회 후에 플레하노프는 '친절하게 살해하는' 정책에 따라, 레닌을 버리고 마르또프 등에 합류했다.

하나는 마르또프가 영도하고 뜨로쯔끼와 다른 불안정한 이스크라주의 자들, 중앙—즉 '늪지'marsh 그리고 반이스크라주의자들—즉 경제주의자들과 분트주의자들에 의해 지지받는 기회주의적 분파)간의 주요한 투쟁은 당 규약과 간부의 선출 문제에 대해서였다. 가장 첨예한 차이들은 당원 자격—누가 당원이 될 수 있는가?—을 다루고 있는 규약의 첫 문단의 정식에 대해서였다. 당의 성격과 구성은 무엇이 되어야 하는가? 당의 조직적 성격은 무엇이 되어야 하는가? 이런 것들이 당 규약의 첫 문단과 관련하여 떠오른 문제들이었다.

당원 조건들에 대한 레닌의 정식과 마르또프의 정식

레닌의 정식에 따르면 다음의 세 가지 조건들을 만족시키는 사람만이 당원이 될 수 있었다:

(a) 당 강령을 받아들일 것;
(b) 당에 대한 재정적 지원, 그리고
(c) 당조직들 중의 하나에 속할 것, 즉 적극적으로 당조직에 참가할 것[3].

그러나 뜨로쯔끼와 다른 기회주의자들에 의해 지지되었던 마르또프의 정식에 따르면, 단지 처음의 두 가지 조건들만이 당원 자격을 정하는 데 있어서 충족되어야만 하는 것이었다. 세 번째의 것은 그들의 관점에서는 매우 불필요한 것이었고, 따라서 쉽사리 없어도 되는 것이었다.

레닌은 당을 노동자계급의 조직화된 분견대로 간주했고 따라서 그것의 성원들은 쉽게 당에 가입할 수는 없는 것으로 보았다. 반대로 그들은 당조직들 중의 하나에 의해 당에 가입을 허락받아야만 했고, 결과적으로 그들은 당의 규율에 대한 복종을 해야만 했다. 그러나 마르또프의 정식에 따르면 누구나 스스로 당에 가입할 수 있고 그가 조직에 속하지 않는 만큼 그는 스스로 당의 규율에 복종할 필요가 없었다.

---

3 당원의 세 가지 조건들은 60년 전 만큼이나 지금도 수정주의자들과 뜨로쯔끼주의자들에 의해 위반되고 있다.

그래서 마르또프의 정식은, 레닌의 것과 달리 모든 종류의 기회주의자들과 불안정하고 비프롤레타리아적인 요소들에게 당의 문을 열어젖히는 것, 그리고 따라서 당을 노동자계급의 규율 있고, 단일하고, 전투적인 조직으로부터 이질적이고 무정형하고 느슨한 부르주아 유형의 조직으로 전환시키는 것, 즉 당을 노동자계급의 선진적 분견대에서 노동자계급의 후진적 분견대로 전환시키는 모든 전제조건들을 포함했다. 이것은 정말 그러한데, 마르또프와 다른 기회주의자들은 모든 파업참가자가 당에 결합하는 자동적인 권리를 부여받을 것을 요구하기조차 했다. 마찬가지로 당에 동감하는 모든 지식인들, 모든 동감하는 교수들, 모든 고등학생들뿐만 아니라 시위에 참가한 모든 사람이 스스로를 당원이라고 선언할 수 있는 권리를 가져야만 한다고 주장하기도 했다.

강령의 채택으로, 대회는 당의 사상적 통일의 토대를 놓았다. 그것은 또한 조직적 통일을 위한 토대를 놓고, 아마츄어리즘과 편협한 써클적 시야, 당의 조직적 분열과 엄격한 규율의 결여에 종지부를 찍기 위한 당 규약을 채택해야만 했다.

마르또프의 정식은 꼭 반대였다. 그것은 당의 문을 불안정하고 무정부주의적이고 개인주의적인 요소들에 활짝 열었을 뿐만 아니라 당과 계급 사이의 분할선을 지웠다. 노동자계급의 선진적 분견대와 나머지의 구분은 계급들이 사라질 때까지 사라질 수 없다. 다른 어떤 견해를 갖는 누구든지, 이러한 견해를 갖는 개인의 의도가 무엇이든지 간에 당과 계급의 구분을 지우려 시도하는 것이고 그렇게 하여 프롤레타리아트에게서 '총참모부'를 빼앗으려 시도하는 것이다. 쓰딸린이 말한대로:

"당이 없는 노동자계급은 총참모부 없는 군대이다. 당은 프롤레타리아트의 총참모부이다."

≪레닌주의의 기초≫

마르또프의 정식을 평하면서 레닌은 말했다:

"우리는 하나의 계급의 당이며 따라서 거의 전 계급이(전시에, 내전의 시기에, 전체 계급이) 우리 당의 지도력하에 행동해야 하고 우리 당을 가능한 한 밀접하게 지지해야 한다. 그러나 자본주의하에서 언제라도 거의 전 계급, 혹은 전체 계급이 그것의 선진적 분견대의 의식과 활동성의 수준으로 오를 수 있다고 생각하는 것은 마닐로프주의와 '크보스트주의'4일 것이다. … 선진적 분견대와 그것을 향해 가라앉는 전체 대중의 이러한 구분을 잊는 것, 보다 넓은 층을 이러한 가장 선진적 수준으로 끌어올리는 선진적 분견대의 항상적인 의무를 잊는 것은 스스로를 기만하는 것이며 우리의 과제의 막대함에 대해 스스로의 눈을 닫는다는 것을 의미할 뿐이다."

≪한 걸음 앞으로 두 걸음 뒤로≫

만약에 마르또프의 정식이 볼쉐비키당에서 지반을 굳히게 되었다면, 그것은 당을 "교수들과 고등학생들로 넘쳐나게 하고 그것의 느슨하고 무정형적이고 비조직적 '구조'로의 타락을 초래하고 동조자들의 바다에 빠져 버리게 하고 당과 계급 간의 구분선을 지워버릴 것이고 비조직적 대중들을 선진적 분견대의 수준으로 끌어올리는 당의 과제를 혼란시켰을 것이다."(쓰딸린)

뜨로쯔끼는 이 논쟁에서 주요한 기회주의적 역할을 했다5. 그는

---

4 마닐로프주의와 크보스트주의: 마닐로프주의는 고골의 <죽은 혼>에서 마닐로프라는 이름으로부터 나왔는데 독선적인 자기만족과 공허한 감성적인 백일몽을 의미한다. 크보스트주의는 꽁무니주의를 의미한다.
5 마르또프의 정식에 포함된 "무정부주의적 개념들"을 언급하면서 그리고 마르또프, 뜨로쯔끼 등의 기회주의적 견해를 묘사하면서, 레닌은 뜨로쯔끼의 기회주의적 주장에 대해 특별하게 이렇게 말해야만 했다:

"마르또프의 정식을 정당화하기 위한 시도들이 이루어지면서 불가피하게 떠오르는 주장들(기회주의적 주장들―하르팔 브라르)의 이러한 범주들에, 특히 뜨로쯔끼 동지의 다음과 같은 언급이 속한다. '기회주의는 규약에서 하나 혹은 또 하나의 절 때문보다는 보다 복잡한 원인들에 의해 창출된다(혹은 보다 심오한 원인들에 의해 결정된다). 그것은 부르주아 민주주의와 프롤레타리아트의 발전의 상대적 수준에 의해 발생한다. …' 요점은 규약의 절들이 기회주의를 만들 수도 있다는 것이 아니다. 요점은 규약의 도움으로 기회주의에 반대하는 다소간 통렬한 무기를 만들 수 있다는 것이다. 따라서 기회주의는 '심오한 원인들'을 가진다는 사실에 의해 문을 기회주의에 열어 놓는 정식을 정당화하는 것은 가장 순수한 형태의 크보스트주의(꽁무니주의)이다. 뜨로쯔끼 동지가 리버 동지에 반대했을 때, 그는 규약이 일부에 대한 전체의, 후진적 분견대에 대한 전위의 '조직된 불신'을 구성한다는 것을 이해했다. 그러나 뜨로쯔끼 동지 스스로가 리버 동지의 편에 섰을 때, 그는 이것을 잊었고 심지어는, '복잡한 원

제2장   새로운 유형의 프롤레타리아 당에 대한 레닌의 사상   119

레닌의 정식에 대한 사악한 공격을 시작하여 마르또프의 편을 들었다. 그는 당이 당조직들의 총합이고 각 당원은 당의 조직들 중의 하나의 성원이어야 한다는 레닌의 개념을 반대했다. 그는 당이 높고 낮은 지도적 체계들을 가진 하나의 단일한 전체라는 사상을 반대했다. 그는 다수의 결정에 대한 소수의 복종이라는 원칙을 부정했다. 이러한 것이 조직문제에 대한 뜨로쯔끼와 마르또프가 취한 기회주의적 입장이었다. 그들의 입장은 스스로를 규율 위에 있는 것으로 간주하고 다수의 결정에 대한 소수의 복종이라는 사실에 눈살을 찌푸리는 써클적 정신과 소부

인들', '프롤레타리아트의 발전 수준' 등을 말함에 의해 이러한 불신 (기회주의에 대한 불신)이 있는 우리 조직의 취약성과 불안정성을 정당화하기 시작했다. 여기에 뜨로쯔끼의 또 하나의 주장들이 있다: '이러저러한 방식으로 조직된 지식인 젊은이들이 스스로 당의 명부에 가입하는 것은 훨씬 더 쉽다.' 정말 그러하다. 그 점이, 심지어 비조직적 요소들이, 지식인에 전형적인 모호함으로 고통 받는 당의 당원이라고 스스로를 선언할 수 있는 그러한 정식인 이유이며, 그리고 '스스로' 당에 '가입할' 권리를 제거하는 나의 정식이 아닌 이유이다. 뜨로쯔끼 동지는, 중앙위원회가 기회주의자들의 조직을 '승인하지 않으려' 한다면 그것은 특정 개인들의 특성 때문일 것이고 그리고 이들 개인이 정치적 개인들이라고 알려지자마자 그들은 위험하지 않을 것이고 일반적인 당의 보이코트에 의해 제거될 수 있다고 말한다. 이것은 사람들이 당으로부터 제거되어야만 할 때의 경우들에만 적용된다(그리고 단지 절반만 적용되는데 왜냐하면 조직된 당은 성원을 보이코트에 의해서가 아니라 투표에 의해서 제거하기 때문이다). 제거가 불합리할 때, 그리고 요구되는 모든 것이 통제되어야 하는 보다 빈번한 경우들에는 그것은 절대적으로 적용되지 않는다. 통제의 목적을 위해 중앙위원회는 특정 조건하에서, 신뢰할 수는 없지만 일은 할 수 있는 능력이 있는 조직을 일부러 당에 가입시킬 수 있다. 그것은 시험을 할 목적으로, 그것을 진실된 길로 이끌려 시도하는 목적으로, 스스로의 지도에 의해 그것의 부분적 탈선을 교정할 목적으로 그렇게 할 수도 있다. 만약에 당에 '스스로 가입'하는 것이 일반적으로 허용되지 않는다면 이것은 위험하지 않을 것이다. 그것은 잘못된 견해들과 잘못된 전술에 대한 공개되고 책임 있고 통제된 표현 (그리고 토론)을 위하여 종종 쓸모 있을 것이다. '그러나 법적 규정들이 실제적 관계들에 조응하려면 레닌 동지의 정식은 거부되어야만 한다'고 뜨로쯔끼 동지는 말했다. 그리고 다시 그는 기회주의자처럼 말했다. 실제적 관계들은 죽어있는 것이 아니다. 그것들은 살아있고 발전한다. 법적 규정들은 이러한 관계들의 진보적 발전에 조응할 수 있지만 그러나 그것들은 (만약 이러한 규정들이 나쁜 것들이라면) 퇴보 혹은 정체에 '조응할' 수도 있다. 후자는 마르또프 동지의 '경우'이다."

≪한걸음 앞으로 두 걸음 뒤로≫

르주아적 개인주의의 집중된 표현에 다름 아니었다.

물론 다수에 대한 소수의 복종이라는 원칙의 적용 그리고 보다 높은 지도 체계들에 의한 결정에 보다 낮은 지도체계의 구속이라는 원칙, 그리고 중앙으로부터 당 사업을 지도한다는 원칙은 뜨로쯔끼, 마르또프 그리고 다른 기회주의적 신사들에 의해 딱지가 붙은 '관료주의', '형식주의', '톱니바퀴'라는 고발을 초래했다. 다음은 레닌이 그의 책 ≪한 걸음 앞으로 두 걸음 뒤로≫에서 이들 무정부주의자들을 묘사한 방식이다:

"이러한 귀족주의적 무정부주의는 러시아의 허무주의에 특히 특징적이다. 그는 당조직을 괴물 같은 '공장'으로 생각한다. 그는 부분의 전체에 대한 복종, 소수의 다수에 대한 복종을 '농노제'로 간주한다. … 중앙의 지도하의 노동의 분업은 그로부터 사람들이 '톱니바퀴'로 변형되는 것에 반대하는 회비극적인 외침을 불러일으킨다. … 당의 조직적 규약에 대한 언급은 모욕적인 찡그림과, 사람은 규약 없이도 잘 지낼 수 있다는 경멸적인 언급을 불러일으킨다."

"내가 생각하기에 유명한 관료주의에 대한 외침은 중앙 조직의 개인적 구성에 대한 불만이 배경이고 무화과 나뭇잎이라는 것은 명백하다. 당신은 나의 의지에 의해서가 아니라 그에 반하여 당대회에 의해 지명되었기 때문에 관료주의자이다. 당신은 나의 동의가 아니라 당대회의 형식적 결정에 의지하고 있기 때문에 형식주의자이다. 당신은, 당대회의 '기계적' 다수를 변호하고, 선출되고자 하는 나의 소망에 주의를 기울이지 않기 때문에 총체적으로 기계적 방식에 따라 행동하고 있다. 당신은 권력을 낡은 집단에 넘기기를 거부하고 있기 때문에 독재자이다."

우리는 이것이 쓰딸린 동지의 지도력하의 볼쉐비키당에 대한 그들의 공격에서 뜨로쯔끼와 그 협력자들의 현재 진행형의 주제일 것이라고 주목할 것이다. 그러나 우리는 "이 유명한 관료주의에 대한 외침들이" 그 것이 단지 그의 파산한 이론, 즉 쏘련에서 사회주의를 건설하는 것은 불가능하다는 이론의 패배에 대한 "불만족이 배경"임을 증명할 것이다.

뜨로쯔끼와 마르또프는 프롤레타리아 조직의 규율의 의미를 이해할 수 없었고 그 규율에 대한 복종을 할 수 없었다. 그들에게는 규율은 '다수'에 대한 것이었고 '선택된 소수'에 대한 것이 아니었다. 그리고 물론 그들은 스스로를 후자에 포함시켰다. 제2차 당대회에서 대표들이 중앙위원회와 이스크라 편집부를 선출했을 때—대회는 이들 신사들이 요구했던 구 편집부를 승인하기를 거부했고, 그리하여 앞서 인용된 글에서 선출에 관한 레닌의 비웃음이 있었다—그들은 이 두 조직의 개인적 구성이 그들의 마음에 들지 않았기 때문에 반기를 들었다. 그들은 대회의 결정들을 수용하기를 거부했는데, 스스로를 "우리는 농노가 아니다"와 같은 말을 사용함에 의해 정당화하고 그리하여 당 대열의 통일의 기초 바로 그것을 침식하였다. 어떤 당도 전체 당원, 지도자들과 평당원들을 동등하게 구속하는, '다수' 뿐만 아니라 '선택된 소수' 또한 구속하는 프롤레타리아적 규율(이 규율의 성격에 대해서는 위를 보라)의 부과 없이는 그 대열의 통일을 보전할 수 없다. 이것 없이는 당은 그 통합 혹은 그 대열의 통일을 보전할 수 없다.

"당대회에 의해 지명된 편집부에 반대하는 마르또프 일파 측의 분별 있는 주장들의 완전한 결여는 무엇보다도 그들 자신의 구호, '우리는 농노가 아니다'에 의해 잘 드러난다. … 스스로를 대중 조직과 대중적 규율 위에 군림하는 '선택된 소수'의 하나로 간주하는 부르주아 지식인들의 정신은 여기서 놀랄만한 명료함으로 표현된다. … 모든 프롤레타리아 조직과 규율이 농노제라는 것은 지식인의 개인주의를 보여준다."

그리고 나아가:

"우리가 실제적 당의 건설을 진행함에 따라, 계급 의식적인 노동자는 프롤레타리아 군대의 병사의 정신과, 무정부주의적 말을 과시하는 부르주아적 지식인들의 정신을 구분하는 것을 배워야만 한다. 그는 당원의 의무들이 평당원에 의해서만이 아니라 또한 '꼭대기에 있는 사람들'에 의해서도 충족되어야 한다고 주장하는 것을 배워야만 한다."
　　　　　　　　　　　　　　　　레닌, 《한 걸음 앞으로 두 걸음 뒤로》

이런 것이 프롤레타리아 당에서 프롤레타리아 규율의 중요성이다.
우리는 RSDLP의 제2차 대회에서 당원자격의 문제에 관해 일어났던 논쟁에 대한 다소 상세한 조사를 했다. 그리고 이 조사의 목적은 다음을 보여주는 것이다.

1. 조직문제에 대한 마르또프, 뜨로쯔끼 등의 입장은 기회주의적이며, 만약 그것이 기반을 굳혔다면 그것은 틀림없이 당에 커다란 해악, 혼란, 그리고 해체를 야기했을 것이다.

레닌은 말한다:

"마르또프 동지의 견해에서는 당의 경계는 매우 무정형이어서 '모든 파업 참가자'가 '스스로를 당원이라고 선언'할 수 있다. 이러한 모호함의 사용은 무엇을 의미하는가? 칭호의 폭넓은 확장. 그것의 해악은 비조직적 사상, 계급과 당의 혼동을 도입하는 것이다."

≪한 걸음 앞으로 두 걸음 뒤로≫

2. 마르또프와 뜨로쯔끼의 소부르주아적이고 '귀족주의적인 무정부주의'가 그들이 조직문제에 대한 기회주의적 입장을 교정하는 것을 불가능하게 했다.

3. 마르또프와 뜨로쯔끼의 소부르주아적 정신은 프롤레타리아 규율과 조직적 규약에 대한 최고의 경멸과 무시로 인해 그들이 프롤레타리아 규율에 복종하고 조직적 규약을 존중하는 것을 불가능하게 했다.

4. 결과적으로 마르또프, 뜨로쯔끼 등은, 이러한(프롤레타리아적) 규율의 부과를 조직적 원칙들의 문제의 하나로 만드는 어떤 형태의 조직에 대해서도 반대했다.

5. 이런 소부르주아 지식인들에게는 철의 규율을 가진 강철 같은 당은 '관료주의' 이상도 이하도 아니었다.

6. 객관적으로(주관적인 소망들은 여기서 관계없다) 마르또프 그리고 뜨로쯔끼는 혁명에 반대했는데, 왜냐하면 규율 있는 혁명적인 당이 없다면 혁명은 있을 수 없기 때문이다.

7. 조직문제에서 뜨로쯔끼는 '쓰딸린주의 관료주의'에 반대하는 '반쓰딸린주의자'가 아니었고 오랫동안 레닌주의적 '관료주의'에 반대하여 싸웠던 반레닌주의자였다.

규율에 대한 뜨로쯔끼의 증오는 그로 하여금 조직적 원칙들에 대한 기회주의적 견해를 취하도록 하여 제2차 대회에서 레닌에 반대하게 했다. '귀족주의적 무정부주의'에까지 이르는 이 동일한 소부르주아적 개인주의는, 그것의 규율에 대한 극단적인 증오와 함께, 뜨로쯔끼로 하여금 다시 또 다시 볼쉐비키당과 그것의 방법들 그리고 조직 형식들에 반대하도록 했고, 궁극적으로 뜨로쯔끼가 쏘비에트 국가를 타도할 목적으로 파시스트들과 동맹을 형성하는 것을 초래했다. 이것에 관해서는 조만간 더 설명할 것이다.

뜨로쯔끼는 쓰딸린에 의해 쏘련에서 "혁명이 배반되었다"고 나중에 주장하려 했다. 우리는 만약에 뜨로쯔끼의 조직에 대한 기회주의적 생각들이 지배적으로 되었다면, 볼쉐비키당도 없었고 "배반당할" 혁명도 없었을 것이라고 말하게 되었을 것이다.

RSDLP의 제2차 대회에 뒤이어, 뜨로쯔끼는 논쟁적인 <우리의 정치적 임무들>이라는 제목의 글을 썼는데, 거기에서 그는 가장 광범하고 가장 매도하는 방식으로 레닌의 정책 전체를 공격했다. 레닌이 일찍이, 혁명 활동의 상이한 분야들은 상이한 능력들을 필요로 한다는 사실에 기초하여 당내에서 노동의 분업에 대해 이야기한 적이 있기 때문에, 뜨로쯔끼는 레닌에 대해 대규모의 공격을 했고 현대의 공장에서의 노동의 분업을 탄핵했는데, 그것은 노동자를 단순한 기계의 톱니바퀴로 전락시킨다는 이유에서였다. 그리고 이것이, 그가 지적하기에, 레닌의 실제적 목표였다―당의 노동자들을 당 기계의 '톱니바퀴'로 전락시키는 꼭대기의 몇몇 독재적 지도자들. 이것이 뜨로쯔끼가 자기 자신의 길을 갖지 못할 때 언제나 다시 또 다시 하는 불평이었다. 당이 뜨로쯔끼에 동의한다면 당의 모든 것은 좋은 것이었다. 뜨로쯔끼의 정책들이 당에 의해 거부되는 순간 당은 갑자기 맞서 싸우고 제거해야 할 두렵고 무섭고 참을 수 없는 괴물과 같은 '관료주의'로 전환된다. 이런 것이 뜨로쯔끼가 드러낸 소부르주아적 개인주의의 주장이었다. 뜨로쯔끼는 다음과 같이 위에서 언급된 논쟁을 결론짓는다:

"이러한 악의에 찬 그리고 도덕적으로 부조리한 레닌의 의심은, 자코뱅주의에 대한 비극적 인내에 대한 이러한 천박한 서투른 모방은 … 어떤 대가를 치르더라도 청산되어야만 한다. 그렇지 않으면 당은 도덕적 및 이론적 부패에 의해 위협받는다."

뜨로쯔끼, <우리의 정치적 임무들>, 1906년.

이 한 단락으로도, 레닌주의자라고 주장하면서 '쓰딸린주의'를 청산하고 쓰딸린을 제거하려고 했던 뜨로쯔끼가, 레닌이 볼쉐비키당을 건설하려고 바쁠 때, 레닌주의를 청산하고 레닌을 제거하려 했다는 것을 보여주기에 충분하다.

레닌이 건설하려 했던 혁명적인 중앙집권적 당은 프랑스 혁명에서 소부르주아지의 혁명적 당이었던 자코뱅과 일정한 유사점이 있었다. 그러나 그것은 노동자계급의 당이라는 점에서 자코뱅과는 매우 중요한 차이점이 있었다. 그것은 소부르주아지가 아니라 러시아의 노동자계급—러시아 인민을 학정과 절대주의에 반대하는 투쟁으로 이끌 사명을 부여받았던 계급—의 전위였다. 이미 말한 대로 독재적인 러시아의 한계 내에서는, 완전하고 공개적인 민주주의에 기초하여 러시아 노동자계급과 광범한 인민대중을 지도할 수 있는 혁명적 당을 건설하는 것은 불가능하였다. 그리하여 그것은 러시아에서 지배적인 조건들의 힘에 의해, 방금 언급된 중요한 차이들에도 불구하고 자코뱅과 일정한 유사점이 있을 수밖에 없었다.

자코뱅이라는 이러한 고발은 레닌으로부터 다음과 같은 언급을 불러일으켰고 뜨로쯔끼에게 기회주의자라는 잘 어울리는 칭호를 선사했다:

"자코뱅주의에 관한 이러한 모든 '끔찍한 구호들'은 기회주의를 표현하는 것 이상이 아니다. 자신의 계급적 이해를 의식하고 있는 프롤레타리아트의 조직과 분리할 수 없이 연계되어 있는 자코뱅이라는 것은 혁명적 사회민주주의자이다. 교수들과 고등학생들을 동경하는, 프롤레타리아 독재를 두려워하는, 그리고 민주적 요구들의 절대적 가치에 대해 한숨짓는 지롱드주의자는 기회주의자이다."

≪한 걸음 앞으로 두 걸음 뒤로≫

뜨로쯔끼의 멘쉐비즘과 레닌의 볼쉐비키 정책들에 대한 그의 증오의 또 다른 증거가 되는, 뜨로쯔끼의 동일한 책자 <우리의 정치적 임무들>로부터의 또 하나의 예를 들어 보자, 동지들.

뜨로쯔끼는 이 책에서 멘쉐비키인 악셀로드가 제기한 문제를 인정하면서 인용하고 있는데 악셀로드는 다음과 같이 물었다:

"왜 요동치는 역사가 혁명적인 부르주아 민주주의에게 혁명적 맑스주의

학교 출신의 지도자를 부여해서는 안 되는가? 자유주의자들을 위한 지도자를 제공한 것이 왜 '합법적' 맑스주의이어서는 안 되었는가? 정말로 왜 아닌가!"

다른 말로 하면, 레닌은 러시아 부르주아 계급의 그럴듯한 지도자였다!

동지들, 나는 당신들에게 묻는다: 레닌과 그의 정책에 대해 이러한 견해를 가지고 있는 사람에게 쓰딸린과 그의 정책에 대한 유사한 견해를 그가 왜 가지는가를 보는 것은 전혀 어려운 일이 아니다. 동지들, 레닌을 러시아 중간계급들의 미래의 지도자로 부르는 사람들이 계속하여 쓰딸린을 부농을 돕고 있다는 혐의로 고발하는 것, 그리고 '쓰딸린주의'는 "어떤 대가를 치르더라도 청산되어야 하며 그렇지 않으면 당은 도덕적 및 이론적 부패에 의해 위협 받는다"고 말하는 것은 전혀 어렵지 않은 것임은 증거를 거의 필요로 하지 않는 것이다. 사실은, 뜨로쯔끼가 레닌주의를 반대하여—1906년에 "이러한 악의에 차고 도덕적으로 부조리한 레닌의 의심, 자코뱅주의에 대한 비극적인 인내의 이러한 천박한 서투른 모방"에 반대하여—이러한 주장을 했다는 것이다. 이러한 주장을 다시 또 다시 10월 혁명까지 반복했다. 10월 혁명은 동시에 뜨로쯔끼주의에 대한 가장 심오한 반박이고 그것은 뜨로쯔끼주의를 약화시켰다. 뜨로쯔끼주의는 "깃털이 뜯어졌고" "더럽혀진" 것으로 보였다. 레닌 사후에 뜨로쯔끼주의가 레닌주의를 공개적으로 공격하지 않는 전술을 채택한 것, 즉 레닌주의에 대한 정면 공격을 하지 않는 전술을 채택한 것은 바로 이러한 이유 때문이다. 대신 그들은 레닌주의를 옹호한다는 명목과 위장하에 레닌주의를 공격하는 교활한 전술, 레닌주의를 '옹호하기' 위해 '쓰딸린주의'를 공격한다는 전술을 채택했다. 동지들, 쓰딸린 동지에 대한 공격은 이러한 맥락으로 이해되어야만 한다. 그것은 레닌주의에 대한 뜨로쯔끼주의의 공격의 계속이다.

청산주의자들의 8월 블록과 뜨로쯔끼

러시아에서 1905년 혁명의 패배에 뒤이어, 혁명에서 대중들을 지도할 수 있는 중앙집권화된 당을 청산하기를 원했기 때문에 청산주의자들이라고 불렸던 우익적 '사회주의자들'의 그룹이 나타났다. 청산주의자들은 혁명의 시대는 지나갔고 짜르 체제의 틀 내에서 점차적인 진보만이 있을 수 있다고 선언했다. 그리하여 청산주의자들이 주장하기를, 프롤레타리아트의 중앙집권화된 당은 지하조직들의 네트워크와 함께 해산되어야 하고 짜르라는 배경 내에서 개혁을 위해 합법적으로 운용되는 자유주의적 노동당의 창출을 요구했다. 레닌에 의해 지도되는 볼쉐비키들은, 그 대열 내에 뜨로쯔끼가 있었던 청산주의자들에 반대하여 모진 투쟁을 했다. 뜨로쯔끼는 공개적으로 청산주의자들을 지지하지 않았지만, 그러나 그는 '청산주의자들에 대한 그의 아부와 항복'에 의해 청산주의자들에 대한 능동적인 지원으로 여겨지는 방식으로 모든 것을 했다. 다음은 레닌이 뜨로쯔끼의 입장을 묘사한 방식이다:

> "러시아 사회민주노동당에 대한 수사를 내뿜는, 러시아 사회민주노동당과 아무런 공통점이 없는 청산주의자들에게 아부하는 뜨로쯔끼와 같은 사람들은 시대의 질병이다. … 실제로 그들은 **스톨리핀의 노선에 따라 노동당을 형성하려고 열망하는 청산주의자들에게 항복하는 사람들이다.**"
>
> "실제적인 청산주의자들은 수사로써 자신들을 감추고 반청산주의자들, 즉 볼쉐비키에 의해 수행되는 작업을 좌절시키려고 모든 노력을 한다. 뜨로쯔끼와 뜨로쯔끼주의자들 그리고 그와 같은 기회주의자들은 모든 청산주의자들보다 더 **해롭다.** 왜냐하면 확신에 찬 청산주의자들은 그들의 견해를 공공연하게 말하고 그리고 노동자들이 이들의 견해의 오류를 깨닫는 것은 쉬운 일이기 때문이다. 그러나 뜨로쯔끼와 그와 유사한 사람들은 노동자들을 속이고 죄악을 감추고 그것을 폭로하고 치유하는 것을 불가능하게 한다."(하르팔 브라르의 강조)

이런 것이 1905년 혁명의 패배에 뒤이어진 반동의 시기 동안에 혁명적 당에 대한 뜨로쯔끼의 태도였다. 즉 뜨로쯔끼는 당의 청산을 주장한 청산주의자들을 도왔다. 그는 이 시기 동안에 "청산주의자들보다 더 해로웠"는데, 그리고 이 이유 때문에 레닌은 청산주의자들의 공개된 청산주의보다 "더 해로운" 뜨로쯔끼의 감춰진 청산주의에 반대하여 무자비한 투쟁을 전개했다.

1912년에 러시아 전역에 걸쳐 혁명적 활동의 고조가 시작되었다. 이러한 고조에 맞추어서 1912년 1월에 볼쉐비키는 정책을 토론하고 향후의 혁명적 투쟁의 윤곽을 그리기 위해 당의 모든 지하조직들의 협의회를 소집했다. 그 협의회는 러시아에서 지하 조직들을 강화하기로 결정했다. 당조직들은 노동자계급으로 하여금 짜르 전제의 타도와 민주공화국―노동자계급과 농민의 민주주의적 독재―의 수립을 위한 투쟁에서 러시아의 대중들을 이끄는 것을 가능하게 하기 위해 노동자들에 대한 사회주의적 교육을 시키는 방향으로 그들의 활동을 증대시키도록 지침을 받았다.

그리고 1912년 볼쉐비키의 프라하 협의회에 대한 뜨로쯔끼의 반응은 무엇이었는가? 그의 반응은 볼쉐비키에 반대하는 망명 생활하는 모든 러시아인 그룹들을 1912년 8월에 비엔나에 모으는 것이었다. 이들 그룹들을 통일시키는 유일한 것은 볼쉐비키에 대한 그들의 반대였다. 이들 모든 그룹들은 지하 당조직들의 청산―프롤레타리아트의 혁명적 당의 청산―과 그것의 "스톨리핀 노선에 따른 노동당"으로의 대체에 찬성하였다. 그 그룹은 유태인 사회주의자 조직(분트), 레트인 사회민주주의자들, 소부르주아적인 폴란드 사회주의당, 뜨로쯔끼와 그의 몇몇의 추종자들을 대표하였고 '8월 블록'으로 불리게 되었다. 8월 블록은 비엔나에서의 자신의 협의회에서 반볼쉐비키적이고 반혁명적인 결의들을 통과시켰기 때문에 악명이 높았다. 실천적 목적들에도 불구하고 8월 블록의 비엔나 협의회는 실패했음이 입증되었는데, 왜냐하면 이 협의회에서 대표된 어떤 그룹도 러시아에서 노동자들의 지하조직들과 어떤 중요한 연계도 없었기 때문이다. 그러나 그 협의회는 비엔나에서 협의회라는 이런 희극에 참가한 뜨로쯔끼와 다른 사람들의 기회주의적 멘쉐비즘을 폭로하는 데 있어 매우 귀중한 것이었다.

1914년 5월에 레닌은 <통일의 외침을 빙자한 통일의 파괴>라는 제목의 기사를 썼다. 이 기사에서 레닌은 뜨로쯔끼의 "소리만 크고 공허한 수사들", 그의 분파주의, 그의 청산주의와 뜨로쯔끼의 8월 블록의 파산에 대해 찬란한 폭로를 한다. 레닌은 이 기사를 잊을 수 없는 뜨로쯔끼에 대한 묘사로써 끝맺고 있다. 이 묘사는 내가 생각하기에 뜨로쯔끼의 기회주의에 대한 이해에서 매우 중요한 것이다. 그래서 나는 그것을 완전하게 인용할 것인데, 동지들이 그것을 불필요한 탈선으로 여기지 않는 것이 나의 바람이다. 다음은 레닌이 1914년 5월에 뜨로쯔끼를 묘사한 방식이다.

"맑스주의 운동에 오랫동안 참가한 사람은 뜨로쯔끼의 인성을 잘 알고 있다. 그리하여 그들에게 그것에 관해 말할 가치는 없다. 그러나 노동자들의 젊은 세대는 그에 대해 모르고 있고 따라서 그에 대해 논하는 것이 필요하다. 왜냐하면 그는 사실상 청산주의자들과 당 사이에서 망설이고 있는 외국에 있는 모든 다섯 개의 소그룹에 전형적이기 때문이다."

"구 이스크라 시절에(1901-1903), 경제주의자들로부터 이스크라주의자들로 훌쩍 날아가고 또다시 반대로 날아갔던 이들 동요하는 자들은 '투시노Tushino 변절자들'(하나의 진영에서 다른 진영으로 건너간 투사들에 대해 러시아에서 어수선한 시절에 붙여진 이름)이라고 칭해졌다."

"우리가 청산주의에 대해 말할 때, 우리는 수 년의 기간 동안 자라나온, 20년간의 맑스주의의 역사에서 멘쉐비즘과 경제주의로부터 뻗어 나온, 그리고 특정한 계급—자유주의 부르주아지—의 정책과 사상과 연계되어 있는 특정한 사상적 조류에 대해 말하는 것이다."

"'투시노 변절자들'이 그들은 그룹들 위에 위치한다고 주장하는 유일한 근거는 그들이 그들의 사상을 하루는 이 그룹에서 그리고 다음날에는 다른 그룹에서 '빌려 온다'는 것이다. 뜨로쯔끼는 1901-1903년에 열렬한 이스크라주의자였고 랴자노프는 1903년의 대회에서 그의 역할을 '레닌의 곤봉'6이라고 묘사했다. 1903년 말에 뜨로쯔끼는 열렬한 멘쉐비키였고 이스크라주의를 버리고 경제주의로 넘어갔다. 그는 '구 이스크라와 신 이스크라 사이에는 해협이 놓여 있다'고 말했다. 1904-1905년에 그는 멘쉐비키들을 버렸고 동요하는 입장을 취했고 지금은 마르티노프(경제주의자)와 협력하고 있고, 지금 그의 엉터리 같은 '영구혁명'이론을 선언하고 있다.

---

6 사실상 랴자노프의 지적은 부정확하다. 5번 주)에서 보이듯이 2차 대회에서 뜨로쯔끼는 당의 중요한 문제에서 기회주의적 역할을 했고 레닌을 반대하는 모든 다른 기회주의자들과 같이 했다.

1906-1907년에 그는 볼쉐비키에 접근했고 1907년 봄에 그는 로자 룩셈부르크와 일치하고 있다고 선언했다."

"오랫동안의 '비분파적'non-factional 동요 후에, 분열의 시기 동안 그는 다시 우익으로 건너가서 1912년 8월에 청산주의자들과 한 블록을 만들었다. 그는 지금 다시 그들을 버렸다. 비록 내용상으로는 그가 그들의 조잡한 생각들을 반복하고 있지만."

"이러한 유형은 어제의 역사적 토대들의 파편으로서 특징적인데, 그때는 러시아의 대중적 노동운동이 여전히 동면하고 있고 모든 소그룹들이 '자유롭게' 스스로를 하나의 경향, 그룹, 분파, 한 마디로 말해서 다른 부분과 합병에 대해 말하고 협상하는 '큰 세력'으로 나타내던 때였다."

"노동자들의 젊은 세대는, 1908년 이래로 청산주의에 대한 우리의 태도를 규정했고 수립했던 당의 결정들을 절대적으로 숙고하지 않으려 하는, 혹은 그러한 결정들에 대한 완전한 승인의 기초 위에서 다수의 통일을 실제로 가져왔던 러시아의 오늘날의 노동자계급 운동의 경험들을 절대적으로 숙고하려 하지 않는 사람들이 믿을 수 없이 허세부리는 요구들을 가지고 그들 앞에 나타났던 때에, 그들이 누구를 다루고 있는지에 대해 정확하게 알아야만 한다."

레닌, ≪전집 20권≫, pp. 346-347.

이것이 그의 시대의 최대의 '투시노 변절자'인 레온 뜨로쯔끼에 대해서뿐만 아니라 또한 우리 자신의 시대의 그의 추종자들, 즉 국제 사회주의자들IS, 국제 맑스주의 그룹IMG, 사회주의 노동동맹SLL 등의 뜨로쯔끼주의자들에 대한 적절한 묘사이기도 한데, 그들은 오늘은 이것을 믿고 내일은 또 다른 것을 믿으며 오늘은 뜨로쯔끼로부터 그들의 사상을 빌려 오고 그다음 날은 노동당으로부터 빌려 오고 오늘은 남베트남의 민족해방전선을 탄핵하고 그다음 날은 그것을 '지지하고' 있다. (중국혁명에 관한 장을 보시오)

뜨로쯔끼는 1917년까지 프롤레타리아트의 혁명적인 전위당을 건설하려는 레닌의 시도를 계속하여 반대했고 위대한 10월 사회주의 혁명 불과 몇 주 전에야 볼쉐비키에 합류했다. 그럼에도 이러한 잘 알려진 역사적 사실은, 거짓말하는 뜨로쯔끼 신봉자들과 부르주아적인 급진적 지식인들에 의해, 역사적 사실에 직면하여 거의 매일같이 구역질나도록 뜨로쯔끼는 볼쉐비키-레닌주의자였다고 거짓말하는 뜨로쯔끼주의자들과 부르주아 언론에 의해, 편리하게 '잊혀지고' 지나쳐지고 그리고 희미해진다. 우리는 부르주아적인 급진적 지식인들과 뜨로쯔끼 신봉자 신사분들에게, 언제나 '볼쉐비키'였고 언제나 '레닌주의자'였던 누군가가 언제나 레닌을 반대하고 있었다는 것은 어떻게 된 것인지 물어도 되는가? 이것은 재미있는 종류의 '볼쉐비즘-레닌주의'이다!! 이러한 정식화에 따른다면 혹자는 '볼쉐비키-레닌주의자'라고 불리기 위해서 볼쉐비키당 바깥에 머물러 있어야만 하고 끊임없이 레닌을 반대해야만 한다. 이상하지 않은가? 아니다. 뜨로쯔끼 신봉자 신사 분들과 부르주아 지식인들은 그렇게 하지 않을 것이다. 이 문제에 대한 답은 뜨로쯔끼가 볼쉐비키였던 적이 없고 레닌주의자였던 적이 없었다는 것이다. 그는 반볼쉐비키이고 반레닌주의였다.

뜨로쯔끼는 조직문제에 대해, 즉 당에 대한 자신의 멘쉐비키적인 입장을 포기하지 않았고 심지어 볼쉐비키당에 합류한 후에도 그러했다. 1921년에 노동조합들이 '대개혁'되어야 하고 국가 기관으로 전환되어야 한다는 뜨로쯔끼의 제안이 당중앙위원회에 의해 거부되었을 때, 뜨로쯔끼는 중앙위원회가 열리고 있는 방에서 나가서 중앙위원회에 맞서 싸울 목적으로 자신의 몇몇의 지지자들을 모으려고 시도했다. 이 사건은 당과 당 규율에 대한 부르주아 지식인들의 깊은 경시와 증오를 보여준다.

뜨로쯔끼와 같이 당의 규율을 조롱하는 사람들에 대해 레닌은 어떻게 생각했는가?

레닌은 말한다:

"프롤레타리아트의 당의 강철 같은 규율을 (특히 그것의 독재의 시기 동안에) 최소한이라도 약화시키는 누구라도 실제로는 프롤레타리아트에 반대하여 부르주아지를 돕는 것이다."

《전집 31권》, p. 45.

그렇다, 동지들, 뜨로쯔끼는 "당의 강철 같은 규율"을 "최소한으로"가 아니라 최대한으로까지 10월 혁명 전과 후에 약화시켰다.

노동조합 사건과 뜨로쯔끼의 행동은 레닌으로 하여금 다음과 같이 말하게 했다:

"생각해 보시오! 뜨로쯔끼 동지의 테제의 원래 초안에 대해 그리고 그가 당에 대하여 옹호하고 있는 전체적인 노동조합 정책들에 대해 예기치 않게 상세한, 오랜 그리고 열띤 논쟁에 바쳐진 두 차례의 중앙위원회의 전체회의(11월 9일과 12월 7일) 후에, 중앙위원회의 한 성원(즉 뜨로쯔끼), 19명 중의 한 사람은 중앙위원회 바깥의 그룹을 선택하고, 이 그룹의 '집단적인' '작업'을, 당대회가 '두 조류 사이에서 선택하도록' 충고하는 '강령'으로서 진행시키고 있다!!"

레닌은 계속한다:

"'새로운 과제들과 방법들'이 설령 뜨로쯔끼에 의해 올바르게 제기되었다 할지라도—그는 그것들을 사실상 올바르지 않게 제기했지만—뜨로쯔끼의 문제에 대한 접근(방식—역자) 하나만으로도 그 스스로에게, 당에게, 노동조합 운동에, 수백만의 노동조합 성원들을 훈련시키는 작업에, 그리고 공화국에 해를 야기했을 것임이 부정될 수 있는가?"
<다시 한 번 노동조합들, 현재의 상황과 뜨로쯔끼와 부하린의 오류들에 대하여>, 레닌, ≪전집 32권≫, p. 74.

이 사건은 레닌에게 많은 경계심을 갖게 했는데, 그리하여 그는 러시아 공산당(볼)의 10차 대회가 당내에서 분리된 블록들, 그룹들 그리고 분파들의 형성에 반대하는 특별 결의를 통과시키도록 했다. 레닌은 당원들은 서로 간에 다를 수 있고 토론에 의해 그들의 차이들을 해결할 수 있는 권리가 있다는 견해였다. 그러나 일단 완전한 토론 후에 결정에 도달하고 비판이 다 이루어지면 당원들의 의지와 행동의 통일은 필수적인데, 왜냐하면 이러한 통일이 없다면 프롤레타리아적인 당과 프롤레타리아적인 규율은 생각할 수 없기 때문이다. 이것을 뜨로쯔끼는 결코 이해할 수 없었다. 그는 스스로 소수파에 속한다는 것을 발견하면, 그는 당내에서 분파를 형성하기 위해 앞으로 달려갔고 그리하여 당과 쏘비에트 공화국을 위태롭게 했다.

요약하자면 동지들, 당의 문제에 대해 뜨로쯔끼주의는 레닌주의의 입장을 취하지 않는다. 그것은 반레닌주의적 입장을 취한다. 전위조직(당)이 없이는 프롤레타리아트는 결코 권력을 얻을 수 없다. 조직이 프롤레타리아트가 스스로의 해방을 위해 가지는 가장 유력한 무기이다. 조직이 없이는, 당이 없이는 프롤레타리아 혁명은 있을 수 없다. 프롤레타리아트의 전위당이라는 이 중요한 문제에 대해 뜨로쯔끼주의의 입장은 부르주아 급진적인 그리고 자유주의적인 노동정치가들의 그것과 유사하다. 조직문제에 대하여, 뜨로쯔끼주의는 자유주의, 즉 자본주의 내에서 선거기구가 되는 것을 의미하는 노동당 유형의 조직의 창출을 지지하고 철의 규율을 가진 실제적인 혁명적 공산주의 당들인 볼쉐비키 유형의 당들의 파괴를 지지한다.

뜨로쯔끼주의가 실천 상에서 그러하듯이 누군가가 프롤레타리아트의 전위당의 해체를 지지한다면, 그렇다면 이런 사람들의 볼쉐비즘은 어디에 있는가? 볼쉐비키당의 파괴를 위해 일했던 뜨로쯔끼와 같은 사람들은 객관적으로 짜르 전제와 짜르 군사-봉건적 제국주의의 지속을 위해 일했다고 틀림없이 운위될 수 있다.

우리가 이 점 이외에 뜨로쯔끼주의에 대해 다른 어떤 점도 반대하지 않을지라도, 동지들, 뜨로쯔끼주의의 프롤레타리아트의 전위당 문제에 대한 입장 하나만으로도 그것을 비난하기에 충분하고 뜨로쯔끼주의가, 맑스-레닌주의운동이 발전함에 따라 자신의 내적인 논리에 의해 재차 부르주아지의 선진적인 분견대가 되는 것으로 끝날 수밖에 없는, 노동자계급 운동 내에서 반레닌주의적, 반볼쉐비키적 경향이라는 우리의 주장을 확신시키고 입증한다. 그러나 동지들 걱정하지 마시라. 조직에 대한 뜨로쯔끼주의의 입장은 그것의 반볼쉐비즘과 반레닌주의를 구성하는 유일한 것은 아니다. 그리고 이것은 나로 하여금 오늘 저녁에 내가 다루려고 하는 두 번째의 주제, 즉 레닌의 혁명이론과 뜨로쯔끼의 '영구혁명'이라는 '엉터리 같은 좌익적' 이론으로 옮아가게 한다.

제3장 [혁명이론]
레닌의 혁명이론 대(對) 뜨로쯔끼의 '영구혁명' 이론

"혁명적 이론 없이 혁명 운동은 있을 수 없다"
"전위 투사의 역할은 가장 선진적인 이론에 의해 인도되는
당에 의해서만 충족될 수 있다"
—레닌

" … 실천은 그 길이 혁명적 이론에 의해 밝혀지지 않는다면
어둠 속에서 더듬거릴 수밖에 없다."
—쓰딸린

러시아 혁명의 성격에 대한 볼쉐비키들, 멘쉐비키들 그리고 뜨로쯔끼 사이의 차이들*

러시아 혁명의 성격에 대한 멘쉐비키의 입장

멘쉐비키(개량주의적 사회주의자들)는 러시아에서 다가오는 혁명이 부르주아 혁명이며 그리고 그 부르주아-민주주의적 성격이라는 점에서 혁명은 자유주의 부르주아지에 의해 지도되어야만 한다고 주장했다. 프

---

* [편집자주]이 절은 "러시아 혁명의 성격에 대한 멘쉐비키의 입장", "레닌주의적-볼쉐비키적 입장", "뜨로쯔끼의 입장: 그의 '영구혁명' 이론"을 다루는 하나의 작은 절이다.

롤레타리아트는 농민들과 긴밀한 관계를 수립해서는 안 되며 자유주의 부르주아지와 관계를 수립해야만 했다. 프롤레타리아트의 전술은 자유주의 부르주아지가 국가권력을 획득하는 것을 돕는 것이어야만 한다. 프롤레타리아트는 혁명의 지도력을 떠맡아서는 안 되는데, 왜냐하면 프롤레타리아트에 의한 혁명적 열정의 활발한 표현은 자유주의 부르주아지를 놀라게 하여 전제의 품으로 가게 할 수 있기 때문이었다. 프롤레타리아트는 또한 어떠한 혁명적 임시정부에도 참여할 수 없는데, 왜냐하면 그것은 부르주아 정부에 결합함에 있어서 프랑스 사회주의자들이 범한 오류를 반복하는 것과 같은 것이기 때문이었다. 반대로 프롤레타리아트는 자유주의 부르주아지가 부르주아 민주주의 혁명을 최후까지 수행하는 것을 강제하기 위해 외부로부터 압력을 행사해야만 한다.

간단히 말해서, 멘쉐비키들은 프롤레타리아트가 종속적인 역할—자유주의 부르주아지의 부속물의 역할—을 해야만 한다고 주장했다. 그것은 지도적인 역할을 해서는 안 되고 농민들과 긴밀한 관계를 수립해서는 안 되는데, 왜냐하면 그것은 "부르주아 계급들이 혁명으로부터 뒷걸음질 치게 하여 혁명의 발전을 사라지게 할 것이기" 때문이었다.

레닌주의적-볼쉐비키적 입장

다른 한편으로 볼쉐비키들, 혁명적 사회주의자들은, 임박한 혁명의 부르주아 민주주의적 성격에도 불구하고 그것의 완전한 승리에 이해를 가지고 있는 계급은 우선적으로 프롤레타리아트라고 주장했는데, 왜냐하면 혁명의 승리는 프롤레타리아트로 하여금 스스로를 조직하고, 정치적으로 성장하고 그리고 근로 대중들에 대한 정치적 지도력에서 경험을 얻고 그리하여 부르주아 혁명의 단계로부터 사회주의 혁명의 단계로 나아갈 수 있게 하기 때문이었다. 프롤레타리아트는 부르주아지보다 더 부르주아 민주주의 혁명의 완전한 승리에 이해관계가 있었는데, 왜냐하면 "어떤 의미에서는 부르주아 혁명은 부르주아지보다 프롤레타리아트에게 더 이익이 되는 것이기"(레닌, ≪민주주의 혁명에서 사회민주주의의 두 가지 전술≫) 때문이었다. 그리하여 프롤레타리아트는 혁명의 지도력을 떠맡아야만 했다.

그러나 프롤레타리아트 단독으로는, 의지할 수 있는 동맹의 도움과 능동적 참여 없이는, 부르주아 민주주의 혁명을 지도하고, 그리고 그것을 끝까지 수행한다는 자신의 과제를 성공적으로 수행할 수 없었다7. 이 믿을 수 있는 동맹은, 볼쉐비키들이 주장하기를, 농민층에 다름 아니었다. 농민들은 혁명의 성공에 이해가 걸려 있었는데, 왜냐하면 오직 이러한 결과만이 농민들로 하여금 지주 계급에 대한 원한을 풀고 그들의 토지에 대한 소유를 획득하는 것을 가능하게 할 수 있기 때문이었다.

레닌은 다음과 같은 말로 러시아 농민층의 역할—다가오는 혁명에서 그것의 계급적 입장에 의해 그것에 할당된 역할—을 다루었다:

"농민층은 소부르주아적 요소들뿐만이 아니라 수많은 반(半)프롤레타리아적 요소들을 포함하고 있다. 이 점 때문에 농민층은 불안정하게 되는 것인데, 그렇기 때문에 프롤레타리아트로 하여금 엄격히 계급적인 당에 결합하도록 강제한다. 그러나 농민층의 불안정성은 부르주아지의 불안정성과 근본적으로 다르다. 왜냐하면 오늘날 농민층은 사적 소유의 절대적 보전에 이해가 있을 뿐만 아니라 사적 소유의 주요한 형태들의 하나인 지주

7
"도시와 농촌의 소부르주아지라는 노동대중의 문제, 이들 대중을 프롤레타리아트의 편으로 획득하는 문제는 프롤레타리아 혁명에 대해 예외적인 중요성이 있다. 도시와 시골의 노동 인민들이 권력을 위한 투쟁에서 부르주아지와 프롤레타리아트 중 누구를 지지할 것인가, 그들이 누구의 예비군이 될 것인가, 즉 부르주아지의 예비군이 될 것인가, 프롤레타리아트의 예비군이 될 것인가—이 점에 혁명의 운명과 프롤레타리아 독재의 견고함이 달려 있다. 1848년과 1871년의 프랑스의 혁명들은 비극적이었는데, 주요하게는 농민이라는 예비군이 부르주아지의 편에 선 것으로 판명되었기 때문이었다. 10월 혁명은 승리했는데, 왜냐하면 그것은 부르주아지로부터 농민이라는 예비군을 빼앗았고 이들 예비군을 프롤레타리아트의 편으로 획득할 수 있었고 이 혁명에서 프롤레타리아트가 도시와 시골의 노동 인민들의 광범한 대중들에 대한 유일한 지도적 세력임이 입증되었기 때문이다."
"이것을 이해하지 못하는 사람은 10월 혁명의 성격을, 혹은 프롤레타리아 독재의 성격을, 혹은 우리의 프롤레타리아 권력의 독특한 특징들을 결코 이해하지 못할 것이다."
《레닌주의의 제 문제》

소유 토지의 몰수에 이해관계가 있기 때문이다. 이 점은 농민층이 사회주의자가 되거나 혹은 소부르주아임을 멈추게 하지는 않지만, 농민층은 민주주의 혁명의 진심어린 그리고 가장 급진적인 지지자가 될 수 있다. 농민층은 불가피하게 이렇게 될 것인데, 단, 농민층을 일깨우는 혁명적 사건들의 진행이 부르주아지의 배신과 프롤레타리아트의 패배에 의해 너무 빨리 중단되지 않는다는 경우에서이다. 이러한 조건에 종속되어, 농민층은 불가피하게 혁명과 공화국의 요새가 될 것인데, 왜냐하면 단지 완전히 승리하는 혁명만이 농민층에게 농업개혁의 범위에서의 모든 것—농민들이 열망하고, 그들이 꿈꾸고 있고 그들이 진정으로 필요로 하는 모든 것—을 줄 수 있기 때문이다."

≪민주주의 혁명에서 사회민주주의의 두 가지 전술≫

더구나 볼쉐비키들은 자유주의 부르주아지가 고립되어야만 한다고 주장했는데, 왜냐하면 이 배신적이고 불안정한 계급의 고립이 없이는, 프롤레타리아트의 지도력하에 부르주아 민주주의 혁명의 문제가 성공할 수 없기 때문이었다. 볼쉐비키의 전술이 "부르주아 계급들로 하여금 혁명으로부터 뒷걸음질 쳐서 혁명의 발전을 사라지게 할 것"이라는 멘쉐비키의 반대를 다루면서, 그리고 이러한 반대를 "혁명을 배반하는 전술"로서 그리고 "프롤레타리아트를 부르주아 계급들의 비참한 부속물로 전환시키는 전술"로서 거부하면서 레닌은 다음과 같이 썼다:

"성공적인 러시아 혁명에서 농민층의 역할을 실제로 이해하는 사람은 부르주아지가 혁명으로부터 뒷걸음질 친다면 혁명의 발전이 사라지게 될 것이라고 말할 것을 꿈꾸지도 않을 것이다. 왜냐하면 사실상 러시아 혁명은, 부르주아지가 혁명으로부터 뒷걸음질 칠 때만 그리고 농민 대중들이 프롤레타리아트 편에서 능동적 혁명가들로서 나설 때만, 그것의 실제적 승리를 가져오기 시작할 것이고, 부르주아 민주주의 혁명의 시기에서 가능한 가장 광범한 혁명적 승리를 실제로 가져올 것이기 때문이다. 그것이 결말에까지 일관되게 수행될 수 있기 위하여, 우리의 민주주의 혁명은 부르주아지의 불가피한 우유부단함을 마비시킬 수 있는, 즉 바로 '그것으로 하여금 혁명으로부터 뒷걸음질 치도록 할 수 있는' 그런 세력에 의존해야만 한다."

≪두 가지 전술≫

볼쉐비키들에 따르면, 짜리즘에 대한 결정적인 승리는 프롤레타리아트와 농민층의 혁명적 독재가 될 임시정부의 수립을 결과할 것이다. 짜리즘에 대한 결정적 승리를 보증하고, 힘으로써 전제의 저항을 분쇄하고, 부르주아지의 불안정을 중립화하고, 농업과 다른 민주적 개혁들을 수행하고 그리하여 부르주아 민주주의 혁명을 끝까지 수행하는 것이 이러한 정부의 기능일 것이다. 맑스로부터 "혁명 후의 모든 국가의 임시적 조직은 독재를 요구하며 그것도 정력적인 독재를 요구한다"는 유명한 테제를 인용하면서, 레닌은 다음과 같은 결론에 다다랐다:

"짜리즘에 대한 혁명의 결정적 승리는 프롤레타리아트와 농민층의 혁명적 독재이다. … "
"그리고 이러한 승리는 바로 독재가 될 것인데, 즉 불가피하게 군사적 힘에, 대중들의 무장에, 봉기에 의존할 것이고 이런 저런 종류의 '합법적'으로 혹은 '평화적' 방식으로 수립된 기구들에 의존하는 것이 아니다. 그것은 독재가 될 수 있을 뿐인데, 왜냐하면 프롤레타리아트와 농민층에게 긴급하고도 절대적으로 불가피한 변화들의 실현이 지주들과 대부르주아지 그리고 짜리즘의 절망적인 저항을 가져올 것이기 때문이다. 독재가 없다면 저항을 분쇄하고 반혁명적 시도들을 격퇴하는 것이 불가능하다. 그러나 물론 그것은 사회주의적 독재가 아니라 민주적 독재일 것이다. 자본주의의 기초에 영향을 주는 것은 (혁명적 발전의 일련의 중간 단계들이 없다면) 가능하지 않다."

≪두 가지 전술≫

그리고 마지막으로, 볼쉐비키들은 부르주아 민주주의 혁명의 완성의 지점에서 멈추려는 의도가 전혀 없었다. 그들은 부르주아 민주주의 혁명과 사회주의 혁명 사이에서 극복할 수 없는 장벽은 없다고 믿었다. 그들은, 민주적 과제들의 달성에 이어서 프롤레타리아트와 다른 피착취 대중들이 사회주의 혁명을 위한 투쟁을 시작해야만 한다고 주장했다. 볼쉐비키들에게는 부르주아 민주주의 공화국은 그 자체로 목적이 아니었고, 또 다른 목적, 즉 사회주의 공화국을 향한 수단이었다. 부르주아 민주주의 공화국은 사회주의 공화국의 방향으로 향하는 필요하고 필수적인 단계—프롤레타리아 독재의 수립을 향한 그것의 계속적인 그리고 굽힐 수 없는 행진에서 혁명 운동의 발전의 필수적인 중간 단계―였다. 그러나 이것은 프롤레타리아트가 민주주의 혁명의 국면에서 전체 인민의, 특히 농민층의 선두에 설 때만, 그리고 사회주의를 위한 투쟁의 시기에서 모든 근로자와 피착취자의 선두에 설 때만 실현될 수 있는 것이었다. 그의 책자 ≪민주주의 혁명에서 사회민주주의의 두 가지 전술≫에서 부르주아 혁명의 범위와 프롤레타리아 당의 과제들에 대해 서술하면서, 레닌은 부르주아 민주주의 혁명의 시기에서 프롤레타리아 당의 전략과 전술을 찬란하게 요약했고, 부르주아 혁명과 사회주의 혁명 간의 관계의 문제에 대해 가장 명확한 방식으로 단호하게 다루었다. 그는 다음과 같이 썼다:

"프롤레타리아트는, 힘으로 전제의 저항을 분쇄하고 부르주아지의 불안정성을 마비시키기 위하여 스스로 농민 대중들과 동맹함에 의해 민주주의 혁명을 끝까지 수행해야만 한다. 프롤레타리아트는 힘으로 부르주아지의 저항을 분쇄하고 농민층과 소부르주아지의 불안정성을 마비시키기 위해 인민의 반(半)프롤레타리아적인 요소들의 대중과 동맹함에 의해, 사회주의 혁명을 달성해야만 한다. 이러한 것이 프롤레타리아트의 과제들인데 이에 대해 신 이스크라주의자들(멘쉐비키들―하르팔 브라르)은 언제나 혁명의 범위에 대한 그들의 주장과 결의들에서 매우 협소하게 제기한다."

그리고 나아가:

"전 인민의, 특히 농민층의 선두에서―완전한 자유를 위하여, 일관된 민주주의 혁명을 위하여, 공화국을 위하여! 모든 근로자와 피착취자의 선두에서―사회주의를 위하여! 이러한 것이 실천 상에서 혁명적 프롤레타리아트의 정책이어야만 한다. 이러한 것이 혁명의 기간에 노동자 당의 모든 전술적 문제들, 모든 실천적 조치의 해결에 스며들고 결의되어야만 하는 계급적 구호이다."

≪두 가지 전술≫

이것이 중단되지 않는 혁명의 이론―부르주아 민주주의 혁명의 사회주의 혁명으로의 전화의 이론―이다.

뜨로쯔끼의 입장: 그의 '영구혁명' 이론

뜨로쯔끼는 볼쉐비키의 입장과 멘쉐비키의 입장에서 볼 때 형식적으로 다른 '중간의' 입장을 점했으나, 본질적으로 그리고 객관적으로 모든 실천적 목적에서 볼 때 후자의 입장에 더 가까웠다. 그는 러시아의 자유주의 부르주아지(자본가들)에 대한 볼쉐비키의 평가에 동의했고 자유주의 부르주아지와 아무런 관련이 없었다. 동시에 그는 농민층에 대한 멘쉐비키의 평가에 완전히 동의했다. 그리하여 그는 농민층과 아무런 관련이 없었다. 그가 주장하기를, 농민층은 의지할 수 있는 동맹이 될 수 없었다. 농민층의 자연발생적인 운동과 봉기는 짜르 절대주의에 반대하는 투쟁에서 노동자계급을 도울 수 있지만, 그러나 그것은 전제에 반대하는 투쟁에서 혁명적 노동자계급의 혁명적 동맹자의 역할을 하는 농민층으로서가 아니었다. 뜨로쯔끼에 따르면 짜리즘은 노동자 정부에 의해서만 대체될 수 있었다. 결코 그것은 노동자계급과 농민층의 결합된 독재에 의해 대체될 수 없었다. 그리고 권력에 도달하면, 농민의 소유를 포함한 사적 소유를 공격하는 것이 노동자 정부의 기능이 될 것이었다. 사적 소유에 대한 공격에 의해 노동자 정부는 인민의 대다수, 즉 농민층과 불화하고 그들의 적대와 저항(뜨로쯔끼에게 감사한다)을 불러일으킬 것이었다. 농민층의 저항은 노동자 정부의 존재 자체를 위험하게 할 것이었다. 그러나 다른 한편으로 노동자 정부는 산업적으로 선진적인 유럽 나라들의 노동자계급이 그들 '자신의' 부르주아지에 대한 무자비한 투쟁을 하도록, 권력을 장악하도록, 그리고 사회주의를 수립하도록 자극할 것이다. 그리고 차례로 선진적인 서유럽의 나라들의 승리한 노동자계급이 농민층의 저항을 힘으로 분쇄하기 위해 러시아의 노동자 정부를 도우러 올 것이다. 뜨로쯔끼는 이 이론을 '영구혁명'의 이론이라 불렀고, 그것은 레닌과 뜨로쯔끼 사이에 첨예한 논쟁의 원인과 주제였다.

뜨로쯔끼에 대해 강조되어야만 하는 것 하나는, 그가 부정확하고 기회주의적인 자세를 취할 때마다 그는 언제나 그것을 초'좌익적'이고 초'혁명적'인 수사들로 덮어 가렸다는 것이다. 예를 들면 그는 러시아 혁명의 첫 번째 단계를 임의로 건너뛰는 것을 찬성했다. 그는 프롤레타리아 독재의 수립에 필요한 전제조건으로서 프롤레타리아트와 농민층의 독재의 수립을 반대했다. 왜? 왜냐하면 그가 주장하기를 "우리는 제국주의의 시대에 살고 있는데, 제국주의는 낡은 정권에 부르주아 국가를 대립시키는 것이 아니라 부르주아 국가에 프롤레타리아 국가를 대립시키기" 때문이다.(뜨로쯔끼, ≪우리의 혁명≫, 1906년)

위에서 언급된 것의 관점에서 떠오르는 두 가지 결론은 다음과 같다:

(1) 뜨로쯔끼의 농민층에 대한 적대와 신념의 결여; 농민층이 혁명의 발전에서 일정 단계에서 할 수 있는 혁명적 역할에 대해 그가 평가하지 못한다는 것.

(2) 그가 농민층의 혁명적 역할을 평가하지 못한다는 것으로부터 이어지는, 부르주아 민주주의 혁명 단계를 뛰어넘어서 사회주의를 곧바로 수립하려는 그의 주관적인 소망. 그리하여 짜리즘을 대체하는 노동자 정부라는 요구가 나온다. 실천 상에서 그것이 도달하는 것은 혁명의 첫 번째 단계가 짜르에 반대하는 러시아 인민, 특히 농민층의 대다수가 아니라 단지 짜르와 농민층을 포함하는 "부르주아 국가"에 반대하는 노동자계급(러시아 인민의 매우 작은 소수를 구성하는)만이라는 것이었다.

이러한 '영구혁명' 이론을 받아들이는 것은 영구적인 반혁명을 받아들이는 것을 의미했을 것이다. 왜냐하면 그것은 농민층이 할 수 있고 실제로 했던 혁명적 역할을 부정하는 것을 의미했을 것이고, 러시아 노동자계급에게서 가장 중요하고 믿을 수 있는 동맹을 빼앗고 농민층을 자유주의 부르주아지의 도구로 전환시키는 것을 의미했기 때문이었다. 뜨로쯔끼는 후에 혁명이 쓰딸린에 의해 배반되었다고 주장하려 했다. 우선 우리는 단지, 뜨로쯔끼가 그의 길을 갔다면, 그의 '영구혁명' 이론이 실천되었다면, 어떠한 혁명도 없었을 것이고, 따라서 '배반'도 없었을 것이라고 말할 뿐이다. 왜냐하면 러시아 농민층에 의해 수행된 혁명적 역할이 없었다면, 러시아에 어떤 혁명도 있을 수 없었기 때문이다. 레닌은 그의 ≪혁명의 두 가지 노선들≫(1915년)에서 '영구혁명' 이론을 거부하는데 거기에서 다음과 같이 썼다:

"뜨로쯔끼는 1905년의 그의 '독창적인' 이론을 반복하고 있고 10년의 전 기간 동안 왜 실제적인 삶이 그의 아름다운 이론을 지나쳐 버렸는지에 대해 멈추어서 생각하기를 거부한다."

그리고 나아가:

"뜨로쯔끼는 농민층의 역할을 '부인'함으로써 농민층을 일깨우는 것을 거부하는 러시아의 자유주의적 노동 정치가들을 사실상 돕고 있다."

농민층의 역할에 대한 레닌의 평가의 올바름을 입증하는 데에 단지 2년이 걸렸다.

농민층의 역할에 대한 뜨로쯔끼의 평가와 혁명적 세력으로서 농민층에 대한 그의 이어지는 거부 그리고 최종적으로 혁명의 발전에서 단계들에 대한 그의 거부라는 관점에서 보면, 오늘날의 뜨로쯔끼주의자들이 남베트남의 민족해방전선NLF과 그것의 강령을 공격하는 것은 전혀 놀랄만한 일이 아니다. 그들이 NLF의 강령을 부르주아적 강령으로 성격지우고 기각하고 그것에 대해 한 무더기의 욕을 하는 것은, 혹은 그들이 그것의 반제국주의적인 혁명적 성격을 보지 못하는 것은 전혀 놀랄만한 일이 아니다. 그들은 60년 동안이나 스스로 실제 삶으로부터 배우기를 거부하고 있고 "실제 삶이 이 아름다운 이론", '영구혁명'이라는 이론을 "지나쳐 버렸는지" "멈추어서 생각하기를 거부하고" 있다. 그러나 조만간에 이것에 대해 다룰 것이다.

'영구혁명'이라는 이론은 뜨로쯔끼로 하여금 1906년에 다음과 같은 결론에 도달하게 했고 그것을 그는 1922년에 반복하려 했다:

"유럽 프롤레타리아트 측으로부터의 직접적인 국가적 지원이 없다면, 러시아의 노동자계급은 스스로 권력의 자리를 유지하고 그것의 일시적 지배를 안정적인 사회주의 독재로 전환시킬 수가 없을 것이다. 그것에 대해서는 의심의 여지가 없다."

뜨로쯔끼, ≪우리의 혁명≫, 1906년.

뜨로쯔끼는 1906년에 위의 결론에 도달했다. 이 입장으로부터 그는 결코 떠나지 않았다. 그에 따르면 러시아 혁명은, 서유럽 나라들의 승리한 노동자계급의 도움이 없다면, 사회주의를 건설하는 것은 말할 것도 없고 살아남을 수가 없었다. 이 관점에서 보면, 유럽 노동자계급이 사회주의 혁명을 수행함에 있어 성공적이지 않다면 무엇을 해야만 했는가? 우리는, 서유럽 나라들에서 사회주의 혁명의 가능성이 희미해지면서(우리는 여기서 유럽 혁명의 실패의 이유들로 넘어갈 수 없다) 뜨로쯔끼가 국제적 독점자본주의에 대한 완전한 항복의 정책을 때때로 바꾸어 가면서 절망적인 모험주의 정책을 옹호하기 시작했다는 것을 보게 될 것이다. 이것은 러시아 혁명의 전략과 전술에 관하여 그의 그릇되고 완전히 기회주의적인 입장의 자연스럽고 논리적인 결과였다. 뜨로쯔끼가 그러했듯이 누군가 러시아 혁명이 유럽의 사회혁명의 지지 없이는 살아남을 수 없다는 입장을 취한다면, 그는 유럽의 노동자계급이 권력을 장악하는 데 실패할 경우에는 단지 다음의 결론들에 도달할 수 있을 뿐이다.

첫째, 어떤 종류의 모험주의로써 사회 혁명이 서유럽 나라들로 '수출되어야'만 한다는 것;

둘째, 국제적인 독점자본주의에 대한 완전한 항복. 뜨로쯔끼는 이들 결론들에 도달했고 때때로 그것들을 옹호했다. **항복주의와 손을 잡는 모험주의, 그것 두 가지는 대중에 대한 신뢰의 부족과 반동들에 대한 과대평가로부터 솟아나오는데 이것이 뜨로쯔끼주의의 본질이다.**

그의 '영구혁명' 이론 때문에, 농민층의 역할에 대한 부정 때문에, 한 나라에서 사회주의의 승리를 달성하는 데 있어 노동 인민의 광범한 대중들을 이끄는 프롤레타리아트의 능력에 대한 신뢰의 결여 때문에, 사회주의의 승리는 "유럽의 가장 중요한 나라들에서의" 동시적인 혁명의 경우에만 가능성이 있다는, 그것의 종교적이고, 비과학적이고 반맑스주의적인 믿음 때문에, 뜨로쯔끼는 10월 혁명의 독특한 특징들을 결코 이해할 수 없었다. 우리가 10월 혁명의 이들 독특한 특징들을 다루는 것, 그리고 이들 독특한 특징들의 관점에서 레닌주의와 뜨로쯔끼주의의 각각의 (화해할 수 없는) 입장들을 확인하는 것이 필요하다.

10월 혁명의 독특한 특징들

10월 혁명의 독특한 특징들은 무엇인가?

10월 혁명은 두 가지 독특한 특징들을 갖고 있는데, 그것의 이해는 혁명의 민족적 그리고 국제적 중요성의 이해의 전제조건이 된다. 이 두 가지 독특한 특징들은 다음과 같다:

(1) 프롤레타리아 독재는 프롤레타리아트와 노동하는 농민층, 즉 노동자계급에 의해 지도되고 있는 농민층 간의 동맹에 기초하여 러시아에서 존재하게 되었다는 것;

(2) 프롤레타리아 독재는 단 하나의 나라에서―그리고 그것의 자본주의적 발전의 관점에서 보면 당시에 후진적인 나라에서―수립되게 되었는데, 반면에 자본주의는 다른 나라들에서 보전되고 있었고 그중의 일부는 자본주의적으로 매우 발달된 나라였다.

이들 두 개의 특징들은 우리에게 최대로 중요한데, 왜냐하면 그것들은 10월 혁명의 본질, 레닌의 프롤레타리아 독재의 이론과 그의 프롤레타리아 혁명 이론의 찬란한 적용을 대변할 뿐만 아니라 그것들은 뜨로쯔끼의 '영구혁명' 이론의 완전한 기회주의적 성격을 또한 폭로한다.

그러면 이들 특징들을 간략하게 검토해보자.

(1) 프롤레타리아트와 농민층, 즉 프롤레타리아트에 의해 지도되고 있는 농민층 간의 동맹

동맹의 문제는 가장 중요한 것의 하나이다. 도시와 시골의 노동 대중들이 누구를 지지할 것인가; 그들은 누구의 예비군이 될 것인가―프롤레타리아트의 예비군이 될 것인가, 부르주아지의 예비군이 될 것인가? 이 점에 혁명의 운명이, 결과가 달려 있다. 1848년과 1871년의 프랑스 혁명은 농민층이 부르주아지의 예비군이 되었기 때문에 쓰라린 종말을 맞았다. 10월 혁명은 농민층이 프롤레타리아트의 예비군이 되었기 때문에, 프롤레타리아트가 부르주아지로부터 농민이라는 예비군을 빼앗았기 때문에 승리할 수 있었다. 쓰딸린이 말한 대로:

"이 점을 이해하지 못하는 사람은 10월 혁명의 성격, 혹은 프롤레타리아 독재의 성격, 혹은 우리의 프롤레타리아 권력의 내부 정책들의 독특한 성격을 결코 이해하지 못할 것이다."

≪레닌주의의 제 문제≫.

이리하여 프롤레타리아 독재는, 자본주의의 혁명적 타도를 위한, 그리고 사회주의의 최종적 승리를 달성하기 위한, 프롤레타리아트에 의해 지도되는 농민층과 프롤레타리아트의 계급적 동맹이라는 것을 볼 수 있다. 따라서 그것은 일부 사람들이 주장하는 바와 같이 농민층의 역할을 '경미하게' 과대평가하거나 혹은 '경미하게' 과소평가하는 문제가 아니다. 그것은 프롤레타리아 독재의 성격 자체와 토대들에 관한 문제이다. 그러면 레닌의 프롤레타리아 독재 이론은 무엇인가? 이것이 레닌이 그것을 정식화하는 방식이다:

"프롤레타리아 독재는 근로자의 전위인 프롤레타리아트와 수많은 근로자의 비프롤레타리아적인 층(소부르주아지, 소소유자, 농민층, 인텔리겐챠 등) 혹은 이들의 다수 간의 계급동맹의 특수한 형태이다. 그것은 자본에 반대하는 동맹이고 자본의 완전한 타도, 부르주아지의 저항과 복고의 어떤 시도도 완전히 억누르는 것을 목표로 하는 동맹, 사회주의의 최종적인 수립과 공고화를 목표로 하는 동맹이다."

레닌.

그리고 나아가:

"만약 우리가 라틴어의, 과학적인, 역사적인, 철학적인 단어인 '프롤레타리아 독재'를 더 단순한 언어로 번역한다면, 그것은 단지 다음을 의미할 뿐이다: 특정 계급만이, 즉 일반적으로 도시 노동자들과 산업 노동자들의 그것이, 자본의 멍에의 타도를 위한 투쟁에서, 이 타도의 과정에서, 승리를 유지하고 공고화하는 투쟁에서, 새로운 사회주의적 사회체제를 창조하는 작업에서, 계급들의 완전한 폐지를 위한 전체 투쟁에서 근로자들과 피착취자들의 전체 대중을 지도할 수 있다는 것이다."

레닌.

이런 것이 레닌의 프롤레타리아 독재의 이론이고 10월 혁명은 "레닌의 프롤레타리아 독재 이론의 고전적 적용을 대표한다."(쓰딸린)

그러면 이것들은 10월 혁명의 첫 번째의 특징의 성격이다.

10월 혁명의 독특한 특징의 관점에서 뜨로쯔끼주의의 입장은 무엇인가? 즉 뜨로쯔끼의 '영구혁명'의 이론에 관하여 문제가 되는 것은 어떤 것인가?

우리는 뜨로쯔끼가 '짜르가 아닌 노동자의 정부'라는 구호, 즉 농민이 없는 혁명을 제기했던 1905년의 뜨로쯔끼의 입장을 상세하게 언급하는 폐를 끼치지 않을 것이다! 또한 우리는 1915년의 뜨로쯔끼의 입장을 길게 논하지도 않을 것이다. 그때에 "우리는 제국주의의 시대에 살고 있다"는, 그리고 제국주의는 "낡은 정권에 대립하여 부르주아 국가를 세우는 것이 아니라 프롤레타리아트를 부르주아 국가에 대립하여 세우고 있다"는 사실로부터 계속하여, 그는 그의 기사 <권력을 위한 투쟁>에서, 농민층의 역할이 쇠퇴할 수밖에 없고 농민층은 이제까지 그것에 부여되어 왔던 중요한 역할을 더 이상 할 수 없고 토지의 몰수라는 구호는 이전에 그것이 가졌던 중요성을 더 이상 갖고 있지 않다는 결론에 도달했다. 일반적으로 알려진 대로 레닌은 당시에 이러한 테제를 제기하면서 다음과 같은 말로써 뜨로쯔끼를 비난했다.

"뜨로쯔끼는, 농민층의 역할에 대한 '부인'으로써 농민들을 혁명으로 일깨우는 것을 거절하는 러시아의 자유주의적 노동 정치가들을 사실상 돕고 있다."

그러면 이 주제에 대한 뜨로쯔끼의 후일의 저작들—프롤레타리아 독재의 수립 후의 시기의 저작들—로 넘어가 보자. 1922년에 쓰인 그의 책 ≪1905년≫에 대한 뜨로쯔끼의 서문을 예로 들어보자. 이것은 뜨로쯔끼가 그의 '영구혁명' 이론에 대해 이 서문에서 말하고 있는 것이다:

"'영구혁명' 이론이라고 알려지게 되었던 러시아의 혁명적 발전의 성격에 대한 견해가 저자의 마음에서 결정화된 것은 1905년 1월 9일에서 1905년 10월의 총파업 사이의 기간 동안이었다. 이 심오한 단어는, 당면 목표들의 성격이 부르주아적인 러시아 혁명이, 그럼에도 이들 목표들이 달성된 때에 멈추지 않아야 한다는 사상을 대표하는 것이었다. 혁명은 프롤레타리아트가 권력을 장악하지 않는 한, 당면한 부르주아적 문제들을 풀 수 없을 것이었다. 그리고 프롤레타리아트는 권력을 떠맡으면 혁명의 부르주아적 한계들에 스스로를 한정할 수 없을 것이었다. 반대로 바로 그것의 승리를 보증하기 위해서, 프롤레타리아 전위는 그것의 지배의 바로 초기의 단계에서 봉건적 소유만이 아니라 부르주아적 소유 또한 깊이 침해하도록 강제될 것이었다. 이 점에서 그것은(프롤레타리아트는—역자) 혁명적 투쟁의 최초의 단계 동안에 프롤레타리아트를 지지했던 모든 부르주아적 그룹들뿐만 아니라 그것(프롤레타리아트—역자)을 권력의 자리에 놓는 데 있어 수단적이었던 농민층의 광범한 대중들과도 적대적인 충돌로 나아갈 것이었다. 후진적인 나라에서 농민층의 압도적인 다수와 노동자 정부의 입장과의 모순들은 오직 국제적 규모에서만 세계 프롤레타리아 혁명의 무대에서만 해결될 수 있다."

이런 것이 뜨로쯔끼의 '영구혁명'의 이론이다. 이런 것이 프롤레타리아 독재에 관한 뜨로쯔끼의 입장이다. 이것이 10월 혁명의 첫 번째의 독특한 특징의 관점에서, 즉 프롤레타리아트의 독재가 프롤레타리아트와 농민층 간의 동맹에 기초하여 러시아에서 수립되게 되었고 그 동맹의 지도 세력은 프롤레타리아트였다는 점에서 '영구혁명' 이론에 관한 문제가 무엇인지를 말하는 것이다.

동지들, 레닌의 프롤레타리아 독재 이론과 뜨로쯔끼의 '영구혁명' 이론 간에 어떤 공통점이 있는가? 둘 사이에 아무런 공통점도 없다는 것은 거의 증거를 필요로 하지 않는다. 누구나 "레닌의 프롤레타리아 독재 이론과 뜨로쯔끼의 '영구혁명' 이론 간에 놓여 있는 커다란 간극을 인식하기 위해"(쓰딸린) 뜨로쯔끼의 서문으로부터의 위의 인용과 레닌의 글들에서의 위의 두 개의 인용을 비교하기만 하면 된다.

동지들, 이 점을 요약하도록, 즉 레닌의 프롤레타리아 독재 이론과 뜨로쯔끼의 '영구혁명' 이론 간의 비교를, 쓰딸린 동지의 불멸의 언어로 이야기하게 허용해 달라. 쓰딸린 동지는 말한다:

"레닌은 프롤레타리아 독재의 기초로서 프롤레타리아트와 근로 농민층의 동맹에 대해 말한다. 뜨로쯔끼는 '프롤레타리아 전위'와 '농민들의 광범한 대중들' 간의 '적대적 충돌'을 본다."

"레닌은 프롤레타리아트에 의한 근로대중과 피착취 대중들의 지도력에 대해 말한다. 뜨로쯔끼는 '압도적 다수의 농민들을 가진 후진적 나라에서 노동자 정부 입장에서의 모순'을 본다."

"레닌에 따르면 혁명은 그것의 힘을 우선적으로 러시아 자체의 노동자들과 농민들 사이로부터 끌어낸다. 뜨로쯔끼에 따르면 필요한 힘은 '세계 프롤레타리아 혁명의 무대에서'만 발견될 수 있다."

"그러나 세계혁명이 약간 지체될 운명이라면 어떻게 되는 것인가? 우리 혁명을 위한 한 줄기 희망이라도 있는 것인가? 뜨로쯔끼는 한 줄기 희망도 보지 못하는데, 왜냐하면 '노동자 정부의 입장에서의 모순들이 … 세계 프롤레타리아 혁명의 무대에서만 풀릴 수 있기' 때문이다. 이 계획에 따르면 우리의 혁명을 위해 단 하나의 전망만이 남는다. 자신의 모순 속에서 무위도식하고 세계혁명을 기다리면서 말라죽거나 하는 것이다."

"레닌에 따르면 프롤레타리아 독재는 무엇인가?"

"프롤레타리아 독재는 '자본의 완전한 타도'와 '사회주의의 최종적인 수립과 공고화'를 위해 프롤레타리아트와 근로 농민대중 간의 동맹에 기초하는 권력이다."

"뜨로쯔끼에 따르면 프롤레타리아 독재는 무엇인가?"

"프롤레타리아 독재는 '광범한 농민대중과 적대적인 충돌'로 들어가는 권력이고 자신의 '모순들'의 해결을 오직 '세계 프롤레타리아 혁명의 무대에서'만 구한다."

"'영구혁명이론'과 프롤레타리아 독재의 개념을 거부하는, 잘 알려진 멘쉐비즘의 이론 간에 어떠한 차이가 있는가?"

"내용에서 전혀 차이가 없다."

"그것에 관해 의심의 여지가 없다. '영구혁명'은 농민운동의 혁명적 가능성을 단지 과소평가하는 것이 아니다. '영구혁명'은 레닌의 프롤레타리아 독재 이론의 거부를 초래하는, 농민운동에 대한 과소평가이다."

"뜨로쯔끼의 '영구혁명'은 멘쉐비즘의 변종이다."

≪레닌주의의 제 문제≫

이것이 10월 혁명의 첫 번째 독특한 특징에 관해 문제가 어떠한 지에 관한 것이다. 이제 그 혁명의 두 번째의 독특한 특징으로 넘어가자.

(2) 단 하나의 나라—당시에 자본주의적으로 거의 발전하지 않은—에서 혁명의 승리와 반면에 더 자본주의적으로 발전된 다른 나라들에서 자본주의가 보전되고 있는 것.

레닌은 제국주의에 대한 그의 연구들로부터 다양한 자본주의 나라들의 불균등한 경제적 및 정치적 발전의 법칙에 도달했다. 이 법칙에 따르면 자본주의의 발전은 한 자본주의 나라가 언제나 다른 나라들의 선두에 서 있고, 반면에 다른 나라는 그 뒤에 규칙적으로 머물러 있는 것과 같은 명확한 계획에 따라서 진행되지 않는다. 반대로, 자본주의 나라들의 발전은 돌발적으로 진행되는데, 일부의 발전에서 비약과 다른 나라들의 발전에서 중단이 그러하다. 이러한 상황은, 그들의 예전의 지위를 고수하기 위해, 다른 나라들보다 앞서 있었으나 뒤에 처져 버린 나라들 측에서의 '매우 정통적인' 분투를 초래하고, 그리고 낡은 것에 변화를 주며 새로운 지위를 차지하기 위해 비약적으로 앞서나가는 나라들 측의 똑같이 '정통적인' 분투를 초래한다. 이들 두 개의 똑같이 '정통적'이고 화해할 수 없는 분투들은 무장 충돌과 제국주의 간의 전쟁들을 초래하지 않을 수 없다. 제1차 세계대전과 제2차 세계대전이 발생한 것은 이들 모순들로부터이다. 독일은 자본주의가 거의 발전하지 않은 후진적 나라였다가 세계시장에서 프랑스를 제쳤고 영국을 압박하고 있었다. 예전의 지위를 고수하려는 영국과 프랑스의 '정통적인' 분투와 새로운 지위를 차지하려는 독일의 똑같이 '정통적인' 분투는 제국주의 간의 제1차 세계대전을 초래했다.

불균등한 발전의 법칙은 다음과 같이 진행된다:

(ㄱ) "자본주의는 한 줌의 '선진적' 나라들에 의한 세계 인구의 압도적 다수에 대한 식민지적 억압과 금융적 교살의 세계체제로 성장해갔다."(레닌, <제국주의, 자본주의의 최고단계>의 프랑스어판 서문, ≪전집 5권≫, p. 9.)

(ㄴ) "이 '약탈품'은, 그들의 약탈품의 분배에 관한 그들의 전쟁에 전체 세계를 끌어들이는 철저하게 무장된 둘 혹은 세 개의 강력한 세계 약탈자들(미국, 영국, 일본) 간에 분배된다."(앞의 책)

(ㄷ) 제국주의 전쟁들과 혁명 운동들의 성장을 초래하는, 제국주의 체제 내부의 재난적인 모순들의 강화 때문에 제국주의의 세계 전선은 혁명에 취약해지고 개별 나라들에서 이 전선의 파괴가 가능하게 된다;

(ㄹ) 이 파괴는 어디에서 일어날 것인가? 제국주의가 약하고 혁명세력

제3장   레닌의 혁명이론 대(對) 뜨로쯔끼의 '영구혁명' 이론   149

들이 이러한 파괴에 영향을 줄 만큼 충분히 강한, 제국주의의 세계 전선의 사슬의 가장 약한 고리에서.

(ㅁ) 그리하여 자본주의가 다른 나라들(자본주의적 의미에서 더 발달된)에서 보전될 지라도 한 나라(심지어 자본주의가 거의 발달하지 않은 후진적 나라)에서 사회주의의 승리가 가능하게 된다. 레닌은 말한다:

"불균등한 경제적 및 정치적 발전은 자본주의의 절대적 법칙이다. 그리하여 사회주의의 승리가 처음에는 몇몇의 혹은 단 하나의 나라에서도 단독으로 가능하다. 그 나라의 승리한 프롤레타리아트는 자본가들을 수탈하고 그 자신의 사회주의적 생산을 조직하면서, 세계의 나머지, 자본주의 세계에 반대하여 서게 되고, 자신의 대의로 다른 나라들의 피억압 계급들을 끌어들이고, 그 나라들에서 자본가들에 반대하는 반란이 일어나게 하고 그리고 필요한 경우에 착취계급들과 그들의 국가들에 반대하여 무장력으로 나서게 한다." "사회주의 국가들의 자유로운 연합은 후진적 국가들에 맞서는 사회주의 공화국들의 다소간 길고 완강한 투쟁이 없다면 불가능하다."
          레닌, <유럽합중국 슬로건에 대하여>, ≪전집 5권≫, p. 141.

그리고 나아가:

"자본주의의 발전은 다양한 나라들에서 극단적으로 불균등하게 진행된다. 상품생산 체제하에서는 다른 경우일 수가 없다. 이 점으로부터 사회주의는 모든 나라들에서 동시적으로 일어날 수 없다는 것이 반박의 여지 없이 따라 나온다. 그것은(사회주의는—역자) 처음에는 하나 혹은 몇몇의 나라들에서 승리를 얻을 것이고 반면에 다른 나라들은 당분간 부르주아적 혹은 전(前)부르주아적인 상태로 남을 것이다."
          레닌, <프롤레타리아 혁명의 군사강령>.

이런 것이 레닌의 프롤레타리아 혁명 이론의 토대들이다.

기회주의자들은(그들이 뜨로쯔끼 신봉자들이건, 수정주의자들이건, 혹은 사회민주주의자들이건) 프롤레타리아 혁명은 산업화가 높은 수준의 나라들에서만 시작될 수 있다고 주장한다. 그 이상인데, 그들에 따르면 한 나라에서 사회주의의 승리는, 특히 자본주의가 높이 발전하지 않은 나라에서는 전혀 배제된다. 레닌은 일찍이 제1차 대전의 시기에 기회주의적 이론에 반대하여 싸웠고 자본주의의 불균등 발전 이론에 의거하여, 기회주의자들에 대해 자신의 프롤레타리아 혁명이론을 대치시켰다. 무엇이 레닌의 프롤레타리아 혁명 이론을 다양한 기회주의적 이론들로부터 구별되게 하는가?

한 나라에서—심지어 그 나라가 자본주의적 의미에서 높이 발전되지 않았을지라도—사회주의의 승리의 가능성(possibility: 잠재적 가능성—역자)과 개연성(probability: 그 실현을 위한 현실적 조건이 일정하게 주어진 가능성—역자)은 레닌의 프롤레타리아 혁명의 이론을, 사회주의는 한 나라에서 그리고 그것도 후진적인 나라에서 승리할 수 없다고 주장하는 모든 기회주의적 이론들로부터 구별하는 것이다.

10월 혁명은 레닌의 프롤레타리아 혁명 이론의 올바름을 웅변하는 증거를 제공했고, 그에 따르면 사회주의의 승리는 한 나라에서, 특히 후진적인 나라에서 달성될 수 없다고 하는 다양한 이론들의 올바르지 못함과 기회주의적 성격을 웅변하는 증거를 제공했다. 쓰딸린은 말한다:

> "10월 혁명의 두 번째의 독특한 특징은, 혁명은 레닌의 프롤레타리아 혁명 이론의 실천적 적용의 모델을 대변한다는 사실에 놓여 있다."
>
> "10월 혁명의 이 독특한 특징을 이해하지 못하는 사람은 혁명의 국제적 성격 혹은 그것의 거대한 국제적 힘 혹은 그것의 독특한 외교 정책을 결코 이해할 수 없을 것이다."
>
> 쓰딸린, ≪레닌주의의 제 문제≫

뜨로쯔끼의 '영구혁명' 이론은 레닌의 프롤레타리아 혁명 이론과 어떠한 관련이 있는가?

그의 책 ≪우리의 혁명≫(1906년)에서 뜨로쯔끼는 다음과 같이 썼다:

> "유럽 프롤레타리아트의 직접적인 국가적 지원이 없다면 러시아의 노동자계급은 스스로 권력의 자리를 유지하고 그것의 일시적 지배를 지속적인 사회주의 독재로 전화시킬 수 없을 것이다. 이것을 우리는 한 순간도 의심할 수 없다."

제3장 레닌의 혁명이론 대(對) 뜨로쯔끼의 '영구혁명' 이론   151

　이 인용문의 의미는 무엇인가? 그것의 의미는 사회주의는 한 나라에서—이 경우에는 러시아— "유럽 프롤레타리아트로부터의 직접적인 지원이 없다면" 승리할 수 없다는 것이다. 그것의 의미는 유럽 프롤레타리아트의 권력의 장악 전에는 러시아에서는 프롤레타리아트가 사회주의를 건설하는 것은 물론이고 "스스로 권력의 자리를 유지할" 수 없다는 것이다.
　이 '이론'과 하나의 나라에서, 심지어 그 나라가 자본주의적 의미에서 높이 발전하지 못했다 하더라도, 사회주의의 승리에 대한 레닌의 프롤레타리아 혁명 이론과 어떤 공통된 점이 있는가?
　둘 사이에는 어떤 공통점도 없다는 것은 거의 말할 필요가 없다.
　뜨로쯔끼의 책 ≪우리의 혁명≫은 러시아 혁명의 성격을 정확하게 결정하기에 어려운 때였던 1906년에 발행되었다고, 그것은 약간의 오류들을 포함하고 있다고, 그리하여 그것은 후일의 뜨로쯔끼의 견해와 일치하지 않는다고 하는 주장이 제기될 지도 모른다. 그러나 뜨로쯔끼의 또 다른 팜플렛, <평화 강령>에 포함된 뜨로쯔끼의 견해들을 검토해 보라. 이 팜플렛은 10월 혁명 전에 발행되었고 1924년에 뜨로쯔끼의 책인 ≪1917년≫에서 재인쇄되었다. 이 팜플렛에서 뜨로쯔끼는 한 나라에서 사회주의의 승리에 대한 레닌의 프롤레타리아 혁명 이론을 공격하고 있고, 그것에 반대하여 자신의 유럽합중국 이론을 대치시키고 있다. 뜨로쯔끼는, 사회주의의 승리는, 이러한 승리가 몇몇의 주요 유럽의 국가들에서 달성되고 그리하여 유럽합중국으로 결합될 때만 가능하다고 주장한다. 뜨로쯔끼에 따르면 러시아에서 혁명은 독일에서 프롤레타리아 혁명이 없으면 승리할 수 없다는 것이다. 독일에서 혁명은 유럽의 다른 선진적 나라들에서 혁명이 없으면 또한 승리할 수 없는 것이었다. 뜨로쯔끼는 말한다:

　"유럽합중국의 슬로건에 반대하여 제기된 유일한 다소간 구체적인 역사적 주장은 스위스의 ≪사회민주주의자≫(당시의 볼쉐비키의 중앙기관지)에서 정식화되었는데 다음과 같다: '불균등한 경제적 및 정치적 발전은 자본주의의 절대적 법칙이다'. 이것으로부터 ≪사회민주주의자≫는 한 나라에서 사회주의의 승리는 가능하고 그리하여 유럽합중국의 창출을 각각의 분리된 나라에서 프롤레타리아 독재를 위한 조건으로 만드는 것은 적절성이 없다는 결론을 끌어내었다. 상이한 나라들에서 자본주의 발전이 불균등하다는 것은 절대적으로 논쟁의 여지없는 주장이다. 그러나 이 불균등성은 그 자체가 극단적으로 불균등하다. 영국, 오스트리아, 독일 혹은 프랑스의 자본주의 수준은 동일하지 않다. 그러나 아프리카와 아시아와 비교하면 이들 모든 나라들은 자본주의적 '유럽'을 대표하는데, 사회혁명을 위해 성숙해 있다. 어떤 나라도 그 자신의 투쟁에서 다른 나라들을 '기다려서는' 안 된다는 것은 초보적인 생각—동시적인 국제적 행동이라는 생각을, 형세를 관망하는 국제적인 불활동inaction이라는 생각으로 대체하는 것을 막기 위하여 반복하는 것이 유용하고 필요한—이다. (동시적인 국제적 행동이라는 생각은 그것을 위하여 많은 시간을 기다려야 한다는 생각으로 여겨질 수도 있다는 점을 언급하고 있다-역자). 다른 나라들을 기다림 없이, 우리는 우리의 주도권이 다른 나라들에서의 투쟁에 추진력을 줄 것이라고 확신하면서 우리의 민족적 토양에서 우리의 투쟁을 시작하고 계속한다. 그러나 그것(다른 나라들에서의 투쟁-역자)이 일어나지 않는다면 역사적 경험의 견지에서 그리고 이론적 추리의 견지에서, 예들 들자면, 혁명적인 러시아가 보수적인 유럽에 직면하여 스스로를 유지할 수 있다고, 혹은 사회주의적 독일이 자본주의 세계에서 고립되어 유지될 것이라고 생각하는 것은 희망이 없을 것이다."

이렇게 우리 자신 앞에 놓여 있는 것은 가장 중요한 유럽의 나라들에서 프롤레타리아 혁명의 동시적인 승리를 요구하는 그 똑같은 낡은 '영구혁명' 이론이다. 뜨로쯔끼의 '영구혁명' 이론은 레닌의 프롤레타리아 혁명 이론을 배제한다. 뜨로쯔끼의 '영구적인' 희망 없음의 이론은 한 나라에서 사회주의의 승리에 대한 레닌의 프롤레타리아 혁명 이론과 어떤 공통점도 없다.

아마도 뜨로쯔끼의 책 《1917년》으로부터의 위의 인용은 또한 뜨로쯔끼의 보다 성숙한 견해들과 일치하지 않는다. 그러면 그의 이후의 저작들, 러시아 '한' 나라에서 프롤레타리아 혁명의 승리 후에 쓰인 것들을 검토해보자. 예를 들면 1922년에 쓰인 그의 팜플렛 <평화 강령>의 새로운 판에 대한 뜨로쯔끼의 후기를 들어보자. 다음은 뜨로쯔끼가 이 후기에서 말하는 것이다:

"<평화강령>에서 몇 차례 반복된, 프롤레타리아 혁명은 일국의 범위 내에서는 승리적인 결말로까지 수행될 수 없다는 주장은, 어떤 독자들에게는, 우리의 쏘비에트 공화국의 거의 5년간의 경험에 의해 반박된 것으로 비칠 수 있다. 그러나 이러한 결론은 근거 없는 것이다. 한 나라에서 그리고 그것도 후진적인 나라에서 노동자의 국가가 전 세계에 맞서서 스스로를 유지했다는 사실은, 더 선진적이고 더 문명화된 다른 나라들에서 실제적 기적을 수행할 수 있는 프롤레타리아트의 거대한 힘을 보여주는 것이다. 그러나 우리가 하나의 국가로서 정치적 및 군사적 의미에서 우리의 토대를 유지했을지라도, 우리는 사회주의 사회를 창출한다는 과제를 수행하지 못했고 심지어는 접근조차 못했다. … 부르주아지가 다른 유럽 나라들에서 권력을 유지하는 한, 우리는 경제적 고립에 맞서는 우리의 투쟁에서 자본주의 세계와 협정을 하도록 강제당할 것이다. 동시에 이러한 협정들은 잘-해야 우리로 하여금 우리의 경제적 질병들의 몇몇을 누그러뜨리고 한 걸음 혹은 또 다른 몇 걸음 앞으로 내딛는 것을 도울 수 있지만, 그러나 러시아에서 사회주의 경제의 진정한 전진은 **유럽의 가장 중요한 나라들에서 프롤레타리아트의 승리 후에만** 가능하게 될 것이라는 점은 확실히 말할 수 있다."(추가된 강조는 하르팔 브라르)

동지들, 뜨로쯔끼의 팜플렛 <평화강령>에 대한 그의 후기로부터 위의 인용에 대해 쓰딸린이 말해야만 했던 것을 인용함으로써 이 점에 대해 결론을 내리도록 나에게 허용해 달라:
쓰딸린은 말한다.

"이리하여 뜨로쯔끼는 말하는데, 현실에 대해 명백하게 죄를 짓고 있고 그의 '영구혁명'을 최종적인 난파로부터 구하려고 완강하게 시도하고 있다."
"그러면 당신들이 좋은 대로 비비꼰다면, 우리는 사회주의 사회를 창출하는 과제를 '떠맡지 않았을' 뿐만 아니라 '심지어 그에 접근조차' 못했다는 것처럼 보인다. 일부 사람들은 '자본주의 세계와의 협정'을 바라고 있는 것처럼 보이지만, 또한 아무것도 이들 협정들로부터 나올 수 없고, 당신들이 좋은 대로 비비꼰다면, '사회주의 경제의 진정한 전진'은 프롤레타리아트가 '가장 중요한 유럽의 나라들'에서 승리하기 전까지는 가능하지 않을 것처럼 보인다."
"자, 그러면, 아직 서유럽에서 승리가 없기 때문에, 러시아에서 혁명에 남아 있는 유일한 '선택'은 썩어 없어지든가 혹은 부르주아 국가로 타락하든가이다."

"지금 뜨로쯔끼가 2년 동안이나 우리 당의 '타락'에 대해 말하고 있는 것은 우연이 아니다."

"작년에 뜨로쯔끼가 우리나라의 '파멸'에 대해 예언한 것은 우연이 아니다."

"이러한 이상한 '전망'이 신경제정책이 우리로 하여금 '사회주의 경제의 토대를 놓게' 할 것이라는 레닌의 견해와 어떻게 화해될 수 있는가?"

"이러한 '영구적인' 희망 없음이, 예를 들면 레닌의 다음과 같은 언급과 화해될 수 있는가:"

"사회주의는 더 이상 먼 미래의 일 혹은 추상적인 상 혹은 아이콘의 문제가 아니다. 우리는 여전히 우리의 낡은 나쁜 아이콘들에 대한 의견을 유지하고 있다. 우리는 사회주의를 일상의 생활로 끌어들였고 그리고 여기서 우리는 우리의 태도를 견지할 수 있어야만 한다. 이것은 우리의 세대의 과제, 우리의 시대의 과제이다. 나에게 다음의 확신을 표명함으로써 결론을 내리도록 허용해 달라. 이 과제가 아무리 어려울 지라도, 그것이 우리의 이전의 과제와 비교할 때 아무리 새로울 지라도, 그리고 그것이 아무리 많은 어려움들을 수반할지라도, 우리 모두는―단 하루가 아니라 수년의 경과 속에서―그것을 어떤 대가를 치르더라도 충족시킬 것이고 신경제정책NEP 러시아는 사회주의 러시아로 전환될 것이다."

레닌, ≪선집 9권≫, p. 381.

"이러한 '영구적인' 희망 없음이, 예를 들면 레닌의 다음과 같은 언급과 화해될 수 있는가:"

"사실상, 모든 대규모의 생산수단에 대한 국가의 권력, 프롤레타리아트의 수중에 있는 국가의 권력, 이들 프롤레타리아트와 수백만의 소규모 그리고 더 소규모의 농민들과의 동맹, 농민층에 대한 프롤레타리아트의 확실한 지도력, 등등: 이것은 NEP하에서, 협동조합들로부터, 협동조합들 하나만으로부터 사회주의를 건설하기 위해 필요한 모든 것이 아닌가?―이전에는 우리가 (협동조합을-역자) 행상인으로 취급했고 어떤 측면에서는 우리가 지금은 그렇게 취급할 권리가 있다. 이것은 완전한 사회주의 사회를 건설한다는 목적을 위하여 필요한 모든 것이 아닌가? 이것은 아직 사회주의 사회의 건설은 아니지만, 그러나 이러한 건설을 위해 필요하고 충분한 모든 것이다."

레닌, ≪선집 9권≫, p. 403.

"이러한 두 견해들이 화해될 수 없다는 것은 명백하다. 뜨로쯔끼의 '영구혁명'은 레닌의 프롤레타리아 혁명 이론의 부정이고, 역으로 레닌의 프롤레타리아 혁명 이론은 '영구혁명' 이론의 부정이다."

"우리의 혁명의 힘과 능력들에 대한 신념의 결여, 러시아 프롤레타리아트의 힘과 능력들에 대한 신념의 결여―그것이 '영구혁명' 이론의 뿌리에 놓여 있는 것이다."

"지금까지, '영구혁명' 이론의 한 측면―농민운동의 혁명적 잠재성에 대한 신념의 결여―만이 주목되었다. 지금은, 공평하게 이것이 또 다른 하나의 측면―러시아 프롤레타리아트의 힘과 능력들에 대한 신념의 결여―에 의해 보충되어야만 한다."

"뜨로쯔끼의 이론과, 한 나라에서, 그리고 그것도 후진적인 나라에서 사회주의의 승리는 '서유럽의 주요한 나라들'에서 프롤레타리아 혁명의 앞선 승리가 없다면 불가능하다는 일반적인 멘쉐비키 이론 사이에 무슨 차이가 있는가?"

"사실상 어떤 차이도 없다."

"전혀 의심의 여지가 없다. 뜨로쯔끼의 '영구혁명' 이론은 멘쉐비즘의 변종이다."

이것이 10월 혁명의 두 번째의 독특한 특징에 관해 사정들이 어떠한 지이다.

뜨로쯔끼 신봉자들과 부르주아 지식인들은 '영구혁명' 이론을 레닌주의와 비교될 수 있는 것으로 속여 넘기기 위해 절망적으로 시도하면서, 뜨로쯔끼와의 불화는 그(뜨로쯔끼-역자)가 너무 앞서 나갔기 때문이며, 비록 뜨로쯔끼의 이론이 1905년에는 틀렸지만 그것이 1917년에는 올바름이 입증되었다고 꽤 자주 주장한다. 나아가 1917년 4월에 레닌이 뜨로쯔끼의 '영구혁명'에 대한 자신의 관점을 포기했다고 주장되고 있다. 이러한 주장을 다루는 것이 필요한데, 왜냐하면 그것이 사실이라면 그러면 레닌이 뜨로쯔끼 신봉자였다고 말하는 것이 타당할 것이기 때문이다. 그 이상이다. 맑스-레닌주의와 같은 것은 없었을 것이고 맑스-뜨로쯔끼주의가 있었을 것이다. 동지들, 이리하여, 뜨로쯔끼 신봉자들은 뜨로쯔끼주의를 레닌주의와 비교할 수 있는 것처럼 만들기 위해 시도하고 있는 것만이 아니다. 그들은 사실상 레닌주의를 뜨로쯔끼주의로 대체하려고 시도하고 있는 것이다. 이것은 뜨로쯔끼주의가 첫 번째 시도한 것이 아니며 또한 그것은 마지막도 아닐 것이다. 그러나 우리는 확신을 갖고 말할 수 있는데, 레닌주의를 유일한 프롤레타리아(!) 사상으로서의 뜨로쯔끼주의로 대체하려는 이전의 모든 시도들과 마찬가지로 현재의 그것도(뿐만 아니라 미래의 그것들도) 분쇄될 것이다.

일찍이 1924년에 라덱에 의해, 뜨로쯔끼주의를 레닌주의와 비교될 수 있는 것으로서 속여 넘기려는 한 번의 시도가 있었다. 이러한 시도의 결과로서, 쓰딸린은 라덱을 "부패한 외교관"이라고 불렀다. 여기에 라덱이 말한 것이 있다:

"전쟁은, 토지와 평화를 얻으려고 분투하는 농민층과 소부르주아 정당 사이에 간극을 창출했다. 전쟁은 농민층을 노동자계급의 그리고 그 전위인 볼쉐비키당의 지도력하에 놓았다. 노동자계급과 농민층의 독재가 아니라 농민층에 의존하는 노동자계급의 독재가 가능한 것으로 생각되었다. 로자 룩셈부르크와 뜨로쯔끼가 1905년에 레닌에 반대하여 전개했던 것(즉 '영구혁명')이 사실상 역사적 발전의 두 번째 단계임이 입증되었다."

위의 인용에 포함된 주장들에 대한 가장 좋은 반박은 쓰딸린 동지의 다음과 같은 글에서 발견될 수 있다:

"여기서(즉 라덱의 인용에서) 모든 진술은 왜곡이다. 전쟁이 '노동자계급과 농민층의 독재가 아니라 농민층에 의존하는 노동계급의 독재를 가능하게 했다'는 것은 진실이 아니다. 실제로 1917년 2월 혁명은 부르주아지의 독재와 독특한 방식으로 뒤섞인, 프롤레타리아트와 농민층의 독재의 실현이었다."

"라덱이 온건하게 언급을 삼가고 있는 '영구혁명' 이론이 1905년에 로자 룩셈부르크와 뜨로쯔끼에 의해 전개되었다는 것은 진실이 아니다. 실제로 이 이론은 파르부스와 뜨로쯔끼에 의해 전개되었다. 10개월이 지난 지금은, 라덱이 스스로를 교정하고 '영구혁명' 이론에 대해 파르부스를 비난하는 것이 필요하다고 간주한다. 그러나 공평하게 라덱은 또한 파르부스의 파트너인 뜨로쯔끼를 비난해야만 한다."

"1905년 혁명에 의해 털어졌던 '영구혁명' 이론이 '역사적 발전의 두 번째 단계', 즉 10월 혁명 동안에 올바른 것으로 입증되었다는 것은 진실이 아니다. 그것의 전체적인 발전은 '영구혁명' 이론의 파산과 그것이 레닌주의의 토대와 비교될 수 없음을 드러냈고 입증했다."

"꿀을 바른 말과 부패한 외교술이 '영구혁명' 이론과 레닌주의 사이에 놓인 크게 벌어진 간극을 감출 수는 없다."

제4장
1부에 대한 결론

뜨로쯔끼주의
—프롤레타리아 혁명과 민족해방운동의 적

이미 언급된 것의 견지에서, 동지들, 뜨로쯔끼주의를 거부하고 그것을 유해한 부르주아적 이데올로기로서 폭로하고 반대하는 것이 우리의 필수적인 의무가 된다. 이것은 제국주의 나라에 살고 있는 우리에게 특별히 중요한데, 왜냐하면 노동자들에 의해 뜨로쯔끼주의가 수용되는 것은 그들 '자신의' 제국주의적 부르주아지와의 동맹을 초래할 뿐이기 때문이다. 그것은 왜 그러한가? 그것이 왜 그러하냐면, 뜨로쯔끼주의에 따르면, "사회주의 경제의 진정한 전진은 … 유럽의 가장 중요한 나라들에서 프롤레타리아트의 승리 후에만 가능하게 될 것이고" 그리고 나아가:

> "유럽 프롤레타리아트로부터의 직접적인 국가적 지원이 없다면, 노동자계급은 … 스스로 권력의 자리를 유지할 수 없고 그것의 일시적 지배를 지속적인 사회주의 독재로 변환시킬 수 없다. 이것은 우리가 한 순간도 의심할 수 없는 것이다."

그래서, 뜨로쯔끼주의에 따르면, "유럽의 가장 중요한 나라들에서 프롤레타리아트의 승리"전까지 사회주의 혁명은 자본주의적으로 덜 발전한 곳에서 성공적일 수 없고 사회주의는 이들 나라에서 건설될 수 없다.

제4장 1부에 대한 결론 159

　그러나 후진적 나라의 프롤레타리아트가 혁명을 성공시키지만 그것의 성공이 "유럽의 가장 중요한 나라들에서 프롤레타리아트의 승리"에 의해 뒤따르지 않는다면 어떻게 될 것인가? 뜨로쯔끼주의는 답한다:

> " … 그러나 그것이 일어나지 않는다면(즉, 1917년 전의 러시아와 같은 후진적인 나라에서 프롤레타리아트의 승리가 유럽의 프롤레타리아트의 승리에 의해 뒤따르지 않는다면), 예를 들면 혁명적인 러시아(혹은 똑같은 이유로 다른 어떤 후진적 나라)가 보수적인 유럽에 직면하여 스스로를 유지할 수 있을 것이라고 혹은 사회주의 독일이 자본주의 세계에서 고립된 상태로 유지될 수 있을 것이라고 생각하는 것은 역사적 경험의 견지에서 그리고 이론적 추론의 견지에서 희망 없을 것이다."

　말을 바꾸면, 이러한 환경에서 후진적 나라에서 승리한 프롤레타리아트에 대한 뜨로쯔끼주의의 충고는 다음과 같다: 무조건적으로 굴복하라—항복하라—당신 '자신의' 부르주아지와 제국주의와 평화롭게 지내라. 왜냐하면 당신의 입장은 "희망 없기" 때문이고 당신의 나라에서 "역사적 경험의 견지에서 그리고 이론적 추론의 견지에서" 당신은 "보수적인 유럽에 직면하여" 당신 자신을 유지할 수 없고 "프롤레타리아 혁명은 한 나라의 범위 내에서는 승리적인 결론에 이르기까지 수행될 수 없기" 때문이다, 기타 등등.
　뜨로쯔끼의 '영구혁명' 이론에 체현된 뜨로쯔끼주의의 이러한 입장은, 그것의 실제적인 반혁명적 본질을 구성한다. 아무리 초-'좌익적' 수사를 한다 하더라도 뜨로쯔끼주의의 이러한 반혁명적 본질을 감출 수는 없다. 뜨로쯔끼주의를 제국주의의 완강한 조력자로 만드는 것은 뜨로쯔끼주의의 이러한 입장이다. 그것의 충고를 후진적 나라에서 승리한 프롤레타리아트가 따른다면, 그것은 그 나라에서 자본주의의 복고를 초래할 것이고 그리하여 제국주의를 강화시킬 것이다. 제국주의의 강화의 영향은 이번에는 차례로 "유럽의 가장 중요한 나라들에서 프롤레타리아트의 승리를" 훨씬 더 어렵게 만들 것이다. 이리하여 우리는 뜨로쯔끼주의의 충고 덕분으로, 주어진 나라에서 프롤레타리아 독재를 가질 수 없고 또한 사회주의 유럽에 좀 더 다가설 수 없을 것이다. 그 결과는 단지 제국주의의 강화일 뿐이고 제국주의가 유럽 프롤레타리아트를 자신의 지배하에 두는 것을 더 쉽게 할 뿐이다. 유럽 프롤레타리아트는 제국주의가 강화될 때가 아니라 약화될 때에 바로 승리에 더 가까워질 수 있을 것이다. 뜨로쯔끼주의의 길은, '영구혁명'의 이론의 길은 영구적인 반동과 영구적인 반혁명을 초래한다. 그것은 영구적인 희망 없음의 길이다.

뜨로쯔끼의 '영구혁명' 이론은, 농민의 혁명적 역할에 대한 그것의 부정 때문에, 봉건주의가 여전히 지배적인 세력인 그러한 나라들에서, 봉건주의는 오직 노동자 정부에 의해서만 대체될 수 있다고 주장하는데, 말을 바꾸면, 뜨로쯔끼주의는 혁명의 단계들을 부정한다. 그것은 인민의 민주주의 혁명, 즉 봉건주의를 종식시키지만 한 번에 사회주의를 수립하지는 않는 혁명, 그것이 민주적 과제들을 달성한 후에만 사회주의가 되는 혁명 그리고 그 과정에서 계급 세력들의 필수적인 재배치가 발생하는 혁명이라는 중간 단계를 부정한다. 뜨로쯔끼주의는 신민주주의 혁명의 이론을 부정하는데, 그 이론은 단계들에 따른 맑스-레닌주의 혁명 이론이면서 맑스-레닌주의적인 중단되지 않는 혁명 이론이다. 뜨로쯔끼주의는 농민층의 혁명적 역할에 대한 그것의 부정 때문에 주관적으로 혁명의 단계들6을 뛰어넘는 것을 믿고 있고 또 믿지 않을 수 없었다. 그 결과는 양면적이다: (1) 그것은 미래의 과제들을 지금 준비하고 있고, 현재의 과제들은 무시하고 있다. 그리고 (2) 그것은 베트남 인민의 민족해방을 위한 영웅적인 투쟁과 같은 민족해방투쟁들에 대해 남베트남 민족해방전선의 강령이 '부르주아적'이라는 구실하에 지원을

6
"두 단계들, 즉, 민족적-민주적 그리고 사회주의적 혁명들을 혼동하는 것은 매우 해롭다. 마오쩌둥 동지는 '한번의 타격으로 둘을 달성한다'는 잘못된 생각을 비판했고 공상적인 생각은 단지 제국주의와 그 종복들에 대한 투쟁, 즉 당시에 가장 긴급한 과제를 약화시킬 뿐이라는 것을 지적했다. 항일전쟁 동안 국민당 반동들과 그들이 고용한 뜨로쯔끼주의자들은 일부러 중국혁명의 이들 두 단계를 혼동시켰고 '단일한 혁명 이론'을 선언하고 소위 어떤 공산당도 없는 '사회주의'를 설교했다. 이 터무니없는 이론으로 그들은 공산당을 삼키고 어떠한 혁명도 쓸어버리고 민족적-민주적 혁명의 전진을 막으려 시도했고 그들은 그것을 그들의 제국주의에 대한 비저항 그리고 항복의 전제로 삼았다. 이 반동적 이론은 중국혁명의 역사에 의해 오래전에 매장되었다."

임표, <인민전쟁의 승리여 영원하라>.

하지 않는다. 그렇게 함에 있어, 뜨로쯔끼주의는 피억압 나라들의 인민들에 대한 연대 운동 내에서 해체적인 세력으로서 행동을 하고, 유럽 프롤레타리아트와 제국주의에 맞서 싸우는 세계의 피억압 민족들 간에 이간질을 시키고 그리고 제국주의에 모든 강력한 지원을 한다. 예를 들면, 다음의 것이 그 경우인데 영웅적인 베트남 인민들과의 연대에 대한 이 나라(영국-역자)에서의 운동과 관련한 경우이다. 뜨로쯔끼 신봉자들은 수정주의자들과 함께, 연대 운동을 사보타주하기 위해 할 수 있는 모든 것을 해왔고 그리고 그들은 약간의 성공을 거두었다. 나는 베트남 연대운동에 대한 완전한 역사를 쓰고 있지는 않다. 그것은 다른 곳에서 약간 다른 때에 이루어져야만 할 것이다. 그러나 '영구혁명' 이론의 수용이 뜨로쯔끼 신봉자들에게 초래한 반혁명적 입장들을 드러내기 위한 몇몇의 사례들은 매우 적절할 것이다.

뜨로쯔끼 신봉자들은 오랫동안 NLF(민족해방전선-역자)의 강령이 '부르주아적'이라는 이유로 그것을 지지하기를 거부해왔다. 그들이 이렇게 하는 이유는, 농민층의 혁명적 역할을 부정하는 '영구혁명' 이론의 지지자들이기 때문에 그들은 베트남 혁명의 단계들을 인정하지 않기 때문이다. 그들은 주관적으로 민족해방의 단계를 뛰어넘거나 혹은 빠뜨리고 넘어가기를 원한다. 다른 말로 하면 그들은, 베트남 인민이 미 제국주의 침략자들을 패배시켜서 민족해방을 달성하기 전에 그리고 그들이 베트남 혁명의 민주적 과제들을 완수하기 전에 베트남의 남쪽 절반에서 사회주의가 수립되기를 바란다. 뜨로쯔끼 신봉자들에 따르면, 남베트남에서 봉건주의와 제국주의의 지배는 노동자 정부에 의해서만 대체될 수 있을 뿐이다. 이 모든 것은 매우 혁명적으로 들리지만, 그러나 본질적으로 반동적인 헛소리일 뿐이다. 뜨로쯔끼 신봉자들에 의해 옹호되는 이러한 경로를 추구하는 것의 결과는 남베트남에서 사회주의를 수립하지도 못하고 심지어 민족해방도 달성되지 못하는 것뿐이다. 제국주의에 반대하고 민족의 구원을 위한 영광스러운 전투를 하고 있는 남베트남 인민의 광범한 다수는 그들이 미국의 침략을 격퇴하고 민족해방을 달성하고 인민의 민주주의적 공화국을 수립한다는 결의에 그들이 모두 동의하고 단결했기 때문에 그렇게 하는 것이다. 이 **단계**에서는 사회주의적 강령은 제국주의에 반대하는 민족통일전선의 파괴를 초래하는 효과만 있을 뿐이다. 이 단계에서는 사회주의적 강령은 미 제국주의에게 가장 심오한 도움을 주는 것이다. 이리하여 뜨로쯔끼 신봉자들이 NLF를 비난할 때 그들은 미 제국주의에게 대단히 귀중한 봉사를 하고 있는 것임을 알 수 있다. 이것이 그들의 초-'좌익적' 수사가 도달하는 것이다: **제국주의에 대한 굴종으로써 해방투쟁의 붕괴.**

뜨로쯔끼주의자들은 인도차이나 인민의 위대한 지도자, 호치민에 대해 오랫동안 산더미 같은 욕설을 해왔다. 무엇 때문에 호치민 동지가 이러한 취급을 당해야 하는가? 그 답은, 그가 철저하게 혁명적 방식으로 행동했고 베트남 인민을 승리에서 승리로 이끌었고 그들이 베트남민주주의 공화국에서 사회주의를 수립하도록 이끌었고 그리하여 실천적으로, 그에 따르면 사회주의가 하나의 후진적인 한 나라에서 건설될 수 없다고 하는 '영구혁명' 이론의 파산과 반동적 성격을 입증했다는 것이다. 말을 바꾸면 그는 쏘련에서 쓰딸린의 지도력하에서 이루어졌던 것과 동일한 것을 했다. 뜨로쯔끼 신봉자들이 호치민을 "쓰딸린주의 관료주의자"라고 부르는 것이 어디 놀라운 일인가? '영구혁명'이라는 패배주의적이고 반동적인 이론을 지지하지 않는 사람은 누구나 이들 타락자들, 뜨로쯔끼 신봉자들에게 있어서는 "쓰딸린주의 관료주의자"이다.

호치민을 관료주의자라고 부르고 NLF에 대해 산더미 같은 욕을 함에 의해 뜨로쯔끼 신봉자들은 이곳(영국-역자)의 노동자계급에게 베트남 인민의 투쟁을, 반동적인 투쟁으로서, 그리하여 지지할 가치가 없는 것으로서 제기할 수 있다. 그 결과는 연대운동이 뒤집어지고 영국의 프롤레타리아트가 계속하여 영국 제국주의 정부와 제국주의 언론에 의해 제출된 거짓말들을 믿는다는 것이다. 이것들은 투쟁 중인 베트남 인민을 미국에 대한 침략을 행하고 있는 피에 굶주린 살인자들로서 묘사하고 미국이 방어전쟁을 수행하고 있을 뿐이라고 묘사한다! 영국의 프롤레타리아트가 이들 거짓말을 믿는 것은 두 가지 이유 때문에 쉬운 것이다:

(a) 왜냐하면 영국의 프롤레타리아트는 제국주의 나라에 살고 있기 때문이다. 그리고

(b) 제국주의의 거짓말들에 호응하는 뜨로쯔끼주의자들과 같은 '공산주의자들'이 있기 때문이다.

제4장　　　　　1부에 대한 결론

　따라서 뜨로쯔끼 신봉자들은, 영국의 프롤레타리아트가 그 국제주의적 의무들을 수행하는 길에 있어 주요한 장벽이라는 것은 명백하다. 영국을 포함하여 유럽의 프롤레타리아트는 프롤레타리아 국제주의의 정신에 완전히 감화되지 않는 한, 자신의 투쟁을 민족해방과 프롤레타리아 혁명을 위한 피억압민족들과 프롤레타리아들의 투쟁과 연계시키지 않는다면, 그리고 이러한 투쟁에 대해 가장 깊은 형제적 원조를 전하지 않는다면, 결코 혁명을 할 수 없을 것이다. 이 진실은 아무리 자주 제기되어도 지나치지 않는다. 그리고 영국의 프롤레타리아트가 이 의무를 수행하는 것을 방해하는 사람은 누구나 여기서의 혁명의 시기를 지연시키고 있는 것이며 반혁명적이다. 뜨로쯔끼주의자들은 바로 이러한 반혁명분자들이다. 이 진실은 아무리 자주 주장해도 지나치지 않는다.
　베트남 인민의 투쟁에 적용되는 것은 또한 논리적 확장에 의해 어느 곳에서의 피억압 인민들의 투쟁에도 적용되고, 뜨로쯔끼 신봉자들은 거기에서도 마찬가지로 그들의 더러운 작업을 한다. 뜨로쯔끼 신봉자들이 도달한 완전한 타락의 깊이를 드러내기 위해, 나는 뜨로쯔끼주의 조직들 중의 하나인 '연대'에 의해 발행된 최근의 리플렛으로부터 인용을 하고 싶다. 이 리플렛을 읽어 가면 누구나 이들 뜨로쯔끼 신봉자들에 대한 혐오감을 느끼지 않을 수 없다. 동지들, 여러분은 미리 경고를 받고 있다. 이 리플렛에 따르면, 베트남에서의 전쟁은 평화를 사랑하는 베트남 인민에 대한 미국 제국주의에 의해 가해진 제국주의적 침략전쟁이 아니라 "제국주의 상호 간의 분쟁"이다. 그리하여, 이 리플렛의 타락한 뜨로쯔끼 신봉자 저자들은 촉구하기를, "볼쉐비키 좌익"은 어느 편을 들어서는 안 된다. 그리고 그들은 계속하여 베트남에서의 전쟁을 "미국 귀신의 일방적인 노력, 산물"로서 제기하는 사람들을 탄핵한다. 그리고 그 리플렛은 계속하여 맑스-레닌주의의 단계들에 의한 혁명 이론을 탄핵한다: "베트남의 경험은 … '두 개의 단계들'에 기초한 쓰딸린주의적 접근의 비열함을 보여준다." 그것은 그리고 계속하여 1945년에 "셀 수 없는 노동자들이 도살자 호치민에 의해 살해되었다"는 사악한 비방을 퍼뜨린다. 이 리플렛의 뜨로쯔끼주의 필자에 따르면, (베트남 전쟁에서) "어느 한 편의 승리는 세계 사회주의를 위한 투쟁에 손해되는 것이다." 그들의 역겨운 배반을 덮기 위해 부르주아지의 뜨로쯔끼주의 대리인들은 "세계적 규모의 자기 지배의 수립"을 요구하는 것으로 이 리플렛을 끝맺는다. 당신들이 실제의 뜨로쯔끼주의, 위장되지 않은 반혁명적 형식의 뜨로쯔끼주의에 익숙해지기 위해, 나는 이 리플렛 전체를 인용할 것을 제안한다. 동지들, 당신이 이 리플렛의 내용들에 익숙해지면 당신이 우리의 입장을 충분히 이해하고 뜨로쯔끼주의가 반혁명적이며 그것은 제국주의에 대한 믿음직한 지지를 구성한다고 우리가 말할 때 우리에게 동의할 것임을 나는 의심하지 않는다. 자 여기에 이 리플렛이 말하는 것이 있다:

"베트남—누구를 위한 승리인가?"
"베트남 전쟁의 최근의 고조는 우리 시대의 현실; 노동인민에 대한 거대 세력의 정치학을 고통스럽게 묘사한다. 대규모적인 러시아와 중국의 도움으로 시작된, 사이공 정권에 반대하는 DRVN/NLF의 9주간의 공세는 동남아시아의 모습을 변경시켰다. 그 전쟁은, 그 정치적 해결이 베트남, 캄보디아, 라오스 그리고 미국의 대중들의 손해가 되도록, 모스끄바, 워싱턴, 베이징, 그리고 빠리에서 결정되고 있는 제국주의 상호 간의 분쟁이다. 이것을 보지 못하고 영국에서 볼쉐비키 좌익은 우리에게 이 야만적인 분쟁의 어느 편을 들라고 촉구하고 있다."
"그들은 전쟁을 일방적인 제국주의적 노력, 미국 귀신의 산물로서 제기하고 있다. DRVN/NLF 측은 타오르는 색채로 칠해져 있다: ' … 남쪽에서 베트남인들의 승리는 세계의 다른 부분들에서 사회주의 혁명에 대한 커다란 자극제가 될 것이다.'
≪붉은 두더지≫, 1972년 5월 15일.

기회주의에 기초하여 새로운 회원을 모집하려 열망하는 IS는 외쳐댄다: 'NLF에 승리를! 닉슨의 봉쇄에 패배를!'
≪사회주의 노동자≫, 1972년 6월 3일.

공산당과 같은 다른 사람들은 '평화'와 1954년 제네바 협정들의 이행을 요구한다. 주제넘게도 (이들은-역자) 노동인민은 그들의 목숨에 대해 아무런 말을 해서는 안 되고 정치적 관료들이 그들을 위해 협상해야만 한다고 주장하는 것이다. 또 다른 주제넘은 주장은 베트남에서 사회주의를 위한 투쟁이 '지금은' 전혀 문제되지 않는다는 것이다. 더 타락한 볼쉐비키들은

'민족해방'을 '사회주의'와 동일시하여 이 점을 극복한다. 두 경우 모두 괴물 같은 위조이다."

"이들 접근들은 다음과 같은 전형들에 의해 예증된다: ' … 미국의 권력이라는 쟁점이 해결된 때, 우리는 NLF가 어떤 종류의 정권과 정책들을 선택할 것인지―그들(NLF-역자)이 상황의 논리에 의해 선택해야만 한다는 것을 알고 있다. 그러나 그것은, 당분간은 또 하나의 싸움, 사회주의를 위한 실제적 싸움이다.'"

IS 32, <워싱턴도 아니고 모스끄바도 아니다―그러나 베트남은?>

"베트남의 경험은(1936년의 스페인에서처럼) '두 단계들'(물론 '당'에 의해 지도되는)에 기초한 쓰딸린주의적 접근의 비참함을 보여준다. 셀 수 없는 베트남인들이 프랑스와 영국제국주의와 공모한 도살자 호치민에 의해 살해되었던 1945년의 사이공 꼬뮨을 회상하는 것이 필요한가? 거기에서 당신은 시초의 사회주의적 봉기가 볼쉐비키 좌익이 그렇게 히스테릭하게 지지한 바로 그 강도들에 의해 쓸어버려졌다는 것을 볼 수 있다. 1956년에 응헤 안Nghe An지역에서 집단화에 대한 농민의 저항을 하노이가 분쇄한 것은 또한 편리하게 잊혀진다. 바로 지금 후에, 콘툼 그리고 안 록에서 죽어가고 있는 징집당한 10대 농민들은 하노이 정권의 새로운 공세의 무정함의 증거가 된다. 도망치는 사람들과 민간의 지지의 명백한 결여는 인민이 양측의 승리에 의해 얻을 수 있는 것이 아무 것도 없다는 추가적인 증거를 제공한다."

"모든 볼쉐비키적 신비화는 무엇에 도달하는가? 그것들은 분쟁의 본질을 감추는 것이다: 베트남 전쟁의 양측은 제국주의적 이해를 대변한다. 러시아와 중국에 대한 하노이 정권의 사상적 그리고 군사적 의존은 미국에 대한 티우 정권의 그것과 다르지만, 어느 한 측의 승리는 세계 사회주의를 위한 투쟁에 손해가 된다. NLF와 하노이의 승리는 미국 제국주의에 대한 러시아와 중국 제국주의를 강화시킬 것이다. '협상에 의한 해결'은 단순히 전쟁을 또 다른 세대로 확장할 것이다. 우리는 그들의 기호에 따라 제국주의를 선택하는 것을 국가 자본주의의 사회적 애국자들에게 맡긴다. 그들이 영국에서 'IRA에게 승리를' 옹호하는 것과 같이, 그들은 세계의 다른 부분에서 유사한 반동적인 해결들을 옹호한다. 그들의 근거는 이러한 '승리들'이 서구 제국주의를 약화시킨다는 것이지만, 그러나 과거의 민족해방투쟁의 50년은 이러한 주장들이 거짓말임을 보여준다. 민족주의 혹은 인종에 기초한 승리는 사회주의로의 연결고리가 아니며 사실상 그것들은 노동인민을 타락시키는 부르주아적이고 전체주의적인 이데올로기를 강화시킨다."

"우리는 주요한 적은 집에 있다고 믿는다. 우리는 베트남에서 미 제국주의와 협력하는 영국정부에 반대하는 효과적인 캠페인을 지지한다. 그러나 이것은 NLF에 대한 지지를 의미하지 않는다. 반대로 밀리오네어의 로우에 있는 러시아 대사관에 반대하는 시위는 어떠한가?"

"최종적으로, 이 야만적인 분쟁의 유일한 해결은 사회주의적인 것이다: 미국과 베트남 부대들의 친교를 위하여, 그들의 조국에서 양측의 패배를 위하여, 제국주의의 배후를 계급 대 계급에 기초한 내전으로 전환시키는 것을 위하여—즉 세계적 규모의 자기 지배의 수립을 위하여—미 제국주의에 반대하고 NLF와 하노이 관료주의자들에 반대하는 것이다."

이 리플렛은 스스로 말하고 있고, 반혁명적인 뜨로쯔끼주의의 이 혐오스런 부분에 대한 어떤 언급도 필요하지 않다—그것은 이미 언급된 모든 것들을 확증한다7. 그러나 이 리플렛에 의해 짜여진 혼란의

---

7 557호에서 거의 알려지지 않은 뜨로쯔끼주의 신문인 ≪사회주의 조직자≫는 사악하게 기뻐하면서 남아프리카 흑인 인민들의 해방을 위한 모든 투사들 중 가장 위대한 투사의 한 명인 크리스 하니에 대해, 남아프리카 파시즘의 손이 그를 더럽게 살인한 것에 대해 다음의 역겨운 기사를 싣고 있다:

"한 명의 투사 그러나 쓰딸린주의자"
"크리스 하니는 투사였다. 그는 트란스케이에서 가난하게 태어났다. 그의 어머니는 문맹이었고 그의 아버지는 트란스발에서 수백 마일 떨어진 곳에서 일하는 광부였다. 그는 그의 생애를 남아프리카 백인 인종주의 정권의 타도를 위해 바쳤다. 그리고 그러한 헌신 때문에 그는 살해당했다."
"그러나 하니는 단지 투사만이 아니었다. 그는 또한 사악한 쓰딸린주의자였다."
"1984년에 하니는 ANC의 무장부대인 Umkhonto we Sizwe의 정치위원과 대표 사령관이 되었다. 그때는 ANC의 앙골라 캠프에서 폭동을 해였다. 1976년의 봉기에서 급진화된 '소웨토 세대'의 젊은이들은 싸우기 위해 남아프리카로 보내달라는 그들의 요구가 거절된 후에 반란을 일으켰다."
"하니는 폭동의 진압에 대해 그리고, KGB와 증오스런 동독경찰인 슈타지에 의해 훈련된 사람들에 의해 운영되는 앙골라에 있는 악명

망을 풀어놓기 위하여 해명의 방식으로 내가 언급하고 싶은 두 가지 점이 있다.

(1) 위의 리플렛의 저자들인 '연대'의 뜨로쯔끼 신봉자들은 ≪붉은 두더지≫의 발행자인 국제 맑스주의 그룹IMG과 ≪사회주의 노동자≫를 만들고 있는 국제 사회주의자들IS과 같은 타락하고 반혁명적인 다른 뜨로쯔끼 신봉자들을 '볼쉐비키 좌익'이라고 묘사하고 있다. 이것은 반혁명적인 뜨로쯔끼 신봉자의 부르주아적 조직들을 볼쉐비키 유형의 조직들이라고 속여 넘기고 반혁명적인 뜨로쯔끼주의를 혁명적인 볼쉐비즘―레닌주의―과 혼동시키려는 시도이다. 진실은 뜨로쯔끼주의 조직들은 다 합쳐서 볼쉐비키 좌익을 구성하는 것이 아니라 멘쉐비키 우익을 구성한다는 것이다.

(2) 이 리플렛의 저자들은 IMG와 IS가 미국 제국주의에 반대하는 베트남 인민의 투쟁과 민족해방을 지지한다는 것을 보여주기 위한 노력으로 ≪붉은 두더지≫와 ≪사회주의 노동자≫로부터 약간의 인용을 하고 있다. 이것은 진실이 아니다. IMG와 IS는 민족해방을 위한 베트남 인민의 투쟁을 지지하지 않는다. 위에서 언급된 대로 그들은 오랫동안 NLF를 탄핵해왔고 베트남 인민의 위대한 지도자, 호치민 동지에 대해 한 무더기의 욕을 해왔다. IMG의 타리크 알리 같은 사람들, 그리고 IS의 이와 같은 사람들, 사회주의 노동자 동맹 등은 종종 호치민 동지를 '쓰딸린주의 관료주의자'라고 비난했다. 그들은 미국 제국주의의 침략에 반대하는 베트남에 대한 1968년 10월 27일의 시위를 분열시켰고 미 대사관

높은 콰트로 감옥 캠프에 의견이 일치하지 않는 ANC게릴라들을 투옥한 것에 대해 책임이 있었다."

"자유주의 언론이 이 '최고로 정직한 사람'에 대한 찬사로 지금 가득 차 있다는 사실은 '더 많이 변할수록 더욱더 그대로 남아 있다'라는 오랜 속담이 얼마나 심오하게 진실인가를 보여준다."

"1930년대에 쏘련의 고문실, 쏘련의 Gulag, 그리고 쓰딸린의 거짓말의 지배는 자유주의자들과 쓰딸린주의자들에 의해 '더 적은 죄악'이라고 옹호되고 정당화되었다. 그래서 오늘날, 자유주의자들, 쓰딸린주의자들 그리고 3세계주의자들은 만약 하니가 권력에 도달했다면 그것은 노동자계급에게 철의 학정을 부과하는 국가기구의 한 부분이 되었을 것임을 잊을 준비가 되어 있는 것 같다."

"1989년 이후조차도 자본주의에 반대하는 투사이면서 노동자계급의 사회주의의 적이 되는 것은 여전히 가능하다. 크리스 하니가 그것을 입증했다."

으로의 행진을 거부했다. 대신에 그들은 5만의 사람들의 주의를 교란하여 하이드 파크 구석으로 돌리는 소풍을 하게 했다. 그들은 3월에 3개의 구호들, 즉 '미국 침략자들은 지금 베트남에서 나가라!', 'NLF에 승리를!', '호치민이여 영원하라!'라는 것을 받아들이는 것을 거부했다. 타리크 알리는 NLF의 강령이 부르주아적이고 호치민이 쓰딸린주의 관료주의자라는 것을 이유로 두 번째와 세 번째의 구호에 반대했다. 우리는 그에게, 만약 그가 그러한 취지의 구호들(NLF에 반대하고 호치민이 관료주의자라는 취지-역자)이 적힌 플래카드를 드는 것은 어떤지 물었다. 말할 필요도 없이 그는 감히 그렇게 하지 못했다. 그가 이런 플래카드를 들었다면 시위에 모인 수천의 사람들이 그를 린치했을 것이다. 대신에 다수의 압력으로 그리고 TV 카메라의 면전에서, 타리크 알리는 'NLF에 승리를', '호치민이여 영원하라' 같은 구호들을 외침으로써 그의 위선의 사례를 보여주었다. 이 모든 것은 대중들의 눈을 속이고 연대운동을 성공적으로 뒤엎기 위해 이루어졌다.

이 동일한 뜨로쯔끼 신봉자들이 갑자기 그들의 노선을 변경한다는 것은 상상할 수 없다. 만약에 그들이 그러하다면 그들은 그렇게 말해야 한다. 그들이 진정으로 그들의 노선을 변경하려 한다면, 그들은 뜨로쯔끼 신봉자임을 멈추어야 한다. 그러나 사실상 그들은 전혀 그들의 노선을 변경시키지 않았다. IS는 IS의 리플렛 32페이지의 인용대로 NLF를 '지지한다'. 왜냐하면 그들이 생각하기에 NLF가 단계들이 없는 사회주의를 수립하는 데 종사하고 있기 때문이다. 이것은 실제로는 NLF에 대한 '지지'가 아니며 그들 자신의 과거의 행동을 설명하고 '영구혁명' 이론을 최종적인 파산으로부터 구제하기 위한 절망적인 시도이다. 투쟁의 기간들은 NLF 강령의 절대적인 올바름과 뜨로쯔끼주의 노선의 총체적인 파산을 입증했다. 지금 뜨로쯔끼주의의 파산, 세월에 의한 그들 자신의 노선의 파산을 인정하고 그것을 버리는 대신에 IS의 뜨로쯔끼 신봉자들은 NLF의 노선과 강령을 왜곡하려 하고 있다. 이 리플렛의 저자들조차도 이 왜곡을 꿰뚫어 볼 수 있고 그리하여 그들을 '타락한 볼쉐비키들'! 즉 타락한 뜨로쯔끼주의자들이라고 묘사할 수 있었다. 사회주의는 남베트남에서 수립될 것인데, 그러나 베트남 인민이 민족해방의 단계를 통과하고 베트남 혁명의 민주적 과제들을 완성한

다음에야 그러하다. 뜨로쯔끼주의 신사분들, 이것이 단순한 진실인데, 당신들은 결코 이해할 수 없었고 당신들이 "엉터리 같은 좌익적인 영구혁명 이론" 앞에 무릎 꿇고 기도하는 것을 포기하지 않는다면, 미래에도 이해하지 못할 것이다.

그와 마찬가지로 IMG 또한 NLF를 지지하지 않는다. IS와 IMG는 NLF를 '지지'하는데, 그들이 실제로 지지하기 때문이 아니라, 그들이 생각하기에 자신들이 지지한다고 여기기 때문인데 둘은 전혀 다른 것이다. 그들은, NLF가 자신의 초기의 올바른 입장을 버리고 뜨로쯔끼주의 노선을 채택했기 때문에 NLF를 '지지'하기 시작했다는 인상을 주는 최근의 자료를 발행하고 있다. 이러한 엉터리 같은 주장보다 더 진실로부터 떨어진 것은 없다. 그러면 IMG와 IS의 뜨로쯔끼 신봉자들이 최근에 NLF를 명백하게 '지지'하는 실제적 이유는 무엇인가? 그 이유는 NLF가 승리 직전에 있다는 것이다. 그들의 올바른 강령을 추구함에 의해 그들은 미국 제국주의 침략자들을 패배시켰다. 그리하여 뜨로쯔끼 신봉자들은 서둘러서 스스로를 베트남 인민의 임박한 총체적 승리와 연관시키려 하는 것이다. 그들은 사보타주하기 위해 그들이 할 수 있는 모든 것을 했던 베트남 인민의 승리를 그들 자신의 것으로서, 그들의 '연대' 행동들의 결과로서 제기하기 위해 급하게 서두르는 것이다.

그 이상인데, 베트남에 대한 뜨로쯔끼주의 노선에서의 전환은 닉슨의 중국 방문과 동시에 일어났다. 뜨로쯔끼 신봉자들은 중국이 베트남 인민의 목숨들을 놓고 베트남 문제에 대해 '거래'를 하기 위해 닉슨을 만나고 있다는 취지로 선전을 했다. 이것이 사회주의의 이 요새에 반대하는 그들의 매일의 선전의 요점이다. 진실은, 중국의 정부, 당 그리고 인민이 실천에서 그들이 베트남 인민의 가장 믿을 수 있는 동맹들이라는 것을, 그들은 베트남 인민을 대가로 미국 제국주의와 '거래'를 결코 하지 않을 것이라는 것을 드러내왔다는 것이다. 닉슨은 미국 제국주의의 약화된 위치를 인정하고 중국에 간 것이다. 미국 제국주의는 더 이상 중국의 존재라는 현실을 인정하기를 거부할 수 없다. 닉슨은 모든 종류의 '거래들'(모든 반동들은 그렇게 한다)을 예상했으나, 그러나 그는 확실히 중국에서 단 하나도 얻지 못했다. 뜨로쯔끼 신봉자들은 중국을 비방하고 사악한 중상을 퍼뜨리기 위해 "중국의 관료주의자들이 베트남 인민의 투쟁을 팔아버리고 있다"고 비명을 지르기 시작했다. 이러한 사악한 중상을 성공시키기 위해, 뜨로쯔끼주의 반혁명 분자들은 NLF를 지지하는 듯이 보여야만 했다. 바로 이 점이 설명의 요체이다. 진실은, 오랫동안 베트남 인민의 투쟁을 침식하기 위해 최선을 다했던 사람은 뜨로쯔끼주의 관료주의자들이라는 것이다. 반대로 중국의 동지들은 베트남 인민에 대하여 정치적으로 뿐만 아니라 물질적으로 진심어린 지원을 해왔다.

위에서 주어진 이유에 더하여, 우리는 뜨로쯔끼주의를 거부해야만 하는데, 왜냐하면 뜨로쯔끼주의에 따른다면 사회주의의 승리는 한 나라에서, 심지어 이 나라가 가장 자본주의적으로 선진적이라고 할지라도, 가능하지 않기 때문인데, 이는 "예를 들면, 혁명적 러시아는 보수적인 유럽에 직면하여 스스로를 유지할 수 없고 혹은 사회주의 독일이 자본주의 세계에서 고립된 상태로 유지될 수 있다고 생각하는 것은 희망 없기"(뜨로쯔끼) 때문이다.

말을 바꾸면, 영국 프롤레타리아트가 자본주의를 타도하고 프롤레타리아트의 독재를 수립하는 데 성공할지라도 영국 프롤레타리아트의 승리가 다른 '중요한 유럽 나라들'에서 그리고 아마도 미국 또한 마찬가지인데, 프롤레타리아트의 승리에 의해 이어지지 않는다면 모든 것을 잃게 될 것이다. 그리하여 뜨로쯔끼주의가 요구하는 것은 동시적인 세계적 규모의 사회주의의 승리이다. 이것은 불가능하고 단지 꿈에 지나지 않는다. 프롤레타리아 혁명은 한 번에 전 세계에 걸쳐 일어날 수 없다. 그것은 레닌이 말하는 대로 처음에는 한 나라 혹은 몇몇의 나라들에서 성공적일 것이고 그리고 나서 다른 나라들에서 성공적일 것이고 최후에는 세계의 모든 곳에서 성공적일 것이다. 사실상 우리는 "역사적 경험의 견지에서 그리고 이론적 추론의 견지에서" 세계혁명은 동시에 일어나지 않을 것이라고 말할 수 있다. 혁명의 과정은 뜨로쯔끼주의의 미리 생각된 계획들을 따라 진행되지 않는데, 뜨로쯔끼주의는 그 자신의 파산을 인정하는 것 대신에, 어떤 혁명도 방어되어서는 안 된다는 것을—어떤 사회주의도 개별적인 나라들에서 건설되어서는 안 된다는 것을—옹호하고 있다. 그리고 혁명가들이 그들의 충고를 받아들이지 않는다면 그러면 그들은 '혁명을 배신하고 있는' '배반자이고 쓰딸린주의 관료주의자들'이다. 이런 것이 뜨로쯔끼주의의 반동적 성격이다.

요약하자면, 동지들, 우리는 뜨로쯔끼주의를 사회주의의 건설과 민족해방에 반대하는 부르주아적 이데올로기—제국주의에 대한 가장 믿음직한 지지를 구성하는 이데올로기—로서 폭로하고 반대해야 한다. 우리는 계급의식적인 프롤레타리아트에게 다가가서 그들이 스스로를 뜨로쯔끼주의라는 부르주아 이데올로기에 대해 불관용의 정신으로 교육하는 것을 도와야만 한다. 이 이데올로기를 매장하는 것이 우리의 과제이다. 지금의 일련의 강의들이 이것에, 그것의 주요한 목표에 공헌한다면, 공산주의 노동자 연합의 우리는 약간의 역할을 했다는 것을 명예로 간주할 것이다.

제2부
일국에서의 사회주의

불균등한 경제적 발전은 자본주의의 절대적 법칙이다.
그리하여 사회주의의 승리는 처음에는 몇몇의 나라에서 혹은 심지어
단 하나의 자본주의 나라에서도 가능하다.
— 레닌

제5장
일국에서의 사회주의

뜨로쯔끼의 입장

 뜨로쯔끼는 그의 '영구혁명 이론'을 완강하게 고수하면서, 사회주의는 선진적인 자본주의 나라들에서 성공적인 프롤레타리아 혁명의 도움이 없다면 후진적인 러시아에서 건설될 수 없다고 했다.
 뜨로쯔끼는 1905년 혁명에 관한 그의 책 서문에서 말했다.

 "광대한 다수의 인구가 농민들로 구성되어 있는 후진적인 땅에서 노동자 정부하에서 나타나는 적대들은 프롤레타리아 세계혁명의 국제적 무대에서만 해결될 수 있다."
 "유럽의 프롤레타리아트 측의 직접적인 국가적 지원이 없다면, 러시아 노동자계급은 스스로를 권력의 자리에 유지할 수 없고 그것의 일시적 지배를 안정적인 사회주의 독재로 전환시킬 수 없다. 이 진실에 대해 어떠한 의심도 가능하지 않다."

뜨로쯔끼, ≪우리의 혁명≫, 1905년.

 "프롤레타리아 혁명은 민족적 틀 내에서는 승리적인 결말까지 수행될 수 없다는 <평화강령>에서 수차례 반복된 주장이 아마도 거의 5년 동안의 우리의 쏘비에트 공화국의 경험에 의해 반박된 것으로 많은 독자들에게 비칠 수 있다. 이러한 어떤 결론도 전혀 근거가 없는 것이다. … 러시아에서 사회주의 경제의 견고한 상승은 유럽의 지도적 나라들에서 프롤레타리아트의 승리 이전에는 가능하지 않다."

뜨로쯔끼, <평화강령>의 후기, 1922년.

이것이 뜨로쯔끼가 오랫동안 일관되게 취한 입장이고 사실상 그는 이 입장을 결코 떠난 적이 없고 심지어 그가 이 입장을 버렸다는 외관을 주는 때조차도 그러했다. 광범한 러시아의 인민대중들이 사회주의를 건설할 능력을 과소평가하고 반동의 어두운 세력들을 과대평가하는 이 이론적 관점을 갖고서 뜨로쯔끼는 러시아에서 사회주의를 건설한다는 정책을 반대하지 않을 수 없었다. 이리하여 뜨로쯔끼의 입장은 멘쉐비즘의 새로운 변종에 다름 아니었다. 러시아 멘쉐비키들은 말했다: '러시아는 후진적인 나라이고 그리하여 유일한 가능성은 러시아에서 자본주의 발전에 자극을 주는 부르주아 혁명이다.' 뜨로쯔끼는 말한다, '아니다. 프롤레타리아 혁명은 가능하다. 그러나 이것에 뒤이어 유럽의 프롤레타리아 혁명이 신속하게 뒤따르지 않는다면, 그것은 붕괴할 운명이다.' 이리하여 멘쉐비키와 뜨로쯔끼의 견해 사이에는 근본적 불일치가 전혀 없음을 볼 수 있다. 둘 다 모두 러시아의 후진성 때문에 스스로 사회주의를 건설하는 것은 불가능하다고 열렬하게 믿었다.

유럽 혁명의 실패와
쏘비에트 노동자계급에게 열려있는 대안들

자, 많은 유럽의 나라들이 러시아의 혁명의 뒤를 따를 것이라고 볼쉐비키들이 생각했고 예상했다는 것은 완벽히 진실이다. 그들의 예상은 유럽에서 당시 지배적이었던 객관적인 혁명적 상황에 기초하고 있었다. 그러나 볼쉐비키들의 희망과 예상은 실현되지 않았는데, 특히 공식적인 사회민주주의의 배신과 기회주의 때문이었다. 1922년에 이르러 유럽의 부르주아지는 상대적 안정의 조건들을 획득했고 유럽에서 성공적인 프롤레타리아 혁명의 가능성들은 앞으로 상당기간 사라졌다는 것이 명백해졌다. 그리하여 이러한 상황―즉 권력에 있는 러시아 프롤레타리아트, 그러나 유럽에서 프롤레타리아 혁명이 없다는 것―에서 러시아 프롤레타리아트는 무엇을 해야만 했는가? 그들에게 열려져 있는 대안은 무엇이었는가?

러시아 프롤레타리아트에게 열려져 있는 두 개의 커다란 길이 있었다.

(1) 뜨로쯔끼의 충고를 따르고 "유럽 프롤레타리아트 측에서의 직접적인 국가적 지원이 없는 상황에서" 러시아 프롤레타리아트는 사회주의를 건설하기는커녕 권력을 유지할 수 없고, 국제적 및 민족적 부르주아지와 평화를 만들어야 하고, 1917년 10월에 권력을 빼앗겼던 바로 그 동일한 계급에게 국가권력을 넘겨야 하고, 그리하여 노동자계급은 지배를 할 수 없고, 사회주의를 건설할 수 없다는 것을 드러내야 한다고 선언하거나, 혹은,

(2) 다른 대안으로서 그들이(러시아 프롤레타리아트―역자) 거대한 어려움들에도 불구하고 쏘련에서 사회주의를 건설할 것을 결의하고, 그리하여 쏘련만이 아니라 전 세계의 프롤레타리아들과 광범한 대중들에게 "노동자계급은 부르주아지 없이도 잘될 수 있다는 확신"을 드러낼 수도 있었다.

다음은 쓰딸린 동지가 쏘련에서 사회주의 건설의 중요성에 대한 개요를 잡은 찬란한 방식이다.

"서구의 프롤레타리아들은 승리의 길을 쟁취하기 위해 무엇을 필요로 하는가? 무엇보다도 먼저 그들은 그들 자신의 권력에 대한 신념을 필요로 한다; 노동자계급은 부르주아지 없이 잘될 수 있다는 신념; 노동자계급은 낡은 것을 파괴하는 것만이 아니라 마찬가지로 새로운 것을 건설하고 사회주의를 건설할 자격이 있다는 신념. 사회민주주의자들, 개량주의자들의 주요한 노력은 노동자의 마음에 회의를 불어넣는 것, 노동자계급이 그들 자신의 권력을 의심하고, 부르주아지에 대한 승리를 힘으로 쟁취하는 그들 자신의 능력을 의심하게 하는 것이다. 우리의 모든 작업의, 우리의 모든 건설작업의 중요성은, 그것이 자본주의 나라의 노동자계급에게, 그들 또한 부르주아지 없이 잘될 수 있고 원조 없이도 새로운 사회를 건설할 수 있다는 것에 대한 설명으로서 봉사한다는 것이다. … 자본주의 나라들의 노동자들이 그들 자신의 권력에 대한 신념을 획득하자마자, 여러분은 이것이 자본주의의 종말의 시작이고 프롤레타리아 혁명의 승리가 가까이 있다는 확실한 신호라는 것을 확신할 수 있다."

<14차 당대회에서의 연설>

이것이 쓰딸린과 볼쉐비키당에 의해 제출된 혁명적인 대안적 정책이

었다. 결과적으로 쏘련공산당(볼)의 14차 대회는 뜨로쯔끼와 그의 추종자들의 항복의 계획들을 거부했고 지금은 유명한 그것의 결의에서 다음과 같이 기록했다:

> "경제적 발전의 영역에서, 대회는, 우리의 땅, 프롤레타리아 독재의 땅에서 '완전한 사회주의적 사회를 건설하는 모든 필요조건'(레닌)이 있다고 주장한다. 대회는 우리 당의 주요한 과제는 쏘련에서 사회주의 건설의 승리를 위해 싸우는 것이라고 간주한다."

14차 당대회의 결과들을 요약하고 그것의 역사적 중요성의 개요를 잡으면서, 쓰딸린 동지는 다음과 같이 썼다:

> "쏘련공산당(볼)의 14차 대회의 역사적 중요성은 그것이 신반대파(즉 지노비예프, 카메네프, 그리고 뜨로쯔끼)의 오류들의 뿌리 자체를 폭로할 수 있었다는 것, 그것이 그들의 회의와 코멘소리를 걷어찼다는 것, 그것이 명확하게 그리고 명백하게 사회주의로의 가일층의 투쟁의 길을 지시했고, 승리의 전망을 당 앞에 열었고, 그리하여 프롤레타리아트를 사회주의 건설의 승리에 대한 무적의 신념으로 무장시켰다는 사실에 있다."
>
> ≪레닌주의의 제 문제≫

러시아의 노동자계급과 러시아 인민의 광범한 대중들은 혁명적 대안을 지지하여 결집했고 '혁명적' 수사로 위장된 뜨로쯔끼의 소부르주아적인 의기소침과 절망을 결정적으로 거부했다. 그들은 볼쉐비키당과 쓰딸린에 의해 입안된 정책이 혁명적이고 또 사리에 맞았기 때문에 이렇게 했다. 반면에 뜨로쯔끼에 의해 입안된 것은 전혀 사리에 맞지 않는 반혁명적인 동요였다.

쓰딸린은 세계혁명에 반대했는가?

뜨로쯔끼 신봉자들 중 가장 무지한 자들은 종종 쓰딸린이 민족주의자였고 반면에 뜨로쯔끼는 국제주의자였다고 주장하는데, 왜냐하면 쓰딸린은 쏘련에서 사회주의를 원했고 반면에 뜨로쯔끼는 모든 곳에서 사회주의를, 세계혁명을 원했기 때문이라고 한다. 만약에 쓰딸린이 쏘련에서만 혁명을 원했고 다른 어떤 곳에서도 혁명을 원하지 않았다는 것이 진실이라면, 그러면 이 뜨로쯔끼 신봉자의 주장은 내용이 있는 것이다. 그 문제에 대한 사실은, 이 주장은 괴물 같은 거짓이고 볼쉐비키당의 위대한 지도자들 중의 한 명인 쓰딸린 동지를 비하하기 위하여 뜨로쯔끼주의가 보여주는 거짓선동의 많은 사례들 중의 하나라는 것이다. 토론하에 있던 논쟁에 대한 문서들을 보는 데 있어 역사적 정확성과 주의를 조금이라도 존중하는 사람은 누구나, 프롤레타리아 국제주의 정책―결정적인 투쟁에 임하고 있는 다른 나라들의 프롤레타리아들에게 형제적 도움을 주는 정책―을 따르는 것의 바람직함과 필요성에 관해 당내에서 전혀 의견의 차이가 없었다는 것을 발견할 것이다. 쓰딸린의 지도력하의 볼쉐비키당은 프롤레타리아 국제주의 정책을 따르는 것의 중요성을 충분히 인식하고 있었고 실제로 따랐다. 왜냐하면 그들(볼쉐비키당―역자)은 쏘련에서 사회주의의 진정한 공고화는 다른 나라들에서 프롤레타리아트의 승리 후에만 이루어질 수 있다고 충분히 인식하고 있었기 때문이었다. 모든 혁명들과 혁명적 투쟁들은 상호 간에 서로를 지원하는 것이다. 무지한 뜨로쯔끼주의자들을 위하여 이 주제에 대한 쓰딸린 동지(그 이름이 뜨로쯔끼주의자들과 다른 반동들이 입에 거품을 물기 위해서만 언급되는 바로 그 동일한 쓰딸린―입에 거품을 무는 것과 정신착란을 보여주는 것은 귀에 거슬리는 사실들에 대한 답이 전혀 아니지만)의 유명한 선언을 인용해보자.

"자신의 권력을 공고화하고 그 뒤를 따르는 농민층을 지도한 후에, 승리한 나라의 프롤레타리아트는 사회주의 사회를 건설할 수 있고 건설해야만 한다. 그러나 그것이, 이런 방식으로 프롤레타리아트가 사회주의를 위한 완전하고 최종적인 승리를 확보할 것을 의미하는가? 즉 그것은, 단 하나의 나라의 세력을 가지고서 사회주의를 최종적으로 공고화하고 간섭에 반대하여 그 나라를 충분히 보증하는 것, 즉 복고에 대한 반대를 의미하는 것인가? 아니다. 그렇지 않다. 왜냐하면 최소한 몇몇의 나라에서 혁명의 이러한 승리가 필요하기 때문이다. 따라서 다른 나라들에서 혁명의 발전과 지지는 승리하는 혁명의 본질적 과제이다. 그리하여 한 나라에서 승리한 혁명은 스스로를 자기만족적인 전체로 간주해서는 안 되고 다른 나라들에서 프롤레타리아트의 승리를 촉진하는 원조자로서, 수단으로서 간주해야만 한다."

쓰딸린, ≪레닌주의의 기초≫[1]

따라서 국제주의적 정책을 따를 필요에 관하여 쏘련공산당(볼)에서 원칙적인 어떤 차이도 없었다는 것은 명백하다. 그러나 국제주의 정책의 내용에 관하여는 차이들이 있었다. 유럽에서 성공한 프롤레타리아 혁명으로부터의 지원이 없다면 러시아에서 사회주의가 건설될 수 없다고 하는 악명 높은 '영구혁명' 이론에 기초하여, 뜨로쯔끼는 사회주의 혁명을 유럽으로 수출하기 위해 때때로 모험주의적인 정책들을 옹호했다. 외부로부터 도움이 없이 러시아 노동자계급과 농민층이 사회주의를 건설하는 능력에 대한 신념의 결여에 의해 자극된 이들 모험주의 정책들은 자연스럽게 그리고 올바르게 당에 의해 거부되었다.

---

[1] 다른 곳에서, 외적인 그리고 내적인 모순들, 사회주의 승리의 외적인 그리고 내적인 방해물들을 분석하면서, 쓰딸린은 올바르게, 내적인 모순들은 단 하나의 나라에서(당시는 쏘련) 극복될 수 있고 사회주의가 건설될 수 있지만, 이것은 그 자체로 사회주의의 최종적 승리를 의미하지 않는다고 주장했다. 이것은 쏘련에서 제국주의의 간섭과 자본주의의 복고에 대한 반대를 보증하지 않았다. 왜냐하면 이러한 최종적인 승리를 위해서는 몇몇의 나라들에서의 혁명이 필요하다. 여기에 쓰딸린이 말한 것이 있다:

"한 나라에서 사회주의의 승리의 가능성은, 한 나라(물론, 우리나라를 의미한다)에 의해 완전히 극복될 수 있는 내적인 모순들을 해결할 수 있는 가능성을 의미하지만, 사회주의의 최종적 승리의 가능성은 사회주의 나라와 자본주의 나라들 간의 외적인 모순들, 몇몇의 나라들에서 프롤레타리아 혁명의 결과로서만 극복될 수 있는 모순들을 해결할 수 있는 가능성을 의미하는 것이다."
"모순들의 이들 두 범주를 혼동하는 사람은 누구나 희망이 없는 멍청이이거나 교정할 수 없는 기회주의자이다."

<우리 당에서 사회민주주의적 일탈>,
쏘련공산당(볼)의 15차 전국협의회에서 행한 보고, 1926년 11월 1일,
≪쓰딸린 선집≫ 8권, p. 278.

정확하게 이들 희망 없는 멍청이들과 교정할 수 없는 기회주의자들은 뜨로쯔끼주의자들이다.

그리하여 쏘련의 프롤레타리아트가 외국의 프롤레타리아들의 혁명적 투쟁들에 형제적 도움을 주어야만 하는가에 관해서는 전혀 논쟁이 없었다. 논쟁은 다음과 같았다: 쏘련이 유럽의 승리한 프롤레타리아트의 도움 없이 사회주의를 건설할 수 있는가? 쓰딸린과 볼쉐비키당의 압도적 다수는 이 세계사적인 문제에 대해 긍정적으로 답을 했다.[2] 역사는 쓰딸린 동지와 볼쉐비키당의 입장이 진실임을 충분히 입증했으나 이에

---

[2] 특히 공식적인 사회민주주의의 배신으로 인해, 유럽 프롤레타리아트가 권력을 장악하지 못하였기 때문에, 쏘련에서 사회주의를 성공적으로 건설하는 것이 유일한 혁명적 출구라는 것이 쏘련공산당의 입장이다. 그것은 세계혁명을 발전시키고 그것에 더 다가가는 유일한 길이었다. 맑스-레닌주의의 기치하에 그리고 쓰딸린 동지에 의해 영도되는 쏘련공산당(볼)의 지도력하에 쏘비에트 인민은 사회주의를 건설하는 일을 진척시켰고 이리하여 세계혁명을 발전시키는 데 도움을 준 반면에, 뜨로쯔끼주의의 멍청이들과 교정할 수 없는 기회주의자들은 세계혁명에 대한 그들의 오랫동안의 그리고 희망 없는 기다림을 시작하였다. 이 점에 관하여 반드시 언급되어야 하는 것은, 뜨로쯔끼주의의 입장이 카우츠키주의의 입장과 동일하다는 것이다. 카우츠키의 배신은 유럽 프롤레타리아트의 패배에서 상당한 역할을 했고, 그의 이데올로기는 볼쉐비즘, 10월 사회주의 혁명 그리고 쏘련에서 사회주의의 건설에 반대하면서 유럽 부르주아지에게 봉사했다. 논의되고 있는 주제에 관한 카우츠키주의의 샘플에 독자들이 익숙해질 만한 가치가 있다. 여기에 카우츠키가 1918년에 볼쉐비키들을 공격하기 위해 말한 것이 있다:

> "볼쉐비키 혁명은 그것이 전반적인 유럽 혁명의 시작점이 될 것이라는 가정에 기초하고 있었다. … 이 이론에 따르면 유럽에서 사회주의를 불러일으킬 유럽 혁명은 또한 … 그 나라의 경제적 후진성에 의해 창출된, 러시아에서 사회주의를 수행하는 데 있어서의 장애물을 제거하기 위한 수단이 될 것이다. 이것은, 그 가정이 승인된다면, 러시아 혁명이 불가피하게 유럽 혁명을 해방할 것이 틀림없다고 한다면, 매우 논리적인 생각이고 그 토대가 좋은 것이다. 그러나 만약에 이것이 일어나지 않는다면 어찌될 것인가? … 우리의 볼쉐비키 동지들은 전반적인 유럽 혁명의 카드에 모든 것을 걸었다. 이 카드가 출현하지 않음에 따라 그들은 스스로를 해결할 수 없는 문제들로 이끄는 과정으로 들어가야만 했다."
>
> 카우츠키, ≪프롤레타리아 독재≫

위의 인용을 뜨로쯔끼의 '영구혁명' 이론과 대충 비교하기만 해도 뜨로쯔끼주의가 카우츠키주의의 변종이라는 진실을 절절하게 느끼기에 충분하다.

대해 우리는 나중에 더 말할 것이다.

쓰딸린이 '한 나라에서 사회주의'의 문제를 처음으로 제출했는가?

뜨로쯔끼 신봉자들에 의해 퍼진 또 하나의 신화는 쓰딸린이 1924년에 '일국에서의 사회주의'의 문제를 제기한 최초의 사람이라는 것이고 이전에는 아무도 '단 하나의 나라에서 사회주의'를 건설하는 가능성을 진지하게 고려하지 않았다는 것이다. 이것이 거짓말이라는 것은 일찍이 1915년에 레닌이 이에 대해 다음과 같이 말한 사실로부터 알 수 있다:

"불균등한 경제적 발전3은 자본주의의 절대적 법칙이다. 그리하여 사회주의의 승리는 처음에는 몇몇의 혹은 심지어 단 하나의 자본주의 나라에

---

3   뜨로쯔끼주의는 불균등한 경제적 발전이 자본주의의 절대적 법칙이라는 레닌의 테제를 받아들이지 않는다. 뜨로쯔끼에 따르면 제국주의는 다양한 나라들에서 경제적 발전에서 모든 불균등성을 폐지한다. 뜨로쯔끼가 주장하기를, 제국주의의 착취는 착취하는 나라와 착취당하는 나라들의 경제적 조건들에서의 어떤 불균등성의 폐지도 초래한다는 것이다. 예를 들면 1928년에 뜨로쯔끼는 "인도와 영국 간의 사라지는 갭"에 대해 썼다. 자본주의의 불균등한 발전에 대한 이러한 거부의 입장으로부터 뜨로쯔끼는 계속하여, 레닌주의를 직접 반대하면서, 민족적 혁명은 가능하지 않은데, 왜냐하면, 뜨로쯔끼주의가 말하기를, 제국주의는 민족적 경제를 폐지하고 단일한 세계 경제를 창출했기 때문이라는, 오류에 찬―즉 반혁명적인―결론으로 나아간다. 한 나라의 한 부분(즉 통합된 민족적 경제의 부분)에서 사회주의 혁명은 있을 수 없듯이, 그리하여, 뜨로쯔끼주의가 말하기를, 민족적 경제가 단일한 하나의 통합된 세계경제의 부분이기 때문에 하나의 민족적 혁명은 있을 수 없다는 것이다. 그리하여 뜨로쯔끼주의에 따른다면, 세계혁명―세계의 모든 나라들에서의 혁명―은 동시에 일어날 수밖에 없으며 아니면 전혀 아니다. 여러 나라가 이어서 빠르게 연속되어 사회주의 혁명을 달성해야만 하는데, 마치 민족적 혁명에서 한 나라의 상이한 부분들이 그러하듯이 말이다. 만약에 뜨로쯔끼의 현실에 대한 관점이 올바르다면, 쏘련에서 사회주의 건설은 없었을 것이다. 그러나 쏘련에서 사회주의의 성공적인 건설은 현실과 뜨로쯔끼주의 사이의 커다란 간극에 대한, 뜨로쯔끼주의의 완전하고 교정할 수 없는 기회주의적 성격에 대한, 그것의 내적인 반혁명적 내용에 대한 살아있는 증거를 제공했다.

서도 가능하다. 그 나라의 승리한 프롤레타리아트는 자본가들을 수탈하고 자신의 사회주의적 생산을 조직하면서, 자본주의 세계의 나머지들과 맞서고, 스스로에게 다른 나라들의 피억압계급들을 끌어들이고, 그들 사이에서 반란을 고무하고 필요한 경우에는 착취계급들과 그들의 국가에 맞서 무장력으로써 나설 것이다."

레닌, <유럽합중국 슬로건에 대하여>

그리고 1916년에 다시, 레닌은 그의 기사 <프롤레타리아 혁명의 군사강령>에서 동일한 결론을 정식화했다:

"자본주의 발전은 다양한 나라들에서 극단적으로 불균등하게 진행된다. 상품생산 체제하에서는 다른 경우가 있을 수 없다. 이것으로부터 사회주의는 모든 나라에서 동시적으로 승리를 달성할 수 없다는 것이 반박의 여지없이 뒤따른다. 그것은 처음에 하나의 혹은 몇몇의 나라들에서 승리를 달성할 것이고 반면에 다른 나라들은 당분간 부르주아적인 혹은 소부르주아적인 상태로 남을 것이다. 이것은 마찰을 창출할 뿐만 아니라 사회주의 국가의 승리한 프롤레타리아트를 분쇄하기 위한 다른 나라들의 부르주아지 측에서의 직접적인 분투를 창출할 것임이 틀림없다. 이런 경우들에서 우리 측의 전쟁은 합당하고 정의의 전쟁이 될 것이다. 그것은 사회주의를 위한 전쟁이고 부르주아지로부터 다른 민족들의 해방을 위한 전쟁이 될 것이다."

레닌, <프롤레타리아 혁명의 군사강령>

레닌은 그의 제국주의에 대한 연구로부터 이 결론에 도달했는데 거기서 그는 제국주의를 '자본주의의 독점 단계'라고 묘사했다. 그리고 나서 레닌은 계속하여 다음과 같은 5가지의 기본적인 특징들을 포함하는 제국주의에 대한 정의를 했다:

"(1) 생산과 자본의 집중은 경제적 생활에서 결정적 역할을 하는 독점들을 창출하는 이러한 높은 단계로까지 발전했다. (2) 은행자본과 산업자본의 융합 그리고 이러한 '금융자본'에 기초한 금융적 과두제의 창출. (3) 상품들의 수출과 구분되는 자본의 수출이 예외적인 중요성을 획득한다. (4) 그들 사이에 세계를 분할하는 국제적 독점 자본가들의 카르텔의 형성. 그리고 (5) 가장 큰 자본주의 열강들 사이에서 전 세계에 대한 영토적 분할이 완료된다."

레닌이 말하기를, 제국주의는 첨예한 정도로까지 내적인 그리고 외적인 모든 모순들을 강화한다. 독점의 성장은 자본주의적 트러스트들과 신디케이트들에 의한 멍에를 더욱더 무겁게 하고 참을 수 없게 만들었다. 이것은 제국주의 나라들에서 부르주아지와 프롤레타리아트 간의 모순들을 강화했는데, 그것은 대중들을 그들의 유일한 구제인 프롤레타리아 혁명으로 데려간다. 한 줌의 '선진적' 나라들에 의한 세계의 광대한 다수의 나라들에 거주하고 있는 민족들에 대한 금융적 노예화 그리고 착취 그리고 식민지적 억압은 제국주의의 멍에로부터 해방을 위해 투쟁을 수행할 것을 강제당하고 있는 식민지 및 종속국의 나라들을 구성하는 광대한 다수와 제국주의 간에 모순을 강화시킨다. 자본주의의 불균등 발전은 이미 광대한 영토를 장악한 나라들과, 노획물에 대한 그들의 '공정한 몫'을 요구하면서 무대에 새롭게 참가하는 나라들 간에 세계의 재분할을 위한 격앙된 투쟁을 초래한다. 예를 들면 독일 제국주의는 자본주의의 불균등 발전 때문에 식민지의 노획물에서 다소간 뒤쳐져 있었으며, 반면에 앵글로-프랑스 자본가들은 전 세계를 지배했다. 그러나 독일 자본주의는 앵글로-프랑스 자본가들을 따라잡았으며, 이제 자신의 '공정한 몫'을 요구했다. 그것(독일 자본주의-역자)은 각각의 현재의 힘에 기초한 재분할을 요구했다. 그것은 현존하는 분할의 시기에 자본주의의 발전과 그리고 따라서 각각의 힘에 따라서 세계의 분할을 무효화하기를 원했다. 물론 앵글로-프랑스 자본가들은 이러한 요구를 '기분 나쁘게 불공정한' 것으로서 거절했다. 그리하여 독일 제국주의는 앵글로-프랑스 제국주의에 반대하여 전쟁으로 나아갔다. 이렇게 자본주의의 불균등한 발전은 제국주의 상호 간의 모순의 강화를 초래한다. 그리하여 제국주의가 존재하는 한, 전쟁은 불가피하고 프롤레타리아 혁명과 민족해방운동의 연합은 "제국주의의 세계 전선에 맞선 혁명의 통일된 세계전선에서 불가피하다."(쓰딸린, ≪레닌주의의 기초≫)

레닌은 이 모든 결론들을 "제국주의는 사회주의 혁명의 전야이다"라는 하나의 일반적 결론으로 요약한다.

그리하여 레닌은 다음과 같은 결론들에 도달했다:

(1) 제국주의의 성장이 하나의 세계경제를 창출했고 개별적 나라들

의 민족적 경제들은 이 세계경제의 사슬에서 하나의 고리와 같기 때문에, 프롤레타리아 혁명의 문제는 더 이상 낡은 방식으로, 즉 주어진 나라의 자본주의의 발전이라는 관점으로부터 더 이상 고려될 수 없고, 혹은 인구의 '다수'를 구성하는 노동자계급이라는 관점으로부터 고려될 수 없었다. 전체로서 제국주의 체제는 혁명을 위해 무르익었고 제국주의적 세계전선의 사슬은 가장 약한 고리에서 파열될 것이며, 그리하여 프롤레타리아 혁명을 위한 출구를 제공하고 있었다. 가장 약한 고리는 선진적인 자본주의 나라일 수도 있고 혹은 자본주의의 진전이 그렇게 멀리 진행되지 않은 나라일 수도 있었다.

(2) 제국주의의 조건들 내에서 자본주의의 불균등한 성장과 제국주의 내에서 재난적인 모순들의 강화는, 제국주의 전쟁과 모든 나라들에서 혁명 운동의 성장을 결과하면서, 개별적 나라들의 프롤레타리아트의 승리의 가능성뿐만 아니라 필요성을 초래하고 있다. 사회주의는 개별적 나라들에서 승리할 수 있는데, 왜냐하면 승리한 프롤레타리아트는 제국주의에 의한 간섭을 격퇴하고 사회주의를 건설하기 위해 모든 모순들―제국주의 상호 간의 모순들, 제국주의 나라들에서 부르주아지와 노동자계급 간의 모순뿐만 아니라 제국주의와 피억압민족들의 모순―의 강화를 이용할 수 있다.

죽음 직전에 레닌은 쏘련에서 사회주의를 건설하는 문제로 돌아갔다:

"사실상, 모든 대규모 생산수단에 대한 쏘비에트 국가의 권력, 프롤레타리아트 수중에 있는 국가의 권력, 수백만의 소규모의 그리고 매우 소규모의 농민들과 프롤레타리아트의 동맹, 농민층에 대한 프롤레타리아트의 보증된 지도력 등 … 이것은 협동조합들co-operatives로부터―이전에 행상인으로 취급받았고 그리고 어떤 측면에서는 신경제정책하에서 우리가 지금 이렇게 취급할 권리를 갖고있는 협동조합들 하나로부터―필요한 모든 것이 아닌가? 이것은 완전한 사회주의 사회를 건설하기 위해 필요한 모든 것이 아닌가? 이것은 아직 사회주의 사회의 건설은 아니지만 이러한 건설을 위해 필요하고 충분한 모든 것이다."

레닌, <협동조합에 관하여>

하나의 나라에서 사회주의를 성공적으로 건설한다는 것의 가능성에 관한 문제가 쓰딸린에 의해 처음으로 제기되지 않았다는 것이 이제는 명백해지기를 우리는 희망한다. 그것은 일찍이 1915년에 레닌에 의해 처음으로 제기되었고 다시 또 한 번 그의 죽음 직전에 제기되었다. 그리하여 하나의 나라에서 사회주의를 건설한다는 문제에 대해 뜨로쯔끼주의자들이 쓰딸린을 공격하는 것은 사실상 레닌에 대해 그리고 레닌주의에 대해 공격하는 것이다6. 이것은 모든 혁명적 노동자들에 의해 이해되어야만 한다.

---

6 물론 다른 문제들에 대해서처럼 사회주의의 문제에 대해서, 쓰딸린과 '쓰딸린주의'에 대한 공격들은 거의 언제나 레닌과 레닌주의에 대한 공격이다. 이 진술의 올바름을 보이기 위해 로이 메드베제프라는 이름의 쏘비에트 부르주아 지식인에 의해 쓰여진 ≪역사가 판단하게 하라≫라는 이름의 책을 보는 것이 유용할 것이다. 메드베제프는 쓰딸린을 공격하지만 레닌을 '칭찬한다'. 쓰딸린에 대한 메드베제프의 공격은 어떤 사실들 혹은 증거자료에 기초한 것이 아니라 단순한 소문과 부르주아적 두뇌의 풍부한 상상력—날조라는 말의 의미에서 그 산출이 제한되어 있지 않은—에 기초한 것이다. 심지어 이 책에 대한 평론가들 중의 한 사람인, 반동적인 반공산주의 칼럼니스트 에드워드 크랑크쇼우조차 1972년 3월 26일자의 ≪업저버≫에서 메드베제프가 "모든 공식적인 기록들에 대한 접근이 거부되었다"고 인정해야만 했다. 그러나 이것은 크랑크쇼우가 메드베제프의 쓰딸린에 대한 공격의 이유가 "이 책은 오직 그의 내면적인 관점에 의해서만 인도된, 진실을 위한 재능 있는 개인적 싸움의 수준 높은 드라마다"라고 동의하고 경탄하는 것을 막지는 못한다. 이것은 '진실'이 부르주아적 심성에 의해, 즉 완전히 사실들을 무시하고 혹자의 "내면적인 관점"에 의존하는 것에 의해 어떻게 수립되는지를 보여주는 것이다.
크랑크쇼우는 계속하여 말한다:

"한 시대의 역사 그리고 전체로서 쏘비에트 인민의 수많은 희생들과 고통에 대한 경의의 행동을 별도로 하고, 그의 서술은 무엇보다도, 쓰딸린의 위대함이라는 주장에 대한 저자의 절대적인 거부만이 아니라 보다 깊게는 레닌의 혁명과 그것에 대한 곡해의 성격에 대한 지적인 토론의 개시에 대한 필요한 근거들을 수립하는 방향으로 향해 있다는 것이다."
"이것이 라오쿤이 들어오는 지점이다. 요라프스키 교수(그의 편집은 매우 칭찬할만하다)가 그의 서문에서 지적하듯이, 전체로서 책의 수많은 특별한 영향은 중심적인 테제에서 내적인 모순들에 의해 창출되는 항상적인 긴장으로부터 나온다. 쏘비에트 체제와 그것의 창시자 레닌을 비난함이 없이 어떻게 쓰딸린주의적 '질병'을 진단할 수 있는가? 우리는 저자와 함께 칼날 위를 걷는다."

요라프스키 교수는 이 내적인 모순을 간파하는 데 있어서 얼마나 올바른가? 그는 "쓰딸린주의적 '질병'"이 "쏘비에트 체제와 그것의 창시자 레닌을 비난함이 없이는" 진단될 수 없다고 시사함에 있어 매우 올바르다. 이 모든 시도들은 실패할 것이고 '쓰딸린주의'를 비난하는 사람들은 모두 레닌주의를 비난하는 것으로 끝맺을 수밖에 없다. 크랑크쇼우가, 메드베제프가 "매우 뛰어난 성취에서 약점들(레닌을 비난함에 의해 "쓰딸린주의적 '질병'"을 진단하지 못하는 메드베제프의 무능력)을 언젠가 교정할 수 있을" 것이라는 희망을 표현함에 의해 그의 견해를 끝맺는 것은 헛된 것이 아니다.

머빈 존스는 같은 방식으로 같은 책(≪새로운 정치가≫, 1972년 4월 14일자)에 대한 그의 평론에서 다음과 같이 불평을 한다,

"그의 분석적인 장chapter들조차 '왜?'라는 질문보다 '어떻게'라는 질문에 대해 답을 하고 있다. 그는 트집 잡기 없이 '레닌주의의 규범들'이라는 교조를 채택하고, 레닌은 언제나 올발랐다고 가정하고, 쓰딸린은 '10월 혁명의 주요한 성취들의 하나였던 사회주의적 민주주의를 거의 완전하게 청산했다고'—그 민주주의가 레닌의 시절에 얼마나 많이 침식되었는지를, 하물며 그것이 실제로 존재했었는지 여부는 차치하고, 물음이 없이—우리에게 말한다. 그는 심지어 쓰딸린주의 비밀경찰과 인도적이고 양심적인 체카를 비교하기도 하는데 체카는 어쨌거나 1918년에 6,000의 인민을 재판 없이 총살했고 레닌에 의해 '대규모적인 붉은 테러'의 시작이라고 정당화되기도 했다. 우리는 뜨로쯔끼의 영구혁명 이론이 '틀렸고' 프레오브라젠스키의 원시적인 사회주의 축적 이론이 '올바르지 않'다고 들었는데 이는 매우 복잡한 문제들에 대한 간략한 기각이다. 최악의 착오는 메드베제프가 베리야가 1919년에 반볼쉐비키 요원이었고 이것이 1953년의 그의 재판—틀림없이 비밀재판이었을 것이고 아마도 존재하지 않았을 재판—에서 '수립되었다'고 엄숙하게 주장할 때 드러난다. 아, 쏘비에트 정권의 가장 정직한 산물조차도 스스로를 정신적으로 구속복(미친 사람 등에게 강제적으로 입히는 옷—역자)에서 자유롭게 하는 것은 얼마나 어려운가."

다른 말로 하면, 머빈 존스는, 혹자는 쏘비에트 체제와 레닌주의를 비난함이 없이는 쓰딸린을 비난할 수 없다고 말한다. 그리고 그는 옳다. 물론, 존스씨가 '쓰딸린주의'만이 아니라 레닌주의와 쏘비에트 체제가 비난받는 것을 보고 싶어 한다는 것은 말할 필요도 없다. 그러나 혁명가들은 반대되는 교훈을 끌어내야만 하고 쓰딸린을 비난해서는 안 된다. 왜냐하면 이러한 비난은 직접적으로 레닌주의와 쏘비에트 체제에 대한 비난을 초래하기 때문이다. 쓰딸린은 레닌주의를 사회주의 건설에서 쏘련의 조건들에 적용하는 것 이상도 이하도 하지 않았다. 이리하여 뜨로쯔끼주의자들, 수정주의자들 그리고 다른 사람들이 쓰딸린을 비난할 때 이들 신사분들이 반대로 가지고 있을 수 있는 어떤 주관적 소망에도 불구하고 그들은 사실상 레닌주의를 비난하

'영구혁명' 이론으로부터 계속하여, 뜨로쯔끼주의는 레닌주의를 공격하지 않을 수 없다. 레닌주의는 한 나라에서 프롤레타리아트는 사회주의를 건설할 수 있다고 말하는 반면, 뜨로쯔끼주의는 그럴 수 없다고 말한다. 레닌주의는 농민층이 프롤레타리아트의 믿을 수 있고 굳건한 동맹이라고 주장하는 반면, 뜨로쯔끼주의는 그렇지 않다고 말한다. 레닌주의는 프롤레타리아 독재와 노동자계급의 지도력하에서 사회주의 건설의 과제에 빈농과 중농층을 동원하는 것이 가능하다고 말하는 반면, 뜨로쯔끼주의에 따른다면 이것은 불가능하다. 우리가 여기에서 갖고 있는 것은 일시적인 성격의 의견의 차이들이 아니며 혹은 사소한 문제들에

고 있는 것이다.
　우리는 심지어 10월 혁명 전에, 개인으로서 레닌이 아니라 볼쉐비키당이, 권력을 잡는 경우에 러시아에서 사회주의를 건설한다는 입장을 분명히 했다는 것을 덧붙일 수 있다. 1917년 8월의 볼쉐비키당의 6차 대회에서, 러시아 노동자들이 "권력을 잡기 위해 모든 노력을 기울이고 … 선진적 나라들의 혁명적 프롤레타리아트와 동맹하여, 그것(프롤레타리아트—역자)을 평화와 사회의 사회주의적 재건을 향해 인도해야만 한다"는 동의가 이루어졌다. 후에 뜨로쯔끼주의 반대파의 일원이 되었던 프레오브라젠스키는 그 동의가 수정되어야만 한다고 제안했다:

"그것(프롤레타리아트-역자)을 평화로 인도하고 그리고 서구에서 프롤레타리아 혁명이 일어날 시에는 사회주의로 인도해야 한다."

그 대회에서 당시 숨어있어야만 했던 레닌을 대신하여, 쓰딸린은 프레오브라젠스키의 수정안을 반대하여 말했다:

"나는 이러한 수정에 반대한다. 러시아가 사회주의로의 길을 놓게 될 가능성이 배제되지 않는다. 어떤 나라도 전쟁의 시기에 러시아처럼 이러한 자유를 아직까지 향유하지 못했고 생산에 대한 노동자통제를 도입하려는 시도를 하지 못했다. 우리나라에서 노동자들은 농민층 중 더 가난한 층에 의해 지지되고 있다. 최후로, 독일에서는 국가 기구가 우리의 부르주아지의 불완전한 기구들보다 비교할 수 없이 더 효율적이다. … 우리는 유럽만이 우리에게 길을 보여줄 수 있다는 낡아빠진 생각을 버려야만 한다."

프레오브라젠스키의 수정안은 기각되었다.
　이리하여 10월 혁명 전에조차 볼쉐비키당은 러시아에서 사회주의 건설이라는 입장을 분명히 했다는 것이 명백하다. 오직 교정할 수 없는 기회주의자들만이 노동자들에게 이 사실을 숨기기를 원한다.

서의 차이도 아니다. 우리가 여기서 갖고 있는 것은 두 개의 근본적으로 상이하고 상호 간에 화해할 수 없는 조류들이다: (i) 혁명적 레닌주의와 (ii) 반혁명적 뜨로쯔끼주의.

뜨로쯔끼주의는 프롤레타리아 혁명과 사회주의 건설에 대한 레닌주의 이론을 이해할 수 없는데, 왜냐하면 '영구혁명'이라는 파산한 이론을 받아들임에 의해 그들의 정치적 전망이 속박되어 있기 때문만이 아니라, 또한 그것이 제국주의에 관한 레닌의 이론을 결코 받아들이지(말로 받아들이는 것과 반대되는 것으로서 실천적으로 받아들이는 것) 않았기 때문이다. 이 두 가지 죄악들—'영구혁명' 이론을 받아들이는 것 그리고 제국주의에 관한 레닌의 이론을 받아들이지 않는 것—은 뜨로쯔끼주의의 이론적 기초를 구성하고, 나중에 계속 설명될 것인데, 왜 뜨로쯔끼주의가 파시즘과 동맹하게 되는 지점까지 타락하게 되었는지 상당 정도로 설명한다.

사회주의는 쏘련에서 건설되었는가?
뜨로쯔끼는 그렇다고 말한다.

우리는 사회주의가 쏘련에서 건설되었다고 대답한다. 쓰딸린과 볼쉐비키당에 대해 혹은 쏘련에서 사회주의 건설에 대해 호의적이라고 결코 묘사될 수 없는 한 권위자를 인용하여, 우리의 긍정적인 대답이 올바르다는 것을 보여주고자 한다. 이 권위자는 미사여구를 늘어놓는데 달인인 뜨로쯔끼 자신이외의 다른 사람이 아니다:
뜨로쯔끼는 말한다.

"사회주의는 자신의 승리의 권리를 드러냈는데, 《자본론》의 페이지에서가 아니라 지구 표면의 1/6을 구성하는 산업의 무대에서, 변증법의 언어에서가 아니라 강철, 시멘트 그리고 전력의 언어에서이다. 심지어 쏘련이 어려움들, 외부의 타격들, 그리고 지도력의 잘못들의 결과로서 붕괴할지라도—그것은 우리가 희망하건대 일어나지 않을 것이다(그러나 뜨로쯔끼의 희망들의 실제적 성격은 모스끄바 재판들에 의해 폭로되었다)—오직 프롤레타리아 혁명 덕택으로 후진적인 나라가 10년이 안 되어 역사에서 유례없는 성공들을 달성했다는 파괴될 수 없는 사실이 미래의 진실로서 남아있을 것이다."

뜨로쯔끼, ≪배반당한 혁명≫

그리고 다시:

"거의 모든 자본주의 세계에서 침체와 쇠퇴의 모습들과 반대된, 쏘련에서 산업화의 광대한 전경은 다음의 총목록에서 반박의 여지가 없는 것으로 보인다. … "

"산업에서 거대한 성취들, 농업에서 거대할 정도의 유망한 시작들, 구 산업 도시들의 특별한 성장과 새로운 도시들의 건설, 노동자들의 수에서 빠른 증가, 문화적 수준과 문화적 요구들에서 상승—이런 것이 10월 혁명의 의심의 여지없는 결과들이다. …"

뜨로쯔끼, ≪배반당한 혁명≫

혹자는 위에서 인용된 언급에서 뜨로쯔끼 자신에 의해 전개된 것보다 더 좋은 뜨로쯔끼주의에 대한 반박을 찾을 수 없을 것이다. 우리는 이러한 솔직한 인정에 대해 뜨로쯔끼에게 매우 감사하고 빚을 지고 있다. 뜨로쯔끼가 "사회주의는 ≪자본론≫의 페이지에서가 아니라 지구 표면의 1/6을 구성하는 산업의 무대에서 자신의 승리의 권리를 드러냈다"고, 산업에서 "거대한 성취들"이 있었다고, "거대할 정도로 유망한" 것이 농업의 영역에서 결과들이었다고, 쏘비에트 인민의 "문화적 수준과 요구들"에서 상승이 있었다고 인정할 때 그는 올발랐다. 그는 절대적으로 옳았다. 이런 것은 물론 쏘련에서 사회주의 건설의 승리를 위한 싸움들—당의 14차 대회의 결정(뜨로쯔끼와 신반대파, 즉 지노비예프 등으로부터 가장 사악한 반대를 만나야 했던 결정)에 따라 당에 의해 시작된 싸움—의 "의심의 여지없는 결과들"이었다.

올바른 정책과 지도력의 역할

맑스-레닌주의의 기치와 위대한 레닌주의자이고 가장 단호한 레닌주의의 옹호자에 의해 지도되는 볼쉐비키당의 올바른 지도력과 프롤레타리아 독재하에서, 쓰딸린 동지와 쏘비에트 인민은 모든 어려움들을 이겨내고, 사회주의의 적들—내부적 및 외부적—을 분쇄하면서, 거듭된 승리의 행진을 했다. 그들은 글자 그대로 기적들을 달성했고 10월 혁명에 의해 창출된 생산수단의 사회적 소유라는 조건(뜨로쯔끼는 쏘련에서 사회주의 건설을 위한 싸움의 모든 성공들과 업적들을 오직 이 조건들 탓으로만 돌린다) 때문만이 아니라 볼쉐비키당의 혁명적 정책과 그 지도력의 우수성 때문에 그렇게 했다. 당의 역할과 지도력의 우수성은 그것이 없다면 아무 것도 달성될 수 없는 매우 중요한 요인들이다.

"사회화된 소유라는 조건들"은 그 자체로는 사회주의를 건설할 수 없다.

"사회화된 소유라는 조건들"은 그 자체로는 사회주의를 건설할 수 없다. 자신의 느낌들과 아직 갈라지지 못하거나 혹은—같은 것인데—'영구혁명' 이론을 받아들인 누군가가, 사회주의 건설의 기간 동안에 쏘련의 지도력이 뜨로쯔끼같은 사람에게 주어졌다면 쏘비에트 인민은 그들이 실제로 했던 것과 같이 사회주의 건설에서 정확히 동일한 결과들을 달성했을 것이라고 진지하게 제기할 수 있는가? 이러한 제기는, "유럽 프롤레타리아트 측에서의 직접적인 국가적 지원이 없이는 러시아 프롤레타리아트는 스스로를 권력의 자리에 유지할 수 없을 것이고 자신의 일시적 지배를 견고한 사회주의 독재로 전환시킬 수 없을 것"이라고 말하는 사람들이, 사회주의를 건설하는 것은 가능할 뿐만 아니라 또한 필연적이며 그리고 그것이 프롤레타리아트를 위한 유일한 혁명적 길이라고 믿고 있는—그리고 객관적 실재에 기초하여 믿고 있는—사람들과 똑같이 사회주의 건설을 위한 투쟁을 지도하는 데 적합하다고(혹은 뜨로쯔끼 신봉자 같은 아는 체하는 바보가 대개 주장하듯이, 더욱 적합하다고)

하는 불합리한 주장에 도달하지 않겠는가? 그렇다, 우리의 관점에서는, 이러한 제기는 물론 매우 불합리하고 어리석은 것이다.

역사의 진실 문제로서, "사회화된 소유"는 자본주의적 요소들에 대해 자동적으로 승리하지 않았고, 그리고 승리할 수도 없었다. 그것은 명확한 정책을 가지고 있는 당의 올바르고 계획된 지도력이라는 이유 때문에 승리할 수 있었고 승리했다. 그러나 당의 정책이 성공하고 효력을 발휘할 수 있기 전에, 잘못된 그리고 반혁명적인 정책들이 패배해야만 했고 패배했다. 그러나 우리가 여기서 말한 것에도 불구하고 뜨로쯔끼 신봉자들은 계속하여 사회주의 건설에 대하여, 지도력의 우수함이 아니라 "혁명에 의해 창출된 사회화된 소유라는 조건들" 때문이라고 기계적으로 암기한 공식을 되풀이한다. 여전히 그들은 실제의 그리고 상상의, 사소하거나 혹은 주요한 모든 실수들에 대해 지도력을 비난한다. 자! 여러분은 두 가지 길을 가질 수 없다, 존귀한 뜨로쯔끼주의자들이여! 여러분은 사회주의는 하나의 나라에서 건설될 수 없다고 말하면서 여전히 "혁명에 의해 창출된 사회화된 소유라는 조건들"이 그들 스스로 자동적으로 사회주의를 건설한다고 주장한다고 계속하여 말할 수는 없다! 여러분은 지도력은 사회주의 건설에서 어떤 역할도 할 수 없다고 주장하면서, 그럼에도 여전히 실제적 혹은 상상적인 모든 불행들에 대해 "쓰딸린 그룹"을 비난할 수는 없다! 당신이 말하는 것에는 강렬한 모순이 있다! 당신은 정말로 이 불일치를 인식할 수 없게 되었는가? 당신의 인식능력과 당신의 정치적 안목은 정말로, '영구혁명'이라는 파산한 이론을 맹목적으로 수용하는 정도로 왜곡되게 되었는가?

뜨로쯔끼의 '영구혁명' 이론은 역사에 의해 매우 쓸모없고 잘못된 것으로 입증되었다. 결과적으로, 뜨로쯔끼는 맑스주의자임을 주장하는 사람이라면 누구에게나 올바른 유일한 입장, 즉 실천적으로 잘못된 것임이 입증된 이론을 포기하고 솔직하게 그것이 잘못된 것임을 인정하는 것을 할 수도 있었다. 뜨로쯔끼는 그것을 하지 않았다. 소부르주아적 개인의 지식인적인 거만함(그리고 뜨로쯔끼의 경우에는 이러한 거만함이 최고로 발전된 단계로 발견될 수 있었다)이 뜨로쯔끼가 소부르주아 지식인의 눈에 단지 명백한 굴욕일 뿐이었던 것을 견디는 것을 불가능하게 했다. 그리하여 뜨로쯔끼는 그의 이론이 올바르고 역사가 틀렸다는 입장을 취했다. 이것은 전형적인 관념론적 입장인데 다음과 같이 말하는 것이다: 실재가 그것에 대한 나의 개념에 적합하지 않다면 그러면 실재에 무엇인가 잘못된 것이 있는 것인데, 왜냐하면 실재는 그것에 대한 나의 개념에 맞추어져야 하기 때문이다. 이러한 관념론적인 입장은 버클리 주교와 같은 것인데, 뜨로쯔끼를 타락의 길로 더욱더 깊이 밀어 넣었다. 사소한 잘못일 수 있었던 것이 정당화되고 고집을 부리고 그리고 체계―이론―의 수준으로 상승될 때 괴물이 되는 것이다. 잘못된 이론은 잘못된 실천을 이끌고 그리고 실천의 관점에서 교정에 실패하면 각각에서 저질러지는 잘못은 더욱더 큰 것이 된다. 양은 스스로 질로 전화되었다. 잘못들이 스스로 범죄로 전화되었다. 이 과정만으로도 왜 뜨로쯔끼가 파시즘의 동맹과 대리인이 되는 지경으로 타락했는지, 모든 것을 희생하고서도 쏘비에트 국가를 타도하려고 결심했는지를 설명한다. 뜨로쯔끼주의를 따르고 있는 사람들은 뜨로쯔끼 스스로가 그랬듯이 동일한 타락의 길로 미끄러지고 있는 것이다. 우리는 뜨로쯔끼 신봉자들의 화려하고 유혹적인 수사에 의해 넘어간 보통의 노동자들에게, 우리가 말한 것, 즉 뜨로쯔끼주의를 버릴 것, 맑스―레닌주의를 수용할 것, 그리고 부르주아지의 혁명적 타도와 사회주의 건설을 위한 싸움에서 귀중한 공헌을 할 것을 진지하게 고려할 것을 호소한다.

사회주의적 산업화에서 성취들

1926년 초에 쏘비에트 공업은, 신경제정책하에서 쏘비에트 정부에 의해 취해진 복구 조치들의 결과로서 다소간에 전전(戰前) 수준에까지 복구되었지만, 세 가지 결함으로 고통받고 있었다: (i) 대부분의 공장들이 오래되었고 낡아빠진 그리고 구식의 기계장비를 가지고 있었다. (ii) 기계제작 공장들이 없었다, 그리고 (iii) 언급될 만한 가치가 있는 중공업이 없었다. 이 모든 것은 사회주의 공업화 정책에 의해 교정되어야만 했다. 추가적으로 군수산업이 노동자계급의 최초의 국가를 방위하기 위해 창출되어야만 했다. 농업 기계류의 생산을 위해 공장들을 짓는 것, 그리고 작은 개인 농장들이 대규모의 집단농장들로 전환하게 하기 위해 농업에 이런 기계류를 공급하는 것, 그리고 이리하여 시골에서 사회주의의 승리를 보증하는 것이 또한 필요하였다. 간단히 말하면 러시아에 결코 존재하지 않았던 많은 산업들이 창출되어야만 했다.

기술적, 재정적인 모든 어려움들을 극복하고, 제국주의의 간섭 계획들을 패퇴시키고, 뿐만 아니라 내부의 반동들—당내의 그리고 당 밖의—의 계획들과 구상들을 분쇄하면서 그리고 모범적인 노동 영웅주의를 보이면서 그들이 계속하여 쏘련에서 사회주의를 성공적으로 건설한 것은, 쏘비에트 대중들, 볼쉐비키당과 그것의 단련되고 검증된 지도자 쓰딸린 동지에 대한 커다란 신뢰와 영광으로 언급되어야만 한다. 이 모든 것은 대중들의 열정, 그들이 사회주의 건설의 과제에 참여한 것, 그리고 가장 중요하게는 그들의 노동에 대한 태도의 변화 때문에 가능했다. 자본주의하에서처럼 비자발적인 고역의 태도로부터, 노동은 쓰딸린이 말했듯이 "명예의 문제, 영광의 문제, 용기와 영웅주의의 문제"로 되고 있었다.

이미 1930년 말에 공업의 건설은 거대한 규모로 전국에 걸쳐 진행되고 있었다.

"드니페르 수력발전 계획이 한창 진행 중이었다. 크라마토르스크 그리고 골로프스카 철과 강철 공장들의 건설작업 그리고 루간스크 로코모티프 공장들의 재건이 도네츠 분지에서 시작되었다. 새로운 탄갱과 송풍 용광로가 만들어졌다. 우랄 기계제작 공장들과 베레트니키 그리고 솔리칸스크 화학공장들이 우랄에서 건설 중이었다. 작업은 마그니토고르스크의 철과 강철 공장들의 건설에서 시작되었다. 모스끄바와 고리끼에서 대규모 자동차 공장들의 설립은 잘 진행되었고 로스토프 온 돈에서 거대한 트랙터 공장들, 수확 콤바인 공장들, 그리고 대규모 농업 기계류 공장들이 잘 건설되었다. 쏘련의 두 번째 석탄 지대인 쿠츠네츠크 탄갱들은 확장 중이었다. 거대한 트랙터 공장들이 11개월 만에 쓰딸린그라드 근처의 스텝지대에서 솟아났다. 드니페르 수력발전소 그리고 쓰딸린그라드 트랙터 공장들의 설립에 있어서 노동자들은 노동생산성에서 세계 기록을 깼다."

"역사는 이러한 거대한 규모의, 새로운 발전에 대한 이런 열정의, 수백만의 노동자계급 측의 이러한 노동 영웅주의의 산업 건설에 대해 결코 알지 못했었다."

제5장   일국에서의 사회주의   195

"그것은 사회주의적 경쟁에 의해 만들어지고 자극된 노동 열정의 틀림없는 솟구침이었다."

≪쏘련공산당(볼)의 역사≫

공업의 성장을 구체적으로 살펴보자.

1938년까지, 1913년과 비교하면 쏘비에트 공업은 9배 성장했다. 여기에 제1차 대전 전의 수준의 퍼센트로서 표현된 쏘비에트 공업의 성장을 보여주는 표가 있다. 이 표는 동일한 기간에 주요 자본주의 나라들에서 공업의 성장과 비교한 공업의 성장률을 또한 드러내준다. 그것은 1939년 3월, 쏘련공산당의 18차 대회에 대한 쓰딸린의 보고로부터 재현된 것인데, ≪레닌주의의 제 문제≫(p. 762.)에서도 재현되었다.

	1919	1933	1934	1935	1936	1937	1938
쏘련	100.0	380.5	457.0	562.6	732.7	816.4	908.8
미국	100.0	108.7	112.9	128.6	149.8	156.9	120.0
영국	100.0	87.0	97.1	104.0	114.2	121.9	113.3
독일	100.0	75.4	90.4	105.9	118.1	129.3	131.6
프랑스	100.0	107.0	99.0	94.0	98.0	101.0	93.2

쏘련과 주요 자본주의 나라들에서 공업의 성장(1913년-1938년)

이 점에 관한 쓰딸린의 주장은 부르주아 전문가들에 의해 충분히 확증된다. 자신의 책, ≪쓰딸린의 산업혁명≫에서 인디아나 대학의 교수인 히로아키 쿠로미야는 특히 다음과 같은 관찰을 했다:

"1928-1931년의 혁명에 의해 만들어진 돌파는 제2차 대전에서 그 나라를 떠받칠 1930년대의 놀라운 공업적 팽창의 토대를 놓았다. 5개년 계획이 4년 만에 완수되었다고 선언된 1932년 말까지 총공업산출고는 공식적인 보고에 따른다면, 1928년 이후로 2배 이상이 되었다. 이 공식적 보고는 서구에서 대개 과장된 것으로 간주되었으나, 1차 5개년 계획의 자본계획들이 1930년대에 차례차례로 가동에 들어감에 따라 공업생산은 거대하게 팽창했다. 1934-1936년 동안에 … 공식적 지표는 총공업생산이 88% 증가했다는 것을 보여주는데, 'A'공업들(자본재 공업들)의 산출고가 107% 증가하고 'B'공업들(소비재 공업들)의 그것이 66% 증가하였다는 것을 보여준다. 1927-28년에서 1937년까지의 10년 동안 쏘비에트의 자료에 따르면, 총 공업 생산이 183억 루블에서 955억 루블로 뛰어올랐다. 주철 생산은 330만 톤에서 1,450만 톤으로 올랐고 석탄은 3,540만 톤에서 1억 2,800만 톤으로, 전력은 5억천만킬로 아워에서 36억2천만킬로 아워로, 기계도구들은 2,098세트에서 36,120세트로 증가했다. 과장을 참작하더라도 성취들이 눈부시다는 것은 확실히 언급될 수 있다."

쿠로미야, p. 287.

모스끄바에서 1958년에 발행된 통계적 요약인, ≪쏘비에트 권력의 40년≫에 따르면, 1930-1940년의 11년간에 쏘련은 공업생산에서 연평균 16.5% 성장을 기록했다.

쏘비에트 인민에 의해 수행된 놀라운 산업적 위업의 올바른 반영인 고정자본의 성장에 관하여, 1913년의 수치를 100으로 잡으면, 우리는 1928년—제1차 5개년 계획의 시작의 해—에 이 수치가 136에 도달했다는 것을 발견한다.

12년 후인 제2차 세계대전의 전야인 1940년에 지표는 1,085—유례 없는 8배 증가—로 뛰어올랐다. 동일한 기간 동안 농업의 고정자본에서의 수치의 증가는 100(1931년), 그리고 333(1940년)이었다. (26페이지와 30페이지를 보라)

후진적이든, 선진적이든 어떤 자본주의 나라가 산업화의 무대에서 이러한 거대한 성공들을 자랑할 수 있는가!

관련된 희생들에도 불구하고, 쏘비에트 인민들은 그들 자신과 그들의 아이들을 위해 밝은 사회주의적 미래를 건설하기 위한 목적의식적인

제5장   일국에서의 사회주의   197

결의를 갖고 도전을 즐겁게 받아들였고 계획에 커다란 자부심을 느끼고, 그 과정에서 진정한 노동 영웅주의를 보여주었다. 히로아키 쿠로미야는 올바르게 관찰한다:

"역설적으로 보일지라도 강제된 축적은 결핍과 불안정뿐만 아니라 쏘비에트 영웅주의의 근원이었다. … 쏘비에트 젊은이들은 1930년대에 공장들에서 그리고 마그니토고르스크와 쿠즈네츠크 같은 건설장에서의 작업에서 영웅주의를 발견했다 … "

pp. 305-306.

"5개년 계획의 빠른 산업화 드라이브는 새로운 사회 건설의 웅장하고 극적인 목표를 상징했다. 서구의 침체와 대중적 실업이라는 모습과 반대로, 쏘비에트 산업화 드라이브는 영웅적이고 낭만적이고 열정적인 '초인적' 노력을 불러일으켰다. 일리야 에렌부르크가 썼듯이, '다른 많은 것들과 같이 열정이라는 단어는 인플레이션에 의해 저평가되었다. 그러나 1차 5개년 계획의 날들에 적합한 다른 단어가 없다. 젊은 사람들을 일상의 그리고 평범한 위업들로 이끄는 영감을 준 것은 순수하고 단순한 열정이었다.' 동시대의 다른 기록에 따르면, 그 당시의 날들은 '실제적으로 낭만적이고 흥분되는 시기였다. … 사람들은 그들 자신의 손으로 이전에는 단순한 꿈같은 것이었던 것을 창조하고 있었고 실천 상에서 이러한 꿈같은 계획들이 완전한 현실의 것이라는 것을 확신하고 있었다.'"

p. 316.

레닌은, 쏘비에트 인민이 사회주의를 건설할 수 있는 능력에 대한 그의 확신을 표명하면서, 쏘련이 유럽 혹은 미국에서 승리한 프롤레타리아 혁명과 결합하지 않을지라도, 레닌은 "공산주의는 쏘비에트 권력 더하기 나라 전체의 전기화(電氣化)이다."라고 선언했다. 이러한 전망에서 문제들에 접근하면서, 레닌은 러시아의 전기화에 대한 계획을 1920년에 진전시켰는데, 그것은 15년의 기간 동안 175만 kw 용량의 30개의 발전소를 건설하는 것을 그리고 있었다. 실제로는 1935년까지 쏘련은 전력을 407만 kw 생산하고 있었는데, 그리하여 레닌의 과감한 꿈을 233%나 초과달성—쏘비에트 인민의 자기희생적인 영웅주의와 쓰딸린에 의해 영도된 쏘련공산당의 레닌주의적 지도력의 결의와 지혜의 믿을 수 없는 공헌

때문에—하고 있었다.(≪쏘비에트 권력의 40년≫을 보라)
 이러한 거대한 달성들은 유례없는 내부적 축적을 통해서만 가능했는데, 어느 정도는 즉각적인 소비를 희생한 것이었다. 1928년에는 축적기금이 3억 6천만 루블이었는데 국민수입의 14%였다. 이것들은 1932년에 17억 7천만 루블(국민수입의 44%)로 상승했다.
 이 모든 것은 노동자계급이 처해 있던 고된 어려움들에 대한 쏘비에트 정권의 무감각 때문에 발생한 것이 아니라, 쏘련의 생존과 쏘련에서의 사회주의의 생존을 보장하기 위해 발생한 것이었다. 의심의 여지없이 쏘련은, 경공업의 발전에 커다란 강조를 둠에 의해, 더 많은 소비재를 생산함에 의해, 더 많은 집을 건설함에 의해, 실제로 그러했던 것보다 훨씬 높은 정도로 쏘비에트 인민의 생활수준을 쉽게 개선할 수 있었다. 그러한 것이 당시 임박하고 있던 전쟁에서 쏘련의 생존을 보장할 수 있었을까? 나찌 짐승들이 1,710개의 도시들과 7만 개 이상의 마을과 부락들을 약탈하고 방화하고 파괴했고, 2천 5백만의 쏘비에트 시민들을 집이 없게 했고 주거를 빼앗았다는 것(≪쏘비에트 권력의 40년≫을 보라)을 잊는 것은 아무에게도 허용되지 않는다. 오직 1928년과 1940년 사이 기간의 중공업, 야금업 그리고 기계제작 산업에 강조를 둔, 격렬한 공업화만이 그리고 현대적 무기산업의 발전만이 나찌의 습격에 직면하여 쏘련을 구할 수 있었다(그리고 실제로 그러했다). 집단화와 더불어 오직 이러한 공업화만이, 수백만의 문맹의 농민들에게서 그들의 중세적 외피를 찢어버림에 의해, 쏘비에트 인민을 기계류의 현대 세계로 몰아갈 수 있었다.
 그러나 이로부터 노동자계급과 농민들의 생활 조건들이 짜르 정권하에서와 마찬가지로 비참한 상태였다고 아무도 결론지을 수 없다. 그것과는 거리가 멀다. 공업화와 집단화는 쏘비에트 노동자계급과 농민층의 번영을 위한 기초를 놓았다. 1934년에 이르러, 자본주의 세계에는 깊은 침체와 대규모 실업이 있었던 반면에 쏘련은 실업을 소멸시켰다.
 1934년에는 이미 도시와 시골의 모습은 모두 공업화와 집단화의 성공의 결과로서 몰라보게 달라졌다. 1934년 1월에 열린, 17차 당대회에 대한 자신의 보고에서 공업화와 집단화에 의해 이루어진 변화들을 쓰딸린이 묘사한 그림 같은 단어들이 이것들이다:

"착취자들에 대한 이 역사적인 승리가 노동인민의 물질적 수준에서 그리고 일반적으로 그들의 생활의 조건에서 급격한 개선을 초래할 수밖에 없었다는 것은 말할 필요가 없는 것이다."

"기생적인 계급들의 제거는 인간에 의한 인간의 착취의 소멸을 초래했다. 노동자와 농민의 노동은 착취로부터 자유롭게 되었다. 착취자들이 인민의 노동으로부터 짜내던 수입들은 지금은 노동인민의 수중에 남아 있고 부분적으로는 생산의 확장과 생산에서 노동인민의 새로운 분견대의 편입을 위해 사용되고 부분적으로는 노동자들과 농민들의 수입을 직접적으로 증가시키는 목적으로 사용된다."

"노동자계급의 천벌인 실업은 사라졌다. 부르주아 나라들에서 수백만의 실업자가 일자리의 결여로 인해 결핍과 궁핍에 고통 받지만 우리나라에서는 일자리와 수입이 없는 노동자는 더 이상 존재하지 않는다."

"쿨락의 굴레의 소멸로 인해 농촌에서 빈곤이 사라졌다. 모든 농민들은, 집단농장의 농부이건 혹은 개인적 농부이건 간에, 그가 양심적으로 일하기를 원하고 게으름뱅이, 방랑자, 집단농장 재산의 약탈자가 되기를 원하지 않기만 한다면, 지금은 인간적 존재를 향유할 기회를 가지고 있다."

"착취의 폐지, 도시들에서 실업의 폐지 그리고 농촌에서 빈곤의 폐지는 노동인민의 물질적 조건에서 역사적인 성취인데, 이것은 부르주아 나라들에서, 심지어 가장 '민주적인' 나라들에서 노동자와 농민들의 꿈을 넘어서는 것이다."

"우리의 대도시들과 산업적 중심들의 외관은 변화했다. 부르주아 나라들에서 대도시들의 불가피한 특징은 슬럼, 소위 도시 외곽에서 노동자 지구들이다. 한 무더기의 어둡고 음습하고 초라한 거주지들, 대부분은 지하실 형태인데, 그곳에서 가난한 사람들은 대개 더럽게 살고 자신의 운명을 저주한다. 쏘련에서 혁명은 우리의 도시들에서 슬럼들을 일소했다. 그것들은 밝고 잘 지어진 노동자들의 주택들의 블록들에 의해 대체되었다. 많은 경우들에서 우리 도시들의 노동자계급 지구들은 중심 지구들보다 더 좋은 외관을 띤다."

"우리의 농촌지구들의 외관은 더 많이 변화했다. 가장 도드라진 곳에 교회가 있고 전면에 가장 좋은 집들—경찰관, 사제, 그리고 쿨락들의 집들—이 있고 후미진 곳에 농민들의 초라한 오두막이 있는 낡은 유형의 마을은 사라지고 있다. 그것의 자리는 새로운 유형의 마을로 대체되고 있는데, 공공의 농장 건물들, 클럽들, 라디오, 영화, 학교들, 도서관들, 그리고 탁아소들이 있고 트랙터, 수확 콤바인, 탈곡기, 그리고 자동차들이 있다. 이전의 마을의 중요한 요인(要人)들, 쿨락 착취자, 피를 빨아먹는 고리대금업자, 폭리를 취하는 상인, '작은 아버지'인 경찰관이 사라졌다. 지금은 마을의 탁월한 요인들은 집단농장들과 국영농장들, 학교들과 클럽들의 지도적 노동자들이고, 트랙터와 콤바인 운전자들, 들판 일과 가축 사육에서의 팀 지도자들, 집단농장의 들판에서 가장 뛰어난 남녀의 특별작업대 노동자들이다."

쿠로미야는 말한다.

"1932년까지 산업의 노동력은 6백만 이상이 증가되어 1928년보다 배가 되었다."

쿠로미야, p. 290.

"동일한 4년 동안, 모든 부문에 걸쳐서, 1250만의 사람들이 도시에서 새로운 직업을 찾았고 그들 중 850만은 이전에 농부였다."

p. 306.

쿠로미야의 책의 요점은 다음과 같은 문장으로 요약될 수 있다:
쓰딸린은, 피억압계급 자신의 대열에서 일어났던 사보타주하는 사람들에 반대하는 피억압계급의 전쟁의 하나로서 쟁점을 제기함에 의해, 빠른 공업화를 위해 공업노동자와 다른 노동자들을 동원하는 데 성공했다.

이에 대해 언급하면서, 벨기에 노동당PTB의 의장인 루도 마르텐스는 최근에 발행된 그의 책 ≪쓰딸린에 대한 또 하나의 관점≫에서 다음과 같이 적절한 관찰들을 하고 있다:

"이 생각은 올바르다. 그럼에도 불구하고, 문학작품과 역사적 작품들에 의해 우리는 공업화와 집단화의 이름하에 벌어졌던 이들 계급전쟁들에서 억눌린 사람들과 같은 사람이라고 생각하도록 항상적으로 압력을 받고 있다. 그들은 우리에게, 억압은 '언제나 비인간적'이며 문명화된 나라에서, 실제적으로 착취자들이건 혹은 이러한 계급들이건 간에 어떤 특정한 사회적 그룹에게 해를 주는 것은 허용될 수 없다고 가르친다."

"누가 이러한, 주장하는 바에 의하면, 인간주의적인 주장에 반대할 수 있는가?"
"그러나 문명화된 세계에서 산업화가 어떻게 달성되었는가? 런던과 빠리의 우리의 은행가들과 산업의 대장들은 그들의 산업적 토대를 어떻게 창출했는가? 그들의 산업화는 인디언 왕들의 금과 은의 약탈―6천만 명의 아메리카 인디언들의 절멸을 수반한 약탈―없이 가능했겠는가? 그것은 아프리카에서 자행된 괴물 같은 대학살, 즉 노예무역 없이 가능했겠는가? UNESCO 전문가는 아프리카의 손실을 2억 천만 명으로 산정하는데, 습격에서 죽은 사람들, 여행 중에 죽은 사람들, 노예로 팔린 사람들을 포함한다. 우리의 산업화가 식민지화―식민지화는 전체 민족을 자신의 나라에서 죄수로 전환시켰다―없이 가능했겠는가?"
"수백만의 '원주민'의 죽음에 기초하여 유럽이라 불리는 지구상의 그 작은 구석을 산업화한 사람들이 지금 우리에게 소유계급들에 대한 볼쉐비키의 억압을 증오라고 말하고 있다! 농민들을 총부리로 그들의 땅에서 쫓아내는 것에 기초하여 그들의 나라를 산업화한, 여성들과 아동들을 14시간 노동일에 종속시킴에 의해 죽음으로 내몬, 사람들을 실업과 기아의 위협 하에 일하도록 강제한 사람들이―이 사람들이 감히 그들의 문헌에서 쏘련에서 '강제된' 산업화를 맹렬히 비난한다!"
"쏘련의 산업화가 부유하고 반동적인(혹은 부유하거나 반동적인) 5%에 대한 억압에 의해 영향을 받아야만 했다면, 자본주의적 산업화는 그들 자신 나라의 그리고 피억압 나라들의 전체 노동 대중들에 대하여 동일한 부유한 5%에 의해 가해진 테러로 탄생했다는 것은 또한 진실이다."

같은 책, 브뤼셀, 1993.

쏘련이 스스로를 변혁시키고 쏘련공산당 주위에 결집하여 당의 구호에 하나로서 응답했던 수천만의 인민들의 창조적인 활동과 끝없는 열정을 통해 한 걸음에 7리그(21마일 거리―역자)씩 걸어 나갈 때 그 악명 높은 "쏘련공산당(볼)에 관한 문제들에서 자본주의 언론의 정보국", 즉 뜨로쯔끼주의는 소위 당의 타락과 관료주의에 대해 외치고 다니느라 바빴다. 사실상, 쏘련의 빠른 공업화와 집단화의 깜짝 놀랄만한 용감한 계획은 당이 대중들 사이에 뿌리를 깊이 내림이 없이는, 그리고 수천만 대중들의 능동적이고 열정적인 참여 없이는 달성될 수 없었을 것이다. 심지어 쿠로미야 같은 보통의 부르주아 지식인도, 뜨로쯔끼주의 소부르주아 지식인들이 감수하기에 어려움을 느끼는 것을 인정하는 데 있어 거의 어려움이 없다. 쿠로미야에 따른다면 당원은 1928년에 130만에서 1930년에 160만으로 증가하였다. 동일한 기간에 산업노동자의 비율은 57%에서 65%로 올라갔다. 새로운 취업자의 80%는 돌격대 노동자들이었다. 대부분 이들은 기술 교육을 받은 상대적으로 젊은 사람들, 모범 노동자들로서 두드러졌고 생산을 합리화하는 것을 돕고 높은 생산성 수치를 달성하고 있던 콤소몰 활동가들이었다. (319페이지와 115페이지를 보시오)

1930년에서 1933년 사이에 쏘비에트 국민수입은 350억루블에서 500억 루블로 올라갔다. 동일한 기간에 쏘련의 인구는 1억6천만에서 1억6천8백만으로 증가했고 공업의 노동력은 거의 800만(1450만에서 2180만으로)이 늘었다. 노동자들과 여타 피고용인의 급료 총액은 1350만루블에서 3420만루블로 되었다. 연평균 임금은 991루블에서 1591루블로 상승했다. 노동자들과 여타의 피고용인을 위한 사회보험 기금은 18억천만루블에서 46억천만루블로 증가하였다.

동일한 기간에 모든 산업의 영역에서 7시간 노동일의 도입이 이루어졌고 쏘련 전체에 걸쳐 의무적인 초등교육의 도입이 이루어졌다. 그리하여 인구 중 읽고 쓸 수 있는 사람의 수가 증가하였는데 1930년의 67%에서 1933년 말에 90%가 되었다. 모든 학년의 학교에 나가는 학생의 수가 1929년의 1400만에서 1933년에 2640만이 되었다. 취학전 교육을 받는 어린이들의 수는 838,000명에서 5,917,000명으로 되었다. 고등교육기관의 수가 1914년 91개에서 1933년 600개로 증가하였다.(위의 모든 수치는 쓰딸린의 쏘련공산당 17차 당대회에 대한 보고, ≪레닌주의의 제 문제≫로부터 취한 것이다. pp. 620-621.)

당시의 쏘련에서 이들 전방면의 폭풍 같은 발전들과 필적하는 어떤 부르주아 나라도 없다.

이제 공업에서 농업으로 전환해보자.

제6장
집단화—농촌에서 사회주의의 건설

지도력의 역할

우리가 바라건대 위에서 보여주었던, "사회화된 소유"는 자동적으로 사회주의적 공업을 건설하지 않는다. "사회화된 소유"가 사회주의적 기초 위에서 반드시 농업을 재조직할 수 있는 것은 아니다. 그리고 여기서 다시, 사회주의적 공업화의 정책의 경우에서처럼, 집단화의 문제에 대한 잘못된 정책들에 맞서 싸워야 했고 그것을 패배시켜야 했다. 올바른 볼쉐비키적, 레닌주의적 정책은 반볼쉐비키적 정책들에 맞서 자신의 승리를 위해 싸워야만 했다. 그러면 이들 잘못된 정책들은 무엇이었는가?

집단화에 대한 부하린-리코프 그룹의 정책

이들 잘못된 정책들의 첫째는 부하린, 리코프 그리고 톰스키에 의해 추구되었다. 이 정책은 농촌에서 쿨락에 대한 사회주의적 공격의 포기, 산업의 성장률을 늦추는 것, 그리고 집단적 농장보다 개인적 농장에 대한 의존을 선호하는 것이었다. 이 정책은 곡물 전선에서 극복할 수 없는 문제들을 창출했을 것이고 농촌에서 자본주의적 요소들—쿨락들—은 쏘비에트 정부에게 지시를 할 수 있었을 것이다. 부하린은 사실상 쿨락들에게 '부자가 되라'는 구호를 제기했다. 당중앙위원회는 즉각적으로 이 구호를 비난했고(뜨로쯔끼의 반대되는 주장에도 불구하고) 그리고 부하린은 이 구호를 철회하는 글을 써야만 했다.

집단화에 대한 뜨로쯔끼와 지노비예프의 정책

이들 잘못된 정책들의 두 번째는 뜨로쯔끼와 지노비예프에 의해 옹호된 것이었다. 이 정책은 모험주의로 가득 찬 것이었는데, 왜냐하면 그것은 프롤레타리아트가 중농층과 동맹을 실행하기 전에, 그리고 곡물 생산의 영역에서 부농이 쏘비에트 국영농장들과 집단적 농장들에 의해 대체되기 전에 1925년에 때 이르게 쿨락에 대한 공격을 지지했기 때문이다.

농촌에서 자본주의적 요소들—쿨락들—은 단지 무자비한 계급투쟁에 의해서만 제거될 수 있었다. 이 계급투쟁을 위하여 프롤레타리아트는 중농층과 확고한 동맹을 필요로 했다. 이 동맹은 오직 중농을 집단화로 전환시킴에 의해서만 강화될 수 있었다. 이것은 이번에는 공업이 트랙터들, 다른 농업 기계류, 비료의 공급에 의해 농민층에게 실제적이고 적극적인 지원을 할 때에만, 국가가 신용들을 줄 수 있을 때에만 달성될 수 있었다. 마지막으로 중농층에 대해 그들 자신의 경험에 기초하여, 그리고 사례에 의해—강제나 힘에 의해서가 아니라—개인적 영농에서 집단적 영농으로 전환할 것을 설득해야만 했다. 그리고 여기에서, 나중에 보여지듯이, 헤아릴 수 없는 중요한 역할이 농촌 곳곳에 있는 국영농장들 그리고 기계·트랙터 기지들(MTS-역자)에 의해 수행되었다. 국영농장 셰프센코는 최초의 기계·트랙터 기지를 설립했고 주위의 농민들에 대해 기계류의 대여를 통해 도움을 주었다. 이와 같은 조치들의 성공, 농민층에게 적극적으로 지원을 줄 수 있을 정도로의 공업의 발전 그리고 신용을 줄 수 있는 국가의 능력은 중농층을 집단적 영농으로 전환시키고 그리하여 노동자계급과 중농층 간의 동맹을 강화시키는 요인들이었다. 이러한 강화된 동맹은 이번에는 쿨락에 관한 쏘비에트 정책에서 첨예한 전환을 야기했다. 쿨락들을 단순히 제한하는 정책으로부터 당은 계급으로서 쿨락들을 제거하는 정책을 채택했다. 이것은 그리고 이것만이 1925년에 쿨락들을 공격하는 것이 왜 가능하지 않았는지, 그리고 1930년에 그렇게 하는 것이 가능하게 되었는지를 설명한다. 쿨락의 제거는 뜨로쯔끼와 지노비예프가 1925년에 제안했듯이 단순히 '포고들'에 의해 달성될 수 없었다. 그것은 농촌에서 무자비한 계급투쟁—그를 위하여 프롤레타리아트가 빈농 및 중농과의 확고한 동맹을 필요로 했던 계급투쟁; 그리고 그 투쟁을 위해 프롤레타리아트는 1925년에 전혀 준비가 되어있지 않았다—에 의해서만 달성될 수 있었다. 그러나 1930년에는 모든 필요한 조건들이 쿨락들에 대한 이 무자비한 계급투쟁을 위해 존재했다.

이러한 이유들로 인해 뜨로쯔끼와 지노비예프에 의해 옹호된 정책은 부하린-리코프 그룹에 의해 옹호된 것보다 훨씬 더 위험한 것이었다. 1925년에 그것을 따랐다면 그것은 쏘비에트 정부와 노동자계급을 중농층으로부터 고립시키는 것이었을 텐데, (당시-역자) 중농층은 부농층에 의해 지배당했을 것이다. 이 정책은 쏘비에트 정부를, 뜨로쯔끼가 선호하는 표현을 쓰면, 대부분의 농민층과 "적대적인 충돌"로 이끌었을 것이고 그리하여 뜨로쯔끼의 죽음, 파멸 그리고 절망이라는 예언의 실현에 가까워졌을 것이다.

위에서 언급한 유형의 두 정책은 극단적으로 잘못된 것이다. 그것들은 하나의 공통점이 있다: 그것들을 따랐다면 사회주의적 요소들에 대한 자본주의적 요소들의 지배를 초래했을 것이고 종국에는 프롤레타리아 독재의 타도를 초래했을 것이다. 그리하여 그것들은 본질이 동일하다. 비록 그것들이 표현된 형태에서는 아니지만. 형태라는 점에서 보면 부하린, 리코프 그리고 톰스키의 정책은 우익-기회주의였고, 반면에 뜨로쯔끼와 지노비예프의 그것은 좌익-모험주의였다. 형태라는 것은, 좌익-모험주의가 초혁명적인 수사들로 덮어 가리워져 있기 때문에 간파하고 맞서 싸우기에 더 어렵다는 것 때문에만 의미 있는 것이다. 그러나 이들 두 유형의 기회주의는 노동자계급 운동 내에서 부르주아지를 위한 실제적이고 강력한 지원을 구성한다는 것은 조금의 의심의 여지도 없다.

이들 잘못된 정책들에 대한 쓰딸린의 비판들

뜨로쯔끼 신봉자들과 부하린주의자들에 대해 그들의 쿨락에 맞선 싸움의 문제에서 잘못된 정책들을 비판하면서 그리고 공격을 뜨로쯔끼주의자들에 집중하면서, 쓰딸린 동지는 말했다:

"두 개의 일탈들(즉 쿨락들을 과소평가하는 것과 그들을 즉각적으로 폐지하려고 하는 것)은 위험하다. 그들 둘 다 나쁘다. 우리는 그들 중 어느 것이 더 나쁜가에 대해 논쟁하면서 시간을 허비할 수 없다. 그러나 그들 중 어느 것과 우리가 싸우기 위해 최선의 준비를 해야 하는가를 논쟁하는 것은 실천적 필요가 있다. 당이 쿨락들에 대해 무자비한 투쟁을 수행할 준비가 더 잘 되어 있는지 혹은 (당분간 쿨락들을 무시하면서) 중농층과 동맹으로 들어가야 하는지를 여러분이 묻는다면, 백 명 중에 아흔 아홉 명의 공산주의자들은 당이 '쿨락을 공격하자!'라는 표어에 따라 행동할 준비가 더 잘되어 있다고 말할 것이라고 나는 믿는다. 우리가 그 동지들이 자신들의 길을 가게 내버려 둔다면 쿨락들은 즉시 가죽이 벗겨져 버릴 것이다. (두 개의-역자) 경쟁적인 정책에 관해 말한다면, 쿨락을 깊이 생각하지 않고 즉각 폐지하는 대신에, 중농층과의 동맹으로 들어가는 것에 의해 쿨락들을 고립시킨다는 훨씬 더 복잡한 계획을 추구하기를 원하는 사람들의 정책—이것은 그 동지들이 결코 받아들일 준비가 되어 있지 않은 것이다. 그것이, 당이 이들 두 일탈들에 대한 투쟁에서 자신의 화력을 두 번째의 일탈(쿨락들을 즉각 폐지하려고 하는)에 집중해야만 한다고 내가 믿는 이유이다."

쓰딸린, <14차 당대회 개막연설>

이 점에 관해 말하자면 또한 뜨로쯔끼의 불운은, 그 본질이 농민층에 대한 불신, 프롤레타리아 독재라는 조건하에서—노동자계급의 지도력하에서—농민층의 기본적 대중들을 사회주의 건설로 끌어들일 수 있다는 사실에 대한 확신의 결여, 그리고 혁명의 상이한 단계들에서 그리고 사회주의 혁명 후에 농민층의 상이한 부문들의 역할에 대한 이해의 결여인 '영구혁명' 이론으로부터 흘러나온다는 것을 알 수 있다.

이 모든 것—"사회화된 소유"에 더하여 올바른 정책과 지도력에 대한 필요—은 누구에게나 명백한데, 그러나 그것은 뜨로쯔끼 신봉자들과 부르주아 지식인들에게는 그렇지 않은 것 같다. 그것이 우리가 전에 수천 번도 넘게 언급되었던 초보적인 진실들을 반복하여 집단화라는 주제에 대한 시작을 하는 것이 왜 필요한지에 대한 이유이다. 죽은 뜨로쯔끼를 반박하는 것만이 아니라 오늘날의 뜨로쯔끼 신봉자들이 노동자들에게 행하는 왜곡들과 부패와 맞서고 그것을 멈추게 하기 위해 필요하다—특히 소부르주아적 수사에 유혹되는 경향이 있는 젊은이들에 대해 그러한데, 왜냐하면 올바른 정책, 올바른 지도력 그리고 올바른 이론의 역할을 부정하는 '맑스주의자들'(레닌이 말했듯이 "불쌍한 맑스!")이 나타나기 때문이다. 집단화로 돌아가자.

1927년: 농업이 공업의 뒤에 처지다

1927년까지 대규모 사회주의적 공업의 신속한 성장이 있었다. 그러나 농업의 경우에는 모습이 매우 달랐다. 전체로서 농업 생산은 전전의 수준에 도달했지만 곡물생산은 단지 전전 수준의 91%였다.

설상가상으로 곡물생산 중 시장화된 비율—도시들에 공급하기 위해 판매되는 곡물의 양—은 전전 수치의 37%에도 달하지 못했다. 대규모 농장들을 작은 농장들로 쪼개는, 그리고 작은 농장들을 더 작은 농장들로 쪼개는 과정이 너무 과도하게 진행되었다.

농업의 영역에서 이러한 상태가 계속되는 것이 허용된다면 도시의 인구와 군대는 고질적인 기근에 직면해야 했을 것이다. 이러한 상황의 유일한 출구는 트랙터들과 다른 현대적 농업 기계류의 사용을 가능하게 하고 그리하여 식량생산과 그것의 시장화된 비율을 증가시킬 대규모 농장으로 전환이었다. 쏘비에트 국가는 선택에 직면했다. 농민대중들을 파멸시키고 노동자계급과 농민층의 동맹을 철저하게 파괴하고 쿨락들을 거대하게 강화시키고 그리하여 농촌에서 사회주의 건설의 가능성을 영원히 종식시키는 대규모의 자본주의 농장을 채택할 것인지 아니면 농업 생산을 증가시키기 위해 트랙터들과 기계류의 사용을 허용할 뿐만 아니라 노동자계급과 농민층의 동맹을 강화하고 쿨락들과 그들의 자본주의 복고라는 꿈에 호된 타격을 가할 대규모의 사회주의 농장들로 소규모 농민 보유지들을 합병하는 사회주의적 대안을 채택할 것인가의 선택이었다.

쏘비에트 국가와 볼쉐비키당은 이미 언급한 것의 견지에서 두 번째 대안—대규모 집단농장을 통한 농업의 발전—을 선택할 수밖에 없었고 실제로 선택했다. 이러한 선택에서 볼쉐비키당은 소규모 농장으로부터 대규모의 협동적인 집단농장으로 이행의 필요성에 관한 레닌의 다음과 같은 교훈에 의해 인도되었다.

"소규모 농장으로는 빈곤으로부터 탈출구는 없다."

≪선집 8권≫, p. 195.

"농민의 농장이 더 발전하려면, 우리는 그다음 단계로의 이행을 또한 확고하게 확신시켜야 한다. 그리고 그다음 단계는 소규모의, 고립된, 최소한의 이윤을 남기는 가장 후진적인 농민의 농장들이, 불가피하게 점차적인 합병의 과정에 의해 대규모 집단농장들을 형성하는 것이다."

≪선집 9권≫, p. 151.

"우리가 농민들에게 실천적으로 공동의, 집단적인, 협동의 그리고 아르텔형 농장의 이점을 입증하는 데 성공할 때에만, 국가권력을 보유하고 있는 노동자계급은 그것의 정책의 올바름을 농민들에게 실제로 확신시킬 수 있고 수백만 농민들의 실제적이고 든든한 추종을 확보할 수 있을 것이다."

≪선집 8권≫, p. 198.

15차 당대회—집단화

15차 당대회가 1927년 12월 2일에 열렸다. 중앙위원회를 대표한 보고에서, 쓰딸린 동지는 사회주의 공업의 신속한 팽창을 언급하면서 당에게 다음과 같은 과제를 부여했다:

"도시와 농촌의 모든 경제적 분야들에서 우리의 사회주의적 핵심적 입장들을 확대하고 공고화하는 것 그리고 국가경제로부터 자본주의적 요소들을 제거하는 과정을 추구하는 것."

기계류의 사용을 배제하고 쏘비에트 국가를 위험에 빠뜨리고 있던, 소규모 개인적 농장에 기인한 농업에서의 후진성에 주목하면서, 쓰딸린 동지는 물었다:

"출구는 무엇인가?"

그는 계속하여 답을 했다:

"출구는, 소규모이고 분산된 농민의 농장들을 토지에 대한 공동의 경작에 기초한 대규모의 연합된 농장들로 전환시키는 것, 새롭고 더 높은 기술에 기초한 토지의 집단적 경작을 도입하는 것이다. 출구는 소규모의 그리고 왜소한 농장들을 점차적으로 그러나 확실히, 압력에 의해서가 아니라 사례와 설득에 의해서, 토지에 대한 공동의 협동적인 집단적 경작에 기초하여, 농업기계들과 트랙터들 그리고 집중적인 농업의 과학적 방법들을 사용하는 대규모 농장들로 연합하는 것이다. 다른 출구는 없다."

15차 당대회는 농업의 집단화의 완전한 발전을 요구하는 결의를 통과시켰다. 대회는 또한, "쿨락들에 반대하는 공세를 발전시키는 것 그리고 농촌에서 자본주의의 발전을 제한하고 농민의 농장을 사회주의로 인도하는 수많은 조치들을 채택하는 것"(쏘련공산당(볼)의 결의)이라는 지침을 주었다.

마지막으로 경제 계획이 확고히 뿌리를 내렸음을 인지하면서, 그리고 모든 자본주의 요소들을 체계적으로 제거하고 사회주의를 건설한다는 목표를 가지고 대회는 적절한 수임자들에게 쏘비에트 경제의 발전을 위한 1차 5개년 계획을 입안할 것을 지시했다.

집단화에 대한 부하린-리코프 그룹의 반대

15차 당대회에 이어서 집단화가 실행에 들어가고 당이 쿨락들에 대한 공세를 취했을 때, 부하린과 리코프에 의해 지도되는 우익 기회주의자들의 그룹이 출현했다. 부하린-리코프 그룹은 당의 집단화 정책을 반대했다. 그 그룹은 당이 쿨락들에 반대하여 채택한 긴급한 조치들의 철회를 요구했고 쿨락 농장의 쇠퇴를 농업의 쇠퇴로 묘사했다. 부하린-리코프 그룹은 집단화로부터는 아무런 좋은 것도 나올 수 없고 쿨락들의 부유화는 사회주의에 전혀 위험을 주지 않는 것은 말할 것도 없고 쿨락들은 스스로 사회주의로 '성장할' 것이라고 선언했다. 이러한 주장들에 대해 이론적 정당화를 제공하기 위해 그들은, 그에 따르면 사회주의의 모든 진전과 더불어 계급투쟁은 더 온건해질 것이고 쿨락들은 평화롭게 사회주의로 '성장'하고 결과적으로 그들에 대한 단호한 투쟁을 수행할 필요가 전혀 없으며 그리고 계급투쟁은 계급의 적이 분쇄되기 전에조차도 감퇴할 것이라는 '계급투쟁의 감퇴' 이론을 요리해 내놓았다. 이것은 어리석고 배신적인 이론이었지만, 부하린-리코프 그룹은, 사회주의의 모든 진전에 따라 계급투쟁은 더 첨예해진다―계급적은 백배나 더 그의 시도들을 증가시키고 사회주의를 타도하고 그의 '잃어버린 이상향', 즉 자본주의를 재획득하기 위해 할 수 있는 모든 시도를 한다―는 레닌주의의 유명하고 올바른 테제를 방기하고 대체하려는 단호한 시도를 했다.

뜨로쯔끼 신봉자와 부하린 신봉자의 이론의 본질에서의 유사성

언론의 발표들로부터 배우게 되어, 쿨락들은 쏘련에서 사회주의 건설에 대한 그들의 반대에서 혼자가 아니라는 것을, 그들은 또한 볼쉐비키당내에 그들의 지지자들이 있다는 것을 깨달았다. 한편으로는 러시아와 같은 단 하나의 후진적인 나라에서 사회주의는 건설될 수 없다고 주장한 뜨로쯔끼와 지노비예프와 같은 그룹이 있었다. 그들은 14차 당대회에서 그리고 그 이후에 당의 정책을 반대하기 위해 전력을 다했다. 다른 한편으로 부하린-리코프 그룹이 있었다. 이 그룹은 집단화에 대한 문제에서 당에 반대하고 나왔고 쿨락들에 반대하는 공세를 할 필요가 없다고 그리고 그들이 사회주의로 '성장할' 것이라고 주장했다. 이리하여 형태에서 차이들에도 불구하고 후진적인 러시아에서 사회주의는 건설될 수 없다고 주장한 뜨로쯔끼 신봉자와 지노비예프 신봉자라는 항복자들과 부하린-리코프의 우익 기회주의자들의 그룹 간에는 본질적으로 차이가 없었다. 유일한 차이는 뜨로쯔끼 신봉자와 지노비예프 신봉자의 항복자들은 얼마간은 '영구혁명'에 대한 '좌익적' 혁명적인 외침의 가림막하에서 그들의 항복자로서의 성격을 감출 수 있었던 반면, 부하린-리코프의 우익 기회주의자 그룹은 공공연하고 위장 없이 쏘련에서 자본주의 세력들, 특히 쿨락들을 옹호할 때―그들은 그래야만 했는데―그들의 자본주의적 본성을 감출 수 없었다.

그리하여 두 기회주의적이고 반동적인 조류의 만남과 그것들의 당에 반대하는 단일한 연합전선으로의 전환의 기초가 놓여졌다. '영구혁명' 이론과 '계급투쟁의 감퇴' 이론은 냉혹하게 두 기회주의적 조류들을 하나의 공통된 만남의 지점으로 이끌었다. 불가피한 것이 일어났다: 두 기회주의적 조류들은 볼쉐비키당의 혁명적인 정책에 반대하여 연합하여 만났고 당에 대한 치밀하고 군건한 반대를 형성했다. 그때 이후로 계속하여 뜨로쯔끼 신봉자와 지노비예프 신봉자라는 항복자들과 부하린주의의 우익 기회주의자 그룹은 제휴하여 행동했다. 그러나 이것의 더 많은 것은 모스끄바 재판을 다룰 때 다루어질 것이다.

쿨락들의 저항과 이 저항에 맞서기 위해 당에 의해 취해진 조치들

쿨락들은 그들의 입장을 지지하는 거대한 양의 지원과 힘을 반대파의 관점에서 가지고 있다는 것을 매우 빠르게 깨달았다. 그들은 그들이 혼자가 아니며 그들이 부하린, 리코프, 뜨로쯔끼, 지노비예프 그리고 기타의 사람들과 같은 옹호자들을 가지고 있다는 것을 알았다. 이러한 깨달음은 당과 쏘비에트 정부의 정책에 대한 쿨락들의 저항을 완고하게 할 수밖에 없었다. 쿨락들은 쏘비에트 정부에 잉여 곡물을 파는 것을 집단적으로 거부했다. 그들은 당의 노동자들, 정부 관리들에 반대하여 그리고 집단농장 농부들에 반대하여 살인과 테러리즘에 호소했고 집단농장과 국가 곡물창고를 불태웠다.

당은 쿨락들이 농민들이 완전히 지켜보는 가운데 공개된 전투에서 패배되어야만 하고, 쿨락들의 저항이 분쇄되지 않는다면 노동자계급과 적군(赤軍)은 고질적인 기근으로 고통 받아야 하고, 집단화 운동은 고통스럽게 멈춰버릴 것이고, 쿨락들은 쏘비에트 국가에 지시를 할 수 있게 되고 최종적으로 그것을 타도할 수 있게 될 것이라는 결론에 도달했다.

그리하여 당은 쿨락들에 반대하는 단호한 공세를 시작했고 15차 당 대회의 결정에 따라서, 당은 다음과 같은 구호들을 실행시켰다: 빈농에 굳건하게 의지하라, 중농과 동맹을 강화하라, 그리고 쿨락들에 반대하는 결의에 찬 투쟁을 수행하라. 쿨락들은 잉여 곡물들을 팔기를 거부했다. 당과 정부는, 국가에 고정된 가격으로 잉여 곡물을 팔기를 쿨락들이 거부하는 경우에 쿨락들로부터 잉여 곡물들을 법원이 몰수하는 권한을 부여했던 형법 107조를 적용함으로써 응답했다. 빈농들은 많은 특권들을 부여받았고 몰수된 곡물의 25%는 그들의 처분에 맡겨졌다. 당에 의해 채택된 다양한 상이한 긴급한 조치들이 빈농과 중농을 쿨락에 반대하는 단호한 투쟁에 합류하도록 야기했고, 쿨락들을 고립시켰고, 식량부족 문제를 제거하면서 집단농장 운동을 전진시켰다. 그 결과는 1928년 말까지 쏘비에트 국가가 자신의 처분에 맡겨진 충분한 곡물 재고를 가지게 되었다는 것이다.

모스끄바 당조직에서 부하린 신봉자들의 패배

쿨락들에 대한 사회주의의 공세가 강화됨에 따라, 부하린-리코프 그룹은 자신의 반당활동을 강화했다. 이 그룹은 우글라노프, 코토프, 우하노프, 류틴, 야고다, 폴론스키 그리고 기타의 사람들과 같이 모스끄바 당조직에서 높은 자리를 차지하고 있던 사람들의 지지를 얻을 수 있었다. 모스끄바 당조직의 당 회합에서 그리고 언론에서 쿨락들에 대한 중과세는 잘못되었고, 쿨락들에 대한 양보가 행해져야 하며, 중공업의 발전은 시기상조라는 주장이 옹호되었다. 드니페르 수력계획의 건설에 대해 우글라노프가 반대했는데, 그는 그 자금이 (건설-역자) 대신에 경공업의 건설에 쓰여야 하며 그리고 어떤 엔지니어 공장들도 모스끄바에서 건설되어서는 안 된다고 요구했다. 우글라노프와 여타의 사람들은 이전보다 더 당의 중앙위원회를 지지한 모스끄바 당조직에 의해 폭로되었다. 당에서 기회주의적 일탈에 반대하는 단호한 투쟁의 필요성에 대해, 1928년에 열린 쏘련공산당(볼)의 모스끄바 위원회의 전체 회의에서 쓰딸린 동지가 밑그림을 그렸는데, 이 시기에 우익적 일탈에 화력을 집중하는 것이었다:

"우리 당에서 우익적 일탈의 승리는 자본주의의 세력들을 해방할 것이고, 프롤레타리아트의 혁명적 입장들을 침식하고 우리나라에서 자본주의의 복고의 가능성을 증가시킬 것이다."

≪레닌주의의 제 문제≫

쿨락들의 반대 그리고 뜨로쯔끼 신봉자들과 부하린 신봉자들의 반대에도 불구하고, 집단농장 운동이 계속하여 발전했다. 모든 어려움들—외부적인 그리고 내부적인—을 하나하나 극복해가면서, 당과 쏘비에트 정부는, 중공업을 건설하고 국영농장과 집단농장들을 발전시키고 그리고 제1차 5개년 계획의 채택과 실행을 위한 기초를 놓음으로써 쏘련에서 사회주의를 성공적으로 건설하는 작업을 계속했다.

16차 당 협의회

당은 1929년 4월에 16차 협의회를 개최했고 사회주의 건설을 위해 제1차 5개년 계획을 채택했다.
쓰딸린은 말했다.

"5개년 계획의 근본적인 과제는 전체 공업뿐만 아니라 운송과 농업을 사회주의를 기초로 재장비하고 재조직할 수 있는 우리나라의 산업을 창출하는 것이었다."

협의회는 또한 사회주의적 경쟁의 가일층의 발전을 요구하는 모든 노동인민에 대한 호소를 채택했다.

집단농장들의 신속한 성장

(1차 5개년-역자) 계획의 광대함에 의해 주눅들지 않으면서 쏘비에트 인민대중들은 이 요구에 대해 가일층의 노동 영웅주의의 물결로 응답을 했고 제1차 5개년 계획을 실현하는 과제를 신속하게 수행했다. 이 시기에 농민들은 뒤처지지 않았다. 농민들은 국영농장과 기계·트랙터 기지를 본 결과 집단농장을 더욱더 찬성하게 되었다. 농민들은 국영농장들과 기계·트랙터 기지들을 방문하려 했고 트랙터들과 다른 농업기계들의 작동을 관찰하고 그것들의 작업수행에 경탄하고 즉석에서 집단농장에 합류할 것을 결의했다. 집단농장 운동이 발전한 것은 바로 이런 방식이었다, 즉 농민들은 우월한 국영농장들과 농업기계류들에 의하여 집단농장들에 합류하도록 설득된 것이었다. 부르주아지의 유급 혹은 무급의 대리인들—즉 뜨로쯔끼 신봉자들, '박식한' 부르주아 교수들 그리고 부르주아 지식인들—에 의해 주장되듯이 팔을 비틀거나 혹은 힘의 사용에 의한 것이 아니었다.

그러나 이것은 프롤레타리아 국가가 사회주의 건설을 반대하기 위해 살인과 테러리즘에 호소하는, 그리고 자본주의를 복고하기를 원하는 쿨락들과 그들의 대리인들, 사보타지하는 사람들 그리고 파괴자들에 대해 전혀 강제력을 사용하지 않았다는 것을 의미하지는 않는다. 프롤레타리아 독재는 극복되었던 자본가들이 다시 권력에 이르지 않게 하는 것을 확실히 하기 위해 쿨락들에 대해, 소수의 착취자들에 대해, 쏘비에트 인민이라는 보다 넓은 다수의 이익의 관점에서 자신의 독재를 실시했다. 프롤레타리아 독재는 자신의 독재를 실행했는데, 왜냐하면 그것이 정확히 자신이 존재하는 특수한 목적이기 때문이다. 그것 (프롤레타리아 국가-역자)이 이것(독재-역자)을, 그것의 주요한 기능 중의 하나를 실행하지 않는다면 그것을 비난하는 것에 대해 완전한 정당화를 우리는 갖지 않겠는가? 프롤레타리아 독재라는 주제에 대한 맑스주의적 입장을 더 명확하게 하고 쏘련에서 프롤레타리아 독재에 대해 그리고 쓰딸린 동지에 대해 뜨로쯔끼 신봉자들과 다른 반동들의 거짓말과 비방들을 반박하기 위해 우리는 맑스와 엥엘스로부터 독재라는 주제에 대해, 내친김에 말하자면 빠리꼬뮨에 관해 그들이 말한 것을 보이기 위해 인용할 것이다:

> 맑스: " ··· 노동자들이 부르주아지의 저항을 분쇄하기 위하여 ··· 부르주아지의 독재를 자신들의 혁명적 독재로 대체하는 때에 ··· 노동자들은 국가에 혁명적이고 이행기적 형태를 부여한다. ··· "
>
> 엥엘스: "승리한 당이"(혁명에서) "헛되이 싸우기를 원하지 않는다면, 그것은 그 무기가 반동들에게 영향을 주는 공포(테러)라는 수단에 의해 이 지배를 유지해야만 한다. 빠리꼬뮨이 부르주아에 대한 무장한 인민이라는 권위의 사용을 하지 않았다면 단 하루라도 지속될 수 있었겠는가? 우리는 반대로 그것을 충분히 자유롭게 사용하지 않았다는 이유로 그것을 비난해야 하지 않겠는가? ··· "
>
> <권위에 대하여>
>
> 엥엘스: "따라서, 국가가, 누군가의 적을 힘에 의해 억누르기 위하여 계급투쟁에서, 혁명에서 사용되는 유일한 이행기적 기관이기 때문에 자유로운 인민의 국가에 대해 말하는 것은 순전한 헛소리이다. 프롤레타리아트가 여전히 국가를 사용하는 한, 그것은 자유라는 견지에서 그것을 사용하는 것이 아니라 그것의 적들을 억누르기 위해 그것을 사용한다. 그리고 그것이 자유에 대해 말하는 것이 가능하게 되자 마자 이러한 국가는 존재하기를 멈춘다. ··· "
>
> <베벨에게 보내는 편지>, 1875년 3월.

프롤레타리아 독재의 문제에 대한 맑스주의의 입장에 관해서 문제는 바로 이러하며, 뜨로쯔끼 신봉자들이 쏘련에서 프롤레타리아트의 독재에 대해, 부르주아지를 강제적으로 억눌렀다는 이유로, 그것의 저항을 분쇄했다는 이유로, 반동들에게 공포(테러)를 주었다는 이유로, 그것의 적들을 강제적으로 억눌렀다는 이유 등등으로 욕설을 퍼부을 때,

뜨로쯔끼 신봉자들은 단지 그들이 맑스주의로부터 얼마나 멀리 떨어져 있는지를 보여주는 것일 뿐이다. 그렇게 함에 있어 뜨로쯔끼 신봉자들은, 땅이 하늘로부터 떨어져 있듯이, 자유주의자들이 프롤레타리아 혁명가들로부터 떨어져 있듯이, 그들이 맑스주의로부터 얼마나 떨어져 있는지를 입증할 따름이다.

집단농장 운동의 성장의 속도는 신속했고 유례가 없었다. 그것은 심지어 사회주의 공업을 능가했다. 집단농장들의 성장률을 언급하면서, 쓰딸린 동지는 그의 기사 <위대한 변화의 1년(1929)>에서 다음과 같이 썼다:

"이러한 발전의 맹렬한 속도는 뛰어난 발전 속도로 주목받는 우리의 사회주의적인 대규모 공업조차 능가한다."

계급으로서 쿨락들의 제거 정책과
이 정책의 채택에 대한 이유들

공업의 빠른 발전, 집단농장 운동 그리고 노동자계급과 농민층의 광범한 대중(빈농과 중농)의 강화된 동맹에 기초하여, 쏘비에트 권력은 1930년까지 쿨락들을 단순히 제한하는 정책(즉 농업을 재생시키고 산업과 농업 사이에 연계를 회복하기 위해 신경제정책하에서 채택된 정책)으로부터 계급으로서 쿨락들을 제거하는 정책으로 옮겨갈 수 있었다. 쿨락들을 제한하는 정책은 국영농장들과 집단농장들이 약하고 식량 생산의 영역에서 쿨락들을 대체할 수 없는 한에 있어서 필수적인 것이었다. 그러나 1929년 말까지 집단농장과 국영농장의 유례없는 성장은 쏘비에트 권력이 쿨락들을 제거하는 정책으로 전환하는 것을 가능하게 했다. 이 정책하에서, 마치 자본가들이 1918년에 공업의 영역에서 수탈되었듯이, 쿨락들은 수탈되었는데, 유일한 차이는 현재의 경우에는 쿨락들의 생산수단은 국가에게로가 아니라 집단농장으로 연합된 농민들의 수중으로 넘겨졌다는 것이다.

1930년의 탈쿨락화에 대한 뜨로쯔끼의 입장

우리는 1925년에 뜨로쯔끼와 지노비예프가 계급으로서 쿨락들에 대한 공격을 요구했었다는 것을 이미 알고 있고 또 우리는 당이 이러한 요구를 당시에 단호하게 거절했던 이유를 또한 알고 있다. 그러나 1930년 1월에 이러한 공격을 위한 모든 전제조건들을 준비하고서 당은 계급으로서 쿨락들에 대한 공격을 시작했다. 당은 쿨락들을 단순히 제한하는 정책에서 계급으로서 그들을 제거하는 정책으로 이행했다. 이것이 일어났을 때, 그때까지 당이 부농들이 잘 지내도록 내버려 두고 있다고 머리를 흔들며 외쳐댔던 뜨로쯔끼는, 지금은 당이 "집단농장들을 그들의 지지의 실제적 원천과 선을 맞추어야 하고", "'탈쿨락화' 정책(즉 부농들에 대한 수탈)을 포기해야 한다고", 그리고, "쿨락들의 착취적 경향을 매우 오랜 기간 동안 제한해야 한다고" 요구했다.

> "쿨락들에 대한 관계에서 지도적 원칙은 철의 '계약 체제'(부농들이 국가에 일정량의 그들의 생산물을 고정된 가격으로 공급해야만 하는 체제)이어야만 한다."
>
> 뜨로쯔끼, <쏘련의 공산당원들에 대한 공개 편지>, 1930년 3월 23일.

이제는 집단화와 쿨락들의 제거에 관한 문제에 대해 뜨로쯔끼 등에 의해 옹호된 정책들에 대해 판단하는 것은 각자의 몫이다.

집단화와 부농 제거정책의 성공

공고한 집단화를 위한 농민들의 대중적 운동의 결과를 요약하고 쿨락들을 제거하는 정책으로 전환의 이유를 설명하면서, 쓰딸린 동지는 1929년에 다음과 같이 썼다:

> "쏘련에서 자본주의—'사적 소유의 신성한 원칙'—를 복고하려는 모든 나라들의 자본가들의 마지막 희망은 붕괴하고 있고 사라지고 있다. 그들이 자본주의를 위한 토양을 성숙시키는 물질로 간주한 농민들이 '사적 소

유'라는 찬양되던 기치를 집단적으로 포기하고 있고 집단화의 길, 사회주의의 길을 취하고 있다. 자본주의 복고의 마지막 희망은 가루가 되고 있다."

쓰딸린, ≪레닌주의의 제 문제≫

쿨락들을 제거하는 정책은, 한 번의 타격으로 사회주의 건설에서 세 가지의 근본적인 문제들을 해결하는 가장 철저하고 심오한 혁명을 결과했다:

(a) "그것은 우리나라에서 착취자들 중 가장 수가 많은 계급, 쿨락 계급, 자본주의 복고의 대들보를 제거했다."

(b) "그것은 우리나라에서 가장 수가 많은 노동하는 계급, 농민 계급을 자본주의를 낳는 개인적 영농의 길로부터 협동적이고 집단적인 사회주의적 영농의 길로 변혁시켰다."

(c) "그것은 쏘비에트 정권에게 농업—아직 최소로 발전되었지만 가장 넓고 사활적으로 필요한 국민경제의 분야—에서 사회주의의 토대를 갖추게 했다."

"이것은 나라 내부에서 자본주의의 복고의 마지막 주요 원천을 파괴했고 동시에 사회주의 경제체제의 건설을 위한 새로운 결정적인 조건들을 창출했다."

≪쏘련공산당(볼)의 역사≫

집단화의 방법들에 대한 당의 지시들, 이 지시들에 대한 위반들
그리고 당에 의한 교정

계급으로서 쿨락들을 제거하는 정책은 <집단화의 비율과 집단농장들의 발전을 돕기 위한 국가의 조치들>이라는 1930년 1월 5일에 쏘련공산당(볼)의 중앙위원회에 의해 채택된 역사적 결의에 포함되었다.

주어진 단계에서 집단농장 운동의 주요한 형태는 농업 아르텔인데 그것에는 단지 주요 생산수단만이 집단화된다는 매우 중요한 지시를 이 결의는 구체화했다.

중앙위원회는 당조직들에게, "집단농장들의 조직에서 실제적인 사회주의적 경쟁을 거짓된 집단화로 대체하는 위험을 포함할 수 있었던 위로부터의 '포고'에 의해 집단농장 운동을 강제하는 어떠한 시도에 대해서도 반대하는"(쏘련공산당(볼)의 결의들) 가장 심각한 경고들을 제기했다.

어떤 지역에서는, 특히 모스끄바지역과 트랜스코카서스 그리고 중앙아시아에서는 이들 중앙위원회의 경고들이 무시되었다. 집단화의 최초의 성공들에 도취되어서 이들 지역들의 당국자들은 집단화의 속도와 시기의 제한들에 관한 당의 지시들을 위반했다. 지방당조직들에 의해 범해진 이들 오류들과 왜곡들은 농민층 사이에서 심각한 불만을 야기했다. 쿨락들은 이들 왜곡과 오류들을 이용하여 농민층 사이에서 가일층의 불만을 퍼뜨리기 시작했다.

중앙위원회는 즉각적으로 상황을 치유하는 과정에 들어갔다. 1930년 3월 2일에 중앙위원회는 쓰딸린 동지의 <성공에 현혹되어>라는 기사를 발행하기로 결정했는데, 거기에서 쓰딸린 동지는 당일꾼들에게 집단화의 성공에 의해 도취되어 농민들을 집단농장들에 합류하도록 강제해서는 안 된다고 경고했다. 그것은 당일꾼들에게 쏘련의 다양한 지역들의 조건의 다양함을 고려할 것을 지시했고 집단농장의 형성은 자발적이어야 하며 그리고 집단농장운동의 주요한 형태는 농업 아르텔이며 거기에서는 단지 생산수단의 주요한 것만이 집단화되며 가구보유 토지, 주거, 소규모 가축들, 가금 등은 집단화되지 않는다는 원칙에 의해 당 일꾼이 인도되어야 한다고 지시했다.

중앙위원회는 정치적 오류들을 범했고 그것들을 교정하는 데 실패한 일정한 지역당조직들(모스끄바 지역, 트랜스코카서스)의 지도부를 또한 교체했다.

1930년 4월 3일에 쓰딸린 동지의 <집단농장 동지들에 대한 답변>이라는 기사가 발행되었다. 이 기사에서 쓰딸린 동지는 집단화에 관해 범해진 주요 오류들과 이 오류들의 근원을 개괄했다. 이 오류들은, 쓰딸린 동지가 지적하기를, 중농들에 대한 잘못된 접근, 집단농장의 형성은 자발적이어야 한다는 레닌주의적 원칙의 위반, 쏘련의 다양한 지역과 지구들에서 지배적인 조건들의 다양성에 대해 고려가 이루어져야 한다는 레닌주의적 원칙의 위반, 집단화의 아르텔 형태를 생략하고 꼬뮨으로 곧바로 이행하려는 시도들이었다.

그리하여 매우 '영리하지만' 여전히 어리석은 뜨로쯔끼 신봉자들과 부르주아 지식인들의 반대되는 주장들에도 불구하고, 집단화의 문제에서 어떤 형태의 강제에 대해서도 반대한 사람은 쓰딸린과 중앙위원회였다는 것을 알 수 있다. 우리는, 뜨로쯔끼 신봉자들과 부르주아 지식인들 그리고 다양한 반동들이 매우 자주 그러한 것처럼 일반적 소문에 의존하는 것이 아니라 우리의 주장들에 대한 문서 증거를 제공했다. 이 사람들은 주장이 증거라는 것을 주요한 모토로 삼는 사상의 학파에 속한다. 그들의 모토들의 또 하나는 무지는 충분한 이유라는 것이다. 그들 자신의 주장을 위하여 그들은 그들 자신의 주장 이외에 다른 어떤 증거도 결코 제출하지 않는다. 그러나 맑스-레닌주의자들의 진술을 위해서는 최고도의 증거가 요구된다. 이러한 증거의 기준들이 의무적으로 다가온다면 그들은 이러한 증거를 받아들이기를 거부하는데, 왜냐하면 그것은 현실에 대한 자신들의 관점에 합치하지 않기 때문이다. 참으로, 어떤 증거도 그들을 만족시킬 수 없을 것이다. 우리는 그들을 확신시키기를 결코 원하지 않는다—결코, 즉 그들이 소부르주아적 자만과 지적인 거만을 멈출 때까지. 그러나 우리가 확신시키려고 시도하는 사람들은 이러한 사람들이 아니다. 우리는 노동자계급에 그리고 노동자계급에서 가장 좋고 가장 정직한 부분에 도달하려고 노력하고 있다. 우리는 사람들의 마음에서 위에 언급한 신사들에 의해 야기된 혼란을 해결할 의무가 있다. 우리가 오랫동안 묻혀 있거나 왜곡되었던 사실들을 말하는 수고를 하는 것은 이러한 마음에서이다.

이리하여 올바른 노선을 굳게 취함에 의해, 중앙위원회는 쓰딸린 동지의 지도력하에서, 집단화에 관해 일정지역에서 당조직들에 의해 범해진 모든 왜곡들과 오류들을 교정할 수 있었다. 이 교정은 이번에는 집단농장 운동을 공고화했고 새로운 전진을 가능하게 했다.

16차 당대회

　16차 당대회가 소집되기까지 쿨락들을 제거하는 정책의 성공적인 실행과 집단농장운동의 성공으로 인해, 자본주의적 요소들에 대한 부분적인 공세는 자본주의적 요소들에 대한 전면적인 공세의 성격을 띠게 되었다. 16차 당대회는 1930년 6월 26일에 열렸고 쓰딸린 동지는 그것을 "모든 전선에 걸쳐서 사회주의의 몰아치는 공세의, 계급으로서 쿨락들을 제거하는, 공고한 집단화의 실현의 대회"로서 묘사할 만한 충분한 이유가 있었다.
　이 대회에서, 쓰딸린 동지는 또한 천둥 같은 박수 속에서, " … 우리는 우리나라의 농업국에서 공업국으로의 변혁의 전야에 있다."고 선언할 수 있었다.

17차 당대회

　1934년 1월에 17차 당대회가 열리는 시기에 이르러 쏘비에트 인민은 모든 반동들의 단호한 적인 쓰딸린이 영도하는 쏘련공산당(볼)의 영광스러운 지도력하에서 다음과 같은 유례없는 성취들을 만들어냈다:
　(a) 쏘련에서 공업생산은 지금은 총생산의 70%에 달하고 나라는 농업국에서 공업국으로 변혁되었다.
　(b) 공업에서 자본주의적 요소들은 완전히 제거되었고 사회주의 경제체제는 이 영역에서 유일한 경제체제가 되었다.
　(c) 쿨락들은 계급으로서 제거되었고 사회주의 경제체제는 농업의 영역에서 지배적이 되었다.
　(d) 집단농장 운동은 지금은 이제까지 자신들에게 알려져 있지 않았던 물질적 조건들을 향유하고 있는 농촌의 수백만의 인민들의 빈곤과 비참함에 종지부를 찍었다.
　(e) 사회주의적 공업의 발전의 결과로 실업이 폐지되었고 비록 8시간 노동제가 일정한 공업에서 유지되고 있을지라도 주요 기업들에서는 7시간 노동제가 제도화되었다. 건강에 특별한 위험을 주는 공업의 경

우에는 노동일은 6시간으로 감축되었다.

(f) 국민경제의 모든 분야들에서 사회주의의 승리는 인간에 의한 인간의 착취에 종지부를 찍었다.

17차 당대회가 '승리자의 대회'로 알려져 있는 것은 놀랄 만한 일이 아니다.

이 대회에서, 중앙위원회의 사업에 대해 보고하면서, 쓰딸린 동지는 고찰하고 있는 기간 동안에 쏘련에서 일어난 근본적 변화들을 개괄했다:

"이 기간 동안에 쏘련은 근본적으로 변혁되었고 후진성과 중세의 외피를 벗어던졌다. 소규모 개인적 농업의 나라로부터 집단적인 대규모의 기계화된 농업의 나라로 되었다. 무지하고, 문맹의, 그리고 계몽되지 못한 나라로부터 쏘련의 각 민족들의 언어로 가르치는 고등, 중등, 초등의 학교들의 광대한 망으로 뒤덮힌 읽고 쓸 수 있고 계몽된 나라로 되었거나 혹은 되고 있다."

≪레닌주의의 제 문제≫

사회주의가 쏘련에서 건설되었다

이제 위의 자료들에 기초하여 우리는 '쏘련에서 사회주의가 건설되었는가?'라는 질문에 대해 단호하게 긍정적으로 답을 할 수 있다.

쏘련에서 사회주의의 승리는 "10월 혁명에 의해 창출된 사회화된 소유관계들"에 의해서만이 아니라 볼쉐비키당과 그것의 가장 대표적인 대변자, 쓰딸린 동지에 의해 쏘련의 민족들에게 주어진 올바른 혁명적 지도력에 의해서도 또한 가능하게 되었다.

쏘련에서 사회주의 건설에 관한 이 논의를 마감하기 전에, 두 가지 추가적인 지점들을 제기하는 것이 적절하다:

(1) 쏘련에서 뜨로쯔끼와 그의 추종자들은, 한편으로 사회주의는 후진적인 러시아에서, "유럽 프롤레타리아트 측으로부터의 직접적인 국가적 지원이 없다면" 건설될 수 없다고 주장했고, 다른 한편으로, 그들의 항상적인 주장은 "쓰딸린 그룹"(즉 볼쉐비키당!)이 사회주의를 충분히 빨리 건설하지 않고 있다는 것이었다. 여기에 일관되게 그리고

항상적으로 사회주의는 쏘련에서 건설될 수 없다고 주장한 한 그룹의 사람들이 있는데, 이들은 볼쉐비키당(그것은 내내 사회주의 승리는 쏘련에서 가능하다고 주장했고 14차 당대회에서 그러한 취지의 잘 알려진 결의를 통과시켰다)에게 그것은 충분히 빠른 사회주의 건설이 아니고 혹은 그것은 자본주의를 복구하는 것이라고 말했다. 동지들 여러분은 이러한 뜨로쯔끼주의의 입장에 대해 여러분 자신의 의견을 형성할 수 있다. 그러나 사실들과 일치하는 유일한 견해는 뜨로쯔끼의 입장이 그의 초좌익적 수사에 의해 뜨로쯔끼주의의, '영구혁명' 이론의, 항복자적인 성격을 감추고 위장하는 시도 이상도 이하도 아니라는 것이 제기되어야 한다.

(2) 쏘련공산당의 20차 당대회 이후로 쏘련에서 국가권력은, 노동자계급의 이익을 대표하지 않고 단지 그들 자신의 특권층의 이익만을 대변하고 쏘련에서 자본주의를 복고시키려는 의도가 있던 수정주의 배신자들의 집단에 의해 찬탈되었다. 그들은 내부적으로 그리고 국제관계의 영역에서 반동적인 정책들을 추구해왔다. 그리하여 20차 당대회 이후의 시기는 결코 그 대회에 앞선 시기와 혼동될 수 없다. 그러나 노동자계급을 혼란하게 하고 대중들을 타락시키기 위해 뜨로쯔끼 신봉자들은 바로 그렇게 해왔다. 예를 들면, 쏘련공산당의 지도력과 그리고 당연히 전 세계의 모든 수정주의적 당들을 "쓰딸린주의적"이라고 묘사한다. 이제 쏘비에트 수정주의자들이 쓰딸린 동지를 탄핵했다는 것은 잘 알려져 있다. 그러나 그들의 모든 수정주의적 행동이 '쓰딸린주의적'이라고 묘사된다. 뜨로쯔끼 신봉자들이 영국 공산당을 '쓰딸린주의적' 이라고 묘사할 때 그 입장은 웃기는 것이다. 그리고 대중들을 혼란시키려 기획된 이 선전전에서 뜨로쯔끼 신봉자들(상이한 뜨로쯔끼주의 분파들—IS, IMG, 그리고 SLL)이 서로를 '쓰딸린주의적' 행동이라고 고발할 때 그들은 히틀러의 장관 괴벨스에 의해 세워진 이전의 세계기록을 넘어선다.

이러한 혼란에 종지부를 찍기 위해
혁명가들은 무엇을 해야만 하는가?

동지들, 우리는 노동자계급 사이에 뜨로쯔끼주의의 실제적인, 반혁명적인 성격에 대한 지식과 혁명적인 '쓰딸린주의'에 대한 지식을 퍼뜨림에 의해 뜨로쯔끼주의자들에 의해 창출된 이러한 혼란에 종지부를 찍어야 한다. '쓰딸린주의'라는 표현은 우리의 선택이 아니다. 그것은 쓰딸린 혹은 그의 추종자들에 의해 주조되지 않았다. 그것은 레닌주의의 적들, 주요하게는 뜨로쯔끼 신봉자들에 의해 그리고 또한 수정주의자들에 의해 우리에게 던져졌다. 그러할지라도 우리는 그것에 충실하며 그리고 우리는 우리의 적들에 의해 욕설의 단어로 의도된 것을 좋은 뜻으로 전환시켜야만 한다. 쓰딸린에 대해 말하면, 그는 스스로에 대해 레닌과 레닌주의의 충실한 추종자라는 것 이외의 다른 아무런 주장도 하지 않았다.

우리는 모든 계급의식적인 노동자들로 하여금, '쓰딸린주의'는 볼쉐비즘이며 레닌주의라는 것을, 쓰딸린주의는 프롤레타리아트의 승리, 사회주의의 승리, 프롤레타리아트의 독재를 지지한다는 것을, 그것은 다른 나라들의 프롤레타리아들의 투쟁과 민족해방 투쟁들에 대한 전면적인 우호적 지원을 지지한다는 것을, 그것은 제국주의, 수정주의 그리고 모든 반동들에 대해 단호하고 비타협적인 투쟁을 지지한다는 것을 알게 하는 것을 우리의 의무로 삼아야 한다. 우리는 노동자들이 '쓰딸린주의'라는 단어의 혁명적 본질에 익숙하도록 해야만 하고 그들이 '쓰딸린주의자'라는 단어들을 사용하고 '쓰딸린주의'라는 단어를 욕설의 의미로 사용하는 그러한 사람들을 철저하게 거부하도록 돕고 고무해야만 한다.

우리는 쏘련에서 지배적인 수정주의 써클들이 '쓰딸린주의자들'이 아니며 또한 영국 공산당, IS, IMG, 혹은 SLL이 그렇지 않다는 것을 공통의 지식으로 삼아야 한다. 이 모든 사람들은 반쓰딸린, 반볼쉐비키, 반혁명적인 정치적 타락자들에 속한다.

쓰딸린은, 쏘련에서 사회주의의 승리를 위한 싸움에서 그리고 파시즘과 세계 제국주의에 맞선 투쟁에서 쏘비에트 인민들과 세계 인민들의 선두에서 행진했던 위대한 혁명가, 위대한 볼쉐비즘의 옹호자, 레닌주의와 프롤레타리아트의 위대한 옹호자였다. 그의 지도력하에서 쏘련의 각 민족들과 세계의 각 민족들은 거대한 전진을 했고 많은 중요한 승리들을 달성했다. 그것이 전 세계의 혁명가들이 쓰딸린을 기억하는 이유이고 그의 이름을 언급하는 것은 바로 혁명가들 사이에서 사랑, 존경 그리고 감사의 감정을 주는 이유이다. 그리고 그것은 정확히 쓰딸린의 이름이 뜨로쯔끼 신봉자들, 수정주의자들 그리고 다른 반동들의 측에서 증오를 불러일으키는 이유이다.

쓰딸린 사후에 쏘련공산당에서 수정주의의 부상과 그에 수반하여 자본주의적 경제개혁이 이루어졌던 이유들에 관한 것은 다른 곳에 속하고 별개로 다루어져야만 한다. 그것들은 지금 당장 다룰 수 없다. 그리하여 결론으로서 뜨로쯔끼 측으로부터의 파멸의 예언들에도 불구하고 쏘련에서 사회주의가 건설되었다는 것을 간단하게 언급하도록 하자. 그것에 대해서는 의심의 여지가 없고 뜨로쯔끼조차도 마지못해 사실의 인정을 하는 것 이외에 다른 주장이 없었다. 비록 동시에 그가 사회주의 건설의 모든 성공을 "사회화된 소유"의 탓으로 돌렸지만. 성공이 "사회화된 소유" 때문만이 아니라 지도력의 우수성 때문이라는 것은, 희망하건대 이제는 충분히 드러난 것이다.

사회주의가 쏘련에서 성공적으로 건설되었다는 사실 자체가 뜨로쯔끼주의에 대한 최선의 반박이다. 쏘련에서 사회주의의 건설은 뜨로쯔끼의 '영구혁명' 이론의 완전한 쓸모없음을 보여주었다. 그것은 뜨로쯔끼의 현실 인식이 현실 자체와 일치하지 않았다는 것을 보여주었다. 뜨로쯔끼는 그의 생각들을 현실과 일치하도록 변화시킬 수 있었을 것이다. (그러나-역자) 대신에 그는 현실을 오도하고 왜곡하는 것을 선택했는데, 현실이 그의 철저히 파산한 생각들과 일치하도록 하기 위해서였다. 그리하여 그는 쏘련이 사회주의를 건설함에 의해 당시에 실천적인 유일한 방식으로 세계혁명을 발전시키고 전진시킬 때 쏘련에서 사회주의의 건설을 반대하는 입장을 채택했다. 사회주의 건설에 대한 반대라는 이러한 입장을 채택함에 의해, 뜨로쯔끼는 사상적으로나 조직적으로 반혁명적인 부르주아지와 제국주의의 대리인으로 되었다. 쏘비에트 노동자계급이 그의 파산한 이론들을 지지할 준비가 되어 있지 않음을 발견하고서 뜨로쯔끼와 그의 추종자들은 더욱더 테러리즘에 의존하기 시작했다. 결과적으로 그들 자신의 세력이 불충분함을 발견하고서, 그들은 쏘비에트 국가를 타도하고 쏘련에서 자본주의를 복고하기 위해 파시스트 국가들과 동맹을 하기를 선택했다. 그들의 반혁명적인 행위들은 유명한 모스끄바 재판에서 충분히 폭로되었는데 다음에 다루어질 것이다.

제3부
모스끄바 재판

"역사에서 추악한 인간쓰레기가 없는
단 하나의 깊고 위력 있는 운동은
결코 있은 적이 없다."
—레닌

"뜨로쯔끼주의는 노동자계급에서의
정치적 조류이기를 멈추었다. …
그것은 7, 8년 전의 정치적 조류로부터
외국의 정보기관들의 지시에 따라
행동하는 파괴자들, 교란자들, 스파이들
그리고 살인자들의 광적이고
규율 없는 집단으로 변화했다."
—쓰딸린(1937)

제7장
서 문

 우리가 왜 모스끄바 재판에 대한 어떤 것을 알기를 원해야만 하는가 의문이 들 수 있다. 그것들은 지난 과거가 아닌가? 왜 그것들에 시간을 허비하는가? 동지들 그 대답은, 반동적이고 퇴폐적인 부르주아지의 지배의 혁명적 타도를 위한 싸움에서 혁명가들과 노동자계급은 그들 자신의 역사를 배워야만 하고, 그들은 혁명의 과학에 대한 지식으로 스스로를 무장해야 하며, 그들은 과학적 사회주의 이론, 맑스-레닌주의에 대해서만이 아니라 그것의 실천에 대한 거짓말과 비방의 부르주아 캠페인들과 부르주아 이데올로기와 싸우는 것을 배워야만 한다는 것이다. 모스끄바 재판에 관한 진실은 모든 곳의 부르주아지에 의해, 노동자계급 운동에서 그들의 대리인들, 뜨로쯔끼주의자들, 수정주의자들 그리고 사회민주주의자들에 의해 매일같이 그리고 고의적으로 왜곡되어 있다. 역사적 진실의 총체적 위반, 이 진실에 대한 허위진술과 왜곡 속에서, 이 사람들은 모스끄바 재판은 '진정한 볼쉐비키들', 재판의 피고인들에 대한 '쓰딸린주의 관료주의'에 의해 행해진 숙청이라고 주장한다. 부르주아지 그리고 프롤레타리아 운동에서 그들의 심부름꾼들은 이러한 완전한 거짓말들을 끊임없이 되풀이함에 의해 사회주의의 실천에 관하여 노동자들의 마음속에 회의론을 주입할 수 있다. 이러한 승리가 단지 진정한 혁명가들의 제거를 의미할 뿐이라면 사회주의의 승리를 위해 싸우는 것은 물론 쓸데없을 것이다. 그러나 진실은 정반대이다. 모스끄바 재판은 물론 숙청—혁명적 숙청—이었는데, 그것에 의해 쏘련에서 혁명적 노동자계급 운동은 쓰딸린에 의해 영도되는 쏘련공산당(볼)의 혁명적 지도력하에, 후진적 나라에서 사회주의를 건설한다는 문제를 마주할 수 없어서 국제적 및 민족적 자본주의에 항복하는 노선을 채택하고 프롤레타리아 독재의 타도와 쏘련에서 자본주의의 복고를 위해서 파시스트 제국주의 열강들과 동맹했던, 공산주의 진영으로부터의 이탈자들에 반대하는 행동을 취한 것이었다. 간단히 말하자면, 이것은 노동자계급, 프롤레타리아트의 당, 쏘비에트 정부, 쏘비에트 국가, 전 쏘비에트 인민에 반대하여 배신적인 행동을 했던 뜨로쯔끼주의 겁쟁이들 그리고 관료주의적 타락자들에 반대하는, 볼쉐비키 혁명가들에 의해 지도되었던 숙청이다. 제출될 증거가 이러한 진술을 충분히 입증할 것이다. 따라서 동지들, 진정한 사실들을 재차 주장하고, 이러한 진실들을 노동자계급이 알게 하고 그리하여 부르주아지와 그것의 대리인들, 뜨로쯔끼 신봉자들, 수정주의자들 그리고 사회민주주의자들의 영향력으로부터 그것(노동자계급—역자)를 떼어내는 것이 우리의 의무이다. 이것은 부르주아지의 독재를 분쇄하고 프롤레타리아 독재를 수립할 진정한 프롤레타리아 운동을 건설하는 것을 향한 우리의 노력에 있어서 우리의 작업의 매우 중요한 부분이다. 그것은 프롤레타리아트와 수백만의 근로자들을 사회주의와 공산주의의 편으로 획득하는 우리의 작업의 본질적인 부분이다. 이 재판을 취급해야 하는 것이 필요한 것은 이러한 이유 때문이다.

오늘 저녁 내가 말하려고 하는 것의 본질을 간략히 개괄하는 것이 적절한데, 왜냐하면 이 본질적인 점이, 내가 제기해야만 할 필요성이 있는 매우 많은 양의 증거에 의해 상실되지 않도록 하기 위해서이다. 모스끄바 재판에서 많은 수의 뜨로쯔끼 신봉자들과 우익들이 재판받았다. 그들은 쏘비에트 국가에 대해 배신적인 범죄를 저질렀다는 것을 인정했고 뿐만 아니라 쏘련의 주요한 지도자들에 대한 개인적인 테러를 범했고 시도했고 계획했다는 것을 인정했다. 그들은 산업에서 사보타주를 조직하고 수행했다는 혐의에 대해 죄를 인정했고 교란행위와 파괴활동을 수행한 혐의에 대해 죄를 인정했다. 무엇보다도 그들은 어떤 제국주의 열강과 러시아에서 반동적인 요소들과 협력하여 쏘련에서 자본주의의 복고를 위한 조직 활동의 혐의에 대해 죄를 인정했다. 이것은 일반적으로 사람들에 의해 그리고 특히 지식인들에 의해 쉽게 이해되지 않는 어떤 것이다. 그들이 주장하기를, 쏘련공산당(볼)에서 뛰어난 성원이었던 사람들이 자본주의의 복고를 원하고 그것을 위해 실제적 조치들을 취했다는 것이 어떻게 가능한가? 동지들, 어느 날 밤에 뜨로쯔끼, 지노비예프, 라덱, 부하린 그리고 여타의 이 재판의 피고들이 맑스-레닌주의자로서 잠자리에 들었다가 그다음 날 깨어나서 그들이 갑자기 쏘련에서 자본주의를 복고하려는 억제할 수 없는 충동에 사로잡혔다는 것은 아니다. 일이란 이런 식으로 일어나지는 않는다. 동지들, 내가 여러분에게 제기하는 것은, 유일한 나라 그리고 당시 후진적인 나라에서 사회주의를 건설하는 가능성의 문제에 대한 뜨로쯔끼주의자들과 우익의 논리 자체, 이 재판에서 피고들—뜨로쯔끼 신봉자들 그리고 우익들—을 파시즘의 도구와 꼭두각시로 되게 했던 그리고 되지 않을 수 없었던, 그들의 그러한 입장으로 실제적으로 이끈 것은 투쟁의 발전의 논리 자체라는 것이다.

쏘련에서 뜨로쯔끼주의자와 우익 반대파의 성격이 어떠하든지, 그것 내부에서 나타난 의견의 색조들이 어떠하든지, 그것의 모든 성원들을 묶은 어떤 것이 있었는데, 즉 그들은 모두 쏘련에서 사회주의를 건설하는 것이 불가능하다고 믿었다는 것이다. 뜨로쯔끼는 반대파의 다른 성원들보다 훨씬 일찍, 그의 악명 높은 '영구혁명' 이론에서 이러한 견해를 제기했다. 뜨로쯔끼의 이 이론은 농민층의 역할에 대해 그리고 자본주의의 불균등 발전에 대한 잘못된 이해에 기초하고 있었다. 뜨로쯔끼는 이 이론의 주요한 특징인 희망 없음과 비관주의로부터, 이 이론에 포함된 반동적 생각들로부터 결코 떠난 적이 없었다. 그는 이미 보인 대로 이 '어리석은 좌익적' 이론을 다시 또다시 반복했다. 14차 당 협의회가 쏘련에서 사회주의를 건설한다는 것에 찬성한다는 것을 단호하게 선언한 후로 카메네프 그리고 지노비예프 같은 회의론자들이 뜨로쯔끼주의 입장으로 넘어갔다. 후에는 혁명의 문제들을 마주할 수 없어서 그리고 집단화에 대한 쿨락들의 저항에 의해 겁먹어서, 부하린주의자들이 또한 볼쉐비키당의 관점을 버리고 사회주의를 건설하는 것의 불가능성이라는 뜨로쯔끼주의 입장을 채택했다[1].

---

[1] 패배주의라는 일반적 입장과 집단화에 대한 쿨락들의 저항에 의해 제기된 어려움들에 직면하여 항복한 것은 별도로 하더라도 부하린주의자들은 쿨락들이 사회주의로 성장해 갈 것이라는 비맑스주의적 이론을

처음 시작할 때 반대파는 단순히 반대를 하는 것 이상이 아니었다. 그것은 하나의 반대였는데, 왜냐하면 그것은 당의 정책에 반대하는 자신을 발견했기 때문이고, 그것은 사회주의의 건설을 지지했던 당의 정책에 동의하지 않았기 때문이었다. 자신의 잘못된 정책을 가진 반대파는 이 시기에 노동자계급 운동 내에서 단지 하나의 경향—반레닌주의적 경향, 그러나 그럼에도 불구하고 하나의 경향—일 뿐이었다. 자신의 그릇된 정책을 고치는 데 실패하고 반대파는 당의 올바른 정책을 변화시키려고 하였다. 그것의 추종자들의 주관적인 바람과 희망에도 불구하고 자본주의의 복고를 지지했던 그것의 정책에 대해 노동자계급의 지지를 얻을 수 없자, 반대파에게는 열려있는 것은 행동에 있어서 단지 두 가지의 경로일 뿐이었다. 하나는 그것이 자신의 그릇된 이론을 버리고 자신의 파산을 인정하고 나머지 당원들처럼 진심으로 사회주의 건설에 헌신하는 것이었다. 둘째는, 그것이 쏘련에서 자본주의의 복고를 원하는 모든 사람들, 즉 멘쉐비키들, 사회혁명당원들, 쿨락들, 우크라이나와 기타의 민족주의자들, 그리고 무엇보다도 다양한 제국주의 나라들의 부르주아지들에게 도움을 청하는 것이었다. 반대파는 후자의 대안을 선택했다.

쏘비에트 프롤레타리아트—그 지지가 없다면 당과 쏘비에트 정부의 정책과 지도력에서 변화가 불가능하다—의 자신의 정책에 대한 지지를 확보하는 것이 불가능하다는 것을 발견하고서는, 반대파는 쏘비에트 정부를 타도할 생각으로 당과 정부의 지도자들에 대한 개인적인 테러, 파괴와 사보타주의 입장으로 건너갔다. 그들 자신의 세력이 불충분하다는 것을 발견하고서는 반대파들은 국내의 반동들—멘쉐비키들, 쿨락들, 민족주의자들 그리고 부르주아 전문가들—과 손을 잡았다. 그리고 마침내 국내의 세력들이 불충분한 것으로 입증되었을 때, 반대파는 오직 하나의 대안, 즉 제국주의 열강들과 동맹을 맺는 것만이 남았는데

또한 제기했는데, 그들은 프롤레타리아 독재하에서의 계급투쟁의 메커니즘을 전혀 이해할 수 없었다. 부하린의 비맑스주의적 입장을 따랐다면 쿨락들은 사회주의로 성장해 가지 않을 뿐만 아니라 그들은 반대로 적절한 경로로 프롤레타리아 독재를 파괴하는 지배적 세력이 되었을 것이다. 그리하여 부하린의 입장은 본질적으로 뜨로쯔끼의 그것과 다르지 않다.

실제로 그러했다. 그것은 쏘비에트 정부의 타도와 쏘련에서 자본주의 복고를 위해 독일과 일본의 파시스트들과 동맹으로 들어갔다. 그리고 이렇게 개인적 테러, 파괴, 사보타주 그리고 파시즘과의 동맹으로 넘어감에 따라, 뜨로쯔끼주의는 반대파이기를 멈추었다. 그것은 노동자 계급 운동 내에서의 잘못된 그리고 반레닌주의적 경향이기를 멈추었다. 그것은 한 무리의 파괴자들과 교란자들이 되었다. 그것은 부르주아지의 선진적 분견대가 되었다. 이제 제출될 증거는 이 진술의 올바름을 의심의 여지없이 세울 것이다.

최근의 시리즈에서 나는 뜨로쯔끼주의의 이론적 진화를 자세히 다루었다. 나는 이 진화가 볼쉐비키당의 건설의 문제에 대한 뜨로쯔끼의 반대로부터 시작했다는 것을 보았다. 프롤레타리아 당을 건설하는 문제에 관해서 레닌에 대한 그의 반대는 이론의 문제에서 레닌에 대한 그의 반대의 서곡일 뿐이었다. 뜨로쯔끼는 러시아 혁명의 성격에 대한 레닌의 분석을 반대한다. 뜨로쯔끼는 '영구혁명'이라는 그의 이론을 고안하는데, 그것은 레닌의 프롤레타리아 혁명 이론과 프롤레타리아 독재 이론의 부정이었다. 이 이론에서 뜨로쯔끼는 농민층에게 단지 반혁명적인 역할만을 할당한다. 물론, 뜨로쯔끼가 말하기를, 자연발생적인 농민층의 봉기는 노동자 정부가 권력을 잡게 돕지만 노동자 정부는, 러시아 혁명에 이어서 유럽의 선진적인 자본주의 나라들에서의 혁명이 뒤따르지 않는다면, 농민층의 반대에 직면하여 스스로를 권력의 자리에서 유지할 수 없을 것이었다. 그리하여 뜨로쯔끼는 유럽 혁명이 러시아 혁명을 돕게 되지 않는다면 사회주의는 러시아에서 건설될 수 없다는 결론에 도달했다. 이것은 충분히 내가 이미 보인 바 있다. 오늘 저녁에는 행동에서의 뜨로쯔끼주의(모스끄바 재판에서 폭로되었듯이)를 다루고 여러분에게, 개인적인 테러, 사보타주, 교란행위, 그리고 파괴활동 그리고 파시즘과의 배신적인 동맹들이 뜨로쯔끼주의의 입장과 결코 양립할 수 없는 것이 아님을 입증하는 것이 나의 과제이다. 반대로 그것들은 뜨로쯔끼주의의 발전의 논리의 정점—레닌주의를 반대하고, 쏘련에서 사회주의를 건설하는 것을 지지했던 볼쉐비키당의 레닌주의적 정책에 반대하는 그것의 반혁명적 투쟁의 논리의 정점—이다. 사회주의 건설을 반대하는 그것의 정책으로 인해, 뜨로쯔끼주의는 결국에는 파시즘의 진영에서 끝났고 그리고 끝나지 않을 수 없었다.

자 동지들, 이것이 뒤에 이어지는 것의 본질이고 나는 여러분에게 이 본질을 놓치지 말 것을 요청한다.

뜨로쯔끼주의의 가일층의 발전, 테러, 살인, 파괴 그리고 파시즘과의 배신적 동맹의 행동들을 위한 그것의 이론적 준비

쏘련에서 사회주의를 건설하는 것의 불가능성에 관한 뜨로쯔끼의 관점은 볼쉐비키당에 의해 결정적으로 거부되었다. 그때조차 뜨로쯔끼는 그의 '영구혁명' 이론을, 그것이 올바르게 속했던 쓰레기더미에 던져버리기를 거부했다. 대신에 그는 더욱더 첨예하게 당에 반대하게 되었다. 그리고 쏘련공산당(볼)의 14차 협의회 이후에 카메네프와 지노비예프 같은 패배주의자들이 스스로를 사회주의 건설의 가능성에 반대한다고 선언했을 때, 뜨로쯔끼는 그들의 패배주의와 회의주의를 공유하면서 그들—뜨로쯔끼는 자신의 《10월의 교훈들》에서 동일한 지노비예프와 카메네프에 대해 우익으로 묘사했고 당으로부터 그들의 제거를 바로 최근에 추구했었고 동일한 지노비예프와 카메네프는 이번에는 뜨로쯔끼를 당 자체로부터는 아닐지라도 당 지도부에서 제거하기 위해 자신들의 최선을 다했었다—과 기회주의적인 동맹을 형성하는 것으로 달려갔다. 사실 뜨로쯔끼를 당 지도부에서 쫓아내려는 지노비예프와 카메네프의 시도들에 반대한 사람은 쓰딸린(뜨로쯔끼 신봉자들의 전설에 따른다면, 뜨로쯔끼의 '찬란함'을 두려워하고 그리하여 그에게 깊이 맺힌 적대를 하고 어떤 대가를 치르더라도 당으로부터 그의 제거를 추구했던 동일한 쓰딸린)이었다. 여기에 쓰딸린이 이 점에 대해 말한 것이 있다:

"우리는 잘라내는 정책, 유혈의 방법(카메네프와 지노비예프가 요구하고 있던 것은 유혈이었다)이 위험하고 전염성이 있다는 것을 알고 있다. 오늘, 당신은 하나의 손발을 잘라내고, 내일은 또 하나를, 모레는 세 번째의 손발을 잘라낸다. 그러면 당에 무엇이 남겠는가?"

그러나 이 모든 것은 뜨로쯔끼 신봉자들과 다른 부르주아 요소들이, '찬란한' 뜨로쯔끼에 대한, 주장하는 바에 의하면, 쓰딸린의 깊이 맺힌 적대에 관한 위에서 언급된 전설을 반복하는 것을 막지는 못한다.

뜨로쯔끼는 하나의 나라에서 사회주의를 건설하는 것이 불가능하다는 관점을 포기하지 않았다. 그리하여 1924년부터 계속하여 뜨로쯔끼는 쓰딸린에 의해 지도되는 볼쉐비키당이 자본가들과 부농들에게 굴복하고 있다는 것을, 그것(볼쉐비키당-역자)이 사회주의를 건설하고 있지 않다는 것만을 볼 수 있을 따름이었다. 나는 일찍이 뜨로쯔끼의 '영구혁명' 이론을 관념적인 이론—현실을 고려하지 못하는 이론, 희망이 없게도 현실과 일치하지 않는 이론—으로서 묘사했었다. 현실의, 실제 생활의 요구에 부응하기 위해 이 이론을 거부하는 데 뜨로쯔끼가 실패한 것은, 그리고 현실이 이 이론의 요구들과 만나기 위해 변화되어야 한다는 그의 고집은 그를 희망이 없는 반동적인 입장으로 이끌었는데, 무엇보다도 먼저 그를 그러한 위치에 놓았던 반동적인 이론을 버리지 않고서는, 그는 스스로를 구제할 수 없었고, 그리고 그러한 입장으로부터 뜨로쯔끼는 쏘련에서 사회주의 건설의 모든 성취들을 자본주의에 대한 항복으로서 그리고 반혁명의 어둠의 세력으로서 묘사하지 않을 수 없었다. 쏘련에서 사회주의의 건설이 더욱더 성공적으로 될수록, 쏘련에서 임박한 파멸, 파괴, 실업, 경제적 혼돈, 내전 그리고 반혁명의 승리라는 뜨로쯔끼의 예언들은 더욱더 단호해졌고 빈번해졌다. 관념론은 반동적이다. 관념론적 이론은 반동적인 이론이다. 이론의 문제에서 관념론은 관념적이고 반동적인 실천을 초래한다. 뜨로쯔끼의 '영구혁명'이라는 관념적이고 반동적인 이론은 그를 곧장 반동적, 반혁명적 실천으로 이끌었다. 사회주의 건설의 불가능성을 선언함에 있어서, 그리고 쏘련에서 사회주의 건설의 성취들을 헐뜯고 모욕함에 있어서, 뜨로쯔끼는 그가 원했건 원치 않았건, 그리고 그가 그것을 깨달았건 깨닫지 않았건, 쏘련에서 사회주의 건설을 반대하는 모든 반동적 세력들의 동맹과 도구가 되었다. 그는 사실상 전 세계의 반동적이고 퇴폐적인 세력들의 주요한 이데올로기적 대변자, 제국주의 부르주아지, 쿨락들, 멘쉐비키들 그리고 모든 종류의 부르주아적 요소들의 이데올로기적 대변자가 되었다. 누군가 뜨로쯔끼가 도달한 결론에 도달한다면, 그는 뜨로쯔끼가 그랬듯이 사회주의 건설의 성취들을 공격하지 않을 수 없다.

소위 좌익 반대파의 뜨로쯔끼와 다른 지도자들이 그들 모두가 분파적 활동을 멈추겠다고 약속했던 당중앙위원회에 제출한 선언들2을 반복하여 지키지 못한 결과로서, 또 뜨로쯔끼의 분열적이고 분파적인 활동의 결과로서 그가 당으로부터 쫓겨난 후에, 그는 일반적으로 쏘련과 볼쉐비키당에 대해 그리고 특별하게는 쓰딸린에 대해 가장 혹독한 비판자가 되었다. 그는 제국주의 부르주아지와 결합했는데, 아니, (그러한 결합을 넘어-역자) 쏘련에 반대하는 비방 캠페인에서 그것(부르주아지-역자)의 주요한 이데올로기적 대변자가 되었다. 부르주아지와 부르주아적 급진주의자들, 어떤 경우들에는 심지어 반동들3이 뜨로쯔끼에 대해

---

2 기회주의자들은 1926년 10월 16일에 당에 선언을 제출했는데, 거기에서 그들은 분파적이고 분열적인 활동을 멈추겠다고 약속했다. 이 선언에 포함된 약속들의 위반에 이어서, 반대파의 지도자들은 또 하나의 선언을 당중앙위원회에 1927년 8월에 제출하였다. 불과 몇 달 후에 10월 혁명 10주년 기념식에서 반대파는 그것의 다양한 선언들을 위반하면서, 당의 공식적 시위에 대하여 대항 시위를 행하려고 시도했다. 이 이후로 당의 인내는 사라졌다. 반대파가 분열을 위해 작업하고 있다는 것이 명백했고 그리하여 반대파의 지도자들은 당으로부터 추방되었다.

3 프롤레타리아 운동이 지하로 내몰리고 파시즘적인 상황들이 지배적인 나라들에서 뜨로쯔끼의 글들이 자유롭게 이용될 수 있다는 것을 아는 것은 흥미로울 수 있다. 이러한 사례는 스페인의 파시스트 프랑코 정권과 페르시아의 샤의 잔혹하고 전제적인 봉건적 파시스트 정권하에 있는 스페인과 페르시아에서의 경우였다. 이 정권들은 뜨로쯔끼주의의 반공산주의적 본질을 깨달을 수 있을 정도로 기민했다―영국의 '맑스주의자들'의 일부보다 더 기민했다. 유사한 상황이 파시스트 독일에서 지배적이었다. 우리는 제임스 클루그만의 책 ≪뜨로쯔끼로부터 티토에게≫에서 다음을 들을 수 있다.(로렌스 & 위셔트 Ltd, 런던, 1951)

> "공산당과 조금이라도 연계되어 있는 것이 오랜 기간의 투옥 그리고 아마도 고문 혹은 심지어 죽음을 의미했던, 그리고 맑스, 엥엘스, 레닌 그리고 쓰딸린의 모든 저작들뿐만 아니라 이탈리아와 외국의 민주주의자들과 진보적 인사들의 저작들이 이탈리아의 도서관들과 서점들에서 엄격히 금지되어 있었던 1930년대의 뭇솔리니의 이탈리아에서 뜨로쯔끼의 저작들은 '새로운 종류의 공산주의'로서 '자유롭게' 그리고 광범위하게 번역되고 배부되었다. 내가 1938년에 벨그라드 대학의 반파시스트적이고 공산주의적인 학생들을 만나기 위해 이탈리아를 거쳐가면서 뭇솔리니의 밀랑Milan에서 몇 시간을 소비할 때 '공산주의'라는 단어가 서점 창에 두드러지게 진열된 수많은 책들이 나의 시야에 잡혔다. 그것들은 뜨로쯔끼의 새롭게 번역된 저작들이었다."

부드러운 입장을 가지고 있고, '쓰딸린주의 관료주의'에 대해 그의 '볼쉐비즘'을 옹호하는 것은 뜨로쯔끼가 부르주아지에 대해 행한 반동적인 봉사 때문이다. 뜨로쯔끼가 제국주의와 반동에 대해 행한 이러한 이데올로기적 봉사에 대해 좀 더 생각하는 것은 유용할 것이다. 그것을 다루는 것은 두 배로 중요한데, 왜냐하면 쏘련에 반대하는 제국주의의 선전과 거짓말의 캠페인의 병기고에서 중요한 무기라는 것은 별도로 하더라도, 그것은 동시에, 모스끄바 재판에서 폭로된 세계적 규모의 행동으로서의 뜨로쯔끼주의를 위한 이론적 준비, 즉 범죄에서 뜨로쯔끼와 그의 파트너들이 쏘련의 내부에서 그리고 쏘련의 바깥에서 준비하고 있던 행동들인 테러와 살인, 교란행위 그리고 파괴, 그리고 파시즘과의 배신적인 동맹을 위한 이론적 준비를 구성하기 때문이다. ≪배반당한 혁명≫에서 뜨로쯔끼의 모든 '좌익적' 비방 그리고 다수의 다른 글들의 본질은, 쏘련에서 프롤레타리아트의 독재를 타도하고 자본주의를 복고하는 것을 목표로 하는, 그의 좌익적 활동과는 거리가 먼 활동을 감추기 위한 무화과 잎일 뿐이라는 것이다. 이런 것이 JR 캠벨이 뜨로쯔끼의 "거만한 '좌익적' 수사들의 진정한 불꽃놀이의 전개"(쏘비에트 정책과 그것의 비판자들)라고 불렀던 것의 본질이다.

남아있는 자본주의 요소들을 쏘련에서 제거하는 것을 목표로 하는 5개년 계획에서, 뜨로쯔끼는 대개 그런 것처럼, 죽음, 파멸 그리고 재난만을 본다. 그는 5개년 계획을 커다란 '모험'으로 간주하고 '파멸'을 예언한다: 그는 말했다.

"공산주의자 혹은 사회주의자 혹은 전투적인 노동조합 활동가 혹은 자유주의자 혹은 민주주의자라는 것이 체포, 집중 수용소, 그리고 종종 죽음과 고문을 의미했던, 세계적으로 가장 철저한 문학의 '숙청' 그리고 책들을 불태우는 것이 제도화되었던, 쉴러의 '돈 카를로스', 하이네의 시들 그리고 토마스 만의 소설들이 금지되고 혹은 '파괴적인' 것으로서 불태워질 때인 히틀러의 독일에서 뜨로쯔끼의 저작들은 광범하게 번역되고 배부되었다."

"뜨로쯔끼의 글과 그의 추종자들의 글들은 미국에서 하스트 출판사에 의해 30년대 중반과 후반에 자유롭게 발행되었다. '새로운 종류의 공산주의'에 대한 그의 저작들은 살라망카와 부르고스의 프랑코 출판사에 의해 발행되었다. 폴란드 독재의 비밀경찰은 폴란드 노동자계급 운동 내에서 그들의 정탐과 파괴 작업을 촉진하기 위해 뜨로쯔끼주의로 특별히 교육을 받았다."

"쓰딸린의 모험주의적인 정책들은 그 나라를 파멸로 이끌고 있다."

뜨로쯔끼가 이렇게 재미있게 예언한 파멸은 현실화되지 않았다. 쏘비에트 인민은 거대한 어려움들에도 불구하고 이들 어려움들을 극복하면서 맑스-레닌주의의 영광스러운 기치하에 그리고 쓰딸린에 의해 영도되는 볼쉐비키당의 지도력하에, 사회주의 건설의 승리의 길을 계속하여 행진해갔고 연달아 승리를 달성했다. 쏘비에트 인민의 승리들은 뜨로쯔끼로 하여금 볼쉐비키당에 대한 가장 신랄한 탄핵들을 풀어놓게 했고 경제적 혼란을 예언하게 했다. 그는 볼쉐비키당에 대해 불가피하게 쏘련을 경제적 혼란에 빠지게 할 수밖에 없고 내전으로 이끌 수밖에 없는 정책을 추구하고 있다고 혐의를 둔다. 그는 쏘비에트 정부를 그(뜨로쯔끼-역자) 자신의 질병-보나파르티즘-의 혐의로 고발하고 쏘비에트 정부의 이 '위험한 정책'의 번복을 요구한다. 이 '위험한 정책'의 번복에 영향을 주기 위해 뜨로쯔끼는 먼저 쏘비에트 정부의 개혁을 요구했고 그리고 나서 계속하여 이 정부를 무장에 의해 타도할 것을 옹호했다. 동지들, 이것은 뜨로쯔끼가 왜 쏘련에서 자본주의 복고를 원하는 사람들과 함께 종말을 맞이했는지에 관한 의문을 푸는 것이다. 뜨로쯔끼주의의 전체적인 이론적 진화는 그것의 가일층의 타락과 자본주의 복고의 진영으로 그리고 파시즘의 진영으로 이전을 위한 예비 학교를 구성할 뿐이다.

'영구혁명' 이론에 의해 인도되어, 뜨로쯔끼는 사회주의 건설에서의 모든 전진을 자본주의의 방향으로 후퇴하는 발걸음이라고 묘사하고, 그의 그러한 묘사들에 어떤 파멸 등의 예언들을 수반하는 단 하나의 기회도 결코 놓치지 않았다. 1928년에 유배지에서 뜨로쯔끼는 코민테른 6차 대회에 대해 이렇게 썼다:

"그들(러시아 노동자들)에게 사회주의를 90% 실현했다는 선의의 거짓말을 하는 대신에, 우리는 그들에게 우리의 경제 수준, 우리의 사회적 및 문화적 상황들이 오늘날 사회주의보다는 자본주의에, 그리고 그것도 후진적이고 계몽되지 않은 자본주의에 더 가까이 근접했다는 것을 말해야만 한다. 우리는 그들에게, 오직 가장 선진적인 나라들의 프롤레타리아트가 권력을 장악할 때에만 실제적인 사회주의 건설의 길로 들어설 것이라는 것을 알려야만 한다. … "

뜨로쯔끼, <코민테른의 강령 초안에 대하여>

동지들 여기에서 여러분은 명백한 언어로 된 것을 가지고 있다―쏘련은 "가장 선진적인 나라들"의 프롤레타리아트의 승리 전에는 사회주의의 길로 '들어서지'조차 못할 것이라는 뜨로쯔끼의 주장. 그리고 이 주장이 행해진 때는 1905년이 아니라 1928년이다. 이 주장이 행해진 해는 바로 쏘비에트 인민이 사회주의 건설에서 상상할 수 없었던 전진을 기록했던 해이다.

1930년에 이르러 가장 광적인 반동들에게조차, 그들이 신경제정책 NEP의 결과로서 희망했고 예상했던 자본주의의 평화로운 복고라는 자신들의 희망들이 사라져버렸다는 것이 명백해졌다. 반대로 NEP는 자본주의의 복고를 초래하지도 않았을 뿐만 아니라 사회주의의 성공적인 건설을 초래하고 있었다. 이것을 깨닫고서는 쏘련 내외의 반동들은 쏘련에서 사회주의의 건설에 반대하는 대규모 캠페인을 시작했다. 제국주의 부르주아지는 쏘련에 대한 무력간섭에 찬성하는 공공의 여론을 준비하기 위해 이러한 거짓말과 비방의 캠페인을 시작했다. 뜨로쯔끼와 그의 추종자들은 쏘련에서 사회주의 건설에 반대하는 그들의 캠페인에서 제국주의 부르주아지와 매우 기쁘게 결합했다. 뜨로쯔끼주의자들이 그들의 '좌익적' 수사들을 더 크게 외치도록 내버려 두자. 그러나 진실은 그들이 반혁명의 제국주의 세력의 그리고 쏘련에 반대하는 간섭의 편에 있었다는 것이다. 이 진실은 결코 감추어질 수 없다.

영국에서는 영국의 지배계급과 "그것의 사무를 관리하는 집행위원회", 즉 영국 정부가 쏘련에서 '강제노동'과 '종교의 박해'에 반대하여 싸운다는 구호 아래에서 쏘련에 반대하는 캠페인을 시작했다. 기억하시오, 이것은, 자본주의 세계가 붕괴를 목격하던 때, 자본주의 나라들에서 수많은 노동자들이 과잉이 되어서 굶주림, 빈곤, 비참함 그리고 타락을 경험하고 있던 때, 그리고 쏘련이 우월한 경제체제 때문에―사회주의 때문에―실업이 거의 무시할 만하고 경제적 기적이 수행되고 있던 유일한 나라였던 때였다. '종교박해'에 관하여 말한다면 종교적 소수자들 혹은 이러저러한 종교에 대한 박해가 전혀 없었다. 쏘비에트 정부는 교회를 유지했고 교회가 개방되도록 했고 그것은 사제들에게 보수를 주었고 교회에 나가고자 하는 누구라도 자유롭게 그렇게 할 수 있었다. 물론, 종교는 그것의 올바른 자리에 놓여졌다. 성직자는 그들이 짜르 시대에 했던 것과 같은 반동적인 영향력을 더 이상 행사할 수 없었다. 이것이 '종교박해'라면 그럴수록 더 좋은 것이다. 어떤 경우에, 부르주아지는 '종교박해'에 반대하는 싸움에 관심을 가지는가? 오직 혁명적인 프롤레타리아트의 위협이 출몰하기 시작하는 때이다. 부르주아지가 혁명적인 젊음의 시기였을 때 부르주아지는 스스로 종교에 반대하여, 교회에 반대하여 싸웠는데, 왜냐하면 후자는 사회진보를 가로막고 떠오르는 부르주아지의 권력에의 접근을 막는 반동적인 봉건세력이었기 때문이다. 그러나 부르주아지는 더 이상 혁명적 세력이 아니다. 그것은 반동적인 세력인데, 왜냐하면 그것은 쇠퇴의 시기에 있고 지금은, 플레하노프의 수사를 사용하면, 부르주아지에게는 앞으로 나가는 것이 쇠락하는 것을 의미하기 때문이다. 그리하여 그것은 반동적인 어떠한 것이라도 붙잡는데 마치 물에 빠진 사람이 지푸라기를 잡는 것과 같다. 이것이 부르주아지가 프롤레타리아들의 마음속에 종교에 대한 존경의 마음을 불어넣으려고 시도하는 이유이다. 이것이 부르주아지가 신과 종교를 옹호하는 이유이다. 그러나 계급의식적인 프롤레타리아들은 이러한 '신'과 종교의 옹호 뒤에 숨어있는 것은 독점자본주의—즉 노동자계급과 근로하는 수백만에 대한 돈벌이와 착취의 종교—에 대한 부르주아지의 옹호라는 것을 너무나 잘 알고 있다.

영국의 지배계급들이 이렇게 쏘련에 반대하는 간섭을 위해 여론을 동원하고 준비를 하고 있을 때 국제적 반동들은 한가롭게 방관하고 있지 않았다. 멘쉐비키들은 그들의 조직을 강화했다. 멘쉐비키 전 연합 사무국은 사보타주 행동을 조직했고 임박한 간섭을 위한 준비를 했다. 사무국은 계속하여 해외에 있는 비합법 멘쉐비키 조직과 연계를 수립했다. 그것은 또한 어떤 간섭으로부터라도 이익을 얻을 수 있고 권력을 장악하기 위해서 다양한 외국 정부들과 연계를 수립했다.

동지들, 자, 뜨로쯔끼가 쏘비에트 체제에 반대하고 사회주의에 반대하는 제국주의 부르주아지의 캠페인에 합류한 것은 이러한 상황에서였다.

1930년에 뜨로쯔끼는 쏘련공산당원들에게 보내는 공개 편지를 썼는데 다음과 같은 말이 있다:

"이 노선들은 쏘련에 대한 그리고 프롤레타리아 독재의 운명에 대한 커다란 근심의 감정에 의해 지시되는 것이다. 오늘날의 지도력, 쓰딸린의 자그마한 그룹의 정책은 그 나라를 전속력으로 위험한 위기들과 붕괴로 이끌고 있다."

뜨로쯔끼, <쏘련공산당원들에게 보내는 공개편지>, 1930년 3월.

쏘비에트 인민이 노동자계급과 그의 전위 쏘련공산당(볼)의 지도력 하에 전속력으로 사회주의를 건설하느라 바쁜 바로 그때에 염세주의자 뜨로쯔끼는 그의 엉터리 같은 '좌익적인' '영구혁명' 이론에 의해 인도되어 "쓰딸린의 자그마한 그룹이"(볼쉐비키당을 언급하는 뜨로쯔끼의 방식) "그 나라를 … 위기들과 붕괴로 이끌고 있다"고 선언하고 있다.

뜨로쯔끼의 "쏘련과 프롤레타리아 독재에 대한 커다란 근심의 감정"에 대해 말하자면, 이 감정에 대한 더 좋은 안내는, 뜨로쯔끼의 위선적이고 위장하는 글들에서가 아니라 모스끄바 재판에서 폭로된 뜨로쯔끼와 그의 동료들의 행동에서 발견될 수 있는데, 그것은 뜨로쯔끼의 "프롤레타리아 독재의 운명에 대한 … 근심의 감정들"의 실제적 성격을 폭로하고, 쏘련과 프롤레타리아 독재에 대한 가장 큰 적대감의 감정을 가지고 있는 사람으로서, 그리고 쏘비에트 정부와 프롤레타리아 독재의 타도를 일으키기 위해 최대한 노력하는 사람으로서 그를 폭로하고, 파시즘의 동맹이자 도구로서 그를 폭로하는 행동들이다. 어떤 경우에서도, 그의 "쏘련과 프롤레타리아 독재에 대한 커다란 근심의 감정"이 도달하는 것은—동시에 뜨로쯔끼가 사회주의 건설의 정책을 신랄하게 탄핵한다면—무엇이겠는가? 그것이 도달하는 것은 그의 실제 감정들과 쏘련에서 자본주의 복고라는 그의 정책을 덮어 가리기 위해 고안된 거만하고 공허한 수사일 뿐이다. 동지들, 이것이 뜨로쯔끼의 이들 감정의 실제적 의미인데, 왜냐하면 사회주의가 건설될 수 없다면, 그러면 유일한 대안은 자본주의의 복고이기 때문이다. 이것이 뜨로쯔끼의 감정들의 진수이고 행동으로서의 뜨로쯔끼주의, 즉 살인, 사보타주, 교란행위, 그리고 파괴의 조직자로서 뜨로쯔끼주의—파시즘의 동맹이자 꼭두각시로서 뜨로쯔끼주의—를 잘 설명하는 것이다.

'씩씩한' 뜨로쯔끼는 사회주의 건설의 문제들에 의해 놀라고 항복에서 위안을 느끼면서, 사회주의는 건설될 수 없다고, 사회주의를 건설하고자 하는 어떠한 시도도 "위험한 위기들과 붕괴들"을 틀림없이 초래할 것이라고, "쓰딸린의 자그마한 그룹"이 어떤 대가를 치르더라도 "위험한 위기들과 붕괴"의 이 길을 따라 그 나라를 지도하는 것을 멈추게 해야만 한다고 선언한다. 뜨로쯔끼와 모스끄바 재판에서 고발된 여타의 사람들을 사보타주 그리고 파시즘과의 동맹으로 이끈 것은 '영구혁명' 이론의 이러한 패배주의이다. 이것은 이 재판들에서 고발된 사람들의 일부의 인정들로부터 충분히 명백해질 것인데, 이것에 대해 간략하게 언급할 것이다.

다시 같은 해인 1930년 11월에 뜨로쯔끼는 쓴다:

"민족적 범위의 사회주의 사회의 건설을 목표로 하는 것은 모든 일시적 성공들에도 불구하고 생산력을 자본주의와 비교할 때조차도 후진적으로 잡아당기는 것을 의미한다. ⋯ "

동지들, 환상적이고 믿을 수 없을지라도, 이것이 뜨로쯔끼가 말하는 것이다: 단일한 나라에서 사회주의 건설이 더 진전될수록, 생산력들은 더 원시적으로 된다. 다른 말로 하면, 하나의 사회주의 나라에서 사회주의 건설에서 어떠한 진전도 항상 생산력들에는 역의 비율에 있다. 사회주의 건설이 덜 진전될수록 생산수단은 더 진전되고 또 역의 경우이기도 하다. 이것으로부터 끌어내어지는 결론은 명백한데, 즉 쏘련이 그것의 기술, 그것의 생산력들을 증진시키기를 원한다면, 그러면, 뜨로쯔끼의 관점에서는 이것은 오직 자본주의 기초 위에서만, 그리고 사회주의 건설의 진전을 늦추고 멈추는 것에 의해서만 이루어질 수 있다는 것이다. 사회주의자들은 말할 것도 없고 심지어 부르주아 경제학자들조차 뜨로쯔끼의 이러한 엉터리 같은 명제를 받아들일 수 없었다. 어쨌거나 실천이 수백 권의 책들보다 더 이 명제의 엉터리 같음을 입증했다. 실천은 쏘비에트의 기술과 생산력들에서 강력한 진전은 정확하게 사회주의 건설의 정책의 기초 위에서 발생했음을 보여준다.

자 이런 것이 "쓰딸린의 자그마한 그룹"에 반대하는 뜨로쯔끼의 비방의 본질이다. 뜨로쯔끼는 신랄한데, 왜냐하면 "쓰딸린의 자그마한 그룹"이 뜨로쯔끼의 충고에 주의를 기울이기를 거부하고 사회주의의 진전을 멈추기를 거부하고 자본주의를 복고하기를 거부하기 때문이다.

제7장 　　　　　　　　　　　서문　　　　　　　　　　　　243

　1931년에 뜨로쯔끼는 그의 ≪쏘련에서 발전의 문제들≫에서 훨씬 더 많은 예언들을 했다.
　1931-1932년의 기간은 국제정세와 국내의 투쟁이라는 두 관점에서 쏘련에게는 어렵고 복잡한 투쟁의 기간이었다. 독일에서 파시즘이 가까운 장래에 모습을 나타낼 것으로 보였다. 제국주의자들은 쏘련에 반대하는 간섭을 위한 모든 종류의 구상들을 꺼내고 있었다. 내부적으로는 쿨락들이, 사회주의가 건설되고 있다는 것을 그리고 자본주의 복고의 가능성이 빠르게 희미해지고 있다는 것을 깨닫고는 집단화에 대한 그들의 저항을 증대시켰다. 그들은 집단농장들을 침식하고 파괴하기 위해 쏘비에트 활동가들에 대한 살인과 사보타주에 호소했다. 동지들, 집단화에 대한 쿨락들의 저항에서 그들이 호소한 사보타주의 종류에 대한 묘사를 하는 것은 의미가 있을 것이다. 다음의 묘사는 우크라이나의 반혁명분자인 이삭 마제파Issac Mazeppa의 펜으로부터 나온 것이다:

　"처음에 콜호즈(집단농장들)에서 대중적 소요가 있었거나 혹은 공산주의자 관리들 혹은 그들의 대리인들이 죽임을 당했다. 그러나 후에는 일련의 수동적 저항이 선호되었는데, 그것은 파종과 추수의 수확에 대한 볼쉐비키의 계획들의 체계적인 차질을 목표로 했다. 농민들과 노동자들은 모든 식량 생산물들이 볼쉐비키 지배자들에 의해 무자비하게 수출되는 것을 보고서는 겨울 기간의 기아로부터 스스로를 구하기 위한 그리고 증오스런 낯선 지배에 반대하여 싸우는 어떠한 수단이라도 움켜잡기 위한 조치들을 취하기 시작했다. 이것이 곡물의 대규모적인 퇴장과 들판에서의 도둑질─발각되면 사형을 당할 수도 있는 위반들─의 주요한 이유이다. 농민들은 모든 곳에서 수동적인 저항자들이다. 그러나 우크라이나에서 저항은 민족적 투쟁의 형태를 띠었다. 우크라이나 인민의 반대는 1931년의 곡물 저장 계획의 실패를 야기했고 1932년에는 더욱더 그러했다. 1931-1932년의 재난은 1921-22년의 기근 이후로 쏘비에트 우크라이나가 직면해야만 했던 가장 호된 타격이었다.4 가을과 봄의 파종 캠페인은 실패했다. 모든

　4　전 세계의 부르주아 반혁명 사령부에 의해 행해진, 1932년의 우크라이나 기근에 대한 신화들과 거짓말들은 더글라스 토틀의 ≪협잡, 기근 그리고 파시즘≫이라는 제목의 뛰어난 책(progress books, 토론토, 1987)에서 철저하게 폭로되었다. 우리는 모든 사람에게 이 뛰어난 저

지역들이 파종되지 않은 채 남겨져 있었다. 더불어 수확물이 작년에 수집되고 있을 때, 많은 지역에서, 특히 남부에서, 20, 40 혹은 심지어 50%가 들판에 남겨져 있었고 전혀 수집되지 않거나 혹은 탈곡과정에서 파괴되었다."

이삭 마제파, ≪슬라보닉 리뷰≫, 1934년 1월.

먼저, 물론, 마제파가 농민 대중들이 사보타주에 호소했다고 말할 때는 거짓말을 하고 있는 것이다. 사보타주와 "공산주의 관리들 혹은 그들의 대리인들"에 대한 살인에 호소했던 사람들은 농민 대중이 아니라 쿨락들과 마제파 같은 반혁명분자들이었다. 둘째로, 수확의 50%가 들판에 남겨져 있었다는 것에 관해 말하면, 이것이 스스로를 "겨울 기간의 기근"으로부터 구제하려는 욕구와 어떻게 조화될 수 있는가? 우크라이나의 반혁명분자인 마제파 같은 사람만이 알고 있다. 그는 이 점에 대해 우리에게 더 이상의 것을 비춰주지 못한다. 그러나 이들 두 가지 단서를 전제로 보면, 마제파로부터 위의 인용은 집단화의 고조기에 쿨락의 사보타주와 저항에 대한 정확한 그림을 보여준다.

내부적인 그리고 외부적인 이 모든 어려움들에 대한 뜨로쯔끼의 반응은 대개 그렇듯이 쏘련에서 사회주의 건설의 불가능성과 임박한 내전을 예언하는 것이었다. 그가 말하기를 집단화는 광범한 규모로 실업을 초래할 것이었다:

"만약에 우리가, 집단화가 새로운 기술(일찍이 우리는 사회주의 사회의 건설이 "자본주의와 비교할 때조차 생산력들을 후진적으로 끌어당기는 것"을 의미한다는 그의 말을 들었다─필자)의 요소들과 더불어, 농업노동의 생산성을 상당히 증가시킬 것─그것 없이는 집단화는 경제적으로 정당화될 수 없고 그리고 결과적으로 스스로를 유지하지 못할 것이다─을 가정한다면, 이것은 심지어 지금도 인구과잉인 마을에서 즉각적으로 백만, 2백만, 혹은 더 많은 수의 잉여노동자들을 창출할 것인데, 그들은 공업이 가장 낙관적인 계획으로도 흡수할 수 없을 것이다."

뜨로쯔끼, ≪쏘련에서 발전의 문제들≫, 1933.

작을 읽기를 추천하는데, 그것은 사실들을 제기할 뿐만 아니라 부르주아의 거짓된 선전 기제의 작업방식에 대해 거대한 빛을 던진다.

그리하여 뜨로쯔끼의 1931년에서의 결론은 다음과 같다: 집단화는 중지되어야만 한다. 동지들, 이 결론은—집단화를 했다면 물론 쏘비에트 정권의 존재 자체를 위협하였을 때5인 1924년에, 즉각적인 완전한 규모의 집단화를 요구하고 쓰딸린에 대해 이것에 동의하지 않는다는 이유로 쿨락들과 연합하고 있다고 비난했던—그 동일한 뜨로쯔끼에 의해 도달되었다. 그리하여 이런 것이 뜨로쯔끼주의자들의 경제와 정치의 본질이다: 1924년에 적절한 준비가 없는 집단화 그리고 1931년에 집단화의 정지. 뜨로쯔끼는 산업전선에 대해 유사한 충고를 했는데 이에 대해 간단하게 볼 것이다.

뜨로쯔끼는 몇 번째인지 모를 만큼 사회주의는 건설될 수 없다고 반복한다:

"자기 충족적인 사회주의 경제를 건설하는 것의 불가능성은 훨씬 더 큰 규모로 그리고 훨씬 더 큰 깊이로 모든 새로운 단계에서 사회주의 건설의 기본적인 모순들을 재생한다."

앞의 책.

다른 말로 하면, 사회주의 건설에서 더 크게 진전할수록, 사회주의 건설의 불가능성은 더 커진다. 물론 심오한 엉터리인데, 그것을 오직 뜨로쯔끼만이 유포시킬 수 있었던 것이다. 뜨로쯔끼가 말하기를, 산업화가 더 클수록, 집단화가 더 클수록, 쏘비에트 사회에서 모순들—내전과 "계획 원칙의 붕괴" 그리고 자본주의의 불가피한 복고를 초래할 모순들—의 발전은 더 클 것이다. 이러한 주장의 증거로서 뜨로쯔끼는 당시에 열린 멘쉐비키들의 재판들을 인용하는데, 그 재판을 뜨로쯔끼는 몇 년 후에 "쓰딸린주의자들의 조작"이라고 묘사했다. 그러나 1931년에 이들 재판들은 아직 "조작"으로 변형되지 않았다. 여기에 뜨로쯔끼

---

5 사실상, 1924년에 뜨로쯔끼의 집단화에 관한 제안들은 파괴의 한 형태였는데, 만약에 그것을 따랐다면 쿨락들이 사회주의로 성장해 간다는 부하린의 비맑스주의적인 이론의 수행과 마찬가지로 프롤레타리아 독재의 타도를 틀림없이 초래했을 것이다. 뜨로쯔끼의 '좌익적' 일탈과 부하린의 우익적 일탈의 본질은 동일하다-양쪽 다 프롤레타리아 국가 권력의 타도와 자본주의의 복고를 초래한다.

가 이러한 주장을 옹호하기 위해 이들 재판에 대해 말한 것이 있다:

"두 개의 재판들—전문가·파괴자들에 대한 그리고 멘쉐비키들에 대한—은 쏘련에서 계급들과 당들의 세력들의 관계에 대한 극단적으로 충격적인 모습을 보여준다. 1923-1928년의 기간 동안 부르주아 전문가들이 부르주아지의 외국의 중앙들과 긴밀히 동맹하여, 자본주의 관계들의 재수립을 믿고서 산업화의 인위적인 지연을 성공적으로 수행했다는 것은 법정에 의해 반박의 여지없이 입증되었다(동지들, 언어에 주목하라. 아직은 이들 재판들이 '쓰딸린주의자들의 조작'이라는 암시는 전혀 없다)"

뜨로쯔끼, ≪쏘련에서 발전의 문제들≫, p. 26.

이제, 사회주의 건설이 계급투쟁의 강화를 떠올린다는 것을 누구도 부정하지 않을 것이다. 쓰딸린이 말했듯이:

"우리는 우리가 이루는 모든 전진에 따라 여기서의 계급투쟁은 필요성이 점점 더 줄어들고 그리고 우리가 성공을 성취하는 것에 따라 계급의 적은 더욱더 온순하게 될 것이라는 썩은 이론을 파괴하고 치워버려야만 한다."

"이것은 단지 썩은 이론일 뿐만 아니라 위험한 것이다. 왜냐하면 그것은 우리의 인민을 속여 넘기고 그들을 덫으로 이끌고 그리고 계급의 적이 쏘비에트 정부에 반대하는 투쟁을 위해 결집하는 것을 가능하게 하기 때문이다."

"반대로, 우리가 더욱더 앞으로 전진 할수록, 우리가 더 큰 성취를 달성할수록, 부서진 착취계급들의 찌꺼기들의 격분은 더욱더 크게 될 것이고, 그들은 투쟁의 보다 첨예한 형태들에 더 빨리 호소할 것이고, 그들은 쏘비에트 국가에 더 많은 해를 주려 할 것이고, 그리고 그들은 파멸한 사람들의 마지막 호소와 같이 투쟁의 가장 절망적인 수단들을 더 붙잡으려 할 것이다."

쓰딸린, <당 사업에서 결함들과 뜨로쯔끼 신봉자들과 다른 표리부동한 자들을 청산하기 위한 조치들>, 1937년 3월 3/5일, 쏘련공산당 중앙위원회에 대한 보고 쿨락 등에 의해 행해진 저항과 사보타주는 이미 언급되었다. 이것은 일어날 수밖에 없었다. 착취자들이 그들의 '잃어버린 낙원'을 재획득하는 가능성이 줄어들고 있다는 것을 더욱더 깨달을수록 그들은 자본주의의 복고를 목표로 하는 시도들을 하지 않을 수 없다. 그러나 그들의 시도들과 이러한 시도들의 성공은 또 별개의 문제이다. 강력한 쏘련 인민들은 쏘비에트 노동자계급과 그것의 전위당인 쏘련공산당(볼)의 지도력하에서 자본주의 복고에 대한 이러한 시도들을 분쇄하여 산산이 부술 수 있었다. 역사는 이러한 것이 당시에 쏘비에트 인민이 하였던 바로 그것이라는 사실6을 증언하고 있다. 따라서 멘쉐비키들에 대한 재판들은 자본주의를 복고하려는 부르주아지에 의한 시도의 사례일 뿐만 아니라 이러한 시도들을 절멸시킨 쏘비에트 인민의 강력한 주먹의 사례이기도 하다.

그러나 패배주의자 뜨로쯔끼는 다르게 생각했다. 그는 쏘비에트 인민이 자본주의를 복고하려는 시도들을 성공적으로 분쇄할 수 없다고, 내전과 자본주의의 복고가 밤이 낮에 이어지듯이 쏘련에서 모순들의 발전을 따라서 이루어질 수밖에 없다고 확신하였다. 그는 예언하기를,

"적대적 세력들이 표면을 뚫을 것이고, 트러스트들의 관리들이 사적 소유자의 혹은 외국자본의 대리인들의 위치로 빠르게 접근할 것인데, 그에 대해 그들의 많은 수는 생존을 위한 자신들의 투쟁에서 전환을 강요당할 것이다. 저항을 할 수 있는 능력이 거의 없는 집단농장이라는 형식이 소규모 상품 생산자들을 흡수할 시간을 거의 가지지 못했던 (시골—역자) 마을에서, 계획 원칙의 붕괴는 원시적 축적의 요소들을 경솔하게 해방할 것이다."

뜨로쯔끼, 앞의 책.

---

6 쓰딸린 동지 사후에 쏘련에서 수정주의의 승리는 어떠한 면에서도, 사회주의 건설의 진전에 따라 자본주의의 복고를 초래하는 내전이 불가피하다는 뜨로쯔끼의 엉터리 같은 이론의 올바름을 입증하는 것은 아니다. 쏘련에서 수정주의의 승리에 대한 이유들에 관해서 보면, 이 글은 그것들을 다룰 수 있는 때 혹은 장소가 아니며 그것들은 다른 곳에서 다루어질 것이다.

동지들, 여기에 모두가 보아야 할 것이 있다: 뜨로쯔끼의 투항주의, 초산업화주의자, 1924년에 쿨락들에 대한 공세의 옹호!

국제정세와 관련하여, 독일의 파시즘이 수평선 위에 크게 떠오르자, 뜨로쯔끼는 그의 대개의 낙관주의를 배반한다. 아직은 당시에 발생하지 않았던 독일에서 파시즘의 승리의 가능성을 논의하면서, 뜨로쯔끼는 말한다:

"파시스트들의 손에서 독일 프롤레타리아트가 분쇄되는 것은 쏘비에트 공화국의 절반의 붕괴를 이미 포함하는 것이다."

≪독일, 국제정세의 열쇠≫, 1931.

국내정세와 국제정세에 대한 극단적인 비관적인 평가에 기초하여, 제국주의와 반동의 힘을 과대평가하고, 쏘비에트 프롤레타리아트와 인민대중의 능력을 과소평가하고, 제국주의 상호 간의 모순들을 무시하고, 혁명과 사회주의 건설의 문제들에 의해 겁을 먹고는, 뜨로쯔끼 신봉자들은 "프롤레타리아트에 적대적인 세력들의 대변자"가 되는 것으로 종말을 맞이했다. 여기에 라덱이 이러한 발전을 그의 재판 기간에 설명한 것이 있다: 라덱은 설명했다.

"당으로 복귀한 많은 수의 뜨로쯔끼 신봉자들은 5개년 계획을 위한 싸움이 첨예하게 되었던 때에 나라의 다양한 부분들에서 핵심적 위치에서 일하고 있었는데, 그때 그것은(5개년 계획을 위한 싸움—역자) 나라의 일부 지역들에서 쿨락들과 그리고 쿨락들의 지도를 따랐던 중농층 사이의 그러한 요소들과 첨예한 충돌의 형태들을 띠었는데, 투쟁하고 있던 이 전자의 동료들은 나에게 가장 비관적인 성격의 정보들, 나라의 정세에 대한 나의 의견에 가장 치명적으로 악영향을 주었던 정보들을 홍수가 나도록 말하기 시작했다."

"이것은 1930년과 1931년에서였다. 나는 상황을 다음과 같이 평가했다: 5개년 계획의 획득물들은 거대한 것이고 중요한 조치가 산업화의 방향에서 이루어졌다. 어느 정도는 집단농장들은 이미 명백한 사실이 되었다. 그러나 동시에, 당시 내가 가지고 있던 정보와 당시 내가 친분이 있던 뜨로쯔끼주의 경제학자들—나는 스밀가와 프레오브라젠스키를 언급할 것이다—

에 의해 이루어진 정세에 대한 평가에 기초하여, 경제적 공세가 너무 넓은 전선에서 행해지고 있어서 이용할 수 있는 물질적 힘들(트랙터의 수 등)이 전반적인 집단화를 허용하지 않을 것이고 만약 이러한 전반적인 공세가 늦추어지지 않는다면, 이것은, 우리가 경구로써 규정한다면 '바르샤바에 대한 행진과 같은 종말'이 될 것이고, 이러한 빠른 속도로는 산업화는 아무런 결과들도 산출할 수 없고 단지 거대한 비용만 야기할 뿐이라고 나는 믿었다."

"1931년 당시에 이미 나는 공세를 보류하고 자원들을 경제 전선의 특정한 부문들에 집중하는 것이 필요하다고 생각했다."

"간단히 말하면, 나는 그 주요한 문제, 5개년 계획을 위한 싸움을 계속하는 문제에 대해 의견을 달리했다. 사회적 각도로부터 이러한 불일치를 분석하자면, 물론, 나는 당시에 내가 올바르다고 간주했던 전술을 최선의 공산주의적 전술이라고 믿었다. 그러나 누군가 이것의 사회적 분석을 요구한다면, 역사의 장난은 내가 저항의 힘을 과대평가했고 쿨락 대중들뿐만 아니라 중농들의 독립적인 정책을 추구하는 능력을 과대평가했다는 것이라고 나는 말해야만 할 것이다. 나는 어려움들에 의해 겁을 먹었고 그리하여 프롤레타리아트에 적대적인 세력들의 대변자가 되었다."

<반쏘비에트 뜨로쯔끼 신봉자 중앙의 재판>,
1937년, 모스끄바, pp. 83-84.

그의 모든 파멸의 예언들이 현실화되지 못하자, 뜨로쯔끼는 쏘비에트 정부가 사회주의 건설의 정책에서 '퇴각'하지 않을 경우 또 하나의 임박한 파멸이 있을 것이라는 예언을 한다. 여기에 뜨로쯔끼가 1932년에 그의 ≪위험에 처해 있는 쏘비에트 경제≫에서 쓴 것이 있다:

"전체적인 곤란은 산업화에서 훌륭한 도약이 계획의 다양한 요소들을 상호간의 극단적인 모순들로 밀어 넣었다는 것, … 경제가 물질적 예비 없이 그리고 계산 없이 기능하다는 것이다. … 곤란은 생겨난 불균형들이 훨씬 더 큰 뜻밖의 일을 생기게 한다는 것이다. 곤란은 통제되지 않는 관료주의가 자신의 위신을 오류들의 지속적인 축적에 단단히 연계시킨다는 것이다."

우리는 "곤란은" 우리의 교활한 이기주의자 뜨로쯔끼가 그의 "위신"을 그의 파산한 '영구혁명' 이론과 "이어지는 오류들의 축적"에 "단단히 연계시킨다"는 것을 단지 덧붙일 것이다.

뜨로쯔끼는 더욱더 머리칼이 곤두서는 예측을 계속하여 한다. 그는 대규모의 실업, 기업들의 폐쇄, 그리고 지방 경제—농업의 영역—에서 파괴적인 결과들을 예언한다.

"곤란은 위기가 기업들의 강제된 폐쇄 그리고 실업과 같은 결과들의 도래로써 임박해 있다는 것이다."

뜨로쯔끼, ≪위험에 처해 있는 쏘비에트 경제≫, 1932년.

그리고 나아가:

"집단화에서 기록 경쟁을 무모하게 추구하는 것은 … 실제로는 파괴적인 결과들을 초래했다. 그것은 소생산자에 대한 자극들을 파괴했는데, 다른 그리고 훨씬 고도의 경제적 자극들로써 그것들(소생산자에 대한 자극들—역자)을 밀어내기 오래전에 그러했다. 산업에서 빠른 속도로 스스로를 지치게 하는 행정적 압력은 농촌 경제의 영역에서 절대적으로 힘이 없는 것으로 입증된다."

앞의 책.

그리하여 예전의 초산업화주의자였고 1924년에 쿨락에 반대하는 공세의 옹호자였던 뜨로쯔끼가 "산업과 농촌 경제에서" 퇴각을 제안하는 것이다. 여기에 그가 말하는 것이 있다:

"일시적 퇴각이 산업과 농촌 경제에서 긴급하다. 퇴각에 가장 근접한 노선은 사전에 결정될 수 없다. 그것은 오직 자본의 재건의 경험에서만 드러날 것이다."

"무엇보다도 퇴각은 집단화의 영역에서 불가피하다. 다른 어떤 곳보다 여기에서 행정은 자신의 실수들의 포로이다."

앞의 책.

그리고 나아가:

"기계적으로 '쿨락을 청산하는' 정책은 지금은 실제적으로 버려지고 있다. X표가 그것에 공식적으로 놓여야 한다. 그리고 동시에 쿨락의 착취적 경향들을 심각하게 제한하는 정책을 수립하는 것이 필요하다. …"

앞의 책.

"기계적으로 '쿨락을 청산하는' 정책"과 같은 뜨로쯔끼의 왜곡을 무시하면(그리고 이것은 이중의 의미에서 왜곡인데, 왜냐하면 (i) 쿨락을 제거하는 정책은 기계적인 것이 아니라 과학적으로 입안된 정책이었고 그리고 (ii)뜨로쯔끼가 쿨락을 청산하는 정책이 사실상 버려지고 있다고 말하던 바로 그 때에 공세가 눈사태의 기세로 지속되고 있었기 때문이다), 나는 다시 한 번 여러분 동지들에게, 위의 퇴각은 1932년에 뜨로쯔끼에 의해 요구되고 있다는 것—뜨로쯔끼의 수사를 사용하면, 공세가 "모험주의적 템포"가 되었을 때인 1924년에 쿨락들에 대한 공세를 옹호했던 동일한 뜨로쯔끼—을 상기시켜야만 한다. 이것은 '영구혁명'이라는 "엉터리 같은 좌익"이론으로부터 자연스럽게 흘러나오는 논리적인 엉터리이다. 뜨로쯔끼주의에 있어 타고난 이런 논리적인 엉터리 때문에, 뜨로쯔끼 신봉자들은 언제나 그리고 어디에서나 운동의 미래의 과제를 수행하느라 바쁜데, 동시에 현재의 과제들은 심오하게 무시되고 있다. 그들은 언제나 잘못된 적들과 싸우고 있거나 혹은 존재하지 않는 적들과 싸우고 있다. 그들은 언제나 허공을 치고 있다. 현실은 언제나 그 불쌍한 친구들로부터 교묘히 빠져나온다. 그러나 허공을 치고 또 풍차로 돌진하는 데서 그들과 결합하지 않는 사람은 누구나 혁명가가 아니라 "쓰딸린주의 관료주의자"이다.

뜨로쯔끼에 의해 요구된 위의 "일시적 퇴각"에 대해 말하면, 이 "일시적 퇴각"의 실제적 성격은 부하린의 재판에서 그에 의해 폭로되었다. 부하린은 이 "일시적 퇴각"이 자본주의 복고의 요구에 다름 아니라는 것에 대해 의심을 남기지 않았다. 부하린이 우익과 뜨로쯔끼 신봉자 블록의 강령에 대해 말해야만 했던 것은 매우 주목할 가치가 있다. 그것은 중요한데, 왜냐하면 그것이 우리에게 이 강령과 이 블록에 의해 요구된 "일시적 퇴각"의 실제적 성격에 관한 정보를 제공하기 때문만이 아니라, 그것은 우익과 뜨로쯔끼 신봉자 블록의 진화에 대한 현실적 이해에 필수적이기 때문이다. 부하린의 증언은, 일찍이 인용된 라덱의 그것과 같이, 수많은 두드러진 이전의 볼쉐비키들이 자본주의 복고를 위해 일하고 이 목표를 이루기 위해 파시즘과 협력했다는 범죄 혐의로 고발되어 피고석에서 스스로를 발견해야만 한 것이 어떻게 가능했는지에 관한 미스터리를 풀어준다. 부하린으로 하여금, 피고석에서 말하게 하자:

"나에게는 이 재판이 공적인 중요성이 있는 것처럼 보이기 때문에, 그리고 이 의문이 극히 하찮게 다루어졌기 때문에, 나는 결코 어디에서도 쓰인 적이 없는 강령에 대해, '우익과 뜨로쯔끼 신봉자 블록'의 실천적 강령에 대해 길게 논하는 것이, 그리고 하나의 공식, 즉 자본주의 복고라는 것이 의미했던 것을, '우익과 뜨로쯔끼 신봉자 블록'의 써클들에서 구상되고 입안되었던 방식으로 해독하는 것이 유용할 것이라 생각했다. ..."

"우익 반혁명분자들은 처음에는 '일탈'인 것으로 보였다. 그들은 힐끗 보면 집단화와 관련한, 산업화와 관련한 불만으로써, 그들이 주장하듯이 산업화가 생산을 파괴하고 있다는 사실로써, 시작했던 사람들인 것으로 보였다. 이것이 처음 힐끗 보면 주요한 것처럼 보였다. 그런데 류틴 강령이 나타난다. 모든 국가 기구들이, 모든 수단들이, 모든 최선의 힘들이 나라의 산업화로, 집단화로 돌진할 때, 우리는 문자 그대로 24시간 동안 반대편에 있는 우리 스스로를 발견했고, 우리 스스로 쿨락과 함께 있는 것을, 반혁명분자들과 함께 있는 것을 발견했고, 우리 스스로 거래의 영역에서 당시에 여전히 존재했던 자본주의의 찌꺼기들과 함께 있는 것을 발견했다. 그리하여 주관적 관점으로부터 기본적 의미, 판단이 명확하다는 점이 이어진다. 여기에서 우리는 매우 재미있는 과정으로 들어갔는데, 개인 기업에 대한 과대평가, 그것의 이상화로 기어 들어가는 것, 재산 소유자의 이상화를 통과했다. 이런 것이 진화였다. 우리의 강령은 번영하는 개인 농민의 농장이었는데, 그러나 사실상 쿨락이 그 자체로 목표가 되었다. 우리는 집단농장들에 대해 빈정대었다. 우리, 반혁명 음모자들은 당시에 더욱더 집단농장들은 미래의 음악이라는 심리를 드러내게 되었다. 필요한 것은 부유한 재산소유자들을 발전시키는 것이었다. 이것은 우리의 관점과 심리에서 발생한 거대한 변화였다. 1917년에 나 자신을 포함하여, 죽임을 당한 백군을 동정하는 것은 당원 누구에게도 일어난 적이 없다. 그러나 1929-30년에 쿨락들의 청산의 시기에 우리는 수탈당한 쿨락들을 소위 인도주의적 동기로부터 동정했다. 1919년에 경제생활의 뒤죽박죽에 대해, 사보타주가 아니라 볼쉐비키들에 대해 비난하는 것은 누구였던가? 누구도 없었다. 그것은 매우 솔직하고 공개된 반역으로 들렸을 것이다. 그러나 나 자신은 1928년에 농민층에 대한 군사-봉건적 착취에 대한 공식을 창안했는데, 즉 계급투쟁의 고통에 대한 비난을 프롤레타리아트에게 적대적인 계급에 대해서가 아니라 프롤레타리아트 자신의 지도자들에게로 돌렸던 것이다. 이것은 이미 180도 회전이었다. 이것은 사상적 그리고 정치적 강령들이 반혁명적 강령으로 성장해갔다는 것을 의미했다. 쿨락 경영과 쿨락의 이해들이 실제로 강령의 초점이 되었다. 투쟁의 논리는 사상의 논리를, 그리고 우리의 심리에서 변화를, 우리 목표들의 반혁명화를 초래했다."

<우익들과 뜨로쯔끼 신봉자들의 반쏘비에트 블록에 대한 재판>

동지들, 우익들과 뜨로쯔끼 신봉자들의 블록의 발전에 대해, 그들이 어떻게 반혁명적인 파괴자들과 사보타주자들로 되었는지에 대해 부하린에 의해 여기서 주어진 것보다 더 좋은 설명을 얻는 것은 불가능하지는 않더라도 어려울 것이다. 부하린의 이 증언은 우익들과 뜨로쯔끼 신봉자들의 블록의 목표의 "반혁명화"에 대해 일찍이 주어진 가장 과학적인 설명들의 하나이다. 그것은 하나의 블록으로서 우익들과 뜨로쯔끼 신봉자들의 블록의 진화뿐만 아니라 그것의 개인적인 성원들 각각의, 피고들의 진화에 대해서도 설명한다. 사회주의가 쏘련에서 건설되는 것이 불가능하다는 그들의 입장으로부터 사회주의를 건설한다는 볼쉐비키당의 정책에 대한 뜨로쯔끼 신봉자들과 우익들의 반대가 생겨났다. 사회주의 건설의 반대라는 것으로부터 반대파의 쿨락들에 대한 동정 그리고 스스로 "문자 그대로 24시간 동안 반대편에서 … 쿨락들과 함께, 반혁명분자들과 함께 있는 … 자본주의 찌꺼기들과 함께 있는 … " 스스로를 발견하는 것이 생겨났던 것이다.

앞서 말한 것으로부터, 쏘비에트 정부와 당이 인민들을 사회주의를 건설하는 승리의 투쟁으로 이끌고 있는 반면에, 뜨로쯔끼 신봉자들, 지노비예프 신봉자들 그리고 우익들은 사회주의 건설의 불가능성이라는 그들의 강령으로 시작해서 투쟁의 논리에 의해, 자본주의 복고를 위한 그들의 반혁명적인 강령으로 빠르게 접근하고 있었다는 것이 명백하게 모습을 드러낸다.

쏘련공산당(볼)과 쏘비에트 정부의 정책은 수백만의 쏘비에트 대중들을 사회주의 건설의 끈기 있는 과제로 이끄는 것이었다. 많은 어려움들이 자연스레 떠올랐다. 그러나 쏘비에트 대중들은 맑스-레닌주의의 기치를 높이 들고 볼쉐비키당의 영광스러운 지도력하에서 모든 어려움들을 극복하고, 차례차례 장애를 제거하면서 쿨락들과 부유한 상인들의 저항을 압도하고 그리고 어려움들과 적대 계급들의 사나운 저항에 결코 굴복하지 않으면서, 승리에서 승리로 전진했고 쏘련에서 사회주의를 건설하였다.

쏘련에서 사회주의 건설은 세계사적인 중요성이 있는 사건, 10월 혁명에 못지않은 중요성이 있는 사건이었다.

쏘련에서 사회주의를 성공적으로 건설함으로써 쏘비에트 인민은 전 세계에, 1917년 당시의 러시아처럼 후진적인 나라가 20년의 기간 동안에 그것의 기술을 높이고 그 인민들의 삶의 질을 증진하고, 그들을, 혁명 전의 그들이 그랬던 것처럼 비위생적이고 잘 먹지 못하고 문맹이고 그리고 무지한 대중으로부터, 건강하고 잘 먹고 글을 읽고 쓸 줄 알고 여러 소식을 잘 알고 그리고 자부심이 있는 쏘비에트 시민들로 어떻게 전화시켰는지를 드러내었다. 사회주의를 건설함으로써 쏘비에트 인민은, 사회주의가 유일한 후진적인 나라에서 건설될 수 없다는 뜨로쯔끼의 반동적인 이론에, 그리고 사회주의 건설에서 어려움들이 쏘비에트 정부와 당으로 하여금 뜨로쯔끼 신봉자들과 우익들에 의해 옹호되었던 정책들에, 그리하여 첨언하자면 제국주의자들에 의해 옹호되는 정책들에 찬성하여 기존의 정책을 포기하도록 할 것이라고 오랫동안 주장해왔던 제국주의자들의 희망과 바람에 대해 치명적인 타격을 주었다. 전 세계는 실제적으로 사회주의를 건설함으로써 유일한 후진적인 나라에서 사회주의를 건설하는 것의 불가능성이라는 반동적인 이론을 분쇄하여 산산조각 낸 것에 대해 쏘비에트 인민, 쏘비에트 정부, 쏘련공산당(볼) 그리고 그 지도자인 J. V. 쓰딸린에 대해 감사의 빚을 지고 있다.

뜨로쯔끼 신봉자들과 우익들의 정책은 패배주의였고 어려움에 직면하여 항복하는 것이었다. 패배주의적인 뜨로쯔끼주의 강령 주위로 수많은 악명 높은 패배주의자들, 예를 들면, 14차 당협의회 이후에 레닌주의 진영을 버리고 뜨로쯔끼주의 진영으로 이동했던 카메네프와 지노비예프 같은 패배주의자들이 모여들었다. 이 모든 사람들은 당시에 계속하여 부하린, 리코프 그리고 톰스키에 의해 영도되는 우익 그룹들과 관계를 수립해갔다. 뜨로쯔끼 신봉자들과 우익들 간의 화해는 뜨로쯔끼가 전체적으로 우익들의 강령을 받아들였기 때문에, 그리고 부하린의 표현을 사용하면, 뜨로쯔끼가 그의 좌익적 유니폼을 벗어버렸기 때문에 가능하게 되었을 뿐이다.

　뜨로쯔끼 신봉자들과 우익들은 류틴 강령7에 기초하여 연합하였다. 류틴 강령의 본질은 다음과 같았는데 그것은 (i) 국영농장 뿐만 아니라 집단농장들의 해체 (ii) 쏘비에트 공장들의 외국 자본가들에 대한 임대 (iii) 지도력을 획득하고 위의 두 목적을 달성하기 위해 볼쉐비키당과 쏘비에트 지도자들에 대한, 특히 쓰딸린에 대한 테러를 지지했다.

7　류틴 강령은 또한 다음의 점들을 포함했다:
　(a) 이 강령은 파시즘과 협정에 도달하는 것을 지지했는데, 왜냐하면 피고 소콜니코프의 언어로 말하면, "중앙의 지도적 성원들이 고립된 혁명으로서 우리의 혁명은 사회주의적 혁명으로서 지속될 수 없고 초제국주의라는 카우츠키의 이론, 그리고 부하린의 조직된 자본주의라는 유사한 이론이 올바른 것으로 입증되었다는 견해였다. 우리는 파시즘이 가장 조직된 형태의 자본주의이고 그것이 유럽을 정복하고 장악하고 있고 우리를 질식시키고 있다는 의견이었다. 그리하여 우리가 그것과 협정에 도달하는 것이 더 낫고, 사회주의로부터 자본주의로 퇴각한다는 의미에서 일정한 타협에 도달하는 것이 더 나았다"는 것 때문이었다.(<반쏘비에트 뜨로쯔끼 신봉자 중앙에 대한 재판>, p. 489.)
　(b) 이 강령은 전쟁에서 쏘련의 패배를 지지했다.
　(c) 이 강령은 또한 민주주의의 폐지를 지지했는데, 왜냐하면, 뜨로쯔끼가 1935년에 라덱에게 썼듯이, 재판에서 라덱의 증언에 따르면 "어떠한 종류의 민주주의에 대한 이야기도 있을 수 없다. 노동자계급은 혁명의 18년을 살아왔고 그것은 광대한 욕구를 가지고 있고 이 노동자계급은 사적으로 소유된 공장들로 그리고 부분적으로는 가장 어려운 조건하에서 외국의 자본들과 경쟁해야만 할 국가 소유의 공장들로 보내져야만 할 것이다. 그것은 노동자계급의 생활수준이 격렬하게 하향될 것을 의미한다. 그리고 권력을 유지하기 위해서, 우리는 그것을 감추기 위해 어떤 형태가 필요한 지에 관계없이 강력한 정부를 필요로 하게 될 것이다."(<반쏘비에트 뜨로쯔끼 신봉자 중앙에 대한 재판>, p.114.)
　(d) 마지막으로 이 강령은 쏘련의 분할을 지지했다. "우크라이나를 독일에게 그리고 마리타임 지역과 아무르를 일본에게 주어라"

류틴 강령의 본질은 그것이 쏘련에서 자본주의의 복고를 지지했다는 것이었다.

류틴 강령은 류틴 혼자만의 노력의 결과가 아니었다. 그것은 모든 우익들에 의해 집단적으로 만들어진 것이었고, 그들은 모두 그것을 자세하게 토론했다. 그것(류틴 강령—역자)의 유포의 시기에 우익들의 지도자들—부하린, 리코프 그리고 톰스키—은 배후에 있었다. 그러나 카메네프와 지노비예프는 이 강령을 소지하고 있는 것이 발견되었고 당으로부터 추방되었다.

이러한 정보의 견지에서 보면, 그러한 정보의 일부는 모스끄바 재판에서 혹은 그들에 대한 조사의 과정에서 빛을 보게 되었는데, 1932-1933년에서 쏘비에트 정부의 힘에 의한 타도와 쏘련에서 자본주의 복고를 위한 배신적인 활동에 종사한 다양한 반당적인 음모 조직들의 구성에 관한 상황은 다음과 같았다:

A. 뜨로쯔끼 신봉자들과 지노비예프주의자의 혼합적인 그룹은 1936년 8월의 1차 모스끄바 재판에서 폭로되었는데, 다음과 같이 구성되어 있는 정치적 암살자들의 연합이었다:

(1) 지노비예프 그리고
(2) 카메네프

그들은 이전의 레닌그라드 반대파의 지도자들이었다.

다른 지노비예프주의자들은 다음과 같다:

(3) I. P. 바카예프, 그는 당과 정부의 지도자들에 대한 테러 공격들의 일상적인 조직을 담당하고 있었다.

(4) I. I. 라인골드, 그는 지노비예프 신봉자들의 지하 반혁명조직의 가장 활동적인 성원이었고 언제나 지노비예프와 카메네프와 직접적인 접촉을 하고 있었고 지노비예프 신봉자들의 모든 비밀회의에 참가했다.

(5) G. E. 에브도키모프

(6) R. V. 피켈, 그는 지노비예프의 가장 신뢰받는 사람들 중의 한 사람이었고 오랫동안 그의 비서를 담당했다. 그는 모스끄바 테러리스트 중앙의 활동적인 성원이었다.

뜨로쯔끼 신봉자들은 다음과 같다:

(7) I. N. 스미르노프, 그는 1923-7년의 당내 논쟁의 기간에 뜨로쯔끼의 지지자였고 쏘련에서 뜨로쯔끼의 대리인이었고 쏘련에서 지하의 뜨로쯔끼주의 반혁명 활동들의 실제적인 조직자이고 지도자였다. 그는 뜨로쯔끼와 해외의 뜨로쯔끼주의 조직들과 개인적 연계를 유지했다.

(8) A. E. 드라이쩌, 그는 이 그룹의 일상적 조직 작업을 책임지고 있었다. 뜨로쯔끼는 드라이쩌를 묘사하기를 "적군의 장교이고 나의 유배 기간과 그 후에 그는 열 명 혹은 열 두 명의 장교들과 함께 나의 집 주위에서 경호를 조직했다." 뜨로쯔끼와 함께 그는 1927년 11월 7일의 반혁명적인 시위를 조직했다. 뜨로쯔끼가 알마아타에서 추방되어 있을 때, 드라이쩌는 뜨로쯔끼와 모스끄바의 뜨로쯔끼주의 중앙과의 통신을 조직했다.

(9) S. V. 므라치코프스키, 그는 뜨로쯔끼가 가장 확신하는 사람이었고 개인적으로 그와 가장 가까웠다. 그는 한 때 군대에서 중요한 위치를 점하기도 했다.

(10) E. S. 홀쯔만, 그는 뜨로쯔끼주의 반혁명 조직의 활동적인 성원이었고 개인적으로 스미르노프와 연계되어 있었는데 그의 지시에 따라 그는 해외의 뜨로쯔끼주의 중앙과 접촉을 유지했다. 1932년에 그는 개인적으로 뜨로쯔끼로부터 쏘련공산당의 지도자들에 대한 테러 행동을 위한 준비에 관한 지시를 받았다.

(11) V. A. 테르-바간얀, 그는 법정에서 자신이 뜨로쯔끼 신봉자-지노비예프 신봉자 중앙의 조직자들의 한 사람이고 이 중앙은 뜨로쯔끼의 테러에 대한 지시에 기초하여 조직되었다는 것을 인정했다.

(12) V. P. 올베르크, "온두라스 공화국의 특별한 그 시민"은 뜨로쯔끼의 그리고 동시에 독일 정보기관, 게슈타포의 유급 대리인이었다. 그는 1927-28년 이후로 독일의 뜨로쯔끼주의 조직의 한 성원이었고 테러적 행동을 수행하는 임무를 띠고 뜨로쯔끼에 의해 쏘련으로 보내졌다.

(13) M. 루리, 그는 쏘련공산당과 쏘비에트 정부의 지도자들에 대한 테러적 행동들을 가속화하라는 뜨로쯔끼의 지시를 받고 1933년 3월 4일에 베를린을 떠나 모스끄바를 향했다.

(14) N. 루리, 그는 테러적 행동을 할 목적으로 뜨로쯔끼주의 조직

의 특수한 임무를 띠고 베를린으로부터 1932년 4월에 쏘련에 도착했다.

(15) K. B. 버만-유린

(16) 프리쯔 데이비드(크루글리얀스키), 그는 쓰딸린 동지의 생명에 대한 시도를 하라는 지시를 받고 뜨로쯔끼에 의해 쏘련으로 또한 보내졌다. 그는 이 지시를 뜨로쯔끼로부터 코펜하겐에서 개인적으로 받았다.

B. 뜨로쯔끼 신봉자들의 대항parallel 중앙. 이 중앙은 1937년 1월에 제2차 모스끄바 재판에서 폭로되었다. 그것은 다음과 같이 구성되어 있었다:

(1) Y. L. 피야타코프, 중공업위원회의 부인민위원, 그는 이 매우 중요한 지위를 점하고 있던 결과로서 그 중앙의 다른 성원들과 지지자들을 핵심적 위치에 배치할 수 있었다. 그는 소위 대항 중앙의 지도자들 중의 한 사람이었다.

(2) K. B. 라덱, 그는 쏘련에서 사회주의 건설의 불가능성이라는 뜨로쯔끼주의 이론을 고수했고, 쏘련에서 사회주의를 건설한다는 이론을, 하나의 거리에서 사회주의를 건설하는 이론이라고 조소했다.(즉 쏘련 전체가 아니라 단지 하나의 거리 혹은 협소한 범위에서만 사회주의 건설을 시도할 수 있다는 조롱으로 해석 된다-역자) 그는 그 중앙의 지도자들 중의 한 사람이었다.

(3) G. Y. 소콜니코프, 외무인민위원회의 보조위원이었고 한때는 재무인민위원회 인민위원이었다. 그는 1925년에 쏘련에서 내부적인 교역의 수립은 국가 자본주의 기업이라고 주장함으로써 쏘비에트 국가를 비방했다.

(4) L. P. 세레브랴코프, 그는 소위 대항 뜨로쯔끼주의 중앙의 지도자들의 또 한 사람이었고 노동조합에 대한 논쟁에서 레닌에 반대했었다. 그는 당에 대해 청산주의적 입장을 가졌다.

(5) N. I. 무랄로프, 그는 뜨로쯔끼의 '병사'였고 뜨로쯔끼의 가장 충성스런 그리고 견고한 측근들 중의 한 명이었다. 그는 또한 그가 파괴자였고 교란행위자였다고 실토했다.

(6) Y. A. 리프시쯔, 그는 철도인민위원회의 보조위원이었고 동시에 피야타코프의 철도에 대한 범죄사건에서 조수였다.

(7) Y. N. 드로브니스, 그는 '희생이 더 많을수록 더 좋다'라는 공식

에 따라 노동자들을 몰살한 노회한 직업적인 뜨로쯔끼 신봉자였다.

(8) M. S. 보구슬라프스키, 한 뜨로쯔끼 신봉자.

(9) I. A. 크랴제프, 그는 수십 대의 열차들을 파괴한 일본의 첩자였다.

(10) S. A. 라타이챠크, 그는 화학공업인민위원회의 중앙관리의 장이라는 핵심적 지위를 점했다. 이러한 책임 있는 지위에서 "이 초super 파괴자는 그의 화학적 재능을 발전시키고 … 폭발들을 일으키고 인민의 노동의 과실들을 파괴하고 인민을 죽인다"(뷔신스키)

(11) B. O. 노르킨

(12) A. A. 세스토프

(13) M. S. 스트로일로프

(14) Y. D. 투로크

(15) I. S. 흐라세, 이 사람을 뷔신스키가 묘사하기를 "3차원의 그리고 적어도 3개의 시민권을 갖고 있는 사람이며 그는 스스로 그의 주요한 직업을 웅변적으로 묘사했으나 매우 유쾌한 단어, 즉 첩자라고 묘사하지는 않았다."

(16) G. E. 푸쉰

(17) V. V. 아르놀드, 그는 "국제적인 방랑자"로 묘사되었고 많은 이름을 가진 사람이고 무정한 악당이며 신뢰받는 뜨로쯔끼주의 대리인이었다.

위에서 보인 대로 이 그룹은 쏘비에트 정부와 산업에서 매우 중요한 위치를 차지하고 있었고 처음에 언급된 그룹보다 훨씬 그러했다.

C. 우익들과 뜨로쯔끼 신봉자들의 블록. 이 블록은 1938년 3월에 제3차 모스끄바 재판에서 폭로되었다. 그 블록에서 두드러진 것은 주요한 우익 지도자들이었다.

(1) N. I. 부하린, 그는 당에서 오랫동안 많은 중요한 위치를 점했지만 그는 정견에서 우유부단함과, 레닌과 당의 노선에 대한 그의 반대로 알려져 있었다.

(2) A. I. 리코프, 그는 쏘련의 전 수상이었다.

(3) G. G. 야고다, 그는 1936년까지 정치경찰인 OGPU의 수장이었다.

이 블록에서 뜨로쯔끼 신봉자들:

(4) 크레스친스키, 그는 전(前) 베를린 주재 대사였고, 전 재무인민위원회 인민위원이었고 쏘련공산당 중앙위원회의 전 비서였다.

(5) K. G. 라코프스키, 그는 런던과 빠리 주재 전직대사였다.

(6) A. P. 로젠골쯔, 그는 쏘련의 외국무역 인민위원회 인민위원이었다.

(7) S. A. 베세노프

우익들과 뜨로쯔끼 신봉자들의 민족주의자 동맹들은 다음과 같다:

(8) G. F. 그린코, 그는 쏘련의 재무인민위원회 인민위원이었고 우크라이나 민족주의자였다.

(9) A. 이크라모프, 그는 우즈베키스탄의 부르주아 민족주의 조직의 지도자 중의 한 명이었고 그리고 1930년대 쏘련공산당 중앙위원회의 중앙아시아국의 비서였다.

(10) F. 호드야예프, 그는 역시 우즈베키스탄의 부르주아 민족주의 조직의 지도자 중의 한 명이었다.

(11) V. F. 샤란고비치, 그는 쏘비에트 권력을 침식하고 벨로루시를 쏘련에서 끊어내고 그것을 폴란드 자본가들과 지주들의 지배하에 두려는 목표를 가졌던 벨로루시 민족적 파시스트 조직의 지도자 중의 한 명이었다.

민족주의자들은 쏘련공산당(볼)에 결합했었는데, 왜냐하면 그들은 당이 NEP를 통하여 자본주의의 방향으로 이끌고 있다고 믿었기 때문이었다. 그러나 5개년 계획이 전개되고 그리하여 자본주의 복고의 가능성이 점점 희미해지자 민족주의자들은 결사적으로 쏘비에트 권력에 적대적으로 되었다. 그들은 부하린 그리고 리코프 같은 우익들의 동맹이 되었는데, 왜냐하면 두 경향들(민족주의자들과 우익들)은 쏘련에서 사회주의 건설에 반대하였기 때문이다. 우익들은 민족주의자들에게, 쏘련에서 권력을 획득한 후에 독립적인 부르주아 민족 공화국의 수립을 약속했다.

(12) M. A. 체르노프, 쏘련의 농업인민위원회 인민위원, 그는 외국에 있는 멘쉐비키 조직들과 연계를 유지했던 전 멘쉐비키였다. 그는 NEP시기에 쏘련공산당에 합류했다.

(13) L. G. 레빈, 그는 플레트네프 그리고 카자코프(아래를 보시오)와 같이 야고다의 영향력하에 있던 의사들 그룹의 한 명이었다.
(14) D. D. 플레트네프
(15) I. N. 카자코프
(16) I. A. 젤렌스키, 그는 전국협동조합 관리연합의 전 영수(즉 센트로소유즈Centrosoyuz의 의장)였다.

지도적 그룹의 단순한 도구였던 정치적으로 덜 중요한 다른 사람들은 다음과 같다:

(17) V. I. 이바노프
(18) P. T. 주바레프, 그는 우랄에서 우익들의 반혁명적인 지하 조직의 조직자와 지도자 중의 한 명이었다.
(19) P. P. 블라노프, 그는 내무인민위원회의 전 비서였다.
(20) P. P. 크류치코프, 그는 M 고리끼의 이전 비서였다.
(21) V. A. 막시모프-디코프스키, 그는 우익들과 뜨로쯔끼 신봉자들의 블록에 의해 살해된 쏘련 인민위원회 부의장 퀴비세프의 이전 비서였다.

D. 군사적 그룹은 다음을 포함한다:
(1) M. N. 투하체프스키
(2) I. E. 야코프
(3) I. P. 우보레비치
(4) A. G. 코르크
(5) R. P. 아이데만
(6) B. M. 펠드만
(7) V. M. 프리마코프
(8) V. K. 푸트나

이 그룹은 어느 정도만 독립적으로 활동하면서 우익들과 주요하게 접촉을 유지했다.

1933년에 뜨로쯔끼의 지시에 따라 이들 그룹들은 정규적으로 정보를 교환하고 그들의 정책을 조정하였던 연락 중앙을 수립했다. 처음의 세 그룹은 뜨로쯔끼(그는 추방 중이었다)와 정규적인 접촉을 유지했고 그의 지시를 수행했다. 그 그룹들은 외국에 있는 뜨로쯔끼와 정규적인 접촉을 유지하는 데 있어 어려움이 없었다. 그 그룹의 일부 성원들은 그들의 공식적 자격으로 때때로 외국에 나가야만 했다. 외국에 대한 공식적 방문 기간 동안에 그들은 뜨로쯔끼와 직접적 혹은 간접적인 접촉을 할 기회를 가졌다. 두 번째 그룹의 구성에서 보이듯이 그 성원들 중의 많은 수는 빠리와 베를린 같은 중요한 중심들에서 쏘련의 대사였던 뜨로쯔끼 신봉자였다. 또한 피고들의 일부는 그들의 공식적 자격으로 모스끄바에서 외국의 외교적 대표들과 만나야만 했다. 이러한 모든 요인들이 처음의 세 그룹들이 추방된 뜨로쯔끼와 항상적으로 접촉하는 것을 극히 쉽게 만들었다.

자본주의의 복고—음모자들의 경제적 강령

그 모든 그룹들은 쏘련에서 사회주의 건설에 대한 그들의 적대와 반대라는 점에서 연합하고 있었다. 그들은 패배주의라는 점에서 연합하고 있었다. 그 그룹들은 패배주의자인 사람들, 어려움에 직면하여 굴복한 사람들로 구성되어 있었다. 이들 그룹들의 경제적 강령은 농업의 영역에서 집단농장과 국영농장들의 해체와 개인적인 자본주의적 농장으로의 복귀를 포함하고 있었다. 그것은 산업화의 빠른 속도를 늦추는 것을 포함했다. 간단히 말해서, 그 그룹들의 경제적 강령은 자본주의적 생산관계의 복고, '퇴각', 즉 뜨로쯔끼에 의해 <위험에 처한 쏘비에트 경제>에서 개괄된 자본주의의 복고의 정책의 수행을 포함했다. 이 정책은 본질상 류틴 강령과 구분할 수 없다. 라덱은 그의 재판에서 이들 그룹들의 경제 강령의 중요성을 설명했다. 라덱이 설명하기를 산업의 영역에서 이 강령은 다음을 의미했다.

"자본주의 국가들에게 중요한 공업 기업들에 대한 이권을 부여하는 것뿐만 아니라 사적인 자본주의적 소유자들이 지정한 중요한 공업 기업들의 그들에 대한 이전, 판매. 뜨로쯔끼는 공채 대부라는 쟁점, 즉 형식적으로 쏘비에트 국가의 수중에 남아 있게 될 공장들에 대한 외국자본의 착취에 대한 승인을 기도했다."

"농업정책의 영역에서 그(즉 뜨로쯔끼)는 집단농장들이 해체되어야만 할 것이라는 것을 매우 명확히 언급했고 트랙터들과 다른 복잡한 농업기계류들을 새로운 쿨락 계층을 재생하기 위해 개별적인 농민들에게 준다는 생각을 진전시켰다. 마지막으로 도시들에서 사적인 자본이 재생되어야만 할 것이라는 점이 매우 공공연하게 언급되었다. 그것이 자본주의의 복고를 의미한다는 것은 명백했다."

<반쏘비에트 뜨로쯔끼주의 중앙에 대한 재판>, 1937, pp. 113-114.

동일한 재판에서 피야타코프는 뜨로쯔끼에 의해 옹호된 '퇴각'의 진정한 의미를 설명했다―"자본주의의 방향으로 매우 멀리 가는 퇴각." 피야타코프는 뜨로쯔끼에 의해 옹호된 경제적 강령의 본질은 우익들의 경제적 강령―류틴 강령―과 구분될 수 없다는 것과 뜨로쯔끼 신봉자들과 우익들의 통일은 "전술적 방책일 뿐만 아니라" "원칙에서 일정한 중요성이 있는" 통일이었다는 것을 설명했다. 여기에 피야타코프가 다음과 같은 맥락에서 말한 것이 있다:

"단순하게 말하면, 뜨로쯔끼는 그것이 매우 중대한 퇴각일 것이라고 설명했다. 다음이 바로 그가 말한 그것이다: 당신(피야타코프를 의미한다)은 여전히 1925―1926년(뜨로쯔끼가 초공업화주의자였을 때)의 낡은 생각들의 지배하에 있다. 그래서 우리가 권력을 잡기 위해서는 자본주의의 방향으로 매우 멀리 퇴각해야만 한다는 것을 당신은 알 수 없다. 이러한 관련 속에서 뜨로쯔끼는, 본질적으로 우리의 강령은, 우익들이 교란적인 파괴적 강령을 채택하고 자본주의로 퇴각하는 것이 필요하다고 간주하는 한에 있어서는 우익들의 그것과 동일하다고 말했다. 내가 그에게 소콜니코프와 톰스키의 대화에 대해 그리고 나와 톰스키의 대화에 대해, 그리고 또한 라덱과 내가 부하린과 가졌던 접촉에 대해 말해주었을 때 뜨로쯔끼는 매우 큰 만족을 표시했다. 그는 이것은 전술적 방책, 즉 말하자면 하나의 그리고 동일한 적에 맞서는 투쟁에서의 통일일 뿐만 아니라 이 통일은 원칙상에서 일정한 중요성이 있다고 말했다."

<반쏘비에트 뜨로쯔끼주의 중앙에 대한 재판>, 1937, pp. 65-66.

부하린은 재판에서 유사한 것을 말했다. 그는 그들의 강령의 실천적 공식은 경제적 영역에서 자본주의의 복고를, 그리고 정치적 영역에서 부르주아 민주주의의 복고를 의미한다고 설명했다. 다른 말로 하면, 우익들과 뜨로쯔끼 신봉자들의 강령은 프롤레타리아 독재의 타도와 사회주의 건설의 종지부를 의미하는 것 이상도 이하도 아니었다. 부하린은 말했다:

"나의 강령의 입장은 실천적으로 정식화한다면, 그것은 경제적 영역에서 국가자본주의, 번영하는 개인적 농민, 집단농장들을 줄이는 것, 외국의 이권, 무역 독점의 폐기, 그리고 결과적으로 나라에서 자본주의의 복고가 될 것이었다. … "

"나라 내부에서 우리의 실제적인 강령은—이것은 내가 생각하기에 매우 강조되어야 하는데—부르주아 민주주의적 자유, 제휴로의 일탈이었는데, 왜냐하면 멘쉐비키들, 사회혁명당원들 등과 블록이라는 점에서 보면 당들의 자유, 제휴의 자유가 있어야 할 것이라는 점이 따라 나오는데, 투쟁을 위한 세력들의 결합이라는 점에서 매우 논리적으로 따라 나온다. 그리고 왜냐하면 정부를 타도하기 위해 동맹들이 선택된다면, 승리 바로 다음날에 그들은 권력에서 파트너가 될 것이기 때문이다. 부르주아 민주주의적 자유의 길로의 일탈, 그러나 정치적 의미에서 의심의 여지없이 짜리즘의 요소들이 있는 길로의 일탈."
<우익들과 뜨로쯔끼 신봉자들의 반쏘비에트 블록에 대한 재판>, pp. 381-382.

검사인 뷔신스키가 끼어들자 이에 답하면서 부하린은 '짜리즘'이 파시즘을 의미한다고 설명했다.

"우익과 뜨로쯔끼 신봉자들의 블록의 써클에서 쿨락들을 향한 이데올로기적 지향이 있었고, 동시에 '궁정 혁명'과 쿠데타를 향한, 군사적 음모와 반혁명분자들의 친위대를 향한 지향이 있었기 때문에 이것은 파시즘의 요소들에 다름 아니다."
<우익들과 뜨로쯔끼 신봉자들의 반쏘비에트 블록에 대한 재판>, p. 382.

우익들과 뜨로쯔끼 신봉자들처럼 쏘련에서 자본주의를 복고하려는 동일한 목표를 위해 일하고 있던, 일찍이 언급한 바 있는 부르주아

민족주의자들의 그룹은 전자와 공통의 대의를 발견했다. 민족주의자들은 NEP 시기에 당에 결합했는데, 왜냐하면 "우리가 바라는 방향(즉 자본주의의 복고)으로 NEP의 진화가 배제되지 않았기 때문이었다. 다른 한편으로 우리는 유럽에서 우리가 함께 더 결연하게 전진할 수 있는 다른 동맹 세력을 보지 못했다."(그린코, <우익들과 뜨로쯔끼 신봉자들의 반쏘비에트 블록에 대한 재판>, 1938, p. 69.)

그러나 NEP가 부르주아 민족주의자들이 "원하는 방향으로" 진화하지 않을 뿐만 아니라, 그것이 반대로 사회주의의 성공적인 건설을 이끌고 있다는 것이 더욱 명백해졌을 때, 민족주의자들은 그들이 그때까지 몰두해있던 "정치적 탐색"을 단순히 수행하기를 멈추었다. 그린코는 말한다:

"우리는 우리를 도울 수 있는 외국의 정치적 세력들에 대해 점차로 타진했다." 그리고 동시에 "우크라이나 민족주의자 그룹은 일반적인 정치적 문제에서 우익의 입장, 즉 공업화와 집단화에 맞서 싸우는 입장을 완전하게 취했다."

"쏘비에트 권력에 대해 적대적인 어떤 국가들"과의 접촉을 이미 수립하고서, 그린코의 민족주의자 그룹은 1935-36년에 계속하여 우익들과 뜨로쯔끼 신봉자들과 관계를 수립하는 것으로 나아갔다. 한편으로는 우익들과 뜨로쯔끼 신봉자들 그리고 다른 한편으로는 민족주의자들을 연합시킨 것은 그들 모두가 "일반적 정치적 문제들에 대해" 동일한 입장, "즉 공업화와 집단화에 대해 맞서 싸우는 입장"을 취했다는 것이었다. 그들 모두는 사회주의를 건설한다는 당의 정책에 맞서 싸우는 입장, 쏘비에트 권력을 침식하고 자본주의 복고를 위해 일하는 입장을 취했다. 그들 모두가 주관적으로 자본주의의 복고를 원했는가에 대해 질문을 하는 것은 무익하다. 민족주의자들은 주관적으로 이러한 복고를 원했지만, 그러나 우익들과 뜨로쯔끼 신봉자들에 관해서 말한다면 객관적 진실은 다음과 같다. 즉 쏘련에서 사회주의 건설의 불가능성을 자신들의 출발점으로 하여, 그들은 매우 자연스럽게 그리고 "투쟁의 논리"에 의해 그린코의 민족주의자 그룹이 견지한 입장과 객관적으로 구분할 수 없는 반혁명적인 입장을 취하는 것으로 나아갔다는 것이다.

"투쟁의 논리가", 부하린은 말했다, "사상들의 논리를, 그리고 우리의 심리의 변화를, 우리의 목표들의 반혁명화를 초래했다." 부하린은 절대적으로 옳았다. 뜨로쯔끼 신봉자들과 우익의 입장은 "쏘비에트 권력에 적대적인" 국내외의 모든 요소들을 끌어당기고 그들 모두를 쏘비에트 권력에 반대하고 사회주의에 반대하는 반혁명적인 연합전선으로 결합시킬 수밖에 없었는데, 이는 사회주의에 대한 증오에 의해 추동되었다. 뜨로쯔끼 신봉자들과 우익들은 사회주의에 반대하는, 노동자계급의 국가에 반대하는 이 반공산주의적, 반혁명적 연합전선의 '사회주의적' 부분들을 대표했다. 객관적으로 반혁명적인 입장으로부터 출발한 뜨로쯔끼 신봉자들과 우익들은 또한 주관적으로 반혁명적인 입장으로써 종말을 고했다.

뜨로쯔끼 신봉자들, 우익들 그리고 민족주의자들에게 공통적인 추가적인 요인은, 그들 모두가 제국주의 열강들의 개입과 군사적 도움에 의존했다는 것이다. 그들은 모두 쏘비에트의 방어능력을 침식하기 위해 작업했고 동시에 쏘련에 대한 제국주의의 침략을 일으키기 위해 모든 것을 다했다. 그린코는 말했다:

"이것은 쏘련의 방어력을 침식하고, 군대에서 그리고 방위산업에서 활동들을 침식하고, 전쟁의 경우에 전선을 열고 그리고 이러한 전쟁을 일으키는 것을 의미했다. 그것은 해외의 침략적인 반쏘비에트 요소들과의 연계를 확대하는 것을 의미했다. 그것은 쏘련의 분할에 동의하고 쏘련의 국경을 희생시켜 침략자들에게 보상하는 것을 의미했다."
<우익들과 뜨로쯔끼 신봉자들의 블록에 대한 재판>, p. 76.

그린코의 그룹은, 물론 쏘련의 다른 민족주의자 그룹들과 마찬가지로 뜨로쯔끼주의자들과 우익들에게서 그들이 권력을 잡은 후에(즉 쏘련에서 자본주의의 복고 후에) 다양한 민족주의자 그룹들이 독립적인 민족적 부르주아 공화국을 수립하는 것이 허용될 것임을 약속받았다. 그것은 뜨로쯔끼 신봉자들과 우익들이 민족주의자들의 지지에 보답하기 위해 동의했던 대가였다. 그린코의 그룹은 우크라이나에서 활동했고 우크라이나의 독립적인 부르주아 공화국을 위해 일했다. 유사한 민족주의자 그룹들이 우즈베키스탄과 보하라에서 활동했다. 제3차 재판

에서 피고 중의 한 명이고 '민족 동맹'(부르주아 민족주의자 조직)의 성원이었던 코드야예프는 보하라에서 민족주의 운동과 '민족동맹'의 활동에 대해 다음과 같이 설명을 했다. 그는 '민족동맹'은 "스스로 보하라 인민공화국을 영국과 쏘비에트 러시아의 완충 국가로서 부르주아 민주공화국으로 변형시킬 것을 목표로 설정했다"고 진술했다.(같은 책, p. 212.)

코드야예프와 동일한 조직의 또 다른 성원은 이크라모프였다. 이크라모프는 재판에서 부하린이 그에게 중앙아시아의 공화국들은 "불가피하게 정상적인 자본주의 발전의 단계를 통과해야만 할 것이고", 그 단계를 경과하지 않고는 사회주의를 건설할 수 없다는 견해를 표명했다고 진술했다. 이것은 또한 부르주아 민족주의자들의 견해이기도 했는데, 후자는 특히 쏘비에트 권력의 타도 후에 보하라의 독립적인 부르주아 민주주의 공화국의 형성의 약속이 그들에게 제시되었기 때문에, 우익들을 지지하고 그들과 협력하는 데 있어 망설임이 전혀 없었다.

1933년에 독일에서 파시즘의 승리는 뜨로쯔끼 신봉자들과 우익들의 패배주의와 비관주의를 더욱더 강화하는 결과를 가져왔는데, 이들은 이제는 독일과의 전쟁의 경우에 쏘련은 살아남지 못할 것이고 그것의 패배는 불가피하다고 믿었다. 그들은 그리하여 파시스트 독일과 타협하는 것, 해외의 파시스트들과 쏘련 내부의 자본주의적 요소들에게 양보를 하는 것이 필요하다고 간주했다. 쏘비에트 당과 정부가 이러한 양보를 하는 것에 동의하지 않을 것이기 때문에, 뜨로쯔끼 신봉자들과 우익들에 따르면, 나찌 독일과의 전쟁에서 쏘련의 패배와 재난을 피하기 위해 정부와 당의 지도력을 변화시키는 것이 필요했다. 다음은 뜨로쯔끼 신봉자들과 우익들이 행한, 한편으로는 파시즘과 제국주의의 상대적 힘에 대한, 그리고 다른 한편으로는 쏘련의 그것에 대한 평가의 몇몇 사례이다:

> "세계 프롤레타리아 운동의 가일층의 쇠퇴와 파시스트 지배의 가일층의 확장으로 인해, 내부적 힘만으로 얼마간이라도 쏘비에트 권력을 유지하는 것은 불가능하다는 것이 어떤 경우에라도 명백하다."
>
> 뜨로쯔끼, 《쏘련과 제4인터내셔널》, 1933.

그리고: "전쟁이 단지 전쟁으로 남아야 한다면, 쏘련의 패배는 불가피하다. 기술적, 경제적 그리고 군사적 의미에서 제국주의는 비교할 수 없이 더 강하다. 그것이 서구에서 혁명에 의해 마비되지 않는다면, 제국주의는 10월 혁명에 의해 발생한 정권을 쓸어버릴 것이다."

뜨로쯔끼, ≪배반당한 혁명≫, p. 216.

제3차 모스끄바 재판에서 피고 중의 한 명인 이바노프에 의해 폭로된 부하린의 파시즘에 대한 평가를 계속하여 다루기 전에, 이러한 비관주의적이고 패배주의적인 뜨로쯔끼의 평가는 완전히 기초가 없고 그릇된 것으로 입증되었다는 것이 언급되어야만 한다. 쏘련은 나찌 독일에 패배하지 않았을 뿐만 아니라 사실상 쏘련은 나찌 독일의 패배에 헤아릴 수 없는 공헌을 했다. 쏘비에트의 공헌이 없었다면 나찌 독일은 패배하지 않았을 것이다.

그런데 부하린의 파시즘에 대한 평가로 돌아가 보면, 여기에 이바노프가 그것에 관해 말한 것이 있다:

"여러분은 알고 있다. 그는(부하린), 자본주의는 지금 새로운 발전의 국면으로 들어갔고 이 새로운 단계에서 자본주의는 조직화와 계획화의 매우 높은 요소들을 보이고 있다고 말했다. 자본주의는, 그는 말했다, 새롭고 신선한 힘을 보이고 있고 기술의 진보에서 스스로를 표현하고 있는데, 말하자면 그것은 실제로 기술적 혁명과 자본주의의 회춘에 도달하고 있다. 그리고 그에 상응하여 우리는 계급들의 모순들에 대한 우리의 견해를 수정해야만 한다 등등을 말했다. 근본적인 수정들이 맑스에 도입되어야 한다. 맑스의 프롤레타리아 혁명의 문제에 대한 취급은 더 이상 적합하지 않다. 제국주의 시대는 프롤레타리아 혁명의 시대라는 레닌과 쓰딸린의 교조는, 그는 말했다, 가장 해로운 유토피아이다. 이것은 사실상 우리가 근거했던 입장, 우리를 파시즘으로 이끈 입장이었다. … 부하린은 내가 이 문제에 대해 충분히 깊이 사고하지 않았다고 말했다. 파시즘은, 그는 말했다, 자본주의 발전에서 최근의 조류들에 대응한다. 우리는 직접적으로 파시즘에 도달했다."

<우익들과 뜨로쯔끼 신봉자들의 블록에 대한 재판>, pp. 118-119.

국내적 그리고 국제적 상황에 대한 이러한 패배주의적이고 비관주의적인 평가와 사회주의 건설에 대한 그들의 반대라는 관점에서, 뜨로쯔끼 신봉자들과 우익들이 쏘련에서 자본주의의 복고라는 방책들에, 그리고 '재난'을 피하고 쏘련을 '구하기' 위해서 파시스트 독일에 양보하는 것에 의존하기를 원해야만 했다는 것이 놀라운 것인가? 그러나 뜨로쯔끼 신봉자들과 우익들은 "재난을 피하는" 그들의 정책, 즉 자본주의의 복고와 독일에 대한 양보를 당과 정부 지도력에서의 변화 없이는 실행할 수 없었다. 그들이 이러한 지도력의 변화를 어떻게 확보할 수 있겠는가? 하나의 길은 노동자계급과 그 전위인 쏘련공산당(볼)에게 호소하는 것, 그것(노동자계급-역자)에게, 당이 쓰딸린의 지도력하에서 나라를 '재난'으로 이끌고 있다는 것을, 반대파는 재난을 피하는 계획을 갖고 있고 따라서 지도력에서 변화가 필요하다는 것을 확신시키는 것이었다. 그러나 뜨로쯔끼 신봉자들과 우익들은 노동자계급을 그들의 강령에 따라 동원하는 희박한 가능성을 취하지 않았다. 왜 안했는가? 왜냐하면 그들의 강령은 반혁명적이었고 쏘련에서 자본주의의 복고를 지지했기 때문이다. 뜨로쯔끼 신봉자들과 우익들은 이러한 강령을 갖고 공공연하게 노동자계급에게 갈 수 없었고 지지를 얻을 것을 기대할 수 없었다. 왜 뜨로쯔끼 신봉자들과 우익들의 강령이, 노동자계급에게 결코 드러난 적이 없고 자본주의의 길을 걷는 자들, 뜨로쯔끼 신봉자들과 우익들의 조그마한 도당의 소유로 남아 있었는지에 관한 유일한 설명이 여기에 놓여 있다. 쓰딸린 동지가 다음과 같이 말했을 때 그는 절대적으로 옳았다:

"오늘날의 뜨로쯔끼 신봉자들은 그들의 실제적 얼굴을 노동자계급에게 보이는 것을 두려워하고 있고 노동자계급에게 그들의 실제적 목표들과 목적들을 드러내는 것을 두려워하고 있고 노동자계급에 대해 그들의 정치적 얼굴을 주의 깊게 감추고 있는데, 만약 노동자계급이 그들의 실제적 의도들을 알게 된다면 노동자계급이 그들을 자신들과 동떨어진 사람들로 욕할 것이고 그들을 쫓아 버릴까 두려워하는 것이다."
<1937년 3월에 열린 쏘련공산당 중앙위원회 전체회의에서 연설>

이것은 1937년의 뜨로쯔끼 신봉자들에게만 아니라 오늘날의 뜨로쯔끼

신봉자들에게도 진실이다.

이러한 강령 주위로 노동자계급의 지지를 모으는 것은 고사하고 노동자계급에게 그들의 강령을 공표할 수 있는 입장에 있지 못했기 때문에, 뜨로쯔끼 신봉자들과 우익들은, 그들이 쏘련공산당(볼)과 쏘비에트 정부의 지도력에서 변화를 확보하려 한다면 단지 다음의 대안만이 남아 있었다.

(a) 당과 정부의 가장 두드러지고 대표적인 지도자들에 대한 개인적인 테러의 사용—암살에 의해 지도자들을 제거하는 것;

(b) 아마도 외국의 침략과 동시에 일어나도록 계획된 군사적 쿠데타에 의한 당과 정부의 지도력의 제거, 혹은 외국의 침략이 늦어지면 그것은 평화 시에도 발생할 수 있다.

(c) 쏘비에트 산업 특히 방위산업을 침식하기 위한 파괴와 사보타주의 사용

(d) 쏘비에트 정부를 타도하기 위하여 외국 제국주의 열강들에 대한 의존 그리고 쏘련에 대한 외국의 침략에 대한 의존

이런 것들이 노동자계급과 수백만의 근로인민과 결별한 반혁명적인 뜨로쯔끼 신봉자들과 우익들에게 남아 있던 매혹적인 방법들이었다—우리는 이제 그것들을 말해야만 한다.

뜨로쯔끼주의에 의해 사용된 방법들

15차 당 협의회에서 쓰딸린 동지는 뜨로쯔끼 신봉자들이 그들의 "수단에 대한 파렴치함, 그리고 정책에서 원칙들의 결여"로 특징지어진다고 말했다. 모스끄바 재판이 그렇듯 명백하게 폭로한 것은 뜨로쯔끼 신봉자들과 우익들의 수단에 대한 이러한 파렴치함과 정책에서 원칙들의 결여이다.

재판들은 뜨로쯔끼주의의 실제적인 정치적 면면—행동에서의 뜨로쯔끼주의—을 폭로했다. 그것들은(재판들은—역자) 외국의 정보기관들의 그리고 침략자들의 총참모부의 지시에 따라 활동하는 교란자들과 살인자들의 그룹으로서 뜨로쯔끼 신봉자들의 진정한 특징들을 선명히 했

다. 재판들은 뜨로쯔끼주의가 반쏘비에트 파시스트 세력들의 전위로서 역할 했다는 점을 보여주었다. 그것들은 뜨로쯔끼주의의 파시스트 대리인으로의 전환이 단지 그것의 역사적 발전의 절정이었고 이러한 전환이, 뜨로쯔끼주의가 노동자계급과 당에 반대하는, 레닌과 레닌주의에 반대하여 수십 년 동안 수행해 왔던 그 투쟁의 단지 최후의 장식이었다는 것을 보여주었다. "뒤집혀진 영화 필름처럼", 재판은 "뜨로쯔끼 신봉자들과 뜨로쯔끼주의가 관통한 역사적 경로의 모든 주요한 단계들을" 보여주었는데, 그들은 "파시즘의 돌격대로의, 파시스트 경찰의 부서의 하나로의 자신의 최후의 전환을 준비하는 데에 30년에 걸친 자신의 존재를 소비했다."(뷔신스키, <반쏘비에트 뜨로쯔끼주의 중앙에 대한 재판>, pp. 463-464.)

그리고 다음 장은 쏘비에트 정부의 타도를 위한 그리고 자본주의 복고를 위한 그들의 투쟁에서 뜨로쯔끼 신봉자들, 지노비예프 신봉자들 그리고 우익들에 의해 사용된 수단들의 파렴치함에 관련되는 증거를 다루고 있다.

제8장
테러리즘

먼저 테러리즘에 관련된 증거. 1936년 8월의 지노비예프 신봉자 테러리스트 중앙(세 번의 모스끄바 재판들 중의 첫 번째)에 대한 재판에서, 피고 중의 한 명이고 뜨로쯔끼 신봉자인 스미르노프는 1931년에 그가 베를린에 있을 때, 뜨로쯔끼의 아들 세도프를 통하여 뜨로쯔끼로부터 메시지를 받았다고 진술했다. 이 메시지에서 뜨로쯔끼는 "당에 대한 옛날 방식의 투쟁을 변화시키는 것이 필요하고 투쟁의 테러적 방법을 채택해야 하는 시기가 왔다"고 말했다.

1932년에 코펜하겐에서 뜨로쯔끼와 비밀 만남을 가졌던 홀쯔만은 또한 뜨로쯔끼와의 대화의 과정에서 뜨로쯔끼가 "쓰딸린을 제거하는 것이 필요하다"고 말했다고 증언했다.

    뷔신스키: '쓰딸린을 제거하는 것'은 무엇을 의미하는가? 그것을 설명하시오.
    홀쯔만: "내가 그것에 대해 말하겠다. 그때 뜨로쯔끼는, 쓰딸린이 제거된다면 뜨로쯔끼 신봉자들이 권력과 쏘련 공산당의 지도력에 도달하는 것이 가능할 것이라고 말했다. 그는 또한 쓰딸린을 제거하는 유일한 수단은 테러리즘이라고 말했다."
    뷔신스키: "뜨로쯔끼가 그것을 공공연히 말했는가?"
    홀쯔만: "그렇다. 그는 이 목적을 위하여 이 임무에 적합한 책임 있는 사람들의 기간요원을 선발하는 것이 필요하다고 말했다. 그리고 나서 그는 이것을 스미르노프에게 전해야만 한다고 말했지만 나는 그것에 대해 누구에게도 말하지 않았다."
    뷔신스키: "그래서 뜨로쯔끼가 당신에게 명백하게 지금(즉 1932년 가을에)

근본적인 임무는 쓰딸린 동지를 암살하는 것이라고 말했는가? 당신은 그것을 분명히 기억하는가?"
홀쯔만: "그렇다"
<뜨로쯔끼 신봉자—지노비예프 신봉자 테러리스트 중앙에 대한 재판>

피고 프리쯔 데이비드는 또한 자신이 1932년 11월에 뜨로쯔끼와 대화를 했다고 진술했다. 이 대화에서 뜨로쯔끼는 글자 그대로 다음을 말했다:

"이제는 폭력에 의해 쓰딸린과 그 추종자를 제거하는 것 말고는 다른 출구가 없다. 쓰딸린에 대한 테러—이것은 혁명적 임무이다. 혁명적인 사람은 누구든지, 손을 떨지 않을 것이다."

8권, <예비조사들>, p. 62.

피고 버만-유린은 뜨로쯔끼가 반복하여 다음과 같이 말했다고 증언했다:

"쓰딸린이 폭력에 의해 제거될 때까지 당의 정책을 바꿀 가능성은 없을 것이다. 쓰딸린에 대한 싸움에서 우리는 극단적 조치들을 채택하는 것을 망설여서는 안 된다—쓰딸린은 육체적으로 파괴되어야 한다."

뜨로쯔끼주의에 의한 권력을 얻는 수단으로서 테러리즘의 채택에 관한 위의 증언들에 덧붙여서, 1932년에 반혁명적 분노가 폭발하여 뜨로쯔끼는 공개된 편지에서 "쓰딸린을 해치우자"는 호소를 내뱉었다. 이 편지는 홀쯔만의 가방의 이중 벽 사이에서 발견되었고 1차 모스끄바 재판에서 증거서류로 되었다.

다시 1933년에 뜨로쯔끼는 매우 공개적이고 위장되지 않은 형태로 쏘비에트 정부의 지도자들에 대한 테러리즘을 옹호했다. 1933년 10월의 뜨로쯔끼 신봉자의 ≪반대파의 총탄≫ 36-37호에서, 우리는 쏘비에트 정부에 대해 싸우는 방법의 하나로서 테러리즘에 대한 수많은 직접적 언급들을 발견한다. 여기에 예가 있다:

"쓰딸린 관료주의(이것은 뜨로쯔끼 신봉자들이 쏘비에트 정부에 대해 언급하는 비방의 방식이다)가 당 혹은 쏘비에트 대회라는 수단에 의해 제거될 수 있다고 생각하는 것은 어린애 같은 것이다. 정상적인 헌법적 수단은 지배 도당의 제거를 위해 더 이상 이용될 수 없다."

"그들은 오직 힘에 의해서 권력을 프롤레타리아 전위에게(뜨로쯔끼주의 파시스트 대리인들은 스스로를 프롤레타리아 전위로 간주했다!) 강제적으로 넘겨주게 될 수 있다."

뜨로쯔끼가 테러리즘을 옹호한 위의 문장들을 썼을 때 뜨로쯔끼는 쏘비에트 법률의 손이 닿는 범위를 넘어서 있었다. 그리하여 뜨로쯔끼 신봉자들과 재판에 대한 다른 부르주아 비판가들의 누구도 뜨로쯔끼가 OGPU에 의해 강제적으로 위의 문장들을 쓸 수밖에 없었다고 주장할 수 없을 것이다. 그리하여 재판들에서 다양한 피고들이 뜨로쯔끼의 직접적인 지시로 테러리스트적 행동들을 조직했다고 선언했을 때, 그들은 무엇이 실제적 진실인지 말해야만 했고 뷔신스키 동지의 표현을 사용하면, "어떠한 수다, 어떠한 비방, 어떠한 암시 그리고 어떠한 뜨로쯔끼주의적 거짓말도 이 사실을 모호하게 할 수 없다!"<반쏘비에트 뜨로쯔끼주의 중앙에 대한 재판>).

뜨로쯔끼 신봉자들, 지노비예프 신봉자들 그리고 우익들의 테러리스트적 행동들에 대한 자세한 것을 살펴보기 전에, 다음과 같은 질문이 제기되어야 한다: 왜 이 사람들은 테러리즘에 호소했는가? 이것은 다시 또 다시 떠오르는 매우 중요한 문제이고 그리하여 철저하게 답변되어야 한다. 맑스주의가 어떻게 테러와 테러리즘적 활동들과 화해할 수 있는가? 피고 라인골드는 이 질문들에 대한 답들을 다음과 같은 말로 제공했다:

"1932년에 지노비예프는 카메네프의 아파트에서 뜨로쯔끼 신봉자-지노비예프 신봉자 연합 중앙의 많은 성원들이 있는 가운데 다음과 같이 테러에 찬성하는 주장을 했다: 테러는 맑스주의와 양립할 수 없는 것이지만, 현재에는 이러한 고려들은 포기되어야만 한다. 현재에는 당과 정부의 지도자들과 싸우는 데 있어 이용할 수 있는 다른 방법들이 전혀 없다. 쓰딸린은 그에게로 당 지도력의 모든 힘과 확고함을 결합시키고 있다. 따라서 쓰딸린을 먼저 해치워야만 한다."

뷔신스키가 말한대로:

"여기에 여러분은 답을 가지고 있는데 솔직하게 냉소적이고 무례하고 그러나 절대적으로 논리적인 답이다."

계속하여 라인골드는 말했다:

"카메네프는 이 이론에 대해 자세히 말했고 이전의 싸움의 방법들, 즉 대중들을 획득하는 시도들은 … 그리고 경제적 어려움들에 의존하는 것은 실패했다고 말했다. 그것이, 이용할 수 있는 투쟁의 유일한 방법이 테러리즘이고 쓰딸린 그리고 그의 가장 가까운 측근들, 보로실로프, 카가노비치, 오르제니키제, 코시오르, 포스티셰프 그리고 즈다노프에 대한 테러리즘적 행동들인 이유이다."

1차 재판에서 카메네프는 주장했다:

"나는 당의 정책, 그 지도력의 정책이 사회주의의 땅에서 정치적 승리가 가능하다는 꼭 그런 의미에서 승리했다는 것을, 이 정책이 근로자 대중들에 의해 인정되었다는 것을 확신하게 되었다."

이 진술은 원칙의 결여, 냉소주의로 특징적이다. 여기에 피고들이, 당의 정책이 승리했기 때문에 당의 정책에 반대하여 싸웠다는 솔직한 인정이 있다.

리코프는 그의 지하 그룹들에 의한 테러리즘의 채택에 대해 유사한 설명을 했다. 그는 설명했다:

"우익들의 반혁명 조직의 비합법적이고 음모적인 성격, 그것의 반혁명적 활동들에 대한 일체의 대중적 토대의 결여, 그리고 어떠한 다른 방법으로도 권력에 도달할 수 있다는 모든 희망의 결여라는 관점에서, 테러리즘적 방법들의 채택은 중앙의 의견에서는 일정한 전망을 제공하였다."
<우익들과 뜨로쯔끼 신봉자들의 반쏘비에트 블록에 대한 재판>

그리하여 피고들은 권력을 위한 싸움에서 다른 방법들과 다른 수단
들을 통한, 자신들에게 유리한 전망이 완전한 결여되어 있었기 때문에
테러리즘에 도달했다는 것을 알 수 있다. 최종적으로 뜨로쯔끼 신봉자
들, 지노비예프 신봉자들 그리고 우익들의 연합을 결과했던 협상들은
테러리즘적 투쟁의 기초 바로 그것에 토대하여 수행되고 성공적으로
결말지어졌던 것이다. 쏘비에트 정부를 타도하고 자본주의를 복고하기
위하여, 테러리즘은 뜨로쯔끼 신봉자들, 지노비예프 신봉자들 그리고
우익들이 연합한 기초였던 것이다. 이제 뜨로쯔끼 신봉자들, 지노비예
프 신봉자들 그리고 우익들에 의한 쏘비에트 정부와 당의 지도자들에
대한 테러리즘적 행동들의 실제적 조직과 임무에 대해 넘어가자.

피고들의 테러리즘적 활동들과 그들에 의해 계획되고 집행된
쏘비에트 국가의 공적 인물들에 대한 살인들

피고들에 의해 계획되고 성공적으로 집행된 살인들은 S. M. 키로
프, V. R. 멘진스키, V. V. 퀴비셰프, 그리고 A. M. 고리끼에 대한
살인들 그리고 M. A. 페시코프에 대한 살인이었다.
키로프에 대한 암살을 들어보자6.

---

6 모스끄바 재판의 진정성에 의심을 던지기 위해서, 그리고 동시에 쓰
딸린을 중상하기 위해서, 뜨로쯔끼 신봉자들과 가장 비열한 종류의 보
통의 부르주아 학자들은 쓰딸린이 키로프 암살의 배후라는—왜냐하면
키로프는, 그 주장하는 바에 의하면, 쓰딸린에 반대했고 따라서 쓰딸
린은 그 자신의 절대적인 권력을 수립하기 위해서 키로프를 제거해야
만 했다는 것이다—근거 없는 주장을 만들었고 부르주아적 학습 및 정
치 서클들에서 백만 번이나 반복했다. 이것이 자신의 방해가 되는 '구
볼쉐비키들'을 제거함에 의해 권력을 획득하려는 쓰딸린의 이를테면
정책의 부분이라는 것이다.
이것은 터무니없는 거짓말이어서 심지어 부르주아 학자들조차 그들이
정직하다면 그대로 받아들이기 어렵다고 생각한다. J Arch Getty는
이러한 한 학자이다. 그의 책 《대숙청의 기원》(캠브리지, 1985)에서
그는 이 주장에 대해 적절한 거절을 하고 있을 뿐만 아니라 재판에 대
한 다양한 사이비 전문가들—로버트 콘퀘스트같은 사람—과 또한 '구
볼쉐비키들'의 전기를 쓰는 사람을 꾸짖고 있다. 왜냐하면 그들의 글

은 "참가자들의 내부의 기록"을 비판적으로 사용하는 대신에 우화, 소문 그리고 가십에 기초하고 있기 때문이다.

게티의 연구는 당으로부터 바람직하지 않고 부패하고 이질적인 요소들을 배제하고 추방하는 것을 목표로 하는 쏘련공산당의 당원 증명 캠페인(프로버카)과 1929년, 1933년, 그리고 1935년의 숙청들(치스트카)과 연관된 스몰렌스크 당 기록들의 조사에 기초한 것이다. 매우 적절하게, 게티는 주의깊게도 '숙청'이라는 단어의 사용을 이들 캠페인에 한정하고 그것을 쏘비에트 국가에 반대하는 범죄들의 혐의가 있는 두드러진 인물들의 모스끄바 재판들에는 적용하지 않는다.

부르주아적인 역사편찬에 대한 게티의 타당한 관찰들의 일부는 이런 이해와 의미가 있어서 그것들을 이 각주에 재생할 가치가 있다: " … 참가자들의 내부적 기록들의 비판적 사용에 기초한 해석은 그 과정의 용기 있으나 외인적인 희생자들의 문헌적 회고록에 의존하는 것들보다는 더 근거가 있는 것이다."(게티의 머리말 p. vii를 보라)

"대숙청에 대한 그들의 글에서, 학자들과 언론인들은 전통적으로 테러의 희생자들의 개인적인 설명뿐만 아니라 쏘련으로부터의 이민자나 도망자들의 전기에 의존해왔다." 그럼에도 불구하고 " … 역사가들은 정당하게도 전기들과 자서전들에 대해 회의적이었다. 프랑스혁명에 대한 유명한 역사가인 루이 고트쇼크는 그것들을 의도가 의심스러운 사람들에 의해 대중용으로 생애 후반에 쓰인 믿을 수 없는 원천이라고 믿었다."

게티의 서문 p. 11. 을 보라

"다른 어떤 시대 혹은 주제에 대해서도 역사가들이 우화에 의한 역사를 그렇게 열심히 쓰고 받아들이려 하지 않았다. 거대한 분석적 일반화가 복도의 가십이라는 간접적인 것으로부터 나왔다. 감옥 캠프의 이야기들이('나의 친구는 부하린의 부인을 만났는데 그녀는 말했다 …') 중심적인 정책 결정 과정에 대한 우선적인 출처였다. 고립되고 명료하지 않은 특수한 것들로부터 일반화를 할 필요는 소문들을 출처로 변경시켰고 이야기들의 반복을 확증과 같이 동일시했다. 물론 대숙청에 대한 지도적인 전문가(즉 로버트 콘퀘스트)는 '진실은 소문의 형태로 이렇게 스며 나올 수 있다'고 그리고 '기본적으로 최선의 출처는 비록 의심의 여지가 없는 것은 아니지만, 소문이다'라고 썼다. 조사되지도 않은 출처들이 기록보관소의 그리고 언론의 자료를 포함하는 한, 소문과 우화에 의존하는 것은 안전하지도 않고 혹은 필요하지도 않다."

p. 5.

"어떤 것이 왜 일어났는지를 이해하기 위해서는 무엇보다도 먼저 무엇이 일어났는지를 알아야만 한다."

p. 9.

"대숙청은 '구 볼쉐비키들'의 많은 죽음과 종종 연관되어 있을지라도 1935년의 스몰렌스크에서는 그 반대의 경우였던 것으로 보인다."
p. 85.

키로프의 암살에 대해 게티는 쓴다:

"키로프는, 쓰딸린의 다양한 쟁점들에 대한 일반적으로 강경한 노선에 반대한 '온건한' 사람이었다고 종종 생각되어진다. 많은 문헌들에 따르면, 쓰딸린은 그의 테러 정책의 길을 깨끗이 하기 위해 키로프를 죽였고" 그리고 그러고 나서 "키로프의 암살을 '대숙청'―그가 (쓰딸린이―역자) 구 볼쉐비키 반대파들을, 그 인기 있는 지도자를 살해하는 데 아마도 연루된 것을 이유로 절멸시킨―의 그다음 국면의 구실로서 활용했다고 이야기되어진다."
pp. 92―93.

'구 볼쉐비키'로서 글을 쓴, 보리스 니콜라예프스키가 이 가공의 이야기의 기원인데, 그것은 다양한 부르조아적 그리고 뜨로쯔끼주의 필자들에 의해 이후로 수백만 번이나 반복되었다. 비록 당시에 뜨로쯔끼는 개인적으로 이 날조를 승인하지 않았지만. 여기에 이 잔혹한 위조에 대한 게티의 관찰이 있다:

"니콜라예프스키의 시나리오는 심각한 흠집이 있다. 먼저, 사실상 키로프가 쓰딸린의 총노선과 다른 어떤 특수한 노선을 선호했거나 옹호했다는 어떤 증거도 제기되어 있지 않다. 한 학자는 최근에 다음과 같이 결론을 내렸다. '문제는 키로프의 부상과 쏘비에트 정책의 새로운 방향이 어느 정도 연관되어 있는지를 밝히는 것이다. 우리가 본 바에 의하면 그것들은 서로 얽혀 있어서 공식적인 노선과 구별되는 키로프에 의해 제기된 노선을 선별해 내는 것은 어렵다.' 예를 들면 키로프가 의견을 달리하는 자들에 대한 관대한 처우를 선호했다는 소문은 반대파의 동시대의 억측에 의해 만들어진 것이다. 뜨로쯔끼는 그 암살의 3년 후에 글을 쓰면서, 키로프를 '영리하고 파렴치한 레닌그라드 독재자, 전형적인 그의 협회의 대표자'라고 불렀고 '젊은 세대'의 '절망적인 개인들'에 의한 키로프의 살해와 같은 테러리즘적 행위들은 '매우 중요한 의미를 갖는다'고 주장했다. 반대파에 대한 키로프의 정책의 희생자였던 그레고릴 토카예프는 키로프가 이때에 반대파를 '무자비하게 짓밟았고' '제일의 사형집행인'이었다고 말했다. 니콜라예프스키의 '소찌알리스티세스키 베스트닉'(사회주의 헤럴드)의 동시대의 기사는 키로프를 강경노선이라고 딱지 붙였다. 키로프가 반대파 성원들에 대해 부드러웠을지라도 반대파는 그것을 틀림없이 알지 못했다."

"틀림없이 키로프의 공적인 연설들은 반대파의 성원들에 대한 온건한 태도를 반영하지 않았다. 17차 대회에서 그의 연설에서 그는 반대파의 성원들을 조소했고 그들의 '인간성'과 그들의 취소(즉 뜨로쯔끼 노선을 철회하고 당의 노선에 따르겠다고 한 것―역자)의 진정성이 암살은 뜨로쯔끼 신봉자-지노비예프 신봉자 테러리즘 중앙에 대한 재판에서 충분히 폭로되고 벗겨졌지만, 그러나 키로프에 대한 살인을 실제로 범했던 뜨로쯔끼 신봉자-지노비예프 신봉자 테러리즘 중앙이 독립적으로 살인을 한 것이 아님은 단지 3차 재판—우익들과 뜨로쯔끼 신봉자들의 반쏘비에트 블록에 대한 재판—에서 드러났다. 키로프가 우익-뜨로쯔끼 신봉자 중앙, "모든 중앙들의 중앙"(뷔신스키)의 결정에 의해 암살되었다는 것은 3차 재판에서 논쟁의 여지없이 드러났다.

피고 야고다는 키로프가 우익들과 뜨로쯔끼 신봉자들의 블록의 직접적 결정에 의해 암살되었다는 것을, 이 결정이 야고다에 의해 수행되었다는 것을 확증했다. 야고다는 이 부끄러운 의무를 수행했다. 야고다는 레닌그라드의 내무인민위원회의 지역 관리의 부책임자였던 자포로제쯔에게 지시를 하여 이 암살이 범해지기 위해서 그가 할 수 있는 모든 것을 하도록 했다. 암살 전 약 두 달 전에 키로프의 암살자이자 레닌그라드의 지하의 뜨로쯔끼 신봉자-지노비예프 신봉자 조직의 도구인 니콜라예프는 구류되었고 지역관리위원회로 옮겨졌다. 그는 리볼버 권총과 탄약통과 키로프가 다니는 길목의 지도를 갖고 있는 채로 발견되었다. 니콜라예프가 키로프에 대한 테러적 행동을 범할 준비를 하고 있다는 것

에 의문을 제기했다. 그는 뜨로쯔끼의 '반혁명적 수다'를 날카롭게 탄핵했고 운하건설 계획에서 강제노동의 사용을 포함하여 비밀경찰 기관을 칭찬했다. 쓰딸린의 연설이 대회의 결의의 기초로 채택된 것은 키로프의 동의에 근거한 것이다."

pp. 93-94.

그리고 나아가:

"쓰딸린과 키로프가 적대적 관계였다면, 키로프의 계속적인 승진을 설명하는 것은 어려울 것이다. 쓰딸린은 키로프를 민감한 레닌그라드 당 지도부의 직위로 선발했고 그를 믿고 긴급한 수확들을 감독하는(1934년에 중앙아시아에 키로프가 여행한 것과 같은) 예민한 '분쟁해결사' 임무를 맡겼다. 키로프는 1934년에 서기와 정치국에 선발되었고 쓰딸린은 그가 가능한 한 빨리 모스끄바의 중앙위원회 서기로 옮기기를 원했다. 혹자가 쓰딸린이 서기와 정치국에의 임명을 통제하지 않았다고 믿을 준비가 되어 있지 않다면 혹자는 그와 키로프가 동맹이었다는 것을 가정해야만 한다."

pp. 94-95.

은 완전히 명백했다. 그러나 야고다의 직접적인 지시를 준수하여, 자포로제쯔는 이 암살의 가능성이 있는 자를 풀어주었다. 두 달 후에 니콜라예프는 야고다가 직접적으로 참가한 가운데 키로프를 암살했는데, 야고다는 당시에 정부의 성원들의 개개인을 보호하는 임무를 띠고 있었다. 이것이 사회주의의 대의의 배신자들이 이 비열하고 더러운 범죄—세르게이 미로노비치 키로프의 살인—를 저지른 방식이다. 키로프를 살인하는 데 있어서, "자본주의의 이 미친개들은 우리 땅의 최고의 사람을 갈기갈기 찢으려고 했다. 그들은 우리에게 가장 귀중한 혁명의 사람들 중의 한 사람, 존경할 만하고 뛰어난 사람, 그의 입술의 미소가 언제나 밝고 쾌활했듯이, 우리의 새로운 삶이 밝고 쾌활하듯이 밝고 쾌활한 사람을 살해했다. 그들은 우리의 키로프를 살해했다. 그들은 우리의 심장 가까운 곳에 상처를 입혔다. 그들은 자신들이 우리의 대열에서 혼란과 당황의 씨를 뿌릴 수 있다고 생각했다." 그러나 "1934년 12월 1일의 살인자의 배신적인 총탄에 대해 전 나라는 만장일치의 저주로 답했다."(뷔신스키, <뜨로쯔끼 신봉자-지노비예프 신봉자 중앙에 대한 재판>)

야고다는 리코프와 부하린이 키로프를 살해하는 결정의 채택에 참가했다는 것을 법정에서 확증했다.

우익들과 뜨로쯔끼 신봉자들의 블록의 재판에서 법정의 소송은 우익들과 뜨로쯔끼 신봉자들의 테러리즘적 활동들이 키로프의 살해에 한정되지 않았다는 것을, 고리끼, 멘진스키, 퀴비세프 그리고 페시코프(고리끼의 아들)가 또한 우익-뜨로쯔끼주의 중앙의 지시에 따라 범해진 테러리즘적 행동들의 희생이 되었다는 것을 드러냈다. 이와 관련하여 야고다는 다음과 같이 증언했다:

> "1934년 여름에, 예누키제는 나에게 우익들과 뜨로쯔끼 신봉자 블록의 중앙이 키로프의 암살을 조직하는 결정을 채택했다는 것을 알려 주었다. … 따라서 나는 키로프의 살해는 '우익들과 뜨로쯔끼 신봉자 블록'의 중앙의 지시에 따라 수행되었다는 것을 무조건적으로 선언한다. 퀴비세프, 멘진스키 그리고 고리끼에 대한 테러리즘적 행동들이 범해진 것도 이 중앙의 결정에 따른 것이었다. 여기서 상황은 무엇이었는가? 심지어 키로프가 암살되기 전에 고리끼의 아들인 막심이 죽었다. 나는 막스의 병을 일으키는 데 있어서 나의 역할을 인정한다고 법정 앞에서 이미 진술했다."
> <우익들과 뜨로쯔끼 신봉자들의 반쏘비에트 블록에 대한 재판>, pp. 572-573.

야고다의 증언은 이 비열한 암살에 직접적으로 참여한 사람들에 의해 확증되었다. 야고다는 처음에 페시코프의 살해에 대한 모든 책임을 부인하려고 했다. 그러나 후에 그는 방청이 금지된 가운데 판사 앞에서 그것을 인정했는데, 그가 이것에 대해 말하려 하지 않았던 것은 페시코프의 살해의 동기가 순수하게 개인적인 성격에 기인한 것이었다고 설명했다. 그러나 야고다는 법정의 공개된 자리에서 OGPU의 의장인 멘진스키에 대한 살해에 대해 말했는데, 그 살해의 동기는 전혀 개인적인, 출세주의적인 성격이 아니라 순수하게 정치적인 성격이었다고 주장했다. 야고다는 선언했다:

"나는 멘진스키의 죽음을 일으키는 데 있어서 내가 개인적 성격의 고려들에 의해 이끌어졌다는 것을 부인한다. 나는 개인적 고려들에서, 출세주의적 고려들에서가 아니라 우리의 음모활동의 이익에서 OGPU의 수장 자리를 열망했다."

앞의 책.

야고다는 이 살인들을 어떻게 수행했는가? 어떠한 방법들을 그는 채택했는가? 야고다는 가장 교활한 수단으로 살해하는 기술을 믿었다. 그의 기술은 의사에 대한 의뢰를 구상하는 것이었는데, 그것은 폭로를 막는 완벽한 보증(적어도 야고다는 그렇게 생각했다)을 제공하는 것이었다. 야고다가 자신의 희생양의 죽음을 일으키는 방법은 질병으로 인한 죽음이었다. 질병으로 인한 죽음이 어떻게 이해되어야 하는가에 대한 조사당국자의 질문에 대한 답변으로 야고다는 다음과 같이 진술했다:

"매우 간단하다. 개인은 자연스레 병이 든다. 그는 얼마동안 아프다. 그를 둘러싸고 있는 사람들은 자연스럽게 환자가 죽어가는 것 혹은 회복되는 것에 익숙하게 된다. 환자를 대하는 외과의사는 환자의 회복을 촉진할 수 있거나 혹은 그의 죽음을 촉진할 수 있다. … 자 나머지 모든 것은 기술의 문제이다."

앞의 책.

이러한 살해의 방법을 고안하고서 야고다는 그것을 이러한 살인을 수행한 의사들에게 강요했다. 의사 플레트네프가 야고다의 방법을 독극물을 사용하는 제안으로 이해했을 때, 야고다는 의사 플레트네프에게 말했다:

"아니다, 그것은 조야하다. 너무 조야하고 위험하다. 해야 하는 것은 당신이 처방하러 불려간 사람들의 종말을 재촉하는 적합한 방법의 처방을 사용하는 것이다."

앞의 책.

"당신이 처방하러 불려간 사람들의 종말을 재촉하는 적합한 방법의 처방을 사용하는 것"—이것은 물론 냉소주의, 불신, 그리고 배반에서 최후의 단어이다.

"키로프의 암살에 대한 연락 중앙의 결정을 예누키제가 나에게 전달했을 때, 나는 직접적인 테러리즘적 행동은 나 자신뿐만 아니라 조직 전체를 드러낼 것이라는 내 견해를 표명했다. 나는 덜 위험한 방법이 있다는 것을 예누키제에게 지적했고 나는 그에게, 즉 예누키제에게 멘진스키의 죽음이 외과의사들의 도움으로 어떻게 이루어졌는지 상기시켰다. 예누키제는 키로프의 암살은 계획된 방식으로 수행되어야만 하고 뜨로쯔끼 신봉자들과 지노비예프 신봉자들은 스스로에게 이러한 살인을 하는 것을 부과했고 어떤 장애물도 놓지 않는 것이 우리의 일이라고 대답했다."

앞의 책.

그러나 예누키제는 그들이 다음번에는 야고다가 제기한 방법과 수단을 채택하겠다는 것을 약속했다.

"외과의사의 도움으로 죽음을 일으키는 안전한 방법에 관하여," 야고다는 계속했다, "예누키제는 당과 정부의 지도자들 중 누가 이 방법에 의해 죽게 되는 처음 사람이 될 것인가에 관한 문제를 중앙이 가까운 장래에 논의할 것이라고 말했다."

앞의 책.

구역질나는 침착함과 냉정함으로 당과 정부의 지도자들 중 어느 쪽을 살해하는 것이 최선인가를, 그리고 어떤 방법이 채택되어야만 하는가를 논의한 이 사람들의 냉소주의와 불신을 능가하는 것은 어떤 것도 없다.

야고다의 '안전한' 방법들을 채택할 때가, 즉 다음 살인은 언제인가를 논의할 때가 왔는데 그것은 고리끼의 살인을 초래한다.

고리끼의 살인

"얼마 후에 내가 예누키제와 그다음에 만날 때, 그는 나에게 중앙이 정치국의 성원들에 대한 많은 테러리즘적 행동들을, 그리고 추가적으로 개인적으로는 막심 고리끼에 대한 테러리즘적 행동을 수행하기로 결정했다는 것을 알려주었다. … 예누키제는 '우익들과 뜨로쯔끼 신봉자들의 블록'은 쏘비에트 정부의 타도가 가까운 장래의 전망이라는 것을 고려하여, 고리끼를 위험한 인물로 간주했다고 나에게 설명했다. 고리끼는 쓰딸린의 지도력에 대한 완강한 지지자였고 음모가 실행되는 경우에 그는 의심의 여지없이 우리, 음모자들에 대한 항의의 목소리를 낼 것이었다."

고리끼를 살해한다는 결정은 그 블록에 의해 실행되었는데, 왜냐하면 그가 "쓰딸린의 지도력에 대한 완강한 지지자"였고, 왜냐하면 그 배신적인 음모자들이 그를 "위험한 인물"로 간주했기 때문이었다.

피고 베소노프는 1934년 7월에 빠리에 있을 때 그가 뜨로쯔끼를 만났다고 또한 증언했다. 뜨로쯔끼는 베소노프에게 고리끼는 어떤 대가를 치르더라도 제거되어야만 하는데, 왜냐하면 고리끼는 쓰딸린의 가까운 친구였고 당의 총노선에 대한 옹호자였기 때문이고 말했다. 뜨로쯔끼는 그의 이 지시를 피야타코프에게 전달하도록 지시했다. 이 메시지는 고리끼가 어떤 대가를 치르더라도 육체적으로 파괴되어야 한다고 명확하게 언급했다. 그것은 피야타코프에게, 우익들과 뜨로쯔끼 신봉자들의 블록에게 베세노프에 의해 전달되었다. 그 블록은, 야고다의 증언에 따르면 뜨로쯔끼의 지시를 받아들였고 고리끼를 살해하는 결정을 채택하고 실제로 고리끼를 살해했다.

그 블록은 또한 인민위원회 부의장이며 정치국의 가장 활동적인 성원 중의 한 명인 쿠비셰프를 육체적으로 제거하는 결정을 채택했다.

뷔신스키 동지의 표현을 쓰면, "이리하여 이 짧은 기간동안에 세 명의 희생양이, 세 명의 뛰어난 인물이 '우익들과 뜨로쯔끼 신봉자들의 블록'의 결정에 의해 때 아니게 죽음을 맞이했다. 우리나라의 가장 훌륭한 사람들 중 세 명이, 그들의 조국의 진정한 아들들이 배신자들의 뻔뻔한 음모의 희생양이 되었다. 그리고 그들 중에는 러시아와 세계문학의 자랑이고, 위대한 러시아의 작가이고 문학적 천재인 알렉세이 막시모비치 고리끼가 있었다."

"그의 노래들과 이야기들의, 그의 소설들과 설화들의 모든 문장은 고귀한 정신과 혁명적 행동의 열정을 호흡한다. 그가 그의 생을 위대한 레닌과 위대한 쓰딸린과, 그들의 가장 좋은 그리고 가장 가까운 친구들 중의 한 명으로서 같이 했다는 것은 훌륭한 이유가 없는 것이 아니었다. 레닌이 몇 차례에 걸쳐 고리끼는 세계 프롤레타리아 운동을 위해 많은 것을 했고 앞으로 할 위대한 예술적 재능이 있는 한 사람이라고 썼던 것은 훌륭한 이유가 없는 것이 아니었다."

"레닌이 고리끼는 그의 커다란 예술적 생산물로써 러시아와 세계의 노동자계급과 확고한 연계를 형성한 프롤레타리아 예술의 의심의 여지없는 가장 위대한 대표자라고 쓴 것은 훌륭한 이유가 없는 것이 아니었다. 고리끼는 다가오는 폭풍을 느꼈고, 그는 우리의 운동의 승리를, 자본주의의 암흑과 지긋지긋함에 대한 프롤레타리아트의 밝은 지성의 승리를 예언했다."

"근로하는 인류의 가장 훌륭한 친구들 중의 한 명이 이 위대한 사람의 약한 심장에 가해진 배신적인 타격으로 인해 사라졌다. 인간의 이성과 인간의 아름다움에 대한 가장 똑똑하고 강력한 횃불들 중의 하나가 꺼져버렸다. 이 횃불은 냉혹하고 배신적으로 이 위대한 사람의 열렬하고 고귀한 심장을 영원히 멈추어버린 이 배신자들에 의해, 인간의 탈을 쓴 이 짐승들에 의해 꺼져버렸다."(앞의 책)

부하린과 리코프는 고리끼의 살해에 대해 책임을 부인하려고 최선을 다했으나, 그러나 (i) 리코프와 부하린 자신들의 증언 (ii) 사건의 이치가 부하린과 리코프가 고리끼의 암살을 위해 진행되고 있던 준비들을 알고 있었다는 것을, 그들이 암살을 조직했다는 것을, 그들이 이 암살을 감쌌다는 것을, 그리고 따라서 그들이 고리끼에 대한 더러운 살인의 참가자였다는 것을 논쟁의 여지없이 입증했다. 여기에 리코프와 부하린의 이 점에 대한 증언의 관련된 부분이 있다.

"예누키제는 나에게 말했다", 리코프는 말했다, "뜨로쯔끼 신봉자들과 지노비예프 신봉자들은 고리끼가 얻고 있던 영향력 때문에, 그리고 그가 쓰딸린과 당의 총노선의 단호한 지지자였기 때문에 극단적으로 걱정하고 있었다고."

이 대화는 고리끼가 암살되기 1년 전인 1935년에 리코프와 예누키제 사이에서 이루어진 것이다. 계속하여 리코프는 말했다:

"그들은(뜨로쯔끼 신봉자들과 지노비예프 신봉자들) 고리끼의 이러한 중요성이라는 견지에서 … 고리끼의 정치적 활동에 종지부를 찍는 것이 필요하다고 생각했다."

고리끼의 정치적 활동에 어떻게 종지부를 찍을 수 있는가에 대한 뷔신스키의 질문에 답하여, 리코프는 예누키제가 "격앙된 목소리로, 날카로운 적대적 표현으로 말했는데, 이 어조는 폭력적 방법들의 사용의 가능성을 감추고 있다는 것이 나에게 명확했다."

"'폭력적 방법들의 정도'가 무엇을 의미하는가? 그것은 또한 살인을 의미하는가?"라는 질문을 받고서 리코프는 대답했다:

"물론이다."

리코프는 뷔신스키에게서 다음과 같은 질문을 받았다:

"당신은 고리끼에 대한 살인이 준비되고 있다는 것을 알았는가?" 리코프는 대답했다: "정확히는 아니다." 리코프의 대답에 대한 뷔신스키의 언급은 매우 적절했다: "정확히는 아니다. 그러나 그는 알았다!"

이제 부하린의 증언을 다루어보자. 부하린은 말했다:

"1935년에 뜨로쯔끼는 나에게 자신이 고리끼에 대한 적대적인 행동 혹은 적대적 행위를 준비하고 있다고 말했다."

톰스키는 이 "적대적 행동 혹은 적대적 행위"에 대해 해외로부터 이와 관련된 뜨로쯔끼의 지시를 가져온 베소노프로부터 알았다. 부하린은 말했다:

"이 적대적 행위는 무엇인가?"

그의 대답은 다음과 같다:

"일반적으로는 사회주의 건설의 옹호자로서 특별하게는 쓰딸린의 정책에 대한 옹호자로서 '쓰딸린주의적 고리끼'에 반대하는 행동"

뷔신스키: "톰스키는 고르키에 대한 적대적 행위의 준비를 쏘비에트 정부의 타도의 문제와 연계시켰는가?"
부하린: "본질적으로 그는 그러했다."

이리하여 고리끼가 테러리즘적 행동의 희생양이 되기 1년 전인 1935년에 리코프와 부하린은 뜨로쯔끼가 고리끼에 대한 적대적 행위를 준비하고 있다는 것을 알았다는 것은 명확하다. 리코프는 그것에 대해 예누키제로부터 알았고 부하린은 톰스키로부터 알았다. 이것은 베소노프에 의해 증언된 것인데, 그 증언에서 그는 1934년 7월 빠리에서 뜨로쯔끼와의 대화에 대해 상세하게 말했다. 사물의 논리는 고리끼에 대한 "적대적 행위들 혹은 행동들"의 준비가 오직 고리끼의 육체적 파괴를 위한 준비일 뿐이라는 것을 의미한다는 것을 또한 입증하는데, 왜냐하면 "고리끼의 정치적 활동에 종지부를 찍는" 다른 방법이 없기 때문이었다. 사물의 논리는 또한 이 점에 대해 또 다른 방식으로 증명하는데, 즉 왜냐하면 "고리끼에 대한 적대적 행위의 준비들은" "쏘비에트 정부의 타도의 문제와" 연계되어 있고 이러한 준비는 고리끼의 육체적 파괴를 위한 준비일 뿐이기 때문이다. 고리끼는 대중들 사이에서 매우 영향력 있고 인기가 있었다. 그는 또한 당의 레닌주의 노선에 대한 확고한 지지자였다. 쏘비에트 권력을 타도하는 준비들을 음모하고 행했던 음모자들이 그들의 반역적인 "적대적 행동들"의 목표로서 고리끼의 목숨을 살려둘 수 없었던 것은, 그들이, 스스로 반혁명적인 뜨로쯔끼주의와의 싸움에서 두드러졌고 레닌그라드에서 뜨로쯔끼 신봉자들과 지노비예프 신봉자들을 참패시켰던 키로프를 살려둘 수 없었던 것과 같은 것이다. 모든 영향력 있는 맑스-레닌주의자들은 뜨로쯔끼 신봉자의 살해되어야 할 목록에 올려 있었다. 일부는 그들이 성공적으로 살해했다. 다른 경우들에서는 그들은 그렇게 성공적이지 못했다. 후자에 대해서는 나중에 이야기될 것이다.

결론적으로 말하면, "고리끼의 정치적 활동에 종지부를 찍는다"는 결정을 채택하고 우익들과 뜨로쯔끼 신봉자들의 블록은 부하린과 리코프가 충분히 알고 동의한 가운데—그리하여 완전히 참가한 가운데—그 결정의 실행의 작업을 계속했다. 이때에 야고다는 그 비열한 범죄를 저지르는 방법들과 수단들에 관한 그의 제안들의 거부를 지지하지 않았다. 점차적으로 살해하는 것, "보증된 살인"—전문가적 지식의 도움으로 살해하는 방법—이라는 야고다의 방식을 실행할 때였다. 그리하여 야고다는 한 무리의 특별히 훈련된 살인자들과 죄수들의 집단—레빈, 플레트네프, 카자코프, 막심-디코프스키, 쿠르시코프, 그리고 불라노프—을 고용한다. 야고다는 이 야만적인 범죄들의 임무를 위해 의사들을 선발하는데, 왜냐하면 뷔신스키가 말한대로, "그는 말하자면 역사적 환경들을 고려하기" 때문이었고, 왜냐하면 다른 방법들은 너무 위험한 것으로 입증되었기 때문이었다. 자신의 수중에 있는 모든 자료들을 철저히 조사했던 의학 전문가들의 가장 신뢰할 만한 임무의 발견들은, 외과의사들이 야고다의 지시에 따라 그리고 우익-뜨로쯔끼 신봉자 중앙이 완전히 알고 또 승인한 가운데, 고리끼, 퀴비세프 그리고 멘진스키의 죽음을 불러왔다는 것은 전혀 의심의 여지를 남기지 않는다. 다음은 고리끼의 죽음과 관련하여 위원회에 주어진 질문과 그에 대한 답변들이었다:

> 질문: "적절한 자격의 외과의사들이 악의적 의도 없이 이러한 잘못된 처방을 할 수 있으리라는 것이 승인될 수 있는가?"
> 답변: "승인될 수 없다."

질문: "일반적으로, 오랜 기간 동안 많은 양의 심장 흥분제가, 즉 디지탈리스, 디갈론(팍스글로브의 추출물), 스트로판틴 그리고 스트로판투스가 동시에 정맥주사로, 피하주사로 그리고 내부적으로 복용되는 것이, 그리고 특별하게는 68세의 나이이고 위에서 언급된 내부 기관들의 질병으로 고통 받는 매우 쇠약한 환자인 A. M. 고르키의 경우에 허용될 수 있는가?"

답변: "절대적으로 허용될 수 없다."

질문: "A. M. 고르키에 대한 처방의 방법이 고의의 파괴의 행위였다는 것이 이러한 사실들의 종합에 기초하여 타당한 것으로 간주될 수 있는가?"

답변: "그렇다. 그것은 의심의 여지없이 타당한 것으로 간주될 수 있다."

다른 경우들에도 동일한 발견들이 있다.

고리끼를 별도로 하면, 퀴비셰프와 멘진스키 같은 다른 두드러진 볼쉐비키들이 강도 '과학'의 적용에 의해—야고다의 "보증된 죽음"의 방법에 의해—죽음을 당했다. 고리끼의 아들 페시코프도 마찬가지로 살해되었다. 그러나 '보증'은 쓸모없는 것으로 판명되었고 뜨로쯔끼 신봉자들, 우익들 그리고 지노비예프 신봉자들의 범죄적 무리는 진정한 볼쉐비키 정보기관에 의해 붙잡혔고 사법의 심판을 받았고 그들의 더럽고 비열하고 냉소주의적인 범죄들에 대해 목숨으로 지불해야 했다.

자, 이것들은 직업적인 파괴자들과 암살자들의 무리에 의해 실제로 범해진 살인들이었고 그들의 파괴적 활동의 과정에서 이 동일한 무리에 의해 죽임을 당한 수십 명에 대해서는 말할 것도 없는데 이들에 대해 다음 장이 바쳐진다. 그러나 행동했던 이 범죄 집단에 대한 상(像)은 계획되고 시도된 수많은 암살들, 하나의 혹은 또 다른 이유로 실행될 수 없었던 암살들에 대한 최소한의 간략한 언급이 없다면 완전하지 못할 것이다.

계획되고 시도된 암살들

 이 목록은 다음을 포함하는데, 그들은 직업적인 암살자들과 파괴자들의 뜨로쯔끼주의 무리의 기도의 희생양이 되는 것을 피한 사람들이다: 쓰딸린, 몰로토프, 보로쉴로프, 카가노비치, 오르조니키제, 즈다노프, 코시에르, 포스티셰프, 아이히 그리고 베리야. 동지들, 시간은 이 모든 경우들을 철저하게 다루는 것을 나에게 허용하지 않는다. 그러므로 나는 상대적으로 자세히 다루기 위해 세 가지 경우들을 선택할 것이다. 나머지들에 대해 나는 어쩔 수 없이 그것들에 대해 간략히 언급할 수밖에 없을 것이다. 내가 자세히 다루기 위해 선택한 세 경우들은 쓰딸린, 몰로토프 그리고 오르조니키제 동지들의 목숨에 대한 준비와 시도들과 관련이 있다.

 먼저 쓰딸린: 1차 재판은 1932-1936년의 기간에 피고 스미르노프, 홀쯔만 그리고 드라이쩨를 통해 '연합중앙'에 의해 수령된 뜨로쯔끼의 지시들에 따라 연합한 뜨로쯔끼 신봉자-지노비예프 신봉자의 테러리즘적 중앙이 쏘비에트 정부와 쏘련공산당의 지도자들에 대한 테러리즘적 활동들에 종사했다는 것을, 그들이 일반적으로 당과 정부의 지도자들에 대한 그리고 특별하게는 쓰딸린에 대한 테러의 조직에 집중했다는 것을 입증했다. 지하의 테러리스트 그룹들은 이 목적을 위해 조직되었다.

 이 재판은 1934년에 피고 바카예프, 라인골드 그리고 드라이쩨가 두 번에 걸쳐 쓰딸린 동지의 목숨에 대한 시도를 했다는 것을 확증했다. 재판은, '연합 중앙'의 직접적인 지시하에 당과 정부의 지도자들에 대한 테러리즘적 행위들의 조직에 스스로를 한정하지 않았던 뜨로쯔끼가 동일한 목적을 위하여 해외로부터 많은 테러리스트들을 1932-1936년에 걸쳐 또한 보냈다는 것을 확증하였다. 1932년 11월에 버만-유린과 프리쯔 데이비드는 뜨로쯔끼에게서 쓰딸린 동지를 암살하라는 특수한 지시를 받고 쏘련으로 갈 것을 명령받았다. 또 한 사람의 테러리스트인 나단 루리에가 또한 동일한 목적을 위하여 같은 해에 뜨로쯔끼에 의해 보내졌다. 나단 루리에는 프란쯔 바이쯔(당시에 외국인 전문가라는 위장 속에서 모스끄바에서 살고 있었으나 사실은 게슈타포의 요원이었고 게슈타포의 의장인 히믈러와 매우 가까운 사람이었다)와 협력하여 쓰딸린 동지와 보로쉴로프, 카가노비치 그리고 오르조니키제와 같은 다른 동지들의 목숨에 대한 시도를 위해 준비를 했다. 여기에 버만—유린이 뷔신스키에 의해 제기된 질문에 대한 답변으로 쓰딸린 동지의 목숨에 대한 시도를 위한 준비와 관련하여 증언한 것이 있다:

"그리하여 뜨로쯔끼는 당신에게 일반적인 지시들을 한 것만이 아니라 구체적 방식으로 당신의 임무를 공식화했는가?"

버만—유린: "그(뜨로쯔끼)는 테러리즘적 행위는 가능하다면 코민테른 대회의 … 집행위 전체회의에서 발생하는 것이 시의적절한데, 왜냐하면 쓰딸린에 대한 저격이 큰 집회에 울려 퍼지게 하기 위해서이다. 이것은 쏘련의 경계를 넘어 거대한 반향을 일으킬 것이고 전 세계에 걸쳐 대중운동을 일으킬 것이라고 말했다. … "

1933년 3월에 버만—유린은 모스끄바를 향해 떠났다. 버만—유린은 모스끄바에 도착한 후에 뜨로쯔끼의 아들 세도프를 통해 그에게 전달된 뜨로쯔끼의 지시에 따라 프리쯔 데이비드와 접촉했다. 그들 두 사람은 코민테른 집행위 13차 전체회의에서 쓰딸린 동지의 목숨에 대한 시도를 위한 준비를 논의했다. 그러나 그 시도는 실패했는데, 어떠한 승인 티켓도 버만—유린이 확보할 수 없었기 때문이었다. 그리하여 쓰딸린 동지에 대한 암살이 코민테른 대회까지 연기되도록 결정되었으나 이 시도 또한 실패했다. 여기에 버만—유린이 이 실패와 관련하여 말한 것이 있다:

"대회는 1934년 9월에 소집될 예정이었다. 나는 프리쯔 데이비드에게 브라우닝 권총과 실탄들을 주어 감추게 했다. 그러나 대회 개회 전에 프리쯔 데이비드는 나에게 그가 나를 위한 티켓을 확보하는 것에 실패했고 그 스스로가 대회에 참석하겠다고 알려왔다. 우리는 그가 테러리즘적 행위를 하는 사람이어야 한다고 동의했다."

"며칠 후에 나는 프리쯔 데이비드를 만났는데, 그는 그가 저격을 할 수 없었다고 말했다. 그는 한 칸막이 좌석에 앉아 있었는데 거기는 사람들이 너무 많아서 저격의 가능성이 없었다. 이리하여 이 계획은 역시 실패했다."

제8장 테러리즘 291

　　이제 몰로토프 동지와 오르조니키제 동지의 목숨에 대한 테러리스트적 시도들로 돌아가자. 이것들을 준비함에 있어서 피고들의 노선은 당과 정부의 지도자들의 변경지구에 대한 방문들을 뒤쫓아 가서 이용하고 거기서 그들의 암살을 조직하는 것이었다. 몰로토프의 목숨에 대한 시도가 이루어진 것은 몰로토프 동지의 시베리아에 대한 이러한 방문을 이용하는 것이었다. 무랄로프는 아르놀드의 증언을 확증하면서, 그가 쏘련 인민위원회 의장인 몰로토프 동지에 대한 테러리즘적 행위를 조직했다고 확실하고 솔직하게 인정했다. 무랄로프는 테러리즘적 행위를 조직했을 뿐만 아니라 실제로 세스토프와 아르놀드를 매개로 하여 그것을 실행하려고 시도했다. 유사한 방식으로 오르조니키제 동지에 대한 테러리즘적 행위가 시베리아에 대한 방문을 이용하여 조직되었다. 아르놀드는 그의 증언에서 그가 시베리아 뜨로쯔끼 신봉자 조직에 의해 "작업을 위하여" 소집된 환경을 관련시키는데 이 점에 관해 다음의 대화가 국가 검사인 뷔신스키와 아르놀드 사이에서 전개된다:

　　뷔신스키: "무엇을 위한 작업인가?"
　　아르놀드: "테러리즘적 행위들의 수행을 위한 것이다."
　　뷔신스키: "그다음은 무엇인가?"
　　아르놀드: "그리고 나서 그는 떠났다."(약간의 정적)
　　뷔신스키: "당신은 무엇을 멈추었나?"
　　아르놀드: "당시는 1933년이었다. … "(약간의 정적) "당신이 나를 관련시키고자 하는 것은 무엇인가?"
　　뷔신스키: "세스토프가 당신에게 할당한 작업. 당신의 현재의 작업은?"
　　아르놀드: "1934년에 몇몇 정부의 지도자들이 우리 지구를 방문했다. 나는 차고의 관리자였고 테러리즘적 행위들을 수행하는 것이 나에게 떨어졌다."
　　뷔신스키: "누가 당신에게 지시했나?"
　　아르놀드: "체레푸킨이었다."
　　뷔신스키: "그리고 누가 체레푸킨에게 지시했나?"
　　아르놀드: "체레푸킨은 세스토프에게 지시를 받았다."
　　뷔신스키: "그리고 당신은 세스토프에게 그것에 관해 개인적으로 말을 했는가?"

아르놀드: "얼마 후에 그랬다."
뷔신스키: "당신은 그에게 이야기했는가?"
아르놀드: "했다."
뷔신스키: "당신은 어떤 행위들을 준비했는가?"
아르놀드: "나는 테러리즘적 행위들을 범할 두 가지의 장소들에 대해 들었다. 한 장소는 3번 지점이고 다른 장소는 8번 지점이다."
뷔신스키: "자 당신의 이야기를 계속하라. 당신은 왜 갑자기 말을 하지 않는가? 당신은 그 테러리즘적 행위들을 언제 조직했는가?"
아르놀드: "최초의 테러리즘적 행위는 1934년이었는데 그 해의 초반부 혹은 봄이었다."
뷔신스키: "누구에 대한 것이었는가?"
아르놀드: "오르조니키제에 대한 것이었다."
뷔신스키: "그것의 성격은 무엇이었는가?"
아르놀드: "그것의 성격은 체레푸킨이 나에게 명확하게 말한 것이었다: '오르조니키제가 내일 올 것이다. 여기를 보아라, 당신은 테러리즘적 행위를 수행해야만 하고 어떤 일도 서슴지 말아야 한다."
뷔신스키: "자, 그리고 나서 무엇인가?"
아르놀드: "나는 그 제안에 동의했다. 그다음날 나는 차를 몰고 나갔는데 차고의 관리자로서 그리고 당의 성원으로서 나는 의심을 받지 않았다. 나는 정거장으로 차를 몰고 갔다. 오르조니키제, 아이히 그리고 루히모비치가 들어왔다. 나는 그들을 태워서 독일인 거리로 갔고 그리고 그들은 나에게 거기서 차를 몰아 티르칸으로 갈 것을 요청했고 내가 그 언덕 꼭대기에 도달했을 때 그들은 나에게 멈출 것을 요청했는데, 프로코피예프스크의 전경을 보기 위해서였다. 그리고 나서 우리는 7-8-9번의 결합된 지점에서 멈추었다. 체레푸킨은 나에게 모든 것은 거기서 준비되어 있을 것이라고 경고했다. '당신은 장애물을 볼 것이고 이 장애물에서 당신은 사고를 일으킬 것이다.' 그리고 그래서 내가 언덕을 내려갈 때 나는 매우 빠른 속도, 약 시속 70 혹은 80 킬로미터로

달렸는데 그리고 나는 약 1.5킬로미터 전방에서 장애물을 보았다. 이것이 내가 사고를 일으킬 장소라는 점이 나의 머리에 즉각 번쩍 들어왔다. 이제 그 장소를 알고 있지만 나는 무엇이 나에게 일어날 것인지를 몰랐다. … 그리하여 나는 속도를 늦추었고 곧 멈추었다. 그리고 나서 왼쪽의 다리로 돌았다. 비록 나는 곧장 앞으로 차를 몰아야 했지만."

뷔신스키: "당신은 용기가 없었는가?"

아르놀드: "나는 그것을 할 수가 없었다."

뷔신스키: "당신은 그것을 할 수가 없었다. 당신은 그럴 용기가 없었는가? 그것은 우리의 행운이다. 그리고 두 번째의 경우는?"

아르놀드: "어느 날 아침 체레푸킨이 나의 사무실에 와서 말했다: '몰로토프가 내일 온다. 여기를 보시오, 이번에는 그르치지 않도록 주의하라.' 나는 그에게 내가 그르치지 않았다고 말했다. 그는 말했다: '나는 당신이 그르치지 않았다는 것을 안다.' 그때 나는 누군가가 나를 감시하고 있었다는 것을 알았다. 나는 내가 할 것이라고 대답했고 전신국으로 차를 몰고 갔다. 나는 내가 사고를 매우 잘 일으켜야 하는 장소를 알았다. 그것은 3번 지점으로부터 오르막 근처였다. 거기에는 커브길이 있었다. 이 커브길에는 세스토프가 말한 대로 골짜기가 없었지만, 우리가 둑이라고 부른 것, 길의 가장자리가 있었는데 약 8 혹은 10미터 깊이였고 거의 90도 각도의 비탈이었다. 내가 정거장으로 갔을 때, 몰로토프, 당의 지구위원회 비서인 쿠르가노프, 그리고 지역집행위원회 의장인 그리야딘스키가 차에 올라탔다. … ""나는 콤소몰스카야 거리를 통해서 노동자 거주 지역으로 차를 몰도록 지시를 받았다. 나는 그렇게 했다. 내가 더러운 길을 지나 고지대 도로로 향할 때, 차 한 대가 갑자기 나에게 돌진해왔다. 생각할 시간이 없었다. 나는 테러리즘적 행위를 해야만 했다. 나는 그 다른 한 대의 차가 나를 향해 날아들고 있는 것을 보았다. 그때 나는 체레푸킨이 나를 믿지 않았고 두 번째의 차를 보냈다는 것을 깨달았다. 나는 생각할 시간이 많지 않았고 나는 겁먹었다. 나는 가까스로 배수구쪽으로 길 옆으로 돌렸다. 그때 그리야딘스키가 나를 붙잡고는 말했다 '당신

지금 뭐하는 것인가?'"
뷔신스키: "무엇이 당신을 멈추게 했는가?"
아르놀드: "겁장이 기질이 나를 멈추게 했다."
뷔신스키: "그러면 이것이 당신의 범죄 계획을 훼방놓은 것인가?"
아르놀드: "그렇다."

뷔신스키: "나는 세스토프에게 물을 질문이 있다. 당신은 몰로토프 동지의 목숨에 대한 준비들과 시도들에 관한 아르놀드의 증언을 확증하는가?"
세스토프: "그렇다. 주요하게 그것은 체레푸킨이 나에게 말한 것이다."
뷔신스키: "그것은 누구의 지시에 따라 조직되었는가?"
세스토프: "그것은 나의 지시에 따라 조직되었다."
뷔신스키: "당신의 지시에 따라?"
세스토프: "그렇다."
뷔신스키: "체레푸킨을 통해?"
세스토프: "그렇다."
뷔신스키: "그리고 당신은 이 사건 전에 아르놀드에게 개인적으로 말했는가?"
세스토프: "아니다. 나는 그때에 안제로-수젠스크 광산에서 일하고 있었고 그리하여 체레푸킨이 모든 실천적 작업을 책임지고 있었다."
뷔신스키: "실천적 작업?"
세스토프: "그렇다. 살인말이다."
뷔신스키: "체레푸킨이 책임지고 있었다?"
세스토프: "그렇다."
뷔신스키: "그리고 당신은 그 일이 지난 후에 아르놀드에게서 이 행위에 대해 들었는가?"
세스토프: "그렇다. 가을이 되어서야 그는 나에게 그것에 관해 말했는데 1934년 말이었다."
뷔신스키: "그리고 어떤 환경에서 그는 당신에게 그것에 관해 말했는가?"
세스토프: "그가 안제로-수젠스크 광산에 일하러 왔다."
뷔신스키: "자, 그것에 대해, 그는 왜 당신에게 그것에 대해 알려주었

는가?"
세스토프: "나는 그것이 어찌된 일인지 알고 싶어 했다."
뷔신스키: "그것이 당신의 지시에 따른 것이었다는 것을 그는 알았는가?"
세스토프: "나는 기술이라는 관점에서 왜 그리고 어떻게라는 점에서 그 문제에 대해 알고 싶어했다."
뷔신스키: "당신이 알고 싶어 했다?"
세프토프: "그렇다."
뷔신스키: "즉 그에게 당신이 물었는가?"
세스토프: "그렇다."
뷔신스키: "그리고 그는 설명했다?"
세스토프: "그렇다."
뷔신스키: "그리고 당신은 그에게 몰로토프 동지의 목숨에 대한 시도를 조직하라는 지시를 주었는가?"
세스토프: "그렇다."
뷔신스키: "누구의 지시에 따라서?"
세스토프: "나는 무랄로프로부터 지령들을 받았다."
뷔신스키: "무랄로프로부터?"
세스토프: "그렇다."
뷔신스키: "내가 피고 무랄로프에게 질문을 해도 되겠습니까?"
재판장: "할 수 있습니다."

뷔신스키: "무랄로프, 나는 이 점에 대해 한 번 더 증언을 입증해야만 한다. 당신은 당신이 몰로토프 동지의 목숨에 대한 시도를 조직하라는 지시를 세스토프에게 했다는 것을 인정하는가?"
무랄로프: "이는 내가 이 점을 확인한다고 이미 증언했다."
뷔신스키: "내가 피고 아르놀드의 조사와 관련하여 당신에게 질문하고 있다는 것을 이해해주시오. 세스토프는 몰로토프 동지의 목숨에 대한 시도를 조직하라는 지시들을 그에게 주었다. 세스토프는 당신을 언급하고 있고 나는 그것을 명료히 해야만 한다."
무랄로프: "나는 인정한다. 나는 그것을 했다."

위에서 언급된 다른 지도자들에 대한 암살을 위한 준비에 관해서는, 재판들이 다음의 점을 폭로했다는 것이 간략하게 언급되어야 한다:

1차 재판은 '연합 중앙', 즉 뜨로쯔끼 신봉자-지노비예프 신봉자의 테러리즘적 중앙이 모스끄바 테러리스트 중앙의 한 성원에게 보로쉴로프 동지에 대한 테러리즘적 행위의 조직을 위한 실천적 준비를 하라는 지시를 했다는 것을 폭로했다. 나단 루리에는 쓰딸린, 보로쉴로프, 카가노비치 그리고 오르조니키제 동지들의 목숨들에 대한 시도들을 준비했다. 1934년에 나단 루리에는 카가노비치 그리고 오르조니키제 동지들의 목숨들에 대한 시도를 하려 했다. 1936년 5월 1일에 M 루리에의 지시에 따라 나단 루리에는 레닌그라드의 5.1절 시위 동안에 즈다노프 동지의 목숨에 대한 시도를 하려 했다.

이 재판은 또한 뜨로쯔끼 신봉자-지노비예프 신봉자의 테러리스트 중앙이 뜨로쯔끼 신봉자 무힌의 지령하에 활동하는 우크라이나 테러리스트 그룹을 매개로 하여 코시에르 동지와 포스티세프 동지에 대한 테러리즘적 행위들을 위한 준비를 했다는 것을 확증했다.

제2차 재판, 피야타코프-라덱 재판은 피야타코프가 뜨로쯔끼 신봉자 중앙의 결정에 따라 포스티세프와 코시에르에 대한 그리고 1935년에는 쓰딸린에 대한 테러리즘적 행위를 위해 우크라이나인 중앙을 매개로 하여 쏘비에트 정부와 당의 지도자들에 대한 테러리즘적 행위들을 수행하기 위한 준비를 했다는 것을 폭로했다. 무디바니는 세레브랴코프의 지령하에 베리야 동지에 대한 테러리즘적 행위를 준비했다. 무랄로프는, 자연스레 시베리아에 살고 있던 쏘련공산당 서(西)시베리아 지역위원회의 비서인 아이히 동지에 대한 것은 별도로 하더라도 시베리아를 방문하는 지도자들에 대한 테러리즘적 행위들을 준비했다(아르놀드의 증언을 보시오).

이런 것이 간략히 보아서, 뜨로쯔끼의 테러리즘적 활동의 상이다. 이제 행동에서 뜨로쯔끼의주의의 또 다른 측면으로, 또 다른 그것의 직업적인 기술들, 즉 외국의 열강들의 비밀정보기관과 협력하여 그리고 그들의 직접적인 지시에 따른 파괴, 교란행위 그리고 사보타주로 넘어가자.

제9장
파괴, 교란행위, 그리고 사보타주

쏘비에트 인민들이 쏘련공산당의 올바른 지도력하에서, 그리고 노동영웅주의에 의해 고취되어 쏘련에서 사회주의를 건설하느라 바쁠 때, 모스끄바 재판들의 '영웅들'은—뜨로쯔끼 신봉자들, 우익들 그리고 지노비예프 신봉자들—그들의 운명을 파시스트들과 외국 열강들의 정보기관들의 요원들과 연결시키고 모든 양심의 가책을 잃어버리고 이중성과 기만의 최대의 수준으로 나아가고 불신과 배반을 하나의 체계로, 쏘비에트 국가에 반대하고 쏘련에서 사회주의를 건설하는 것을 반대하는 그들의 투쟁의 법칙으로 상승시키면서 또 하나의 전선, 즉 파괴에서 '노동영웅주의'7를 전개하기에 바빴다. 이들 직업적 파괴자들은 쏘비에트 인민들이 건설하고 있는 것을 파괴하는 것을 임무로 설정했다. 쏘련에서의 사회주의 건설에 대한 증오에 의해, 파산한, 반동적인 그리고 반혁명적인 '영구혁명' 이론의 '올바름'을 입증하려는 그들의 바람에 의해, 현실이 그들의 관념적인 이론을 확증하게 하려는 그들의 바람에 의해, 그리고 자본주의를 복고하려는 그들의 바람에 의해 자극받으면서, 이들 재판들의 야비한 '영웅들'은 작업을 시작했다. 그리고

---

7 이들 재판에서 피고들의 '노동영웅주의'의 사례를 들어보면, 뜨로쯔끼주의 테러리스트들은 당과 정부의 지도자들에 대한 테러리즘적 행동들을 하기 위해 해외에서 쏘련으로 들어왔다. '뜨로쯔끼 신봉자-지노비예프 신봉자 연합 중앙'의 지노비예프주의 부분은 뜨로쯔끼 신봉자들보다 더 일찍 범죄적인 테러리즘적 행동들을 범하기 위해 백배나 더 노력을 증가시켰다. 테러리즘 중앙의 지노비예프 신봉자 부분에게는 뜨로쯔끼 신봉자들보다 앞서 그것의 범죄적 기획들을 실행하는 것이 '영예로운 일'이었다. 이것은 피고들이 실행했던 '경쟁'과 '노동영웅주의'의 종류이다.

"가장 민감한 지점들에 가장 명확한 타격을 주라"는 뜨로쯔끼의 지시들을 엄격하게, 따라서 이들 '영웅들'은 다리들을 날려버리고 공장들과 가스광산에서 폭발을 일으키고 노동자들을 살해하고 발전소들을 파괴하고 열차 사고들을 일으키고 말과 소들을 죽이고 농업의 계획을 사보타주하고 방위산업을 약화시키고 나라의 재정과 외국무역을 사보타주하고 필수품의 공급에 인위적 결핍을 창출하고 버터에 못과 유리를 넣었다! 어떤 범죄도 이러한 갱들보다 더 소름끼치지는 않을 것이다. 이것이 '영구혁명' 이론이 현실에서 입증한 것이다.

우익들과 뜨로쯔끼 신봉자들에 의해 수행된 파괴의 주요한 목표는 쏘련의 경제적 힘을 침식하고 쏘비에트, 사회주의 체제를 청산하기 위해 그리고 자본주의를 복고하기 위해 쏘비에트 방위를 약화시키는 것이었다.

그의 직업이 재정인민위원으로서 나라의 재정을 보호하는 것이어야만 했던 그린코는 재정의 영역에서 파괴를 조직하고, 다른 한편으로는 동시에 독일과 폴란드 정보기관의 요원으로서 그리고 부하린과 리코프의 오른팔로서 활동했다. 쏘비에트 재정을 사보타주하는 그린코의 방식은 "쏘비에트 루블로써 쏘비에트 정부를 타격하는 것"이었다.

그러나 재정은, 그것이 발전과 방향을 결정하는 다양한 산업의 분야들로부터 고립될 수 없다. 재정의 영역에서 파괴활동은 곧 쏘비에트 경제의 다양한 분야들로 퍼져간다. 농업에서의 파괴활동은 70억에서 80억 푸드의 곡물의 수확을 달성한다는 목표를 좌절시키도록 고안되었다.

자본주의를 복고하기 위해 쏘비에트 정부를 타도한다는 자신들의 목표를 추구하면서, 뜨로쯔끼 신봉자들과 우익들은 쏘비에트 권력 기관들에 대한 대중들의 신뢰를 침식하고 대중 사이에서 불만의 씨를 뿌리고 인민을 쏘비에트 권력에 반대하여 분기시키는 가장 치사하고 냉소적인 방법들을 채택했다. 이와 관련하여 그린코가 저축은행 사업을 '조직하여', 예금자들이 막대한 시간을 허비하고 불친절과 무례함, 무도함 그리고 관심의 결여에 마주쳐야만 했다는 것이 언급될 수 있다. 여론을 성나게 하고 여론을 저축은행으로부터 멀어지게 하기 위한 모든 시도가 행해졌다. 여기에 그린코가 재정인민위원회에서 자신의 파괴활동들과 관련하여 말한 것이 있다:

"우익과 뜨로쯔끼주의 중앙에 의해 나에게 부과된 임무들 중의 하나는 재정인민위원회에서 토대를 침식하는 활동들을 조직하는 것이었다. … "
"우익과 뜨로쯔끼주의 중앙의 이 임무는 리코프에 의해서 나에게 전달되었는데, 그리고 그렇게 함에 있어서 중앙의 지도부, 그와 부하린은 화폐의 특수한 중요성과 정치적 의미라는 견지에서 재정인민위원회에서 침식하는 활동들의 발전에 커다란 중요성을 부여했다고 그는 강조했다. 동시에 그는 나에게 부하린의 공식을 전달해 주었다: 쏘비에트 정부를 쏘비에트 루블로 타격하라 … "
"파괴활동들은 광범한 인민대중과 관련되어 있는 그러한 재정적 조치들—세금들, 저축은행들, 대부 등—과 관련하여 수행될 것이었다."
"저축은행들과 관련하여 두 가지 조치들이 채택되었다: 저축은행들의 수의 감축 그리고 국가 대부 보증에 기초한 대출과 관련된 다른 것. 저축은행들의 감축된 수는 이 광범한 조치에 대비하지 못하는 것이었고 이 작업이 수천만의 인민에게 영향을 주는 서비스와 관련되어 있었기 때문에, 그것은 광범한 인민대중들 사이에서 분개를 일으켰다."
"중요한 침식작업이 국가 예산의 영역에서 수행되었다. … "
"나는 또한 파괴적인 재정적 조치들을 수행함에 의해 농업의 영역에서 침식하는 활동들에 참가했다. 농업의 영역에서 침식하는 활동들은 우익과 뜨로쯔끼주의 중앙에 의해 매우 중요한 임무로 간주되었다."
"쓰딸린은 집단화를 농업의 후진성을 극복하는 결정적인 수단으로서 촉진했다. 집단화에서 달성된 성공들에 기초하여 한 해에 70-80억 푸드의 수확을 달성하는 임무가 설정되었다. 우익과 뜨로쯔끼주의 중앙은 조치들을 침식하는 계획을 입안했다. … 반쏘비에트 투쟁을 위한 정치적 준비라는 관점으로부터 이것은 거대한 중요성이 있었는데, 우익과 뜨로쯔끼주의 중앙은 그 계획이 입안되었을 때 또한 그 점을 고려하였다."
<우익들과 뜨로쯔끼 신봉자들의 반쏘비에트 블록에 대한 재판>.

적어도 잠시 동안 그린코를 떠나서 또 한 사람의 파괴자인 체르노프로 옮아가보자. 그는 "어느 날 저녁에 경찰서(베를린에 있는)에 내려서" 독일 제국주의를 위한 "첩자가 되었다." 체르노프는 독일 정보기관의 지시를 받고 그 지시에 따라 행동한다. 체르노프는 재판정에서 무뚝뚝하게 다음과 같이 말했다:

"독일 정보기관은 말 사육의 분야에서 파괴적 활동의 조직에 특별한 중점을 두었다."

그 목적은 적군(赤軍)에 말들을 공급하지 않기 위해서였다. 체르노프는 이 임무를 달성하는 것이 전혀 어렵지 않다는 것을 발견했다. 어쨌든 그는 농업인민위원회 위원이었다. 그래서 그는 세 개의 공장을 선발하여 "유독한 박테리아가 있는 혈청"을 준비하도록 했고 그것으로 많은 수의 가축들을 파괴했다. 체르노프는 이런 방식으로 25,000마리의 말들이 그의 지시에 따라 파괴되었다고 재판정에서 말했다. 또한 체르노프의 지시에 따라 많은 수의 돼지들이 단독(丹毒)에 감염되었고 보로네즈 지역, 아조프-흑해 지역 그리고 레닌그라드 지역에서 전염병이 돌았다. 여기에 체르노프가 고찰 중에 있는 요점에 대해 말한 것이 있다.

"이러한 목적을 위하여(즉 가축의 파괴), 세 개의 공장들이 나의 제안에 따라 선발되었다: 카신쩨보, 오렐 그리고 스타브로폴. 이들 공장들에서 유독한 박테리아를 가진 혈청들이 만들어졌고 특수한 일련번호가 매겨졌다. 보요르쉬노프는 이들 일련번호를 고지 받았고 그는 그것들을 이 문제에서 믿을 수 있는 위치에 있는 수의학 부서의 수장들에게 전달했고 그들은 이번에는 그것들을 반쏘비에트 감정을 가지고 있고, 심각한 가축 사망의 경우에 큰 소동을 일으키지 않을 수의학 외과의사들에게 전달하였다.

" ... 이런 방식으로 이들 혈청들이 분배되었고 이들 세 지역에서 인위적인 감염이 발생되었다."

"그 결과들을 평가하는 것은 어렵지만 그러나 어쨌든 수천의 돼지들이 이 교란 행위에 의해 사라졌다는 것은 당연하다."
　　　　　　　　<우익들과 뜨로쯔끼 신봉자들의 반쏘비에트 블록에 대한 재판>

센트로소유즈의 의장인 젤렌스키를 들어보자. 그는 가장 소름끼치는 모든 종류의 범죄들, 즉 못과 유리를 음식물과, 특히 버터와 섞는 행위를 조직하고 그리하여 쏘비에트 국가의 가장 치명적인 이해관계들, 쏘비에트 인민의 건강과 생명을 타격한다. 그는 국가가 여분으로 소유하고 있는 생산물의 인위적인 부족을 창출하기 위해 최선을 다한다.

이와 관련하여 그가 모스끄바에서 계란의 부족을 창출하기 위해 일부러 파손한 50 화차분의 계란의 경우가 언급되어야만 한다. 이 파괴활동들은 공중(公衆)을 격앙시키고 쏘련에서 경제 관리의 체계에 대한, 쏘비에트 체계에 대한, 쏘비에트 권력에 대한 반대하는 감정을 일으키기 위해 고안되었다. 이 파괴활동들은 왜 쏘비에트 인민이 그 당시에 때때로 필수적인 음식물의 부족—그 부족에 대해 당시에 사회주의의 부르주아적 적들은 쏘비에트 경제체제 때문이라고 비난했던—으로 고통 받아야만 했는지에 대한 단서를 제공한다. 여기에 국가 검사인 뷔신스키와 피고 젤렌스키 사이에서 음식물의 영역에서 파괴활동에 관련된 대화의 일부가 있다:

> 뷔신스키: "당신은 이 작업의 전문적 사항에 대해 설명하기를 원하고 나는 이 작업의 밑바닥에 도달하기를 원한다. 당신은 예비 조사에서 당신의 작업의 파괴적 성격이 다음에 있다고 말했다: 버터의 등급에 있어서 채택된 것은 오직 최고급 등급의 버터만 있었고 값싼 버터는 시장에 전혀 도달하지 않았다는 것이다."
>
> 젤렌스키: "그것이 내가 바로 설명하기 원하는 것이다."
>
> 뷔신스키: "그것은 사실인가 아닌가?"
>
> 젤렌스키: "사실이다."
>
> 뷔신스키: "나아가, 이것은 소비자의 가계에 영향을 주었다. 그러한가, 아닌가?"
>
> 젤렌스키: "그렇다."
>
> 뷔신스키: "이것은 공중들에게서 만족을 일으켰는가, 불만족을 일으켰는가?"
>
> 젤렌스키: "불만족이다."
>
> 뷔신스키: "이것이 당신이 목표로 노력했던 것인가?"
>
> 젤렌스키: "그렇다."
>
> 뷔신스키: "당신의 조직은 그것을 위해 노력했는가?"
>
> 젤렌스키: "그러했다."
>
> 뷔신스키: "그리고 판매용 버터가 언제나 좋은 품질이었는가 혹은 당신이 또한 그것의 품질을 망치기 위해 시도했는가?"
>
> 젤렌스키: "시도했다."

뷔신스키: "버터 사업과 관련된 당신의 조직의 성원들이 유리를 버터에 집어넣은 경우들이 있는가?"

젤렌스키: "유리가 버터에서 발견된 경우들이 있다."

뷔신스키: "유리는 버터에서 '발견된' 것이 아니라 버터에 집어넣어졌다. 당신은 그 차이를 이해한다: 집어넣어진 버터. 이런 경우들이 있었는가 아닌가?"

젤렌스키: "유리가 버터에 집어넣어진 경우들이 있었다."

뷔신스키: "쏘비에트 권력과 쏘비에트 인민에 대한 범죄적 음모에서 당신의 공범자들, 동료참가자들이 못을 버터에 집어넣은 경우들이 있었는가?"

젤렌스키: "있었다."

뷔신스키: "무슨 목적을 위해서? '더 맛있게 하기' 위해서?"

젤렌스키: "그것은 명백하다."

뷔신스키: "자 그것은 파괴 그리고 교란적인 활동들을 조직하는 것이다. 당신은 이 점에 대한 유죄를 인정하는가?"

젤렌스키: "인정한다."

그리고 나아가:

뷔신스키: "당신은 과도함에 대해 이야기하고 있지만 나는 버터와 더 관련된 질문에 관심이 있다. 나는 먼저 계란들에 대해 말하고 싶고 그리고 나서 과도함에 대해 말하고 싶다. 당신은 공중에 대한 계란의 공급과 관련하여 버터의 경우에서와 같은 동일한 종류의 조치들을 취했는가? 그것은 공중의 관심을 끄는 또 하나의 문제이다. 예를 들면 모스끄바를 계란이 없는 상태로 만드는 간헐적인 시도들이 있었던 경우 혹은 경우들이 있었는가? 이런 경우들이 있었는가?"

젤렌스키: "있었다."

뷔신스키: "당신의 잘못으로, 당신 개인의 잘못이 아니라 이 음모적 블록에서 활동적인 참가자들의 한 사람으로서의 잘못으로 모스끄바를 계란이 없는 상태로 만들었던 1936년에 그런 경우가 있었는가?"

젤렌스키: "있었다."

샤란고비치를 들어보자. 그는 인위적으로 말들 사이에서 빈혈증을 퍼뜨리고 그리하여 약 30,000마리의 말들이 사라지게 했다. 그는 또한 토탄산업을 침식한다. 그는 증언했다:

"나 개인적으로, 그리고 나의 지도하의 벨로루시의 민족적 파시스트 조직은, 우익들의 중앙의 지령을 받아 모든 분야의 경제적 및 문화적 생활에서 집중적인 파괴와 교란적인 활동들을 수행했다. 공범자들과 함께 나는 농업을 침식하고, 말들을 파괴하고 집단농장 농부들로부터 개인적 토지를 박탈하고 곡물지대의 계획을 혼란시키고 미끼로 유인하여 집단농장 농부들이 쏘비에트 정부에 반대하도록 노력했다."
"벨로루시의 산업에서 우리는 연료 기지, 동력산업을 침식하고 새로운 건설작업의 속도를 늦추었으며 수많은 파괴와 교란적인 행위들을 범했다."

샤란고비치는 덧붙였다:

"나와 우리의 지하 조직이 관련되어 있고 '우익들과 뜨로쯔끼 신봉자들 블록'과 폴란드 총참모부의 지시에 따라 행동했던 테러리즘적 활동들을 법정에 알리기를 나는 한 번 더 희망한다."
<우익들과 뜨로쯔끼 신봉자들의 반쏘비에트 블록에 대한 재판>, p. 742.

이크라모프는 그 자신의 증언에 따르면 나망간에서, 비단공장들에서, 면화조면공장들에서 그리고 목화재배에서 그의 파괴활동들을 실천했다. 이크라모프와 코드야예프의 증언에 따르면, 그 블록의 지도자들, 부하린과 리코프는 파괴와 사보타주의 조직에서 지도적 역할을 했다.
이바노프는 종이와 셀룰로스 산업을 파괴한다.
로젠골쯔는 파괴 작업에서 그의 동료들에게 뒤처지지 않는다. 그는 파괴적 그리고 범죄적 방식으로 쏘련의 외국무역을 조직하고, 그리하여 쏘련의 방위력을 약화시키고 동시에 쏘련의 적들의 방어력(혹은 차라리 공격능력)을 강화시킨다. 그는 독일과 일본의 파시즘의 이익을 가져오는 석유협정에 서명한다. 그는 특히 파괴적 방식으로 다시금 독일과 일본의 이익에 봉사하고 사회주의 쏘련의 이익에 반대되는 방향으로 금찌꺼기의 판매를 조직한다. 로젠골쯔는 모든 방식으로 쏘련의 방위목적을 위한 수입들을 방해했고, 반면에 동시에 범죄적이고 파괴적 방식으로 철의 일본으로의 수출을 가속화했는데 철은 일본군대에 의해 쏘련을 폭격할 포탄을 만드는 데 사용될 수도 있는 것이었다.

쏘비에트 산업에 대한 파괴와 사보타주는 나라의 모든 부분에서 수행되었다. 제2차 재판에서 피야타코프의 증언은 또한 다양한 뜨로쯔끼주의 조직들의 지침하에 온 나라에 걸쳐 수행된 파괴와 사보타주에 대한 세세한 사항을 설명하는데, 예를 들면 우크라이나에서 코우크와 화학 산업들에서, 우랄지방의 구리산업, 그리고 쿠즈네쯔크 지역의 발전소들에서 수행된 파괴들이 그러하다. 피야타코프는, 파괴는 다양한 공장들과 트러스트들에서 관리자들에 의해 수행되었는데, 그들 자신의 주도에 의해서가 아니라 뜨로쯔끼의 지시에 따라 그리고 그(피야타코프—역자) 자신의 개인적 지령에 따른 것이었다고 진술했다:

"일반적으로 이 모든 것은 이 사람들(즉 관리자들 등) 자신의 주도에 따른 것이 아니라 뜨로쯔끼의 지시에 따라 그리고 나 자신의 개인적인 지령에 따른 것이었다."
<반쏘비에트 뜨로쯔끼주의 중앙에 대한 재판>, p. 47.

피야타코프와 같은 재판의 또 다른 피고인 부그슬라프스키는 또한 뜨로쯔끼의 지시에 따라 그리고 피야타코프의 개인적인 지령에 따라 철도 영역에서 시베리아 중앙에 의해 수행된 파괴에 대한 병적이고 구역질나는 세세한 사항을 진술했다. 부그슬라프스키는 말했다:

"1934년에 시베리아 중앙의 작업은 그리고 특히 나의 작업은 새로운 길로 들어섰다. 1934년에 나는 피야타코프와 두 번째 모임을 가졌다. … 이번에는 피야타코프가 우리의 작업이 완전히 불만족스럽다고 말했고 우리에게 새로운 것은 아니지만 새로운 것으로 들렸던 임무를 부여했다. … 나의 비관주의에 반응하여 피야타코프는 말했다: '우리는 작업에 차분히 착수해야 한다, 특히 뜨로쯔끼가 편지들과 지령들을 보내고 있듯이. 그(뜨로쯔끼-역자)는 그 당시 말한 바와 같이 자신의 지령들에 대한 사보타주라고 할 수 있을 정도로 활동이 없는 상태에 대해 우리를 힐난했다. … 내 스스로 지도하고 있던 철도에 대한 작업에 관하여 말하면, 선로에서 사고의 수가 1934년에 굉장히 증가했다. … 1934년에는 고장난 기관차의 수와 비율에서 상당한 증가가 있었다."

앞의 책.

그것은 환상적이지 않은가! 여기에 그 임무가 중공업의 건설을 관장하는 쏘비에트 장관이 있다. 그가 실제로 무엇을 하는가? 그는 자신의 신뢰받는 부관들에게 요직을 약속하고 그들을 사보타주와 파괴활동을 조직하도록 이끌었다. 그리고 그의 조수들의 파괴 활동들이 그가 원하는 만큼 빨리 진행되지 않는 것을 발견하고는 그는 그들에게 그들이 "일에 착수해야만 한다"고, 즉 그들이 뜨로쯔끼가 편지들과 지령들을 보내듯이 더욱더 파괴와 사보타주를 조직해야만 한다고 말하고 있는 것이다. 뜨로쯔끼는 "자신의, 뜨로쯔끼의 지령들에 대한 사보타주라고 할 수 있을 정도로 … 활동이 없는 상태에 대해 우리를 힐난하고 있다." 이것은 우리의 초-산업화론자 뜨로쯔끼의 진정한 색깔을 폭로한다. 그는 자신의 심복들이 '사보타주'한다고 힐난하는데, 왜냐하면 그들이 쏘비에트 산업에서 충분한 사보타주를 수행하지 않기 때문이다!!

쏘비에트의 경제발전계획에 대한 해체 시도도 계속되었다. 당시 계획되고 있던 외국의 침략에 길을 열어주기 위해 나라의 방위와 관련된 산업들의 파괴에 특별한 강조가 두어졌다. 외국 무역의 영역에서 수행된 사보타주에 대해 상세히 설명하고는 피고 로젠골쯔는 덧붙였다:

> "패배를 위해 작업한다는 우리의 목표로부터 따라 나오는 파괴활동들
> —방위를 위해 필요로 되는 물자들의 수입에서의 지체—에 특히 주목하는 것이 필요하다."

<우익들과 뜨로쯔끼 신봉자들의 재판>

드로브니스는 유사한 이야기를 했다:

> "계획에서 파괴적 임무의 하나는 부차적인 중요성이 있는 조치들에 기금들을 살포하는 것이었다. 또 다른 하나는 이런 방식으로 건설작업을 지연시켜서 정부에 의해 확정된 날짜에 중요한 분야의 시공을 막는 것이었다."

<반쏘비에트 뜨로쯔끼주의 중앙에 대한 재판>

피야타코프의 지령하에서 파괴 활동들이 체계적 방식으로 그리고 상세하게 계획되고 조직되었다. 예비조사에서 피야타코프는 증언했다:

"나는 나의 사람들과(그리고 나 스스로에게도) 그들의 파괴 작업을 분산시키지 말고 그들의 모든 주의를 방위를 위해 중요한 전연방적인 중요성이 있는 주요하고 대규모의 공업기업들에 집중할 것을 충고했다."

"이 점에 관해 나는 뜨로쯔끼의 지시들, 즉 '가장 민감한 지점들에서 뚜렷한 타격들을 가하라'에 따라 활동했다."

그리고 뷔신스키는 말했다:

"그를 정당하게 평가하자면, 피야타코프는 실제로 민감한 장소들에서 어떻게 뚜렷한 타격들을 가할지를 알고 있었다."

제2차 재판은 '가장 민감한 지점들에서 뚜렷한 타격들을 가하라'는 공식에 따라 그리고 피야타코프의 지령하에 기계류, 설비들, 그리고 기업 전부가 망가지고 혹은 파괴되었다는 것을 드러냈다. 모든 작업장들이 불타고 폭파되었다. 수십 대의 열차가 파괴되었고 더불어 인명 손실이 있었다.

자신들의 파괴 활동들의 조직과 수행에서 피고들은 인명의 손실을 회피할 수 없고 불가피한 어떤 것으로 여겼을 뿐만 아니라, 쏘비에트 정부에 대한 인민 사이에서의 불만을 일으킨다는 자신들의 정책의 숙고된 중요부분이라고 간주했다. 드로브니스는 말했다:

"광산에서 인명 손실이 있다면 더 좋을 것인데, 왜냐하면 의심할 여지 없이 노동자들 사이에서 불만을 야기할 것이기 때문이고 이것은 우리가 원하는 것이다."

<반쏘비에트 뜨로쯔끼주의 중앙에 대한 재판>

피고 크냐제프는 리브시쯔가 그에게 "커다란 인명손실을 수반할 행위들(폭발들, 열차 파괴들, 혹은 독극물)을 준비하고 수행하라"고 지시했다고 보고했다.(앞의 책)

이것은 바로 실제로 행해진 것이다. 뜨로쯔끼 신봉자 중앙은 10명의 노동자들의 사망과 14명의 다른 중상자들이 발생한 첸트랄나야 갱에서의 폭발을 일으켰다. 고의적으로 계획된 슈미하 정거장에서의 열차 충돌은 29명의 적군(赤軍)의 사망과 다른 29명의 상해를 초래했다. 이 파괴는 철도 부인민위원인 리브시쯔의 지시에 따라 1935년 10월 27일에 크냐제프가 일으켰다. 1935-36년간에 크냐제프는 리브시쯔의 지시에 따라 행동하여, 인명손실을 포함하는 수많은 열차의 파괴―여객 열차들과 병력수송열차들―를 조직하고 일으켰다. 철도의 영역에서 파괴활동을 수행하는 데 활동적이었던 다른 사람들은 세레브랴코프, 투로크 그리고 보구슬라프스키였다.

쿠즈네쯔크 분지의 석탄과 화학 산업들에서 피고 드로브니스, 노르킨, 세스토프 그리고 스트로일로프는 피야타고프와 무랄로프의 지시에 따라 석탄 산출고를 방해할 목적으로 파괴와 교란행위를 수행했는데, 새로운 광산들과 화학공장들의 건설과 발전을 연기시키고, 통로와 갱들에 가스가 축적되게 함으로써 노동자들에게 해롭고 위험한 작업환경을 창출하였다. 추가적으로 1936년 9월 23일에 위에서 언급된 드로브니스의 지시에 따라 지역의 뜨로쯔끼 신봉자 조직의 성원들이 케모로프 광산의 첸트랄나야 갱에서 폭발을 일으켰는데, 그 폭발은 10명의 노동자의 죽음과 나아가 14명의 심각한 상해를 초래했다.

화학산업에서는 피고 라타이챠크와 푸신이 피야타코프의 지시에 따라 국가 생산계획을 방해할 목적으로 파괴 작업을 수행했는데, 새로운 공장들과 기업들의 건설을 늦추고 새로운 기업에서 건설작업의 질을 훼손했다. 추가적으로 1934-5년에는 라타이챠크와 푸신은 고를로프스카 니트로겐 공장에서 세 번의 교란행위들을 조직했는데, 그것들 중 두 번은 노동자들의 사망과 국가에 중대한 물질적 손실을 야기한 폭발들을 수반했다. 교란행위들이 또한 보스크레센스크 연합 화학공장과 네브스키 공장에서 라타이챠크의 교사로 조직되었다.

재판들은 파괴 활동 중 적어도 일부분은 독일과 일본의 정보기관들의 직접적인 지시하에 수행되었음을 폭로했다. 피고 크냐제프는 일본 정보기관의 요원인 H씨의 직접적 지시하에 행동했다. 제3차 재판에서 체르노프의 증거는 동일한 것을 폭로했다. 쏘련에게 있어서 곡물전선

에서 첨예한 문제들에 의해 특징지어졌던 시기인 1930년의 시기에 대해 말하면서, 체르노프는 말했다:

"독일정보기관에 의해 당시에 나에게 할당된 주요한 임무는 나라 내에서 곡물을 망치도록 조정하는 것이었다. 이것은 저장소와 엘리베이터의 건설의 지연을 포함하고 있었는데, 점증하는 곡물수집과 이용할 저장 공간 간의 불일치를 창출하기 위해서였다. … "
"곡물의 회전에 관해 말하자면, 곡물지역을 부정확하게 계획하고 그리하여 집단농장 농부들이 실제적으로 올바른 곡물 회전을 할 수 없게 하여 곡물의 성장을 위해 목초지와 방목장을 쟁기질해야만 하게끔 하는 처지에 그들을 처하게 한다는 구상이었다. 이것은 나라에서 수확의 양을 감소시키고 동시에 농민들의 분노를 일으키는 것이었는데, 농민들은 집단농장들이 가축 사육을 발전시키고 그 목적을 위해 사료가 요구되는 때에 그들이 왜 목초지와 방목지를 쟁기질해야만 하는지를 이해할 수 없을 것이었다. 가축 사육에 관해 말하면 목표는 혈통이 분명한 가축들을 죽여 없애고 가축의 높은 사망률을 위해 노력하는 것이었다."
<우익들과 뜨로쯔끼 신봉자들의 반쏘비에트 블록에 대한 재판>

다양한 폭발들의 교란행위적인 성격은 확증되었고 피고들에 의해 인정되었다. 그것은 목격자들의 증언과 기술적인 전문가들에 의해 확증되고 입증되었다. 다양한 문제들에 대한 기술적인 전문가들에 의해 주어진 답변들은 이러한 폭발들이 악의적인 의도의 결과라는 것, 이러한 폭발들의 발생을 막기 위해서 자그마한 노력이면 되었다는 것에 대한 조금의 의심의 여지도 남겨놓지 않았다. 예를 들면 고를로프스카 비료공장의 수소 분야에서의 폭발을 들어보자. 이 폭발에 대해 전문가들은 이 폭발을 피할 수 있는 조금의 가능성이라도 있었는지를 질문 받았다.

    답변: "틀림없이 있었다."
    질문: "폭발들을 피하기 위해 무엇이 행해져야 했는가?"
    답변: "조그마한 노력이면 되었다. 요구된 모든 것은 안전 규칙들을 고수하는 것이었다. 그러나 이것이 이루어지지 않았다. 그리하여 폭발이 있었다."
    질문: "그러나 어쨌거나 아마도 그 폭발은 사고였는가?"

답변: "악의적 의도는 논쟁의 여지가 없다."

이러한 범죄들의 완전한 가공함을 깨닫기 위해서 혹자는 이 범죄들이 저질러졌다는 것뿐만 아니라 그것들이 모든 종류의 침해로부터 쏘비에트 국가의 이익의 보호를 신탁 받았던 바로 그 사람들에 의해 저질러졌다는 사실에 대해 보지 않으면 안 된다. 이 사람들은 쏘비에트 산업을 보호하고 그것을 모든 침해로부터 지켜야할 최고책임자의 지위에 있었지만, 그들은 노골적인 배신자들과 같이 행동했다. 피야타코프는 중공업의 부인민위원으로서 쏘비에트 경제의 이 중요한 부분을 보호할 최고 책임자이어야 했음에도 사실상 그는 그 주요한 파괴자였다. 라타이챠크는 화학 산업을 보호할 책임자이어야 했다. 철도 부인민위원인 리브시쯔, 농업 인민위원인 체르노프, 재정 인민위원인 그린코, 외국무역 부인민위원인 소콜니코프—이 모든 사람들은 쏘비에트 국가의 이익에 대한 조그마한 위험의 최소한의 표지에 대해서도 경종을 울려야 하는 최고책임자이어야만 했지만, 그러나 대신에 그들은 그들에게 주어진 신뢰를 위반하고 그리고 쏘비에트 나라에 대한 그들의 의무를 위반하면서 파괴자로서 행동했다. 이것은 참으로 소름끼치는 것이고 이 사람들이 도달했던 도덕적 악행의 최대치를 보여준다. 이러한 맥락에서 나는 이어지는 재판들에서 다양한 피고들에게 똑같이 적용될 수 있는, 1차 재판에서의 피고들에 대한 다음과 같은 성격규정을 예브도키모프가 했을 때 그는 천 번이나 옳았다는 것을 나는 말하지 않을 수 없다:

"우리들(피고들)과 파시스트들의 차이는," 예브도키모프는 말했다. "우리에게는 매우 못마땅한 것이다. 파시즘은 공공연하게 그리고 솔직하게 그것의 기치에 명기한다: '공산주의에 죽음을'. 우리는 입으로는 언제나 '공산주의여 영원하라'라고 했지만 우리는 행동으로는 쏘련에서 승리하는 사회주의와 싸우고 있었다. 말로는 '쏘련의 공산당이여 영원하라'라고 했다. 행동으로는 당중앙위원회 정치국원들의 암살을 준비했고 그들 중 한 명(즉 키로프)은 우리가 죽였다. 말로는 '제국주의의 타도', 행동으로는 국제적인 제국주의에 대한 투쟁에서 쏘련의 패배를 지지했다."

<뜨로쯔끼 신봉자-지노비예프 신봉자 중앙에 대한 재판>

피고들의 배반과 이중성

 나아가 모스끄바 재판들에서 피고들의 도덕적 악행과 그들의 범죄의 중대함을 충분히 평가하기 위해서는 그리고 그들이 나아갔던 지점의 배신의 정도를 충분히 이해하기 위해서는, 그들에 의해 행해진 정치적 이중성, 이중 거래, 위선 그리고 배신을 언급하는 것이 필요하다.
 (1) 테러리즘적 행위들이 최고조에 달했을 때, 그들이 키로프 동지에 대한 야비한 살해의 완료까지 전진했던 바로 그 때에, 바로 그 때에(1933년 5월 8일에) 지노비예프는 중앙위원회로 편지 한 통을 보냈다. 이 편지에서 그는 자신의 과거의 잘못들과 관계를 끊었다고 했을 뿐만 아니라 위선적으로 사회주의와 당에 대한 자신의 충성을 서약했다. 그는 다음과 같은 말로 편지를 끝맺었다:

> "나는 여러분에게 내가 진실을 말하고 있고 진실만을 말하고 있다는 것을 믿어주기를 요청한다. 나는 여러분에게 나를 당의 대열 내에 복귀시키고 나아가 공통의 대의를 위해 일할 기회를 주기를 요청한다. 나는 내가 당의 가장 헌신적인 성원이 될 것이고 최소한 당과 그 중앙위원회 앞에 나의 죄를 속죄할 정도로까지 내가 할 수 있는 모든 것을 할 것임을 한 사람의 혁명가로서 약속한다."

 모스끄바 재판 후에 우리는 지금은 이 말들이 가치가 있었다는 것을 알고 있다. 지노비예프는 그가 조직했던 키로프의 살해 후에 <햇불 인간>이라는 제목이 붙은 사망기사를 ≪프라우다≫에 보냈을 정도로 배신을 저질렀다. 여기에 지노비예프가 쓴 것이 있다:
> "당의 슬픔은 전인민의, 쏘련의 모든 민족들의 슬픔이다. 당의 신음은 우리의 위대한 나라 전체의 신음이다. … 전체 인민은 사별의 괴로움을 느꼈다."
> "세르게이 미로노비치 키로프의 더러운 살인자는 실제로는 전 당을, 전체 쏘련을 분기시켰다."
> "이 사랑하고 친애하는 사람의 손실에 대해 모든 사람은 가장 가깝고 귀중한 사람의 손실로 느꼈다. … "
> "당의 사랑하는 아들."

"노동자계급의 아들—이 횃불인간은 바로 이런 사람이었다," "우리의 친애하고 깊이 있고 강한 (사람—역자) … 누구나 그를 사랑하지 않을 수 없고 누구나 그를 자랑하지 않을 수 없다."

뜨로쯔끼 신봉자-지노비예프 신봉자 테러리스트 중앙의 경우에, 뷔신스키는 결론적인 연설에서 이 편지를 인용하고 논의 중인 주제에 대해 전 세계에 걸쳐 모든 혁명가들과 정직한 프롤레타리아들의 감정을 요약하는 다음의 언급을 했다:

"이것이 지노비예프가 쓴 것인데 냉소주의의 모든 경계를 넘어서는 것이다!"
"이런 것이 이 사람이다. 그는 그를 사랑했고 그는 그를 자랑스러워했고 그리고 그를 죽였다! 그 사악한 자, 살인자가 그의 희생물을 애도하고 있다! 이와 같은 어떤 것이 이전에 일어난 적이 있는가?"
"이것의 비열함과 불쾌함을 충분히 묘사하기 위해 누군가 말할 것이 있다면, 누군가 단어를 사용한다면: 모독! 배신! 이중성! 교활함!
"당신의 모욕적인 손으로 이 횃불을 끈 것은 당신, 지노비예프 당신이다. 그리고 당신은 공개적으로 그리고 위선적으로 사람들을 기만하기 위해서 당신의 머리칼을 쥐어뜯기 시작했다."
"당신은 누구를 죽였는가? 당신은 당당한 볼쉐비키, 열렬한 호민관, 당신에게 위험했던 사람, 당신에 반대하여 레닌의 유언을 위해 헌신적으로 싸웠던 사람을 죽였다. 당신은 니콜라예프의 야비한 손에 의해 발사된 총탄으로 눈 깜짝할 사이에 이 사람을 죽였고 그리고 2, 3일 후에 당신은 '불 꺼진 횃불'에 대해 당신이 쓴 기사를 ≪프라우다≫에 보냈다. 이 야비한 속임수를 평가할 만한 단어들을 우리가 어디에서 발견할 수 있는가! 나는 나의 어휘로서는 그 단어들을 발견할 수 없다!"

카메네프 또한 1933년에 유사한 거짓되고 위선적인 기사들을 공표했는데, 그것들은 그들의 이중성과 배신으로 남다르다. 이 기사들에서 카메네프는 그 자신의 잘못들을 비난하고 그의 과거의 잘못된 방식들과 관계를 끊고 "수십 년 동안 레닌을 싸워 지켰던 사람이 반대파에서 가장 중요한 인물이 되었다"고 말했다. 카메네프는 1933년 5월 25일의 이 기사에서 "쓰딸린 동지에 의해 영도되는 정책에 대한 저항은, 1917

년 10월의 당원들을 레닌의 정책에 대한 반대자로 등장하게 한 전제들에 기초하고 있었다는 것은 명백하다."고 썼다.

카메네프는 1933년 5월에 위의 글을 썼다. 그럼에도 1933년 여름에, 그와 지노비예프가 추방에서 돌아온 후에 뜨로쯔끼 신봉자-지노비예프 신봉자 중앙의 한 모임이 지노비예프의 아파트에서 당과 쏘비에트 정부의 지도자들에 대한 테러리즘적 행위들을 조직하기 위한 목적으로 열렸다. 뷔신스키는 카메네프에게 그의 말과 그의 행동 간의 불일치에 대해 질문했고 다음과 같은 대화가 계속되었다:

> 뷔신스키: "당신이 당에 충성을 표명했던 1933년에 당신이 쓴 기사들과 성명들에 대해 어떠한 평가가 주어져야 하는가, 기만인가?"
> 카메네프: "아니다. 기만보다 더 나쁘다."
> 뷔신스키: "배신인가?"
> 카메네프: "더 나쁘다!"
> 뷔신스키: "기만보다 더 나쁘고 배신보다 더 나쁘고—단어를 찾아 보시오. 반역인가?"
> 카메네프: "당신이 단어를 찾았다!"

(2) 정치적 투쟁에서 뜨로쯔끼 신봉자들의 부도덕함과 그들의 도덕적 타락은 또한 라덱과 피야타코프가 그들 자신의 공범자들인 지노비예프와 카메네프를 폭로하면서 쓴 기사들에 의해 충분히 폭로되는데, 그들은 키로프에 대한 더럽고 야비한 살인에 대한 책임이 있었다. 라덱과 피야타코프가 그들의 친구들, 동맹들 그리고 공범자들에 대해 사형을 요구했던 이 기사들은 인간적 양심의 마지막 찌꺼기에서, 도덕성의 마지막 개념에서 냉소주의와 조소의 정점을 보여준다.

라덱은 1935년에 ≪볼쉐비키≫ 3호에서 지노비예프와 지노비예프 분파의 모든 지도자들의 이중성을 폭로하는 방식으로 다음과 같이 썼다:

> "반혁명으로 미끄러져 들어가서, 지노비예프-뜨로쯔끼주의 블록의 전(前) 지도자들은 간섭주의적인 간첩, 야심가 그리고 파괴자의 방법에 호소했다. 이중성은, 그들로 하여금 프롤레타리아 총참모부를 포격하는 것을 가능하게 한 위장이었음이 입증되었다."

제9장   파괴, 교란행위, 그리고 사보타주   313

그리고 나아가 지노비예프, 카메네프 그리고 다른 사람들의 재판의 시점에서 라덱은 선언했다:

"독사 같은 놈을 분쇄하라! 그것은 커다란 범죄를 저지르는 데까지 나아간 야심 있는 사람을 근절하는 문제가 아니다. 그것은 전쟁의 대화재를 일으키는 데 도움을 줄, 파시즘의 손에서 적어도 권력의 그늘을 얻기 위해서 파시즘의 승리를 촉진시킬 준비가 되어 있던 파시즘의 요원들을 근절시키는 문제이다."

라덱은 이 기사에서 "뜨로쯔끼 신봉자-지노비예프 신봉자 파시스트 무리와 그것의 심복—뜨로쯔끼" 등에 대해 말했다.
라덱은 이 기사를 다음과 같은 단락으로 끝맺었다:

"프롤레타리아 법정은 이 피비린내 나는 살인자들에게 선고를 할 것인데, 그들은 백 배는 더 선고받아야만 한다. 프롤레타리아트의 사랑하는 지도자들에 대해 검을 든 사람들은 그들의 미증유의 범죄에 대해 그들의 머리로 지불해야 한다. 이 무리와 그 행위들의 주요한 조직자인 뜨로쯔끼는 이미 역사에 의해 부끄러운 오명을 선고받았다. 그는 프롤레타리아트의 판결을 피하지 못할 것이다."

피야타코프는 그의 동료 파괴자인 라덱에 뒤처지지 않는다. 피야타코프는 1936년 8월 21일에 다음과 같이 썼다:

"우리는 자신의 분노와 역겨움을 충분히 표현할 단어들을 발견할 수 없다. 이 사람들은 인간성의 마지막 외관을 잃어버렸다. 그들은 파괴되어야 하는데, 쏘비에트 땅의 순수하고 상쾌한 공기를 오염시키고 있는 오물과 같이 파괴되어야 한다. 우리의 지도자들의 죽음을 야기시킬 수 있고 그리고 이미 우리의 땅에서 최선의 사람 중의 한 명—뛰어난 동지이자 지도자인 S. M. 키로프—의 죽음을 야기한 위험스런 오물."

이것은 라덱과 피야타코프가 지노비예프와 카메네프에 대해 쓴 것인데, 그것은 그들이 그들 스스로에 대해 쓴 것으로 입증되었는데, 왜냐하면 우리가 지금 아는 바로는 라덱과 피야타코프는 키로프의 생명에 대한 시도에 대해 미리 알고 있었을 뿐만 아니라 그들은 실제로는 그 시도가 행해지는 데 동의했던 것이다.

(3) 부하린을 들어보자. 그의 일찍이 위선적인 자기 고발은 별도로 하고, 1928년도에서 시작하자. 이 해에 부하린은 당의 중앙위원회 전체회의에서 그는 당과 차이가 없다고 선언했다. 그러나 바로 그 때에 부하린은 카메네프와 비밀협상을 하고 있었고 협정에 도달했다. 1929년에 부하린은 ≪프라우다≫에 그의 잘못된 견해들에 대해 이렇게 썼다:

"우리의 이러한 오류들을 인정하면서, 우리로서는 당 전체와 함께 모든 일탈에 반대하는 단호한 투쟁을 수행하기 위해 모든 노력을 할 것이다."

쏘비에트 권력에 무력으로 반대하기 시작한 지하 조직이 형성되고 있었던 것은 바로 그 때였다. 부하린은 그의 재판에서 자신의 위의 선언은 거짓말이었고 당을 오도하기 위해 고안된 기술적 책략이었다고 인정했다. 부하린이 위의 글들을 쓸 때―바로 그 때에 그의 증언과 리코프와 이바노프의 증언에 따르면 그(부하린―역자)는 북코카서스에서 투쟁을 선동하고 쏘비에트 권력에 반대하는 쿨락들의 폭동을 조직하는 데 종사하고 있었다.

1930년에 부하린은 중앙위원회에 그의 오류들을 인정하는 선언을 제출한다. 부하린은 이 선언에서 자신의 "당의 통일에 반대하는 모든 시도, 모든 분파적 활동, 당의 지도력에 반대하는 내밀한 투쟁에서 모든 시도들, 당의 노선과 다른 또 하나의 정치적 노선에 대한 내밀한 옹호에 대해 유보되지 않은 비난"에 대해 썼다.

그러나 다시금 부하린 자신의 증언에 따르면, 그가 쏘비에트 정부와 당의 지도자들에 대한 테러리즘적 행위들의 조직에 관해 세미오노프와 협상을 벌이고 있었던 것은 바로 이 순간이었음이 입증된다.

1933년: 부하린은 쏘련공산당(볼)의 중앙위원회와 중앙 통제위원회의 합동 전체회의에서 연설을 했는데, 거기서 그는 "A. P. 스미르노프의 그룹 결성에 대해 심각한 처벌"을 요구하고 있고, 그 자신의 "우익 기회주의적인, 절대적으로 잘못된 일반적 정치 노선"에 대해 말하고 있고, 자신의 "당과 그 지도력 앞에, 당의 중앙위원회 앞에, 노동자계급과 나라 앞에서의 죄"에 대해 말하고 있다.

그러나 이때가, 부하린과 리코프를 그 지도자들로 하면서 계속하여 테러리즘, 교란행위, 파괴, 간첩행위 그리고 고도의 반역에 종사하였고 쏘련으로부터 민족 공화국들의 분리를 고무하는 데 종사한 우익들과 뜨로쯔끼 신봉자들의 블록이 형성된 첫 해였음이 입증되고 있다.

1934년: 17차 당대회에서 부하린은 자신의 연설에서 "모든 반대파들의 그리고 주요한 위험으로서 우익 반대파의, 즉 내가 한때 속했던 바로 그 그룹의 무자비한 분쇄"를 승인했다.

그러나 바로 그 때에 부하린은 이미 살인자들, 직업적 파괴자들, 진정한 간첩들 그리고 외국의 나라들의 정보기관들의 요원들의 그룹으로 되었던 자신의 그룹, 이 범죄적 무리의 활동을 강화하는 목적으로 모든 세력들을 동원하는 데 종사하고 있었다는 것이 입증되고 있다.

다른 피고들도 위선, 이중적 처신, 이중성과 배신의 게임에서 뒤떨어지지 않았다. 그들 각각은 꽤 오랜 시간동안 그들 스스로와 그들의 범죄적 활동들을 위장할 수 있었다. 그리고 뷔신스키가 1차 재판에서 그의 결론적인 연설에서 말했듯이:

"이것은 마스크라는 단어가 그 진정한 의미를 획득했다는 점에서 아마도 역사에서 가장 충격적인 경우들의 하나이다. 이 사람들은 그들의 얼굴에 마스크를 썼고, 과거를 잃어버리고, 범죄로 성장해간 그들의 오랜 잘못된 방식들과 오류들을 포기하는, 후회하고 있는 죄인들의 자세를 채택했다."

그들이 그렇게 오랫동안 탐지되지 않았던 것은 이 사람들이 썼던 마스크와 그들이 유지했던 높은 공식적 지위 때문이었다[8].

---

8   또한 쏘련공산당(볼)의 많은 당원들이 경제적 활동에 총체적으로 전념하고 그리고 경제적 성공들에 도취되었기 때문에 자만하게 되었던 것도 그들이 탐지를 피한 이유가 된다. 다음은 쓰딸린 동지가 고찰 중

인 문제에 대해 스스로 표현한 방식이다.

"문제는 우리당 동지들이 총체적으로 최근 몇 년간에 경제적 활동에 몰두해왔고 경제적 성공들에 극단적으로 열중해왔고, 이 모든 것들에 열중하고 있어서 다른 것들을 잊고 옆으로 밀쳐놓았다는 것이다."
"문제는 경제적 성공들에 도취되어서, 그들이 이것을 모든 것의 시작과 끝으로 간주하기 시작했고 쏘련의 국제적 위치, 자본주의의 포위, 당의 정치 사업의 강화, 파괴 등에 대한 투쟁과 같은 것에 대해 주의를 기울이기를 단순히 포기했고 이 모든 문제들을 제2류의 그리고 심지어 3류의 문제들로 여겼다는 것이다."
"성공들과 성취들은 물론 위대한 것이다. 사회주의 건설의 영역에서 우리의 성공들은 진정으로 거대하다."
"그러나 해 아래 모든 것과 같이 성공들은 그것들의 이면이 있다. 정치에서 매우 숙달되지 못한 사람들 사이에서는 큰 성공들과 큰 성취들은 드물지 않게 부주의, 자만, 자기만족, 뽐내는 자기 확신, 의기양양함, 그리고 허풍을 야기한다. 허풍선이들이 최근에 우리들 사이에서 굉장하게 증대되었다는 것을 여러분은 부정할 수 없다. 사회주의 건설의 영역에서 크고 중대한 성공들의 이러한 환경 속에서 자랑하고 싶은 감정들이 창출되고 우리의 성공에 대해 과시하고 싶은 감정들이 창출되고 우리의 적들의 힘을 과소평가하는 감정들이 창출되고 우리 자신의 힘에 대한 과대평가의 감정들이 창출되고 이 모든 것의 결과로서 정치적 맹목성이 나타난다는 것은 놀랄만한 것이 아니다."
"나는 여기서 성공들과 연계된 위험들에 대해, 성취들과 연계된 위험들에 대해 몇 마디 해야만 한다."
"우리는 경험에 의해 어려움들과 연계된 위험들에 대해 알고 있다. 오랜 세월 동안 우리는 이러한 종류의 위험들에 맞서 싸워왔고 나는 성공이 없지 않았다고 말해야만 한다. 완강하지 못한 사람들 사이에서는 어려움들과 연계된 위험들이 드물지 않게 우울한 감정들, 그들 자신의 힘들에 대한 불신, 비관주의의 감정을 불러일으킨다. 그리고 반대로 어려움들로부터 발생하는 위험들에 맞선 투쟁의 문제일 때에는 사람들은 이 투쟁에서 단련되고 그 투쟁으로부터 진정으로 견고한 볼쉐비키들이 떠오른다."
"이런 것이 어려움들과 연계된 위험들의 성격이다. 이런 것이 어려움들을 극복하는 것의 결과들이다."
"그러나 또 다른 종류의 위험이 있는데, 성공들과 연계된 위험, 성취들과 연계된 위험이다. 그렇다, 그렇다, 동지들, 성취들과, 성공들과 연계된 위험들이다. 이 위험들은 정치에서 거의 숙달되지 않았고 많은 것을 본 적이 없는 사람들 가운데에서 성공의 조건들—성공에 이은 성공, 성취에 이은 성취, 계획의 초과달성에 이은 계획의 초과달성—이 부주의함 그리고 자기만족의 감정들을 불러일으키고, 균형 감각을 죽이고 정치적 본능을 무디게 하는, 보이기 위한 승리와 상호 간의 축하의 분위기를 창출하고 사람들에게서 생기를 빼앗

제9장   파괴, 교란행위, 그리고 사보타주   317

 쏘비에트 정부의 타도와 쏘련에서 자본주의의 복고를 목표로 하는
그들의 범죄적 활동에서 재판의 피고들은 누구에게도 자비를 베풀지
않았다—그들에게 복종하기를 거부했던 사람들에게도, 그들의 지시를
수행했던 사람들에게도. 제1차 재판은 그들의 음모가 성공적일 경우에
그리고 권력을 잡게 되면, 피고들은 바카예프(또 한 사람의 피고)를
OGPU의 의장에 임명하려 했다는 것을 폭로했다. 이 위치에 임명되자
마자 바카예프는 아마도 OGPU의 수중에 있게 될 그들의 음모의 모든
끈들을 파괴하려 했는데, 그러한 가능성은 지노비예프와 카메네프뿐만

아가고 그들을 성공에 만족하도록 한다."
"자기 우쭐함과 자기만족의 이러한 마취시키는 분위기, 보이기 위한 과시와 큰 소리의 자기 칭찬의 분위기에서는 사람들이 우리나라의 운명에 제1의 중요성이 있는 어떤 본질적인 것을 잊는다는 것은 놀라운 일이 아니다. 사람들은 자본주의의 포위, 파괴의 새로운 형태들, 우리의 성공들과 연계된 위험들 등의 이런 불유쾌한 사실들을 보는 것을 놓치기 시작한다."
"자본주의의 포위라고? 단순한 하찮은 일이다! 우리가 우리의 경제적 계획들을 충족시키고 초과한다면 이러저러한 자본주의의 포위가 무슨 중요성이 있을 수 있는가? 당 규약, 당 기관들의 선거, 당 지도자들의 당원 대중에 대한 보고—이 모든 것이 실제로 필요가 있는가? 우리의 경제가 성장하고 노동자와 농민들의 물질적 상황이 더욱 더 좋아지고 있다면, 이 모든 사소한 일들에 대해 걱정하는 것이 가치가 있겠는가? 단순한 사소한 일이다! 우리는 계획들을 초과달성하고, 우리의 당은 나쁘지 않고, 당의 중앙위원회는 또한 나쁘지 않고—우리가 무엇을 할 필요가 있는가? 당의 중앙위원회에서 모스끄바에서 거기에 앉아 있는 사람들은 재미있는 사람들이다. 그들은 어떤 종류의 질문들, 이러저러한 파괴에 대한 이야기를 창작하고 스스로 잠자지 않고 다른 사람들로 하여금 잠들지 않게 한다."
"이것은 우리의 경제적 성공에서 현기증 나는 환희의 결과로서 정치적 맹목성에 일부 우리의 경험 없는 동지들이 얼마나 쉽게 그리고 '단순하게' 물들고 있는지를 보여주는 명백한 사례이다."
"이런 것이 성공들과, 성취들과 연계된 위험들이다."
"이런 것이 우리 당 동지들이 경제적 성공들에 도취되어, 쏘련에게 실제적 중요성이 있는 국제적 및 국내적 성격의 사실들을 잊고 있고 우리나라를 둘러싼 전체적인 일련의 위험들을 보지 않는 이유이다."
"이런 것이 부주의, 망각, 자기만족, 그리고 정치적 맹목성의 뿌리이다."
"이런 것이 우리의 경제적 사업 그리고 당 사업에서 결점들의 뿌리이다."
  <당사업에서 결함들과 뜨로쯔끼 신봉자들과 다른 이중 거래자들을 청산하기 위한 조치들, 쏘련공산당 중앙위원회에 대한 보고>,
1937년 3월 3-5일.

아니라 그들의 범죄의 지시를 실행했던 그 사람들에 의해서도 배제되지 않았다. 라인골드는 증언했다:

"지노비예프와 카메네프는 같은 의견이었는데, 그들은 나에게 이것에 관해 말해주었다. 즉 쿠데타 직후 권력 장악 후에 바카예프가 OGPU기구의 수장에 임명될 것이고. 그는, 흔적들을 덮는 것을, 음모의 어떠한 끈이라도 갖고 있는 내무인민위원회—OGPU—의 피고용인들뿐만 아니라 쓰딸린과 그의 직접적인 조력자들에 대한 테러리즘적 행위들의 직접적인 가해자들을 제거하고 죽이는 것을 도울 것이었다. 바카예프의 손에 의해 뜨로쯔끼 신봉자-지노비예프 신봉자 조직은 이 사건에 연루되어 있는 그 스스로의 활동가들을, 그 스스로의 테러리즘적 총잡이들을 파괴할 것이었다."

<뜨로쯔끼 신봉자-지노비예프 신봉자 테러리스트 중앙에 대한 재판>

가장 야비한 범죄자들의 이 무리가 감히 그들을 따르려 하지 않은 누구에게라도 어떻게 대했을까를 보여주는 또 하나의 사건은 엔지니어 보이야르쉬노프의 죽음이었다. 보이야르쉬노프는 한때 파괴자였고 샤흐티 재판에서 파괴의 혐의로 유죄가 인정되었었다. 그러나 그는 개심했고 정직한 쏘비에트 시민으로서 일하기 시작했다. 그는 설계된 파괴 계획들에 따라서 루히모비치 광산을 건설하는 것을 거부했고 그는 작업이 지연되는 것에 대해 그리고 스트로일로프의 범죄적 활동에 재차 항의했다. 그는 스트로일로프를 폭로했다. 보이야르시노프의 일에서의 정직함과 파괴자들에 대해 복종하기를 거부한 것이 후자를 성나게 했다. 이 무리는 그에 대한 살인을 조직했다. 1934년 4월 15일에 보이야르시노프는 정거장에서부터 말이 끄는 마차를 몰았는데, 그때 그는 세스토프-체레푸킨 무리의 명령에 따른 트럭과 충돌했고 죽게 되었다.

이것이 그들이 권력을 잡지 않았을 때 한 것이라면, 그들이 권력에 올랐을 경우 범했을 범죄의 양은 상상할 수가 없다.

이리하여 이 무리가 시체들의 산을 넘어 권력에 오르려고 기도했다는 것을 알 수 있다. 그럼에도 이 살인자들의 무리를 '볼쉐비키들'이라고 묘사하며 혁명적 정의의 법정에 의해 이 무리들에게 주어진 정당한 처벌에 대해 슬퍼하는 사람들, 심지어 '맑스주의자들'이 있다. 이들

제9장 파괴, 교란행위, 그리고 사보타주 319

'맑스주의자들'은 이 무리의 테러리즘적이고 파괴적인 활동들에 의해 희생물이 된 사람들을 위한, 이 무리가 권력을 잡았을 경우 다시 한번 자본주의적인 임금노예제와 착취에 종속되게 되었을 수백만의 사람들을 위한, 한 방울의 눈물도 흘리는 표시를 보인 적이 결코 없다. 이들 재판의 피고들의 운명―사회주의의 땅에 대한 그들 자신의 범죄적이고 배신적인 활동들에 따른 운명―에 대해 눈물을 흘리는 사람들은 맑스주의자들이 아니다. 그들은 쏘련에서 자본주의가 복고되지 않았다는 것에 대해 슬퍼하는 자본주의의 길을 걷는 자들이다.

이 장을 끝내기 전에 다음과 같은 질문이 제기되어야만 한다: 이 무리―피고들―의 모든 파괴와 분열책동들에도 불구하고 쏘련이 모든 전선들―경제적, 기술적, 군사적, 정치적, 이념적 그리고 문화적―에서 전진할 수 있었고 사회주의를 건설할 수 있었던 것은 어찌된 것인가? 답변은 간단하다. 즉 쏘련의 토대들을 약화시키는 수십 명의 파렴치한 사람들이 있었다면, 자신들의 경계심과 헌신에 의해 그것을 보호하는 수백만의 정직한 사람들이 있었다는 것이다. 수십 명의 파괴자들이 파괴한 것을 수백만의 쏘비에트 인민이 즉각 고칠 수 있었다. 그것이 사회주의 건설의 임무에서 그 시기 동안에 쏘련의 거대하고 문자 그대로 경이적인 성취들을 해명할 수 있는 유일한 설명이다.

이제 우리는 다음 장으로 넘어갈 것인데, 그 장은 피고들의 반역적인 활동들―파시스트들과 다른 열강들과의 협정―을 다룬다.

제10장
파시즘과의 반역적인 협정들

1936년 8월의 모스끄바 제1차 재판은 뜨로쯔끼 신봉자들과 게슈타포 간의 관계와 밀접한 협조에 대해 이미 일정한 조명을 했다. 우리는 이미 뜨로쯔끼가 베를린으로부터 쏘련으로 보낸 테러리스트인 나단 루리에가 게슈타포의 요원이고, 당시에 게슈타포의 의장인 히믈러가 신뢰하는 사람이었던 프란쯔 바이쯔와 밀접한 협조 속에서 작업했다는 것을 보았다. 그러나 3차 재판, 1938년 3월에 우익들과 뜨로쯔끼 신봉자들의 반쏘비에트 블록의 재판이 되어서야 뜨로쯔끼 신봉자들의 독일 총참모부와의 관계가 훨씬 이전의 시기로 거슬러 올라간다는 것이 명백해졌다. 피고 크레친스키의 증언에 따르면, 뜨로쯔끼 신봉자들은 쏘련 내에서 뜨로쯔끼주의 반대파의 선전을 수행하는 자금에 대한 대가로 독일을 위해 간첩행위를 하고 독일에게 정보를 제공하는 데 동의했던 협정을 독일 제국주의와 체결했다.

"1921년에 뜨로쯔끼는 나에게 자신과 시크트에게 제안될 공식적 협상들 기간에 시크트와 만남을 이용하라고 말했는데, 그 내용은 시크트가 뜨로쯔끼에게 비합법적인 뜨로쯔끼주의 활동들의 발전을 위한 정기적인 교부금을 준다는 것이었다. 동시에 그(뜨로쯔끼—역자)는 나에게 만약 시크트가 우리가 그를 위해 간첩행위의 영역에서 일을 하여줄 것을 반대급부로 내건다면, 우리는 그것을 받아들여야 하고 받아들일 수 있다고 말했다. … 나는 시크트 앞에서 질문을 했고 합계 250,000 금 마르크, 즉 1년에 60,000달러를 거론했다. 시크트 장군은 참모장인 그의 조력자와 상의한 후에 원칙적으로 동의했고 군사적 성격의 어떤 은밀하고 중요한 정보가 정기적으로는 아닐지라도 모스끄바에 있는 뜨로쯔끼에 의해 혹은 나를 통해서 그에게 전달되어야만 한다고 반대급부를 내걸었다. 추가적으로 그는 그들이 필요로 하고 그들이 첩자로서 쏘련으로 보내려 하는 몇몇의 사람들을 위한 비자를 얻는 데 도움을 받으려 하였다. 이 반대급부는 받아들여졌고 1923년에 이 협정은 실행에 들어갔다."
<우익들과 뜨로쯔끼 신봉자들의 반쏘비에트 블록에 대한 재판>에서
피고 크레친스키.

독일을 위해 간첩행위를 하는 것, 독일에게 필수적이고 중요한 정보를 제공하는 대가로 독일로부터 자금을 확보하는 것은 별도로 하고, 또한 외국 무역의 범죄적 오용과 조작을 통하여 뜨로쯔끼 신봉자들과 우익들이 자금을 이용할 수 있게 되었다. 여기에 로젠골쯔가 논의 중인 문제에 대해 그의 재판에서 말해야만 했던 것이 있다:

"외국무역이 뜨로쯔끼 신봉자의 운동에 자금을 대기 위해 기금들을 사용하고 도둑질하는 방식으로 범죄적으로 활용되었다. 수많은 아마도 중요하지 않은 거래들에 대해 길게 논하지 않을 것이고 나는 두 개의 가장 중요한 사례를 언급할 것이다. 첫 번째는 뜨로쯔끼주의 조직 혹은 직접적으로 뜨로쯔끼에게 전달되었던 300,000달러의 액수의, 크라예프스키에 의해 수행된 작전이었다."
<우익들과 뜨로쯔끼 신봉자들의 반쏘비에트 블록에 대한 재판>

처음에는 반당 선전을 위해 자금을 확보할 필요성 때문에 뜨로쯔끼 신봉자들이 독일의 라이히슈베허와 반역적인 협정을 체결했던 것으로 보인다. 그러나 뜨로쯔끼 신봉자들이 당에 대한 그들의 공개적 공격에서 패배를 더욱더 겪게 됨에 따라, 그들이 더욱더 고립되고 쏘련에서 사회주의 건설에 반대하는 그들의 정책에 대한 대중적 지지의 외관조차 잃어버림에 따라, 그들은 더 이상 성공의 어떤 가능성도 없었던, 당에 대한 공개적 투쟁의 방법을 버리고 음모적 전술을 채택하지 않으면 안 된다고 느꼈다. 그들은 직업적인 파괴자들, 암살자들 그리고 교란행위자들의 무리로 타락해갔다. 뜨로쯔끼주의의 전술의 이러한 변화와 외국 부르주아지와의 연계는 그것을 쏘련에서 사회주의 건설을 단순히 반대하는 입장으로부터 직접적인 부르주아적 복고의 정책으로 이

끝었다. 그들의 부르주아적인 연계들이 더욱더 확장될수록, 뜨로쯔끼주의자들이 당과 쏘비에트 노동자계급과 대중들로부터 더욱더 고립될수록 제국주의 부르주아지는 이러한 고립을 이용하면서, 뜨로쯔끼 신봉자들이 제국주의의 도움으로 권력에 오를 경우 더욱더 많은 양보를 요구했다. 이리하여 뜨로쯔끼 신봉자들의 전술에서의 변화는 그들의 강령에서의 변화를 초래했다. 이러한 맥락에서 동지들, 나는 뜨로쯔끼 신봉자였던 피고 크레친스키의 최후 진술로부터 몇 단락을 인용하지 않을 수 없다. 여기에 그가 말한 것이 있다:

"1921년에 나는 뜨로쯔끼가 당시에 이어지게 될 공개된 행동을 위하여 세력과 기간요원을 결집하면서 개시하고 있던 비합법적인 뜨로쯔끼 신봉자들의 작업에 참가하라는 뜨로쯔끼의 제안을 받았다."

"한 사무국이 당시에 곧바로 형성되었는데, 뜨로쯔끼, 세레브랴코프, 프레오브라젠스키, 피야타코프 그리고 나 자신으로 구성되어 있었다. 이것이 1921년 10월이었다. 나의 당에 대한 비합법적인 투쟁은 이 순간부터 시작된다."

"1922년 봄에 내가 11차 당대회를 위해 도착했을 때 뜨로쯔끼는 당내 투쟁을 위하여, 오래 끌고 첨예할 것으로 그가 생각했던 중앙위원회에 대한 투쟁을 위하여 자금을 확보하는 문제에 대해 말을 꺼냈다. 당시 같이 있었던 빅토르 코프는 독일의 라이히슈베허로부터 자금을 확보하기 위한 시도를 해야 한다는 제안을 했다. 이 제안은 나에게 일정한 동요를 불러왔지만, 그러나 나는 이후에 그것을 받아들였고 독일인들과의 반역적인 협정의 체결에 능동적으로 참가했다."

"1923년 말경에 당에 대한 뜨로쯔끼 신봉자들의 공개적인 공격이 일어났다. 우리 뜨로쯔끼 신봉자들이 당했던 패배는 단지 우리의 분개를 강화하고 투쟁을 강화하는 데 기여했다."

"1926-27년에 뜨로쯔끼 신봉자들은 중앙위원회에 대한 수많은 공격을 시작했다. 동시에 뜨로쯔끼 신봉자의 투쟁이 서구 공산당들에서 또한 시작되었다. 그 상황을 이용하여, 라이히슈베허는 우리가 우리의 간첩행위들을 강화해야만 할 뿐만 아니라 우리가 권력에 오를 경우 우크라이나에서 경제적 양보라는 미래의 양도에 대한 어떤 정치적 약속들을 해야만 한다고 요구했다. 뜨로쯔끼와 나는 첨예한 투쟁의 순간에 자금원을 잃어버릴 것을 두려워하여 그것에 동의했고 이 반역적인 협정을 심화시키는

데 동의했다."

"1927년 말에 뜨로쯔끼는 자신의 모든 세력들을 투쟁으로 집중했으나 타격을 입었고 완전한 패배를 당했다. 뜨로쯔끼 신봉자들은 당으로부터 추방되었다. 그들 지도자들의 다수는 유배되었다. 대중들은 우리를 반대했고 공개적인 투쟁은 어떤 성공의 전망도 없었다. 따라서 뜨로쯔끼는 추방되거나 유배되었던 모든 사람들에게 그들이 자신들의 견해를 포기했다는 취지로 이중-거래의 성명서들을 제출함으로써 당에서 복권되도록 하라고 지시했다. 동시에 그는 이제는 순전히 음모적 성격을 띠는 것이 되었던 비합법적인 뜨로쯔끼주의 조직의 복구를 위한 지시를 했다."

"그것의 투쟁의 방법은 무장 행동을 위한 길을 닦는 것이었다. 이 목적을 위한 수단은 테러리즘, 파괴 그리고 교란행위였다."

"전술적 노선에서의 변화는 강령의 변화를 수반했다. 우리는 언제나 쏘련만의 사회주의 건설은, 부르주아-자본주의 체제가 다른 나라들에서 여전히 보전되고 있고 파시스트들이 어떻게든지 권력에 오르는 한에 있어서는 불가능하다고 생각해왔다. 우리는 나라에서 자본주의적 관계들을 허용하는 정책을 채택하는 것이 필요하다고 생각했고 그리고 우리의 외국 부르주아지와의 연계들이 더욱 확장됨에 따라 우리는 이러한 방식으로 직접적인 자본주의 복구라는 정책에 도달했다."

"1933년 10월에 메란에서의 모임 동안, 뜨로쯔끼는 나에게 우리의 음모적 조직의 부르주아-복고주의적 강령, 나라에 존재하는 사회주의적 사회 체제의 타도를 위한 강령에 대해 자세히 상술했는데, 그 강령은 이 목적을 위해 테러리즘, 파괴 그리고 교란행위의 방법들을 채택했고 쏘련의 이어지는 분할과 쏘련으로부터 우크라이나와 마리타임 지역의 분리를 구상하고 있었다."

"나는 뜨로쯔끼가 제안한 강령을 받아들였고 또한 투쟁의 새로운 방법들에 동의했다. 그리고 그때부터 나는 이 모든 투쟁의 방법들에 대한 완전한 정치적 그리고 범죄적 책임을 지고 있다."

"1935년 2월에 피야타코프는 나에게 뜨로쯔끼 신봉자들, 우익들 그리고 투하체프스키의 군사적 그룹 사이에서 연합된 무장 행동에 대한 협정이 이루어졌다고 알려주었다. 그때부터 나는 뜨로쯔끼 신봉자들의 행동 뿐만 아니라 우익들과 군사적 음모자들의 행동에 대해서도 또한 책임을 지고 있다."

<우익들과 뜨로쯔끼 신봉자들의 반쏘비에트 블록에 대한 재판>

뜨로쯔끼가 나찌 독일과 파시스트 일본과 체결한 협정들과 관련된 증거9는 또한 소콜니코프와 라덱의 증언에서도 발견될 수 있다. 그들 두 사람은, 뜨로쯔끼가 단지 그 자신의 뜻에 따라 행동하고 있는 것이 아니며, 그의 뒤에는 쏘비에트 정부와 경제에서 영향력 있고 중요한 위치를 점하고 있는 사람들이 실제로 있다는 것을 확신시키는 데 열심이었던 파시스트 독일의 외교적 대표자들과 그들이 가졌던 다양한 만남들에 대해 상세하게 설명했다. 여기에 소콜니코프가 말한 것이 있다:

"나는 1934년 초에 카메네프와 대화를 했다. 이 대화에서 카메네프는 뜨로쯔끼가 취한 패배주의적 입장에 대해 그리고 그 자신의 패배주의적 견해들에 대해 나에게 알려주었다. 첨언하면, 이 대화의 하나의 명확한 결과는 카메네프가 나에게 누군가가 질문을 갖고 나에게 접근할 수도 있다고 경고한 것이었다."

뷔신스키: "누가 이렇게 접근할 수도 있었는가?"
소콜니코프: "어떤 나라의 외교적 대표자."
뷔신스키: "카메네프는 이것에 대해 당신에게 경고했는가?"

---

9 3차 재판에서 피고 베소노프의 증언에 따르면, 뜨로쯔끼는 독일과 일본의 정보기관과 쏘비에트 권력과 쏘련에 대한 연합된 투쟁을 수행하기로 하는 협정에 도달했다. 베소노프는 이 협정이 다음의 다섯 가지 점에 기초하여 체결되었다고 말했다:
 (a) 쏘련과 독일 사이에서의 모든 공식적 관계들의 상호적인 사보타주. 이것은 제국주의자들의 이해에 따라 분쟁들을 유발하기 위해 쏘련의 국제적 관계들에서의 도발에 다름 아니었다.
 (b) 전쟁에서 쏘련의 패배를 보장하기 위해 쏘련의 군사적 그리고 경제적 힘을 침식하기 위해 쏘련에서 뜨로쯔끼신봉자 조직들과 독일의 비밀요원들과 간첩행위 요원들 간의 전 방위적인 협조.
 (c) 독일의 파시즘은 쏘련에서 쿠데타를 도울 예정이었는데, 그것의 목적은 권력을 우익들과 뜨로쯔끼 신봉자들에게 이전하는 것이었다.
 (d) 네 번째의 점은 뜨로쯔끼 신봉자들이 세우기를 희망하는 새로운 정부-뜨로쯔끼주의 정부-와 평화협정을 체결하는 것에 이어지는 외국의 간섭의 가속화를 준비하는 것이었다.
 (e) 그리고 마지막으로 독일을 위해 우크라이나의 쏘련으로부터의 분리, 일본을 위해 마리타임 지역의 분리, 폴란드를 위해 벨로루시의 분리, 그리고 쏘련으로부터 지역들과 공화국들을 분리하고 그것들을 제국주의의 처분에 두는 것에 의한 쏘련의 분할.

소콜니코프: "그렇다. 카메네프는 이것에 대해 나에게 경고했다."
뷔신스키: "카메네프는 당신에게 어떠한 질문들이 주어질 것이라고 말했는가?"
소콜니코프: "그렇다. 그는 나에게, 해외의 뜨로쯔끼에 의해 수행되고 있는 협상들이 그 자신의 이름으로 그에 의해서만 수행되고 있는 것이 아니라 뜨로쯔끼 뒤에는 그가 대표로 있는 조직이 있다는 사실에 대한 확인을 위해 내가 질문 받을 것이라고 말했다."
뷔신스키: "당신은 당신에게 이러한 의미의 질문들이 주어진다면 이것을 확인할 예정이었는가?"
소콜니코프: "그렇다."
뷔신스키: "이러한 질문이 당신에게 주어졌는가?"
소콜니코프: "그렇다, 4월 중순에 나의 공식적 임무와 연관되어 내가 자주 만났던 어느 나라의 대표와 나의 공식적인 이야기들 이후이다. 대화는 공식적인 이야기들이 끝난 후에 이루어졌는데, 그때 통역자가 이웃하는 방으로 물러났다. 내가 나의 방문자에게 문을 가리키고 있을 때, 그는 나에게 내가 뜨로쯔끼가 그의 정부에 어떤 제안들을 했다는 것을 아는지를 물었다. 나는 이 사실은 내가 알고 있다고 확인해주었다. 그는 이 제안들이 진지한 것인지 어떤지 추가로 물었다. 나는 이것 또한 확인해 주었다. 그는 이것이 나 자신의 개인적인 의견인지 아닌지를 물었다. 나는 이것은 나의 의견만이 아니라 또한 나의 친구들의 의견이라고 말했다. 나는 그 나라의 정부가 뜨로쯔끼의 제안들을 실제로 받았다는 사실에 대한 확인으로서 그의 질문을 이해했고 뜨로쯔끼의 제안들이 조직에 실제로 알려져 있고 이 협상들을 수행할 뜨로쯔끼의 권리가 논쟁되지 않았다는 것을 확신시키기를 원했다."
뷔신스키: "당신은 당시에 어떤 자리에 있었는가?"
소콜니코프: "외무 인민위원회 부인민위원이었다."

<반쏘비에트 뜨로쯔끼 신봉자 중앙에 대한 재판>,
1937년 1월, pp. 148-149.

뜨로쯔끼 신봉자들을 파시스트들의 수중으로 몰아갔던, 우익들과 뜨로쯔끼 신봉자들의 블록으로 하여금 파시스트들과 협정들에 도달하게 했던, 그들을 "패배주의적 입장에 기초한 테러리즘적 투쟁, 파괴적 투쟁, 교란행위들의 과정으로" 들어서게 했던 또 하나의 추가적 요인은 독일 파시즘의 힘에 대한 그들의 과대평가와 쏘련의 힘에 대한 과소평가 그리고 파시즘과 타협에 도달하려는 바람이었다:

소콜니코프는 선언했다.

"우리는 파시즘이 가장 조직화된 형태의 자본주의이고 그것이 승리할 것이고 유럽을 장악할 것이고 우리를 짓누를 것이라고 생각했다. 따라서 그것(파시즘-역자)을 감수하는 것이 더 낫고 사회주의로부터 자본주의로 퇴각이라는 의미에서 타협에 동의하는 것이 더 나았다. 이 모든 것은 다음의 주장에 의해 설명되었다: 모든 것을 잃는 것보다는 일정한 희생을, 심지어 매우 심각한 것들일지라도, 하는 것이 더 좋다. 나는 이 원칙을 설명해야 하고 강조해야만 하는데, 왜냐하면 그것이 없다면 그 블록과 그 블록의 중앙이 어떻게 하여 패배주의적 입장에 기초하여 테러리즘적 투쟁, 파괴적 투쟁, 교란행위의 과정으로 들어섰는가를 이해하는 것이 매우 불가능하기 때문이다."

앞의 책, p. 151.

뜨로쯔끼 신봉자들과 우익들은 그들이 파시스트들과 도달한 이 협정들의 목적은 파시즘이 "유럽을 장악하고" 쏘련을 "질식시키는" 것을 막기 위해서이고 그들의 목적은 현재의 경우에 쏘련에 대한 반역적인 행동들을 범하는 것을 의미했던 대가를 치르는 것에 의해 "이 호전적인 열강(독일 파시즘)을 활용하는" 것이었다고 주장했다. 그러나 그들의 의도에도 불구하고 뜨로쯔끼 신봉자들과 우익들이 쏘비에트 노동자계급과 갈라서고 자본주의 복고라는 반혁명적인 강령으로 무장하여 파시즘의 요원, 그것의 도구들과 꼭두각시들이 되는 것으로 종말을 고했고 고하지 않을 수 없었다는 것은 말할 필요가 없다. 그들은 파시즘을 결코 이용할 수 없었다. 파시즘이 그들을 이용하지 않을 수 없었다.

소콜니코프는 계속했다.

"우리는 단지 한 가지 점으로 구성되어 있는 정치적 문제를 결정해야만 했다. 존재하는 당 지도력에 관하여, 쏘비에트 권력에 관하여, 쏘련에 관하여, 우리가 충분히 이해하고 있는 대로 일련의 가장 가증스런 범죄들, 일련의 가장 부끄러운 범죄들을 의미하는, 반혁명 등을 의미하는 이 가장 고통스런 과정을 채택할 수 있는가―우리는 우리가 이 대가를 치른 후에 이 호전적 세력을 활용할 수 있는지의 여부를 결정해야만 했다."

    뷔신스키: "혹은 그들이 당신들을 활용할 것인가?"
    소콜니코프: "혹은 그들이 우리를 활용할 것이다. 만약에 우리가 독일 파시즘의 단순한 부속물이 된다면, 독일 파시즘은 우리를 활용할 것이고 그리고 나서 우리를 마치 더러운 누더기처럼 던져 버릴 것이고 우리는 비난받고 불명예스럽게 되고 완전히 하잘 것 없음이 입증될 것이다."
    뷔신스키: "그리고 당신들은 파시즘에 의해 활용되고 그리고 나서 쓸모없는 누더기처럼 던져질 것이라는 것 이외에 다른 운명을 기대했는가?"
    소콜니코프: "물론이다. 우리가 단지 이러한 종말만을 기대했다면 우리는 그 블록을 완전히 청산했을 것이다."
    뷔신스키: "우리는 당신들이 약간의 독립성을 유지할 수 있다고 생각했다."
    소콜니코프: "나는 당시에 우리가 무엇을 생각했는지를 말하고 있다. 우리는 우리가 어떤 가능성들을 갖고 있었다고 생각했다. 우리는 어디에서 그것들을 보았는가? 우리는 국제적 모순들의 역할에서 그것들을 보았다. 우리는 말하자면, 쏘련에서 독일의 파시즘의 완전한 지배는 수립될 수 없다고 생각했는데, 왜냐하면 그것은 다른 제국주의 경쟁자들의 반대에 부딪힐 것이고 어떤 국제적 분쟁들이 발생할 수 있고, 우리가 파시즘을 강화시키는 데 흥미를 느끼지 않는 다른 세력들에게 의지할 수 있을 것이라고 생각했다."

  라덱, 피야타코프 그리고 소콜니코프는 법정에서 그들이 독일과 일본과 '협정'에 도달함에 있어서 그들 자신의 뜨로쯔끼주의적 이해에서 이들 두 나라들을 활용하는 것을 계산했다고 말했다. "그러나 바로 이

'대항' 중앙이 늑대와 비교할 때 단지 하찮은 모기에 불과한 때에 누가 이것에 대해 진지하게 말할 수 있겠는가?"라고 뷔신스키는 물었고 계속하여:

"협정! 그들은 단지 정복자의 자비에 대한 굴종이라고 말해야만 했을 것이다. 물론 그것은 협정이 아니라 정복자의 자비에 대한 굴종이다."

그리고 나아가:

"이 협정은 나로 하여금 크릴로프의 우화 '사자가 사냥하러 간다'를 떠올리게 한다. 이 우화에서 개, 사자, 늑대 그리고 여우는 함께 사냥하기 위해 협정에 도달하고 '맹약을 맺는다'. 여우가 사슴을 잡았고 그들은 그것을 나누기 시작했다. '계약 당사자들' 중의 하나가 말한다: '이 부분은 약정에 따라 나의 것이다. 이 부분은 확실히 나의 것이다. 왜냐하면 나는 사자이기 때문이다. 그리고 이것은 나의 것인데, 왜냐하면 나는 너희들 모두보다 강하기 때문이다. 그리고 이 부분으로 말하면, 너희들 중의 누군가가 그 발톱을 그것에 올려놓기만 하면 그는 살아서 이 장소를 떠나지 못할 것이다."
"이 '맹약'은 당신들의 협정과 매우 비슷하다. 피고 신사분들, 독일과 일본의 파시즘의 관료 여러분들."

3차 재판은 우익들과 뜨로쯔끼주의 블록의 지도자들이 쏘련 내에서 모든 지지를 상실하여, 쏘련에 존재하는 사회주의적인 사회적 및 국가적 체제를 타도하고 자본주의를 복고할 목적으로 이 반쏘비에트 '블록'에 뜨로쯔끼와 개별적 참가자들을 통하여 위에서 언급된 국가들의 이익을 위하여 쏘련의 분할과 쏘련으로부터 우크라이나, 벨로루시, 마리타임 지역 그리고 중앙아시아와 트랜스코카서스 공화국들의 분리를 조건으로 하여 쏘련에서 쏘비에트 권력의 타도에 있어서 무장력의 도움에 대해 외국의 어떤 국가들의 대표자들과 협정에 도달했다는 것을 폭로했다. 이 반역적인 협정의 체결은 반쏘비에트 음모의 지도적 참가자들이 외국의 정보기관들의 직접적 요원이었고 오랫동안 이 정보기관들을 위해서 간첩행위들을 수행했다는 사실에 의해 촉진되었다.

제10장   파시즘과의 반역적인 협정들   329

　이미 언급된 대로 크레친스키는 뜨로쯔끼의 직접적인 지시로 1921년에 독일인 라이히슈베허와 반역적인 관계에 들어갔고 1937년 그의 체포 때까지 독일의 첩자였고 그의 간첩행위의 대가로 그리고 뜨로쯔끼주의 조직의 범죄적 활동에서 사용을 위해 매년 250,000 독일 금 마르크를 받았다.
　로젠골쯔는 1923년에 독일 총참모부를 위해, 1926년에 영국 정보기관을 위해 간첩행위를 시작했다.
　라코프스키는 1924년 이후로 영국 정보기관의 요원이었고 1934년 이후로 일본의 첩자였다.
　체르노프는 1928년에 독일을 위하여 간첩활동을 시작했고 악명 높은 멘쉐비키이고 망명자인 단의 도움으로 독일 정보기관과 연계를 형성했다.
　샤란고비치는 1921년에 간첩활동을 수행하기 위해 폴란드 정보기관에 의해 모집되어 파견되었다. 그는 그의 체포의 날까지 폴란드 첩자였다.
　그린코는 1932년부터 독일과 폴란드의 첩자였다.
　우익들과 뜨로쯔끼주의자들의 블록의 지도자들, 부하린, 리코프 그리고 야고다는 그들의 추종자들의 간첩활동에 대해 알고 있었을 뿐만 아니라 이 반역적인 연계들을 고무했고 그들이 외국 국가의 대표자들과 반역적인 협상들을 했을 때 그 블록의 참가자들에게 스스로 지시를 내리기도 했다.
　부하린은 쏘련에 대한 간첩활동의 조직에서 그의 역할을 부정하기 위해 최선을 다했으나 그의 부인(否認)은 그에 반대하는 증거들의 햇살 앞에 가치 없는 것으로 판명되었다. 리코프의 증언은 부하린과 리코프가 간첩 연계들에 대해, 외국 정보기관들을 위해 간첩활동을 수행한 것에 대해 충분히 유죄임을 의심의 여지없이 입증했다. 여기에 1938년 3월 7일의 아침 세션에서 국가 검사와 리코프 간의 대화로부터 관련된 부분이 있다:

　　뷔신스키: "결론적으로 체르프야코프와 당신과 연계된 사람들이 폴란드와 체계적인 연계를 유지했는가?"
　　리코프: "그렇다."

뷔신스키: "그것은 어떤 종류의 연계인가?"
리코프: "간첩 행위와의 연계가 또한 있었다."
뷔신스키: "그러나 당신의 지시들에 따라 당신의 조직의 일부분에 의해 유지된 간첩행위의 연계가 있었는가?"
리코프: "물론이다."
뷔신스키: "부하린도 포함되었는가?"
리코프: "물론이다."
뷔신스키: "당신과 부하린이 연계되었는가?"
리코프: "절대적으로."
뷔신스키: "그러면 당신들은 간첩들이었는가?"
리코프: (답변이 없음)
뷔신스키: "그리고 간첩행위의 조직자들이었는가?"
리코프: "나는 간첩보다 나을 것이 전혀 없다."
뷔신스키: "당신들은 간첩행위를 조직했다, 따라서 당신들은 간첩들인가?"
리코프: "아마 그렇다. 맞다."
<우익들과 뜨로쯔끼 신봉자들의 반쏘비에트 블록의 재판>

리코프는 어떤 외국 정보기관들의 요원으로서 우익들과 뜨로쯔끼 신봉자들의 블록을 폭로했던 또 다른 매우 특징적인 성격을 명확하게 가리켰다. 쏘련의 분할이라는 주제에 대해 질문을 받고 그리고 "파시스트들을 위한, 그들의 쏘련에 대한 공격을 위한 그리고 그들의 승리를 위한 토대를 준비하려는 목적이 또한 있었는가?"라는 물음을 받고 리코프는 대답한다:

"그렇다. 그것은 의문의 여지없이 그렇다."

법정의 조사는 이러한 공격의 경우에 쏘련에 대한 공격의 토대를 준비하고 쏘련에 대한 승리를 확실하게 하려는 목표를 독일, 폴란드 그리고 다른 정보기관들이 파시스트 정보기관들의 요원으로서 우익들과 뜨로쯔끼 신봉자들의 블록에 부여하였다는 것을 입증했다. 그리고 피고 체르노프가, 뜨로쯔끼는 별도로 하고 우익들과 뜨로쯔끼 신봉자들의 블록의 실제적 주인들이 사실상 어떤 해외의 국가들의 정보기관이었다고 말했을 때 절대적으로 옳았다.

이들 야비한 배신자들의, 이들 자본주의의 머슴들의 의도는 쏘련을 독일 파시즘의 식민지로 변형시키는 것이었다. 우익들과 뜨로쯔끼주의자들의 반역과 배신을 초래했던 끈이었던 라이히슈베허와의 협정의 본질을 폭로하면서 크레친스키는 말했다:

"우리들은(뜨로쯔끼 신봉자들은) 약간의 돈을 받고 있었고 그들은(라이히슈베허) 그들이 군사공격에 필요로 할 간첩정보들을 받고 있었다. 그러나 독일 정부는, 특히 히틀러는 간첩정보만이 아니라 식민지들, 영토를 원했다. 그리고 그는(즉 히틀러는) 그가 영국, 미국 그리고 프랑스와 싸워야만 하는 식민지들 대신에 쏘비에트 영토에 만족할 준비가 되어 있었다."

앞의 책.

그리고 더 나아가 크레친스키는 계속 말했다:

"우리는 쏘련에서 자본주의적 관계들을 복고할 준비가 되어 있었고 우리가 이미 협정에 도달했던 부르주아 국가들에 대해 영토의 양보들을 할 준비가 되어 있었다."

제국주의자들과 파시스트 국가들이 쏘비에트 정부를 타도함에 의해 우익들과 뜨로쯔끼 신봉자들이 권력에 오르는 것을 가능하게 하기 위해서 그들의 블록에 대해 가장 정력적인 지원을 할 준비가 되어 있었던 것은 크레친스키로부터의 위의 언급에 포함된 이유들 때문이다. 만약 그 '블록'이 권력에 오르면, 그들은 쏘련에서 자본주의를 복고시키고 제국주의 국가들에게 커다란 영토의 양보들을 할 것이었다. 전 세계에 걸쳐 부르주아지들이 사회주의에 대한 이들 배반자들, 그리고 부르주아지 진영으로의 탈주자들에 대한 정당한 처벌에 대해 신음하고 비탄해하는 것은 이러한 이유들 때문이다. 부르주아지들이 계속하여 이들 배신자들을, 그들이 주장하는 바에 의하면 쓰딸린의 절대적 권력에 대한 바람 때문에 쓰딸린에 의해 숙청당한 "진정한 볼쉐비키들"이라고 묘사하는 것은 바로 이러한 이유들 때문이다. 동지들, 우리는 이들 부르주아 신사들에게 물을 권리가 없는가?: 부르주아지 신사분들, 언제부터 당신들은 진정한 볼쉐비키들을 편들기로 결정했는가? 공산당의 모든 진정한 볼쉐비키들이 제거된다면 당신들의 편에서는 가장 큰 만족의 원인이 아닌가?—아낌없는 축복들을 보장하는 원인. 누군가 단지 이러한 질문들을 제기하기만 하면 되고 긍정적으로 답을 주면 된다. 문제의 진실은 볼쉐비키당에서 이들 배신자들을 제거하여 그것이 매우 참으로 강하게 되었다는 것이다. 이러한 맥락에서 나는 쏘련공산당(볼)의 18차 당대회에 대한 쓰딸린 동지의 보고로부터 약간의 인용을 해야만 한다. 이 글에서 쓰딸린 동지는 당과 쏘비에트 조직들에서 뜨로쯔끼 신봉자들, 지노비예프 신봉자들 그리고 우익들의 숙청이 당의 약화와 쏘비에트 체제의 '타락'을 야기했다는 '허튼소리'를 다루고 있다. 여기에 쓰딸린 동지가 말한 것이 있다:

"어떤 외국의 언론인들은 쏘비에트 조직들에서 뜨로쯔끼, 지노비예프, 야키르, 투하체프스키, 로젠골쯔, 부하린 그리고 다른 악마들과 같은 첩자들, 암살자들 그리고 파괴자들의 숙청이 쏘비에트 체제를 '흔들고' 그것의 '타락'을 야기했다는 취지로 허튼소리를 하고 있다. 이 모든 값싼 허튼소리는 조소와 경멸의 대상이다. 쏘비에트 조직들로부터 유해하고 적대적인 요소들의 숙청이 어떻게 쏘비에트 체제를 흔들고 타락시킬 수 있겠는가? 뜨로쯔끼-부하린 무리, 그 한줌의 첩자들, 암살자들 그리고 파괴자들, 이들은 외국의 세계에 머리를 조아렸고, 모든 외국의 높은 양반들 앞에 굴복하는 노예적 본성을 갖고 있고 첩자로서 봉사할 준비가 되어있었다—가장 비천한 쏘비에트 시민도 자본의 속박으로부터 해방되어 그 목에 자본주의 노예제의 멍에를 지니고 있는 어떤 높은 지위의 외국의 높은 양반들에 대해서도 당당하다는 것을 이해하지 못하는 그 한줌의 사람들—그 비참한 매수된 노예들의 무리가 어떤 쓸모가 있는가? 그들이 인민들에게 어떤 가치가 있는가? 그리고 그들은 누구를 '타락'시킬 수 있는가? 1937년에 투하체프스키, 야키르, 우보레비치 그리고 다른 악마들이 총살을 선고받았다. 그 이후로 최고 쏘비에트 선거가 열렸다. 이 선거들에서 총투표의 98.6%가 쏘비에트 정부를 지지했다. 1938년 초에 로젠골쯔, 리코프, 부하린 그리고 다른 악마들이 총살을 선고받았다.

그 이후로 쏘련 최고 쏘비에트 선거가 열렸다. 이 선거에서 총투표의 99.4%가 쏘비에트 정부를 지지했다. '타락'의 증상들이 어디에 있는가? 우리는 알고 싶다. 그리고 이 '타락'은 왜 선거 결과에서 반영되지 않았는가?"

"이들 외국의 허튼소리 하는 사람들에게 귀를 기울이면 혹자는 만약에 첩자들, 암살자들 그리고 파괴자들이 아무런 장애 없이 파괴하고, 살인하고 간첩행위를 할 자유를 얻는다면, 쏘비에트 조직들은 더 건전해지고 강해질 것이라고 생각할 것이다. (웃음) 이들 신사들은 그렇게 무례하게 첩자들, 암살자들 그리고 파괴자들을 옹호함에 의해 너무 빨리 정체를 드러내고 있는 것이 아닌가?"

"첩자들, 암살자들 그리고 파괴자들을 우리의 쏘비에트 조직들로부터 뽑아버리는 것은 이들 조직들의 더 한 층의 강화를 초래할 수밖에 없고 초래했다고 말하는 것이 더 진실한 것이 아니겠는가?"

"예를 들면 하산 호수의 사건들은 첩자들과 파괴자들을 뽑아버리는 것이 우리의 쏘비에트 조직들을 강화하는 가장 확실한 수단이라는 것이 아니라면 무엇을 보여주고 있는가?"

피고 라코프스키는 그 블록이 쏘련의 패배를 위해 작업했고 체계적으로 간첩행위에 종사했다고 증언했다. 이러한 관련에서 부하린에 대해 언급이 이루어져야만 한다. 일찍이 언급된 대로 부하린은 그가 쏘련의 패배를 선호하지 않았고 그는 파괴적인 간첩행위와 교란행위들을 선호하지 않았다고 입증하려 시도했는데, 왜냐하면 일반적으로 그는 실천적 문제들과 어떤 연계도 가지지 않으려 했고, 그는 뜨로쯔끼주의를 자본주의 복고의 이론이라는 '정신적' 무기로써 무장시키는 일에 종사했던 '이론가'였기 때문이라는 것이다. 그러나 부하린조차 다음을 인정해야만 했다:

"간단히 말하면, 우익 중앙의 지도자들의 한 사람으로서 우리의 노선을 주변의 중앙의 지도자들 중의 한 사람에게 의견 소통하는 것이 나의 임무였다."

"우익 중앙의 지도자들 중의 한 사람으로서" 부하린이 의견 소통해야만

했던 그 노선은 무엇이었는가? 부하린은 말했다:

"간단히 말하면, 이 노선은 쏘비에트 권력에 대한 싸움에서 자본주의 국가들을 중립화하려는 목적에서 그리고 때로는 그들의 도움을 얻으려는 목적에서 전쟁 상황을 활용하고 자본주의 국가들에게 어떤 양보들을 하는 것은 허용할 수 있다는 것이었다."

뷔신스키가 말했다:

"부하린의 이 복잡하고 난해한 진술을 해독하면, 그것은 그의 범죄적 목적들의 달성을 위하여 이 적들의 도움을 활용하기 위해 직접적인 반역, 적에게로의 탈주, 군사적 환경들과 전쟁의 상황에 의존하는 것을 의미한다."

<우익들과 뜨로쯔끼 신봉자들의 반쏘비에트 블록에 대한 재판>

부하린이 다음과 같이 질문 받았을 때: "다른 말로 하면, 어떤 외국의 국가들로부터 도움을 향한 지향인가?" 그는 대답했다: "그렇다. 그것은 그러한 길이었다."

나아가 다음의 질문을 받고: "다른 말로 하면, 쏘련의 패배를 향한 지향인가?" 부하린은, 질문에 대답하는 부하린의 방식을 뷔신스키가 적절히 묘사했듯이, "애매한 어구의 곡예"에 충실하면서, 대답했다: "일반적으로, 요약하자면, 나는 반복한다, 그렇다이다."

라덱과 피야타코프는 반쏘비에트 뜨로쯔끼주의 중앙의 재판에서 뜨로쯔끼주의자들에 의해 채택된 패배주의적 입장들에 맞게 쏘비에트 정부를 타도함에 의해 권력에 오르려는 목적을 위하여 외국의 열강들에 대한 그들의 완전한 의존에 대해, 그리고 그들의 도움에 대한 반대급부로서 이들 외국의 열강들에게 그들이 부여하기로 동의했던 다양한 영토상의 그리고 다른 양보들에 대해 또한 증언했다.

쏘련의 패배 그리고 뜨로쯔끼 신봉자들이 권력에 오르는 경우에 뜨로쯔끼 신봉자들은, 제2차 재판에서 다양한 피고들의 증언에 따르면, 제국주의 국가들이 중요하다고 간주하는 공업의 기업들을 양보물로서 임대하기로 했을 뿐만 아니라, 사적 소유자들에게 그들이 이미 이 목적을 위해 책정한 중요한 기업들을 직접적으로 팔아버리려고 했다. 뜨로쯔끼 신봉자들은 집단농장들과 국영농장들을 청산하고 개인적 영농을 채택할 것을 제안했다. 그리고 나라의 분할에 대한 라덱의 공식은 "우크라이나를 독일에게 그리고 아무르를 일본에게 준다"였다.

뜨로쯔끼주의의 총체적 무기력함, 그것의 쏘비에트 노동자계급과 대중들로부터의 완전한 고립, 그것의 파시즘에 대한 완전한 의존, 쏘련에 대한 전쟁을 야기하고 이러한 전쟁이 발생할 경우에 쏘련의 패배를 위해 작업하는 그것의 노력, 그리고 그것의 진정한 반혁명적 본질은 피고 라덱이 그의 최후변론 동안에 행한 다음과 같은 진술들에 의해 폭로된다:

" ... 나는 뜨로쯔끼 자신이 신념을 잃었다고 생각했다. 최초의 변형은 감추어진 말하는 방식이었다: 자 소년들이여, 쏘비에트 권력을 당신 스스로, 히틀러 없이 타도하도록 노력하라. 뭐라고, 너희들이 할 수 없다고? 스스로 권력을 장악하도록 시도하라. 너희들이 무엇을 할 수 없다고? 뜨로쯔끼 스스로 그의 완전한 내적인 무기력함을 이미 느꼈고 히틀러에 의존하여 지탱했다. 막대기는 지금 히틀러에 의존한다. 옛날의 뜨로쯔끼 신봉자들은 한 나라에서 사회주의를 건설하는 것은 불가능하고 따라서 서구에서 혁명을 강제하는 것이 필요하다고 주장했다. 지금은 서구에서 혁명이 불가능하고 그리하여 한 나라의 사회주의를 파괴하고 쏘련에서 사회주의를 파괴해야 한다고 말한다. 그럼에도 누구도 한 나라에서 사회주의가 건설되었다는 것을 보지 않을 수 없다."
<반쏘비에트 뜨로쯔끼 신봉자 중앙에 대한 재판>

강조된 단어들은 뜨로쯔끼의 '영구혁명' 이론의 정수를 요약한다: 세계혁명이 어떤 주어진 나라에서의 혁명에 뒤따르지 않는다면, 그러면, 뜨로쯔끼주의는 말한다, 그것이 발생했던 나라에서 혁명을 파괴하라.

동지들, 내가 뜨로쯔끼 신봉자들과 우익들이 도달한 파시즘과의 모든 반역적인 '협정들'과 관련된 대량의 증거를 제공하는 것은 가능하지 않다. 나는 내가 여러분에게 이미 제공한 몇몇의 세부사항들에 만족해야만 할 것이다. 나머지들에 대해 말하면 여러분이 완전한 상(像)을 얻기 위해 이들 재판들의 사본들을 읽어야만 한다. 따라서 나는 이 장

을 부하린으로부터의 인용으로 완결지울 것을 제안하는데 그것은 이들 재판의 피고들을 적절하게 특징짓는다:

"우리는 모두 열광적인 반혁명분자들, 사회주의 조국에 대한 배신자들이 되었다. 우리는 간첩들, 테러리스트들 그리고 자본주의의 복고자들로 변했다. 우리는 배신, 범죄 그리고 반역에 관계되었다. 우리는 반란의 무리로 변했고 우리는 테러리스트 그룹들을 조직했고 파괴활동들에 종사했고 프롤레타리아트의 쏘비에트 정부를 타도하기를 원했다."
<우익들과 뜨로쯔끼 신봉자들의 반쏘비에트 블록에 대한 재판>

자, 동지들, 음모의 군사적 측면들, 쿠데타에 대한 음모자들의 계획들을 고찰하기 위해 넘어갈 것을 제안한다.

제11장
음모의 군사적 측면―쿠데타 계획

 탐지하기 가장 어려운 것은 쏘비에트 정부를 타도하려는 음모의 군사적 측면이었다. 1937년 5월이 되어서야 쏘비에트 당국자들은 적군(赤軍)에서 밀모자와 음모자들의 가장 위험스러운 무리를 발견했다. 쏘비에트 정부는 적절하고 시기에 맞는 조치들을 취했다. 쏘비에트 정부는 다음의 혐의로 8명의 장군들을 재판에 회부했다:

> "쏘련에 대한 비우호적 정책을 수행하는 외국의 국가들 중의 하나의 군사적 정보기관의 고용인이 되어, 그 국가의 군사적 써클들에게 체계적으로 간첩행위 정보들을 제공했고, 노동자와 농민의 적군(赤軍)의 힘을 침식하려는 목적으로 파괴적 활동들을 저질렀고, 쏘련에 대한 군사적 공격의 경우에 쏘련의 패배를 준비했고, 그리고 쏘련의 분할과 쏘련에서 지주들과 자본가들의 권력을 복고하는 데 도움을 주는 목표를 추구했다."

 그 장군들이 쏘비에트 정부를 타도하려는 음모에 실제적으로 연루되었고 그들이 쿠데타를 계획했고, 그들이 파괴적 행동들을 저질렀다는 것은 제3차 모스끄바 재판에서 다양한 피고들의 증거에 의해 충분히 명확하게 되었다.

 리코프는 쿠데타를 위한 장군들의 계획에 대해 다음과 같이 설명했다:

> "나는 내 앞에서 부하린이 전선을 연다는 생각을 정식화했던 것을 기억한다. … 투하체프스키에 의해 영도되는 군사적 그룹의 존재, 그것은 우리의 중앙과 연계되어 있었고 정부를 타도하기 위해 전쟁을 이용할 것

을 목표로 했다. 이것은 간섭을 위한 준비를 순수하고 단순하게 하는 것을 의미했다. 우리가 모든 방식으로 강화하려 했던 독일인들과 우리의 거래는, 이 영역에서 음모적 조직이 그들과 반역적인 관계들로 들어섰기 때문에, 모든 방식으로 군사적 공격을 자극하는 것이었다."

<우익들과 뜨로쯔끼 신봉자들의 블록에 대한 재판>, p. 186.

음모자들의 최초의 계획은 쏘련에 대한 군사적 공격의 경우에 쿠데타를 행하는 것, 쏘비에트 정부를 타도하기 위해 이러한 공격을 이용하는 것으로 보인다. 그러나 이 계획은 1936년 말까지 더욱더 많은 우익들과 뜨로쯔끼 신봉자들이 적발되고 있었고 그들의 전체적인 조직이 붕괴와 해산에 직면하고 있었다는 사실의 견지에서 재고되어야만 했다. 평화 시의 쿠데타라는 개념의 발전이 발생했던 것은 여전히 대규모적이었던 배반자들에게 있어서 증가하는 불안정이라는 환경에서였다. 이러한 계획된 쿠데타의 세부사항은 로젠골쯔가 그의 재판에서 말했다:

"내가 멈추어 선 지점은 우리가 투하체프스키와 가졌던 협의였다. 그 것은 (1937년) 3월 말에 일어났다. … 이 협의에서 투하체프스키는 그가 명확하게 쿠데타의 가능성을 기대하고 있다고 말했고 그 날짜를 언급했다. 그는 5월의 초순, 5월 15일까지는 이 군사적 쿠데타를 수행하는 데 성공할 것이라고 믿었다. … 투하체프스키는 많은 다양한 계획들을 가지고 있었다. 그것들 중의 하나, 그가 가장 기대했던 것은 그의 추종자들인 군인 그룹을 위한 가능성이었는데, 이러저러한 구실로 그의 아파트에서 모여서, 크레블린으로 가는 그들의 길을 닦고 크레블린 전화교환소를 장악하고 당과 정부의 지도자들을 죽이는 것이었다."

<우익들과 뜨로쯔끼 신봉자들의 반쏘비에트 블록에 대한 재판>, pp. 252-253.

로젠골쯔의 공동 피고인 크레친스키는 또한 투하체프스키와의 협의에 참가했다는 것을 인정했고 로젠골쯔가 위에서 진술한 것을 언급했다. 그는 덧붙였다:

"우리는 당과 쏘비에트 정부의 지도자들에 대한 테러리즘적 행동들의 필요성을 논의했다. … 우리는 마음속으로 쓰딸린, 몰로토프 그리고 카가노비치를 생각했다."

앞의 책, p. 254.

부하린의 증언은 또한 두 가지 계획의 존재를 확증한다—평화 시의 쿠데타를 위한 계획 그리고 전쟁 시의 쿠데타를 위한 또 다른 계획—쏘비에트 정부를 타도하기 위한 쿠데타. 부하린은 말했다:

"내가 톰스키에게 쿠데타의 기제를 어떻게 생각하는가 하고 물었을 때, 그는 이것이 군사적 조직의 일이고 그것이 전선을 열어야만 한다고 말했다."

뷔신스키: "나에게 부하린의 증언, 5권 95-6쪽을 읽게 허용해 달라: '톰스키는 나에게 두 가지 계획이 논의되었다고 말했다: 새로운 정부가 평화 시기에 형성될 경우.' 그리고 이것은 음모자들이 평화 시기에 새로운 정부를 조직하는 것을 의미했다. 그리고 '그것이 전쟁 시기에 조직될 경우, 후자의 경우에서는 독일인들이 큰 경제적 양보들을 요구하고 있었다.' 내가 이미 말한 양보들, '그리고 영토의 부분들을 주장하고 있었다.'"

후자의 경우에, 즉 독일의 공격에 의해 열려지는 전선의 경우에, 부하린은 설명했다:

"전선에서 패배라는 그러한 죄를 범하려고 시도하는 것이 유리할 것이다. 이것은 우리로 하여금 애국적 구호들을 연출함에 의해 대중들을 획득하는 것을 가능하게 할 것이다." 그리고 나아가: "이것에 의해, 즉 패배라는 그러한 죄를 범하는 것에 대한 확신에 의해 우리는 동시에 우리 스스로에게서 나를 불안하게 한 보나파르트주의적 위험을 제거할 수 있을 것이라는 점을 나는 염두에 두고 있었다."
〈우익들과 뜨로쯔끼 신봉자들의 반쏘비에트 블록에 대한 재판〉,
pp. 432-436.

이것은 나에게 부하린에 의해 언급된 보나파르티즘의 문제를 떠올린다. 이 보나파르티즘은 장군들—반혁명적 행동에서 결정적 세력이 될 투하체프스키와 군사적 그룹—의 보나파르티즘이고, 그들을 뜨로쯔끼 신봉자들은 두려워하고 있었다. 이것은 사회주의 진영으로부터 배신자들—뜨로쯔끼 신봉자들과 우익들—이 그 속에서 살았던 냉소주의, 무정함, 이기주의 그리고 의심의 음모적 분위기를 나타낸다. 그들은 그들 자신의 그림자들을 두려워하고 있었고 단순한 낙엽들의 바스락거리는 소리에 놀랐다. 비록 그들은 쏘비에트 정권에 반대하여 서로 간에 협력하는 것이 필요하다고 생각했지만, 그들은 또한 서로 간에 맞서려는 계획들을 준비하고 있었다. 여기에 로젠골쯔가 이러한 맥락에서 진술한 것이 있다:

"세도프(뜨로쯔끼의 아들)는 뜨로쯔끼의 의견에 의하면 투하체프스키와 군사 그룹이 반혁명적 행동의 결정적인 세력이 될 수 있는 한, 투하체프스키와 최대로, 가능한 한 가장 밀접하게 연계를 가질 필요성에 대해 많이 말했다. 그 대화에서 뜨로쯔끼가 투하체프스키의 보나파르티즘적 경향들에 관해 두려움을 가지고 있다는 것이 또한 드러났다. 뜨로쯔끼가 이 점과 관련하여, 만약 투하체프스키가 군사적 쿠데타를 성공적으로 완수하면 뜨로쯔끼가 모스끄바로 들어오는 것을 허용하지 않을 가능성이 있다는 것에 대한 두려움을 표현했다고 세도프는 말했다. … 그리하여 뜨로쯔끼는 쿠데타 동안에 우리가 모든 곳에 우리 자신의 사람들을, 뜨로쯔끼주의에 충실하고 경계심에 관하여 믿을 수 있는 사람들을 배치해야 한다는 것을 제안했다."
<우익들과 뜨로쯔끼 신봉자들의 반쏘비에트 블록에 대한 재판>,
pp. 245-246.

이런 것이 쏘비에트 권력에 대한 그리고 쏘련에서 자본주의의 복고를 위한 그들의 투쟁에서 뜨로쯔끼 신봉자들, 지노비예프 신봉자들 그리고 우익들이 저지른 범죄들이었다. 다른 나라들의 정보기관들의 지시에 따라 행동하는 파괴자들, 교란자들, 첩자들 그리고 암살자들의 이 미친 듯하고 원칙 없는 무리에 의해 저질러진 이 범죄들의 견지에서, 어떠한 정직한 사람이 쓰딸린 동지에 의해 주어진 이들 파괴자들에 대한 다음과 같은 성격 규정의 올바름을 의심하는 것이 한 순간이

라도 가능하겠는가? 쓰딸린 동지는 말했다:

"파괴자들, 교란자들, 첩자들 등에 대한 두 단어. 나는 이제는 모든 사람들에게, 현재의 파괴자들과 교란자들은 그들이 어떠한 위장을 하더라도 뜨로쯔끼 신봉자 혹은 부하린 신봉자들은 오래전에 노동운동에서의 정치적 조류이기를 멈추었고 그들은 원칙 없고 이상도 없는 직업적인 파괴자들, 교란자들, 첩자들 그리고 암살자들의 무리로 전화되었다는 것이 명백해졌다고 생각한다." "물론이다,"

쓰딸린 동지는 계속 말한다.

"이 신사들은 노동자계급의 적으로서, 우리나라의 배반자들로서 무자비하게 분쇄되어야 하고 뿌리 뽑혀야 한다. 이것은 명백하며 더 이상의 설명을 필요로 하지 않는다."

그렇다, 동지들, 최소한의 정직함이 있는 사람이라면 뜨로쯔끼 신봉자들에 대한 위의 성격 규정의 타당성에 대해 의심을 하는 것은 전혀 불가능하다.

이들 범죄들이 고위의 공식적 직책의 위치에 있는 뜨로쯔끼 신봉자들과 우익들에 의해 저질러졌고 이들 범죄들이 거대한 사회주의 건설의 도중에 저질러졌다는 사실의 견지에서 피고들이 "특수한 이중의 마음으로" 그리고 "가장 불행한 마음으로 고통 받았다"는 것이 놀라운 것인가? 부하린은 그의 최후 변론에서 우익들과 뜨로쯔끼 신봉자들의 타락의 과정과 이 타락이 각각의 피고들의 경우에 만들어내었던 "가장 불행한 마음"을 다루었다. 여기에 부하린이 말한 것이 있다:

"나는 이미 재판 도중에 내가 주요한 증언을 할 때, 우리를, 반혁명적 음모자들을, 이 재판에서 완전히 발가벗겨진 채 폭로된 이 역겨운 지하 생활로 몰고 간 것은 투쟁의 벌거벗은 논리였다는 것을 말했었다. 투쟁의 벌거벗은 논리는 사상의 타락, 심리의 타락, 우리 자신들의 타락, 사람들의 타락을 수반했다. 이러한 타락의 잘 알려진 역사적 사례들이 있다. 혹자는 단지 브리앙드, 무솔리니 그리고 기타를 언급하기만 하면 된다. 그리고 우리 또한 타락했고 이것은 우리를 그 관점과 특징에서 쿨락의 친위대 파시즘과 매우 유사한 진영으로 몰고 갔다. 이 과정이 진전됨에 따라 모든 시간이 발전하는 계급투쟁, 이 투쟁, 그것의 속도, 그것의 존재의 조건하에서 매우 빠르게, 타락의 과정의 가속화에서 표현되었던 과정의 가속기로서, 촉매제로서 역할 했다."

"그러나 나를 포함하는 사람들의 타락의 이 과정은 서유럽에서 국제적인 노동 지도자들의 타락의 과정이 발생했던 그것들과는 절대적으로 다른 조건하에서 발생했다. 그것은 거대한 사회주의 건설의 한 가운데서, 그것의 거대한 시야, 임무들, 승리들, 어려움들, 영웅주의 등과 함께 발생했다. … "

"그리고 이에 기초하여 나에게는, 여기 피고석에 앉아 있는 우리 모두는 특수한 이중적 마음으로, 그의 반혁명적 대의에 대한 불충분한 신념으로 고통스러웠다는 것이 있을 법하다. 나는 이러한 의식이 결여되어 있었다고 말하지 않겠다. 그러나 그것은 불충분했다. 그리하여 어떤 의지의 반마비상태가 있었고 반영의 지체가 있었다. 나에게는 우리는 어느 정도는 지체된 반영을 하는 사람들인 것으로 보인다. 그리고 이것은 일관된 사고의 결여 때문이 아니라 사회주의 건설의 객관적인 장려함 때문이었다. 우리의 타락의 가속화와 이들 지체된 반영 사이에서 떠올랐던 모순은 발전하는 사회주의 건설의 조건하에서 반혁명적인 혹은 발전하는 반혁명적인 입장을 표현했다. 이중적 심리가 나타났다. 우리 각자는 그 자신의 영혼에서 이것을 식별할 수 있다. 비록 나는 광범위한 심리분석에 종사하지는 않을 것이지만."

"심지어 나는 내가 사회주의 건설에 대해 쓴 찬미에 의해 때때로 도취되었다, 비록 직후에 나는 이것을 범죄적 성격의 실천적 행동들에 의해 거부했을지라도. 헤겔의 철학에서 가장 불행한 마음이라고 불리는 것이 떠올랐다. 이 불행한 마음은 단지 그것이 또한 범죄적 마음이었다는 사실에 의해 일상적인 불행한 마음과는 달랐다."

자, 동지들, 질문: 왜 뜨로쯔끼주의는 파시즘의 선진적인 분견대가 되는 정도로 타락했는가? 이 질문은 반드시 답변되어야만 한다. 이 질문에 대한 답변에 관한 일정한 시사는 이미 주어져 있다. 레닌 동지는 이러한 맥락에서 이미 인용되었고 그의 이러한 촌철살인의 관찰이 이제 반복될 것이다:

레닌 동지는 말했다. "조그마한 잘못이 고집되고 박식하게 과시되고 그리고 '그것의 논리적 결론으로 이어지게 되면' 괴물로 성장할 것이라고 참으로 말할 수 있다."

이것이 뜨로쯔끼의 경우에 일어난 것이다. 그는 러시아 혁명에서 농민층의 역할에 대한 잘못된 분석으로 시작했다. 이것은 "조그마한 잘못"이었는데, 교정이 되었다면 뜨로쯔끼의 타락를 초래하지 않았을 수도 있는 것이었다. 그러나 자신의 "조그마한 잘못"을 교정하는 대신에 뜨로쯔끼는 그것을 "고집했고", 그것을 "박식하게 과시했고" 그리고 그것을 "그것의 논리적 결론"으로 가져갔다. 그 결과는 뜨로쯔끼의 "조그마한 잘못"이 "괴물"로 성장했을 뿐만 아니라 범죄로 성장했다는 것이다. 뜨로쯔끼의 '영구혁명' 이론이 농민층에 대한 그것의 과소평가와 더불어 뜨로쯔끼의 타락의 원인이다. 그것은 파시즘과의 동맹으로 이끈 길의 출발점이다. 그의 잘못된 '이론'을 교정하는 데 실패하고 뜨로쯔끼는 볼쉐비즘에 반대하는 오랜 길을 시작했다. 그는 혁명 불과 몇 달 전에 볼쉐비키에 합류했다. 혁명 후에 그는 브레스트-리똡스크, 노동조합 등과 같은 쟁점들과 관련하여 그의 반당적이고 분파적인 활동들을 수행했다. 이 '영구혁명' 이론에 의해 인도되어 뜨로쯔끼는 쏘련에서 사회주의 건설을 반대했다. 그의 노선이 당에서 패배를 거듭함에 따라, 그가 더욱더 당과 쏘련의 노동자계급의 대열로부터 고립됨에 따라 그는 음모적 방법들과 파시스트와 제국주의 국가들과의 연계로 넘어갔다. 이것이 뜨로쯔끼주의가 어떻게 타락했는가이다. 볼쉐비즘과 레닌주의에 반대하는 뜨로쯔끼주의의 투쟁의 전체 역사는 그것이 한때 그러했던 것처럼 노동운동에서 잘못된 정치적 조류로부터 "원칙 없고 이상이 없는 직업적인 파괴자들, 교란자들, 첩자들 그리고 암살자들의 무리"로 뜨로쯔끼주의가 전환되는 것을 위한 예비학교일 뿐이었다.

뜨로쯔끼의 매우 친밀한 개인적 친구였던 피고 라코프스키는 그의 최후변론에서 다음과 같은 질문을 떠올렸다:

"그리고 떠오르는 질문은, 관련된 사람들 중의 한 사람으로서 내가 답변할 필요성을 느끼는 질문은 이전의 정부 성원, 이전의 대사(大使)들이 어떻게 하여 여기에서 종말을 맞이하는가에 관한 질문이다. 어떤 형태의 정치적으로 미친 짓이 그들을 정치적 오명의 이 자리로 데려왔는가?"

"그에 따르면 모든 혁명들이 자신의 자식들을 잡아먹음에 의해 끝난다고 하는 진부하고 천박한 부르주아적 설명들"을 올바르게 거부하고는, 라코프스키는 계속하여 다음과 같은 설명을 한다:

" … 우리는(뜨로쯔끼 신봉자들은) 살아있는 당 유기체에서 이상한 몸뚱아리로 알려져 있는 것이었다. 뜨로쯔끼는 10월 혁명의 불과 몇 달 전에 볼쉐비키당에 합류했고 그의 사상은 볼쉐비즘에 반대하는 싸움에서 형성되었다. 나는 1917년 말에 당에 합류했는데 내가 1/4세기 이상의 기간 동안 제2인터내셔널에 속해 있던 후였다. 그런데 제2 인터내셔널은 완전히 특수한 조건들하에서, 자본주의의 평화로운 발전의 조건하에서 발전했고 나는 그것의 좌익에 속했음에도 나에게는 기회주의가 스며들었다. 여러분이 다른 뜨로쯔끼 신봉자들의 역사를 추적한다면, 내가 라덱, 피야타코프, 프레오브라젠스키를 예로 든다면, 여러분은 10월 혁명 전이나 10월 혁명 후 모두 그들 모두는 많은 심각한 일탈의 죄가 있었다는 것을 발견할 것이다."

이것은 절대적으로 올바르다. 동지들. 시간은 나에게 피고들의 각각의 역사로 들어가는 것을 허용하지 않는다. 그러나 여러분이 그들의 역사를 추적한다면 여러분은 그들이 "수많은 일탈들" 때문에, 그들이 그들의 "조그마한 잘못들"을 교정하는 데 실패했고, 반대로 그것들을 "고집했고" 그것들을 그것들의 논리적 결론들로 가져갔기 때문에 피고석에서 종말을 맞이했다는 것을 알 것이다. 이것이 유일한 과학적인 설명이다.

이러한 맥락에서 제2차 재판에서 세레브랴코프의 최후변론으로부터의 몇 줄은 특별히 적절하다:

"일찍이 혁명 운동에 투신했고 20년 동안이나 당원으로서 헌신해온 내가 인민의 적이 되고 여기 피고석의 나 자신을 발견함에 의해 끝난다는 것을 깨닫는 것은 고통스러운 것이다. 그러나 나는 정치적 오류를 범했고 이어서 그것을 고집했고 이 오류를 악화시켰기 때문에 그것이 발생한 것을 깨닫고 있는데, 그 오류는 불가피한 운명의 논리에 의해 가장 비통한 범죄들로 발전해갔다."

뜨로쯔끼주의를 지지하는 세력들

다시, 동지들, 다음과 같은 질문이 제기되어야만 한다: 그들 모두 쏘련에서 사회주의를 건설하는 것이 불가능하다고 믿었던 뜨로쯔끼 신봉자들, 지노비예프 신봉자들 그리고 우익들을 지지했던, 내부적인 그리고 외부적인 사회적 세력들은 무엇인가? 쏘비에트 주민의 어떤 부분이 쏘련에서 사회주의 건설이라는 당의 정책을 반대했던 이들 그룹들을 지지했는가? 답은 명확하다, 동지들. 사회주의 건설을 바라지 않았던 바로 그러한 부분만이 다양한 반당 그룹들을 지지했다. 사회주의 건설에 적대적인 이 요소들은 다음을 포함하는 목록이다: 부르주아 전문가들, 도시의 상인과 가게 주인, 쿨락, 부르주아 민족주의자, 이전의 짜르 관료, 군대의 정치적으로 타락한 부분들, 멘쉐비키들 그리고 사회혁명당원들.

사회주의에 적대적인 이들 내부적 세력들에 더하여 외부적 세력으로서, 언제나 쏘비에트 체제를 절멸시키고 쏘련에서 자본주의를 복고하려 하는 음모들을 꾀하고 있던 세계 제국주의의 부르주아지가 첨가되어야 한다.

레닌은 이전에 말했다.

"우리는 우리가 침략으로부터 언제나 아슬아슬하게 위협당하는 상태임을 명심해야만 한다."

≪전집 27권≫, p. 117.

그리고 다시:

"우리는 '그 자신의 것'을 되가져오고, 지주들과 부르주아지를 복귀시키기 위해 매 순간의 동요를 주시하고 있는 세계 부르주아지에 의해 둘러 싸여 있다."

≪전집 26권≫, p. 348.

사회주의 건설의 내부적인 그리고 외부적인 적들은 서로 간에 제휴하여 행동했고 서로 간에 떨어져 있지 않았다. 쏘비에트 인민에게 자본

주의의 포위의 위험들을 상기시키면서, 쓰딸린은 말했다:

"우리나라에서 죽어가는 계급들의 저항은 외부 세계와 떨어져 발생하지 않고 자본주의의 포위로부터 지지를 발견한다."

≪레닌주의의 제 문제≫, p. 386.

1928년의 샤흐티 재판, 1931년의 '산업당'의 경우, 1933년에 영국의 엔지니어들인 쏜톤, 맥도널드 그리고 다른 사람들의 재판 그리고 마지막으로 모스끄바 재판들은 레닌 동지와 쓰딸린 동지의 이들 인용에 포함되어 있는 진실들의 살아있는 증거를 제공한다. 이 모든 재판들은 사회주의의 내부적인 그리고 외부적인 적들이 어떻게 행동했는가를 보여주었고 그리고 언제나 서로 간에 제휴하여 행동할 것임을 보여주었다. 그것들은 또한 사회주의의 적들이 역사적 단계로부터 평화적으로 그리고 조용하게 떠나지 않는다는 것, 그들은 결코 조용하게 그리고 평화적으로 '사회주의로 성장해가지' 않을 것이라는 것, 그들은 평화적 혹은 폭력적인 모든 종류의 방법들과 속임수들을 사용하면서 최후까지 저항하고 싸운다는 것을 보여주었다.

위에서 열거된 사회주의의 다양한 적들은 1923년부터 1927년까지 당에 반대하는 공개적인 뜨로쯔끼 신봉자들의 투쟁의 기간 동안에 뜨로쯔끼 신봉자들의 승리를 희망했다. 그들은 그래서 조용하게 있었다. 그들은 뜨로쯔끼 신봉자들의 승리는 자본주의의 복고를 초래할 것임을 알고 있었는데, 왜냐하면 뜨로쯔끼 신봉자들은 쏘련에서 사회주의 건설이라는 당의 정책을 반대했기 때문이었다. 쿨락들, 상인들, 부르주아 전문가들, 멘쉐비키들, 그리고 물론 세계 제국주의 등은 또한 사회주의 건설이라는 정책에 반대했다. 그래서 객관적으로, 한편으로 뜨로쯔끼 신봉자들의 반대와, 다른 한편으로 쿨락들, 상인들 그리고 세계 제국주의의 반대 사이에는 전혀 차이가 없었다. 그들이 모두 쏘련에서 사회주의 건설에 반대하는 한에 있어서, 그들 사이에 통일과 협력을 위한 객관적 기초가 존재했다. 이 통일과 협력이 실제로 발생했다는 것은 모스끄바 재판들에 의해 논쟁의 여지없이 드러났다.

그러나 쏘련에서 자본주의를 복고하기를 원하는 모든 사람들의 희망은 뜨로쯔끼주의 반대파의 패배로 인해 완전히 좌절되었다. 그때까지

제11장   음모와 군사적인 측면—쿠테타 계획   347

뜨로쯔끼주의의 승리에 대한 자신들의 희망을 꼭 누르고 있던 반혁명분자들은 뜨로쯔끼 신봉자들의 패배에 의해 행동을 자극받았다. 반혁명분자들로 하여금 그들의 저항을 증대하도록 야기한 또 하나의 추가적인 요인은 1927년까지 신경제정책NEP이 그들이 희망했던 대로 자본주의를 초래하지 않고 있다는 것이 명확해졌다는 것이다. 1927년까지 사회주의가 쏘련에서 건설되고 있다는 것이 명확하게 되었다. 그리하여 반동들은 그들의 저항을 증대시켰다: 부르주아 전문가들은 체계적인 사보타지에 호소했으나 발각되었고 1928년에 샤흐티 재판에서 폭로되었다. '산업당'이라는 간판하에 활동했던 또 하나의 부르주아 전문가들의 그룹은 사보타주, 파괴 그리고 교란행위에 빠져 있었다. 그것은 해외에 있는 러시아 자본가 써클들과 관계를 맺었고 외국의 간섭을 준비했다. 이 그룹의 지도자인 람진 교수는 재판에서 다음과 같이 말해야만 했다:

"대략 1927년 초에, 국민경제의 명확한 재건으로의 이행과 더불어 엔지니어들과 백색 이민그룹들의 감정에서 첨예한 변화가 발생했다. 사회주의의 공세와 재건의 시작은 능동적 전투를 위한 직접적인 명분과 토대를 제공했다."

《재판에서 파괴자들》, 1931년, p. 7.

멘쉐비키들은 더욱더 능동적으로 되기 시작했고 해외에 있는 러시아인 우익 조직들 그리고 노동 및 사회주의 인터내셔널과 그들과의 연계를 증진시켰다. 1924년의 그들의 강령에서 멘쉐비키들은 선언했었다:

"러시아에서 생산의 조건들이 점점 더 객관적인 발전의 과정에 의해 자본주의적 기초 위에서 재형성되고 있고, 볼쉐비키 경제학의 결과로서 러시아와 외국의 자본이 불가피하게 차례차례로 재정복할 것이다."

멘쉐비키들은 또한 뜨로쯔끼 신봉자들과 같이 사회주의는 쏘련에서 건설될 수 없다고 주장했다. 그들은 제1차 5개년 계획의 시작에 대해, 그들의 견해에 의하면, 경제적 혼란만 결과할 것이고 그리하여 자본주의의 복고와 발전을 위한 길을 닦을 모험만을 보았을 뿐이다. 1928년에 멘쉐비키들은 그들의 비합법적인 조직을 강화했는데, 그것을 전연방 사무국으로 통합했다. 국가계획위원회와 국가은행에서 지도적 성원들을 가지고 있던 이 사무국은 이들 기관들에서 사보타주의 정책을 시작했고 외국의 간섭을 통해 권력에 오를 준비를 했다. 멘쉐비키들의 재판에서 쎈트로소유즈(러시아 협동조합들의 중앙조직)의 감독국의 한 성원이었던 페투닌은 다음과 같이 말해야만 했다:

"나는 쏘련공산당내에서 차이들에 관한 RSDLP(러시아 사회민주노동당-멘쉐비키 조직)의 해외 중앙위원회의 지시들의 내용을 잘 기억하고 있다. 이 지시들은 내가 1929년의 여름에 그로만을 통해서 사본을 받은 한 편지에 포함되어 있었다. 단과 아브라모비치가 서명한 이 편지는 쏘련공산당에서 우익적 일탈에 대한 평가를 담고 있었다. 그 편지는 쏘련의 공산당의 중앙위원회에 반대하는 그들의 투쟁의 결과로서 뜨로쯔끼 신봉자들이 사회민주주의의 입장에 도달했고 이 사례의 기초 위에서 그리고 투쟁의 논리의 결과로서 우익들이 투쟁의 과정에서 동일한 입장에 도달하게 될 것이라는 점을 지적했다. 그 투쟁이 더욱더 첨예할수록, 이 편지에 따르면, 이것은 더욱더 명확해질 것이었다. 그리하여 투쟁의 불길이 더욱더 사납게 타오르도록 하기 위해서 기름을 불길에 퍼부어야만 한다."

이들은 당시에 쏘련에서 사회주의 건설의 정책을 반대하는 내부적 세력들이었다. 뜨로쯔끼 신봉자들이 당에 반대하는 정책으로부터 테러리즘, 사보타주, 교란행위, 파괴 그리고 반역으로 옮겨갔을 때, 그들은 이 세력들을 그들의 가장 가까운 동맹들로 간주했다. 우익들과 뜨로쯔끼 신봉자들의 반쏘비에트 블록에 대한 재판에서 부하린과 체르노프는 그들의 블록이, 망명자 멘쉐비키들, 사회혁명당조직들과 쏘련 내에서의 협력을 달성하기 위해 유지했던 친밀한 접촉들에 대해 상세한 설명을 했다.

또한 반쏘비에트 뜨로쯔끼 신봉자 재판에서 우리는 뜨로쯔끼주의의 실제적 동맹들이 누구인지를 보여주고 그리고 뜨로쯔끼주의를 지지한 주민의 부분들을 폭로하는 리기노프의 증언을 갖고 있다:

피야타코프-라덱 재판에서 목격자들 중의 한 사람인 리기노프는 선언했다.

"피야타코프는 쏘비에트 국가에 반대하는 투쟁에서, 우리는 내부적 세력에게만 의존해서는 안 되며, 이 세력은 거의 충분하지 않을 것이라고 지적했다. 나는, 이것이 피야타코프가 제기한 방식임을 기억하고 있는데, 그는 이것이 바로 뜨로쯔끼가 생각한 것이고 우리는 나라에서 노동자들과 프롤레타리아 대중들에게 의존할 수 없고 그것은 불가능하며 따라서 우리는 우리의 작업에 다수의 엔지니어들의 협력을 받도록 시도해야만 한다고 지적했다. 나는 당시에, 우리는 쏘비에트 권력하에서 성장한 젊은 세대를 거의 끌어들일 수 없으며 주요한 관심이 젊은 엔지니어들에게가 아니라 나이 많은 엔지니어들, 특히 1930-31년의 시기에 쏘비에트 권력에 반대하는 투쟁에 참가했었던 사람들에게 주어져야 한다는 것을 지적했다."

<반쏘비에트 뜨로쯔끼 신봉자 중앙에 대한 재판>,
1937년 1월, pp. 180-181.

사회주의 건설이라는 당의 정책에 반대하는 투쟁에서 뜨로쯔끼주의를 지지하는 외부적 세력에 관해 말하면, 제2차 재판과 제3차 재판은 이들 세력들이 파시즘과 제국주의에 다름 아니라는 것을 충분히 폭로했다. 이들 재판들은 뜨로쯔끼주의와 파시즘과의 동맹을 폭로했다. 그것들은 뜨로쯔끼 신봉자들과 외국의 정보기관들의 요원들이 절대적으로 유사하고 구분 불가능하다는 것을 폭로했다.

쏘비에트 정부와 쏘련공산당(볼)을 지지하는 세력들

주민의 어떤 부분들이 쏘비에트 정부와 쓰딸린을 영수로 하는 쏘련공산당(볼)을 지지했는가? 열렬한 열정과 헌신으로 당의 올바른 맑스-레닌주의적 정책을 지지했던 사람들은 쏘련에서 사회주의 건설에 열중하고 있던 노동자계급과 광범한 근로대중들이었다. 뜨로쯔끼 신봉자들에게 가장 예리한 타격을 가한 것은 쏘련의 노동자계급이었다. 뜨로쯔끼 신봉자들이 1925-27년의 당내 논쟁에서 가장 큰 타격을 입고 굴욕적인 패배를 맛본 것은 모스끄바, 레닌그라드 그리고 돈 분지의 가장 광범한 기업들에서였다. 당내에서 단지 4,000명의 사람만이 뜨로쯔끼주의 반대파의 노선에 투표했고 반면에 724,000명의 사람들이 당의 노선에 투표했다. 그러나 이것은 오늘날의 뜨로쯔끼 신봉자들이, 마치 뜨로쯔끼 생전에 그러했던 것처럼, '관료주의'에 반대하는 노동자들의 지도자로서 뜨로쯔끼를 제기하는 것을 막지는 못한다. 유일한 곤란은 쏘련(그리고 쏘련 형성 전의 러시아)의 노동자들이 언제나 뜨로쯔끼를 그들의 지도자로 인정하기를 거부했다는 것이다. 10월 혁명 전에 뜨로쯔끼는 볼쉐비키들과 멘쉐비키들 사이 중간에 위치하는 체하지만, 사실상 멘쉐비키들을 지지하는 조그마한 그룹의 '지도자'였다. 그리고 10월 혁명 후에 특히 1923년부터 계속하여 뜨로쯔끼가 자신을 당에 반대하는 기회주의적 활동에 내던졌을 때, 뜨로쯔끼는 결코 노동자계급의 지지를 얻을 수가 없었다. 이 관점에서 그리고 이미 언급된 모든 것의 관점에서, J. R. 캠벨의 "뜨로쯔끼주의는 관료주의에 반대하는 사회주의의 투쟁이 아니며 그것은 사회주의로의 전진에 반대하는 관료주의적 타락분자들(자본주의 복고 세력을 대표하는)의 투쟁이다."라는 언급이 가능하다.(≪쏘비에트 정책과 그것의 비판가들≫)

뜨로쯔끼 신봉자들이 세우려 하였던 정부의 종류

뜨로쯔끼 신봉자들이 권력에 올랐다면, 그들은 어떤 종류의 정부를 수립했을까? 유일한 답은 다음과 같다: 자본주의 복고의 정부. 그 존재가 피야타코프와 세레브랴코프에 의해 확증된 1935년 12월의 뜨로쯔끼의 편지에 대해 말하자면, 다음이 라덱이 말해야만 했던 것이다:

"정치의 영역에서, 이 편지의 새로운 특징은 그것이 권력의 문제를 제기하는 방식이었다. 이 편지에서 뜨로쯔끼는 말했다: '어떤 종류의 민주주의에 대한 이야기도 있을 수 없다. 노동자계급은 혁명의 18년의 기간을 살아왔고 광범한 욕구들을 가지고 있고 노동자계급은 가장 어려운 조건하에서 외국 자본과 경쟁해야만 할 사적 소유의 공장들과 부분적으로는 국가 소유의 공장들로 되돌려 보내져야만 할 것이다. 그것은 노동자계급의 생활수준이 극적으로 낮아질 것임을 의미한다. 시골에서는 빈농과 중농의 쿨락들에 대한 투쟁이 새롭게 시작될 것이다. 그리고 그때 권력을 유지하기 위해 우리들은 강력한 정부를 필요로 하게 될 것인데, 그것을 감추기 위해 어떤 형태를 취하는가에 관계없이."
<반쏘비에트 뜨로쯔끼 신봉자 중앙에 대한 재판>, p. 114.

동지들, 자 이런 것이 뜨로쯔끼주의의 실제적 성격이다. 이런 것이 그것의 좌익적 유니폼이 없는 뜨로쯔끼주의의 성격이다. 이런 것이 '영구혁명' 이론의 본질이다. 그에 따르면 사회주의가 한 나라에서 건설될 수 없고 사회주의 건설에 적대적인 모든 세력에 의존하는 뜨로쯔끼주의의 논리적 목표는 … 경제적 영역에서 자본주의적 생산관계의 복고이고 정치적 영역에서 '강력한 정부', 즉 부르주아적 정부의 파시스트적 형태의 복고이다.

재판들의 역사적 중요성

동지들, 마지막으로 이 장에서, 다음과 같은 질문이 제기될 것이다: 이들 재판들의 역사적 중요성은 무엇인가? 이들 재판들의 역사적 중요성은 먼저 그리고 무엇보다도 이들 재판들이, 뜨로쯔끼 신봉자들, 지노비예프 신봉자들 그리고 우익들이 어떠한 원칙들과 이상도 없는 살인자들, 첩자들, 교란자들 그리고 파괴자들의 무리에 다름 아니라는 것을, 그들이 자본주의 복고를 위해 쏘비에트 사회주의 체제의 타도에 종사하는 음모자들의 무리였다는 것을, 예외적인 신중함과 정확함으로 입증했다는 사실에 있다. 나는 제3차 재판의 역사적 중요성에 대한, 제3차 모스끄바 재판들에서의 뷔신스키 동지의 결론적인 언급으로부터 몇 단락을 인용하는 것으로 이 부분을 결론짓고 싶다. 나는 뷔신스키 동지의 이러한 말들이 제3차 재판에 관하여 언급되었지만 모든 모스끄바 재판들에게 똑같이 적용될 수 있다는 것을 거의 강조할 필요가 없다. 여기에 뷔신스키 동지가 우익들과 뜨로쯔끼 신봉자들의 반쏘비에트 블록의 재판의 역사적 중요성에 대해 말한 것이 있다:

"이 재판의 역사적 중요성은 먼저 그리고 무엇보다도 그것이 '우익들과 뜨로쯔끼 신봉자들의 블록'의 악당과 같은 성격을, 그것의 이념적 불모를 폭로했고 그 블록—이 모든 우익들, 뜨로쯔끼 신봉자들, 멘쉐비키들, 사회혁명당원들, 부르주아 민족주의자들 등등—이 모두 파시스트 정보기관들의 고용된 요원들이라는 사실을 폭로했다는 것이다."

"'우익들과 뜨로쯔끼 신봉자들의 블록'은 전혀 정치적 그룹이 아니었다. 그것은 첩자들의, 외국 정보기관 요원들의 무리이다."

"이것은 충분히 그리고 논의의 여지없이 입증되었다. 여기에 현재의 재판의 거대한 사회적, 정치적 그리고 역사적 중요성이 놓여 있다."

"지금 피고석에 있는 '우익들과 뜨로쯔끼 신봉자들의 블록'은—재판이 최대한 명료하게 보여주었듯이—국제적 파시즘의 단순한 선진적 분견대이고, 그 도움으로 파시즘이 다양한 나라들에서, 우선적으로 스페인과 중국에서 활동하고 있는, 교수형 집행인들과 은밀한 살인자들의 패거리이다."

"첩자들의 무리로서 '우익들과 뜨로쯔끼 신봉자들의 블록'의 폭로가 우리의 사회주의 혁명을 위해서만이 아니라 또한 전체 국제적 프롤레타리아트를 위해서 거대한 중요성이 있는 이유가 바로 그것이다. 그것은 전 세계에 걸쳐 평화의 대의를 위하여 거대한 중요성이 있다. 그것은 인류의 전체 문화를 위해, 실제적인 민주주의와 민족들의 자유를 위한 싸움을 위해 그리고 모든 잡다한 전쟁도발자들에 반대하는, 모든 국제적인 도발자과 앞잡이들에 반대하는 투쟁을 위해 거대한 중요성이 있다."

"그것이 전 세계에 걸쳐, 특히 그들의 자유를 위한, 파시스트적 학정에 반대하는 영웅적 투쟁에 인민들이 종사하고 있는 나라들의 노동자계급이 이 재판에 대해 숨죽이고 있는 이유이다."

"뜨로쯔끼의 지도력하에서, 독일의, 일본의, 그리고 다른 정보기관들의 지도력하에서 부하린들과 리코프들, 야고다들 그리고 불라노프들, 크레친스키들 그리고 로젠골쯔들, 이크라모프들, 호드야예프들 그리고 샤란고비치들은 우리나라에서만이 아니라 스페인에서, 중국에서, 그리고 노동인민의 계급투쟁이 계속되는 곳 어디에서나, 정직한 인민들이 진정한 자유를 위해, 진정한 민주주의를 위해, 진정한 인류의 문화를 위해 싸우고 있는 어디에서나 그들의 주인들의 지시에 의해 그들의 어두운 행동을 한다."

"부하린들 그리고 리코프들, 야고다들 그리고 불라노프들, 크레친스키들 그리고 로젠골쯔들, 이크라모프들, 샤란고비치들, 호드야예프들 그리고 기타는 제5열, POUM, KKK단과 바로 동일한 것들이다. 그들은 국제무대에서 활동하는 파시스트 앞잡이들과 전쟁 선동자들의 분견대의 하나이다."

"이 분견대의 분쇄는 평화의 대의를 위한, 민주주의의 대의를 위한, 진정한 인류문화의 대의를 위한 커다란 공헌이다."

<우익들과 뜨로쯔끼 신봉자들의 반쏘비에트 블록에 대한 재판>,
pp. 628-629.

　나의 견해로는 재판들의 역사적 중요성에 대해 다른 더 좋은 언급이 있을 수 없다.
　뜨로쯔끼주의의 폭로는 "전체 국제 프롤레타리아트를 위해 … 거대한 중요성이 있다." 동지들, 이것은 우리가 레닌과 쓰딸린의 가치 있는 제자들이기 위해, 진정한 맑스-레닌주의자들이기 위해 떠맡아야 하고 완수해야하는 과제이다. 이것이 우리가 완수해야만 하는 간절한 부탁이다. 왜냐하면 우리가 하지 않는다면 영국이라는 구체적 조건에서 영국의 프롤레타리아트를 뜨로쯔끼주의의 사회민주주의적 영향력으로부터 잡아떼는 것이 그리고 자본주의의 혁명적 타도를 위해 진정한 프롤레타리아 운동을 건설하는 것이 불가능하기 때문이다. 따라서 우리가 모스끄바 재판들의 문제로 들어갔던 것은 바로 이러한 이유 때문이다.
　자 동지들, 나는 내가 말해야 하는 것의 마지막 부분에, 즉 모스끄바 재판들에 대한 부르주아적 비판에 대해 언급하고 이러한 비판들을 반박하는 것에 도달했다. 다양한 부르주아 지식인들과 유급 및 무급의 부르주아지의 대리인들이 이들 재판들과 관련하여 왜곡하면서 나서지 않는 날이 하루도 없다는 사실의 견지에서, 이들 왜곡들을 다루는 것이 필요하다는 것이 인정되어야만 한다. 그 재판들에 대한 모든 뜨로쯔끼주의적 비판들은 물론 부르주아지의 비판으로서 다루어질 것인데, 왜냐하면 뜨로쯔끼 신봉자들은 노동자계급 운동에서 부르주아지의 대리인들에 다름 아니기 때문이다.

제12장
모스끄바 재판들에 대한 부르주아적 비판들과 이 비판들에 대한 반박

10월 혁명의 시기부터—10월 혁명 때문에—쏘비에트 러시아는 세계 부르주아지와 그것의 이데올로기적 대표자들, '박식한' 교수들 그리고 부르주아 인텔리겐챠, 부르주아지의 고용인들의 주요한 공격목표가 되었다. 이 사람들은 지금까지 맑스주의를 '반박하는 것'에 자신들을 완전히 던져왔고 수백 번이나 맑스주의를 '절멸시켰다'. 세계 부르주아지와 그것의 이데올로그들은, 쏘비에트 러시아가, 완전히 무장하여 전력을 다해 혁명을 질식시키려 하는 14국의 제국주의적인 그리고 부르주아적인 나라들의 간섭과 침략의 희생자가 되고 있던 바로 그 때에 쏘비에트 러시아를 침략자로 묘사했다. 세계 부르주아지와 그것의 이데올로그들은 쏘비에트 러시아의 지도자들—레닌, 쓰딸린 그리고 다른 사람들—을 호전적이고 피에 굶주린 살인자들로 묘사했다. 그들은 쏘련이 실업을 제거한 유일한 나라였던 바로 그때에—자본주의 세계에서는 수백만의 노동자계급이 실업, 빈곤, 비참함, 타락 그리고 기아 등등으로 고통 받고 있을 때—쏘비에트 러시아를 커다란 강제노동 수용소로 묘사했다. 세계 부르주아지는 쏘련에 반대하는 거짓말과 비방의 캠페인을 결코 중지하지 않았다. 그들은 쏘련에 반대하는 여론을 동원하기 위한 단 하나의 기회도 놓치지 않았다. 그것의 목적은 첫째, 자본주의의 타도와 사회주의의 수립을 목표로 하는 프롤레타리아 혁명 운동의 발전을 훼방하기 위해 자본주의 나라들의 노동자들이 쏘련에서 사회주의의 성과들에 대해 무지하도록 하는 것이었고 둘째, 쏘련에 대한 또 다른 간섭을 준비하는 것이었다. 다른 말로 하면, 제국주의 부르주아지의 캠페인은 첫째로 봉쇄를 목표로 했고 그리고는 사회주의의 최종적인 파괴를 목표로 했는데, 그것의 목표는 러시아 혁명이 다른 나라들로 넘쳐흐르는 것을 막는 것, 뿐만 아니라 쏘비에트 혁명 자체를 파괴하는 것이었다. 마음속에 이러한 목표들을 갖고 제국주의 부르주아지는 쏘련에 대한 모든 종류의 사보타주 그리고 간첩행위를 조직했고 동시에 쏘비에트 체제에 반대하는 여론을 준비했다.

따라서 세계 부르주아지가 쏘비에트의 혁명적 사법에 대한 우선적인 비방자로 나서야만 했던 것은 놀라운 것이 아니다. 이러한 환경에서 모스끄바 재판들은, 뜨로쯔끼를 포함한 제국주의자들과 부르주아 인텔리겐챠가 이들 재판들을 그릇되게 묘사하기 위한 목적으로 그들의 상상력의 최대한의 독창성을 짜낼 하늘이 준 기회였던 것이었다. 그들은 그것들을 할리우드 멜로드라마로 변경시켰는데, 그 정도가 심해서 이들 재판들의 원래의 보고를 읽은 사람은 누구나 그가 재판들의 부르주아적 판본을 읽었다면 그가 동일한 것들을 읽고 있는지 의아해하기 시작할 수밖에 없었다. 그 부르주아 판본은 도대체 현실의 모스끄바 재판들과 전혀 관련이 없었는데, 이러한 이유로 해서 재판들에 대한 부르주아적 비판들은 과학적인 비판들이 아니고 죽어가고 있고 퇴폐적인 계급의, 그리고 비틀거리고 소멸해가는 제국주의 부르주아 계급 지배의 옹호를 위해 이 더러운 작업을 하는 대가로 높은 봉급을 받는 그것의 이데올로기적 아첨꾼들의 비판들이다. 이 비판들은 다른 말로 하면 부르주아지의 사리사욕의 산물이다. 그럼에도 불구하고 그것들을 다루는 것이 필요한데, 왜냐하면 그것들은 우리의 '교육받은' 젊은이들만이 아니라 노동인민의 마음을 지배하고 있기 때문이다. 그래서 나는 각각의 비판들을 떠올리고 그것에 답을 하고 그리고 나서 그다음으로 넘어가게 될 것이다.

비판 1

이러한 대규모의 음모가 있었다면—우리의 부르주아 비판가들은 묻고 있다—왜 음모자들의 '성취들'이 그렇게 빈약하고 하찮은가? 특히 피고들의 일부는 쏘비에트 정부와 경제에서 극히 중요한 위치들을 차지하고 있었다는 사실의 견지에서.

대답은 다음과 같다: 첫째로, 음모자들의 측에서 성공의 결여는 음모가 전혀 없었다는 결론에 대한 정당화를 결코 구성하지 않는다. 둘째, 모스끄바 재판들에서 다양한 피고들의 '성취들'은 결코 빈약하거나 하찮지 않았다. 키로프가 그들에 의해 살해되었다. 그들은 또한 고리끼, 페시코프, 퀴비세프 그리고 멘진스키의 죽음에 책임이 있었다. 그리고 우리가 위에서 보았듯이 몰로토프 그리고 기타 사람들과 같은 다른 두드러진 볼쉐비키 지도자들의 목숨에 대한 시도들—거의 성공했던 시도들—이 있었다. 이에 덧붙인다면 피고들의 가장 중요한 '성취들'은 쏘비에트 공업과 농업에서 그들에 의해 실행된 파괴, 사보타주 그리고 교란행위들인데, 그것들은 많은 무고한 인민들의 죽음 그리고 곡물(그것들은 파손되었다), 값비싼 기계류, 공장설비 그리고 다리들(그것들은 폭파되었다)의 손실, 열차들의 손실(미리 계획된 '사고'의 결과로서), 산업, 특히 방위산업의 약화, 그리고 기타 등등의 결과를 초래했고 음모자들의 '성취들'은 전혀 '빈약하지' 않았다는 것을 볼 수 있다.

비판 2

계획적인 파괴행위는 전혀 없었고 다양한 피고들에 대한 파괴, 교란행위, 사보타주 등의 혐의들은 잘못된 것이라고 부르주아 비판가들은 주장한다. 예를 들면, '레온 뜨로쯔끼의 옹호를 위한 미국 위원회'에 의해 설립된 듀이 위원회는 당시에 다음과 같이 주장했다:

"위원회는 갖고 있는 증거로부터 모스끄바 재판들의 피고들에게 씌워진 파괴, 지연, 그리고 손해라는 혐의는 서두름, 비효율 그리고 과도함의 뜻으로 설명될 수 있다는 것을, 그리고 사보타주, 파괴 그리고 교란행위의 혐의들은 그것들이 레온 뜨로쯔끼와 관련되는 한에서는 입증되지 않았고 믿을 수 없다는 것을 발견한다."

사보타주가 실재했다는 것, 피고들이 사보타주 등의 행위의 수행을

제12장   모스끄바 재판들에 대한 부르주아적 비판들과 반비판   357

조직했고 지시했다는 것은 피고들의 인정과 모스끄바 재판들에서 제출된 증거(그것의 일부는 위에서 재현되었다)로부터 명백할 뿐만 아니라 쏘련에서 엔지니어 등으로서 산업의 건설의 작업에 관련되었던 일부 외국 전문가들이 우리에게 제기한 사실들에 의해서도 확증된다. 이러한 전문가의 한 사람은 미국인 광산 엔지니어인 존 D 리틀페이지씨인데, 그는 1927년부터 1937년까지 쏘련의 금과 구리 광산 산업들에서 전문가로서 고용되었었다. 1937년 12월에 ≪토요석간Saturday Evening Post≫은 리틀페이지씨가 기고한 세 편의 기사를 실었는데, 거기에서 파괴라는 주제를 다루면서 리틀페이지씨는 다음과 같이 말해야 했다:

"내가 금 트러스트로부터 일시적으로 떨어져서 구리 광산들에서의 작업에 배치되었던 기간 동안에 나는, 자신이 파괴 집단의 지도부라는 것을 고백한 후에 1937년에 사형된 부인민위원인 유리 피야타코프의 행동들을 직접적으로 관찰할 기회가 있었다. 나는 피야타코프가 우두머리인 대규모의 구매 사절단과 함께 1931년 봄에 베를린으로 갔다. 나의 일은 광산 기계들의 구매에 대한 기술적 조언을 제공하는 것이었다. 그 때에 1937년의 그의 재판에서 피야타코프의 증언을 내가 읽기 전까지 결코 이해하지 못했던 어떤 일이 발생했다."

"다른 무엇보다도 베를린의 사절단은 100에서 1,000마력에 이르는 수십 대의 광산 승강기를 구매하고 있었다. 일반적으로는 이 승강기들은 I 혹은 H 빔의 기초 위에 놓이는 드럼, 축계 베어링 기어, 그리고 기타 등등으로 구성되어 있다. 사절단은 킬로그램 당 쾨니히를 기초로 가격을 물었다. 내가 이 제안들을 검토했을 때 나는 회사가 명세서에서 제공된 가벼운 강철 대신에 수 톤의 무게가 나가는 주철로 대체했다는 것을 발견했는데, 그것은 킬로그램 당 생산 비용을 낮추지만 무게를 증가시키고 그리하여 구매자에게 비용을 증가시키는 것이었다."

"자연스레 나는 이 발견을 한 것이 기뻐서 사절단의 성원들에게 승리의 기분으로 보고했다. 그러나 이 사람들은 명백히 미온적이었다. 그들은 심지어 나에게 그 거래를 승인하라고 설득하는 상당한 압력을 넣기도 했다. 나는 그들의 태도를 이해할 수 없었다. 나는 마침내 사절단의 성원들에게 그들은 그들 자신의 책임으로 이러한 구매를 해야만 할 것이라고, 그리고 나는 나 자신의 반대 조언이 기록될 것인지를 보겠다고 명백하게 말했다. 그때에야 비로소 그들은 그 제안을 기각했다."

"그 당시에 나는 그들의 태도를 고집 센 어리석음 혹은 아마도 일부 개인적인 수뢰 탓으로 돌렸다. 그러나 이 사건은 피야타코프의 이후의 자백에 의해 충분히 설명되었다. 그 문제는 그렇게 되어 있어서 피야타코프는 모스끄바로 돌아가서 그가 가격을 낮추는 것에 매우 성공적이었다는 것을 보여줄 수 있었을 것이지만, 동시에 다량의 쓸모없는 주철에 돈을 지불했었을 것이고 독일인들이 그에게 매우 많은 리베이트를 지불하는 것을 가능하게 했을 것이다. 그 자신의 진술에 따르면, 그는 일부 다른 광산들에서 동일한 속임수를 잘 해냈다. 비록 내가 이것을 막았지만."

우랄에 있는 아연과 구리 광산들에 널리 퍼졌던 사건들의 상태에 관하여, 리틀페이지씨는 이렇게 이야기해야만 했다:

"전(全) 우랄 지역의 공산주의자 의장인 카바코프라고 하는 사람이 공식적으로 이 경과에 대해 책임이 있었다. 카바코프는 이 직책을 약 15년간 유지하고 있었고 많은 권력이 있어서 그는 '우랄의 볼쉐비키 총독'이라 불렸다. 내가 결코 이해할 수 없었던 어떤 이유들로 인해 그는 크레믈린의 완전한 신임을 받고 있었고 언제나 어떤 실수에 대해서도 용서를 받았다. 공평무사하게 판단하면 그의 기록은 나빴다."

"그의 오랫동안의 지배하에서 거의 무제한의 광산 자원이 있는 우랄 지역은 개발을 위한 막대한 자본을 받았지만, 결코 그것이 해내야만 했던 것에 근접한 어떤 것도 생산하지 못했다. 나는 적극적으로 1932년에 이 사람에 의해 통제되는 영역에서 일하는 것을 거부했다. 5년 후인 1937년에 그는 9년간에 걸친 산업적 사보타주의 혐의로 체포되었다. 내가 그의 체포 소식을 들었을 때 나는 놀라지 않았다."

"1932년 말에 나는 러시아에서 대규모로 조직화된 파괴행위가 존재했다는 것을 내가 완전히 확신하게 되었던 배치를 받았다. 나는 남부 카자흐스탄에서 이전의 영국의 채굴권이 있었던 러시아 최대의 납-아연 광산들을 복구하기 위해 갔다. 나는 상황들이 매우 나쁘다고 경고 받았지만 내가 발견했던 것보다 더 나쁜 어떤 것도 목격할 수 없었다. 이들 광산들은 세계에서 최고의 납-아연 광산들에 속해 있었고 추가로 광석은 비상하게 많은 양의 금을 함유하고 있었다."

"이 광산들에서 사용되었던 방법들은 광산 엔지니어의 가슴을 무너뜨리기에 충분할 정도였다. 그것들은 여러 차례의 낙반을 대규모로 초래하여

제12장 모스끄바 재판들에 대한 부르주아적 비판들과 반비판   359

생산이 거의 정지되었다. 광산들은 강가에 있었고 낙반들은 물의 흐름에서 갑작스런 증가를 야기했고 그것은 설치된 펌프 장비를 지나치게 혹사했고 광산들은 이러한 상황에서 언제라도 홍수에 의해 회복 불가능한 손실을 입을 위험이 있었다. 정부는 이 광산들을 위해 현대적인 미국의 기계와 장비를 위한 많은 금액을 썼지만 그것의 많은 부분은 거의 쓸모가 없었다. 예를 들면 좋고 커다란 부양 선광기가 설치되었지만 끔찍한 형상이었는데, 왜냐하면 그 장비는 제대로 돌보지 않았고 작업자들도 미국 기계의 사용법에 훈련되지 않았고 그에 대해 러시아 엔지니어들 자신도 이해하지 못했다."

"나는 내가 처음에 칼라타로 갔을 때 부여받았던 것과 동일한 권한을 가지고 선임 엔지니어로서 이들 광산들에 들어갔다. 나는 즉시 광산들을 구하기 위해 즉각적인 행동이 필요하다는 것을 보았고 작업계획을 결정했다. 여기서 주요한 어려움들의 하나는, 내가 나중에 발견했듯이, 사용할 올바른 방법들에 대한 광산의 두 파당 사이의 싸움이었다. 그러나 지역의 인민들은 나의 판단에 즉각적인 확신을 보여주었고 나에게 뛰어난 협력을 했다. 그 결과로 우리는 몇 달 안가서 광산들과 공장들을 매우 좋은 모습으로 만들어 나갔다."

"젊은 러시아 엔지니어들 중 두 명은 나에게 특히 능력 있다는 인상을 주었는데, 나는 일이 어떻게 잘못되었는지 그리고 그것들이 어떻게 바로 잡혀야 하는지에 대해 그들에게 설명하느라 많은 수고를 했다. 이 엔지니어들은 공산주의자들은 아니었지만 그들은 공산주의 정권하에서 훈련되었고 정직하게 일하는 것으로 보였다."

"그 광산들의 공산주의자 관리인들은 공학적인 문제들에 무지하였는데, 그들은 이 젊은 친구들로 하여금 미래를 희생하여 약간의 즉각적인 생산의 증가를 얻기 위해 그리고 심지어는 귀중한 커다란 광맥을 잃을 수 있는 위험을 감수하면서 자신들의 더 나은 판단에 반하여 행동할 것을 강요했다."

"나는 그들에게 말했다: '이들 공산주의자 관리자들이 당신들을 이것과 같은 어떤 일에 다시는 강요하게 하지 마시오. 당신들은 무엇이 올바른지 알고 있고 당신들은 그것을 지켜야 합니다.' 그들은 나에게 내가 충고한 대로 하겠다고 충심으로 약속했다. 나는 광산들과 제련소들을 위한 추가적인 개선들을 위해 한 묶음의 건의와 지시들을 제출했다. 이 지시들은 앞으로 몇 년 동안 광산들과 공장을 발전시키기 위한 적절한 방법들을 구체화하는 청사진이었다."

"자, 1937년에 러시아에서 나의 마지막 일중의 하나는 이들 동일한 광산들로 돌아가라는 긴급호출이었다. 내가 그 공장을 돌아보았을 때 나는 영원히 러시아를 떠날 준비가 되어 있었다. 한 번 더 그 광산들은 파괴 직전이었다. 수천 톤의 풍부한 광물이 이미 회복 불가능하게 유실되었고 그리고 몇 주 안에 만약 아무런 조치가 취해지지 않는다면 전체 매장물이 유실될 수도 있었다."

"나는 1932년에 내가 그것을 재조직한 후로 2년 혹은 3년 동안 광산이 꽤 잘 굴러갔다는 것을 발견했다. 그런데 피야타코프 본부로부터 한 위원회가, 칼라타의 광산들에서 그러했던 것처럼 들어왔다. 나의 지시들은 난로에 처박혔고 몇 달 안에 광맥의 커다란 부분의 손실을 야기할 것이 확실한 광업 체계가 그 광산들에 도입되었다. 주요한 작업 굴대들을 보호하기 위해 우리가 남겨놓았던 기둥들이 채굴되었고 그리하여 이 굴대들 주위의 지반이 가라앉고 있었다."

"고의적인 사보타주의 가장 극악한 사례들 중의 하나는 납 제련기가 노동자들을 중독시키는 것을 막기 위해 주문되었던 정교한 통풍체계와 관련이 있었다. 많은 비용을 요했고 제련기의 노동자들의 건강을 보호하기 위해 필요했던 통풍체계는 공장의 여과기 부분에 실제적으로 설치되었는데, 그런데 그곳은 전혀 해로운 가스 혹은 어떤 종류의 먼지도 없는 곳이었다. 어떤 엔지니어라도 이러한 행동이, 아무리 심하더라도, 단순한 어리석음의 결과일 수는 거의 없다는 데 동의할 것이다."

"나는 이 공장을 완전히 훑었고 그리고 나의 보고서를 작성했는데, 내가 1932년에 남겨두었던 서술된 지시가 1934년 언젠가 어떻게 사라졌는가를 설명했다. 내가 이 보고서를 제출했을 때 나는 위에서 언급된 젊은 엔지니어들의 서술된 자백들을 받아 보았다. 그들은 1932년의 나의 문서로 된 지시들을 고의로 공장을 파괴하기 위한 기초로서 사용했다고 자백했다. 그들의 자백들은 내가 나의 보고서에서 개괄했던 '실수들'이 어떻게 그리고 언제 발생했는지를 설명해주었다. 그들은 그들이 반대파 공산주의자들의 쓰딸린에 반대하는 음모에 끌려들어갔다는 것을 인정했는데, 그 반대파는 그들에게 자신들이 쓰딸린과 그의 동료들을 타도하고 권력을 장악할 만큼 충분히 강하다고 확신시켰다. 그 음모자들은 그들에게 고위직 공산주의자들 사이에서 많은 지지자들을 갖고 있음을 입증했다. 그들은 이쪽인가 혹은 저쪽인가를 지지해야만 한다고 결정했고, 패배하는 측을 뽑았다."[10]

10 여기에 마그니토고르스크에서 수년간 일한 또 다른 미국인 엔지니어인 존 스코트가 제공한 또 다른 결정적인 증거가 있다. 스코트는 공산주의자는 아니었다. 사실상 그는 볼쉐비즘에 대한 비판가였고 또 그렇게 말을 했다. 이것은 단지 그의 책 ≪우랄을 넘어서≫에서 주어진, 그의 설명에 무게를 더했을 뿐이다. 이러한 커다란 중요성이 있는 이 거대한 기업, 마그니토고르스크 복합체에서 일하면서 그가 살아왔던 것에 대한 스코트의 설명은 혹자로 하여금 적대적이고 이질적인 계급적 요소들에 직면하여, 뿐만 아니라 기술, 지식, 패기 그리고 고된 일을 통해서 쏘비에트 체제에 침투했고 스스로를 프롤레타리아들로 속여 넘긴—그리하여 당, 정부 그리고 경제적 관리에서 책임과 권위가 있는 높은 지위들을 차지했던—노골적인 반혁명적인 파괴자들과 사보타주자들에 직면하여 사회주의 건설의 과제의 거대한 중대성을 이해할 수 있게 한다.

스코트의 설명은 또한 이들 반혁명분자들이 다양한 제국주의 열강들을 위한 잠재적인 첩자였다는 것을 드러낸다. 그때는 한편으로 의식적인 반혁명분자들과 다른 한편으로 부패한 관료주의자들과 아첨꾼들을 구분하는 것이 어려운—이러한 것이 지배적인 상황이었다—때였다. 여기에 존 스코트가 마그니토고르스크에 대해 말한 것이 있다.

"세브셴코는 1936년에 2,000 명의 산업 노동자들이 있는 가스 공장들의 감독이었다. 그는 통명스러운 사람이었는데 극히 정력적이고 거만하고 공공연하게 무례하고 저열한 사람이었다. 그럼에도 불구하고 세브셴코는 나쁜 감독은 아니었다. 노동자들은 그를 존경했고 서둘러 그의 지시들을 따랐다. 세브셴코는 조그마한 우크라이나 마을에서 왔다. 1920년에 데니킨의 백군이 그 지역을 점령하고 있을 때, 어린 세브셴코는—그는 당시에 19세이었다—민병으로 입대하였다. 후에 데니킨이 물러나고 적군이 그 지역에 돌아왔다. 세브셴코는 그의 역할을 부정하고 그가 공장에서 직업을 가질 수 있는, 나라의 다른 곳으로 이주하려는 자기 보존의 본능에 의해 인도되었다. 그의 정력 덕분으로 이전의 민병이며 학살의 선동자였던 그는 빠르게 유망한 자질을 가진 노동조합 관리로의 변화를 겪었다. 커다란 프롤레타리아적 열정의 외양을 띠고서, 그는 열심히 일했고 필요한 곳에서 그의 동료들을 희생하여 그의 경력을 높일 어떠한 수단도 이용하는 것을 결코 주저하지 않았다. 그리고 나서 그는 당과 붉은 감독자 기관에 가입했고 노동조합들의 우두머리로서 다양한 중요한 직책들을 얻었고 최종적으로 1931년에 건설 감독자의 조수로서 마그니토고르스크에 왔다.

"1935년에 한 노동자가 어떤 우크라이나 마을에서 왔고 1920년의 세브셴코의 활동들에 대한 정보를 퍼뜨리기 시작했다. 세브셴코는 그에게 뇌물을 주었고 그에게 좋은 자리를 주었다. 그러나 그 이야기들은 뿌리를 내렸다."

"어느 날 저녁, 세브셴코는 마그니토고르스크에서 예기치 않은 축제를 조직했다. 집의 주인과 그의 동료들은 밤새 그리고 또한 다음 날 밤까지 먹고 파티를 했다."
"어느 화창한 날에 세브셴코는 6명의 그의 직속 부하들과 함께 해고되었다. 15개월 후에 세브셴코는 재판에 회부되었고 10년의 중노동형에 처해졌다."
"세브셴코는 반(半)악당이었고 최소한의 주저함도 없는 기회주의자였다. 그의 이상들은 사회주의의 설립자들의 그것과 전혀 관계가 없었다. 그럼에도 불구하고 그는 그의 재판관들이 주장했듯이 일본의 기관의 첩자는 확실히 아니었다. 그는 정부에 대해 그리고 당의 지도자들에 대한 테러리즘적 의도는 갖고 있지 않았다. 최종적으로 그는 폭발을 일으키지는 않았다. (여기서의 언급은 1935년에 4명의 노동자들을 죽인 폭발에 대한 것이다.)"
"약 20명의 사람들이 세브셴코 도당을 구성했다. 그들은 모두 무거운 처벌을 받았다. 그들 중의 일부는 또한 기회주의자들이었고 산업의 장(長)들이었다. 다른 일부사람들은 실제로 의도적으로 쏘비에트 권력을 쓰러뜨리기 위해 가능한 모든 것을 하려고 하는 반혁명분자들이었다. 그러나 다른 사람들은 NKVD의 관심을 끌려고 하는 보스의 지시하에 일을 하게 된 단순한 불행한 사람들이었다. 세브셴코의 동료들 중의 한 사람인 니콜라스 미셀로비치 우드킨은 우크라이나 패거리 중 가장 나이가 많았다. 그는 우크라이나가 정복을 당했고 새로운 주인들이 우크라이나를 파멸로 이끌고 있다고 느꼈다. 그는 자본주의 체제가 사회주의보다 더 낫다고 생각했다. 그는 1941년에 독일인들이 우크라이나를 '해방시키는 것'을 도왔을 사람이었다. 그도 역시 10년의 중노동을 선고받았다."
  스코트, 원본을 현재 이용할 수 없음에 따라 Au dela de l'Oural라고 제목이 붙은 스위스 프랑스어판, ed. Marguerat, Lausanne으로부터 재번역되었음. pp. 170-175.

나아가:

"숙청의 시기에 몸을 떨었던 관료주의자들이 많았다. 오전 10시 이전에는 일하러 일어나본 적도 없는 사람들, 관리들, 감독들이 그곳에 오전 4시 반에 도착했다. 이전에 그들은 실수, 불평 혹은 어려움에 대해 결코 걱정해본 적이 없었다. 지금은 이른 시간부터 황혼녘까지 그들은 자리를 지키고 있었다. 그들은 진정어린 열정을 갖고 스스로 계획을 완수하고, 절약을 위해 노력하고 그들의 노동자들의 복지를 증진시키기 위해 주의를 기울일 것을 스스로 강제했다."
앞의 책, p. 189.

"1937년에 마그니토고르스크의 NKVD 수장이었던 알렉시스 이바노비치 푸시노프가 체포되었다. 그는 마을의 주민을 숙청하는 데 있어서 과도한 열성을 보였다는 혐의였다. ..."
앞의 책, p. 189.

제12장   모스끄바 재판들에 대한 부르주아적 비판들과 반비판   363

스코트는 다음과 같은 추가적인 점을 말하고 있는데, 즉 혹자가 제국주의의 선전에 의해 이해하기를 강요당하는 바와 같은 '부정적 효과'와는 거리가 멀게도, 숙청은 수백만의 대중들의 커다란 정치적 동원을 대표하고 있고 그것은 노동자계급의 반제국주의 그리고 반파시스트 의식을 강화했고 관료주의자들로 하여금 그들의 일을 개선하게 강제하고 효율성을 개선하고 생산성을 증가시키는 데 공헌했다. 사실상, 스코트의 설명으로부터 다음의 점이 명백한데, 즉 숙청은 임박한 전쟁 동안에 저항을 위한 대중들의 주도면밀한 준비의 필수적인 부분이었다는 것이다—이는 쓰딸린이 나라를 다가오는 전쟁에 대해 준비시키지 못했다는 흐루쇼프, 뜨로쯔끼주의자들 그리고 다른 셀 수 없는 어릿광대들에 의한 주장을 반박한다. 여기에 스코트가 있다:

"생산은 1938년과 1941년 사이에 일반적으로 증가했다. 1938년 말에 숙청의 부정적 효과들은 실천적으로 사라졌다. 마그니토고르스크의 산업들은 그들의 용량보다도 더 생산하고 있었다. 모든 공장들에서 모든 노동자는 뮈니히 이후로 쏘련을 지배하고 있었던 긴장을 의식하고 있었다. '수년 동안 준비되고 있었던 쏘련에 대한 자본주의의 공격은 언제라도 속박에서 풀려날 것이었다.' 라디오, 언론, 선생들, 강연자들, 당, 조합들이 반복하여 말했다. 매해마다 국방예산이 배가되었다. 무기들, 기계들, 연료와 식량의 거대한 예비가 저장되었다. 적군은 1938년에 2백만에서 1941년 봄에 6백 혹은 7백만으로 성장했다. 중앙아시아와 시베리아의 차량들을 생산하는 공장들과 기계적 건설들에서는 더 강도 높게 일을 했다. 이 모든 것은 노동자들이 1935년에서 1938년 사이에 자전거, 시계, 라디오 세트, 그리고 보다 나은 음식의 형태로 이익을 보기 시작했던 초과생산의 조그마한 양을 흡수했다."
앞의 책, p. 242.

"1942년에 우랄의 산업지역은 쏘비에트 저항의 심장이 되었다. 그것의 광산들, 그것의 공장들, 그것의 저장소들, 그것의 들판과 그것의 숲들은 적군에게 거대한 양의 군사적 자원과 쓰딸린의 동력화된 사단들을 유지하기 위해 필요한 모든 생산물들을 공급했다. 거대한 러시아의 바로 중심에서, 800 평방킬로미터의 지역은 철, 석탄, 구리, 알루미늄, 납, 석면, 망간, 칼륨, 금, 은, 백금, 아연 그리고 석유의 거대한 부를 갖고 있었다. 1930년 전에 이 보물들은 거의 개발되지 않았다. 이후 10년 동안에 공장들이 건설되었다. 그것들은 빠르게 자신의 활동들을 시작했다. 이 모든 것은 이오씨프 쓰딸린의 정치적 명민함, 그의 인내와 결의에 기인했다. 그는 엄청난 경비와 특별한 어려움들에도 불구하고 그의 계획을 실현하기 위해 모든 저항을 극복했다. 그는 무엇보다도 강력한 중공업을 창출하기를 원했다. 그는 그것을 가장 가까운 전선으로부터 수천 킬로미터 떨어진, 어떤 적도 도달할 수 없는 우랄과 시베리아에 위치시켰다. 더욱이 러시아는 특히 고무, 화학제품들, 도구들, 트랙터들 등을 결코 다시는 어떤 외국의 열강에 신세지지 않을 것이었다. 그것은 이 모든 것을 스스로 생산할 것이었고 그리하여 그것의 기술적 및 군사적 독립성을 확보할 것이었다."
"부하린과 많은 다른 이전의 볼쉐비키들은 같은 의견이 아니었다. 이 대담한 산업화 계획을 시작하기 전에 그들은 인민을 위한 공급품들을 확보하기를 원했다. 차례차례로 이 의견의 불일치는 조용하게 되었다. 쓰딸린의 견해가 승리했다. 1932년에 러시아 국민수입의 56%가 이 커다란 지출을 충당하기 위해 예비로 전환되었다. 그것은 특별한 재정적 노력이었다. 미국에서는 70년 전에 그들은 오직 그들의 연간 국민수입의 12%를 커다란 산업기업들에 투자했을 뿐이었다. 더구나 그 자본의 대부분은 유럽에 의해 제공되었고 동시에 중국, 아일랜드, 폴란드 등에서 노동력을 수출했다. 쏘비에트 산업은 실천적으로 어떤 외국 자본도 없이 창출되었다."

앞의 책, pp. 244-245.

여기에 당과 정부에서 책임 있는 위치를 점하고 있으면서, 쏘비에트 정부의 타도를 위해 작업하는 다양한 지하 반대파 그룹들과 연계되었던 반혁명분자들의 최고의 수준에서 쏘비에트 기구들에 대한 침투를 폭로하는 또 하나의 증거가 있다.

1948년에 뛰어나고 훌륭한 토카예프 대령은 쏘비에트 정권에서 높은 지위였으나 서구로 탈주했다. 그는 ≪동지 X≫라는 제목의 책을 썼다—그 이름을 그는 이 책에서, 쏘비에트 정권에 대한 지하 반대파를 조직했던 저명한 당원의 신분을 가리기 위해 사용하는데, 그(X)를 위해 토카예프는 30년대 중반에 그의 경력의 시작부터 일했다. 1946년에 나찌 독일의 패배 후에 토카예프는 독일에서 주코프의 과학분야 부관이 되었는데, 그에 따르면 쏘련에서 장거리 미사일에 관해 일할 독일 과학자들을 모집하는 과제—그가 서구로 탈주 전에 낙담을 겪었던 과제—가 그에게 주어졌다. 물론 토카예프의 책에서 모든 것이 믿을 수 있는 것은 아니다. 그러나 부정될 수 없는 것은 지하의 반혁명적 반대파(이들을 혹자가 예상하듯이 토카예프는 '혁명적 민주주의자들'이라고 언급한다)의 존재에 대한 그의 설명인데, 이들은 모든 수준에서 당과 정부의 기구들에 침투했었고 경제에 커다란 손실을 주었다. 또한 토카예프의 설명을 통해 드러나는 것은 다양한 반혁명적 색조들의 근친성이다—부르주아 민족주의자들로부터 부하린주의자들 그리고 뜨로쯔끼주의자들까지.

토카예프는 우리에게 쓰딸린 헌법의 공포 직후에 그의 그룹이 크리민시에서 열었던 비밀모임에 대하여 말하고 있다. 토카예프가 말하기를, 이 모임은 쓰딸린과 부하린 사이의 차이에 대해 다음과 같은 분석을 하였다:

"쓰딸린은 하나의 당 독재와 완전한 중앙집권화를 목표로 했다. 부하린은 몇 개의 당들과 심지어 민족주의 당들을 구상했고 최대한의 지방분권화를 지지했다. 그는 또한 다양한 구성공화국들에게 권한을 주는 것을 찬성했고 이것들 중에서 더 중요한 것은 심지어 그들 자신의 외교관계들을 통제해야만 한다고 생각했다. 1936년까지 부하린은 서구의 좌익사회주의자들의 사회민주주의적 관점에 접근하고 있었다. 그러나 우리는 많은 문제들에서 그와 깊이 떨어져 있었다."
p. 4.

토카예프는 쏘련에서 반혁명적 반대파 성원들이 일해야만 했던 "허풍떠는 분위기"와 "초-음모적인 방식"을 명백하게 묘사하고 있다. 그들의 가림막과 높은 지위들을 그대로 유지하기 위해 그들은 공개적으로는 반혁명적 반대파에 대한 진압을 포함하는 당 정책들에 대한 지지를 입에 올려야만 했고 동시에 쏘비에트 정권을 타도하는 것을 목표로 하는 지하 반대파를 조직했다. 당 모임에서 토카예프는 "부하린, 리코프, 톰스키 그리고 우글라노프의 활동을 조사한다는 뷔신스키의 결정"을 지지해야만 했고, 그리고 "부하린과 리코프의 양면적인 음모에 대해 쏘련과 우리 당의 각 민족들은 알아야할 권리가 있다고" 말해야만 했다. 그러나 그 달이 끝나기 전에, 토카예프는 "정세와 남부 특히 흑해와 세바스토폴 군사 및 해군 기지에서 싸움을 계속할 전망들에 대한 긴 지하 보고를 제출했다. 그것은 매우 가까이에서의 회의였는데 예조프 그리고 말렌코프의 바로 코 밑에서 열렸고 그리고 X동지는 의자에 앉아 있었다."(p. 61.)
토카예프는 계속한다:

"그 모임이 끝난 후에 X동지는 나에게, 부하린이 당 회합에서 그에 반대하는 나의 연설에 대해 알고 있을 뿐만 아니라 그는 또한 크리미아에서 데모크라토프의 작업에 대해 알고 있다고 알려주었다. 며칠 후인 9월 4일에 나는 또한 그가 헌법을 기초하는 위원회로부터 쫓겨나기 전에 부하린이 데모크라토프(이 이름은 토카예프의 반혁명적 그룹의 지도자들 중의 한 명의 익명이다)에 의해 준비된 대안적인 초안을 연구했고 그리고 서류들 가운데에서 우리의 작업에 기초한 많은 중요한 관찰들이 지금은 포함되어 있었다는 것을 알았다."
p. 61.

토카예프는 우리에게 1938년까지는 "X동지와 가까운 써클들이 거의 완전히 일소되었다. 그들 중의 대다수는 '우익적 일탈'과 연계되어 체포되었다. 사실상, X동지의 그룹은 우익적 일탈자들이 아니었고 군사적인 우익 반대파였는데 그것은 전혀 같은 것이 아니었다."고 알려준다.(p. 84.)
그것은 동일한 것이 아닐 수 있다. 중요한 것은 다양한 모든 반혁명적인 색조들, 경향들 그리고 그룹들이 볼쉐비키 정권에 대한 증오로 통일되어 있었고 그것을 타도하는 것을 목표로 하는 지하활동을 조직했고 그리고 이 활동들에서 상호 간에 다양한 수준에서 협력했다는 것이다.
토카예프에 따르면 부하린의 그룹은 1928년에 주요한 강령을 발간하

게 되었다. 이것들은 다음과 같았다:

"(1)NEP를 종식시키지 않고 그것을 최소한 10년 동안 계속하는 것."
"(2)농장 생산물의 국가에 대한 강제적 판매를 제한하고 자유로운 시장가격을 허용할 것."
"(3)무역의 국가독점을 박탈하는 것."
"(4)산업화를 추구하면서도, 혁명은 평범한 사람을 위한 것이었고 그리하여 더 많은 정력이 경공업에 주어져야만 한다는 것―사회주의는 행복하고, 잘 먹는 사람들에 의해 만들어지는 것이지 굶주리는 거지들에 의해 만들어지지 않는다는 것―을 기억할 것."
"(5)농업의 강제적 협동화와 쿨락들의 폐지를 중단할 것."

p. 86.

그는 계속한다:

"내가 속했던 지하의 반대파는 1938년에 다시 적극적 작업을 시작했다. … 크레믈린 내에서 접촉들은 우리에게 필수적이었다 … 가르디나쉬빌리(베리야의 부관)는 나를 도와 사적인 파티들에 대한 빈번한 방문자가 되게끔 해주었는데 그곳에서 나는 과두정치의 지도자들이 알고 생각했던 것에 대한 좋은 아이디어를 얻을 수 있었다. … "

15장.

"4월(1939년)에 우리는 국내에 있을 때와 외국에 있을 때의 위치를 재검토하기 위해 지하의 반대파 지도자들의 대회를 열었다. 혁명적 민주주의자들은 별도로 하고 두 사람의 사회주의자와 두 사람의 우익 군사 반대파가 참가했는데 그들 중의 한 사람은 스스로를 인민적인 민주주의 분권화론자라고 불렀다. 그 모임은 벨린스키에 의해 지도되었는데 그의 뒤에는 X동지가 있었다. 우리는 처음으로 쓰딸린주의를 반혁명적 파시즘으로, 노동자계급에 대한 파시스트적 배신이라고 규정하는 결의를 통과시켰다. 나는 독자가 그 책무의 무게, 동기, 혹은 우리가 그것을 만들도록 결정한 증오를 이해할 수 있는지 의심스럽다."

"그 결의는 즉각적으로 당과 정부의 저명한 개인들에게 전해졌고 유사한 회합들이 다른 중앙들에서 조직되었다. … "

p. 156.

그리고:

"이때에 우리의 목적은 단지 토의만을 하는 것이 아니었다. 우리는 결정적인 발걸음을 더 옮겼다. 우리는 가까운 미래에 쓰딸린에 반대하는 무장봉기의 가능성을 상정하는 것으로 나아갔다."

앞의 책.

제12장   모스끄바 재판들에 대한 부르주아적 비판들과 반비판   367

위의 '대회' 후에 토카예프는 그의 반혁명적 그룹에 의해 레닌그라드로 보내졌고 그곳에서 그는 적군 호텔에 머물렀고 "스몰린스키라는 지하의 이름을 가진 고위직의 장교를 만났다."

p. 156.

이 모임 동안에 토카예프는 즈다노프가 키로프가 1934년에 그랬던 것처럼 암살되어야만 한다고 제안했다:

" … 우리의 현재의 조건들 속에서 우리는 어떤 압제자들을 제거해야만 한다고 당신은 생각하는가? 1934년의 총탄이 1939년에 반복된다면 어떠하겠는가?"

p. 157.

토카예프는, 테러리즘이 그의 그룹의 강령의 일부가 아니었기 때문에 그의 제안은 그가 우리에게 믿게 하려하듯이 한 순간에 거부되었다고 우리에게 말하고 있다. 그러나 흥미로운 것은 그가 다음과 같은 인정을 하고 있다는 것이다, 즉, "쓰딸린 정권에 반대하는 테러리즘의 많은 성공적인 그리고 성공적이지 못한 행동들이 있었다," 그리고 매우 확신에 차서는 아니지만 덧붙이기를, "그것들 중의 단 하나도 X동지 주위에 그룹화된 사람들의 작업이 아니었다."

p. 157.

제2차 대전에서 쏘비에트의 승리는 쏘련공산당의 그리고 쓰딸린의 위신을 치솟게 하였는데 그것은 물론 정권에 반대하는 반혁명분자들에게는 거의 견딜 수 없는 상황을 창출하였다:

"1945년에 이르러 오해의 위험이 너무 커져서, 나는 우리 반쓰딸린주의자들이 다시 한번 낮게 누워서 더 나은 때를 기다리는 것이 좋겠다는 혼자 말을 하곤 했다."
"간단히 말하면, 전쟁이 끝남에 따라, 우리 중에서 여전히 반쓰딸린주의자이고 또 객관적 사실들에 대한 우리의 감각을 유지했던 사람들은 스스로 더욱더 고립되는 것을 발견했다. 1941년에 나를 반쓰딸린 쿠데타에 가담시키려고 시도했던 공군 장교들은 1944년에는 열정적으로 나에게 쓰딸린의 지배를 거부할 아무런 이유가 지금은 있을 수 없다고 나를 확신시키려 했다. … 1943년과 1944년에 나는 쏘련에서 반대파의 흔적이 있었다고 생각하지 않는다. 쓰딸린에 대한 반대파에 섰던 사람들은 그들이 했던 일에 대해 부끄러워했다. …"

pp. 252-253.

마지막으로 1939년에 17세의 훌륭한 중등학교 학생이었던 알렉산더 지노비예프로부터 몇 가지의 인용을 하겠다. 1990년에 발간된 그의 책에서 그는 말한다:

위와 같은 사실들의 견지에서 파괴, 사보타주, 교란행위 그리고 테러리즘의 존재를 부정하려는 어떠한 시도들도 실패로 돌아간다.

그러나 파괴, 교란행위, 사보타주 그리고 테러가 발생했다는 것은 그 자체로 제3차 모스끄바 재판들에서 54명의 피고들과 연결되는 것은 아니다. 피고들과 연결되는 것은 다른 증거에 의해 보강되는 그들 자신의 시인이다.

"나는 17세의 나이부터 확신에 찬 반쓰딸린주의자였다. 그를 암살하려는 생각이 나의 사고와 감정에 가득 찼다. 우리는 암살의 '기술적' 가능성들을 연구했다. 우리는 나아가 실천적 준비를 하였다."
Les Confessions d'un Homme de Trop, ed Olivier Orban, 빠리, 1990, 프랑스어판에서 번역된 발췌.

지노비예프는 계속한다:

"쓰딸린을 암살하려는 생각이 나의 사고와 감정을 가득 찼다. 나는 이미 테러리즘에 경도되어 있었다. … 우리는 암살의 가능성들을 연구했다. 붉은 광장에서 퍼레이드 동안에 우리는 권총과 수류탄으로 무장한 내가 지도자들에게 더 가까이 다가갈 수 있도록 인위적인 소동을 일으키려 했다."

그는 말한다: "나는 스스로를 신무정부주의자라고 생각했다."(p. 126.) 그는 바쿠닌과 크로포트킨의 저작물들을 그리고 젤리야보프와 인민주의자들의 저작물들을 광범하게 읽었다(pp. 110 그리고 118). "프롤레타리아트 독재 사상은 부조리였다."(p. 115.) "그들이 나를 1939년에 사형시켰다면" 지노비예프는 덧붙인다, "그 결정은 공정했을 것이다. 나는 쓰딸린을 살해하려는 계획을 품었고 그리고 이것은 범죄였다. 그렇지 않았는가?"(p. 120.)

1993년에 지노비예프는 한 인터뷰에서 다음과 같은 주목할 만한 발언을 했다:

"쓰딸린이 여전히 살아있을 때 나는 사물을 다르게 보았다. 그러나 지금 내가 전체적으로 그 세기 동안에 걸쳐 새의 눈을 갖고 있었기 때문에 나는 말한다: 쓰딸린은 우리나라의 가장 위대한 인물이었고 가장 위대한 정치적 천재였다고. 누군가에 대한 과학적 태도를 채택하는 것은 개인적 태도들과는 다른 어떤 것이다."
인터뷰 Humo, 1993년 2월 25일, pp. 48-49.

비판 3

부르주아 비판가들은 대개 피고들의 자백이 위조된 것이라고, 그것이 고문을 사용하는 쏘비에트 정치 경찰들에 의해 피고들로부터 짜내어진 것이라고 주장한다. 일부 사람들은 심지어 피고들이 당에 대한 충성심에서 그릇된 죄명을 받아들였다고 주장한다.

(a) 고문

이 비판이 총체적으로 근거가 없다는 것은 좀 더 가까이 조사한다면 절대적으로 명백하다. 모두 54명의 피고들이 있었다—지노비예프-까메네프 재판에서 16명, 피야타코프-라덱 재판에서 17명 그리고 부하린-리코프-야고다 재판에서 21명. 그들 모두는 법정에 나왔던 이유가 되는 다양한 혐의들에 대해 죄를 인정했다. 그들에게 혐의가 지워졌던 범죄들은 교란행위, 파괴 그리고 사보타주로부터 테러, 살인 그리고 쏘비에트 정권을 힘으로 타도하기 위해 외국의 제국주의 열강들과 협정을 체결한 것에까지 이른다. 입증된다면 쏘비에트 정권에 대한 이러한 중대하고 부끄러운 범죄들은 사형을 수반했다. 그들이 혐의가 지워졌던 범죄들에 대해 죄를 인정하는 것에 대해 그들이 기대할 수 있었던 유일한 보답은 확실한 죽음이었을 것이다. 피고들이—그들은 54명이나 된다—그들이 시인에 의해 자신들의 죽음 증서에 서명하고 있다는 것을 충분히 알면서도, 그들이 범하지 않았다고 하는 범죄를 저질렀다고 인정했는지 부르주아 비판가들은 결코 설명하지 않는다. 우리의 비판가들에 따르면 그들이 사실상 결코 범한 적이 없는 범죄들의 범행을 자백하는 경탄할만한 열정을 모든 피고들이 왜 보여주었는지가 결코 설명되지 않는다. 아마도 54명의 피고 모두 특수한 정신 질환을 앓고 있었거나 아마도 그들이 죽음에 대한 소망 등을 갖고 있었겠는가? 부르주아 비판가들이 틀림없이 제기할 수 있는 것은 어떤 프로이드적인 '설명'임에 틀림없다. 그러나 우리는 이러한 어리석은 짓을 심각하게 고려할 수 없다.

우리의 견해로는 그리고 사실들은 우리의 견해를 가장 세부적인 사항으로까지 지지하는데, 모스끄바 재판들에서 54명의 피고들은 그들이 사실상 혐의가 지워지고 있는 범죄들을 범했기 때문에 자백을 한 것이다. 그들이 강제로 자백했다는, 고문과 같은 방법들을 사용하여 그들로부터 그릇된 자백들을 뽑아냈다는 어떠한 문제도 있을 수 없었다. 피고들 중의 일부는 짜르 시대 동안에 지하의 혁명 운동에 있었었다. 무랄로프같은 사람들은 그들의 뛰어난 육체적 용기로 유명했다. 뜨로쯔끼가 말하기를 무랄로프는 "완전한 의미에서 영웅적인 인물이라는 말과 합치되었다." 그럼에도 피고들이 그릇된 자백들을 했다는 것이 주장된다. 이 재판들은 외국의 언론인들이 자리를 채운 가운데 큰 홀에서 이루어졌다. 확실히 피고들이 국제적인 언론이 있는 가운데 이들 재판들을 조작이라고 탄핵하는 것은, 그것들이 실제로 그러했다면, 전혀 어렵지 않았을 것이다. OGPU에 의해 피고들로부터 그릇된 자백들을 뽑아내기 위해 사용된 거친 방법들을 그들이 탄핵하는 것은, 이러한 방법들이 실제로 사용되었다면, 어렵지 않았을 것이다. 피고들 중의 단 한 사람이라도 이들 재판을 '쓰딸린주의자들의 조작'이라고 탄핵하는, 그리고 주장하는 바에 의하면, 조사당국들에 의해 사용된 거친 방법들을 탄핵하는 단 한 마디의 진술을 했다면, 부르주아 언론은 전 세계의 모든 가구에 이러한 탄핵의 전송을 틀림없이 했을 것이다. 그러나 뜨로쯔끼 신봉자들과 다른 부르주아 비판가들에게는 불행하게도 피고들 중의 단 한 명도—54명의 피고들 중 단 한명도—재판에 대해서나 혹은 조사 당국에 의해 사용된 심문의 방법들에 대해 어떤 말도 하지 않았다. 그와 반대로 그들은 그들의 죄를 인정했을 뿐만 아니라 위에서 보듯이 그들의 범죄들에 대해 정치적인 그리고 어떤 경우들에서는(예를 들면 부하린) 철학적인 설명을 했다.

피고들로부터 그릇된 자백들을 뽑아내기 위한 고문의 적용이라는 주장을 반박하기 위해서, 뜨로쯔끼에 따르면 "완전한 의미에서 영웅적인 인물이라는 말과 합치되는" 사람이며, 그리고 따라서 고문에 직면하여 무너지지 않았을 사람이며 그가 짓지 않은 죄에 대해 털어놓고 자백하지 않았을 사람인 무랄로프의 증언보다 더 잘 활용될 수 있는 것은 없다. 여기에 무랄로프가 고문이라는 문제에 대해 말한 것이 있다.

제12장   모스끄바 재판들에 대한 부르주아적 비판들과 반비판   371

뷔신스키: 나는 당신이 왜 진실한 증언을 하기로 결정했는지 흥미를
느낀다. 예비 심문의 기록을 검토하면, 나는 수많은 심문에
서 당신이 지하 활동의 어떠한 역할도 부인한 것을 보았다.
그러한가?"
무랄로프: "그렇다. 12월 5일까지. 8개월간."
뷔신스키: "그러면 왜 당신은 종국에는 진실한 증언을 하기로 결정하
고 또 실제로 증언했는가? 모든 것을 털어놓기로 한 결정―
당신이 모든 것을 털어 놓았다면―으로 당신을 이끈 동기를
설명하시오."
무랄로프: "나를 억제하고 나에게 모든 것을 부인하도록 유혹한 이유
는 세 가지였다고 생각한다. 하나의 이유는 정치적인 것이
고 심각하게 중요한 것이다. 두 가지는 전적으로 개인적인
성격의 것이다. 나는 가장 중요성이 적은 것부터, 나의 성
격으로부터 시작하겠다. 나는 매우 다혈질이고 성을 잘 낸
다. 그것이 첫 번째 이유이다. 내가 체포되었을 때, 나는
성이 나서 분격하였다."
뷔신스키: "당신은 나쁘게 대우를 받았는가?"
무랄로프: "나는 나의 자유를 빼앗겼다."
뷔신스키: "그러나 아마도 거친 방법들이 당신에게 사용되었는가?"
무랄로프: "아니다. 이런 방법들은 전혀 사용되지 않았다. 나는 노보
시비르스크와 여기에서 정중하게 대우를 받았고 분개할 만
한 이유가 전혀 주어지지 않았다고 말해야만 한다. 나는 매
우 공평하고 정중하게 대우를 받았다."
<반쏘비에트 뜨로쯔끼 신봉자 중앙에 대한 재판>, pp. 231-232.

사실상 고문이라는 주장은 너무 터무니없어서 심지어 앙드레 페라
Andre Ferrat에 의해 지도되는 프랑스의 뜨로쯔끼 신봉자의 한 그룹은
당시에 더욱더 어리석은 '설명'을 제출하면서(당 의무라는 설명, 이에
대해서는 조만간 설명하겠다) 설명으로서 고문을 거부했다. 쿠에 페르
그룹에 의해 발간된 <왜 그들은 자백했는가?>라는 제목의 한 팜플렛에
서 우리는 다음과 같은 말을 발견한다:

"피고들은 자신들이 어떠한 고문도 당하지 않았다고 선언한다; 우리로

하여금 그 반대되는 것을 확언하게 하는 것은 아무 것도 없다. 한편으로 고문이 피야타코프, 라덱, 무랄로프 … 의 기질을 가진 사람을 무너뜨린다는 것은 있을 법하지 않다."

그러나 모스끄바 재판들이 피고들이 고문을 당했다는 주장이 제기된 첫 번째 재판은 아니었다는 것이 주목되어야 한다. 유사한 주장들이 1933년에 메트로-비커스 엔지니어들의 재판 당시에 제기되었다. 당시에 영국의 언론은 한 조각의 증거도 없이 이러한 자백들이 피고들을 고문에 처하게 하여 뽑아내어진 것이라고 선언했다. 공개된 법정에서 관계된 엔지니어들의 두 사람, 멍크하우스와 쏜톤은 그들의 자백을 철회했고 무죄를 주장했던 반면에 또 다른 엔지니어인 맥도널드는 처음에는 유죄를 인정했으나 곧 그의 유죄인정을 철회했는데, 나중에 다시 그것을 인정했다. 공공의 검사에 의해 제기된 공개된 법정에서의 이들 신사들에 대한 질문은 일반적으로 쏘비에트 혁명적 사법에 반대하는 부르주아의 비방들을 그리고 특수하게 고문의 주장들을 반박하는 데 너무 의미가 있어서 여기에서 뷔신스키와 다양한 피고들 간의 대화의 일부를 재현하는 것이 유용하다.

쏜톤은 그가 왜 다음의 진술에 서명했는지에 관해 질문받았다. 즉 "처음에 구세프의 것, 나의 것, 그리고 각자가 보는 앞에서의 것에서 심문에 대한 조서들 그리고 쿠투조바의 것, 나의 것 그리고 각자가 보는 앞에서의 것, 그것들을 이 심문 동안에 내가 보았고 심문에서 나는 나의 간첩 활동들과 다른 사람들과 나의 연계에 대한 사실들을 자백했고 나는 그것들을 읽었다. 나는 이 조서들의 기록들에 대해 더 추가적인 언급을 할 수 없다. 조서들은 올바르게 기록되어 있고 나의 서명에 의해 확인되어 있다."

 뷔신스키(쏜톤에게): "당신은 이것을 확인하는가?"
  쏜톤: "아니다. 그것은 쓰여 있었고 나는 그것에 서명을 했다."
 뷔신스키: "당신은 당신이 그것을 영향력의 행사 없이 어떤 압력도 없이 자발적으로 그것을 작성했다는 것을 확인하는가?"
  쏜톤: "그렇다."
 뷔신스키: "모든 것을 당신은 읽었는가?"

쏜톤: "그렇다."
뷔신스키: "그리고 나서 당신이 서명했는가?"
쏜톤: "그렇다. 그리고 지금 법원이 그것을 조사할 것이다."
재판장: "그러나 당신은 왜 이런 정보를 제공했는가? 그것은 오직 모든 사람들의 시간, 법원과 공적 검사들의 시간을 잡아먹기 위해서인가? 아니면 당신은 특별한 이유가 있었는가? 당신이 말하고 있는 것은 엉터리이다. 당신은 그것을 지금 부인하기 위해 3주 동안 조서를 만들었다."
쏜톤: "나는 단지 …"
재판장: "법원을 위해 일거리를 제공하기로 결정했는가?"
쏜톤: "내가 말했듯이 나는 놀라서 그렇게 했다."
재판장: "당신은 어떻게 놀랐는가? 누구에 의해 당신은 놀라게 되었는가? 어디에서 그리고 언제 당신은 놀라게 되었는가?"
쏜톤: "나는 체포에 의해 그리고 그 결과에 의해 놀라지 않았다. 그러나 단지 이러한 방식으로는 … "
재판장: "아니다. 당신은 그것이 모든 사람에게 명백하고 명확하기 위하여 직설적으로 답변을 하시오. 누가 당신을 놀라게 했는가, 언제 그들이 당신을 놀라게 했는가, 어떠한 방에서?"
쏜톤: "나는 통역을 통해 말하기를 원한다."
재판장: "당신이 답변하는 것이 어렵다고 생각할 때 당신은 언제나 통역의 도움에 의존할 수 있다. 그러나 자 좋다. 당신은 해도 좋다."
쏜톤: "아니다. 나는 러시아어로 말하겠다. 나는 단지 두려웠는데 그러나 무엇에 대해 두려워했는지 나 스스로도 모른다."
재판장: "그리고 당신은 3월 11일에, 3월 12일에, 3월 13일에 그리고 4월 4일에 놀랐다. 당신은 재판 전날인 4월 10일에 또한 명백하게 놀랐는데, 왜냐하면 당신은 아무 진술도 하지 않았기 때문이다."
쏜톤: "거기의 몇몇의 요점들은 올바르고 그것들의 몇몇을 나는 철회하기를 원한다. 그리고 나는 이것이 재판의 도중에 이루어질 수 있다고 들었다."
재판장: "누가 당신에게 그것을 알려주었는가? 그의 이름을 대보시오."

쏜톤: "나는 … 에게 들었다."(기억하려 애쓴다.)
뷔신스키: "자 그것은 지나가자. 나에게 다른 것을 묻도록 해 달라. 나는 나의 조수인 로진스키에 의해 나의 면전에서 공화국 공공의 검사의 사무실에서 당신이 질문을 받았던 환경에 흥미가 있다. 내가 들었듯이 여기에 기록되어 있는 사실들이 정확하게 쓰인 것인가 아닌가?"
쏜톤: "내가 말한 대로이다. 그렇다. 올바르다."
뷔신스키: "아무것도 왜곡된 것이 없었다."
쏜톤: "없었다. 당신은 어떤 것도 변경하지 않았다."
뷔신스키: "그러나 아마도 로진스키가 그렇게 했다?"
쏜톤: "아니다."
뷔신스키: "아마도 OGPU가 그것을 왜곡했다?"
쏜톤: "아니다. 나는 그것에 나 자신의 손으로 서명을 했다."
뷔신스키: "그리고 당신의 머리로 서명했다. 당신이 그것에 서명을 하고 있었을 때 당신은 사고하고 생각했는가?"
쏜톤: (답변하지 못하다)
재판장: "그리고 지금 누구의 머리가 당신을 위해 생각하고 있는가?"
쏜톤: "현재는 나는 다르게 느낀다."
뷔신스키: "이 기록을 끝내도록 하자. 사실을 수립하는 것은 중요한 것이다. 우리는 나중에 결론을 끌어낼 것이다. 지금은 내가 3월 19일에 작성된 그 조서로부터 여기에 기록된 사실들이 당신이 실제로 진술한 것인가, 위조는 없었는가, 어떤 조작도 없었는가를 확증하는 것이 중요하다."
쏜톤: "그건 그렇다."
뷔신스키: "당신이 전에 작성한 조서들은 압력 혹은 강제 없이 매우 자유롭고 자발적으로 작성된 것이다. 내가 당신을 올바르게 이해했는가?"
쏜톤: "올바르다."
뷔신스키: "나는 더 이상의 질문이 없다."

여기에 맥도널드씨가 그의 유죄인정을 철회한 그 짧은 기간 동안 설명한 것이 있다:

제12장   모스끄바 재판들에 대한 부르주아적 비판들과 반비판   375

　　　재판장(맥도널드에게): "204 페이지의 조서는 당신 자신의 손에 의해
　　　　　　　쓰인 것이었는가?"
　　　뷔신스키(맥도널드에게): "이것을 읽어 보시오."
　　　맥도널드: "그렇다. 나는 그것에 서명했다."
　　　뷔신스키: "어떤 환경에서 당신은 그것에 서명했는가?"
　　　맥도널드: "나는 그러한 환경에서 그것을 편하다고 여겼다."
　　　뷔신스키: "어떤 환경에서? 어떤 특수한 조사방법이 당신에게 적용되
　　　　　　　었는가?"
　　　맥도널드: "아니다."
　　　뷔신스키: "당신은 이것을 쓰는 것을 강제 당했는가?"
　　　맥도널드: "아니다. 그러나 나는 그것이 공개적 법정이 아니었기 때문
　　　　　　　에 그것에 서명을 했다."
　　　뷔신스키: "당신은 그렇게 하도록 강요당했는가?"
　　　맥도널드: "처음에는 나는 그렇게 하기를 거부했다."
　　　뷔신스키: "어디에서?"
　　　맥도널드: "조사관 앞에서—조사관이 서명을 말할 때 나는 '아니오'라
　　　　　　　고 말했다. 그러나 그는 내가 다르게 하기를 허용하지 않았
　　　　　　　다."
　　　뷔신스키: "그가 당신을 그렇게 하도록 강제했는가?"
　　　맥도널드: (답변이 없다)

　앞에서 언급된 대로 맥도널드는 후에 되돌아가서 그의 유죄를 인정
했다.
　멍크하우스에 대한 조사는 또한 쏜톤과 맥도널드의 조사에서처럼, 그에게 적용된 고문이 전혀 없었다는 것을 드러내었다. 18시간이나 걸린 긴 심문 동안 맥도널드의 주장은 완전히 근거 없었다는 것이 드러났다.
　감옥으로부터 풀려난 후에 멍크하우스는 그가 쏘비에트 당국으로부터 받은 대우에 관해 영국의 부르주아 언론들에게 다음과 같은 설명을 하였다:

　　"그들은 나에게 특별히 잘해주었고 그들의 질문은 굉장히 합리적이었
　　다. 나의 조사자들은 그들의 일에 대해 알고 있는 일급의 기술적인 사람

들로 보였다. OGPU 감옥은 효율성에서 완벽한 것이었고 완전히 깨끗했고 질서 있고 잘 조직된 것이었다. 이번에 나는 처음 체포된 것이지만 나는 영국 감옥들을 방문한 적이 있고 OGPU 숙소가 매우 뛰어나다는 것을 입증할 수 있다. 나의 석방은 친구에 대한 이별 파티와 유사했다. 나의 모든 서류들과 소유물들이 나에게 반환되었다. OGPU 관리들은 나의 가방을 운반해주었고 충심으로 손을 흔들어 주었고 그리고 나의 편안함을 위해 모든 관심을 보여주었다. 나는 다른 영국의 죄수들도 똑같이 잘 대우받을 것이라고 확신했다."

≪일일 속보≫ Daily Dispatch.

이것에도 불구하고 부르주아 언론은 내내 고문을 사용하여 영국의 엔지니어들로부터 자백을 뽑아냈다고 주장했다. "우리나라 사람들이 러시아 감옥의 공포를 겪고 있다"고 1933년 3월 20일의 ≪데일리 익스프레스≫는 외마디하고 있다. 1933년 4월 17일의 ≪더 타임즈≫는 대개의 위선으로써 선언했다.

"재판을 받는 사이에 감옥에서 맥도널드씨에게 일어나고 있는 것에 관해 커다란 분노가 느껴진다. 체코식 방법들에 익숙한 사람들은 그의 생명이 위험에 처해 있다고 생각한다."

부르주아 언론은 당시에 피고들이 공개된 법정에서 자신들이 고문을 당했다고 말할 것이라고 주장했다. 그러나 엔지니어들이 그런 종류에 것에 대해 아무 것도 말하지 않았을 때 책략이 풍부한 부르주아 언론은 당시에 엔지니어들이 여전히 OGPU의 손안에 있고 그들의 석방 후에야 진실을 말할 것이라고 선언했다. 그리고 그들의 석방 후에 엔지니어들이 진실을 말했을 때(그가 받은 대우에 대한 멍크하우스의 위의 설명을 보시오)―내내 거짓말하는 제국주의의 저속한 신문에게는 받아들여질 수 없는 것으로 증명된 진실―그때에 부르주아 언론에 남겨진 모든 것은 새로운 깊이를 측량하고 최면술과 이상한 티벳의 약품을 발명하는 것이었다. 이것이 바로 ≪데일리 메일≫이 한 것이다. 그것은 자신의 발명품, 이상한 티벳의 약품을 생각해 냈는데, 그것을 복용하면 그것의 희생양의 의지를 억누르고(우리의 경우에는 피고들) 그리고

(뜨로쯔끼의 수사를 사용하면) "모든 인간적인 행동양식"을 파괴하여 그가 검찰 당국의 명령에 대해 어떠한 것도 인정할 준비가 되었을 정도라는 것이다! 그리고 이것은 나를 자백에 대한 또 다른 '설명'으로 데려다 준다.

(b) 자백들을 약품, 최면술의 사용에 의해—'모든 인간적 행동양식들'을 파괴함에 의해—뽑아냈다는 것.

말할 필요도 없이 이 비판은 그것이 환상적인 만큼 엉터리이다. 이 비판에서 부르주아의 공상은 현실과 완전하고 총체적인 분리를, 그것으로부터 완전한 이탈을 기록했다. 이 비판의 어리석음은 의학적 과학에 의해서뿐만 아니라 피고석의 피고들의 행동에 의해서도 입증되는데, 그들은 복잡한 정치적 문제들을 자세히 토의했고 수 시간 동안 질문들에 답을 했고 국가검사인 뷔신스키와 대화를 했다. 그들 중의 일부는 심지어 피고석에서 철학을 토의했다. 부하린을 언급하면서 뷔신스키는 말하기를 그는 "심지어 헤겔을 목격자라고 불렀다." 그리고 그들은 그들 자신의 방어를 수행했다. 이러한 행위가 약물을 복용하고 혹은 최면술에 걸린 사람들과 연결될 수 있는가? 이러한 행위가 그들의 모든 인간적 행동양식들이 파괴당한 사람들에게 적용될 수 있는가? 확실히 아니다.

사실상 부하린은 그의 최후 변론에서 티벳의 약품들과 최면술에 대한 주장들을 다루었다. 여기에 그가 말한 것이 있다:

"회개(피고들이 죄를 자백하고 후회하고 있다는 사실-역자)가 종종 티벳의 파우더들과 그와 같은 다양하고 절대적으로 엉터리 같은 것들 탓으로 돌려진다. 내가 1년 넘게 감금되어 있던 감옥에서 나는 일했고, 연구했고, 그리고 마음의 명료함을 유지했다는 것을 스스로 말해야만 한다. 이것은 모든 우화들과 어리석은 반혁명적 이야기들을 사실들에 의해 반박하는 데 기여할 것이다."

"최면술이 제기되어 있다. 그러나 나는 또한 합법적 견지에서 법정에서 나 자신에 대한 방어를 수행했고 스스로를 그 지점에 향하게 했고 국가

검사와 논쟁하기도 했다. 그리고 이러한 분야의 의술에 대해 거의 경험이 없는 사람들조차 이러한 종류의 최면술은 전혀 불가능하다는 것을 인정해야만 한다."

≪우익들과 뜨로쯔끼 신봉자들의 반쏘비에트 블록에 대한 재판≫, p. 777.

(c)당에 대한 충성심으로부터

자백들에 대한 부르주아 비판들의 일부에 의해 제기된 또 다른 '설명'은 피고들이 그릇된 자백을 했고 당에 대한 충성심이라는 이유 때문에 스스로 그릇된 주장을 떠맡았다는 것이다.

이 '설명'은 무랄로프의 자백에 관하여 멕시코 '위원회' 앞에서 뜨로쯔끼 자신이 그의 증언의 과정에서 제출하였다. 이 동일한 '설명'은, 설명으로서 고문을 거부하면서 뜨로쯔끼에 의해 제기된 것과 같은 동일한 가정, 즉 피고들이 당에 대한 충성심에서 그릇된 주장들을 받아들였다는 것을 제기했던 프랑스의 뜨로쯔끼 신봉자들의 이미 인용된 팜플렛에서 되풀이되었다:

"피고들은 그들이 어떤 고문도 당하지 않았다고 선언한다. 우리로 하여금 그 반대되는 것을 확증할 어떤 것도 없다. 한편으로 피야타코프, 라덱, 무랄로프의 기질을 가진 사람들을 고문이 무너뜨릴 수 있다는 것은 있을 법하지 않다. … "

"진실은 무엇이 당에 이로운가이다. 무엇이 쓰딸린을 이롭게 하는가─ 당이 무엇을 요구하는가, 쓰딸린이 무엇을 요구하는가이다. 그것이 독립적인 정치적 활동과 그들의 사상을 포기한 이전의 반대파들에 의해 채택된 태도이다. 그들이 재판에서 했던 자백들은 1927년의 그들의 성명들과 같은, 그것들에 이어졌던 이후의 모든 선언들과 같은 동일한 정신, 동일한 태도에서 흘러나온다. … "

"따라서 1936년에 당의 지도부가 주장하는 바에 의하면 혁명의 이해에서 뜨로쯔끼주의와 뜨로쯔끼에게 타격을 가하는 것이 필요하다고 판단했을 때, 이 목적을 위하여 이전의 반대파들, 이전의 뜨로쯔끼 신봉자들을 이용할 것이 결정되었을 때, 그들이 당의 명령에 대해, 쓰딸린의 의지에

제12장   모스끄바 재판들에 대한 부르주아적 비판들과 반비판   379

대해 무엇을 반대할 수 있겠는가? 그들의 사상의 희생 후에 그들은 그들의 생명들과 명예를 희생할 것을 요구받았다. 이것이 쏘련의 방어를 위해 필요하였다. 뜨로쯔끼주의는 주요한 위험인데, 왜냐하면 전쟁의 경우에 그것은 어려움들을 창출할 것이고, 노동자들을 당의 의무로부터 돌려 버릴 것이고, 혹은 쓰딸린의 정부를 또 다른 정부로 대체하기 위해서 상황들에 의해 이득을 볼 것이기 때문이었다. 당 지도부가 판단을 내린 것은 이러하다. 그것은 '항복자들'—그것의 볼모들—로부터 이 마지막 봉사를, 뜨로쯔끼주의에 대한 처형에 참가할 것을 요구했다. 지난 10년 동안의 그들의 영구적인 항복을 통해서 이전의 반대파는 모든 이러한 희극을 연출하도록, 수 년 동안 그들의 삶을 구성했던 위선의 사슬에서 이 마지막 연계를 위조하도록 모두 운명지워졌다."

"과거의 그들의 약점에도 불구하고 혼합물들과 함께 가지 않는 일부의 사람들, 그들의 정책이 그들을 몰아간 심연을 보면서 마지막 의지의 노력으로써 반역하는 일부 사람들이 있다. 자, 그들은 감옥에서, 반성을 위한, 그들이 그렇게 많이 말했던 당에 대한 그들의 헌신이 소부르주아적 망설임보다 더 강력한 것으로 판명될 지 아닐 지를 입증하기 위한 시간을 가질 것이다. 그들에게 계속하여 프롤레타리아 혁명의 정권인 그 정권에 대한 이 최상의 희생11을 연출하는 데 동의하는 사람들이 공개적인 재판에 나타나는 사람들일 것이다. 그들은 공산당의 당원으로서의 규율하에 있을 것이다."

<그들은 왜 자백했는가?>, Que Faire 그룹에 의해 발간됨.

뜨로쯔끼와 그의 프랑스 추종자들에 의해 제기된 위의 '설명'보다 더 엉터리 같은 것이 있을 수 있는가? 한편으로 뜨로쯔끼 신봉자들과 재판에 대한 다른 부르주아 비판가들은 재판에서 피고들이 '쓰딸린주의

---

11 혁명의 역사는 다른 누군가를 불신하기 위해서 혁명가들이 스스로를 반혁명분자로 부르면서 죽어가는 단 하나의 사례도 그때까지 만들어 내지 않았고 또한 만들어내지 않을 것이다. 혁명가들은 그들이 믿는 대의를 위해서 과거에 죽어갔고 또 미래에 죽을 것이다. 그러나 그들의 대의를 위해 죽어감에 있어서 그들은 영웅적인 죽음을 맞이할 것이며 범죄자의 죽음을 맞이하지는 않을 것이다. Que Faire 그룹에 의해 제기된 엉터리는 부르주아 정신과 의사의 진지한 고려의 '가치'가 있을 테지만 진지한 혁명가의 그것은 아니다.

관료주의'에 대해, "지배하는 카스트"에 대해 싸우고 있던 볼쉐비키들이고 구(舊)혁명가들이고 쓰딸린이 그들을 제거하기 원했기 때문에 피고석에 서게 된 것이라고 계속하여 주장한다. 다른 한편으로 우리는 똑같은 신사양반들에게서, 피고들이 그릇된 주장들을 했고 그들이 알기에 자신들의 목숨을 희생할 그릇된 자백들을 당에 대한 충성심에서 그리고 쓰딸린을 기쁘게 하기 위해서 했다는 말을 듣는다. 다른 말로 하면, 그들은 '관료주의', "지배하는 카스트" 그리고 '주요한 관료주의자' 쓰딸린에 대한 사랑으로, 즉 그들이 이제까지 관료주의라고 간주했고 그들이 스스로 전심전력을 다해 맞서 싸웠던 당에 대한 사랑과 당에 대한 의무 때문에 그릇된 주장을 떠안았다는 것이다.

쏘비에트 정부에 대한 뜨로쯔끼 신봉자의 음모는 전혀 없었고 그럼에도 쏘비에트 정부가 뜨로쯔끼주의에 의한 위협을 느꼈다는 프랑스 뜨로쯔끼 신봉자들의 위에서 인용된 언급에 포함된 주장보다 더 엉터리 같은 것이 무엇이겠는가? 그것이 존재하지 않는 음모에 너무 놀라서 그것이, 결코 실제로 그들이 혐의를 받고 있는 범죄들을 범하지 않았고 그럼에도 불구하고 그릇된 자백을 함에 의해, 그리고 쏘비에트 정부의 타도를 위해, 그리고 쏘련에서 자본주의의 복고를 위해 파시스트들과 연계를 가졌다는 것을 인정함에 의해, 쓰딸린과 당(그들이 이제까지 맞서 싸웠던 동일한 쓰딸린과 동일한 당)에게 은혜를 베풀었던, 이전의 뜨로쯔끼 신봉자들에 대한 보여주기 재판show trial을 무대에 올림에 의해 뜨로쯔끼주의와 싸우기로 결정했다는 것인가? 위의 엉터리 같은 주장에 따르면, 이런 것이 쓰딸린과 당에 대한 피고들의 사랑이어서 그들은 쓰딸린과 당에 의해 그들에게 요구된 어떤 것이라도, 심지어 나찌와 그들의 연계에 대한 그릇된 인정을 하는 것조차도 인정하려 했다는 것이다. 그러나 뜨로쯔끼주의에 관해서는 명백히 그렇지 않다.

(d) 용서의 약속

또 다른 '설명'은(그것은 1936년에 뜨로쯔끼가 머물고 있던 집에 대한 일부 지역 파시스트들이 저질렀다고 하는, 습격에 관한 경우와 관련하여 노르웨이 법정에서 목격자로서 뜨로쯔끼가 나타났을 때 뜨로쯔끼에 의해 제기된 것이다) 자백들은 일정한 자비에 대한 희망으로 자극된 것이라는 것이다. 노르웨이의 부르주아 재판관은 뜨로쯔끼의 반쏘비에트적인 부르주아적 견해들에 관심이 극히 끌려서 그에게 지노비예프-까메네프 재판을 포함한 많은 문제들에 대해 이야기할 자유를 허용했다. 지노비예프와 까메네프의 자백들을 다루면서 뜨로쯔끼는 '설명'으로서 다음의 것을 제기했다:

"모든 피고들은 예외 없이 뜨로쯔끼가 외국에서 그들에게 테러리즘을 은밀히 호소하는 편지를 썼고 테러리스트들에게 지시를 내렸고 심지어 쏘련으로 집행자들(이 지시들을 집행하기 위한)을 보냈다고 선언했다."
"테러리즘에 내가 참가했다는 것은 모든 자백에서 이렇게 상호작용하는 공통된 것이다. 이것은 GPU가 포기할 수 없었던 최소한이다. 그것(GPU)은 단지 그것의 희생양들에게 그것이 이 최소한을 얻는 것을 조건으로 그들의 목숨들에 대한 기회를 부여할 것이다."

위의 언급의 의미는 명확하다. 피고들은 그들이 테러리즘의 혐의들을 자백한다면 그리고 나아가 그들이 또한 뜨로쯔끼의 지시에 따라 행동하고 있었다는 것을 인정한다면 그들의 목숨을 약속한다는 것이었다. 피고들로부터 '그릇된' 자백들을 확보하고서는 당국자들은 그들을 배반하기로 결정하고 그들을 총살시켰다. 이 '설명'은, 말하는 김에 언급되어야 하는데, 뜨로쯔끼가, 그들(피고들-역자)이 "지배하는 카스트"에 대한 그들의 반대 때문에 피고석에서 자신들을 발견했던 진정한 볼쉐비키들이었다는 취지로 다른 경우들에서 묘사했던 것과 거의 맞아떨어지지 않는다. 그 '설명'은 피고들이 자신의 목숨들을 구하기 위해 가장 가증스런 범죄에 대해, 그들이 결코 범하지 않았던 범죄에 대해 인정할 준비가 되어 있었고 실제로 그러했다는 야비한 사람들이라는 것을 시사하는 것이다. '쓰딸린주의 관료주의'와 맞서 싸우는 진정한 볼쉐비키들의 모습은 전혀 아니다!

 더구나 뜨로쯔끼의 이 '설명'은, 당시에 쉽게 속아 넘어가는 사람들에 의해 전달되었을 수도 있지만, 혹자는 추정해야만 하는데, 까메네프-지노비예프의 자백들에 대해 완전히 알고 있었고 따라서 제1차 재판에서 피고들의—주장하는 바에 의하면—이어지는 배반에 대해 충분히 알고 있었던 제2차 재판과 제3차 재판에서의 피고들의 자백들을 더 이상 설명할 수 없다는 것이다. 제2차 재판과 제3차 재판에서 피고들의 자백의 견지에서 우리가 도달할 수 있는 유일한 결론은 뜨로쯔끼의 '설명'이 자백들을 설명하지 않는다는 것이다. 실제적인 설명은 피고들이 다른 이유에서가 아니라 그들이 실제로 이들 범죄들을 범했고 증거에 직면하여 그들이 행한 것에 대한 책임을 받아들일 수밖에 없었다는 것 때문에 그들이 혐의를 받고 있는 범죄들을 범했다는 것을 인정했다는 것이다.

비판 4

 네 번째의 비판은 재판들이 '사법적 연출'이었다는 것이다. 이 주장은 역시 미국 언론에서 모스끄바 재판들의 하나를 "사법적 연출"이라고 성격지운 뜨로쯔끼에 의해 제기된 것이었는데, 그는 계속하여 다음과 같이 말했다:

> "역할들이 미리 쓰여 있었다. 피고들은 그들이 자신들의 역할의 한계들을 넘어서지 않을 것이라는 앞선 확신을 감독에게 주는 일련의 리허설 뒤에야 무대에 나타났을 뿐이다."

 재판들이 "사법적 연출"이라는 혐의에 대해 가장 적합한 답을 주기 전에 우리는, 배우들(피고들)이, 자신들의 숙달되고 훌륭하고 그리고 성공적인 연기로부터 그들이 기대할 수 있는 유일한 보답은 죽음이라는 것을 그들이 미리 알아야만 했다는 것을 언급해야만 한다. 이 엉터리 같은 혐의에 대한 최선의 반박은, 제2차 모스끄바 재판에 출석한 유명한 영국의 변호사 더들리 칼러드씰에 의해 쓰인 그 재판에 관한 한 책으로부터 취해진 다음의 문단에서 발견될 수 있다:

"피고들이 말한 이야기들이 진실하지 못하다면, 누군가가 그것을 발명해야만 한다. 만약 혹자가 17명의 피고들이 함께 국가를 타도하기 위해 음모하는 대신에, 고문 받는 중간에 그들의 역할에 대해 쓰는 것을 음모했다는 환상적인 가정을 하지 않는다면, 피고들 이외에 누군가가 7일 간의 연출(하루에 8시간을 연기하기 위해)에 대해 써야만 했고 17명의 피고들, 5명의 목격자들, 재판관 그리고 공공의 검사에게 적절한 역할을 할당해야만 했다. 그 7일 간에 연출된 것과 같은 이런 생생한 드라마를 쓰는 것은 쏘비에트 셰익스피어를 필요로 했을 것인데, 그러나 문제되지 않는다. 그래서 피고들은 그들의 체포 이후부터 기간을 심문받는 데 쓴 것이 아니라, 그들이 말을 맞출 때까지(븨신스키, 재판관들 그리고 목격자들과 함께) 함께 리허설 하는 데 썼어야만 했다. 모든 피고들이 이렇게 훌륭한 배우들이어서 그들의 역할을 하기 위해 그들에게 지워진 압력에도 불구하고 그들이 하나의 실수도 없이 그리고 재판에 출석한 사람들이 그 연극이 사실이라고 생각하게끔 속일 정도로 7일 동안 한 번도 자극받음 없이 그들의 역할들을 연출할 수 있었다고 가정하는 것이 또한 필요하다."

≪쏘비에트 사법과 라덱과 기타 사람들에 대한 재판≫

비판 5

다섯 번째 비판은 유죄판결이 기초할 수 있는 "어떤 문서들, 어떤 물질적 증거"도 없었다는 것이다. 이 주장은 미국의 뜨로쯔끼 신봉자이고 뜨로쯔끼의 번역자인 샤흐트만에 의해 제기되었다. 당시에 샤흐트만은 다음과 같은 말로써 지노비예프-까메네프 재판을 탄핵하는 글을 썼다:

"실제적인 그리고 주장하는 바에 의한 정치적 적수들에 대한 모든 재판들은, 즉 공개적으로 열린 모든 재판들은 쓰딸린의 지배하에서 한결같이 동일하다. 어떤 문서들도, 어떤 물질적인 증거들도, 어떤 기록된 것도 제시되어 있지 않고 모든 증거는 변화하지 않는 죄를 뉘우치는 피고들의 자발적이고 '자유의지적인' 자백들로 한정되어 있다. 이것은 샤흐티 재판에서부터 지노비예프 재판까지의 경우이다."

기록된 서류들이 전혀 없다는 것은, 피고들의 자백에 포함된 것 이상의 다른 증거들이 없다는 것은 진실이 아니다. 그 증언이 피고들의 그것과 조화되는 목격자들이 있었다. 제2차 모스끄바 재판—라덱-피야타코프 재판—에서 예를 들면, 다섯 명의 공범자들의, 부하르체프, 롬, 로기노프, 슈타인 그리고 탐의 증언이 있었다. 그리고 어떤 폭발들이 사고에 의해 일어난 것이 아니라, 따라서 계획적이고 고의적인 사보타주의 결과라는 것을 과학적으로 드러낸 전문가 위원회의 전문적인 증거들이 있었다. 이에 더하여 피고 스트로일로프의 일기가 법정에서 제출되었다. 그 일기는 공갈에 의해 스트로일로프로 하여금 배신을 하게 하고 그들을 위해 사보타주 작업을 하게 했던 독일 정보기관의 요원들의 전화번호를 포함하고 있었다. 이 번호들은 주의 깊게 점검되었다. 이들 독일 정보기관 요원들의 사진들이 확인을 위해 법정에 제출되었고 스트로일로프는 다수의 다른 사람들로부터 올바른 사진을 집어내었다. 이들 독일 요원들의 움직임들은 재판에 제출된 공식적 기록들에 의해 확증되었다. 파괴에 연루된 유명한 철도 관리였던 크냐제프가 일본의 요원들로부터 받은 편지들이 그의 소유물 중에서 발견되었다. 크냐제프는 이들 편지들을 없애는 데 실패했고 그는 재판에서 그것들을 확인하였다.

이리하여 "어떤 문서들도, 어떤 물질적 증거도 없다"는 주장은 그릇된 것이고 사실들에 직면하여 무너진다는 것은 명백하다. 더욱이 뜨로쯔끼가 노동자계급으로부터 분리된 결과로 테러리즘으로 건너가기 전에 그 혹은 그의 심복들 누구라도 샤흐티 재판 같은 재판들의 타당함을 의심하지 않았다. 사실상 이미 지적된 바와 같이, 뜨로쯔끼는 샤흐티와 멘쉐비키 재판들을 "쏘련에서 계급들과 당들의 세력 관계에 대한 극히 충격적인 모습을 보여주는 것"으로 간주했다.(뜨로쯔끼, ≪쏘련에서 발전의 문제들≫)

샤흐트만에 의해 부수적으로 번역된 동일한 팜플렛에서 뜨로쯔끼는 말한다:

"1923-28년의 기간 동안에 부르주아 전문가들이 부르주아지의 외국의 중앙들과 밀접히 동맹하여 자본주의적 관계들의 재수립을 기대하면서 산업화의 인위적인 약화를 성공적으로 수행했다는 것은 법정에 의해 논박의 여지없이 입증되었다."

p. 26.

여기서는 재판들의 타당성에 대해 어떤 의심도 표현되어 있지 않다. 재판들은 '쓰딸린주의적인 조작들'이 아니다. 아직까지는 아니다. 쏘비에트 법정은 "부르주아지의 외국의 중앙들과 밀접히 동맹한" 전문가들의 파괴활동과 "자본주의적 관계들의 재수립을 기대하면서 산업화를 인위적으로 약화시키는 것" 사이의 연계들을 "논박의 여지없이" 입증하고 있다. 그러나 이 모든 것은 뜨로쯔끼주의가 사보타지, 파괴, 교란행위, "자본주의적 관계들의 재수립을 기대하면서, 산업화를 인위적으로 약화시키는" 작업에서 그것의 선구자들, 부르주아적 전문가들과 결합하기 전이었다. 이 모든 것은 뜨로쯔끼주의가, 뜨로쯔끼주의의 비판주의에 상관하지 않고 또 그것을 경멸하면서 열정적으로 사회주의를 건설하고 있던 쏘비에트 노동자계급과 수천만의 노동인민으로부터의 절망적인 고립 속에서, "부르주아지의 외국의 중앙들과 밀접히 동맹하여" 살인과 테러리즘으로 건너뛰기 전이었다. 그리고 그것이 이러한 방법들로 건너뛰었을 때 이러한 변화와 더불어 그것은 노동자계급 내에서 잘못된, 반레닌주의적 조류이기를 멈추었고 "외국의 정보기관들의 지시에 따라 행동하는 광적이고 규율 없는 파괴자들, 교란행위자, 첩자들 그리고 살인자들의 무리"가 되었다.(쓰딸린, 1937년)

이렇게 변화한 후에 뜨로쯔끼주의는 모스끄바 재판들을 '쓰딸린주의적 조작'이라고 간주할 수밖에 없었다. 그것은 재판들에서 "피고들의 모든 행동들은 시작부터 끝까지 그들 자신의 사상과 이해에 의해서가 아니라 지배하는 도당의 이해에 의해서 지시되었고 그리고 사이비 구상, 그리고 자백, 연극적인 판단 … 모든 것이 한 사람에 의해 그리고 그 동일한 손에 의해 배치되었다"고 선언할 수밖에 없었다.(뜨로쯔끼, ≪배반당한 혁명≫, p. 300.)

뜨로쯔끼주의의 이러한 변신의 관점에서 '레온 뜨로쯔끼의 옹호를 위한 미국 위원회'에 의해 수립된 듀이 위원회가 다음과 같이 선언해야만 했던 것은 전혀 놀라운 일이 아니다:

"위원회는 모스끄바 재판들에서 피고들에게 지워진 파괴들, 지연들 그리고 손해들이라는 혐의는 조급함, 비효율성 그리고 과도함의 견지에서 납득할 수 있으며 사보타주, 파괴 그리고 교란행위 혐의들이 레온 뜨로쯔끼에 관한 한에서는 입증되지 않았고 신뢰할 수 없다는 것을 소유하고 있는 증거로부터 발견한다."

뜨로쯔끼와 듀이 위원회로부터의 위의 인용들에 포함되어 있는 근거 없는 혐의들은 이미 적절하게 답변되었고 더 이상 다루어지지 않을 것이다. 이들 인용들은 그것들이 뜨로쯔끼의 이전의 글들과 대조되기 위해서만, 그리고 뜨로쯔끼주의에서 방법에서의 변화와 더불어, 그것이 살인, 사보타주, 파괴 그리고 교란행위로 건너뛰는 것과 더불어 그것의 재판들에 대한 평가에서 하나의 변화가 발생할 수밖에 없었고 또 실제로 발생했다는 것을 보여주기 위해서일 뿐이다.

모스끄바 재판들은 샤흐티 그리고 멘쉐비키 재판들과 기본적으로 전혀 다르지 않다. 이 모든 재판들에서 피고들은 사보타주 등의 혐의가 지워졌다. 그것들 모두에서 피고들은 자본주의의 복고를 원하고 있었고 쏘련에서 사회주의 건설에 반대했다. 이전의 재판들과 모스끄바 재판들 간의 유일한 차이는 그들의 범죄의 실행에서 모스끄바 재판의 피고들에 의해 성취된 '성공'이다. 그들의 '성공들'은 당과 쏘비에트 정부에서 그들이 갖고 있었던 중요한 지위들 때문이었다.

그러나 하나의 변화가 뜨로쯔끼주의에서 발생했다. 그것(뜨로쯔끼주의-역자)은 일찍이 사회주의 건설 과제의 어려움들이 혼돈을 야기하고 쏘비에트 정부의 타도를 초래하고 그리하여 뜨로쯔끼 신봉자의 항복의 정부와 자본주의 복고를 위한 길을 열 것이라고 희망했었다. 이것은 현실화되지 않았다. 쏘비에트, 당, 정부 그리고 인민은 어려움들을 잇달아 해결했고 사회주의 건설의 과제에서 커다란 성공들을 달성했다. 쏘비에트 정부가 내부적인 혼돈에 의해 타도될 수 없다는 것이 장님에게도 심지어 뜨로쯔끼 자신에게도 명확하게 되었다. 뜨로쯔끼주의는 이리하여 그것의 반대파적 활동을 해산할 것인가, 혹은 "부르주아지의 외국의 중앙들과 긴밀히 동맹하여" 쏘비에트 정부를 타도하는 수단으로서 살인, 테러리즘 그리고 파괴를 채택할 것인가의 선택에 직면했다. 그것은 자신의 선행자들인 멘쉐비키들 그리고 부르주아 전문가들과 마찬가지로 두 번째의 대안을 선택했다. 뜨로쯔끼주의는 주관적으로뿐만 아니라 객관적으로 반혁명적이 되었다. 그것은 부르주아지의 선진적인 분견대가 되었다.

그러한 변화가 뜨로쯔끼주의로 하여금 재판들을 "지배하는 도당의 이해"에 따른 '쓰딸린주의적 조작들'이라고 탄핵하게 강제했던 것이다.

비판 6

여섯 번째의 비판은 맑스주의자들이 (a)권력을 획득하는 수단으로서 테러를 채택한다는 것 그리고 (b) 노동자계급의 지배를 타도하기 위해서 제국주의 열강들과 동맹한다는 것은 생각할 수 없다는 것이다.

우리의 대답은 맑스주의자들이 이것들 어느 쪽이라도 실행한다는 것은 물론 생각할 수 없다는 것이다. 우리는 테러와 "부르주아지의 외국의 중앙들과 동맹"을 체결함으로써 피고들이 맑스주의자이기를 멈추었다고 말할 뿐이다. 그들이 죄수의 신분으로 피고석에 섰을 때, 그들은 볼쉐비키들과 혁명적 맑스-레닌주의자들로서 거기에 섰던 것이 아니라 볼쉐비즘의, 맑스-레닌주의의 진영으로부터의 탈주자들로서 거기에 섰던 것이다. 그들은 혁명에 의해 제기되는 문제들을 마주할 수 없어서, 쏘련에서 사회주의 건설의 과제를 마주할 수 없어서, 사회주의 진영을, 맑스-레닌주의 진영을 이탈하고 교정할 수 없는 반혁명적인 타락분자가 되었던 전(前)혁명가들로서 거기에 섰다. 맑스주의자들과 볼쉐비키들이 아니라 맑스주의로부터의 탈주자들 그리고 볼쉐비즘으로부터의 탈주자들: 그것이 모스끄바 재판들에서 피고들에 대한 진실된 묘사이다.

쏘련에서 뜨로쯔끼 신봉자들과 우익들이 그들의 목적을 달성하는 수단으로서 테러를 채택했다는 것은 생각할 수 없다고 말하는 사람들은, 우리가 알고 있듯이 뜨로쯔끼 신봉자들이 쏘비에트 노동자계급으로부터 완전히 분리되어 있고 그들의 자본주의 복고와 사회주의 건설의 반대라는 강령 뒤에 쏘련의 노동자계급을 동원할 수 없었다는 것을 알고 있는 뜨로쯔끼 신봉자들에게 권력을 얻기 위해 어떤 다른 방법이 열려 있었는지 우리에게 말해야만 한다. 그 대답은 노동자계급에 대한 자신들의 투쟁에서 착취계급들의 찌꺼기들의 대개의 방법인 테러, 살인,

사보타주 그리고 파괴를 제외하고는 뜨로쯔끼 신봉자들에게 이용할 수 있는 어떤 다른 방법도 없었다는 것이다. 어떤 뜨로쯔끼 신봉자들과 재판에 대한 다른 부르주아 비판가들은 테러리즘에 반대하는 방향의 뜨로쯔끼의 글들을 제기한다. 그러나 짜르 시대에 속하는 이들 글들은 논의하에 있는 맥락에서는 가치가 없다. 그들로 하여금 이후 시기에 속하는 뜨로쯔끼의 글들을 보게 하고 그리고 그들로 하여금 다음과 같은 구절들의 의미를 우리에게 설명하게 해보라:

"관료주의(즉 볼쉐비키당)는 오직 힘에 의해서만 권력을 프롤레타리아 전위(즉 뜨로쯔끼주의 항복자들과 항복주의적인 길을 걷는 자들)의 손으로 넘겨줄 수 있을 것이다."
"외부적인 그리고 내부적인 최초의 사회적 충격은 원자화된 쏘비에트 사회를 내전으로 내던질 것이다."

내부적 충격에 대해 언급하는 한 그것은 단지 살인, 사보타주 그리고 쿠데타를 위한 계획들을 가리키는 것에 지나지 않는다. 이것은 모스끄바 재판들에 의해 의심의 여지없이 확증된다. 외부적 충격에 관해서는 이것은 뜨로쯔끼 신봉자들이 바라고 있고 또 그것을 위해 그들이 "부르주아지의 외국의 중앙들과 긴밀히 동맹하여", 즉 독일 파시스트들과 긴밀히 동맹하여 준비하고 있는 외국의 제국주의자의 쏘련에 대한 침략에 대한 언급이다. 이것 또한 모스끄바 재판에 의해 확증되고 있다.

비판의 나머지 절반에 대해 다루어보자: 사회주의자들이 노동자계급의 지배를 타도하기 위해 자본주의 열강들과 동맹하는 것이 가능한가? 진정한 사회주의자들—맑스-레닌주의자들—은 결코 이러한 야비한 범죄를 범할 수 없다는 것이 진실이지만, 역사는, 이러한 범죄가 사회주의로부터의 탈주자들에 의해, 그리고 사회주의에 대한 그리고 노동자계급의 해방의 대의에 대한 배신자들에 의해 가장 확실하게 범해질 수 있다는 것에 대해 목격자를 가지고 있다. 예를 들면 젊은 쏘비에트 공화국에 대한 반혁명적인 간섭 전쟁이, 그 군대가 다른 목적이 아니라 노동자계급의 지배를 타도함에 의해 자본주의를 복고하는 것이었던, 쏘비에트 러시아에 대한 침략을 했던 다양한 제국주의 나라들에서 '사회주의자들'의 지지를 얻었다는 것은 잘 알려져 있다. 그럼에도 이 사람들은

제12장   모스끄바 재판들에 대한 부르주아적 비판들과 반비판   389

다른 나라의 노동자계급에 반대하여 그들 '자신의' 부르주아지를 지지하면서도—프롤레타리아트에 대해 배신을 저지르고 프롤레타리아 국제주의를 비웃으면서—스스로를 사회주의자들이라고 불렀다. 진실은 그들이 사회주의자가 아니었다는 것이고 그들이 사회제국주의자들이었다는 것이다—말로는 사회주의자들 그리고 행동으로는 제국주의자들.

제1차 대전의 발발 전에 일류의 맑스주의 이론가로 간주되었던 칼 카우츠키가 자신의 타락 후에12 쏘비에트 정부를 무력으로 타도하는 것의 일류의 옹호자가 되었다는 것은 똑같이 잘 알려져 있다. 카우츠키가 주장하기를 볼쉐비즘은 '보나파르티즘'으로 타락했고 따라서 그는 그것의 무력에 의한 타도가 모든 사회주의자들에 의해 지지되어야 한다고 주장했다. 히틀러가 권력에 접근하는 때까지 카우츠키는 계속하여 볼쉐비즘을 타도하기 위해 쏘련에 대한 제국주의적인 무력간섭을 옹호했다. 자, 한때 정통 맑스주의의 가장 뛰어난 대표자였던 카우츠키가 쏘비에트 정부의 무력에 의한 타도를 옹호하는 지점에까지 타락하는 것이 가능하다면, 그러면 왜 오랫동안 쏘련에서 사회주의 건설을 반대했던(왜냐하면 그에 따르면 유일의 후진적인 나라에서 사회주의를 건설하는 것은 불가능하기 때문에) "엉터리 같은 영구혁명의 이론"의 저자, 뜨로쯔끼가 쏘비에트 정권의 타도를 위해 파시즘과 동맹을 체결하는 지점까지 타락하는 것이 불가능할 것인가? 우리가 그것이 불가능하다고 믿을 어떤 이유도 없다. 반대로 그것이 가능하다고 믿을 무수한 이유가 있다.

더구나 우리는 뜨로쯔끼와 그의 추종자들에게서, 쓰딸린의 지도력하에서 전체 당이 '타락'의 과정을 겪었다고 수백의 경우에서 들어오지 않았는가? 전체 볼쉐비키당의 타락을 선언하고서는, 뜨로쯔끼 신봉자들과 다른 부르주아적 요소들은 계속하여 한 입으로 재판에서 피고들의 타락의 이론적 불가능성을 선언하고 있다. 그들은 묻는다. 재판들에서 피고들과 같은 볼쉐비키들이 타락하고 "부르주아지의 외국의 중앙들과 긴밀히 동맹하여" 자본주의의 복고를 위해 작업하는 것이 어떻게

---

12 여기에서 카우츠키의 타락의 이유들을 설명하는 것은 적절하지 않을 것이다. 동지들은 스스로 이 이유들을 알기 위해 레닌의 ≪국가와 혁명≫과 ≪프롤레타리아 혁명과 배신자 카우츠키≫를 읽어야만 한다.

가능한가? 우리는 대답한다: 전체 당이 타락하는 것과 같은 동일한 방식으로. 우리의 입장은 다음과 같은데, 카우츠키가 말하기를 하나의 혁명적 맑스주의자가 타락하고 반혁명분자가 될 수 있듯이 전체 당이 잘못된 정책을 채택하고 고집함에 의해 타락한다는 것은 마찬가지로 가능하다. 레닌이 지적했듯이: "조그마한 잘못이 고집되고 박식하게 과시되고 '그것의 논리적 결론까지 수행된다면' 괴물로 성장할 것이라고 참으로 이야기될 수 있다." 이리하여 우리는 전체 당의 타락의 이론적 가능성의 문제에 대해 뜨로쯔끼주의와 불일치하지 않는다. 우리의 불일치는 이러한 타락이 쓰딸린의 지도력하에서 볼쉐비키당에서 실제로 발생했는지 여부의 문제에서이다. 우리는 뜨로쯔끼주의에 반대하여 그리고 사실들이 우리의 편이라는 것을 알고 인식함으로부터 뻗어나오는 확신을 갖고, 이러한 타락은 발생하지 않았을 뿐만 아니라 당은 참으로 부패하고 타락한 그러한 부분들, 즉 모스끄바 재판들에서의 피고들에 반대하여 적절한 때에 행동을 취할 정도로 충분히 건강했다는 것을 말한다. 피고들은 반혁명적 타락분자들이 되었는데, 왜냐하면 그들이 그들의 그릇된 강령, 사회주의 건설에 대한 그들의 반대를 '박식하게' 고집했고 부하린이 말한 대로 "투쟁의 논리가 사상의 논리를 야기하고 우리의 심리의 변화를 야기하고 우리의 목표들의 반혁명화를 야기했기" 때문이다.

위로부터 사회주의자들이 타락하는 것이, 특히 혁명에 있어서 가장 어려움이 있을 시기 동안에 타락하는 것이 가능하다는 것이 안전하게 결론지어질 수 있다. 혁명적 고조가 드높고 혁명이 반혁명적인 모든 것을 쓸어버릴 때, 누군가 혁명적으로 되는 것은 쉬운 일이다. 이러한 때에는 심지어 가장 후진적이고 겁 많은 사람들조차 기적을 수행할 수 있다. 그러나 혁명이 어려움에 처해 있을 때, 그것이 퇴각하고 있을 때(비록 그 퇴각이 단지 일시적인 것일지라도) 혁명적으로 되는 것은 참으로 어려운 것이다. 혁명이 일시적으로 퇴각하고 있을 때인 브레스트-리똡스크 시기 동안에 뜨로쯔끼의 비혁명적인 행위에 대해 언급하면서 쓰딸린 동지는 말했다:

"그러나 프롤레타리아의 투쟁은 중단되지 않는 전진, 승리들의 끊어지지 않은 사슬이 아니다. 프롤레타리아 투쟁은 또한 그것의 시련들이 있고 그것의 패배들이 있다. 진정한 혁명가는 승리하는 고조의 시기에 용기를 보이는 사람이 아니라, 혁명이 승리하는 전진의 시기 동안에 잘 싸우면서도 또한 혁명이 퇴각할 때, 프롤레타리아트가 패배의 고통을 당할 때 용기를 보이는 사람이며 혁명이 역전으로 고통을 겪을 때, 적이 성공을 얻고 있을 때 이성을 잃지 않고 움츠리지 않는 사람이며 혁명이 패배의 시기에 있을 때 공황에 빠지지 않고 절망에 굴복하지 않는 사람이다. 사회혁명당 좌파는 10월의 시기에 못 싸우지 않았고 그들은 볼쉐비키들을 지지했다. 그러나 독일 제국주의의 전진이 그들을 절망과 히스테리로 몰고 갔던 브레스트의 시기에 그 '용감한' 투사들이 공황에 빠졌다는 것을 누가 모르는가? 10월의 시기에 잘 싸웠던 뜨로쯔끼가, 브레스트의 시기에, 혁명이 일시적인 역전으로 고통 받을 때, 그 어려운 순간에 충분한 완강함을 보여주는 그리고 사회혁명당 좌파들의 발걸음을 뒤따르지 않을 용기를 가지지 못했다는 것은 매우 슬프지만 의심의 여지없는 사실이다. 의심의 여지없이 그 순간은 어려운 때였다. 혹자는 예외적인 용기와 침착한 냉정함을 보여야만 했고 당황하지 않고 적절한 때에 퇴각하고 적절한 때에 평화를 얻고 프롤레타리아 군대를 독일 제국주의가 타격할 범위로부터 철수시키고 농민 예비군을 보전하고 그리고 이러한 방식으로 휴식을 얻은 후에 새로워진 힘으로 적을 타격해야만 했다. 불행하게도 뜨로쯔끼는 그 어려운 순간에 이러한 용기와 혁명적 완강함을 결여하고 있는 것이 드러났다."

"뜨로쯔끼의 의견에 따르면, 프롤레타리아 혁명의 주요한 교훈은 10월 동안에 '움츠리지 않는 것'이다. 그것은 틀렸는데, 왜냐하면 뜨로쯔끼의 주장은 혁명의 교훈들에 대한 진실의 단지 극히 일부만을 포함하고 있기 때문이다. 프롤레타리아 혁명의 교훈에 대한 전체적인 진실은 단지 혁명이 전진하고 있을 때만이 아니라 그것이 퇴각하고 있을 때, 적이 우위를 점하고 있고 혁명이 역전으로 고통 받고 있을 때 '움츠리지 않는 것'이다. 혁명은 10월로 끝나는 것이 아니었다. 10월은 프롤레타리아 혁명의 시작일 뿐이었다. 반란의 물결이 올라올 때 움츠러드는 것은 나쁘다. 그러나 혁명이 권력을 획득한 후에 심각한 시련을 겪고 있을 때 움츠리는 것은 더 나쁘다. 혁명 직후에 권력을 유지하는 것은 권력을 획득하는 것 못지 않게 중요하다."

쓰딸린, <AUCCTU에서 공산주의 그룹의 전체회의에서의 연설>,
1924년 11월 19일.

뜨로쯔끼 신봉자들과 우익들은 브레스트-리톱스크의 시기 동안에, 사회주의의 공세에 대한 쿨락들의 저항의 시기 동안에 그리고 쏘련이 유일한 사회주의 나라로서 자본주의의 포위에 직면하고 끊임없는 전쟁의 위협과 반혁명적인 간섭의 위협하에 살았던 때인 두 차례의 세계전쟁 사이의 시기 동안에 움츠러들었다. 모스끄바 재판들에서 피고들은 소부르주아적인 불안정성이 두드러진 특징이었던 사람들이었다—그들은 어려움들에 직면하여 항복했던, 혁명에 의해 제기되는 문제들을 대면하고 풀 수 없었던 사람들이었다. 이것에 그들의 올바르지 못한 강령을 더하면 여러분은 누군가를 반혁명분자로 전환시키는 모든 전제조건들을 얻게 된다. 피고들을 완전히 날 수 있게 된 반혁명분자들로 전환시키는 데 요구되었던 것은 몇 년에 불과하였다.

혁명적인 볼쉐비키들—맑스-레닌주의자들—이기를 멈추고 노동자계급에게서 분리된 반혁명적인 타락분자들이 된, 노동자계급의 해방의 대의에 대한 배신을 저지른, 모스끄바 재판들에서의 그 피고들과 같은 사람들은, 살인과 암살의 캠페인에 의해 그리고 쿠데타에 의해 쏘비에트 정부를 타도함에 의해 권력에 오르려는 그들의 목적의 수단으로서 테러리즘을 충분히 채택할 수 있다.

비판 7

일곱 번째 비판은 테러리즘에 집중했던 지노비예프-까메네프 재판과 뜨로쯔끼 신봉자들과 독일과 일본의 동맹 그리고 쏘련을 분할하려는 구상, 그리고 산업에서 교란행위, 파괴 그리고 사보타주에 집중했던 두 개의 이어지는 재판 사이에서 불일치가 있다는 것이다. 예를 들면 지노비예프-까메네프 재판과 피야타코프-라덱 재판을 비교하면서 뜨로쯔끼는 다음과 같이 썼다:

"그러면 그들은(지노비예프, 까메네프 그리고 지노비예프-까메네프 재판의 기타의 피고들)가장 중요한 것, 뜨로쯔끼주의자들과 독일 및 일본과의 동맹에 대해 그리고 쏘련을 분할하려는 구상에 대해 한마디도 하지 않았는가? 그들이 이러한 구상의 '세부사항'을 잊어버릴 수 있었겠는가?

제12장 모스끄바 재판들에 대한 부르주아적 비판들과 반비판   393

그들 스스로가 소위 중앙의 지도자들이면서 마지막 재판(삐야타코프-라
덱 재판)에서의 피고들이, 부차적 범주의 사람들이 알고 있었던 것을 몰
랐을 수가 있는가? 수수께끼는 쉽게 설명된다. 새로운 혼합물이 16명의
처형 뒤에, 마지막 5개월의 기간 동안에 세계 언론에서의 비우호적인 반
향들에 대한 대답으로서 수립되었다."

뜨로쯔끼, ≪배반당한 혁명≫, pp. 295-296.

동지들, 수수께끼는 지노비예프와 까메네프가 단지 이미 다른 출처
에 의해 알려진 것만을 드러냈다는 사실, 그들은 단지 입증된 사실들
에 직면하여 부정될 수 없는 것만을 인정했다는 사실에 의해 "쉽게 설
명된다." 이것은 그들의 일관된 행위와 일치한다. 1934년 12월에 쏘련
공산당(볼)의 가장 뛰어나고 사랑받는 지도자들 중의 한 사람인 세르
게이 키로프가 살해되었다. 총탄은 니콜라예프에 의해 발사되었다. 키
로프의 살해에 대한 조사는 니콜라예프가 속했던 지노비예프-까메네프
조직의 한 부분을 드러냈다. 조사는 한편으로 이 조직의 몇몇 성원들
과 다른 한편으로 지노비예프와 까메네프 사이의 연계를 입증했다. 결
국 지노비예프와 까메네프는 키로프의 암살에 대한 "도덕적 책임"을 받
아들였다. 그들은 그들이 니콜라예프에게 키로프를 살해하도록 지시하
지 않았으나 그들이 키로프의 살해에 대해 도덕적으로 책임 있다고 주
장했는데, 왜냐하면 그들이 키로프의 암살을 초래한, 당 지도자들에
대한 자신들의 추종자들의 마음에 증오를 만들었기 때문이라는 것이었
다. 이 설명은 받아들여졌고 그들은 그에 따라 선고를 받았다. 단지
이후에야, 몇몇의 다른 테러리스트 그룹들의 폭로의 결과로서 까메네
프와 지노비예프의 암살과 테러 조직에 대한 완전한 참가가 충분히 드
러났다. 그들이 스스로 다시 한 번 그들의 범죄로 인해 피고석에 서게
된 것은 단지 그때였다. 까메네프와 지노비예프의 전체 역사는 그들이
이미 조사 당국에 알려진 것만큼만 인정했다는 것이며 그 이상은 인정
하지 않았다는 것을 보여준다. 그들은 그들이 자신들의 범죄들로 인해
죽을 것이라는 것을 알고 있었다. 그들은 그럼에도 불구하고 그들의
뒤에 음모 조직을 손대지 않고 남겨두기를 원했는데, 남아있는 음모자
들이 그들의 목적을 달성할 수 있게 하기 위해서였다. 그것이 그들이
"가장 중요한 것에 대해, 뜨로쯔끼 신봉자들과 독일 및 일본과의 동맹

에 대해 그리고 쏘련을 분할하는 구상에 대해 단 한 마디도 하지 않은" 이유이다. 그것이 "수수께끼가 쉽게 설명되는" 방식이다. 확실히 이 모든 것은 음모의 존재와 일치하는 것인데, 그 음모의 완전한 폭은 가장 주의 깊고 고통스러운 조사의 결과로서 한 단계 한 단계 폭로되었다. 그것이 OGPU에 의해 날조된 구상의 경우였다면, 그것(OGPU-역자)으로 하여금 지노비예프-까메네프 재판에서 독일 및 일본과의 동맹의 혐의를 추가하는 것을 막을 것은 하나도 없었을 것이다. 이러한 혐의는 제1차 재판의 피고들에게는 전혀 제기되지 않았는데, 왜냐하면 이러한 동맹을 주장하는 어떤 증거도 당시에는 없었기 때문이었다. 단지 이후에야 이 동맹의 존재가 명백하게 되었다. 그리하여 제2차 재판과 제3차 재판에서 이 혐의가 나온 것이다.

비판 8

여덟 번째 비판은 모스끄바 재판에서는 거기에서 만들어진 모든 증거를 '불신하게 하는' 세 가지 '하자들'이 있다고 주장한다. 이 '하자들'의 존재는 뜨로쯔끼가 주장한 것이다. 그것들을 검토해보자.

(a) 지노비예프-까메네프 재판에서 피고들 중의 한 명인 홀쯔만은 코펜하겐에 있는 브리스톨 호텔에서 뜨로쯔끼와 오랫동안 만났다고 자백을 했다. 뜨로쯔끼는 이 자백을 물에 빠진 사람이 지푸라기 잡는 것으로서 재판들이 위조라고 설명한다. 왜? 뜨로쯔끼는 말한다, "브리스톨 호텔은 1917년에 그 기초조차 사라졌다는 것이 사실이다. 이 호텔은 1932년에 단지 애정 어린 기억으로서만 존재했다." 다른 말로 하면 OGPU(뜨로쯔끼가 주장하기를 OGPU는 피고에게 자백들의 내용에 대해 가장 상세한 부분까지 구술했다는 것이다)가 너무 서툴러서 홀쯔만에게 존재하지 않는 호텔에서 뜨로쯔끼를 만났다는 자백을 하게 했다는 것이다. 얼마나 넌세스인가! 사실들은 다음과 같다:

철도역의 반대편에 그 만남의 시기에 브리스톨 호텔은 없었다. 그 대신에 당시에 그랜드 센트럴 호텔이 서 있었다. 그랜드 센트럴 호텔이 일부분을 형성했던 그 동일한 건물에 브리스톨 까페가 있었다. 당시에 브리스톨 까페를 통하여 호텔 출입을 하는 것이 또한 가능했다. 따라서 홀쯔만이 브리스톨 까페를 그랜드 센트럴 호텔과 혼동한 것은 매우 있을 법하다.

더구나 자백들이 OGPU에 의해 피고들에게 구술되었다는 뜨로쯔끼의 주장의 견지에서 그의 다음과 같은 언급은 줄잡아 말하더라도 기묘한 것이다:

"홀쯔만은 그의 오래전의 이민의 기억을 통하여 브리스톨 호텔을 명백하게 알고 있었다. 그것이 그가 그것의 이름을 말한 이유이다."

다른 말로 하면 OGPU에게 어쩔 수 없이 자발적인 잘못된 자백을 할 때 홀쯔만은 그 이름에 관해 실수를 한 것이었다. 다른 말로 하면 자백들은 OGPU에 의해 구술된 것이 아니었다.

만약 OGPU가 조작에 종사했다면 그것이 호텔의 존재와 이름을 발견하는 것은 전혀 어렵지 않았을 것이다. 따라서 우리가 끌어낼 수 있는 유일한 결론은 홀쯔만은 그랜드 센트럴 호텔에서 뜨로쯔끼와 만났고 그 이름을 브리스톨 까페와 혼동했던 것이다.

(b) 두 번째 '하자'는 독일 정부가 제공한 특별 비행기를 타고 1935년에 오슬로에서 뜨로쯔끼를 보기 위한 피야타코프의 여행과 관련이 있다. 이것은 전혀 발생할 수 없었다고 주장되는데, 왜냐하면 1935년 12월에 오슬로 공항에 착륙한 단 한 대의 외국 비행기도 없었기 때문이라고 한다. 비간섭위원회에 의해 실행된 통제에도 불구하고 북부 스페인으로 수백 대의 비행기를 보낼 수 있었던 파시스트들이 단 한 대의 비행기의 착륙과 이륙을 감출 수 있었으리라는 것은, 피야타코프와 부하리스테프(재판에서 목격자로 나타났고 이 여행의 상세한 주변적 증언을 했던 <이즈베스티야>의 베를린 통신원)가 스스로 그릇된 주장의 책임을 떠맡아야 하는 것보다는 더 있을 법하다.

(c) 세 번째의 그리고 마지막 '하자'는 재판에서 목격자들 중의 한 사람의 증언에 관련되는데, 그는 뜨로쯔끼와 라덱 사이에서 서신왕래를 맡았던 또 한 사람의 <이즈베스티야> 통신원인 롬이다. 롬은 그가 1933년 7월 말에 보이 드 블롱Bois de Boulogne(빠리)에서 25분 동안 뜨로쯔끼를 만났다고 진술했다. 뜨로쯔끼는 7월 동안에 자신이 로얀에

머물고 있었고 로얀에서 그의 체류 동안에 그는 영국 독립노동당의 두 당원인 존 패튼과 C. A. 스미스를 만났다고 말함으로써 재판을 불신시키려 했는데, 그 두 사람은 물론 그들이 7월에 로얀에서 뜨로쯔끼를 만났었다고 확인했다. 1933년 7월에 그가 로얀에 머물고 있었고 그가 거기에서 패튼과 스미스를 만났다는 뜨로쯔끼의 주장에 대해 우리가 조금의 의심도 던질 필요는 없다. 우리가 묻는 모든 것은 다음과 같다: 뜨로쯔끼로 하여금 로얀에서 보이 드 블롱으로 여행할 수 있게끔 하는 열차들이나 어떤 다른 수송 수단이 없었는가? 뜨로쯔끼는 1933년 7월에 로얀에서 잘 머물고 있을 수 있고 그럼에도 여전히 보이 드 블롱에서 롬(그의 증언이 전혀 의심할 필요가 없는 목격자)을 만날 수 있었고 실제로 만났다.

이리하여 실제로 조사해보았을 때, 세 개의 '하자'는 사라진다는 것을 알 수 있다. 뜨로쯔끼 신봉자들과 다른 부르주아 비판가들이 이 '하자들'에 매달려서 재판을 불신하게 하려는 시도들은 비참하게 실패한다.

비판 9

마지막 비판은 모스끄바 재판들에서 피고들을 그의 공개적인 선언들에서 탄핵했던 뜨로쯔끼가, 주장하는 바에 의하면, 그가 했다고 하는 바와 같이 동시에 그들과 협력할 수는 없었을 거라는 것이다.

이 비판에서 감추어진 두 가지 지점들이 있는데, 하나는 역사적인 것이고 다른 하나는 전술적인 것이다. 그것의 전술적 측면에 대해 말하면, 뜨로쯔끼에 의한 피고들에 대한 모든 비판의 갑작스런 중단은 쏘비에트 당국들로 하여금 의심하게 만들었을 것이다. 따라서 뜨로쯔끼가 계속하여 피고들에 대한 공개적인 비판을 하면서 실제로는 그들과 협력하는 것이 필요했다. 쏘비에트 당국들의 주의를 흩뜨리고 다른 데로 돌리고 그들로 하여금 뜨로쯔끼와 피고들 간에 동맹이 있을 것 같지 않다고 믿게 하기 위해서 뜨로쯔끼가 그렇게 하는 것이 필요했다.

논의 중인 지점의 역사적 측면을 보자. 뜨로쯔끼는 이러한 블록들의 형성에 앞선 얼마 되지 않는 시기에 그가 종종 탄핵했던 모든 종류의 사람들과 블록들을 형성하는 것으로 악명 높았다[13]. 라덱에 대한 뜨로쯔끼의 탄핵과 이어지는 라덱과 뜨로쯔끼의 블록의 형성의 경우를 들어보자. 뜨로쯔끼는 1918년에 라덱을 평가하면서, 듀이위원회에 말했다:

"그는(라덱) 어떤 시기에(1918년에) 외무인민위원회에서 활동적이었지만 외교관들은 그가 있는 앞에서는 아무것도 말하는 것이 불가능하다고 주장했는데, 왜냐하면 내일 그것이 온 도시에 알려졌기 때문이었다. 우리는 즉각 그를 제거했다. … "

이것이 뜨로쯔끼가 1918년에 라덱에 대해 생각한 것이다. 그럼에도 라덱에 대한 이러한 평가는 뜨로쯔끼가 1925년부터 1928년까지 라덱과 긴밀히 협력하여 일하는 것을 막지 못했다. 두 사람 사이의 이러한 긴밀한 협력이 왜 1931년 후에는 불가능한 것으로 선언되어야 하는가?
또 다른 예를 들어보자: 뜨로쯔끼의 지노비예프와 까메네프에 대한 탄핵과 이어지는 그들과의 블록의 형성. 1924년에 자신의 ≪10월의 교훈들≫에서 뜨로쯔끼는 지노비예프와 까메네프를 10월 혁명의 전야에 동요와 불안정의 죄를 지은 위험한 우익분자들이라고 탄핵했다. 그러나 이것은 그로 하여금 조금 후에 그들과 긴밀한 동맹을 형성하는 것을 막지는 못했다. 그러면 왜 1928년에서 뜨로쯔끼의 지노비예프와 까메네프에 대한 탄핵이, 후일에 한편으로는 뜨로쯔끼 그리고 다른 한편으로는 지노비예프와 까메네프 사이의 긴밀한 동맹의 형성에 넘을 수 없는 장애로 제기되어야만 하는가? 그리고 라덱, 까메네프 그리고 지노비예프에 적용되는 것은 부하린과 리코프에게도 똑같은 힘으로 적

---

13 뜨로쯔끼주의의 이중성을 폭로할 목적으로, 쓰딸린 동지는 1930년에 16차 당대회에서 이러한 이중성은 "뜨로쯔끼주의가"(항복을 위장했다) "우익 일탈자들에 대해 이들 항복자들과 위장 없이 블록을 만듦에 의해 그들에 대한 '격렬한' 공격의 최후를 대개 장식한다는 사실을 설명해준다."고 지적했다.
　뜨로쯔끼 신봉자들뿐만 아니라 우익들도 항복자들이다. 뜨로쯔끼 신봉자들은 병적으로 흥분한, 도발적인, '혁명적인' 수사들의 위장으로 가리워진 항복자들이고 반면에 우익들은 위장 없는 항복자들이다.

용된다. 뜨로쯔끼와 후자와의 차이들은 그가 집단화에 대하여 그들과 전혀 다르지 않은 입장을 취했을 때 사라졌다. 그래서 다시 한 번 그들은 모두 볼쉐비키당에 대한 격앙된 반대파로서 연합하였다.

뜨로쯔끼는 그가 얼마 전의 과거에 탄핵했었던 사람들과 동맹들과 블록들을 형성하는 것으로 언제나 끝을 맺었다. 이 동맹들은 볼쉐비키당에 대한 뜨로쯔끼의 격앙된 반대 때문에 언제나 필요하였다. 따라서 그는 스스로 볼쉐비키당에 대한 똑같은 격앙된 반대에 종사하는 사람들과 블록들을 형성하는 것에 의해 끝을 맺을 수밖에 없었다. 심지어 과거에 그가 그들을 탄핵했었을지라도. 뜨로쯔끼를 포함한 이 모든 사람들의 격앙된 반대가 그들을 함께 뭉치게 하고 그들 사이의 모든 차이들에도 불구하고 그들로 하여금 이 차이들을 밀쳐놓게 한 결정적 요인이었다. 8월 블록의 시기 그리고 보다 이른 시기로부터 뜨로쯔끼주의의 전체 역사는 이 진실에 대한 웅변적인 확증을 제공한다.

재판들에 대한 부르주아적 '설명들'

뜨로쯔끼 신봉자들과 재판에 대한 다른 부르주아 비판가들이 주장하는 바와 같이 쏘비에트 정권에 반대하는 실제적인 구상, 음모가 전혀 없었다면 그러면 왜 이들 재판이 열렸던 것인가? 여기에 단지 기대될 수 있는 것으로서, 뜨로쯔끼 신봉자들과 뜨로쯔끼에 대한 다른 부르주아적 옹호자들에 의해 제기된 '설명들'이 다양하게 있다:

첫 번째 '설명'

재판들에 대한 뜨로쯔끼의 '설명'은 '개인적으로' 그를, 그리고 '제4인터내셔널'을 불신하게 하기 위해 그것들이 열렸다는 것이었다. 다른 말로 하면 쏘비에트 정권에 대한 음모가 전혀 없었고 쏘련에서 반대파가 전혀 없었고 뜨로쯔끼는 파시스트들과 전혀 동맹을 하지 않았고 뜨로쯔끼는 피고들과 어떤 연계도 없었다는 것이다. 피고들은 파괴, 교란행위, 테러 그리고 살인에 전혀 연루되지 않았고 훌륭한 공산주의자들로서 그들의 일을 수행하고 있었는데, 그럼에도 쏘비에트 정부가 높은 공식적 지위에 있는 사람들—공업의 부인민위원들, 민족 공화국의 수상들, 외교관들 등—을 체포하기로 결정했고 그들을 재판에 회부했다는 것이다. 무엇을 위해서? 바로 뜨로쯔끼와 '싸우기' 위해서 그리고 '제4 인터내셔널'을 불신하게 하기 위해서. J. R. 캠벨이 정당하게 말하듯이:

"혹자는 재판들이 럭비 연합과 남부 동맹을 불신하게 하기 위해서 열렸다고 주장할 수도 있다. 수단과 목적들 사이에 이런 심한 불균형이 있었던가? 볼쉐비키의 증기 롤러가 땅콩을 까기 위해서 작동되고 있는 것이다."
≪쏘비에트 정책과 그것의 비판자들≫, p. 269.

두 번째 '설명'

쓰딸린이 세계 부르주아지에게 자신이 쏘련에서 자본주의를 복고시킬 것을 보증했고 제국주의 부르주아지에게 그의 진정성의 증거를 주기 위해서 모스끄바 재판들을 무대에 올렸다는 것이 뜨로쯔끼 신봉자들과 쓰딸린에 대한 다른 부르주아적 중상자들에 의해 또한 주장되었다.

혹자는 이 '설명'의 엉터리 같음을 깨닫기 위해, 이 '설명'이 단지 악의적인 비방의 목적으로서만 제기될 수 있다는 것을 깨닫기 위해 1초 동안만 생각하면 될 뿐이다. 세계 부르주아지가, 사회주의 건설의 가능성을 결코 믿지 않았고 쏘련에서 사회주의 건설을 반대한 사람들에 대한 재판과 이어지는 처형(대부분의 경우에)으로부터 무슨 보증을 얻을 수 있겠는가? 쏘련을 해체하고 자본주의 복고를 위한 길을 내기 위해 쏘비에트 정권을 타도하기 위한 목적으로 파시즘과 동맹한 혐의를 가진 피고들의 재판이 세계 부르주아지에게 무슨 보증을 줄 수 있었겠는가? 혹자는 이 '설명'의 완전한 엉터리 같음과 그것을 제기한 사람들의 극단적인 어리석음을 깨닫기 위해 이 질문들을 떠올리기만 하면 된다.

세 번째 '설명'

또한 쏘비에트 정부가 직면하고 있는 경제적 어려움들로부터 쏘비에트 인민의 주의를 돌리고 이러한 어려움들을 설명하기 위해서 재판들이 무대에 올려졌다는 주장이 있다. 이 '설명'은 다음과 같은 말로 듀이 위원회에 의해 제기되었다:

"위원회는 정권에 대한 광범하게 공개된 일련의 재판들에서 기소와 자백들이, 각각의 경우에 쏘련의 당시의 내부적인 어려움들, … 경제적 및 정치적 어려움들로 인한 것이었다는 결론이 불가피하다고 판단한다. 다른 말로 하면, 재판들은 실제로 범죄적이지 않았고 정치적인 것이었다."

그 위원회는 1936-38년의 기간에 쏘련에서 지배적이었던 경제적 상황들에 관한 어떤 증거도 제기하지 않았다. 이 기간은 (파괴와 사보타주에도 불구하고) 거대한 경제적 성장의, 그리고 쏘비에트 인민들이 결코 그와 유사한 것을 경험한 적이 없었던 번영의 기간이었다. 집단화는 1936년까지 성공적으로 완수되었다. 나라 전체가 농업국에서 공업국으로 변화되었다. 생활수준들과 노동조건들이 이전의 러시아의 전체 역사의 어느 시기보다도 더 좋아졌다. 실업이 제거되었고 모든 사람이 (쓰딸린 헌법에서) 일할 권리를 부여받았다. 전체 쏘비에트 인민의 문화는 향상되었다. 이것들은 사실이다. 이러한 사실들을 철저하게 무시함에 의해서, 듀이 위원회는, 그것이 주장하는 바에 의하면, 쏘비에트 정권이 직면하고 있는 경제적 어려움들을 언급했을 때 단지 자신의 용감한 무지를 주장했을 뿐이다. 사실상 이러한 무지한 주장이 도달하는 것은, 쏘비에트 정부가 쏘비에트 인민들에게 사회주의 건설의 자랑스러운 업적들을 알리고 있을 바로 그때가 쏘비에트 정부가 직면하고 있는 "당시의 내부적인 경제적 및 정치적 어려움들"을 설명하기 위해서 '죄가 없는' 사람들에 대한 "정치적" 재판들을 무대에 올린 때였다는 것이었다. 이것은 명백한 횡설수설이다.

네 번째 '설명'

이 '설명'은 재판들이 "쓰딸린주의적 기구에 의한 스페인 노동자계급에 대한 근본적인 배신으로부터 쏘비에트 프롤레타리아트와 자본주의 나라들의 노동자들의 주의를 돌리는 데 있어서 관료주의의 목적에 또한 봉사했다"는 것이다.(샤흐트만, ≪미국의 뜨로쯔끼 신봉자≫)

샤흐트만은 이 거짓말을 1936년 11월 1일에 썼는데, 즉 쏘련이 불간섭 협정들에 의해 더 이상 속박되지 않는다고 선언한 후에 그리고 쏘련이 파시즘에 반대하는 스페인 인민의 투쟁에 대해 전심전력의 지지14를 보내고 있다는 것이 누구에게나 명백해진 후였다.

시간의 부족이 나로 하여금 스페인 문제에 대해 지금 논의하는 것을 막고 있는데, 그에 대해 다른 때에 돌아갈 것인데, 그때에는 나는 스페인의 투쟁하는 그리고 영웅적인 인민들에 대해 쏘련에 의해 주어진 실제적 도움을 보여줄 수 있을 뿐만 아니라 뜨로쯔끼주의에 의해 주어진 '도움'15을 폭로할 수 있을 것이다. 쏘련이 스페인 인민에게 고결하고 잊을 수 없는 형제적인 물질적 및 정치적 도움을 주는 데 종사하고 있던 반면에, 뜨로쯔끼 신봉자들은 쏘련에 반대하는, 쏘련에서의 사회주의에 반대하는 격앙된 공격들을 하느라 바빴고 이리하여 쏘련에 대한, 즉 사회주의에 대한 "자본주의 나라들의 노동자들"의 지지를 진정으로 침식하고 있었다는 것을 말하는 것으로 잠시 동안은 충분하다.

---

14 조즈 디아즈Jose Diaz 앞으로 보낸 스페인 공산당 중앙위원회에 대한 그의 메시지에서, 쓰딸린 동지는 말했다:

"쏘련의 근로자들은 스페인의 혁명적 대중들에게 그들이 할 수 있는 모든 도움을 주는 데 있어서 그들의 의무를 완수하고 있다. 그들은 파시스트 반동들의 멍에로부터 스페인의 해방은 스페인 사람들의 사적인 문제가 아니라 선진적이고 진보적인 인류 전체의 공통된 대의임을 완전히 깨닫고 있다."

15 이 책의 5부를 보시오.

다섯 번째 '설명'

 마지막 '설명'은 "모든 혁명들은 자신의 자식들을 잡아먹는다"는 것이다. 라코프스키는 부르주아 지식인들(보다 정확히 말하면 인텔리겐챠)에 의해 제기된 이 사이비 역사적 설명에 대해 그의 결론적인 연설에서 죽음의 타격을 가했다. 동지들, 나는 이 '설명'에 대한 라코프스키의 언급을 인용함으로써 결론을 내리고 싶은데, 왜냐하면 그것들은 이 '위조된' 설명에 대해 죽음의 타격을 가할 뿐만 아니라, 그것들은 또한 모스끄바 재판들에 대한 현실의 설명을 구성하기 때문이다. 여기에 라코프스키가 말한 것이 있다:

> "그것은 조소할 만한, 근거 없는 유추이다. 부르주아 혁명들은 물론 끝났다―그러나 지금의 순간에 중요한 의미가 있는 몇몇의 이론적 주장들을 여기에서 내가 인용하는 실례를 구하겠다―부르주아 혁명들은 물론 끝났는데, 그것들이 승리한 후에 그것들이 인민들과의 그것들의 동맹, 그것들의 좌익의 혁명적 동맹들을 진압해야만 했기 때문에, 그것들은 자신의 자식들을 잡아먹었다."
>
> "그러나 프롤레타리아 혁명은, 끝까지 혁명적인 계급의 혁명은, 맑스가 '평민적인 보복의 방법들'이라고 부른 것을 적용할 때, 그것은 그것들을 선진적 요소들에게 적용하지 않고, 그것은 그것들을 이 혁명에 방해가 되는 입장을 취하는 사람들에게, 혹은 우리 스스로처럼, 이 혁명에 함께 했고 어떤 시기 동안에 그것과 함께 행진했지만 그리고 나서 그것의 등을 찌르는 사람들에게 적용한다."
> ≪우익들과 뜨로쯔끼 신봉자들의 반쏘비에트 블록에 대한 재판≫, p. 760.

 이미 언급된 것 이상으로 덧붙일 필요는 전혀 없다. 동지들, 이것이 내가 말하고자 하는 모든 것이다.(3부 끝)

제4부
중국혁명에 대한 두 가지 노선
코민테른의 노선과 뜨로쯔끼주의 반대파의 노선

"쓰딸린은 중국 인민의 해방의 대의에 대한 진정한 친구이다. 불화의 씨를 뿌리려는 어떤 시도도, 어떤 거짓말들과 비방들도, 쓰딸린에 대한 중국 인민의 충심의 애정과 존경에 대해 그리고 쏘련에 대한 우리의 진정한 우정에 영향을 줄 수 없다."
—마오쩌뚱

제13장
국제공산주의운동과 관련한 뜨로쯔끼주의

이 표제하에 우리가 고려할 수 있는 수많은 문제들이 있다—예를 들면, 중국혁명 그리고 이 혁명에 대한 뜨로쯔끼주의 반대파의 노선과 공산주의 인터내셔널(코민테른)의 노선; 스페인 내전의 문제, '히틀러-쓰딸린' 협약 등과 같은 문제들. 이 쟁점들은 과거에 격렬한 논쟁과 혼란을 가져왔으며, 그리고 그것들은 여전히 국제 노동자계급 운동에서 거대한 중요성과 이해가 걸린 문제이다. 이 쟁점들은, 만약에 노동자계급 운동이 과거 역사로부터 그것의 교훈들을 배우지 않는다면 자신의 잘못들을 회피하거나 제거할 수 없고 이러한 잘못들의 제거 없이는, 그것은, 불가능하지는 않더라도, 더 이상의 성공들을 얻는 것이 어렵다는 것을 발견할 것이라는 이유 때문에 큰 중요성이 있다. 나는 정당하게 이 모든 중요한 문제들을 한 번의 만남에서 다 다룰 수는 없다. 그리하여 나는 이 만남에서 이들 쟁점들 중의 하나에만 집중하기로 결정했는데, 중국혁명과 그것에 대한 뜨로쯔끼주의 반대파(뜨로쯔끼, 지노비예프 그리고 라덱)의 노선과 코민테른의 노선의 문제이다. 이 문제는 코민테른과 "쓰딸린주의적 관료주의"가, 즉 쏘련공산당(볼)이 중국혁명과 중국 공산주의자들을 팔아서 강물에 버렸다고 계속하여 말하는 뜨로쯔끼주의적 그리고 반레닌주의적 요소들을 논박하기 위한 목적에서 큰 중요성이 있다. 따라서 우리가 중국혁명의 문제를 다루는 것 그리고 객관적으로 중국혁명의 이익을 팔아서 강물에 버린 사람이 정확히 누구였는지를 파악하는 것은 커다란 이해가 걸린 것이다.

중국의 동지들이 관련되는 한(그리고 중국의 동지들은 뜨로쯔끼 신봉자들과 전혀 다르게 성공적인 혁명을 수행했다; 뜨로쯔끼 신봉자들은 성공적인 혁명을 결코 수행한 적이 없고 또한 그들은 뜨로쯔끼주의를 버리지 않는다면, 그리고 뜨로쯔끼주의를 버릴 때까지 결코 혁명을 수행할 수 없을 것이다. 왜냐하면 뜨로쯔끼주의를 버리지 않고서는 그리고 맑스-레닌주의를 채택하지 않고서는 어떠한 프롤레타리아 혁명도 수행될 수 없기 때문이다.) 그들이 공산주의 인터내셔널의 노선과 쓰딸린의 노선에 대해 거대한 존경을 한다는 것을 아는 것은 동지들에게 매우 이익이 될 것이라고 나는 생각한다. 다음은 쓰딸린의 60회 생일에 마오쩌둥이 말한 것이다:

"쓰딸린은 세계혁명의 지도자이다. 이것은 탁월한 중요성이 있는 것이다. 인류가 쓰딸린 때문에 축복받는다는 것은 커다란 사건이다. 우리에게 그가 있기 때문에 일이 잘 돌아간다. 여러분 모두가 아는 대로 맑스는 죽었고 엥엘스도 죽었고 레닌도 죽었다. 쓰딸린이 없었다면 누가 거기에 있어 방향을 지시했겠는가? 그러나 그가 있다는 것—이것은 실제적인 축복이다. 지금은 세계에 쏘련이 존재하고, 공산당이 존재하고 그리고 또한 쓰딸린이 존재한다. 이리하여 세계의 문제들이 잘 돌아간다. 우리는 그에 대해 환호해야만 하고 우리는 그를 지지해야만 하고 그리고 우리는 그로부터 배워야만 한다. … 우리는 두 가지 점에서 그로부터 배워야만 한다: 그의 이론 그리고 그의 작업"

《중국혁명에서의 쓰딸린》에서
첸 포 타에 의해 인용됨.

이 진술은 내가 아는 한에서는 중국 인민의 민주주의 혁명의 지도자이고 또한 중국에서 프롤레타리아 혁명의 지도자인 마오쩌둥 동지에 의해 부인되지 않았고, 그리하여 그것은 마오쩌둥의 입장일 뿐만 아니라 중국공산당의 입장이기도 하다. 그러므로 실제로, 객관적으로 중국 인민의 투쟁을 사보타주하려고 그들의 다양한 초'좌익'적 실험들을 제기하는 것을 제외하고는 중국혁명과 아무런 관련도 없는 뜨로쯔끼 신봉자들이, 중국 공산주의자들이 '초관료주의자' 쓰딸린과 쏘련을 지배하는 '관료주의적 도당'에 의해 팔려서 강물에 던져졌다고 말할 때, 그러면, 우리는 그들의 말을 믿어서는 안 된다.

뜨로쯔끼 신봉자들의 선언들은 단지 거짓일 뿐이며, 우리가 마지막 만남에서 제3차 모스끄바 재판에서의 다량의 증거와 51명의 피고들의 자백을 참조하여 보여주었듯이, 반혁명적인 그들 자신의 활동에 대한 단지 가림막과 위장에 지나지 않는다. 모스끄바 재판들은 뜨로쯔끼주의가 반혁명적인 정책을 따랐기 때문에 반혁명적인 실천에 이르렀고 자신의 힘이 충분하지 않음을 발견하고서는 독일과 일본 같은 파시스트 국가들과 동맹을 맺었다는 것을 보여주었다. 이것은 의심의 여지없이 증명되었다. 그리고 따라서 뜨로쯔끼 신봉자들이 금세기의 20년대와 30년대에 뜨로쯔끼와 쏘련공산당(볼)의 나머지 반대파들이 그러했듯이, 중국 공산주의자들이 팔려서 강물에 던져졌다고 오늘날 주장할 때 우리는 그들을 믿어서는 안 된다. 반대로 그것들을 반박하는 것이 우리의 중요한 의무이다. 그것을 하기 위해서 우리는 뜨로쯔끼주의를 연구해야만 하고 맑스-레닌주의를 연구해야만 하고 쏘련과 세계에서 사건들의 구체적 발전을 연구해야만 하는데, 그리고 나서 이러한 연구와 조사에 기초하여 특별히 뜨로쯔끼주의가 왜 반혁명적인지를 입증해야 한다. 우리는 뜨로쯔끼주의가 쏘련에서 반혁명적이었다는 것을 증명했다―이제는 뜨로쯔끼주의가 예를 들면 중국혁명의 문제에 관하여 또한 반혁명적이었다는 것을 증명하도록 하자.

중국혁명의 문제에 관한 한―뜨로쯔끼와 지노비예프 그리고 쏘련공산당(볼)의 나머지 반대파는, 그들이 주장하는 바에 의하면, 중국에서 민족 부르주아지에 대한 지지를 의미했던 정책을 제기했다는 이유로 쓰딸린 동지를 공격하는 것, 쏘련공산당(볼)의 중앙위원회를 공격하는 것, 그리고 공산주의 인터내셔널의 집행위원회를 공격하는 것을 멈추지 않았다. 실제적으로는 쏘련에서 이러한 반대파의 주장은 순전한 날조와 비방에 지나지 않았다. 사실상 공산주의 인터내셔널의, 쏘련공산당(볼)의, 그리고 쓰딸린의 정책은 혁명의 영역을 확장하고 넓히기 위해서 중국에서 민족 부르주아지를 활용하는 정책이었다. 그것은 당시 중국 인민들에 의해 수행되고 있던 반제국주의 투쟁에서 민족 부르주아지를 이용하는 정책이었고 그리고 그 당시의 특수한 시기에 중국의 민족 부르주아지는 실제적으로 제국주의에 반대하는 투쟁을 수행하고 있었다. 이것이 공산주의 인터내셔널의 정책이었고 그리고 쓰딸린 동지는 다음과 같이 말했다:

"반대파가 객쩍은 이야기와 왜곡 없이는 어찌할 수 없다는 것은 그들의 불행이다."

그렇다―물론 그것은 뜨로쯔끼주의 반대파만의 불행이 아니다―그것은 모든 부정직한 동맹들과 반대파들의 불행이다. 그들이 객쩍은 이야기 없이는 어찌할 수 없다는 것은 모든 반혁명분자들과 반대파들의 불행이다. 우리는 오늘날의 '좌익' 운동에서 이것들을 발견한다. 우리는 오늘날 뜨로쯔끼주의자들이 이러한 객쩍은 이야기에 빠져 있는 것을 발견하지 않는가? 우리는 반수정주의 운동 자체에서 뜨로쯔끼주의자들의 친구들을 발견하지 않는가?

중국혁명에 대한 코민테른의 분석

중국혁명에 대한 코민테른의 분석은 무엇이었는가? 코민테른은 중국혁명에 관해, 중국혁명의 성격과 전망들에 관해 다음의 분석을 제기한다. 코민테른은 중국혁명의 주요한 성격은 반봉건이라고 주장했는데, 왜냐하면 봉건주의와 봉건주의의 유물들이 중국의 농촌에서 가장 지배적이었기 때문이었다. 중국은 당시에 대략 4억에서 4억 5천만의 인구가 있었는데, 그들 중에서 3억 5천에서 4억의 사람들이(인구의 상태에 근거하면) 농촌에서 살았다. 인민의 대략 90%가 봉건주의에 의해 철저하게 착취당하는 농민이었고, 그리하여 중국혁명의 지배적인 특징은 봉건주의에 대한 싸움이었다. 다른 말로 하면 중국혁명은, 코민테른의 분석에 따르면, 봉건주의에 반대하여, 그리고 물론 이 봉건적 구조에 의존하는 전체적인 군사―관료주의적 구조에 반대하여 창끝을 겨누는 농민혁명이었다. 이것이 중국혁명의 성격이었다.

농민혁명이란 무엇인가? 농민혁명은 그것이 봉건주의를 반대하지 않는다면, 그것에 대해 말하는 것이 넌센스이다. 혹자는 그 특수한 혁명이 봉건주의에 반대하는 방향을 가지지 않는다면 농민적인 혁명에 대해 말할 수 없다. 농민혁명이 부르주아―민주주의적인 혁명의 기초이고 내용이다.

옛날에 그렇게 불리곤 했던 부르주아 민주주의 혁명은, 지금은 인민 민주주의 혁명이라 불린다. 우리는 그것을 인민 민주주의 혁명이라 부르는데, 왜냐하면 그것은 부르주아지에 의해서가 아니라 프롤레타리아트에 의해서 이끌어지고, 식민지 및 반식민지의 나라들에서 오직 프롤레타리아트만이 부르주아 민주주의 혁명의 철저한 완성에 이해가 있으며 그리하여 그것은 부르주아 민주주의 혁명을 지도할 수 있는 유일한 세력이기 때문이다. 그 이상인데, 프롤레타리아트는 인민을 부르주아 민주주의 혁명으로부터 혁명의 사회주의적 단계로 이끌 수 있는 유일한 세력인 반면에, 부르주아지는 어떤 단계에서 혹은 다른 단계에서 제국주의와 그리고 또한 봉건주의와 타협한다. 따라서 마지막으로 분석하면 부르주아 민주주의 혁명을 위한 투쟁을 이끄는 것은 프롤레타리아트이기 때문에 우리는 그것을 인민의 민주주의 혁명이라 부른다.

중국에서 혁명은 당시의 특수한 시기에 부르주아 민주주의적 성격이었고 혹은 우리가 지금 인민의 민주주의 성격이라고 부르는 것이었다. 투쟁의 창끝은 봉건주의에 향해 있었다. 그러나 중국에서 부르주아 민주주의 혁명은 옛날 유형의 것이 아니었다—그것은 예를 들면 영국에서 일어난 것과 같은 어떤 이전의 부르주아 민주주의 혁명과 같은 부르주아 민주주의 혁명이 아니었다.

영국에서 부르주아 민주주의 혁명은 중국의 부르주아 민주주의 혁명과 전혀 다른 유형의 것이었다. 왜? 왜냐하면 중국에서 그리고 어떤 다른 후진적인 그리고 반식민지의 나라에서, 중국이 그 당시 특수한 시기에 그러했듯이, 부르주아 민주주의 혁명은 반제국주의 혁명일 수밖에 없기 때문이다. 왜? 왜냐하면 봉건주의의 전체 구조, 봉건주의의 전체 조직을 지지하는 것은 제국주의이기 때문이다. 봉건주의를 촉진하고 영감을 불어넣고 지지하고 보전하는 것 그리고 봉건주의의 편에서 투쟁하는 것은 제국주의이다. 그것은 사실이다. 그리고 그렇기 때문에 어떤 식민지의 혹은 반식민지 나라(당시의 중국과 같은)의 인민이 봉건주의에 맞서 싸우기를 원한다면, 그들은 동시에 제국주의의 타도를 위한 혁명적 투쟁에 관련될 수밖에 없었는데, 왜냐하면 제국주의의 이해들은 봉건적인 지배계급의 이해들과 뒤엉켜 있기 때문이다. 그리하여 중국에서 부르주아 민주주의 혁명은 코민테른의 분석에 따른다면 또한 반제국주의 혁명이었다.

중국혁명에 대한 뜨로쯔끼의 분석

중국혁명에 대한 뜨로쯔끼주의 반대파의 관점은 무엇이었는가? 뜨로쯔끼의 그리고 따라서 나머지 반대파의 입장을 아는 것은 흥미로운 것이다. 뜨로쯔끼는 봉건주의의 힘을 과소평가했고 결정적인 중요성을 전혀 부여하지 않았다. 그에 따르면 봉건주의는 어떤 특별한 중요성도 없었다. 그는 중국혁명의 주요한 이유는 제국주의 나라들에 대한 중국의 국가관세 의존이었다고 주장했고, 그리고 뜨로쯔끼에 따르면 그것이 중국혁명을 반제국주의 혁명으로 만드는 것이었다. 그래서 뜨로쯔끼주의의 입장은 중국혁명이 국가관세 자치의 혁명이며 제국주의에 대한 국가관세 의존을 폐지하기 위한 혁명이었다. 제국주의에 의해 중국의 지배계급에 부과된 다양한 불평등 협정이 있었는데, 뜨로쯔끼에 따르면 중국혁명은 이들 불평등 협정들을 폐지하려는 것이므로 반제국주의적이었다. 이것이 뜨로쯔끼가 중국혁명의 성격에 대해 주장한 입장이었다.

뜨로쯔끼는 봉건주의의 유물에, 전제 군사 관료주의적 구조―군벌들과 그밖의 모든 것―가 봉건주의의 꼭대기에 세워져 있다는 사실에 도대체 중요성을 전혀 부여하지 않았다. 뜨로쯔끼와 반대파의 나머지는 봉건주의와 봉건적 유물들이 중국의 농촌에서 가장 지배적인 특징이었다는 것을 보지 못했다. 나에게 뜨로쯔끼가 1927년 5월에 쏘련공산당(볼)의 중앙위원회와 코민테른 집행위원회에 제출한 테제를 언급할 것을 허용해 달라. 여기에 뜨로쯔끼가 자신의 테제에서 말한 것이 있다:

"주장하는 바에 의하면, 중국의 경제에서 '봉건적 유물들'의 지배적인 역할을 언급함으로써 자신의 기회주의적인 타협적인 노선을 정당화하려는 부하린의 시도는 근본적으로 지지될 수 없는 것이다. 중국의 경제에 대한 부하린의 평가가 학자적인 정의에 기초해서가 아니라 경제적인 분석에 기초해 있다 할지라도 '봉건적 유물'은 4월 쿠데타를 그렇게 명백하게 촉진했던 그 정책을 정당화할 수 없다. 중국혁명은 중국의 자본주의 생산력의 발전이 제국주의 나라들에 대한 중국의 국가관세 의존에 의해 막혀 있다는 기본적인 이유로 인해 민족 부르주아적 성격을 지닌다."

뜨로쯔끼, ≪중국혁명과 쓰딸린의 테제≫

우리는 뜨로쯔끼가 중국혁명에 대해 무엇을 생각하고 있는지에 대해 보다 명백한 증거를 얻는 것은 물론이고 물을 수도 없다. 그는 중국혁명을 반'국가관세 의존'혁명으로서, 단 하나의 목적을 위해, 즉 국가관세에 관해 다양한 제국주의 나라들에 중국을 의존하게 만드는 불평등 협정들을 폐지한다는 것을 위해 제국주의에 반대하는 방향으로 향하는 혁명이라고 성격을 규정한다.

우리가 여기서 뜨로쯔끼의 테제에서 가지고 있는 것은 중국에서 봉건주의 유물들의 지배적인 역할에 대한 부정이다. 뜨로쯔끼에 따르면 중국에서 봉건적 유물들은 하찮은 것이고 그것들은 중요성이 전혀 없다. 나는 계속하여 그것을 되풀이하는데, 왜냐하면 그것은 문제의 급소이기 때문이고, 우리가 혁명의 성격을 규정할 수 없다면 그리고 규정할 때까지 혁명의 성공적인 결과는 전혀 불가능하기 때문이다. 뜨로쯔끼의 테제는 그가 중국의 농촌에서 군벌들, 다양한 군사적 지배자들이 인민을 수탈하고 인민을 철저하게 착취한다는 것을 그리고 여성들과 소녀들에 대한 판매가 여전히 중국에서 행해지고 있다는 것을 깨닫는 데 실패했다는 웅변적인 증거인데, 그럼에도 뜨로쯔끼에게는 봉건적 유물들이 중국의 농촌에서 전혀 문제되지 않았다. 이런 것이 중국혁명의 성격에 대한 뜨로쯔끼의 관점이었다.

쓰딸린은 이 관점을 "장쩌린 전하의 국가고문의 관점"이라고 규정함에 있어서 절대적으로 올발랐다. 그것은 절대적으로 타당한데, 왜냐하면 뜨로쯔끼가 참으로 장쩌린 전하의 관리들의 관점으로 미끄러졌기 때문이다. 왜? 왜냐하면 심지어 장쩌린이나 장제스 같은 가장 광폭한 반동들조차 실제적으로 중국에 대해 제국주의에 의해 부과된 불평등 협정들이 폐지되어야만 한다는 요구를 제기했기 때문이다. 확실히 프롤레타리아트는 그것보다 더 나아갈 수 있어야만 한다.

여기에서 우리는 초-'좌익적' 수사가(修辭家), 뜨로쯔끼 자신을 보는데, 그는 중국혁명에 대해 유일한 것은 국가관세 협정들의 폐지라고 말하고 있다. 쓰딸린은 그 점을 제기하고 있다:

"뜨로쯔끼의 관점이 타당하다면, 그러면 장쩌린과 장제스가 농민 혹은 노동자 혁명을 원하지 않으면서 중국을 위해 불평등 협정들의 폐지와 관세 자치의 수립을 위해서만 분투한다는 점에서 올바르다는 것이 인정되어야만 한다."

그리고 나아가 코민테른과 뜨로쯔끼의 노선을 비교하고 요약하면서 쓰딸린은 계속하여 다음과 같이 말했다:

"이리하여 우리는 두 가지 기본적인 노선을 가지고 있다:"
"(a) 코민테른의 노선, 그것은 억압의 지배적 형태로서 중국에서 봉건적 유물들의 존재, 강력한 농민운동의 결정적 중요성, 봉건적 유물들과 제국주의의 연계, 제국주의에 반대하여 창끝을 겨누는 투쟁을 하는 중국혁명의 부르주아 민주주의적 성격을 고려하고 있다."
"(b) 뜨로쯔끼의 노선, 그것은 봉건군사주의의 억압의 지배적인 중요성을 부정하고 있고 중국에서 농민 혁명 운동의 결정적 중요성을 평가하는 데 실패하고 있고 중국혁명의 반제국주의적 성격을 단지 중국을 위한 관세독립을 요구하고 있는 중국 자본주의의 이해 탓으로만 돌리고 있다."
"뜨로쯔끼의 기본적 오류(따라서 반대파의 오류)는 그가 중국에서 농민혁명을 과소평가하고 있고, 혁명의 부르주아 민주주의적 성격을 이해하지 못하고 있고, 수백만을 포괄하는 중국의 농민운동을 위한 전제조건들의 존재를 부정하고 있고 중국혁명에서 농민층의 역할을 과소평가하고 있다는 것이다."

쓰딸린, "중국에서의 혁명과 코민테른의 임무",
공산주의 인터내셔널 집행위원회(ECCI) 8차 전체회의 10회에서 행한 연설,
1927년 5월 24일.

그러나 여러분 대다수는 뜨로쯔끼의 이러한 독특한 관점, 중국 사회에서 봉건주의의 영향력에 대한 그의 업신여김, 중국의 농촌에서 봉건주의의 유물들의 영향력에 대한 그의 업신여김은 뜨로쯔끼에게 새로운 것이 아니라는 것을 알 것이다. '영구혁명'의 전체적인 이론은 농민층의 역할에 대한 부정이다. 사실상, 볼쉐비즘에 대한—레닌주의에 대한—싸움에서 일관된 뜨로쯔끼주의의 특징적인 모습들 중의 하나는 농민층의 역할에 대한 과소평가, 부정이었다. 농민층의 역할에 대한 이 과소평가, 이 부정은 '영구혁명' 이론의 심장에 자리 잡고 있다. 그것은 '영구혁명'의 이론이다. 그것은 '영구혁명'의 이론인데, 농민층의 역할에 대한 과소평가, 부정을 가진 것인데, 그것만이 파시즘과 동맹함에 의해 종말을 맞이한 뜨로쯔끼주의의 타락을 설명할 수 있다. '영구혁명' 이론은 뜨로쯔끼로 하여금 농민층의 역할을 부정하지 않을 수 없게 하였다. 그가 중국에서 봉건적 유물들을 보는 데 실패했을 때, 뜨로쯔끼가 농민층의 역할을 부정하고 있는 것은 처음이 아니었다. 뜨로쯔끼는 1905년에 동일한 것을 했었다. 그는 러시아에서 1917년 2월 혁명 직전에 그의 '독창적인' 오류를 반복했다. 뜨로쯔끼는 농민층 사이에서 계속된 분화, 제국주의의 지배 때문에 그리고 프롤레타리아트가 부르주아지에 반대하는 싸움을 하게 되기 때문에(왜냐하면 "제국주의는 구정권에 대한 부르주아 국가의 싸움이 아니라 부르주아 국가에 대한 프롤레타리아트의 싸움을 붙이기" 때문에: 뜨로쯔끼) 러시아 농민층의 역할은 쇠퇴할 것이고—러시아 농민층은 이전에 자신에 할당된 중요한 역할을 더 이상 수행할 수 없을 것이다—그리고 결과적으로 농민혁명은 더 이상 이제까지 자신에 부여된 중요성을 갖지 못할 것이라고 주장했다.

동지들! 나에게 뜨로쯔끼의 이러한 엉터리 같은 '좌익적' 주장들에 대한 레닌의 답변을 인용하게 허용해 달라. 1915년에 쓰인 한 기사에서, 레닌은 러시아에서 부르주아 민주주의 혁명에서의 농민층의 역할에 대해 다음과 같이 말해야만 했다:

"뜨로쯔끼의 이 독창적인 이론(뜨로쯔끼의 '영구혁명'을 언급하는 것이다)은 볼쉐비키들로부터 프롤레타리아트에 의한 단호한 혁명적 투쟁을 위한 그리고 후자에 의한 정치권력의 장악을 위한 요구를 빌려오고 멘쉐비키들로부터 농민층의 역할에 대한 '부정'을 빌려온다. 그가 말하기를, 농민층은 계층으로 분열되어 왔고 분화되어 왔고 그것의 잠재적인 혁명적 역할은 꾸준하게 감소했고 '국민적' 혁명은 러시아에서 불가능하고 '우리는 제국주의 시대에 살고 있고' 그리고 '제국주의는 구정권에 대한 부르주아 국가의 싸움이 아니라 부르주아 국가에 대한 프롤레타리아트의 싸움을 붙인다'는 것이다"

"우리는 여기서 '말장난'의 재미있는 사례를 본다: 제국주의! 만약에 러시아에서 프롤레타리아트가 이미 '부르주아 국가'와 싸움을 하고 있다면, 그러면 그것은 러시아가 직접적으로 사회주의 혁명에 직면하고 있다는 것이다!! 그러면 '지주들의 토지의 몰수'라는 슬로건은(이것은 뜨로쯔끼가 1912년 협의회 이후 그리고 다시 1915년에 제기했다) 진실이 아니며 그리고 우리는 '혁명적인 노동자'의 정부에 대해서 말하는 것이 아니라 노동자의 '사회주의적' 정부에 대해 말해야만 한다!! 어느 정도로 뜨로쯔끼의 혼란이 심해지는가는 프롤레타리아트가 그것의 결의에 의해 그것과 함께 '비프롤레타리아 인민대중들'과 함께 할 것이라는 그의 수사로부터 볼 수 있다(217번)!! 뜨로쯔끼는 만약에 프롤레타리아트가 지주들의 토지의 몰수를 위해 농촌에서 비프롤레타리아 대중들과 함께 하고 군주제를 타도한다면, 그것은 러시아에서 '국민적인 부르주아 혁명'의 완수가 될 것이라는 것을, 그것은 프롤레타리아트와 농민층의 혁명적 민주주의 독재가 될 것이라는 것을 제대로 숙고하지 않은 것이다."

"전체적인 10년—위대한 10년—1905년부터 1915년까지—은 러시아 혁명을 위해 두 개의 그리고 오직 두 개의 계급적 노선만이 있다는 것을 드러내었다. 농민층의 분화는 그 내부에서 계급투쟁을 강화했고 매우 많은 정치적으로 잠자고 있는 요소들을 일깨웠고 농촌의 프롤레타리아트를 도시의 프롤레타리아트에게 더 가까워지게 했다(볼쉐비키들은 1906년 이후로 전자의 분리된 조직을 주장해왔고 스톡홀름, 멘쉐비키 대회에서 이 요구를 도입하였다). 그러나 '농민층'과 마르코프들-로마노프들-흐보스토프들 사이의 적대는 더 강해졌고 더 발전되었고 더 첨예해졌다. 이 진실은 너무 명백해서 심지어 뜨로쯔끼의 수십 개의 빠리 기사들에서의 수천의 수사들조차 그것을 '반박'할 수 없다. 뜨로쯔끼는 사실상, 농민층의 역할에 대한 '부정'이 농민들을 혁명으로 일깨우는 것의 거부를 의미한다고 이해하는 러시아의 자유주의적인 노동 정치가들을 돕고 있는 것이다. 그리고 그것이 지금 문제의 핵심이다."

레닌.

쓰딸린이 말했듯이:

"그가 부르주아지를 보고 프롤레타리아트를 보지만, 농민층을 주목하지 못하고 부르주아 민주주의 혁명에서 그것의 역할을 이해하지 못한다는 사실은, 뜨로쯔끼의 도식의 독특함이다. 중국혁명에 대한 반대파의 주요한 오류를 구성하는 것은 바로 이러한 독특함이다."

"중국혁명의 성격의 문제에 있어서 뜨로쯔끼의 그리고 반대파의 '반(半)멘쉐비즘'을 구성하는 것은 바로 이것이다."

"이러한 주요한 오류로부터 반대파의 다른 모든 오류들, 중국혁명에 대한 그것의 테제에 있어서 모든 혼란들이 뻗어 나오고 있다."

쓰딸린: "중국혁명과 코민테른의 임무들",
1927년 5월 24일에 행한 연설.

중국혁명의 성격 문제에 대한 뜨로쯔끼주의 반대파의 입장에 대한 쓰딸린 동지의 성격 규정은 절대적으로 타당하다. 농민대중들로 구성되어 있는 나라에서, 1927년에 중국에서 인구의 90%를 (농민이—역자) 차지했듯이, 봉건적 유물들이 가장 지배적인 요인인 곳에서, 중국혁명의 성격이 반봉건적이라는 것을 부인하는 사람은 누구나 실제적으로는 농민층을 동원해제하려 하는 것이고 (그가 그것을 원하건 아니건) 장제스와 장쩌린 전하 그리고 그의 관료들을 돕고 있는 것이다. 그는 실제로는, 중국혁명이 반봉건이 아니기 때문에 인민대중들, 수백만의 농민들이 봉건주의와 제국주의에 반대하는 방향의 농민혁명에서 혁명으로 일깨워질 수 없다는 것을 말하고 있는 것이다. 중국혁명의 반제국주의적 성격이 단지 당시 불평등 협정의 폐지를 요구하고 있는, 즉 관세독립을 요구하고 있는 중국 자본주의의 이해에만 적용될 수 있다는 뜨로쯔끼의 주장은 무엇에 이르렀는가? 이 주장은 부르주아 혁명은 사회주의 혁명으로 이행할 수 없고 이행하지도 않을 것이라고 말하는 것에 이른다. 왜? 왜냐하면 제국주의에 의해 부과된 불평등 협정들의 폐지와 관세 자치의 수립에 실제적으로 이해가 있었던 것은 단지 중국 부르주아지, 단지 장제스들과 장쩌린들이었기 때문이다. 그것의 유일한 목표가 중국을 위한 관세 자치의 수립인 혁명에 왜 프롤레타리아트와 광범한 농민대중들이 특별히 이해가 있어야만 하는가? 그리하여 혁명의 실제적 목적이 관세 독립을 성취하는 것이라고, 중국혁명은 단지 중국 자본가들에게 부과된 불평등 협정들이라는 쟁점 때문에 반제국주의적이라고 주장하는 사람은 누구나, 그리고 확실히 중국의 장쩌린들과 중국의 장제스들에 대한 직접적인 지지를 하는 것인데, 왜냐하면 그는 그럼에 의해 농민혁명에서 농민층을 해산시키고 동원해제하고 혹은 동원하기를 거부하고 그리고 또한 혁명의 지도력이 부르주아지의 수중에 남아 있는 것을 보장하는 것인데, 왜냐하면 오직 후자만이 관세 자치에 이해가 있기 때문이었다. 동지들, 이것이 바로 문제들의 의미이다. 이것이 중국혁명의 문제에 대한, 쏘련에서의 뜨로쯔끼주의 반대파의 주요한 오류였다. 그리고 이 주요한 오류로부터, 중국혁명에 대한 틀린 분석으로부터 반대파의 다른 오류들과 혼란, 모든 불행들이 흘러나온다.

뜨로쯔끼주의 반대파의 다른 오류들

반대파의 다른 오류들, 다른 불행들은 무엇이었는가? 그것이 도달한 다른 그릇된 결론들은 무엇이었는가? 중국혁명의 성격에 대한 그릇된 분석 때문에 반대파는 항상 오류에 찬 정책을 옹호했다. 반대파의 중요한 오류들의 일부를 다루어 보자.

오류 1: 무한(武汉)에 대한 뜨로쯔끼의 "논리적 부조화"

전민족적인 통일전선의 시기[광동(Canton) 시기], 특히 1925년과 1927년 4월 12일 사이의 시기에 얼마동안 뜨로쯔끼와 반대파의 나머지는 공산주의자들이 국민당으로부터 철수해야만 한다고 요구했다.

첫 번째, 이 시기에 국민당에 대한 몇 마디의 말들: 그것은 몇몇의 피억압 계급들의 블록이었다. 그것은 민족 부르주아지의, 도시 빈민의, 농민층의, 소부르주아 인텔리겐챠의, 그리고 프롤레타리아트의 블록이었다. 그것은 기본적으로 네 개의 계급들의 블록이었다. 1925년과 1927년 4월 12일 사이에 민족부르주아지는 진보적 역할을 수행했다 (이것에 대해서는 나중에 더 설명할 것이다).

뜨로쯔끼는 프롤레타리아트가, 중국공산당이 국민당으로부터 철수해야만 한다고 요구했다. 왜? 그에 따르면 부르주아지는 언제나 반혁명적이기 때문이었다. 뜨로쯔끼는 명백히 러시아 혁명을 모델로서 삼았는데 (뜨로쯔끼는 스스로 러시아 혁명에 관하여 잘못되었음이 입증되었는데, 그런데 어쨌거나 러시아 혁명은 레닌의 테제를 따라서 성공하였고, 그러자 뜨로쯔끼는 러시아 혁명을 다른 모든 나라들에 대한 모델로서 취급한다), 러시아가 제국주의 나라이고 반면에 중국은 그 특수한 시기에 피억압의 나라였다는 것을, 내내 반혁명적인 제국주의 나라의 부르주아지는 제국주의에 대한 원한들과 불평들을 가지고 있는 피억압 나라의 부르주아지와 비교될 수 없다는 것을 깨닫는 데 실패했다. 그것은 제국주의에 반대하여 싸우는 이유와 원인을 또한 갖고 있었는데, 그리하여 어떤 시기에 특수한 특별한 상황하에서 부르주아지는 실제적으로 프롤레타리아트의 동맹이 될 수 있다. 프롤레타리아트와 부르주아지의 일시적 동맹이 프롤레타리아트가 부르주아지와 융합되어야만 한다는 것을 요구한다고 아무도 말하지 않고 있다. 아니다. 동지들. 이것은 이러한 동맹에 대한 공산주의적 개념이 아니다. 부르주아지와 동맹에 대한 우리의 개념은 프롤레타리아트가 언제라도 자신의 독립적인 강령하에서 독립적으로 조직하고, 프롤레타리아트를 조직하고 농민층을 조직하고 광범한 인민대중들을 조직하는 작업에 있어서 방해받아서는 안 된다는 것이다. 그리고 중국공산당이 국민당내에 있었던 동안에는 그것은 혁명을 위해 광범한 인민대중을 독립적으로 조직하는 작업에서 방해받지 않았을 뿐만 아니라 사실은 바로 국민당에 속해 있다는 사실에 의해, 독립적으로 조직하고 대중들을 지도하는 자신의 실제적 능력이 향상되었다(그리고 나는 그것을 나중에 다룰 것이다).

  1927년 4월에 민족 부르주아지는 혁명을 버렸는데, 1927년 4월 12일에 그것은 자신의 쿠데타를 시작했다. 장제스에 의해 지도되는 국민당의 우익은 공산주의자들을 학살하기 시작했다. 민족 부르주아지는 남경에 자신의 반혁명적인 중앙을 세웠다. 그리하여 민족 부르주아지는 1927년 4월 12일부터는 더 이상 중국혁명의 편이 아니었다. 그것은 반혁명과 제국주의를 편들었다. 민족 부르주아지의 배신을 야기했던 것은 무엇이었는가? 그것은 농민혁명에 대한 두려움이었고, 둘째로는 상하이에 있는 제국주의에 의한 장제스 도당에 가해진 압력이었다. 민족 부르주아지에 의한 혁명의 배신 이후에 국민당의 좌익은 자신의 혁명적 중심을 무한에 세웠다. 무한은 농민혁명의 최대치의 발전을 위한 토대가 되었는데, 그것은 공산당에 의해 지도되었다. 뜨로쯔끼주의 반대파는 무한을 어떻게 성격 규정했는가? 그리고 무한에 대한 그것의 태도는 무엇이었는가? 뜨로쯔끼는 무한을 "허구"라고 묘사했다. 뜨로쯔끼는 무한을 "허구"라고 묘사하지만, 그는 이 "허구"로부터 무한의 국민당 좌익과 당시에 동맹하고 있던 중국공산당의 철수를 옹호하지 않는다.

나에게 무한에 대한 뜨로쯔끼의 태도—"이 논리적 부조화"—를 적절하게 묘사하는 쓰딸린의 연설로부터 한 단락을 인용하게 해 달라. 여기에 쓰딸린이 말한 것이 있다:

"무한이 허구라고 가정해 보자. 무한이 허구라면 뜨로쯔끼는 왜 무한에 대한 단호한 투쟁을 주장하지 않는가? 말하자면 공산주의자들이 허구들을 지지하고 있고 허구들에 참여하고 있고 허구들의 선두에 서 있고 그리고 기타 등등의 시기에 말이다. 공산주의자들이 허구에 맞서 싸워야만 하는 의무가 있다는 것은 사실이 아닌가? 공산주의자들이 허구에 맞서 싸우는 것을 삼간다면 그것은 프롤레타리아트와 농민층을 기만하는 것을 의미할 것이라는 것은 사실이 아닌가? 그러면 왜 뜨로쯔끼는 공산주의자들이, 무한 국민당과 무한 정부로부터 즉각적으로 철수함으로써 이 허구와 맞서 싸워야만 한다는 것을 제안하지 않는가? 뜨로쯔끼는 왜 그들이 이 허구의 내부에 남아 있어야 한다고 그리고 그것으로부터 철수해서는 안 된다고 제안하는가? 이것에서 논리는 어디에 있는가?"

"이 '논리적' 부조화는 뜨로쯔끼가 무한에 대해 으스대는 태도를 취했고 그것을 허구라고 불렀고 그리고는 차가운 반응을 얻고 그의 테제로부터 적합한 결론들을 끌어내는 것에서 물러났다는 사실에 의해 설명되어야만 하지 않는가?"

이런 것이 무한의 문제에 대한 뜨로쯔끼의 입장이다.

이제 훨씬 더 독특한 지노비예프의 입장을 다루어 보자. 지노비예프는 무한 정부를 케말주의 정부로, 즉 케말에 의해 지도되었던 터키의 1920년의 정부로 묘사했다. 무한 정부를 케말주의 정부로 이렇게 묘사하는 것은 반대파들이(지노비예프, 라덱 그리고 뜨로쯔끼) 한때 중국혁명과 터키의 케말주의 혁명을 혼동했다는 사실로부터 직접적으로 나오는 것이다.

케말주의 혁명은 무엇인가? 그것은 상층의, 제국주의에 반대하는 상인 부르주아지의 혁명인데, 그것은 시작부터 노동자들과 농민들에 반대하는 방향이다. 그것은 자신의 바로 첫 번째 단계에 고착되는 혁명이고 그것의 사회주의 혁명으로 이행이라는 문제는 전혀 떠오르지 않는다. 그리하여 케말주의 정부는 봉건주의와 싸우지 않는 정부이다. 이런 정부는 노동자와 농민들에 대해 싸우는 것이고 그리하여 이런 정부에서 공산주의자들을 위한 자리는 전혀 없다. 우리가 실제로 무한 정부가 케말주의 정부라고 믿는다면, 그러면 우리는 무한에 반대하는 단호한 투쟁—무한 정부의 타도—이 절대적으로 필요하다는 결론에 도달할 수밖에 없는 것이다. 쓰딸린이 말했던 대로:

"그러나 그것은 보통의 인간의 논리를 가진 보통의 사람들이 생각할 수 있는 것이다."

그것은 지노비예프가 생각했던 방식이 아니다. 그는 무한 정부를 케말주의 정부로 규정지었다. 그것으로부터 끌어내어질 수 있는 결론: 무한에 반대하는 단호한 투쟁, 무한 정부의 타도. 그러나 지노비예프는 무한 정부의 타도를 옹호하지 않았을 뿐만이 아니다. 그는 실제적으로 그것을 가장 정력적으로 지지해야 한다고 요구한다. 여기에 1927년 4월에 쏘련공산당 중앙위원회 전체회의에서 배포된 그의 테제에서 지노비예프가 말한 것이 있다:

"한커우1에 가장 정력적이고 전방위적인 지원을 하는 것이 그리고 거기로부터 까베냐에 반대하는 저항을 조직하는 것이 필요하다. 즉각적인 장래에 정확히 한커우에서 조직화를 촉진하고 공고화하는 데 노력들이 집중되어야 한다."

지노비예프의 이 독특한 입장에 대한 쓰딸린의 언급은 다음과 같았다:

---

1 무한은 우창-한커우-한양의 세 도시로 이루어져 있다.

"당신이 할 수 있으면 이해해 보라!"

그렇다, 동지들. 당신이 할 수 있으면 이해해 보라!
뜨로쯔끼는 무한이 "허구"라고, "이제까지는 그것(무한)은 아무것도 아니고 혹은 실천적으로 아무것도 아니다"라고 말했다. 이것으로부터 나오는 결론: 무한에 대한 단호한 투쟁, 무한 정부의 타도, 이 "허구"에 대한 단호한 투쟁 그리고 이 "허구"로부터 공산주의자들의 철수. 그러나 뜨로쯔끼는 이 "허구"에 반대하는 이러한 투쟁을 옹호하지 않았다.

지노비예프는 무한 정부를 케말주의 정부로 규정지었다. 이것으로부터 나오는 결론: 케말주의 정부로부터 공산주의자들의 철수 그리고 그것의 타도를 위해 이 정부에 반대하는 "정력적인"투쟁. 그러나 이것은 "보통의 인간의 논리를 가진 보통의 사람들에 의해" 도달될 수 있을 뿐이지만, 지노비예프가 도달한 결론이 아니다. 그는 이 정부가 "가장 정력적이고 전방위적인 도움을" 받아야만 한다는 결론에 도달했다.

동지들, 여러분이 할 수 있다면 그것을 이해해 보라!
뜨로쯔끼와 지노비예프는 무한 정부를 "허구"라고 그리고 케말주의 정부라고 묘사하고서는 이 "허구"에 반대하는, 이 케말주의 조직에 반대하는 단호한 투쟁을 옹호하지 않았다. 뜨로쯔끼와 지노비예프는 무한 정부를 위의 말들로 묘사하고서는 무한 정부를 "허구"라고 그리고 케말주의 정부라고 하는 자신들의 성격 규정으로부터 유일한 가능한 결론을 끌어내지 않았다. 즉 이 "허구"와 케말주의 조직에 반대하는 단호한 투쟁이 필요하다는 것을 끌어내지 않았고 대신에 그들은 중국의 공산주의자들이 무한 정부에 참가하는 것을 원했고 "가장 정력적이고 전방위적 도움"이 이 "허구"에, 이 케말주의 정부에 주어져야만 한다고 말했다. 이런 것이 뜨로쯔끼주의 반대파가 그 속에서 스스로를 발견한 혼동이다. 이런 것이 뜨로쯔끼주의 반대파가 호소할 수밖에 없었던 수사인데, 왜냐하면 그것은 중국혁명의 성격과 전망들에 대해 그릇된 분석을 했기 때문이고 반대파의 출발점이 '영구혁명'이라는 "엉터리 같은 좌익적" 이론이었기 때문인데, 그 영구혁명으로부터 반대파의 모든 불행들과 비극들, 모든 오류들—크고 작은—이 뻗어 나온다.

다음은 쓰딸린이 논의 중인 지점에 대해 반대파의 혼동을 요약한 방

식이다:

"이 모든 것은 무엇을 보여주는가? 그것은 반대파가 모순들 속에서 헝클어져 있다는 것을 보여준다. 그것은 논리적으로 사고할 능력을 잃어버렸고 그것은 모든 전망의 감각을 잃어버렸다."
"무한 문제에 대한 마음의 혼동과 모든 전망의 감각의 상실―이런 것이 뜨로쯔끼와 반대파의 입장이다. 만약에 혼동이 도대체 입장이라고 묘사될 수 있다면."

이제 반대파의 두 번째의 오류로, 중국혁명의 문제에 대한 반대파의 그릇된 분석으로부터 또한 결과하는 오류로 넘어가 보자.

오류 2: 공산주의자들이 무한 정부에 참가하는 가운데 쏘비에트의 수립에 대한 반대파의 요구

무한 정부가 "정력적으로" 지원되어야 한다고(지노비예프의 위의 테제를 보라) 반대파가 요구하던 바로 그 때에 반대파는 또한 중국에서 노동자들과 농민들의 대의원들의 쏘비에트들의 즉각적인 수립을 요구했다.

쏘비에트의 창출은 무엇을 요구하는가? 쏘비에트의 문제에 관한 코민테른의 제2차 대회의 특별한 테제는 매우 명확하게 다음과 같이 말하고 있다:

"프롤레타리아 혁명이 없다면 쏘비에트들은 불가피하게 쏘비에트들의 모조품으로 전화한다."(공산주의 인터내셔널의 제2차 대회의 특별 테제: "언제 그리고 어떤 상황 속에서 노동자들의 그리고 대의원들의 쏘비에트들은 형성될 수 있는가").

그러면 쏘비에트들을 형성한다는 것의 의미는 무엇인가? 그것들의 목적은 무엇인가? 쏘비에트들의 목적은 존재하는 정부에 반대하는 단호한 투쟁을 위해, 존재하는 체제―존재하는 권력―의 타도를 위한 단호한 투쟁을 위한 혁명적 투쟁의 기관들을 가져오는 것이다. 만약 쏘비에트들이 그 목적을 위해 존재하는 것이 아니라면, 그것들이 혁명을 위한 조직적 중심들이 아니라면, 사실상 그것들이 존재하는 국가체제에 대한 봉기의 기관들(그리고 이것이 쏘비에트들의 가장 중요한 측면들이다)이 아니라면, 그러면 그것들은 반드시 타락하고 공허한 잡담들, 공허한 장난감이 될 수밖에 없다.

여기에 레닌이 노동자들의 대의원들의 쏘비에트들의 형성의 문제에 관해 말한 것이 있다:

"노동자들의 대의원들의 쏘비에트들은 직접적인 대중 투쟁의 기관들이다. … 그것은 어떤 종류의 이론이 아니며, 누군가에 대한 호소가 아니며, 누군가의 창작의 전술이 아니며, 당의 교리가 아니라, 봉기의 필요성을 가진 이들 비당적인 대중 기관들이 직면하고 있고 그것들을 봉기의 기관으로 만드는 사실들의 논리이다. 그리고 현재의 시기에 이런 기관들을 수립하는 것은 봉기의 기관들을 창출하는 것을 의미할 것이고 그것들의 수립을 요구하는 것은 봉기를 요구하는 것을 의미할 것이다. 이것을 잊는 것은 혹은 그것을 광범한 인민대중의 눈으로부터 가리는 것은 가장 용서할 수 없는 단견이며 최악의 정책들일 것이다."

그리고 나아가:

"두 차례의 혁명들, 1905년의 혁명과 1917년의 혁명의 전체적인 경험, 그리고 볼쉐비키당의 모든 결정들, 과거 오랜 기간의 그것의 모든 정치적 성명들은 요컨대 이것이다―노동자들의 그리고 병사들의 대의원들의 쏘비에트는 단지 봉기의 기관으로서만, 단지 혁명적 권력의 기관으로서만 실행될 수 있다. 이것이 그것들의 목적이 아니라면, 쏘비에트들은, 매우 자연스럽게 결의들과 항의들의 끝없는 반복을 접하게 되는 대중들 사이에서 냉담함, 무관심 그리고 환멸을 초래할 수밖에 없는 공허한 장난감들이 된다."

이것이 그렇기 때문에 무한 정부의 지역에서 1927년 봄에 노동자들의 그리고 농민들의 대의원들의 쏘비에트들의 형성을 요구하는 것은,

당시에 혁명적이었고 그 지역에서 운동이 빠르게 발전하고 있던 국민당 좌파의 권력에 반대하는 봉기를 요구하는 것을 의미했다. 이러한 요구가 상책이었겠는가? 그렇지 않다는 것은 거의 입증을 필요로 하지 않는다. 이러한 요구는 혁명의 국민당 국면을 '생략'하고 혁명을 위험에 빠뜨리고, 그리하여 장제스에게 가장 큰 도움을 주는 것과 마찬가지이었을 것이다. 이것이 정확히 뜨로쯔끼주의 반대파가 하고 있었던 것이다. 그것은 주관적으로 혁명의 국민당 국면을 '생략'하려고 하고 있었다. 반대파가 그렇듯이, 농민층의 역할을 과소평가하는 '영구혁명' 이론에 의해 인도되어서, 그것은 혁명의 국민당 국면을 생략하기를 원할 수밖에 없었다. 혁명의 국면들을 생략하려는 바람은 '영구혁명' 이론을 믿는다면 누구에게나 필연적인 영향이었다. 사정이 이러하므로 현재의 뜨로쯔끼 신봉자들이 남베트남의 민족해방전선에 대해, "사회주의적 강령"을 갖고 있지 않다는 이유로 언제나 비난을 퍼붓는 것은, 그들이 팔레스타인인들에 대해 그들 자신들의 잃어버린 집들과 그들의 나라, 팔레스타인을 재획득하기 전에 사회주의를 성취하지 못한다고 언제나 비난하는 것은 놀라운 것인가? 아니다. 그렇지 않다.

　쏘비에트에 대한 두 번째 점은 우리가 노동자들의 그리고 농민들의 대의원들의 쏘비에트의 수립을 요구하면서 그럼에도 불구하고 쏘비에트가 타도하게 되는 정부에 우리가 참가할 것이라고 주장할 수는 없다는 것이다. 우리는 한 정부에 반대하는 봉기를 요구하면서, 그럼에도 불구하고 이 정부에 참가할 수는 없다. 이러한 '영리한' 기획은 단지 순전한 정신이상이라고 묘사될 수 있을 뿐이라는 것은 말할 필요가 거의 없다. 그럼에도 불구하고 뜨로쯔끼주의 반대파가 중국에서 쏘비에트들의 형성에 관하여 옹호한 것은 이러한 순전한 정신이상이었다. 반대파는 중국의 공산주의자들이 무한 정부를 지지해야만 한다고, 공산당이 무한 정부로부터 그것의 지지를 철회해서는 안 된다고, 그리고 공산주의자들이 무한 정부 내에서 그들의 작업을 수행해야만 한다고 요구했다. 그러나 반대파는 또한 중국공산당에게 쏘비에트들의 즉각적인 수립을, 그것이 이중권력을 창출할 것을, 그것이 성원이었던 바로 그 정부에 반대하는 봉기의 기관들을 창출할 것을 요구하였다. 여러분들이 할 수 있다면 이해해 보라!

쏘비에트들의 창출은 이중 권력의 창출을 의미하고, 그리고 일단 이중권력이 창출되면 누가 전체 권력을 장악할 것인지, 누가 국가권력을 가져야만 하는지의 문제가 가장 첨예한 방식으로 제기될 수밖에 없다. 쏘비에트들의 수립에 대한 요구는 봉기의 기관들의 수립을 요구하는 것이고, "그것들의 수립을 요구하는 것은 봉기를 요구하는 것을 의미할 것이다." 뜨로쯔끼와 같이 단지 경박하고 입이 싼 사람들만이, 맑스-레닌주의와 절연한 사람들만이 쏘비에트들이 창출되어야만 한다고 말하면서 동시에 공산주의자들이 이들 쏘비에트들이 타도하려하는 바로 그 정부들에 참가해야만 한다고 요구할 수 있다. 쏘비에트들이 1917년 러시아에 존재하게 되었을 때2 임시정부에 볼쉐비키들이 참가하는 것을 옹호하는 것은 볼쉐비키들의 마음에 전혀 없었다.

그리하여 쏘련공산당에서 뜨로쯔끼주의 반대파는 다음과 같은 단순한 이유로 인해서 모순들에 희망 없이 휩쓸리게 되었다:

첫째로, 그것은 중국에서 부르주아 민주주의 혁명을 프롤레타리아 혁명과 혼동했다. 쏘비에트들의 형성의 문제는 인민의 민주주의(옛날의 용어로는 부르주아 민주주의)혁명이 가까워 올 때, 그리고 프롤레타리아 혁명으로의 이행의 길이 명백해질 때만 제기될 수 있다.

둘째로, 그것은 중국에서 부르주아 민주주의 혁명을 러시아에서 1917년 2월의 부르주아 민주주의 혁명과 혼동했다. 즉 그것은 제국주의에 의해 억압받고 수탈당하는 반식민지 나라에서의 부르주아 민주주의 혁명을 제국주의 나라에서의 부르주아 민주주의 혁명과 혼동했다. 제한된 시기 동안에 진보적인 반제국주의 역할을 수행할 수 있고 실제로 했던, 억압받는 반식민지의 나라의 부르주아지와, 진보적인 역할을 수행할 수 없었고 하지 못했던 러시아(혁명 전의)와 같은 제국주의 나라의 부르주아지의 구별을 반대파가 보지 못하게 한 것은 이러한 혼동이었다. 반대파가 스스로 희망 없는 혼란으로 빠진 것은 이러한 혼동 때문이었다.

---

2 쏘비에트들은 또한 1905년에 존재했었는데, 그러나 그것들은 그 혁명의 패배와 더불어 사라졌다.

제13장 국제공산주의운동과 관련한 뜨로쯔끼주의 425

요약: 코민테른의 노선과 뜨로쯔끼주의 반대파의 노선

중국혁명에 관해 두 노선, 코민테른의 노선과 뜨로쯔끼주의 반대파의 노선을 요약하기 위해, 나로 하여금 쓰딸린 동지의 연설로부터 몇몇의 단락을 인용하게 해 달라. 이 단락들은 그것들이 그러한 것처럼 중국혁명에 관한 두 노선의 적절한 요약이라는 이유에서뿐만 아니라 뜨로쯔끼주의에 특징적인 전형적인 혼동과 미사여구에 대한 찬란한 성격 규정이라는 이유에서 주목할 만하다. 여기에 쓰딸린이 말한 것이 있다:

"그리고 그래서, 우리는 우리 앞에 중국혁명에 관한 두 개의 완전히 다른 노선들을 갖고 있다―코민테른의 노선과 뜨로쯔끼와 지노비예프의 노선."

"코민테른의 노선"
"봉건적 유물들 그리고 그것들에 기초하고 모든 나라들의 제국주의자들로부터 모든 지원을 받는 관료-군사주의적 상부구조가 오늘날 중국의 생활의 기본적 사실이다."
"현재 시점의 중국은 봉건적 유물들에 반대하고 제국주의에 반대하는 방향의 농민혁명을 통과하고 있다."
"농민혁명은 중국에서 부르주아 민주주의 혁명의 기초와 내용을 구성하고 있다."
"무한의 국민당과 무한 정부가 부르주아 민주주의 혁명 운동의 중앙이다."
"남경과 남경정부는 전국적인 반혁명의 중앙이다."
"무한을 지지하는 정책은 동시에 부르주아 민주주의 혁명을 발전시키는 정책인데, 그것으로부터 나오는 모든 결과들과 더불어서 그러하다. 그리하여 공산주의자들이 무한 국민당에 그리고 무한의 혁명적 정부에 참가해야 하며, 이 참가는 국민당에서 그들의 동맹들의 열의 없음과 동요에 대해 공산주의자들이 강력한 비판을 하는 것을 배제하지 않고 오히려 전제하는 참가이다."
"공산주의자들은 이 참가를, 중국의 부르주아 민주주의 혁명에서의 헤게모니에 대한 프롤레타리아트의 역할을 촉진하고 프롤레타리아 혁명으로의 이행의 순간을 앞당기기 위해 활용해야 한다."

"부르주아 민주주의 혁명의 완전한 승리의 순간이 다가올 때, 그리고 부르주아 혁명의 과정에서 프롤레타리아 혁명으로의 이행의 경로가 명백해질 때, 이중권력의 요소들로서, 새로운 권력을 위한 투쟁의 기관들로서, 새로운 권력, 쏘비에트의 기관으로서 노동자들의, 농민들의, 그리고 병사들의 대의원들의 쏘비에트들을 수립하는 것이 필요한 때가 올 것이다."

"그 때가 오면 공산주의자들은 국민당내의 블록을 국민당 바깥의 블록에 의해 대체해야만 하고 공산당은 중국에서 새로운 혁명의 유일한 지도자가 되어야만 한다."

"뜨로쯔끼와 지노비예프가 그러하듯이, 부르주아 민주주의 혁명이 여전히 발전의 최초의 국면에 있는 때에, 그리고 국민당이 가장 잘 적응하고 있고 그리고 중국의 특수한 특징들에 가장 긴밀하게 조응하는 민족적-민주적 혁명의 조직의 형식을 대표하는 때에, 지금 노동자들의 그리고 농민들의 쏘비에트들의 즉각적인 형성과 지금 이중권력의 즉각적인 수립을 제기하는 것은 혁명 운동을 해체하고 무한을 약화시키고 그것의 몰락을 촉진하고 그리고 장쩌린과 장제스에게 도움을 주는 것이 될 것이다."

"뜨로쯔끼와 지노비예프의 노선"

"중국에서 봉건적 유물들은 부하린의 상상의 허구이다. 그것들은 중국에서 전혀 존재하지 않거나 혹은 너무 사소해서 어떤 중대한 중요성을 가질 수 없다."

"이 시점에서 중국에서 농민혁명이 나타날 것이다. 그러나 그것이 어디로부터 오는가는 악마만이 알고 있다(웃음)."

"그러나 이러한 농민혁명이 있기 때문에, 그것은 물론 어쨌든 지지되어야만 한다."

"바로 지금 주요한 것은 농민 혁명이 아니라 중국의 관세독립의 혁명, 말하자면 반(反)관세혁명이다."

"무한 국민당과 무한 정부는 '허구'(뜨로쯔끼)이거나 혹은 케말주의(지노비예프)이다."

"한편으로는 이중권력이 즉각적인 쏘비에트들의 형성을 통해 무한 정부를 타도하기 위해 수립되어야만 한다(뜨로쯔끼). 다른 한편으로는 무한 정부는 강화되어야만 하고, 그것은 아마도 즉각적인 쏘비에트들의 구성을 통해 또한 정력적이고 전방위적인 도움이 주어져야만 한다(지노비예프).

"정당하게 공산주의자들은 이 '허구'로부터, 즉 무한 정부와 무한 국민당에서 즉각적으로 철수해야만 한다. 무한이 '허구'라면 그들은 왜 무한에 남아있어야만 하는가? 아마도 신만이 알고 있다. 그리고 이것에 동의하지 않는 사람은 누구나 배신자이고 배반자이다."

"이런 것이 소위 뜨로쯔끼와 지노비예프의 노선이다."

"이러한 소위 노선보다도 더 기괴하고 혼란된 것은 상상할 수 없을 것이다."

"우리는 맑스주의자들을 취급하는 것이 아니라 실제 생활로부터 완전히 동떨어진 어떤 종류의 관료주의자들을—혹은 더욱더 수쿰과 키슬로보드스크 그리고 이와 같은 곳들을 여행하느라 바빠서, 중국혁명에 대한 기본적인 태도를 정의했던 코민테른 집행위원회 7차 확대 전원회의를 간과하고 그리고 신문들로부터 어떤 종류의 혁명—농민혁명이건 반관세 혁명이건 그것들은 전혀 명백하지 않다—이 중국에서 실제로 일어나고 있다는 것을 배우고 나서는 한 무더기의 테제들—4월에 한 세트, 5월의 초순에 또 한 세트, 5월 말에 세 번째의 세트—을 쌓아 올리는 것이 필요하다고 결정하고, 그렇게 하고 나서는 그것들을 코민테른 집행위원회에 퍼붓고 혼돈되고 모순적인 과잉된 테제들이 중국혁명을 구하는 최선의 수단이라고 명백하게 믿는, '혁명적인' 여행가들을 다룬다는 인상을 받는다."

"이런 것이, 동지들, 중국혁명의 문제에 대한 노선들이다."

"여러분들은 그것들 사이에서 선택해야 할 것이다."

이런 것이 중국혁명에 대한 두 노선들이다. 위에서 쓰딸린에 의해 주어진 것보다 더 뜨로쯔끼주의 관료주의자들 그리고 "혁명적인" 여행가들에 대한 좋은 묘사를 발견하는 것은 어려울 것이다. 우리는 맑스-레닌주의자들을 취급하고 있는 것이 아니라 실제 생활과 동떨어진 관료주의자들을 취급하고 있다는 것을 깨닫기 위해, 우리가 경박한 사람들-'혁명적인' 여행가들-을 취급하고 있다는 것을 깨닫기 위해, 오늘날의 뜨로쯔끼주의자들의 정치적 노선과 태도들을 그저 알기만 하면 된다. 그 '혁명적' 여행가들은 맑스-레닌주의 운동에 대해 비방들과 거짓말들로 충만한 과잉된 반공산주의적인 모순된 테제들을 퍼붓기로 결정했는데, 그들은 이것을 '세계(!)혁명'을 '구하는' 최선의 수단으로 믿고 있다.

뜨로쯔끼주의는 공산주의 운동에 대한 공격을 시작할 "부적절한 순간들을" 선택한다

쓰딸린 동지는 다음과 같은 말들로 그의 연설을 끝맺었다:

"동지들, 나는 뜨로쯔끼가 당과 코민테른에 대한 그의 공격들을 위한 부적절한 순간을 선택했다고 말해야만 한다. 나는 영국의 보수당 정부가 쏘련과 관계를 단절하기로 결정했다는 정보를 막 받았다. 이것이 공산주의자들에 반대하는 세계적 캠페인으로 이어질 것임은 증명할 필요가 전혀 없다. 이 캠페인은 이미 시작되었다. 어떤 사람들은 쏘련공산당(볼)을 전쟁과 간섭으로 위협하고 있다. 다른 사람들은 그것을 분열로써 위협하고 있다. 쳄벌레인으로부터 뜨로쯔끼까지의 연합전선 같은 어떤 것이 형성되고 있는 중이다."

"그들이 우리를 놀라게 하기를 원한다는 것은 가능한 것이다. 그러나 볼쉐비키들이 (그들에 의해-역자) 놀라게 될 그런 부류는 아니라는 것은 거의 입증을 요구하지 않는다. 볼쉐비즘의 역사는 이런 수많은 '전선들'을 알고 있다. 볼쉐비즘의 역사는 이런 '전선들'이 볼쉐비키들의 혁명적 결의와 최고의 용기에 의해 분쇄되었다는 것을 보여준다."

"우리가 이런 새로운 '전선'을 역시 분쇄하는 데 성공할 것임은 전혀 의심할 필요가 없다."

이것은 뜨로쯔끼주의에 전형적이다. 뜨로쯔끼주의는 언제나 공산주의 운동에 대한 공격들을 시작할 "부적절한 순간"을 선택해 왔다.

레닌주의에 반대하는 공격들: 그것은 운동이 가장 어려운 시험들을 통과하고 있을 때인 1905년의 러시아 혁명의 패배 뒤에, 레닌주의에 반대하는, 볼쉐비즘에 반대하는 가장 사악한 공격들을 시작했다. 뜨로쯔끼주의는 청산주의자들을 돕기 위해서 그것이 할 수 있는 만큼을 했다. 혁명의 운명이 조금 불확실했던 때인 브레스트-리똡스크의 시기 동안에 뜨로쯔끼주의는 레닌주의에 반대하는 사악한 캠페인을 시작하기로 결정했다. 그것은 신경제정책NEP 시기에 동일한 것을 했다. 제국주의의 간섭의 위험이 있던 20년대와 30년대에 뜨로쯔끼주의는 당과 코민테른에 대한 공격을 시작했을 뿐만 아니라 실제적으로 파괴, 분열

제13장   국제공산주의운동과 관련한 뜨로쯔끼주의   429

책동, 사보타주, 살인 그리고 테러로 건너갔고 그리고 최종적으로 파시즘과의 동맹을 했다.

베트남 해방운동에 반대하는 공격들: 우리의 오늘날의 뜨로쯔끼 신봉자들은 동일한 것을 한다. 존슨 행정부 시기 동안에 미국 제국주의가 베트남 인민과 다른 인도차이나 민족들에 대한 침략의 전쟁을 상승시켜가고 있을 때, 바로 그때에 뜨로쯔끼주의 관료주의자들, 우리의 '혁명적인' 여행가들은 베트남 민주공화국에 반대하는, 남베트남의 민족해방전선NLF의 강령에 반대하는, 그리고 베트남 인민의 위대한 지도자 호치민에 반대하는 거짓말과 비방의 캠페인을 시작할 것을 결정했다. "호치민은 쓰딸린주의 관료주의자이다. NLF의 강령은 부르주아적이다."라고 초'혁명적인' 여행가 타리크 알리(지금은 반공산주의적이고 반중국적인 뜨로쯔끼주의 인터내셔널 맑스주의자 그룹의)는 비명을 질렀다. "베트남에서 승리가 획득될 때(누구에 의한 승리인지 명확하지 않다) 혁명의(어떤 혁명인지 다시금 명확하지 않다) 첫 번째 일은 하노이에 있는 관료주의를 타도하는 것이 될 것이다."라고 또 다른 뜨로쯔끼주의 반혁명분자는 부르짖었다. 그들이 영국에서 반베트남전쟁 운동을 해체할 수 있었고 그리하여 미국 제국주의에게 가장 시의적절하고 많이 필요로 되었던 도움을 준 것은 바로 그들의 이러한 공격들에 의해, 그리고 1968년 10월의 커다란 베트남 동원의 성공적인 분열에 의해, 6만의 사람들을 하이드 파크에 소풍가게 하는 대신에 미국 제국주의의 대사관에 반대하는 시위로 (조직하는 것을-역자) 거절함에 의해서였다. 초'좌익적'인 어떠한 미사여구도 이들 진실들을 감출 수 없다. 뜨로쯔끼 신봉자 양반들이여!

인도차이나 인민에 반대하는 공격들: 이제, 다시 한 번, 베트남 인민의 투쟁이 위급한 때에 도달했을 때, 미국 제국주의가 베트남으로부터 철수하려는 체하면서, 베트남 인민과 인도차이나의 모든 민족들에 반대하는 침략전쟁을 어느 때보다 고조시켰을 때, 엉터리없는 파괴의 파시즘적 정책을 어느 때보다 강화했을 때, 뜨로쯔끼 신봉자들은 중국 인민공화국에 반대하는 거짓말과 비방들의 캠페인을 시작함에 의해 분열 책동을 하기로 결정했다. 뜨로쯔끼 신봉자들은 중국 인민공화국에 대한 공격들을 시작함에 의해, 그리하여 인도차이나 민족들에 대한 미국 제국주의의 야만적인 침략에 대해 정당하게 분개하는 젊은이들의 관심을 미국 제국주의의 범죄적 행위들과 강도질로부터 전환하게 함에 의해, 미국 제국주의에게 많이 필요했던 구원을 주기로 결정했다. 이런 것이 "베트남 혁명"에 대한 모든 뜨로쯔끼 신봉자들의 '지원'의 본질이다. 이런 것이 모든 그들의 초'좌익적' 미사여구들의 본질이다. 초반동적, 초반혁명적 실천들을 가리기 위한 초'좌익적' 미사여구들—이런 것이 뜨로쯔끼주의의 본질이다.

뜨로쯔끼주의와 미국 제국주의의 연합전선 같은 어떤 것이 형성되었던 것 같다. 그러나 "여러분은 우리가 역시 이 새로운 '전선'을 분쇄하는 데 있어서 성공할 것임을 전혀 의심할 필요가 없다."

제14장
쏘련에서의 뜨로쯔끼주의 반대파는 왜 중국혁명에서 그러한 종류의 실수들을 범했는가?

나는 이미 여러분에게 하나의 주요한 이유—강령적 성격의 이유, 즉 중국혁명의 성격에 대한 반대파의 그릇된 분석—를 제기했다. 나는 뜨로쯔끼가 중국혁명의 반봉건적, 반제국주의적 성격을 이해할 수 없었다는 것, 뜨로쯔끼에 의해 지도되는 반대파가 중국혁명의 반봉건적 성격에, 농민적 성격에 충분한 의미와 중요성을 부여하지 못했다는 것을 이미 보여주었다. 나는 또한 반대파가 바로 자신의 '영구혁명'의 이론를 고수했기 때문에 중국혁명의 반봉건적 성격을 이해하지 못했다는 것을 보여주었다. 그들은 그것을 고수했기 때문에 농민층이 중국혁명에서 수행해야만 했던 중요한 역할을 인식하는 것에 실패했다.

그러나 뜨로쯔끼주의가 스스로 완전히 틀렸다는 것을 입증한 것은 강령과 이론의 문제에 대해서만이 아니다. 전술의 문제에 대해서도 또한 뜨로쯔끼주의는 스스로 똑같이 파산했음을 입증했다.

레닌주의의 세 가지 전술적 원칙들: 코민테른에 의한 이들 원칙의 고수와 뜨로쯔끼주의 반대파에 의한 이들 원칙들의 위반

나는 전술의 문제에서 레닌주의의 세 가지 기본적 원칙들을 언급하겠다. 레닌주의의 이 세 가지 원칙들을 지키지 않고는 혁명을 이끄는 것은 불가능하다.

이들 세 가지 원칙들은 다음과 같다:

첫째: 각 나라에서 민족적으로 독특한, 민족적으로 특수한 특징들이 그 나라의 혁명가들에 의해, 그리고 관련된 나라의 노동자계급 운동을 위한 일반적 지령들을 입안하는 데 종사하는 누구나(공산주의 인터내셔널 같은 조직을 포함하여)에 의해 틀림없이 고려되어야만 한다. 만약에 공산주의 인터내셔널 혹은 중국 공산주의자들이 중국의 민족적으로 독특한 특징들을 고려하는 데 실패했다면, 중국에서 성공적인 혁명은 전혀 불가능했을 것이다.

둘째: 각 나라의 공산당은 스스로를 위해 프롤레타리아트의 대중적 동맹을 얻기 위해서 가장 조그마한 가능한 기회라도 틀림없이 이용해야만 한다. 그 대중적 동맹이 동요하고, 연약하고, 임시적이고 그리고 믿을 수 없는 것일지라도. 그것이 두 번째 원칙이다. 프롤레타리아트는 동맹들을 필요로 한다: 동맹들의 문제는 혁명의 결과와 직접적인 연관이 있는 가장 중요한 문제이다. 프롤레타리아트에게는 혁명의 가일층의 확장과 발전을 위해 필요한 동맹들을 발견하는 것이 상이한 단계들에서 절대적으로 필요하다.

셋째: 공산주의자들은 선전과 선동만으로는 충분하지 않다(이것으로부터 누구도, 수정주의자들이 그런 것처럼, 선전은 중요성이 없다고 결론지어서는 안 된다. 그리고 따라서 맑스-레닌주의의 혁명적 과학에 관심을 기울여야 한다: 둘 중의 어느 하나만 해서는 안 된다.)는 진실에 주의를 기울여야만 한다. 대중들의 정치적 교육을 위하여 요구되는 것은 이러한 정치적 선동이 대중 자신의 경험을 수반해야만 한다는 진실에 틀림없이 주의를 기울이는 것이다.

이 규칙들로부터 떠나는 사람은 누구나 실제적인 프롤레타리아 지도자가 아니라 사이비 지도자이다. 이러한 유형의 지도자들은 뜨로쯔끼, 지노비예프 그리고 라덱 같은 사람들, 반대파들, 쏘련공산당의 반대파의 성원들이었다. 쓰딸린이 말했듯이 반대파의 성원들은 그들이 중국혁명을 "전보"에 의해 지도할 수 있다고 믿었던 그런 종류의 지도자들이었다. 그들은 쓰딸린을 "관료주의자"라고 불렀지만, 그러나 중국혁명을 우편과 전보의 방법들에 의해 운영하기를 원했던 것은 뜨로쯔끼 신봉자들이었다.

"사실상, 실제적인 지도자들로부터 이러한 '지도자들'을 구별하는 것은 그들이 모든 나라들에 '적합한' 그리고 모든 상황하에서 '필수적인' 두 개 혹은 세 개의 공식들을 그들의 호주머니에 언제나 갖고 있다는 것이다. … 지도력의 주요한 과제는 … 공산주의 운동의 기본적 목표들을 촉진하고 실행할 수 있게 하기 위해서 각 나라에서 운동의 민족적으로 독특한 특징들을 발견하고 파악하는 것이며, 그것들을 코민테른의 원칙들과 정교하게 조화시키는 것임을 그들은 이해하지 못한다."

이러한 유형의 사이비 지도자들은 물론 뜨로쯔끼주의 반대파의 성원들이었다. 언제나 그들의 호주머니에 두 개 혹은 세 개의 이미 완성된 공식들을 갖고 있었던 이들 사이비 지도자들의 대부분의 오류들과 희망 없는 혼동은 레닌주의의 세 가지 전술적 원칙들에 대한 그들의 완전한 무시로부터 발생한다. 이제 이들 세 가지 전술적 원칙들의 견지에서 중국혁명에 대한 반대파의 오류를 다루어 보자.

레닌주의의 첫 번째 전술적 원칙: 주어진 나라의 민족적으로 독특한 특징들을 고려하라.

레닌주의의 첫 번째 전술적 원칙은 공산주의 인터내셔널이 지령을 입안하는 주어진 나라—중국, 이 경우에는—의 민족적으로 독특하고 특수한 특징들을 취하는 것이다. 공산주의 인터내셔널은 바로 그것을 했고, 그것은 중국 사회의 민족적으로 독특한 특징들, 그것의 관습들, 중국사회의 경제적 측면, 제국주의가 그것을 억누르고 있다는 사실, 군벌들의 존재, 봉건주의의 유물들 그리고 기타 등등을 고려했다. 이 모든 것은 고려되어야만 했고 공산주의 인터내셔널은 그것들을 고려했고 바로 이러한 이유 때문에 그것의 노선은 올발랐다.

그러나 반대파는 무엇을 하였는가? 반대파는 어쨌든 중국에서 발생하고 있는 혁명이 부르주아 민주주의적 성격이라는 것을 들었다. 반대파는 또한 부르주아 민주주의 혁명은 러시아에서 1917년 2월에 발생했다는 것을 기억했다. 반대파는 러시아에서 부르주아 민주주의 혁명은 부르주아지에 반대하여 프롤레타리아트와 부르주아지의 동맹 없이 발생했다는 것을 알고 있었다. 거기에서 반대파는 이미 만들어진 공식—중국의 민족 부르주아지와의 동맹 없이, 부르주아지를 타도하라—을 들고 나왔다. 그것이 반대파의 입장이었다. 이것이 반대파가 1926년 4월에 제기한 슬로건이었다. 그러나 반대파는 억압받는 나라의 부르주아지는 특수한 시기 동안에, 제한된 시기 동안에, 어떤 조건들하에서, 혁명적 역할을 수행할 수 있다는 것을 잊었고 이해하는 데 실패했다. 그리고 이것이 바로 발생했던 사실들이다. 광동 시기에 중국의 민족 부르주아지는 혁명적 역할을 수행했고, 그 결과 민족적 군대가 양쯔(강)에 도달했고, 그리하여 혁명적 영역을 거대하게 확장했다. 이러한 승리들의 결과는 반대파의 퇴각, 그것의 낡은 공식의 포기와 '새로운' 것의 채택, 즉 공산주의자들은 국민당으로부터 철수해서는 안 된다는 것이었다. 여기에서 반대파가 코민테른의 노선과 엉키려고 하는 시도가 나온다. 쓰딸린이 말했듯이:

"그것이 중국혁명의 민족적 특수성들을 고려하는 데 실패한 반대파에게 닥친 첫 번째 처벌이었다."

또 다른 예를 들어보자. 쏘련에서의 반대파는 북경 정부가 제국주의에 의해 부과된 불평등협정들에 대해 실제로 다투고 있다는 것을, 즉 북경 정부가 중국의 관세 독립을 위해 노력하고 있다는 것을 들었다. 그리하여 반대파는 결론으로 치달았고 그리고 이미 만들어진 공식, 중국혁명은 그것의 목표가 이들 불평등 협정들을 폐지하는 것이기 때문에 반제국주의적이라는 것을 들고 나왔다. 그것은 중국의 국가 관세독립을 위한 혁명이었다. 그러나 반대파는 중국에서 제국주의의 힘은 중국에 대한 관세 제한들에 놓여 있는 것이 아니라, 제국주의가 주요한 중국경제의 끈들—은행, 광산, 철도, 공장 등—을 소유하고 통제하고 있다는 사실에 놓여 있는 것을 깨닫는 데 실패했다. 반대파는 중국혁명이, 첫째로 그리고 무엇보다도, 제국주의가 중국의 인민에 대한 직접적인 착취자들, 즉 봉건 지주들에게 영감을 주고 그들을 보전하고 그들을 지지하는 세력이라는 사실 때문에, 중국 인민은 봉건주의가 그들을 착취하는 것을 막기를 원한다면 제국주의에 대해 싸우지 않을 수 없다는 사실 때문에, 중국 인민은, 만약에 동시에 그들이 제국주의에 대한 혁명적 전쟁을 수행하지 않는다면 중국에서 봉건주의에 종지부를 실제로 찍을 수 없다는 사실 때문에 반제국주의적이라는 것을 이해하지 못했다. 반대파는 중국에서 부르주아 민주주의 혁명의 사회주의 혁명으로의 성장을 가능하게 하는 것은 바로 이러한 환경이라는 것을 깨닫는 데 실패했다. 그리고 수백만의 농민들이, 수천만의 농민들이 봉건주의와 제국주의에 반대하는 방향으로 대중적인 농민운동에 관계하게 되었을 때, 반대파는 다시 한번 자신이 틀렸다는 것을 인정해야만 했다. 그리하여 반대파는 관세 자치에 관한 낡은 공식에서 퇴각하고 코민테른의 노선을 채택하려는 시도를 했다. 쓰딸린이 말한 대로:

"이것이 중국혁명의 민족적 특수성들에 대한 진지한 연구를 하기를 거부한 반대파에게 닥친 두 번째의 처벌이었다."

이제 또 다른 예를 들어보자. 쏘련에서의 반대파는 중국의 농촌에서 상인 부르주아지가 침투하여 토지를 사고 있고 그것을 농민층에게 빌려주고 있다는 것을 들었다. 반대파는 상인들이 봉건 지주가 아니라는 것을 알고 있었다. 그것은 그리하여 봉건주의와 봉건적 유물들은 중요성이 없고 중국혁명은, 첫째로 그리고 무엇보다도 봉건주의에 반대하는 방향의 농민혁명이 아니라 관세 자치를 위한 혁명이라는 이미 만들어진 공식을 들고 나온다. 그러나 반대파는 중국 인민을 착취하는 것이 봉건주의라는 것을, 전체 군사-관료주의 구조는 봉건적 유물들의 지배에 기초하고 있다는 것을 잊었다. 다시 수천만의 농민들이 봉건주의에 반대하는 그리고 제국주의에 반대하는 방향의 대중적 농민운동에 결합했을 때, 중국혁명은 제국주의가 중국에서 봉건주의를 실제로 지지하는 세력이기 때문에 반봉건적 성격이고 따라서 반제국주의 성격이라는 것이 누구에게나 명백해지지 않을 수 없었다. 그리하여 다시금 봉건적 유물들은 중요성이 없다는 자신의 낡은 공식으로부터 반대파의 퇴각이 있었고 그들은 공산주의 인터내셔널의 정책을 채택하려는 은밀한 시도들을 하였다. 쓰딸린이 말한 대로:

"그것이 중국 경제의 민족적 특수성들을 고려하지 않으려 하는 것에 대해" 반대파에게 닥친 "세 번째의 처벌이었다."

쓰딸린은 계속했다:

"공식과 현실과의 부조화—이런 것이 반대파의 사이비 지도자들의 운명이다."

이것이 정확히 말해서 쏘련공산당에서 뜨로쯔끼주의 반대파의 입장이었고, 그리고 이것이 정확히 말해서 오늘날 모든 곳에서 뜨로쯔끼주의의 입장이다. 그러면 왜 뜨로쯔끼주의의 공식들과 현실 사이에 이러한 부조화가 있는가? 정확히 말해서 뜨로쯔끼주의 때문에, 쏘련에서 반대파가 내가 이미 말하고 있었던 것, 즉 그 나라에서 혁명을 위해 지령들을 입안하는 데 있어서 어떤 주어진 나라의 특수하고 민족적으로 독특한 특징들을 고려하는 것이라는 레닌주의의 첫 번째 전술적 원칙을 버렸고 주의를 기울지 않았기 때문이다. 이것이 레닌이 첫 번째의 전술적 원칙을 공식화한 방식이다:

"이제 전체적인 요점은 모든 나라의 공산주의자들은 기회주의와 '좌익' 교조주의에 반대하는 투쟁의 주요한 근본적인 임무들과, 각 나라의 경제, 정치, 문화, 민족적 구성(아일랜드 등), 그것의 식민지들, 종교적 구분들 그리고 기타 등등의 독특한 특징들에 따라서 각각의 별개의 나라에서 이 투쟁이 띠고 있고 그리고 불가피하게 띠어야만 하는 특수한 특징들을 매우 의식적으로 고려해야만 한다는 것이다. 모든 곳에서 제2 인터내셔널에 대한 불만이 확산되고 있고 점증하고 있다는 것이 느껴지고 있다. 그 이유는 제2 인터내셔널이 자신의 기회주의 때문이며, 또한 세계적인 쏘비에트 공화국을 위한 투쟁에서 혁명적 프롤레타리아트의 국제적 전술을 이끌 수 있는, 실제적으로 중앙 집중화되고, 실제적으로 지도적인 중앙을 창출하지 못하는 그들의 무능력, 무력함 때문이다. 우리는 이러한 지도적 중앙이 어떤 환경하에서도 판에 박히고 기계적으로 동질화되고 동일한 투쟁의 전술적 규칙들에 기반하여 건설될 수 없다는 것을 명확히 깨달아야만 한다. 민족적 그리고 국가적 차이들이 민족들과 나라들 사이에서 존재하는 한—그리고 이 차이들은 심지어 프롤레타리아 독재가 세계적 규모에서 수립된 이후에도 매우 오랜 기간 동안 계속하여 존속할 것이다—모든 나라들의 공산주의 노동자계급 운동의 국제적 전술

제14장 뜨로쯔끼주의 반대파는 왜 중국혁명에서 그러한 실수를 범했는가? 437

의 통일은 민족적 차이들의 폐지가 아니라(그것은 현 시점에서는 어리석
은 꿈이다) 어떤 점에서 이러한 원칙들을 올바르게 수정하고 올바르게
적응시키고 그것들을 민족적 그리고 민족적-국가적 차이들에 맞게 적용
하는 공산주의의 근본적 원칙들을(쏘비에트 권력 그리고 프롤레타리아트
독재)의 이러한 응용을 요구한다. 각 나라가, 단일한 국제적 임무의 완
수에 접근하는, 그것이 노동자계급 운동 내에서 기회주의와 좌익 교조주
의에 대한 승리에, 부르주아지의 타도에, 그리고 쏘비에트 공화국과 프
롤레타리아 독재의 수립에 접근하는, 구체적 방식에서 어느 것이 민족적
으로 독특하고 민족적으로 특수한 지를 조사하고, 연구하고, 찾고, 예측
하고, 파악하라—이런 것이 선진적 나라들이(그리고 선진적 나라들만이
아니라) 지금 경과하고 있는 역사적 시기의 주요한 임무이다."

레닌, ≪공산주의에서의 좌익 소아병≫

사실상, 마오쩌둥 동지는 방문한 일본 대표단을 위해 헌정하는 글을
쓰면서 레닌주의의 이 첫 번째 전술적 원칙을 단 하나의 문장으로 요
약했다. 그 헌정하는 글은 다음과 같다:

"일본의 혁명은 맑스-레닌주의의 보편적 진리들이 일본 혁명의 구체적
실천과 통합될 때 틀림없이 성공할 것이다."

다른 말로 하면, 두 개 혹은 세 개의 이미 만들어진 공식들을 아는
것은 충분히 좋은 것이 아니다. 모든 사람들에게 그것들을 분배하고
이것들이 언제까지나 의무적이라고 말하는 것은 충분히 좋은 것이 아
니다. 전술은 단지 주어진 특수한 환경에, 주어진 특수한 민족적 특징
들에 그리고 어떤 주어진 나라의 환경들에 의존할 수만 있을 뿐이다.
그리하여 중국에서 일어난 것이 페르시아에도 의무적이고, 러시아에서
일어난 것이 중국에도 의무적이라고 요구하는 것은, 이러한 요구를 하
는 사람이 실제로는 맑스-레닌주의와 최종적인 절연을 했다는 것을 가
리키는 것에 지나지 않는다. 이것이 레닌주의의 첫 번째의 전술적 원
칙에 관하여 문제가 의미하는 방식이다. 동지들.

레닌주의의 두 번째 전술적 원칙: 동맹들의 문제

이제, 레닌주의의 두 번째 원칙, 즉 동맹들의 문제를 들어보자. 프롤레타리아트는 동맹이 없어서는 안 된다. 프롤레타리아트는 동맹들을 가져야만 한다. 동맹이 없다면 프롤레타리아트는 성공할 수 없다. 그러나 동맹들에서 견지되어야만 하는 하나의 것은 이들 동맹들이 대중적 동맹들이어야 하고, 그들이, 프롤레타리아트가 스스로를 독립적으로 조직하는 것을 막지 않는, 공산당이 프롤레타리아트와 광범한 농민 대중들을 조직하고 그리고 그들을 혁명으로 일깨우는 것을 막지 않는, 어쨌거나 자신의 선전을 제한하지 않는 그러한 성격의 동맹들이어야만 한다는 것이다. 위의 조건들이 충족된다면, 프롤레타리아트는 스스로를 위하여 대중적 동맹을 확보하는, 자신에 주어진 모든 기회를 이용해야만 한다는 것이다. 비록 이 동맹이 일시적이고, 연약하고, 동요하고, 불안정하고 그리고 믿을 수 없는 동맹이라 할지라도. 이런 것이 레닌주의의 두 번째 전술 원칙의 본질이다.

중국의 프롤레타리아트는 동맹들을 가졌는가? 그 대답은 그렇다 이다. 그것은 동맹들을 가졌다. 혁명의 첫 번째 단계에서 중국 프롤레타리아트의 동맹들은 민족 부르주아지(이것은 혁명이 전 민족 통일전선의 단계에 있던 첫 번째 시기, 광동 시기이다), 도시의 빈민, 소부르주아 인텔리겐챠, 그리고 농민층이다. 그 당시에 국민당은 대중적 조직이었는가? 그것은 혁명적 세력이었는가? 나는 그렇다고 생각한다. 그리고 오직 눈이 먼 사람들만이 광동이 당시에 혁명적 투쟁의 중심이었다는 것을, 광동이 그 특별한 시기에 제국주의에 반대하는 혁명적 운동을 이끌고 있었다는 것을 부정할 수 있다.

이 시기의 성취들은 무엇이었는가? 이 시기의 성취들은 다음과 같았다:

(1) 혁명의 영역의 확장: 혁명적 군대가 양쯔(강)까지 도달했다.

(2) 중국의 프롤레타리아트는 스스로를 공공연하게 조직하는 기회를 얻었다. 중국공산당은 노동조합, 파업위원회들 등에서 프롤레타리아트를 공공연하게 조직하는 가능성을 획득했다.

(3) 중국 공산주의자들은 스스로 상이한 그룹들의 상태에서 벗어나

5천 혹은 6천의 사람들의 대중적 당으로 형성될 수 있었다.

(4) 중국의 프롤레타리아트는 농민들의 조직들의 최초의 핵을 창출할 수 있었다. 그리고

(5) 중국공산당은 군대로 침투할 수 있었다.

공산주의자들과 프롤레타리아트가 '하찮은 세력'이었던 그 특별한 시기에 이것들은 중요한 성과들이었다는 것이 부정될 수 있는가? 아니다. 그것은 부정될 수 없다. 이 성과들은 오직 국민당과 함께 작업함에 의해서만 성취될 수 있었는데, 첫째로 국민당은 광동 시기에 혁명적 세력이었기 때문에, 둘째로 그것은 공산주의자들이 프롤레타리아트를 독립적 세력으로서 조직하는 것을 막지 않았기 때문이다.

그런데 1927년 4월 12일에 민족 부르주아지는 혁명을 버렸고 그리고 그들은 남경에 반혁명의 중심을 수립했다. 그 시기에 소부르주아 인텔리겐챠는 혁명을 편들었고 그리고 혁명적 중심이 무한에 세워졌다. 그 당시에 무한은 혁명적 운동의 중심이 되었다. 혁명의 첫 번째 단계에서 공산주의자들이 국민당으로부터 철수하는 것은 그릇된 것이 되었을 텐데, 왜냐하면 그 당시에 국민당은 인민의 투쟁을 지도하고 있었고, 둘째로 그것은 광범한 중국 인민대중들의 눈에는 여전히 불신당하지 않고 스스로의 면목을 잃지 않았기 때문이었다. 이것은 매우 중요한데, 왜냐하면 우리 공산주의자들에게는 장제스와 같은 사람들의 반동적 성격을, 그 부르주아지의 기본적으로 반동적이고 타협하는 성격을 깨닫고 이해하는 것은 쉬운 것이기 때문이다. 유능한 정치적인 노동자가 이러이러한 것이 반동적이라는 것, 부르주아지는 프롤레타리아트를 버릴 수밖에 없다는 것을 깨닫는 것은 어렵지 않다. 그러나 그것은 충분하지는 않다. 인민대중들이 그들 자신의 경험에 의해 배워야만 하고, 그들이 부르주아지가 무엇을 꾀하는지를, 그리고 그것이 어떠한 속임수를 쓰는지를 깨달아야만 한다. 그리고 중국의 대중들은 장제스가 그의 쿠데타를 무대에 올리고 민족 부르주아지가 혁명을 버리고 제국주의를 편들어 반혁명의 중심을 세우고 그리고 전투적인 노동자들과 농민들을 억압하고 학살하기 시작했을 때, 이 경험을 획득했다.

혁명의 두 번째 단계에서, 민족 부르주아지가 혁명을 이미 버렸을 때, 그리고 혁명의 중심이 광동에서 무한으로 이동하였을 때, 누가 이

시기에 프롤레타리아트의 동맹들이었는가? 이 시기의 프롤레타리아트의 동맹들은 농민층, 도시 빈민 그리고 소부르주아 인텔리겐챠였다. 중국에서 공산주의자들이 혁명의 두 번째 단계에서 무한 국민당에 참가하는 것이 올발랐는가? 그리고 공산주의 인터내셔널이 중국공산당에게 무한에 있는 혁명적 중심을 편들라고 충고한 것은 올발랐는가? 그것은 틀림없이 그러했다. 그 당시에 공산당이 무한 국민당으로부터 철수했다면 그것은 그릇된 것이었을 것이다. 왜냐하면 당시에 무한은 혁명의 중심이었기 때문에 그리고 무한 국민당은 대중적 조직이었기 때문이다. 오직 미친 사람만이 그리고 눈이 먼 사람만이 무한이 그 특별한 시기에 혁명의 중심이라는 것을, 그리고 무한 국민당이 혁명적인 대중적 조직이라는 것을 부정할 수 있다. 그리고 더 중요한 것은 공산당은 소부르주아 인텔리겐챠가 혁명을 버리려고 한다는 것을 깨달았을 수 있지만, 중국 인민은 그렇지 못했다는 것이다. 왜냐하면 그 당시에 이 사람들, 좌익 국민당-국민당의 좌익주의자들은 아직 스스로 충분히 체면을 잃고 불신당하지 않았기 때문이었다.

그러면 혁명의 두 번째 단계에서 성취들은 무엇이었는가? 무한 시기의 성취들은 무엇이었는가?

(1) 공산당은 5,000에서 6,000명 정도의 하찮은 당에서 50,000에서 60,000명 정도의 당으로 되었다.

(2) 노동조합들이 거대한 세력으로 성장했고 3백만의 성원들을 포괄하게 되었다.

(3) 농민들의 조직들이 확대되어 그 안에 수천만을 포괄하게 되었다.

(4) 공산당은 공공연하게 혁명을 조직할 수 있는 가능성을 얻었다.

(5) 공산당과 프롤레타리아트는 중국혁명의 단지 하찮은 요인에서 헤게모니 세력으로 변화하기 시작했다. 그것은 혁명의 가장 중요한 요인이 되었고 스스로의 주위에 중국의 인민대중들을 집결시켰다.

이런 것이 이 시기의 성취들이다.

올바른 정책이 그 자체로 승리를 보증하지 않는다

무한 국민당이, 좌익 국민당이 혁명을 버렸을 때, 뜨로쯔끼주의 반대파는 이것은 공산주의 인터내셔널이 그릇된 정책을 따랐기 때문이라고 말하기 시작했다. 그러나 동지들, 올바른 정책이 그 자체로 승리를 보증하지는 않는다. 승리를 얻기 위해 요구되는 것은 올바른 정책만이 아니라 계급세력들의 우호적인 균형이다. 반동의 세력들이 더 강하다면, 혁명은 올바른 정책에 의해 인도되더라도 패배할 수 있다. 그러나 하나의 점은 확실하다: 승리를 얻기 위해서, 계급세력들의 우호적인 균형에 더하여 올바른 정책, 올바른 강령과 전술이 필요하다. 그러나 올바른 정책은 계급세력들의 우호적인 균형이 또한 존재하지 않는다면 그 자체로 혁명의 승리를 초래할 수 없다. 그래서 성공은 올바른 정책이 없다면 획득될 수 없지만, 실패가 그 자체로 그릇된 정책을 말하는 것은 아니다. 왜냐하면 심지어 올바른 정책도, 만약 세력들의 균형이 혁명의 편에 있지 않다면 패배를 초래할 수도 있기 때문이다.

예를 들면 1905년 러시아 혁명을 들어보자. 1905년 혁명은 러시아에서 실패했다는 것이 사실인가? 그렇다. 그것은 사실이다. 우리는 그것으로부터 볼쉐비키들의 전술이 틀렸다고 결론지어야 하는가? 실제로, 그 특별한 시기에 멘쉐비키들은 1905년의 부르주아 혁명의 패배를 일반적으로는 볼쉐비키들의, 그리고 특수하게는 레닌의 "극단주의적인" 전술 탓으로 돌렸다. 볼쉐비키들의 전술은 올발랐는가? 그렇다. 그것들은 올발랐다. 그러면 왜 1905년 혁명은 실패했는가? 왜냐하면 봉건적 유물들과 전제가 혁명적 세력들보다 더 강하다는 것이 입증되었기 때문이다.

2월 혁명 후에, 1917년 7월의 날들 동안에 볼쉐비키들은 패배하였고 그들은 지하로 내몰렸다. 우리는 볼쉐비키들의 전술이 틀렸다고 말해야만 하는가? 아니다. 볼쉐비키들의 전술은 틀리지 않았다. 그러면 무엇이 1917년 7월에 볼쉐비키들의 패배를 설명하는가? 볼쉐비키들의 패배는 오직 하나의 사실에 의해, 즉 러시아 제국주의가 프롤레타리아트의 혁명적 운동보다 더 강하다는 것이 입증되었다는 것에 의해서만 설명된다. 쓰딸린 동지가 말했듯이:

"반대파는 혁명(중국혁명―하르팔 브라르)의 일시적 패배에 대해 코민테른의 정책 탓으로 돌린다." 그러나 "맑스주의와 절연한 사람들만이 그렇게 말할 수 있다. 맑스주의와 절연한 사람들만이 올바른 정책이 언제나 그리고 필연적으로 적에 대한 즉각적인 승리를 초래해야만 한다고 요구할 수 있다."

쓰딸린, <동시대의 주제들에 대한 노트-중국>, ≪프라우다≫, 1927년 7월 28일.

그리고 나아가:

"올바른 정책은 언제나 그리고 실패 없이 적에 대한 직접적인 승리를 초래하는 것이 결코 아니다. 적에 대한 직접적인 승리는 올바른 정책 하나만에 의해 결정되지 않는다. 그것은 무엇보다도 계급 세력들의 상호관계에 의해, 혁명의 편의 힘의 두드러진 우세에 의해, 적의 진영의 분해에 의해, 우호적인 국제 정세에 의해 결정된다."

"오직 그러한 조건들이 주어져야만 프롤레타리아트의 올바른 정책은 직접적인 승리를 초래할 수 있다."

"그러나 올바른 정책이 언제나 그리고 모든 조건하에서 만족시켜야만 하는 하나의 의무적인 요구가 있다. 그 요구는 당의 정책이 프롤레타리아트의 투쟁 능력을 향상시키고, 노동대중과 그것의 연계를 늘리고, 이 대중들 사이에서 그것의 위신을 증가시키고, 그리고 프롤레타리아트를 혁명의 헤게모니 세력으로 변환시켜야만 한다는 것이다."

"이 과거의 시기가 중국에서 혁명의 직접적인 승리를 위해 최대치의 우호적인 조건들을 제출했는가가 확언될 수 있는가? 명백히 그렇지 않다."

"오직 눈먼 사람만이 중국의 프롤레타리아트가 이 시기에 광범한 농민대중들을 민족부르주아지로부터 그리고 소부르주아적 인텔리겐챠들로부터 떼어내는 데 성공했고 그리하여 그 자신의 기준으로 그들을 집결시키고 있다는 것을 보는 데 실패할 수 있다."

쓰딸린, 앞의 책.

중국 프롤레타리아트의 투쟁 능력, 그것의 광범한 대중들과의 연계, 그리고 이들 대중들 사이에서 프롤레타리아트의 위신은 그것이 코민테른의 올바른 정책을 추구하는 것에 비례하여 증가했다. 내가 위에서 개

제14장 뜨로쯔끼주의 반대파는 왜 중국혁명에서 그러한 실수를 범했는가? 443

요를 말한 그런 종류의 결과들을 중국의 프롤레타리아트가 획득할 수 있었던 것은 올바른 것이었던 정책을 따름에 의해서였다. 심지어 반대파조차 중국혁명의 두 번째 단계 동안에(1927년 4월) 무한 국민당과 혁명적 블록이라는 정책을 추구하는 것이 올발랐다고 선언했다. 그러나 무한 국민당이 혁명을 버리자마자 그리고 이러한 버림 때문에 반대파는 무한 국민당과 블록이라는 정책은 잘못된 것이었다고 주장하기 시작했고 중국혁명의 일시적 패배를 코민테른의 정책 탓으로 돌리려고 했다.

중국혁명의 일시적 패배들을 코민테른의 정책 탓으로 돌리려는 쏘련 공산당의 뜨로쯔끼주의 반대파의 시도들은 반대파의 줏대 없음을, 반대파가 맑스주의와 절연했고, 그것이 맑스주의의 최후의 것들조차 잃어버렸고, 그리고 무엇보다도 그것이 레닌주의의 두 번째의 전술 원칙, 즉 스스로를 위해 프롤레타리아트가 대중적 동맹들을 확보해야만 하는 필요로부터 떠났다는 사실을 가리키는 것이었다. 다음은 레닌이 두 번째의 전술적 원칙을 정식화한 방식이다:

"더 강력한 적은 오직 최대한의 노력에 의해서만 그리고 실패 없이 가장 철저하고, 조심스럽고, 주의 깊고 그리고 솜씨 좋게, 적들 사이에서 모든, 심지어 가장 작은 것이라도, '불화'를, 다양한 나라들의 부르주아지 사이에서 그리고 개별적 나라들의 부르주아지의 다양한 그룹들 혹은 유형들 사이에서 이해의 모든 적대를 이용함에 의해서, 뿐만 아니라 심지어 일시적이고, 동요하고, 불안정하고, 믿을 수 없고 그리고 조건적인 동맹일지라도, 심지어 가장 작더라도, 대중적 동맹을 얻는 모든 기회를 이용함에 의해서만 이길 수 있다. 이것을 이해하지 못하는 사람은 맑스주의의 작은 부분조차도, 혹은 일반적으로 과학적인, 현대적인 사회주의를 이해하지 못하는 것이다. 상당한 시기에 걸쳐, 그리고 매우 다양한 정치적 조건들에서 행동에 의해 이 진실을 실천에 적용하는 그의 능력을 입증하지 못한 사람은 착취자들로부터 모든 근로자를 해방시키기 위한 그것의 투쟁에서 혁명적 계급을 돕는 것을 아직 배우지 못한 것이다. 그리고 이것은 프롤레타리아트가 정치적 권력을 장악하기 전과 그 이후의 시기에 똑같이 적용된다."

레닌, ≪공산주의에서의 좌익 소아병≫

이것이 레닌주의의 두 번째의 전술적 원칙에 관한 문제가 의미하는 것이다.

세 번째의 전술적 원칙: 대중들을 교육하는 문제

이제 레닌주의의 세 번째의 그리고 마지막 전술적 원칙, 즉 대중들을 교육하는 문제로 넘어가자. 그 문제는 당을 위한 슬로건이 어떻게 대중들을 위한 슬로건으로 될 수 있는가이다. 공산주의자들은 대중들을 혁명적 입장들로 어떻게 이끌어야만 하는가? 그리하여 그들을(대중들을) 어떻게 그들 자신의 경험에 의해 당의 슬로건의 올바름을 확신하게 만들 것인가? 공산당이 가까운 미래의 공식, 전망을 당면의 슬로건으로서 하나의 공식으로 전환시키기 위하여 대중들을 어떻게 이끌어야만 하는가? 공산주의자들은 실제로 어떻게 행동해야만 하는가? 이것은 특별한 중요성이 있다.

뜨로쯔끼 신봉자들은 언제나 "우리가 민족 부르주아지가 (혁명을—역자) 버릴 것이라고 여러분에게 말한 최초의 사람이었다"고 여러분에게 말할 것이다. 동지들, 그것은 게임을 하는 문제가 아니다. 그것은 누가 민족 부르주아지가 (혁명을—역자) 버릴 것이라고 여러분에게 말한 처음의 사람인지에 대한 문제가 전혀 아니다. 그것은 절대적으로 어리석은 것이다. 문제는 당시 주어진 특수한 시기에 어떤 정책—상황에 적합하고 그리고 대중들보다 너무 앞서가지도 않고 대중들 뒤에 따라다니지도 않는 정책—을 옹호하는 지이다. 대중들이 그것을 받아들이기 훨씬 전에 당신이 어떤 슬로건을 제기하고 있다면, 그러면 당신이 그 특별한 슬로건을 제기한 처음의 사람이라고 나중에 당신이 말하는 것은 충분히 좋은 것은 아니다.

내일 영국의 뜨로쯔끼 신봉자들이 즉각적인 봉기의 슬로건을 제기한다고 가정해 보자. 이 슬로건에 반응하여 세 사람의 뜨로쯔끼 신봉자들이 단 한 명의 경찰관에 의해 즉각적으로 진압당한 어떤 '봉기'에 참여한다. 봉기에 대한 이러한 요구를 한 뜨로쯔끼 신봉자들이, 성공적인 봉기가 이미 영국 프롤레타리아트에 의해 수행되었을 때 그들이 영

제14장 뜨로쯔끼주의 반대파는 왜 중국혁명에서 그러한 실수를 범했는가? 445

국 부르주아지에 반대하는 봉기의 슬로건을 제기한 최초의 사람이었기 때문에 그들이 올발랐다고 나중에 주장하는 것은 어리석은 것일 것이다. 가장 중요한 것은 슬로건을 제기한 최초의 사람이라는 것이 아니다. 가장 중요한 것은 적절한 때에 슬로건을 제기하는 것이다.

페트로그라드(레닌그라드가 당시에 그렇게 불렸던)에서 바그다타예프라고 불리는 한 볼쉐비키에 의해 지도되는 볼쉐비키들의 한 그룹이 있었다. 1917년에 이 그룹은 조숙하게도 "임시정부의 타도 그리고 모든 권력을 쏘비에트로"라는 슬로건을 제기했다. 그 특수한 시기에 임시정부는 노동자들의 지지를 여전히 받고 있었다. 그것은 러시아에서 압도적인 다수에 의해 여전히 지지를 받고 있었다. 임시정부는 7월의 날들 동안에 노동자들의 시위를 유혈에 빠뜨림에 의해 그러했던 것처럼, 나중에 전선에서의 뻔뻔스런 제국주의적인 공세에 의해 그러했던 것처럼 스스로를 아직 불신당하는 처지가 아니었다. 당시에 임시정부는 아직 스스로를 불신시키지 않았다. 그리하여 페트로그라드에서 몇몇의 볼쉐비키들의 추종을 받은 바그다타예프가 "임시정부의 타도, 모든 권력을 쏘비에트로"라는 이 슬로건을 제기했을 때, 레닌은 매우 심각하게 바그다타예프를 탄핵하고 나왔고 바그다타예프에 의해 지도되는 페트로그라드 볼쉐비키들의 전술을 모험주의적이라고 불렀다. 레닌은 왜 그렇게 했는가? 레닌이 프롤레타리아 혁명에 반대했던 것인가? 그가 그러했다면, 그리고 뜨로쯔끼 신봉자들이 그렇게 믿는다면 그들은 왜 그렇게 말하지 않는가? 그러면 레닌은 왜 바그다타예프를 탄핵했는가? 왜냐하면 그 당시에 바그다타예프는 조숙하게 슬로건을 제기하고 있었기 때문에, 그는 위험스럽게 너무 멀리, 대중들로부터 너무 앞서 나갔기 때문에, 그가 모험주의에 빠져 있었기 때문이었다. 바그다타예프와 그의 추종자들은, 6개월 후에 프롤레타리아 혁명이 이미 발생했을 때, 자신들이 프롤레타리아 독재의 슬로건을 제기한 최초의 사람이었기 때문에, 1917년 4월에 "모든 권력을 쏘비에트로"라는 문제를 제기했기 때문에 레닌보다 더 똑똑했다고 주장할 수 있지 않은가? 뜨로쯔끼 신봉자들이 이러한 방식으로 주장함에 의해, 바그다타예프를 뒤따르고 있고 레닌의 뒤를 따르지 않고 있다는 것은 명백하지 않은가?

뜨로쯔끼 신봉자들은 왜 그렇게 하는가? 뜨로쯔끼 신봉자들은 그들이 내가 지금까지 말한 레닌주의의 세 번째의 전술적 원칙—가까운 미래를 위한 전망을 담는 공식을 당면의 슬로건으로 어떻게 전환시키는지에 관한 원칙—을 실제로 잊었기 때문에 그렇게 한다. 유능한 정치적 노동자가 공산주의자가 어떤 길로 가야만 하는지 깨닫는 것은 어렵지 않다. 공산당이 대중들의 앞에 서야한다는 것은 올바르고 타당하다. 그것이 정확히 공산당의 기능이다. 만약에 그것이 대중들과 동일한 수준에 있다면, 모든 나라의 공산당에게는 단지 하나의 대안, 즉 스스로를 (불필요한-역자) 여분으로 만드는 결의를 통과시키는 것만이 남아 있다. 공산당이 대중들보다 더 멀리 볼 수 없다면 공산당을 갖고 있다는 것은 소용이 없다. 그러나 동시에 공산당은 대중들보다 너무 앞서 가서도 안 된다. 만약에 공산당이 쓰딸린이 말하곤 했듯이 영구적으로 도를 넘거나 혹은 미치지 못하는 전술을 따른다면, 그러면 이러한 전술은 장기적인 전술로 불릴 수 없다. 쏘련에서 뜨로쯔끼주의 반대파들은 그것의 전술을 '장기적인' 전술이라고 불렀다. 쓰딸린이 말했듯이:

"당신은 틀렸다. 나의 친애하는 선생님, 절대적으로 틀렸다! 그것은 '장기적인' 전술이 아니다. 그것은 되는 대로의 전술, 영구적으로 과녁을 넘어가거나 혹은 미치지 못하는 전술이다."

<동시대의 주제들에 대한 노트>,
《프라우다》, 1927년 7월 28일.

반대파가 중국혁명을 단지 국가 관세 혁명이라고, 그리고 반봉건적, 반제국주의적인 혁명이 아니라고 묘사했을 때 그것은 과녁에 미치지 못하는 전술이었다. 1926년 4월에 반대파가 공산주의자들의 국민당으로부터의 즉각적인 철수를 요구했을 때, 그것은 과녁을 넘어가는 전술이었다. 공산주의자들이 무한 정부에 실제적으로 참가하고 있던 1927년 4월에 반대파가 쏘비에트들의 즉각적인 형성을 요구했을 때, 그것은 과녁을 넘어가는 전술이었다. 이런 것이 물론 쏘련에서 뜨로쯔끼주의 반대파의 되는 대로의 전술이었다.

이것들은 언제나 과녁을 넘어가거나 혹은 과녁에 미치지 못하는 전술이었고 결코 과녁을 맞히는 것이 아니었다. 이것들은 '장기적인' 전술로 불릴 수 없다. 공산당은 대중들에 앞서서 볼 수 있어야만 하면서도 그것은 어떤 주어진 시기에 대중들의 의식을 유능한 정치적 노동자—공산주의자—의 의식으로 결코 대체해서는 안 된다. 그렇게 하는 것은 공산주의자들과 대중들 사이의 그리고 공산당과 대중들 사이의 차이를 말살하는 것이고, 그것은 상황에 대한 주관주의적 평가를 초래할 것이고, 그것은 당에 대해서 뿐만 아니라 혁명 운동에 대해서 알려지지 않는 해를 야기할 수밖에 없는 주관주의적, 관념적 그리고 '좌익' 모험주의적 오류들과 '좌익' 모험주의적 시도들을 초래할 것이다.

뜨로쯔끼주의 반대파는 중국 문제에 대해서, 물론 어떤 다른 문제에 대해서처럼, 현실에 기초해서가 아니라 정세에 대한 주관주의적 평가에 기초하여 모험주의적 정책을 옹호했다. 이 모험주의적 정책을 중국공산당이 따랐다면, 중국에서 혁명은 없었을 것이다. 왜 반대파는 이러한 모험주의적인 정책을 옹호했는가? 왜냐하면 그것이 레닌주의의 세 번째의 전술적 원칙을 잊었고, 왜냐하면 그것으로부터 떠났기 때문이었다. 여기에 레닌이 세 번째의 전술적 원칙을 정식화한 방식이 있다:

"승리는 전위 홀로만으로는 얻어질 수 없다. 전체 계급에 앞서서, 광범한 대중들이 전위에 대한 직접적 지원의 입장을 혹은 적어도 그것에 대한 호의적인 중립의 입장을 그리고 그들이 아마도 적을 지지할 수 없는 입장을 취하기 전에 전위만으로 결정적 전투에 나서는 것은 단순한 어리석음이 아니라 범죄이다. 그리고 실제로 전체 계급이, 실제로 광범한 노동인민대중들이 그리고 자본에 의해 억압받는 사람들이 이러한 입장을 취하게 하기 위해서, 선전과 선동만으로는 충분하지 않다. 이것을 위해서 대중들은 그들 자신의 정치적 경험을 가져야만 한다. 이런 것이 러시아에서만이 아니라 독일에서도 놀라운 힘과 명료함으로 지금 확증되고 있는 모든 위대한 혁명들의 근본적 법칙이다. 러시아의 계몽되지 못한, 종종 문맹의 대중들만이 아니라 높은 문화수준의, 완전히 읽고 쓸 수 있는 독일의 대중들도, 공산주의로의 단호한 방향 전환을 위해서는, 그들 자신의 고통스런 경험들을 통하여, 제2인터내셔널 기사들로 이루어진 정부의 부르주아지에 대한 절대적인 무능과 줏대 없음, 절대적인 무력함과 굴종을, 그리고 프롤레타리아 독재에 대한 유일한 대안으로서 극단적인 반동들의 독재(러시아에서 코르닐로프, 독일에서 카프 등)의 절대적인 불가피성을 깨달아야만 했다. 국제 노동운동의 계급의식적인 전위, 즉 공산당들, 그룹들 그리고 조류들이 직면하고 있는 당면한 임무는 광범한 대중들을(이제껏 대부분은 잠자고 있고, 냉담하고, 일상에 얽매여 있고, 비활동적이고, 정지해 있는) 그들의 새로운 입장으로 이끌 수 있어야 한다는 것, 혹은 그들 자신의 당만이 아니라 이들 대중들을 새로운 입장으로의 접근, 이행으로 이끌 수 있어야 한다는 것이다."

레닌, ≪공산주의에서의 좌익소아병≫

(레닌에 의해 주어진) 세 번째의 전술적 원칙에 대한 위의 정식화의 견지에서, 뜨로쯔끼주의 반대파가 이 원칙의 중요성을 이해하지 못했다는 것, 그것이 중국혁명에 관하여 이 원칙을 일관되게 위반했다는 것은 명확하다. 반대파는 이 원칙을 1926년 4월에 국민당으로부터 공산당의 즉각적인 철수를 요구했을 때 위반했다. 반대파는 이 원칙을 1927년 4월에(공산주의자들이 여전히 무한 국민당에 참가하고 있고 혁명의 국민당 국면이 아직 소진되지 않았을 때) 쏘비에트들의 즉각적인 형성을 요구했을 때 위반했다.

논의하고 있는 주제의 다음의, 그리고 마지막의 부분으로 넘어가기 전에, 레닌주의의 세 번째 전술 원칙, 즉 대중들 자신의 경험에 의해 대중들이 당의 슬로건들의 올바름을 확신하는 것의 필요성에 대한 찬란한 적용의 하나의 사례를 들고 싶다. 레닌주의가 부르주아 의회주의에 반대한다는 것은 잘 알려져 있다. 그럼에도 볼쉐비키들은 레닌의 지도하에, 제헌의회를 보이코트하지 않았다. 그들은 프롤레타리아트가 권력을 장악하기 전과 그것의 승리 후에 모두 선거에 참여했다. 그러면 볼쉐비키들이, 심지어 이런 의회가 쏘비에트 권력과 양립할 수 없을지라도 왜 제헌의회 선거에 참가했는지 의문이 들 수 있다. 볼쉐비키들은 러시아 인민대중들이 그들 자신의 경험에 의해 이 의회의 반동적 성격을 깨닫도록 하고, 그들을 이 반동적 조직으로부터 획득하고 쏘비에트 권력의 편에 서도록 하고 그리고 이리하여 이 반동적 부르주아 의회의 성공적인 해산을 위한 필요한 조건들을 창출하기 위해 제헌의회 선거에 참가했다. 오직 이러한 전술을 채택함에 의해, 레닌주의의 세 번째 전술 원칙을 충분히 운용함에 의해 볼쉐비키들은 "부르주아 의회주의를 '정치적으로 폐물'로 만들" 수 있었다.

제14장 뜨로쯔끼주의 반대파는 왜 중국혁명에서 그러한 실수를 범했는가? 449

여기에 레닌이 제헌의회 선거에 대한 볼쉐비키들의 참가에 관해 말한 것이 있다:

"우리는 1917년 9월-11월에 러시아의 부르주아 의회, 제헌의회 선거에 참가했다. 우리의 전술이 올발랐는가? 아니면 올바르지 않았는가? … 우리, 러시아 볼쉐비키들은 의회주의가 러시아에서 정치적으로 폐물이 되었다고 간주함에 있어 어떤 서구의 공산주의자들보다도 더 많은 권리를 가지고 있지 않았는가? 물론 우리는 그러했다. 왜냐하면 요점은 부르주아 의회들이 오랜 기간 존속하는가 짧은 기간 존속하는가가 아니라, 광범한 노동인민대중들이 쏘비에트 체제를 받아들일, 그리고 부르주아 민주주의 의회를 해산할(혹은 그것이 해산되는 것을 허용할) 준비가 얼마나 되어 있는가(사상적으로, 정치적으로 그리고 실천적으로)이기 때문이다. 러시아에서 1917년 9월-11월에 수많은 특수한 조건들로 인해, 도시의 노동자계급과 병사들 그리고 농민들이 쏘비에트 체제를 받아들이고 가장 민주적인 부르주아 의회들을 해산할 준비가 예외적으로 잘 되어 있었다는 것은 절대적으로 논의의 여지가 없고 충분히 입증된 역사적 사실이다. 그럼에도 불구하고 볼쉐비키들은 제헌의회를 보이코트하지 않았고 프롤레타리아트가 권력을 장악하기 전이나 후에 모두 선거에 참가했다. …"

"이로부터 나오는 결론은 절대적으로 논쟁의 여지가 없는 것이다. 쏘비에트 공화국의 승리 불과 몇 주 전에 그리고 심지어 이러한 승리 후에 부르주아 민주주의적인 의회에 참가하는 것은 혁명적 프롤레타리아트에게 해를 주지 않고 실제적으로는 그것이 후진적 대중들에게 왜 이런 의회가 해산되어야 하는지를 증명하는 것을 돕는다는 것이 입증되었다. 그것은 그들의 성공적인 해산을 돕고 부르주아 의회주의가 '정치적으로 폐물이 되는' 것을 돕는다."

레닌, ≪공산주의에서의 좌익소아병≫

이런 것이 레닌주의의 세 번째 전술 원칙에 대한 볼쉐비키들의 찬란한 적용이었다.

레닌주의의 세 가지의 전술 원칙들에 대한 논의의 견지에서, 우리는 뜨로쯔끼주의 반대파가 스스로를 이런 궁지에 빠뜨렸다고 말할 수 있는데, 바로 그것이 이들 세 원칙들을 위반했기 때문에, 그것이 이들 원칙들로부터 떠났기 때문이었다.

　이것이 레닌주의의 세 가지 전술 원칙들의 견지에서 뜨로쯔끼주의 반대파와 관련된 문제의 의미이다.

제15장
코민테른이 중국공산당에게 영향을 준
통일전선의 개념

　이제 나는 나의 이야기의 마지막 부분, 즉 코민테른이 중국공산당에게 영향을 준 통일전선의 개념에 도달해야만 한다.
　내가 이미 지적한 대로, 프롤레타리아트와 부르주아지 그리고 소부르주아지와의 통일전선은 프롤레타리아트의 당이 실제적으로 독립적 세력으로서 프롤레타리아트를 조직할 기회를 부여받을 때만, 광범한 농민대중들을 조직할 기회를 부여받을 때만, 그리고 인민대중들을 혁명으로 일깨울 수 있을 때만 유용할 수 있다. 뜨로쯔끼주의 반대파의 반대 주장들에도 불구하고, 보편적으로 알려진 문서들은 공산주의 인터내셔널이 중국공산당에게 영향을 준 것은 이러한 통일전선의 개념이었다는 것을 충분히 입증한다.
　뜨로쯔끼, 까메네프, 지노비예프 그리고 라덱은 1926년 10월에 공산주의 인터내셔널이 보낸 단 하나의 전보를 언급하기를 결코 멈추지 않았다. 이 전보는 중국공산당에게 다음과 같이 조언했다: "상하이가 획득되기까지, 농민운동은 강화되어서는 안 된다." 이 전보는 잘못된 것이었고, 쓰딸린은 이 전보가 잘못된 것임을 인정했다. 이 전보가 보내진 후 5주 내에 공산주의 인터내셔널은 코민테른의 노선을 입안한, 그리고 코민테른 지도부를 실제적으로 규정지었던 많은 문서들에 의해 이 전보를 취소했다. 뜨로쯔끼 신봉자들과 위에 언급된(그리고 잘못된) 전보에 대해 악의적인 즐거움으로 언급하는 경향이 있는 다른 '급진적인' 부르주아 인텔리겐챠들로 하여금 이 전보에 관한 다음과 같은 두 가지 사실들을 주목하게 하자:
　하나: 이 전보를 취소한 것의 책임은 공산주의 인터내셔널과 쓰딸

린 동지에 있지 반대파에 있는 것은 아니다.

둘: 반대파가 그 전보에 대한 이러한 문제를 제기한 최초의 시점은, 이 전보가 실제적으로 취소되고 나서 9개월 후였다.

이 전보는 공산주의 인터내셔널이 중국공산당에게 영향을 준 노선을 전혀 특징짓지 않는 하나의 실제적으로 고립된, 에피소드적인 전보였다. 공산주의 인터내셔널이 중국공산당에게 영향을 준 노선은 뜨로쯔끼 신봉자들이 편리하게 무시하는, 잘 알려진 많은 문서들에 포함되어 있다. 바로 이러한 이유로 인해서 나는 뜨로쯔끼 신봉자의 중상을 반박하기 위해서 이들 문서들로부터 자세히 인용할 수밖에 없다.

여기에, 위에서 인용된 전보보다 한 달 뒤인 1926년 11월에 코민테른 제7차 전원회의의 결의(코민테른의 노선을 실제로 규정한 문서)로부터 발췌가 있다:

"현재의 상황의 독특한 특징은 그것의 이행기적 성격, 프롤레타리아트가 상당한 부분의 부르주아지와의 블록의 전망과 농민층과 동맹의 가일층의 공고화의 전망 사이에서 선택해야만 한다는 사실이다. 프롤레타리아트가 급진적인 농업강령을 제출하는 데 실패한다면, 그것은 농민층을 혁명적 투쟁으로 끌어들일 수 없고 민족해방운동에서 그것의 헤게모니를 상실할 것이다."

<공산주의 인터내셔널의 집행위원회 제7차 전원회의의 결의>

그리고 나아가:

"광동 인민정부는 민족해방의 대의가 농민혁명과 하나가 될 때까지 혁명에서 권력을 유지할 수 없을 것이고 외국의 제국주의와 토착적인 반동에 대한 완전한 승리를 얻을 수 없을 것이다."

위의 문서로부터 코민테른이 중국의 프롤레타리아트가 직면하고 있는 선택, 즉 부르주아지와의 블록인가 혹은 "농민층과의 동맹의 공고화"인가의 선택을 명백하게 제기하고 있을 뿐만 아니라 중국의 프롤레타리아트가 "급진적인 농업강령을 제기하고" 그리고 스스로 "농민혁명과 하나가 될 것"을 조언했다는 것을 명백하게 알 수 있다.

제15장   코민테른이 중국공산당에게 영향을 준 통일전선의 개념   453

나는 쓰딸린이 같은 해—1926년—11월에 했던 연설로부터 몇몇의 단락들을 인용하겠다.

"나는 농촌에서 혁명을 해방하는 것이 불가능하다고 여기는 국민당주의자들과 심지어 중국 공산주의자들이 있다는 것을 알고 있는데, 왜냐하면 그들은 농민층이 혁명으로 끌어들여진다면 그것이 반제국주의 통일전선을 붕괴시킬 것이라고 두려워하기 때문이다. 동지들, 이것은 심각한 오류이다. 중국의 농민층이 더 신속하고 더 철저하게 혁명으로 끌어들여진다면, 중국에서 반제국주의 전선은 더 강하고 더 강력하게 될 것이다."

그리고 나아가:

"나는 중국 공산주의자들 사이에 노동자들이 그들의 물질적 조건과 법적 지위의 개선을 위해 파업을 하는 것을 승인하지 않고 또 노동자들로 하여금 파업을 하지 못하도록 설득하는 동지들이 있다는 것을 알고 있다. (누군가의 목소리: '그것은 광동과 상하이에서 일어났다') 그것은 커다란 오류이다, 동지들. 그것은 중국 프롤레타리아트의 역할과 중요성에 대한 매우 심각한 과소평가이다. 이 사실은 결정적으로 있을 수 없는 것으로서 테제들에서 주목되어야만 한다. 중국 공산주의자들이 파업일지라도, 노동자들이 그들의 물질적 조건들과 법적 지위를 개선하는 것을 돕기 위해 현재의 우호적 정세를 이용하는 데 실패한다면, 커다란 오류가 될 것이다. 그렇지 않다면 중국에서 혁명은 무슨 목적에 봉사하는가?"

쓰딸린, <중국에서 혁명의 전망들>

여기에 공산주의 인터내셔널이 중국공산당에 보낸 1926년 12월의 세 번째의 문서가 있다:

"도시들에서 퇴각하고 노동자들이 그들의 조건들을 개선하기 위한 투쟁을 줄이는 일반적 정책은 틀린 것이다. 농촌에서의 투쟁은 확대되어야 한다. 그렇지만 동시에 노동자들의 물질적 조건들과 법적 지위를 개선하기 위해 우호적 정세가 이용되어야만 한다. 그러면서 모든 면에서 노동자들의 투쟁에 조직화된 성격을 부여하기 위해 분투해야 하는데, 그러한 투쟁은 지나침을 혹은 너무 앞서 나가는 것을 배제하는 것이다. 중국의 소부르주아지와 중간 부르주아지를 가능한 한 공동의 적에 반대하는 통일전선의 틀 내에 두기 위해 대부르주아지에 반대하는 그리고 무엇보다도 제국주의자들에 반대하는 도시들에서의 투쟁을 지도하기 위해 특별한 노력이 이루어져야 한다. 우리는 조정위원회, 중재재판소 등의 체계를, 올바른 노동자계급 정책이 이들 기관들에서 확보되기만 하면, 유리한 것이라고 간주한다. 동시에 우리는 파업의 권리를 반대하는, 노동자들의 집회의 자유를 반대하는 등의 포고들은 절대적으로 허용될 수 없다는 경고를 하는 것이 필요하다고 생각한다."

여기에 장제스의 쿠데타 6주 전에 발행된 네 번째의 문서가 있다:

"국민당과 군대에서 공산주의자들 단위들의 작업은 강화되어야만 한다. 그것들이 지금 존재하지 않는 곳 어디에서나 그것들은 조직되어야만 하고 그것들을 조직하는 것은 가능하다. 공산주의 단위들을 조직하는 것이 가능하지 않은 곳에서는 숨겨진 공산주의자들의 도움으로 강화된 작업이 수행되어야만 한다."
"노동자들과 농민들을 무장시키고 지방들의 농민 위원회들을 무장된 자기방어력을 갖춘 행정적 권위의 실제적 기관들로 전화시키는 경로를 채택하는 것이 필요하다 등등."
"공산당은 모든 곳에서 이렇게 나서야 한다. 자발적인 반합법의 정책은 허용될 수 없다. 공산당은 대중운동에 대한 브레이크로서 나서서는 안 된다. 공산당은 국민당 우익들의 배신적이고 반동적인 정책을 덮어서는 안 되며 우익에 대한 폭로를 기초로 하여 국민당과 중국공산당 주위에 대중들을 동원하여야 한다."
"혁명에 충성하는 모든 정치적 노동자들의 주의가, 현 시기에 계급 세력들을 재조직하는 것과 제국주의 군대들의 집중과 관련하여 중국혁명이 중대한 시기를 경과하고 있다는 사실에, 그리고 그것은 대중운동을 발전시키는 경로를 단호하게 채택함에 의해서만 가일층의 승리들을 얻을 수 있다는 사실에, 주어져야 한다. 지령들의 완수는 그렇기 때문에 이전 어

제15장   코민테른이 중국공산당에게 영향을 준 통일전선의 개념   455

느 때보다도 더 필요하다."
쓰딸린, <중국에 대하여, 국제 정세 그리고 쏘련의 방어>,
≪전집 10권≫, 1927.

실제로 국민당 우익들과 장카이스에 의해 꾸며진 쿠데타 1년 전인 1926년 4월에 코민테른은 중국공산당에게 경고했었고 "국민당으로부터 우익들의 사임 혹은 추방"을 위해 작업하는 것이 필요하다고 지적했다.

위의 문서들은 혁명이 주요하게 외국의 제국주의에 대한 타격을 가하고 있을 때 그리고 민족 부르주아지가 스스로 혁명 진영에 있고 혁명적 운동을 지지했을 때, 중국혁명의 최초의 단계에서 제국주의에 반대하는 통일전선―광동 시기, 전민족 통일전선의 그것―의 전술을 어떻게 이해했는지에 대한 충분한 증거이다.

위의 문서들은 코민테른이 보냈고, 그것이 보내진 후 4주 안에 반대파에 의해서가 아니라 코민테른에 의해서 취소되었던 단 하나의 전보(위에서 언급된)는 단지 에피소드일 따름이고 공산주의 인터내셔널이 중국공산당에게 영향을 준 노선을 규정짓지 못한다는 것을 충분히 입증한다. 이것은 고립된 전보였다. 그것은 공산주의 인터내셔널의 노선을 규정짓지 못한다. 반대로 이들 문서들은 코민테른에 의해 옹호된 노선은 중국공산당에게 혁명의 확장에 방해가 되는 것이 아니라 군대에서 그것의 작업을 강화함에 의해, 국민낭에서 우익들을 고립시킴에 의해 그리고 그들의 사임 혹은 추방을 위해 작업함에 의해 혁명을 촉진하도록 요구하는 노선이었다.

이 모든 문서들은 반대파에게 알려져 있었으나 그러나 그들은 조심스럽게 그것들을 언급하는 것을 피했다. 쓰딸린 동지가 말한 대로:

"그들은(반대파) 왜 그것들(위의 문서들)에 대해 한 마디도 하지 않는가? 왜냐하면 그들의 목표는 말다툼을 일으키는 것이고 진실을 밝히는 것이 아니기 때문이다."

쓰딸린 동지는 계속한다:

"그리고 그럼에도 반대파의 현재의 지도자들, 특히 지노비예프와 까메네프가 레닌주의에 대해 약간 이해했던 때가, 주요하게는 코민테른에 의해 추구되었고 레닌 동지가 그의 테제3에서 우리를 위해 개요를 잡았던 것과 동일한, 중국혁명 운동에 대한 정책을 옹호했던 때가 있었다. 나는 지노비예프가 코민테른의 의장이었고 여전히 레닌주의자였고 아직 뜨로쯔끼의 진영으로 옮겨가지 않았던 때인 1926년 2월-3월에 열린 공산주의 인터내셔널 6차 전체회의를 마음에 두고 있다. 나는 공산주의 인터내셔널의 6차 전체회의를 언급하는데, 왜냐하면 1926년 2월-3월에 만장일치로 채택된 결의가 있기 때문인데, 그것은 코민테른과 쏘련공산당(볼)에 의해 주어졌지만, 그러나 반대파가 지금 거부하고 있는 중국혁명의 최초의 단계에 대한, 광동 국민당에 대한, 그리고 광동 정부에 대한 동일한 평가를 대략 주고 있다. 나는 이 결의를 언급하는데, 왜냐하면 지노비예프가 그 당시에 그것에 찬성 투표했고 중앙위원회의 단 한 명의 성원도, 심지어 뜨로쯔끼, 까메네프 혹은 현재의 반대파의 다른 지도자들조차 그것에 반대하지 않았기 때문이다."

"나에게 그 결의로부터 몇 단락을 인용하게 해 달라."

"여기에 국민당에 관해 결의에서 언급된 것이 있다."

'중국 노동자들의 상하이와 홍콩에서의 정치적 파업들(1925년, 6월-9월)은 외국 제국주의자들로부터 중국 인민의 해방을 위한 투쟁에서 전환점을 기록했다. … 프롤레타리아트의 정치적 행동은 그 나라에서 모든 혁명적 민주주의적 조직들, 특히 인민의 혁명적 당, 국민당 그리고 광동에서 혁명적 정부의 가일층의 발전과 공고화에 강력한 자극을 주었다. 중국 공산주의자들과 동맹하여 활동하는 주요한 몸체인 국민당은 외국의 제국주의자들에 반대하는 그리고 생활의 모든 군사적-봉건적 방식에 반대하는 투쟁에서, 나라의 독립과 단일한 혁명적 민주주의 정부를 위한 투쟁에서 이들 계층의 공통된 계급적 이익에 기초하여, **노동자들, 농민들, 지식인들 그리고 도시의 민주주의의 혁명적 블록이다.**'(공산주의 인터내셔널 집행위원회 6차 전체회의의 결의) (쓰딸린의 강조)

"이렇게 광동 국민당은 네 개의 '계급들'의 동맹이다. 여러분이 보는 대로 이것은 거의 다른 누구도 아니라 당시 코민테른 의장이었던 지노비예프에 의해 신성화된 '마르티노비즘'4이다."

---

3 레닌, <민족 그리고 식민지 문제들에 대한 테제들의 예비초안>
4 1925년-1927년의 중국혁명의 발전에 대한 논문에서, A 마르티노프 (이전의 멘쉐비키였고 12차 당대회에 의해 러시아 공산당(볼)의 당원

"광동 국민당 정부에 대하여:"
'**광동에서 국민당에 의해 창출된 혁명적 정부**는 노동자들, 농민들, 그리고 도시 민주주의의 가장 광범한 대중들과 연계를 수립하는 데 이미 성공했고 스스로를 그들에게 기초하면서 제국주의자들에 의해 지지되는 반혁명적 무리들을 분쇄했다(그리고 광동지역의 전체적인 정치적 생활의 급진적인 민주화를 위해 작업하고 있다). 이렇게 독립을 위한 중국 인민의 투쟁에서 전위가 되어서, **광동 정부는 그 나라의 미래의 혁명적 민주주의적 발전을 위한 모델로서 봉사하고 있다.**'(앞의 책) (쓰딸린의 강조)
"그것은 광동 국민당 정부가 네 '계급들'의 블록으로서 혁명적인 정부이고 그리고 혁명적일 뿐만 아니라 중국에서 미래의 혁명적 민주주의 정부를 위한 모델이었다."
"노동자들, 농민들 그리고 부르주아지의 통일전선에 대하여:"
'새로운 위험들에 직면하여, 중국공산당과 국민당은 가장 광범위한 정치적 활동을 발전시키고, 인민의 군대들의 투쟁을 지지하는 대중 행동을 조직하고, 제국주의자들의 진영 내의 모순들을 이용하고 그것들에 대하여 혁명적 민주주의 조직들의 지도력하에서 **주민의 가장 광범한 층(노동자들, 농민들 그리고 부르주아지)의 통일 민족 혁명전선**을 대치시켜야만 한다.' (앞의 책) (쓰딸린의 강조)
"식민지 나라들에서 부르주아지와 일시적인 블록들 그리고 협정들은 식민지 혁명의 일정 단계에서 허용될 수 있을 뿐만 아니라 적극적으로는 필수적이라는 것이 따라 나온다."
"이것은 레닌이 식민지 그리고 종속국들에서 공산주의자들의 전술을 위한 그의 잘 알려진 지시들에서 우리에게 말한 것과 매우 유사하다는 것은 진실이 아닌가? 그러나 지노비예프가 그것을 어찌어찌해서 이미 잊어버린 것은 슬픈 일이다."
"국민당으로부터 철수의 문제:"
'일시적으로 국민당 주위에 스스로를 조직하고 지난 기간에 그것으로부터 철수하고 국민당과 노동인민대중들 사이에 긴밀한 동맹을 공공연하게

으로 가입이 인정되었다.)는 중국에서의 혁명이 부르주아 민주주의 혁명으로부터 프롤레타리아 혁명으로 평화적으로 진화할 수 있다는 테제를 전개했다. 뜨로쯔끼-지노비예프 반쏘비에트 블록은 마르티노프의 잘못된 테제에 대한 책임을 코민테른과 쏘련공산당의 지도부에 돌리려고 시도했다.

반대했던 조그만 그룹으로서 국민당의 우익을 형성했던 중국의 대부르주아지의 어떤 부분들은 국민당으로부터 공산주의자들의 추방을 요구했고 광동 정부의 혁명적 정책을 반대했다. 국민당 2차 대회(1926년 1월)에서 이 우익에 대한 비난과 국민당과 공산주의자들 사이의 전투적 동맹을 위한 필요성의 승인은 국민당과 광동 정부의 활동들의 혁명적 조류를 확인시키고 국민당에 대한 프롤레타리아트의 혁명적 지지를 보증한다.'(앞의 책)(쓰딸린의 강조)

"중국혁명의 최초의 단계에서 국민당으로부터 공산주의자들의 철수는 심각한 오류가 되었을 것으로 보인다. 그러나 이 결의에 찬성 투표한 지노비예프가 약 한 달 만에 이미 그것을 잊어버렸다는 것은 슬픈 일이다. 왜냐하면 지노비예프가 국민당으로부터 공산주의자들의 즉각적인 철수를 요구한 것은 1926년 4월 이후 얼마 되지 않아서(한 달 내에)였기 때문이다."

"중국공산당내에서 일탈들과 혁명의 국민당 국면을 빼먹는 것의 허용 불가능성에 대하여:"

'중국 공산주의자들의 정치적 자기결정은 두 가지의 동일하게 해로운 일탈들에 반대하는 투쟁에서 발전할 것이다: 중국 프롤레타리아트의 독립적인 계급적 과제들을 무시하고 일반적인 민주주의적 민족적 운동과 형태 없는 융합을 초래하는 우익 청산주의에 대한 반대, 그리고 운동의 **혁명적 민주주의 단계를 건너뛰고** 즉각적으로 프롤레타리아 독재와 쏘비에트 권력의 과제로 가려고 **농민층**, 즉 민족해방을 위한 중국의 운동에서 기본적이고 결정적인 요인을 **잊어버리는** 극단적인 좌익적 감상들에 대한 반대.'(앞의 책) (쓰딸린의 강조)

"여러분이 보는 대로, 여기에 지금 중국에서 발전의 국민당 국면을 건너뛰기를 원하는, 농민운동을 과소평가하는, 그리고 쏘비에트들로 급행으로 달려가려는 반대파의 과오를 말하는 모든 이유들이 있다. 그것은 요점을 찌르는 것이다."

"지노비예프, 까메네프 그리고 뜨로쯔끼는 이 결의를 알고 있는가?"

"우리는 그들이 그렇다고 가정해야만 한다. 어쨌든 지노비예프는 그것을 알고 있어야만 하는데, 왜냐하면 이 결의가 코민테른 6차 전체회의에서 채택되고 그 스스로 그것에 찬성 투표한 것은 그의 의장직하에서였기 때문이다. 왜 지금 반대파의 지도자들은 세계 공산주의운동의 **최고의 조직**의 이 결의를 회피하고 있는가? 왜 그들은 그것에 대해 침묵을 지키는

제15장   코민테른이 중국공산당에게 영향을 준 통일전선의 개념   459

가? 왜냐하면 그것은 중국혁명에 관한 모든 문제들에서 그들에 반대하고 있기 때문이다. 왜냐하면 그것은 반대파의 현재의 뜨로쯔끼주의적 관점의 전체를 반박하고 있기 때문이다. 왜냐하면 그들은 코민테른을 버렸고, 레닌주의를 버렸고, 그리고 지금, 그들의 과거를 두려워하고 그들 자신의 그림자들을 두려워하고 비겁하게 코민테른 6차 전체회의의 결의를 회피해야만 하기 때문이다."(쓰딸린의 강조)

쓰딸린, <중국에 대하여, 국제정세 그리고 쏘련의 방어>,
1927년 8월 1일, 쏘련공산당 중앙위원회와 중앙 통제위원회의
합동 전체회의에서 행한 연설.

이것이 중국혁명의 최초의 단계와 코민테른의 노선에 관한 문제들의 의미이다.

이제 중국혁명의 두 번째 단계로 넘어가자.

중국혁명의 두 번째 단계

혁명의 중심이 남경의 반혁명 중심에 대해 반대하면서 무한으로 옮겨갔을 때인 중국혁명의 두 번째 단계에 대하여, 반대파는 습관적으로 비방하는 방식으로 코민테른이 중국공산당에게 무한 국민당의 붕괴의 가능성, 즉 국민당 좌익의 반혁명 편으로의 탈주에 대해 경고하는 데 실패했다고 주장했다. 이 악의적인 비방은 오늘날에도 뜨로쯔끼 신봉자들에 의해서만이 아니라 영국의 약간의 '반수정주의자들'에 의해서도 반복되고 있다. 이 비방을 반박하기 위하여 중국혁명의 두 번째 시기에 관련된 약간의 문서들을 인용하겠다.

문서 1: 1927년 5월
"국민당의 국내정책에서 지금 가장 중요한 것은 모든 지역들에서, 특히 광동에서 '모든 권력을 농민연합과 농촌의 위원회들에게'라는 슬로건 하에 농민혁명을 체계적으로 발전시키는 것이다. **이것이 혁명의 그리고 국민당의 성공을 위한 기초이다.** 이것이 중국에서 제국주의와 그 대리인들에 반대하여 대규모의 그리고 강력한 정치적 및 군사적 군대를 창출하

기 위한 기초이다. 실천적으로 토지를 몰수한다는 슬로건은 호남, 광동 등과 같은 강력한 농민운동이 있는 지역들에서는 매우 시의적절한 것이다. 이것이 없다면 농민혁명의 확장은 불가능하다. …"

"절대적으로 믿을 만한 장교들과 더불어 혁명적 농민들과 노동자들의 8개 혹은 10개의 사단들을 즉각 조직하는 것을 시작하는 것이 필요하다. 이것은 전선과 후방에서 믿을 수 없는 단위들을 무장해제하기 위한 무한 방위대가 될 것이다. 이것은 지연되어서는 안 된다."

"분해시키는 활동들이 후방에서 그리고 장제스의 단위들에서 강화되어야만 하고 지주들의 지배가 특히 참을 수 없는 광동에서 들고 일어서는 농민들에게 도움이 주어져야만 한다."(쓰딸린의 강조)

쓰딸린의 연설, 1927년 8월 1일.

문서 2: 1927년 5월

"농민 혁명이 없다면, 승리는 불가능하다. 그것이 없다면 국민당의 중앙위원회는 믿을 수 없는 장군들의 파산한 노리개로 전락할 것이다. 그러나 과도함들에 대해서는 군대를 이용해서가 아니라 농민 연합들을 통하여 싸워야 한다. 우리들은 대중들에 의한 토지의 실제적 장악을 결정적으로 찬성하고 있다. 탕평산의 사명에 관한 우려들은 근거가 없는 것이 아니다. 여러분은 스스로를 노동자계급과 농민운동으로부터 절단해서는 안 되며 그것을 모든 방식으로 도와야 한다. 그렇지 **않다면** 여러분은 일을 망칠 것이다."

"국민당 중앙위원회의 일부 늙은 지도자들은 사건들에 의해 놀라고 있고 그들은 동요하고 있고 타협하고 있다. 증가된 많은 수의 새로운 농민 그리고 노동자계급 지도자들이 대중들로부터 나와서 국민당 중앙위원회로 끌어들여져야 한다. 그들의 용감한 목소리들이 늙은 지도자들의 등을 **빳빳**하게 하거나 혹은 그들을 제거할 것이다. 국민당의 현재의 구조는 변화되어야만 한다. 국민당의 최고 지도부는 반드시 농민혁명의 선두에 선 새로운 지도자들로 새로워지고 보강되어야 한다. 반면에 지역 조직들은 수백만 명의 노동자들의 그리고 농민들의 연합들에서 확대되어야 한다. 이것이 이루어지지 **않는다면** 국민당은 생활과 유리되고 모든 위신을 잃게 될 위험이 있게 될 것이다."

"믿을 수 없는 장군들에 대한 의존은 사라져야 한다. 약 20,000명의 공산주의자들과 약 50,000명의 혁명적 노동자들과 농민들을 호남과 후페

제15장   코민테른이 중국공산당에게 영향을 준 통일전선의 개념   461

로부터 동원하고 몇 개의 새로운 군대를 형성하고 지휘관들로서 장교 학교의 학생들을 활용하고 너무 늦기 전에 여러분 자신의 믿을 수 있는 군대를 조직하라. 이것이 이루어지지 않는다면 실패하지 않는다는 보장이 없다. 그것은 어려운 문제이지만 다른 대안은 없다."

"뛰어난 비공산주의 국민당원들에 의해 지도되는 혁명적 군사 재판소를 조직하라. 장 제스와 연계를 유지하는 장교들 혹은 병사들로 하여금 인민, 노동자들 그리고 농민들에 반대하도록 부추기는 장교들을 처벌하라. 설득은 충분하지 않다. 행동해야 할 때이다. 악한들은 처벌되어야만 한다. 국민당원들이 혁명적 자코뱅들이 되는 것을 배우지 않는다면 그들은 인민과 혁명에 관한 한 멸망하게 될 것이다."(쓰딸린의 강조)

앞의 책.

그리하여 코민테른이 사건들을 예측했을 뿐만 아니라 중국공산당 앞에 있는 위험들에 대한 시의적절한 경고를 했다는 것을 명확하게 알 수 있다. 코민테른은 "농민혁명"의 체계적인 발전이 "혁명의 그리고 국민당의 성공을 위한 기초"라는 것을, 그리고 "사건들에 의해 놀라고 … 동요하고 있고 타협하고 있는 국민당의 중앙위원회의 약간의 늙은 지도자들"에 반대하는 싸움이 수행되어야만 한다는 것을 지적했다. 그리고 무엇보다도 코민테른은 중국공산당에게 다음과 같은 중요한 과제, "너무 늦기 전에 여러분 자신의 믿을 수 있는 군대를 조직하는 것"에 관심을 가질 것을 제안했고, 경고를 하면서 코민테른은 덧붙였다: "이것이 이루어지지 않으면 실패하지 않는다는 보장이 없다." 이리하여 코민테른과 쓰딸린이 중국 공산주의자들에게 국민당의 붕괴의 가능성에 대해 경고하지 "못했다"는 것에 관한 뜨로쯔끼 신봉자들의 주장들은 단지 순수하고 단순한 부르주아적 비방일 뿐임이 대낮처럼 명백하다. 코민테른과 쓰딸린이 위에서 인용된 문서들에서 제시된 유형의 조치들이 긴급하게 취해지지 않는다면 국민당은 "멸망하게 될" 것임을 중국공산주의자들에게 시의적절하게 경고했다는 것은 명백하다.

약간의 결론들

이미 언급된 것으로부터, 코민테른과 쓰딸린에 의해 옹호된 정책은 철저하고 진정으로 과학적인 방식으로 맑스-레닌주의의 보편적 진리들을 중국혁명의 구체적 실천과 통합한 올바르고 혁명적인 정책인 반면에, 뜨로쯔끼주의 반대파가 옹호한 정책은 중국혁명의 구체적 문제들에 대한 과학적 분석에 기초해서가 아니라 반대파가 모든 시기와 모든 장소에서 구속력이 있다고 주장하는 약간의 이미 만들어진 공식들에 기초한 반레닌주의적 정책이었다는 것을 깨닫는 것은 전혀 어렵지 않다. 반대파가 옹호한 정책은 중국혁명이 성격에서 반제국주의적이며 반봉건적이라는 사실을 전혀 고려하지 않는 '분석'에 기초하였다. 그리하여 뜨로쯔끼주의 반대파는 현실을 무시하고 현실에 반대하여 중국혁명의 문제에서 주관주의적이고 반혁명적인, 중국혁명의 적들, 장제스와 다양한 제국주의 열강들의 마음을 기쁘게 한 정책을 추구했다. 이 단계에서, 쓰딸린 동지의 말로써 중국혁명의 문제에 대한 뜨로쯔끼주의 반대파의 오류들을 요약하는 것은 극히 쓸모 있을 것이다:

"반대파의 주요한 오류들은 다음과 같다:"
"(1) 반대파는 중국혁명의 성격과 전망들을 이해하지 못한다;"
"(2) 반대파는 중국의 혁명과 러시아의 혁명 사이의 그리고 식민지 나라들에서의 혁명과 제국주의 나라들에서의 혁명의 차이를 전혀 보지 못한다;"
"(3) 반대파는 혁명의 최초의 단계에서 식민지 나라들에서 민족 부르주아지에 대한 태도의 문제에서 레닌주의적 전술로부터 떠나고 있다;"
"(4) 반대파는 국민당에 대한 공산주의자들의 참가의 문제를 이해하지 못한다;"
"(5) 반대파는 전위(당)와 후위(노동인민의 광범한 대중들)의 관계들의 문제에 대해 레닌주의 전술의 원칙들을 위반하고 있다;"
"(6) 반대파는 공산주의 인터내셔널의 집행위원회 6차 및 7차 전체회의의 결의들로부터 떠나고 있다."

쓰딸린은 계속한다:

제15장   코민테른이 중국공산당에게 영향을 준 통일전선의 개념   463

"반대파는 중국문제에 대한 자신의 정책에 대해 시끄럽게 허풍떨고 있고 그 정책이 채택된다면 오늘날의 중국(1927년 8월 1일-하르팔 브라르)의 상황들이 현재보다 더 나아질 것이라고 주장한다. 반대파가 범한 총체적 오류들을 고려할 때, 중국공산당이 반대파의 반레닌주의적이고 모험주의적인 정책을 채택했다면 완전한 곤경에 처했을 것임은 증거를 거의 필요로 하지 않는다."

"중국공산당이 짧은 기간에 5천 혹은 6천의 조그마한 그룹에서 60,000 당원의 대중적 당으로 성장했다는 사실, 중국공산당이 그 기간에 거의 3,000,000의 프롤레타리아들을 노동조합으로 조직하는 데 성공했다는 사실, 수백만의 농민들을 무감각의 상태로부터 일깨우고 수천만의 농민들을 혁명적 농민 연합들로 끌어들이는 데 성공했다는 사실, 이 기간에 민족 군대들의 연대들과 사단들을 획득하는 데 성공했다는 사실, 이 기간에 프롤레타리아트의 헤게모니 사상을 열망으로부터 현실로 전환시키는 데 성공했다는 사실, 중국공산당이 짧은 기간에 이 모든 성과들을 획득하는 데 성공했다는 사실은 다른 무엇보다도 그것이 레닌에 의해 틀 지워진 길을, 코민테른에 의해 지시된 길을 따랐다는 것에 기인한다."

"말할 필요도 없이, 식민지 혁명의 문제에 대한 그것의 오류들과 반레닌주의적인 노선을 가진 반대파의 정책을 따랐다면, 중국혁명의 이러한 성과들은 전혀 달성될 수 없었거나 혹은 극히 하찮았을 것이다."

"오직 '초좌익적' 배신자들과 모험가들만이 이것을 의심할 수 있다."

앞의 책.

쓰딸린 동지는 중국공산당의 성과들이 다른 무엇보다도, "레닌에 의해 틀 지워진 길을, 코민테른에 의해 지시된 길을 따랐다"는 것 때문이라고 말할 때 절대적으로 올발랐다. 그는 또한 중국혁명에 대한 반대파의 반레닌주의적 정책을 중국공산당이 따랐다면 위에서 언급된 성과들은 전혀 달성될 수 없었을 것이라고 말할 때 올발랐다.

주요하게 천투슈(진독수) 도당의 기회주의에 기인한 1927년의 패배들

사실상, 중국혁명에 대한 연구는(1927년 말까지 그리고 그 이후로) 혁명의 성공들과 실패들이 중국공산당이 코민테른에 의해 지시된 레닌주의적 정책을 성공적으로 수행했는가 아닌가에 밀접하게 관련되어 있다는 것을 보여준다. 중국공산당이 코민테른의 정책을 수행했던 시기에는 혁명의 성과들은 거대했다. 그러나 중국공산당이 코민테른과 쓰딸린에 의해 지시된 정책을 수행하는 데 실패하는 것에 비례하여 그들은 패배들로 고통 받았다. 사실상, 중국혁명의 1927년의 패배들은 대부분 중국공산당이 코민테른과 쓰딸린의 노선을 고수하는 데 실패했다는 사실에 기인했다. 그 당시에 중국공산당이 악명 높은 기회주의자인 천투슈(진독수)에 의해 지도되었다는 것은 전혀 놀라운 것이 아니다. 그의 지도력하에서 중국공산당은 농민 혁명을 심화시키고 국민당 우익들에 대한 철저한 폭로를 수행하는 데 실패했다. 1927년의 패배 후 곧 천투슈는 당내에서 패배했다. 이 패배 후에 그는 중국에서 뜨로쯔끼주의 운동을 시작하려는 성공적이지 못한 시도를 했고, 1929년 12월 10일에 "뜨로쯔끼 동지에 의해 지도되는 국제적 반대파의 측에서 탈선하지 않고 일하는 것"이 필요하다는 성명을 발표했다. 대부분 중국공산당이 천튜슈의 지도력하에서 코민테른과 쓰딸린에 의해 옹호된 정책을 수행하는 데 실패했기 때문이었던 1927년의 패배들과 관련하여 천투슈는 악의적인 비방과 거짓말들로 가득 찬 다음과 같은 성명으로 그 자신의 기회주의적 역할을 표백하고 그의 기회주의를 옹호하면서 쓰딸린을 비난하려고 했다:

"나는(천투슈-하르팔 브라르) 그 이해가 충분히 명확하지 않았고, 그 의견이 충분히 단호하지 못해서 기회주의의 분위기에서 깊이 궁지에 몰렸고 진심으로 제3인터내셔널의 기회주의적 정책을 지지했다. 나는 무의식적으로 협소한 쓰딸린 분파의 도구가 되었다. 나는 발전할 기회를 가지지 못했다. 나는 당을 구할 수 없었다. 나는 혁명을 구할 수 없었다. … "

천투슈의 위의 성명이 악의적인 거짓말로 가득 차 있다는 것은 찬란하고, 올바르고, 레닌주의적 지도자인 마오쩌뚱하에서 중국혁명이 가로지른, 이어지는 승리의 길에 의해서뿐만 아니라, 자기비판을 위해 중국공산당 집행위원회가 1927년 8월 7일에 발표한 다음의 성명에 의해서도 드러난다:

"공산주의 인터내셔널은 중국공산당에게 노동 대중들의 물질적 조건들의 개선을 위해 싸울 것을 반복하여 지시하였다. … 동시에 공산주의 인터내셔널은 노동자들을 신속하고 용감하고 단호하게 무장시킬 것, 특히 가장 계급 의식적이고 가장 잘 조직된 그러한 요소들을 무장시키는 것이 필요하다고 지적하고 있다. … 그러나 우리 당의 지도 기관은 상이한 경로를 발전시켰다. 그것은 단순하게 계급투쟁과 노동자들의 혁명적 행동들을 감추고 최소화했다. 파업 운동들을 확산시키고 촉진하는 대신에 중앙위원회는 국민당의 지도자들과 함께, 임의의 화해의 방법을 결정하고 마지막 권위는 정부에 속한다고 규정했다. 이 첫 번째 단계에서 부르주아지에 의해 지도되는, 계급들의 연합 정부하에서, 이런 종류의 정책은 실제로 단지 부르주아지의 이해들을 보호하고 노동자들의 운동을 크게 방해하는 데 봉사했다. … "

"농민혁명은 중국에서 부르주아 민주주의 혁명의 급소이다. 공산주의 인터내셔널은 반복하여 이 문제에 관해 설명했다."

"당과 공산주의 인터내셔널 사이의 관계는 또한 받아들여진 조직적 절차와 일치하지 않았다. 지시들과 결의들이 이러한 중대한 상황에서 실제적으로 거부된 것은, 공산주의 인터내셔널의 역사에서 결코 그런 경우가 없었다. 이것은 더 이상 단순한 규율 위반이 아니었고 중국과 국제 공산주의운동에 대한 범죄적 행동이었다. … 중국공산당은 오류에 찬 정책, 혁명을 패배로 몰고 가고 자발적으로 혁명을 청산하고 적에게 항복한 정책을 수행했을 뿐만 아니라 또한 그것의 오류들을 인정하려 하지 않았고 공산주의 인터내셔널의 지시들을 따르려 하지 않았다. … "

중국공산당의 위의 성명에 포함된 진실은 천포다에 의한 <쓰딸린 그리고 중국혁명>이라는 팜플렛으로부터의 다음과 같은 발췌에 의해 더한층 확증된다:

"1927년의 천투슈 기회주의는 쓰딸린에 의한 이 변증법적 분석(그에 따르면 중국혁명은 반봉건적일 뿐만 아니라 반제국주의적이라는 중국혁명의 성격에 대한-하르팔 브라르)에 정확하게 반대된다. 천투슈 기회주의는 후에 반혁명적 뜨로쯔끼주의와 융합했다. 이것은 잘 알려져 있고 더 이상 논하지 않을 것이다."

이렇듯 1927년에 중국혁명이 당한 패배들은 주요하게는 쓰딸린과 코민테른에 의해 옹호된 정책을 거부하면서 농민혁명을 심화시키는 데 실패한 천투슈 도당의 기회주의 때문이라는 것을 알 수 있다. 코민테른의 정책에 대한 천투슈 도당의 거부는 전적으로 이 도당이 "쓰딸린에 의한 변증법적 분석을" 받아들이지 않고 "반대했다"는 사실에 기인한다. 중국공산당에서 기회주의자들은 중국혁명에 대한 쓰딸린의 글들을 감추는 정도로까지 나아갔다.

"천투슈가 권력을 쥐고 있던 1927년에 그리고 그 이후에 기회주의자들은 중국혁명에 관한 쓰딸린의 많은 저작들을 중국 당내에 보급하는 것을 의도적으로 그리고 비의도적으로 방해했다."

천포다, 앞의 책.

1927년 패배들에 이어지는 사건들—1949년의 중국혁명의 승리를 초래하는—은 쓰딸린에 의한 중국혁명에 대한 변증법적이고 맑스-레닌주의적인 분석의 위반들이 중국혁명에, 중국 인민의 해방의 대의에 차질을 틀림없이 가져왔다는 것을 충분히 입증한다. 쓰딸린의 변증법적인 가르침들을 충실하게 고수하면서 중국혁명은 거대한 전진을 했다. 마오쩌둥 동지는 이 진실을 거듭거듭 강조했다.

천포다로부터 인용하면:

"1927년 이후 20여년의 기간 동안5에 우리 당내에서 발생한 우익 그리고 '좌익' 기회주의 양자의 오류는 대개 무엇보다도 혁명의 성격에 관한 쓰딸린에 의한 이 변증법적 분석의 위반들, 반제국주의적 혹은 반봉건적

---

5 천포타의 팜플렛의 이 부분은 1949년에 쓰여졌다.

측면을 간과함에 의한 것이었다."

앞의 책.

그것이 10년간의 내전 기간 동안에, '좌익' 기회주의자들이 중국혁명의 반제국주의적 측면을 무시하고, "중국에서 부르주아 민주주의 혁명은 제국주의에 반대하는 투쟁의 첨예화에 의해 특징지어진다"[6]는 것을 잊어버리고 반제국주의 전선을 형성하는 정책에 반대한 이유이다. 그들은 또한 "사회주의 혁명으로의 전화"를 수행한다는 정책을 조숙하게 진전시켰다.

그러나 항일전쟁 기간에 이들 '좌익' 기회주의자들은 스스로를―이 점은 예상되었다―우익 기회주의자들로 전화시켰다. 중국혁명의 반봉건적 측면을 무시하면서, 그들은 기회주의자 천투슈에 의해 지지된 것과 같은 종류의 견해를 가지게 되었다.

그들은 농민운동을 심화시키는 것의 결정적 중요성을 깨닫는 데 실패했다. 그들은 쓰딸린 동지가 다음과 같이 말했을 때 마음에 담고 있던, 그러한 중국 공산주의자들의 범주와 적절하게 맞아 떨어졌다:

"나는 … 농촌에서 혁명을 해방하는 것이 가능하지 않다고 생각하는 중국 공산주의자들조차 있다는 것을 알고 있다. 왜냐하면 그들은 만약 농민층이 혁명으로 끌려 들어오면 그것이 반제국주의 전선을 붕괴시킬 것을 그들이 두려워하고 있기 때문이다."

우익 기회주의자들은 "중국의 농민층이 혁명으로 더 빨리 그리고 더 공고하게 끌어들여지면 중국에서 반제국주의 전선은 더 강하고 더 강력하게 될 것"이라는 쓰딸린의 레닌주의적 가르침을 잊었다. 중국혁명의 반봉건적 측면을 무시하는 그들의 관점으로부터 우익 기회주의자들은 항일전쟁의 시기에 천투슈 도당이 그랬듯이 프롤레타리아트의 지도력을 포기하는 것을 지지하는 것으로 나아갔다. 그들은 "부르주아지만 보았고" 인민의 민주주의 혁명의 승리와 사회주의를 위한 미래를 보는 데 실패했다. 그들은 "중국혁명의 주도자와 지도자의 역할, 중국의 농

---

6 쓰딸린, <중국혁명과 공산주의 인터내셔널의 과제들>

민층의 지도자의 역할은 중국의 프롤레타리아트와 그 당에 불가피하게 떨어질 것이 틀림없다"는 중국혁명에 관한 쓰딸린과 코민테른의 레닌주의적 가르침을 잊었다.

마오쩌뚱이 코민테른의 노선을 중국에 적용시켰다

마오쩌뚱이 중국공산당내에서 '좌익' 그리고 우익 기회주의적 일탈들에 반대하여 용감하게 싸웠다는 것은, 그가 코민테른과 쓰딸린에 의해 옹호된 레닌주의적 정책의 수행을 위하여 싸웠다는 것은, 그가 중국당에서 교조주의자들과 우익주의자들에게 치명적인 타격을 가했다는 것은, 그리고 무엇보다도 그가 가장 창조적 방식으로 코민테른의 노선을 중국의 정세에 적용시켰고 그리고 그렇게 함에 의해 그것을 훨씬 더 높은 단계로 발전시켰다는 것은 물론 마오쩌둥 동지의 위대한 공적이다. 다른 무엇보다도 중국혁명의 성공을 초래한 것은, 마오쩌뚱의 찬란한 지도력하에서 중국공산당에 의한, 코민테른의 노선의 중국혁명의 구체적 실천과의 이러한 솜씨 좋은 통합이었다.

마오쩌뚱의 찬란한 지도력하에서 중국공산당은 한 순간도 중국혁명의 반제국주의적 혹은 반봉건적 측면을 결코 무시하지 않았다. 농민층의 농민 혁명을 이끄는 과제를 수행하면서, 그것은 민족통일전선을 형성함에 의해, 그리하여 농민혁명의 고립을 또한 극복함에 의해 중국혁명의 반제국주의 전선을 확대하는 기회를 결코 놓치지 않았다. 중국공산당의 주장에 의해 반제국주의 전선이 1937년에 형성된 것은 마오쩌뚱 동지의 현명한 지도력하에서 중국공산당의 찬란한 전술의 정점이었다.

장제스 악당들이 일본의 침략에 반대하는 중국 인민의 항일전쟁을 수행하기 위해 공산당과의 통일전선에 동의함을 강제 당했던 사실은 마오쩌뚱의 노선, 쓰딸린의 노선, 그리고 코민테른 노선의 찬란한 승리였다. 그것은 동시에 뜨로쯔끼 신봉자들의 반혁명적 넌센스에 대한 반박이었다.

마오쩌뚱의 지도력하에서 중국공산당이 1927년 시기의 오류들을 피하고 항일 통일전선 내에서 공산당의 독립성의 원칙뿐만 아니라 농민층을 혁명으로 일깨운다는 원칙을 지지한 것은 또한 마오쩌뚱의 위대한 공적이다. 중국공산당은 마오쩌뚱의 지도력하에서, 교조주의자들이 통일전선의 형성을 반대하고 "모든 사람을 타도한다"는 것을 옹호했을 때, 교조주의자들에 맞서 싸웠다. 마오쩌뚱 동지는 교조주의자들에게 이렇게 말했다:

"당신들은 권력에 있는 그들을 타도할 수 없다. 그래서 당신들은 권력에 있지 않는 사람들을 타도하기를 원한다. 그들은 이미 권력에서 밀려났지만, 그럼에도 당신들은 그들을 타도하기를 원할 것이다."

중국공산당은 항일전쟁 동안에 교조주의자들이 "모든 사람과의 통일"을 옹호하는 것으로 건너뛰어 갔을 때 교조주의자들에 맞서 싸웠다.
그래서 중국공산당이 마오쩌뚱의 올바른 지도력하에서 중국에서 중국 인민들을 이끌고 성공적으로 인민 민주주의 혁명을 성취하고 그리고 나서 사회주의를 성취하는 것으로 넘어갈 수 있었던 것은, 중국혁명의 성격에 관하여 그리고 전술의 문제에서 올바른 맑스-레닌주의 노선을 따름에 의해서였다.
만약에 뜨로쯔끼주의 반대파에 의해 옹호된 반혁명적 동요를 중국공산당이 따랐다면 그것은 제국주의의 승리 혹은 중국에서 부르주아지의 독재의 수립을 틀림없이 의미했을 것이다. 그것은 프롤레타리아트의 지도력하에서 프롤레타리아트와 농민층의 혁명적 민주주의 독재의 수립을, 그리고 마침내 프롤레타리아트 독재의 수립을 결코 결과할 수 없었을 것이다. 아마도 뜨로쯔끼는 부르주아지의 독재의 수립을 원했을까? 이것은 그러했을 것으로 보이는데, 왜냐하면 자신의 1924년의 <동방에서 전망들과 과제들>에서 뜨로쯔끼는 다음과 같이 말하고 있기 때문이다:

"만약에 국민당이 중국에서 민족적-민주적 정권하에서 중국을 통일시키는 데 성공한다면, 중국에서 자본주의 발전은 앞으로 거대한 걸음을 내딛을 것임은 전혀 의심의 여지가 없다. 그리고 이 모든 것은 전(前)역사적이고 반(半)야만적인 상태로부터 즉각적으로 떠오를 셀 수 없는 프롤레타리아 대중들의 동원을 초래한다. … "

이런 것이 '영구혁명'의 저자의 모든 초(super)'좌익'적 미사여구의 본질이다!

마오쩌뚱의 노선과 쓰딸린의 노선 사이에
불화의 씨를 뿌리는 사람들에게

쓰딸린 동지와 마오쩌뚱 동지 사이에 근본적인 차이들이 있다고, 쓰딸린은 중국혁명에 어떤 도움도 주지 않았다고, 그리고 그는 중국 인민의 해방의 대의를 배신하기 위해 최선을 다했다고 주장하는 뜨로쯔끼 신봉자들이, 그리고 뜨로쯔끼 신봉자들이 아닌 사람들이 있다. 이런 끊임없는 비방들과 거짓 설명들의 견지에서, 나는 쓰딸린의 60회 생일에, 1939년 12월 20일에 마오쩌뚱이 행한 한 연설에서의 약간의 언급들로써 오늘 저녁의 나의 연설을 결론짓는 것이 필요함을 발견한다. 마오쩌뚱 동지는 말했다:

"그런데 또 다른 종류의 친구들, 우리에게 실제적인 동정심을 갖고 있고 우리를 형제들로 여기는 친구들이 있다. 그들은 누구인가? 그들은 쏘비에트 인민이고 쓰딸린이다."

"다른 어떤 나라도 중국에서 자신들의 특권들을 포기하지 않았다. 쏘련만이 그렇게 했다."

"모든 제국주의자들은 우리의 제1차 대혁명 동안에 우리를 반대했다. 쏘련만이 우리를 도왔다."

"제국주의 나라의 어떤 정부도 항일전쟁의 발발 이후에 우리에게 실제적인 도움을 주지 않았다. 쏘련만이 항공기와 군수품들로써 중국을 도왔다."

"요점은 충분히 명확하지 않은가?"

"사회주의의 땅만이, 그것의 지도자들과 인민만이, 그리고 사회주의적 사상가들, 정치가들 그리고 노동자들만이 중국 민족과 중국 인민의 해방의 대의에 실제적 도움을 줄 수 있다. 그리고 그들의 도움이 없다면 우리의 대의는 최종적 승리를 얻을 수 없다."

"쓰딸린은 중국 인민 해방의 대의의 진정한 친구이다. 불화의 씨를 뿌리려는 어떠한 시도도, 어떠한 거짓말과 비방들도 쓰딸린에 대한 중국

인민의 온 마음의 애정과 존경 그리고 쏘련에 대한 우리의 진정한 우정에 영향을 줄 수 없다."

마오쩌둥 선집.

어떤 언급도 필요가 없다. 승리한 중국혁명의 지도자인 마오쩌뚱 동지의 이 언급들은 "불화의 씨를 뿌리고" 그리고 혼란을 야기하려고 최선을 다하고 있는, 마오쩌둥의 혁명적 노선을 쓰딸린의 혁명적 노선과 다른 것으로서 주장하려 최선을 다하여 시도하고 있는, 공공연한 그리고 감추어진, 뜨로쯔끼 신봉자들의 거짓말들의 캠페인을 반박하는 데 충분한 것 이상이다. 이러한 언급들은 쓰딸린에 반대하는 '친구들'의 그리고 적들의 중상적인 선전을 반박하는 데 충분한 것 이상이다.

나는 뜨로쯔끼 신봉자들만이 아니라 뜨로쯔끼주의를 본떠서 쓰딸린을 협소한 민족주의7로 고발하고 그리고 마오쩌둥의 이름을 사용하여 쓰딸린을 공격하고 있는 영국의 공산주의자 연합(맑스-레닌주의자)과 같은 조직들을 반박하기 위해서 마오쩌둥의 위의 인용을 재현했다.

마오쩌뚱을 칭찬한다는 구실로 쓰딸린을 공격하고 있는, 운동에서의 이러한 조류를 반대하는 것이 필요한 것처럼, 뒤에서 방패막이로서 쓰딸린을 사용하여 마오쩌둥과 중화인민공화국을 공격하는 반대의 조류를 반대하는 것이 또한 필요하다.

이들 두 조류들(마오쩌뚱의 이름을 사용하여 쓰딸린을 공격하는 전자와 쓰딸린 뒤에 숨어서 마오쩌둥과 중국공산당을 공격하는 후자) 중에서 어느 쪽이 더 해로운가를 논의하는 것은 순전한 시간낭비이다. 그들은 똑같이 위험하다. 그리하여 양자에 맞서 싸우는 것이 우리 공산주의자들에게 지워진 의무이다.

---

7 ≪맑스-레닌주의자≫ 계간 2호, 1972년 여름, '쏘련에서 수정주의의 기원과 발전'을 보라.

마지막으로

 내가 오늘 밤 말한 것은 논의하에 있는 주제에 대한 간략한 도입일 뿐이다. 내가 바라는 것은 그것이 공산주의 운동 내에서 충분한 관심을 일으키고, 관련된 쟁점들에 대한 심화된 연구와 조사 그리고 명료함을 이끌어 내고 부르주아적 거짓말들에 대한 반박을 이끌어 내는 것이다. 중국혁명의 문제에 대해 연구하는 것에 있어서, 마오쩌둥의 글들에 대한 그리고 중국혁명에 대한 쓰딸린의 글들에 대한 지적인 연구 이외에 더 좋은 길은 없다는 것을 덧붙이고 싶다.

제5부
스페인 내전

"쏘련의 근로자들은 스페인의 혁명적 대중들에게 원조를 줄 때만 자신들의 의무를 충족시킬 수 있다. 파시스트 반동들의 박해로부터 스페인이 해방되는 것은 스페인 사람들의 사적인 대의가 아니라 모든 선진적이고 진보적인 인류의 보편적 대의라는 것을 그들은 알고 있다."

—쓰딸린

제16장
스페인 내전의 배경

스페인 노동자들과 농민들의 상황

약 두 세기 동안 스페인 인민은 스페인을 현대적 세계로 만들기 위해 봉건적인 지주제도의 억압에 반대하여 저항해왔지만, 봉건적 지주들은 부르주아지의 상승과 자본주의의 발전을 억눌렀고, 따라서 노동자계급의 발전을 이러저러한 방식으로 억압했다. 때문에 스페인 경제는 현대 세계와 관련하여 볼 때 점점 더 후진적으로 되었고 부르주아혁명이 완수된 나라들과의 경쟁에 직면하여 더욱더 무력해졌다. 그 결과로 스페인 인민의 상황은 꾸준하게 상대적으로 그리고 절대적으로 저하하였다. 다음은 프랭크 옐리네크가 1930년대의 상황을 묘사한 방식이다:

"스페인은 배고픔의 나라이다: 주요하게는 순전한 육체적 배고픔 그러나 또한 땅에 대한 배고픔."
"그 나라에 사는 거의 70%의 인구는 거의 땅 한 조각도 소유하지 못했다. 인구의 65%는 땅의 6.3%만을 가졌고 반면에 인구의 4%가 60%를 가졌다. … "
" … 메디나첼리 공작은 79,146헥타르를 소유했지만 250만의 갈리시아 농민들은 290만 헥타르를 소유했다."

p. 33.

"무어인들이 지상의 낙원이라고 여겼고 심혈을 기울여 경작했던 이 땅에서 … 총경작 면적은 2,200만 헥타르이고 경작되지 않은 면적은 2천 4백만이었다. … "

"이러한 괴물 같은 낭비의 원인들은 스페인의 지배계급들의 정치적 및 경제적 역사에서 찾을 수 있다. 산림 벌채, 경지의 초원으로의 전환, 그리고 농업용 토지의 목초지로의 전환, 울타리치기, 부재지주, 믿을 수 없이 낮은 임금으로 인한 강력한 국내 시장의 결여, 처음에는 농업의 이해와 가축 사육의 이해 간의 투쟁, 이후에는 농업주의(agrarianism은 토지개혁운동 등으로 보통 번역되지만 스페인에서 agrarian은 진보적 토지개혁론자라기 보다는 봉건적 농업을 고수하려는 사람들로 쓰이고 있어서 농업주의라 번역했다-역자 주)와 산업 간의 투쟁이 결합되어 나라를 폐허로 만들었다."

앞의 책, p. 34.

1930년대까지 스페인의 부르주아 혁명의 문제는 스페인 인민에게는 거의 보편적인 의제였지만 그것에는 강력한 적들이 있었다. 이들 중에는 무엇보다도 우선적으로 대규모의 강력한 귀족적 토지소유자들이 있었는데, 그들은 카톨릭 교회―특히 제수이트들―를 포함하고 있었다. 귀족계급은 농민들에 대해 휘두르는 권력(이 영향력은 카시키스모[caciquismo]라고 알려져 있다)을 통하여 그들이 원하는 어떠한 선거 결과라도 확보할 수 있었고, 그리하여 국가기구에 대한 확고한 통제를 확보할 수 있었고, 교회는 어린이들의 모든 교육을 실질적으로 통제했고 스페인 인민에 대해 강력한 사상적 영향을 주었다.

"밀-가축(농업주의)과 직물-강철(산업) 간의 투쟁은 심대한 사회적 및 정치적 영향을 끼쳤다. 농산물 가격의 저하와 임금의 상승은 국내 시장을 강화함에 의해 산업에 유리했을 것이다. 동시에 그것은 권력을 향한 산업의 질주 속에서 성장하고 또 스스로를 위해 팽창을 위한 새로운 가능성들을 열어젖히려는 대부르주아지의 승리들을 이용하는 소부르주아적 및 프롤레타리아 운동들을 강화할 것이었다. 이리하여 봉건적 농업주의자들agrarians은 나라를 가능한 한 곤궁하게 유지하는 것이 필요하였고 그리고 이러한 점에서 그들은 전적으로 성공적이었다."

앞의 책, p. 35.

"스페인 정치를 거의 전적으로 통제하는 농업주의자들은 그들이 16세기에 상업을 분쇄했던 것만큼이나 쉽게 산업으로부터의 위협에 대해 맞서 싸울 수 있었다."

앞의 책, p. 36.

다양한 외국의 제국주의 나라들은 스페인에서 광산 그리고 심지어 국가 전화서비스 같은 이권들을 얻었고, 그들은 또한 자신들의 투자에 어떤 위협도 없게 하기 위해서 스페인을 상대적으로 후진적인 국가로 유지하는 데 이해가 있었다. 프랭크 옐리네크는 다음과 같이 지적한다 (p. 278.) :

> "토착적 스페인 산업의 발전은 필연적으로 외국의 이해와의 경쟁을 가져왔을 뿐만 아니라 리오 틴토 관리부(영국회사)가 반복하여 자신의 주주들에게 불평했듯이 혁명적 분위기를 가져왔다. 그리하여 여분의 가치$_{\text{plus-value}}$가 자본의 수출에 의해 중화되어야 한다고 보는 것이 불가피했다."

그러한 것이 정확히 실제로 일어났던 것이다.

진보를 필사적으로 열망했던 사람들—무엇보다도 일상생활의 비참함과 가난 속에서 스페인의 후진성에 정면으로 맞선 노동자계급과 농민 대중들과 뿐만 아니라 민족 부르주아지와 소부르주아지의 보다 정력적이고 용감한 요소들, 특히 바스크 지역과 카탈로니아의 산업적으로 발달한 지역에 집중되어 있는 사람들—에게는 이 강철 같은 속박이 느슨하게 풀릴 것이라는 희망이 거의 없는 듯했다. 많은 사람들이 시도했고 실패했다. 그러나 20세기 초에 마침내 상황이 변화할 것이라는 신호가 나타나기 시작했다.

명백히 스페인 노동자들과 농민들은 자신들의 생활의 가혹함에 대해 책임이 있는 것으로 보였던 사람들에 반대하여 저항하지 않을 수 없었다. 스페인의 민족 부르주아지 또한 전형적으로 우유부단한 방식으로 자신의 가일층의 발전을 위한 조건들을 창출하려고 하였다. 그러나 이데올로기적인 측면을 보면, 1930년대까지 노동자계급은 숫자가 적었고, 스페인에서 널리 퍼져있었던 소부르주아적인 무정부주의적 관념들—엥엘스에 의해 <활동 중인 바꾸닌주의자들>에서 묘사되고 설명되었듯이—을 흡수하는 경향이 있었다. 그런데 1920년대 후반과 1930년대에 쏘련의 10월 혁명에 의해 그 영향이 증대된 세계 공산주의 운동의 영향하에서, 스페인 노동자계급은 조심스런 방식으로 독립적인 노동자계급 당과 독립적인 노동자계급 노선을 발전시키기 시작했다. 시작은 조심스러웠지만 스페인 공산주의는 스페인 내전의 발발까지는 고려해야만 하는 세력이 되었고 전쟁을 통하여 그들의 힘은 공화국 정치에서 지배적인 세력이 되었다. 그리하여 스페인 노동자계급의 성장과 정치적 성숙은 사회적 변화를 위하여 중요한 자극이 되었다.

동시에 희망 없는 경제적 쇠퇴와 스페인 사회의 부패는, 1차 세계대전 뒤에 이어지는 정세에 대한, 레이몬드 카에 의한 다음의 묘사에서 명확한 것처럼, 노동자계급이 혁명을 위해 훌륭한 학습을 받아들이는 것을 보장했다:

"제2차 세계대전은 궁핍을 초래했지만, 이러한 궁핍은 전반적인 현상이었기 때문에 사회의 구조적 결함을 은폐했다. 반면에 1914-1918년의 전쟁(제1차 세계대전-역자)으로 초래된 번영은 사회의 구조적 결함을 폭로했다. 스페인은 중립적 세력으로서 1915년부터 1918년까지 갑작스런 호경기로 인한 이윤과 가격들의 깜짝 놀랄 만한 상승을 경험했다. 카탈란(직물) 공장들은 프랑스 병사들에게 공급을 하였고 값싼 웰시 석탄이 사라진 것은 아스투리안 탄전지대에서 열병 같은 활동을 자극했다. … "

"틀림없이 이러한 활동의 많은 부분은 건전한 팽창보다 급속한 이윤의 증가를 의미했다. … 스페인의 전시 번영의 현실적 비밀은 우선적 생산물들을 위한 거래 조건의 역전이었고 스페인의 직물이 강요하는 높은 가격들이었다. … 그리하여 그것은 사업의 약진에서보다는 페세타(스페인의 통화단위—역자)의 가격에서 반영되었다. 이러한 상황들은 국가 및 철도 부채의 상환을 가능하게 했고 대은행들의 권력의 성장을 촉진했다."

"전쟁 특수와 극적인 가격 상승은 모든 노동 관계들을 동요시켰다. 임금이 빠른 속도로 상승했는데, 특히 아스투리안 광산들 그리고 카탈로니아와 산업적인 북부에서 미숙련 노동자들 사이에서 그러했다. … 그러나 일부 노동자들은 실질임금에서 전혀 얻은 것이 없었고 … 그리고 이는 추정컨대 고용주들이 막대한 '투기적인' 이윤을 얻고 있을 때에 그러했다. 이러한 상황들은 조직된 노동의 빠른 성장에 유리했는데, 그때는 전쟁이 스페인을 의회적 방법들에 의해 통치할 수 없게 만들고 있던 때였다."

pp. 497-499.

전쟁과 가격 상승이 사회적 불만을 초래했다면, 전쟁의 종말은 모순들을 천 배나 강화시켰다:

"유럽 시장의 전후(戰後) 모순은 스페인에 위기를 가져왔다. 변경의 아스투리안 광산들은 폐쇄되었다. 해운에서 거대한 증가를 초래했던 전쟁의 종말은 화물 운송률이 떨어짐에 따라 그에 상응하여 거대한 손실을 가져왔다. 많은 회사들이 호경기에 건조된 선박들의 비용 때문에 불구가 되었다. 선박들이 놀려졌으며 빌바오 조선소는 일이 없었다. 새로운 강철 공장들은 생산물에 대한 수요를 전혀 발견하지 못했다. 변경의 토지를 경작했던 토지소유자들은 그것을 다시 잡목과 목초지대로 되돌리는 것을 허용했다. 농업의 불완전 취업은 도시에서의 실업을 악화시켰다."

"그리하여 떨어지는 가격과 실업이 1919-1923년의 혁명적 파업들의 배후에 있었다. … 고용주들은 자신들이 만약 노조들을 깨지 않는다면, 노조들이 고용주들을 사업을 못하게 몰아 댈 요구들을 들이대며 자신들을 분쇄할 것이라고 주장했다."

p. 509.

군대가 파업들을 유혈적으로 그리고 무자비하게 진압하기 위해 파견되었다. 1919-1925년부터 카가 노동전쟁이라 이름 붙인 것이 잇따라 일어났는데, 그것은 주요한 파업들에 의해 그리고 바르셀로나에서 노동자들과 경찰 사이에서의 가두 투쟁에 의해 특징지어지고, 뿐만 아니라 양측에서 정치적 지도자들에 대한 암살에 의해서 특징지어졌다. 유권자들이 그들이 처한 상황에 대해 더욱더 분노할수록, '안전한' 선거 결과를 보증하는 카시키스모caciquismo의 능력은 의심받게 되었다. 지배계급들은 의회 민주주의가 중지되어야만 한다고 느꼈고, 1923년에 안토니오 프리모 데 리베라 장군하의 군사독재를 성립시킨 군사적 쿠데타(그것에 대해 스페인의 '헌법적' 군주인 알폰소 8세는 묵인하였다)에 의해 의회 민주주의는 중지되었다.

군사정권의 수립은 말할 필요도 없이 문제들을 개선하지 못했다. 군대는 봉건적 귀족계급의 호주머니 속에 전적으로 있었는데, 그들의 이데올로기가 장교단의 모든 털구멍에 스며들어 있었다. 군사독재자들이 대개 그러하듯이 프리모 데 리베라 장군은 견식이 없었다. 그는 대중들을 억압하기 위해 매우 비이성적이고 불필요하게 반동적인 조치들을 취했다. 이들 조치들은 소부르주아적인 카탈란 민족주의 운동의 진압, 배심원에 의해 재판을 받을 권리와 언론의 자유 같은 모든 민주적 권리들에 대한 억압, 대대적인 박해, 투옥 그리고 노동자들과 농민들의 지도자들의 추방을 포함했다. 갈등이 점점 더 첨예해짐에 따라 지배계급은 군사독재가 상황을 호전시키기보다 더 악화시키고 있다고 보았고 그들의 특권과 권력을 구하기 위해 또 다른 방식에 대해 생각하려 시도하면서 프리모 데 리베라를 속죄양으로 삼기로 결정했다. 그리하여 군대와 왕은 비난을 피하기 위해 프리모 데 리베라에 반대하는 방향으로 선회했으며 1930년 1월 29일에 그 장군은 강제로 사임하게 되었다. 그는 그해 말에 빠리에서 죽었다.

그의 사임은 군주제를 구하기에는 너무 늦었고 군주는 프리모 데 리베라를 따라서 15개월 후인 1931년 4월에 추방되었다. 이에 뒤이어 4월 12일에 지방자치 선거가 있었는데, 이 선거는 인민이 군주제에 대해, 군사독재를 지지한 군주제에 대해 완전히 적대적이라는 것을 입증했다. 지배계급은 대중들의 적대감을 일소하거나, 그러한 적대감을, 무너지는 봉건제의 건물로부터 다른 곳으로 돌리기 위한 시도를 위해 시간을 버는 유일한 방법으로 군주제를 희생시키려 했다.

공화국

대중들은 당분간 위로받았다. 물론 그들은 기쁨으로 거칠어졌다. 그리고는 완전한 보통선거가 1931년 6월 28일에 시행되었는데, 그것은 4월 지방자치 선거의 결과들을 더욱더 확인했다: 117명의 사회주의자들, 93명의 급진주의자들, 59명의 공화파 급진사회주의자들, 27명의 공화파 행동, 27명의 우익 공화주의자들, 33명의 카탈란 민족주의자들, 16명의 갈리시안 민족주의자들 그리고 다른 반군주주의자들 28명이었다. 군주주의자들은 단지 85석을 모았을 뿐이다. 그러나 이 선거들의 결과로 상대적으로 진보적인 요소들로 정부가 구성되었다는 사실에도 불구하고, 스페인 국가의 계급 성격에서 어떠한 근본적인 변화를 만드는 데 이르렀을 때 그것은 매우 무력한 것으로 입증되었다.

데이비드 미첼은, 첫 수상인 알칼라 자모라가 1931년 10월에 마누엘 아자나로 교체되었을 때, "그는 군국주의와 교회의 적으로 선언되었다.

이들 두 쟁점들에 집중하고 가장 긴급한 문제—토지개혁—에 대해서는 단지 소심한 노력을 함에 따라, 어울리지 않는 연합은 주요하게 그다음 2년 동안 거의 모든 분파를 성나게 하는 데 성공했다. 아마도 단지 카탈란 민족주의자들만이 1932년 9월에 자치를 얻어서 그것의 실행에 만족했다."고 쓰고 있다.(p. 16.) 미첼이 토지개혁에 대해 말하고 있는 것은 진실이고 그리고 대중들이 정부에 대해 환멸을 느낀—그리고 그것은 정당했다—이유이기도 한 반면에, 그가 반동적인 지배계급들을 부들부들 떨게 하는 많은 진보적 조치들을 취한 것도 또한 진실이다. 그는 카톨릭 교회의 국가 종교로서의 지위를 빼앗았고 무엇보다도 종교의 총체적인 자유를 선언한 헌법이 작성되었다. 권리들이 여성들에게 주어졌다—특히 투표할 권리뿐만 아니라 이혼할 권리. 아이러니하게도 여성들에게 투표권을 주는 것이 부분적으로 아자나의 최후의 몰락에 영향을 주었는데, 매우 많은 여성들이 스페인(사람들은 봉건적 사회를 예상할 것이다)에서 정치적으로 후진적인 채였고 적절한 경과를 거쳐 그들의 새로 획득된 투표권을 고해신부들과 존경받는 영지의 마님들에 의해 승인된 후보자들에게 유리하게 행사할 것이었다.

스페인을 아자나의 '반성직자 독재'로부터 구하려고 생각하여 산주르요 장군은 정부를 타도할 음모를 이끌었다. 그러나 1932년 8월에 시도된 봉기는 쉽게 진압되었는데, 왜냐하면 이 단계에서 지배계급들은 그것을 지지하는 것이 자살이 될 것임을 알았기 때문이다. 장래의 선거들에서 대중들이, 그들의 주인들이 이끄는 대로, 그들의 독립을 위해 노력하는 것의 어리석음을 깨닫고서 투표하는 것으로 되돌아가게 하기 위해서, 그들은 소부르주아적 공화주의자들에게 스스로를 교살할 더 많은 밧줄을 주기를 원했다. 그리하여 산주르요 봉기의 지도자들은 산주르요 자신을 포함하여 체포되었고 다소간 안락한 감옥으로 던져졌다.

어느 정도는 지배계급의 전략이 성공했다. 아자나에게 주요한 문제는 누구도 만족시킬 수 없는 약간의 매우 온건한 농업개혁 이외에는 언급할만한 경제적 강령이 전혀 없었다는 것이다. 자본주의 세계가 1930년대의 경제 공황으로 급속히 들어감에 따라 실업이 상승하였고 그리하여 자연스레 대중들의 분노도 상승하였다:

"일련의 농민의 봉기들 그리고 산업의 파업들 이후에 놀란 정부는 질서의 외관을 유지하기 위해 군대, 시민방위대, 그리고 새로 창출된 공화국 의회 부대, 돌격대를 불러들여야만 했다. 아이러니하게도 스페인은 프리모 데 리베라하에서보다도 더 경찰에 의해 다스려지는 국가가 되었다."

그리하여 정부에 대한 군대의 통제는 공고화되었고, 반면에 정부 자체는, 소수파들이 자신들의 지지자들의 압력하에 정부의 노선을 발끝까지 거부함에 따라 분열되었다.

"산주르요 같은 군사 반란자들은 단순히 추방되거나 혹은 안락하게 투옥된 반면에, 농민 반란들은 경솔하게 무력 진압되었는데, 무정부주의자들FAI의 최악의 의심이 확증되었고 그리고 자신의 지지자들의 압력하에 라르고 카발레로는 사회주의당과 UGT를 온건한 개혁주의로부터 더 혁명적인 입장으로 바꾸어가기 시작했다."

앞의 책, pp. 16-17.

그동안에 파시스트 팔랑게(이전의 군사독재자의 아들인 요세 안토니오 프리모 데 리베라에 의해 시작되었다)와 극우인 CEDA가, 전통적인 노동자 조직에 대해 노동자들이 가지고 있는 불만을 활용할 목적으로 조직되었다. 이 불만으로 인해 1933년에 시행된 선거에 노동자들이 상당수 참가하지 않게 되었다. 그 결과는 CEDA가 최대의 의석을 얻은 당이 되었다는 것이다. 지배계급들은 CEDA로 하여금 권력을 잡도록 하는 것은 곤란을 요구할 것임을 여전히 알고 있었고 그래서 그 조직이 정부로 들어가는 것이 즉각적으로 승인되지는 않았다. 대신에 정부는 교활한 기회주의자인 알레얀드로 레로에 의해 이끌어지는 기회주의적인 급진당이 구성하게 되었다. 그러나 정부를 실질적으로 지배하는 것은, 권력의 균형을 유지하고 있던 CEDA였다. 미첼은 계속한다:

"CEDA는 코르테스에서 최대의 정당이지만 절대적인 다수가 아니었다. 그러나 자신의 대의원들의 압력하에서 알레얀드로 레로를 영수로 하는 정부는 자신의 선행자의 '파괴적인' 입법을 폐지하거나 혹은 무시했다. 그란데스의 영지들은 회복되었고 농민들은 쫓겨났고 임금은 삭감되었다.

산주르요의 봉기에 연루된 모든 사람들이 사면되었다."

"1934년 2월에 라르고 카발레로는 '지금 대중들의 유일한 희망은 사회혁명에 있다. 그것만이 스페인을 파시즘으로부터 구할 수 있다'고 말하고 있었다."

노동자들과 농민들을 격노하게 만든 레로 정권의 다른 특징들은 다음과 같았다:

1. 국가와 교회 성직자계급 사이의 관계의 현저한 개선. 레로 정권은 제수이트들에게 그들의 이데올로기적 및 재정적 학정을 되살리는 것으로 돌아가는 것을 감히 허용하는 데까지는 나가지 않았다. 그러나 헌법의 국교를 폐지하는 개혁의 많은 부분은 늦추어졌고 그리고 교회 교육을 세속의 교육으로 대체하려는 노력들이 포기되었다.

2. 많은 수의 군주주의자들을 고위 군사 사령관으로 임명한 것;

3. 1934년 10월에 카탈로니아의 자치의 철회 그리고 갈리시아와 바스크 지역에 자치를 부여하는 계획의 정지;

4. 군주주의자이면서 프리모 데 리베라 정부의 전 구성원이었던 칼보 소텔로에게 1934년 4월에 주어진 사면, 이것은 그가 스페인으로 돌아오는 것을 허용했다. 그리고 정부와 반공화주의 군사 및 정치 지도자들 사이에 존재했던 일반적으로 우호적인 관계들.

이 모든 시기에 CEDA는 정부로 들어갈 것을 요구하고 있었는데, 그러나 공화국을 지지함이 없이 그렇게 할 것을 주장했다. 사태를 막바지로 몰아넣기 위해 CEDA는 지신의 요구들을 토의하기 위해 아스투리아스의 광산지역의 핵심지대에 있는 코바돈가의 완전히 프롤레타리아적 도시에서 우익 당들의 협의회를 소집했다. 이것은 사우트홀에서 모임을 개최하는 민족 전선에 대한 도발의 의미와 같은 것이었다. 그것은 무법적인 것이었고 1934년 9월 내내 시위들을 불러일으켰다. 의회가 회복된 10월 1일에 CEDA는 정부에 반대하여 표결했고 그 결과 정부는 패했고 사임해야만 했다. 공화국의 대통령은 10월 4일에 레로에게 핵심적 장관자리에 3명의 CEDA 인물을 포함하는 새로운 정부를 구성할 것을 요청했다. 그는 이렇게 했고 그리하여 CEDA는 노동부 장관, 사법부 장관, 그리고 농업부 장관 자리를 얻었다.

아스투리아스

이들 파시스트들이 계속 정부에 있을 경우 자신들에게 닥칠 사태를 예상하면서, 그리고 돌퍼스하에서 아스투리아스 노동자계급의 경험들을 기억하면서, 스페인 노동자들은 즉각적인 반응을 보여 파업으로 나아갔다. 사회주의자/공산주의자 지배하의 노동조합, UGT는 10월 5일에 총파업을 하였고 레로는 전쟁 상태를 선언했다!

다양한 이유들로 인해서 파업운동은 단지 아스투리아스에서만 무르익었다. 다른 곳에서는 노동자들이 파업으로 인해 지쳤거나 무엇을 할지 확신을 하지 못했는데, 왜냐하면 사회주의자 라르고 카발레로와 어떤 무정부주의자같은 '지도자들'이 보여준 투쟁에 대한 열정의 부족 때문이었다. 그러나 아스투리아스에서는 무정부주의자 지배하의 노동조합, CNT와 UGT가 프롤레타리아 형제들 조합이라는 이름하에 연합하였다. 견실한 노동자계급적인 아스투리아스 도시들의 노동자들은 단결하였고 결의에 차 있었다. 파업으로 나아가는 것에 만족하지 않고서 노동자들은, 정부가 그들의 요구들을 인정하도록 강제할 것을 희망하면서 며칠 동안 그 지역의 통제권을 장악했다. 그러나 (그러한 요구를 인정하는-역자) 대신에 정부는 프랑코 장군과 그의 무어인 부대들을 반란을 진압하기 위해 동원했다. 스페인의 나머지 지역에서 총파업 운동의 붕괴로 인해 아스투리아 반란의 패배는 불가피했다.

CEDA가 지배하는 정부의 잔혹성에 대한 노동자들의 최악의 두려움이 막 현실화하려했다. 실제로 노동자들과 농민들에 대한 진압에서 유혈의 야만이 규범인 스페인에서조차 레로-CEDA정부에 의한 아스투리아스 노동자들에 대한 만행은 공포스러운 것이었다. 데이비드 미첼은 다음과 같이 쓰고 있다:

"10월 19일의 항복 전에 죽거나 부상당한 약 2,000명 중에서 10%를 제외한 전부가 반란자였다. 거의 같은 수의 반란자들이 뒤이은 무자비한 진압에서 죽었다. 마누엘 몬테킨은 '어떤 곳에서는 무어인들, 군단들 그리고 시민방위대들이 개, 고양이, 돼지, 혹은 송아지들을 남겨두지 않았다. 그들은 눈에 보이는 모든 것을 살육했다. 나는 빌라프리아의 마을에서 싸우고 있을 때 나 자신의 눈으로 그것을 보았다. 그들은 심지어 어린이들의 인형의 머리조차 잘랐다'고 기억하고 있다."

p. 24.

30,000 명의 아스투리아 노동자들이 죄수가 되었고 감옥에는 더 이상 자리가 없었기 때문에 수용소에 감금당해야 했다.

이 사건들은 공포스러운 것이었지만, 그들이 노동자계급 운동의 힘의 성장을 위한 기초를 놓았다는 것이 이해되어야만 한다. 그들은 노동자계급을 단련시켰다:

"모로코 부대의 사용과 진압에 대한 공포가 다른 무엇보다도 서로 싸우는 좌익들을 연대하게 강제했다. … 희망 없는 싸움을 계속할 것을 옹호했던 공산주의자들은(그들 중에는 파시오나리아[시계초]라고 후에 알려진 한 아스투리아스 광부의 아내인 돌로레스 이바루리가 있었다) 인기와 당원의 급속한 증대로 보답을 얻었다. … "

p. 24.

스페인 공산당의 총비서인 조세 디아즈는 1935년 6월 2일에 행한 연설에서 아스투리아스 봉기의 중요성에 대해 노동자계급 운동을 위하여 다음과 같이 말했다:

"여러분 모두는 10월에 일어난 것을 알고 있다. 여러분은 우리가 온 나라에 걸쳐 일어났다는 것을, 스페인 노동자들, 카탈란 노동자들, 바스크인들, 갈리시아인들, 간단히 말해 노동자들은 스페인 전역에 걸쳐 총파업과 봉기라는 투쟁 수단으로써 파시즘의 전진을 정지시키기 위해 거리로 나왔다는 것을 알고 있다. 그리고 여러분은 대중들이 경탄할 만한 용기로 대부르주아지와 지주들 그리고 그들의 반동적이고 파시스트적인 정부를 타도하기 위해 그리고 권력을 잡기 위해 싸웠다는 것을 또한 알고 있다. 이 마지막 목적은 아스투리아스에서만 성취되었다. 아스투리아스에서 그것은 프롤레타리아트의 영웅적 입장을 통해서 성취되었다. 아스투리아스에서는 그들이 어떻게 단결하여 행진할 것인지, 어떻게 무기를 획득할 것인지를 알았기 때문에 그것이 성취되었다. 노동자들의 그리고 농민들의 권력의 깃발이 15일 동안 아스투리아스에서 의기양양하게 나부꼈다. 노동자들과 농민들의 동맹은 무장투쟁을 통하여 권력을 획득했다. 우리의 아스투리아스 동지들의 영광스러운 행동은 모든 피착취 인민들의 기억 속에 영원히 살아있을 것이다. 더구나 우리는 거기에서 우리의 형제들 그리고 자매들, 우리의 영웅들이 단결하여 싸웠다는 것을, 이것이 그들이 승리한 이유라는 것을 잊어서는 안 된다. 공산주의자들, 사회주의자들 그리고 무정부주의자들이 하나로서 어깨를 걸고 싸웠다. 바로 이 동일한 이유 때문에, 만약 우리가 나라 전체에서 승리하기를 원한다면, 그들이 반동과 파시즘을 깨부수기 위해 광범한 대중들의 투쟁을 이끌 수 있도록 통일전선이 현실이 되어야만 한다는 것, 행동에서 통일이 강제되어야 한다는 것, 노동자와 농민들의 동맹이 나라의 모든 부분에서 창출되고 발전되어야만 한다는 것은 필수적인 것이다. 우리가 이것을 한다면, 머지않아 우리는 이 정부와, 질로블들과 그것들을 방어하는 모든 사람들이, 아수투리아스의 광부들과 노동자들의 빽빽한 대열과 무장된 힘에 직면하였을 때 아스투리아스의 부르주아들과 시민방위대들이 수치스럽게 그랬던 것처럼, 도망치고 내빼게 될 것임을 나는 여러분에게 말할 수 있다."

pp. 11-12.

아스투리아스로부터 1936년 2월의 선거에서의 승리까지

아스투리아스는 많은 주요한 소부르주아 정당들을 공산주의자들에 의해 촉진된 인민전선에 참가하게 강제했다. 모두에게 인민전선이 없다면 민주주의는 있을 수 없다는 것이 명백하게 되었다. 이것은 최종적으로 1936년 1월 15일에 공화주의자들, 공산주의자들 그리고 사회주의자들 간에 동의되었다. 그들이 유권자들에게 제안한 요구들은 다음과 같았다:

1. 1933년 11월 이후로 정치적 범죄로 유죄를 선고받은 모든 사람들을 사면하는 것
2. 정치적 이유들로 그들의 직업을 잃은 정부 피고용인들의 복직
3. 목숨을 잃은 혁명적인 부대와 정부 부대의 가족들에 대한 보상
4. 헌법 지배의 복구
5. 헌법의 실행

6. 개선된 공공 안전
7. 형사 사법의 재조직
8. 군대와 경찰 내에서 책임의 재분배와 징계 규율의 재작성
9. 세금의 감소와 농민들을 위한 더 많은 신용
10. 산업에서 경제적 침체에 대응할 정책의 채택
11. 공공사업 계획의 채택
12. 은행과 기금이 국가 재건 서비스를 위해 설치될 것
13. 최저임금의 고정을 포함한 사회적 입법의 개선
14. 세속적인 학교 설비에 대한 더 많은 투자

인민전선은 1920년대의 통일전선과 달랐는데, 전자가 사회민주당들을 포함한 반면에 후자는 그렇지 않다는 점에서 달랐다. 그리하여 강령들은 사회민주당들이 받아들이기에 충분할 정도로 넓어야만 했는데, 이로 인해 뜨로쯔끼주의자들과 다른 사람들로부터 그 강령들이 부르주아적이라는 고발을 초래했다. 그러나 인민전선에 사회민주당들을 포함하는 것의 이유는 캠벨에 의해 잘 설명되었다:

"1917년 혁명의 그리고 이어지는 유럽의 혁명적 시기의 교훈들은 노동자계급의 기본적인 자산에 속하는데, 그것들을 무시하는 것은 정치적 자살을 하는 것이다. 그러나 그러한 교훈들은 우리가 1917-1920년의 상황을 현재의 상황과 비교하여 그 차이들을 고려하지 않는다면 오늘날에 적용될 수 없다. … "

p. 316.

"1917-1920년에 자본주의는 쏘비에트 민주주의를 수립하려고 하는 사회주의 혁명의 추진에 반대하여 의회적 민주주의를 방어하고 있었다. 오늘날 자본주의는 그것 자체를 유지하기 위하여, 의회적 민주주의를 침식하고 파괴하고 노동자계급의 기관들을 해체하려고 하고 있다. 1917-1920년에 민주주의를 방어하는 것은 혁명에 반대하여 자본주의를 방어하는 것이었다."

J. R. 캠벨의 이 시기에 대한 분석은 독창적이지는 않지만, 쓰딸린

이 "사회민주주의에 반대하는 싸움, 그리고 무엇보다도 자본주의의 사회적 버팀목으로서 그 '좌익'에 반대하는 싸움을 강화하는 것의 임무"를 강조했던 <쏘련공산당(볼)의 우익적 일탈>에서 쓰딸린 동지가 1930년에 표명했던 국제공산주의운동의 노선과 부합한다. 그리고 다시 그의 <쏘련공산당(볼)의 16차 대회에 대한 중앙위원회의 보고>에서 쓰딸린은 말했다:

"노동자계급에서 자본의 대리인인 사회민주주의에 반대하는 비타협적 투쟁을 발전시킴에 의해, 그리고 사회민주주의 제분소로 곡물가루를 가져가는, 레닌주의로부터의 잡다한 일탈들을 먼지로 만들어버림에 의해, 공산당들은 그들이 올바른 길에 있음을 보여주었다. 그들은 스스로를 이 길에서 명백하게 강화해야만 한다. 왜냐하면 그들이 그것을 할 때만 그들은 노동자계급의 다수를 획득할 것을 기대할 수 있고 다가오는 계급 전투들에 대해 프롤레타리아트를 성공적으로 준비하게 할 수 있기 때문이다. 그들이 그것을 할 때만 우리는 공산주의 인터내셔널의 위신의 가 일층의 증대를 기대할 수 있다."

그러나 1934년 무렵에는 많은 경우들에서 다가오는 전투들에 대해 프롤레타리아트를 준비시키는 문제가 아니었다. 부르주아지가 지금 강요하고 있는 전투들에서 승리하기 위해 프롤레타리아트를 조직하는 문제였다. 이것이 캠벨이 다음과 같이 계속해서 말한 이유이다:

"1938년에 민주주의를 방어하는 것은 노동자계급에 대한 자본주의의 공격을 쳐부수는 것이고 권력을 향한 노동자계급의 일체의 전진의 출발점이다."

앞의 책, p. 318.

다시 그의 분석은 쓰딸린 동지의 그것과 그리고 국제공산주의운동과 일치하는 것인데, 쓰딸린 동지가 1934년에 17차 당대회에 대한 보고에서 다음과 같이 지적하면서 보여준 것과 같았다:

"인민대중들이 아직은 자본주의를 강습할 준비가 되어 있는 단계에 도달하지 못했지만, 그것을 강습한다는 생각은 대중들의 마음속에 성숙하고 있다. 그것에 대해 어떤 의심도 거의 있을 수 없다. 이것은 사실들에 의해, 즉 파시스트 정권을 타도한 스페인 혁명에 의해 웅변적으로 증명된다. … "

"이것은 물론 자본주의 나라들에서 지배계급들이, 노동자계급이 압제자들에 반대하는 투쟁에서 사용할 수도 있는 의회주의와 부르주아 민주주의의 마지막 흔적들을 그렇게 정열적으로 파괴하거나 혹은 무효로 하고 있는 이유를 설명한다. … "

"이와 관련해서 독일에서 파시즘의 승리는 노동자계급의 허약함의 증상으로서 그리고 파시즘을 위한 길을 닦은 사회민주주의의 노동자계급에 대한 배신의 결과로서만 간주되어서는 안 된다. 그것은 또한 부르주아지의 허약함의 표시로서, 부르주아지가 더 이상 의회주의와 부르주아 민주주의의 낡은 방법들에 의해 지배를 할 수 없고 그리고 결과적으로 지배의 테러리즘적 수단들에 의존할 것을 … 강제당하고 있다는 것의 표시로서 간주되어야 한다."

pp. 299-300.

이것이 1935년 8월에 공산주의 인터내셔널의 7차 대회가 다음과 같이 결의한 이유이다:

"통치하는 계급들이 대중들의 운동의 강력한 발전을 더 이상 억제할 수 없는 정치적 위기의 조건들하에서, 공산주의자들은 부르주아지의 경제적 및 정치적 권력을 훨씬 더 흔들고 노동자계급의 세력을 강화하고, 타협적인 당들을 고립시키고, 그리고 대중들을 권력의 혁명적 장악으로 이끌기 위해 계산된, 주요한 혁명적 슬로건들(생산과 은행들의 통제, 경찰의 해체, 그것의 무장된 시민군에 의한 대체 등과 같은)을 강조해야만 한다. 만약에 대중들의 운동의 이러한 상승에 직면하여, 프롤레타리아트의 이익의 견지에서, 아직은 프롤레타리아 독재의 정부는 아니지만 그러나 파시즘과 반동에 반대하여 결정적인 조치들을 수행할 통일 프롤레타리아 전선 혹은 반파시즘적 인민전선의 정부를 형성하는 것이 가능하고, 또 필요하다면 공산당은 이러한 정부의 형성을 획득해야만 한다."

"통일전선 정부의 형성을 위한 필수적인 전제는 다음과 같은 요인들이 있는 상황을 만드는 것이다: (a) 부르주아지가 이러한 정부의 형성을 막을 위치에 있지 못할 정도까지 부르주아 국가 기구가 마비되어 있을 때; (b) 가장 광범한 노동자계급 대중들이 아직은 쏘비에트 권력을 위한 싸움을 할 준비가 되어있지 않을지라도 파시즘과 반동에 반대하는 대중적인 행동을 스스로 시작하고 있을 때; (c) 통일전선의 부분을 형성하는 사회민주주의와 다른 당들의 조직들의 상당한 부분이 파시스트들과 다른 반동적 요소들에 반대하는 가차 없는 조치들의 적용을 요구하고 있고 공산주의자들과 협력하여 이들 조치들을 수행하기 위해 싸울 준비가 되어 있을 때."

"통일전선 정부가 반혁명적인 금융 거물들과 다른 파시스트 대리인들에 반대하여 결정된 조치들을 취하고, 공산당의 활동 혹은 노동자계급의 투쟁들을 전혀 제한하지 않는다면, 공산당은 모든 방식으로 이 정부를 지지할 것이다. 통일전선 정부에 대한 공산주의자들의 참가의 문제는 각각의 경우에 구체적인 정세에 따라서 해결될 것이다."

결의, 2장 8항.

그리고 옐리네크가 올바르게 지적하듯이(p. 208.), "1936년 초에 스페인에서 구체적 정세는 '통일전선 정부의 형성을 위한 필수적인 전제'였던 세 가지의 모든 요인들을 포함했다."

제17장
인민전선의 형성과 전쟁의 경과

인민전선

　독일과 이탈리아에서 파시즘의 승리로 인해 나타난 30년대 초반의 새로운 조건 속에서―부르주아 민주주의를 폐지함에 의해 자본주의를 보전하려는 유일한 수단으로서의 파시즘으로 독점자본주의가 돌진했던 조건 속에서―인민전선 전술이 국제적인 노동자계급 운동에 의해 채택되었다. 이러한 환경 속에서 인민전선 전술은 양면적이었다. 첫째로 그것은 민주주의를 방어하고 평화를 보전하고 그리고 이 목적을 위한 수단으로서 노동-민주 정부를 획득하기 위하여 노동자계급과 대중의 중간층과의 동맹을 건설하려고 했다. 둘째로 그것은 혁명적 프롤레타리아트가 노동자계급의 전체 부분과 중간층의 상당한 부분을 완전한 사회주의라는 강령으로 획득하는 것을 가능하게 만들 수 있는 시도였다. 그러나 이 전술이 분별 있는 것으로 보이지만 그것은 '좌익'의 어떤 부분들 그리고 특히 뜨로쯔끼와 그의 추종자들의 악의에 찬 탄핵의 주제였다. 이러한 어렵고 복잡한 투쟁 노선은 뜨로쯔끼주의가 좋아하는 것이 아니었는데, 그들은 이미 만들어진 공식들과 죽은 교조의 위안 속에서 어려운 문제들에 대해 쉬운 해결책을 추구한다. 뜨로쯔끼주의에게는 인민의 중간층이 독점자본의 영향력하에 포섭되는 것을 막는 것은 계급협조이다. 독점자본가들이 최고의 속도로 파시즘을 향해 질주하는 시도를 할 때 그들을 고립시키는 것을 추구하는 것은 계급협조이다. 그리고 스페인 내전은 반혁명적인 뜨로쯔끼주의에 따르면 단지 계급협조의 사악한 사례일 뿐이다.

이 글의 중간에 뜨로쯔끼주의자들이 파시즘에 반대하는 스페인 공화국의 투쟁을 사보타주했다는 것이 의심의 여지없이 드러날 것이며, 매 시기에 이 사보타주는 다음과 같은 초좌익적인 구호의 발언을 수반했다: "부르주아지는 파시즘에 반대하는 동맹이 될 수 없다", "오직 프롤레타리아 혁명만이 프랑코의 배후에서 대중을 일깨우는 충분한 동력이 될 수 있다", 그리고 기타 등등. 구체적인 환경과 이 투쟁에 참가하는 계급세력들의 관계에 기초하여 특수한 혁명적 투쟁의 실제적 문제들을 해결하는 것에 이 사악한 신사는 어떤 사소한 주의도 기울이지 않았다. 대신에 투쟁의 모든 구체적 문제는, '혁명적인' 자기고립이라고만 불릴 수 있는 것을 추구하는 공허한 빈말들의 홍수 밑에, 그리고 우익 백치병이 좌익 모험주의 헛소리와 뒤섞이고 그것들이 해결할 수 없게 뒤얽히는 정치적 입장 밑에 묻혀진다. 그럼에도 불구하고 뜨로쯔끼주의는 인민전선의 혁명적 성격을 평가하는 데 실패했지만, 제수이트들(대부르주아지이고 스페인 가톨릭 교회의 지주들이었던)은 그렇지 않았다. 그들의 기관지인 ≪논쟁≫은 인민전선 전술을 채택한 ECCI의 7차 대회에 뒤이어 1935년 8월 4일에 다음과 같이 선언했다:

"공산주의는 지금 우리에게 극히 위험한 것 이상으로 보이는데, 그것이 정부 차원의 협조의 얼굴로 위장하고 이 협조에 단순한 반역 이상의 어떤 것을 제공하는 때에 그러하다."

p. 189. 옐리네크에서 인용됨.

인민전선 형성의 환경들

총파업과 1934년 말의 아스투리아스 봉기의 패배에 이어서 스페인 노동자계급 운동은 지하로 내몰렸고, 30,000명의 노동자들이 스페인 감옥에서 신음하고 있었다. 이러한 상황에서 스페인 공산당의 주도하에 공산당, 사회당 그리고 좌익 공화주의자들 사이의 협정에 의해 노동자전선이 인민전선으로 확대되었다. 무정부주의자들은 인민전선에 결합하려 하지 않았으나, 마지막에는 정치적 죄수들을 풀어준다는 약속 때문에 그들의 지지자들에게 그것을 지지하여 투표하도록 촉구했다. 그 결과 반동의 대열 내에서 점증하는 위기로 인해 1936년 2월의 보통선거가 치러졌을 때 인민전선의 승리를 낳았고 노동자계급 운동에 기회를 가져다 주었다. 그때에 스페인의 뜨로쯔끼주의자들은 분파적인 반혁명적 집단으로 조직되어 있었는데, 그들은 스스로를 '맑스주의 통일 노동자당'(간단히 POUM)이라고 뻔뻔스럽게 불렀다. 이 당은 요아킨 마랭 Joaquin Maurin, 그는 일찍이 우익적인 민족주의적 이유 때문에 공산당을 떠났었다)과 1926-1927년 사이에 쏘련에서 뜨로쯔끼의 가장 가까운 동료들 중의 한 사람이었던 안드레아스 닌Andreas Nin이 지도하였다.

그 뜨로쯔끼주의자들은 뜨로쯔끼의 소위 제4 인터내셔널보다는 페너 브로크웨이의 혁명적 사회주의를 위한 인터내셔널 뷰로와 관계를 맺고 있었기 때문에 POUM의 뜨로쯔끼주의적 성격을 언제나 부정했지만 모든 본질적인 점에서 그것은 뜨로쯔끼주의적이었다―예를 들면 쏘련에 대한 태도에서, 인민전선에 대해서, 그리고 스페인 혁명의 문제들에 대해서 그러했다. POUM 내에는 뜨로쯔끼의 계시에 대해 완전히 지지하는 '볼쉐비키-레닌주의자들'이라고 스스로를 부르는 그룹이 있었다. POUM은 처음에 인민전선을 탄핵하였고, 그리하여 무정부주의자들과 무정부적-생디칼리스트들을 강화시켰다. 그러나 인민전선 사상이 "그 앞의 모든 것을 휩쓸어버리자", 결코 인민전선의 옹호자로 묘사될 수 없었던 브로크웨이씨의 적절한 표현을 빌면, POUM은 선거의 목적을 위하여 동맹에 들어갔고 이익을 취하고 나자, 나중에는 인민전선을 탄핵하여 '행동의 자유'로 되돌아갔다.

2월 선거 이후의 과제들

2월 선거 이후에 스페인 노동자계급은 인민전선의 내부에서 그리고 외부에서 그들의 조직들을 건설하고 2월 선거에서 떠오른 공화국 정부보다 더 왼쪽으로 향하는 정부를 위해 분투한다는 과제에 직면했다. 그리고 이 점과 관련하여 공산당의 주도하에 약간의 실제적 진전이 이루어졌다. 공산주의자의 영향력하의 적색조합들이 UGT, 사회주의 노동조합연합으로 들어갔고 사회주의자 및 공산주의자 청년이 단일한 조직을 형성했고 무정부주의자와 사회주의자 노동조합연합 간의 관계들이 개선되었고 사회주의자 및 공산주의자 당들의 통일을 위한 협상들이 열렸다. 그리하여 그 나라를 통치하는 소부르주아 민주주의의 서투른 시도들을 대중들이 경험하자마자 대중들이 오른쪽으로 돌아설 것이라고 희망했던 지배계급들의 전략을 좌절시키는 것이 가능하게 되었다. 실제로 일어나고 있었던 것은 지배계급들을 더욱더 광적으로 만드는 것이었는데, 왜냐하면 그들은 소부르주아 민주주의에 대한 환멸이 대중들을 오른쪽보다는 왼쪽으로 몰아가고 있었고 공화주의 정부에 대한 노동자계급의 헤게모니를 위한 조건들을 창출하기 시작하고 있다는 것을 보았기 때문이었다. 이것이 봉건적 잔재들과 대(大)매판 부르주아지가 이 발전을 교살하기 위해 오만가지 모든 속임수를 쓴 이유이다. 그리고 그들은 가장 초-초-혁명적인 구호들로 위장하며 반동적인 전망을 제시하며 노동자계급과 농민운동을 혼란시키는 뜨로쯔끼주의자들에 의해 도움을 받았다. POUM의 뜨로쯔끼주의자들은, 예를 들면 진보적 세력들의 통합의 과정을 방해하려고 모든 방면에서 최선을 다했다. 이 자발적인 운동을 조직하고 규율을 세우기 위한 모든 시도들을 그들은 반혁명적이라고 불렀다.

여기에 미국의 뜨로쯔끼주의자인 펠릭스 모로우가 교회 방화와 같은 활동들의 승인을 표현한 내용이 있다:

"증오받는 성직자, '검은 2년'의 지배자들이 또한 피억압 농민들의 전통적인 방식으로 다루어졌다. 특히 정부가 성직자들을 손대지 않을 것임이 명확해진 후로 대중들은 문제를 스스로의 손으로 풀기 시작했다. 이것은 교회를 불태우는 것뿐만 아니라 사제들에게 그들이 돌아올 경우 사형을 당할 것이라는 선고하에 마을을 떠나도록 명령하는 것이었다. 정부에 대한 절망적인 충성으로 쓰딸린주의자들은 성직자에 반대하는 투쟁을 헐뜯었다: '교회와 수도원들에 불을 놓는 것은 반혁명에 대한 지지를 가져온다는 것을 기억하라'

인터내셔널 언론 통신. 1936년 8월 1일.

그들의 말을 귀담아 듣는 사람은 아자나*뿐이었다. 발렌시아 지방에서는 노동자들이 반혁명을 결정적으로 분쇄했는데, 그곳에는 6월에 기능하고 있는 교회는 거의 없었다."

펠릭스 모로우, ≪스페인에서 혁명과 반혁명≫, p. 40.

이러한 행동이 혁명적 전술과 공통점이 전혀 없다고 설명하는 공산당의 노력은 욕설을 먹었다. 그럼에도 스페인 노동자들이 마주하고 있던 가장 긴급한 문제들 중의 하나는 종교적 성향의 농민들이 인민전선을 지지하게 하는 것이었다. 교회 방화는 이 과제를 방해했다. 이 행동은 스페인 혁명의 대의에 너무 해로웠는데, 반란 전에 파시스트 그룹들이 공산주의자들을 비방할 목적으로 교회를 방화하는 현행범으로 잡혔다.

파시스트들과 부르주아들의 도발의 또 하나의 방법은 모든 실현될 수 있는 성과들이 이루어진 뒤에 파업들을 연장하게 하여 노동자들을 지치게 하는 것이었다. 뜨로쯔끼주의자들은 파업참가자들의 피를 빼서 하얗게 만드는 것을 목적으로 하는 이러한 행동에 즐겁게 참가했고, 그 과정에서 정부를 공격하고 두 개의 노조 연합 간에, 뿐만 아니라 사회주의자들과 공산주의자들 간에 분열을 야기할 것을 시도했다.

고용주 계급은 1921-1922년간에 이탈리아 파시스트들이 시작한 것과 유사한, 노동자계급 지도자들에 대한 살인 캠페인을 파시스트 조직들이 시작하도록 고무하는 것을 통해 파업 물결과 농민 소요에 답하려 했다. 그러나 파시스트 무리들은 노동자들에게 최악의 짓을 했다. 정부는 파시스트 조직들을 진압했고 경찰에 대한 숙청의 과정을 진행했다. 그동안에 파시스트들은 선거에서의 승리를 통하여 국가를 장악하는 기회를 잃어버리고서는, 군사적 쿠데타를 통하여 권력을 잡으려는 계획을 활발하게 세웠는데, 군사적 쿠데타는 스페인의 지배적 써클들과 외국의 제국주의의 완전한 지지를 받을 것이었다. 인민전선의 승리가 선언되자마자 계획들이 꾸며졌다. 프랑코, 바렐라 그리고 몰라 장군이 전략을 협의하기 위해 마드리드에서 만났다. 각각의 지방의 수도

---

 * 편집자 주: 마누엘 아자나(Manuel Azana), 1936년 스페인 인민전선 정부 대통령.

에서 군사령관이 포위공격을 선언하고 이 탈취 시도는 필요한 경우에 아프리카인 군대가 지지할 것이었다. 프랑코와 바렐라는 스페인 밖에 위치하고 있었지만(바로 정부가 그들을 불신임했기 때문에), 몰라는 팜플로나에서 본국에 머물고 있었고 그곳에서 그는 군사적 음모자들을 모으고 조직할 수 있었다.

정부는 무엇이 진행되고 있는지를 전달받았으나 순진하게도 그것을 믿지 않았다. 공산당 지도부의 한 대표단이 수상이었던 카사레스 키로가에게 논박할 수 없는 음모의 증거를 가지고 갔다. 그러나 카사레스 키로가는 즉시 그들을 내쫓고 공산주의자들은 어디에서나 파시스트들을 본다고 주장했다.

장군들이 정부에 대해 비겁한 위선의 정책을 채택함에 따라 정부는 그들의 아첨에 속았다:

"마누엘 아자나가 1936년 5월에 공화국 대통령으로 선출되었을 때, 그에게 그들의 존경을 표하고 지지를 서약한 사람들은 프랑코, 고데드, 가바넬스 그리고 키에포 데 라노 장군들과 아란다 대령 등이었는데 그들 모두는 공화국에 반대하는 음모에 연루되어 있었다."

"프랑코가 봉기 며칠 전에 공화국 정부의 전쟁장관에게 보낸 편지는 이중성과 시치미 떼기의 모델이었다: '군대가 공화국에 반대하고 있다고 말하는 사람들은 거짓말을 하고 있는 것이다'라고 배신자 장군은 썼다. '그들 자신의 음울한 열정으로 음모를 창안하고 있는 사람들에 의해 여러분은 기만당하고 있다. …'"

"그가 이것을 쓰고 있던 바로 그때에 프랑코는 음모에 연루된 다른 장군들에게 지시를 받고 보내고 하고 있었다. 그는 음모와 술책에 몰두하고 있었다."

산도발과 아즈카라테, p. 24.

유사한 속임수를 몰라, 카파즈, 카바넬라스 장군들과 아란다 대령이 채택하였다: "6월 16일에 몰라는 바테 장군에게 자신은 반란을 일으키지 않을 것이라고 약속했다. 이틀 후에 그는 반란을 일으켰다. … 그리고 바테를 체포했다."(앞의 책) 그는 또한 바테를 적당한 절차를 거쳐 사형시켰다.

전쟁

봉기 자체의 시작은 1936년 7월 18일 오전 5시에 스페인 전역에 걸쳐 동시적으로 실행되기로 계획되었다. 그러나 파시스트들의 계획들이 멜릴라(스페인령 모로코의 가장 동쪽의 도시)의 군사령관인 로메랄레스 장군에게 누설되었기 때문에 최초의 봉기는 더 빨리 일어났다. 장군은 이미 반란 장교들이 무기를 배분했던 군 본부로 군대와 경찰을 급파했다. 약간의 야단법석 후에 반란자들에게 체포된 것은 로메랄레스 장군이었고 다른 방식이 아니었다. 반란자들은 전쟁 상태를 선언했고 모로코의 총사령관 프랑코 장군의 이름으로 멜릴라의 모든 공공건물들을 점령했고 … 공화주의자 혹은 좌익 그룹들의 지도자들을 체포했다. 멜릴라가 성급한 짓을 함에 따라 스페인령 모로코의 다른 두 지도적 도시인 테투안과 세타도 그렇게 해야만 했다. 본국의 봉기는 계획된 대로 7월 18일 오전 5시에 시작되었다.

군사적 봉기에 대한 유일한 가능한 반응은—아스투리아스가 보여준 대로—즉 무장된 힘이었다. 아직 충성스러운 채로 남아 있던 군대의 1/3과 시민방위대는 별도로 하고 공화주의자들이 이용할 수 있는 유일한 세력은 인민이었다. 그러나 인민전선 정부는 이러한 필요한 조치를 취하기 전에 진정으로 범죄적 방식으로 망설였던 소부르주아 정부였다. 산도발과 아즈카라테에 따르면(p. 27.), "코룬나의 지도적인 시 관리는 반란자들이 지방정부 관청을 공격하려 하고 있던 이러한 긴장 속에서 다음과 같이 한탄했다고 한다, '우리가 인민을 지금 무장시키면, 누가 뒤에서 그들을 제어할 것인가? 그리고 우리가 그렇게 하지 않으면 공화국은 어떻게 될 것인가?' …" 예상되었던 대로 수상 카사레스 키로가와 대통령 아자냐는 무기를 인민에게 배분하는 것에 반대했고, 3일이 지나서야 공산주의자들과 사회주의자들에 의해 지도된 대중 시위들로 인해 정부는 이러한 정책을 강제적으로 포기하게 되었다. 그러나 그때까지 스페인 전역에 걸쳐 군대 주둔군들은 들고 일어났고 지방정부들이 중앙으로부터 무기를 분배하라는 허락 없이는 무기를 분배하지 않음에 따라 어떤 효과적인 저항도 없었다. 그 3일 동안에 25개 이상의 주요한 도시들이 파시스트들에 의해 장악되었는데, 7월 18일에 세빌, 카디즈, 알게시라스, 제레즈가 장악되었고, 7월 19일에 오비에도, 부르고스, 자라고자, 후에스카, 자카, 팜플로나, 테루엘, 발라돌리드, 세고비아, 살라망카, 아빌라, 자모라, 팔렌시아, 카세레스, 알바세테, 마요르카, 이비자가 장악되었고, 7월 20일에 코룬나, 비고, 폰테베드라, 레온, 코르도바가 장악되었다. 이 도시들 중 얼마나 많은 수가 인민이 무장했다면 구원될 수 있었겠는가! 사실 도시들이 구원된 곳은 동정적인 병사들이 인민에게 무기를 분배했기 때문에 혹은 무장된 지방의 시민군이 이전에 조직된 곳이기 때문에 인민이 무기를 이용할 수 있었던 곳이었다. 중요한 점은 이들 도시들은 노동자계급 운동이 강력했던 스페인의 대도시이면서 인구가 밀집된 산업중심지들을 포괄했다는 것이다.

마드리드 방어

다음은 산도발과 아즈카라테가 마드리드의 상황을 묘사한 것이다 (pp. 28-29.):

"마드리드에서 파시스트의 가장 위험한 장소는 몬타나 병영이었다."
"7월 19일 일요일에 부대 병영이 제복과 무기들을 신속하게 수령한 낯선 사람들, 젊은 파시스트 민간인들로 채워지고 있는 것이 목격되었다. 정오에 파시스트 장군인 판줄이 역시 민간인 복장을 하고 도착했다."
"저급한 연설을 한 후에 판줄은 마드리드에서 전쟁 상태를 선포하는 선언을 했다. 그럼에도 불구하고 그는 마드리드 노동자들이 주의 깊게 군인들이 하는 모든 행동을 관찰하고 있던 거리로 그의 부대를 감히 내보내지는 못했다."
"노동자의 그룹들이 … 구석에, 나무들에, 그리고 낮은 담장 아래에 배치되었다. 병영은 포위되었다. 화난 군중들의 모습이 판줄로 하여금 그의 반란을 병영의 내부로 한정하는 신중한 전술을 채택하게 했다. … "
"그동안에 인민은 공세로 넘어갔다. 무장한 시민군의 분견대들, 돌격대들, 시민방위대와 충성스런 부대들이 장대한 대담무쌍함과 영웅적 정신으로 게타페, 캄파멘토 그리고 비칼바로에 있는 병영들을 획득했다."

"다음날 새벽에 몬타나 병영에 대한 공격이 개시되었다."
" … 정오에 그 파시스트 요새의 정문이 무너졌다. 마드리드는 그 성채로 돌격했다."

그리고 나서 파시스트들이 외부로부터 마드리드로 진격하는 것을 막을 필요가 있었다. 여기에 옐리네크가 이 점에 대해 묘사한 것이 있다 (pp. 313-4.).

"10,000명의 보병과 세고비아와 메디안으로부터의 중포병 그리고 레온과 로그로노로부터의 비행 대대를 가지고 몰라 장군은 마드리드를 향해 시에라와 구안다라마로 진격해 왔다. 대부대가 알토 데 레온으로 꾸준히 이동해왔는데, 그것은 세고비아에서 마드리드로 향하는 길을 바라보는 통로였다. 그 종대의 나머지는 질 로블스가 전쟁장관이었을 때 건축된 시멘트 참호를 향해 산개해왔다."
"그리고 나서 전체 내전 기간에서 가장 중요한 사건들 중의 하나가 일어났다. 장교들이 없이, 거의 탄약도 없이, 아무런 통신도 명령도 없이 노동자들이 택시에서 흘러나왔고 자동차, 버스, 그리고 아무거나를 징발하여 현대적인 군대를 맞이하기 위해 시에라로 왔다. 무정부주의자들이 신문 묶음으로 쌓여진 다이너마이트로만 무장하여 언덕으로 전진했다. 후에 그들은 몬타나 병영에서 발견된 소총을 지급받았다."
"젊은 사회주의자들이 알토 데 레온을 향해 쇄도했다. 그들의 거의 모든 지도자들은 자신들의 휴가를 위해 사실상 떠났다. 최초의 대열의 조직은 전적으로 마드리드의 집행위원회의 유일한 성원으로서 22살의 소녀였던 아우로라 아르나즈에 의해 수행되었다."
"거친 열정으로—그리고 거의 다른 어떤 것도 아닌—최초의 대열은 통로들로 폭풍우처럼 밀려들어갔고 알토 데 레온을 제외하고는 그것들 모두를 지켰다. 심지어 여기에서조차 적들은 저지당했다. … "

제5연대

물론 파시스트들의 전진에 저항하고 파시스트들이 장악했던 지역을 다시 찾기 위하여 보다 항구적인 기초 위에서 조직하는 것이 지금 필요했다. 이것은 정부가 자신의 군대 중에서 마음대로 할 수 있는 부대가 겨우 1/3인 때에 경이로운 과제였다. 하나의 연대—제 "5의" 연대, 그것은 인민의 공화국 군대가 기초하는 모델이 되는 것이었다—를 세우는 데서 주도성을 발휘한 것은 공산주의자들이었다. 제5연대는 1936년 7월에 마드리드의 한 수도원인 프랑코스 로드리게스의 살레지안 수도원의 마당에서 형성되었다. 마드리드의 인민은 올바르게 조직되고 규율 잡힌다면 그들의 노력이 얼마나 훨씬 더 효과적이고 효율적일 수 있는지를 마드리드의 방어에서 발생한 자발적인 싸움의 과정에서 스스로 관찰하였다. 결과적으로 그들은 제5연대에 합류하기 위하여 병영들로 홍수처럼 밀려들었다. 그들이 보기에 직업적인 방식으로 군사적으로 조직하고 그 병사들을 올바르게 훈련시키고 무장시키기 위해 준비되어 있는 사람들은 공산주의자들이었다. 모든 제5연대 단위는 쏘비에트 군대처럼 정치위원이 있었다. 그들의 기능은 새로운 종류의 규율을 단련시키는 것이었다—부과되는 것보다는 차라리 의식적이고 자발적인 그리고 그리하여 훨씬 더 효과적인.

제5연대에 적용된 조직화의 방법들은 점차적으로 명백히 성공적인 것으로 입증되어서 그것들은 새로운 단위(혼합 여단들)로 확산되었고 그리고 나서 전체 인민의 군대에 확대되었다. 군대를 조직하는 공산주의자들의 방법의 성공은 공산주의자들의 위대한 친구가 결코 아니었던 부르주아 역사가 E. H. 카의 칭찬에 의해 입증된다:

"쏘비에트 활동의 최초의, 그리고 가장 중요한 장은 군대의 재조직화였다. 전쟁의 발발 이래로 스페인 공산당은 통합된 '인민의 군대'를 형성하기 위하여 예전의 정규 군대의 살아남은 단위들과 노동자들의 의용군의 융합을 위한 캠페인을 했다. 그러나 1936년 말에 쏘비에트의 조언자들의 도착과 국제여단들의 형성 이전에는 거의 달성된 것이 없었다. 국제여단들에서 유추된, 예전의 군대와 의용군의 대대로 구성되는 '혼합 여단들'의 창출에서 통합의 공식이 발견되었다. 국제여단에 도입된 정치위원의 설치가 혼합여단들로 확대되었고 그리고 나서 새로운 인민 군대의 전체로 확대되었다. 그 설치가 쏘비에트 모델에 기초하고 있었기 때문에 공산주의자들이 그것에서 우세했다는 것은 자연스러운 것이다. 위원들의 집단은 강력한 그룹이 되었는데, 군사적 사안에서 그들의 영향력은 군대의 관리와 전면적인 쏘비에트 통제의 수립을 향하고 있었다. 군사적 효율성이라는 단일한 목표가 추구되었다: 이것은 또한 이 당시의 쏘비에트와 코민테른의 정책과 일치하는 것이었다. 어떤 이데올로기가 호소되었다면 그것은 영웅주의였고 혁명의 이데올로기가 아니었다."
"공화국의 전투력에 있어서 이 조치들의 유익한 효과는 의문의 여지가 없었다."

공화국의 인민 군대의 힘과 사기는 이런 것이었는데, 독일과 이탈리아의 파시스트 정부들이 프랑코를 지원하기 위해 퍼부은 결정적인 지원이 없었다면, 공화주의자들은 쉽게 승리를 거둘 수도 있었다. 타마메스는 다음과 같이 쓰고 있다.(pp. 263-264.)

" ... 시에라의 전투들은 의용군으로 조직된 공화국의 인민의 부대들이 정규 군대와 팔랑헤주의자들과 카를주의자 의용군과 같은 그것의 보조적인 지지자들을 견제하기에 충분했다는 것을 드러내었다. 그러나 그 동일한 부대들이 중포병과 모로코인들, 독일인들 그리고 이탈리아인들의 지원을 또한 받았을 때는 이야기가 달라지는 것이었다."

우리가 보게 되듯이 프랑코의 부대들과 장비는 끊임없이 국제적인 파시즘에 의해 새로 보충되고 있었지만, 반면에 공화국의 노력은 특히 히틀러에게 양보한다는 영국, 프랑스 그리고 미국 제국주의에 의해 끊임없이 침식되고 있었다.

파시스트의 전진

파시스트들의 첫 번째 주요한 목표는 마드리드를 공격하기 위해 아프리카인 부대들을 데려오는 것이었다. 그들의 전체적인 전략은 가능한 한 빨리 마드리드를 획득하는 것이었는데, 왜냐하면 그들은 일단 마드리드가 함락되면 전쟁이 끝날 것이라고 생각했기 때문이다. 그러나 아프리카인 부대들을 마드리드 지역으로 데려오는 것은 하나의 문제였다. 해협을 지키는 스페인 해군이 충성스러운 상태였기 때문에 바다를 통해서는 데려올 수 없었다.

휴 토마스는 해군의 충성심이 확보된 방법을 다음과 같이 묘사한다.(pp. 242-243.):

"파란 많은 7월 19일 새벽에 순양함인 리베르타드와 미구엘 데 세르반테스가 엘 페롤로부터 남쪽을 향해 항해하고 있었다. 그들은 아프리카의 군대가 지브롤터 해협을 건너는 것을 막으려는 정부에 의해 급파되었었다. 나중에 유일하게 항해에 적합한 스페인 전투함, 자이메 I (에스파냐는 엘 페롤에서 수리 중에 있었다)이 또한 비고를 떠나 남쪽을 향했다. 모든 선박들에서, 카디즈에서 무어인들의 화물을 이미 하선시켰던 구축함 추루카에서, 그리고 카르타제나에 있는 모든 군함에서 똑같은 혁명적 사건들이, 멜리나로부터 전날에 파견되었던 3척의 구축함들에서처럼 발생하였다. 즉 그들의 사령관들에게가 아니라 그들에게 전해진 마드리드에 있는 해군본부로부터의 라디오 메시지들에 의해 자극받은 사람들이 충성스럽지 않은 것으로 보이는 그러한 장교들을 압도하고 감옥에 넣고 많은 경우들에는 사살했다. 가장 폭력적인 전투들이, 장교들이 해양 한가운데에서 배의 승무원에게 마지막 한 사람까지 저항했던 미구엘 데 세르반테스에서 일어났다. (지휘권을 장악한 배의 승무원의 위원회가 질문한—시체들을 어떻게 해야 하는지에 관한 간결한 질문에 대해—해군본부는 답변했다: '존경스러운 장엄함으로 시체들을 배 밖으로 내릴 것')."

1936년 7월 22일에 스페인의 파시스트들은 히틀러와 무쏠리니에게 도움을 구걸했다. 두 사람은 프랑코에게 그가 필요로 하는 모든 것을 제공하려고 하는 것 이상이었다. 7월 27일에 11대의 사보이아 수송기들이 이탈리아로부터 모로코에 도착했고 28일에 20대의 융커 수송기들이 급하게 날조된 스페인-모로코 수송회사의 지시를 받은 민간항공기로 위장하여 독일로부터 도착했다. 이 비행기들은 14,000명을 그들의 모든 장비와 함께 해협을 건너 스페인 본국으로 데려오는 데 사용되었다.

공화국의 전쟁 노력에 대한 계획적인 사보타주의 행동으로서, 미국의 석유회사들은 공화국의 선박들에 공급을 하는 것을 보류했는데, 이 선박들은 연료의 재주입이 허용되지 않았다. 이런 방식으로 스페인 함대를 침식함에 의해 해협은 매우 빨리 파시스트들에게 열렸고 그들이 아프리카 부대의 나머지를 바다를 통해, 독일의 구축함 도이칠란트가 경계하는 호위를 받고 1936년 8월의 최초의 날들 동안에 수송하는 것이 가능해졌다. 이들 부대가 알제시라스에 상륙할 때, 이번에는 지부롤터에서 영국의 전함들이 그 부대의 상륙에 대해 스페인 공군이 폭격하는 것을 방해하여 상륙이 촉진되었다.

아프리카 부대들은 상륙하자마자 북부로 쇄도했다. 전쟁의 나머지 동안에 방해받지 않는 통과를 위해 그들은 연안과 마드리드 사이의 공화국이 점령하고 있던 지대를 장악해야만 했다. 그들은 매우 빨리 전진했고 알멘드랄레조를 8월 7일에, 에리다를 8일에, 그리고 바다조즈를 15일에 장악했다. 바다조즈에서는 그들은 격렬한 저항을 만났고 그들이 그곳을 장악하고 2,000명이 넘는 사람들을 투우장에 둘러 세우고 살육함에 의해 복수—전체 전쟁에서 가장 유혈의 잔악행위들 중의 하나—를 하게 될 수 있기까지 중대한 사상자를 내야 했다.

파시스트 군대는 8월 20일에 북부로 계속 진격했다. 토마스는 다음과 같이 적고 있다(p. 375.):

"모든 혁명적 공동체들은 3월에 농장 점거가 큰 싸움 없이 붕괴한 후에 형성되었다. 비록 그 붕괴 후에 많은 살인이 뒤따랐지만."

이것은, 누군가 혁명을 돌본다면 전쟁은 스스로를 돌본다는 뜨로쯔끼주의자들에 의해 고무된 믿음의 견지에서 주목할 가치가 있다. 그러나 당신들이 혁명적 성과를 방어하기 위한 당신 수중에 있는 수단들을 가지고 있지 않다면, 혁명적 성과들을 얻는다는 것의 의미는 무엇인가?

파시스트들에게 지역적인 공중 통제권을 주었던 이탈리아 전투기들의 도움을 받으면서 아프리카 군대는 톨레도에 대한 공격을, 그리고 거기서부터 마드리드로 향하는 공격을 시작하기에 좋은 위치였던 탈레베라 데 라 레이나를 9월 3일에 점령했다. 톨레도는 공화국의 포위공격하에 있었는데, 그러나 아프리카 부대들은 그 포위공격을 9월 27일에 걷어냈고 그 때 파시스트들은 톨레도의 통제를 장악했다.

1936년 9월에 공화주의자들은 아라곤에서 공세에 들어갔다. 관련된 공화주의자 부대들은 카탈로니아에서 인상적인 많은 승리들을 거두었고 카탈로니아 전체를 공화국 편으로 공고화시킨 후에 상승세를 탔다. 그들에게 저항하는 것은 불가능해 보였다. 그들은 카탈로니아로부터 아라곤으로 진격했고 그들이 멈추기 전까지 영토의 절반을 재획득할 수 있었다. 타마레스의 견해로는 추진력을 상실한 이유는 후위에 있었다.

"그 후위는 자신에게 요구되는 노력을 실천하지 못했다. 마드리드가 식량이 부족했던 반면에, 바르셀로나에서는 사람들이 마치 전쟁이 진행되지 않고 있는 듯이 살고 있었다. 생산은 무정부주의적 집단화로 인해 감소하고 있었다. CNT-FAL은, 아라곤 지역에서 진격—사람들이 극히 중요한 공헌을 했던—을 촉진하는 대신에, 혁명을 만드는 것에 그리고 콘세조 데 아라곤과 같은 존재들을 창출함에 의해 공화국의 권력을 침식하는 것에 몰두하고 있었다."

"아라곤에서 진격의 붕괴로부터 배울 수 있는 교훈은 명백했다: 전쟁에서 이기는 것과 해방적인 혁명을 동시에 수행하는 것은 전혀 불가능했다."

그러나 이 무정부주의자들은, POUM에 의해 고무되어서, 전체적으로 (상황을-역자) 이해하지 못했다.

이 사실로 인해 공산당은 무정부주의자들과 뜨로쯔끼주의자들과 충돌하게 되었는데, 왜냐하면 또 다른 어떤 진전을 위한 전제조건으로서, 우선 파시즘에 반대하는 전쟁에서 이겨야만 한다는 것이 공산당에게 명백해졌기 때문이다. 그리하여 공산주의자들은 다음을 요구했다:
—인민전선 정부에게 완전한 권력을
—내전에서 자신 스스로를 입증한 그러한 장교들로 구성되는 통합되고 단일한 명령하의 인민의 정규 군대의 형성

동시에 공산당은 모범적인 군대의 핵으로서 제5 연대의 건설에 들어갔다.

이 계획은 POUM, 무정부주의자들 그리고 심지어 일부 좌익적 사회주의자들의 측의 격렬한 반대에 부딪혔다. 그럼에도 스페인에서 반파시스트 투쟁의 가장 슬픈 측면들의 하나는 정부의 무장부대들의 당 민병대들로의 분할—그 경쟁관계와 시기심들이 직접적으로 불필요한 군사적 패주를 초래했다—에 기인한 인명의 범죄적인 손실이었다.

다음은 내전의 초기 단계들에서 후에스코 바깥에서 한 독일인 관찰자가 상황을 묘사한 것이다:

"후에스코 외부에는 카탈란 의용군, 시민방위대로부터 나온 약간의 백인대들, 그리고 POUM으로부터의 다른 사람들, FAI의 대대들과 그들 다음으로 통일 사회주의자들이 있었다."
"이 모든 그룹들에는 용감한 전사들이 있었다. 그러나 다양한 지도자들은 정반대로 올바른 전술에 관한 의견에 반대했다. 조화롭게 행동했다면 의용군은 후에스코를 압도했을 것이다. 각 개별적 그룹들은 분리되어 작전을 했고, 분리되어 패배를 당했다."
"사회주의자 그룹은 결합된 작전 계획을 제출했으나 이웃하는 대대들은 이것이 불필요하다고 말했다."
"다음 며칠 내에 여러분은 일어나서 후에스코에서 검은 색과 붉은 색의 깃발들을 발견할 것이다."

피터 마틴, 《죽음과 탄생 사이에서의 스페인》, 캠벨, p. 352.

당시 클라리다드를 통제하고 있던 좌익 사회주의자들은 다음과 같은 선언으로 통일된 명령체계를 갖춘 인민 군대에 대한 요구를 맞이했다:

"실제로 싸우고 있는 사람들, 그리고 어떤 방식으로 스스로의 혁명적 행동을 통제하고 있는 사람들 대신에 또 하나의 유형의 군대로 대체될 수 있다고 생각하는 것은 반혁명적 의미에서 생각하는 것이다."

앞의 책, p. 353.

얼마 후에 POUM은 통일된 군대와 통합된 명령체계에 찬성하였다. 그러나 이러한 군대는 그들의 관점에서는 인민의 군대가 아니라 노동자의 군대였다! 그것은 공화국 정부나 혹은 카탈로니아 정부에 종속되어서는 안 되고 노동자들의 조직들로부터 선출된 군사위원회에 종속되어야 했다. 그동안에 POUM은 마드리드 정부와 바르셀로나 정부(이 두 곳에서는 1936년 9월 이후 노동자들의 대표가 다수였다)에 반대하는 가장 사악한 선전을 하였는데, 인민의 군대를 건설하는 것이 허용된다면, 이런 군대의 병사들은 "효과적으로 그들의 뒷꿈치를 딱 하고 붙이고서는 히틀러와 무쏠리니를 위해 행동하거나 죽는 머리 없는 자동기계"와 같이 될 것이라고, 그리고 "가장 유능한 병사들과, 대중들의 신뢰를 받고 있는 당들과 노동조합들의 대표들"로 구성되는 통일된 명령체계를 위한 공산주의자의 제안은 "노동자의 군대에 대한 절대적인 통제를 직업적인 군사전문가에게 넘기는" 것에 상응한다고 말했다.

논쟁이 발생하고 있는 동안에 프랑코는 연전연승했고, 반면에 모든 종류의 무정부주의적 실험들이 카탈로니아 산업에서 수행되었는데, 파시즘에 대한 승리를 위한 두 개의 결정적으로 중요한 필수적 조건, 즉 인민군대의 창출과 강력한 군수산업의 발전은 무시되고 있었다.

경제적 전선에서 공산당은 주요한 산업들을 국가통제하에 두어야 한다는 것을, 그러나 소규모 상점들 혹은 작업장들을 국유화하기 위한 어떠한 시도도 이루어져서는 안 된다는 것을 옹호했다. 나아가 이러한 국가 통제는 주요 산업들을 군수생산을 위해 전환시키는 데 사용되어야 한다는 것을 옹호했다. 실제적 상황은 대부분의 공장들이 노동조합들의 위원회들의 수중에 있었다는 것이다. 공장들 간에는 상호 협력이 없었다. 이들 조합통제의 기업들에서 벌어들인 이윤은 조합기금으로 들어갔다. 많은 경우들에서 공장들은 파시즘에 반대하는 전쟁을 위한 탄약들을 만들 수 있었던 때에, 보다 이윤이 남는다는 이유 때문에 계속하여 목욕통과 유모차 같은 품목들을 만들었다. 이런 수치스런 상황이 계속되는 동안 POUM은 정부가 고의적으로 아라곤 전선에 대한 무기 공급을 방해하고 있다고 비명을 질렀다. 사실은, POUM이 아라곤 전선에서 필요한 물품들을 공급하는 것으로 카탈론 산업들을 전환하는 것을 방해하고 있었던 사람들을 지지하고 있었다는 것이다. 국가에 의해 대규모 산업을 통제하려는 각각의 시도는 노동자의 통제를 청산하고 혁명의 성과들을 취소하고 자본가계급을 복귀시키려는 시도로 매도되었다.

다양한 조직들의 각각의 결정에 의거하지 않고 기능할 수 있는 완전한 권력들을 가진, 노동자계급의 모든 조직들을 대표하는 인민의 정부에 대한 공산당의 요구를 POUM은 다음과 같이 매도했다:

"각료들이 그들 각각의 조직들에 책임이 없는 독재적 권력들을 가진 정부를 수립하려는 것을 목표로 하는 것, 간단히 말해 프롤레타리아트의 창조적인 혁명적 본능을 분쇄하려는 모든 노력을 지도할 강력한 정부"

라 바탈라, 1936년 12월 16일, 앞의 책에서 인용됨, p. 356.

공공의 질서의 문제에서 공산당은, 6월 반란 동안에 파시스트들을 다루는 그들의 고유한 임무을 수행하고 나서, 라 파테렐라스에서의 대량학살에서 보여진 바와 같이 매우 멋대로의 방식으로 행동하기 시작했던 노동자 순찰대를 해산함에 의해 정부 통제하의 경찰력을 재조직할 것을 요구했다. 이 마을의 농민들은 강제된 농업 집단화에 대한 저항의 과정에서 두 명의 무정부주의자들을 사살했다. 주요하게 무정부주의자들로 구성된 순찰대가 바르셀로나로부터 도착했고 잔인한 복수를 하여 마을 사람들 절반을 죽였다. 이런 불법행위를 억누르기 위한 요구가 제기되었는데, 이에 대해 POUM은 선언했다:

"쓰딸린주의자들의 이러한 공세는 성공할 수 없고 앞으로도 성공하지 못할 것이다. … "

앞의 책, p. 35.

이렇게 POUM이 지지했던 것을 볼 수 있다:
(1) 정부로부터 독립된 군대 그리고
(2) 내전에 의해 정부를 타도하기 위한 첫 번째 조치로서 정부로부터 독립된 경찰력

농민 전선에 대해, POUM은 공산당의 요구와 파시즘에 반대하는 공화국의 싸움의 이익에 반대되게 강제적인 집단화의 정책을 옹호했다—이리하여 식량공급을 위험하게 했다.

정부로부터 POUM의 배제

앞서 말한 것의 견지에서 스페인 인민을 단결시키기 위해 필요한 정책에 대한 POUM의 사보타주가 깨지지 않았다면, 프랑코에 반대하는 투쟁의 조직은 완전히 혼란에 빠지게 되었을 것이다. 그리고 POUM의 이러한 사보타주를 종식시키기 위한 첫 번째의 전제조건은 그들을 정부로부터 배제하는 것이었는데, 왜냐하면 밤낮으로 정부의 모든 결정을 반혁명적이라고 탄핵하는 당을 어떻게 정부에 참여시킬 수 있겠는가? 비극적이면서도 어릿광대극인 이러한 상황은 정부로부터 POUM의 추방을 요구함에 의해 위기를 촉진시킨 카탈로니아의 통일 사회주의자-공산주의자 당에 의해 종식되었다. 첨예한 내부투쟁 후에 이것은 동의되었다. 공산주의자들의 이러한 움직임은 뜨로쯔끼주의자들과 그들의 친구들에 의해 노동자계급의 통일을 파괴하는 것으로서 탄핵되었다. 반대로 그것은, 파시즘에 반대하는 공화국의 방어에서 정부에 의한 단호한 행동을 방해하기만 했던 허위의 통일 대신에 공화주의적인 스페인에서 통일된 정책의 채택의 시작이었다.

마드리드에 대한 파시스트들의 두 번째의 공격

그리고 나서 마드리드에 대한 파시스트들의 두 번째 공격이 1936년 11월의 첫 번째 주에 시작되었다. 25,000명의 부대들이 마드리드로부터 15마일 떨어진 곳에 집결했고 몰라에 의해 지휘되는 부대들은 4일에 제타페 공항을 점령했다. 모든 사람들이 마드리드의 함락은 단지 절차일 뿐이라고 생각했다. 사실은, 11월 8일에 쏘비에트 대사 이반 마이스키가 런던에서 윈스턴 처칠을 만났다. 처칠은 프랑코의 지지자였는데, 그리고 그와 마이스키는, 마이스키가 자연스레 공화국을 지지함에 따라 약간 열띠게 되었다. "왜 논쟁하는가?" 처칠이 말했다.

"일주일 안에 이런 불일치하는 스페인 문제는 무대에서 사라질 것이다. … 프랑코는 2, 3일 안에 마드리드에 있을 것이다. 누가 나중에 스페인 공화국을 기억조차 하겠는가?"

마드리드에 대한 파시스트들의 주요한 공세는, 야구에 장군으로부터 아프리카인 부대에 대한 지휘권을 막 인수한 바렐라 장군이 지휘하였다. 마드리드를 공격하는 데 있어서 약간의 지체가, 위대한 10월 혁명에 대한 반동적인 도전의 제스처로서 11월 7일에 마드리드를 취하고자 하는 파시스트들의 바람에 의해 야기되었다. 그렇지만 우리가 보게 되듯이 다시금 승리한 것은 위대한 10월 혁명이었다.

소부르주아적이었던 공화국 정부는, 자신들이 철수했었던 발렌시아를 안전하게 지키는 것이 전쟁을 더 효과적으로 수행하는 길이라고 결정했다. 이리하여 마드리드의 방어를 조직하는 것이 투사들—특히 공산주의자들 그리고 통일 사회주의자 청년들—에게 남겨졌다. 사회민주주의자들을 기쁘게 할 필요에 의해 방해받지 않고 그들은 임무를 뛰어나게 수행했다. 11월 6/7일의 밤에 그들은 미아자 장군 아래에서 준타 데 데펜사(Junta de Defensa 방어선을 의미-역자)를 형성했다. 이것은 급하게 조직된 것이었지만, 마드리드의 인민은 그의 지도력하에, "어깨를 걸고 하나의 거대한 장애물을 형성하였고 행진하여 시 주위의 참호 속에 자리를 잡았다."

"마드리드는 스페인의 베르덩이 될 것이다!' '그들은 통과하지 못할 것이다!'라고 공산당은 선언했고, 이 구호는 시를 구하기 위해 그들의 목숨을 바친, 생업에 종사하던 남녀들에 의해 받아들여졌다."
"그리고 파시스트들은 통과하지 못했다"

산도발과 아즈카라테, pp. 72-73.

독일 폭격기들에 의한 집중적인 공중 폭격에도 불구하고 마드리드를 점령하지 못한 그들의 무능력에 충격 받고 낙담하여서, 파시스트들은 그 특수한 문제를 당분간 제쳐두기로 결정했다. 그들은 더 많은 인원과 물자를 필요로 한다고 우선 결정하고는 다시금 물자를 요구하기 위해 그들의 이탈리아와 독일인 보급 장교들에게 되돌아갔다. 독일 대사는 그의 정부에게 이때에 "군사적 상황은 만족스런 것과는 거리가 멀다. 지금까지 수행된 군사 작전들은 모로코인 부대와 외인부대들에 의해 수행되었다. 이 부대들은 비록 그들이 어찌해서 수도를 점령한다 할지라도 마드리드에 의해 지쳐버릴 위험에 처해 있다."고 알렸다. 독일과 이탈리아 정부는 프랑코에 대한 그들의 군사적 지원을 강화할 필요가 있다고 결론지었다. 1936년 12월과 1937년 3월 사이에 이탈리아인들은 10만 명의 새로운 부대들(7만 명의 이탈리아인들과 3만 명의 무어인들)을 스페인으로 배로 실어 날랐고 독일인들은 6,000명의 보병과 279대의 전투 항공기, 180대의 탱크 그리고 다수의 지원 포병들로 구성된, 특별히 형성된 콘도르 연대를 보냈다.

말라가

새로운 이탈리아 부대들이 말라가에 대한 파시스트들의 공격에서 최초로 배치되었다(무정부주의적 모험주의가 시 행정에서 혼란을 야기하여 그 도시를 방어할 사람이 아무도 없었기 때문에 파시스트들에 의해 선택되었다). 말라가는 1937년 2월 9일에, 15,000명의 이탈리아인, 10,000명의 독일인, 5,000명의 스페인의 외인부대들로 구성된 군대에 함락되었다.

그럼에도 불구하고 말라가의 함락은 공산당이 만들고 있던 것을, 공화국 군대들이 비효율적이라는 것을, 필요로 되었던 것은 단일한 지휘와 통합된 군대라는 것을 드러내었다. 이러한 요구를 지지하는 거대한 시위가 2월 14일에 발렌시아에서 발생했고, 정부는, 공산당이 너무 지나치게 영향력이 있다고 하는, 정부의 '존경할 만한' 소부르주아 공화주의자들의 두려움에도 불구하고, 인민의 요구와 전쟁의 필요에 응답을 해야만 했다.

자라마

그동안에 파시스트들은 당분간 마드리드에 대한 어떤 직접적인 공격을 포기하기로 결정했다. 그 대신에 그들은 두 도시들(마드리드와 발렌시아 —역자) 간의 보급선을 끊어버리기 위해 발렌시아를 향하기로 결정했다.

탱크, 자동소총, 그리고 콘도르 연대의 전투기들의 지원을 받는, 주요하게는 아프리카인인 4만 명의 부대들이 1937년 2월 5일에 마드리드와 발렌시아 간의 도로를 차단하기 위해 자라마 강을 건널 것을 명령받았다. 그러나 2월 15일까지, 그들은 새롭게 재조직된 공화국 군대(정규군대와 인민의용군의 혼합여단들), 14와 15 국제여단들 그리고 스페인에 막 도착했던 40대의 쏘비에트 전투기들—모스카스와 카토스: 수에 있어서 독일 비행기만큼은 아니었지만 기술적으로는 우월한—의 지원에 의해 퇴각해야만 했다.

자라마 전투에서 양측은 중대한 손실을 당했으나(각 측에서 10,000명으로 산정된다) 그러나 공화국의 승리는 새로 형성된 인민군대가 비록 형편없이 훈련되고 장비도 부족했지만, 그럼에도 불구하고 오래도록 훈련된 직업적 군대에 맞서 공개된 전투에서 어떻게 승리할 수 있었는가를 보여준다. 필요한 모든 것은 공산주의자들의 영향 덕분으로 제공되었던 올바른 조직화와 올바른 규율이었다.

구아달라자라

자라마의 승리는 무쏠리니의 '지원군'—5만의 보병, 222대의 대포, 108대의 탱크, 32대의 장갑차와 80대의 전투기들의 부대—에 맞선 구아달라자라에서의 또 하나의 찬란한 승리로 이어졌다. 이탈리아인들은 자라마가 전형적으로 스페인인의 무능력 때문에 프랑코주의자들로 인해 패배했다고 생각했고 "스페인과 세계의 나머지 나라에 그들의 힘과 전략적인 지혜를 과시하겠다"고 결정했다. "1937년 3월에 이탈리아인의 원정부대는 … 마드리드에 대한 네 번째의 공격을 시작했는데 이번에는 구아달라자라를 통해서였다. 사람과 무기에서 그들의 남아도는 자원에 의존하여 이탈리아 파시스트들은 그들이 마드리드를 장악할 것이고 공화국을 금명간에 파멸시키겠다고 선언했다."(산도발과 아즈카라테, p. 78.)

그렇지만 파멸한 것은 이탈리아인들이었다. 전투는 3월 8일부터 21일까지 지속되었는데 그때 이탈리아 사단들은 방향을 돌려야만 했다. 이탈리아인들은 8,000명의 손실을 입었고(3,000명의 사망, 1,000명의 포로, 4,000명의 부상) 방대한 양의 무기와 비축물을 잃었다.

북부

　마드리드를 포위하고 패배시키려는 그들의 시도에서 심각하게 상처를 입고, 파시스트들은 다음으로 북부로 방향을 돌려서 1937년 4월 1일에 그것을 획득하기 위한 공세를 시작했다. 바스크인들은 내전의 시작 이후로 그들의 염원인 자치를 마침내 얻었고 그리고 그들은 이러한 이유로 인해서 완강한 공화주의자였다. 그러나 많은 요인들이 북부 전선을 약화시켰다:

　1. 프랑스 경제로의 접근(그리하여 프랑스를 통한 공급에의 접근)은 파시스트들이 장악하고 있던 이룬(1936년 9월 5일에)에 의해 그리고 산 세바스티안(1936년 9월 13일)에 의해 차단당했다.

　2. 북부지역은 세 구역의 반자치적인 주들로서 이루어져 있었다―바스크 지역, 아스투리아스 그리고 산타데르 지역. 그들 간에는 실질적으로 상호 협력이 없었고 그들은 그 지역을 둘러싸고 있는 자연적 방어물들을 이용하는 데 실패했다.

　3. 그 지역에는 효과적인 공화국 군대가 없었다. 바스크인들은 바스크 영역을 제외하고는 싸우기를 거부했다.

　4. 산도발과 아즈카라데(p. 107.)에 따르면, "불행하게도 민족주의 당의 지도부의 정책은 전사들의 노력, 희생 그리고 영웅주의를 끌어낼 가치가 없었다. 민족주의 당은 바스크 정부에 대한 완전한 통제를 갖고 있었는데, 그것의 최우선의 바람은 바스크 지역에, 공화국 영역의 나머지에 이미 일어났던 민주적 변화들의 도입을 막는 것이었다. 그것은 인민 군대를 형성할 것을 거부했다. 노동자들은 사회적 혹은 정치적 이익을 얻지 못했다. 바스크 정부는, 바스크의 자유의 계속적인 존재가 위험에 처해 있던 때에조차 전쟁의 필요를 충족시키기 위해 그 지역의 산업적인 잠재력을 가동하기 위해서 아무 것도 하지 않았다."

　5. 파시스트들은 해상봉쇄를 할 수 있었고 그리하여 물자들이 바다를 통해 도착하는 것을 막을 수 있었다.

　공화주의자들이 직면한 모든 어려움들에도 불구하고 북부의 획득은 결코 식은 죽 먹기가 아니었고 1937년 4월 20일에 민간인들의 사기를 꺾기 위한 노력으로써 집중 폭격을 하는 것이 결정되었다. 게르니카에 대한 잘 알려진 폭격은 독일 비행기들에 의해 수행되었다. 1,654명이 죽었고 889명이 부상을 입었는데, 7,000명 인구의 이 도시는 바쁜 장날에 폭격을 당했다. 이틀 후에 게르니카는 두랑고가 그랬듯이 파시스트들의 지상 부대에 의해 함락되었다. 4월 30일에 이탈리아 부대들이 베르메오로 입성했다.

공화국의 나머지는 그 자신이 파시스트로부터의 위협하에 있을 뿐만 아니라 또한 (카탈로니아에서) POUM으로부터의 항상적인 위협하에 있어서 돕기 위해 할 수 있는 것이 거의 없었다.

그들에 대한 파시스트들의 압도적인 무력에도 불구하고 북부의 인민은 영웅적인 방어의 모습을 보였다. 그들은 프랑코의 구축함 에스파냐를 침몰시켰고 그들은 베르메오를 포위 공격했다. 그럼에도 불구하고 파시스트들은 격렬한 전투를 통해 빌바오를 향하여 무자비하게 전진했다. 빌바오에서는 부분적으로는 바스크 정부 측의 열정의 결여로 인해, 그리고 부분적으로는 빌바오인들의 산타데르로의 대규모 이동으로 인해 마드리드를 방어했던 것과 같은 준타 데 데펜사를 조직하는 것이 불가능한 것으로 입증되었다. 아무 것도 조직되지 않았고 심지어 파시스트들의 전진을 방해하기 위해 다리를 다이나마이트로 폭파하는 것조차 없었다. 또한 바스크인들은 철광산들 혹은 제철소들을 사보타주하여 그것들이 적의 수중에 떨어지는 것을 막으려 하지 않았다. 말라가의 오류들이 되풀이 되었다. 6월 중순에 빌바오는 함락되었고 독일인들은 제철소를 장악하기 위해 쇄도해 들어왔다. 8월 26일에 산타데르가 함락되었다. 스페인의 다른 부분들에서 저항을 조직하려는 공화국 측의 용감한 노력에도 불구하고 최종적으로 기온이 10월 21엘 함락되었고 그리하여 공화국의 북부 지대에 종지부를 찍었다. 그럼에도 많은 전사들이 산으로 달아나서 거기서 프랑코 정권에 반대하는 오랜 기간의 지속적인 게릴라 공세를 유지했다는 것이 언급되어야 한다.

POUM의 폭동

 파시스트들이 북부에서 공화국의 요새들을 파괴하고 있는 동안에, POUM은 공화국의 배후에서 사보타주에 대한 노력을 배가하고 있었다. 카탈로니아 정부로부터 자신들이 배제되자 POUM은 폭동을 위한 준비들을 시작했다. 폭동은 반파시스트 인민부대들의 저항을 해체하는 것이 유일한 목적이고 다른 어떤 것이 될 수 없었다. POUM의 확대된 중앙위원회는 기관지인 ≪라 바탈라≫에 1936년 12월 16일에 계속하여 발간된 긴 결의에서, 존재하는 정부를 타도할 목적으로 존재하는 정부와 나란히 이중 권력의 기관들을 창출하는 것을 요구했다. 다른 말로 하면 POUM은 프랑코가 여전히 전진하고 있고 전투들에서 승리하고 있던 바로 그 때에 인민부대들의 진영에서 내전의 상황의 창출을 옹호했던 것이다! 그것의 결의에서 POUM은 공화국 정부하에 인민군대와 경찰력의 창설을 위한 모든 시도를 반대하는 그리고 (물론) 사회주의의 이름하에 카탈로니아 경제에 대한 정부의 통제에 저항하는 정책에 대한 위장막으로서 '혁명적인' 그리고 초좌익적인 미사여구를 멋대로 사용했다.

 그리고 정부가 파시즘에 반대하는 싸움의 승리를 위해 꼭 필요했던 이러한 목표들을 획득하는 방향으로 전진함에 따라, POUM은 날마다 그리고 훨씬 더 날카로운 목소리로, 이들 조치들이 "혁명의 성과들을" 제거하고 프랑코와 이해의 일치에 도달하기 위해 외국으로 달아난 자본가들과 지주들을 되돌아오게 하기 위해 고안된 것이라고 탄핵했다. POUM의 정부에 반대하는 봉기에 대한 요구들은 더욱 빈번해졌고 뚜렷해졌다. 1937년 3월 22일에 ≪라 바탈라≫는 말했다:

 "이것 때문에 우리 당은 끊임없이 다음과 같은 길을 보여주고 있다: 우리로 하여금 현재의 단계의 끝에 도달하게 하고 권력의 장악을 통한 노동자들과 농민들의 정부를 설치하는 것을 가능하게 하는 혁명적인 노동자의 전선. … "

 4월에 안드레아스 닌은 다음과 같이 썼다:

"잃어버릴 시간이 없다. 우리가 권력의 부르주아적 기구의 재건을 더욱더 수동적으로 지켜보고 있다면, 스페인의 노동자계급은 그것의 해방을 위해 주어진 가장 특별한 기회를 잃게 될 것이다. … 그러면 그것은 너무 늦을 것이다. 우리는 쇠가 뜨거울 때 두드려야 한다."

5월 1일에 닌은 ≪라 바탈라≫의 한 기사에서 다음과 같이 선언했다:

"노동자계급은 자신을 부르주아 민주주의와 묶고 있는 끈을 잘라내야만 하고 결정적으로 권력의 장악을 위한 길을 취해야 한다. 아직은 시간이 있다. 내일이면 너무 늦을 것이다."

안드라데는 ≪라 바탈라≫의 같은 호에서 선언했다:

"혁명적인 노동자계급 조직들은 그들의 완전한 경제적 및 정치적 독립성을 다시 획득해야만 한다. 그들은 정치적 무대에서 소부르주아지 및 개량주의의 분파들과 모든 종류의 혼란된 협력을 포기해야만 한다."

1937년 5월 1일에 ≪라 바탈라≫에서 또 다른 호소는 말했다:

"이틀 동안에 노동자계급은 경계를 시작했다. 공장들과 작업장들의 사람들이, 개량주의자들의 연약하고 비뚤어진 정책에 의해 위험에 처해 있는 혁명의 안녕에 대해 밤낮으로 지키고 있다. 그들은 통제되지 않는 사람들이 아니고 앞잡이가 아니다. 그들은 후위를 지키고 있는 의식적인 보초들이다. 그들은 그들의 총을 준비하고 기다리고 있는데, 왜냐하면 노동자계급은 인내심이 다했기 때문이다. 그들은 무기력한 타협들에 기초하여 형성된 마분지 정부 측의 많은 연약함에 싫증이 났다. … 우리는 이제부터 경계를 계속할 것인데, 왜냐하면 우리는 발렌시아와 카탈로니아 정부의 절름발이 정책을 더 이상 참을 수 없기 때문이다. 타협의 정책. 노동자계급에 반대하는 정책. 혁명에 브레이크를 거는 정책. 7월 19일에 끌어낸 부르주아지의 새로운 고양을 지향하는 정책."

5월 1일에 우리는 또한 이 최후의 선언을 발견한다:

"카탈로니아 혹은 다른 전선들에서 상이한 위치에 임명되었던 인민의 군사학교에 속하는 우리 당의 모든 성원들은 집행군사위원회로, 집행위원회의 본부인 람블라 에스타디오스로 보고를 할 것을 진지하게 요구받고 있다."

5월 2일에 ≪라 바탈라≫는 말했다:

"그것은 더 이상 당면 요구들을 획득하는 문제가 아니다. 오늘 그 임무는 다른 것이다. 그것은 모든 노동자들에 의한 권력의 장악이다."

또한 5월 2일에 ≪라 바탈라≫는 POUM 집행위원회의 성명서를 인쇄했는데, 그것은 다음과 같이 말했다:

"우리는 정부 측의 CNT와 현재 충돌하고 있고 다음과 같은 구호를 제기한 무정부주의 그룹들의 하나와 일치하고 있다: '모든 권력을 노동자계급에게. 모든 경제적 권력을 노동조합들에게.'"

바로 앞선 인용에서 언급된 그 무정부주의 그룹은 파시스트 요원들에 의해 부패되었고 CNT 자체에 의해 나중에 단호하게 거부된 소위 '두라티의 친구들'이었다. 폭동 정책에 대한 무정부주의 조합들의 지지를 얻는 것에 실패하고서 POUM은 그것을 분열시키는 방향으로 이동했다.

그리고 다음날인 1937년 5월 3일에 POUM이 요구해왔던 반란이 발생했다.

4월 25일부터 5월 1일까지의 정세는 매우 긴장되어서 카탈로니아의 정부는 모든 메이데이 시위들을 금지했다. POUM은 그것의 대변인 닌을 통하여 다음과 같이 이 금지에 대해 반응했다:

"노동자계급은 자신을 부르주아 민주주의에 묶고 있는 끈을 끊어내야만 하고 결정적으로 권력 장악의 길를 취해야 한다. 아직은 시간이 있다. 내일은 너무 늦을 것이다."

그리고 정부가 주위에서 일어나고 있는 반란에 대한 선동들을 읽고서 행동을 취하기로 결정한 것은 놀랄 일이 아니다. 정부가 비판받아야 할 지점은, 반란을 분쇄하기 위해 행동을 취했다는 것이 아니라 그것을 멈추게 하기 위해 충분히 일찍 행동하지 않았다는 것이다. 파시스트들의 앞잡이들은 그들이 원하던 갈등을 얻었다.

무정부주의 노동조합 CNT의 지지를 확보하는 데 있어서 POUM이 실패한 것은 반란이 빨리 패배하도록 운명지웠지만, POUM은 그것을 계속했다─두 개의 극단적인 무정부주의 조직들, '두라티의 친구들'과 '무정부주의자 청년'과 더불어서─그리하여 목적 없는 유혈의 상황을 연장했다.

그리고 그렇게 파시스트들의 앞잡이들은 POUM과 무정부주의 극단주의자들의 조직들의 안과 밖에서 그들의 가장 큰 그리고 가장 눈부신 사보타주의 행동을 무대에 올렸다. 그러나 그들은 분쇄되었다. 폭동을 수행할 목적으로 뜨로쯔끼주의 POUM과 극단적인 무정부주의자들은 그들의 부대들을 아라곤 전선으로부터 철수시켰기 때문에 그 전선은 파시스트의 압력이라는 상황 속에서 약화되었다.

배후를 깨끗이 하기

스페인 인민은 어떤 대가를 치루더라도 배후를 깨끗이 하는 것의 필요성을 이제 확신하게 되었다. 통제할 수 없는 POUM과 무정부주의자들에 대해 그렇게 오랫동안 인내해왔던 라르고 카발레로의 중앙정부는 무너지고, 전쟁에서 승리를 위해 인민의 힘들을 집중시킬 능력이 있고 그럴 의향이 있는 정부로 대체되었다. 새로운 정부는 그러한 사업을 단호하게 시작했다. 새 정부는 무정부주의자의 '순찰대'를 무장 해제시키고 믿을 수 있는 공산주의자들과 사회주의자들이 통제하는 책임 있는 경찰로 그들을 대체했다. 강제적 집단화와 농민층에 대한 징발들, 소규모 상점에 대한 간섭, 통화 밀수, 전선과 별개의 정치적 그룹들을 위한 무기의 수입이 중단되었다. 그렇게 오랫동안 혁명의 가치를 손상시키고 그것의 통일과 목적을 침식했던 분별없고 비정상적인 과도함이 종식되었다. 그러나 상황은, 힘으로써 설득을 보충함이 없이는 이러한 과도함이 종식될 수 없는 것이었다. 앞잡이들이거나 혹은 무정부상태의 지속에 이해를 가졌던 사람들은 호되게 다루어져야만 했다. 그것은, 뒤죽박죽의 경쟁적 위원회들의 그룹들하에 있는 대신에, 하나의 권위하에 배후를 확보하는 과정, 모든 이용 가능한 자원들의 조직화를 파시즘에 반대하는 전쟁에서 승리를 위해 하나의 통제하에 보장─스페인 혁명이 당시 직면하고 있는 이 가장 고귀한 과제들─하는 과정이었는데, 그것은 이후로 뜨로쯔끼주의자들과 다른 부르주아지의 대리인들에 의해 '스페인에서의 테러'라고 묘사되었다. 이 신사들은 POUM의 뜨로쯔끼주의자들과 무정부주의적으로 통제할 수 없는 자들이 그들의 오류에 찬 정책, 방해, 사보타주 그리고 직접적인 도발을 통해 매우 크고 부끄러운 공헌을 했던 프랑코의 승리에 의해 자행된 파시즘의 테러를 언급하는 것을 '잊는다'.

첩자들 그리고 요원들 앞잡이들

깨끗이 하는 작업의 과정에서 스페인 경찰은 마드리드에 있는 페루 대사관을 급습했다. 거기에서 경찰은 총참모부 본부, 군사적 의료 기관, 전쟁성의 정보기관들, 나말의 반공중 방어국과 공군성 그리고 많은 정부조직들에 있는 요원들과 접촉하고 있는 잘 조직된 파시스트 간첩 그룹에 대한 상세한 것을 발견했다. 이 조직을 폭로하는 과정에서 발견된 서류들 중의 하나에서 우리는 다음과 같은 내용을 읽을 수 있다:

"다른 한편으로 배후의 운동을 위한 우리 세력들의 그룹화는 어느 정도 느리게 진행되고 있다. 그럼에도 불구하고 우리는 행동할 준비가 되어 있는 400명에 의지하고 있다. 이들은 잘 무장되어 있고 마드리드 전선에서 좋은 위치에 있다. 우리 사람들의 극단주의 무정부주의자들과 POUM에 대한 침투는 성공적으로 수행되고 있다. 우리는 더 안전하게 행동할 수 있기 위하여 우리 자신들과는 독립적으로 이 작업을 수행할 좋은 선전가 우두머리를 필요로 한다."

" … 당신의 지시를 완수하기 위해 나는 POUM의 지도적 성원을 인터뷰하기 위해 바르셀로나로 직접 갔다. 나는 그에게 당신이 지시한 것 모두를 말했다. 당신과 그 사이의 소통의 결여는 방송국의 파괴에 의해 설명되는데, 방송국은 내가 거기에 있는 동안에 다시 기능하기 시작했다. 당신은 근본적인 문제에 관하여 답을 틀림없이 받게 될 것이다. N은 특히 당신과 외국의 친구들에게 요구하기를 그와 소통하는 것을 지시받는 사람은 나 자신만으로 한정하고 그리고 이외의 사람은 배제해야 한다고 했다. 그는 나에게 POUM의 작업을 수행할 새로운 사람을 마드리드로 보낼 것을 약속했다. 이렇게 재강화되면 POUM은 바르셀로나에서처럼 우리의 운동을 위한 확고하고 효과적인 지원이 될 것이다."

위에서 인용된 서류에서 언급된 'N'은 POUM의 지도자인 안드레아스 닌에 다름 아니었다. 이 때문에 그는 체포되었다가 나중에 군사복장으로 위장한 파시스트들에 의해 구조되었는데, 그들은, 당국이 새롭고 완전한 그들의 범죄에 대한 증거를 확보하는 것을 막으려는 희망에서 이 조치에 호소했던 것이다.

10월 23일에 바르셀로나 경찰서장, 서장 보좌 부릴로 대령은 카탈로니아에서 유사한 POUM의 음모의 발견에 대한 상세한 설명을 언론의 대표들에게 했다.

스페인 밖에서 뜨로쯔끼주의자들

스페인 밖에서 뜨로쯔끼주의자들과 뜨로쯔끼주의에 가까운 조직들의 활동은 스페인 내부에서 활동하는 사람들과 같은 정신으로 그리고 같은 목표를 위하여 수행되었다. 그러므로 모든 사람이 공화국 정부에 대한 파시스트들의 결정적인 공세를 예상하고 있었던 1937년 10월과 12월 사이에, 뜨로쯔끼주의자들이 인민의 정부에 반대하는 공격들을 배가한 것이 우연적으로 동시에 일어난 것은 아니다. 뜨로쯔끼 자신이 쏘련에 대한 첨예한 탄핵을 들고 나왔는데, 이것은 친프랑코 제국주의 언론과 우익 사회주의 신문에서 가장 광범하게 보도되었다. 뜨로쯔끼는 말했다:

"쓰딸린주의에 대한 국제적 공세로 넘어가는 것이 필요하다."

그리고 쓰딸린주의에 반대하는 국제적 공세를 발전시키기 위해 설정되는 쓰딸린주의의 중앙들의 하나는 물론 스페인의 인민의 정부였다.

"지금은 완전히 타락한, 그것의 국제적인 고용인들과 연계되어 있는 모스끄바 관료주의가 어떤 범죄를 저지를 수 있는가를 스페인에서 최근의 달들에서의 사건들이 드러내었다."
"소위 공화국 정부가 쓰딸린주의의 범죄적 무리들을 위한 차단막으로서 봉사하고 있는 스페인에서 GPU는 전체 회의의 지령들을 수행하기 위한 가장 좋은 활동무대를 발견했다."
"쓰딸린주의에 대한 국제적 공세로 넘어갈 때이다."
1937년 11월.

프랑코의 공세와 동시에 일어났던, 스페인 공화국에 반대하는 뜨로쯔끼주의 얼뜨기들의 국제적 공세—이런 것이 지역적 및 국제적 파시즘에 반대하는 스페인 인민의 투쟁의 가장 결정적인 시기에 있어서 뜨로쯔끼주의의 공헌이었다. 스페인의 경험은 단지 뜨로쯔끼주의의 반혁명적 친파시즘적 성격에 관한 쏘련의 경험을 확증했다.

브루네테

공화국의 부대들은 1937년 6일과 26일 사이에 마드리드의 동부인 브루네테에서 파시스트들에 대한 공세를 개시했다. 공세의 목표는 부분적으로는 북부전선에 대한 압력을 제거하는 것이었고 부분적으로는 마드리드 바깥의 바렐라의 부대들을 포위하고 에워싸는 것이었다. 이 공격에서 공화국은 처음에는 브루네테를 획득할 수 있었다. 그러나 7월 25일에 콘도르 연대가 북부전선으로부터 돌아와서 중대한 재보충을 얻은 후에 프랑코주의자들은 브루네테를 다시 되찾았다. 그 전투는 23,000명의 공화국의 손실과 파시스트 측에서 13,000명이 **넘는** 손실로 끝났다. 공세는 파시스트 전선을 분쇄하는 데 성공했지만, 그러나 성과물들은 쌓여지거나 이어지지 않았다. 바스크인들은 그들이 얻었던 중간 휴식을 활용하여 전선을 다시 건설할 수 없었다.

유사한 공세가 아라곤 전선의 벨치테에서 1937년 9월에 시작되었고 유사한 결과들을 낳았다. 벨치테는 9월 6일에 공화국 부대들에게 함락되었고 그들은 그것을 몇 달 동안 유지했다.

테루엘

공화주의자들은 테루엘에 대한 다음 공세를 개시하기 위해 12월까지 기다렸다. 10만 명의 부대들이, 마드리드를 공격하기 위해 준비하고 있던 구아달라자라에서 파시스트 부대들의 결집을 분산시킬 목적으로 테루엘을 재획득하기 위해 배치되었다. 1937년 12월 15일에 공화주의자들은 테루엘을 에워쌌다. 매우 추운 기상 조건 속에서 그리고 프랑코주의자들로부터의 대응공격(이것은 마드리드에 대한 저들의 공격을 성공적으로 분산시켰다)을 분쇄하면서 공화주의자들은 매우 큰 어려움 속에서 마침내 1월 8일에 테루엘을 획득할 수 있었다. 그러나 다시금 독일과 이탈리아가 프랑코를 구원하러 왔다:

> " … 살라망카에서 독일인 대사인 폰 스토러는 히틀러에게 프랑코가 외국의 원조의 커다란 증가가 없이는 전쟁을 계속할 수 없다고 하는 전보를 보냈다. 그리하여 서구 열강들이 스페인 인민을 교살하고 있던 비개입의 올가미를 조이고 있던 동안에 독일과 이탈리아는 다시금 프랑코에게 보내는 전쟁 물자와 전체적인 군사 단위들의 분견대를 증가시켰다. 이것은 그로 하여금 큰 공세를 조직하는 것을 가능하게 했다. … 2월 22일에 그는 테루엘을 다시 획득했다. 3월 9일에 항공기, 포병 그리고 다른 장비에서 그의 압도적인 우세 덕분으로 그는 동부전선에서 돌파에 성공했고 지중해를 향하여 전진하기 시작했다."

4월 15일에 적은 지중해 연안의 비나로즈에 도달했고 공화국의 영역을 둘로 나누었다. 그러나 에브로 강이 파시스트들과 카탈로니아 사이에 놓여 있었다. 그리고 세그레 강이 그들과 발렌시아의 사이에 놓여 있어서 공화주의자들은 여전히 파시스트들을 퇴각시킬 수 있다는 희망을 갖고 있었다.

그러나 불행하게도 테루엘에서의 패배는 공화국의 소부르주아 지지자들의 일정한 부분의 사기를 꺾었다. 예를 들면 인민의 군대의 능력에 대해 회의적(혹은 신경질적)이었던 사회주의자 전쟁장관인 인달레시오 프리에토는 공공연히 패배주의자가 되었고 직책에서 제거되어야만 했다. 그러나 스페인의 인민은 항복을 위한 움직임이 전혀 없었다. 한 가지 점을 들면, 전쟁에서 발생한 사건들은 그들이 항복한다면 프랑코가 어떻게 자신들을 다룰지 충분히 보여주었고 그래서 누구나 싸우다 죽는 것이 낫다고 생각했다.

1938년 4월 20일에 공화국 정부는 상대편에게 평화 제안—보복 없이 전쟁을 끝내는 길을 위한 13가지 점의 강령—에 대해 협의하자고 했다. 그러나 그 제안이 받아들여지려면 정부가 프랑코에게 계속 싸우는 것의 무익함을 확신시키기 위해 그에게 더 많은 압력을 가하는 것이 필요했다. 그리하여 1938년 7월 25일에 공화주의자들은 카탈로니아 남부로 향하는 잃어버린 영토를 되찾기 위해 고요한 밤에 에브로를 가로지르는 공세를 다시 계속했다. 파시스트들은 중포병에서는 12대 1, 폭격기에서는 15대 1, 그리고 전투기에서는 10대 1로 공화주의자들을 앞서는 훨씬 우월한 전력을 갖고 있었다. 그럼에도 불구하고 공화주의자들은 장대한 승리를 얻었고 세달 동안 그들의 성과를 유지할 수 있었다.

그동안에 히틀러와 챔벌레인은 뮈니히에서(1938년 9월 29-30일) 회담을 했는데, 잘 알려진 대로 챔벌레인은 히틀러에게 그의 제국주의 경쟁자들로부터 즉각적인 어떤 위험도 없다는 것을 알려주었다. 그리하여 히틀러는 그의 침략을 가속화하도록 고무되었다. 그는 스페인에서, 예를 들면 그가 단호한 태도를 취할 수 있고 프랑스, 영국은 그를 제지하기 위해 손가락도 들지 않을 것임을 알았다. 그리고 10월 30일에 스페인 파시스트들은 에브로의 공화국 군대에 대한 반격을 시작했는데, 공화국 군대는 11월 18일까지 에브로를 가로질러 후퇴해야만 했다. 휴 토마스에 따르면 공화국은 그 싸움에서 7만 명의 손실을 보았는데—3만 명의 사망, 2만 명의 투옥—국제여단들에 남아 있는 성원들의 3/4을 포괄했다. 파시스트들의 손실 또한 33,000명에 달했다.

카탈로니아의 함락

에브로에서의 패배와 독일 파시스트들이 스페인에서 그들의 장점을 활용하여 강력해짐으로 인해 카탈로니아가 함락되는 것은 단지 시간의 문제였다. 프랑스인들은 카탈로니아가 물자의 부족으로 고통 받도록 하기 위해 1938년 6월 12일에 국경을 봉쇄했다. 쏘비에트 정부에 의해 제공된 비행기들, 500문의 대포 그리고 10,000정의 자동소총이 프랑스에 묶여 있었다. 프랑코는 34만 명을 동원할 수 있었고 그의 동맹자들로부터 끊임없이 공급되는 풍부한 무기가 있었다.

"1938년 11월과 12월 내내 이탈리아와 독일의 호위함들은 끊임없이 프랑코의 영역에 있는 항구들에 도착하여 수천 명의 부대들과 군사적 기술자들 그리고 수천 톤의 전쟁 물자들을 가져왔다."

산도발과 아즈카라테, p. 127.

우리 편은 단지 형편없는 장비의 12만 명이 있었는데 그들 중 불과 37,000명만이 소총을 갖고 있었다.

카탈로니아에 대한 파시스트들의 공격은 1938년 12월 23일에 시작되었다. 공화국 군대의 영웅적인 싸움 덕분으로 전진은 지체되었으나 억제될 수는 없었다. 타라고나가 1939년 1월 14일에 함락되었다. 정부는 바르셀로나에서 게로나로 이동했다. 바르셀로나가 1월 26일에 함락되었다. 카탈로니아가 함락되고 나자 영국 정부는 프랑코 정권을 스페인의 합법적인 정부로서 재조직하기로 결정했다. 이것의 목적은 전쟁이 끝났을 때 스페인에 대한 일정한 영향력을 갖기 위해 프랑코와 좋은 관계들을 유지하자는 것이었다.

카탈로니아의 함락 후에 공화국의 저항은 산산조각이 났다. 정부에서 비공산주의자들은 항복에 동의함으로써 스스로를 구제하려고 시도했다. 반면에 공산주의자들은 버티는 것이 여전히 필요하다고 판단했다. 남아 있는 공화국의 영역에서 이용할 수 있는 70만 명의 공화국 부대가 있었고 또 어느 때인가 그들에게 유리하게 전환될 수 있는 매우 변덕스러운 국제정세가 있었다. 그러나 사회주의자들은 얼마동안 꾸물거렸는데—부분적으로는 패배주의 때문이지만, 그러나 또한 그들은 전쟁에서 승리는 공산주의를 의미할 것이라고 두려워하기 시작했는데, 이러한 것이 공산주의자들이 전쟁에서의 행동을 통하여 얻은 위신이었고 그리고 그들은 공산주의를 싸울 가치가 있는 어떤 것으로 느끼지 못했기 때문에―공산주의자들에 대한 반대로 돌아섰다. 싸움은 인민전선의 이전의 동맹들 사이에서 시작되었다. 항복의 문제를 논의하기 위해 얼마 동안 프랑코와 접촉했던 사회주의자 지도자인 카사도는 모든 공산주의자들을 그들의 군사적 직책에서 제거했다. 12,000명의 공산주의자들이 감옥에 처넣어졌고 많은 수가 적절한 경과를 거쳐 프랑코에게 인도되었다. 이 지점에서 전쟁은 패배한 것이었다.

1939년 3월 28일 화요일에 파시스트들은 마드리드에 입성했고 3월 30일까지 스페인의 전역이 함락되었다.

"전쟁은 끝났다. 그러나 스페인에서는 교수대의 끔찍한 평화, 새벽녘에 총살하는 분대들, 심문자의 고문들, 공산주의자들에 대한 무자비한 절멸이 찾아왔다―그렇다, 그리고 사회주의자들, 무정부주의자들 그리고 또한 공화주의자들에 대해서도 그러했다.

"피의 급류가, 2년 8개월 동안 밝게 타올랐던, 세계를 비추고 인민들 사이에서 저항의 정신을 연마시켰던 영웅주의의 횃불을 꺼버렸다."

산도발과 아즈카라테, p. 147.

비개입

마지막으로 비개입에 대한 몇 마디가 필요하다. 스페인 내전은 제2차 대전을 위한 총연습이었다는 것이 평가되어야만 한다. 독일과 이탈리아는 부분적으로는 지중해에 대한 통제의 목적에서 스페인의 전략적 위치 때문에, 그리고 부분적으로는 군사적 야심들을 가진 제국주의 열강에게 매력적인 자산이 되었던 광물 자원들 때문에 스페인에 이해를 갖고 있었다. 더구나 스페인의 광물적 부는 압도적으로 영국의 소유였고, 영국은 독일이 빼앗을 필요가 있었던 제국주의 경쟁자였기 때문에, 영국의 스페인에 대한 영향력을 박탈하는 것이 바람직했다. 스페인 내전에 대한 독일과 이탈리아의 개입은 그렇기 때문에, 상대적으로 약화된 영국과 프랑스 제국주의자들의 제국주의적 이해를 공격하는, 그들 나라들의 파시스트 정권들에 의해 취해진 최초의 조치들 중의 하나였다. 후자(영국과 프랑스—역자)는 약화되어서 그들의 도전자들의 광포한 힘에 맞서 싸울 정도로 예민하지 못했다. 그렇기 때문에 영국과 프랑스의 정책은 히틀러를 설득하여 우선적으로 쏘련을 공격하도록 하고 그리하여 양 측의 그들의 적들을 약화시키고 그들을 상황의 통제에 내버려 두는 것으로 전개되었다. 쓰딸린과 쏘련공산당은 영국과 프랑스의 제국주의적 이해가 놓여 있는 곳을 충분히 평가하고 무엇보다도 이들 계획들을 좌절시키고 그리고 가능한 한 쏘련이 전쟁에 끌려들어 가지 않도록 하는 것에 관심이 있었다. 틀림없이 쏘련과 같은 강력한 적에 맞서서, 심지어는 영국과 프랑스 제국주의에 맞서서 어떤 전쟁이라도 하기 위해, 히틀러와 무쏠리니는 주요한 전쟁 행위의 발발 이전에 할 수 있는 한, 사람과 물자의 공급을 확보하고 많은 자원들을 게걸스럽게 먹어 치워야 했다. 이러한 맥락에서 스페인은 많은 인구와 전쟁을 위해 동원될 수 있는 가치 있는 자원들을 가진, 매우 식욕을 돋우는 것으로 보였다.

   이것이 파시스트 장교들의 반란의 시작부터 히틀러와 무쏠리니가 철저하게 지원한 이유이다. 친절함과 이해를 통해, 히틀러가 쏘련을 먼저 공격하도록 설득할 수 있다는 희망에 마비되어서, 영국과 프랑스는 파시스트들의 적수들을 지원하는 명백한 조치를 취하는 데 실패했다. 그들은 심지어 고의로 파시스트들의 적수들을 사보타주했는데, 이것은 베를린과 로마에서 커다란 즐거움의 원천이었다.

   쏘련은 파시스트 하이에나들의 모든 사람은 자신들의 적이고 그것도 강력한 적이라는 것을 매우 잘 알고 있었다. 쏘련의 동맹들은 유럽의 평화를 사랑하는 노동자계급들과 농민 대중들이었는데, 그들은 제국주의 강도들이 전리품을 나누는 방식에 혹은 그 전리품을 재분할하기 위한 전쟁에서 죽어가는 데 사소한 이해도 갖고 있지 않았다. 이것이 쏘련이 충심으로 스페인 인민들의 대의를 지원한 이유인데, 이것이 가능한 한 오랫동안 연기시키려 열망하고 있던 독일과의 전쟁에 사실상 끌려 들어갈지도 모를 위험을 감수한 이유이다. 스페인 인민은 쏘련이라는 진정한 친구를 갖고 있었는데, 쏘련은 스페인 인민의 대의를 증진시키기 위해 그리고 모든 제국주의 열강의 기도를 좌절시키기 위해 모든 힘을 다하는 믿을 수 있는 친구였다. 쓰딸린이 1936년 10월 15일에 조즈 디아즈에게 보낸 전보에서 말했듯이:

"쏘련의 근로자는 그들이 스페인의 혁명적인 대중들에게 도움을 줄 때만 그들의 의무를 다할 수 있다. 스페인의 파시스트 반동들의 박해로부터의 해방은 스페인 사람들의 사적인 대의가 아니라 선진적이고 진보적인 인류 전체의 보편적인 대의라는 것을 그들은 알고 있다. 우애의 인사를 보낸다."

우리가 보았듯이 파시스트들이 스페인에서 승리했지만, 그것은 단지 영국, 프랑스 그리고 미국인들의 공화국의 노력에 대한 사보타주에 의해 도움을 받고 부추김을 받은, 이탈리아와 독일로부터 받은 대규모적인 지원 때문이었다.

이 사보타주는, 스페인에서 그들의 계급형제들과 자매들에게 가해지고 있던 침략을 온순하게 받아들이게 하기 위해 평화에 호소함에 의해 보통 사람들을 동원하려 했던 '비개입 위원회'(런던 위원회)라는 부정직한 전선을 통한 것과 조화되었다. 미국의 역사가 F. J. 테일러가 지적하고 있듯이 미국, 프랑스 그리고 영국은 "추축국과 협력자들"이었고 이리하여 "현대에서 자유에 반대하는 가장 검은 범죄들의 하나"를 저질렀다.

국제법에 따른다면 내전이 발생하면 모든 비전투 나라들은 관련된 나라의 합법적 정부에게 공급해야 하는 의무가 있다. 독일인들과 이탈리아인들이 반란자들에게 그들이 원하는 만큼을 공급했던 반면에, '비개입'이라는 위장을 통하여 영국과 프랑스는 스페인의 합법정부에 대한 물자의 공급에 대한 엠바고를 지켰다.

이론적으로 비개입은 비개입협정을 제안한 1936년 8월 6일에 취해진 프랑스의 사회민주주의적 인민전선정부(교활한 기회주의자 레온 블룸을 영수로 하는)의 주도에 의해 조직되었다. 이 협정은 27개의 유럽의 국가들이 서명했는데, 그들은 스페인의 분쟁에서 어느 한쪽에 직접적으로 혹은 간접적으로 무기를 보내지 않는 것에 동의했다. 가맹국 가운데에는 독일과 이탈리아가 있었는데, 그들은 우리가 보았듯이 그리고 나중에 명백하게 되었듯이 그것을 도대체 지킬 의향이 없었다. 그 협정은 쏘련도 서명하였는데, 뜨로쯔끼주의자들과 다른 반혁명분자들로부터 배신이라는 외침의 예상할 수 있는 합창을 유발한 사실이기도 했다. 그러나 쏘련은 이 협정을 통해 스페인에서 그들의 개입을 중단하도록 독일과 이탈리아의 파시즘에게 압력을 가하고 혹은 다른 나라들을 동원하여 협정에 대한 독일과 이탈리아의 위반에 대해 맞서는 것이 가능할 것이라는 희망에서 서명했던 것이다. 결과적으로 이들 가능성들의 어느 것도 현실화되지 않았고 3달 만에 전체 협정이 시작부터 끝까지 협잡이라는 것이 명백해졌기 때문에, 쏘련은 런던 위원회에 대한 몇 차례의 경고 후에 그것으로부터 철수하였다. 이러한 사실들은 1936년 10월 7일과 23일에 런던 위원회로 쏘련이 보낸 공식적 편지들에 의해 입증된다.

이것들 중 최초의 것은 다음과 같이 쓰여 있다:

> "쏘련 정부는 어떠한 경우에도 합법적인 스페인 정부에 반대하는 반란자들에게 주어지는 군사적 원조를 감추려 의도하는 위장막으로, 비개입협정이 어떤 부분들에 의해 변형되는 것에 동의할 수 없다."
>
> "결론적으로 쏘련 정부는 이들 위반들이 즉각적으로 멈추지 않는다면 '비개입협정'으로부터 결과하는 어떤 의무로부터도 쏘련이 자유롭게 될 것임을 말하지 않을 수 없다는 것을 발견한다."

두 번째의 것은 다음과 같이 쓰여 있다:

> "쏘련 정부는 그 협정에 대한 다른 부분들의 누구보다도 더 큰 정도로 비개입 협정에 의해 묶여 있다고 느낄 수 없다."

그리고 그 이후부터 쏘비에트 정부는 공화주의자들에게 그들이 필요로 하는 모든 것을, 사람들로부터(스페인으로 약 35,000명을 보낸 국제여단을 통하여) 자신의 군대의 군사적 조언자들까지, 무기와 식량까지, 공급하기 위해 할 수 있는 모든 것을 했다.

그리고 결국에는 쏘비에트 인민은 그들이 스페인 인민에게 준 무조건적인 지원으로부터 이익을 보았다. 왜냐하면 확실히 파시스트 군대들과 싸우기 위해 그리고 거대한 우열의 차에 맞서 승리하기 위해 공산주의적 방법으로 조직되었을 때, 스페인 인민의 영웅주의는, 영국과 프랑스가 히틀러에게 그렇게 하도록 촉구하고 있는 바와 같이 공산주의 국가와 맞서는 것은 좋은 계획이 될 수 없다는 것을 히틀러에게 확신시키는 데 있어서 유효했음이 틀림없기 때문이다. 그리하여 스페인 인민의 영웅주의는 유럽에서 파시즘의 궁극적인 패배에서 중요한 요인이었다.

제6부
집단화에 대하여

"오직 우리가 실천 상에서 농민들에게 토지에 대한
공동의, 집단적인, 상호 협력적인,
협동조합(artel) 경작의 이점들을 보여주는 데 성공한다면
… 그 수중에 국가권력을 쥐고 있는 노동자계급은
실제적으로 농민들에게 그것의 정책의 올바름을 입증할 것이고
광대한 농민 대중들의
실질적이고 영속적인 추종을 확보할 것이다."
―레닌

" … 하나의 구호의 선언은
농민층이 사회주의를 향해 대중적으로
전환하는 것을 야기하기에는 충분하지 않다.
적어도 하나 이상의 환경이 이것을 위해 필요한데,
즉 농민 대중들이 선언된 구호가 올바른 것임을 확신해야만 하고
그들이 그것을 자신의 것으로 받아들이는 것이 필요하다."
"집단농장들은 힘에 의해 수립되어서는 안 된다.
그것은 어리석고 반동적일 것이다."
―쓰딸린

제18장
집 단 화1

쏘련에서 집단화의 문제는 언제나 가장 논쟁적인 주제였다—쏘련 내에서 그리고 밖에서. 그리고 그것은 농촌에서 사회주의의 물질적 기초를 건설하는 문제와 관련하여 집단화의 일반적 중요성 때문에 그렇지 않을 수가 없었다. 그리하여 우리는 일반적으로 집단화의 중요성에 대한 몇몇의 언급을 하는 것으로 시작할 것이다. 그리고 나서 우리는 이 기회를 집단화에 대한 당의 레닌주의적 노선으로부터의 두 가지 일탈들—우익과 '좌익'적 일탈—을 다루는 것으로 삼을 것인데, 그 일탈들에 대해 당의 노선은 승리하기 위해서 매우 격렬한 투쟁 속에서 싸워야만 했다. 그리고 마지막으로 우리는 모든 나라의 부르주아지의, 그리고 그것의 노동자계급 운동에서의 대리인들, 뜨로쯔끼주의자들, 수정주의자들, 사회민주주의자들, 그리고 개량주의자들, 모든 색깔과 색조의 반동들의, 쏘련에서 집단화에 반대하는 격앙된 울부짖음들이 단지 위장된—그리고 어떤 경우들에는 공공연한—자본주의의 혹은 더 정확하게는 그것의 복고의 옹호에 지나지 않는다는 것을 보여줄 것이다.

A. 집단화의 일반적 중요성

(1) 첫째로, 집단화는 농민층의 관점에서 거대한 중요성이 있는데, 왜냐하면 소규모 농민농장은 불가피하게 압도적인 다수의 농민 대중의

---

1 (집단화에 대한 쓰딸린의 글들에 대한 서문으로 쓰여짐)

파멸, 궁핍 그리고 빈곤을 초래하기 때문이다. 여기에 이 근거에 대한 레닌의 몇몇의 견해가 있다:

"소규모 농장에서는 빈곤으로부터 탈출구는 없다."

레닌, 《선집 8권》, p. 195.

"상품생산하에서 소농체제는 대중들의 빈곤과 억압으로부터 인류를 구원할 수 없다."

레닌, 《선집 6권》, p. 60.

"우리가 우리의 소규모 농장들을 옛 방식으로 계속 경작한다면, 심지어 자유로운 토지에 기초한 자유로운 시민들로서라도 계속 경작한다면, 우리는 여전히 불가피한 파멸에 직면할 것이다."

레닌, 《선집 6권》, p. 370.

"오직 공동의, 협동조합artel의, 상호협력적인 노동을 통해서만, 우리는 제국주의 전쟁이 우리를 끌어들이고 있는 난국으로부터 탈출할 수 있다."

레닌, 《선집 8권》, p. 193.

"우리는 대규모의 모범 농장들에서의 공동의 경작으로 넘어가야만 한다. 그렇지 않으면 혼란으로부터, 러시아가 처해 있는 진정으로 절망적인 상황으로부터 탈출구는 없다."

레닌, 《선집 6권》, p. 371.

(2) 두 번째로, 오직 집단화라는 매개를 통해서만, 국가권력을 쥐고 있는 노동자계급은 농민층의 광범한 대중들의 영속적인 추종을 확보할 수 있다. 오직 집단화를 통해서만 노동자계급은 프롤레타리아트 독재체제하에서 농민층의 주요 대중에 대한 지도력을 효과적으로 유지할 수 있다.

"오직 우리가 실천 상에서 농민들에게 토지에 대한 공동의, 집단적인, 상호협력적인, 협동조합적인 경작의 이점들을 보여줄 때만, 우리가 상호협력적인 협동조합 농장을 수단으로 하여 농민을 돕는 데 성공할 때만,

국가권력을 그 수중에 쥐고 있는 노동자계급은 실질적으로 농민에게 그 정책의 올바름을 입증할 것이고 실질적으로 농민층의 광범한 대중들의 현실적이고 영속적인 추종을 확보할 것이다."

레닌, 《선집 8권》, p. 198.

(3) 소규모 농민 농장이 지속되는 한, 자본주의의 복고의 위험은 모든 위험들 중에서 가장 현실적으로 자신을 드러낼 것인데, 왜냐하면 "쏘비에트 정권은 두 개의 반대되는 토대들—자본주의적 요소들을 파괴하는 대규모 사회주의 산업, 그리고 자본주의 요소들을 발생시키고 있는 소규모의, 개인적 농민 농장—에 계속적으로 오랫동안 의존할 수 없기 때문이다."(쓰딸린, 저작집, 13권, p. 176.)

여기에 레닌이 이 점에 대해 말한 것이 있다:

"우리가 소농의 나라에서 살고 있는 한, 공산주의보다는 러시아에서의 자본주의를 위한 보다 확실한 경제적 기초가 있다. 이것을 반드시 명심해야 한다. 도시에서의 생활과 비교하여 농촌에서의 생활을 주의 깊게 관찰한 사람은 누구나 우리가 자본주의의 뿌리들을 잘라내지 못했고 내부의 적의 토대, 기초를 침식하지 못했다는 것을 알고 있다. 후자는 소규모 생산에 의존하는데, 그것을 침식하는 단 하나의 길이 있을 뿐이다. 즉 나라의 경제를, 농업을 포함하여 새로운 기술적 기초 위에, 현대의 대규모 생산의 기술적 기초 위에 놓는 것이다. 그리고 이러한 기초가 되는 것은 오직 전력뿐이다. 공산주의는 쏘비에트 권력 더하기 나라 전체의 전기화이다. 그렇지 않다면 나라는 소규모 농민의 나라로 남아 있을 것이고 우리는 그것을 명확하게 이해해야만 한다. 우리는 세계적 규모에서만이 아니라 국내적으로도 자본주의보다 더 약하다. 모두가 이것을 알고 있다. 우리는 그것을 의식하고 있고 우리는 우리의 경제적 토대가 소농의 토대로부터 대규모 산업의 토대로 변형되도록 할 것이다. 오직 나라가 전기화 될 때만, 오직 우리의 산업, 우리의 농업, 우리의 수송체제가 현대의 대규모 산업의 기술적 기초 위에 놓일 때만, 우리는 최종적인 승리를 획득할 것이다."

그리고 나아가:

"소규모 생산은 자본주의와 부르주아지를 계속적으로, 매일, 매시간, 자연발생적으로 그리고 대규모로 발생시키고 있다."

(4) 마지막으로 집단농장은 개인주의적 농민층을 집단주의의 정신으로, 사회주의의 정신으로 재주조하고 그리하여 그들을 노동자계급에게 더 가깝게 데려오기에 가장 좋은 매개이다. 그것들은 노동자계급과 농민층 사이의 끈이 강화되어서 농민층을 노동자계급에게 더 가깝게 데려오고 그리하여 계급들의 제거와 폐지를 위한 길을 닦는 유일한 매개이다. 쓰딸린이 말한 대로:

"이것을 깨닫지 못하고, 혹은 그것을 알아채지 못하는 사람은 누구나 맑스주의자가 아니고, 레닌주의자가 아니고 '농민 철학자'일 뿐인데, 그는 앞을 보는 대신에 뒤를 본다."
≪저작집 9권≫, p. 222.

그리고 왜 집단농장이 농민층을 집단주의 정신으로 재주조하는 데 가장 적합한 매개라는 것인가? 왜 그것들은 계급들의 폐지를 위한 길을 닦는 매개인가? 대답은 그것들이 노동자계급과 농민층 사이에 금속의, 새로운 기술적 장비에 기초한 그리고 집단노동에 기초한 끈을 수립한다는 사실에 있다. 그리고 소규모 경작자를 재주조하기 위해 요구되는 것은 바로 이러한 끈이다. 여기에 레닌 동지가 이 맥락에서 말한 것이 있다:

"소규모 경작자의 재형성, 그의 전체적인 정신과 습관들의 재주조는 몇 세대에 걸치는 작업이다. 소규모 경작자에 관하여, 이 문제는 풀릴 수 있는데, 그의 전체적인 정신은 건강한 노선들을 가질 수 있는데, 즉 오직 물질적 토대에 의해, 기술적 수단에 의해, 농업에서 대규모로 트랙터와 기계들을 도입함에 의해, 대규모의 전기화에 의해서 만이다. 그것이 소규모 경작자를 근본적으로 그리고 거대한 속도로 재형성하는 것이다."

이런 것이 농민층을 재주조하기 위한, 그들을 노동자계급에게 더 가깝게 데려오기 위한, 모든 계급들의 폐지를 위한 필요한 조건들을 창

제18장　　　　　　　　　집 단 화　　　　　　　　　535

출하기 위한 레닌주의적 계획이다. 이 레닌주의적 계획은 혹자가 듣기에, 그것을 위한 물질적 토대를 건설함이 없이 인민의 마음속에서 '사회주의'를 건설하려 하는 '사회주의자들'에 의해 매우 자주 제기되는 어리석고 하찮은 반동적인 유토피아들에 완전히 대립되는 것이다. 레닌의 계획은 다른 한편으로 농민층을 재주조하는 유일한 길, 즉 이러한 재주조를 위해 필요한 물질적 조건들을 창출함에 의해 그러한 길을 보여준다. 레닌에 따르면 사회주의는 인민의 마음속에 바로 건설될 수 없다. 그것은 물질적 기초를 갖고 있다. 일부 '사회주의자들'이 쏘련에서 집단화와 산업화를 비판할 수 있는 것은 오직 레닌의 이러한 혁명적 가르침을 무시함에 의해서이다.

자, 위에서 간략하게 집단화의 중요성에 대해 말했다. 농업의 집단화에 대해 반대하는 사람은 농민층의 적들, 노동자계급의 적들 그리고 사회주의와 공산주의의 적들이라는 것을 이제는 명확히 볼 수 있다.

이제 집단화에 대한 당의 레닌주의적 노선으로부터의 두 가지의 일탈로 넘어가자.

B. 집단화에 대한 당의 레닌주의적 노선으로부터의 두 가지 일탈들

첫 번째 일탈—'좌익적'(뜨로쯔끼주의적) 일탈

간략하게 '좌익적'(뜨로쯔끼주의적) 일탈은 다음의 말들로 요약될 수 있다: 그것은 전체의 농민층에서 단지 자본주의의 복고를 위한 도구만을 본다. 그것은 농민층의 기본적 대중을 믿을 수 없는 반동적인 대중으로서만 간주하고 그리하여 농민층의 기본적 대중과 동맹을 옹호하는 것이 아니라 그들과의 '불화'를 옹호하고 그리고 무엇보다도 그것은 분리된 하나의 나라에서 성공적으로 사회주의를 건설하는 것의 불가능성을 믿고 있다. 이 모든 것은 뜨로쯔끼주의자들에 의해 옹호된 정책들의 모험주의적 특징을 설명한다. 이 모험주의 하나만으로도 뜨로쯔끼와 지노비예프가 1925년 12월의 당 14차 대회에서 완전한 규모의 집단화를 당에게 강요하기 위해 최선을 다한 이유가 설명된다.
  물론 당은 이 모험주의적 정책을 거부했는데, 그 이유들을 명확하게 하는 것이 필요하다. 집단화의 문제들에서 뜨로쯔끼주의적 모험주의 (그것은, 그렇지 않으면 비어있고, 싫증나고 그리고 의미 없는 생활을 채워주기 위해 흥분시키는 어떤 것을 항상 바라보는 소부르주아에 대한 특별한 호소를 갖고 있다)에 대한 당의 거부 이후로, 뜨로쯔끼주의자들은 집단화의 정책이 너무 늦게 채택되었고 쿨락들이 1928년에 쏘비에트 국가에 대해 곡물을 팔기를 거부하여 쏘비에트 정권의 존재 자체를 위협하려고 시도하기까지, 그리하여 도시와 적군Red Army에게 굶주림과 기아의 광경을 제공하기까지 볼쉐비키당과 쓰딸린이 쿨락의 야만스런 본성을 깨닫지 못했다는 전설을 퍼뜨렸다. 이 비판은 쏘련에서 뜨로쯔끼주의 반대파와 연관되어 있다.
  이 비판은 그러나 총체적으로 토대가 없는 것이고 뜨로쯔끼주의가 실제적 현실을 희망 섞인 생각으로 대개 대체하는 것에 토대를 두고 있다. 뜨로쯔끼주의는 그것이 구체적 현실을 출발점으로 삼는다면 뜨로쯔끼주의이기를 중지할 것이다. 쿨락들이 "가장 야만스럽고 잔혹하고 야만적인 착취자들"이라는 것과 그리하여 제거되어야만 했다는 것은 전혀 뜨로쯔끼주의의 발견이 아니다. 여기에 레닌이 쿨락들을 묘사한 것이 있다:

  "쿨락들은 가장 야만스럽고 잔혹하고 그리고 야만적인 착취자들인데, 그들은 다른 나라들의 역사에서 몇 번이고 지주들, 짜르들, 사제들 그리고 자본가들의 권력을 복구했었다. 그럼에도 불구하고 쿨락들은 인민의 소수이다. … 이 흡혈귀들은 전쟁 동안에 인민이 겪은 결핍에 토대를 두고 부유하게 되었다. 그들은 곡물과 다른 생산물들의 가격을 올려서 수천, 수만의 루블을 긁어모았다. 이 거미들은 전쟁에 의해 파멸한 농민들을 희생하여, 그리고 굶주린 노동자들을 희생하여 살이 쪘다. 이 거머리들은 근로자들의 피를 빨아들였고 도시와 공장들의 노동자들이 더 굶주리게 될수록 더 부유하게 되었다. 이 흡혈귀들은 토지를 그들의 수중에 모았고 또 모으고 있다. 그들은 빈농들을 계속 노예화하고 있다."

계급으로서 쿨락들을 제거하는 것 그리고 농민층의 집단화가 사회주의를 지키는 유일한 길이라는 것은 또한 뜨로쯔끼주의의 발견이 아니다. 이미 레닌 동지의 저작들로부터 인용된 글들은 이것에 대한 충분한 증거이다.

그리하여 의문이 떠오른다: 집단화의 거대한 중요성의, 그리고 계급으로서 쿨락들을 제거하는 것의 필요성의 견지에서, 왜 집단화가 보다 일찍 시작되지 않았는가? 그리고 왜 쿨락들이 실제로 그랬던 것보다 더 일찍 제거되지 않았는가? 왜 볼쉐비키당은 8차 당대회까지 거슬러 가자면, 계급으로서 쿨락들의 제거의 정책을 선언하는 것보다 쿨락들의 착취적 경향을 제한하는 정책을 선언했는가? 왜 당은 1926년에 쿨락들의 제거를 위한 뜨로쯔끼주의자의 요구들을 거부했는가?

그 대답은, 당이 이 공세의 성공적인 결과를 위해 필요한 조건들을 준비함이 없이 쿨락들에 반대하는 공세를 취했다면, 그러면 그 공세는 가장 무모한 모험주의로 입증되었을 것이고 틀림없이 실패했을 것이라는 사실에 있다. 그리고 실패는 쿨락들의 강화를 의미했을 것이다. 보다 이른 시기, 즉 1926-7년에 쿨락들에 반대하는 공세는 틀림없이 실패했을 것인데, 왜냐하면 당시에 쏘비에트 농촌에는 쿨락들에 반대하는 단호한 투쟁을 위한 기초를 제공할 수 있는 국영농장들과 집단농장들의 광범한 망이 존재하지 않았기 때문에, 그리고 당시에 쏘비에트 국가는 국영농장들과 집단농장들의 사회주의적 생산에 의해 자본주의적인 쿨락 생산을 대체할 수 없었기 때문이다. 여기에 쓰딸린 동지가 고찰 중에 있는 지점에 대해 말한 것이 있다:

"1926-1927년에 지노비예프-뜨로쯔끼 반대파는 쿨락들에 반대하는 즉각적인 공세의 정책을 당에 부과하려고 그들의 최선을 다했다. 당은 그 위험한 모험을 시작하지 않았는데, 왜냐하면 심각한 사람들은 장난삼아 공세를 할 여유가 없기 때문이다. 쿨락들에 대한 공세는 심각한 문제이다. 그것은 쿨락들에 반대하는 연설들과 혼동되어서는 안 된다. 그것은 또한 지노비예프-뜨로쯔끼 반대파가 당에 부과하기 위해 최선을 다했던, 쿨락들에 반대하는 심술부리기a policy of pinpricks정책과도 혼동되어서는 안 된다. 쿨락들에 반대하는 공세를 시작하는 것은 우리가 쿨락들을 분쇄하고 계급으로서 그들을 제거해야만 한다는 것을 의미한다. 우리가 이러한 목표들을 설정하지 않는다면, 공세는 단순한 선언, 심술부리기, 미사여구가 될 것이고 결코 실제적인 볼쉐비키의 공세가 아닐 것이다. 쿨락들에 반대하는 공세를 시작하는 것은 우리가 그것을 위해 준비해야만 하고 그리고 나서 쿨락들을 치고 그들이 다시 일어서는 것을 막기 위해 호되게 친다는 것을 의미한다. 그것이 우리 볼쉐비키들이 실제적인 공세라 부르는 것이다. 우리가 약 5년 전 혹은 3년 전에 이러한 공세를 조금이라도 성공의 전망을 가지고서 할 수 있었는가? 아니다. 우리는 그럴 수 없었다."

"물론 1927년에 쿨락들은 6억 푸드*가 넘는 곡물을 생산했고 그중 약 1억 3천만 푸드가 농촌 지구 밖에서 시장에서 팔렸다. 그것은 고려되어야만 하는 심각한 권력이었다. 우리의 집단농장들과 국영농장들이 그 당시에 얼마를 생산했는가? 약 8천만 푸드였고 그중 약 3천 5백만 푸드가 시장에 나왔다(매매할 수 있는 곡물). 여러분 스스로 판단해 보라, 우리가 당시에 쿨락의 생산고와 쿨락의 시장용 곡물을 우리의 집단농장들과 국영농장들의 산출고와 시장용 곡물에 의해 대체할 수 있었는가? 명백히 우리는 할 수 없었다."

"이런 상황하에서 쿨락들에 반대하는 결정적인 공세를 시작한다는 것은 무엇을 의미했을 것인가? 그것은 틀림없는 실패, 쿨락들의 위치의 강화 그리고 곡물이 없는 상태로 남겨진다는 것을 의미했을 것이다. 그것이 우리가 지노비예프-뜨로쯔끼 반대파의 모험주의적인 선언들에도 불구하고 당시에 쿨락들에 반대하는 결정적인 공세를 할 수 없었고 해서도 안 되었던 이유이다."

자 이것은 쿨락들에 대해, 이 "피를 빠는 자들"에 대해, 이 "거미들"에 대해, 이 "거머리들"에 대해 그리고 이들 "흡혈귀들"에 대해 인내하였고 당이 그들의 즉각적인 제거의 정책보다는 그들의 착취적 경향들을 제한하는 정책을 추구했던 이유를 설명한다. 그리고 이것은 당이 8차 대회에서 쿨락들의 착취적 경향들을 제한하는 정책을 채택했고 이 정책이 신경제정책NEP의 도입의 그 시기에 11차 당대회에서 다시금 선언되었는지, 이 정책이 당의 15차 대회에 의해 확인되었고 그리고 당이 1929년 여름까지 줄곧 이 노선을 추구했는지 이유를 설명한다.

---

* 편집자주 : 쏘련의 식량단위 1푸드는 16.38kg.

쓰딸린 동지가 올바르게 언급한 대로, "구호의 선언은 농민층이 대규모로 사회주의를 향하여 전환하는 것을 야기하기에 충분하지 않다."

C. 농민층과의 "불화"로 인해 재난을 초래하는 뜨로쯔끼주의자의
처방 대(對) 농민층의 주요한 대중들과 "견고한 동맹"을 통하여
사회주의를 건설하기 위한 레닌주의적 정식

'좌익'적(뜨로쯔끼주의적) 일탈이 당에서 우위를 점했다면, 그 결과는 쏘련에서 자본주의의 복고였을 것이다. 왜냐하면 뜨로쯔끼주의자들이 옹호하고 있던 것은 농민층의 주요한 대중에 반대하는, 즉 중농들, 농민층의 60%에 반대하는 내전의 선언에 다름 아니었기 때문이다. 중농층에 반대하는 이러한 내전의 선언은 쏘비에트 정권을 농민층의 주요 대중과의 "적대적인 충돌"로 가져가는 것을 의미했을 것이다. 그리고 이러한 "적대적인 충돌"은 쏘비에트 정권의 존재 자체에 대한 매우 심각한 위험을 의미할 수밖에 없었다. 당이 뜨로쯔끼주의에 의해 옹호된 이런 모험주의적 '정책'을 거부한 것은 놀랄 만한 일이 아니다.

뜨로쯔끼주의에 대해 조금이라도 알고 있는 사람이라면 농민층의 주요한 대중을 향한 이 모험주의적인 정책에 대한 뜨로쯔끼주의의 옹호에 놀라지 않을 것이다. 이러한 정책은 농민층의 혁명적 역할을 부정하고 하나의 나라에서 사회주의를 건설하는 것이 불가능하다는 뜨로쯔끼의 악명 높은 '영구혁명' 이론의 직접적인 결과이다. 이 '영구혁명' 이론에 따르면 노동자계급이 농민층의 주요 대중들을 지도하여 사회주의 건설의 경로로 나아가는 것은 불가능하다. 여기에 이 문제에 대해 뜨로쯔끼주의의 몇몇의 견해들이 있다:

"압도적인 농민 대중이 있는 후진적인 나라에서 노동자의 정부의 위치에서 모순들은 오직 세계 프롤레타리아 혁명의 무대에서 국제적 규모에 서만 풀릴 수 있다."

뜨로쯔끼, ≪1905년≫-서문

그리고:

"유럽 프롤레타리아트로부터의 직접적인 국가적 지원이 없다면, 러시아의 노동자계급은 스스로를 권력에 유지할 수 없고 일시적인 지배를 지속적인 사회주의 독재로 변형시킬 수 없을 것이다. 이것을 우리는 한 순간도 의심할 수 없다."

뜨로쯔끼, ≪우리의 혁명≫

그리고:

"예를 들면 … 혁명적인 러시아가 보수적인 유럽에 직면하여 오래갈 것이라고 생각하는 것은 희망 없을 것이다."

≪저작집 3권≫, 1부, p. 90.

그러면 모든 현실에 직면하여 날아다니면서 그렇게 완고하게 위의 반동적인 견해들을 고집한 뜨로쯔끼가, 만약 실행된다면 그의 반동적인 환상을 현실로 전환시켰을 정책을 옹호했다는 것이 놀라운 것인가? 만약 뜨로쯔끼의 노선을 따랐다면 러시아의 노동자계급은 의심의 여지 없이 스스로 권력을 유지할 수 없었을 것이다.

농민문제에 있어서 당의 레닌주의적 노선을 반대하는 데서 뜨로쯔끼의 동맹자인 지노비예프는 또한 노동자계급과 중농층 간의 동맹을 믿지 않았다. 대신에 레닌주의로부터 이탈하여 그는 프롤레타리아 독재라는 조건하에서 중농층의 중립화를 옹호했다. 당시에 코민테른의 의장이었던 지노비예프가 1925년 1월 18일에 ≪프라우다≫에서 이 쟁점에 대해 쓴 것이 여기 있다:

"코민테른의 모든 당들에게 절대적으로 공통적인 많은 과제들이 있다. 예를 들면 이런 것은 … 농민층에 대한 올바른 접근이다. 전 세계의 농업인구 중에는 세 개의 층이 있는데, 그것은 우리에 의해 획득되고 프롤레타리아트의 동맹이 될 수 있고 되어야만 한다(농업 프롤레타리아트, 반프롤레타리아트—소규모 보유 농민—그리고 노동을 고용하지 않는 소농층). 농민층의 또 하나의 계층이 있는데(중농들) 그들은 우리에 의해 최소한 중립화되어야 한다."

쓰딸린, ≪선집 7권≫, pp. 381-382. 에서 인용한 것

제18장   집 단 화   541

뜨로쯔끼주의 반대파의 주요한 경제학자인 프레오브라젠스키는 심지어 농민층을 최대한 착취되어야 하는 대상으로서 사회주의적 산업을 위한 "식민지"라고 선언하는 정도까지 나아갔다.

반대파의 또 한 사람의 지도자인 스미르노프는 공공연하게 중농들과의 "불화"를 옹호했다:

"우리는 우리 국가의 예산이, 이 50억 예산의 더욱 큰 부분이 산업으로 흘러들어가야만 하는 그런 방식으로 수정되어야만 한다고 말한다. 왜냐하면 우리가 틀림없는 파멸을 초청하는 것 보다는 중농들과의 불화를 견디는 것이 더 나을 것이기 때문이다."

스미르노프, 로즈스코-시모노프스키 지구당협의회에서의 연설,
1927, 쓰딸린, ≪전집 10권≫, p. 262. 에서 인용됨.

혹자는 얼마나 깊은 틈이 뜨로쯔끼주의를 레닌주의로부터 갈라놓는지를 깨닫기 위해서 뜨로쯔끼주의 반대파의 위에서 인용된 견해들과 레닌 동지의 글들로부터 다음과 같은 부분을 비교하기만 하면 된다.

뜨로쯔끼주의가 "틀림없는 파멸"를 회피하는 최선의 수단으로서 "중농들과의 불화"를 옹호한 반면, 레닌주의는 반대로 프롤레타리아트의 지도적 역할과 프롤레타리아 독재의 공고화를 보장하기 위한 유일한 수단으로서 농민층의 기본적 대중과의 동맹을 옹호한다.

" … 프롤레타리아 독재의" 레닌은 말했다, "최고의 원칙은 프롤레타리아트가 그것의 지도적 역할과 국가권력을 유지하기 위해서 프롤레타리아트와 농민층의 동맹을 유지하는 것이다."(러시아 공산당(볼)의 전술에 대한 보고, 코민테른 3차 대회에서의 연설, 1921년 7월 5일, 전집 32권, p. 466.)

이리하여 레닌주의에 따른다면, "중농들과의 견고한 동맹" 없이는 사회주의를 성공적으로 건설하는 것이 불가능하다는 것이 명백하다(레닌, 1919년 3월 18일의 러시아 공산당(볼)의 8차 대회에서의 개막연설을 보라, 전집 29권, p. 125.)

그러나 뜨로쯔끼주의에 따르면, "중농들과의 불화"가 "틀림없는 파멸"을 회피하는 유일한 수단이다(스미르노프, 위의 인용을 보라).

더구나 중농층은 1927년에 전체 농민층의 60%를 구성했다는 것을 잊어서는 안 된다. 그렇기 때문에 중농층과의 불화는 그들을 쿨락들의 수중으로 몰아넣고 쿨락들을 강화시키고 빈농들을 고립시킬 것이었고, 말을 바꾸면, 뜨로쯔끼주의에 의해 옹호되는 성격의 불화는 농촌에서 내전을 시작하는 것, 그리고 농촌에서 쏘비에트 지배를 매우 위험하게 약화시키는 것을 의미했을 것이다. 이러한 것이 뜨로쯔끼주의의 논리이고, 그럼에도 불구하고 그것의 의도들이다. 여기에 쓰딸린 동지가, 반대파의 바람(그들의 의도들)과 중농층과의 불화라는 그들의 정책의 불가피한 재난적인 결과 사이의 불일치를 묘사한 것이 있다:

"나는 반대파들이 이 모든 불행을 위하여 고의적으로 노력하고 있다고 고발하는 것이 전혀 아니다. 그러나 그것은 반대파가 희망하고 있고 또 그것을 위해 노력하는 것의 문제가 아니라 중농층과의 불화라는 반대파의 정책으로부터 불가피하게 뒤따를 수밖에 없는 결과들의 문제이다."

"크릴로프의 우화 '신선과 곰'에서 곰에게 일어났던 것과 동일한 것이 여기서 반대파에게 일어나고 있다. (웃음). 그의 친구인 신선의 머리를 바위 덩어리로 부수는 데 있어서 곰의 의도는 그를 끈질긴 빠리로부터 구제하는 것이었다. 곰은 가장 우호적인 동기로 시작하였다. 그럼에도 불구하고 곰의 우호적인 동기는 우호적인 것과 거리가 먼 행동을 초래했고 그것 때문에 신선은 그의 목숨을 지불해야 했다. 물론 반대파는 혁명이 오직 좋기만을 희망한다. 그러나 이것을 획득하기 위해 그들은 우리의 모든 건설사업의 와해 속에서 혁명의 완전한 패배를, 노동자계급과 농민층의 완전한 패배를 초래할 그런 수단들을 제안하고 있다."

"반대파의 '강령'은 노동자계급과 농민층 사이의 동맹의 파괴를 위한 강령, 우리의 모든 건설 사업의 와해를 위한 강령, 산업화 사업의 와해를 위한 강령이다."

≪저작집 10권≫, p. 265.

D. 1929년과 농민층의 집단화로의 전환

그러나 1929년 하반기까지 상황이 극적으로 변화하였고, 쿨락들에 반대하는 결정적인 공세를 위한, 그리고 계급으로서 그들의 제거를 위한 모든 전제조건들이 나타났다. 이 전제조건들은 무엇이었는가? 그것

들은 다음과 같았다:

첫째: 국영농장들과 집단농장들이 시장용 생산물에 관하여 쿨락들의 농장을 대체할 수 있을 정도로 발전했다. 1929년에 집단농장들 자체로 29,100,000 센트너*의 곡물을 생산했는데, 그중 12,700,000이 시장용 곡물이었다. 1927년에 쿨락들을 타격하는 것이 가능하지 않았던 이유, 그리고 1929년에 쿨락들에 반대하는 공세가 실천 가능한 현실이 되었다는 이유를 설명함에 있어서, 다음이 쓰딸린 동지가 1927년 이후로 발생한 변화들을 특징지었던 것인데, 그것은 당이 쿨락들에 반대하는 뜨로쯔끼주의적 선언들과 미사여구들에 반대하면서 쿨락들에 반대하는 실제적인 레닌주의적 공세를 떠맡는 것을 가능하게 했던 것이다:

"그러나 오늘날? 상황은 지금 어떠한 것인가? 오늘날, 우리는 쿨락들을 타격하기 위한, 그들의 저항을 분쇄할, 계급으로서 그들을 제거할, 그리고 그들의 산출고를 집단농장들과 국영농장들의 산출고에 의해 대체할 적절한 물질적 토대를 갖고 있다. 1929년에 집단농장들과 국영농장들에서 생산된 곡물은 4억 푸드(1927년에 쿨락 농장들의 총산출고보다 2억 푸드가 적은)에 달한다는 것을 여러분은 알고 있다. 1929년에 집단농장들과 국영농장들이 시장용 곡물로서 1억 3천만 푸드보다 많게(즉 1927년의 쿨락들보다 더 많은) 공급했다는 것을 여러분은 알고 있다. 마지막으로 1930년에 집단농장들과 국영농장들의 총산출고는 9억 푸드의 곡물(즉 1927년의 쿨락들의 총산출고보다 많은)에 근사하게 달할 것이고 그들의 시장용 곡물의 산출고는 4억 푸드보다 적지 않을 것(1927년에 쿨락들이 공급했던 것보다 비교할 수 없이 더 많은)임을 여러분은 알고 있다."

"그것이 지금 우리에게 문제가 어떠한가이다. 동지들."

"거기에서 여러분은 우리나라의 경제에서 발생한 변화를 보고 있다."

"이제, 여러분이 보듯이, 우리는 쿨락들의 산출고를 집단농장들과 국영장들의 산출고에 의해 대체하는 것을 가능하게 하는 물질적 토대를 갖고 있다. 지금 우리의 쿨락들에 반대하는 단호한 공세가 부정할 수 없는 성공을 하고 있는 것은 바로 이러한 이유 때문이다."

"그것이 우리가 쿨락들에 반대하는 단지 무익한 연설을 하는 것이 아

---

* 편집자주 : centner, 유럽의 여러 국가에서 통용되는 것으로서 50kg에 해당하는 무게 단위.

니라 참되고 단호한 공세를 하려 한다면, 쿨락들에 대한 공세가 어떻게 수행되어야 하는지에 대한 것이다."
"그것이 우리가 최근에 쿨락들의 착취적 경향들을 제한하는 정책에서 계급으로서 쿨락들을 제거하는 정책으로 옮겨간 이유이다."
≪저작집 12권≫, pp. 175-176.

둘째, 쏘비에트 국가와 산업이 이제는 집단농장 운동을 신용의 편의와 기계와 트랙터들의 공급을 통하여 도울 수 있는 위치에 있었다. 1927-28년에 쏘비에트 정부는 집단농장들을 금융지원하기 위해 7천 6백만 루블을 할당했다. 1928-29년에 1억 7천만 루블 그리고 1929-30년에 4억 7천 3백만 루블이 할당되었다. 추가적으로 6천 5백만 루블이 집단화 기금을 위하여 동일한 기간에 할당되었다. 집단농장들에 특권이 부여되었는데, 그것은 그것들의 자원을 2억 루블 만큼 증가시켰다. 집단농장들을 위해 봉사했던 트랙터 센터의 7,000대의 트랙터들을 고려하지 않고, 국영농장들에 의해 집단농장들에 주어졌던 트랙터들을 이용한 도움을 고려하지 않고도, 집단농장의 들판에서 사용을 위하여 국가는 총 400,000 마력을 가진 3만 대 정도의 트랙터들을 공급했다. 1929-30년에 집단농장들은 곡물 천만 센트너에 달하는 종자 대부와 종자 원조를 받았다. 마지막으로 집단농장들은 7,000개 이상의 기계·트랙터 기지(MTS)의 수립을 통해 그들에게 주어지는 직접적인 조직적 원조에 의해 크게 도움을 받았다.

이 모든 조치들의 결과는 3년 만에 집단농장들의 수확면적의 40배 증가 그리고 동일한 3년 동안, 즉 1927-29년 동안에 집단농장들의 곡물 산출고의 50배 증가(시장용 부분에서 40배 이상의 증가와 더불어)였다.

셋째, 농민층의 사회주의를 향한, 집단화를 향한 전환. 이것은 우연적인 혹은 자연발생적인 방식으로 갑작스레 나타나지 않았다. 그것은 과학적인 방식으로 그리고 여러 해 동안에 걸친 고된 투쟁을 통해서 준비되어야만 했는데, 그 속에서 당은 집단화로 가는 길에서 차례차례로 장애물들을 제거하면서 인민들을 이끌었다. 여기에 쓸딸린 동지가 1929년 하반기에 수백만의 빈농과 중농들의 강력한 대중적인 집단농장 운동이 발생했던 기초위에서, 발전의 과정을 묘사한 것이 있다:

"농민층의 사회주의로의 전환은 갑작스레 시작되지 않았다. 더욱이 그것은 갑작스레 시작될 수 없었다. 진정으로 당은 15차 대회에서 이미 집단화의 구호를 선언했지만, 그러나 구호의 선언은 농민층이 대규모로 사회주의를 향하여 나아가는 것을 야기하기에는 충분하지 않다. 최소한 또 다른 한 가지의 환경이 이것을 위하여 필요한데, 즉 농민층 대중들이 선언된 구호가 올바른 것임을 확신해야만 하고, 그리고 그들이 그것을 그들 자신의 것으로 받아들이는 것이 필요하다. 그리하여 이 전환은 점차적으로 준비되었다."

"그것은 우리의 발전의 전체 과정에 의해, 그리고 우리의 산업의 발전의 전체 과정에 의해, 그리고 무엇보다도 농업을 위하여 기계와 트랙터들을 공급하는 산업의 발전에 의해 준비되었다. 그것은 쿨락들과 단호하게 싸우는 정책에 의해, 그리고 쿨락 농장을 빈농과 중농 대중들의 통제 하에 놓았던 1928년과 1929년에 그들이 떠맡았던 새로운 형태의 우리의 곡물 조달의 과정에 의해 준비되었다. 개인주의적 농민을 집단주의적 방법으로 훈련시켰던 농업의 협동조합들의 발전에 의해, 그것은 준비되었다. 개인적 농장에 대한 집단적 형태의 농장의 이점들을 농민들이 확인했던 집단농장들의 망에 의해 준비되었다. 마지막으로, 그것은 쏘련 전역에 퍼져있던, 그리고 농민들이 그들 스스로 현대 기계들의 잠재력과 우월성을 확신하는 것을 가능하게 했던 현대적 기계들로 장비된 국영농장들의 망에 의해 준비되었다."

"우리의 국영농장들을 단지 곡물의 공급의 원천으로서만 간주하는 것은 오류일 것이다. 실제적으로 국영농장들은 그들의 현대적 기계들을 가지고, 그들이 부근의 농민들에게 주는 도움에 의해, 그리고 그들의 농장의 미증유의 발전에 의해 농민 대중들의 전환을 촉진하고 집단화의 길로 그들을 데려오는 지도적 힘이었다."

"거기에서 여러분은 1929년 하반기에 시작된 그리고 우리나라의 생활에서 커다란 변화의 시기를 예고한 수백만의 빈농과 중농들의 대중적인 집단농장운동이 떠올랐던 기초를 보고 있다."

≪저작집 12권≫, pp. 288-289, 16차 대회에 대한 보고

전술한 것으로부터 볼쉐비키당의 집단화에 대한 정책은 레닌주의적 정책이고 유일한 올바른 정책이었다는 것이 완전히 명백하다. 뜨로쯔끼주의에 의해 옹호된 정책이 가장 위험하고 절망적인 모험주의로 가

득 차 있고 그리고 만약 이 정책이 실행되었다면 그 결과는 틀림없는 파멸이었을 것임은 똑같이 명백하다. 우리는 이제 볼쉐비키당이 1926-7년에 쿨락들을 타격하기 위한 뜨로쯔끼주의의 요구들을 거부함에 있어 천 번이나 올발랐다는 것을 말할 수 있다. 또한 당은 쿨락들에 반대하는 공세를 시작함에 있어서 필요한 기초를 이미 준비했던 1929년에 천 번이나 올발랐다. 당은 이제까지 추구되어 왔던 쿨락들의 착취적 경향들을 제한하는 정책으로부터 계급으로서 쿨락들을 제거하는 정책으로 옮겨가는 데 있어서 1929년에 완전하게 정당했다.

계급으로서 쿨락들의 제거는 뜨로쯔끼주의자들이 생각했듯이 단순한 행정적 사안이 아니었다. 그것은 최고의 경제적 중요성을 갖는 문제였다. 쿨락이라는 계급은 뜨로쯔끼주의자의 포고에 의해 없어졌으면 좋겠다고 생각할 수 있는 것이 아니었다. 그것은 오직 구체적인 경제적 조치들(이미 위에서 개요를 말한 유형의)을 취함에 의해, 그리고 필요한 경제적 및 정치적 조건들을 준비함에 의해서만 제거될 수 있었다. 쓰딸린 동지가 말했듯이:

"행정적 조치들에 의해, GPU를 통하여 명령을 내리고 도장을 찍고 그리고 그것을 해결한다는 것에 의해 쿨락들에 종지부를 찍는 것이 가능하고 필요하다고 생각하는 그러한 동지들은 틀렸다. 그것은 쉬운 방식이지만, 그것은 효과가 있는 것과는 거리가 멀다. 쿨락들은 경제적 조치들에 의해 그리고 쏘비에트 법률에 따라서 패배시켜야 한다. 그러나 쏘비에트 법률은 단순한 미사여구가 아니다. 물론 이것은 쿨락들에 반대하는 어떤 행정적 조치들을 취하는 것을 배제하는 것이 아니다. 그러나 행정적 조치들이 경제적 조치들을 대신해서는 안 된다."

≪저작집 10권≫, p. 319.

더욱이 쿨락들에 반대하는 전면적인 공세를 시작하기 위한 때는 올바라야만 했다. 이 점에서의 어떠한 오류도 놀이삼아 쿨락들에 반대하는 공세를 하는 것을 의미했고 프롤레타리아 독재의 존재 자체를 위험에 처하게 하는 것을 의미했다. 레닌주의 지도력의, 볼쉐비키 전술의 주요한 특징들의 하나는 사회주의의 적들에 반대하는 공세를 시작하기 위한 올바른 때와 타당한 근거를 선택하는 것이다. 쓰딸린 동지의 적

절한 말로써 이것을 살펴보면:

"볼쉐비키 정책의 기술은 때와 장소의 조건들에 관계없이, 그리고 대중들이 지도부의 이러한 혹은 저러한 조치들을 지지할 준비가 되어 있는가에 관계없이 당신의 모든 소총들로써 무차별적으로 사격하는 것으로 구성되어 있는 것이 결코 아니다. 볼쉐비키 정책의 기술은 가장 신속하게 최대의 결과들이 획득되어야만 하는 전선에 화력을 집중하기 위하여 모든 환경들을 고려하고 때와 장소를 선택할 능력이 있다는 것에 놓여 있다."

≪저작집 11권≫, p. 55.

그러나 당이 이미 쿨락들의 착취적 경향들을 제한하는 정책으로부터 계급으로서 쿨락들을 제거하는 정책으로 옮겨갔을 때, 우리가 이미 보았듯이, 14차 대회(1926-27년)에 이어지는 바로 그 시기에 탈쿨락화를 옹호했던 뜨로쯔끼는 계급으로서 쿨락의 제거라는 당의 정책을 포기할 것을 요구했다. 그의 <쏘련공산당 당원들에게 보내는 공개 편지>(1930년 3월 23일)에서 뜨로쯔끼는 당이 다음과 같이 해야 한다고 요구했다:

"집단농장들을 그들이 실제적으로 지지할 수 있는 것들과 일치시켜라*"
" ··· 탈쿨락화의 정책을 포기할 것"
" ··· 오랜 기간 동안 쿨락들의 착취적 본성을 억제하는 것을 유지할 것"

그리고

"쿨락들에 관계된 지도적 원칙은 철의 '계약 체제'(그것 아래서 쿨락들은 국가에 고정된 가격으로 그들의 생산물의 일정량을 공급해야만 했다 —하르팔 브라르)이어야만 한다."

---

* 편집자 주 : 집단농장을 곡물의 생산자이며 조달자로서만 보고 있다는 의미로 해석된다. 뜨로쯔끼는 계급동맹을 무시하고 있다. 원문은 "Bring the collective farms into line with their real sources of support"

이것이 특징적인 뜨로쯔끼주의, 그것의 진정으로 엉터리의, 반변증법적인 그리고 반동적인 내용을 가진 뜨로쯔끼주의이다: 1926년에는 탈쿨락화 그리고 1930년에 탈쿨락화 정책의 포기!!

만약에 이러한 엉터리가 충분하지 않다면, 뜨로쯔끼는 말하자면 1933년에 새로운 판에 의해 그것을 보충했다. 집단화가 이미 주요하게 달성되었을 때, 뜨로쯔끼는 그의 《총탄》의 호들에서 국영농장들이 수지가 맞지 않는다는 이유로 그것들의 해체를, 집단농장들이 허구적이라는 이유로 다수의 집단농장들의 해체를, 그리고 쿨락들을 제거하는 정책의 포기를 요구했다. 산업의 영역에서 뜨로쯔끼는 양보의 정책으로의 수정을, 그리고 많은 쏘비에트 산업의 기업들이 수지가 맞지 않는다는 이유로 (원래의―역자) 소유자들에게 임대할 것을 요구했다.

쓰딸린 동지는 이 뜨로쯔끼주의 강령을 반혁명적이고 자본주의의 복고의 하나로서 성격지우는 데 있어서 완전히 정당했다:

"거기에서 여러분은 이들 경멸할 만한 겁쟁이들 그리고 항복자들의 강령을 가지고 있다― 쏘련에서 자본주의를 복고한다는 그들의 반혁명적인 강령!"

《저작집 13권》, p. 370.

이것이 '좌익'적인 뜨로쯔끼가 스스로 마스크를 벗고 그의 진정한 우익적 경향을 모두가 볼 수 있도록 폭로한 방식이다.

'좌익' 기회주의적 일탈을 다루었으니, 이제 당의 레닌주의적 노선으로부터 우익 기회주의 일탈로 넘어가자.

E. 우익 기회주의(부하린주의) 일탈

'좌익'(뜨로쯔끼주의) 기회주의자들이 자본주의의 힘을 과대평가하고 서유럽에서 승리한 혁명의 도움 없이 스스로의 노력에 의해 쏘련이 사회주의를 성공적으로 건설한다는 것의 가능성을 믿지 않았고, 그리하여 농민층의 기본적 대중과 동맹이라는 사상조차 선호하지 않았던 반면에, 우익(부하린주의) 기회주의자들은 다른 극단으로 갔는데, 그들이 자본주의의 힘을 과소평가하고 쿨락까지 포함하여 전체 농민층과의 어떠한 종류의 동맹이라도 그들 스스로 찬성한다고 선언했고 그리고 프롤레타리아 독재의 조건들에서 계급투쟁의 기제를 무시하고 쿨락들이 자동적으로 "사회주의로 성장할" 것이라고 선언했다[부하린, "사회주의로의 길"(쓰딸린, ≪전집 12권≫, p. 41. 에서 인용됨)] 부하린 그룹은 사회주의의 진전과 경제의 사회주의 형태들의 발전으로 계급투쟁이 잠잠해질 것이라고 주장했다. 부하린 그룹에 의해 옹호된 우익 기회주의 이론은 프롤레타리아 독재에 가장 심각한 위험을 제기했다. 그것의 해악은 " … 그것이 노동자계급을 진정시켜서 잠들게 하고 우리나라의 혁명적 세력들의 동원된 준비성을 침식하고 노동자계급을 동원해제하고 쏘비에트 정부에 반대하는 자본주의적 요소들의 공격을 촉진한다는 사실에" 놓여 있다.(쓰딸린, ≪저작집 12권≫, p. 41.)

그리고 그것은 그러했다. 1928년 초까지 쿨락들은 신경제정책NEP이 그들이 예상했고 희망한 대로 쏘련에서 자본주의의 복고를 초래하는 것과는 거리가 멀고, 반대로 농촌에서 자본주의적 요소들의 약화와 패배를 초래하고 사회주의의 공고화를 초래한다는 것을 깨닫고는 쏘비에트 정권에 반대하는 저항을 조직하기 시작했다. 1928년부터 이 저항은 가장 첨예한 형태들을 띠었다. 쿨락들의 저항은 다음 두 가지 사실에 대한 명백한 증거였다. 첫째, 자본주의 요소들에 반대하는 사회주의의 공세가 전속력으로 그리고 계획에 따라서 진행되고 있고, 쿨락들이 그리하여 압박을 느끼고 있고 절망적으로 저항해야만 하는지 혹은 무대에서 자발적으로 사라져야만 하는지를 결정해야만 했다는 사실. 둘째, 자본주의의 요소들은 무대에서 자발적으로 떠날 바람을 전혀 갖고 있지 않다는 사실. 쓰딸린 동지는 계급투쟁이 잠잠해지는 것에 관한 부하린의 우익 기회주의적인 우화를 마주하여 다음의 결코 잊혀질 수 없는 말들을 표명했다:

"사회주의 사회가 발전하고 노동자계급의 적들을 파산시키고, 반면에 우리의 적들은 침묵 속에 퇴각하고 우리의 전진을 위해 길을 내줄 것이고, 그리고 '예기치 않게' 모든 사회적 그룹들이 예외 없이, 쿨락들과 빈농들이 노동자들과 자본가들이 '갑자기' 그리고 '감지할 수 없게' 투쟁이나 동요 없이 밀려오는 사회주의 사회의 파도 속에서 그들 스스로를 발견할 때까지 우리가 전진하는 것이 상상되어서는 안 된다. 이런 우화는 일반적으로 그리고 특수하게는 프롤레타리아 독재의 조건 속에서 일어나지 않고 일어날 수 없는 것이다."

"노동자계급이 하나의 계급사회에서 투쟁 혹은 동요 없이 사회주의로 전진할 수 있는 경우는 결코 있어본 적이 없고 앞으로도 없을 것이다. 반대로 사회주의로의 전진은 착취적 요소들로 하여금 전진에 저항하도록 야기하고, 그리고 착취자들의 저항은 계급투쟁의 불가피한 첨예화를 초래할 수밖에 없다."

"그것이 계급투쟁이 2차적인 역할을 수행한다는 것에 대한 이야기에 노동자계급이 잠들어서는 안 되는 이유이다."

≪저작집 11권≫, p. 180.

계급투쟁이 잠든다는 그리고 쿨락들이 "사회주의로 성장해 간다"는 기적에 관한 부하린의 어리석고 하찮은 우화에도 불구하고, 쿨락들은 쏘비에트 정부에 대한 심각하게 조직된 저항을 시작했다. 부하린과 그의 그룹을 제외하고 누가 쿨락들의 이해를 옹호하기 위해 당에서 머리를 내밀겠는가? 부하린주의자들은 쿨락 농장들의 쇠퇴를 쏘련에서 농업의 쇠퇴로서 제기했다. 그들은 산업의 발전 속도를 늦출 것, 외국무역의 독점의 이완, 집단화의 배후로의 퇴거, 그리고 자본주의 요소들에 대한 전방위적인 양보를 요구했다.

쿨락들로부터의 최초의 심각한 공격이 1928년 1월의 곡물조달 위기의 시기에 나타났다. 쿨락들은 곡물을 쏘비에트 국가에 팔기를 거부했다. 쏘비에트 정부는 1억 3천만 푸드의 곡물 부족의 상황에 처했다. 어떤 예비도 결핍된 상황에서, 쏘비에트 정부는 쿨락들이 곡물을 팔기를 거부할 경우에 그들의 곡물을 징발할 수 있는 효력이 있었던 형법 107조의 적용과 같은 긴급 조치들에 호소할 수밖에 없었다. 여기저기에서의 왜곡에도 불구하고 커다란 성공을 거두었고 국가에 의해 요구되는 곡물의 필수적인 공급을 쿨락들로부터 조달하는 바람직한 효과가 있었던 긴급조치들의 적용은 부하린주의자들을 분노하게 했다. '과도함'과 전투한다는 위장하에서 부하린주의자들은 사실상 당의 올바른 정책과 전투하는 데에 그리고 쿨락들을 옹호하는 데에 종사했다. 여기에 쓰딸린 동지가 부하린주의자들의 부정직한 기회주의적 속임수를 폭로한 것이 있다.

"지금 바로 부하린의 그룹에서 가장 유행하는 단어는 곡물 조달에서 '과도함들'이라는 단어이다. 그 단어는, 그들의 기회주의적 노선을 가리는 것을 돕기 때문에 그들 사이에서 가장 널리 유행하는 상품이다. 그들은 자신의 노선을 위장하기를 원할 때 다음과 같이 대개 말한다: 우리는 물론 쿨락에게 가해지는 압력에 반대하지 않지만, 이 영역에서 범해지고 있고 중농을 상하게 하는 과도함들에 반대한다. 그들은 그리고 나서 이 과도함들의 '공포들'에 대한 이야기로 나아간다. 그들은 '농민들*'로부터 온 편지와 마르코프의 패닉에 빠진 편지들을 읽고 그리고는 다음의 결론을 끌어낸다: 쿨락들에게 압력을 가하는 정책은 포기되어야만 한다."

"당신은 그것을 어떻게 생각하는가? 올바른 정책을 수행함에 있어서 과도함들이 범해지고 있기 때문에 그 올바른 정책이 아마도 포기되어야만 한다. 그것은 기회주의자들의 대개의 속임수이다: 올바른 노선을 수행함에 있어서 과도함들이 범해지고 있다는 것을 핑계로 그 노선을 폐지하고 그것을 기회주의 노선으로 대체하라. 더욱이 부하린 그룹의 지지자들은 또 다른 종류의 과도함, 더 위험하고 더 해로운 과도함—즉 쿨락과 융합하는 방향에서의 과도함, 도시인구의 유복한 층에 대해 순응하는 방향에서, 당의 혁명적 정책을 우익 일탈자들의 기회주의적 정책을 위하여 포기하는 방향에서의 과도함이 있다는 사실에 대해서는 매우 조심스럽게 침묵한다."

"물론 우리는 모두 그러한 과도함에 반대한다. 우리의 누구도 쿨락들에 반대하는 방향의 타격이 중농들을 상하게 하기를 원하지 않는다. 그것은 명백하고 그것에 대한 어떤 의심도 있을 수 없다. 그러나 우리는 부하린 그룹이 그렇게 정열적으로 탐닉하고 있고 우리당의 혁명적 노선을 폐기하고 그것을 부하린 그룹의 기회주의적 정책으로 대체하는 데 사용되는 과도함들에 대한 수단에 가장 강조점을 두어 반대한다. 아니다. 그들의 그러한 속임수는 통하지 않을 것이다."

"어떤 종류의 과도함도 수반하지 않았던, 당이 취한 하나의 정치적 조치를 적어도 지적해 보라. 이것으로부터 끌어내어지는 결론은 우리가 과

---

* 편집자 주: 문맥 상 '농민들'을 가장한 쿨락들이라는 의미로 보면 될 것 같다.

도함과 싸워야만 한다는 것이다. 그러나 이 이유 때문에 노선 자체를, 그것이 유일한 올바른 노선임에도, 누가 비방할 수 있겠는가?"

"7시간 노동일의 도입 같은 하나의 조치를 들어보라. 이것이 최근의 시기에 우리 당에 의해 수행된 가장 혁명적인 조치들의 하나라는 것은 의심의 여지가 없다. 그 성격이 심오하고 혁명적인 이 조치가 자주 과도함들을, 때로는 가장 반대할 만한 종류의 과도함들을 수반하고 있다는 것을 누가 모르겠는가? 그것이 우리가 7시간 노동일을 도입한다는 정책을 포기해야만 하는 것을 의미하는가?"

"부하린 반대파의 지지자들은 곡물 조달 캠페인 동안에 범해진 과도함들을 강조함에 있어서 그들이 어떤 곤란함을 가져오는지를 이해하는가?"

≪저작집 12권≫, pp. 96-97.

쿨락의 이해들을 옹호함에 있어서 부하린 그룹은 당이 농민층을 향하여 군사-봉건적인 착취의 정책을 추구하고 있다고 고발하는 정도까지 나아갔다. 부하린 그룹이 반혁명적인 부르주아지의 병기고로부터 당에 반대하는 무기를 빌어 왔다는 것은 거의 증거를 필요로 하지 않는다.

"우리 당의 역사에서 나는 당이 군사-봉건적 착취라는 정책을 추구하고 있다고 고발된 어떤 사례도 회상할 수 없다. 당에 반대하는 그 무기는 맑스주의자들의 병기고로부터 빌어 온 것이 아니었다. 그러면 그것은 어디로부터 빌어온 것인가? 카데츠의 지도자인 밀류코프의 병기고로부터. 카데츠들이 노동자계급과 농민층 사이에 불화의 씨를 뿌리기를 원할 때, 그들은 대개 다음과 같이 말한다: 당신들, 볼쉐비키 신사분들은 농민들의 시체 위에서 사회주의를 건설하고 있다. 부하린이 '과도한 의무'tribute에 대한 비명을 지를 때는, 그는 밀류코프 신사들의 장단에 따라 노래하고 있는 것이고 인민의 적들의 자취를 따르고 있는 것이다."

≪저작집 12권≫, p. 59.

부하린의 그룹은 쿨락들에 반대하는 싸움에 반대했다. 그것은 노동자계급과 전체 농민층의, 쿨락들을 포함하여, 동맹을 찬성했다. 그러나 당은 이러한 동맹에 대해 가장 강조점을 두어 반대했다.

"아니다, 동지들, 이러한 동맹을 우리는 옹호하지 않고 옹호할 수도 없다. 프롤레타리아 독재하에서 노동자계급의 권력이 확고하게 수립된 때에, 노동자계급과 농민층과의 동맹은, 빈농들에 대한 의존, 중농들과의 동맹, 그리고 쿨락들에 대한 싸움을 의미한다. 우리의 조건하에서 농민층과의 동맹이 쿨락들과의 동맹을 의미한다고 생각하는 사람은 누구나 레닌주의와 공통점이 전혀 없다. 농촌에서 모든 사람들, 부자 혹은 가난한 사람을 다 같이 즐겁게 하는 하나의 정책을 수행하려고 생각하는 사람은 누구나 맑스주의자가 아니고 바보인데, 왜냐하면 이러한 정책은 사실상 존재하지 않기 때문이다. 동지들. (웃음과 박수). 우리의 정책은 계급 정책이다."

쓰딸린, 《저작집 11권》, p. 52.

레닌주의는 확실히 농민층의 기본적 대중과의 견고한 동맹을 지지하는데, 그러나 레닌주의에 따르면 노동자계급과 농민층의 기본적 대중과의 동맹의 전체적인 목적은 노동자계급의 지도적 역할을 보장하고 프롤레타리아 독재를 공고화하고, 계급들의 폐지를 촉진하기 위해 필요한 조건들—물질적 및 정신적(문화적)—을 창출하는 것이다. 간단히 말해서, 레닌주의는 계급들을 폐지한다는 궁극적인 목표를 가지고 농민층의 기본적 대중과 (쿨락들을 배제하고) 견고한 동맹을 지지한다. 레닌주의는 어떤 종류의 동맹도 지지하는 것이 아니다. 여기에 레닌 동지가 이 주제에 대해 표명한 것이 있다:

"노동자계급과 농민층 사이의 협정은 아무 것이라도 의미한다고 여겨질 수 있다. 우리가 노동자계급의 관점에서 협정은, 그것이 노동자계급의 독재를 지지하고 계급들의 폐지를 목표로 하는 조치들의 하나일 때만 허용될 수 있고 올바르고 원칙적으로 가능하다는 것을 명심하지 않는다면, 그러면 노동자계급과 농민층 사이에서 협정이라는 정식은 물론 쏘비에트 정권의 모든 적들과 독재의 모든 적들이 찬동하는 정식으로 남아 있게 된다."

그리고 나아가:

"현재는" 레닌은 말한다, "프롤레타리아트는 권력을 보유하고 있고 국가를 지도하고 있다. 그것은 농민층을 지도한다. 농민층을 지도한다는 것은 무엇을 의미하는가? 그것은 첫째로 계급들의 폐지를 향한 과정을 추구한다는 것을 의미하는 것이지 소규모 생산자들을 향하는 것이 아니다. 우리가 이 근본적이고 주요한 과정에서 방황한다면, 우리는 사회주의자들이기를 멈추고 스스로를 소부르주아지의 진영에서, 지금은 프롤레타리아트의 가장 첨예한 적들인 사회혁명당원들과 멘쉐비키들의 진영에서 발견할 것이다."

그러나 부하린에 의해 옹호된 농민층과의 동맹은 중농들만이 아니라 쿨락들과의 동맹을 의미했다. 프롤레타리아트의 지도적 역할을 확보하는 것, 프롤레타리아 독재를 강화하는 것 그리고 계급들의 폐지를 촉진하는 것과 거리가 먼 이러한 동맹은 프롤레타리아트의 지도적 역할의 부정, 그것의 독재의 약화, 그리고 계급들의 영구화를 초래할 것임은 거의 증거를 필요로 하지 않는데, 왜냐하면 쿨락들에 반대하는 동맹을 동시에 의미하는 중농층과의 동맹만이 계급들의 폐지의 방향의 길을 닦을 수 있기 때문이다. 계급들은 착취자들에 반대하는―쿨락들과 다른 자본주의적 요소들에 반대하는―계급투쟁을 통해서만, 그리고 그들과의 동맹을 통해서가 아니라, 폐지될 수 있다.

기회주의적 정책들을 가진 부하린의 우익 기회주의 그룹이 패배할 수밖에 없었다는 것은 거의 증거를 필요로 하지 않는다. 그들의 패배가 없었다면 1930년대 초반에 쏘련에서 자본주의의 복고가 틀림없이 있었을 것이다. 부하린 그룹의 우익 기회주의자들이 '좌익' 기회주의자인 뜨로쯔끼-지노비예프 그룹과 같이 확실하게 뿌리가 뽑혔던 것은 볼쉐비키당과 그 당시 지도자인 쓰딸린 동지의 신용, 영광 그리고 명예였다고 말해져야 한다. 패배한 그룹들은 (이전에 그러했던 것처럼) 이어서 당에 반대하여 세력들을 결집시켰고 그리하여 그들의 반레닌주의적 그리고 우익-반동적인 본질을 드러내었다. 그 둘 간에는 강령의 형태를 제외하고는 차이가 전혀 없었다. 진실들은 '좌익들'의 강령이 우익들의 그것과 같이 자본주의 복고의 방향을 이끌었다는 것이다. 그것이 이런 의미이고 그리고 이렇기 때문에 맑스-레닌주의자들은 항상, '좌익들'은 또한 사실상 우익들이다라고 주장해왔던 것이다. 여기에 쓰딸린 동지가 우익(부하린주의자)과 '좌익'(뜨로쯔끼주의) 기회주의자들을 특징지우면서, 그 둘 간에 공통적인 것, 즉 상이한 경로에도 불구하고 자본주의 복고를 위한 그들 각각의 강령들을 분명히 한 것이 있다:

"우익의, 솔직한 기회주의자의 우리 당에서의 일탈의 위험은 어디에 놓여 있는가? 그것이 우리 적들의 힘을, 자본주의의 힘을 과소평가한다는 사실에. 그들은 자본주의의 복고의 위험을 보지 않는다. 그것은 프롤레타리아 독재하에서의 계급투쟁의 기제를 이해하지 못하고 그리하여 자본주의에 대해 양보하는 것에 그렇게 적극적으로 동의하고 우리 산업의 발전 속도를 늦출 것을 요구하고, 도시와 농촌에서 자본주의적 요소들에게 양보를 요구하고, 집단농장들과 국영농장들의 문제가 배후로 퇴거될 것을 요구하고 외국무역의 독점이 이완될 것을 요구한다 등등."

"우리 당에서 우익적 일탈의 승리가 자본주의 세력들을 해방하고 프롤레타리아트의 혁명적 입장들을 침식하고 우리나라에서 자본주의의 복고의 기회들을 증대시킨다는 것은 의심의 여지가 없다."

"우리 당에서 '좌익적'(뜨로쯔끼주의적) 일탈의 위험은 어디에 놓여 있는가? 그것이 우리 적들의 힘을, 자본주의의 힘을 과대평가한다는 사실에. 그것은 오직 자본주의의 복고의 가능성만을 보지만 우리나라의 노력에 의해 사회주의를 건설하는 것의 가능성을 볼 수 없다. 그것은 절망에 굴복하고 우리 당내에서 테르미도르 경향들에 대한 수다로 스스로를 위안해야만 한다."

"'우리가 소농의 나라에 살고 있는 한 공산주의보다는 러시아에서의 자본주의의 보다 확실한 기초가 있다'라는 레닌의 언급으로부터 '좌익'적 일탈은, 쏘련에서 사회주의를 건설하는 것은 전혀 불가능하다는, 우리는 농민층과 함께 어디에도 도달할 수 없다는, 노동자계급과 농민층 사이의 동맹이라는 사상은 진부한 사상이라는, 서구에서 승리한 혁명이 우리를 도우러 오지 않는다면 쏘련에서 프롤레타리아 독재는 몰락하거나 혹은 타락할 것이라는, 우리가 농민층과의 분열이라는 대가를 치르더라도 초산업화의 환상적인 계획을 채택하지 않는다면 쏘련에서 사회주의라는 대의는 파멸할 것으로 간주되어야만 한다는, 그릇된 결론을 끌어낸다."

"그리하여 '좌익적' 일탈의 정책에서 모험주의가 나온다. 그리하여 정책의 영역에서 그것의 '초인적인' 도약이 나온다."

"우리 당에서 '좌익적' 일탈의 승리가, 노동자계급이 노동자 대중의 나머지로부터 분리를 초래할 것이고 그리고 결과적으로 프롤레타리아트의 패배와 자본주의의 복고를 위한 조건들을 촉진하는 것을 초래할 것임은 의심의 여지가 없다."

"그리하여 여러분은, 이들 위험들, '좌익적' 그리고 우익적인, 레닌주의 노선으로부터 이들 두 개의 일탈들, 우익과 '좌익'이 상이한 방향으로부터이지만, 동일한 결과를 초래한다는 것을 본다."

≪전집 11권≫, pp. 240-241.

유일한 차이는 '좌익들'(뜨로쯔끼주의자들)은 초'좌익적' 미사여구를 사용한다는 것인데, 말하자면 다음과 같이 설명된다.

" … 그들, '좌익들'이 우익들과 동일한 사회적 뿌리를 갖고 있고, 드물지 않게 레닌주의적 노선과 싸우기 위해서 우익들과 협정을 맺고 블록으로 결합한다는 것을 세상 모두가 알고 있음에도 불구하고, 왜 '좌익들'이 때때로 소리 높은 '좌익적' 미사여구의 도움으로 그리고 우익들에 대한 가장 단호한 적수라는 자세를 취함에 의해 노동자들의 일부분을 그들의 편으로 유혹하는 데 성공하는지."

쓰딸린, ≪전집 11권≫, p. 291.

더 나아가기에 앞서, 집단화에 대한 볼쉐비키당의 레닌주의적 노선에 대해, 일반적인 부르주아에 의해 겨누어진 비판들의 대부분은, 볼쉐비키당내에서 부르주아 사회주의자들, 즉 '좌익'(뜨로쯔끼주의) 기회주의자들과 우익(부하린주의자들) 일탈자들의 입론의 강령들과 노선에 기초하고 있다는 것이 지나가면서 언급될 수 있다. 그것은 그밖의 다른 것이 될 수 없는데, 왜냐하면 '좌익'과 우익 기회주의자들의 강령들은 위장된 형태를 띠고 심지어 맑스주의적 술어로 표현될지라도 자본주의 복고의 강령들이었기 때문이다. 그리하여 한편으로는 일반적인 부르주아들의 견해와 다른 한편으로는 뜨로쯔끼주의자들 및 부하린주의자들과 같은 '사회주의적' 기회주의자들의 견해에서 일치가 나온다. 그리하여 일반적인 부르주아들의 공산주의 운동에서 그의 계급(부르주아 계급)의 대표들, 즉 사회주의적 기회주의자들에 대한 동정이 나온다. 그리하여 일반적 부르주아들의 반쓰딸린주의와 친뜨로쯔끼주의가 나온다. 부르주아들은 어떤 술어가 사용되는지를 걱정하지 않는다[2]. 그는 자본주의의 혁명적 타도보다는 자본주의의 옹호와 보전에서 그것이 사용되는 한 심지어 맑스주의연하는 술어의 사용을 거부하지 않는다. 사실 어떤 환경 하에서는 자본주의에 봉사하는 유일한 길은 맑스주의연하는 미사여구들의 사용을 통한 것인데, 왜냐하면 오직 이러한 미사여구만이 노동자들을 속일 수 있기 때문이다. 예를 들면 노동자계급이 권력을 잡고 있던

---

2   바로 뜨로쯔끼주의 반대파가 쏘련에서 프롤레타리아 독재에 불만족하는 비프롤레타리아 계급들의 감정들을 반영했기 때문에, 프롤레타리아 독재의 적들은 반대파에게 칭찬들을 퍼부었고 그중에서 다음의 것은 단지 몇몇의 사례들이다. 여기에 '러시아' 사회민주주의자들의 지도자이고 쏘련에서 자본주의의 복고를 옹호하는 '러시아'의 멘쉐비키들의 지도자인 단이 반대파에 대해 말했던 것이 있다:

> "거의 단어 하나까지 사회민주주의적 비판을 반복하는, 현존하는 체제에 대한 그들의 비판에 의해, 볼쉐비키 반대파는 … 사회민주주의의 적극적인 강령의 수용을 위한 마음의 준비를 하고 있다. … 노동자들의 대중 사이에서만이 아니라 공산주의 노동자들의 사이에서도 또한 반대파는, 주의깊게 다루어지면 쉽게 사회민주주의적 결실을 낳을 수 있는 사상들과 감정들의 학교를 배양하고 있다."
> 조찌알리스티체스키 베스트니크, no. 17-18.

여기에 밀류코프의 반혁명적 부르주아 당의 중앙기관지인 뽀슬레드니에 노보스찌가 반대파에 대해 말한 것이 있다:

> "오늘날, 반대파는 독재를 침식하고 있는데, 반대파의 모든 새로운 간행물은 점점 더 '무서운' 단어들을 말하고 있다. 반대파는 스스로 지배적인 체제에 대한 증가하는 폭력적 공격들의 방향으로 진화하고 있다. 그리고 이것은 당분간 우리가 그것을 정치적으로 불만족하는 인구의 광범한 부분을 위한 대변자로서 그것을 감사의 마음으로 받아들이기에는 충분하다."
> 뽀슬레드니에 노보스찌, no. 1990, 쓰딸린, ≪저작집 9권≫, pp. 56-57에서 인용됨.

그리고 나아가:

> "오늘날 쏘비에트 권력의 가장 무서운 적은 알아채지 못하게 그것에 살금살금 다가서서 모든 측면에서 그것의 촉수들로 그것을 움켜쥐고 그것이 파괴당했다는 것을 깨닫기 전에 그것을 파괴하는 것이다. 쏘비에트 반대파가 수행하고 있는 것은—우리가 아직 떠오르지 못한 준비의 시기에서 불가피하고 필수적인—바로 이러한 역할이다."
> 뽀슬레드니에 노보스찌, no. 1983, 쓰딸린,
> 앞의 책에서 인용됨.

해설은 불필요하다.

쏘련에서, 뜨로쯔끼주의자들이 어떻게 공공연하게 자본주의의 복고를 요구할 수 있었겠는가? 그들이 어떤 말을 공공연히 했다면 프롤레타리아트의 전위당은 물론이고 모든 노동자들의 조직으로부터 욕을 먹었을 것이고 모든 계급의식적인 노동자에 의해 완전히 경멸당했을 것이다. 그리하여 그들은 노동자계급과 맑스주의의 이름으로 자본주의의 복고를 위한 그들의 강령을 내놓아야 했던 것이다. 여기에 그들의 부르주아지에 대한 봉사가 놓여 있다. 그리고 여기에 노동자계급과 공산주의 운동에 대한 그들의 배신이 또한 놓여 있다.

F. 힘의 사용과 집단화

우리가 언급하기를 원하는 또 하나의 문제, 즉 집단화에서 힘의 사용의 문제가 있다. 부르주아 이데올로그들은 쏘련에서 집단화가 농민층의 다수의 의지에 반한 강제적인 집단화였다고 주장한다. 이러한 주장은 날카로운 반복과 무시, 공공의 편견의 힘을 통해 획득되었는데, 그것이 일반적인 사람들에 의해서만 아니라 스스로를 맑스-레닌주의자라고 부르는 약간의 사람들에 의해서도 믿어졌다는 것이 커다란 부끄러움으로 인정되어야 한다. 이러한 관점에서 우리가 이 문제에 대해 몇 가지를 언급하기를 원한다는 것은 자연스러운 것이다. 오직 교정할 수 없는 관료주의자들—뜨로쯔끼주의 유형만이 아니라 일반적 부르주아들—만이 쏘련에서 집단화가 힘에 의해 성취되었다고 혹은 되었을 수 있다고 믿을 수 있다. 오직 집단화를 커다란 중요성을 가진 경제적 조치로서보다는 행정적인 관료주의적 사안으로서 간주하는 사람들만이 집단화를 이 관점에서 볼 수 있다. 만약 집단화가 집단화한다는 뜨로쯔끼주의적 행정적인 포고로 무장된 '하사관 프리시비예프'에 의해 성취될 수 있다면, 그러면 물론 1929년이 아니라 1926년에(뜨로쯔끼와 지노비예프에 의해 요구되었듯이), 더욱이 훨씬 일찍, 즉 레닌의 생전에 집단화를 할 모든 이유가 있었을 것이다. 그 경우에 우리는 뜨로쯔끼주의자들이 1926년에 집단화를 요구하는 데 있어서 올발랐고, 반면에 레닌주의자들은 이 요구를 거부함에 있어서 틀렸다고 인정해야만 한다. 뜨로쯔끼주의자들은 1926년에 집단화를 요구했는데, 왜냐하면 최악의 부르주아적인 관료주의적 전통을 유지하면서 집단화가 한 조각의 종이와 프러시아 하사관의 막대로 얻어질 수 있다고 믿는 사람들은 바로 그들이었기 때문이다. 만약에 당이 이 관점에서 집단화를 볼 정도로 어리석었고 이 방법들을 실행했다면, 그 결과는 위에서 설명했듯이, 권력에 있는 노동자계급과, 그들과 동맹 없이는 노동자계급이 오랫동안 권력의 자리를 유지할 것을 희망할 수 없었던 농민층의 기본적 대중 사이에 "적대적인 충돌"이었을 것이다. 그 결말은 내전이고 프롤레타리아 독재의 틀림없는 파멸이었을 것이다.

그러나 당은 집단화를 필수적인 경제적 전제조건 없이는 달성될 수 없는 경제적 조치로 간주했다. 그리고 반복하자면, 이러한 전제조건들은 다음과 같았다:

(a) 그것이 트랙터들, 기계들 그리고 기술적 노하우를 농업에 공급할 수 있을 정도로의 산업의 발전

(b) 신용과 다른 재정적 편의와 도움을 부여할 국가의 능력

(c) 집단농장과 국영농장들이 쿨락의 생산을 대체할 수 있을 지점까지의 발전

(d) 집단농장의 발전의 문제에서 쏘비에트 농민층에 대한 선진 노동자들에 의해 주어지는 지도(노동자의 여단들과 노동자 선전가들의 형태로)

(e) 공급과 판매 협동조합들 그리고 생산자들의 협동조합을 매개로 하여 그들 사이에 협동적인 공동체적 생활을 불어넣는 것을 통해 대중들을 교육한다는 레닌주의적 정책을 당이 수행하는 것.

위의 모든 조치들은 노동자계급과 농민층과의 끈을 강화하지 않을 수 없었다. 그것이 없다면 집단화에 대한 모든 시도들이 '바르샤바의 3월'과 같이 끝났을 것이고, 그것이 없다면 집단화가 자발적 성격을 잃어버리고 차례로 집단화에 대한 죽음의 조짐을 보였을 것이다. 집단화에서 성공들은 바로 집단화의 자발적 성격 때문에 성취되었다. 강제가 무대에 나타난 순간에(이것에 대해서는 나중에 더 언급될 것이다) 집단농장들은 녹아 없어지기 시작했고 쓰딸린을 인용하면 "집단농장들

에 대한 최대의 확신을 어제는 갖고 있었던" 농민들의 부분이 "그것들부터 등을 돌리기 시작했다."(집단농장 동지들에 대한 답변)

사실은, 집단화에 찬성하는 운동은 농민층의 압도적 다수에 의해 매우 열정적으로 이루어졌고 그것은 상당한 여세를 몰았는데, 1929년 말에는 농민층의 주요 대중들 사이에 있는 어떤 불만족도 "쏘비에트 정부의 집단농장 정책 때문이 아니라 쏘비에트 정부가 기계들과 트랙터들을 농민들에게 공급하는 것에 관하여 집단농장운동의 성장과 보조를 맞출 수 없었기 때문"이었다.(쓰딸린, ≪저작집 12권≫, p. 137.)

비록 집단농장 운동이 전체적으로 자발적인 성격이었지만, 이것은 개별적인 경우들에서 열정이 과도한 당 활동가들과 모든 종류의 '좌익적'으로 왜곡하는 사람들에 의한 당 정책의 왜곡이 전혀 없었다는 것을 의미하지는 않는다. 이러한 왜곡들은 다음의 성격을 가졌다:

(a) 집단농장 운동의 자발적 성격에 관한 원칙의 위반, 집단농장들이 녹아 없어지게 하는 결과를 초래하는 위반. 이러한 위반이 제거되지 않았다면, 이러한 왜곡이 교정되지 않았다면, 쏘련의 집단화에서 성공은 없었을 것이다. 이것은 단지 쏘련에서 집단화가 강제적으로 달성된 것이라는 그들의 주장에서 부르주아 비판가들이 얼마나 틀렸는가를 보여줄 따름이다. 정확히 반대이다.

(b) 쏘련에서 조건들의 다양함을 고려하는 것을 요구하는 원칙의 위반. (쏘련은 3개의 지구 그룹들로 나뉘어 있었는데, 각각에 대해 주요하게는 집단화를 완수하는 근사한 날짜들이 고정되었다.)

(c) 당시에 집단농장 체제에서 주요한 고리로서 집단농장운동의 협동조합artel 형태를 규정하는 규칙의 위반. 농업의 협동조합 단계를 건너뛰어 직접적으로 꼬뮨적 단계로 나아가려는 시도들이 이루어졌다.

이러한 세 가지의 각각의 왜곡들은 '집단화의 비율과 집단농장 운동의 발전을 원조하기 위한 국가의 조치들'이라는 제목의 1930년 1월 5일에 채택된 중앙위원회 정치국의 결정의 위반 속에서 발생했다. 이러한 위반들이 정치국, 중앙위원회 그리고 쓰딸린이 많이 혐오하고 반감을 가진 것이었다는 것은 거의 말할 필요가 없다. 결과적으로 당의 정책의 이러한 왜곡들이 표면에 나타난 순간에 그것들을 교정하는 조치를 취한 것은 중앙위원회와 쓰딸린 자신이었다. 혹자는 이것을 확신하기 위해—뜨로쯔끼주의자와 다른 부르주아적인 정반대의 주장에도 불구하고—쓰딸린 동지의 기사 '성공에 현혹되어'(1930년 3월 2일) 그리고 '집단농장 동지들에 대한 답변'(1930년 4월 25일)을 읽기만 하면 된다. 예를 들면 여기에 쓰딸린 동지가 집단화에 대한 당 정책의 이러한 관료주의적 왜곡들과 관련하여 그리고 그것을 저주하여 쓴 것이 있다.

"하사관 프리시비예프의 '정책'과 집단농장 발전에서 자발성의 원칙에 의존하는 그리고 지역적 특징을 고려하는 당 정책 사이에 어떤 공통된 것이 있을 수 있는가? 명확히 그들 간에는 공통된 것이 전혀 없고 있을 수 없다."

<성공에 현혹되어>

그리고 나아가:

"이러한 왜곡들, 이러한 집단농장운동에 대한 관료주의적 포고, 이러한 농민들에 반하는 부끄러운 위협들에 의해, 우리의 적들을 제외하고 누가 이익을 얻는가?"

앞의 글.

그리고 더욱 더:

"집단농장들은 힘에 의해 수립되어서는 안 된다. 그것은 어리석고 반동적일 것이다."

앞의 글.

쓰딸린은 집단농장의 조직화에 대한 예비적 작업을 "집단농장 운동에 대한 관료주의적 포고, 집단농장들의 성장에 대한 서류상의 결의들, 서류상에서 집단농장들의 조직화들—아직 실제로 존재하지 않고 그 '존재'가 허풍떠는 결의들의 무더기에서 선언되는—"에 의해 대체하려는 시도들을 탄핵했다.(앞의 책)

그러나 바로 약간의 지역적 왜곡들—당에 의해 신속하게 제거되었던 왜곡들—이 발생했다는 것 때문에 이것이 당의 집단화에 대한 노선이 틀렸다는 것을 의미하는가? 아니다, 그것은 틀림없이 그러한 것을 의미하지 않는다. 올바른 정책은 약간의 왜곡들이 등장함이 없이는 결코 실행된 적이 없다. 오직 기회주의적 협잡꾼만이 올바른 정책에 대한 약간의 왜곡들이 그것을 수행하는 과정에서 범해졌다는 이유 때문에 포기되어야 한다고 요구할 수 있다. 왜곡들로부터 끌어내야 할 타당한 결론은 우리가 그것들과 싸워야 하고, 우리가 그것들을 뿌리 뽑아야 한다는 것이지, 우리가 올바른 정책을 포기해야 한다는 것이 아니다. 다시 한 번 당의 집단화에 대한 정책이 레닌주의적이고 올바른 정책이었다는 것이 확인되어야만 한다. 그것은 올바른 레닌주의적 공식에 기초하는 정책이었다: '빈농에 의존하고, 중농과 견고한 동맹을 수립하고, 결코 단 한 순간도 쿨락들에 반대하는 투쟁을 멈추어서는 안 된다.' 오직 이 공식을 적용함에 의해서만 농민층의 주요 대중이 사회주의 건설의 경로로 끌려 올 수 있고 실제로 그러했다. 당의 정책은, 그것이 '좌익'(뜨로쯔끼주의자)에 반대하는, 그리고 우익(부하린주의자)에 반대하는 일관되고 원칙적인 투쟁을 수행했기 때문에, 당이 앞서 나가려는 사람들에 반대하는(뜨로쯔끼주의자들) 것뿐만 아니라 뒤쳐져 가는 사람들에 반대하는(부하린주의자들) 무자비한 투쟁을 수행했기 때문에 성공을 거두었다. 여기에 다른 쟁점들에서처럼 집단화에 대한 당의 정책의 성공의 비밀이 있다.

언급된 유형의 몇몇의 왜곡들을 반대하면서, 집단화는 농민층의 기본적 대중의 능동적 협동과 열정을 통해서 성취되었다. 그러나 이것은 노동자계급의 국가가 반혁명적 폭력의 사용에 연루되어 있고 사회주의의 전진을 정지시키기 위한 그들의 절망적인 시도들에서 정부와 당 활동가들에 대한 테러와 살인에 호소했던 쿨락들과 착취자들에 대한 혁명적 폭력을 전혀 사용하지 않았다는 것을 의미하지는 않는다. 쏘비에트 국가가 쿨락들과 다른 자본주의적 요소들의 반동적인 폭력에 맞서기 위해 혁명적 폭력을 사용했다는 것에 대해 우리가 힐난할 수 있는가? 반대로 쏘비에트 국가가 주요한 혁명적 과제들의 하나를 수행하는 데 실패한다면, 우리가 바로 그 실패를 힐난하는 것이 더욱 정당한 것이 아닌가? 우리의 계급의 적, 쿨락들에 대한 혁명적 폭력의 사용에서 무엇이 틀렸는가? 그것이 뜨로쯔끼주의자들, 수정주의자들 그리고 사회민주주의자들로부터 희극적인 울부짖음을 야기한다는 것은 그들이 노동자계급 운동의 대열에서 부르주아지의 요원들이라는 사실의 증거를 제공할 뿐이다. 예를 들면 여기에 고찰 중인 주제에 대해, 즉 반동들에 대한 승리한 혁명적 당의 혁명적 폭력의 사용에 대해 엥엘스가 쓴 것이 있다.

" ... 승리한 당(혁명에서)이 헛되이 싸웠기를 바라지 않는다면, 그것은 그 무기가 반동들에게 영향을 주는 테러의 수단을 통해 이 지배를 유지해야만 한다. 부르주아지에 대한 무장한 인민의 이러한 권위를 사용하지 않았다면 빠리꼬뮨이 하루라도 지속될 수 있었겠는가? 우리는 반대로 그것이 충분히 자유롭게 그것을 사용하지 않았다는 것에 대해 그것을 힐난해야만 하지 않는가?"

엥엘스, <권위에 대하여>,
≪국가와 혁명≫에서 레닌에 의해 인용됨, p. 74.

이 신사들(뜨로쯔끼주의자들과 다른 부르주아 사회민주주의자들), 이들 반쓰딸린주의자들(그들은 그렇기 때문에 반레닌주의자들인데, 왜냐하면 쓰딸린은 레닌의 가장 충실한 생도였기 때문이다)은 혁명적 천재의 위에서 인용된 언급들―모든 단어가 가장 심오한 의미로 가득 찬―의 의미의 깊이에 대해 숙고해본 적이 있는가?

G. 집단화의 성공들

집단화가 당에 의해 시작되었을 때, 쿨락들과 전 세계에 걸친 부르주아지뿐만 아니라 당내의 기회주의적 부분들 또한 적대적으로 반응했다. '과학'적이라는 사람들도 집단화를 비판했다. 이러한 사람들은 국영농장과 집단농장들에 소비된 돈이 '허비된' 돈이라고 주장했다. 그러나 사실은, 당에 의한 집단화의 이어지는 성공들은 "중앙위원회 정치국의 결정들(쿨락에 반대하는 완전한 규모의 공세를 위한 준비에 있어서 국영농장과 집단농장들의 조직화에 관한)을 조소했던 사람들이 격렬하게 스스로를 조소했다"는 것을 보여주었다.(쓰딸린)

이미 1930년 2월까지 농민의 농장들의 50%가 집단화되었는데, 그리하여 집단화의 5개년 계획의 목표를 100% 초과달성하였다.

1929년부터 1931년 사이의 약 3년간의 과정 동안 당은 20만 개의 집단농장들과 5,000개의 국영농장들의 조직에 성공했는데, 그곳에서 곡물이 재배되고 가축이 사육되었다. 4년의 과정 동안에 당은 동시에 수확 면적을 2천 1백만 헥타르 확장하는 데 성공했다.

최초의 5개년 계획 말에 당은 60% 이상의 농민의 농장들을 집단농장으로 결합시키는 데 성공했는데, 농민들에 의해 경작되는 총면적의 70% 이상을 포괄했다—그리하여 5개년 계획 목표를 세 배 넘게 초과달성했다.(표 1과 2를 보라)

최초의 5개년 계획의 말에 당은 또한 연간 시장용 곡물 12억-14억 푸드의 조달을 가능하게 하는 데 성공했는데, 이는 개별적 농민의 영농이 지배적인 시기에 조달되었던 5억-6억 푸드와 비교된다.(표들을 보라).

<표 1> 집단화의 진전

	1929	1930	1931	1932	1933	1934	1938
총가구중 집단화된 가구 비율	3.9	23.6	52.7	61.5	65.0	71.4	93.5
총가구중 집단화된 파종면적 비율	4.9	33.6				87.4	99.3

제18장   집 단 화   565

<표 2> 부문에 따른 곡물 수확 지역

부문들	1929	1930	1931	1932	1933	1938	1933년에 총 면적에 대한 비율
1. 국영농장들	1.5	2.9	8.1	9.3	10.8		10.6
2. 집단농장들	3.4	29.7	61.0	69.1	75.0	92.0	73.9
3. 개인 농민 농장들	91.1	69.2	35.3	21.3	15.7	0.6	15.5
쏘련의 총곡물수확 지역	96.0	01.8	104.4	99.7	101.5		100.0

(단위: 백만 헥타아르)

(1934년 1월의 17차 당대회의 시기까지 국영농장들과 집단농장들은 합쳐서 쏘련에서 곡물재배면적의 84.5%를 통제했고, 그리하여 쏘련에서 농업의 모든 분야에서 전체 농업의 운명을 결정하는 세력이 됐던 반면에, 여전히 남아 있던 개인적 농민 농장들은 모두 전체 농민 인구의 35%를 대표했고 단지 곡물수확면적의 15.5%만을 통제했다)

* * * * * *

집단화에 대한 당의 정책은 계급으로서 쿨락들을 뽑아버리는 데에서, 노동하는 농민층을 쿨락의 착취와 굴레로부터 해방시키는 데에서, 그리고 쏘비에트 정권에게 농촌에서의 확고한 경제적 기초, 대규모의 집단화된 농장의 기초를 제공하는 데에서 성공적이었다.

 "당은 쏘련을 소농민적 영농의 나라로부터 세계에서 가장 대규모적 농업의 나라로 전환시키는 데 성공했다."

쓰딸린, ≪저작집 13권≫, p. 194.

당에 의해 성취된 이러한 성공은 심지어 약간의 자본가들과 개량주의자들, 즉 최소한 정직하고 진실을 깨달을 수 있는 능력이 있는 사람들조차 인정하였다. 예를 들면 여기에 영국의 자본가이고 유나이티드 도미니언 트러스트의 의장이었던 깁슨 자비스 씨가 1932년 10월에 쓴 것이 있다.

 "지금 나는 내가 공산주의자도 아니고 볼쉐비키도 아니라는 것이 명확히 이해되기를 원한다. 나는 명백히 한 사람의 자본가이고 개인주의자이다. … 러시아는 앞으로 나아가고 있는데, 반면에 우리의 공장과 조선소들의 매우 많은 수는 놀고 있고, 대략 3백만 명의 우리 사람들이 절망적으로 일을 구하고 있다. 5개년 계획에 대해 농담들이 행해졌고 그것의 실패가 예언되었다. 여러분은 실제로 예견되었던 것보다 훨씬 더 많은 것이 5개년 계획하에서 달성되었다는 것을 의문의 여지없이 알 수 있다. … 내가 방문한 이 모든 공업 도시들에서 새로운 도시가 성장하고 있는데 나무와 풀밭들로 아름답게 꾸며지고 있는 과정에 있는 거리들, 가장 현대적인 유형의 가옥, 학교, 병원, 노동자의 클럽과 노동하는 어머니의 아이들이 보살핌을 받고 있는 필수적인 탁아소 혹은 육아실을 가진 명확한 계획에 입각한 도시이다. … 러시아인들 혹은 그들의 계획들을 얕보지 마라. 그리고 쏘비에트 정부가 붕괴할 것이 틀림없다고 믿는 오류를 범하지 마라. … 오늘날의 러시아는 영혼과 이상이 있는 나라이다. 러시아는 놀라운 활동의 나라이다. 나는 러시아의 목적이 건전하다고 믿는다. … 그리고 아마도 모든 것 중에서 가장 중요한 것은 러시아에서 이 모든 젊은이들과 노동자들이 오늘날 자본주의 나라들에서 슬플 정도로 결여되고 있는 한 가지를 갖고 있는데, 그것은—희망이다! 쏘비에트의 농촌에서 안내하는 경계표는 더 이상 교회의 돔이 아니며 곡물 엘리베이터와 저장용 지하실이다. 집단농장들은 돼지우리, 헛간, 그리고 가옥을 건설하고 있다. 전기가 마을에 들어오고 라디오와 신문들이 마을을 정복했다. 노동자들은 세계에서 가장 현대적인 기계들을 작동시키는 것을 배우고 있다. 젊은 농부들이 미국인들이 일찍이 보았던 것보다 더 크고 복잡한 농업 기계류를 만들고 사용하고 있다. 러시아는 '기계의 정신'을 갖게 되었고 러시아는 빠르게 나무의 세대로부터 철, 강철, 콘크리트 그리고 자동차의 세대로 건너가고 있다."

1932년 11월, 미국의 부르주아 잡지 ≪더 네이션≫으로부터,
쓰딸린, ≪저작집 13권≫, pp. 169-170. 에서 인용됨.

이제 한 개량주의자의 의견을 보자. 다음은 영국의 '좌익' 개량주의 잡지 ≪포워드≫에 의해 1932년 9월에 발표된 의견이다:

제18장　　　　　　　　집 단 화　　　　　　　　　　567

"누구도 진행되고 있는 거대한 양의 건설 작업을 보지 않을 수 없다. 새로운 공장, 새로운 영화관, 새로운 학교, 새로운 클럽, 새로운 주택의 커다란 블록들, 모든 곳에 있는 새로운 빌딩들, 많은 것은 완성되었고 다른 것들은 골조인 상태이다. 이미 이루어졌고 그리고 지금 이루어지고 있는 것을, 영국의 독자의 마음으로 옮기는 것은 어려운 것이다. 믿기 위해서는 보아야만 한다. 우리의 전시의 노력들을 러시아에서 이루어진 것과 비교한다면 벼룩에 물린 자리에 불과하다. 서구에서 가장 큰 호경기의 시기에조차 오늘날의 러시아에서 진행되고 있는 열병 같은 건설 활동과 같은 것은 전혀 없었다는 것을 미국인들은 인정한다. 혹자는 2년 동안 러시아의 풍경에서 너무 많은 변화들을 보아서 앞으로 10년 후에 러시아가 어떻게 될지 상상하는 시도를 포기한다. … 따라서 완고하게, 경멸적으로 러시아에 대해 거짓말하는 영국 언론의 환상적인, 진실이 결핍된 이야기들을 여러분의 머리로부터 쫓아 버려라. 그리고 지금 진행되고 있는 것에 대한 가장 사소한 이해도 없이, 중산 계급의 시각들을 통해 건방지게 러시아를 보고 있는 어설픈 지식인들에 의해 유포되고 있는 절반의 진실과 오해들을 쫓아 버려라. … 러시아는 일반적으로 말하여 근본적으로 건전한 노선에 기초하여 새로운 사회를 건설하고 있다. 이것을 하기 위해 그들은 위험을 감수하고 있고, 이전에 세계적으로 본 적이 없는 에너지를 가지고 열정적으로 일하고 있고, 세계의 나머지로부터 고립된 광대하고 미발전된 나라에서 사회주의를 건설하려는 이러한 시도로부터 초래되는 거대한 어려움들을 그들은 갖고 있다. 그러나 2년 후에 다시 그것을 본 후에 나의 인상은, 적대적인 자본주의 세계에 대해 도전하는 방식으로 굳건한 진보, 계획적인 창조, 건설을 하고 있는 나라의 그것이다."

위의 인용들은 집단화와 쏘련에서 사회주의 건설을 공격하고, 당시에 달성된 사회주의의 업적들을 인정하기 거부하는 뜨로쯔끼주의자들과 다른 '사회주의자들'이, 사실상 정직한 개량주의자들과 자비스 씨와 같은 정직하고 솔직한 자본가들보다도 더 나쁘다는 것을 보여줄 따름이다. 그것들은 뜨로쯔끼주의자들과 다른 부르주아 사회주의자들 그리고 집단화에 대한 비판가들이, 집단화 계획이 얼마나 성공적이었는지에 무관하게 "사실들이 아무런 의미가 없고 그들의 의견을 고집하는 중세의 화석의 종족에 속하는 완강한 보수파"라는 것을 보여줄 따름이다.

이런 것이 사회주의 건설의 성공들(사회주의적 산업화와 집단화)이고 노동자와 농민들의 물질적 및 문화적 조건들에서 이어지는 개선이었는데, 쓰딸린은 16차 당대회에서 다음과 같이 말할 수 있었다:

" ··· 이 모든 것은 건강하고 원기 왕성한, 쏘비에트 나라의 힘을 적절한 수준으로 상승시킬 수 있고, 그리고 그것을 적들에 의한 공격으로부터 자신들의 목숨으로써 보호할 수 있는 노동자들의 새로운 세대를 육성하는 것을 가능하게 하는 노동자계급의 노동과 삶의 조건들을 창출한다."
《저작집 12권》, p. 307.

의심의 여지없이 노동자들의 물질적 조건들은 확실히 개선되었다. 그럼에도 불구하고 예상할 수 있듯이, 부르주아적인 완고한 보수파들(뜨로쯔끼주의자들과 이러한 '사회주의자들'을 포함하여), 이들 "중세적인 화석들"은 계속하여 노동자와 농민들의 물질적 및 문화적 조건들에서 발생했던 어떠한 개선도 부정했고 여전히 부정하고 있다. 쓰딸린이 그것을 지적했듯이:

"이러한 성과(즉 인민의 물질적 및 문화적 조건들이 빠르게 개선되고 있었다는 것)에 대해 조금의 의심이라도 갖고 있는 유일한 사람들은 쏘비에트 정권의 공공연한 적들, 혹은 아마도, 아비시니아의 황제가 고등수학에 대해 알고 있는 것보다 더 민족들의 경제와 노동인민의 조건에 대해 아는 것이 없는 부르주아 언론의 확실한 대표들이다."
《저작집 13권》, p. 204.

위에서 언급된 것의 관점에서 그리고 요약을 한다면, 집단화에 대한 당의 정책은 다음과 같은 역사적인 성공을 성취했다는 것이 언급될 수 있다:

(a) 빈농 대중이 집단농장에 결합하는 것을 도왔고 그리하여 그들을 중농의 수준으로 끌어올렸고 그들의 물질적 불안정과 기아의 종식을 가져왔다.(2천만 명 이상의 농민들이 빈궁과 파멸로부터 구조되었다)

(b) 농민층의 빈농과 쿨락들로의 분화에 종지부를 찍었다.(1928년에 농민층 사이에서 분화는 점증하고 있었으나 집단화는 분화에 종지부를 찍었다)

(c) 쿨락이라는 계급을 제거했고 사회주의 경제체제가 농업에서 지배적이 되었다.

(d) 기계화된 대규모 집단영농을 통하여 농민층을 집단화의 정신으로—사회주의의 정신으로—재주조하기 위한 기초를 창출했다.

(e) 소규모 영농(이것은 자본주의를 발생시킨다)에 종지부를 찍고 그리하여 자본주의 복고의 위험을 감소시켰다.

(f) 농민층에 대한 노동자계급의 지도력을 공고히 했고 그리하여 프롤레타리아 독재를 강화시켰다.

(g) 쏘비에트 국가의 대규모의 식량곡물 조달을 가능하게 했는데(왜냐하면 오직 대규모의 사회주의적 영농만이 이 대규모의 시장용 잉여를 생산할 수 있기 때문이다) 그리하여 도시의 노동자계급과 적군Red Army을 기근과 기아의 망령으로부터 보호했다.

(h) 쏘련을 소농생산의 농업국으로부터 대규모의 사회주의적 공업과 대규모의 사회주의적 농업을 가진 공업국으로 변형시켰다. 그리고 최종적으로

(i) 농촌의 수백만 인민의 빈곤과 비참함에 종지부를 찍었는데, 그들은 이제는 지금까지 알려진 적이 없었던 물질적 조건들을 향유하고 있다.

쓰딸린 동지가 17차 당대회(1934년 1월)에 대한 그의 보고에서 16차 대회(1930년 6월) 이후의 시기를 회고하면서 그 이후 발생한 변화들을 강조하면서 다음과 같이 말할 수 있었던 것은 정당하다.

> "이 시기 동안에 쏘련은 근본적으로 변혁되었고 후진성과 중세주의의 외피를 벗어던졌다. 소규모의 개인적 농업의 나라로부터 집단적인, 대규모의 기계화된 농업의 나라가 되었다. 무지하고, 문맹이고 문화적이지 못한 나라로부터 쏘련의 각 민족들의 언어로 가르치는 고등, 중등, 초등 학교의 광범한 망으로 뒤덮인, 읽고 쓸 수 있고 문화적인 나라로 되었다—혹은 되고 있다."
>
> 17차 당대회에 대한 보고.

사회주의적 집단화(뿐만 아니라 사회주의적 산업화)의 장에서 쏘련

의 모든 성공들은 분리된 하나의 나라에서 사회주의를 건설하는 것은 불가능하다는 모든 반혁명적인 사회민주주의적—뜨로쯔끼주의적 테제를 영원히 박살내었다. 농민층이 그 성격에서 반혁명적이라는, 그들의 사명은 쏘련에서 자본주의의 복고라는, 그리고 그리하여 그들은 사회주의 건설에서 노동자계급의 견고한 동맹이 될 수 없을 것이라는 부르주아적-뜨로쯔끼주의적 테제를 쏘련의 성공들은 산산히 부수었다. 쏘련의 성공들은 레닌주의의 올바름의, 사회주의가 분리된 단 하나의 나라에서도 성공적으로 건설될 수 있다는 사실의, 농민층의 기본적 대중의 혁명적 성격의, 그리고 후자가 쏘비에트 경제의 사회주의 체제 건설에서 성공적으로 동원될 수 있다는 사실의 웅변적인 증거이다.

어쨌든 위에서 언급된 것을 보면, 말할 필요도 없이, 사실 전혀 아무 것도 아닌 중세의 화석의 종족에 속하지 않는 사람 중 누가, 고찰 중에 있는 시기 동안에 볼쉐비키당의 정책의 올바름을 의심하는 것이 가능하겠는가? 아니다. 그것의 올바름을 의심하는 것은 불가능하다. 당의 총노선의 올바름은 무엇에 의해 입증되는가?

"이것은 사회주의 건설의 전선에서 우리의 성공과 성취들에 의해 입증된다. 과거 시기 동안에 도시와 농촌에서 사회주의 건설의 전선에서 당에 의해 획득된 결정적인 승리가 올바르지 못한 정책의 결과였다는 것은 사리가 맞지 않고 맞을 수도 없다. 오직 올바른 총노선만이 우리에게 이런 승리를 줄 수 있었다."

"그것은 우리의 계급적 적들, 자본가들과 그들의 언론, 모든 종류들의 로마 교황과 주교들, 사회민주주의자들과 아브라모비치와 단(Dan) 유형의 '러시아' 멘쉐비키들에 의해 최근에 제기된 당의 정책에 반대하는 격앙된 울부짖음에 의해 증명된다. 자본가들과 그들의 종복들이 우리 당을 욕하고 있다―그것은 우리 당의 총노선이 올바르다는 표지이다. (박수)"

"그것은 지금은 모든 사람들이 익숙해진 뜨로쯔끼주의의 운명에 의해 입증된다. 뜨로쯔끼 진영의 그 신사들은 쏘비에트 정권의 '타락'에 대해, '테르미도르'에 대해, 뜨로쯔끼주의의 '불가피한 승리'에 대해 그리고 기타 등등에 대해 수다를 떨었다. 그러나 실제적으로 무엇이 발생했는가? 발생한 것은 뜨로쯔끼주의의 붕괴와 종말이었다. 알려진 대로 뜨로쯔끼주의자들의 한 부분은 뜨로쯔끼주의로부터 떨어져 나왔고 그리고 그것의 대표들의 수많은 선언에서 당이 올발랐다는 것을 인정했고 뜨로쯔끼주의의 반혁명적 성격을 승인했다. 뜨로쯔끼주의자들의 또 하나의 부분은 실제로 전형적인 소부르주아적 반혁명분자들로 타락해갔고, 실제적으로 쏘련공산당(볼)에 관한 문제들에서 자본주의 언론들의 정보국이 되었다. 그러나 '타락할' 운명이었던(혹은 '이미 타락한') 쏘비에트 정권은 계속하여 번영하고 있고 사회주의를 건설하고 있고 성공적으로 우리나라에서 자본주의적 요소들의 중추와 그들의 소부르주아적 아첨꾼들을 분쇄하고 있다."

"그것은 지금은 모든 사람들이 익숙해진 우익 일탈자들의 운명에 의해 입증된다. 그들은 당의 노선이 '치명적'이라는 것에 대해, 쏘련에서 '있을 수 있는 재난'에 대해, 당과 그 지도부로부터 나라를 '구하는' 것의 필요성에 대해, 그리고 기타 등등에 대해 수다를 떨었다. 그러나 무엇이 실제로 발생했는가? 실제로 일어난 것은 당이 사회주의 건설의 모든 전선들에서 거인 같은 성공들을 달성했던 반면에, 나라를 '구하기'를 원하고 그렇지만 나중에 그들이 틀렸다고 인정했던 우익 일탈자들의 그룹은 지금은 고립되어 있다."

"그것은 노동자계급과 농민층의 증가하는 혁명적 활동들에 의해, 그 막대함이 우리나라의 친구들과 적들 양자를 놀라게 하는 노동자들과 집단농장 농부들의 광대한 대중들로부터의 당의 정책에 대한 능동적 지원에 의해 입증된다. 그것은 모든 상점과 공장들에서 당에 결합하려는 노동자들로부터의 신청, 15차와 16차 대회 사이에 6십만 명의 당원 수의 증가, 그리고 올해 1/4분기에만 당에 합류한 2십만 명의 새로운 당원들이라는, 당에서 자신감의 증가의 이런 표지들은 별도로 하더라도 그러하다. 이 모든 것은 노동인민의 광대한 대중들이 우리 당의 정책이 올바르다는 것을 깨닫고 그것을 지지할 준비가 되었다는 것이 아니라면 무엇을 보여주는가?"

"이러한 사실들은 우리 당의 총노선이 유일하게 올바른 것이 아니었다면 존재하지 않았을 것임은 인정되어야만 한다."

≪저작집 12권≫, pp. 352-354.

그러면 위의 서술은 쏘련에서 집단화의 중요성과 그것의 성공의 세계사적인 의미에 대한, 그리고 집단화에 대한 레닌주의적 노선으로부터 '좌익적'(뜨로쯔끼주의) 그리고 우익적(부하린주의) 일탈에 대한 간단한 스케치이다. 쏘련에서 집단화의 문제의 국제적 의미는 우리가 집단화의 문제에 대한, 현재의 저작집3에서 영국에서 처음으로 발간된 쓰딸린 동지의 가장 찬란한 기고들에 대한 서문을 통해서 위의 언급들을 서술할 실천적 필요성의 문제를 제기한다. 집단화에 관한 쓰딸린 동지의 거의 모든 글과 연설들을 포함하는 현재의 책의 발간은 중요한데, 그것이 집단화의 문제에 대한 가장 권위 있는 맑스-레닌주의적 선언들을 포함하고 있고, 그리하여 매우 종종—우리가 부끄럽게도—일반적인 부르주아들에 의해서만이 아니라 심지어 스스로를 반수정주의자들 혹은 공산주의자들이라 부르는 사람들에 의해서도 퍼지고 있는, 그리고 우리의 경험 없고 종종 거의 정보를 전달받지 못하는 젊은 동지들의 머리를 쓰레기로 채우는 다양한 부르주아적 이론들과 비방들을 근절시키는 데 도움이 될 것이다. 이 이론들은 오래전에 근절되고 버려져야만 했지만 여전히 통용되고 있다. 그리하여 그것들에 대한 가차 없는 투쟁의 중요성이 나오는데, 왜냐하면 오직 이러한 부르주아적 이론들과 비방들에 대한 가차 없는 투쟁을 통해서만 맑스-레닌주의적 학생들 사이에서 농업 문제4에 대한 이론적 사고가 발전하고 강하게 성장할 수 있기 때문이다.

---

3 집단화에 대한 쓰딸린의 글의 모음은 여기에서 재현되지 않는다. 같은 것의 사본을 얻고자 하는 사람은 누구나 E.J. Rule, c/o 14 Featherstone Road, Southall,Middx UB25AA로부터 그것을 확보할 수 있다.

4 어떤 동지들은 이렇게 말할지 모른다: 대규모의 자본주의적 농장으로 가득 차 있는 유럽의 조건들에서 집단화에 대한 문제에 대해 자세히 논하는 것이 어떤 중요성과 필요가 있는가? 왜 이런 문제에 대해 시간을 낭비하는가?
이러한 접근은 틀렸는데, 첫째로 서유럽에서조차 집단화의 문제들이 중요하지 않고 우리에게 부적절하다고 하기에 충분할 정도로 개인적 소규모 농민 농장의 제거의 과정이 그렇게 멀리 나아가지 않았기 때문이다. 둘째로, 세계 프롤레타리아트의 세계적 전략의 관점에서 보면, 집단화의 문제들과 농민층에 대한 태도는 사활적인 중요성이 있다. 세계 인구의 거의 2/3가 농업이 지배적인 나라들에서 살고 있다. 이들 나라들에서 승리하기 위해서는, 이들 나라의 프롤레타리아트는 혁명의 형성, 그것의 공고화, 사회주의 건설 그리고 공산주의로의 전진을 위하여 농민층을 획득하는 명확한 강령을 가져야만 한다. 이 점에 관하여 사회주의를 건설하는 일반적 문제의 한 부분으로서 집단화의 문제는 매우 중요하게 된다. 영국의 우리들에게, 집단화의 문제에서 맑스-레닌주의를 성공적으로 적용한 혹은 적용하고 있는 다른 나라들에서의

제19장
중국정책 연구그룹에 대한 비판

"중국정책 연구그룹"의 부르주아적 자유주의자들의 레닌주의를
침식하기 위한 시도들

 이러한 맥락에서 중국정책 연구그룹CPSG이라는 상표하에 부르주아적 상품들을 강요하는 직업적 패거리들에 의한, 농민층과 집단화에 대한 볼쉐비키당의 맑스-레닌주의적 노선에 반대하는, 그리고 쓰딸린에 반대하는 널리 퍼진 비방들에 대해 약간의 언급이 없이 이 서문을 결론짓는 것은 올바르지 못할 것이다. 이 그룹은 ≪브로드쉬트≫라는 월간지를 발행하고 있다. 이 그룹의 정치적 인상은 그것의 지도적 인물들이 다음과 같은 부르주아 교수들: 조셉 니드햄 박사(왕립협회 회원), 시릴 어포드 교수(왕립협회 회원), 조안 로빈슨 교수와 조지 톰슨 교수를 포괄하고 있다는 사실로부터 판단될 수도 있다. 이 그룹은 또한 중화인민공화국과 공산주의의 대의에 대해 우호를 가장하는 부르주아적이고 반중국적이며 그리고 반공산주의적인 협회인 앵글로-차이니즈 이해를 위한 (반대를 위한이다) 협회SACU와 긴밀히 연계되어 있다. ≪브로드쉬트≫의 1974년 11월호(11권, 11호)에서 중국정책 연구그룹의 교수 신사들은 우리에게 러시아의 10월 혁명과 중국혁명 간의 분석적 비교를 취지로 하는 "두 혁명의 길"이라는 제목의 기사를 보내왔다. 이 기사는 부

우리 동지들과 우리의 굳건한 연대를 확장하는 것은 우리의 의무인데, 왜냐하면 그들의 성공들은 우리의 성공을 그만큼 더 가깝게 하기 때문이다. 그것이 우리가 모든 문제들에서 특히 그중에서도 집단화의 문제에 대해 뜨로쯔끼주의의 직접적인 반혁명적인 가르침에 대항하기 위해 우리의 최선을 다하는 이유이다.

르주아 교수의 써클에 전형적인 방식으로 용감하지만 무지한 주장으로 가득 차 있는데, 쓰딸린과 그가 이끄는 쏘련공산당(볼)에 대한 무례한 공격들이 함께 있다. 그것은 어떠한 맑스-레닌주의적인 분석도 포함하고 있지 않다. 반대로 그것은 분석에 대한 냉소이다. 그것이 쓰딸린 동지와 그의 시대의 쏘련공산당에 대해 포함하고 있는 101가지의 공격은 여기에서 우리와 모두 관계되는 것은 아니다5. 여기에서 제기하는 것에 우리의 흥미가 끌리는 유일한 호는 농민층에 대한 쏘련공산당과 쓰딸린의 정책에 관한 것이다. 우리는 우리가 농민층의 역할을 다루는 이 기사에서 완전히 그 부분을 인용할지라도 독자가 우리에 대해 참아주고 그것을 교란으로 간주하지 않을 것을 희망한다. 이 긴 인용은 (a)독자들이 그 기사의 철저히 반공산주의적이고 부르주아적인 타락한 내용들과 그것의 저자들의 정치학의 수단들에 대해 깊이 있는 이해를 얻는 것을 가능하게 하기 위해, (b) 독자들이 이들 부정직한 사기꾼들의 교활한 방법들에 대해, 맑스-레닌주의와 기회주의의 경계를 말살하려 시도하는 그들의 솜씨에 익숙해지게 하기 위함인데—그들은 매우 쉽게도, 잘 훈련된 부르주아적인 풍자의 방법을 통해 역사적 사실과 아무런 관계가 없는 그리고 맑스-레닌주의와 아무런 공통점이 없는 '새로운' 신화를 창조한다, (c) 독자들이 쓰딸린 동지와 마오 동지 사이를, 러시아 혁명과 중국혁명 사이를 이간시키기 위해 선을 긋는, 이들 부르주아지가 만들어 내고 있는 절망적인 시도들을 충분히 인식하는 것을 돕기 위해, 마지막으로 (d) 왜곡의 혐의와 문맥을 무시하고 인용한다는 혐의를 피하기 위한 것이다. 여기에 인용문이 있다:

"**농민층의 역할**"
　　"시작부터 하나의 주요한 측면에서 두 혁명들은 분기했다. 두 나라에서 농민들은 인민의 다수를 점했다—중국에서는 80%이상이었다. 농민문제의 취급은 두 나라들에서 결정적인 정치적 요소를 증명하는 것이었다.

5　이들 공격들의 대부분은 <프롤레타리아트 독재하의 계급투쟁의 기제들>이라는 제목하에 발행된 쓰딸린의 연설들의 모음집에 대한 나의 서문에서 다루어졌다. 이 책의 다른 곳에서 발행된 그 서문은 쓰딸린과 쏘련공산당에 대한 톰슨 교수의 유사한 공격들에 대해 특별한 부분을 포함하고 있다.

제19장　　　중국정책 연구그룹에 대한 비판　　　575

　짜르 러시아에서 농민들은 억압을 받고 있어서 부르주아지를 위한 예비
군을 형성했다. (농민들은-역자) 봉건주의에 의해 지배되고 강력한 러시아
정교에 의해 마취되어, 레닌에 의해 지도되는 볼쉐비키들의 주도권에 도
전하고 시험했던, 멘쉐비키들과 그들의(멘쉐비키들의-역자) 소부르주아적
동맹들을 반복하여 지지했던 농민당에게 지지를 보냈다. 1917년 이후의
기간 동안에 노선과 정책을 둘러싼 투쟁들에서 농민당의 지도자들은 반
맑스주의자들과 수정주의자들에 대한 그들의 지지를 유지했다."
　"중국에서는 마오쩌둥이 당의 지도부에 일찍이 모습을 드러낸 뒤부터,
마오쩌둥은 농민층의 획득을 그의 정책의 초점으로 삼았다. 수년 동안에
그는 당시에 도시들에 집중하자는 '좌익적' 노선을 따르고 있던 당 지도
부에 대립했던 소수파를 이끌었다. 그의 지도력이 인정된 것은 대장정
기간이던 1935년에서였다."
　"쏘련에서는 자본주의 열강들에 의한 간섭전쟁에 이어졌던 고되고 거
친 기간들 동안에 쏘비에트 지도자들은 레닌이라는 지도력을 상실한 상
태에서, 그들의 나라의 경제적 힘을 건설한다는 문제와 씨름했다. 적대
적 세계에 의해 포위되어, 그들은 그밖의 다른 모든 것을 희생시켰던 중
공업 창출의 우위를 선택했다. 실천적으로 무(無)로부터 빠르게 창출될
필요가 있던 거대한 공업지대에 자금을 조달하기 위해 필요한 축적을 생
산할 수 있는 유일한 요소로 보였던 농민들이었기에 짐을 어깨에 짊어져
야만 했던 것은 농민층이었다. 이 정책결정이, 누그러뜨려진 적이 없었
던 정치적, 경제적 및 사회적 분투의 근원이었다―농민들은 결코 혁명을
진심으로 지지하지 않았다."
　"생활수준을 올리는 주요한 수단인 경공업은 결코 실행되지 않았고 농
민층과 노동자계급 양자의 짐을 가볍게 하기 위한 경공업의 적절한 역할
은 허용되지 않았다."
　"1949년 이후 중국에서 마오쩌둥은 쏘비에트 지도자들과 중국의 지도부
내의 그들의 지지자들로부터의 많은 반대에도 불구하고 그의 당을 전적으
로 다른 길로 이끌었다. 그가 선언하기를 '농업은 근본이고 공업은 지도
적 요인이다.' 그리하여 농업의 발전이 우선적이 되었던 반면에, 경공업
은 모든 인민의 생활수준을 높이기 위해 소비재를 공급하고 중공업에 자
금을 조달하는 기금의 축적을 제공하기 위해 빠르게 확대되었다."
　"이리하여 쏘련에서는 농민층―인민의 다수―이 미몽에서 깨어난 무뚝
뚝한 세력으로 남아있었던 반면에, 중국에서는 그들의 혁명적 충동이 포

착되고, 이용되고, 강력한 사상적 힘으로 전화되었다."
"역사는 레닌 이후 쏘비에트 지도부가 새로운 '쏘비에트 사람'을 산출하지 못한 것은 두 가지의 치명적 오류들, 즉 농민층에 대한 잘못된 정책과 대중노선의 결여로부터 솟아난다고 판단할 것이다."

이러한 고의적인 왜곡, 위조 그리고 거짓된 주장에 대한 반박을 위해 책 한 권이 필요할 수 있다(틀림없이 필요하다). 우리가 그들을 반박하는 것보다 부르주아지에 의해 고용된 교수들이 부르주아지를 위해 거짓말을 하고 현실에 있어서의 최소한의 기초도 없이 장황한 거짓말을 하는 것은 보다 쉬울 것이다. 위의 인용에서 보여진 대로, 부르주아적 고용인들은 단 한 페이지에서 그렇게 많은 거짓말들과 왜곡들을 끌어들였고, 그렇게 많은 혼란의 씨를 뿌려서 그것들을 반박하는 것은 책 한 권이 필요할 것이다. 그러나 그 주제에 대한 이런 피곤하고 전체적인 취급을 할 수 있는 시간과 공간이 없다. 그리하여 우리는 스스로를 이 특별한 인용에 대한 간략한 언급으로 한정한다:

1. 위에서 인용된 바로 처음의 두 개의 문단에서, 마오쩌둥에 의해 지도되는 중국공산당은 "농민층의 획득을" 그것의 정책의 "초점으로" 삼았던 반면에, 러시아에서 볼쉐비키들은 단순히 농민층을 무시했다는 명확한 인상이 창출되고 있다. 볼쉐비즘의 역할을 모르고 레닌 동지만이 아니라 쓰딸린 동지의 장대하고 찬란하게 풍부한 글들을 마주친 적이 없는 사람은 볼쉐비키들이 농민층을 획득하기 위한 어떠한 강령도 없었고 정책도 없었다고, 볼쉐비키들이 "농민층의 획득을" 그들의 정책의 "초점으로" 삼지 않았다고 믿게끔 인도될 것이다. 그것이 사실이라면, 그러면 혹자는 박식한 교수들에게 물어도 용서받을 것인데, 한편으로 레닌주의와 다른 한편으로 뜨로쯔끼주의의 차이는 무엇이었는가? 그러면 볼쉐비키들이 농민층을 획득하기 위한 어떤 강령도 없었다면, 볼쉐비키들이 농민층이 압도적인 인구를 구성하는 하나의 나라에서 어떻게 10월 혁명을 이끌었을 뿐만 아니라 그것을 유지하고, 그것을 공고화하고, 그리고 사회주의를 건설할 수 있었는가? 그러면 10월 혁명의 성공들은 어떻게 설명될 수 있는가? 오직 '두 개의' 설명만이 있을 수 있다: 러시아 혁명은 신의 섭리의 결과로서 발생한 기적이었

거나 혹은 다른 요인들 중에서도 볼쉐비키들이 농민층의 문제에 대한 올바른 강령—농민층을 획득하기 위한 올바른 계획—을 가졌기 때문에 성공을 향유할 수 있었다는 것이다. 첫 번째의 설명은 물론 설명이 전혀 아니며 하나의 냉소일 뿐이다. 그것은 기적, 신앙요법, 신의 섭리 그리고 처녀의 출산 등을 믿는 사람들에게만 받아들여질 수 있다. 우리의 부르주아 저자들이 러시아 혁명에 대한 이러한 '설명'에 동의한다면, 그러면 우리는 그들이 그렇게 하는 것을 막을 수 없다. 그러나 그들이 어떤 자존심이 있는 맑스-레닌주의자들에 대해서도 러시아 혁명에 대한 설명으로서 주어진 이러한 마법을 받아들이도록 유인해서는 안 된다. 두 번째의 설명이 맑스-레닌주의자가 고수할 수 있는 유일한 것이다.

진실은 볼쉐비키들이 농민층을 획득하는 올바른 정책을 가졌다는 것이다. 진실은 그들이 "농민층의 획득"을 그들의 정책의 "초점으로" 삼았다는 것이다. 이것은, 러시아 사회민주노동당의 강령의 농업부문6 혹은 일찍이 1905년에 간행되었던 <민주주의 혁명에서 사회민주주의의 두 가지 전술> 혹은 레닌 동지의 다수의 다른 글들, 그리고 나중에 쓰딸린 동지의 것을 읽는 사람이라면 누구에게도 절대적으로 명백할 것이다. 농민층에 대한 볼쉐비키들의 강령은 유일하게 올바른 것이며, 그것은 모범적인 강령이어서 농민인구가 지배적인 모든 나라들에서 공산당과 노동자당들이 그때 이후로 그것을 적절한 약간의 수정을 거쳐 그들 자신의 것으로 채택했다는 것이 발견될 것이다. 중국공산당도 예외는 아니었다7. 사정이 이러한데, 그러면 왜 우리의 부르주아 삼류 작가들은 문제를 왜곡하고 사실들을 물구나무 세우는가? 그 대답은 그들이 사실들에 대한 고의적인 왜곡에 종사하고 있다는 것이거나 혹은 그들이 직접적으로 무지하다는 것 둘 중의 하나일 수밖에 없다. 어떤 경우라 하더라도 그들은 공산주의 운동에 대해 많은 해를 끼치는 것이다.

2. 위에서 인용된 처음의 두 개의 문단에서, 비록 암암리이기는 하지만, 볼쉐비키들이 농민층을 획득하기 위한 정책을 갖고 있지 않았다

---

6 그 농업부문은 레닌이 기초하였다.
7 예를 들면 ≪베이징 리뷰≫ 1975년 22호 '부르주아 우익을 제한하기 위한 사상적 무기'를 보라.

고 왜곡하면서 우리의 부르주아 저자들은 그들의 다음 문단에서, 정책의 결여에도 불구하고 볼쉐비키들은 어쨌거나 "레닌의 지도력"이 존재하는 동안에 그럭저럭 잘 할 수 있었다고 계속하여 암시한다. 그리하여 "레닌의 지도력"이 농민층을 획득하는 명확한 전략에 대한 대체물이 된다. 이것은 물론 레닌에 대한 칭찬이다! 실천적으로 레닌에 대한 이러한 찬사는 레닌주의에 대하여, 그리스도에 대한 유다의 악명 높은 키스에 다름 아니다. 아니다, 훌륭한 부르주아 교수들이여. 우리는 당신들의 레닌에 대한 '칭찬'에 가치를 부여하지 않는다. 우리는 그것이 실제로는, 즉 레닌주의를 강등시키고 침식하는 시도였다고 인정한다. 레닌은 가장 위대한 맑스주의자였다. 그는 맑스주의의 진정한 정신으로 구체적 현실을 분석하는 것을 그리고 맑스주의를 구체적 현실에 적용하는 것을 믿었다. 그는 농민문제와 같은 혁명의 운명에 영향을 미치는 중요한 문제에 대한 구체적 전략을 갖는 것을 믿었다. 농민문제를 포함하여 어떤 문제에 대한 명확한 강령에 대한 대체물로 그의 "지도력", 지위 등을 거론하며 이 거인, 즉 레닌의 덕을 제시하는 것은 우스운 엉터리 같은 이야기이고 저열할 뿐만 아니라 역겹고 더러운 거짓말이다. 볼쉐비키들은 "레닌의 지도력" 이상의 어떤 것을 갖고 있었는데, 즉 레닌주의 자체이다. 레닌의 서거 후에조차, "레닌의 지도력"이 더 이상 존재하지 않게 된 이후에조차 볼쉐비키당은 지금은 쓰딸린의 지도력하에서 계속하여 농민문제를 포함한 모든 문제에서 레닌주의를 굳건하게 고수하였다. 레닌주의를 따라서 당은 진정으로 눈부시고 중대한 성공들을 거두었다. 그리하여 우리의 부르주아 저자들이 맑스주의자들인 체하면서 (a) 볼쉐비키들은 농민문제에 대한 어떠한 강령도 없었고 그들이 가진 모든 것은 "레닌의 지도력"이었고 그리고 (b) "지도력"이 더 이상 존재하지 않게 되자마자 볼쉐비키들은 농민문제에서 그들을 인도할 강령도 없고 "지도력"도 없는 상태로 남았다는 것은 노골적인 거짓말이다.

더 들어가면, 여섯 번째 문단에서, 부르주아적인 '맑스주의자들'은 쓰딸린과 그가 지도하는 쏘련공산당에게 '궤멸적인' 타격을 가한다:

"역사는, 레닌 이후에 쏘비에트 지도부가 '쏘비에트 사람'을 산출하지 못한 것은 두 가지 치명적인 요인들, 즉 농민층에 대한 잘못된 정책 그리고 대중노선의 결여로부터 솟아난다는 것을 판단할 것이다."

"대중노선의 결여"라는 혐의에 관하여, 우리는 그것을 여기에서 다루지 않게 될 것인데, 왜냐하면 그것은 현재의 목적들을 위하여 직접적으로 적절하지 않을 뿐만 아니라 우리는 그것을 ≪프롤레타리아트 독재하의 계급투쟁의 기제들에 관하여≫[8]라는 제목의 쓰딸린의 연설의 모음집에 대한 우리의 서문에서 다루었기 때문이다. 이 서문에서 우리는 그의 책 ≪맑스로부터 마오쩌뚱까지≫에서 이 동일한 어리석은 고발에 대해 또한 견해를 표명했던 중국정책 연구그룹의 지도적인 인물의 하나인 G. 톰슨 교수를 다른 무엇보다도 반박했다.

"농민층에 대한 잘못된 정책"이라는 혐의에 관하여 우리는 이미 농민층에 대한 볼쉐비키당의 정책이 타당하다는 것을 의심의 여지없이 드러내었다. 반복하자면, 농민층에 대한 볼쉐비키 강령은 러시아 혁명의 발전에서 상이한 시기들에 조응하는 다음의 세 개의 구호로 요약될 수 있다. 러시아 인민이 부르주아 민주주의 혁명에 접근하고 있을 때, 그 즉각적인 과제가 짜르 전제의 파괴와 프롤레타리아트와 농민층의 민주주의적 독재가 될 것이었던 임시 혁명정부의 수립이었던 시기에, 볼쉐비키의 구호는 전체 농민층과의 동맹이었다. 두 번째의 시기에, 프롤레타리아트가 10월 혁명에 접근하고 있을 때, 볼쉐비키의 구호는 다음과 같았다: 빈농과의 동맹, 중농을 중립화하고 쿨락들에 반대하여 싸울 것. 세 번째의 시기에, 내전과 간섭전쟁의 끝 무렵에, 프롤레타리아 독재가 공고화되었고 당이 직면하고 있던 과제가 사회주의의 건설이었던 시기에, 이 시기에 당의 구호는 중농층을 중립화하는 것을 목표로 하는 것이 더 이상 아니었다. 이제 구호는 중농과 협정에 도달하는 것이었고, 반면에 한 순간도 쿨락에 대한 투쟁을 포기해서는 결코 안 되었고 굳건하게 오직 빈농에 의지해야 하는 것이었다. 쏘련에서 사회주의가 건설된 것은 이러한 구호를 실행에 옮김에 의해서였다. 볼쉐비키당이 이러한 역사적 성취들을 한 것은 이러한 수단에 의해, 이러한 복잡하지만 과학적이고 명확히 작성된 강령을 따름에 의해서였다.

---

8 이 서문은 이 책의 다른 곳에서 발행되었다.

이러한 명확한 사실들에도 불구하고 그리고 이러한 사실들을 완전히 무시하고서, 우리의 '맑스주의' 비판가들은 볼쉐비키당이 "농민층에 대한 잘못된 정책을" 갖고 있었다고 말한다. 좋다, 신사분들: 여러분이 볼쉐비키당이 "농민층에 대한 잘못된 정책"을 갖고 있었다고 주장할 때 당신들은 무엇을 하려는 것인가? 당신들은 너무 위트가 약해서 당신들이 부하린주의 정책(쿨락들을 포함하여 전체 농민층과의 동맹의) 혹은 뜨로쯔끼주의 정책(농민층과의 동맹의 부정, 심지어 빈농과 중농층조차도)이 올바르다고 말하는 것이 틀림없다는 것을 깨닫지 못한다. 그것이 당신들이 올바르다고 믿는 것이라면(그리고 그 모든 것이 가리키는 것은 당신들이 이러한 관점을 고수한다는 것이다), 그러면 당신의 입장을 공공연하게 말할 용기를 가져라. 당신들이 실제로 '반항해야' 한다면, '무릎을 꿇고서 반항하지' 마라.

그리고 이러한 반동적인 쓰레기들을 입 밖으로 내고서 당신들은 계속하여 중국을 쏘련과 비교하고 전자에 '칭찬'을 퍼부었을 때, 당신들은 중국공산당이 쏘련에서 있었던 것과는 근본적으로 대립적인 노선을 따름에 의해 농민문제에 관해 성공을 달성했다는 것을 단지 암시하고 있다(그리고 다시금 당신들은 이것을 깨닫기에는 너무 위트가 약하다). 그것은 무엇을 의미하는가? 그것은 단지 중국공산당이 농민문제에 대해 부하린주의 혹은 뜨로쯔끼주의를 따랐다는 것을 의미할 수 있을 뿐이다! 당신들의 주장들은 이렇게 논리적으로 엉터리인데, 신사분들, 볼쉐비키당과 쓰딸린을 탄핵하고자 하는 당신들의 열정에서, 당신들은 사실상, 부하린주의적, 혹은 뜨로쯔끼주의적, 반볼쉐비키적 그리고 반쓰딸린주의적 입장들을 그들에게 돌림에 의해 위대한 중화인민공화국, 중국공산당 그리고 마오쩌둥 동지들을 탄핵하고 있는데, 그들 모두는 볼쉐비키당과 쓰딸린 동지에게 커다란 감사의 빚을 지고 있다. 운동에는 당신들이 잠시 동안 유혹할 수 있는 약간의 속이기 쉬운 사람들이 있을 수 있다. 그러나 신사분들이여, 운동에서 혁명적인 맑스-레닌주의자들은 이미 당신들의 부르주아적 거짓말들을 밝혀내기 위해 잘 준비가 되어 있다는 것을 기억하라. 부르주아 야바위꾼들이여, 당신들이 폭로될 것임을 의심하지 않는다.

3. 볼쉐비키당이 농민층에 대한 어떤 정책도 없었다(혹은 잘못된 정

책을 가지고 있었다)는 고발과 관련하여, 우리의 맑스주의자연하는 저자들은 볼쉐비키당에 대한 그들의 고발에 대해 또 하나의 혐의를 추가하는데, 즉 중공업이 농업의 희생으로 발전되었다는 것, 볼쉐비키당은 "다른 모든 것이 그를 위해 희생되어야만 했던 중공업 창출의 우선성을 선택9"했다는 것, "농민층이 … 거대한 공업지대에 재정을 조달하기 위해 필요한 축적을 산출할 수 있는 유일한 요소로서 보였기 때문에 짐을 어깨에 짊어져야만 한다 … "는 것, 그리하여 쏘비에트 농민층이 볼쉐비키 치하에서 착취당했다는 것을 암시하는 것이다. 독자는 당이 농민층을 "군사적 봉건적" 착취에 종속시켰다는 부하린주의자의 고발과 이 혐의의 유사성을 주목할 것이다. 나아가 당의 산업화 정책은 농민층의 혁명으로부터의 소외를 결과한 "정치적, 경제적 그리고 사회적 투쟁"의 원인이었다고 주장된다. 이 고발의 공식이 철저히 기회주의적인 것일지라도, 그 철저하게 줏대 없는 것을 반복하는 것은 가치가 있다. 그것은 다음과 같이 말한다:

"이 정책 결정(중공업에 관하여)은, 일부는(이 '일부'라는 표현은 그들의 기회주의적 표현방식이다. 이 견해에 찬동하면서도 그렇게 말할 뱃심을 지니지 못함을 뜻하는 것이다) 말하기를, 결코 가라앉은 적이 없는 정치적, 경제적 그리고 사회적 투쟁의 근원이었는데—농민들은 결코 혁명을 진심으로 찬동하지 않았다."

볼쉐비키당에 반대하는 위의 반혁명적인 고발들—그것들의 기원을 제국주의 부르주아지의 이데올로그들과 카데츠에게 돌릴 수 있는 고발

---

9 볼쉐비키당은 '선택'하지 않았다. 이 '선택'은 10월 혁명의 외부적 그리고 내부적 조건들에 의해 부과되었다. "러시아의 구제는 농민들의 농장들에서 좋은 수확에만 있었던 것이 아니다—그것은 충분하지 않다—그리고 농민층에게 소비재를 제공하는 경공업의 좋은 조건에만 있었던 것이 아니다—그것은 또한 충분하지 않다. 우리는 또한 중공업을 필요로 한다. 그리고 그것을 좋은 조건에 놓는 것은 많은 기간을 요구할 것이다." 그리고 나아가, "우리가 중공업을 구하지 않는다면, 우리가 그것을 부흥시키지 않는다면, 우리는 어떤 공업도 건설하지 못할 것이고 그리고 그것이 없다면 우리는 독립적인 나라로서는 다함께 파멸할 것이다."(레닌)

들──을 덮기 위하여 우리의 부르주아적 협잡꾼들은 중국을 쏘련과 맞세우고 마오쩌뚱 동지를 레닌 동지와 쓰딸린 동지와 맞세우는 그들의 독특한 부정직한 속임수를 사용한다:

"중국에서", 그들은 주장한다, "1949년 이후로 마오쩌뚱은 쏘비에트 지도자들과 중국 지도부내에서 그들의 지지자들로부터의 많은 반대에도 불구하고 완전히 상이한 길로 그의 당을 이끌었다. '농업'은, 그는 선언했다, '근본이고, 산업은 지도적 요인이다' … "

여기에 이들 반혁명적 주장들에 관한 간략한 언급이 있다:

(a) 중공업

볼쉐비키당이 중공업의 발전의 중요성을 강조한 것은 올바르지 못했는가? 아니다. 그것은 틀림없이 그렇지 않다. 첫 번째 이유는 중공업의 발전에 대한, 특히 기계제작 공업에 대한 강조가 없었다면 쏘련을 중세의 외피로부터 끌어내어 20세기의 현대 세계로 들어가는 것이 불가능했을 것이다. 두 번째 이유는 중공업의 발전이 없었다면 쏘련은 완전히 독립적인 나라로서 출현할 수 없었을 것이다. 왜냐하면 그것은 언제나 제국주의의 경제적 공갈에 종속되었을 것이기 때문이다. 세 번째 이유는 중공업의 토대가 없었다면 쏘련은 국제적 제국주의의 군사적 공격에 맞선 방위산업의 건설과 최초의 사회주의 국가의 국경을 수호하는 데 있어서 결코 성공적일 수 없었을 것이다. 쏘비에트 군사력과 인민이 파시즘이라는 어두운 세력들을 굴복시키는 데에 중공업의 주목할 만한 공헌을 누가 부정할 수 있겠는가? 네 번째 이유는 쏘비에트 중공업의 발전이 없었다면 심지어 쏘비에트 농업조차도 그렇게 많이 발전할 수 없었을 것이다10. 집단농장들이 건전한 기초 위에서 발전될 수 있기 전

---

10   "공업은 농업을 포함한 우리의 전체 국가경제의 주요한 토대라고, 그것은 우리의 후진적인 그리고 분산된 농업체제를 집단화의 기초 위에서 재건하는 것에 대한 열쇠라고 말하는 습관이 있다. 그것은

에, 쏘비에트 공업은 다른 무엇보다도 국영농장들과 집단농장들에게 필수적인 기계류와 기술적 및 과학적 도움을 제공해야 하는 위치에 있어야만 했다. 마지막 이유는 중공업의 발전이 없다면 노동자계급과 농민층 사이에 철에 기초하는 끈을, 개인주의적 농민층을 집단화의 길—사회주의와 공산주의의 길—을 따라 가는 기초를 놓고 전망의 재주조를 촉진하는 유일한 끈을 수립하는 것은 불가능했을 것이다.

우리의 저자들은 완전한 불합리에 빠져 있을 뿐만 아니라, "1949년 이후로 마오쩌뚱은 그의 당을 쏘비에트 지도자들로부터의 많은 반대에도 불구하고 전적으로 상이한 길로 이끌었다 … '농업'은, 그는 선언했다, '근본이고 중공업은 지도적 요인이다' … "라고 그들이 말할 때 고의적이고 악의적인 비방에 빠지고 있는 것이다. 무엇보다도, 중국의 당의 노선에 대한 "쏘비에트 지도자들"로부터의 어떠한 반대가 있었다는 것은 진실이 아니다. 중국정책 연구그룹에 의해 대표되는 유형의 부르주아 본부로부터 때때로 발산되는 주장들과는 별도로, 이것에 대한 가장 사소한 증거도 없다. 둘째로, 중국공산당은 고찰 중인 문제에 관해 볼쉐비키당이 따랐던 길과 "완전히 상이한" 것은 말할 것도 없고, 상이한 길을 따르지도 않았다. 이것은 우리의 위트가 약한 부르주아 저자들이 "농업이 근본이고 공업은 지도적 요인이다"라는 마오쩌뚱 동지의 말을 승인하면서 인용할 때조차 인정된다. 그것은 무엇을 의미하

완전히 진실이다. 그러한 입장으로부터 우리는 한 순간도 후퇴해서는 안 된다. 그러나 공업이 주요한 토대인 반면에, 농업이 공업의 생산물을 흡수하는 시장으로서 그리고 원료들과 식량의 공급자로서, 뿐만 아니라 우리의 국가경제의 필요를 위한 기계류를 수입하기 위해 필수적인 수출품들의 원천으로서, 공업의 발전을 위한 기초를 구성한다는 것을 또한 명심해야 한다. 우리가 공업을 위한 농업적 토대를 제공함이 없이, 농업을 재건하고 그것을 공업의 수준으로까지 끌어올리는 것 없이 농업을 완전히 기술적인 후진성의 상태로 남겨둔 채로 공업을 전진시킬 수 있는가? 아니다. 우리는 할 수 없다."
"그리하여 농업에 대해 새로운 기술적 기초 위에서 그것의 재건을 촉진하고 증진시키기 위해 필수적인 최대한의 생산의 도구들과 수단들을 공급하는 과제가 나온다. 그러나 이 과제의 달성을 위해서 우리의 공업의 발전의 빠른 속도가 필수적이다."
쓰딸린, "나라의 공업화와 쏘련공산당(볼)에서 우익적 일탈", 1928년 11월 19일, 쏘련공산당(볼)의 중앙위원회 전체회의에서 행한 연설, 저작집 11권.

는가? 그것은 공업의 건설에 우선을 두는 것, 특히 기계제작 공업에 대한 강조와 함께 중공업에 우선을 두는 것을 의미한다. 오지 이러한 공업만이 "지도적 요인"이 될 수 있고 오직 이러한 공업만이 공업과 농업의 발전에서 "지도"할 수 있고 나라를 발전과 번영의 길로 끌고 갈 수 있다. 오직 이러한 공업만이 나라를 외국의 제국주의에 대한 의존으로부터 해방시킬 수 있다. 그리고 오직 이러한 공업만이 집단주의와 공산주의의 노선을 따르는 농민층의 전망을 재주조하고 계급들의 폐지의 방향으로 인도할 수 있는, 노동자계급과 농민층 사이의 끈—동맹—의 기초가 될 수 있다. 농민들의 전망을 변화시키는 것에 대한, 그리고 그들을 획득하는 것에 대한 다른 어떤 생각도 농민철학자연하고 이론화하는 것에 대한 시도들일 뿐이고 맑스-레닌주의와 어떤 공통점도 없다. 그리하여 우리의 저자들이 마오쩌둥 동지를 승인과 함께 인용할 때, 그들은 그것을 깨달음이 없이 볼쉐비키당과 혹은 쓰딸린 동지에 대한 반대가 아니라 자신들에 반대하여 그를 인용하고 있는 것이다! 우리의 부르주아 비판가들은 쓰딸린 동지를 공격하려고 시도했다. 그들은 자신들을 공격하는 것으로 끝을 맺었다. 우리는 기회주의자들이 혁명가들에 의해 얼굴을 철썩 맞고 있는 장관을 앞서 목격했다. 우리는 이전에 기회주의자들이 자신들의 얼굴을 공개적으로 철썩 때리는 진정으로 놀라운 장관을 목격한 적이 없는데, 이 때문에 우리의 저자들은 칭찬과 감사를 받을 가치가 있다.

  우리의 저자들이 쏘련이 했으면 하는 것은, 국제적 독점자본주의가 쏘련이 했으면 하는 것과, 즉 그것의 중공업을 발전시키지 않고 후진적인 채로 남아 있고 경제적으로 의존하고, 군사력이 약하고, 그리고 시간의 경과 속에서 '쏘비에트' 부르주아지(즉 쿨락들)와 국제적인 자본주의의 결합된 힘에 의해 전복되는 것과 전혀 다르지 않다는 것은 위로부터 똑같이 명백하다. 왜냐하면 쏘련이 나라 내부의 자본주의적 세력들을 극복함에 의해 쏘련에서 사회주의 건설에, 그것 없이는 반파시스트 전쟁에서 영광스러운 승리를 달성할 수 없었던 사회주의 건설에 우선을 두지 않았다면, 20차 당대회 오래 전에 자본주의로 되돌아가는 과정은 시작되었을 것이기 때문이다. 이제 우리의 저자들이 누구의 편인가는 완전히 명백하다.

(b) 농민층과 내부적 축적

우리의 저자들에 의하면 "농민층이, 실천적으로 아무 것도 없는 것으로부터 빠르게 창출될 필요가 있었던 거대한 공업적 토대에 재정을 조달하기 위한 필수적 축적을 산출할 수 있는 유일한 요소로 보였기 때문에, 그들의 어깨에 짐을 짊어져야만 했던 것은 농민층이었다. 이 정책 결정은, 일부는(악명 높은 '일부'는 저자들 스스로 이러한 견해를 갖고 있다는 것을 암시한다) 말할 것인데, 결코 가라않은 적이 없었던 정치적, 경제적, 그리고 사회적 투쟁의 근원이었다―농민층은 혁명에 진심으로 동의한 적이 결코 없었다."

토를 달자면:

첫째로, 농민층이 필요한 축적을 산출할 수 있는 유일한 요소로 "보였다"는 것은 올바르지 않다. 진실은 필요한 축적을 할 수 있었고 실제로 했던 두 개의 주요한 근원, 즉 노동자계급과 농민층이 있었다는 것이다. 쓰딸린이 지적한 대로:

> "자본주의 나라들에서 공업화는 주요하게, 다른 나라들을 강탈함에 의해서, 식민지와 패전 국가들을 강탈함에 의해서, 혹은 외국으로부터 풍부하고 다소간 노예화시키는 대부들의 도움에 의해 대개 영향을 받았다."
>
> ≪저작집 11권≫, p. 165.

그리고 나아가:

> "우리나라가 자본주의 나라들과 다른 하나의 측면은 그것이 식민지적 강탈 혹은 일반적으로 다른 나라들의 수탈에 종사할 수 없고 그래서도 안 된다는 것이다. 그리하여 그 길은 우리에게 제외되어 있다."
>
> "그러나 외국으로부터 노예화시키는 대부를 우리나라는 가져서도 안 되고 원하지도 않는다. 결과적으로 그 길은 또한 우리에게 닫혀 있다."
>
> "그러면 무엇이 남아 있는가? 오직 하나의 것 그리고 그것은 공업을 … 내부적 축적들의 도움으로 발전시키는 것이다."
>
> 앞의 책, p. 166.

"그러나 이러한 축적들의 주요한 원천은 무엇인가? … 두 개의 원천들이 있다: 첫째로, 가치를 창조하고 우리의 공업을 전진시키는 노동자계급, 두 번째는 농민층이다."

앞의 책, p. 167.

농민층은 국가에 대개의 세금들을 지불함에 의해서뿐만 아니라 공업제품에 대해 상대적으로 높은 가격들을 지불함에 의해서, 그리고 농업생산물에 대해 낮은 가격으로 지불받음에 의해서 내부적인 축적에 공헌했다. 이것은 당시의 쏘련의 환경하에서 불가피했다. 그러나 쏘비에트 농민층이 이 짐을 질 수 있는 위치에 있었는가 혹은 참을 수 없는 짐이었는가 그리고 노동자계급에 의해 농민층이 착취당하고 있었는가 하는 의문이 떠오른다. 쏘비에트 농민층이 이 짐을 완벽하게 질 수 있었다는 것은 의문의 여지없이 진실이다. 여기에 쓰딸린 동지가 이 문제에 대해 답변한 것이 있다:

"농민들은 이 짐을 질 수 있는가? 그들은 의문의 여지없이 그러하다: 첫째로 이 짐은 해가 갈수록 가벼워질 것이기 때문에, 둘째로 이 추가적인 세금은, 농민층의 대중들이 빈곤과 착취로 저주받은 자본주의 발전의 조건하에서가 아니라, 사회주의 국가에 의한 농민층의 착취가 전혀 없는 그리고 농민층의 생활수준이 견고하게 상승하고 있는 쏘비에트 조건들하에서 징수되고 있다는 것이다."

앞의 책, pp. 168-169.

(c) 경공업과 중공업 사이의 관계

"경공업은", 우리의 반동적이고 무지한 저자들은 주장한다, "결코 실행된 적이 없고 농민층과 노동자계급의 짐을 더는 데 그것이 적절한 공헌을 하는 것이 허용되지 않았다." 실제적인 역사 대신에 그 자신의 역사를 창조하려는 데 열중하지 않는 사람에게는 누구나 쏘련의 실제적 역사에 대한 지속적인 연구는 말할 것도 없고 가장 조잡한 읽기를 하기만 해도 쏘련이 농민층의 개인적 필요를 만족시키는 것에 기초한 끈을 노동자계급과 농민층 사이에 수립함에 의해 시작했다는 것을 보여준다. 신경제정책NEP의 최초의 단계는 그 끈의 이 측면에 대한 강조에 의해 특징지어지는데, 왜냐하면 이것이, 도시와 농촌 사이의 거래를 재생시키기 위한, 개인적 농민 농장을 두발로 세우고 그것을 강화하기 위한, 도시들이 필요한 농산물을 얻을 수 있도록 보장하기 위한 유일한 길이었기 때문이다. 이 모든 것은 당시에, 즉 도시와 농촌 사이에 거래를 재생시키기 위해서, 한편으로는 공업을 부흥시키고 다른 한편으로는 개인적 농장을 강화하는 것이 필요했던 때에 필수적인 것이었다. 그러나 이것은 여러 차례 지적되었듯이 영원히 지속될 수 없었다. 노동자계급과 쏘비에트 농민층 사이의 끈은 농민층의 개인적 필요물들을 만족시키는 것에 배타적으로 기초할 수 없었다. 쏘련이 농민층의 전망을 재주조하고 사회주의를 건설하려 한다면, 그것은 궁극적으로 금속에 기초해야만 했다. 물론 부하린주의 기회주의자들은 중국정책 연구그룹이 하듯이, 경공업이 노동자계급과 농민층 사이의 끈을 수립하는 것의 수단으로서 배타적으로 사용되어야 한다는 것을 옹호했다. 여기에 쓰딸린 동지가 부하린주의자들에게 대답한 것이 있다―중국정책 연구그룹의 부하린주의적 헛소리를 반박하기에 충분한 것 이상인 답변.

"두 번째 질문은 중농과의 끈의 문제에 관련된다―끈의 목적들과 그것을 실행하는 수단의 문제."

"그것은 일부 동지들이 도시와 농촌 사이의, 노동자계급과 농민층의 주요 대중 사이의 끈은 배타적으로, 직물들에, 농민층의 개인적 필요물들을 만족시키는 것에 기초한다고 말하는 것으로부터 따라 나온다. 이것은 진실인가? 동지들, 그것은 전혀 진실이 아니다. 물론 직물에 대한 농민들의 개인적 필요물을 만족시키는 것은 거대한 중요성이 있다. 그것은 우리가 새로운 조건들에서 농민층과의 끈을 수립하기 시작하는 방식이다. 그러나 이러한 이유들로 인해서 직물에 기초한 끈이 문제의 시작이고 끝이라고, 농민들의 개인적 필요물들을 만족시키는 것에 기초한 끈이 노동자계급과 농민층 사이의 경제적 동맹의 모든 것을 포괄하는, 혹은 주요한 토대라고 주장하는 것은 가장 심각한 오류를 범하는 것이다. 실제적으로 도시와 농촌 사이의 끈은 농민들의 개인적 필요물들을 만족시키는 것뿐만 아니라, 직물뿐만 아니라, 농업 생산물들의 생산자로서 농민들의 경제적인 필요물들을 만족시키는 것에 기초하고 있다."

"우리가 농민들에게 주는 것은 면직물만이 아니다. 우리는 또한 그들에게 모든 종류의 기계, 씨앗, 쟁기, 비료 등을 주는데 그것들은 농민의 농장의 전진과 사회주의적 변혁을 위하여 가장 심대한 중요성이 있다."

"그리하여 끈은 직물에만 기초하는 것이 아니라 금속에도 기초하고 있다. 이것이 없다면 농민층과의 끈은 불안정할 것이다."

"어떠한 방식에서 직물에 기초한 끈과 금속에 기초한 끈이 다른 것인가? 직물에 기초한 끈은 농민 농장의 생산의 측면에 대해 상대적으로 작은 정도만 영향을 주거나 아니면 영향을 줌이 없이 농민들의 개인적 필요물들에 관련되지만, 반면에 금속에 기초한 끈은 주요하게 농민 농장의 생산의 측면에 관계되고, 그것을 개선하고, 그것을 기계화하고, 그것을 더 수지맞게 하고, 분산된 그리고 소규모의 농민 농장들을 대규모로 사회적으로 수행되는 농장으로 통합하는 길을 닦는 것이라는 사실에서 우선적으로 차이점이 존재한다."

"끈의 목적이 계급들을 보전하는 것, 특히 농민 계급을 보전하는 것이라고 생각하는 것은 잘못일 것이다. 동지들, 그것은 그렇지 않다. 그것은 끈의 목적이 전혀 아니다. 끈의 목적은 우리의 전체 발전의 지도자인 노동자계급에게 농민층을 더 가깝게 데려가는 것, 동맹에서 지도적 세력인 노동자계급과 농민층의 동맹을 강화하는 것, 집단주의 노선을 따라 점차적으로 농민층, 그것의 정신 그리고 그것의 생산을 재주조하는 것, 그리고 이리하여 계급들의 폐지를 위한 조건들을 발생시키는 것이다."

"끈의 목적은 계급들을 보전하는 것이 아니라 그것들을 폐지하는 것이다. 직물에 기초한 끈은 농민 농장의 생산의 측면에 거의 영향을 주지 않고, 그리하여 일반적으로 말하면 집단주의 노선을 따르는 농민층의 재주조를, 그리고 계급들의 폐지를 결과하지 않는 반면에, 금속에 기초한 끈은 반대로 우선적으로 농민 농장의 생산의 측면에, 그것의 기계화와 그것의 집단화에 영향을 주고 그리고 바로 이러한 이유 때문에 농민층의 점차적인 재주조를, 농민 계급을 포함한 계급들의 점차적인 제거를 결과한다."

"일반적으로, 농민, 그의 정신, 그의 생산이, 노동자계급의 정신에 그의 정신을 더 가깝게 가져가는 노선과 생산의 사회주의적 원칙의 노선들을 따라 어떻게 재주조되고 재형성되는가? 이것은 무엇을 요구하는가?"

"첫째로 그것은 농민 대중들 사이에서 집단주의를 위한 가장 광범한 선동을 요구한다."

"두 번째로, 그것은 상호협동적인 공동체적 생활을 심는 것 그리고 수백만의 농민 농장들에게 우리의 상호협동적인 공급과 시장 조직들의 더 폭넓은 확장을 요구한다. 만약에 우리의 협동조합들의 광범한 발전이 없었다면, 우리는 현재의 시기에 농민들 사이에서 우리가 목격하고 있는 집단농장 운동의 방향으로 진행을 하지 못했을 것이다. 왜냐하면 공급과 시장 협동조합들의 발전은 우리의 조건들에서 집단농장으로 건너가기 위해 농민들을 준비시키는 수단이기 때문이다."

"그러나 이 모든 것은 농민층을 재주조하기에 충분한 것과는 거리가 멀다. 농민층을 사회주의 노선에 따라 재주조하기 위한 주요한 힘은 농업에서 새로운 기술적 수단, 농업의 기계화, 집단적인 농민 노동 그리고 나라의 전기화에 있다."

"여기에 레닌이 언급되었고 농민 농장과의 끈에 관한 단락이 그의 저작들로부터 인용되었다. 그러나 레닌을 전체로서 취하기를 바라는 것 없이 레닌을 부분적으로 취하는 것은, 레닌을 잘못 이해하는 것이다. 레닌은 직물상품들에 기초한 농민층과의 끈은 매우 중요한 문제라는 것을 충분히 인식하고 있었다. 그러나 그는 거기에서 멈추지 않았는데, 왜냐하면 이것들과 나란히 그는 농민층과의 끈은 또한 금속에, 농민에게 기계들을 제공하는 것에, 나라의 전기화에, 즉 농민 농장을 집단주의 노선에 따라 재형성하고 재주조하는 것을 촉진하는 모든 것들에 기초해야만 한다고 주장했기 때문이다."

"예를 들면 레닌으로부터 다음의 인용을 들어보시오."

"'소규모 근로자의 재형성, 그의 전체적인 정신과 습관들의 재주조는 몇 세대에 걸치는 작업이다. 소규모 근로자에 관해 말한다면, 말하자면, 오직 물질적 토대에 의해서만, 기술적 수단에 의해서만, 농업에 대규모로 트랙터와 기계들을 도입함에 의해서만, 대규모로 전기화함에 의해서만 이 문제는 풀릴 수 있고 그의 전체적인 정신은 건강한 노선을 따를 수 있다. 그것은 소규모 근로자를 근본적으로 그리고 거대한 속도로 재형성할 것이다.'"

≪저작집 26권≫, p. 239.

"매우 명백하게도, 만약에 직물에 기초한 그 끈이 금속에 기초한 끈에 의해 보충되지 않는다면, 노동자계급과 농민층 사이의 동맹은 견고하게 지속될 수 없고, 농민층을 점차적으로 재주조한다는, 그들을 노동자계급에게 더 가깝게 데려간다는, 그리고 그들을 집단주의 노선들에 놓는다는 목적을 달성할 수 없다."

"그것이 레닌 동지가 그 끈을 이해한 방식이다."

독자는, 희망하건대, 이 긴 인용을 용서할 것이다. 중국정책 연구그룹과 같은 다양한 부르주아적인 조직들이 다양한 '좌익'적 복장하에, 노동자계급 운동에서 사람들의 머리를 채우려 하는 반동적인 쓰레기를 폭로하기 위하여 그것은 필요했다. 영국에서 노동자계급운동이 다소간 이론적으로 무지할 뿐 아니라 프롤레타리아 운동에서 누구나에게 일반적으로 잘 알려진 진실이어야 하는 것에 대해서도 무지하기 때문에 이 반동적인 쓰레기를 폭로하는 것이 더욱더 필요하다. 쓰딸린 동지의 위에서 인용된 언급으로부터 한 가지는 확실한데, 즉 그것은 쏘련이 경공업을 발전시킬 것인지 아닌지, 그것이 경공업을 "실행에 옮길지" 허용해야 하는지 마는지에 관한 문제가 아니었고, 그것은 차라리 쏘련이 경공업을 배타적으로 발전시켜야 하는지 혹은 심지어 그것의 공업을 경공업에 강조를 두고 발전시켜야 하는지에 관한 문제이다. 물론, 쏘련은 광범위한 경공업을 발전시켰다[11], 왜냐하면 그것은 노동자계급과 농민층 양 자의 개인적 필요를 만족시키는 유일한 길이었기 때문이다. 확실히 중국정책 연구그룹은 30년대에 쏘비에트 인민이 강철을 먹고 살거나 금속들, 수력 발전소 등을 먹고 살았다고 주장하고 있는 것은 아니다. 아니다, 사실은 노동자계급과 농민층의 생활수준이 그 기간 동안에 견고하게 상승했고 이것은 오직 중공업에 더하여 경공업이 또한 광범위한 규모로 발전되었을 때에만 발생할 수 있었다는 것이다.

---

11 1913-1937년 사이에 대규모 공업의 생산에 관한 수치이다.

년도	생산재	소비재
1913	4.7	6.3
1917	3.7	3.2
1920	0.9	0.8
1928	7.8	9.0
1932	21.7	17.2
1937	53.3	36.9

(단위는 10억 루블이고 1926/7년의 고정가격이다.)

그러나 경공업의 발전에 더하여, 쏘련은 중공업을 건설할 뿐만 아니라 그것에 우선을 두었고, 특히 그것의 기계제작 부분에 우선을 두었다. 이것이 없었다면, 쏘련은 사회주의 건설에서, 국제 제국주의 부르주아지의 결합된 힘에 맞선 사회주의 조국의 방어에서, 그리고 파시즘을 패배시키고 인류를 파시스트 무리로부터 해방시키는 것에서, 진정으로 거대하고 거의 기적 같은 성취들을 결코 달성할 수 없었을 것이다. 이러한 쏘련 측에서의 영광스런 성취들은—그것은 동시에 국제 노동자계급 운동의 영광스러운 성취들이다—중국정책 연구그룹의 일반적인 부르주아지를 포함하는 일반적인 부르주아들이 좋아하는 것이 아니다. 이 성취들은 이 사람들이 매우 많이 증오하는 것이다. 그러나 그들이 싫어하는 것에도 불구하고, 경제적, 정치적, 사상적, 문화적 그리고 군사적 전선에서 쏘련의 영광스러운 승리들은 세계 프롤레타리아 운동의 전진에, 세계 부르주아지의 최종적인 패배에 측량할 수 없는 공헌을 했다. 그들은 공산주의 운동에 지워지지 않는 표시를 남겼고 그것들은 중국정책 연구그룹에 의해 대표되는 유형의 부르주아 저술가들과 코흘리개들의 저열한 헐뜯음에 의해 결코 지워질 수 없다.

(d) 공업화의 속도

공업 특히 생산수단 생산의 발전의 속도가 쏘련에서 너무 빨랐다는 비난이 종종 쓰딸린과 쏘련공산당(볼)에게 퍼부어진다. 이러한 비난은 중국정책 연구그룹의 대개의 비겁하고, 모호하고, 둘러대는 방식의 그리고 무정형의 방식으로 위에서 인용된 언급들에서 또한 암시된다. 그리하여 이 비난의 타당성에 관한 문제가 떠오른다. 쏘련이 보다 늦은 속도로, 혹은 쓰딸린이 물었듯이 "보다 '편안한' 분위기에서" 공업화의 작업을 수행할 수 있었는가? "공업의 빠른 발전 속도는 정치국과 인민위원회 인민위원들의 휴식이 없는 성격 탓인가?" 쓰딸린은 이리하여 이 문제에 답하기 위해 계속 나아간다:

"물론 아니다! 정치국과 인민위원회 인민위원들의 성원들은 차분하고 침착한 사람들이다. 추상적으로 말해서, 즉 우리가 외부적 및 내부적 상황들을 무시한다면, 우리는 물론 보다 늦은 속도로 작업을 수행할 수 있었다. 요점은, 첫째로, 우리는 외부적 및 내부적 상황을 무시할 수 없고 그리고 둘째로, 우리가 주위의 상황을 우리의 출발점으로서 삼는다면 우리 공업의 빠른 발전 속도를 지시하는 것은 바로 이러한 상황이라는 것이 인정되어야만 한다는 것이다."

쓰딸린 ≪저작집 11권≫,
<나라의 공업화와 쏘련공산당(볼)에서 우익적 일탈>

그리고는 쓰딸린은 쏘비에트에게 빠른 속도로 공업을 발전시킬 것을 요구했던 외부적 및 내부적 조건들에 대한 검토로 넘어간다. 그는 이러한 빠른 속도를 지시하는 주요한 조건들로서 다음을 열거한다:

외부적 조건들

(i) 볼쉐비키들은 독일, 영국 그리고 미국 등과 같은 당시의 선진적인 자본주의 나라들과 비교할 때 기술적으로 그리고 공업적으로 후진적이었던 나라에서 권력을 떠맡았다. 그러나 쏘련의 정치체제─쏘비에트 체제─는 세계에서 가장 선진적인 체제였다. 그래서 한편으로는 선진적인 정치체제와 다른 한편으로는 후진적인 공업 및 기술 사이의 모순이 있었다. 이 모순이 존재하는 한 쏘련에서 사회주의의 승리를 달성하는 것은 불가능했다. 그래서 이 모순에 종지부를 찍기 위해 이루어져야 했던 것은 무엇인가?

"그것을 끝내기 위해 우리는 발전한 자본주의 나라들의 선진적 기술을 따라잡고 능가해야 한다. 우리는 새로운 정치체제를 수립한다는 의미에서 선진적인 자본주의 나라들을 따라잡고 능가했다. 그러나 그것은 충분하지 않다. 우리나라에서 사회주의의 최종적인 승리를 확보하기 위해, 우리는 이들 나라들을 또한 기술적으로 그리고 경제적으로 따라잡고 능가해야 한다. 우리가 이것을 하든지, 아니면 우리는 궁지에 몰릴 것이다."

레닌 동지의 말로써 같은 것을 말하자면:

"혁명의 결과는 러시아의 정치체제가 몇 달 만에 선진적 나라들의 그것을 따라잡았다는 것이다. 그러나 그것은 충분하지 않다. 전쟁은 무정하다. 그것은 무자비한 가혹함으로 선택을 제기한다: 멸망할 것인가 혹은 선진적인 나라들을 또한 경제적으로 따라잡고 능가할 것인가 … 멸망할 것인가 혹은 전속력으로 질주할 것인가. 이것이 역사가 제시하고 있는 것이다."

(ii) 공업의 발전의 빠른 속도가 없었다면, 방위를 위한 적절한 공업적 기초가 창출될 수 없었고 그리하여 쏘련의 독립은 유지될 수 없었다.

(iii) 공업의 빠른 발전 속도의 문제는, 쏘련이 독일처럼 높은 수준으로 발달된 공업과 기술을 갖고 있었다면, 그리고 동일한 예를 들자면 쏘련의 국가경제에서 공업의 상대적 중요성이 독일과 같은 수준이었다면, 실제로 그러했던 것처럼 첨예한 문제로 쏘련에 제기되지 않았을 것이다.

(iv) 쏘련은 자본주의의 포위라는 조건에서 세계에서 존재하는 유일한 사회주의 국가였다:

"공업의 발전의 빠른 속도의 문제는, 우리가 프롤레타리아 독재의 유일한 나라가 아니라 그러한 나라들 중의 하나였다면, 우리나라에서만이 아니라 말하자면 독일과 프랑스처럼 다른 더 선진적인 나라들에서도 프롤레타리아 독재가 있었다면, 우리에게 그렇게 첨예하지는 않았을 것이다."

쓰딸린, 앞의 책.

나아가:

"템포를 약간 늦추고 운동을 억제하는 것이 가능하지 않은가라고 이따금 질문이 제기된다. 아니다, 동지들, 그것은 가능하지 않다! 템포는 감속되어서는 안 된다. 반대로 우리는 우리의 힘과 가능성의 한도 내에서 그것을 증대시켜야 한다. 이것은 쏘련의 노동자들과 농민들에 대한 우리의 의무에 의해 우리에게 지시되고 있다."

"템포를 느슨하게 하는 것은 뒤처지는 것을 의미한다. 그리고 뒤처지는 사람들은 패배할 것이다. 아니다, 우리는 패배를 거부한다! 구 러시아의 역사의 하나의 특징은 그것의 후진성 때문에 당한 계속적인 패배였다. 몽골의 칸들에게 패배했다. 터키의 통치자들에게 패배했다. 스웨덴의 봉건적 지주들에게 패배했다. 폴란드와 리투아니아 향신들에게 패배했다. 영국과 프랑스의 자본가들에게 패배했다. 일본의 귀족들에게 패배했다. 모두가 구 러시아를 패배시켰는데—그 후진성 때문에, 군사적 후진성, 문화적 후진성, 정치적 후진성, 공업적 후진성, 농업적 후진성 때문이었다. 그들은 구 러시아를 패배시켰는데, 그렇게 하는 것이 이익이 되었고 무사히 그렇게 할 수 있었기 때문이었다. 여러분은 혁명전의 시인의 말을 기억하고 있다: '당신은 가난하지만 풍족하고 강하지만 무력하다, 조국 러시아여.' 그 신사들은 그 옛날 시인의 시와 매우 친숙했다. 그들은 '당신은 풍족하다', 그래서 누군가가 당신을 희생시켜 스스로를 부유하게 할 수 있다고 말하면서 구 러시아를 패배시켰다. 그들은, '당신은 가난하고 무력하다', 그리하여 당신은 패할 수 있고 아무 일없이 약탈될 수 있다고 말하면서 구 러시아를 패배시켰다. 이런 것이 착취자들의 법칙이다—후진적인 사람과 약자를 패배시키는 것. 그것이 자본주의의 정글의 법칙이다. 당신은 후진적이고, 당신은 약하다—그렇기 때문에 당신은 틀린 것이다. 그렇기 때문에 당신은 패할 수 있고 노예화될 수 있다. 당신은 강하다—그렇기 때문에 당신은 올바르다. 그리하여 우리는 당신에 대해 방심해서는 안 된다."

"그것이 우리가 더 이상 뒤쳐져서는 안 되는 이유이다12."

"과거에 우리는 조국이 없었고 가질 수도 없었다. 그러나 지금 우리는 자본주의를 타도했고 권력은 우리의 손에, 인민의 손에 있고 우리는 조국을 갖고 있고 그리고 우리는 그것의 독립을 유지할 것이다. 당신은 우리의 사회주의 조국이 패배하고 독립을 잃기를 원하는가? 당신이 이것을 원하지 않는다면, 당신은 가능한 가장 짧은 시간에 후진성에 종지부를 찍고 사회주의 경제를 건설하는 데 있어서 진정한 볼쉐비키적 템포를 발

---

12 부르주아 저술가들은, 주장하는 바에 의하면, 쓰딸린의 민족주의와 프롤레타리아 국제주의의 결여를 강조하려는 목적을 위하여 이 지점에서 이 인용을 대개 끊어버리고 그리하여 그것을 맥락으로부터 절단한다. 이러한 매우 영리하지 못한 협잡을 폭로하기 위해서, 우리는 그 인용을 전체적으로 재생하면 된다.

전시켜야 한다. 다른 어떤 길도 없다. 그것이 레닌이 10월 혁명의 전야에 다음과 같이 말한 이유이다: '멸망할 것인가 아니면 선진적인 자본주의 나라들을 따라잡고 능가할 것인가.'"

"우리는 선진적인 나라들에 50년 혹은 백년을 뒤쳐졌다. 우리는 10년 안에 이러한 거리를 따라잡아야 한다. 우리가 그것을 하든가 아니면 우리는 굴복하게 될 것이다."

"그것이 쏘련의 노동자와 농민들에 대한 우리의 의무들이 우리에게 지시하는 것이다."

"그러나 우리는 아직 다른, 더욱더 심각하고 더욱더 중요한 의무가 있다. 그것은 세계 프롤레타리아트에 대한 우리의 의무이다. 그것은 쏘련의 노동자와 농민들에 대한 우리의 의무와 일치한다. 그러나 우리는 그것(세계 프롤레타리아트에 대한 의무-역자)을 더 높이 위치지운다. 쏘련의 노동자계급은 세계 노동자계급의 부분이다. 우리는 쏘련의 노동자계급의 노력을 통해서만 승리를 달성한 것이 아니라 또한 세계의 노동자계급의 지지 덕분으로 달성했다. 우리나라는 모든 나라들의 프롤레타리아트의 돌격대라고 말해진다. 그것은 좋은 것이다. 그러나 그것은 우리에게 매우 심각한 의무들을 부과하는 것이다. 왜 국제 프롤레타리아트는 우리를 지지하는가? 우리는 어떻게 이 지지를 받을만 했는가? 우리가 자본주의에 반대하는 전투에 스스로를 던진 최초의 사람들이었다는, 우리가 노동자계급의 국가권력을 수립한 최초의 사람들이었다는, 우리가 사회주의 건설을 시작한 최초의 사람들이었다는 사실에 의해서이다. 성공을 한다면, 전 세계를 변혁하고 전체 노동자계급을 자유롭게 할 대의에 우리가 기초하고 있다는 사실에 의해서이다. 그러나 성공을 위해 무엇이 필요로 되는가? 우리의 후진성의 제거, 건설에 대한 높은 볼쉐비키적 템포의 발전. 우리는 이러한 길로 행진해나가야만 하는데, 우리를 보고 있는 전 세계의 노동자계급이 다음과 같이 말할 것이다: 거기에서 당신은 나의 선진적 분견대, 나의 돌격대, 나의 노동자계급 국가권력, 나의 조국을 가지고 있다. 그들은 그들의 대의, 우리의 대의에 기초하고 있고 그들은 잘 활동하고 있다. 자본가들에 맞선 그들을 지지하고 세계혁명의 대의를 증진시키자. 우리는 세계의 노동자계급의 희망의 정당함을 증명해야만 하지 않는가? 우리는 그들에 대한 우리의 의무들을 충족시켜야만 하지 않는가? 그렇다, 우리는 스스로 완전히 불명예스럽게 되기를 원하지 않는다면 해야만 한다."

≪저작집 13권≫, pp. 40-42.

쓰딸린에 대해 완전히 편견을 갖고 있는 아이작 도이처는 쓰딸린에 대한 그의 전기에서 제2차 세계대전에서 쏘비에트의 승리를 기초했던 요인들에 관하여 다음과 같이 인정해야만 했다:

"진실은 전쟁이 러시아의 그리고 특히 동부 지방의 집중적인 공업화가 없었다면 승리할 수 없었다는 것이었다. 그것은 또한 많은 수의 농장들의 집단화가 없었다면 승리할 수 없었을 것이다. 트랙터 혹은 다른 어떤 기계를 운전해 본 적이 결코 없는 1930년의 농민은 현대전에서 거의 쓸모가 없었을 것이다. 전국에 산재해 있는 기계—트랙터 기지들을 가진 집단화된 농장은 기계화된 전쟁을 위한 농민들의 예비학교였다. 교육의 평균수준의 빠른 상승은 적군Red Army이 지적인 장교들과 병사들의 커다란 예비를 끌어내는 것을 가능하게 했다. '우리는 선진적인 나라들에 비해서 50년 혹은 백년이 뒤처졌다. 우리는 이러한 뒤처짐을 10년 안에 따라잡아야 한다. 우리가 그것을 하든가 혹은 그들이 우리를 분쇄하든가'— 그렇게 쓰딸린은 히틀러가 러시아를 정복하기 시작하기 정확히 10년 전에 말했다. 그의 말은, 지금 회상해보면, 사람들에게 찬란하게 충족된 예언으로서, 가장 시의적절한 행동에의 요구로서 인상을 주지 않을 수 없었다. 그리고 물론, 러시아의 현대화에서 몇 년 만 지체가 있었더라도 승리와 패배 사이에서 전혀 다른 결과를 만들어냈을 것이다."

아이작 도이처, ≪쓰딸린: 정치적 전기≫, 런던, 펠리칸, 1966. p. 535.

내부적 조건들

(i) 쏘비에트 농업의 후진성은 공업의 빠른 발전 속도를 요구하였다. 그것이 없었다면 쏘비에트 농업을 새로운 기술적 기초, 대규모 생산의 기초 위에 놓는 것은 불가능하였다.

(ii) 공업에서 빠른 발전 속도가 없었다면, 농민들의 소규모 상품 경제를 폐지하는 것이 불가능하였을 것이고 "자본주의의 뿌리를 뽑아내는 것"이, 그리고 "내부적 적의 토대, 기초를" 침식하는 것이 불가능하

였을 것이다.

"우리가 소농민의 나라에서 살고 있는 한, 러시아에서는 공산주의보다는 자본주의를 위한 보다 확실한 기초가 있다. … 우리는 자본주의의 뿌리를 뽑아내지 못했고 그리고 우리는 내부적 적의 토대, 기초를 침식하지 못했다. 후자는 소규모 생산에 의존하고 있는데, 그리고 그것을 침식하는 유일한 하나의 길이 있는데, 즉 농업을 포함한 나라의 경제를 새로운 기초, 현대의 대규모 생산의 기초 위에 놓는 것이다. 그리고 이러한 기초가 되는 것은 오직 전기(電氣)이다. 공산주의는 쏘비에트 권력 더하기 나라 전체의 전기화이다."

나아가:

"우리가 10-20년 내에 전기화를 한다면, 그러면 소규모 경작자의 개인주의, 그리고 그가 지역적으로 거래하는 자유는 조금도 두려운 것이 아니다. 우리가 전기화를 하지 못한다면, 자본주의로의 복귀는 어쨌든 불가피할 것이다."

레닌, <물품세>

그리고 더욱더 나아가:

"10년 혹은 20년 동안 농민층과 올바른 관계를 유지하면, 그러면 세계적 규모에서 승리는 보장된다(심지어 성장하고 있는 프롤레타리아 혁명들이 지연될지라도), 그렇지 않으면 20-40년간의 백위대 테러리즘의 고통이 있을 것이다."

(iii) 공업의 빠른 발전 속도는 농업을 새로운 기술적 기초, 대규모 생산의 기초 위에 놓는 그것의 능력과 더불어, 집단주의 노선을 따라 농민층의 개인주의적 전망을 재주조하기 위한 유일한 물질적 기초를 제공했다. 왜냐하면 레닌이 말하기를:

"소규모 경작자의 재형성, 그의 전체 정신과 습관들의 재주조는 수 세대에 걸치는 작업이다. … 이 전체적인 정신 상태는 말하자면, 물질적 토대에 의해서만, 기술적 수단에 의해서만, 농업에서 대규모로 트랙터와 기계들을 도입함에 의해서만, 대규모의 전기화에 의해서만 건강한 노선들 위에 놓일 수 있다. 그것이 소규모 경작자를 근본적으로 그리고 거대한 속도로 재형성하는 것이다."

그것이 "농민층과의 올바른 관계들"의 문제를 레닌이 이해한 방식이다. "농업을 포함한 나라의 경제를 새로운 기술적 기초, 현대적인 대규모 생산의 기술적 기초위에" 놓을 것인가, 그것이 아니라면 자본주의로의 복귀는 불가피하다.

그러나 중국정책 연구그룹에게는 농민층을 향한 위의 레닌주의적 정책의 추구가 그들이 주장하기에, "세계가 오늘날 목격하고 있는 볼쉐비키 혁명의 타락에 대해 책임이 있는 주요한 오류들"의 하나였던 "농민층에 대한 잘못된 정책"의 추구를 의미한다. 말을 바꾸면, 농민층에 대해 그리고 쏘련에서 공업화의 문제에 대한 볼쉐비키적, 레닌주의적 강령을 볼쉐비키당이 고수한 것이 "볼쉐비키 혁명의 타락"을 초래했다는 것이다! 이 '새로운' 이론에 따르면, 레닌주의와 볼쉐비키들은 그들의 더 이상의 발전에 대한 가장 큰 장애물이 레닌주의와 볼쉐비즘 자신들이라는 점에서 자본주의와 같다! 이상하지 않는가, 동지들? 이러한 이상한 이론으로부터 우리는 중국정책 연구그룹의 학자연하는 신사의 정치적 특색과 기원에 대해 판단할 수 있다. 우리의 '맑스주의'적인 교수들이 "쏘련에서는 농민층—인민의 다수—이 음침한 마법에서 풀려난 세력으로 남아 있다"고 용감하게 선언할 때, 그들은 가장 부패하고 미친 듯한 반공산주의의 삼류 부르주아 문필가들로서, 그리고 정직함에 관하여 보면, 깁슨 자비스 씨와 같은 정직한 자본가의 수준에조차 도달하지 못한 사람들로서 스스로를 진정으로 폭로하는 것이다. 1932년에 연합 도미니언 트러스트의 의장이었던 자비스 씨는 당시에 이렇게 썼다:

"오늘날의 러시아는 영혼과 이상을 가진, … 놀랄 만한 활동의 나라이다. … 그리고 아마도 무엇보다 중요한 것은 러시아에서 이 모든 젊은이들과 이들 노동자들은 오늘날의 자본주의 나라들에서 너무나 슬프게 결여되어 있는 한 가지를 가지고 있는데, 그것은—희망이다!"

그 "다수"의 사람들이 "음침한 마법에서 풀려난 세력으로 남아 있었던" 나라의 모습이 전혀 아니다. 중국정책 연구그룹의 반공산주의는 그들의 마법을 부리는 속임수와 부정직한 평계들에도 불구하고, 동일한 문장에서 중국에 대해 퍼부은 '칭찬'으로도 감춰지지 않는다: " … 중국에서는 그들의(농민들의) 혁명적 충동이 포착되었고, 이용되었고, 강력한 사상적 세력으로 변혁되었다." 공산주의에 대해 아무 것도 이해하지 못하는 이들 부르주아 교수들에게 귀를 기울이면, 혹자는 공산주의와 집단주의의 방향으로 농민층을 전환시키기 위해 필요한 모든 것은 농민의 "혁명적 충동"을 특별히 효능 있는 분량의 사상과 결합시키는 것, 즉 농민을 변혁하기 위해 필요한 모든 것은 농민의 마음을 바꾸는 것이라는 것이다. 다른 말로 하면, 농민의 마음과 그를 둘러싼 물질적 조건들 사이에는 아무런 관련이 없다. 이러한 종류의 쓰레기는 현대의 부르주아 써클들에서 '하레크리쉬나이즘Harekrishnaism'이라는 이름으로 알려져 있는데, 그러나 철학에서 그것은 '관념론'의 이름으로 알려져 있다. 중국정책 연구그룹의 쓰딸린과 볼쉐비즘에 대한 부르주아 비판가들이, 비록 위장되었지만, 가장 순수한 형태로 제공하고 있는 것은 순전한 관념론적 쓰레기이다. 중국의 농민층이 계속하여 변혁되고 있는데, 그러나 이것은 물질적 토대를 변혁함에 의해, 기술적 수단에 의해—그리고 물질적 변혁에도 불구하고가 아니고—달성되고 있다는 것은 의심의 여지가 없다.

쏘비에트 농민층이 "음침한 마법에서 풀려난 세력으로서 남아 있고", 그들은 혁명에 대해 진심으로 찬성한 적이 없다고 생각하는 사람은 누구나, 다음의 질문들에 답변하게 하자: 농민층의 마음을 진심으로 얻지 못했다면, 볼쉐비키들이 권력에 오른 것은 어떻게 가능했는가? 철저히 무장하여 내전과 간섭전쟁의 시기에 젊은 쏘비에트 공화국을 공격했던 러시아의 백위대들과 14개국의 제국주의 그리고 비제국주의적 나라들의 결합된 힘을 그들이 패배시킨 것은 어떻게 가능했는가? 쏘련이 이렇게 "음침한 마법에서 깨어난 듯한 세력", 즉 농민층을 가지고서, 사회주의 건설과 농업을 포함하여 나라의 전체 경제를 새로운 기술적 기초, 현대적인 대규모 생산의 기술적 기초 위에 놓는 과제에서 지축을 뒤흔드는 성취들을 한 것은 어떻게 가능했는가? 이 "음침한 마법에서 깨어난 듯한 세력"이 열정을 갖고 집단화를 위한 운동에 결합한 것은 어떻게 된 것인가? 이런 "음침한" "마법에서 깨어난 듯한" 그리고 주장하는 바에 의하면, 비참한 사람들이 나찌의 전쟁 기계를 패배시킨 것은 어떻게 가능했던 것인가? 혹자는 그 주장의 터무니없이 반혁명적인 성격을 깨닫기 위해 이런 질문들을 하면 된다. 오직 뜨로쯔끼주의를 고수하는 자들만이, 쏘련이 확실히 달성했던 승리들을, 동시에 농민층의 진심을 획득함이 없이, 그들이 "음침한 마법에서 깨어난 세력"으로 남아 있는 채로, 달성할 수 있었을 것이라는 생각을 승인할 수 있다. 스스로 생각할 줄 아는 그리고 최소한 정직한 사람은 누구나13, 논의 중에 있는 문제에 대한 쓰딸린 동지의 글과 연설들과

---

13 그것은 중국정책 연구그룹 출신의 우리의 '맑스주의자들'에게는 하나의 발견으로서 다가올 수 있지만, 영국과 같은 제국주의 나라에서 1948년경 발행된 공인된 부르주아적인 <어린이 대백과>조차도 다음과 같은 쏘비에트 생활에 관한 잘 알려진 진실들을 포함하고 있다는 것은 그럼에도 불구하고 사실이다:

"제2차 계획은 제1차보다 더욱더 인상적이었지만 그러나 덜 엄격한 목표를 가졌다. 인민의 복지는 배가되었고 집단농장 농부들은 유복하게 되었다. … 식량과 '물건들'은 일반적으로 노동자들의 필요를 만족시키기 위해 증가되었다. 거칠게 말하면, 러시아는 1932년 산출고를 배가할 것을 목표로 했다. … 새로운 병원, 휴게소, 학교, 탁아소, 목욕탕, 독서실, 클럽하우스, 스포츠 구장, 그리고 기타 등등이 수에 있어서 증가했다. 고기, 우유, 계란, 지방, 설탕, 의류, 그리고 구두의 소비가 배 이상이 되었다. … 오늘날 노동자들은 기계를 실업의 원인으로 보는 것이 아니라 인류의 해방자로서 보는데, 왜냐하면 기계들이 더욱더 인간의 노동을 대체함에 따라 인민은 소비할 더욱 많은 재화와 높은 임금들, 더 좋은 노동조건들, 더 짧은 노동일 등으로 보답을 받기 때문이다. 그러나 절대적인 정치적 자유는, 우리의 단어의 의미에서는 여전히 러시아인에게 알려져 있지 않다. 추측하건대 그는 이전에 가졌던 적이 없는 어떤 것을 그렇게 그리워하지는 않는다. 그러나 그는 많은 것을 의미하는 사회적 및 경제적 자유들을 가지고 있다. 그는 스스로를 다른 사람과 동등하다고 생각할 자유가 있다. 공동체에 대한 공헌만이 사회적 위치를 결정한다. 그가 일하기에 너무 나이가 많다면 그는 연금을 받는다. 그가 아프다면 그는 돌보아진다. 그의 어린이들은 17세가 될 때까지 국가에 의해 교육받는다. … 그들의 나라에 대한 이러한 진정어린 애정

익숙해진 후에는 우리의 부르주아 교수들에 의해 쓰인 쓰레기를 믿지 않을 것이다.

위의 것으로부터 중국정책 연구그룹의 신사들이 농민문제에 대한 레닌주의의 관점에 대해, 혹은 쏘련에서의 공업화에 대해 아무것도 모르고, 그들이 농민문제를 물질적 기초를 무시하는 관념적 방식으로 처리하고, 그들이 공업화의 문제를 쏘련에서 공업화의 외부적 및 내부적 조건들을 무시하는 추상적 방식으로 처리하고, 그들이 공산주의자들이 아니라 "농민 철학자들"이고, 그들이 "농민층과 올바른 관계들"을 구성하는 것에 관한 한 가지도 이해하지 못하고 있고, 그들이 "농민층과 올바른 관계들"의 문제를 농민들이 그들의 경작을 "새로운 기술적 기초, 현대적인 대규모의 생산의 기술적 기초 위에" 놓는 것을 돕는 문제로서 간주하는 대신에, 그것을 단순히 농민을 "어르는" 것으로 축소하고 있고, 간단히 말해서, 그들이 맑스-레닌주의와 공산주의에 관해 하나도 아는 것이 없다고 결론지을 수 있다.

단지 완전한 혼란을 퍼뜨린 후에, 볼쉐비즘에 대한, 특히 쓰딸린에 대한 우리의 비판가들은 계속하여 가장 재미있을 뿐 아니라 전체 글에서 드물게 진심어린 언급들 중의 하나인 다음의 문장을 쓰고 있다. 여기에 그것이 있다:

> 은 나찌의 무리가 … 1941년에 그들의 나라를 침략했을 때 도시사람과 농민들 모두 포함하여 모든 러시아인들에게 타고난 것으로 입증되었다. 그것의 군대는 죽을 때까지 싸웠고 공장 노동자들은 휴식 없이 노동했고 그리고 농민들은 전진하는 나찌에게 가치 있는 모든 것을 파괴하는 데 주저하지 않았다."

> 일반적으로 프롤레타리아 독재하에서 자유의 결여에 대한, 그리고 특별하게는 자유의 결여에 대한 러시아 인민의 '사랑'에 대한 대개의 비방들을 제쳐놓으면, 위의 인용된 단락들은 의심의 여지없이 논의 중인 시기 동안에 쏘비에트 인민의 물질적 및 정신적 복지에 대한 진실을 묘사하고 있다. 그것들은 쏘비에트 인민의 열정과 기쁨 그리고 사회주의의 땅에 대한, 그리고 레닌과 쓰딸린의 당에 대한 그들의 사랑을 진정으로 반영하는데, 그것은 쏘비에트 농민층이 "음침한 마법에서 깨어난 듯한 세력"이라는 것에 관한 우리의 '맑스주의자들'의 주장과 총체적으로 모순된다.

"쓰딸린의 역할은" 그들은 쓴다.

"해명과 평가를 필요로 한다—많은 것들이 오해, 허위 그리고 억측으로 가리어진 채로 있다. 어떤 맑스-레닌주의자도 충분한 진실이 이미 전달되었다고 느낄 수 없다."

이 글에서뿐만 아니라 다른 모든 곳에서 쓰딸린에 대해 중국정책 연구그룹이 말하는 것의 관점에서, "많은 것(쓰딸린의 역할에 대한)이 오해, 허위 그리고 억측인 채로 남아 있다"는 것은 최소한 그들에게 놀라움으로서 다가오지 않는다. 쓰딸린의 역할에 대한 "해명과 평가"에 공헌하는 것과는 거리가 먼 상태에서, 그들은, 더구나 "오해, 허위 그리고 억측에 의해" 모든 것을 가리는 잘 훈련되고 잘 존경받는 부르주아적 방법을 이용하여 볼쉐비즘에 대한, 그리고 쓰딸린에 대한, 쏘련공산당(볼)에 대한, 쏘련에서 사회주의의 성취들에 대한—간단히 말해서 위대한 10월 사회주의 혁명에 대한—비방이라는 방탕에 빠져 있었다. "어떤 맑스-레닌주의자도" "충분한 진실"은 물론이고, 단 하나의 진실도 볼쉐비즘과 쓰딸린에 관해 중국정책 연구그룹에 의해 "이미 전해졌다고 느낄 수 없다." 그들은 이미 존재하는 것에 혼란을 더했을 뿐이고 그들은 부르주아-뜨로쯔끼주의-수정주의 써클들에서 쓰딸린의 역할을 둘러싸고 있는 "오해, 허위 그리고 억측"의 가리개를 강화했고, 그 가리개는 이들 써클들로부터 직접적으로 방사되고 있다. 그러나 마오쩌둥 동지가 말하듯이 "나쁜 것은 좋은 것으로 전환될 수 있다." 중국정책 연구그룹의 철저히 뜨로쯔끼주의적인 글은 이 조직의 부르주아적-뜨로쯔끼주의적-수정주의적 성격을 폭로하는 수단으로서 좋게 이용되는 것으로 전환될 수 있고 전환되어야만 한다. 이 신사들은, 진실로 쓰딸린의 역할에 대한 단 하나의 진실도 전하지 않았고, 그러나 이것과 다른 유사한 글들을 씀에 의해서, 그들은 우리에게 그들 자신에 대한 "충분한 진실"을, 즉 그들이 노동자계급 운동에서 부르주아적-뜨로쯔끼주의적-수정주의적 전설들의 행상인들이라는 것을 전했다. 왜냐하면 "오해, 허위 그리고 억측에 의해" 쓰딸린의 역할을 가렸던 사람들은 단지 제국주의적(그리고 비제국주의적) 부르주아지, 수정주의자들 그리고 뜨로쯔끼주의자들이기 때문이다. 전 세계의 맑스-레닌주의자들에게는 쓰딸린의 역할은 신비스러운 것과는 거리가 멀고 명확할 수밖에 없는데, 즉 레닌 사후에 그가 레닌의 명령을 수행했다는 것, 그가 쏘련에서 사회주의 건설을 지도했고, 쏘련에서 내부적(자본가-뜨로쯔끼주의자-부하린주의자) 그리고 외부적(제국주의 부르주아지) 적들에 맞서 프롤레타리아 독재를 방어했고, 이들 모든 과제들을 명예롭게 완수했다는 것이다. 쓰딸린의 역할이 "오해, 허위 그리고 억측에 의해 가려져 있다"는 것을 발견했을 뿐만 아니라 또한 입맛을 다시며 부르주아적인 "오해, 허위 그리고 억측"의 이러한 이미 존재하는 무더기에 더 많은 것을 보탠 사람은 중국정책 연구그룹에 있는 부르주아 코흘리개들뿐이다. 만약에 중국정책 연구그룹이 쓰딸린의 역할을 해명하는 데에 진정성이 있다면, 그러면 그것은 신화적인 쓰딸린이 아니라 쏘련의 실제적 역사, 현실의 이오씨프 쓰딸린의 역할에 대해 스스로 잘 알아야만 한다. 그들이 이것을 했을 때만이 그들은 쓰딸린에 대해 글을 쓰는 어떤 시도라도 해야 한다. 그러나 그들에게 이러한 과제가 그들의 수준을 넘는다고 느낀다면, 그들은 그 주제에 대해 침묵을 지켜야만 한다. 그것은 최소한 단지 그들의 "오해, 허위 그리고 억측" 때문에 존재하는 쓰딸린의 역할에 관한 혼란의 그 부분을 감소시키는 이점이 있을 것이다.

그러나 독자는 중국정책 연구그룹 신사들의 반볼쉐비즘과 반맑스-레닌주의의 하나의 독특한 특징, 즉 이 신사들의 반볼쉐비즘은 중국, 중국공산당 그리고 마오쩌둥 동지에 대해 '지지'와 '칭찬'을 큰 목소리로 선언하는 것을 항상 수반한다는 것에 주의해야 한다. 이것은 왜 그러한가? 왜 이 부르주아들은 이러한 경로를 채택하는가? 그들은 하나의 돌로 두 마리의 새를 죽이기를 희망하기 때문에 이러한 경로를 채택한다. 첫째로, 쏘비에트 농민층에 대한 관심이라는 부정직한 가림막하에서, 그들은 농업문제—농민층과 집단화의 문제—에 대한 쏘련공산당(볼)의 레닌주의적 노선을 탄핵하고 불신하게 하는 데 관심이 있는 것이고, 둘째로, 중국과 쏘련 사이에, 마오쩌둥 동지와 쓰딸린 동지 사이에, 주장하는 바에 의하면, 서로 다르다는 이야기로써 혁명가들 중에서 숙맥들을 붙잡고 그리고 그들을 레닌주의로부터 떼어놓음에 의해 그들을 완전히 혼란시키기 위해서이다.

운동하는 우리 동지들 중의 어떤 부분이 이러한 부정직한 속임수에 어찌 반응할 것인가? 이 부르주아 협잡꾼에게서 가면을 찢어버리는 대신에, 그들이 사기를 친다고 죄를 밝히는 것 대신에, 그들은 미끼를 삼키고, 덫으로 걸어 들어가서, 그리고 스스로에게 반쓰딸린주의적 그리고 따라서 반레닌주의적 입장을 채택하도록 허용한다. 이 동지들은 사실 이와 같기 때문에 동시에 레닌을 공격하지 않고서는 쓰딸린을 공격하는 것이 불가능하다는 것을 깨닫지 못하고 있는데, 왜냐하면 쓰딸린은 그의 생애를 통하여 레닌주의를 가장 충실하게 고수했고 견고하게 레닌주의를 수행했기 때문이다. 그들은 누군가 쓰딸린을 공격하면서 여전히 위대한 중화인민공화국, 혹은 마오쩌뚱 동지의 진정한 친구가 된다는 것은 불가능하다는 것을 이해하지 못한다. 그들은 중국을 '칭찬하는' 사람이 모두 맑스주의자는 아니라는 것을 이해하지 못한다. 반대로, 중국을 '칭찬하는' 선언을 하는 이 사람들의 일부는 철두철미 반맑스주의자이고 그리하여 게다가 반중국적이다. 예를 들면 여기에, 중국정책 연구그룹의 지도적 인물들의 하나인 조안 로빈슨 교수가 과학적 사회주의의 천재적 설립자인 칼 맑스에 대해 해야만 했던 놀랍도록 즐거운 언급들 중에서 임의로 선택한 알랑거리는 말이 있다. 그녀의 책 ≪맑스의 경제학에 대한 에세이≫(이것은 맑스의 경제학에 반대하는 에세이라고 더 올바르게 제목이 붙여져야 할 것이다)의 제2판 서문에서 로빈슨 여사는 맑스를 "사고의 형이상학적인 습관들"이라고 고발하고 있다. 그녀는 쓰고 있다:

"대학교수들academics은 맑스를 이해하는 시늉조차 하지 못했다. 편견은 별도로 하고, 그(맑스-역자)의 사고의 19세기적인 형이상학적인 습관이 그들에게 장벽이 되었는데, 그러한 습관은 의미의 의미를 조사하도록 양육된 세대에게는 낯 설은 것이었다. 그리하여 나는 맑스의 개념들을 대학교수가 이해할 수 있는 언어로 번역하려고 시도했다. 이것은 자칭 맑스주의자들을 난처하게 하고 화나게 했는데, 그들에게 형이상학은 그것 자체로 귀중한 것이었다."

≪맑스의 경제학에 대한 에세이≫, p. vii.

전체 맑스주의 경제과학의 초석이면서 세계를 혁명했던 맑스의 노동가치론에 대해 동(東)앙글리아의 소택지(즉 캠브리지 대학교) 출신의

제19장   중국정책 연구그룹에 대한 비판   605

교수는 이렇게 말해야만 했다:

"가치 개념은 나에게는, 그 자체로는 활동상의 의미를 매우 결여했지만, 하나의 형이상학적인 주장이 독창적인 사고에 영감을 어떻게 주는가에 대한 놀랄 만한 사례인 것 같다."

앞의 책, p. xi.

"맑스의 가치 이론은 많은 혼동을 야기했고 많은 논쟁을 발생시켰다. 우리가 ≪자본론≫ 제1권의 단순한 교조주의로부터 제3권의 뒤얽힌 정식화로까지 맑스 자신의 지성의 어려운 투쟁을 따라가면, 그것은 틀림없이 당혹스러운 것으로 보인다. 그러나 우리가 3권의 견해로부터 출발하면, 여행은 훨씬 덜 힘들다."

앞의 책, p. 17.

맑스주의를 맬더스주의로 대체하려는 그녀의 쓸데없는 완고한 시도 속에서, 그녀는 다음을 말하고 있다:

"고용과 임금들. 유효 수요('케인즈주의적인'이라고 종종 불린다)의 실패로 인한 실업은 자본주의 경제에 의해 제공되는 일자리의 숫자보다 이용할 수 있는 노동의 공급이 더 빠르게 성장할 때 발생하는 비고용(종종 '맑스주의적'이라고 불린다)과는 구별되어야만 한다. 맑스는 노동의 공급을 농민들과 숙련공 경제의 파멸에 의해 배양되는 것으로 생각한다. 맬더스의 반동적인 견해와 싸우려는 그의 바람에서, 그는 인구의 빠른 성장이 노동자계급의 이익에 유해하다는 것을 인정하는 것을 거부했다. 이것은 그의 이론과 불일치하는 하나의 탈선이다."

앞의 책, p. xiv

그녀는 계속하여 말하기를, 자본주의는 비참함의 원인이 더 이상 아니며 지금부터 계속하여 우리가 맞서 싸워야 하는 것은 과잉인구이지 자본주의가 아니다:

" … 착취는 더 이상 비참함을 증가시키는 원인으로서 대표될 수 없다. 차라리 그것은 산업의 노동자계급을 혁명적 세력으로서보다 보수적인 세력으로 만드는, 세계에서의 특권적 지위를 제공한다. 비참함은 확실히 증가하고 있지만, 그것은 사회주의와 자본주의 양자의 궤도 바깥에서 증가하고 있는데, 거기서는 이용 가능한 노동력이 착취가 보조를 맞출 수 있는 것보다 더 빠르게 성장하고 있다."

그리고 기타 등등. 이 책의 모든 페이지마다 맑스 경제학에 대한 로빈슨의 왜곡과 직접적인 거짓말들―간단히 말하면, 맑스주의에 대한 공격―이 나타난다. 그리고 여전히 로빈슨 교수는 '맑스주의자'이다! 이들과 같은 친구들과 함께하면 맑스는 확실히 어떤 적들도 필요로 하지 않을 것이다.

맑스―변증법적 유물론과 역사적 유물론의 가장 위대한 거장―를 "형이상학적인 사고의 습관들"이라고, 그리고 "단순한 교조주의"라고 고발할 수 있는 사람들, 맑스주의의 노동가치론을 "활동상의 의미를 매우 결여하고 있는" 것으로서 탄핵하는 사람들, 그들이 불쌍하고 늙은 쓰딸린에 대해 무슨 고발을 날릴 수 없겠는가? 이런 사람들이 중국의 진정한 친구로서 신뢰받을 수 있는가? 그들이 그럴 수 없다는 것은 말할 필요가 없다. 조안 로빈슨 같은 일반적인 부르주아 교수를 본받아서 지각없이 쓰딸린을 공격하기 시작하는 운동에서의 동지들이 여전히 있다.

운동에서 우리의 동지들은 또한 부르주아 교수들이 맑스―레닌주의를 강등시키고 얕잡아 보려는 그들의 노력 속에서 자주 마오쩌뚱 동지의 이름을 사용하기 때문에, 이것이 마오쩌뚱 동지의 견해를 대변하는 것이 전혀 아니라는 것을 이해하지 못한다. 전혀 그 반대이다. 누군가 마오쩌뚱 동지가 쓰딸린의 생전에 볼쉐비즘에 대해, 쓰딸린에 대해 그리고 쏘련에 대해 어떻게 생각했는가를 알기를 원한다면, 그로 하여금 중국정책 연구그룹에 의해 생산된 <브로드쉬트>같은 부르주아적인 한담의 칼럼들에 의존하는 것보다 차라리 마오쩌뚱 동지의 선집들을 읽게 하자. 여기에 마오쩌뚱 동지로부터의 몇몇의 인용들이 있다:

"맑스주의를 연구함에 있어서, 우리는 주요한 자료로서 <쏘련공산당 (볼쉐비키들)의 역사, 단기과정>14을 이용해야만 한다. 그것은 지난 백년의 세계 공산주의 운동의 가장 좋은 종합이고 요약이며, 이론과 실천

제19장   중국정책 연구그룹에 대한 비판   607

의 통일의 모범이고 지금까지는 전 세계에서 유일하게 포괄적인 모범이다. 우리는 레닌과 쓰딸린이 맑스주의의 보편적 진리를 쏘비에트 혁명의 구체적 실천과 어떻게 통일시켰는가 그리고 그리하여 맑스주의를 어떻게 발전시켰는가를 보게 될 때, 우리는 우리가 중국에서 어떻게 작업을 해야만 하는지를 알게 될 것이다."

<우리의 학습을 개혁하자>, ≪선집 3권≫, 1941, p. 24.

마오쩌뚱 동지가 레닌과 쓰딸린이 "맑스주의의 보편적 진리를 쏘비에트 혁명의 구체적 실천"과 통일시키고 그리하여 맑스주의를 발전시키고 있다고 여기에서 말하는 반면에, 우리의 중국정책 연구그룹의 저명한 부르주아 교수들은 쏘련공산당(볼)이 농민층에 대해 올바른 정책을 가지지 못했다고 말하고 있다. 마오쩌뚱 동지는 쏘련, 쏘련공산당(볼) 그리고 레닌과 쓰딸린에 대해 중국의 동지들이 어떻게 중국에서 작업해야 하는 지에 관한 길을 지시하는 것으로서 사례로 드는 반면에, 다른 한편에서 교수 친구들은 마오쩌뚱 동지가 쏘련에서 농민층의 문제에 관해 따랐던 것과 완전히 상이한 정책을, 그리고 주장하는 바에 의하면, 쏘련으로부터의 큰 반대에도 불구하고 따랐다고 말하고 있다. 이것이 역사가 쓰이는 방식이다. 이것이 쏘련에서 수정주의의 발전에 관한 '비판적 분석'이 부르주아 써클들에서 행해지는 방식이다. 쏘련에서 수정주의의 기원과 성장은 설명되어야만 하는 문제이다. 그러나 하나는 확실하다. 즉 이러한 분석을 행하는 방식은 부르주아 교수들이 하고 있는 그런 방식이 아니다!

마오쩌뚱은 다른 곳에서 말한다:

"이 이론(즉 변증법적 유물론과 역사적 유물론)은 레닌과 쓰딸린에 의해 가일층 발전되었다."

≪모순론≫

그리고 나아가:

---

14 ≪쏘련공산당(볼쉐비키들)의 역사-단기 과정≫은 쓰딸린동지에 의해 쓰였고 그의 전집 중의 한 권이다.

"쓰딸린의 분석은 우리에게 모순의 특수성과 보편성 그리고 그것들의 상호관계를 이해하기 위한 모범을 제공하고 있다."

앞의 책.

이 모든 것은 중국정책 연구그룹의 또 다른 지도적 인물인 조지 톰슨 교수가 마오쩌뚱의 이름으로, 쓰딸린에 대해 변증법을 그리고 적대적 모순과 비적대적 모순의 차이를 이해하지 못한다고 고발하는 것을 막지는 못한다!

"쏘련에서 존재하는 사회적 조건들하에서조차, 노동자들과 농민들 사이에 차이가 있고 이 차이는 하나의 모순인데, 비록 노동과 자본의 모순과는 다르지만, 그리고 그것은 적대관계로 강화되지 않을 것이고 계급투쟁의 형태를 띠지 않을 것이다. 노동자들과 농민들은 사회주의 건설의 과정에서 확고한 동맹을 수립했고 점차적으로 사회주의로부터 공산주의로의 전진의 과정에서 이 모순을 해결하고 있다."

마오쩌둥, 앞의 책.

마오쩌둥 동지는 쏘비에트 노동자계급과 농민층 사이에 "확고한 동맹"에 대해 말하고 있는 반면에, 우리의 중국정책 연구그룹의 부르주아 교수들은, 쏘비에트 농민층을 "혁명을 진심으로 지지한 적이 없는" "음침한 마법에서 깨어난 듯한 세력"으로 말하고 있다. 마오쩌뚱 동지는 쏘련에서 "사회주의 건설"과 "사회주의로부터 공산주의로의 전진"에 대해 말하고 있는 반면에, 우리의 쓰딸린에 대한 부르주아 비판가들은 "이 정책 결정"(즉 공업화)을 "결코 잠잠해진 적이 없는 정치적, 경제적, 그리고 사회적 투쟁의 근원"이라고 말하고 있다. 마오쩌뚱 동지는 농민층에 대한 쏘비에트 정책에 대해 승인하는 방식으로—그것과의 "확고한 동맹"의 정책—말하고 있는 반면에, 우리의 부르주아적인 쓰딸린 말살자들은 마치 마오쩌둥 동지와 중국공산당의 농민층에 대한 노선이 쏘련에서 따랐던 것과 완전히 다른 것처럼 말하고 있다15.

---

15 중국정책 연구그룹과 그것과 같은 종류에 의한 쓰딸린에 반대하는

그리고 마지막으로:

> "쓰딸린은 중국 인민의 해방의 대의의 진정한 친구이다. 불화의 씨를 뿌리려는 어떠한 시도도, 어떠한 거짓말과 중상들도 쓰딸린에 대한 중국 인민의 충심의 애정과 존경 그리고 쏘련에 대한 우리의 진정한 우정에 영향을 줄 수 없다."
>
> 쓰딸린의 60회 생일을 맞아 1939년 12월 20일에
마오쩌뚱 동지가 행한 연설로부터, 마오쩌뚱 선집 2권으로부터 재생됨.

운동하는 동지들은, 중국정책 연구그룹을 포함하는 다양한 부르주아 본부들에서, 쓰딸린과 마오쩌뚱 사이에, 10월 혁명과 중국혁명 사이에 만리장성을 쌓기 위해 거짓말과 중상들을 이용하는 시도들이 행해지고 있는 때에 마오쩌뚱 동지의 마지막으로 인용된 것에 특별한 주의를 기울여야만 한다.

이제 마오쩌뚱 동지로부터의 위의 인용들의 관점에서 보면, 우리는 아마도 쓰딸린에 대해 어느 것도 모르고, 뿐만 아니라 마오쩌뚱 동지와 중국공산당의 글들과 정치적 입장에 대해 한 가지도 모르는 중국정책 연구그룹의 신사분들에 의해 행해지는 주장들의 어리석음을 기이하게 느낄 수 있다.

마지막으로, 쓰딸린 동지의 글들에 대한 현재의 모음집의 간행의 중요성을 강조하기 위해 우리는 칼 맑스로부터의 다음의 글을 인용하고 싶다:

> "하나의 민족은 다른 민족들로부터 배울 수 있고 배워야만 한다. 그리고 하나의 사회가 자신의 운동의 자연적 법칙들의 발견―그리고 현대 사회의 운동의 경제적 법칙을 드러내는 것이 이 작업의 궁극적 목적인데―을 위한 올바른 진로를 가고 있을 때조차, 그것은 또한 그것의 정상적인

그리고 그가 지도하는 쏘련공산당(볼)에 반대하여 퍼진 비방들이 단지 비방들일 뿐이라는 사실에 대한 더 이상의 증거는 <반대파에 대하여>라는 쓰딸린 동지의 글들에 대한 외국어출판사(북경)에 의한 1970년대 중반경의 발행인데, 그것들 모두는 중국정책 연구그룹에 반대하는 주장들과 극히 관련이 있다.

발전의 이어지는 국면들에 의해 제기되는 장애물들을 용감한 도약에 의해 치울 수도 없고 법률의 제정에 의해 제거할 수도 없다. 그러나 그것은 진통을 단축시키고 감소시킬 수 있다."

맑스, ≪자본론≫ 1권의 1판에 대한 저자의 서문.

쏘련의 경험으로부터 배울 수 있는 많은 긍정적인 것이 있다. 이 책을 간행하는 우리의 목적은 중국정책 연구그룹과 같은 종류의 여타의 '맑스주의자들'이 행하는 유형의 쓰딸린과 쏘련공산당에 대한 공격의 뜨로쯔끼주의적-부하린주의적 성격을 "드러내는" 것, 쓰딸린 동지의 지도력하에서 농업문제에 대한 쏘련공산당의 레닌주의적 노선을 노동자계급 운동에게 알리는 것, 그리고 뜨로쯔끼주의, 수정주의 그리고 개량주의 같은 부르주아 이데올로기의 다양한 형태들에 반대하는 투쟁을 강화하는 것이다. 의심의 여지없이 각 민족은 자신의 사회주의를 위한 투쟁과 전진에서 특수한 문제에 직면해야만 할 것이다. "그러나 그것은" 10월 혁명의 긍정적 경험으로부터, 쏘련의 집단화로부터 그리고 쏘련에서 사회주의 건설로부터 배움에 의해, "진통을 단축하고 감소시킬 수 있다"

제7부
프롤레타리아 독재하에서의 계급투쟁의 기제들에 대하여

"우리가 만드는 모든 진보의 걸음마다 계급투쟁은 점점 더 잠잠해질 것이라는 취지의 썩은 이론을 분쇄하고 버리는 것이 필요하다 … "
—쓸딸린, 1937

제20장
프롤레타리아 독재하에서 계급투쟁의 기제들에 대하여[1]

1956년 쏘련공산당(볼)의 20차 대회 이후로, 수정주의는 쏘련에서 승리하였다. 많은 소위 반수정주의자들은 쓰딸린이 쏘련에서 수정주의의 승리에 대해 책임이 있다고 주장하였다:
MF는 ≪계간 맑스-레닌주의자≫(2호 p. 8.)에서 다음과 같이 말하고 있다.

> "반쓰딸린 강령이 포괄적인 수정주의 강령의 채택에 지극히 중요했다는 것이 진실임에 반하여, 수정주의가 단지 쓰딸린 사후에 우세를 보였다고 말할 수는 없다. … "

그들은 무엇보다도, 사회주의하에서 계급들과 계급투쟁의 문제에 대해 그리고 국가의 문제에 대해 '오류에 찬' 관점들을 지녔다고 그(쓰딸린-역자)를 비난한다. 좀 더 특수하게 보자면, 그들은 쓰딸린이 1936년에 계급들이 그 표현의 모든 의미에서 쏘련에서 제거되었다고 말했다고 고발한다. "복고는 오직 외부의 개입에 의해서만 발생할 수 있다는 가정", 즉 주장하는 바에 의하면, 쓰딸린에 따르면, "내부의 계급투쟁은 1939년에 쏘련에서 종식되었다"고 말한 것을 비난한다. 그들은 또한 그를 국가의 문제에 대해 "맑스-레닌주의로부터 근본적으로 이탈하

---

[1] [프롤레타리아 독재하에서 계급투쟁의 기제들에 대한 쓰딸린의 글들에 대한 서문으로서 쓰여짐]

는" 관점을 지녔다고 비난한다. 그렇다면, 이것은 아주 간결하게 말하자면 쓰딸린에 대해 붙여진 최고의 비난이다.

얼마 동안 이 비난은 느슨하게 그러나 일반적으로 단지 입소문으로 반수정주의 운동을 둘러싸고 퍼졌다. 그리고 그것이 단지 소문에 의한 것인 한에서는, 그것을 이해하게 되는 것은 매우 어려운데, 왜냐하면 누구도 그것을 말한 사람과 그리고 무엇이, 어디에서 언제 말해졌는지를 알지 못하기 때문이다. 그러나 이제 스스로를 반수정주의라고 부르는, 그러나 일관되게 수정주의의 사상을 제기하는 한 조직이 이제까지 단지 사적으로, 입으로만, 소문의 형태로 회자되었던 대부분의 비난들을 글로써 제기했다. 이 조직은 영국 공산주의자 동맹(맑스-레닌주의자)(CFB)이라 불리운다. 그것의 이론적 잡지,《계간 맑스-레닌주의자》 2호에서, 그것은 MF라는 사람에 의해 쓰인 글을 발간했다. 이 글은 대부분의—거의 모든—위에서 언급된 고발들을 포함하고 있을 뿐만 아니라 쓰딸린 동지에 대한 다른 비난들을 포함하고 있다. 우리는 위의 비난뿐만 아니라 다른 것들을 다루게 될 것이다. 그렇게 함에 있어서, 우리는 필요에 따라, 이 MF라는 신사뿐만 아니라 그가 속한 조직을 언급할 수밖에 없는데, 각각 개인과 조직으로서 그들이 시간을 허비할 가치가 있기 때문이 아니라, 그들이 맑스-레닌주의자로서 가면을 쓰고, 맑스적 미사여구를 사용하여 노동자계급 운동에서 사람들을 기만하고 오도하는 반수정주의 운동에서의 가장 위험한 반(半)멘쉐비키2, 반(半)뜨로쯔끼주의3 조류를 대표하기 때문이다.

두 번째의 그리고 세 번째의 비난들은 또한 CFB의 MF로부터 나온다. 두 번째의 비난은 쏘련에서 쓰딸린의 지도력의 기간 동안에, "민족주의적 타락"이 시작되었다는 것, 쓰딸린과 당은 국제주의적 관점을 잃었다는 것, 그들이 쏘련에서 사회주의 건설을 자족적인 목적으로 간주

---

2 멘쉐비키들은 러시아에서 노동자계급 운동에서 소부르주아적 경향이 었는데, 그들은 혁명적인 볼쉐비즘-레닌주의를 반대했다. 그들은 맑시즘을 반대하고 수정했고 그것에게서 혁명적 본질을 말살했다.
3 이따금 CFB출신의 사람들이 뜨로쯔끼주의에 대한 말의 전투를 수행했다는 사실은 그들이 뜨로쯔끼주의자임을 전혀 막지 못했다. 이 서문이 보여주는 대로, 쓰딸린에 대한 CFB의 모든 공격들은 뜨로쯔끼주의의 무기고로부터 빌려와서 수행되었다.

제20장   프롤레타리아 독재하에서 계급투쟁의 기제들에 대하여   615

했다는 것, 쏘비에트 혁명을 세계 프롤레타리아 혁명의 부분으로 고려하지 않고, 그들이 후자의 이익을 전자의 이익에 종속시켰다는 것이다.

세 번째의 비난은 쓰딸린의 시기 동안에, 당이 "점차적으로 대중들로부터 유리되게" 되었고, 그리고 "당과 국가의 타락"을 결과했던 "대중노선의 결여"가 있었고, 사회적 모순들에 대한 그리고 부르주아지에 대한 "완전한 통제"를 잘못 다루는 것이 있었다는 것이다. MF에 따르면, 이 세 번째의 "오류"는 처음의 두 개에 대해 책임이 있었다.

쓰딸린에 대한 네 번째의 비난은 핀스베리 공산주의자 연합FCA의 반수정주의자들로부터 나온다. FCA에 따르면, "쏘련이 타락했다"는 사실에 대해 책임이 있는 것은 "18차 당대회에서 표현되었고 이어서 당 규약에 쓰인 쏘비에트 인텔리겐챠에 대한 쓰딸린과 즈다노프의 태도"였다.

쓰딸린에 대한 다양한 비난들을 위에서 특정해서 말했는데, 그것들은 이제 하나하나 다루어질 것이다. 이들 언급들이 쓰딸린 동지의 글들의 현재의 모음집에 대한 서문으로서 간행된 것이라는 사실은 제기된 문제들에 대해 남김 없을 정도의 취급을 허용하지 않을 것이고 따라서 우리는 언젠가 가까운 장래에 그 주제로 되돌아가야만 할 것이다. 그동안에, 위의 쓰딸린에 대한 부르주아적인 공격들에 대처하기 위해, 쓰딸린의 '오류들'의 창조자들에 대처하기 위해 어떤 것이 언급되어야만 한다.

제21장
계급들과 계급투쟁

쓰딸린은 1936년에 쏘련 헌법초안에 대한 그의 연설에서 그 표현의 모든 의미에서 계급들이 이미 쏘련에서 종말에 도달했다고 말했는가?

아니다, 그는 말하지 않았다. 쓰딸린 동지는 쏘련의 생활에서 1924년부터 1936년까지의 변화들을 여기에서 다루고 있다. 그는 1924년의 후진성과, 그때와 1936년 사이에 달성된 사회주의적 전진 간을 비교하고 있다. 사회주의 공업, 농업의 집단화, 무역의 국가독점, 쿨락들과 자본가들의 제거를 통해 그 기간 동안에 기록된 전진을 다루면서, 쓰딸린 동지는 계속하여 다음과 같이 말하고 있다:

"이렇게 국민경제의 모든 영역에서 사회주의 체제의 완전한 승리는 지금 하나의 사실이다."

"그리고 이것은 무엇을 의미하는가?"

"그것은 인간에 의한 인간의 착취가 폐지되었고, 제거되었고, 반면에 생산 도구들과 수단의 사회주의적 소유는 우리 쏘비에트 사회의 흔들릴 수 없는 토대로서 수립되었다는 것을 의미한다."

"쏘련의 국민경제의 영역에서 이 모든 변화들의 결과로서, 우리는 지금 새로운 사회주의 경제를 갖고 있는데, 그것은 공황과 실업을 모르고, 그것은 빈곤과 파멸을 모르고, 그리고 그것은 우리의 시민들에게 번영하고 문화적인 생활로 이끄는 모든 기회를 제공하고 있다."

"이런 것이 주요하게, 1924년부터 1936년까지의 기간 동안에 우리의 경제의 영역에서 발생한 변화들이다."

"쏘련의 경제적 생활에서 이러한 변화들과 일치하여, 우리 사회의 계급 구조도 또한 변화했다."

"여러분이 알고 있듯이, 지주계급은 내전의 승리적인 결론의 결과로서 이미 제거되었다. 다른 착취계급들에 대해 말하면, 그들은 지주계급의 운명을 나누었다. 공업의 영역에서 자본가계급은 존재하기를 멈추었다. 농업의 영역에서 쿨락 계급은 존재하기를 멈추었다. 그리고 상업의 영역에서 상인들과 모리배들은 존재하기를 멈추었다. 이렇게 모든 착취계급들은 지금 제거되었다."

"노동자계급이 남아 있다."

"농민계급이 남아 있다."

"인텔리겐챠가 남아 있다."

위의 인용으로부터, 계급들의 제거에 대해 말할 때, 쓰딸린 동지는 여기에서 일반적인 계급들의 제거에 대해 말하는 것이 아니라 "착취계급들"의 제거에 대해 말하고 있다는 것이 완전히 명백하다. 쓰딸린 동지가 쏘련 헌법초안에 대해 연설했던 날인 1936년 11월 25일에 계급들은—착취계급들과 피착취계급들이 있다는 엄격히 경제적인 의미에서—쏘련에서 제거되었다는 것은 완벽히 진실이다. 자본가, 지주 그리고 쿨락 계급들이 제거되자마자, 계급들이 종지부를 찍었다고 쓰딸린 동지가 했듯이 이야기하는 것은 매우 합당하다.

그러나 쓰딸린 동지가 착취계급들과 피착취계급들이라는 위의 의미에서 계급들이 제거되었다고 우리의 관점에서는 올바르게 주장했기 때문에, 이것이 그 표현의 모든 다른 의미에서 계급들이 또한 제거되었다고 주장했다는 것을 의미하는가? 아니다, 그것은 그러한 것을 의미하는 것이 아니다. 반대로 쓰딸린 동지는 쏘련에는 두 개의 계급들이 남아 있다고 매우 명확히 진술했다. 반복하자면, 그는 말했다:

"노동자계급이 남아 있다."

"농민계급이 남아 있다"

그리고 나아가, 1924년부터 1936년까지의 시기에 쏘련의 계급구조의 변화들의 중요성을 틀 지우면서 쓰딸린 동지는 계속하여 말했다:

"그리고 이러한 변화들(쏘련의 계급구조에서)은 무엇을 의미하는가?"

"첫째로, 그것들은 노동자계급과 농민층 사이의 그리고 이들 계급들과 인텔리겐챠 사이의 분할선이 지워지고 있다는 것을 그리고 낡은 계급적 배타성이 사라지고 있다는 것을 의미한다. 이것은 이들 사회적 그룹들 간의 거리가 꾸준히 사라지고 있다는 것을 의미한다."

"두 번째로, 그것들은 이들 사회적 그룹들 간의 경제적 모순들이 약해지고 있고 지워지고 있다는 것을 의미한다."

"그리고 마지막으로, 그것들은 그들 사이의 정치적 모순들이 약해지고 있고 지워지고 있다는 것을 의미한다."

매우 명확하게 보여진 대로, 쓰딸린 동지는 결코 계급들이 그 표현의 모든 의미에서 제거되었다고 말하지 않고 있다. 더욱이 그는 쏘련에서 모든 경제적 및 정치적 모순들이 종지부를 찍었다고 말하지 않고 있다. 그것으로부터: 쓰딸린 동지는 착취계급들이 제거되었지만 여전히 쏘련에는 두 개의 계급들이 남아 있는데, 그것은 노동자계급과 농민층이며 "그들의 이해관계는—적대적인 것과는 거리가 먼데—반대로 우호적이다." 노동자계급과 농민 간의 그리고 이 두 계급들과 인텔리겐챠 간의 분할 선은 아직 지워지지 않았지만 그런 과정에 있었다. 남아 있는 계급들과 계층 간의 경제적 모순들은 아직 폐지되지 않았지만, 그렇지만 폐지되고 있었다. 이들 사회적 그룹 간의 정치적 모순들은 아직 폐지되지 않았지만, 이 모순들의 폐지로 향하는 길로 나아가고 있었다. 위의 진술들의 어느 것이 부정될 수 있는가? 아니다, 그것은 그럴 수 없다. 다른 말로 하면, 쓰딸린 동지가 말한 것은 1936년에는 쏘련에는 적대적 계급들이 전혀 없다는 것, 오직 두 개의 계급들, 노동자계급과 농민층만이 있고 그들의 이해관계는 적대적인 것과는 거리가 멀고, 반대로 우호적이라는 것이다.

헌법 초안의 주요한 특수한 특징들을 다루면서, 쓰딸린 동지는 다음의 것을 말해야 했는데, 그것은 지금 논의 중인 문제와 직접적 관련이 있다:

"부르주아 헌법들과 달리 쏘련의 새로운 헌법 초안은, 더 이상 사회에 적대적인 계급들이 없고, 사회가 두 개의 우호적인 계급들, 노동자들과 농민들로 구성되어 있고, 권력에 있는 것은 이들 계급, 노동하는 계급들이며, 국가(독재)에 의한 사회의 지도는 노동자계급, 가장 사회에서 선진적인 계급의 수중에 있으며, 헌법은 노동하는 인민이 염원하고 그들에게 이익이 되는 사회질서를 공고화하는 목적을 위해 필요로 된다는 사실로부터 기인한다."

"이런 것이 새로운 헌법 초안의 세 번째의 특수한 특징이다."

이리하여, 쓰딸린에 따르면, 쏘비에트 사회는 계급들이 없는 것이 아니다. 그것은 단지 적대적인 계급들이 없는 것이다. 그것은 두 개의 우호적인 계급들, 노동자계급과 농민층으로 구성되었다. 또한 국가(독재)가 존재하고 있었는데, 그것은 사회에서 가장 선진적인 계급인 노동자계급의 수중에 있었다. 이 모든 것은, 쓰딸린에 따르면, 계급들이 그 표현의 모든 의미에서 쏘련에서 제거되었다는 주장의 그릇됨을 보여준다. 만약에 쓰딸린이 그와 같은 어떤 것을 말했다면, 국가의 보전, 그리고 가장 선진적인 계급, 노동자계급의 수중에 있는 국가에 의한 사회의 지도라는 것에 대해 그가 말하는 많은 지점들이 있지 않을 것인데, 왜냐하면 만약 이 계급이 그것과 비교되어 선진적 계급이라 불릴 수 있는 후진적 계급이 또한 존재하지 않는다면 가장 선진적인 계급에 대해 말하는 것은 쓸모없기 때문이다. 쏘비에트 헌법 초안과 쓰딸린은 두 개의 계급들이 있다는 전제로부터 출발했다.

위에서 진술된 것이, 쓰딸린 동지에 대해 그가 계급들이 그 표현의 모든 의미에서 폐지되었다고, 쏘련에는 더 이상 계급들이 없다고 믿었다고 비방적인 주장을 하는 사람들이 믿기에 불충분하다면, 우리는 이 사람들이 그들의 방식들의 오류를 보는 것을 돕고 그들이 올바른 길에 도달하도록 돕는—만약 그것이 도대체 가능하다면—최후의 시도를 하겠다. 헌법 초안 1조가 쏘비에트 사회의 계급구성을 다루고 있다는 것은 잘 알려져 있다. 그것은 쏘비에트 국가에 대해 "노동자들과 농민들의 국가"로서 말한다. 이 조항에는 네 개의 수정들이 제출되었다. 하나의 수정은 "노동자들과 농민들의 국가"라는 단어 대신에 "노동 인민의 국가"라는 단어로 대체해야 한다고 제안했다. 두 번째의 수정에 따르면, "노동자들과 농민들의 국가"라는 단어는 "그리고 노동하는 인텔리겐챠"라는 단어들이 뒤이어야만 한다는 것이었다. 세 번째의 수정은

1조가 "노동자들과 농민들의 국가"를 언급하는 대신에, "쏘련의 영토에 거주하는 모든 인종과 민족들의 국가"에 대해 말해야 한다는 것이었다. 그리고 네 번째의 수정은 "농민들"이라는 단어 대신에 "집단적인 농부들" 혹은 "사회주의 농업의 근로자들"이라는 단어를 써야 한다고 제안했다.

쓰딸린 동지는 이 모든 수정들의 채택에 반대했다. 위의 네 개의 수정들에 반대하는 그의 주장들의 일부는, 논쟁 중인 지점과 관련이 있는데, 아래에서 재생되고 있다. 여기에 쓰딸린 동지가 이 수정들에 반대하여 말해야만 했던 것의 일부가 있다:

"헌법 초안의 1조는 무엇에 대해 말하는가? 그것은 쏘비에트 사회의 계급구성에 대해 말하고 있다. 우리 맑스주의자들이 헌법에서 우리 사회의 계급구성의 문제를 무시할 수 있는가? 아니다, 우리는 그럴 수 없다. 우리가 알듯이, 쏘비에트 사회는 두 개의 계급들, 노동자들과 농민들로 구성되어 있다. 그리고 헌법 초안 1조가 말하고 있는 것은 바로 이것에 관한 것이다. 결과적으로 헌법 초안 1조는 우리 사회의 계급구성을 타당하게 반영하고 있다. … "

그리고 나아가:

"'농민'이라는 단어 대신에 '집단적인 농부' 혹은 '사회주의 농업의 근로자'라는 단어를 쓰는 것은 그릇된 것이다. 첫째로, 집단적인 농부들 이외에, 농민층 가운데에는 여전히 비집단적인 농부들이 100만 가구 넘게 있다. 그들은 어떻게 되는가? 이 수정의 저자들은 책에서 그들을 삭제할 것을 제안하는가? 그것은 현명하지 못할 것이다. 두 번째로, 농민들의 다수가 집단적인 영농을 시작했다는 사실이 그들이 벌써 농민이기를 그만두었다는 것, 그들이 더 이상 그들의 개인적인 경제, 그들 자신의 가구들households 등을 갖지 않게 되었다는 것을 의미하지는 않는다. 세 번째로, '노동자'라는 단어 대신에 우리는 '사회주의 공업의 근로자'라는 단어를 써야만 할 것인데, 그러나 그것을 수정의 저자들은 몇몇의 이유로 제안하지 않는다. 마지막으로, 노동자계급과 농민계급이 이미 우리나라에서 사라졌는가? 그리고 그들이 사라지지 않았다면, 그들에 대해 확립된 이름들을 우리의 사전에서 삭제할 가치가 있는가? 명백하게도, 수정의 저자들이 마음에 두고 있는 것은 현재의 사회가 아니라 미래의 사회인데, 그때는 계급들이 더 이상 존재하지 않고 노동자들과 농민들이 균질적인 공산주의 사회의 근로자들로 변혁되었을 때이다. 결론적으로 그들은 명백하게 앞으로 달리고 있다. 그러나 헌법을 기초하는 데 있어서 혹자는 미래로부터 출발해서는 안 되고 현재로부터 이미 존재하는 것으로부터 출발해야 한다. 헌법은 달려 나가는 것일 수 없고 그래서도 안 된다."

다른 말로 하면, 계급들은 착취계급들이 사라져 버렸을지라도 제거되지 않았다. 결론적으로 쏘비에트 사회는 착취계급들의 비존재, 인간에 의한 인간의 착취의 비존재에 의해 특징지어지는 공산주의의 낮은 국면에 여전히 있는 것이다. 그것은 공산주의의 높은 국면에 여전히 도달해야만 하는데, "그때는 계급들이 더 이상 존재하지 않을 것이고 그때는 노동자들과 농민들이 균질적인 공산주의 사회의 근로자들로 변혁되었을 것이고" 그 사회에서는 '각자로부터는 그의 능력에 따라, 각자에게는 그의 필요에 따라'라는 공식이 지배적일 것이다.

혹자는 명백하다고 생각했을 것이다.

만약에 위에서 언급된 것들에도 불구하고 이 문제에 관한 비방자들이 여전히 쓰딸린 동지에 반대하여 고집한다면, 만약에 비방자들이 위의 완강한 사실들에 주목하기를 거부한다면, 우리는 단지 유명한 러시아의 속담, '법칙들은 바보들을 위해 만들어지지 않는다'는 말로써 그들에게 답할 수 있을 뿐이다.

쓰딸린은 완전한 공산주의가 쏘련에서 건설되었다고 말했는가?

매우 풍부한 상상력(비료를 친 상상력이 더 좋은 표현일 것이다)을 가진 일부 비판가들은—그리하여 의미 없는 쓰레기를 만들어내는 커다란 능력이 있는—쓰딸린에 따르면 착취계급들이 제거되었고 억압할 계급이 없기 때문에, 그것은 그리하여 완전한 공산주의가 건설되었고 결과적으로 쏘련에서 국가의 존재의 필요가 없었다고 계속하여 주장한다. 그러나 쏘련에서 국가는 여전히 존재했다. 이 모든 것의 순수한 결과는, 이들 '비판가들'—부르주아 삼류작가라는 것이 더 정확하다—에 따르면, 쓰딸린이 '오류'를 범했고 그가 쏘비에트 사회가 계급 없는 공산주의 사회의 최종적 목표와는 거리가 있었다는 것을 깨닫지 못했다는 것이다. 이러한 주장을 함에 있어서 그 싸구려 부르주아 삼류작가들은 비방과 왜곡에 대한 그들의 열정뿐만 아니라 그들의 직접적인 무지를 드러내고 있다. 이들 '비판가들'에 따르면, 쓰딸린이 위의 망상의 오류를 범했다고 추정되는 헌법 초안에 대한 바로 그 동일한 연설에서, 쓰딸린 동지는 쏘비에트 사회의 발전의 수준에 대해 이렇게 이야기했다:

"우리의 쏘비에트 사회는 주요하게는 이미 사회주의를 달성하는 데 성공했다. 그것은 사회주의 체제를 창출했는데, 즉 그것은 맑스주의자들이 다른 말로는 공산주의의 최초의, 혹은 낮은 국면이라 부르는 것을 발생시켰다. 그리하여 우리는 주요하게 공산주의의 첫 번째 국면, 사회주의를 성취했다. 공산주의의 이 국면의 근본적인 원칙은 여러분이 아는 대로, '각자로부터는 그의 능력에 따라, 각자에게는 그의 노동에 따라'라는 공식이다. 우리의 헌법이 이 사실, 사회주의가 성취되었다는 사실을 반영해야만 하는가? 의문의 여지없이 그래야만 한다. 그것은 그래야만 하는데, 왜냐하면 쏘련에서는 사회주의는 이미 달성되었고 획득된 어떤 것이기 때문이다."

"그러나 쏘비에트 사회는, 비록 그것이 미래에 공산주의의 보다 높은 국면을 성취하는 목표를 스스로 설정했을지라도, 그 지배적 원칙이 '각자로부터는 그의 능력에 따라, 각자에게는 그의 필요에 따라'라는 공식이 될 공산주의의 보다 높은 국면에 아직 도달하지 못했다. 우리의 헌법이 아직 존재하지 않고 여전히 도달되어야만 하는 공산주의의 높은 국면에 기초할 수 있는가? 아니다, 그것은 그럴 수 없는데, 왜냐하면 쏘련에서는 보다 높은 공산주의의 국면은 아직 실현되지 않았고 미래에 실현되어야만 하는 어떤 것이기 때문이다. 그것이 미래의 성취들의 강령 혹은 선언으로 변형되지 않으려면, 그것은 그럴 수 없다. 이런 것이 현재의 역사적 순간에 우리의 헌법의 한계들이다."

명백하다고 우리는 생각한다.

혹자는 맑스-레닌주의자임을 멈추지 않고서도 국가가 여전히 존재하는 가운데 착취계급들이 폐지되었다고 말할 수 있는가?

이제 그 질문이 떠오른다: 착취계급들이 제거되었고 쿨락들이 공개적인 전장에서 패배했고, 그리고 공산주의의 낮은 국면, 즉 사회주의가 '각자로부터는 그의 능력에 따라 각자에게는 그의 노동에 따라'라는 공식과 더불어 달성되자마자, 이러한 환경들 속에서 쓰딸린이 그가 실제로 했듯이, 계급들이 종지부를 찍었고 억누를 계급들이 남아 있지 않다고 말하는 것이 합당했는가? 우리는 쓰딸린 동지가 계급들이 종지부를 찍었다고 말한 것은 매우 합당했다고 믿는다. 계급들은 쏘련에서 그 표현의 경제적 의미에서, 착취자들도 없고 피착취자들도 없었다는 점에서, 노동자계급이 권력을 장악하고서, 그것의 "정치적 우월성"을 "부르주아지로부터 모든 자본을 … 빼앗기" 위해서 이미 사용했고 "생산력의 총체를" 물론 매우 빠르게 증가시켰다는 점에서 종지부를 찍었다. 그리하여 우리는 계급이 없는, 착취계급들과 피착취계급들이라는 의미에서 계급들이 없는 프롤레타리아 국가를 갖고 있었다. 그러나 혹자가 맑스-레닌주의자로서, 우리가 위에서 방금 말하고 있던 의미에서 계급들이 없는 국가에 대해 말할 수 있는가? 그렇다, 혹자는 틀림없이 그럴 수 있다. 그러나 CFB의 MF, 조지 톰슨 교수[3]같은 부르주아 '비판가들' 그리고 다른 사람들은 말한다: 아니다, 혹자는 위의 의미에서 계급들이 없는 국가에 대해 틀림없이 말할 수 없다. 그들은 착취계급들이 없는 국가에 대해 혹자가 말할 수 없다고 우리에게 알려주고 있다. 그들은 맑스-레닌주의를 걸고(불쌍한 맑스! 불쌍한 레닌!)그들이 옳다는 것을 단언하고 있고 그들이 더 나은 동기의 가치가 있는 열정으로 입증하려고 시작했던 것, 즉 쓰딸린이 그의 1936년 헌법 초안에 관한 연설에서뿐만 아니라 18차 대회에 대한 그의 연설에서 착취계급

---

[3] 조지 톰슨 교수의 공격들은 집단화에 대한 쓰딸린의 저작들에 대한 서문에서 더욱 자세히 다루어졌다. 그것은 이 책에서 일찍이 재현되어 있다.

들이 쏘련에서 제거되었다고 말했을 때 반맑스주의적이고 반레닌주의적인 헛소리를 입 밖에 내었다는 것을 '입증했다'는 악의적인 즐거움으로 충만해 있다. 그러나 하나의 '사소한' 난관이 있을 뿐이다. 우리의 '비판가들', MF뿐만 아니라 저명한 톰슨 교수는 하찮은 것을 간과했다. 즉 레닌이 '레닌주의자들'인 MF들, 톰슨들 그리고 세계의 다른 부르주아적인 크레틴 환자들(당신들의 용서를 구한다, '맑스주의자들'이여)이 하는 것과 달리 생각했다는 것이다. V. I.(레닌—역자)가 국가는 계급들이 없는 상당한 기간의 시기 동안에 존재할 것이라고 틀림없이 판단했다는 것은 그 주제에 대한 그의 다음의 취급으로부터 완전히 명확해진다. 그의 책 ≪국가와 혁명≫ 5장에서 레닌은 "국가의 사멸의 경제적 기초"를 논의한다. "맑스에 의한 그 문제의 제기" 그리고 "자본주의로부터 공산주의로의 이행"를 다루면서, 레닌은 계속하여 "공산주의 사회의 첫 번째 국면"의 문제를 다룬다. 공산주의 사회의 이 첫 번째 국면에서, 레닌은 다음과 같이 말한다:

"생산수단들은 더 이상 개인들의 사적인 소유가 아니다. 생산수단들은 전체 사회에 속한다. 사회의 모든 성원들은 사회적으로 필요한 노동의 일정한 부분을 수행하고 그가 이러이러한 양의 노동을 했다는 취지의 증명서를 사회로부터 받는다. 그리고 이 증명서로써 그는 소비물품들의 공공 저장소로부터 생산물들의 상응하는 양을 받는다. 노동의 양에 대해 공공의 기금으로 가는 공제가 이루어진 후에 모든 노동자는 그리하여 사회로부터 그가 사회에 준 만큼을 받는다."

"'평등'이 명백하게 우월적으로 지배적이다."

그러나 "평등한 권리"는 여기에서 여전히 "부르주아적 권리"인데, 그것은 아직 전체로써 폐지되지 않았고 그리하여 불평등이 여전히 우세하다.

레닌은 계속한다:

"맑스가 말하기를 '평등한 권리'를 우리는 물론 여기에서 갖고 있는데, 그러나 그것은 여전히 '부르주아적 권리'인데, 그것은 모든 권리들처럼 불평등을 전제한다. 모든 권리는 사실상 같지 않은, 서로 간에 평등하지 않은 상이한 사람들에 대한 평등한 조치의 적용이다. 그것이 '평등한 권리'가 실제로는 평등의 위반이고 부정의인 이유이다. 물론 모든 사람은 다른 사람과 같은 사회적 노동을 수행하고서 사회적 생산물의 평등한 몫을 받는다(위에서 언급된 공제를 한 후에)."

"그러나 사람들은 똑같지 않다. 한 사람은 강하고 다른 사람은 약하고 한 사람은 결혼했고 다른 사람은 그렇지 않고 한 사람은 아이들이 많고 다른 사람은 적고 등등. 그리고 맑스가 끌어내는 결론은 다음과 같다:

' ... 평등한 노동의 수행 그리고 사회적 소비기금에서 평등한 몫으로써, 혹자는 사실상 다른 사람보다 더 받을 것이고 혹자는 다른 사람보다 더 부유할 것이고 등등. 이 모든 결함들을 피하기 위해서 권리는 평등함 대신에 불평등해야만 할 것이다.'"

"그리하여 공산주의의 첫 번째 국면은 아직 정의와 평등을 산출할 수 없다. 상이함들, 그리고 부정의한 상이함들이 부에서 여전히 존재할 것이다. 그러나 인간에 의한 인간의 착취는 불가능하게 될 것인데, 왜냐하면 생산수단, 공장들, 기계들, 토지 등을 사적 소유로서 장악하는 것이 불가능할 것이기 때문이다. '평등'과 '정의'에 대한 라살레의 소부르주아적이고 혼란된 미사여구들을 분쇄하면서, 맑스는 공산주의 사회의 발전의 과정을 보여주는데, 그것은 처음에는 단지 개인들에 의해 장악되었던 생산수단이라는 '부정의'를 폐지하는 것이 강제되고 그리고 그것은 수행된 노동의 양에 따른(필요에 따르는 것이 아니라) 소비물품들의 분배에서 존재하는 다른 부정의를 한 번에 제거할 수 없다."

"부르주아 교수들과 그들 가운데에서 '우리의' 투간을 포함하는 저열한 경제학자들은 항상적으로 사회주의자들에 대해 사람들의 불평등을 잊고 있다고 그리고 이 불평등을 제거하는 것을 '꿈꾸고 있다'고 힐난한다. 이러한 힐난은 부르주아 관념론자 신사들의 극단적인 무지를 우리가 보듯이, 단지 입증할 뿐이다."

"맑스는 사람들의 불가피한 불평등에 대해 신중하게 고려하고 있을 뿐만 아니라 그는 또한 생산수단의 사회 전체의 공동 소유로의 단순한 전환은(일반적으로 '사회주의'라고 불린다) 생산물들이 '수행된 노동의 양에 따라' 분배되는 한, 계속하여 지배적이 될 분배의 결함들과 '부르주아 권리'의 불평등을 제거하지 않는다는 사실을 고려하고 있다. 계속하여 맑스는 말한다:

'그러나 이러한 결함들은 그것이 자본주의 사회로부터 오래 끄는 탄생의 진통 후에 막 출현했을 때인 공산주의 사회의 첫 번째 국면에서는 불가피하다. 권리는 사회의 경제적 구조와 그것에 의해 조건지워지는 문화적 발전보다 결코 더 높을 수 없다.'"

"그리고 그렇게 공산주의 사회의 첫 번째 국면(대개 사회주의로 불린다)에서는 '부르주아적 권리'는 전체로서 폐지되지 않고, 단지 부분적으로, 단지 그때까지 달성된 경제적 혁명에 비례하여, 즉 단지 생산수단의 측면에서만 그러하다. '부르주아적 권리'는 그것들을 개인들의 사적 소유로 인정한다. 사회주의는 그것들을 공동의 소유로 변환시킨다. 그 정도까지—그리고 그 정도만—'부르주아적 권리'는 사라진다."

"그러나 그것은 그것의 다른 부분이 관계되는 한 계속하여 존재한다. 그것은 생산물들의 분배와 사회의 성원들 사이에서 노동의 할당에서 규제자(결정하는 요인)의 능력으로써 계속하여 존재한다. 사회주의 원칙, 즉 '일하지 않는 자는 먹지도 말라'는 이미 실현되어 있다. 다른 사회주의 원칙인 '노동의 평등한 양에 대한 생산물들의 평등한 양'은 또한 이미 실현되어 있다. 그러나 이것은 아직 공산주의가 아니고 그것은 아직 '부르주아적 권리'를 폐지하지 않는데, 그것은 노동의 불평등한(실제적으로 불평등한) 양에 대한 보답으로 불평등한 개인들에게 생산물의 평등한 양을 준다."

"맑스가 말하기를 이것은 '결함'이지만, 그러나 그것은 공산주의의 첫 번째 국면에서는 불가피하다. 왜냐하면 우리가 이상주의에 빠지지 않으려 한다면, 우리는 자본주의를 타도하고 나서 사람들이 즉각적으로 권리의 어떤 기준도 없이 사회를 위해 일하는 것을 배울 것이라고 생각해서는 안 되고 그리고 물론 자본주의의 폐지가 즉각적으로 이러한 변화를 위한 경제적 전제를 창출하지는 않는다."

"그리고 '부르주아적 권리'라는 기준과 다른 어떤 기준이 전혀 존재하지 않는다. 이 정도까지 그리하여 국가가 생산수단의 공적 소유를 보호하면서 노동에서의 평등과 생산물의 분배에서의 평등을 보호할 필요가 여전히 존재하는 것이다."

위의 주목할 만한 심오한 분석 후에, 그 거인, 레닌은 계속하여 앞서의 분석으로부터 흘러나오는 다음과 같은 결론들을 계속하여 말한다. 톰슨 교수, MF, 그리고 이와 같은 노동자계급 운동에서의 부르주아적인 물장난하는 사람들은 이 결론들을 주의 깊게 주목하고 이 심오한 결론들의 실제적 의미를 이해하는(즉 만약에 그들이 도대체 이런 것을 할 수 있다면) 것이 좋을 것이다. 여기에 레닌의 이들 결론들이 있다:

"국가는 더 이상 어떤 자본가들도 없고, 어떤 계급들이 없고 그리고 결론적으로 어떤 계급도 억압당할 수 없는 한 사멸할 것이다."
"그러나 국가는 아직 사멸하지 않을 것인데, 왜냐하면 실제적 불평등을 정당화하는 '부르주아적 권리'에 대한 보호가 여전히 남아 있기 때문이다. 국가가 완전히 소멸하기 위해서는 완전한 공산주의가 필요하다."

이리하여 레닌이 공산주의의 첫 번째 국면이 달성된 후에도, "더 이상 자본가들이 없고, 더 이상 계급들이 없고 그리고 결과적으로 억압할 어떤 계급도 없게" 될지라도, 국가는 계속하여 존재할 것이라는 견해를 굳게 지녔음은 완전히 명백하다. 톰슨 교수와 그에 동의하는 다른 사람들로 하여금 이제 말하게 하자: "여기에 착취계급들이 제거되었다; 계급투쟁은 아마도 종식된 것이다." 우리는 MF와 톰슨 교수가 ≪국가와 혁명≫의 그 내용에 대해 특히 113페이지에 나타나는 위의 결론들을 잘 알고 있다고 가정해야만 한다. MF 스스로 레닌의 ≪국가와 혁명≫을 인용하고 있고 그가 그의 글에서 사용하는 인용들 중의 하나는 위의 결론들과 불과 2페이지 정도 떨어져 있을 뿐이다. 그가 113페이지까지 실제로 읽을 수 있었다고 가정해야만 한다. 그리고 톰슨 교수에 대해 말하면, 그의 책 ≪맑스로부터 마오쩌뚱까지≫는 단지 맑스, 엥엘스, 레닌, 쓰딸린 그리고 마오로부터의 인용들의 모음으로써만 구성되어 있고 몇몇의 왜곡들이 산재해 있는데, 이 왜곡들은 '혁명적 변증법'의 연구에 대한 그의 기여일 뿐인데, 우리는 그가, '레닌주의자' 톰슨이 또한 레닌의 ≪국가와 혁명≫의 113페이지를 읽었다고 전제해야만 한다. 그럼에도 그들 두 사람은 쓰딸린이 사실상 레닌의 발자국만을 따르고 있던 때에 쓰딸린을 레닌으로부터 이탈했다고 공격한다. 실제적으로 이들 용감한 친구들이 누군가를 계급들과 사회주의하에서 계급투쟁의 문제에 대해 '반맑스적인' 견해를 가지고 있다고 공격해야만 한다면, 그들은 그 발자취를 쓰딸린이 따르고 있던, 레닌 동지 또한 마찬가지로 공격하고 있는 것임에 틀림없다. 우리는 당신들,

'비판가들' 신사양반들로부터 이러한 용기의 표현을 즐겁게 기대하고 있다!

이리하여 우리의 '비판가들'은—그들은 그들의 분석의 깊이에 의해서라기보다는 그들이 사용하는 미사여구의 마력(馬力)의 양 때문에 비판가들인데—레닌의 ≪국가와 혁명≫의 113페이지를 보지 않았거나 혹은 그들이 그것을 읽었지만 그것을 이해하지 못했거나 혹은 이 페이지에 나타난 것을 읽었고 이해했지만 고의적으로 침묵을 지키고 실제로는 레닌을 해하려고 하면서 그들의 타격을 쓰딸린에게 돌리고 있는 것이라는 것을 알 수가 있다. 왜냐하면 그들의 쓰딸린에 대한 '비판'이 타당하다면, 위에서 보았듯이, 이 동일한 '비판'은 레닌에게도 똑같이 적용되게 된다. 이 사람들이 단지 쓰딸린의 적들이기만 한 것이 아니라 또한 레닌의 적들이기도 하다는 것을, 그들이 단지 반쓰딸린주의자들인 것이 아니라 사실상 반레닌주의자들이라는 것을 이제는 명백히 볼 수 있다. 이것이 진실이고 어떤 미사여구의 마력도 이 진실을 제거할 수 없다.

이리하여 쓰딸린이 착취계급들이 제거되었다고 말했을 때, 그 자신이 레닌 동지의 매우 좋은 친구였다는 것이 입증된다. 이리하여 쓰딸린은 새로운 어떤 것을 전혀 말한 것이 아니라 단지 레닌이 1917년 초에 말했던 것을 반복하고 있었을 뿐이라는 것이 명백하다. 쓰딸린은 레닌이 예견의 방식으로 말했던 것을 하나의 사실로서 쏘련에서 수립된 것으로서 단지 기록하고 있었을 뿐이다. 이 세계의 톰슨들과 MF들이 쓰딸린이 계급들의 문제에 대해 반맑스적이었다고 생각한다면, 공평하게 말하여 그들은 동일한 주장을 레닌 동지에 대하여 하여야 한다. 공평하게 말하여, 그들은 사회주의 사회에서 계급들의 문제에 대하여, 레닌은 쓰딸린처럼 '반맑스적'이었다고 말해야만 한다. 공평하게 말하여, 그들은 그들의 주장의 '논리'를 쓰딸린으로부터 레닌까지 그것의 적용에서 확장해야만 하는데, 그리하여 모든 사람이 이들 반레닌주의적인, 쓰딸린의 '절멸자들'의 '논리적인' 엉터리를 명백하게 뚫어볼 수 있게 하기 위해서이다. 아마도 쓰딸린을 공격함에 있어서 톰슨들, MF들, 그리고 다른 구변이 좋은 이 세계의 '공산주의자들'은 간접적으로 그러나 의도적으로 그들의 타격을 레닌에게 향하고 있다. 그 경우에 그들은 왜 그렇게 말할 용기가 없는가? 무엇이 그들로 하여금 이렇게 공개적인 인정을 하는 것을 막는가? 우리는 단지 그들로 하여금 레닌을 공개적으로 공격하는 것을 막는 것은 레닌주의의 적들로서 탐지되지 않으려는 그들의 바람이라고 가정할 수 있을 뿐이다. 그들은 레닌 동지의 이름에 의례적인 존경을 표하면서 레닌주의를 '절멸시키려는' 더러운 작업을 수행하기를 원한다. 그들은 심지어 스스로를 레닌주의자들이라고 부른다. 이것은 레닌의 표현을 사용하자면, 실제로 '무릎 위에서의 반란'이다.

이리하여 이 사람들이 사회주의 사회에서 계급들의 문제에 대해 레닌과 쓰딸린의 견해 사이에서 완전한 상호일치, 완전한 동의를 알지 못하든가, 혹은 그들이 그것을 알고 있지만 그들이 쓰딸린에게 날리는 바로 동일한 비난을 레닌에게 날릴 용기와 정직성을 갖고 있지 못하거나, 혹은 더욱더 나쁜 것은, 그들이 매우 중요한 이론적 문제—세계 프롤레타리아 운동에게 멀리 미치는 실천적 중요성을 가진 문제—에 대해 레닌주의를 공격하려는 형편없이 감춰진 시도를 하고 있다는 것이다. 이 점에서 뜨로쯔끼주의자들이 레닌주의를 공격하기를 원할 때마다(그리고 이것을 그들은 매일 하고 있다) 부분적으로는 비겁함에서 그리고 부분적으로는 외교적 고려에서, 즉 반레닌주의적이고 반혁명적인 뜨로쯔끼주의자들로서 탐지되기를 바라지 않는 바람에서 '쓰딸린주의'를 공격하는—그리고 변함없이 레닌의 이름으로써—뜨로쯔끼주의자들에 의해 개척된 길을 그들이 따르고 있을 뿐이다.

제22장
사회주의하에서 계급투쟁의 강화

쓰딸린은 사회주의하에서 계급투쟁의 감퇴라는 이론을 고수했는가? 그는 "복고가 단지 외부의 간섭을 통해서만 일어날 수 있다는 가정"을 했는가?

쓰딸린이 쏘련에서 적대적인 계급들이 존재하지 않게 되었다고 말했기 때문에, 그것이 그가 그리하여 계급투쟁 자체가 종식되었고 그때부터 쏘비에트에서는 인민들이 이미 얻은 성공에 만족할 수 있게 되었다는 것을 의미하는가? 아니다, 그것은 그렇지 않다.

그러나 부르주아 비판가들에 따르면, 쓰딸린은 계급투쟁이 쏘련에서 종식되었다고 믿었다는 것이다. 그리하여 그들이 주장하기를 쓰딸린은 쏘련에서 자본주의의 복고가 단지 쏘련에 대한 외부의 간섭을 통해서만 발생할 수 있다고 믿었다는 것이다.

예를 들면 톰슨 교수는 헌법 초안에 대한 쓰딸린의 연설로부터 다음의 발췌를 인용한다:

> "지주계급은 여러분이 아는 대로, 내전에서 승리적인 결론의 결과로서 이미 제거되었다. 다른 착취계급들에 대하여 말한다면, 그들은 지주계급의 운명을 나누었다. 자본가계급은 공업의 영역에서 존재하기를 멈추었다. 쿨락은 농업의 영역에서 존재하기를 멈추었다. 이리하여, 착취계급들은 지금 제거되었다."

그리고 "쏘련의 새로운 헌법 초안은 사회에 더 이상 적대적인 계급들이 없다는 사실로부터 나온다."

그런데 톰슨은 쓰딸린에 대한 비판으로써 다음의 이상한 언급을 계

속한다:

"여기에서 착취계급들이 제거되었다. 아마도 계급투쟁은 종식된 것이다."
p. 131.

그것이 그러한가? 착취계급들의 제거가 위에서 말한 의미에서 계급투쟁의 제거와 같다고 생각되는가? 그것들이 같다면, 이것은 전적으로 쓰딸린 동지와 같은 맑스-레닌주의자들의 작업이라기보다는 전적으로 톰슨 교수와 같은 부르주아 교수들의 작업이었다. 쓰딸린 동지는 쏘련에서 계급투쟁이 제거되었다고 말한 적이 없다. 그가 말한 모든 것은 착취계급들이 제거되었다는 것이다. 그러나 한편으로 착취계급들의 제거와 다른 한편으로 계급투쟁의 제거는 두 개의 상이한 것들이다. 전자에 관해서 말한다면 그것들이 제거되었다는 것을 위에서 보았다. 후자에 관해서 말한다면 계급투쟁은 제거되는 것과는 거리가 멀고 계속되었을 뿐만 아니라 더 격렬해졌다는 것이 곧 보여질 것이다. 이것이 쓰딸린의 견해였다는 것이 이어지는 페이지에서 충분히 입증될 것이다.

CFB의 이론적 잡지인 MLQ에 글을 쓰고 있는 또 한 사람의 '비판가', 즉 MF로 돌아가자면, MF는 쓰딸린 동지의 ≪레닌주의의 기초≫로부터 다음의 글을 인용하고 있다:

"그러나 부르주아지의 권력의 타도와 프롤레타리아트 권력의 수립은 사회주의의 완전한 승리를 보증하지 않는다. 그것의 권력을 공고화하고 그것의 뒤에서 농민층을 이끈 후에, 선진적 나라의 프롤레타리아트는 사회주의 사회를 건설할 수 있고 해야만 한다. 그러나 그것이 이 방식으로 프롤레타리아트가 사회주의를 위한 완전하고 최종적인 승리를 확보할 것임을 의미하는가? 즉 하나의 나라의 세력들로써 그것이 최종적으로 사회주의를 공고화하고 간섭에 반대하여 그 나라를 충분히 보증하는 것을 의미하는가에 있어서, 이것은 복고에 반대하는 것을 의미한다. 확실히 아니다. 그것은 최소한 몇몇의 나라들에서 혁명의 승리를 요구한다. 따라서 한 나라에서 승리한 혁명의 필수적인 과제는 다른 나라들에서 혁명을 발전시키고 지원하는 것이다. 그리하여 승리한 나라에서의 혁명은 그것을 독립적인 단위로 간주해서는 안 되고 다른 나라들에서 프롤레타리아트의 승리를 촉진하는 지원군과 수단으로서 간주해야 한다."

위의 글을 인용한 후에 MF는 언급한다:

"우리는 후에 사회주의의 '최종적' 승리가 무엇인지를 고찰하게 될 것이고 그것의 복고는 단지 외부의 간섭을 통해서만 발생할 수 있다는 쓰딸린의 가정에 관련시킬 것이다."

오직 모든 부끄러움과 정직함의 감각을 잃어버린 사람들만이 쓰딸린 동지의 위의 언급들을 MF가 그것들을 번역한 방식으로 번역할 수 있다. 오직 맑스-레닌주의와 절연한 사람들, 보통의 사람의 논리의 마지막 자취를 잃어버린 사람들, 맑스-레닌주의를 결코 사고하지 않는 사람들만이 쓰딸린 동지의 위의 인용된 언급들에 대해, MF에 의해 주어지는 의미를 부여할 수 있다.

쓰딸린 동지의 언급들로 돌아가자면, 위의 글에 포함되어 있는 의미는 정확히 무엇인가? 쓰딸린 동지는 정확히 무엇을 말하고 있는가?

쓰딸린 동지는 첫째로, 당시에 유일한 사회주의 나라인 쏘련에서 사회주의 건설의 필요성을 강조하고 있다. 그는 둘째로, 쏘련에서 사회주의는 만약에 하나의 나라(쏘련)의 혁명이 "최소한 몇몇의 나라들에서" 승리한 혁명에 의해 결합되지 않는다면, 쏘련에서 사회주의는 공고화될 수 없고 사회주의의 그 나라는 간섭에 맞서 충분히 보증될 수 없다는 것을 강조하고 있다. 쓰딸린 동지는 셋째로, 쏘련에 대한 성공적인 간섭은 단지 하나의 것을, 즉 자본주의의 복고를 의미할 수 있다는 것을 강조하고 있는데, 왜냐하면 간섭주의적인 부르주아 국가들은 다른 어떤 이해도 감추고 있지 않기 때문이다. 그리고 마지막으로 그는 위의 모든 이유들 때문에, 만약 다른 어떤 이유 때문이 아니라면, 쏘련에서 혁명은 스스로를 다른 나라들에서 혁명의 부분으로 간주해야만 하고, "다른 나라들에서 프롤레타리아트의 승리를 촉진하는 지원군과 수단으로서" 간주해야지 "독립적인 단위로서" 간주해서는 안 된다는 것이다.

간략히 말하자면, 쏘련에서 사회주의를 건설하는 것이 필요했다. 홀로 남았지만 쏘련은 성공적으로 사회주의를 건설할 수 있었다. 쏘련이 홀로 남겨질 것이라는 것은 있을 법하지 않았다. 성공적인 간섭은 자본주의의 복고를 의미했을 것이다. 그리고 간섭에 반대하는 그리고 쏘련에서 사회주의의 공고화를 위한 유일한 보증은 "최소한 몇몇의 나라들에서 혁명의 승리"였다.

그러면 쓰딸린의 주장하는 바에 따르면 "오직 외부의 간섭을 통해서만 복고가 발생할 수 있다는 가정"은 어디에 있는가? 아무데도 없다.

이 '가정'은 MF의 상상력의 순전한 날조라는 것이 명백하다. 쓰딸린은 간섭이, 성공적이라면, 불가피하게 자본주의의 복고를 의미할 것이라고 말한다. 그것은 정확하다. MF는 이 언급을 왜곡하고 쓰딸린을 "오직 외부의 간섭을 통해서만 복고가 발생할 수 있다는 가정"의 혐의로 비난하는데, 그것은 옳지 않고 쓰딸린이 말한 적이 없는 어떤 것이다. 그럼에도 이 모든 것은 우리에게 "쏘련에서 수정주의의 기원과 발전"에 관한 분석으로서 제기되어 있다! MF에 의해 그의 '분석'에서 사용된 직접적인 부르주아적 속임수의 종류는 모든 사람이 볼 수 있을 정도로 명확하다.

더 이상 나아가기 전에, 한 가지 지점, 즉 "오직 외부의 간섭을 통해서만 복고가 발생할 수 있다는 쓰딸린의 가정"에 대한 MF의 왜곡은 위에서 보여진 대로, 1924년 4월 초에 스베르들로프 대학에서 행한 쓰딸린의 강연의 모음인 쓰딸린의 ≪레닌주의의 기초≫로부터 고의적인 오역에 기초해 있다는 것이 강조될 필요가 있다. 이 날짜는 매우 중요하다. MF가 하듯이, 쓰딸린 동지의 1924년 연설에 기초해서, 쓰딸린에 따르면 "복고는 오직 외부의 간섭을 통해서만 발생할 수 있다"고 말하는 것은 쓰딸린에 따르면, 내부의 계급투쟁은 1924년에 종식되었다는 것을 말하는 것이다. 이것이 바로 MF가 실제로 말하고 있는 것이다. 이 비난은 그의 글을 통하여 심홍색의 실과 같이 내달린다. ≪레닌주의의 기초≫로부터 인용에 기초하여 "복고는 오직 외부의 간섭을 통해서만 발생할 수 있다는 가정"을 쓰딸린에게 돌리고서는, MF는 계속하여 다음과 같이 말한다: "쓰딸린의 입장은 일찍이 1915년에 레닌에 의해 표명된 견해들과 일치한다." 오직 하나의 결론만이 MF의 이 언급으로부터 끌어낼 수 있는데, 즉 1915년에 일찍이 "복고는 오직 외부의 간섭으로부터만 발생할 수 있다"는 것이 레닌의 "가정"이었다는 것이다. 얼마나 이상한가!

MF가 다음과 같은 말로써 쓰딸린 동지에 반대하는 이 동일한 비난을 16페이지에서 반복하고 있는 것이 발견될 것이다:

> "이것[MF에 의해 인용된 쏘련공산당(볼)의 18차 대회에 대한 쓰딸린 동지의 연설의 부분]으로부터 내부의 계급투쟁은 1939년에 쏘련에서 종식되었다는 것이 떠오른다."

1939년이라는 해는 독자들이 오직 1939년부터만 쓰딸린을 "복고가 오직 외부의 간섭으로부터만 발생할 수 있다는 가정"의 혐의로 비난하고 있다는 것을 믿게 하기 위하여, MF가 군사적 책략의 방식으로 덤으로 추가된 것이다. 사실상, 위에서 보인 대로 MF의 비난은 1924년부터이다. 그 비난은 어떤 경우에도 근거가 없는 것이고 1924년부터 1939년까지의 기간은 다루지 않기에는 너무 중요하다. 여기에 사회주의하에서 계급투쟁의 문제(그리고 그것의 강화)와 관련되는 이 시기로부터의 약간의 사실들이 있다.

MF와 그와 같은 사람들에 의해 주장되듯이, 쓰딸린이 1924년에 "내부의 계급투쟁은 쏘련에서 종식되었다"고 그리고 "복고는 오직 외부의 간섭을 통해서만 발생할 수 있다"고 믿었다면, 그러면 그의 부르주아 경향들—그것들이 우세한 것이 허용되었다면, 자본주의의 복고를 초래했을 경향들—에 대한, 부하린주의와 뜨로쯔끼주의에 대한 투쟁은 완전히 설명할 수 없게 될 것이다.

뜨로쯔끼주의와 부하린주의에 대한 쓰딸린의 투쟁은
오직 사회주의하에서 계급투쟁의 강화라는 이론을
쓰딸린이 고수했다는 기초 위에서만 설명될 수 있다

사실들은 무엇인가? 사실들은 쓰딸린이 뜨로쯔끼주의의 '좌익'적 기회주의 조류에 반대하는 무자비한 투쟁을 수행했다는 것이다. 뜨로쯔끼주의가 볼쉐비키당의 정책에 반대하는 투쟁에서 승리했다면, 결과는 불가피하게 자본주의의 복고가 되었을 것이다. 우리는 뜨로쯔끼주의에 대한 우리의 팜플렛4에서 그것을 보여주었다.

쓰딸린은 또한 부하린주의의 우익 기회주의 조류에 반대하는 격렬하고 무자비한 투쟁을 수행함에 있어서 당을 지도했다. 부하린주의가 볼쉐비키당의 정책에 반대하는 그것의 투쟁에서 승리했다면, 결과는 불가피하게 자본주의의 복고였을 것이다.

사회주의하에서 계급투쟁이 잠잠해질 수밖에 없다고 주장한 부하린주의는 자본가들의 "사회주의로의 평화적 성장"이라는 이론을 제기했다. 부하린의 이론은 쏘련에서 자본주의의 복고의 옹호에 대한 위장되고 매우 복잡한 형태였다.

쓰딸린은 부하린의 쿨락 이론에 반대하는 격렬한 투쟁을 수행했다. 여기에 부하린주의에 반대하는 그의 끈질기고, 격렬하고, 일관되고 그리고 무자비한 투쟁에서 쓰딸린 동지의 연설들로부터의 약간의 인용들이 있다—쓰딸린이 "복고는 오직 외부의 간섭으로부터만 발생할 수 있다"는 견해를 주장하지 않았을 뿐만 아니라 그는 확고하게 사회주의하에서 계급투쟁의 강화라는 맑스-레닌주의적 이론을 고수했다는 것을 보여주는 인용들:

"우리 당에서 우익적 일탈의 승리는 우리나라에서 자본주의적 요소들의 거대한 강화를 의미할 것이다. 그리고 우리나라에서 자본주의적 요소들의 강화는 무엇을 의미하겠는가? 그것은 프롤레타리아 독재의 약화와

---

4 이 책에서 서문 다음에 바로 나오는 일련의 ≪혁명적 레닌주의에 반대하는 반혁명적인 뜨로쯔끼주의의 투쟁에 관한 약간의 문제들≫을 보라.

자본주의의 복고의 기회를 증가시키는 것을 의미한다."
"결과적으로, 우리 당에서 우익적 일탈의 승리는 우리나라에서 자본주의의 복고를 위해 필요한 조건들의 발전을 의미할 것이다."

≪전집 11권≫, p. 235.

아직 그의 감각들과 갈라지지 않은 사람이 위의 언급들을, 쓰딸린이 "복고는 오직 외부의 간섭을 통해서만 발생할 수 있다"는 견해를 주장한 것을 의미한다고 해석할 수 있겠는가? 아니다, 이러한 결론을 조금이라도 정신이 온전한 사람은 끌어낼 수 없다. MF가 그런 결론을 끌어낸다면, 그의 머리가 수술되어야 한다는 것은 말할 필요가 없다.

쓰딸린의 위의 언급들로부터 끌어낼 수 있는 유일한 결론은 쏘련에서 자본주의적 요소들의 강화를 통해서 복고가 발생할 수 있다는 것이며 그것은 우익적 일탈의 승리가 불가피하게 초래했을 지점이다.

더구나, 쏘련공산당(볼)에서 우익적 일탈을 '좌익'적(뜨로쯔끼주의적) 일탈과 비교하면서 그리고 이 두 일탈들이 비록 상이한 방향들에 서이지만, 동일한 결과, 즉 자본주의의 복고를 초래했을 것임을 강조하면서, 쓰딸린 동지는 이렇게 말했다:

"우리 당에서 우익의, 솔직하게 기회주의적인, 일탈의 위험은 어디에 놓여 있는가? 그것이 우리의 적들의 힘을, 자본주의의 힘을 과소평가한다는 사실에. 그것은 자본주의의 복고의 위험을 보지 않는다. 그것은 프롤레타리아 독재하에서 계급투쟁의 기제를 이해하지 못하고 그리하여 자본주의에 대한 양보들에 기꺼이 동의하려 하며, 우리의 공업의 발전의 속도를 늦추는 것을 요구하고, 도시와 농촌에서 자본주의 요소들에 대한 양보를 요구하고, 집단농장들과 국영농장들의 문제가 배후로 밀려날 것을 요구하고, 외국무역의 독점이 느슨해질 것을 요구한다, 등등."
"우리 당에서 우익적 일탈의 승리는 자본주의의 세력들을 해방할 것이고, 프롤레타리아트의 혁명적 입장들을 침식할 것이고, 우리나라에서 자본주의의 복고의 기회들을 증가시킬 것임은 의심의 여지가 없다."
"우리 당에서 '좌익'적 (뜨로쯔끼주의적) 일탈의 위험은 어디에 놓여 있는가? 그것이 우리의 적들의 힘을, 자본주의의 힘을 과대평가하지만 우리나라의 노력들에 의해 사회주의를 건설할 가능성을 보지 못한다는

제22장 사회주의하에서 계급투쟁의 강화 637

사실에. 그것은 절망에 항복하고 있고 우리 당에서 테르미도르 반동에 관한 수다를 위안삼아야만 한다."

"'우리가 소농의 나라에 살고 있는 한, 러시아에서 공산주의보다는 자본주의를 위한 보다 확실한 경제적 기초가 있다'는 레닌의 말들로부터, '좌익'적 일탈은 쏘련에서 사회주의를 건설하는 것은 불가능하며, 우리는 농민층과 더불어 무엇도 할 수 없으며, 노동자계급과 농민층 사이의 동맹이라는 사상은 폐물이 된 사상이며, 만약에 서구에서 승리한 혁명이 우리를 도우러 오지 않는다면 쏘련에서 프롤레타리아 독재는 무너지거나 타락할 수밖에 없으며, 만약에 우리가 농민층과의 분열이라는 비용을 치르는 한이 있을지라도, 초공업화의 환상적인 계획을 채택하지 않는다면, 쏘련에서 사회주의의 대의는 파멸할 것으로 간주되어야만 한다는 그릇된 결론을 끌어낸다."

"그리하여 '좌익'적 일탈의 정책에서 모험주의가 나온다. 그리하여 그것의 정책의 영역에서 '초인적인' 도약들이 나온다."

"우리 당에서 '좌익'적 일탈의 승리는 노동자계급의 농민적 토대로부터 분리를, 노동자계급의 전위를 노동자계급 대중들의 나머지로부터 분리시키는 것을, 그리고 결과적으로 프롤레타리아트의 패배와 자본주의의 복고를 위한 조건들을 촉진시키는 것을 초래할 것임은 의심의 여지가 없다."

"그리하여 이들 두 위험들, '좌익'적 및 우익적, 레닌주의 노선으로부터 이들 두 일탈들, 우익 및 '좌익'적 일탈들은 비록 상이한 방향으로부터일지라도 동일한 결과를 초래한다는 것을 여러분은 알고 있다."

≪전집 11권≫, pp. 240-241.

위로부터 쓰딸린이 자본주의의 복고는 또한 부하린주의 혹은 뜨로쯔끼주의의 승리를 통해서도 즉 외국의 간섭 없이도 발생할 수 있다는 견해를 확고히 가졌다는 것은 명백하지 않은가? 그것은 완벽하게 명백하다. 그러면, "복고가 오직 외부의 간섭을 통해서만 발생할 수 있다는 쓰딸린의 가정"은 어디에서 발견될 수 있는가?

나아가:

쓰딸린: "지금까지 우리 맑스-레닌주의자들은 한편으로는 도시와 농촌의 자본가들과 다른 한편으로는 노동자계급 사이에서 화해할 수 없는 이해들의 적대관계가 있다는 의견을 갖고 있었다. 그것이 맑스주의 계급투

쟁 이론이 의지하고 있는 것이다. 그러나 지금, 부하린의 자본가들의 사회주의로의 평화적 성장 이론에 따르면, 이 모든 것은 거꾸로 되는 것이고 착취자들과 피착취자들 간의 계급적 이해들의 화해할 수 없는 적대관계는 사라지고 착취자들은 사회주의로 성장해 간다."

로짙: "그것은 진실이 아니다, 프롤레타리아트의 독재는 인정된다."

쓰딸린: "그러나 프롤레타리아트의 독재는 계급투쟁의 가장 첨예한 형태이다."

≪전집 12권≫, p. 32.

계속하여 쓰딸린은 질문했다:

"격렬한 계급투쟁 없이 자본가들이 내쫓기고 자본주의의 뿌리가 파괴될 수 있는가?"

그는 대답했다:

"아니다, 그것들은 그럴 수 없다."

앞의 책, p. 34.

"자본가들이 사회주의로 성장해 간다는 이론과 실천이 지배적이라면 계급들이 폐지될 수 있는가? 아니다, 그것들은 그럴 수 없다. 이러한 이론과 실천은 계급들을 배양하고 영구화하기만 할 수 있는데, 왜냐하면 이 이론은 계급투쟁의 맑스주의 이론과 모순되기 때문이다."

앞의 책, pp. 34-35.

"쿨락들의 사회주의로의 성장이라는 부하린의 이론과 격렬한 계급투쟁으로서의 독재라는 레닌의 이론 사이에 공통된 것이 무엇이 있을 수 있는가? 명백하게, 그것들 사이에는 공통된 어떤 것도 존재하지 않고 존재할 수 없다."

"부하린은 프롤레타리아 독재하에서 계급들의 폐지가 발생하기 위하여 계급투쟁이 사라지고 종식되어야만 한다고 생각한다. 레닌은 반대로, 계급들은 완강한 계급투쟁의 수단을 통해서만 폐지될 수 있고 그것들은 프롤레타리아 독재하에서는 프롤레타리아 독재 이전보다 더욱더 격렬해진

제22장   사회주의하에서 계급투쟁의 강화   639

다는 것을 우리에게 가르친다."

앞의 책, p. 35.

우익적 일탈―부하린주의―에 대한 투쟁이 진지하게 시작되기 전에 조차, 쓰딸린은 사회주의의 전체적 전진은 격렬한 계급투쟁을 통해서 나아간다고 언급한 경우가 있었다. 왜냐하면 노동자계급의 자본주의적 적들을 짓눌러버리고 있는 사회주의를 발전시키는 것은 죽어가는 계급들의 저항을 부를 수밖에 없었기 때문이다. 여기에 쓰딸린 동지가 쏘련공산당(볼)의 중앙위원회 전체회의에서 1928년 7월 9일자의 연설에서 말해야만 했던 것이 있다:

"우리는 종종 공업의 영역에서 경제의 사회주의적 형태들을 증진시키고 있다고 말한다. 그러나 그것이 의미하는 것은 무엇인가? 그것은 사회주의로의 우리의 전진에 의해, 우리가 아마도 그것을 주목하지 않은 채 수십만 명의 소규모 그리고 중규모의 자본주의적 수공업자들을 짓누르고 있고 파멸시키고 있다는 것을 의미한다. 이들 파멸한 사람들이 침묵을 지키고 저항을 조직하려 시도하지 않을 것이라고 예상될 수 있는가? 물론 아니다."

"우리는 종종 농촌에서 쿨락들의 착취적 경향을 제한하는 것이 필요하다고, 그들이 무겁게 과세되어야 하고 토지를 임대하는 권리가 제한되어야 한다고, 쿨락들은 쏘비에트들의 선거에서 투표할 권리를 허용 받아서는 안 된다고 그리고 기타 등등을 말한다. 그러나 그것이 의미하는 것이 무엇인가? 그것은 우리가 점차적으로 농촌에서 자본주의적 요소들을 억누르고 짓눌러버리고 있고 때로는 그들을 파멸로 몰아넣고 있다는 것을 의미한다. 쿨락들이 이에 대해 우리에게 감사할 것이고 쏘비에트 정부의 정책에 반대하여 빈농들 혹은 중농들의 부분을 조직하려고 노력하지 않을 것이라고 추정되어야 하는가? 물론 아니다."

"우리의 전체적인 앞으로의 운동, 사회주의 건설의 영역에서 어떤 중요성을 갖고 있는 우리의 모든 성공이 우리나라에서 계급투쟁의 표현이고 결과라는 것이 명백하지 않은가?"

"그러나 이 모든 것으로부터 우리가 더 전진할수록, 자본주의적 요소들의 저항은 더 커질 것이고 계급투쟁은 더 첨예화될 것이라는 점이 따라 나오는데, 반면에 그 힘이 견고하게 증가될 쏘비에트 정부는 이들 요소들을 고립시키는 정책을, 노동자계급의 적들을 동원 해제하는 정책을, 마지막으로, 착취자들의 저항을 분쇄하고 그리하여 노동자계급과 농민층의 주요 대중의 가일층의 전진을 위한 기초를 창출하는 정책을 추구할 것이다."

"사회주의적 형태들이 발전할 것이고, 노동자계급의 적들을 짓눌러 버리고, 반면에 우리의 적들은 조용하게 침묵하고 우리의 전진에 길을 내 줄 것이라고, 그리고 나서 '예상하지 않게' 모든 사회적 그룹들이 예외 없이, 쿨락들과 빈농들 양자가, 노동자들과 자본가들 양자가, 투쟁 혹은 동요 없이 사회주의 사회의 무릎 위에 있는 자신들을 '갑자기' 그리고 '알아차리지 못한 채' 발견할 때까지 우리는 다시 전진하게 될 것이고 그들은 다시 퇴각할 것이라고는 상상되어서는 안 된다. 이런 동화 같은 이야기는 일반적으로 그리고 특수하게는 프롤레타리아 독재의 조건들에서 일어나지 않고 일어날 수 없다."

"죽어가는 계급이 저항을 조직하지 않고 자발적으로 자신의 입장들을 포기할 것이라는 것은 있어본 적이 없고 결코 있을 수 없는 일이다. 노동자계급이 투쟁 혹은 동요 없이 계급사회에서 사회주의로 전진할 수 있다는 것은 있어본 적이 없고 결코 있을 수 없는 일이다. 반대로 사회주의로의 전진은 착취적 요소들이 그 전진에 저항하는 것을 야기할 것이고 착취자들의 저항은 계급투쟁의 불가피한 첨예화를 초래할 수밖에 없다."

"그것이 노동자계급이 계급투쟁은 제2차적 역할을 할 것이라는 이야기에 안심해서는 안 되는 이유이다."

《전집 11권》, pp. 179-180.

이미 다루어진 왜곡들에 만족하지 않고, MF는 계속하여 쓰딸린이 "내부의 계급투쟁은 1939년에 쏘련에서 종식되었다"고 믿었다는 그의 주장의 '증거'로서 쏘련공산당(볼)의 18차 대회에 대한 쓰딸린의 보고로부터 다음의 글들을 인용한다.

"두 번째 국면은 도시와 농촌에서 자본주의적 요소들의 제거로부터 사회주의 경제체제의 완전한 승리와 신헌법의 채택에 이르는 시기였다. 이 시기의 주요한 과제는 온 나라에 걸쳐서 사회주의 경제체제를 수립하고 자본주의적 요소들의 마지막 찌꺼기들을 제거하고 문화혁명을 일으키고 나라의 방위를 위해 철저히 현대적인 군대를 형성하는 것이었다. 그리고 우리 사회주의 국가의 기능들은 그에 따라 변했다. 나라 내부에서 군사적 억압의 기능은 멈추었고 죽어 없어졌는데, 왜냐하면 착취가 폐지되었고 남아 있는 더 이상의 착취자들이 없었고 그리고 그리하여 억압해야 할 사람이 없었기 때문이다. 이러한 억압의 기능에 대신해서 국가는 인민의 재산에 대한 도둑들 그리고 좀도둑들로부터 사회주의 재산을 보호하는 기능을 획득했다. 외국의 공격으로부터 나라를 방위하는 기능은 완전하게 남아 있다. 결론적으로 적군(赤軍)과 해군은 또한 완전하게 남아 있는데, 외국의 첩보기관들에 의해 우리나라로 보내지는 첩자들, 암살자들 그리고 파괴자들에 대한 탐지와 처벌을 위해 불가피한 형벌기관들과 정보기관들도 남아 있다. 국가기관들에 의한 경제적 조직화와 문화적 교육의 기능은 또한 남아 있는데 완전하게 발전되었다. 이제 나라 내부에서 우리 국가의 주요한 과제는 평화적인 경제적 조직화와 문화적 교육의 사업이다. 우리의 군대, 형벌기관, 그리고 정보기관들에 대해 말하자면, 그것들의 경계는 더 이상 나라의 내부에 향해있지 않고 외부에, 외부의 적들에 맞서는 것이다."

"여러분이 아는 대로 우리는 완전히 새로운, 역사에서 선례가 없는, 그리고 첫 번째 국면의 사회주의 국가로부터 형태와 기능들에서 상당히 다른 사회주의 국가를 가지고 있다."

쓰딸린의 연설의 위의 인용으로부터 MF는 결론짓는다:

"이것으로부터 내부의 계급투쟁은 1939년에 쏘련에서 종식되었다는 것이 떠오른다."

우리의 견해로는 MF에 의해 끌어내어진 것과 같은 이러한 결론은 전혀 합당하지 않다. 다음의 지점들은 쓰딸린 동지의 위의 인용된 언급들에서 포함되어 있는 의미를 이해하는 데 있어 적절하다:

첫째로, 쓰딸린 동지가 그의 언급들을 한 맥락을 이해하는 것이 필수적이다. 착취계급들이 이미 폐지됨에 따라 쏘비에트 국가를 "오래된 박물관"으로 추방하는 것을 요구하는 사람들이 당에 일정하게 있었다. 쓰딸린은 그의 답변에서 프롤레타리아 독재를 유지할 필요성을 강조함에 의해 이러한 요구들의 오류에 찬 성격을 보여주는 데 주요하게 관심이 있었다.

그리고 "프롤레타리아 독재는 계급투쟁의 가장 첨예한 형태이다."

"프롤레타리아 독재는 새로운 조건들에서 계급투쟁의 계속이다. 프롤레타리아 독재는 구 사회의 세력들과 전통들에 반대하는, 외부의 자본주의적 적들에 반대하는, 편히 있는 착취계급들의 찌꺼기들에 반대하는, 아직 제거되지 않은 상품생산의 토양으로부터 솟아나오는 새로운 부르주아지의 새싹들에 반대하는—유혈의 그리고 무혈의, 폭력적인 그리고 평화적인, 군사적인 그리고 경제적인, 교육적인 그리고 행정적인—완강한 투쟁이다."

코민테른의 강령으로부터.

그러면, MF가 하듯이, "이것으로부터 내부의 계급투쟁은 1939년에 쏘련에서 종식되었다는 것이 떠오른다"고 누가 말할 수 있는가? 쓰딸린은 프롤레타리아 독재—"계급투쟁의 가장 첨예한 형태"—가 이미 1939년에 필요 없어지고 낡아빠지게 되었다고 일찍이 주장했는가? 그는 상품생산의 토양이 1939년에 이미 쏘련에서 제거되었다고 말했는가? 아니다, 그는 결코 그러하지 않았다. 반대로, 그는 쏘련공산당(볼)의 18차 대회에 대한 그의 연설에서 1939년에 프롤레타리아 독재를 유지하는 것의 필요성을 강조했다. 그리고 상품생산의 제거에 관하여 말한다면—이것은 1952년에조차 달성되는 것과는 거리가 멀었고 1939년에는 결코 그러하지 않았다. 혹자는 MF와 그와 같은 사람들에게는 매우 어려운 것으로 입증되었던 이 '발견'을 하기 위해 쓰딸린 동지의 팜플렛 ≪쏘련에서 사회주의 경제의 문제들≫을 읽기만 하면 된다.

쓰딸린은 레닌의 글들에 대한 기회주의적 왜곡들에 맞서서, 한 번 더 말했다:

"그러나 레닌을 전체로서 취하기를 바라지 않고 부분으로 취하는 것은 레닌을 오해하는 것이다."

≪전집 11권≫, p. 171.

이제 다음이 추가되어야 한다: 쓰딸린을 전체로서 취하는 것을 바라지 않고 부분으로 취하는 것은 쓰딸린을 오해하는 것이다.

이것은 그들의 고백이 쓰딸린의 글들의 조각들을 발견하고, 그것들을 맥락 밖에서 인용하고, 이러한 연계를 승인하지 않는 다양한 조각들을 연계시키고, 그리고 절충주의적인 쓰레기를 제안하는 것인데, MF와 그와 같은 사람들이 실제로 행하는 바로 그것이다. 그들은 쓰딸린을 전체로서 취하기를 바라지 않고 부분으로서 취하는데, 왜냐하면 바로 그들은 그를 왜곡하기를—그에 대해 거짓으로 전하기를—원하기 때문이다. 이 모든 부정직한 그릇된 설명을 그들은 ≪쏘련에서 수정주의의 기원과 발전≫에 대한 '분석'의 이름으로 운동에 제기한다!

  둘째로, 쏘비에트 국가를 유지하기 위한 필요성을 강조함에 있어서, 쓰딸린 동지는 그 발전에서 국면들을 특징지우고, 쏘련에서 계급투쟁의 형태에서 변화를 특징지었다. 쏘련공산당(볼)의 18차 대회에 대한 쓰딸린의 연설로부터 위의 인용된 언급들이 나타나는 것은 이러한 맥락에서이다. 우리의 직업적인 거짓 선전자인 MF가 왜곡하기 위하여 최선을 다하는 것은 이 언급들이다. 그의 이들 언급들에서 쓰딸린 동지는 단지 쏘련의 외부적 및 내부적 입장에서 실제적인 변화를 표현하는 것 이상을 하고 있는 것이 아니다. 그는 당시에 쏘련에 대한 주요한 위험은 외부, 즉 파시스트 독일로부터 온다고 강조하고 있는데, 반면에 내부적으로는 쏘비에트 노동자계급은 일시적으로 이전의 착취계급들의 찌꺼기들에 대한 그 투쟁에서 승리하는 것으로 나타났는데, 그것은 사실상 일시적인 그러나 그럼에도 불구하고 실제적인, 내부적인, 즉 쏘련에서 계급투쟁의 감퇴를 초래했다. 그러나 동일한 것이 쏘련의 외부적—국제적—정세에 적용될 수 없었는데, 그것은 사실상 계급투쟁의 열병 같은 강화의 모습을 연출하고 있었다. 결론적으로 쓰딸린은 외부적 계급투쟁을 강조함에 있어서 절대적으로 정당한데, 그 강조는 그 환경에서, 내부적 계급투쟁의 비용을 치르고 만들어졌던 것과 같은 모습으로 나타날 수밖에 없었다. 그러나 실제적으로는 그것은 내부적 계급투쟁의 비용을 치르고 만들어지지 않았다. 쓰딸린은, 당시에 지배적인 조건들에서, 외부적 계급투쟁에 대처하는 길은, 쏘련 측에서의 군사적 준비였고, 반면에 내부적으로 그것에 대처하는 최선의 방법은 쏘비에트 정권의 적들—첩자들, 암살자들, 파괴자들 등—에 대한 체포, 재판 그리고 처벌이었다는 것을 주장함에 있어서 절대적으로 올발랐다. 쓰딸린이 강조점을 내부적 계급투쟁으로부터 외부적 계급투쟁으로 옮기지 않았다면 물론 실수를 범했을 것이다.

쓰딸린이 계급투쟁의 형태에서 발생한 변화들을 강조했다는 것 때문에, 이것이 그가 그리하여 사회주의하에서 계급투쟁의 감퇴의 이론을 제기했다는 것을 의미하는가? 아니다, 그것은 확실히 그런 것을 의미하지 않는다. 당의 18차 대회에 대한 그의 연설 전체에서 혹은 그밖의 어디에서도 쓰딸린은 사회주의의 조건들하에서, 즉 프롤레타리아 독재의 조건들하에서, 계급투쟁이 감퇴할 수밖에 없다고 주장한 적이 단 한 번도 없었다. 정확히 정반대이다. 쓰딸린은 다시 또 다시 프롤레타리아 독재의 조건들하에서 계급투쟁의 강화의 맑스-레닌주의 이론을 강조했다. 이 투쟁의 형태들은 변화할 수 있지만, 그러나 이러한 투쟁은 이 독재의 역사적 시기 전체 동안에 남아 있다. 여기에, 예를 들면, 1937년에—1936년 헌법의 채택, 즉 18차 대회에 대한 쓰딸린의 연설에서 고찰되고 있는 시기의 불과 몇 개월 후에—쓰딸린이 말한 것이 있다:

"우리가 만드는 진보의 모든 걸음마다 계급투쟁이 더욱더 잠잠해질 수밖에 없다는, 우리의 성장에 비례하여 계급의 적이 더욱더 길들여질 것이라는 취지의 썩은 이론을 분쇄하고 버리는 것이 필요하다."

"이것은 썩은 이론일 뿐만 아니라 위험한 이론인데, 왜냐하면 그것은 우리의 인민을 안심시켜 잠들게 하고, 그것은 그들을 덫으로 인도하고 반면에 계급의 적에게 쏘비에트 권력에 대한 투쟁을 위해 결집될 가능성을 허용하기 때문이다."

"반대로, 우리의 진보가 더 클수록, 우리의 성공이 더 클수록, 분쇄당한 착취계급들의 찌꺼기들은 더 분격하게 될 것이고, 더 빨리 그들은 투쟁의 더 첨예한 형태들에 호소할 것이고, 그들은 쏘비에트 국가에게 더욱더 많은 상처를 줄 것이고, 그들은 파멸당한 자의 마지막 호소로서 투쟁의 가장 절망적인 수단을 더욱더 붙잡을 것이다."

"우리는 쏘련에서 뿌리 뽑힌 계급들의 찌꺼기들이 혼자가 아니라는 것을 명심해야 한다. 그들은 쏘련 국경 너머에 있는 우리의 적들로부터 직접적인 지원을 받고 있다. 계급투쟁의 영역이 쏘련의 국경에 의해 경계지워질 것이라고 가정하는 것은 실수가 될 것이다. 계급투쟁의 한쪽 끝은 쏘련 내에서 작동하지만, 그것의 다른 끝은 우리 주위의 부르주아 국가들로 뻗어간다. 뿌리 뽑힌 계급들의 찌꺼기들은 이것을 모를 수가 없다. 그리고 그들이 그것을 알기 때문에, 그들은 계속하여 그들의 절망적인 돌격을 할 것이다."

"이것이 역사가 우리에게 가르치는 것이다. 이것이 레닌주의가 우리에게 가르치는 것이다. 우리는 이 모든 것을 명심해야만 하고 경계심을 가져야 한다."

<우리 당 사업에서 결함들과 뜨로쯔끼주의자와 다른 이중 거래자들을 청산하기 위한 조치들에 관하여>.

그리고 나아가:

"뜨로쯔끼주의자들이 더 이상 예비가 없다고 주장하는, 그들이 그들의 마지막 기간요원들을 결집시키고 있다고 주장하는 다섯 번째의 썩은 이론을 분쇄하고 버리는 것이 필요하다."

"동지들 이것은 진실이 아니다. 이 이론은 오직 천진난만한 사람들에 의해서만 창출될 수 있다. 왜냐하면 뜨로쯔끼주의 파괴자들은 그들의 예비를 가지고 있기 때문이다. 그것들은 무엇보다도 쏘련에서 뿌리 뽑힌 착취계급들의 찌꺼기들에 놓여 있다. 그것들은 쏘련에 적대적인 쏘련의 경계 너머에 있는 수많은 그룹들과 조직들로 구성되어 있다."

앞의 책.

이제 장님조차도 쓰딸린이 사회주의하에서 계급투쟁의 계속과 강화의 이론을 확고히 했다는 것을 알 수 있다. 이 이론은 쏘련공산당에 의해 쓰딸린 시기 내내, 즉 1937년 이전과 이후에 실천으로 옮겨졌다. 1937-38년에 그것은 우익들과 뜨로쯔끼주의자들의 블록에 반대하여 실행되었다. 그것은 대략 1920년대, 1930년대 그리고 1940년대에 다시 진술되었고 그리고 그것은 계속하여 쓰딸린 사후까지 쏘련공산당(볼)의 기본적 입장이 되었다. 오직 20차 당대회에서만 현대의 흐루쇼프 수정주의자들이 "진보의 모든 발걸음마다 … 계급투쟁이 잠잠해질 수밖에 없다는 … 썩은 이론"을 실행할 수 있었다. 그들은 쏘비에트 인민을 안심시켜서 잠들게 하고, 그들을 덫으로 인도하기 위해서 이 썩고 위험한 이론을 필요로 했고, 반면에 그들 자신은 쏘련에서 자본주의를 복고하는 일을 진척시키고 있었다.
 이리하여 쓰딸린이 쏘련 내에서 계급투쟁이 종식되었다는 견해를 가지지 않았다는 것은 완벽히 명백하다. 반대로 그는 사회주의하에서 계급투쟁의 강화라는 맑스-레닌주의 이론을 확고하게 고수했다. 더욱이 그는 쏘련 내에서 계급투쟁의 관계에 대한 그리고 쏘련을 "둘러싼 부르주아 국가들로의 이 투쟁의 확장"에 대한, 내부적 및 외부적 계급투쟁에 대한 심오한 이해가 있었다. 그는 계급투쟁의 영역은 경계들을 가지지 않는다는 것을 잘 이해했다. 그가 말하기를 "계급투쟁의 영역이 쏘련의 전선에 의해 경계지워진다고 가정하는 것은 실수가 될 것이다." 그리고 착취계급들의 찌꺼기들은 이것을 알 수밖에 없었다.
 착취계급들의 찌꺼기들이 계급투쟁은 경계들을 가지지 않는다는 위대한 진실을 잘 알고 있음을 보여주었지만, CFB의 어떤 추레한 맑스주의자, 즉 MF는 완전히 그것을 모르고 있는 것으로 보인다. 그렇지 않다면 왜 그는 쓰딸린에 대해 내부적 및 외부적 정세에서의 실제적인 변화에 따라서 강조점을 내부로부터 외부의 계급투쟁으로 옮겼다는 것에 대해 공격하려 하는가? 이 세계의 MF들은 빈 말이 아니라 자본주의의 포위가 얼마나 "불쾌한 현상"인지를 알지 못하고 있다.
 아마도 MF는, 비록 일시적이지만 1939년에 쏘련에서 계급투쟁의 실제적인 감퇴에도 불구하고 쓰딸린과 쏘비에트 정부 그리고 당이 계급투쟁의 불길을 부채질 해야만 했다고—계급투쟁을 짜내야 한다고—생각하는가? 좋다! 쏘비에트, 당 그리고 정부 혹은 쓰딸린은 이런 정책을 추구할 정도로 어리석지 않다. 계급투쟁의 불길을 부채질하는 것은 그들의 정책이 아니었다.

 "물론, 우리의 정책은 결코 계급투쟁을 부채질하는 정책으로서 간주되어서는 안 된다. 왜? 왜냐하면 계급투쟁을 부채질하는 것은 내전을 초래할 것이기 때문이다. 왜냐하면, 우리가 권력에 있는 한, 그리고 우리가 우리의 권력을 공고화하고 핵심의 위치들이 노동자계급의 수중에 있는 한, 계급투쟁이 내전의 형태들을 띠는 것은 우리의 이익에 맞지 않다. 그러나 이것이 계급투쟁이 폐지되었다거나 혹은 그것이 더 첨예해지지 않을 것이라는 것을 결코 의미하지 않는다. 하물며 계급투쟁이 우리의 전진에서 결정적 요인이 아니라는 것을 의미하지도 않는다. 아니다, 그것은 그렇지 않다."

≪전집 11권≫, p. 178.

사회주의하에서 계급투쟁은 당과 정부에 의한 계급투쟁의 부채질 때문이 아니라 사회주의의 발전의 객관적인 법칙 때문에 강화되는 것이다. 모든 사회주의의 전진은 착취계급들—내부적 외부적 양자—을 희생하고서 달성되는 것이고 이것은 그들의 절망적인 저항을 불러일으키지 않을 수 없다. 그러나 공개적 전투에서 착취계급들의 패배 후에, 일시적인 휴식이 획득될 수 있고 계급투쟁이 내부적으로 혹은 외부적으로 일시적으로 잠잠해질 수 있다는 것은 똑같이 진실이다. 간섭주의자들의 패배 후에, 쏘련은 외부적인 계급투쟁에 관한 한 일시적인 휴식기를 얻었지만, 그러나 내부적 계급투쟁은, 다시 한 번 강조점이 국내와 해외의 계급투쟁에서의 실제적 변화들 때문에 외부적 계급투쟁으로 이동했던 1939년까지는 더욱더 격렬하게 되었다. 이것이 "내부적 계급투쟁이 1939년에 쏘련에서 종식되었다"는 것을 의미하지 않는 것은 간섭주의자들의 패배가 외부적 계급투쟁의 종식을 의미하지 않는 것과 같다.

MF는 그의 비방들이 답변되지 않고 갈 수는 없다는 것을 깨달았어야 한다. 쓰딸린의 글들은, 고찰 중인 시기의 역사는 물론이고, MF의 비방들을 반박하기에 충분한 것 이상이다. 그리하여 추정되기를, 이러한 종류의 고려에 의해 인도되어, MF는 이어지는 MLQ(4호)에서 다음과 같이 진술한다:

"쏘련에서 수정주의를 이해하는 것은 1917년에 수립된 노동자들의 권력이 어떻게 그리고 왜 타도되게 되었는가를 이해하는 것이다. 계급 없는 사회로의 이행의 시기가 세계사적 의미에서 그리고 각각의 특수한 나라의 경우에서 강렬한 계급투쟁의 시기라는 것이 인정되지 않는다면, 어떠한 이해도 가능하지 않다. 첨예한 계급적 갈등을 포함하는 이행의 시기로서 프롤레타리아 독재의 성격은 레닌에 의해—특수하게는 카우츠키와 그의 논쟁에서—강조되었다. '사회주의의 수립'—이행기적 사회와 구별되는 완전한 체제로서 사회주의의—이라는 사상은 1930년대 초부터 광범하게 받아들여지게 되었고[5] 그리고 비록 두 개의 개념들 간에는 명시적인 괴리(disjuncture라고 원문에는 되어 있으나 disjunction의 오기로 보아 해석함-역자)6가 없었을지라도 쏘비에트 사회의 객관적인 현실은 쓰딸린에 의해 혼동되고 모순된(원문에는 contractory로 되어 있으나 contradictory '모순된'의 잘못된 서술로 보고 해석함—역자) 방식으로 이론화되었다. 우리의 주요 관심사는 그가 계급들의 존재와 계급들 간에 계급적 모순(contraction—contradiction의 오기로 보아 해석함—역자)7들을 인정했는가 여부를 수립하는 것이 아니라 쓰딸린과 쏘비에트 지도부에 의해 추구된 정책들이 일관되게 계급의 적에 반대하는 투쟁에서 프롤레타리아 지도부에 의해 추구된 프롤레타리아 정책인가 여부이다. 우리는 계급적 권력의 현실들로부터 분리된 정책의 문제들에 관심을 가질 수 없다. 레닌의 죽음과 쓰딸린의 죽음 사이의 기간에 쏘련에서 노동자계급의 정치적 권력이 얼마나 실제적이었는가?"8

---

5 이 비방은 결코 MF가 MLQ2에서 쓰딸린이 "한 나라에서 공산주의를 건설하는 것이 가능하다고 믿었다"고 말하는 것을 막지 못했다. 그것은 어느 쪽을 말하는가, MF씨? 쓰딸린이 쏘비에트 사회가 공산주의의 방향으로 나아가고 있다고, 즉 그 경우에는 하나의 이행기적 사회—이행의 상태에 있는—였다고 믿었거나 혹은 그가 그것은 그 방향으로 나아가는 것이 아니었다고, 즉 그것은 "사회주의의 수립"—"이행기적 사회로부터 구별되는 완전한 체제"—이었다고 믿었다는 것인가?
6 이 영어 사전은 이 단어를 포함하고 있지 않다. 이것은 단지 MF씨가 맑스주의를 확장하고 발전시키고 있을 뿐만 아니라 또한 영어를 확장하고 발전시키고 있다는 것을 보여줄 뿐이다.
7 MF와 같이 우리는 전혀 쓰딸린이 계급 'contractions'을 이 표현의 모든 의미에서 인정했는가의 여부를 확신하지 못한다. 그러나 MF가 계급적 모순들contradictions을 말하려고 의도한다면, 이것들을 쓰딸린 동지는 위에서 보이는 대로 확실히 인정했다.
8 한편으로 레닌의 죽음과 쓰딸린의 죽음 사이(의 기간-역자)에 그리고 다른 한편으로 10월 혁명과 레닌의 죽음 사이에 쏘련에서 노동자계급의 정치적 권력이 덜 실제적이었는가 여부에 관해, 우리는 고찰 중에 있는 시기의 역사에 관해 조금이라도 상상력이 있다면 MF보다 더 무지할 수는 없는 독자로 하여금 스스로 판단하게 할 것이다. 우리로서는 단지 이렇게 말할 수 있을 뿐이다: 노동자계급의 정치적 권력은 이전보다 착취계급들의 제거 후에 더 크다고 그리고 이 제거는 "레닌의 죽음과 쓰딸린의 죽음 사이(의 기간-역자)에" 일어났다는 것이 우리의 이해이다. 이제 MF조차도, 공정하게 말한다면, 2 더하기 2는 4라고 제기할 수 있어야만 한다고, 즉 노동자계급의 정치적 권력은 레닌의 죽음과 쓰딸린의 죽음 사이(의 기간-역자)에 더욱 실제적인 것이 되었다고 해야만 한다.

여기에서 여러분은 그 문제의 철저하게 기회주의적인 정식화-모든 것에 대해 말하면서도 여전히 그 저자에게 어떤 특수한 견해를 분명히 하지 않게 하고, 그에게 어떤 가능한 어려움들로부터 헤어 나올 수 있는 묘책을 위한 일정한 여지를 남겨두는 '이점'을 가지고 있다는 점에서 모든 면에서 '완벽한' 정식화-를 가지고 있다. MF는 많은 것을 말하면서 여전히 아무 것도 말하지 않는 사람과 같다. 한편으로, 그는 말한다, 위의 단락에서, 쏘련에서 수정주의의 승리에 대한 이해는 "만약에 계급 없는 사회로의 이행의 시기가 … 강렬한 계급투쟁의 시기라는 것이 인정되지 않는다면" 전혀 불가능하다면서, 다른 한편으로 같은 단락에서 두 문장 밑으로 내려가면, 동일한 MF는 말한다: "우리의 주요 관심사는 그(즉 쓰딸린)가 계급들의 존재와 계급들 사이의 모순들을 인정했는가 여부를 수립하는 것이 아니다(여기에서 MF가 '계급투쟁'이라는 표현을 사용하기를 피하기 위해 얼마나 절망적으로 시도하고 있는가를 주목하라) … " 우리는 계급들과 "계급들 사이의 모순들"의 문제에 실제로 관심이 없는가, MF씨? 그러면 당신 자신의 규정에 따르면, "(수정주의에 대한) 어떠한 이해도 계급 없는 사회로의 이행의 시기가 … 강렬한 계급투쟁의 시기라는 것이 인정되지 않는다면 불가능하다"고 할 때, "쏘련에서 수정주의"를 이해하는 것이 어떻게 가능한가?

MLQ의 2호에서 그의 비방들을 퍼뜨리고서는, MF, 뜨로쯔끼주의자는 전형적인 뜨로쯔끼적 방식으로 종종 걸음을 쳐서 MLQ 4호에서 강조점을 계급들과 계급투쟁으로부터 쓰딸린과 쏘련공산당(볼)의 정책들이 "일관되게 프롤레타리아적인 혁명적인 정책들"인지의 여부로 옮긴다. 그것이 당신을 위한 '변증법'이다! 그리고 이것이 MF와 다른 기회주의자들이, 그들의 변화하는 기회주의적 필요에 따라, 그들이 자신들의 주장과 그들이 채택하는 입장들에서 끊임없이 이동해야만 한다는 점에서 친숙한 '변증법'의 유일한 적용이다. 이 기회주의자들의 이 '변증법적' 곡예의 광경은 물론 매우 웃음을 자아내는 것이다.

그리고 스스로 빠져 있는 완전한 혼동은 결코 그가, 그에게 특징적인 용감한 무지로써 "쏘비에트 사회의 객관적인 현실은 쓰딸린에 의해 혼동되고 모순된 방식으로 이론화되었다"라고 주장하는 것을 막지 못한다. 재미있지 않는가? 우리는 독자로 하여금 MF와 쓰딸린 중에서 누가 "혼동되고 모순적인 방식으로" "객관적 현실"을 이론화하고 있는 지를 판단하게 할 것이다.

철저하게 도피적이고 산만한—그리고 철저하게 기회주의적인—MF의 위의 정식화의 방식은 기회주의자 일반에 대한 레닌의 규정을 기억나게 한다. 이 규정은 그것의 일반적 중요성 때문만이 아니라 그것이 MF에게 완벽히 들어맞기 때문에 우리에게 중요하다. 여기에 레닌 동지가 기회주의의 그리고 기회주의자들의 특수한 특징들에 대해 말한 것이 있다:

"우리가 기회주의와 싸우는 것에 대해 말할 때, 우리는 모든 면에서, 즉 그것의 무정형성, 산만함, 도피성에서 현대의(그리고 이것은 우리 시대에도 꼭 진실이다) 기회주의의 전체에 특징적인 특성을 결코 잊어서는 안 된다. 기회주의자는 그의 성격 자체에 의해, 하나의 쟁점을 결정적으로 정식화하기를 언제나 회피하고, 그는 중간의 길을 추구하며, 그는 두 개의 상호간에 배타적인 관점 사이에서 뱀처럼 헤어 나오고, 두 쪽 모두에 '동의'하려고 그리고 그의 의견의 차이를 사소한 수정들, 의심들, 올바르지만 순진한 제안들, 그리고 기타 등등으로 감소시키려고 시도한다."

레닌, ≪한 걸음 앞으로 두 걸음 뒤로≫

거기에서 여러분은 쟁점들의 명백하고 명확한 정식화를 두려워하는 기회주의자의 특징을 갖고 있는데, 왜냐하면 명백함과 명확함은 기회주의자에게는 그리고 그의 기회주의에게는 파멸을 의미하기 때문이다. 다른 한편으로 불명확함, 산만함 그리고 도피성은 바로 기회주의의 화려한 성장을 위한 토양과 기후를 제공하기 때문이다.

오늘날의 기회주의의 내용에 반대하여 싸울 뿐만 아니라 그의 기회주의가 취하는 외양, 즉 그것의 산만함, 도피성, 그리고 무정형성이라는 형식에 반대하여 싸우는 것이 프롤레타리아 혁명가들의 의무이다. 우리는 불일치들, 쟁점들 그리고 원칙의 지점들의 명확하고 명백한 정식화를 계속하여 주장해야만 한다. 오직 이러한 주장만이 혼란의 근절과 쟁점들의 명확화라는 과제에서 운동에 도움이 될 수 있다.

제23장
일국에서의 공산주의

MF는 일국에서 사회주의를 둘러싼 논쟁을 "일국에서 공산주의"로 승격시켰다. 그는 계속하여 다음과 같이 말하고 있다:

"그리고 미래로 돌아가서 쓰딸린은 선언했다:"

"'그러나 발전은 거기에서 멈출 수 없다. 우리는 앞으로, 공산주의를 향하여 가고 있다. 우리의 국가가 공산주의의 시기에도 또한 남아 있을 것인가?'"

(쓰딸린의 언급—편집자)

"그리고 그는 답했다:

"'그렇다. 만약 자본주의국가들의 포위가 지속되고, 외국군의 침략 위험이 사라지지 않는다면 그러할 것이다.'"

(쓰딸린의 언급—편집자)

여기에 쓰딸린 동지의 위의 말들에 대한 MF의 언급이 있다:

"위에서 인용된 쓰딸린의 보고의 그 부분으로부터 그가 일국에서 공산주의를 건설하는 것이 가능하다고 믿었다는 것이 떠오른다. 이러한 명제는 1920년대에 뜨로쯔끼주의자들에 대해 수행되었던 '일국에서 사회주의'에 대한 전체적인 주장으로부터 근본적으로 이탈한다. 그것은 또한 맑스-레닌주의로부터 근본적으로 이탈한다. 공산주의 사회에서 여전히 남아 있는 국가에 대해 말하는 것은 엉터리이고 적대적인 포위의 가능성에 관한 조건들에 의해 더욱더 엉터리가 된다. 공산주의 사회는 계급들의 종말과 국가의 사멸을 전제하는 것이고 마오가 말하듯이, '전지구적으로 인간에 의한 인간의 착취 체제의 폐지'에 의존하는 것이다. 오직 공산주의가 달성되었을 때에 최종적인 승리를 말하는 것이 가능할 뿐이다."

p. 16.

혹자는 쓰딸린 동지에게 "공산주의 사회는 계급들의 종말과 국가의 사멸을 전제한다"고 가르치려고 생각하는 반(半)멘쉐비키, 반뜨로쯔끼주의적인 CFB의 '이론가들'중의 한 사람—지도적 인물들 중의 하나—(ML을 추가하는 것을 잊어서는 안 된다)의 엉터리 같은 광경을 비웃지 않을 수 없다. 이 공식은 CFB의 발견이 전혀 아니다. 맑스가 이 발견을 한 유일한 사람이다. 그리고 쓰딸린은 오래전에 CFB의 온정적인 보호와 도움 없이도 이 공식의 본질을 파악할 수 있었다—CFB가 그러하듯이 그것을 기계적 방법으로 단순히 암기한 것이 아닌데, 그럼에도 불구하고 그들이 미사여구와 공식들을 배우는 자신들의 기계적 암기의 방법으로 쓰딸린을 변형시키려 노력하는 것을 막지 못한다.

위에서 인용된 언급들에서 쓰딸린이 말하고 있는 것은 정확히 무엇인가? 쓰딸린은 여기에서, 자본주의의 포위가 여전히 청산되지 않은 상태에서 쏘련에서 공산주의를 건설하는 가능성이라는 순전히 추상적이고 이론적인 문제를 제기하고 있는 것이다. 추상에서는 이러한 문제의 정식화는 가능하고 합당한 것이다. 1939년에, 위에서 진술된 대로 착취계급들은 폐지되었지만 발전은 거기에서 멈추지 않았다. 쏘비에트 사회는 지속적으로 공산주의를 향하여 나아가고 있었는데, 어떠한 사회주의 사회라도 혁명의 바로 그 날부터 그럴 수밖에 없는 것과 마찬가지로 그러했다. 자본주의 나라들이 쏘련을 군사적으로 공격하지 않는 상황에서 발전은 계속하여 어떻게 되는가? 쏘련이 수십 년 동안 홀로—아마도 수세기 동안—다른 나라들에서 승리한 혁명의 결합이 없는 가운데 공산주의로 향하는 길에서 계속하여 어찌해야 하는가? 그것(쏘련-역자)이 이 물질적 및 문화적 조건들—그것의 성취는 '각자로부터는 그의 능력에 따라, 각자에게는 그의 필요에 따라'라는 공식을 실행하는 것을 가능하게 할 것이다—에 도달해야 하는 자신의 발전의 과정에서 어떻게 해야 하는가? 이런 경우에서는 쏘비에트 사회는 공산주의 사회가 되었을 것이지만 국가는 자본주의의 포위 때문에 여전히 폐지되지 못했을 것이다. 그리고 우리가 방금 올바른 것으로, 그러나 이 정세에서는 적용될 수 없는 것으로 묘사했던 위의 독특한 정세에 대해, "공산주의사회는 계급들의 종말과 국가의 사멸을 전제한다"는 공식을 적용하려 시도하는 것은 소용이 없는데, 왜냐하면 이 공식은 방금 가정되었던 정세를 예상하지 않기 때문이다.

쓰딸린이 자본주의의 포위가 여전히 존재하는 상황에서 쏘련에서 공산주의를 건설하는 가능성이라는 추상적이고 순전히 이론적인 문제를 제기했다는 것 때문에, 그가 생각하기에 이것이 일어날 것임을 의미한다는 것인가? 아니다, 그것은 확실히 아니다. 가능성의 영역은 현실성보다 훨씬 더 넓다. 가능성은 현실성은 차치하고 잠재성조차 아니다[9]. 한 나라에서 자본주의의 포위가 여전히 존재하는 가운데 공산주의 단계에 도달한다는 정세에 대하여 추상적으로 생각하는 것—그리고 쓰딸린이 한 모든 것은 이것이다—은 가능하지만, 실천적으로 그러할 것인가는 다른 문제이다. 어떤 한 나라가 공산주의 사회의 보다 높은 국면에 도달하기 오래전에, 보다 있을 법한 것은, 혁명이 다른 나라들로 확산되거나 혹은 결국에는 다른 어딘가에서 혁명이 실패하면서 사회주의는 또한 그 나라를 포위하고 있는 자본주의 국가들에 의해서 파괴될 것이다. 왜냐하면 쓰딸린이 CFB가 생각하기 오래 전에 《레닌주의의 기초》에서 지적했듯이, "단 한 나라의 세력으로는" 프롤레타리아트가 "사회주의를 위한 완전하고 최종적인 승리를 확보하는 것, 사회주의를 최종적으로 공고화하는 것 그리고 간섭에 맞서서 그 나라를 완전히 보증하는 것-이는 복고에 반대하는 것을 의미한다-"이 물론 매우 어렵기 때문이고, "국제적 자본이 우리를 평화롭게 내버려둘 것이라고 믿는 것은 어리석을 것이기" 때문이다.(《전집 11권》, p. 58.)

---

9 역자 주: 여기서 가능성은 possibility를 의미하고 현실성은 actuality를 말하고 잠재성은 probability를 말한다. possibility가 있더라도 일정한 조건이 충족되어야 probability가 되는 것인데, 즉, possibilty는 추상적 가능성을 의미하고 probability는 현실의 조건이 존재하는 현실적 가능성을 의미하는 것으로 파악된다.

주어진 사회주의 사회에서 발전은 완전한 공산주의 사회를 향하여 진행될 것이고 그러나 이 방향으로의 발전은 이러한 모순—외부적 및 내부적—을 통하여 진행될 것이어서 완전한 공산주의가 달성되기 전에 세계혁명이 되거나 아니면 공산주의 방향으로 진행하는 사회의 전진이 멈출 것이다.

그리하여 추상적으로는 부정하지 않으면서도, 쓰딸린에 의해 예견된 이러한 정세를 추상적으로 인정하고 생각하면서도, 혹자는 그것이 발생할 것이라고 기대해서는 안 되며, 혹자는 사회주의 사회에서 직면하고 있는 계급투쟁의 과제들을 거부해서는 안 되며, 혹자는 몽상의 이름으로 현실 생활로부터 스스로를 추상해서는—스스로를 분리해서는—안 된다. 쓰딸린 동지가 몽상의 이름으로 쏘비에트 사회가 당시에 직면하고 있던 계급투쟁의 과제들을 거부했다고 생각할 가장 사소한 한 조각의 증거도 없다. 반대로 혹자는 그의 언급들이 18차 대회에 대한 그의 연설의 부분으로부터 나왔다는 것을 잊어서는 안 되는데, 거기에서 그는 쏘비에트 국가를 "낡은 박물관"으로 추방할 것을 당시에 요구하고 있던 당내의 일부 동지들을 반박하고 있다. 혹자는 그의 연설의 이 부분에서, 위에서 보인 대로 그가 주요하게 국가를 유지하는 것의 필요성을 강조하는 데에 관심이 있었다는 것을 잊어서는 안 된다. MF가 그렇게 많이 투덜댄 그 언급들은 그 문제에 대한 추상적이고 이론적인 정식화였고 계급투쟁의 문제에 대한 거부가 아니었다. 그는 단지 국가의 폐지를 잘못 요구하고 있던 동지들에 대해 말하고 있다. 동지들, 이러저러하게 쏘비에트 국가는 상당한 기간 동안 유지되어야 한다. 국가의 폐지의 과제는 미래에 속하는 것이다. 계급투쟁의 문제들에 더 매달리고 쏘비에트 사회의 외부적 및 내부적 적들에 대해 싸우고 그리고 국가의 폐지에 대해 덜 매달리는 것이 지금으로서는 올바르다.

'일국에서 공산주의'의 문제를 떠나기에 앞서, 우리는 '초제국주의'에 대한 카우츠키의 이론에 대한 레닌의 견해들을 여기에서 언급하는 것이 매우 유의미할 것이라고 생각하는데, 왜냐하면 그것은 우리가 다루고 있는 문제, 즉 가능성(possibility—추상적 가능성: 역자)과 잠재성(probability—현실적 가능성: 역자)의 관계에 대한 일정한 명확한 관련을 갖고 있기 때문이다. 오해를 피하기 위하여, 우리가 카우츠키의 반혁명적인 초제국주의 이론을 쓰딸린 동지의 쏘련에서 공산주의의 가능성에 대한 언급들과 비교하는 것은 오직 가능성과 잠재성의 관계를 드러내기 위한 것이라는 점을 우리는 반복한다. 그것을 넘어서서 둘 사이에는 전혀 유사성이 없다.

카우츠키의 '평화로운' 초제국주의 이론에 대한 레닌의 화해하기 어려운 적대는 잘 알려져 있다. 레닌은 단지 카우츠키의 "맑스주의와의 공공연한 절연"만이 후자(카우츠키-역자)를 "'평화로운 자본주의'에 대한 꿈"으로 이끌 수 있다고 절대적으로 정확하게 주장했다. 레닌은 카우츠키의 초제국주의를 "제국주의 시대를 특별히 특징지우는 정치적 갈등, 경련 그리고 변혁"을 직시하기를 거부하는—도피하려는—그리고 본질적으로 소부르주아적인 꿈들 그리고 "'평화로운 초제국주의'를 바라보는 순진한 기대"에서 도피처를 구하려는 소부르주아적인 바람 탓으로 돌렸다. 다른 말로 하면, 카우츠키의 '평화로운 초제국주의' 이론의 기초는 전쟁, 정치적 경련 등과 같은 소부르주아에게 가장 불쾌하고 가장 역겹고 그리고 혐오스런 갈등들을 제거하고자 하는 속물의 반동적인 바람, "이미 도달한 제국주의 시대—갈등, 재난, 경련, 전쟁 그리고 혁명으로 가득 찬 시대—로부터 벗어나고자 하는 바람이고 그리고 상대적으로 평화적인, 상대적으로 갈등이 없는, 상대적으로 재난이 없는 초제국주의로 향하고자 하는 몽상"에 지나지 않았다. 실천적으로 "평화로운 초제국주의" 이론은 제국주의 시대가 부과하는 가혹한 혁명적 과제들을 포기하고, 대신에 현재의 제국주의 시대의 임박한 종언에 대해 소망하는 꿈을 꾸는 것으로 돌아가고, 그리고 프롤레타리아트에게 "'첨예한' 전술을 요구하지 않는, 초제국주의의 상대적으로 '평화로운' 시대"로 그것을 교체하는 것을 의미했다.

이리하여 레닌주의는 카우츠키의 부조리한 "평화로운 초제국주의" 이론과 화해할 수 없이 대립한다는 것을 알 수 있다. 왜냐하면 이 이론은 프롤레타리아 대중을 안심시켜서 본질적으로 소부르주아적인 "초제국주의"라는 꿈속에서 잠들게 한다. 그 초제국주의는, 주장하는 바에 의하면, 상대적으로 평화롭고 상대적으로 분쟁이 없고 상대적으로 경련이 없고 그리고 현재의 시대—대중들을 평화로운 것과는 거리가 먼 현재의, 제국주의적인 시대에 의해 부과되는 과제들과 직면하게 준비시키는 것이 필요한 그러한 시대―에 특징적인 대변동이 없다고 한다. 카우츠키의 "초제국주의" 이론에 담긴 쓰레기에 대한 레닌주의의 비화해성에도 불구하고, 우리는 레닌 동지가 쓴 바로 동일한 글, 즉 <N.I. 부하린의 제국주의론과 세계경제에 대한 서문>에서 다음의 글월을 발견하는데 거기에는 바로 앞선 글에서의 인용 표시들에서 나타나는 문장과 표현들이 있다:

"그러나 혹자는 추상적으로 제국주의를 뒤따르는 자본주의의 새로운 국면, 즉 초제국주의가 '생각될 수 있다'는 것을 부정할 수 있는가? 아니다. 추상적으로는 혹자는 이러한 국면을 생각할 수 있다. 그러나 실천적으로, 미래의 쉬운 과제들에 대한 몽상의 이름으로 오늘날의 고된 과제들을 거부하는 사람은 기회주의자가 된다. 이론적으로는 그것은 실제의 생활에서 지금 진행되고 있는 발전에 기초하지 못하고, 스스로를 몽상의 이름으로 그것들로부터 분리하는 것을 의미한다. 발전이 모든 기업들과 모든 국가들을 예외 없이 집어삼키는 단일한 세계 트러스트의 방향으로 가고 있다는 것은 의심의 여지가 없다. 그러나 이러한 방향으로의 발전이 이러한 압력하에서, 이러한 속도로써, 이러한 모순들, 갈등들, 그리고 경련들로써―경제적일 뿐만 아니라 정치적, 민족적 기타 등등―진행되고 있어서 단일한 세계 트러스트에 도달하기 전에, 각각의 민족적 금융자본이 '초제국주의'의 세계 연합을 형성하기 전에, 제국주의는 불가피하게 폭발할 것이고 자본주의는 그것의 대립물로 전화할 것이다."

다른 말로 하면, 추상적으로는 레닌은 심지어 제국주의에 이어지는 자본주의의 새로운 국면, 즉 초제국주의의 국면을 부정하려고 하지 않았다. 이러한 국면은, 레닌은 말한다, 생각할 수 있는데, 왜냐하면 발전이 "모든 기업들과 모든 국가들을 예외 없이 삼켜버릴 단일한 세계 트러스트의 방향으로" 진행하고 있었기 때문이다. 이러한 국면이 생각될 수 있다면, 레닌이 정확하게 주장하듯이, 그러면 그 나라에서 발전이 공산주의의 "방향으로" 진행하고 있을 때, 추상적으로 왜 일국(쏘련)에서 공산주의가 성취되는 것이 가능하다고(자본주의의 포위 때문에 국가의 폐지 없이) 생각될 수 없는가? 그러나 실제적 실천에서는 모든 잠재성probability에서 볼 때(현실적 가능성이라는 점에서 생각할 때―역자), 초제국주의의 단계 혹은 '일국에서 공산주의'의 단계는 도달되지 않을 것이다. 오래지 않아 모든 곳에서 자본주의는 그것의 대립물, 즉 사회주의로 전화될 것이다.

초제국주의의 문제는 가능성과 잠재성 간의 관계를 보여주기 위해서, 가능성과 잠재성 간의 관계가 두 경우에, 즉 초제국주의와 일국에서 공산주의에서 동일하다는 것을 보여주기 위해서 도입된 것이다. 우리의 견해로는 초제국주의는 비록 추상적으로는 생각될 수 있지만, 역시 추상적으로는 생각될 수 있는 '일국에서 공산주의'처럼, 실천적으로는 달성되는 것이 불가능하다.

그러나 쓰딸린의 '일국에서 공산주의' 가능성에 대한 추상적 정식화는 초제국주의에 대한 카우츠키의 정식화와는 한 가지 중요한 점에서 다르다. 즉 카우츠키는 프롤레타리아트를 안심시켜서 평화로운 초제국주의로 접근한다고 하는 본질적으로 소부르주아적인 몽상 속에서 잠들게 하기 위해, 계급투쟁의 과제들을 회피하기 위하여 그의 이론을 제기하고 있다. 그러나 쓰딸린은 반대로 프롤레타리아 독재를 유지할 뿐만 아니라 강화시킬 필요성을 강조함으로써 쏘련뿐만 아니라 전 세계의 프롤레타리아트를 오늘의 계급투쟁들을 위해 준비시키고 있는데, 동시에 그러면서 스스로에게 쏘련에서 공산주의의 추상적 가능성을 생각하고 부정하지 않는 것을 허용하고 있다. 더욱이 쓰딸린은 쏘련에서 공산주의 건설의 이론적 가능성을 제기함에 의해, 공산주의를 향한 쏘비에트 인민의 앞으로의 행진을 돕고 있었다. 쏘련이 착취계급들을 제거했으나 아직 다른 나라들에서 승리한 혁명이 결합하지 않았을 때 쏘련이 처한 정세에서, 공산주의 사회를 건설하는, 한 걸음에 7리그[10]를 가는 걸음걸이로 공산주의 사회의 방향으로 행진하는 것의 가능성은 쏘비에트 사회의 가일층의 발전을 위한 기초가 될 수 있었다. 달리 선택할 수 있는 유일한 것은 공산주의의 방향으로 그들의 가일층의 전진에 앞서서 세계혁명을 기다리면서, 이 가능성을 부정하고 무위로 지내고 썩어가는 것일 텐데, 왜냐하면 당신이 그것을 성취할 가능성조차 부정한다면, 그 방향으로 전진할 수는 없기 때문이다.

---

10 리그(league) : 영·미의 거리의 단위. 약 3마일.

이리하여 쓰딸린이 그의 가능성(즉 쏘련에서 완전한 공산주의를 건설하는 가능성)을 제기하는 것과 카우츠키가 그의 가능성(평화로운 초제국주의의 가능성)을 제기하는 것은 의미가 정반대로 대립된다는 것을 알 수 있다. 쓰딸린이 공산주의를 건설하는 가능성을 제기하는 것의 효과는(동시에 거대한 외부의 그리고 내부의 계급투쟁들을 준비하고 직시하면서 프롤레타리아 독재—가장 첨예한 계급투쟁의 형태—를 강화하면서) 사회주의 건설과 공산주의의 방향으로의 운동을 공고화하고 가일층 전진시키는 것이다. 그리하여 쓰딸린이 이 가능성을 제기한다는 것에 대해 어떤 비판도 정당화되지 않는다.

 카우츠키는 반대로, 평화로운 제국주의의 가능성을 제기함에 의해, 기회주의를 확산시키고 대중들을 안심시켜서 잠들게 하고 제국주의—평화로운 것과는 거리가 먼—시대의 특징들을 감추고 그리고 이 시대에 프롤레타리아가 직면하고 있는 과제들을 회피한다. 그리하여 레닌은 카우츠키에 대해 그 가능성(레닌 스스로 추상적으로는 부정하지 않았던 가능성)을 제기한다는 것에 대해 공격함에 있어서 완벽하게 정당했는데, 왜냐하면 그 가능성은 교란의 방식으로, 혁명이 직면하고 있는 혁명적 과제들을 부인하는 방식으로 카우츠키가 제기했기 때문이다.

24장
'민족주의적 타락'

두 번째의 주장은 쏘련에서 '민족주의적 타락'에 관한 것이다. 쓰딸린의 시기에 쏘련에서 민족주의적 타락이 압도적이었다는 어떠한 증거라도 있는가? 쏘련이 그 시기에 프롤레타리아 국제주의보다는 부르주아적 민족주의의 규범에 의해 인도되었다는 것을 증명하는 것은 물론이고 지지할 수조차 있는 증거는 전혀 없다. 그러면 MF가 그의 주장의 기초로 삼는 사실들은 무엇인가? MF의 사실들(문자 그대로 MF의 사실들인데, 왜냐하면 그는 그것들의 유일한 제조자이기 때문이다)은 다음과 같다:

그의 글 18페이지에서 그는 쓰고 있다:

"대략 인민전선 운동을 시작하는 시기부터 쏘련의 민족적 입장에 대한 관심이, 국제공산주의 및 노동자 운동의 이해들보다 정책에서 우선하게 되었다."

그것이 그러한가?
혹자가 이 실체가 없는 일반적 주장을, 볼쉐비키당과 "볼쉐비키들의 주도력에 크게 의존하여 탄생하였던 보다 약한 당들 사이에서 코민테른에서 지배적이 되었던 균형 잡히지 않은 관계"에 관한 보다 초기의 주장과 연계한다면, 혹자는 MF에 따르면, 고찰 중인 시기 내내, 볼쉐비키당이 코민테른을 이용(그 표현의 최악의 의미에서)했고, 쏘련의 민족적 이익을 위해 그리고 다른 곳에서의 혁명을 희생하여, 형제적인 당들의 신임과 신뢰를 악용했다는 결론에 도달하지 않을 수 없다. MF는 이 주장을 어떻게 입증하는가? 그것을 주장함에 의해서. 그의 주장을 실증함에 있어서 그는 어떤 증거를 제출했는가? 도대체 아무것도 없다. 왜냐하면 아무것도 이용할 수 없기 때문이다. MF는 코민테른이 쏘련의 민족적 이해들의 추구를 위한 단순한 도구, 꼭두각시였다는 것을 입증할 단 하나의 사실―단 하나의 사례―도 제출하지 못했다. 그는 다른 당들의 대표들이 쏘련공산당으로부터 나온 "지령들"을 단순히 "무비판적으로" 받아들였다는 것을 보여주는 어떠한 증거도 제출하지 못했다. 그는 어떠한 증거도 제출하지 못했고 어떠한 증거도 제출할 수도 없었다. 왜냐하면 이용할 수 있는 이러한 증거는 없었기 때문이다.

그러나 그 반대의 증거가, 코민테른에서 쟁점들이 자유롭고 철저한 논쟁 후에 결정되었다는 것을 보여주는 것이 풍부하게 존재한다. 그 증거들은, 코민테른이 그들이 주욱 늘어서서 볼쉐비키들(이들을 MF는 빈정거리면서 "모든 지혜의 저장소"로서 규정한다)로부터 지시(여러분이 좋다면 지령)를 받기 위해, 그리고 다른 모든 곳에서 혁명을 배신하는 것을 대가로 쏘비에트의 민족적 이해들을 옹호하기 위해 때때로 함께 모이는 충성스런 사람들의 평화롭고 무미건조한 모임이 아니라는 것을 보여준다. 증거들은 코민테른의 토론에서 논쟁이 없는 것과는 거리가 멀고 (논쟁은-역자) 매우 흔한 일이었으며, 더욱이 이 논쟁들은 한편으로 쏘비에트 대표단과 다른 한편으로 일정한 다른 대표 간의 논쟁들로 전혀 한정되지 않았다는 것을 보여준다. 증거는 쏘련공산당(볼)의 높은 지위의 성원에 의해 서명되고 배부된 테제들에 대해 쏘비에트 대표가 수정안을 도입해야만 하는 부러워할 것이 없는 입장에 처하기도 했다11.

물론 쏘련공산당(볼)이 제기한 테제들이 다른 당들에 의해 받아들여지고, 이들 테제들이 올바르다는 이유 이외의 다른 이유 없이 받아들여진 많은 경우들이 있다. 그것이 무엇이 잘못인가? 아마도 '민주주의'의 견지에서 그리고 "볼쉐비키당의 지령"의 수령자로 보이지 않기 위해

---

11 코민테른 6차 대회(1928년 7월 17일-9월 1일)에서, 부하린은 국제정세에 대한 그의 테제들을 배부했다. 이 테제들은 일반적 규율과 달리 쏘련공산당(볼)의 대표에 의해 검토되지 못했다. 이 경우에 이들 테제들은 많은 지점들에서 만족스럽지 못한 것으로 입증되었고 쏘련공산당(볼)의 대표는 그것들에 대한 20개의 수정안을 도입해야만 했다.

서, 코민테른의 다른 당들의 대표들이 때때로 쏘련공산당(볼)이 제기한 올바른 테제들을 거부했어야만 했다고 MF는 생각하는 것인가? 그러한 종류의 '민주주의'는, 그러나 본질적으로 반혁명적이고 국제 프롤레타리아트의 이해에 대립된다.

코민테른의 정책들을 MF는 피상적으로 검토하기 때문에, 그는 그것들에서 비난할 것을 발견할 수 없다. 그럼에도 불구하고 코민테른의 정책들이 일반적으로 올발랐다는 것이 "성급한 가정"이 될 것이라고 그가 주장하는 것을 막지는 못한다.

코민테른의 정책들을 그가 파악하기 시작할 때마다, 그는 코민테른의 정책이 올발랐고 그리고 즉 어쨌거나 이들 정책들을 가장 일반적이고 실체가 없는 방식—예를 들면, "코민테른의 정책이 일반적으로 올바르다고 하는 것은 성급한 가정이 될 것이다"라고 읊조리는 것—을 제외하고는 공격하는 것이 불가능하다는 것을 깨닫고는 꽁무니를 뺀다. MF가 일반적 비난들의 영역을 남겨두어야만 하고 코민테른의 실제적인 정책들에 대한 토론에 들어가야만 하는 때에, 그는 또한 퇴각해야만 한다. 다시금 그는 코민테른의 정책들이 "실제적 고려들에 의해 지시된다"는 것을, "국제적 투쟁의 조건들이 변화했고 그리고 자본주의의 위기의 시기에 많은 나라에서 사회민주주의자들은 비틀거리는 상태의 완강한 옹호자들로서 스스로를 폭로했다"(p. 12.)는 것 그리고 "디미트로프에 의해 규정된 통일전선의 개념은 주요하게 올바르다"(p. 13.)는 것을, "디미트로프가 파시즘에 맞서 부르주아 민주주의를 옹호하는 것이, 부르주아 민주주의를 종식시키고 노동자의 권력 그리고 노동자의 민주주의를 수립하기 위한, 오랜 기간의 투쟁의 단지 한 부분이었다"(p. 14.)는 것을, 그리고 기타 등등을 인정하고 도망친다.

그러면 코민테른이 추구한 정책들은 올발랐다는 것이 입증된다. 그럼에도 불구하고 이 정책들이 올발랐다고 하는 것은 "성급한 가정"일 것이다! 그러면 코민테른의 정책들은 올발랐던 것이 입증된다. 그럼에도 불구하고 쏘련공산당(볼) 이외의 당들은 이들 정책들을 받아들여서는 안 되는데, 왜냐하면 그렇게 하는 것은 쏘련공산당(볼)의 "지령"을 받아들이는 것을 의미했기 때문이다. 그러면 코민테른이 "국제적 투쟁의 조건들"에 기초하는 정책을 추구하고 있었다는 것이 입증된다. 그럼에도 불구하고 이러한 정책을 추구하는 것은 잘못된 것인데, 왜냐하면 다른 나라들에서 프롤레타리아트의 투쟁을 돕는 것은 별도로 하고 그것은 또한 쏘련의 입장을 도울 수 있기 때문이다. 그리고 이것은 물론 범죄가 될 것인데, 왜냐하면 그것은 쏘련의 민족적 이익들에 봉사하기 위해 코민테른을 이용하는 것에 상당할 것이기 때문이다. 그것은 입증된다 … 충분하다!

MF는 그의 주장을 입증하는 단 하나의 사실도 만들어낼 수 없었다. 언제, 어디서 그리고 어느 것에서 쏘련은 고찰 중의 시기 동안에 자신의 민족적 이익들을 도모하기 위해서 코민테른을 이용했는가? 언제, 어디서 그리고 어느 것에서 쏘련은 고찰 중인 시기 동안에 "자신의 민족적 이익들을 보호하기 위해서 국제적인 공산주의 및 노동자 운동"을 배신했는가?

MF의 주장을 입증하는 아무 사실도 없다면―그리고 위에서 보인 대로 아무 것도 없다―그러면 그것의 기초는 무엇인가? MF의 천박한 글을 깊이 탐구해보면, 분명한 것은 그의 악의적이고 비방적이고 그리고 근거가 없는 주장들의 기초는 세계혁명에 대한 그의 꾸며진 관심이 아니라 쏘비에트 혁명에 대한 그의 실제적 무관심이라는 것이다. 만약에 쏘련이 실제로 따랐던, 복잡하지만 철저하게 과학적이고 철저하게 혁명적인 정책을 따르지 않았다면, 쏘련이 생존의 위험에 처하게 되었을지 아닌지에 대해 그는 매도를 할 수 없었다는 것이 그의 글에 완전히 명백하게 나타난다. MF가 쏘비에트 혁명의 세계혁명에 대한 관계를 이해하지 못한다는 것이 완벽하게 명백하다. 쓰딸린이 쏘비에트 혁명을 세계혁명의 보조물―한 부분―로서 간주하지 않았다는 취지로 쓰딸린에 반대하는 MF의 비방적인 비난들에도 불구하고, 마치 세계혁명이 노동자계급의 유일한 국가(당시에)와 아무 관련이 없는 듯이 언제나 세계혁명을 당시의 혁명적인 쏘련으로부터 분리시켜 바라보았던 사람은 MF와 그와 같은 사람들이라는 것은 완벽하게 명백하다. 그들은 계속하여 세계혁명의 이익들을 쏘련의 혁명적 이익들에 대립시킨다. 그들은 쏘련에게 모든 것을 요구한다. 심지어 쏘련이 다른 인민의 혁명을 만들어야만 했다고 요구한다. 그러나 다른 나라들의 프롤레타리아트는 쏘비에트 혁명에 대해 어떤 의무들도 없다고 간주한다. 이 세계에 대해 MF가 설교한 유형의 어떠한 '국제주의'의 결핍도 결코 없었는데, 그는 쏘비에트 혁명의 세계혁명에 대한 관계를 결코 이해하지 못했고 이해할 수 없을 것이며, 그는 그리하여 뜨로쯔끼주의자의 방식으로 쏘련을 '민족주의적' 정책을 추구했다고 탄핵하며 돌아다니는데, 사회주의 쏘련을 옹호하여 세계 프롤레타리아트가 제기한 싸움이 쏘비에트 혁명에 도움이 되는 만큼 "국제 공산주의 및 노동자 운동"에 도움이 된다는 것을 이해하지 못하고 있다. 동일한 방식으로 쏘련이 해외의 혁명 운동들에 준 도움들은(그것들은 매우 많았다) 그것이 이 운동들에 도움이 된 만큼 쏘비에트 혁명을 위해서도 도움이 되었다. 물론 이 운동으로부터 우리가 쏘비에트 혁명을 잘라낸다면, 우리가 쏘비에트 혁명의 이익들을 임의의 방식으로 추상한다면, 그 당시의 "국제적인 공산주의 및 노동자 운동"은 무엇이겠는가?

MF는 이 문제를 제기한 최초의 사람도 아니고 마지막 사람이 되지도 않을 것이다. 쓰딸린의 시대에도 또한 코민테른의 강령이 그 내적인 내용에서 그다지 국제주의적이지 못하다―그것이 성격에서 '너무 러시아적'이었다―고 간주했던 MF 유형의 '국제주의자들'이 코민테른을 둘러싼 써클들에서 존재하였다. 이 사람들의 그릇된 국제주의에 대한 쓰딸린의 반박을 여기에서 재현할 수 있는 것은 극히 쓸모 있는 것이다. 여기에 쓰딸린 동지가 말했던 것이 있다:

"이러한 의견[코민테른의 강령이 '너무 러시아적'이다]에 대해 근거를 제공할 수 있었던 것은 무엇인가?"

"그것은 아마도 강령 초안이 쏘련에 대한 특별한 장을 포함하고 있다는 사실 그것인가? 그러나 그것에서 잘못된 것이 무엇인가? 우리의 혁명은 그 성격에서 민족적이고 그리고 단지 민족적인 혁명이고 그다지 두드러지지 않은 국제적 혁명인가? 그렇다면, 우리가 왜 그것을 세계혁명 운동의 기지라고 부르고, 모든 나라들의 혁명적 발전을 위한 도구라고 부르고, 세계 프롤레타리아트의 조국이라고 부르는가?"

"우리 가운데에는 쏘련에서 혁명이 배타적으로 혹은 주요하게 민족적 혁명이었다고 간주했던 사람들―예를 들면 우리의 기회주의자들―이 있었다. 그들이 실패했던 것은 바로 이 지점에서였다. 아마도 기회주의자들의 발걸음들을 따를 준비가 되어 있는, 코민테른 주위의 사람들이 있다는 것은 이상한 일이다."

"아마도 우리의 혁명은 유형에서 민족적인 그리고 오직 민족적인 혁명인가? 그러나 우리의 혁명은 쏘비에트 혁명이고 그리고 프롤레타리아 국가의 쏘비에트 유형은 다소간 다른 나라들에서 프롤레타리아 독재를 위하여 의무적이다. 레닌이 쏘련에서 혁명이 발전의 역사에서 새로운 시대, 쏘비에트의 시대에 들어섰다고 말했던 것은 이유가 없는 것이 아니다. 이것으로부터 그것의 성격에 관해서만이 아니라 그것의 유형에 관해서도 우리의 혁명이 두드러지게 국제적인 혁명이라는 것, 주요하게 프롤레타리아 혁명이 어떤 나라에서도 따라야 할 양식을 제기하는 것임은 따라 나오지 않는가?"

"의심의 여지없이, 우리 혁명의 국제적 성격은 쏘련의 프롤레타리아 독재에게 전 세계의 프롤레타리아들과 피억압 대중들을 향한 어떤 의무들을 부과한다. 이것이 레닌이 쏘련에서 프롤레타리아 독재는 다른 나라들에서 프롤레타리아 혁명의 발전과 승리를 위하여 가능한 모든 것을 하기 위해서 존재한다고 말했을 때 마음에 두고 있었던 것이다. 그러니 이것으로부터 무엇이 따라 나오는가? 우리의 혁명은 세계혁명의 부분이고, 세계혁명 운동의 기지이고 도구라는 것이 적어도 따라 나온다."

"의심의 여지없이, 또한 쏘련에서 혁명은 모든 나라들의 프롤레타리아들을 향한 의무들을, 그것이 실행하고 있는 의무들을 갖고 있고 모든 나라들의 프롤레타리아들은 쏘련에서 프롤레타리아 독재를 향한 어떤 매우 중요한 의무들을 갖고 있다. 이들 의무들은 내부적 및 외부적 적들에 대한 그것의 투쟁에서, 쏘련에서의 프롤레타리아 독재를 교살하기 위해 계획된 전쟁에 반대하는 전쟁에서 쏘련의 프롤레타리아트를 지지하는 데에, 제국주의 군대들이 쏘련에 대해 공격하는 시기에 쏘련에서의 프롤레타리아 독재의 측으로 직접적으로 넘어가야만 한다는 것을 옹호하는 데에 놓여 있다. 그러나 이것으로부터 쏘련에서 혁명이 다른 나라들에서 혁명 운동과 분리될 수 없다는 것이, 쏘련에서 혁명의 승리가 세계를 관통하는 혁명을 위한 승리라는 것이 따라 나오지 않는가?"

"이 모든 것 후에, 쏘련에서의 혁명에 대해 세계를 관통하는 혁명 운동과 분리된 그리고 아무 연계도 없는 오직 민족적 혁명이라고 말하는 것이 가능한가?"

"그리고 다른 한편으로, 그것이 쏘련에서 프롤레타리아 혁명과 아무 연계도 없이 고려된다면, 세계혁명 운동에 대해 도대체 어떤 것이라도 이해하는 것이 가능한 것인가?"

"만약에 코민테른의 강령이 쏘련에서 프롤레타리아 혁명의 성격과 과제들이라는 근본적 문제를 무시한다면, 모든 나라들의 프롤레타리아들을 향한 그것의 의무들을 무시한다면, 그리고 쏘련의 프롤레타리아 독재를 향한 모든 나라들의 프롤레타리아들의 의무들을 무시한다면, 세계 프롤레타리아 혁명을 다루는 코민테른의 강령의 가치는 무엇이겠는가?"
<코민테른의 강령>, 1928년 7월 5일에 행한 연설, ≪저작집 11권≫, pp. 157-159.

이리하여 MF가 고찰 중인 시기의 세계혁명 운동에 대해 전혀 아무 것도 이해하지 못한다는 것은 완벽히 명백하다. 왜냐하면 그는 그것을 쏘련에서의 프롤레타리아 혁명과 연계 밖에서 고려하기 때문이다.

우리의 불쌍한 그리고 거만한 MF와 달리, 그 시기의 역사에 대해, 특히 코민테른의 역사에 대해 실제적인 지식을 갖고 있는 사람에게는, 코민테른의 강령뿐만 아니라 정책들이 어떤 하나의 민족적 당의 강령과 정책들이 아니었다는 것은 완벽하게 명백하다. 그것들은 쓰딸린 동지의 표현을 사용하자면, 오직 '문명화된' 민족들의 강령과 정책들이 아니었다. 반대로, 그것들은 세계의, 모든 민족들의, 모든 사람들의, 흑인과 백인의 모든 공산주의 당들을 포괄했다.

코민테른에 대해 한 무더기의 왜곡들을 입 밖에 내고, MF는 전형적으로 총총 걸음으로 빨리 걸어서, 독일-쏘비에트 불가침 조약에 대한 반혁명적인 뜨로쯔끼주의적 왜곡들에 지나지 않는 몇몇의 왜곡들을 입밖에 낸다. 그는 그의 글 18페이지에서 말한다:

"지배적이던 환경 속에서, 쏘비에트 정부는 협약에 서명하는 것 이외에는 대안이 없었는데, 1939년 11월에서 1941년 6월 사이의 쏘비에트의 행위와 코민테른 정책은 프롤레타리아 국제주의의 포기에 다름 아니었다."

MF는 위의 주장을 어떻게 입증하는가? 그것을 주장함에 의해. 이 주장의 증거가 되는 것은 그의 글에는 문자 그대로 단 하나의 단어도 있지 않다.

사실 이때까지 MF에 의해 언급된 시기 동안에 독일-쏘비에트 불가침협약에 대해 그리고 쏘비에트 정책의 수행에 대해 공격했던 유일한 사람들은 뜨로쯔끼주의자들과 제국주의자들이었다. 이 사람들이 쏘비에트 정책을 공격해야만 하는 것은 완벽히 이해될 수 있는 것이다. 쏘비에트의 정책은 제국주의에 대한 형세를 역전시켰는데, 그때 제국주의는 볼쉐비즘을 분쇄하기를 희망하고 있었고 지금은 제국주의 자신들 간에 쓰라린 전쟁에 말려들었음을 깨달아야 했다. 나찌 독일을 쏘비에트 러시아에 반대하는 방향으로 돌리기를 희망했던 영국의 제국주의자들은 이제는 나찌 독일과 싸움을 해야만 했다. 쏘비에트와 코민테른 정책의 수행은, 상이한 나라들의 제국주의자들이 사회주의 쏘련을 절멸시키는 전쟁에서 단결하는 대신에, 각자에 대한 파괴의 전쟁을 수행해야만 했던 정세를 만드는 데에 적지 않은 정도로 기여했다. 이 관점에서, 제국주의자들이 쓰딸린 동지, 쏘련공산당(볼) 그리고 코민테른을 공격해야만 했다는 것이 놀라운 것인가? 우리는 제국주의자들이 제국주의를 약화시키는 데에 대하여 쏘련공산당(볼), 코민테른 그리고 쓰딸린에 대해 감사할 것을 기대할 수 있는가? 뜨로쯔끼주의자들에 대해 말하자면, 우리는 우리의 이전의 발행물[12]에서 1930년대에 그들이 파시즘의 요원이 되었고 쏘련의 패배를 위해 일했다는 것을 보인 바 있다. 그리하여 파시즘의 뜨로쯔끼주의 요원들의 계획을 좌절시키는 것에 대하여 뜨로쯔끼주의자들이 "쓰딸린주의 관료주의"를 공격하는 것은 놀라운 것이 아니다. 이제까지 그러므로 전 세계의 맑스-레닌주의자들과 진보적 인민은 논의 중인 시기 동안에 쏘비에트와 코민테른 정책의 수행을 극단적으로 복잡하고 위험스러운 국제 정세에 대한 레닌주의의 전술의 적용에 대한 모범으로 간주했는데, 그 정세는 파시즘의 패배와 국제적인 제국주의의 약화를 초래했다. 이제 영국에서의 반수정주의 운동에서, "1939년 11월과 1941년 6월간의 쏘비에트와 코민테른 정책의 수행은 프롤레타리아 국제주의의 포기에 다름아니"라고 간주하는 '맑스-레닌주의자들'이 자라난 것으로 보인다. 혹자는 이들 '맑스-레닌주의자들'이 전혀 맑스-레닌주의자들이 아니라 단지 숨겨진 뜨로쯔끼주의자들이고 반수정주의운동에서 제국주의의 요원들이라고

---

12 이 모음집의 다른 곳에서 발행된, ≪혁명적 레닌주의에 대한 반혁명적 뜨로쯔끼주의의 투쟁에 관하여≫ 시리즈를 보라.

결론내릴 수 있을 뿐인데, 이들은 쓰딸린 동지가 제국주의에 대한 투쟁을 지도하고 제국주의를 약화시킨 데에 대하여 여전히 화가 나있고 쓰딸린 동지를 여전히 용서하지 않았다.

독일-쏘비에트 불가침 협약에 대한 사실들의 요약

여기에 제국주의와의 전쟁의 문제에 대해 쏘련의 입장을 매우 간략하게 요약하고 있는 논쟁의 여지없는 사실들이 있다.

첫째로, 그것은 제국주의와의 전쟁에 휩쓸려들지 않으려는 쏘련의 노력이었다.

둘째로, 이러한 전쟁을 회피하는 것은 전적으로 쏘련에 맡겨진 것이 아니었기 때문에, 그러면 제국주의가 쏘련에 대한 전쟁을 수행하려 한다면, 후자(쏘련-역자)는 주요 제국주의 나라들—독일, 영국, 프랑스, 미국, 이탈리아 그리고 일본—의 연합된 공격에 직면해서는 안 되는 것은 말할 것도 없고 홀로 싸워야만 하는 위치에 있어서는 안 되었다.

셋째로, 이 목적을 위하여, 한편으로 파시스트적인 제국주의 국가들과 다른 한편으로 민주주의적인 제국주의 국가들 간의 구분들이 철저하게 활용되어야 했다. 제국주의의 두 그룹 간의 구분은 쓰딸린의 상상의 허구가 아니었다. 그것들은 실제적인 것이었고 고찰 중인 두 그룹들의 국가들의 물질적 이해들에 기초한 것이었다. 자본주의의 불균등 발전이 일정한 국가들이 치고 나가게 하고 다른 국가들이 뒤에 처지는 것을 야기했다. 세계의 이전의 분할은 더 이상 세력균형에 조응하지 못했고 이리하여 세계의 새로운 분할이 필요했다. 이것이 제1차 세계대전이 일어난 바로 그 이유였다. 이것이 독일, 이탈리아 그리고 일본이 그들의 경제의 자본주의적 발전에서 앞으로 치고나가면서 시끄럽게 굴고 있던 바로 그 이유였다. 오래된 제국주의 나라들, 주요하게 영국과 프랑스는 새로운 주자들, 주요하게 독일과 비교할 때 경제적으로 자본주의 발전에서 뒤쳐졌고 세계의 이전의 분할에 매우 만족하고 있었다. 새로운 분할을 요구하면서 파시스트 국가들은 민주주의적인 제국주의 국가들의 물질적 이익들을 침해하고 있었다. 이리하여 이러한 이해 갈등을 쏘련이 활용할 수 있는 여지가 있었다.

넷째, 이 목적을 위하여 쏘련은 매우 복잡한 대외 정책을 추구하면서 만약에 이러한 침략이 발생할 경우에, 침략자들에 대한 집단적인 행동을 위하여 파시스트 국가들에 의한 침략을 방지하기 위한 민주주의적인 제국주의 국가들과의 집단적인 안전보장 협약을 맺기 위해 최선을 다했다.

다섯째, 민주주의적인 제국주의 국가들이, 공산주의에 대한 증오에 지배되어 쏘련과 집단적인 안전보장 협약에 서명할 것을 거부하고, 파시스트 국가들 특히 나찌 독일에 대한 그들의 양보 정책을, 그 침략의 방향을 쏘련을 향한 동쪽으로 돌리고자 하는 노력으로 계속했을 때, 쏘련은 국제 프롤레타리아트의 사회주의 조국의 이익을 보호하는 일정한 다른 방법을 시도해야만 했다. 쏘련은 1939년 8월 23일에 독일-쏘비에트 불가침 협약에 서명함으로써 민주주의적인 제국주의 국가들의 대외 정책에서 형세를 역전시켰다.

여섯째, 이 협약을 서명함에 있어서, 쏘련은 홀로 독일과 싸우지 않겠다는 것만을 보증한 것이 아니라 집단적 안전보장에 동의하는 것을 거절함으로써 독일과의 전쟁에 쏘련을 휩쓸리게 하려고 시도했던 그 열강들에 대해 독일이 싸울 것을 보증했다. 1939년 9월 1일에 히틀러는 폴란드를 침략했다. 이틀 후에 영국과 프랑스의 최후통첩이 만기가 되었고 영국과 프랑스는 독일과 전쟁상태가 되었다.

일곱째, 협약의 추가적인 비밀 조항들은, 앞으로 보일 것이지만, 전쟁이 실제로 쏘련에 닥쳤을 때 쏘비에트의 방어에 사활적인 것으로 입증되었던 쏘비에트 '이익의 영역들'을 보호하는 데 충분한 것이었다.

마지막으로, 독일-쏘비에트 불가침 협약은 전쟁—쏘련은 영원히 그것의 밖에서 머물 수 없다는 것을 알고 있었다—에 쏘련이 돌입하기 전에 쏘련의 방위의 준비 정도를 강화하기 위해 2년의 극히 가치 있는 기간을 쏘련에게 가져다 주었다.

전쟁이 마침내 쏘련에 강요되었을 때, 쏘련은 나찌 독일과 그들의 동맹국들에 맞선 동맹들의 더없는 영광스러운 승리에서 가장 영웅적인 기여를 했다. 적군(赤軍)과 쏘련 인민은 쏘련에서 나찌를 패배시키고 베를린까지 그들을 추격하고 그 과정에서 나찌의 군화발 점령에서 각

나라들을 해방시키고 동유럽에 사회주의를 가져옴으로써 그들의 완강함을, 그리고 사회주의 체제의 완강함과 우월성을 보여주었다.

모든 혁명적이고 정직한 부르주아 역사가들과 정치가들은 위의 요약에 동의한다. 오직 가장 완고한 반공산주의자들, 특히 뜨로쯔끼주의자들만이 감히 그것에 논쟁을 걸려고 한다. 뒤에 이어지는 것은 위의 요약의 실증이다.

쏘련은 다가오는 전쟁을 잘 알고 있었다

물론 쓰딸린과 쏘련공산당이 쏘련이 독일과 싸워야만 할 것임을 깨닫지 못했고 쏘련이 독일의 선의에 의존했다고 말하는 것은 완전한 헛소리이다. 사실은 다음과 같다,

"그(쓰딸린)는 불가피한 전쟁을 빗겨가거나 혹은 적어도 지연시키려 했지만, 쏘련은 동쪽과 서쪽에서 위협을 받았고 대외관계들의 행위는 더욱더 복잡해졌다. 그는 거대한 책무들을 수행했는데, 오직 예외적인 육체적 정력, 날카롭고 규율 잡힌 지성, 그리고 강철 같은 자기규율의 사람만이 이러한 요구들을 만족시킬 수 있었다."

이안 그레이, 앞의 책, p. 293.

"내부적 및 외부적인 쓰딸린의 정책에 근본적인 것은, 전쟁이 임박하고 있고 쏘비에트 러시아가 힘을 모을 수 있기 전에 우리를 유린할 수도 있다는 확신이었다. 즉각적인 집단화와 앞뒤 가리지 않는 공업화를 요구한 것은 이러한 생각이었다. 잃어버릴 시간이 없었다. … "

앞의 책, pp. 295-296.

일찍이 1925년 1월에 중앙위원회에 보내는 편지에서 쓰딸린은 다음과 같이 말한 적이 있다. "전쟁의 전제조건들이 무르익고 있다 … " 그리고 계속하여 경고하기를, "우리의 기치는 여전히 평화의 기치이다. 그러나 전쟁이 시작된다면 우리는 팔짱을 낀 채 앉아있을 수가 없을 것이다. 우리는 나서야만 하게 될 것인데, 그러나 우리는 마지막으로 나서야 한다.

그리고 우리는 저울에 결정적인 무게를 던지기 위해 나서야 하는데 (그것은-역자) 그 저울을 기울어지게 하는 무게이다."

쓰딸린, ≪전집 7권≫, pp. 13-14.

모든 사람들은 물론, 도이처조차 "찬란하게 충족된 예언"이라고 부르는 다음과 같은 진술을 포함하고 있는 그의 1931년 연설을 잘 알고 있다:

"우리는 선진적인 나라들보다 50년 혹은 100년이 뒤쳐져 있다. 우리는 10년 안에 이 거리를 따라잡아야 한다. 우리가 그것을 하든가 아니면 우리가 패하든가."

쓰딸린, <사업집행부의 과제들>, ≪전집 13권≫, p. 41.

그의 전기 ≪나의 투쟁≫에서 히틀러는 나찌의 대외정책을 명확하고 솔직하게 틀을 잡았다:

"우리 국가사회주의자들은 의식적으로 우리의 전쟁 전의 대외정책 방향 밑에 선을 긋는다 … 우리는 남쪽으로 향하는 끝없는 독일의 운동을 멈추고 우리의 눈을 동쪽에 있는 땅으로 돌린다. … "
"우리가 오늘날 유럽에서 땅에 대해 말한다면, 우리는 우선적으로 러시아만을 마음에 둘 수 있다."

아돌프 히틀러, ≪나의 투쟁≫, 런던 1984, p. 598과 p. 604.

집단적인 안전보장을 달성하려는 쏘비에트의 노력과 비침략적인 제국주의 국가들의 유화정책

쏘련은 나찌가 1933년 1월에 권력에 다가가는 광경을 즐길 수가 없었다. 이는 쏘련에게 유례없는 위험한 정세를 조성했다. 그리하여 이 시기에 쏘련의 대외정책의 강조점은, 세계 평화의 보전과 위에서 언급되었듯이 당시 존재하는 세계의 분할의 유지에 객관적인 이해가 있었던 민주적인 제국주의 나라들과의 집단적인 안전보장 협약을 체결하는 노력에 있었다.

> "대외정책의 수행에 있어서, 쓰딸린은 커다란 주의, 자제 그리고 현실주의를 보여주었다. 그는 러시아의 공업과 군사적 힘을 건설할 시간이 필요하였다. 그는 항상적으로 동쪽과 서쪽에서 도발을 받았는데, 이에 대해 그는 격노했음에 틀림없었을 것이다. 그러나 그는 가능한 한 전쟁의 발발을 지연시켜야 한다는 최우선의 필요에 대한 시야를 잃지 않았다. 그가 세계적 사안들에서 평화와 군비철폐에 가장 큰 강조를 둔 것은 이러한 이유 때문이었다. 동시에 그는 집단적인 안전보장의 정책을 추구하였다. … "
>
> 이안 그레이, 앞의 책, p. 296.

집단 안전보장의 정책은, 사회주의 쏘련이 전쟁을 피하고 평화를 요구하는 사회주의 건설의 과제를 달성하는 데에 있어서 절실했고, 그리고 비침략적인 제국주의 국가들은 침략적 국가들에 의한 전쟁을 피하고 혹은 그들의 초기의 패배를 보장하는 데에 이해관계가 있었기 때문에 추구되었다.

1939년 3월에 쏘련공산당 18차 대회에서 연설하면서 그리고 전쟁이 이미 시작되었다고 주장하면서 쓰딸린은 말했다:

> "비침략 국가들, 우선적으로 영국, 프랑스 그리고 미국의 이익을 모든 면에서 침해하는 침략자 국가들에 의해 전쟁이 수행되고 있다. 후자(영국, 프랑스, 미국)는 후퇴하고 퇴각하고 있고 침략자들에게 양보에 양보를 거듭하고 있다."
>
> "이리하여 우리는 비침략국가들을 희생하여 진행되는, 세계와 영향력의 범위에서, 공공연한 재분할을 목격하고 있는데, 저항하고자 하는 최소한의 시도도 없고 심지어 그들의 측에서 어떤 묵과조차 있었다."
>
> 쓰딸린, 《레닌주의의 제 문제》, 모스끄바, 1953년 p. 753.

쏘련과 집단적인 안전보장 협정에 들어가는 데에 객관적인 이해가 있었지만, 그럼에도 불구하고 사회주의에 대한 그들의 증오에 의해 압도되어, 각각 네빌 챔벌레인과 에두르드 달라디에르가 이끌었던 영국과 프랑스는 이러한 동맹을 결성하는 것을 거부했다.

쓰딸린은 물었다.

"그것(비침략국가들의 유화정책)이 비침략국가들의 약화 탓인가?"

그는 계속하여 이렇게 대답했다:

"물론 아니다! 결합된, 비침략적인, 민주적인 국가들은 의문의 여지없이 경제적으로 그리고 군사적으로 파시스트 국가들에 비해 강하다."
" … 주요한 이유는 비침략적인 나라들의 다수가 특히 영국과 프랑스가 집단적인 안전보장의, 침략자들에 대한 집단적인 저항의 정책을 거부했고 비개입의 입장, 중립의 입장을 취했다는 것이다."
"비개입 정책은 독일이 쏘련과의 전쟁에 휩쓸리게 되는 것을 방해하지 않으려는, 모든 교전국들을 전쟁의 수렁에 가라앉게 하려는, 그들을 이 점에서 은밀히 격려하려는, 그들이 서로를 약화시키고 지치게 만들려는, 그리고 나서는 그들이 충분히 약해졌을 때, 신선한 힘을 갖고 무대에 등장하여, 물론 '평화의 이익을 위해' 나서서, 그리고 약해진 교전국들에게 조건들을 명령하려는 … 열망, 바람을 드러내는 것이다."
"값싸고 용이한 것!"

앞의 책, p. 754.

나아가, 체코슬로바키아를 나찌에 넘겨주었던 뮌헨 협정을 언급하면서 쓰딸린은 계속하여 말했다:

" … 혹자는 쏘련에 대한 전쟁을 개시하는 것을 떠맡는 대가로서 체코슬로바키아 지역을 독일에 넘겼다고 생각할 수도 있다."

앞의 책, p. 756.

쏘비에트의 대외정책의 과제들을 틀 지우면서 쓰딸린은 "신중해야 하며, 우리의 나라를 자신들을 위하여 다른 사람들이 불 속에서 밤을 꺼내게 하는 데 익숙한 전쟁도발자들에 의한 분쟁 속으로 끌려들어가는 것을 허용해서는 안 된다"는 필요를 강조했다.(앞의 책, p. 759.)
쏘비에트 정부는, 1938년 9월 28-30일에 소집되어 체코슬로바키아를 파시스트 독일의 부드러운 자비에 맡겨버렸던 뮌헨 협의에 포함되는 것은 고사하고 의논 대상도 못되었다. 동시에 서구 열강들은 국제연맹의 후원하에 대규모의 집단적 안전보장 동맹을 위한 쏘비에트의 제안에 반응하는 것을 거부했다. 다음은 윈스턴 처칠이 이러한 맥락에서 말했던 것이다:

"쏘비에트의 제안은 사실상 무시되었다. 그들은 히틀러를 반대하는 범위에 포함되지 않았고, 무시―경멸은 말할 것도 없고―당했다. 이는 쓰딸린의 마음에 흔적을 남겼다. 사건들은 마치 쏘련이 존재하지 않는 것처럼 진행되었다. 이것에 대해 우리는 나중에 값비싼 대가를 지불했다."

W.S. 처칠, 제2차 대전, 1권, p. 104.

동일한 책에서 처칠은 쏘비에트의 계획이 전쟁을 상당기간 회피하거나 혹은 적어도 지연시킬 수 있었을 것임을 그리고 쏘련이 역할 해야 할 때였음을 인정하고 있다.(234-251페이지를 보라)

그러나 비침략국가들의 반공산주의가 일시적 승리를 얻었다. 영국의 외무장관이었던 로드 핼리팩스는 히틀러에게 1937년 11월에 다음과 같이 말했다: " … 그와 영국정부의 다른 성원들은 총통이 많은 것을 얻었다는 것을 잘 알고 있었다. … 그(총통-역자)의 나라에서 공산주의를 분쇄하고, 그는 공산주의가 서유럽으로 향하는 길을 막았고 독일은 그리하여 볼쉐비즘에 반대하는 서구의 보루로 간주되는 칭호를 획득했다. … "

"영국과 독일의 친선을 위한 근거가 준비되었을 때, 네 개의 커다란 서유럽 열강들은 유럽에서 지속적인 평화의 토대를 연합하여 수립해야만 한다."

독일의 외교정책에 대한 문서들:
1918-45, 1권, 런던 1954, p. 55.

쏘련이 자신의 정책을 밀고 나가다

쏘련공산당의 지도부는, 영국과 프랑스 제국주의의 이익들과 갈등했던 유화정책을 조만간에 이들 나라들에서 제국주의의 강력한 대표자들이 반대할 것임을 알고서, 쏘련은 집단적인 안전보장 동맹을 체결하려는 자신의 노력을 밀고 나갔다.

1939년 3월 15일에, 히틀러는 체코슬로바키아로 행진해 들어갔다. 서구의 여론은 체코슬로바키아의 강탈에 의해 격분되었다. 챔벌레인은 화난 공중public과 의회의 반응에 의해 뚜렷하게 충격을 받았다. 영국정부의 지시에 따라 모스끄바 주재 영국대사가 쏘비에트 외무장관인 막심 리트비노프를 방문하여 독일이 루마니아를 공격한다면 쏘비에트의 반응이 어떠할지 물었다. 리트비노프는 같은 날 저녁에 그러한 위험을 미리 막기 위해서 영국, 프랑스, 쏘련, 폴란드 그리고 루마니아의 대표들이 긴급하게 회동을 해야 한다는 제안으로써 대답했다. 영국정부는 이 제안을 거부했고 대신에 더 이상의 침략이 있을 경우에 네 개의 나라들이 서로 간에 협의할 것을 제안했다. 이 제안으로 화가 났지만, 쏘비에트 정부는 폴란드가 또한 참가국이 된다는 것을 조건으로 그것에 동의했다. 폴란드 외무 장관인 콜 벡은 챔벌레인처럼 반쏘비에트적이었는데, 참가하기를 거부했고 대신에 폴란드-영국 상호 원조조약을 제안했다.

1939년 3월 31일에 쏘련과의 사전 협의없이, 침략에 대해 폴란드를 방어한다는 것을 영국 단독으로 보증하는 내용으로 폴란드-영국 조약이 공표되었다. 4월 13일에 그것은 그리스와 루마니아를 포함하는 것으로 확장되었다. 이안 그레이가 타당하게 관찰하듯이: "독일이 폴란드 혹은 루마니아를 공격한다면 영국은 쏘련의 지원 없이는 아무 것도 할 수 없었다. 그리고 이유 없이 모욕적인 방식으로 두 정부는 주의 깊게 쏘비에트 정부를 무시했다. 처칠, 에덴 그리고 다른 사람들은 재빨리 챔벌레인의 정책의 어리석음을 지적했다."(이안 그레이, op.cit. p. 306.)

국내의 극단적인 압력하에서, 영국정부는 4월 15일에, 쏘련에게 쏘련이 일방적으로 보증을 할 것을 제안했다. 쏘련 정부는 독일이 공격할 경우에 쏘련에 대한 어떤 원조도 그것이 제공하지 않았기 때문에 이 제안을 거절했다. 4월 17일에 쏘련 정부는 영국-프랑스-쏘비에트의 상호원조 조약을 제안했는데, 그것은 군사적 협정을 포함하고 있었고 발틱해로부터 흑해에 이르기까지 쏘련과 접경하는 모든 국가들의 독립을 보증하고 있었다. 챔벌레인과 핼리팩스는 그것이 폴란드와 독일을 불쾌하게 하고 그것이 영국으로 하여금 핀란드와 발틱 국가들의 방어에 말려들게 한다는 그럴듯한 이유로 그것을 거절했다.

"쓰딸린에게 불가피한 결론은 영국 정부의 지도자들이 쏘비에트 정권에 대한 적대에 의해 눈이 멀어서, 심지어 전쟁의 공포를 피하기 위한, 독일에 반대하는 쏘비에트 러시아와의 동맹을 그들은 고려조차 하지 않을 것이라는 것이었다."

이안 그레이, 앞의 책, p. 307.

"그리고 영국과 프랑스의 지배 써클들에게는 쏘비에트와의 연합이라는 생각이 여전히 비위에 거슬렸고 … 일부 지도적인 서구의 정치가들은 나찌즘을 볼쉐비즘에 반대하는 믿을 만한 방벽이라고 간주했고, 그들 중에 몇몇은 그 방벽을 성을 공격하는 망치로 전화시킨다는 생각으로 장난을 쳤고, 그리고 마지막으로 러시아와의 동맹이 불가피하게 필요하다고 생각한 사람들 중에서조차 일부는 독일을 러시아와 처음으로 맞붙게 하는 것이 건전한 정책이 아닐까 하고 생각했다."

아이작 도이처, 앞의 책, pp. 413-414.

5월 3일에 외무 인민위원인 리트비노프가 몰로토프로 교체되었다. 이것은 영국과 프랑스에 대한 명백한 경고로서 역할 했을 것인데, 왜냐하면 리트비노프라는 이름은 집단적 안전보장에 대한 노력과 매우 긴밀히 연관되어 있었기 때문이다. 현재까지도 쏘련은 집단적 안전보장 동맹을 위한 작업이라는 정책을 밀고 나갔다. 영국 정부는 쏘련과 협상하라는 공공의 증대하는 압력하에 있었다. 6월 2일에 쏘비에트 정부는 새로운 협정 초안을 제출했는데, 그것은 보증 받는 나라들과 세 참가국들의 책임의 정도를 특정했다. 쏘비에트의 제안에 관심을 표명하면서 영국 정부는 협상에 속도를 내기 위해 모스끄바로 대표를 보내기로 결정했다. 비록 챔벌레인과 핼리팩스가 이전에 개인적으로 베를린에 간 적이 있었음에도 불구하고, 그들은 모스끄바로는 외무성의 2급 관리를 보내서 고의적으로 면목을 실추시켰는데, 이는 "실제적인 모욕"이었다.(처칠, 앞의 책, p. 304.)13

---

13 쓰딸린에 대해 그들이 엉터리 같은 비난을 할 때에, MF와 그가 속한 조직, RCI는 스스로 영국에서 지도적인 마오주의자들이라고 자랑했었다. 그러나 그들의 맑스-레닌주의에 대한 무지는 마오쩌둥 동지의 글들에 대한 그들의 무지와 필적한다. 1939년 9월 28일자, 즉 쏘비에트-독일 불가침 협정의 서명 한 달 후에 쓴 마오쩌뚱의 글 <쏘련과 전 인류의 이익들의 일치>를 읽는 수고를 그들이 했다면, 그들은 자신들의 주장이 완전히 그릇된 것임을 깨달았을 것이다. ≪마오쩌뚱 선집≫ 2권, pp. 275-83에서 찾을 수 있는 이 탁월한 글을, 읽어 볼 것을 모든 사람들에게 권하는 동시에, 우리는 여기에서 그것으로부터 중요한 단락들을 재현할 것이다:

"일부 사람들은 쏘련이 세계전쟁의 발발이 자신에게 유리하기 때문에 세계가 평화롭게 남아있기를 원하지 않는다고, 그리고 현재의 전쟁은, 영국 및 프랑스와의 상호 원조조약 대신에, 독일과 불가침 협정을 쏘련이 체결함에 의해 촉진되었다고 말한다. 나는 이러한 견해가 올바르지 못하다고 생각한다. 오랜 시기에 걸쳐 쏘련의 대외 정책은 평화의 정책이었고, 그 자신의 이익들과 압도적인 인류의 다수의 이익들 사이의 긴밀한 연계에 토대를 둔 정책이었다. 그 자신의 사회주의의 건설을 위하여, 쏘련은 언제나 평화를 필요로 하였고 세계적 규모에서 평화를 위하여 다른 나라들과 자신과의 평화적인 관계를 강화하고 반쏘비에트 전쟁을 막을 필요가 있었고 파시스트 나라들의 침략을 제어하고, 소위 민주적인 나라들의 전쟁광들을 억제하고 가능한 한 오랫동안 제국주의 세계전쟁의 발발을 지연할 필요가 있었다. 쏘련은 오랫동안 세계평화의 대의를 위하여 커다란 정력을 쏟아왔다. 예를 들면, 쏘련은 국제연맹에 합류했고, 프랑스 및 체코슬로바키아와의 상호원조 조약에 서명했고 평화를 원하는 것으로 보이는 영국과 모든 다른 나라들과 안전보장 협정을 체결하기 위해 많은 노력을 했다. 독일과 이탈리아가 연합하여 스페인을 침략한 후에 그리고 영국, 미국 그리고 프랑스가 명목적인 '불개입'의 정책, 그러나 실제적으로는 그들의 침략에 대한 묵인의 정책을 채택했을 때, 쏘련은 '불개입' 정책에 반대했고 스페인공화국의 군대에게 독일과 이탈리아에 대한 그들의 저항에서 실제적인 도움을 주었다. 일본이 중국을 침략한 후에 그리고 동일한 세 개의 열강들이 동일한 '불개입' 정책을 채택했을 때, 쏘련은 중국과 불가침협정을 체결했을 뿐만 아니라 저항하는 중국에게 실제적인 도움을 주었다. 영국과 프랑스가 히틀러의 침략을 묵인하고 오스트리아와 체코슬로바키아를 희생시켰을 때, 쏘련은 뮌헨 정책의 뒤에 있는 사악한 목표들을 폭로하는 데에 있어서 노력을 아끼지 않았다. 폴란드가 이 해의 봄과 여름에 화급한 문제가 되고 세계전쟁이 발발할 것인지 일촉즉발의 상

7월 17일에 몰로토프는 군사적 협정이 결여된 가운데 정치적 협약에 대한 계속된 논의에서 결론지어진 점이 거의 없다고 선언했다. 영국정부는 몰로토프의 선언에 대하여 모스끄바로 군사적 사절단을 보내

황에 있을 때, 쏘련은 전쟁의 발발을 막기 위한 상호원조 조약의 체결을 위한 노력에 있어서, 챔벌레인과 달라디에르의 성실함의 완전한 결여에도 불구하고 4개월 동안 영국과 프랑스와 협상을 했다. 그러나 이 모든 노력들은 영국과 프랑스 정부의 제국주의적 정책, 전쟁을 묵인하고 부추기고 그리고 확산시키는 정책에 의해 가로막혔고 그리하여 결과적으로 세계평화의 대의는 망쳐지게 되었고 제국주의 세계전쟁이 발발했다. 영국, 미국 그리고 프랑스의 정부들은 전쟁을 막기 위한 진정한 의도가 없었고 반대로 그들은 전쟁이 발생하는 것을 도왔다. 쏘련과 관계를 트고 평등과 호혜에 기초한 상호원조의 실제적인 효과적인 협정을 체결할 것에 대한 그들의 거부는 그들이 평화를 원하는 것이 아니라 전쟁을 원한다는 것을 입증했다. 모든 사람들은 동시대의 세계에서 쏘련에 대한 거부는 평화에 대한 거부를 의미한다는 것을 알고 있다. 저 전형적인 영국 부르주아지의 대표인 로이드 조지조차 이것을 알고 있다. 쏘비에트-독일의 불가침 협정이 체결된 것은 이러한 환경 속에서였고 독일이 자신의 반쏘비에트 활동들을 중지하고 공산주의 인터내셔널에 반대하는 협정을 포기하고 쏘비에트 국경의 불가침성을 인정하는 데에 동의했을 때였다. 영국, 미국 그리고 프랑스의 계획은 독일을 부추겨서 쏘련을 공격하게 하고, 그리하여 그들 자신은 '산 정상에 앉아서 호랑이 싸움을 지켜보고' 쏘련과 독일이 서로를 지치게 한 후에 내려와서 접수하는 것이었다. 쏘비에트-독일의 불가침조약은 이 구상을 분쇄한 것이었다. 이러한 구상과 전쟁을 묵인하고 부추기고 세계전쟁을 재촉하는 영국-프랑스 제국주의자들의 계획들을 간과하고서, 우리의 순진한 친구들은 이러한 계획을 세운 자들에 의한 달콤한 선전에 속아왔다. 이들 교활한 정치인들은 스페인에 대한, 중국에 대한, 오스트리아와 체코슬로바키아에 대한 침략을 억제하는 데에 최소한의 관심도 두지 않았다. 반대로 그들은 침략을 묵인했고 전쟁을 부추겼고 서로를 공격하고 서로 간에 침묵하고 그리고 나서는 서로를 이용하는 어부들의 속담에서의 역할을 하였다. 그들은 자신들의 행위들을 '불개입'이라고 완곡하게 묘사했지만 그들이 실제로 한 것은 '산 정상에 앉아서 호랑이 싸움을 지켜보는' 것이었다. 전 세계에 걸쳐 매우 많은 사람들은 챔벌레인과 그들의 파트너들의 꿀 같은 말에 바보가 되어서, 그들의 미소 뒤의 살인적인 의도를 보지 못하고 혹은 쏘비에트-독일의 불가침 조약이 단지 챔벌레인과 달라디에르가 쏘련을 거부하고 제국주의 전쟁을 일으키려고 결심한 후에 체결되었다는 것을 이해하지 못한다. 이러한 사람들이 깨어나야 할 시간이다. 쏘련이 마지막 순간까지 세계평화를 보전하기 위해서 매우 노력했다는 사실은 쏘련의 이익들이 인류의 압도적인 다수의 이익들과 일치한다는 것을 입증한다."

기로 동의함으로써 반응을 했다. 쏘비에트 정부가 희망했던 제국의 참모장인 로드 고르트를 보내는 대신에 챔벌레인은 더 나이든 은퇴한 해군제독인 리지널드 플렁케트-어니-얼-드랙스 제독을 지명했는데, 그는 7월 23일에 가장 느린 교통수단으로 그리고 가장 느린 경로로 출발했는데(게다가 "대화하면서 매우 천천히 갈" 것을 지시받았다) 그는 8월 11일에 모스끄바에 도착했다. 더욱이 놀랍게도 쏘비에트 측은 영국의 대표단이 단지 '이야기를 나누기' 위해, 어떤 협상할 권한도 없이 왔다는 것을 발견했다.

> "확실한 것은 만약에 서구의 정부들이 그(쓰딸린)를 히틀러와의 전쟁으로 몰아가기를 원했다면, 그들은 그들이 실제로 했던 것보다 더 효과적으로 그렇게 할 수는 없었을 것이라는 점이다. 영국-프랑스 군사 대표단은 11일간의 귀중한 날들 동안 출발을 연기했다. 그들은 가능한 가장 느린 보트로 도중에 여행을 하면서 5일을 낭비했다. 그들이 모스끄바에 도착했을 때 그들의 자격과 권한이 명확하지 않았다. 거의 히틀러의 지배하에 있는 뮌헨으로 수상들이 날아가는 것을, 자신들의 권위를 훼손하는 것으로 보지 않았던 정부들이 러시아와 동맹을 협상하는 데에는 장관급의 관리들도 보내기를 거부했다. 군사적 회담을 위해 보내진 군인들은, 예를 들면 폴란드와 터키에 보낸 사람보다 더 권한이 없었다. 쓰딸린이 동맹을 의도했다면, 그가 취급받은 방식은 거의 그로 하여금 그의 의도를 포기하게 만들기 위해 계산된 것 같았다."
>
> 아이작 도이처, 앞의 책, p. 425.

그럼에도 불구하고 8월 12일에 군사적 협정에 대한 회담이 시작되었다. 쏘비에트 대표단의 지도자인 마샬 보로쉴로프는 대표들에게 쏘비에트 부대들이 폴란드로 들어가는 것이 허용되지 않고서는 그들이 폴란드를 방어하는 것이 불가능하다는 것을 통지했다. 폴란드 사람들은 그들이 쏘비에트의 지원을 필요로 하지 않으며 그것을 받지 않을 것이라고 선언했다.

> "쓰딸린이 당시[1938년 9월경] 그의 행위에 의해 판단되어야 한다면, 그가 비난받을 수 있는 것이 아무것도 없다."
>
> 앞의 책, p. 419.

그리고 나아가:

"뮌헨의 서술되지 않은 금언은 러시아를 유럽으로부터 배제한다는 것이다. 뿐만 아니라 강대한 그리고 외관상 강대한 서유럽의 열강들은 러시아를 배제하기를 원했다. 동유럽의 작은 민족들의 정부들도 또한 커다란 곰에게 비명을 질러댔다: '네가 있는 곳에 머물러라, 너의 굴에 머물러라.' 언젠가 뮌헨 전에, 프랑스와 러시아 사람들이 체코슬로바키아의 방어를 위한 연합된 행동들을 토의하고 있을 때, 폴란드와 루마니아 정부들은 러시아 부대들이 체코슬로바키아로 가기 위해 통과하는 것에 동의하는 것을 무조건적으로 거부했다. 그들은 붉은 군대―그리고 붉은 공군조차―에게 통과의 권리를 부정했는데, 단순히 그들이 공산주의를 두려워했다는 것 때문만 아니라 그들이 히틀러에게 아첨한 것이었다."

"독일과 친선에 대한 새로운 시도라는 생각이 쓰딸린의 마음에 형성되었던 것은 뮌헨의 얼마 후였음이 틀림없다. … "

앞의 책, p. 419.

프랑스와 영국의 정부는 또한 이 조항을 거부했다. 8월 21일에 불명확하게 산회되었던 논의들을 계속하는 것은 그 환경 속에서 적절하지 못한 것이었다. 이후에 쏘비에트 정부는, 영국과 프랑스 정부가 쏘련과 동맹을 체결하는 것에 대해 완강하고 일관되게 거부하고 있음을 깨닫고서 독일과 불가침조약을 체결할 것을 결정했다.

"그(쓰딸린)의 일차적인 관심은 쏘비에트 공업과 군대가 힘을 모을 수 있기 위하여 여전히 시간을 얻는 것이었다. 마지못해 그는 이제 히틀러와의 협정의 가능성으로 전환했다."

이안 그레이, 앞의 책, p. 309 그리고 처칠, 앞의 책, p. 306.

쓰딸린이 왜 독일과의 불가침 협정에 동의했는지에 관해 도이처는 말한다:

"그(쓰딸린)가 히틀러의 승리를 거의 믿지 않았다는 것은 똑같이 분명하다. 그의 목적은 이제 시간, 시간 그리고 다시 한 번 시간을 버는 것이었고 그의 경제적 계획들을 진척시키는 것이었고 러시아의 힘을 건설하고 그리고 나서는 다른 교전국들이 지쳐버렸을 때 그 힘을 저울에 던지는 것이었다."

앞의 책, p. 430.

쏘비에트-독일의 불가침 협정이 서명되다

독일이 일찍이 1939년 4월 17일에 독일-쏘비에트 관계들의 정상화를 위해 쏘련에 접근했었고 그리고 이어지는 쏘련 정부에 대한 접근들이 모스끄바 주재 독일 대사관을 통해 이루어졌지만 독일 대사, 프리즈 폰 데어 슐렌부르크 백작은 8월 4일에 다음과 같이 보고했다:

"나의 전체적인 느낌은 쏘비에트 정부가, 영국 및 프랑스가 쏘비에트의 모든 바람들을 충족시킨다면 그들과 서명할 결의가 현재 되어 있다는 것이다. … 쏘비에트 정부를 전환하게 하는 것은 우리로서는 상당한 노력을 요하는 것이다."

처칠, 앞의 책, p. 305.

8월 14일에 독일의 외무장관 요하힘 폰 리벤트로프는 슐렌베르크에게, 몰로토프를 방문하여 다음과 같은 통신문을 읽어주도록 전신으로 지시했다.:

"두 나라의 완전한 만족을 위해 해결될 수 없는 발틱해와 흑해 사이에서의 어떤 문제도 없다. … 나는 총통의 견해들을 M 쓰딸린에게 설명하기 위해 모스끄바를 단기간 방문할 준비가 되어 있다. … 오직 이러한 논의를 통해서만 어떤 변화가 일어날 수 있다. …"

《독일 외교정책에 관한 서류들 1918-45》,
시리즈 D, 7권, 런던, 1956. p. 63.

8월 16일에 슐렌베르크는 몰로토프를 만났고 그에게 리벤트로프의 통신문을 읽어주었다. 같은 날 밤에 그는 베를린으로 몰로토프의 그 통신문에 대한 "커다란 관심"을 보고하였고 추가적으로 몰로토프가 "독일 정부가 어떻게 하여 쏘련과 불가침 협정을 체결하는 생각이 내키게 되었는지의 문제에 관심이 있었다"는 것을 전했다.(앞의 책, p. 77.)

리벤트로프는 같은 날에 답변을 보냈는데 슐렌베르크에게 지시하여 몰로토프를 다시 만나서 다음을 그에게 전하도록 지시했다:

"독일은 쏘련과 불가침 조약을 체결할 준비가 되어 있다."
"나는 비행기로 8월 18일 금요일 이후 언제라도 모스끄바로 갈 준비가 되어 있는데, 총통으로부터의 완전한 권한에 기초하여 독일-러시아의 관계들의 전체적인 문제들을 다루고 그리고 상황이 된다면 적절한 협정에 서명하기 위해서이다."

앞의 책, p. 84.

8월 17일에 몰로토프는 슐렌베르크에게 그것의 "바로 얼마 후에" 불가침 협정의 체결이 뒤따를, 무역 협정을 시작할 것을 제안하는 서면 답변을 넘겨주었다. 8월 18일에 리벤트로프는 슐렌베르크에게 전보로 "최초의 단계", 무역협정에 서명하는 단계가 완수되었다고 통지했고 그가 모스끄바로 "즉각적인" 여행을 하도록 허용 받을 것을 요구했다.

8월 19일에 슐렌베르크는 몰로토프가 다음과 같이 동의했다고 답변했다:

" … 라이히 외무장관은 8월 26일 혹은 27일에 모스끄바로 올 수 있다."
"몰로토프는 불가침 협약 초안을 내게 넘겨주었다."

앞의 책, p. 134.

8월 20일에 히틀러는 쓰딸린에게 긴급한 개인적인 전보를 보냈는데, 쏘비에트의 불가침협정 초안을 받았고 리벤트로프가 8월 22일에 혹은 늦어도 23일에 모스끄바에 갈 수 있도록 허용할 것을 청원하는 것이었다.

쓰딸린은 8월 21일에 그 방문에 동의하면서 대답했다:

"쏘비에트 정부는, 폰 리벤트로프씨가 8월 23일에 모스끄바에 도착하는 데 동의한다고, 내가 당신에게 통지하는 것을 지시했다."

앞의 책, p. 168.

리벤트로프는 8월 23일에 대표단의 영수로서 모스끄바에 도착했다. 같은 날 밤에 그는 쓰딸린의 영접을 받았다. 믿을 수 있는 설명에 따르면 그 만남은 냉랭했고 우호적인 것과는 거리가 있었다. 리벤트로프의 수석 부관인 가우스는 그를 수행했는데 다음과 같이 기록했다:

> "리벤트로프는 우호적인 독일-쏘비에트 관계들에 관한 다소 긴 문구를 서론에 삽입했다. 이에 대해 쓰딸린은 거부했는데, 지난 6년 동안 나찌 정부에 의해 똥거름 통을 뒤집어 쓴 후에, 쏘비에트 정부가 갑자기 그들의 대중에게 독일-쏘비에트 우호선언을 제출할 수는 없다고 말했다. 그런 까닭에 이 문구는 서론에서 삭제되었다."
>
> 처칠, 앞의 책, p. 306.

그 협정은 서명되었다. 비밀 프로토콜하에서 발틱에서 "리투아니아의 북부 경계선은 독일과 쏘련 양측의 이익의 영역들의 경계를 의미한다 … "는 것이, 그리고 폴란드의 경우에는 " … 독일과 쏘련 양 측의 이익들의 영역들은 대략 나루강, 비스툴라강 그리고 사우강의 선에 의해서 경계 지워질 것이다"는 것이 동의되었다.(독일 외교정책에 관한 문서들, op. cit. p. 264.)

다른 말로 하면, 쿠르존 선이 이 경계가 되었는데, 그리고 10월 혁명 후에 쏘련으로부터 폴란드가 장악했던 그 선의 동쪽 지역에서는 쏘련이 원하는 어떤 행동이라도 취할 수 있다는 것에 독일은 동의하였다.

쏘련은 왜 8월 23일에 협정에 서명했는가

8월 31일에 쏘비에트 최고회의에서 연설하면서 몰로토프는 "독일-쏘비에트 불가침 협정이 영국-프랑스-쏘비에트 협상들을 혼란시켰다는 허구"를 일소했다:

> "쏘비에트-독일의 협정의 체결이 영국과 프랑스와의 상호원조를 위한 협상들을 혼란시켰다는 허구를 퍼뜨리려는 시도들이 이루어지고 있다. … 실제로는 여러분이 아는 대로, 그 반대가 진실이다. … 쏘련은 독일

과 불가침 협정에 서명했는데, 다른 무엇보다도 프랑스, 대영제국과의 협상이 … 영국과 프랑스의 지배 써클들의 책임으로 실패로 종결되었기 때문이다."

몰로토프, ≪쏘비에트 평화정책≫,
로렌스 & 위셔트, 런던, p. 20.

결정적으로 반쏘비에트 작가인 영국의 역사가 에드워드 카조차도 독일과 불가침협정에 서명하는 쏘련의 결정은 가장 마지못해 하는 것이었고 강요된 차선책이었다고 인정해야만 했다:

"쏘비에트-독일의 협상의 충격적인 특징은 … 쏘비에트 측에서 수행되었던 극단적인 조심성과, 협상에서 문을 닫는 서구에 대한 쏘비에트의 장기간의 저항이었다."

E. H. 카, ≪뮈니히로부터 모스끄바까지: II≫,
<쏘비에트 연구에서>, 1권, 1949년 10월, p. 104.

동일한 에드워드 카는 "자본주의의 옹호자"로서 챔벌레인 정부가 독일에 맞선 쏘련과의 동맹을 거부했다는 것을 주목하면서 독일과의 불가침협정에 서명하는 것의 결과로서 쏘련이 얻은 이득에 대해 다음과 같은 평가를 했다:

"1939년 8월 23일의 협정에서, 그들[쏘비에트 정부]은 다음을 확보했다: (a) 공격으로부터 면제된 숨 쉴 공간; (b) 극동에서 일본의 압력을 완화함에 있어서 독일의 도움; (c) 쏘비에트 국경 너머 동유럽에 존재하는 거점의 수립에 대한 독일의 동의; 이 거점들은 잠재적인 독일의 공격에 대한 방어선이었고 단지 그럴 수만 있었다. 독일의 공격 가능성은 쏘비에트에게는 결코 간과될 수 없는 것이었다. 그러나 무엇보다도 협정에 의해 획득된 것은 쏘련이 종국적으로 히틀러와 싸우게 된다면 서유럽의 열강들은 이미 연루되었을 것이라는 것의 보장이었다."

앞의 책, p. 103.

8월 23일 협정 서명의 결과로서 위의 타당하고, 간명하고, 그리고 찬란하게 요약된 쏘련에 대한 이득들에도 불구하고 독일과의 이 불가침협정에 서명함에 있어서 쏘련이 "프롤레타리아 국제주의의 포기"를 범했다고 주장하는 사람들이 주위에 여전히 있다고 상상하기는 어렵다. 그러나 불행하게도 여전히 이러한 사람들이 있다. 그들로 하여금 이러한 비열한 생각들을 하게 만들고 발언하게 하는 것이, 무지인지 혹은 악의인지를 말하는 것은 어렵다. 우리가 말할 수 있는 모든 것은 들으려 하지 않는 사람보다 더 귀머거리는 없다는 것이다.

비록 적대적이지만, 도이처조차도 히틀러 독일과 8월 23일 협정에 서명함을 통해서 쏘련이 얻은 또 하나의 이득, 즉 도덕적 이점을 인정해야만 했다:

> "그[쏘련]의 도덕적 이득은 독일이 침략자이고 그들 자신의 정부는 끝까지 평화를 추구했다는 것을 그들의 인민들이 명백히 인식함에 있었다."

우리로서는, 인류를 나찌 독일의 공포로부터 자유롭게 하는 데에 중요하게 기여했던 쏘비에트 외교 정책의 이 뛰어난 솜씨에 대해 경탄과 감사로써 언제나 되돌아 볼 것이다. 결과들은 바로 쏘련이 예상했던 것이었다. 협정의 서명 일주일 후에, 즉 9월 1일에 나찌는 폴란드를 침공했다. 이틀 후에 그들의 최후통첩이 실효하고 영국과 프랑스는 독일에 대해 전쟁을 선언했다. 그들 모두 쏘련을 질식시키려 계획 했었던 제국주의자들은 서로 간에 싸웠던 반면에, 쏘련은 종국적인 전쟁에 대비하여 준비할 수 있는 2년의 귀중한 시간을 확보할 수 있었는데, 그 전쟁은 1941년 6월 22일 04시 정각에 발생했고 162개 사단, 3,400대의 탱크 그리고 7,000문의 대포를 가지고 바르바로싸 작전의 형태로 독일의 침략이 히틀러에 의해 시작되었다. 쏘련의 영웅적인 방어, 쏘련이 싸웠던 거대한 전투들, 쏘련의 전설적인 승리들은 민간의 전설이 되었고 여기서 더 이상의 언급을 요하지 않는다.[14]

---

14 반공산주의적인 신임장과 친제국주의적인 동정심이 완벽하고 그리고 따라서 쓰딸린 혹은 그가 이끌었던 쏘련에 대해 어떤 부드러운 점이 있다고 비난받을 수 없는 오스트리아의 토피치 교수는 고찰 중인 쟁점에 대해 이것을 말해야 했다:

제24장 '민족주의적 타락' 685

" … 주요 사건들의 상호작용에 대한 철저한 분석은 나로 하여금 … 쓰딸린이 유일한 실제적 승리자였을 뿐만 아니라 전쟁에서 핵심적인 인물이었다는, 그가 물론, 당시에 그의 대상에 대한 명확하고 광범한 토대의 사고를 가진 유일한 정치가였다는 확신에 도달하게 했다."

어니스트 토피치, ≪쓰딸린의 전쟁≫,
런던, 제4계급, 1987, p. 4.

나아가:

"1939년 여름의 사건들은 히틀러의 정치가다운 자질과 세계를 지향하는 정치적 전망에 대한 결여의 치명적인 결과를 보여주고 그가 그의 러시아의 맞수(쓰딸린—편집자)에 비해 매우 열등한 것처럼 보이게 한다. 정치적 지혜, 그리고 정치적 스타일에 관해 보면, 그들의 관계는 체스 고수와 일개 도박꾼의 관계와 같고, 모스끄바가 쳐 놓은 덫으로 총통이 학교 학생처럼 떨어졌다는 주장은 거의 과장된 것으로 불릴 수 없다. 그 악마 같은 그루지야인(쓰딸린—역자)은 서구 열강들의 지도자들은 말할 것도 없고, 히틀러를 속여 넘기기 위해 요구되었던 교활함을, 쏘비에트 공산당의 내부적 투쟁들에서보다 백배나 더 적용할 필요가 명백히 있었다."

앞의 책, p. 7.

히틀러-쓰딸린 협정에 대해 동일한 저자는 다음과 같이 쓰고 있다:

"이 조약의 체결 후에 히틀러와 리벤트로프는 스스로를 최고의 수완을 가진 정치가들로 간주했을 수 있다. 그러나 대신에 그들의 행동들은 정치적 재능의 놀라운 정도의 결여를 드러내었다. 쓰딸린은 협정들의 내용과 어구들에 대해 철저히 숙고했던 반면에, 그의 반대편의 성원들은 독일에 대하여 그 치명적인 문서들로부터 나오는 결과들을 주의 깊게 검토할 수 있는 능력이 명백히 없었다. 사실상 두 조약들은 독일을 영국과 프랑스와의 전쟁에 연루시키고 정세를 러시아에 의존하게 만들고 그리고 만약에 기회가 생긴다면 독립적 힘으로써 상황을 종료시킨다는 쏘비에트의 장기 전략과 완벽하게 맞아 떨어졌다. 멀리 내다보면서 쓰딸린은 이러한 계획의 실현을 위한 호의적인 출발점을 얻는 것에 대해 이 초기의 단계에 이미 생각하고 있었다."

p. 4.

쏘련이 전쟁에 대비한 준비가 되어 있지 않았고 방심한 틈에 당했다는 뜨로쯔끼주의자들과 부르주아 써클들에서 꽤 널리 퍼진 전설을 마주하면서, 그리고 쏘비에트의 우월감에 대해 언급하면서, 토피치는 말한다:

" … 그것은 결코 완전히 정당화될 수 없는 것은 결코 아니며 그것은 어느 정도는 적군(赤軍)의 실제적 힘과 군수산업의 효율성으로부터 끌어내어진다. 이 두 가지의 실제적 가능성은 최초의 달들의 중대한 손실로부터 특별한 속도로 회복하고 그리고 나서는 계속 증가하는 다수의 사람과 자원을 적에게 퍼부을 수 있었다는 것을 러시아 사람들이 보여준 것에서 입증되었다. 당시에 중요한 산업지역과 원료 생산 지역들이 상실되었고, 수많은 군수 공장들이 우랄까지 그리고 우랄 너머로 이전되어, 대체될 수 없었기 때문에 이러한 성취들은 더욱더 놀라운 것이다. … "
"수적인 이러한 우세는 단지 대략적으로만 정의될 수 있는데, 그러나 많은 지역들에서 공격자들의 힘과 전쟁의 첫 해에 러시아의 손실을 비교함에 의해 보이는 바와 같이 그것은 매우 명백했다. 그 작전 초기에 독일의 군대는 동쪽에서 3,050,000명의 병사, 7,184문의 대포, 3,580대의 탱크 그리고 2,740대의 항공기 이상을 갖고 있었다. 다른 한편에서, 7월 중순까지 비알리스토크-민스크 그리고 스몰렌스크에 대한 포위 작전과 관련된 독일의 수치에 따르면, 적어도 642,000명의 포로가 잡혔고 4,929문의 대포 그리고 6,537대의 탱크가 포획되거나 파괴되었다. 이러한 수치는 부정확하거나 과장되기 쉽지만, 그것들은 그럼에도 불구하고 쏘비에트 쪽에서의 증거들의 견지에서 믿을 만한 것으로 보인다. 왜냐하면 쏘비에트 정보국은 전쟁 첫해에 다음과 같은 손실을 말하고 있다: 4,500,000명의 사람이 죽거나 부상당하거나 포로로 잡혔고 22,000문의 중포, 15,000대의 탱크 그리고 9,000대의 항공기의 손실이 있었다. 이것은 또한 영국의 군사전문가 존 에릭슨의 판단이기도 하다: '쏘비에트 쪽에서의 자료에 근거한 쓰딸린의 수치들을 적용해보면, 쏘비에트의 우월성은 탱크에서 적어도 7대1이었고, 항공기에서 독일의 것은 그 비율에서 4혹은 5대 1정도로 열등했다.'"
"항공기와 탱크들의 많은 수는 비록 구식이었지만, 전쟁의 발발 시에 이용할 수 있는 상당한 수의 새로운 유형의 것이 있었다. 1941년 한 해만 최초의 여섯 달 동안에 2,653대의 폭격기와 전투기가 현대적 디자인으로 만들어졌고 6월 중순까지 군대는 KW와 T34 유형의 1,861대의 탱크들을 받았다. 전설적인 T34는 독일의 상응하는 것에 비해 명백히 우월했고, 그것의 적수들의 당시의 반(反)탱크 무기들에 거의 견딜 수 있었다. 1939년부터 1941년 6월 22일까지 7,000대 이상의 장갑차가 인도되었고 그리고 1941년에 약 5,500대의 모든 유형의 탱크들이 인도되었다. 동력화 단위들-계획단계의 그것들 뿐만 아니라 이미 작전 중인 그것들을 포함하여-을 장비하기 위하여 16,600대의 새로운 유형의 탱크들이 이용 가능했고 약 32,000대가 계획되었다-거대한 숫자였다. 탱크들의 이러한 눈사태가 단지 방어 목적을 위해 의도되었다는 것은 도대체 있을 법하지 않다. 새로운 쏘비에트 디자인의 것들과 어떤 식으로든 비교할 수 있는 독일의 탱크의 유일한 유형은 판저 IV였는데 그것들 중에서 단지 618대 만이 동부의 전쟁에서 초기에 작전 가능했고 다른 경우에서는 동력화된 것은 주요하게 캄프왜건 II와 III(장갑 자동차들)이었다."

제24장   '민족주의적 타락'   687

"1941년 초에는 월 생산이 단지 250대의 탱크들과 중야전포에 머물렀다."
"쏘비에트의 대포에서 우월성은 가장 두드러진 것이었다. 기록 문서들은 1939년 1월 1일부터 1941년 6월 22일까지 적군(赤軍)이 합계 29,637문의 야전포와 52,407문의 참호 박격포들을 받았고 탱크의 포들과 합쳐서 대포와 박격포가 총 92,578문에 달한다는 것을 보여준다. 이것들 중에서 로켓 발사기들(쓰딸린의 오르간)은 공격자들에게는 특히 불쾌한 놀라움이었다."
"이것들과 다른 수치들은 조국의 군사적 및 산업적 힘에 대한 쏘비에트의 믿음은 단순한 '신기루' 이상의 훨씬 더한 것임을 충분히 보여준다. 이 시기의 쏘련은 미래의 초강대국의 기초를 이미 포함하고 있었다."

pp. 73-74.

토피치는 바르바로싸 작전이 군사적 힘뿐만 아니라 다른 가정들에서 독일에 대한 과대평가와 쏘비에트에 대한 과소평가에 기초하고 있었다는 것을 지적하고 있는데, 이 가정들은 독일군이 쏘비에트 국경을 넘는 순간부터 무너지기 시작했다:

"독일인들이 동쪽으로 국경을 넘었을 때, 그들—총통으로부터 보통의 병사에게까지—에게는 그들이 미지의 세계로 향하는 문을 열어젖혔고 그 뒤에는 쓰딸린이 그들을 위해 준비된 사악한 놀라운 일을 가지고 있었다는, 그리고 종국에는 파멸이 끝없는 소모 속에서 잠복해 있다는 느낌을 종종 가졌다."

앞의 책, p. 103.

쏘련에 대한 그들의 기습공격의 전술적 이점을 통해 얻어진 그들의 최초의 성공들 후에, 나찌들은 승리가 이미 그들의 것이라고 믿기 시작했고 미래에 대한 환상적인 계획에 빠져들었다. "그러나 점차적으로 쏘련이 '진흙발을 가진 거인'이 결코 아니라는 것이 명확해졌다. 거대한 손실에도 불구하고, 이 거대한 제국은 지속적으로 새로운 많은 수의 사람과 자원을 침략자에게 퍼부었고 그리고 곧 증대하는 수의 새로운 유형의 탱크와 무서운 로켓 발사기가 전장에 나타났다. 14일의 승리는 양측에서 가장 고통스럽게 싸우는 적어도 4년간 계속되는 전쟁으로 발전했고, 그리고 최초의 주(週)들의 극적인 승리는 제3공화국의 종말의 시작이었음이 입증되었다."(p. 115.)

토피치는 일본과 1941년 4월의 중립 조약에 대해 또한 언급하고 있다.
그것에 서명함에 의해, 쏘련은 독일과 1939년 8월의 불가침 협정을 통해 서쪽에서 얻었던 것을 동쪽에서 성공적으로 얻을 수 있었다. 토피치 교수로 하여금 그 주제에 대해 말하게 하자:

"이 협정의 조문들은—하나의 가능한 번역에 따르면—쏘비에트가 독일을 공격할 경우에, 일본이 의무적으로 중립을 지켜야 하며, 마찬가지로 러시아도 태평양에서 일본이 행동할 경우에 중립을 지켜야 한다는 것인데, 이는 중요한 것이 아니다. 물론 쓰딸린은 독일과 충돌 전에 배후를 안전하게 하려고 노력하고 있었지만, 그러나 아마도 그는 다른 더 중요한 목표들을 추구하고 있었다."
"쓰딸린의 기민한 움직임은 소망한 결과를 곧 가져왔다. 협정에 서명한 직후에 그리고 협정이 체결되었다는 사실에 의해 고무되어, 일본 육군과 해군은 남쪽으로 그들의 팽창을 강화하기 시작했는데, 그 나라의 전략적 위치와 원료자원의 공급을 개선하기 위해서, 그리고 또한 이 방향에서 중국에 대한 압력을 넣기 위해서이다. 이러한 행동이 영국과 미국과의 충돌을 결과할지라도 그들은 그 결과에 맞설 준비가 되어 있었다."
"그러나 그리고리 가펜쿠가 특별한 명료함으로 지적하고 있듯이 쓰딸린의 계획들은 더욱 멀리 나아갔다: 남쪽으로의 일본의 침투는 동시베리아를 일본의 위협으로부터 자유롭게 할 것이고 도쿄에 의해 행해지는 목조르기에서 숨쉬기가 힘들었던 중국을 안도시킬 것이고 그리고 일본을 미국과의 전쟁에 연루되게 할 것이었다. 결국에는, 이것은 일본에 대해 재앙을 의미할 것이고 그러나 그것은 또한 영국 제국의 허약함을 폭로할 것이고 중앙아시아에서 광범한 인민대중의 민족주의적 감정을 강화하고 나아가 자유를 위한 아시아의 투쟁을 강화할 것이었다."
"히틀러와의 협정이 서쪽에서 '제국주의 전쟁'의 속박을 풀었듯이, 일본과의 중립협정은 아시아에서 동일한 목적에 봉사할 것이었다. 크레믈린은 영국, 미국 그리고 일본 사이의 치열한 투쟁들이 아시아에서 인민대중들을 화나게 하고 일으켜 세우고 그리고 그리하여 쏘비에트 지도하에 혁명을 위해 준비하게 되기를 희망했다."
"그리하여 중립협정은 침략적인 자본주의 열강들의 팽창주의적 정책들을 쏘련으로부터 돌려서 '비침략적인' 열강들로 향하게 교란하는 쓰딸린의 포괄적인 전략의 구성적 부분을 형성했다. … 히틀러가 동쪽에 매달리지 않게 하는 것에 동의함에 의해 서구의 민주주의들과의 일정 종류의 대리 전쟁에 말려들게 하는 데 이미 성공했고 이제는 일본을 부추겨서 영국과 미국과의 대결로 말려들게 하기 위해서 일본에게 유사한 보호를 제공하는 것을 의도하였다. 이런 방식으로, 다시 한 번 중립협정을 사용함에 의해 또 하나의 잠재적인 공격자가 쏘비에트의 이익들의 도구로 되었고 자본주의 국가들에 대항하여 이용되었다. … "

pp. 95-96.

"쏘련과의 새로운 협정이 어느 정도로 도쿄를 고무하여 그것의 결정을 하게 하였는지는 논쟁할 수 있는 것이다. 그러나 당시에 일본은 이 방향에서 위협이 전혀 없었는데, 특히 쏘비에트 부대들이 독일과의 갈등에 묶여 있었기 때문이다. 어떤 경우이든지―쓰딸린이 중립 협정으로 의도했던 바와 같이―일본은 서구 열강들과의 전쟁에 말려들게 되었다."

p. 124.

토피치는 계속한다.

"진주만은 쓰딸린에게는 특히 커다란 승리였다. 마침내 쏘비에트는 두 개의 전선에서의 전쟁의 위험으로부터 해방되었고 대신에 영국과 미국이 이제는 하나의 전쟁에 말려들게 되었다."
p. 125.

"쓰딸린의 계획에 따라, 일본—쏘련에게는 긴장과 고통의 계속적인 원천—이 영국과 미국에 맞서는 것으로 전환되었고 빠져들게 되었다. 이 목표는 1941년 4월 13일의 중립 협정에 의해 도움을 받았다. 이 협정은 쏘련이 독일과의 전쟁을 위해 필요로 했고, 동쪽에서 모스끄바가 방패를 확보하게 했고, 동시에 일본에 유사한 보증을 주어서 그 나라로 하여금 자유롭게 영국과 미국과의 무장충돌을 하게 했다. 일본에 대한 루즈벨트의 거친 정책은 크레믈린의 의도와 전적으로 부합했고 결과적으로 진주만 공격을 초래했다—이것은 극동에서 '제국주의 전쟁'의 발발을 의미했고 레닌에 의해 고안되고 쓰딸린에 의해 발전된 교묘한 개념이 대부분 실현되었다는 증거를 제공했다."
p. 135.

우익이며 발끝까지 반공산주의적인 토피치는 쏘련의 레닌주의적인 외교의 성공에 올바르게 분개하고 있고 다음의 말로써 비통하게 불평한다:

"이런 방식으로 쏘련은 순수히 정치적이고 전략적인 수단을 사용하여 제2차 세계대전에서 서구 열강들에 중대한 패배를 안겨줄 수 있었다. 적군(赤軍)은 영국 혹은 미국의 군대에 대해 무기를 뺴들 필요가 없었다. 이것은 독일과 일본에 의해 그들에게 행해졌다. 영국과 미국은 물론 쏘련으로 풍부한 물자들을 배로 실어날랐다—동쪽에서 독일의 승리를 막기 위해 필요했던 것보다 훨씬 많은. 히틀러에 맞선 전쟁과 쓰딸린의 심리·전략적인 술수—정당하지 않은 파시스트의 공격의 신화와 제2전선에 대한 계속적인 요구들—에 의해 야기된 감정들의 영향하에서, 위대한 민주주의의 정치가들도, 대중들도, 직접적으로 군사적으로 충돌하고 있는 적이 반드시 가장 위험스러운 적은 아니라는 사실을 인식하지 못했다. 쓰딸린이 거장다운 방식으로 발전시켰던, 간접적이고 은밀하고 그리고 극적이지 않은 전진의 기술들을 통하여 그 교활한 그루지아인(쓰딸린-역자)은 커다란 성공을 거두었다. 서구 열강들의 약점은 힘의 수단들의 결여에 있는 것이 아니라 정치적 재능의 부족에 있다."

오직 뜨로쯔끼주의 반혁명분자들과 약간의 '반수정주의' 얼뜨기들만이 독일과의 불가침협정 그리고 일본과의 중립조약을 타당한 역사적 맥락에서 보는 것에 있어서 어려움이 있다.

하나의 마지막 지점: 쏘련에 적대적인 써클들은 쏘비에트가 폴란드 동쪽의 쿠르존으로 진격한 것을 폴란드의 나머지에 대한 나찌의 침략 및 점령과 동일시한다. 그 두 개는 성질에서 상이하다. 첫째로, 쏘비에트 부대들은 10월 혁명 후에 폴란드에 의해 강탈당하기 전에 그들의 것이었던 영토로만 이동했다. 둘째로, 그리고 더욱더 중요한 것은 쏘련은 나찌의 폴란드에 대한 침략 후에 16일 동안이나 기다렸다는 것이다.

"[1939년] 9월 5일에 리벤트로프가 러시아에게 폴란드의 그들의 몫으로 진격해 들어오라고 압력을 넣기 시작했을 때, 쓰딸린은 아직 진격 명령을 발포할 준비가 되어 있지 않았다. … 그는 폴란드를 패배시킴에 있어서 손을 빌려주려고 하지 않았고 … 폴란드의 붕괴가 완전히 의문의 여지가 없기 전까지 움직이는 것을 거부했다."

아이작 도이처, 앞의 책, p. 432.

폴란드 국가가 붕괴했다는 것이 절대적으로 명확해졌을 때 쏘비에트 부대들은 쏘련의 방위와 쏘비에트 부대들이 쇄도한 영토의 인민들을 보호하기 위해 폴란드에 (9월 17일에) 들어갔다. 진실은 쏘비에트 군대가 지역의 주민들에 의해 해방자로서 영웅들로서 환영을 받았다는 것이다.

1939년 10월 31일에 쏘비에트 최고회의 연설에서 몰로토프는 다음과 같이 말했다:

"우리의 부대들은 단지 폴란드 국가가 붕괴하고 실제적으로 존재하기를 멈추었을 때에 폴란드의 영토로 들어갔다. 자연스럽게 우리는 이 사실들에 대하여 중립으로 남아 있을 수가 없었는데, 왜냐하면 이 사건들의 결과로서 우리는 우리 국가의 안전에 관한 긴급한 문제들에 직면해야 했다. 더욱이 쏘비에트 정부는 서부 우크라이나와 서부 벨로루시에서의 우리의 형제들에 대해 조성된 예외적인 상황을 고려하지 않을 수 없었는데, 그들은 폴란드의 붕괴의 결과로서 죽음의 위협에 처했었다."

몰로토프, 앞의 책, pp. 31-32.

제24장 '민족주의적 타락' 691

그리고 나아가:

"적군(赤軍)이 이들 지역들로 진격했을 때, 적군은 향신의 멍에, 폴란드의 지주들과 자본가들의 멍에로부터의 해방자로서 우리의 부대들을 환영했던 우크라이나와 벨로루시인들로부터 보편적인 동정심으로써 환영을 받았다."

앞의 책, p. 33.

이들 지역으로 쏘비에트의 진격은 나찌의 점령과 몰살의 공포로부터 백만의 유태인을 포함한 1,300만 인민을 구제하는 효과가 있었다. 쿠르존 선의 동쪽의 영토에 대한 쏘비에트의 입성에 반대하는 사람들은 나찌에 의해 침략된 다른 지역을 보아야만 했을 것이다! 매우 기묘한 '국제주의'이다! 이러한 사람들은 실제로는 심지어 어떤 보수주의자들의 오른 편에 있는 것이다. 보수당 국회의원 로버트 부드비가 1939년 9월 20일에 하원에서 한 연설로부터의 다음의 말로써 이러한 '사회주의자들'과 '국제주의자들'을 영원히 부끄럽게 하자:

"쏘비에트 정부 측에서의 이러한 행동은 자기보전과 자기방어의 관점으로부터 … 취해졌다고 가정하는 것은 합당하다고 나는 생각한다. … 러시아 부대들에 의해 취해진 행동은 … 독일의 국경을 상당히 서쪽으로 밀어 붙였다. … "

"나는 러시아 부대들이 폴란드-루마니아 국경을 따라 있는 것에 감사한다. 나는 독일 부대보다는 거기에 러시아 부대가 있는 것이 좋겠다고 생각한다."

≪1939년의 독일-쏘비에트 불가침 협정≫이라는 그의 책에서
빌 블란드에 의해 인용됨,
1992년에 쓰딸린 협회에 제출된 뛰어난 논문.

쓰딸린이 부르주아 민족주의로 고발당하다

그러나 MF는 다른 모든 문제에서처럼, 쓰딸린에 대해 적대적인 반(半)뜨로쯔끼주의 노선에 의해 자신이 이끌려지는 것을 발견했는데, 쓰딸린의 계산에 대해 그는 아마도 시도는 했을지라도 이해하기 시작할 수 없었다. 그의 글 19페이지에서 그는 쓰딸린을 계속하여 후려친다:

"전쟁 동안에 나찌 침략자들에 대한 민족적 감정의 고조가―이해할 수는 있지만―있었는데, 그러나 쓰딸린은 쏘비에트 국가가 기초하고 있는 프롤레타리아 국제주의 원칙들과 양립할 수 있는 지점을 훨씬 더 넘어서 이것을 고무했다. 그는 전쟁의 초기 시절에 러시아 제국의 과거의 정신을 자극했다:"

"우리 위대한 조상들―알렉산더 네프스키, 디미트리 돈스코이, 카주마 미닌, 디미트리 포자르스키, 알렉산더 수보로프 그리고 미하일 쿠트조프―의 대담한 이미지가 이 전쟁에서 여러분에게 영감을 주기를! 위대한 레닌의 승리의 기치가 여러분의 길잡이가 되기를!"

MF가 인용하는 이 구절은 1941년 11월 7일, 모스끄바의 붉은 광장에서 있었던 적군의 퍼레이드에서 쓰딸린의 연설로부터 따온 것이다. 그러한 언급들이 이루어진 맥락은 이것이다: 쏘련은 자신의 물질적 힘과 자신의 대의의 정당함 때문에, 쏘련이 쏘비에트 인민을 위해서만이 아니라 파시스트 억압자들의 멍에하에 떨어진 유럽의 노예화된 민족들을 위한 해방전쟁을 수행하고 있기 때문에 이겨야만 했다. 여기에 쓰딸린 동지가 그의 언급들을 한 맥락이 있다:

"동지들, 적군(赤軍)과 붉은 해군의 병사들, 지휘관들과 정치위원들, 남녀의 게릴라들이여, 전 세계가 여러분을 독일 침략자들의 약탈하는 무리들을 분쇄할 수 있는 세력으로 기대하고 있다. 독일 침략자들의 멍에하에 떨어진 유럽의 노예화된 민족들은 여러분을 그들의 해방자로서 기대하고 있다. 위대한 해방의 사명이 여러분의 몫으로 떨어져 있다. 이러한 사명의 가치가 있기를! 여러분이 수행하고 있는 전쟁은 해방의 전쟁이다. 정의의 전쟁이다. 우리 위대한 조상들―알렉산더 네프스키, 디미트리 돈스코이, 카주마 미닌, 디미트리 포자르스키, 알렉산더 수보로프 그리고 미하일 쿠트조프—의 대담한 이미지가 이 전쟁에서 여러분에게 영감을 주기를! 위대한 레닌의 승리의 기치가 여러분의 길잡이가 되기를!"

쓰딸린의 위의 언급들로부터 그가 "프롤레타리아 국제주의의 원칙들과 양립할 수 있는 지점을 훨씬 넘어서" 민족적 감정들의 고조를 고무했다고 결론짓는 것이 허용될 수 있는가? 아니다, 그렇지 않다. 여기에서 명심해야 할 첫 번째 점은—그리고 이것은 MF 유형의 모든 '사회주의자들'이 잊는 점이다—방어해야 할 국가가 사회주의 국가라는 것이었다. 둘째로, 쓰딸린은 여기에서 정의의 전쟁, 외국의 침략에 맞서 해방의 전쟁을 수행하고 있었던 쏘련에 대해 말하고 있는 것이다. 위대한 러시아의 애국자들(MF는 그들을 "러시아 제국의 과거의 정신들"이라고 부르며 언급하고 있다)의 이름들이 언급되는 것은 이러한 맥락에서였다. 왜냐하면 이들 "위대한 조상들"은 또한 외부의 침략에 맞서 러시아의 방어를 위하여 그들의 시대에 싸웠기 때문이다. 쏘련의 인민의 위대한 애국전쟁의 맥락에서, 그들의 나라를 방어하기 위해 그들의 애국주의를 당시에 보여준 "위대한 조상들"의 이름을 부르는 것은 완벽하게 합당했다. 알바니아의 노동당과 전체 알바니아 인민은 알바니아의 독립을 위하여 싸운 봉건적 지주인 스칸더벡의 "정신을 자극하기"를 계속한다. MF는 알바니아 노동당을 "프롤레타리아 국제주의의 원칙들과 양립할 수 있는 지점을 훨씬 넘어서" 알바니아 민족주의를 고무했다고 간주하는가? 셋째로, 쓰딸린 동지는 쏘비에트의 남녀 무장부대들과 게릴라 단위들에게 쏘비에트 인민만이 아니라 "유럽의 노예화된 민족들"의 해방을 위해서도 싸워야 한다는 사명을 주고 있다—매우 이상한 민족주의이다, 이것은! 그리고 넷째로, MF는 쓰딸린이 그의 연설에서 "러시아 제국의 과거의 정신을 자극할" 뿐만 아니라 그가 또한 위대한 레닌의 정신을 자극했다는 것을 '잊고 있다':

"위대한 레닌의 정신과 그의 승리의 기치는 23년 전에 그것들이 그러했던 것처럼[즉 1918년의 내전과 간섭전쟁의 시기 동안에] 지금 이 애국전쟁에서 우리를 격려한다."
"위대한 레닌의 승리의 기치가 여러분의 길잡이가 되기를!"

"레닌의 기치하에 승리를 향하여 앞으로!"

레닌 정신의 자극에 대해서는 MF는 한 마디도 하지 않는다. 그는 악마가 성수를 피하는 것처럼 쓰딸린 동지의 연설의 이 부분을 피한다[15]. 혹은 MF가 레닌의 정신을 "러시아 제국의 과거"의 정신들의 하나로서 아마도 간주하는 것인가?

마지막으로, 혹자가 쓰딸린 동지의 이 연설을 위대한 애국전쟁에 대한 모든 그의 연설들의 맥락에서 읽는다면, 혹자는 하나의 그리고 오직 하나의 결론, 즉 만약에 쓰딸린의 연설들이 민족적 감정을 포함하고 있고 호소하고 있다면, 이러한 호소는 "프롤레타리아 국제주의의 원칙들과 양립할 수 있는 지점을 훨씬" 넘어서 결코 나가지 않았다는 결론에 도달할 수 있다. 진정한 프롤레타리아 애국주의, 혹자의 사회주의적 조국에 대한 사랑은 프롤레타리아 국제주의와 결코 양립할 수 없는 것이 아니고 그럴 수도 없을 것이다.

그러나 이 세계의 MF들은 어구들과 공식들을 기계적으로 암기하는 데에 익숙하다. 그들은 단 한 순간도 그것들의 의미를 숙고하지 않는다. 그들은 제1차 제국주의 전쟁 동안에 레닌이 조국의 방위라는 슬로건을 사회주의에 대한 혐오스런 배신으로서 탄핵했다는 것을 명백히 들었던 적이 있다. 그리하여 그들은 레닌이, 그 조국이 사회주의적인지 혹은 제국주의적인지, 피억압자의 조국인지 혹은 억압자의 조국인지와 무관하게 조국의 방위에 대해 언제 그리고 어떤 조건에서라도 반대했다고 생각한다. 그리하여 그들은 정의의 전쟁들을 부정의의 전쟁들로부터, 제국주의 상호 간의 전쟁들을 제국주의에 대한 전쟁으로부터 구별할 수 없다. 그리하여 사회주의 조국의 방어를 고무했다고 쓰딸린을 신경증적으로 탄핵하는 것이 나온다. 어떤 반만 구워진 MF와 같은 '맑스주의자들'이 그러하듯이, 모든 환경 속에서 조국의 방어가 죄악으로 간주되어야 한다면, 그러면 민족 해방의 전쟁들(예를 들면, 베트남 인민의 투쟁과 같은) 그리고 제국주의의 간섭에 맞선 프롤레타

---

15 이 표현을 사용하는 것은 약간의 떨림이 있는 것이었는데, 왜냐하면 종교적 정신을 자극한다는 고발들이 그렇게 하는 것의 있을 수 있는 결과인 듯했기 때문이다.

리아 혁명의 방어를 위한 전쟁들(간섭과 침략에 맞선 쏘련의 전쟁과 같은 것)은 사회주의의 배신으로서 탄핵되어야만 할 것이다. 이것이 MF들이 명시적으로 혹은 묵시적으로, 의도적으로 혹은 비의도적으로 도달하는 결론 그것이다―그리고 이러한 결론에 도달함에 있어서 그들은 맑스-레닌주의와 총체적으로, 절대적으로, 그리고 회복할 수 없이 절연을 한다.

쓰딸린 동지의 연설들과 당시의 역사를 읽는 것으로부터, 쏘비에트 인민이 사회주의 조국의 방어와 자유를 위하여 그리고 파시스트 침략자들의 멍에하에 떨어진 유럽의 노예화된 인민의 방어와 자유를 위하여 파시즘에 맞서 싸운다는 슬로건으로 동원되었다는 것이 완벽히 명백해진다. MF에 의해 겨누어진 민족주의라는 고발은 그리하여 검증의 시련을 견디지 못한다.

쏘련의 "민족주의적 타락"에 관한 그의 주장을 지지하기 위하여, MF는 20페이지에서 여전히 또 하나의 '증거'를 찾아낸다. 이 '증거'는 독일에서 대중적 봉기의 어떤 희망도 품지 못했다고 주장하는 일리야 에렌버그에 대한 MF의 인용인데, 왜냐하면:

"대중적 운동을 위하여 당신은 인민을 필요로 한다. 그러나 우리가 독일에서 가지고 있던 것은 수백만의 프리쯔들과 그레첸들, 탐욕적이고 어리석은 대중들, 일부는 뻔뻔스럽고 일부는 소심한데, 그러나 여전히 생각하거나 혹은 느낄 수 없다."

이것이 쏘련공산당(볼), 쏘비에트 정부의 정책, 혹은 쓰딸린의 그것과 어떤 관련이 있는가? 그것은 도대체 어떤 관련이 조금도 없다. 에렌버그는 러시아의 유대인 조직에 속했는데, 그리고 그는 독일 파시스트들에 의한 유태인 박해에 대해 매우 감정적인 방식으로 반응했다. 에렌버그는 쏘련공산당(볼)의 당원이 아니었다.

쏘련공산당(볼)과 쓰딸린에 관한 한, 독일의 인민은, "생각하거나 느낄 수 없는 … 탐욕적이고 어리석은 대중들"로 간주되는 것과는 거리가 멀었고 반대로, 히틀러 파시스트들의 배후를 붕괴시키고 "압도할" 것이 틀림없는 혁명적 세력으로서 고려되었다. 쏘비에트의 공식적인 선전은 전쟁 동안에 쏘련공산당과 쓰딸린의 이러한 올바른 입장을 반영하였다. 여기에 독일의 프롤레타리아트의 혁명적 역할에 대한 쓰딸린의 언급들 중에서 하나의 사례—혹자가 언급할 수 있는 많은 사례들 중에서—가 있다:

> "유럽의 후방만이 아니라 독일 부대들의 독일의 후방이, 분출하여 히틀러주의 모험주의자들을 압도할 준비가 되어 있는 화산을 대표하고 있다는 것을 단지 히틀러주의 바보들만이 이해하지 못한다."
> 1941년 11월 6일에 행한 연설.

위대한 애국전쟁에 대한 쓰딸린의 연설들에서뿐만 아니라 쏘비에트의 선전에서 위의 생각이 다시 또 다시 반복되어 있는 셀 수 없는 사례들이 있다. 철면피한 거짓말쟁이들과 직업적인 중상자들(MF와 같은)을 제외하고 누가 이 모든 것의 견지에서, "모든 독일인들을 야만화된 가학주의자로서 간단히 처리하는", 쏘비에트의 "선전의 끊임없는 반복이 파시즘에 대한 어떤 실제적 이해도 막지 않을 수 없었다"고 주장할 수 있겠는가?

일리야 에렌버그의 죄에 대하여 쓰딸린을 회초리로 치는 MF의 속임수는 이제 명백하게 볼 수 있는데, 왜냐하면 그것은, 즉 부르주아적 속임수이고 그것에 대한 부정직한 속임수라는 것이다. 그것은 단지 그렇지 않은가? MF씨—틀림없이 CFB라는 반(半)뜨로쯔끼주의적이고 반(半)수정주의적인 써클들의 밖에 있지 않는, 그리고 유사한 '맑스주의적'인 조직들의 밖에 있지 않는!

다음의 '증거'가 MF에 의해 생산된다:

> "추측하건대 부르주아 민족주의에 약간의 권위를 입히기 위해, 쓰딸린은 나찌들이 실제적으로 민족주의자들이 아니었다는 특수한 의견을 표명했다: '히틀러주의자들이 민족주의자들로 간주될 수 있는가? 아니다, 그들은 그럴 수 없다. 실제적으로 히틀러주의자들은 민족주의자들이 아니라 제국주의자들이다.'"

다시 한 번, 그 앞에서는 저속한 플리트 거리의 저널리즘의 기준과 실천조차 매우 품위있게 보이는 새로운 깊이를 추량(推量)하면서, MF

는 위의 쓰딸린의 언급을 그 맥락으로부터 찢어버린다. 히틀러주의자 파시스트들은 모든 나라를 침략하고 있고 민족들을 강도, 살인, 약탈, 강탈 그리고 학살에 종속시키고 있다―모든 것은 독일 제국주의의 이익에 따라, '위대한 독일 제국'을 창출하기 위해서이다. 그들의 반동적이고 백인조적인, 제국주의적인 본질을 독일과 다른 민족들에게 감추기 위해서, 파시스트들은 그들 스스로를 '민족적 사회주의자들'이라고 부름에 의해 그들의 가증스런 범죄들―외국의 민족들과 국내의 독일 인민에 대한 진압―을 계속하여 범하고 있다. 쓰딸린은 그의 연설에서 이들 파시스트들이 사회주의자들 혹은 민족주의자들이라는 주장들을 반박했다. 그가 말하기를 파시스트들은 사회주의자들이 아닌데, 왜냐하면 그들은 독일과 다른 나라들의 노동자계급의 가장 사악한 적들이기 때문이었다. 그들은 또한 민족주의자들이 아닌데, 왜냐하면 그들은 독일을 방어하는 데에 종사하는 것이 아니라 반대로 독일 제국주의의 이익에 따라 다른 민족들을 진압하는 데에 종사하고 있었기 때문이었다. 그가 말하기를 히틀러주의자들은 그렇기 때문에 그들의 정당한 이름, 즉 제국주의자들이라고 불려야만 한다. 그로부터 MF가 위의 언급들을 찢어버린, 쓰딸린 동지의 연설 전체로부터 인용할 것을 공간이 허용하지 않지만, 그러나 다음의 중요한 문단들은 그것의 적당하고 합당한 맥락을 복구하는 데 충분할 것이다:

"'민족적 사회주의자들'은 누구인가?"
"우리나라에서 독일의 침략자들, 즉 히틀러주의자들은 대개 파시스트들이라고 불린다. 아마도 히틀러주의자들은 이것을 틀렸다고 보고 완고하게 스스로를 '민족적 사회주의자들'이라고 계속하여 부른다. 그리하여 독일인들은 우리가 히틀러주의 당, 독일 침략자들의 당, 유럽을 약탈하고 있고 우리 사회주의 국가에 대해 비열한 공격을 조직하고 있는 그 당을 사회주의 당으로 확신하기를 원한다. 이것이 가능한가? 사회주의와 유럽의 민족들을 약탈하고 억압하고 있는 짐승 같은 히틀러주의 침략자들 사이에 공통된 것이 무엇인가?"
"히틀러주의자들은 민족주의자들로 간주될 수 있는가? 아니다, 그들은 그럴 수 없다. 실제적으로 히틀러주의자들은 지금은 민족주의자들이 아니라 제국주의자들이다. 히틀러주의자들이 독일의 땅을 통일하고 라인

지구, 오스트리아 등을 재통합하는 데에 종사하는 한에 있어서는 그들을 민족주의자들이라고 부르는 것은 어떤 근거가 있는 것으로서 가능했다. 그러나 그들이 외국의 영토들을 장악하고 유럽의 민족들—체코인들, 슬로바키아인들, 폴란드인들, 노르웨이인들, 덴마크인들, 네덜란드인들, 벨기에인들, 프랑스인들, 세르비아인들, 그리스인들, 우크라이나인들, 벨로루시인들, 발틱 나라들의 주민들 등—을 노예화하고, 그리고 세계지배를 위해 뻗어가기 시작한 후에, 히틀러주의 당은 민족주의 당이기를 멈추었는데, 왜냐하면 그 순간부터 그것은 제국주의 당, 합병과 억압의 당이 되었기 때문이다."

"히틀러주의 당은 제국주의자들의 당이고 세계의 모든 제국주의자들 중에서 가장 약탈적이고 강탈적인 제국주의자들이다."

"히틀러주의자들이 사회주의자들로서 간주될 수 있는가? 아니다, 그들은 그럴 수 없다. 실제적으로 히틀러주의자들은 사회주의의 공공연한 적들, 악명 높은 반동들, 그리고 노동자계급과 유럽의 민족들에게서 가장 초보적인 민주적 자유들을 강탈한 흑백인조들이다."

" … 사실상 히틀러 정권은 짜르하의 러시아에서 존재했던 그 반동적인 정권의 복사물이다. 히틀러주의자들이 짜르 정권처럼, 노동자들의 권리들, 지식인들의 권리들 그리고 민족들의 권리들을 억압하고 있다는 것, 그리고 그들이 짜르 정권이 조직했던 것처럼16 중세적인 유태인 학살을 조직하고 있다는 것은 잘 알려져 있다."

"히틀러주의 당은 민주적 자유의 적들의 당이고, 중세적 반동과 흑백인조적인 학살들의 당이다."

그러면 위의 맥락에서 쓰딸린이 파시스트들에게서 '민족적 사회주의자들'이라는 칭호를 부정한 것에서 무엇이 잘못된 것인가? 아마도 MF는 '민족적 사회주의자들'이라고 불릴 야수적인 히틀러주의자들의 권리를 논박하기를 원하지 않는가? 만약에 그렇다면, MF는 쓰딸린 동지에게 던지는 비난의 연막하에서 그 권리를 단지 교활하게, 알아차릴 수 없게 그리고 암묵적으로 인정하기 보다는 공공연하게 파시스트들의 이

---

16 틀림없이 MF는 쓰딸린 동지의 이 문장을 "전쟁의 초기 시절에 러시아 제국의 과거의 정신들"에 대한 또 하나의 자극으로서 간주하는 일정한 방식을 발견할 것이다.

러한 권리를 선언할 용기를 가져야만 한다. 이것이 MF의 입장이라면 —그리고 그러한 것으로 보인다—그러면 그는 다음과 같은 질문을 받아야만 한다: MF씨 당신은 누구의 편인가? 당신은 파시즘과 어두운 반동의 세력들의 편인가 아니면 당신은 프롤레타리아 혁명과 민족적 해방의 세력들의 편인가?

위에서 진술된 것의 견지에서, 한 조각의 의심도 없이, 고찰 중인 시기 동안에 쏘련의 '민족주의적 타락'에 관한 MF의 주장이 총체적으로 근거가 없는 것이라고 결론지을 수 있다.

제25장
대중노선의 결여

세 번째의 고발은 다른 사람들 중에서 두 명의 사람, 즉 MF와 G. 톰슨 교수로부터 온다. 여기에 MF가 말하는 것이 있다:

"한 마디로 말해서 결여되고 있었던 것은 실제적인 '대중노선'이었다."
p. 20.

"쏘비에트 국가가 실제로 '대중들과 융합'되거나 혹은 '수백만의 노동인민을 포괄하기' 시작했다는 어떤 증거도 없다. 대중 노선의 결여 속에서 당과 국가의 타락은 조만간에 불가피했다. … "

대중노선의 결여 속에서 "당은 점차 대중들과 분리되게 되었고 사회적 모순들은 불가피하게 잘못 관리되었다. … " 그리고 기타 등등.

이 중대한 주장에 대한 MF의 증거는 무엇인가? MF의 증거는 다시 그 자신의 주장으로 구성되어 있다:

"쏘비에트 국가가 실제로 '대중들과 융합'되거나 혹은 '수백만의 노동인민을 포괄하기' 시작했다는 어떤 증거도 없다."

주장에 의한 '증거'라는 이 기묘한 방법이 유효한 것으로 받아들여진다면, MF의 주장에 대해 단순히 MF의 주장은 어떤 근거를 갖고 있다는 "증거도 없다"고 말하는 것으로 답변해도 이상할 것이 전혀 없다. 지금의 글에서 그것보다는 좀 더 나은 방식으로 하는 것이 바람직하지만, 그러나 MF를 다루기 전에 이 점에 대해 혼란스러운 톰슨 교수의 말도 들어야만 한다.

그의 책 ≪맑스로부터 마오쩌뚱까지 - 혁명적 변증법에 대한['반대한' 이라고 해야 한다] 연구≫에서 그 교수는 다음과 같은 알랑거리는 말을 들고 나온다:

" … (쏘련에서) 자본주의적 소유는 사회주의적 소유로 대체되었고 소규모 생산은 대규모 생산에 의해 대체되었다. 그러나 정치적 및 이데올로기적 상부구조의 사회주의적 변혁은 여전히 수행되어야할 것으로 남아 있다. 새로운 국가 기구가 창출되었고 당을 통해 프롤레타리아트에 의해 통제되었지만, 그러나 대중들은 여전히 충분히 그것에 관여하고 있지 않다. 반대로 그것은 어느 정도는 대중들로부터 소외되었다. … 관료주의적 경향들이 당 자체에서 또한 성장하고 있었다. 구 착취계급들은 수탈되었지만 그러나 결코 제거되지 않았다."

p. 134.

이 마지막 문장은—위의 문단에 포함되어 있는 다른 나머지 모든 것을 잠시 제쳐놓고—일품인데, 그것의 의미가 권위적인 교수 그 자신, 즉 톰슨 교수에게만 알려져 있다. 톰슨 교수처럼 그렇게 대단한 교육의 혜택을 받지 못한 우리를 위하여, 교수는 이 문장의 의미에 관하여 우리에게 친절하게 가르쳐줄 것인가:

"구 착취계급들은 수탈되었지만 그러나 결코 제거되지 않았다?"

이제까지 맑스주의자들은, 예를 들면 레닌을 포함하여, 착취계급들에 대한 수탈을 이들 계급들의 제거와 동일한 것으로 사고하였다. 아마도 그 교수는 그와 달리 생각하는 것 같다. 위에서 보여준 바와 같이 바로 그가 착취계급들의 제거를 계급투쟁의 제거와 혼동하고 있기 때문에 그러한 것이다. 계급투쟁이 사회주의하에서 계속되기 때문에(그리고 이것은 우리의 교수조차 알고 있다), 그는 거꾸로의 추론의 과정에 의해, 그에 따르면, 착취계급들이 제거되었다면 계급투쟁이 종식되어야만 하기(그의 책 p. 131을 보라) 때문에 착취계급들이 제거되지 않았다는 혼란에 도달한다. 아마도 착취계급들의 제거라는 말을 그 교수는 이전의 착취계급들의 모든 성원들의 육체적 절멸을 의미하는가? 그가 그렇게 생각한다면, 그는 그렇게 말해야만 한다. 아마도 그는 그들의 육체적 절멸을 보고 싶어 했을 것 같다. 이러한 절멸이 일어난다 해도—그런 일은 실제로는 일어나지 않았다—우리는 여전히 그 교수를 보아야 하는데, 왜냐하면 그는 쓰딸린에 대한 견해에서 또 하나의 '좌익적' 일탈로써 여전히 우리와 대면하고 있을 것이기 때문이다.

계속하자면, 톰슨 교수는 135 페이지에서 다음과 같이 계속한다:

"만약에 대중들이 계급투쟁을 그들 자신의 수중으로 가져가고 그것을 끝까지 수행하고 주의를 기울여 친구와 적들을 구분하도록 일깨워졌다면, 그들은 그들 가운데에서 반혁명분자들을 고립시키고 동시에 보안경찰의 활동들에 대한 제어를 할 수 있었을 것이다."

그리고 나아가:

" … 적들은 친구들로 대우받았고 친구들은 적들로 대우받았다."

그 교수는 이러한 주장에 대한 증거로서 무엇을 제공하는가? 약간의 추가적인 주장들. 그는 그의 주장들이 영원하고 불변의 진리라고 당연히 여긴다. 이 가정에 기초하여 그는 계속하여 위에서 인용된 주장들에서 쓰딸린의 '실수들'에 관한 설명을 제공하는 것으로 추정되는 몇몇의 주장들을 더 한다.

쓰딸린은 대중들과 분리되었다고 그 교수는 주장한다. 왜? " … 아마도 그는 너무나 많이 '순수한 행정'에 의존하는 경향이 있었기 때문이다"라고 우리의 기록보관소의 쥐, 톰슨은 대답한다. 쓰딸린이 왜 "순수한 행정'에 너무 많이 의존하는 경향이" 있었는가라고 우리가 묻는다면? 권위적인 교수가 제공하는 답변은 다음과 같다: 왜냐하면 쓰딸린은 1936년에 쏘련에서 계급투쟁이 종식되었다고 믿는 "오류"를 범했고 그리하여 그는 "사멸하는 것과는 거리가 먼, 수탈당한 계급들의 저항이 계속되고 있었고 새로운 형태들을 띠고 있었는데, 그것들은 예전의 것보다 더 음험하고 그리하여 훨씬 더 위험했다. 이러한 환경 속에서, 레닌이 예견했듯이, 프롤레타리아트의 독재를 유지하고 강화하는 것이 사활적으로 필요했다."(p. 135.)는 것을 깨닫지 못했기 때문이다.

위의 문단에 포함되어 있는 가장 철면피한 거짓말은 이 글에서 이미 반박되었다. 쓰딸린은 사회주의하에서 계급투쟁의 감퇴를 믿는 것과는 거리가 멀었고 계급투쟁이 프롤레타리아 독재하에서 더욱 격렬해진다는 반대되는 주장을 했고 그가 이러한 계급투쟁의 감퇴라는 "썩은" 그리고 "위험한" 이론을 제기하는 사람들에 대해 무자비한 투쟁을 수행했다는 것을 명백하게 보여주었다. 오류를 범했고, 그의 혼란과 자만에서, 그 자신의 오류를 "쓰딸린의 오류"로 제기하고 있는 사람은, 대단히 영리하지만 여전히 대단히 어리석은 그 교수이다. 앞에서 보았듯이 착취계급들의 제거를 계급투쟁의 제거와 혼동하고 있는 사람은 그 교수이다.

1936년 헌법이 프롤레타리아 독재를 약화시켰다는 암시에 관해 말하면 이것은 진실이 아니다. 새로운 헌법은 그것(프롤레타리아 독재-역자)을 약화시키는 것과는 거리가 멀었고 쏘비에트 사회의 계급구조에서의 변화들에 따라서 그것의 기초를 확대함으로써 프롤레타리아 독재를 강화시켰다. 쓰딸린은 헌법에 대한 그의 연설에서 이 비판을 다루었다:

"비판가들의 네 번째 그룹은 새로운 헌법 초안을 공격함에 있어서, 그것을 '오른쪽으로의 이동'으로서, '프롤레타리아 독재의 포기'로서, '볼쉐비키 정권의 청산'으로서 성격지운다. '볼쉐비키들은 오른쪽으로 이동했고 그것이 사실이다'라고 그들은 상이한 목소리의 합창으로 선언한다. 이 점에 있어서 특별히 어떤 폴란드 신문들과 또한 일부 미국의 신문들이 열성적이다."

"혹자는 소위 이들 비판가들에 대해 무엇을 말할 수 있는가?"

"노동자계급의 독재의 기초의 확장과 독재의 보다 유연한 그리고 결과적으로 사회에 대한 국가에 의한 지도의 더 강력한 체제로의 전화가 그들에 의해 노동자계급의 독재의 강화로 해석되는 것이 아니라 그것을 약화시키는 것으로, 혹은 심지어 그것을 포기하는 것으로 해석되는데, 그러면 다음과 같이 묻는 것이 합당하다: 이 신사들은 노동자계급의 독재가 무엇을 의미하는지 실제로 알고 있는가?"

"사회주의의 승리에 주어진 입법적인 구현, 공업화, 집단화 그리고 민주화의 성공들에 주어진 입법적인 구현이 그들에 의해 '오른쪽으로의 이동'으로 주장된다면, 그러면 다음과 같이 묻는 것이 합당하다: 이 신사들은 왼쪽과 오른쪽의 차이를 실제로 알고 있는가?"

위에서 언급된 대로 그 교수는 말한다: 1930년대와 그 후에 적들은 "친구로서 대우받았고 친구들은 적으로 대우받았다." 왜? 왜냐하면 쓰딸린이 적대적 모순과 비적대적 모순 간의 구별을 이해하지 못했기 때문이다. 이 주장의 증거는 무엇인가? 그 교수에게 익숙한 대학 학생들처럼 그의 독자들이 쉽게 속아 넘어가고 이것을 '증거'로서 받아들일 것이라는 희망에서 숨이 찬 그 교수가 제의하는 것이 여기에 있다:

"이러한 연관에서, 그의 ≪변증법적 유물론과 사적 유물론≫(1938)에서 쓰딸린은 적대적 모순과 비적대적 모순 간의 구별을 하지 않았고 혹은 그는 그것들이 다루어지는 것에 따라서 적대적 모순들이 비적대적 모순들로 될 수 있고 비적대적 모순들이 적대적 모순들로 될 수 있다는 것을 지적하지도 않았다는 것은 주목할 만하다."

우리가 쓰딸린의 ≪변증법적 유물론과 사적 유물론≫에서 발견될 수 없는 모든 것을 열거하는 과제를 설정한다면, 그러면 이러한 과제는 수천 명의 교수들의 일생을 요구할 뿐만 아니라 또한 쓸데없는 것임은 특별히 '주목할 만하다'. 우리는 아시아, 아프리카 그리고 라틴 아메리카의 초과 착취당하는 민족들은 말할 것도 없고 이미 높은 세금을 내고 있는 영국의 노동자계급에게 높은 비용을 치르고 이러한 과제를 주는 것을 교수적인 신사 계급에게 의뢰할 의도가 전혀 없다.

≪변증법적 유물론과 사적 유물론≫에서 쓰딸린이 적대적 모순과 비적대적 모순들을 다루지 않고 있다는 사실은 어떤 것도, 적어도 그가 이들 두 모순의 유형들의 구분을 이해하지 못했다는 것을 입증하지는 않는다. (누군가에 의해–역자) 교과서적인 공식들을 숟가락으로 떠먹여지는 데 익숙한, 오직 '높은 학식'을 가진 정신적으로 병약한 신사들만이 이러한 결론에 도달할 수 있을 것이다. 레닌은 한 차례 우리의 교수와 같은 누군가에 의해 질문을 받았던 적이 있다: "맑스와 엥엘스는 변증법적 유물론과 사적 유물론에 대해 어떤 책을 썼는가?" 이 질문에 대해 레닌은 대답했다: "변증법적 유물론과 사적 유물론에 대해 그들이

쓰지 않은 책이 어떤 책인가?"
 변증법적 유물론과 사적 유물론 그리고 상이한 유형들의 모순들에 대한 이해는 그것들에 대해 서술함에 의해 획득되지 않는다. 그것은 사회에 대한 연구에, 문제들의 해결에 대한 그것들의 실제적인 적용에 의해 우선적으로 획득된다. 혹자가 이것을 쓰딸린에게 적용—유일한 합당한 시험—해 본다면, 혹자는 그가 다양한 유형의 모순들(우리의 교수들이 모순들에 대해 알고 있는 모든 것이다)에 대해 들었을 뿐만 아니라 그가 그것들을 충분히 파악했고 이해했다는 것을, 그리고 더욱 중요하게는 레닌 사후 30여년의 그의 생애 동안에, 세계사적으로 중요성이 있는 문제들을 푸는 데에 이 이해를 적용했다고 결론짓지 않을 수 없다. 쏘련의 공업화, 농업의 집단화를 위한, 그리고 파시즘의 패배를 위한 투쟁을 지도하는 것에 있어서 쓰딸린과 쏘련공산당(볼)이 성공적일 수 있었던 것은 상이한 유형들의 모순을 올바르게 이해함에 의해서였다. 예를 들자면, 쏘련에서 쏘비에트 정부, 쏘련공산당(볼) 그리고 쓰딸린이 프롤레타리아 독재와 쿨락들 간의 모순들(적대적 모순)을 프롤레타리아 독재와 중농과 빈농층과의 모순(비적대적 모순)으로부터 구별할 수 있음이 없이 농업을 집단화하는 것이 가능했을 것이라고 톰슨 교수는 생각하는가? 우리의 생각에는 이들 두 개의 상이한 종류의 모순에 대해, 실천에 있어서 한 묶음으로 묶어 취급했다면 농업의 집단화는 성취되지 못했을 것이고 프롤레타리아 독재의 패배와 자본주의의 복고를 초래했을 것임은 전혀 의심의 여지가 없다. 이것은 뜨로쯔끼주의자들과 부하린주의자들과의 논쟁 전체에 대한 모든 것이다. 집단화에 적용되는 것은, 더 많이는 아니지만, 다른 영역들—공업화, 외교정책 등—에도 똑같이 적용된다.
 그러나 상이한 유형들의 모순에 대한 올바른 이해와 이러한 이해의 현실에의 올바른 적용이 그 교수를 만족시키지 않는다면, 모순이라는 주제에 대한 교과서적인 진술보다 못한 어떤 것도 그를 진정시키지 않는다면, Ch 동지에게 보내는 쓰딸린 동지의 두 번째의 편지로부터의 다음의 진술은 아마도 도움이 될 것이다. 이 편지가 1930년 12월 7일자, 즉 대략 쓰딸린의 ≪변증법적 유물론과 사적 유물론≫이 발행되기 8년 전이라는 것은 "이러한 연관에서 그것은 주목할 만하다." 여기에

쓰딸린 동지가 Ch에게 보내는 그의 편지에서 쓴 것이 있다:

"Ch 동지"
"당신의 첫 번째 편지에서 당신은 '모순들'이라는 단어를 갖고 놀았고 결속(bond)의 밖에 있는 모순들(그것은 프롤레타리아 독재와 나라의 자본주의적 요소들 간의 모순들이다)과 결속의 안에 있는 모순들(그것은 프롤레타리아트와 농민층의 주요 대중 간의 모순들이다)을 함께 뭉뚱그리고 있다. 당신이 당과 뜨로쯔끼주의자들 간의 논쟁의 기본적 원인을 이해하는 수고를 했다면, 맑스주의자에게는 허용될 수 없는 이 게임을 피할 수 있었다."

≪전집 13권≫, p. 22.

그러면, 쓰딸린이 상이한 종류의 모순 사이의 구별을 충분히 이해했을 뿐만 아니라, 그가 또한 결속 밖의 모순들(적대적 모순)과 결속 안의 모순들(비적대적 모순)을 뭉뚱그리는 Ch같은 사람들에 대한 약간의 날카로운 비난을 가했다는 것은 완벽히 명백하다. 톰슨 교수는 그가 사실들을 검토하는 수고를 했다면, 그가 "당(쏘련공산당(볼))과 뜨로쯔끼주의자들 간의 논쟁들의 기본적 원인들을 이해하는 수고를 했다면" 그릇된 주장들을 하는 "맑스주의자에게는 허용될 수 없는 이 게임을 피할 수 있었을 것이다."17

MF뿐만 아니라 톰슨 교수도 쏘련에서 "결여되고 있었던 것은 실제적인 '대중노선'이었다"고, 당은 "대중들로부터 분리되었다"고, 당과 대

---

17 그러나 아마도 톰슨 교수는 뜨로쯔끼주의자들과 부하린주의자들이 그러하듯이, 쓰딸린이 집단화의 시기 동안에 프롤레타리아 독재에 대한 적대적 모순에 있다고 쿨락 요소들을 범주화함에 있어서 오류를 범했다고 믿는 것인가? 아마도 톰슨 교수는 부하린주의자들과 같이, 쿨락 요소들과의 모순은 근본적으로 비적대적 모순이고 단지 정세를 다룸에 있어서 쓰딸린의 '실수들' 때문에 적대적으로 되었다고 믿는 것인가? 대신에, 아마도 톰슨 교수는 빈농과 중농층과 프롤레타리아 독재 간의 모순이 적대적이었다고—뜨로쯔끼주의자들처럼—믿는 것인가? 톰슨 교수가 부하린 혹은 뜨로쯔끼와 일치한다면, 왜 그는 그렇다고 말하지 못하는가? 이 팜플렛에 재현된 쓰딸린의 다양한 연설들을 읽고 있는 어떤 정직한 독자라도 적대적 모순과 비적대적 모순들 간의 차이를 이해하는 사람은 부하린 혹은 톰슨 교수가 아니라, 쓰딸린이라는 것을 확신할 것이다.

중들과의 연계는 "'관료주의적 녹'에 의해 부식되었다"고, "순수한 행정"—"과도한 행정"—이 너무 많았다고 강조하여 주장한다. 쓰딸린 동지와 그가 이끄는 쏘련공산당에게 던져진 이 즐거운 알랑거리는 말의 견지에서, 우리의 두 명의 '가치 있는 비판가들'은 모든 분야에서 쏘련의 성공들—공업, 농업, 과학, 문화, 교육, 방위 외교—을 "순수한 행정"에, "과도한 행정"에, "관료주의적 녹"에, 대중들로부터의 소외와 불가피한 "모순들에 대한 잘못된 대처"에, 간단히 말하면, "대중노선의 결여"와 "당과 국가의 타락"에 돌린다. 이상하지 않는가? 동지들. 두 명의 우리의 '비판가들'은 이러한 고발에 의해, 스스로를 뜨로쯔끼주의자들과 구별할 수 없게 만들었는데, 뜨로쯔끼주의자들은 당과 국가의 "관료주의적 타락"에 대해 외치면서 쏘련의 모든 성공을 "10월 혁명에 의해 창출된 사회주의적 소유관계들" 탓으로 돌린다. 그것은 모든 실패를 인간의 불완전하고 죄 많은 성격 탓으로 돌리고 반면에 모든 성공을 신의 위대함으로 돌리는 독실한 종교적 사람들과 매우 흡사하다.

 MF와 톰슨 교수가 어떻게 생각하는지와 무관하게, 포고를 발포함에 의해 그리고 행정적 조치들에 의해 사회주의를 건설하는 것은 불가능하다. 사회주의의 건설은 수백만 더하기 수백만의 사람들의 살아있는 활동이다. 쿨락들과 프롤레타리아트의 다른 계급적 적들의 저항이 분쇄되고, 사회주의가 건설된 것은 관료주의에 대해 맞선 싸움에 의한, 당과 쏘비에트 기구에서 이 찌꺼기를 끊임없이 일소하는 것에 의한 것이고 그리고 대중들을 이 싸움에 동원함에 의한 것이다:

 "생산계획이 수치와 할당들의 단순한 계산이라고 생각하는 것은 어리석은 것이다. 실제적으로, 생산계획은 수백만의 사람들의 살아있는 실천적인 활동이다. 우리 생산계획의 현실은 새로운 삶을 창조하고 있는 수백만의 노동인민에게 놓여 있다. 우리의 강령의 현실은 살아있는 사람들, 당신과 나, 일하려고 하는 우리의 의지, 새로운 방식으로 일하려고 하는 우리의 준비, 계획을 완수하려는 우리의 결의에 놓여 있다. 우리는 그러한 결의를 갖고 있는가? 그렇다, 우리는 갖고 있다. 그러면 좋다, 우리의 생산계획은 완수될 수 있고 되어야만 한다."

쓰딸린, ≪전집 13권≫, p. 82.

쏘비에트 인민이 사회주의를 건설했다는 사실, 그들이 파시즘을 패배시켰다는 사실은 대중들이 동원되었다는 것에 대한, 그리고 당과 쏘비에트 기구가 대중들과 분리된 것과는 거리가 멀고 반대로 대중들과 분리될 수 없이 연계되어 있었다는 것에 대한 충분한 증거이다. 뜨로쯔끼주의자와 수정주의 코흘리개들(노동자계급 운동에서 제국주의의 대리인들) 그리고 반수정주의운동에서 그들의 추종자들—톰슨들 그리고 MF들—이 논의되고 있는 시기 동안에 "대중노선의 결여" 그리고 "당과 국가의 타락"에 대한 더러운 말을 외치게 내버려두자. 그것은 상황의 진실에 대해 영향을 줄 수 없다.

NR이 쓰딸린을 어떻게 '방어하는가'

쓰딸린 동지에 반대하는 다음의 그리고 마지막의 주장으로 넘어가기 전에, 완전함을 위하여 〈논의: 쏘련에서 수정주의의 기원들〉이라고 제목이 붙은 MLQ 3호의 하나의 기사에 대한 간략한 언급을 하는 것이 필요하다. 이 기사는 이니셜이 NR인 한 신사가 썼는데, 그는 또한 CFB 은하로부터의 또 하나의 별이며 맨체스터 그리고 스톡포르트 공산주의 노동자연합의 지도적 인물이다. NR의 기사는 문자 그대로 한 권의 책이 그것에 대해 쓰일 수 있는 보석들과 심오함을 포함하고 있다. 유혹에도 불구하고, 지면이 부족하여 NR의 기사에 대한 상세한 언급을 다음 기회로 연기할 수밖에 없다. 그것이 다음에 취급될 수 있기를 희망한다. NR의 기사는 쓰딸린을 방어하여 그리고 MF의 기사, MLQ 2호(위에서 본)의 <쏘련에서 수정주의의 기원과 발전> 에 대한 답변의 방식으로 쓰였다고 추측된다. 이제 NR이 쓰딸린을 어떻게 '방어하는지' 그리고 MF를 어떻게 '반박하는지'를 보게 될 것이다. 여기에 NR이 쓰딸린을 '방어하는' 몇몇의 사례가 있다:

NR의 기사의 도입부는 다음과 같다: "1935-1952년의 시기에서 … 쓰딸린의 어떤 정책들과 타당하지 않은 생각들에 대해 근거가 확실하고 요령 있는 수많은 비판들을 하지만, 그럼에도 불구하고 … 쏘련이 왜 제국주의 국가로 타락했는지에 대한 이해에 공헌하지 못한다."(p. 51.)

MF의 기사가 쏘련에서 수정주의의 성장18과 그것의—NR의 단어로는—"제국주의 국가로의" 이어지는 타락에 대한 이해에 공헌하지 못한다는 "근거가 확실하고 요령 있는 비판을 하지만" NR의 기사의 위의 도입부는 MF에 대해 무릎 꿇고 반역하는 전형적인 사례이다. 그것은 굴복이고 모조리 MF의 반혁명적인 주장들에 대한 항복이다.

마치 위의 문장이 그의 굴복을 완전히 명백하게 하지 않는 듯하지만, NR은 그의 기사의 두 번째 문단에서 다음과 같이 말한다:

"제기된 많은 점들은 대부분의 맑스-레닌주의자들이 심각하게 의심하지 않는데, 그러나 이 점들은 그 자체로는 쏘련공산당(볼)의 수정주의적 지도부를 가리키지 않고 있고 차라리[제발 웃지 마시라] 선한 맑스-레닌주의자들이 저지른 오류들을 가리킨다. … 사실상 기사 전체는 쓰딸린과 쏘련공산당에 대해 대부분은 근거가 확실한, 그러나 때때로 오류가 있는 비판들로 구성되어 있다. … "

쓰딸린과 쏘련공산당에 대한 MF의 비판들이, 사회주의하에서 계급투쟁의 감퇴, 국가에 대한 잘못된 견해들, 민족주의적 타락, 대중노선의 결여 그리고 대중들로부터의 소외를 포함한다는 것이 기억될 것이다. 이러한 비판들이 NR이 그렇다고 주장하듯이 "대부분 근거가 확실하다면", 그러면 도대체 이러한 오류를 범한 지도부가 "선한 맑스-레닌주의자" 지도부라고 묘사될 수 있는가? 이러한 지도부가 "선한 맑스-레닌주의" 지도부라면, 그러면 썩은 부르주아 지도부는 무엇인가? "선한 맑스-레닌주의" 지도부가 되기 위하여, 이러한 지도부가 사회주의하에서 계급투쟁의 감퇴를 믿어야만 하는가? 그것은 국가의 문제에 대해 오류를 범해야만 하는가? 그것은 부르주아 민족주의적이고 대중들로부터 소외되어야 하는가? 이것이 바로 NR이 암시하고 있는 것이다. 아니다, NR씨! MF의 비판들이 "대부분 근거가 확실한" 것이면 그런

---

18 MF의 혹은 NR의 글은 쏘련에서 수정주의의 성장에 대한 이해에 공헌하지 못한다. 수정주의는 자본주의의 복고를 의미한다. 이들 두 기사들의 어느 것도 이것이 쏘련에서 당시에 발생했는지 여부의 문제에 대해 분석하는 것은 고사하고 언급조차 하지 않는다. 이용할 수 있는 모든 것은 그것들의 맥락에서 찢겨진 사소한 작은 조각이었다.

경우에 쓰딸린과 쏘련공산당은 "선한 맑스-레닌주의" 지도부가 될 수 없고, 혹은 MF의 주장들이 틀렸다면(그리고 그들이 틀렸다는 것은 위에서 드러났다) 그런 경우에는 쓰딸린과 쏘련공산당은 물론 "선한 맑스-레닌주의 지도부"를 구성한다. 이것이냐 혹은 저것이냐이다.

나아가, 세 번째 문단에서:

" … 틀림없이 쏘련공산당, 코민테른 그리고 형제적 당들 간의 관계들은 바람직하지 못한 것이 많이 있었는데, 그런데 쏘련공산당의 내부적 관계들은 1921년부터 계속하여 그러했다. … "

NR이 쓰딸린을 어떻게 '방어하는지'를 보라. 그는 그가 MF의 공격들에 대해 쏘련공산당에 대한 자신의 공격들을 조금 더한다면 이것이 쓰딸린에 대한 방어로 변태될 것이라고 생각한다.

문단 4: "MF는 또한 1928년, 1935년 그리고 1939년에 사회민주당들을 향한 정책의 변동에 대해 언급하고 있는데, 이들 정책변동이 잘못된 것이었다고 말한다. 그것은 그럴 것 같은데, 그런데 왜 이러한 변동이 수정주의를 초래해야만 하는가?"

위의 모든 놀라운 보석들은 아마도 쓰딸린을 옹호하여 쓰인 기사의 바로 첫 페이지에 포함되어 있다! 다음 페이지(52)에서 NR은 말한다:

" … MF는 쓰딸린이 사회주의를 위한 투쟁에서 결정적인 것으로서 내부적 모순들보다는 외부적 모순들을 본다고 진술한다. 쓰딸린이 이 문제에 대한 약간의 사상적 혼란으로 고통 받고 있었다는 약간의 증거가 틀림없이 있다. … " 누가 말하고 있는지를 보라!!!

페이지 54: "MF에 의해 제기된 쟁점들의 일부는 쏘련에서 수정주의의 발흥, 특히 전쟁 동안에 민족주의자들과 새로운 부르주아지[???]에 대한 양보들, 군대에서 거대한 봉급의 차이들과 군대로의 부르주아적 관습들의 도입, 민족주의적 일탈들 … 그리고 대중노선의 결여 … 에 대해 틀림없이 공헌하는 요인들이다. … "

"그러나 MF에 의해 제기된 점들은 근거가 확실하지만, MF는 그것들을 관념론적이고 형이상학적인 방식으로 제기한다는 것이 진술되어야만 한다. … 이러한 경향들이 프롤레타리아 독재의 심각한 침식을 가리킨다는 것은 부정될 수 없다. …"

만약 MF의 "근거가 확실한" 점들이 "관념론적이고 형이상학적인 방식으로" 제기되는 대신에, 유물론적이고 변증법적인 방식으로 제기되었다면, 그러면 그 결과는 무엇이었을까? 그 결과는 MF의 "근거가 확실한" 점들을 훨씬 더 "근거가 확실"하게 할 것이고 강력하게 할 것이었다. 그러면 쓰딸린의 '방어자'로서 NR의 불평은 쓰딸린에 대한 MF의 공격들이 충분히 강력하지 않았다는 것인가? 쓰딸린에 대한 참으로 이상한 방어이다!

쓰딸린을 '방어한다'는 그의 열정에서, 55페이지에서 NR은 1917년의 러시아 10월 사회주의 대혁명이 부르주아지의 독재를 분쇄하지 못했다는 기묘한 결론에 도달한다:

"러시아의 프롤레타리아트는 1917년에 볼쉐비키들을 통하여 국가권력을 장악했지만, 그들은 국가기제를 분쇄하지 못했다. … "

러시아 프롤레타리아트가 "[부르주아] 국가기제를 분쇄하지 못"했다면, 10월 혁명은 무엇에 대한 것이었는가? 사회주의는 어디로부터 왔는가? 그 경우에 오직 신과 NR만이 답을 알 수 있을 뿐이다.
페이지 56은 쓰딸린에 대한 이 놀라운 '방어'를 기록한다:

" … 많은 사람들에게 수정주의적으로 보였던 1936년의 신헌법이 사실상 당 지도부가 대중들을 더욱더 말려들게 하려는 시도였다는 것으로 나에게는 비친다. 그러나 [NR의 지금은 유명한 '그러나'] 내부적 모순들의 문제에 관한 쓰딸린의 관념론적인 혼동 때문에, 신헌법은 또한 많은 의심스러운 요소들, 새로운 부르주아지[???], 백위대들, 쿨락들 등이 권력의 위치를 향하여 기어드는 것을 가능하게 했다. … "

NR은 그리고 나서 MF의 글로부터 다음의 문장을 인용한다:

"쓰딸린 자신은 민족주의적 파도를 타지는 않았을지라도, 그는 그것을 저지하려 시도하지 않았고 심지어는 그것을 고무했다. 아마도 대안이 없었는데, 그러나 그것은 전쟁 후의 정책들의 성격에 대한 문제를 교묘히 회피하는 것이다."

여기에 MF의 위의 언급들에 대한 NR의 코멘트가 있다:

"이 진술[MF의]은 기본적으로 진실이다. 대안이 없었지만, 그러나 MF는 계속하여 잘못된 정책들이 전쟁 후에 이어졌다고 결론을 내리지만, 반면에 나는 약간의 잘못들이 있었지만, 총노선은 올발랐다는 것을 보여주려[그는 농담을 하고 있지 않다] 시도했었다."

마지막 문장은 NR이 맑스-레닌주의를 상실했지만, 그러나 틀림없이 유머 감각은 상실하지 않았다는 것을 확실히 보여준다. 우리가 도대체 어느 정도라도 맑스-레닌주의자로서의 그에 대해 비난할 수 없듯이(전혀 맑스-레닌주의자가 아니다—역자), 유머 감각을 상실했다고 그를 비난할 수 없다. 그는 맑스-레닌주의에 관한 한 완전한 거짓일 수 있는데, 그는 틀림없이 풍부하게 적립된 농담의 소유자이다. 쓰딸린에 대한 모든 부르주아적인 MF의 공격들을 인정할 뿐만 아니라 몇몇의 공격들을 추가하는 그의 글을 읽은 후에, 혹자는 MF의 펜으로부터 발산되는 더러움에 대해서조차 건강한 존경심을 가지기 시작할 것이고 그리고 그것이 괜찮은 것을 말하고 있다고 생각할 것이다.

NR의 쓰딸린에 대한 '방어'를 읽고 나서, NR과 같은 사람들을 '친구들'로 두어서, 쓰딸린은 적들을 전혀 필요로 하지 않는다는 것이 "대부분의 맑스-레닌주의자들에 의해 심각하게 의심"될 수 없다. 그를 '반박할' NR과 같은 사람을 두어서 MF는 친구들을 전혀 필요로 하지 않는다는 것이 또한 "대부분의 맑스-레닌주의자들에 의해 심각하게 의심"될 수 없다.

NR은, 종국에 그가 쏘련에서 수정주의의, 반혁명의 승리가 불가피하다는 결론에 숙명적으로 도달할 때, 그의 진정한 뜨로쯔끼주의적 깃발을 들어 올린다: " … 사회주의 건설에 있어서 적대적 환경들이 조성되면서 이러한 반혁명은 불가피했다." 그리고 아이러니하게도 그는 덧붙이기를 "사회주의가 일국에서 건설될 수 없다는 뜨로쯔끼의 관념을 받아들이는 것은 결코 아니다?" 정말로? 이것이 바로 그것이 의미하는 것이다라는 것 같다, 친애하는 NR이여!

제26장
쓰딸린과 인텔리겐챠

이제 쓰딸린 동지에 반대하는 마지막 주장. 이 주장은 핀즈버리 공산주의 연합FCA이 공산주의 노동자 연합에 보낸 1973년 7월 2일자의 편지에서 한 것이었다. 이 편지의 적당한 부분은 다음과 같다:

"우리는 18차 대회에서 표명되었고 그리고 이어서 부분적으로 규약에 쓰인 쏘비에트 인텔리겐챠에 대한 쓰딸린과 즈다노프의 태도에 대한 당신의 의견을 듣고 싶다. 그 책[즉 《사회주의 땅의 오늘과 내일》]의 적절한 페이지들은 pp. 51-53, pp. 180-183, pp. 447-448, 섹션 1, 페이지 457, 섹션1. 약간의 발췌는 그 문제의 성격을 가리킨다."

"쓰딸린은 말했다. '인텔리겐챠의 지위에서의 이 모든 근본적인 변화후에, 부르주아 인텔리겐챠에게 향했던 낡은 이론을, 기본적으로 사회주의적 인텔리겐챠인 우리의 새로운 쏘비에트 인텔리겐챠에게 적용하려 시도하는 사람들이 우리 당내에서 발견된다는 것은 그러므로 더욱더 놀랍고 이상한 것이다. 아마도 이 사람들은 공장들과 집단농장들에서 스타하노프 방식으로 최근까지 일하고 있었고 그리고 나서 대학들로 교육받으러 보낸 노동자들과 농민들이 그리하여 실제적인 인민이기를 멈추고 2류의 인민으로 되었다고 주장하는 것 같다. 그리하여 우리는 교육이 유해하고 위험한 것이라고 결론 내려야만 한다.'"

"즈다노프의 보고에서 채택된 결의는 다음과 같이 말한다:

"'새로운 상황은 쏘련공산당(볼)의 규약에 제정되어 있는 당 가입의 조건들을 수정하는 것이 필요하게 하고 있다. 지원자의 사회적 위치에 의존하여, 네 개의 상이한 범주에 따라 새로운 성원이 당에 가입하는 것을 허용하는, 당 규약들에서 규정된 현존하는 체제는 명백히 쏘련에서 사회주의의 승리로부터 결과하는 쏘비에트 사회의 계급구조의 변화와 양립할 수 없다. 새로운 성원의 가입에 대한, 그리고 다양한 수습기간들에 대한 상이한 범주들의 필요는 사라졌다. 따라서 한결같은 가입의 조건들 그리고 한결같은 수습의 기간이 모든 새로운 성원들에게, 그들이 노동자계급, 농민층 그리고 인텔리겐챠에 속하는지 여부에 관계없이 수립되어야 한다.'"

"그리하여 노동자계급의 당은 사실상, '전 인민의 당'으로 되었다. 위치와 교육의 덕분으로 이미 사회에서 특권적 위치를 가졌던 인텔리겐챠는 노동자들과 동등한 조건으로 당에 가입되었다. 쏘련이 타락했다는 것은 약간 놀라운 것이다. 쏘련공산당(볼)의 당원구성에 대한 최근의 수치 (당신은 이것을 ≪맑스 하우스의 쏘비에트 뉴스≫를 참고함에 의해 확신할 수 있을 것이다)는 노동자들 40%, 농민들 15%, 인텔리겐챠 45%를 보여준다."

"당신은 이것이 어쨌거나 쓰딸린의 하나의 잘못이었다는 것에 동의하지 않는가?"

FCA에 답하기 위해서 다음의 점들이 다루어져야만 한다.

쓰딸린 동지의 발표된 견해들, 특히 그의 헌법초안에 대한 연설과 인텔리겐챠에 대한 쏘련공산당 18차 대회에서의 연설에 대한 연구는 확실히 그의 그 주제에 대한 입장이 맑스-레닌주의적인 입장이라는 것을 보여준다. 그는 맑스-레닌주의 과학에 따라서 인텔리겐챠는 특수한 사회층이라는 것을, 인텔리겐챠는 역사에서 문화, 과학 그리고 기술의 발전에 중요한 역할을 했다는 것을, 그것은 주요하게 권력을 가진 계급들의 이익에 봉사했다는 것을, 어떤 사회질서에서도 지배계급은 그 자신의 인텔리겐챠가 없어서는 안 되기 때문에, 권력에 도달하는 모든 계급이 자신에게 봉사하는 인텔리겐챠를 창출하기 위해서 특별한 주의를 기울인다는 것을, 자본주의하에서 인텔리겐챠는 특수한 사회층으로서 다양한 계급들로부터, 주요하게는 착취계급들로부터 모집되어서 착취계급들의 이익에 봉사하는 반면에, 사회주의하에서는 인텔리겐챠는 주요하게 노동자계급과 노동하는 농민층으로부터 모집되어서 노동자계급과 노동대중들의 이익에 봉사한다는 것을, 사회주의 사회에서는 사회층으로서 인텔리겐챠의 역할과 구성은 자본주의하에서의 그것과는 다르다는 것을, 노동자계급과 맑스-레닌주의 당에 의해 지도되어 사회주의적 인텔리겐챠는 사회주의 사회의 물질적 및 문화적 가치들의 창출에서 큰 역할을 한다는 것을, 주요하게 노동자계급과 노동하는 농민층으로부터 모집되어서 사회주의 인텔리겐챠는 공통의 경제적, 정치적 그리고 이데올로기적 이익들에 의해, 사회주의와 공산주의 건설을 위한 공통의 목표에 의해 이들 두 계급들과 긴밀히 연계되어 있다는 것을 주장했다.

쓰딸린은 현대 쏘련에서 흐루쇼프 수정주의자들이 그러한 것처럼 특수한 사회층으로서 인텔리겐챠의 존재를 부정한 적이 없다. 그는 결코 그것을 사회주의 사회의 근본적인 계급들로 융합시키지 않았다. 그는 결코 전체 인텔리겐챠를 노동자계급과 노동하는 농민층의 구성적 부분으로서 간주하지 않았다.

어떠한 진정한 사회주의 사회에서도—쏘련이 쓰딸린의 시기 동안 그러했다—생산력들의 유례없는 성장의 결과로서, 착취계급들의 제거의 결과로서, 노동자계급과 농민층 간의 본질적 구분의 좁혀짐의 결과로서 인텔리겐챠는 수에 있어서 증대된다. 사회의 발전에서 그것의 역할은 증대되고 노동자계급과 농민층의 이데올로기적, 정치적, 교육적, 문화적 그리고 기술적 수준에서 계속적인 상승이 있다. 이것은 그러나 사회주의의 조건들 속에서 모든 구분들이 사라지고 우리가 더 이상 특수한 층으로서 인텔리겐챠에 대해 말할 수 없다는 것을 의미하지는 않는다. 레닌은 썼다, 인텔리겐챠는 " … 공산주의 사회의 발전의 최고의 수준의 달성 때까지 특수한 층으로 남아 있을 것이다. … " 이것이 쓰딸린의 입장이었다는 것은 또한 헌법초안에 대한 그의 연설, 쏘련공산당의 18차 대회에 대한 그의 연설 그리고 그의 《쏘련에서 사회주의의 경제적 문제들》로부터 알 수 있다. 쓰딸린은 인텔리겐챠를 특수한 사회층으로서 간주하는 정확한 맑스-레닌주의 입장으로부터 떨어진 적이 없다.

맑스-레닌주의 과학에 따르면, 이 특수한 층—사회주의 인텔리겐챠—이 하는 역할은 노동자계급의 지도적, 전위적 역할에 직접적으로 의존하고 있다. 그리하여 사회주의 건설 과정에서 인텔리겐챠의 역할이 계속하여 증대하더라도, 그것은 노동자계급의 지도적 역할을 결코 대신할 수 없다. 이러한 올바른 입장을 반영하여 쓰딸린은 그의 생애 전

기간에 걸쳐 쌍둥이 해악들—한편으로는 지식인주의의 개념들과 표현들의 그리고 지적인 자만과 거만함의, 그리고 다른 한편으로는 인텔리겐챠의 사업과 역할을 부정하고 저평가하는 저열한 개념들의—에 맞서 싸웠다.

인텔리겐챠의 역할이 변화된 것은 흐루쇼프가 쏘련에서 권력을 찬탈한 후였다. 수정주의자들은 자본주의의 복고를 위한 덮개로서 '전 인민의 국가' 그리고 '전 인민의 당'이라는 썩은 테제들을 제기했다. 수정주의자들이 쏘련에서 인텔리겐챠의 역할을 변화시키는 데에 성공한 것은, 그들이 인텔리겐챠의 역할을 절대화하는 데에 성공한 것은, 그들이 쏘련공산당의 색깔을 변화시키는 데에 성공하고, 그것을 혁명적 당으로부터 썩은 수정주의적 당으로 전환시키는 데에 성공한 이후였다. 인텔리겐챠와 노동자계급 간의 모든 구분들을 말살하고 씻어버리려고 하는 수정주의 이론가들의 시도들은 노동자계급의 지도적 역할을 부정하는 것을 목표로 했다. 왜냐하면 한편으로 노동자계급과 다른 한편으로 전체 인텔리겐챠 간의 구분이 전혀 없다면, 노동자계급의 지도적 역할을 부정하기 위한, 그것을 더욱더 후위로 밀어 넣고 그리고 인텔리겐챠를 중심으로 밀어 넣기 위한 편리한 공식이 이미 발견되었기 때문이다. 그러나 노동자계급과 인텔리겐챠 사이의 모든 구분들을 말살하고 씻어내는 것은 쓰딸린 시기의 동안에는 쏘련에서 결코 발생하지 않았다. 그 당시에는 인텔리겐챠는 특수한 층으로서 계속하여 간주되었고 마찬가지로 노동자계급은 계속하여 매우 명확하게 지도적 계급으로 간주되었다.

FCA의 '논리'는 쓰딸린의 위에서 인용된 언급들로부터 그리고 즈다노프의 보고에서 채택된 결의로부터 볼 때 아무런 희망 없는 비논리적인 것이다. 그것은 다음과 같이 결론짓는다:

> "이리하여 노동자계급의 당은 사실상, '전 인민의 당'이 되었다. 위치와 교육의 덕분으로 이미 특권적 위치를 가졌던 인텔리겐챠는 노동자들과 동등한 조건으로 당에 가입되었다. 쏘련이 타락한 것은 조금 놀라운 것이다. 쏘련공산당(볼)의 당원구성에 대한 최근의 수치는 … 노동자들 40%, 농민들 15%, 인텔리겐챠 45%를 보여준다."

첫째로, FCA에 의해 인용된 문단에서, 쓰딸린은 쏘비에트 사회주의 인텔리겐챠와 부르주아 인텔리겐챠 사이의 차이를 단순히 설명하고 있다. 그는 주요하게 노동자계급과 노동하는 농민층으로부터 모집되고, 말하자면 사회주의와 공산주의의 이상이 불어넣어진 사회주의 인텔리겐챠에 대하여 동일한 태도를 가질 수 없다고, 혹자는 착취계급들로부터 주요하게 모집되고 이들 계급들의 이익들을 위해 봉사하는 부르주아 인텔리겐챠에 관하여 생각하는 데에 익숙하다고 강조하고 있다. 그는 노동자계급과 인텔리겐챠의 모든 구분들이 씻어 없어졌다고 말하는 것과는 거리가 멀다. 그는 노동자계급의 지도적 역할을 부정하는 것과는 거리가 멀다. 그러면 혹자가, FCA가 그러하듯이, "이리하여 노동자계급의 당은 사실상 '전 인민의 당'이 되었다"는 결론에 도달할 수 있는가? 새로운 상황에 맞추기 위해 현실화되었던 가입의 한결같은 조건들은 그 자체로는 프롤레타리아트의 당이 '전 인민의 당'이 되는 것을 초래할 수 없다—그리고 초래하지 않았다. 이러한 것은 프롤레타리아트의 지도적 역할이 부정되지 않는 한 일어날 수 없었다. 프롤레타리아트의 지도적 역할에 대한 부정은 흐루쇼프주의 수정주의자들에 의한 권력의 찬탈 후에 발생하였고 그 이전에는 아니었다. 당원 조건의 한결같음은 당원이 되는 자동적 권리를 주지는 않는다. 인민은 당에 가입을 승인받아야만 한다. 그들은 단순히 스스로 그것에 들어갈 수는 없다. 당이 계속하여 혁명적 당인 한 오직 인텔리겐챠의 그러한 사람들은 혁명적 당의 요구들이 만족될 때 당에 가입되었다는 것이 확실해졌다. 그러나 흐루쇼프 수정주의의 승리와 더불어 사정이 변했다. 지식인적인 자만심으로 가장 가득 찬 인텔리겐챠들이 증가하는 규모로 안으로 들어왔다. 실제적 실천에서 사회주의 건설을 뒤엎고 자본주의의 복고를 위하여 더욱더 많은 부르주아적 경제적 규범들을 실행했던 수정주의자들은 인텔리겐챠와 노동자계급 간의 모든 구분들이 말살되었다는 이론을 위선적으로 제기했다. 그들이 주장하기를 당은 '전 인민의 당'이 되었고 쏘비에트 국가는 '전 인민의 국가'가 되었다.

FCA가 자신의 주장을 지지하기 위하여 "쏘련공산당(볼)의 당원구성에 대한 최근의 수치"만을 산출하는 것을 주목하는 것은 흥미롭다. 이 최근의 수치들은 쓰딸린과 그가 이끌었던 쏘련공산당(볼)과 무슨 관계가 있는가? 만약 FCA가 쏘련공산당(볼)이 쓰딸린의 사후부터 수정주의 정당이 되었다고 말하는 것이라면—흐루쇼프주의 현대 수정주의의 승리 이후로—그러면 이 점은 논쟁의 여지가 없다. 그러나 만약 그것이 쏘련공산당이 수정주의가 되었다고, 쏘련이 쓰딸린의 사망 전에 타락했다고 주장하고 있는 것이라면, 그러면 그것을 증명하는 것은 FCA의 몫이다. 그것은 이러한 것을 한 적이 없다. 그것이 한 모든 것은 "쏘련공산당(볼)의 당원구성에 대한 최근의 수치"를 산출하는 것이었는데, 그것은 단지 쏘련의 타락이 쓰딸린 사후에 발생했다는 것을 확증할 뿐이다. FCA가 쓰딸린의 죽음에 이르기까지의 시기 동안에 쏘련공산당(볼)의 당원구성에 대한 수치를 인용하게 하자. FCA에 의한 어떠한 실증이 결여될 경우, 특히 특수한 사회층으로서 인텔리겐챠와 노동자계급의 지도적 역할에 관해 쓰딸린이 주장한 견해에 대해 위에서 언급된 것의 견지로부터 답변할 경우는 없다.

제27장
결 론

　전술한 것의 관점에서 쓰딸린에 반대하여 겨누어진 네 개의 모든 주장은 진실이 아니라고 이제는 결론지을 수 있다. '비판가들'은 그들의 쓰딸린에 대한 '비판들'에 의해 단지 그들 자신의 희망 없는 결론을 폭로하는 데에 도움을 주었을 뿐이다. MLQ 2호의 그의 글에서 MF는 말한다:

"혁명 운동은 지금 이론적 명료함의 심각한 결여로 고통 받고 있다."

p. 3.

　그의 글의 나머지는 단지 이 진술의 증거를 제공하기 위해서 쓰인 것으로 보인다(저자는 이것을 깨닫지 못했을 수 있다). 공평하게 말하자면, 저자인 MF는 이러한 경탄할 만한 방식으로 그가 겪고 있는 "이론적 명료함의 심각한 결여"를 폭로하는 데에 있어서 그의 찬란한 성공에 대해 축하받아야만 한다. 이 점에서 축하는 또한 톰슨 교수와 NR에게 돌려져야 한다.

　우리의 '비판가들'은 《쏘련에서 수정주의의 기원과 발전》을 설명하기 위한 바람에서 출발했다. 그들은 그런 종류의 아무것도 얻지 못했다. 그들은 몇몇의 반공산주의적, 반쏘비에트적 그리고 반쓰딸린적 주장들을 함으로써 끝을 맺었다. 반공산주의 운동은 쏘련에서 수정주의의 기원과 발전에 대한 분석으로서 이들 신사들의 수정주의적 주장들을 받아들일 것으로 예상된다! 이들 '비판가들'을 반박하기 위해 위에서 언급된 것의 관점에서, 혹자는 과학적인 무과실의 엄숙한 어조로 그들의 무지를 쏟아내고 있는 이들 신사들에 의한 쓰딸린 동지에 반대하여 겨누어진 조야한 독설을 비웃을 권리(그리고 그러할 이유가 있다)를 갖고 있다. 쓰딸린의 사후에 쏘련에서 흐루쇼프 수정주의의 승리에 대한 이유가 무엇이었는가에 대한 질문에 대한 답은 아직 알려져 있지 않다. 그럼에도 불구하고 허세부리는 부르주아적 주장들과 "쏘련에서 수정주의의 기원과 발전"에 대한 분석으로 가장하는 사이비 과학적인 설명들의 관에 마지막 대못을 박는 것이 필요하다.

20차 당대회에서 1956년에 수정주의자들에 의한 권력의 찬탈은 쓰딸린의 '비판가들'이 쓰딸린에 대한 그들의 비판들에서 옳다는 것의 증거로서 결코 인증될 수 없다. 이러한 방법의 주장은 맑스의 변증법적 방법과 그의 유물론적 이론에 대한 모욕이 될 것이고, 그리고 그것은 맑스주의자들에게는 허용될 수 없다. 그럼에도 불구하고 이것이 바로 MF들이 주장하는 방식이다. 이것은 단지 그들을 다룸에 있어서 우리가 소부르주아적인 재산을 노리는 구혼자들을 대면하고 있지, 철저한 유물론자들, 즉 맑스주의자들을 대면하고 있지 않다는 것을 보여줄 따름이다. MF에서 우리가 다루고 있는 그러한 유형의 사람은 다음의 심오함으로부터 명백해진다:

"그가 죽었을 때, 쓰딸린이 그의 뒤에 프롤레타리아 독재를 남겼다면, 그것은 틀림없이 상당한 침식을 겪었다. 쓰딸린에 대해 행해질 수 있는 가장 큰 비판은 그의 뒤에 흐루쇼프가 뒤따랐다는 것이라고 말할 수 있다. 그리고 그것은 많은 것을 말한다."

다른 말로 하면, 흐루쇼프 수정주의자들에 의한 쏘련에서 권력의 찬탈은 쓰딸린이 이 수정주의의 승리에 대해 책임이 있다는 것을 의미한다는 것이다. 그것은 수정주의에 대한 쓰딸린 동지의 30년의 오랜 기간의 투쟁이 그리하여 불신되어야만 한다는 것을 의미한다. 그것은 수정주의가 쏘련에서 쓰딸린에도 불구하고가 아니라 쓰딸린 때문에 승리할 수 있었다고 의미하는 것이다. 왜? 왜냐하면 수정주의가 종국에는 승리했기 때문이라고 이 세계의 MF들은 말한다. 만약에 수정주의가 성공적이지 않았다면 어떻게 될 것인가? 모든 것은 이 '논리'에 따르면 쓰딸린에게 좋은 것일 것이다. 이것은 역사적 분석이라는 이름으로 운동에 대해 이 세계의 MF들에 의해 제기된 쓰레기같은 것이다! 쓰딸린 동지에 대한 MF의 비방들은 역사적historical이라기보다는 신경증적인 hysterical 분석으로서 묘사되는 것이 더욱 쉽지 않겠는가? 이 신사들은 어떤 사건들로부터 단순히 뒤로 물러나는 작업을 한다.

"쓰딸린에 대해 행해질 수 있는 가장 큰 비판은 그의 뒤에 흐루쇼프가 뒤따랐다는 것이다. 그리고 그것은 많은 것을 말한다."

혹자가 그들의 주장의 논리를 확장한다면, 그리고 혹자는 그럴 권리가 당연히 있는데, 혹자는 다음의 결론에 도달한다:

"레닌에 대해 행해질 수 있는 가장 큰 비판은 그의 뒤에 쓰딸린이 뒤따랐다는 것인데, 쓰딸린은 이번에는 흐루쇼프가 뒤따랐다. 그리고 그것은 많은 것을 말한다."

그리고 당신이 그것을 할 때, 불쌍한 맑스와 엥엘스는 다음에는 누구 차례인가라는 생각에 그들의 무덤에서 몸을 떨기 시작할 것이 틀림없다.

위의 '논리'에 따르면—그것이 논리라고 불릴 수 있다면—일정한 미래의 날에 수정주의가 중국에서 우세해지게 된다면, 이것이 결코 일어나지 않기를 희망하지만, 그러면 그것은 마오쩌뚱의 결점이 될 것이다. 이러한 경우에 수정주의에 반대하는 마오쩌뚱 동지에 의해 수행된 모든 투쟁들은 MF같은 맑스주의자들의 측에서는 주목의 가치가 없는 것으로서 무시되어야만 할 것이다.[19]

이 서문을 쓰딸린 동지의 죽음 20주기에 대한 제리 I 파풀리트의 논설로부터의 몇몇의 발췌들을 인용함으로써 결론을 짓게 하자:

"J. V. 쓰딸린—위대한 혁명가이고 맑스-레닌주의자."

"J. V. 쓰딸린, 30년 동안이나 쏘비에트 공산당과 국가의 선두에 섰던 이 영광스러운 레닌의 사도는 20년 전에 죽었다. 모든 혁명가들과 자유

---

19 사실상 마오쩌뚱의 죽음 이후로, 중국에서의 사태전개는 이들 '반수정주의자들'의 일부가 둘러 모여서 정확히 이러한 비난을 하게 했다.

를 사랑하는 인민들은 쓰딸린을, 그의 전 생애를 쏘련에서 혁명의 승리들의, 그리고 사회주의 건설의 옹호에 바친, 프롤레타리아트와 모든 피억압 민족들의 해방의 대의들에 바친 위대한 혁명가로서 그리고 뛰어난 맑스-레닌주의자로서 기억하고 있다."

"10월 사회주의 혁명에 이어지는 쏘비에트 인민의 찬란한 승리들, 쏘련에서 사회주의 사회의 건설, 파시스트 무리에 맞선 2차 세계대전에서 영광스러운 승리, 공산주의자와 노동자들의 발전, 세계의 민족해방과 민주적 운동들은 쓰딸린의 이름과 긴밀히 연계되어 있다. J. V. 쓰딸린은 사회주의 건설의 이론, 기회주의, 수정주의 그리고 제국주의에 맞선 투쟁의 이론인 레닌주의를 발전시키고 풍부하게 했다. 레닌의 죽음 후에 그는 확고한 결의로써 노동자계급의 모든 적들—뜨로쯔끼주의자들, 부하린주의자들, 부르주아 민족주의자들, 현대의 수정주의자들—에 맞서 레닌주의를 옹호했다. 그는 나아가 당, 혁명 그리고 국가에 대한 맑스, 엥엘스 그리고 레닌의 가르침들을 발전시켰고 그리고 그것들을 일관성을 갖고 그리고 멀리 내다보는 시야를 갖고 적용했다. 그는 모든 피억압 인민의, 사회적 그리고 민족적 해방을 위해 싸우고 있던 모든 사람들의 동지, 선생 그리고 위대한 옹호자가 되었다."

"쓰딸린이 이러한 사람이므로, 제국주의자들, 현대의 수정주의자들 그리고 공산주의와 민족 해방의 모든 적들은 그들의 모든 힘을 다하여 불굴의 혁명가로서 그의 이미지를 손상시키고 그의 영광스러운 성취를 모욕하려고 하였다."

부록1
레닌의 유언

부록2
뜨로쯔끼와 제국주의 언론

부록3
한 뜨로쯔끼주의자가
뜨로쯔끼를 살해하다

부록 1
레닌의 유언

앞서의 페이지들에서 분명해졌듯이, 레닌은 뜨로쯔끼에 대해 안 좋은 견해를 갖고 있었고 뜨로쯔끼의 기회주의적인 멘쉐비즘과 카우츠키주의에 대해 싸웠다. 레닌이 쓰딸린을 흠잡을 데 없는 신임을 가진 완강한 혁명가로서 매우 높이 존중했다는 것은 또한 잘 알려져 있다. 여기에 쓰딸린에 대한 레닌의 시각, 믿음과 애정을 표현하는 몇몇의 인용들이 있다:

일찍이 1913년 2월에, 막심 고리키에게 보내는 한 편지에서, 레닌은 썼다:

"우리에게는 프레스베세니에에 대한 큰 기사를 쓰기로 결정한 불가사의한 그루지아인이 있는데, 그를 위하여 그 사람은 오스트리아와 다른 곳의 모든 자료들을 수집하였다."

≪전집 35권≫, p. 84.

같은 해 12월에 레닌은 쓰딸린을 민족 문제에 대한 당의 지도적인 맑스-레닌주의 이론가로서 언급하고 있다:

"사회민주주의를 위한 민족 강령에 대한 입장과 원리들이 맑스주의의 이론적 토대 위에서 최근에 다루어졌다(가장 두드러진 것은 쓰딸린의 글이다)"

≪전집 19권≫, p. 539.

1922년 3월에 11차 당대회에서 프레오브라젠스키가 쓰딸린이 민족

인민위원의 자리뿐만 아니라 국가통제 인민위원 자리를 갖고 있다고 비판했을 때, 레닌은 쓰딸린을 다음과 같은 말로써 옹호했다:

"투르케스탄, 코카서스 그리고 다른 문제들은 … 모두 정치적 문제들이다. 이것들은 유럽의 국가들의 관심을 수백 년이나 끌어온 문제들이다. … 우리는 그것들을 해결하고 있고 우리는 이들 민족들의 어느 대표들이라도 찾아가서 그들의 어려움들을 매우 상세하게 논의할 사람이 필요하다. 우리는 이러한 사람을 어디서 발견할 수 있는가? 나는 프레오브라젠스키가 쓰딸린 동지보다 더 좋은 후보자를 제안할 수 있다고 생각하지 않는다."

"동일한 것이 '노동자 및 농민 검사국'에도 적용된다. 이것은 매우 광대한 사업이다. 그러나 조사업무들을 조종할 수 있기 위해서 우리는 그 수장 자리에 높은 위신을 갖고 있는 사람을 가져야만 한다. 그렇지 않으면 우리는 사소한 음모에 말려들거나 그것에 압도당하게 될 것이다."
《전집 33권》, p. 315.

그리고 1922년 4월에 11차 당대회에 이어서, 중앙위원회가 서기장이라는 당의 최고의 직위를 만들고 그것에 쓰딸린을 선출한 것은 다름 아닌 레닌 자신의 제안에 의한 것이었다.

"쓰딸린이 1922년 4월에 선출되었던 중앙위원회의 서기장의 직위에 대하여 레닌의 개인적인 선택이 아니었다고 주장하는 것은 약간의 공식적, 그리고 비공식적 역사가들에게는 … 공상적인 것이다."
A.B. 울람, 《쓰딸린: 그 사람과 그의 시대》,
런던, 1989, p. 205.

"이 핵심적인 직위[서기장]에 맞는 지식, 효율성 그리고 권위를 가진 명백하고 또한 유일한 사람은 쓰딸린이었다. … 레닌이 그의 임명을 지지했다는 것은 의심의 여지가 있을 수 없다. 아마도 그의 임명을 레닌이 제기했을 것이다."
이안 그레이, 《쓰딸린: 역사의 인물》

1922년 말에 쓰딸린과 뜨로쯔끼에 대한 레닌의 오랜 동안의 견해를 근본적으로 변화시키는 것을 야기하는 어떤 것이 일어났음에 틀림없다. 당대회에 보내는 그의 편지에서, 레닌은 이렇게 스스로 말했다:

"쓰딸린은 너무 무례하다, 그리고 이 결점은 … 서기장의 자리에서는 참을 수 없는 것이 된다. 그것이 동지들이 쓰딸린을 그 직위에서 제거하는 것에 대해 생각할 것을 내가 제안하는 이유이다."

≪전집 36권≫, p. 596.

동일한 편지에서, 레닌은 뜨로쯔끼에 대해 " … 뛰어난 능력을" 소유하고 있는 것으로 말했다.

"그는 아마도 현재의 중앙위원회에서 가장 능력 있는 인물이다."

앞의 책, p. 595.

위의 단 하나의 의견에 기초하여, 뜨로쯔끼주의자와 부르주아 신화 작가들은 뜨로쯔끼와 볼쉐비키당의 관계가 신뢰와 확신에 기초하고 있었다는, 볼쉐비키당에 있어서 뜨로쯔끼의 어려움들은 쓰딸린에 의한 당의 지도력 장악 이후에 발생했다는 그림을 만들려고 시도했다. 이것이 그렇지 않다는 것은, 우리가 이미 위에서 한 조각의 의심의 여지도 없이 설명했다. 그러나 답변되어야 하는 문제는 왜 레닌이 쓰딸린과 뜨로쯔끼에 대한 그의 견해들을 변경했는가이다. 이 점에서 두 가지 요인들이 작용했던 것으로 보인다: 첫째 그루지아 민족주의의 문제, 그리고 둘째, 레닌의 병.

그루지아 민족주의

그루지아 공산당에서 민족주의의 성장에 관심을 갖고, 그리고 그것에 맞서기 위한 노력에서, 레닌은 쓰딸린과 완전히 일치하여, " … 트랜스코카서스 공화국 연방[아르메니아, 아제르바이젠 그리고 그루지아로 구성되는]은 절대적으로 원칙에서 올바르며 그리고 실패 없이 완수되어야 한다"고 제안했다.(레닌, <J. V. 쓰딸린에게 보내는 메모>, 1921년 11

월 28일, ≪전집 33권≫, p. 127.)

레닌의 제안은 정치국에 의해 만장일치로 채택되었고 중앙위원회의 세 개의 이어지는 결정들에 의해 확인되었다. 결과적으로 트랜스코카서스 연방은 1922년 3월 12일에 수립되었고 1936년까지 존속되었다. 트랜스코카서스 연방은 짜르, 무사바트주의자들, 다시나크들 그리고 멘쉐비키들하에서 "대량학살과 투쟁"으로 특징지어졌던 지역에서 "민족간 평화의 기관"으로서 형성되었다:

"매우 이른 시기부터 트랜스코카서스는 대량학살과 투쟁의 지역이었고 멘쉐비키들 그리고 다시나크들하에서 그것은 전쟁의 지역이었다 … "
"그것이 중앙위원회가 세 번의 경우에서 민족적 평화의 기관으로서 트랜스코카서스 연방을 보전하는 것의 필요성을 확인한 이유이다. … "
"요점은 트랜스코카서스 연방의 결합이 그루지아가 지리적 위치 덕분으로 갖고 있던 약간의 특권적인 위치를 빼앗았다는 것이다. … 그루지아는 화물이 서구로부터 흘러 들어오는 자신의 항구-바툼-을 갖고 있다. 그루지아는 또한 아르메니아인들이 피해갈 수 없고 혹은 아제르바이젠인이 피해갈 수 없는 티플리스 같은 철도의 교차점을 갖고 있다. … 그루지아가 분리된 공화국이었다면, 그루지아는 티플리스 없이 살아갈 수 없는 아르메니아와 바툼 없이 살아갈 수 없는 아제르바이젠 양 쪽에게 약간의 최후통첩의 성격이 있는 어떤 것을 제기할 수 있었다. … "
"아직 또 하나의 이유가 있다. 티플리스는 그루지아의 수도인데, 그러나 그루지아인들은 그 인구의 30% 미만이고 아르메니아인들이 35% 이상이고 그리고 나머지는 다른 민족들이다. … 만약에 그루지아가 분리된 공화국이라면, 그 인구는 약간은 재이동될 수 있었다. 해마다 티플리스에서 아르메니아인들의 수를 감소시키고, 그들을 그루지아인들보다 적게 하고 그리하여 티플리스를 그루지아의 실제적인 수도로 전환시키는 잘 알려진 법령이 … 그루지아에서 채택되지 않았는가?"

쓰딸린, 당과 국가의 업무에서 민족적 요인들에 대한 보고, 러시아 공산당(볼)의 12차 대회, ≪저작집 5권≫, FLPH, 모스끄바, 1953, pp. 256-259.

쓰딸린의 언급들의 지혜로움은 쏘련 붕괴 이후 이들 지역이 휘말려들어간 오늘날의 민족적 투쟁과 동족상잔의 전쟁의 견지에서 기꺼이 평가될 수 있다. 그러나 트랜스코카서스 연방의 형성과 지속을 그루지아 공산당내에서 부두 무디바니와 필립 마하라제를 영수로 하는 저명한 그루지아 민족주의자들의 그룹('그루지아의 일탈자들'이라고 알려진)이 반대하였다. 이 그루지아 일탈자들의 많은 수는 뜨로쯔끼주의적 반당 반대파에 결합하였다. 그루지아인의 일탈의 원인은 러시아 국수주의가 아니었고 독립된 그루지아를 만들려는-그리하여 "트랜스코카서스에서 그루지아인들을 위한 특권적 위치를" 창출하는 것이었는데, "거기에 전체적인 위험이 놓여 있다. … "-지리적 이점들을 잃지 않으려는 그루지아 민족주의자들 측의 바람 때문이었다.

"그루지아 일탈자들은 … 아르메니아와 아제르바이젠 공화국을 희생하여 그들에게 어떤 특권들을 부여하는 길로 우리를 밀어 넣고 있다. 그러나 그것은 우리가 취할 수 없는 길인데, 왜냐하면 그것은 … 코카서스에서 쏘비에트 권력의 확실한 죽음을 의미하기 때문이다."

쓰딸린, ≪저작집 5권≫, pp. 258-261.

그루지아 일탈자들은 그루지아 공산당 중앙위원회의 다수를 구성하고 있었지만, 그루지아에서 당의 단지 작은 소수를 대표했었다. 중앙위원회에서 그들의 지배적인 위치를 이용하여 그루지아 일탈자들은 연방의 완수를 저지하고 세 개의 공화국들의 경제적 통합을 막기 위해서 그들의 권력으로써 할 수 있는 모든 것을 했다. 심지어 그루지아 공화국 경계에 군사적 경비대를 배치하는 정도까지 나아갔다.

쏘련을 형성하기 위한 준비들이 진행됨에 따라, 연방을 유지한다는 정책에 따라서 러시아 공산당의 중앙위원회는 1922년 10월 6일에 트랜스코카서스가 하나의 단위로서 쏘연방에 들어가게 하는 것을 결정했다. 이 점에 대한 그루지아 일탈자들의 항의는 중앙위원회에 의해 만장일치로 거부되었다.

러시아 공산당의 중앙위원회로부터 어떤 좋은 소식도 얻지 못하고서 그루지아 일탈자들의 한 그룹은 오르드조니키제를 특별히 목표로 삼아서 레닌에게 직접적인 항의의 전보를 쳤다. 그의 전보답신에서 레닌은 일탈자들을 반박했고 다음과 같은 말로써 오르드조니키제를 옹호했다:

"나는 친사제와 다른 사람들이 보낸 직접적인 전보 메시지의 버릇없는 어조에 놀랐다. … 나는 내가 간접적으로 참가하고 므디바니가 직접적으로 참가한 중앙위원회 전체회의 결의에 의해 모든 차이들이 해소되었다고 확신했다. 그것이 내가 오르조니키제에 대한 비난을 단호하게 비판하고 당신들의 갈등이 러시아 공산당 중앙위원회 서기에 의한 해결을 위한 품위 있고 충성스런 어조로써 언급되어야 한다고 주장하는 이유이다."

≪전집 45권≫, 프로그레스 출판사, 모스끄바, 1970, p. 582.

레닌의 반박에 뒤이어 그루지아 공산당 중앙위원회의 11명 성원 중 9명을 대표하는 그루지아 일탈자들은 1922년 10월 22일에 항의의 표시로 사임했고 그 날에 오르드조니키세는 새로운 중앙위원회를 지명했다.

정치국은 1922년 11월 25일에 펠릭스 드제르진스키를 영수로 하는 위원회를 그루지아 공산당에서 평온을 수립하기 위한 조치들을 수행하기 위하여 그루지아로 보낼 것을 결의했다. 1922년 12월 12일에 드제르진스키는 "모든 것에 대하여 책임이 있는 이전의 그루지아 중앙위원회의 지도자들을 모스끄바로 소환한다"(M. 레윈, <레닌의 마지막 투쟁>, 1969, p. 68.)는 위원회의 결정을 포함하는 그의 위원회의 조사 결과를 레닌에게 보고하였다.

그리고 갑자기 1922년 12월 말에, 그렇게 맹렬하게 그루지아 일탈자들을 반박하고 그리고 똑같이 맹렬하게 그들의 공격에 대해 오르드조니키제를 옹호했던 레닌이 그의 입장을 번복했다. 그의 비서인 마리아 볼로디세바에게 구술한 <레닌의 유언>이라 알려지게 된 한 문서에서, '그루지아 민족주의'에 대한 비난은 드제르진스키 측의 러시아 국수주의의 '상상의' 산물이었다고 레닌은 강력하게 시사하고 있고 주요한 비난을 쓰딸린에게 두었다:

"그들 '민족주의적 사회주의자들'의 '범죄'를 조사하기 위해 코카서스로 갔던 드제르진스키 동지는 거기에서 그의 진정한 러시아적 사고 틀이 두드러졌다(러시아화된 다른 민족들의 인민이 지나치게 러시아적 사고 틀을 가진다는 것은 누구나 아는 것이다) … "

레닌은 계속하여 말했다.

" … 진짜 러시아인, 대러시아 국수주의자들의 공격, 실질적으로 깡패와 폭군의 공격으로부터 비러시아인들을 옹호하는 것이…필요하다. … 나는 여기에서 악명 높은 '민족주의적 사회주의'에 대한 쓰딸린의 악의가 치명적 역할을 했다고 생각한다. 정치에서는 악의가 일반적으로 가장 열등한 역할들을 수행한다. … "

그리고 쓰딸린은 " … '민족주의적 사회주의'에 대한 비난들에 불쑥 뛰어든 그루지아인"으로 묘사된다.

"반면에 그 자신은 실제적인 그리고 진정한 '민족주의적 사회주의자'이고 심지어 저열한 대러시아 골목대장이다. … 이 모든 진정한 대러시아 민족주의 캠페인에 대한 정치적 책임은 물론 쓰딸린과 드제르진스키에게 돌려져야만 한다."

레닌, <민족 문제 혹은 '자치화'>, ≪전집 36권≫

1923년 3월에, 레닌은 뜨로쯔끼에게 중앙위원회에서 그루지아의 경우를 옹호할 것을 부탁하는 편지를 구술했다ー뜨로쯔끼가 병을 핑계로 거절한 임무. 뜨로쯔끼에게 글을 쓴 다음 날 레닌은 또한 '그루지아 일탈자들'에게 그들의 대의에 대한 그의 지지를 표현하는 편지를 썼다. 그러나 레닌의 입장의 변화에도 불구하고 당의 정치국은 1922년(1923년의 오기로 보인다-역자) 3월 26일에 뜨로쯔끼가 제기한 발의, 즉 트랜스코카서스 연방 혹은 그루지아 일탈자들의 정치적 성격에 대한 그것의 입장을 변화시키는 것을 6대 1의 표결로 거부했다.

레닌의 병

1921년 말경에 레닌은 심각하게 병이 들었고 수 주 동안 휴식을 취해야만 했다. 1922년 4월 23일에 그는 1918년 8월 30일에 사회혁명당원인 판야 카플란의 암살 시도에서 그에게 발사된 총탄들의 하나를 처치하기 위한 외과수술을 받았다. 1922년 5월 26일에 그의 오른쪽 손과 발이 마비되었고 그의 언어가 손상되었다. 1922년 12월 16일에 레닌은 두 번의 위험한 발작을 겪었고 12월 23일에 또 한 번의 발작이 있었다. 1923년 3월 10일에 새로운 발작이 그의 신체 절반을 마비시켰고 그에게서 말할 능력을 앗아갔고 그의 정치적 활동에 종지부를 찍었다. 1924년 1월 21일 이 놀라운 거인은 사망했다.

<레닌의 유언>이라고 알려진 문서는 1922년 12월 23일과 31일 사이에 그에 의해 구술되었는데, 1923년 1월 4일에 한층 보충되었다 — 그것은 그의 건강에 불행하게도 영향을 주었을 뿐만 아니라 그를 완전히 외부 세계로부터 고립시키도록 했던 몇 차례의 발작을 겪은 후였다.

1922년 12월 18일에 중앙위원회 전체회의는 의사들이 처방한 관리의 준수에 대해 쓰딸린에게 개인적으로 책임을 지게 했다. 로버트 맥닐에 따르면: "쓰딸린이 레닌이 살아있는 것을 본 마지막 순간이었던 … " 1922년 12월 13일 후에 " … (쓰딸린은-역자) 실제상의 법적인 레닌의 보호자였지만 쓰딸린은 그의 임무를 직접 몸소 수행하지는 않았다. …"(R. H. 맥닐, ≪쓰딸린: 사람과 통치자≫, 바싱스토크, 1988, p. 73.)

수립된 엄격한 규칙들에 따르면 어떤 방문자도 허용되지 않았다. 의사들과 그의 친족들을 제외하고는 단지 그의 비서만이 레닌을 보는 것이 허용되었다. 이러한 환경 속에서 레닌의 아내였던 나데즈다 크룹스카야가 결정적인 역할을 수행했는데, 그녀의 "쓰딸린에 대한 오랫동안의 개인적인 반감"에 대해 그녀의 전기 작가인 로버트 맥닐이 말하고 있다.

레닌의 죽음 후에 크룹스카야는 뜨로쯔끼주의 반대파의 공공연하고 능동적인 성원이었다:

"14차 당대회[1925년 12월] 자체는 크룹스카야의 반대파에서의 이력의 정점이었다. … 반대파의 비판을 시작하는 것이 그녀에게 남겨졌다."
"크룹스카야는 1926년 10월까지 … 반대파에 남아 있었다. … 그녀는

1926년의 영국의 총파업에서의 쏘비에트의 정책에 반대하는 또 하나의 항의와 더불어 … 뜨로쯔끼-지노비예프 반대파가 이 시기에 만든 주요한 정치적 선언인 13인의 선언에 서명했다."

R. H. 맥닐, ≪혁명의 신부: 크룹스카야와 레닌≫,
런던, 1973, pp. 250-256.

크룹스카야가 반대파를 떠났다고 쓰딸린이 1926년 11월에 쏘련공산당의 15차 협의회에서 암시를 했지만 크룹스카야가 이것을 개인적으로 확인한 것은 6개월 후였다.

"예를 들면 크룹스카야 동지가 반대파 블록을 떠나고 있다는 것은 사실이 아닌가? (폭풍 같은 박수)"

쓰딸린, ≪저작집 8권≫, p. 371.

"1922년(1927년의 오기로 보임-역자) 5월 20일에, ≪프라우다≫는 크룹스카야로부터 편집자에게 온 짧은 편지를 게재했다. 거기에서 그녀는 당과 공중에게 그녀가 반대파를 떠났다는 최초의 확인을 상세하게 해주었다. … 어떤 특수한 쟁점에 대한 후회의 말은 전혀 없었다."

맥닐, ≪혁명의 신부≫, pp. 261-262.

레닌의 전기 작가인 로버트 파인은 비록 쓰딸린에 대해 격심하게 적대적이었지만, 그럼에도 불구하고 레닌의 병중에 크룹스카야의 행동에 관한 다음의 관찰을 하고 있다:

" … 크룹스카야는 … 의사들과 정치국의 지시들을 수행하려는 가장 사소한 의향도 보여주지 않았다. 그리고 매우 자잘한 정보들이 레닌에게 전달되었다. … 그가 병으로 누워있는 동안에 그녀는 그의 귀가 되었고 눈이 되었고 그의 유일하고 강력한 '외부 세계'와의 접촉이었다."

R. 파인, ≪레닌의 생애와 죽음≫,
런던, 1964, pp. 555-556.

그리고 이들 "정보의 조각들"은 의심의 여지없이 쓰딸린에 대해 적대적이었고 뜨로쯔끼와 그루지아 일탈자들에 대해 우호적이었다. 그녀의 전기 작가는 레닌의 병중의 기간에 쓰딸린에 대한 레닌의 태도에 그녀가 영향을 주었다는 쓰딸린의 의심이 정당했다고 시인한다:

"그녀는 쓰딸린에 대한 레닌의 태도에 의도적으로 혹은 의도적이지 않게 영향을 주었다. … 쓰딸린은 그가 나중에 암시했듯이 그녀가 그러했다고 의심하는 데 있어서 정당하다."

맥닐, 앞의 책, p. 223.

로버트 파인은 더 직설적이다:

"크룹스카야는 그녀가 해야만 했던 것을 했다. 그녀는 쓰딸린에 대한 전쟁을 수행했다."

파인, 앞의 책, p. 563.

1922년 12월 22일에 쓰딸린은 레닌에게 선별적인 정보의 조각들을 가져다주는 것에 대해 전화로 크룹스카야를 힐책하였고 문제를 쏘련공산당의 중앙통제위원회 앞으로 가져오겠다고 위협했다. 이 전화 통화가 크룹스카야가 카메네프에게 쓰딸린의 '무례함'에 대해 불평하는 글을 쓰게 하는 기초를 형성했다:

"쓰딸린은 레닌이 나에게 구술한 짧은 편지에 대해 어제 가장 거친 빗발치는 욕설을 했다. … 나는 일리치에게 말할 수 있는 것과 말할 수 없는 것을 모든 의사들보다 더 잘 안다. 왜냐하면 나는 그를 저해하는 것과 그렇지 않은 것을 알고 있기 때문이다. 그리고 어떤 경우라도 나는 쓰딸린보다 더 잘 안다. … "
"나는 쓰딸린이 그것으로써 나를 위협하는 통제위원회의 만장일치의 결정에 관해 전혀 의심이 없지만, 그러나 나는 이런 어리석은 어릿광대 놀이에 허비할 시간 혹은 정력이 없다."

N. K. 크룹스카야, <레프 카메네프에게 보내는 편지>,
1922.12.23., M. 레윈에게서 인용됨, 앞의 책.

레닌을 저해하는 것과 그렇지 않은 것을 명백하게 아는 것은, 크룹스카야가 쓰딸린과 자신이 했던 대화를 레닌에게 보고하는 것을 막지

못했고 3월 5일에 레닌은 다음과 같이 쓰딸린에게 썼다:
"당신은 너무 무례하여 나의 아내를 전화로 소환하여 나쁜 언어를 사용했다. … 나의 아내에게 행해진 것을 나는 또한 나에게 행해진 것으로 간주한다. 그리하여 나는 당신이 사과를 할 준비가 되어 있는지 여부에 대해 혹은 우리 사이의 관계들이 깨어져 버리는 것을 택할 것인지 여부에 대해 숙고할 것을 요청한다."
　　　　　　레닌, <J. V. 쓰딸린에게 보내는 편지>, 1923.3.5, ≪전집 45권≫.

레닌 전집의 동일한 권의 p. 758. 에 있는 한 주석은 레닌의 누이인 마리아 울리아노바가 쓰딸린이 사실상 사과를 했다는 취지로 1926년의 최고회의 간부회와 중앙위원회 전체회의 그리고 중앙통제위원회의 합동회의에 편지를 썼다고 말한다.

뜨로쯔끼주의자와 다른 부르주아적 및 소부르주아적 써클들은 쓰딸린이 레닌의 유언을 억압했다는 혐의를 둔다. 그러나 사실들은 정반대이다. 1924년 5월 18일에 크룹스카야는 그 '유언'을 카메네프에게 전했는데, 그는 그것을 서기장인 쓰딸린에게 건넸다. 쓰딸린은 5월 19일에 동일한 것을 1924년 5월 23일에 시작될 예정이었던 13차 당대회를 위한 운영위원회에게 건넸다. 쓰딸린으로 하여금 그 이야기를 계속하게 하자:

"이제 레닌의 '유언'에 대하여. 반대파들은 여기에서 당의 중앙위원회가 레닌의 '유언'을 '감추었다'고 외쳤다. 여러분은 그들의 외침을 들었다. 우리는 중앙위원회와 중앙통제위원회의 전체회의에서 몇 차례 이 문제를 논의했고 여러분은 그것을 알고 있다. (한 목소리: '수십 차례') 누구도 어떤 것도 감추지 않았다는 것은, 레닌의 '유언'이 13차 당대회에 전달되었다는 것은, 이 '유언'이 대회에서 낭독되었다(목소리들: '옳소')는 것은, 대회가 만장일치로 그것을 공표하지 않기로 결정했고 그것은 다른 무엇보다도 레닌 자신이 그것이 공표되기를 원하지 않았고 그것이 공표될 것을 요구하지 않았기 때문이라는 것은 재차 입증되었다. 반대파는 이 모든 것을 우리와 같이 알고 있다. 그럼에도 불구하고 반대파는 중앙위원회가 그 '유언'을 '숨기고' 있다고 선언하는 뻔뻔스러움을 갖고 있다."

"레닌의 '유언'의 문제는 내가 실수하지 않는다면, 1924년으로 거슬러 가서 발생한 것이다. 후에 당으로부터 추방된 이전의 미국인 공산주의자인 이스트맨이라는 사람이 있다. 이 신사는 모스끄바에서 뜨로쯔끼주의자들과 어울리고 레닌의 '유언'에 대한 약간의 풍문과 소문을 집어내어서는 외국으로 나가서 ≪레닌의 사후≫라는 제목의 책을 발간했는데, 거기에서 그는 당, 중앙위원회 그리고 쏘비에트 정권에 오명을 씌우기 위해서 최선을 다했는데, 그것의 요점은 우리 당의 중앙위원회가 레닌의 '유언'을 '감추고' 있다는 것이었다. 이 이스트맨이 한 때 뜨로쯔끼와 관련이 있었다는 사실의 견지로부터 우리, 정치국의 성원들은, 뜨로쯔끼에 붙어서 반대파를 언급하면서 뜨로쯔끼로 하여금 '유언'에 대해 우리 당에 반대하는 중상적인 진술들에 대해 책임이 있게 만든 이스트맨과 관계를 끊을 것을 뜨로쯔끼에게 요구했다. 물론 뜨로쯔끼는 그가 행한 언론에서의 진술에서 이스트맨과 공개적으로 관계를 끊었다. 그것은 볼쉐비키 16호에서 1925년 9월에 발표되었다."

"당과 중앙위원회가 레닌의 '유언'을 감추고 있었는지 아닌지에 대한 문제를 뜨로쯔끼가 다루고 있는 글에서 다음의 글월을 읽겠다. 나는 뜨로쯔끼의 글을 인용하겠다:"

"'그의 책의 몇몇의 부분들에서 이스트맨은 중앙위원회가, 레닌에 의해 그의 생애의 마지막 시기에 쓰인 많은 예외적으로 중요한 문서들을 당에게 '감추었다'고 말한다(그것은 민족문제, 소위 '유언' 그리고 다른 것들에 대한 편지들의 문제이다). **이것은 우리 당의 중앙위원회를 비방하기 위한 최악의 험담이다.** 이스트맨이 말하는 것으로부터 보면, 블라디미르 일리치가 내부적 조직화에 대한 충고의 성격을 띠고 있는 그 편지들을 언론에 발표할 것을 의도했다고 암시될 수 있다. 사실의 관점에서 그것은 절대적으로 진실이 아니다. 그의 병중 기간에 블라디미르 일리치는 종종 당의 지도적 기관들과 당대회에 제안, 편지, 그리고 기타 등등을 보냈다. 그 모든 편지들과 제안들은 언제나 그것들이 의도된 사람들에게 전달되었고 12차와 13차 대회의 대의원들에게 알려졌고 그리고 물론 당의 결정들에 대해 적절한 영향을 주었다. 그리고 그 편지들의 전부가 공표된 것이 아니라면 그것은 저자가 그것들이 공표되는 것을 의도하지 않았기 때문이었다. 블라디미르 일리치는 어떤 '유언'도 남기지 않았고 그리고 그의 당에 대한 태도의 성격뿐만 아니라 당 자체의 성격은 이러한 '유언'의 가능성을 배제했다. 망명자의 그리고 외국의 부르주아지의 그리고 멘쉐비키 언론에서 '유언'으로서 대개 언급되는 것(알아볼 수 없을 정도로 취사선택된 방식으로)은 조직적 문제들에 대한 충고를 포함하는 블라디미르 일리치의 편지들 중의 하나이다. 당의 13차 대회는 다른 무엇보다도 그 편지에 대해 가장 치밀한 주의를 했고 그것으로부터 당시의 조건들과 환경들에 적절한 결론들을 이끌어냈다. **'유언'을 감추고 있다고 그리고 위반하고 있다고 하는 것에 대한 모든 말들은 악의적인 창작이며 블라디미르 일리치의 실제의 의지에 그리고 그가 창출한 당의 이익에 완전히 반하는 것이다.'"**

뜨로쯔끼의 글 <이스트맨의 책-레닌 사후-에 관하여>를 보라, 《볼쉐비키 16호》, 1925년 9월 1일, p. 68.

"명백하다고 혹자는 생각할 것이다. 그것(이 글-역자)은 다름 아닌 뜨로쯔끼에 의해 쓰였다. 그러면 어떤 이유에서 뜨로쯔끼, 지노비예프 그리고 카메네프는 지금 당과 중앙위원회가 레닌의 '유언'을 '감추고 있다'는 것에 대해 장광설을 늘어놓고 있는가? 장광설을 늘어놓는 것은 '허용될 수 있는' 것이지만 혹자는 어디에서 멈추어야 하는지를 알아야만 한다."

"그 '유언'에서 레닌 동지가 대회에 대해 쓰딸린의 '무례함'의 견지에서 대회가 다른 동지를 서기장으로서 쓰딸린의 자리에 앉혀야 한다는 문제를 고려해야만 한다고 제기했다고 말해진다. 그것은 정말로 진실이다. 나는 거칠게 그리고 불성실하게 당을 파괴하고 분열시키는 사람들에게 무례했다. 나는 이것을 감춘 적이 없고 그것을 지금 감추지 않는다. 아마도 분열주의자들을 다룸에 있어서 약간의 온건함이 필요하지만, 그러나 나는 그것을 잘하지 못한다. 13차 대회 후 중앙위원회 전체회의의 첫 회합에서 나는 중앙위원회 전체회의가 나를 서기장으로서의 의무로부터 풀어줄 것을 요청했다. 대회 자체는 이 문제를 토의했다. 그것에 대해 각각의 대의원들이 분리되어 토의했는데, 뜨로쯔끼, 카메네프 그리고 지노비예프를 포함하는 모든 대의원들이 만장일치로 쓰딸린이 그의 자리에 **남아 있어야 한다고 했다."**

"내가 무엇을 할 수 있겠는가? 나의 자리를 버려야 한다? 그것은 나의 성격에 맞지 않는다. 나는 어떤 자리든지 버린 적이 없고 나는 그럴 수 있는 권리도 없는데, 왜냐하면 그것은 의무 불이행(desertion: 탈주, 탈영, 의무 불이행-역자)이기 때문이다. 내가 이미 앞서 말한 대로 나는 자유로운 대리인이 아니고 당이 나에게 어떤 의무를 부과할 때 나는 복종해야만 한다."

"일 년 후에 나는 다시 전체회의가 나를 풀어줄 것을 요구했지만 그러나 나는 다시 나의 자리에 남아 있을 것을 강제 당했다."

"내가 그밖에 무엇을 할 수 있는가?"

"'유언'을 공표하는 것에 관하여, 대회는 그것을 공표하지 않기로 결정했는데, 왜냐하면 그것은 대회에 전달되었고 그리고 공표할 것으로 의도되지 않았기 때문이다."

"우리는 1926년의 중앙위원회와 중앙통제위원회의 전체회의의 결정을 갖고 있는데, 그 결정은 이 문서의 공표를 허용해 줄 것을 15차 대회에 요청하고 있다. 우리는 레닌의 다른 편지들을 공표한다는 중앙위원회와 중앙통제위원회의 동일한 전체회의의 결정을 갖고 있는데, 거기에서 레닌은 10월 봉기 바로 전에 카메네프와 지노비예프의 실수들을 지적했고 당으로부터 그들의 추방을 요구했다."

"당이 이 문서들을 감추고 있다는 것에 대한 말은 명백하게도 악의적인 비방이다. 이 문서들 가운데에는 당으로부터 지노비예프와 카메네프를 추방할 필요성을 촉구하는 레닌의 편지들이 있다. 볼쉐비키당, 볼쉐비키당의 중앙위원회는 결코 진실을 두려워한 적이 없다. 볼쉐비키당의 힘은 그것이 진실을 두려워하지 않고 정면으로 진실을 바라본다는 사실에 있다."

"반대파는 레닌의 '유언'을 트럼프 카드로서 사용하려고 시도하고 있다. 그러나 그것이 그들에게 전혀 트럼프 카드가 아니라는 것을 아는 것은 이 '유언'을 읽는 것으로 충분하다. 반대로 레닌의 '유언'은 반대파의 현재의 지도자들에게 치명적이다."

"물론 그의 '유언'에서 레닌은 뜨로쯔끼를 '비볼쉐비즘'이라고 비난하고 있고 카메네프와 지노비예프가 10월 동안에 했던 실수에 대해 그가 이 실수는 '우연적인' 것이 아니었다고 말하고 있는 것은 사실이다. 그것은 무엇을 의미하는가? 그것은 '비볼쉐비즘'을 앓고 있는 뜨로쯔끼와, 그들의 실수들이 '우연적인' 것이 아니고 반복될 수 있고 틀림없이 반복될 것인 카메네프와 지노비예프가 **정치적으로** 신뢰할 수 없다는 것을 의미한다."

"그 '유언'에는 쓰딸린이 실수들을 했다는 것에 대한 단 한 마디도, 단 하나의 암시도 없다는 것은 특징적이다. 그것은 단지 쓰딸린의 무례함만을 언급하고 있다. 그러나 무례함은 쓰딸린의 **정치적 노선** 혹은 입장에서 결함으로서 간주되지 않고 간주될 수도 없다."
"여기에 그 '유언'에서 관련된 글월이 있다:"
"'나는 중앙위원회의 다른 성원들의 개인적 자질을 계속하여 성격 지우지 않을 것이다. 나는 단지 여러분에게 지노비예프와 카메네프와 관련된 10월의 에피소드는 물론 우연적인 것이 아니었지만, 그러나 그들이 그것에 대해 개인적으로 비난받을 수 있는 것은 뜨로쯔끼가 그의 비볼쉐비즘으로 비난받을 수 있는 정도로 하찮은 것이다.'"
"명백하다고 혹자는 생각할 것이다."(쓰딸린의 강조)
<이전과 지금의 뜨로쯔끼주의 반대파>, 쏘련공산당(볼)의 중앙위원회와 중앙통제위원회의 연합 전체회의의 회합에서 행한 연설,
1927년 10월 23일.

결론

나는 이 부분을 빌 블란드의 다음의 말로써 결론짓고자 한다:

"세계의 지도적 맑스주의자로서 레닌의 논박에도 불구하고, 서기장의 자리로부터 쓰딸린의 제거에 대한 그의 '유언'에서의 요구는 쏘련공산당 13차 대회에 의해 거부되었다는 사실은 그 문서가 쟁점이 된 환경들에 대해 많은 것을 말한다. 그러나 그것은 쓰딸린이 당으로부터 많은 존경을 받고 있다는 것에 대해 **훨씬 더 많은 것을 말한다.**"
빌 블란드, 《레닌의 유언-쓰딸린 사회에 대해 제출되는 뛰어난 문서》.

부록 2
뜨로쯔끼와 제국주의 언론

 뜨로쯔끼주의의 반혁명적 본질을 밝히는 또 하나의 길은 뜨로쯔끼주의와 부르주아 언론과의 관계의 맥락에서 그것을 검토하는 것이다. 제국주의 언론이 모든 맑스적 사상들과 모든 맑스주의자들을 모욕하고 탄핵한다는 것은 잘 알려져 있다. 그러나 이 제국주의 언론이, 주장하는 바에 의하면, 레닌 이후 가장 위대한 볼쉐비키인 뜨로쯔끼를 어떻게 대했는가? 여기에 약간의 사례들이 있다:

 비버브룩스 경(卿)의 ≪데일리 익스프레스≫는 오늘날과 마찬가지로 1929년에 반동적이고 우익적이고 제국주의적인 신문이었다. 토리의 측에 서서, 그 신문은 정치적으로 영국 노동자계급의 중요한 부분에게 지대한 제국주의적 영향을 수십 년 동안 행사한 제국주의 선전의 가장 효과적인 기관들 중의 하나였다. 삐걱거리는 토리주의의 지배하에 있던 수만의 노동자들이 1929년 2월 27일에 그들의 ≪데일리 익스프레스≫를 대충 훑어보았을 때, 그들은 전면에 걸친 다음과 같은 머리기사를 읽고 있는 자신들을 발견했다:

> "러시아로부터 추방에 대한 뜨로쯔끼 자신의 이야기: 추방당한 혁명가의 극적인 폭로들: 그는 어떻게 터키로 내몰렸는가: 그의 주요한 적, 쓰딸린에 대한 신랄한 공격들: 반역하는 인민에 대한 힘의 사용: 하나의 역사적 문서: M.과 뜨로쯔끼 부인의 사진들: 레온 뜨로쯔끼에 의한 뜨로쯔끼 자신의 독점적 이야기."

 "≪데일리 익스프레스≫는 볼쉐비즘의 러시아―뜨로쯔끼가 그렇게 창출하려고 애썼던―로부터 그의 추방에 대한 레온 뜨로쯔끼 자신의 이야기의 첫 회를 오늘 발표한다. 그것은 역사적 문서이다. 러시아 관리들에 의한 암살의 위험으로부터 보호를 받으며, 콘스탄티노플에서 병들고 추방당해 있는 뜨로쯔끼는 오랫동안의 침묵을 극적으로 깼다. 그는 그의 숙적, 쓰딸린, 러시아의 독재자를 그에게 닥친 운명과 관련하여 신랄하게 비난하고 쓰딸린의 몰락을 예언하고, 쏘비에트의 현재의 정권을 비판하고 그리고 그를 무일푼의 정치적 추방자로 만든 발전의 비밀스런 역사를 폭로한다."

≪데일리 익스프레스≫는 계속하여 뜨로쯔끼의 글에 대해 다음과 같이 언급했다:

"그것들의 정치적 및 역사적 중요성은 주목할 만하고, 동시에 생생하고 인간적으로 흥미로운 이야기로 가득 차 있어 독자를 놀라운 이야기들로 단계적으로 인도한다."

그다음날 ≪데일리 익스프레스≫는 전면을 뜨로쯔끼에게 다시 할애했는데 다음과 같은 머리기사였다: "뜨로쯔끼의 쓰딸린에 대한 폭력적인 탄핵: '당의 무덤을 파는 사람': 추방에 의한 놀라운 폭발: '나는 그를 방해할 것이다': 쏘비에트 추방자에 의한 반항적인 도전: 쓰딸린에 대한 나의 생각, 레온 뜨로쯔끼." 다시금 1929년 3월 1일에 ≪데일리 익스프레스≫는 그것의 전면을 뜨로쯔끼에게 할애했다.

자극적인 머리기사들의 눈사태 가운데에서 그리고 이전처럼, 적절한 자세를 취하면서, 뜨로쯔끼는 1929년 2월 27일에 다음의 글들로 그의 기사를 시작했다.:

"높은 사상들을 포함한 어떤 정책이라도 자극sensation을 피해야만 하고, 그리고 이 속보들을 쓰는 데 있어서 나의 목적은 나의 경우를 자극적인 것으로 만드는 것이 더 이상 아니며, 반대로 정치적 문제들에 있어서 가능한 한 객관적으로 공중에게 객관적인 정보를 제공함에 의해 자극을 짓누르기 위한 것이다."

"내가 이제는 지금까지에 비해서 여론에 접근하는 상이한 수단들을 채택하고 있다는 것은 진실이다. 그러나 그것은 내가 이전에 접했던 어떤 것과도 다른 위치에 있기 때문이다. … "

"나의 목적은 선전이 아니라 단순한 진실함이다. 내가 이 기사들을 쓰는 것을 떠맡기 전에 나는 완전한 표현의 자유를 요구했다. 나는 내가 생각하는 것을 말하거나—혹은 아무것도 말하지 않을 것이다."

이 마지막에 인용된 글에 이어지는 기사들에서 뜨로쯔끼는 공개적으로 그의 새로운 정치적 이력을 시작했다. 유럽과 미국의 다른 강력한 제국주의 열강들은 ≪데일리 익스프레스≫가 선도한 것을 재빨리 뒤따랐고 그들의 컬럼을 뜨로쯔끼에게 내주었으며 그에게 '그가 생각하는 것'을 말하는 것을 허용했다.

이 부분과 뜨로쯔끼주의의 당시의 최근의 발전에 대해 언급하면서, 코민테른의 잡지인 ≪임프레코르≫, (국제적 언론 통신)은 이 점에 대해 1929년 3월 22일자의 호에서 다음과 같이 말했다:

"1928년 말 이후로 반동적인 부르주아 언론은 L. D. 뜨로쯔끼 개인이라는 새로운 협력자에 의해 풍부해졌다. 대영제국의 챔벌레인과 보수당의 기관지인 ≪데일리 익스프레스≫에서, 미국 자본가들의 기관지들인 ≪뉴욕 헤럴드≫와 ≪트리뷴≫에서, ≪알게멘 한델스블라트≫와 ≪니우베 로터담쉐 코란트≫라는 극우의 네덜란드 신문들에서, 또한 미국의 통합 언론국이 봉사하는 다른 반동적 부르주아 신문들에서, 뜨로쯔끼가 쓴 일련의 기사들이 최근에 나타났는데, 그것은 많은 미국 돈을 요구하는 대리인에 의해 얻어지는 것이었다. 부르주아 언론에서는 그들이 1929년에 '뜨로쯔끼씨'와 같은 협력자—뜨로쯔끼가 ≪데일리 익스프레스≫에서 그의 사진 아래 묘사된 것처럼—를 얻을 것이라고는 결코 생각할 수 없었기 때문에 자연스럽게 승리감을 불러 일으켰다."

"그렇다, 부르주아지는 기뻐해야 할 이유가 있다. 한동안 '뜨로쯔끼씨'라는 이름은 부르주아지가 대중을 후진적이고 어리석은 상태에 두기 위하여 대중을 자극시키는 미끼로서 봉사할 것이다. 그리고 공산당, 쏘비에트 당국자들 그리고 공산주의 인터내셔널의 명예를 훼손하는 글을 위하여 수천 혹은 수십만 달러를 뜨로쯔끼에게 지불할 가치가 충분히 있을 것이다."

"최근의 시기에 우리의 계급적 적들은 뜨로쯔끼의 운명에 커다란 관심을 불러일으켰다. 사회민주주의적 그리고 부르주아적 언론 양 측은 뜨로쯔끼의 모든 창작과 모든 명예훼손적인 선언들을, 그리고 당에 대한, 당의 지도자들에 대한, 쏘비에트 당국에 대한 그리고 코민테른에 대한 그의 모든 공격들을 신속하게 꽉 움켜쥐었다. 그의 책과 글들은 부르주아적 발행자들과 부르주아적 편집자들에 의해 높이 평가되었는데, 그들은 그것들을 광고하는 것이 기뻤고 그의 글들의 표면적인 좌익적 겉치레는 그것들의 반혁명적 내용들과 비교할 때 그리고 이 글들이 우리 계급적 적들의 수중에서 역할 했고 여전히 하고 있는 객관적인 반혁명적 역할들과 비교할 때 전혀 중요하지 않다는 것을 보고 있었다."

≪임프레코르≫는 멘쉐비키 망명자들의 지도자였던 테오도르 단의 이러한 관찰을 계속하여 인용하고 있다:

"사회민주주의적 노동운동은 뜨로쯔끼의 정치적 활동에 대하여 전혀 두려움을 가질 필요가 없다. 반대로 그는 어떤 공산당을 강화거나 혹은 어쨌든 사회민주주의자들을 약화시키기 보다는 러시아 밖의 공산주의 운동에 대해 치명타를 날리고 공산주의 노동자들을 사회민주주의로 복귀시키는 것을 더 할 것 같다."

독일의 한 사회민주주의 신문에 글을 쓰면서, 또 한 사람의 멘쉐비키 망명자는 ≪임프레코르≫가 "뜨로쯔끼는 여전히 그의 공산주의적 환상들, 전시 공산주의의 증상들 그리고 등등의 찌꺼기들을 가지고 있다고 가정하고 있으나, 그러나 기억되어야 하는 것은 이러한 차이들이 아니라 뜨로쯔끼를 사회민주주의자들로 더 가까이 데려오는 다양한 지점들이라는 것을 지적한다. 이러한 접근은," 그녀는 말한다, "다음의 사실에 주요하게 기초하고 있다: 뜨로쯔끼는 지금 그의 '사활적' 슬로건들을 러시아의 사회민주주의자들의 강령으로부터 얻어내고 있다. 뜨로쯔끼주의자들은 점차적으로 오른쪽 길을 발견하고 있다."

최근의 60년 이상의 역사는 뜨로쯔끼주의가 공산주의 운동에 손해가 되게 그리고 사회민주주의에 이익이 되게 활동할 것이라는, 멘쉐비키 반동들이 1929년에 표현한 확신을 충분히 확증한다. 이후로 뜨로쯔끼주의는 계속하여, 사회민주주의의 전투적인, 반공산주의적인, '좌익적' 선봉대로서 기능해왔다.

≪임프레코르≫ 기사를 계속하자면:

"반동들은 그들이 무엇을 하고 있는지를 알고 있다. 그들은 그들이 왜 뜨로쯔끼의 글을 발행하는지를 알고 있다. 속아 넘어가기 쉬운 사람들을 위하여, 그는 다음의 유보를 함에 있어 자유롭다: '내가 이 글을 쓰기 시작하기 전에 나는 나의 완전함을 위한 충분한 자유의 권리를 요구했다. 나는 내가 생각하는 것을 말하거나 혹은 아무 것도 말하지 않을 것이다.' 모든 사람들은, 부르주아적 제국주의 언론이 언제 그리고 왜 스스로 훌륭한 레닌주의자들이라고 고백하는 사람들에게 자유로운 호민관이 되었는지를 물을 수 있는 권리가 있다. 그리고 ≪데일리 익스프레스≫에서 오늘날 나타나는 이 '진실'이 … 부르주아지의 돈에 의해 지불된다면, 모든 노동자는 이 '진실'이 부르주아지에게 이익이 되는 것임을 이해할 것이다. 그렇지 않다면 그것은 지불되지 않을 것이다. 뜨로쯔끼로 하여금 그는 선전을 목표로 하지 않고 오직 진실만을 목표로 한다고 선언하게 하자. 뜨로쯔끼가 모든 혁명적 선전을 회피하는 조건에 종속되어 있다는 것을 아는 사람은 누구나 선전이 그의 목표가 아니라는 그의 선언의 의미를 어떻게 평가할 지를 알 것이다."

"그리고 영국의 부르주아지가 뜨로쯔끼에게 '선전'에 대한 대가로 수십만 달러를 지불하려고 하고 있고, 반면에 그것이 다름 아닌 '선전' 때문에 쏘련과의 불화를 만들고 있다는 것은 이상하지 아니한가? 뜨로쯔끼씨와 같은 종류의 선전은 유럽과 아메리카의 모든 자본주의 나라들에서 공산주의자들이 그것을 위하여 체포되고 총살당하는 그런 종류의 선전과는 절대적으로 상이하다는 것은 명백하지 아니한가? … "

"≪데일리 익스프레스≫는 짧은 언급으로 그 기사에 서문을 붙인다: '그는 그가 무일푼으로 정치적 추방자가 되는 것을 초래한 발전의 비밀스런 역사를 폭로한다.' 불쌍한 뜨로쯔끼씨. 지금은 무일푼이 되었고 그의 정치적 양심을 걸고 돈을 벌어야만 하는 이 사람을 동정하지 않는 것이 어떻게 가능한가? 해야 할 것은 아무 것도 없다. 새로운 주인들을 섬기는 데 종사하는 그는, 그가 얼마 전에 가장 강력한 단어들로 공격하려 했었던 권력에서의 제한과 같은 그러한 제한들을 역시 받고 있음이 틀림없다."

1929년 4월 5일 자 호에서 ≪임프레코르≫는 뜨로쯔끼의 글들이 심지어 "≪코리에레 델라 세라≫같은 파시스트 기관지들과 ≪더 빠리스

≫잡지 같은 '가로수길 신문들'에서도" 자신의 길을 발견했다고 보고했다. "미국에서는 뜨로쯔끼의 글들이 통합 언론의 보조 조직인 ≪현대의 뉴스와 특집≫에 의해 배부되고 있다. … 이 매체agency는 실질적으로 모든 도시에서 큰 신문을 통제하고 있고 그리하여 뜨로쯔끼는 그의 편에 '큰' 언론을 시작부터 갖고 있었다."

그것의 보급에서 뜨로쯔끼가 지도적인 제국주의적 기관지들과 언론왕들과 즐거운 협력을 했던 뜨로쯔끼의 유독한 반쏘비에트 선전에 관하여, ≪대음모≫-칸과 세이어즈에 의한 찬란한 책-로부터 길지만 다음의 인용을 재현하는 것은 가치가 있다:

" … 1903년까지 거슬러 가면 뜨로쯔끼는 '그에게 아무런 비용도 들게 하지 않았던 초혁명적 슬로건들'이라고 레닌이 불렀던 것에 대한 선전계획에 정통했다."

"이제 세계적 규모로 뜨로쯔끼는 계속하여 레닌과 볼쉐비키당에 반대하여 그가 원래 사용했던 선전기술을 발전시키고 있었다. 수많은 초좌익적인 그리고 격심하게 급진적으로 들리는 글들, 책들, 팜플렛들 그리고 연설들에서 뜨로쯔끼는 쏘비에트 정권을 공격하고 그것의 폭력적인 타도를 요구하기 시작했다-그것이 혁명적이기 때문이 아니라 그것이 그가 말하듯이 '반혁명적'이고 '반동적'이기 때문에."

"하룻밤 사이에, 더 오래된 반볼쉐비키 십자군들의 많은 사람들은 그들의 이전의 친짜르적이고 공공연한 반혁명적 선전노선을 포기했고, 새로운, 현대풍의 '왼쪽으로부터' 러시아 혁명을 공격하는 뜨로쯔끼주의적인 방안을 채택했다. 이어지는 기간에 로드 로드메어 혹은 윌리엄 랜돌프 허스트가 이오씨프 쓰딸린을, '혁명을 배신했다'고 비난하는 것이 받아들여지는 일이 되었다. … "

"국제적인 반혁명에 대해 새로운 반쏘비에트 노선을 도입하는 뜨로쯔끼의 첫 번째 주요한 선전 작업은 그의 멜로드라마 같은, 반(半)허구적인 자서전인 ≪나의 생애≫였다. 유럽과 미국의 신문들에서 뜨로쯔끼에 의해 반쏘비에트적인 일련의 기사들로서 처음 발표되었는데, 하나의 책으로서 그것의 목표는 쓰딸린과 쏘련을 비방하는 것이었고 뜨로쯔끼주의 운동의 위신을 증대시키고 '세계적 혁명가'로서 뜨로쯔끼의 신화를 북돋우는 것이었다. 뜨로쯔끼는 스스로를 ≪나의 생애≫에서 '교활하고', '평범한' 그리고 '아시아적인' 적수들에 의해 러시아의 지도자로서의 그의 합당한 자리를 어찌해서 속아서 빼앗긴, 러시아 혁명의 실제적인 영감자와 조직가로서 묘사했다."

"반쏘비에트 요원들과 선전 담당자들은 즉각적으로 뜨로쯔끼의 책을 러시아 혁명의 '내부 이야기'를 알려주는 자극적인 세계적 규모의 베스트 셀러로 요란스럽게 선전했다."

"아돌프 히틀러는 뜨로쯔끼의 자서전이 발간되자마자 그것을 읽었다. 히틀러의 전기 작가인 콘라트 하이덴은 ≪총통≫에서 나찌의 지도자가 뜨로쯔끼의 책에 대해 미칠 듯이 기뻐하는 칭찬을 쏟아냄에 의해 1930년에 그의 친구들의 무리를 어떻게 놀라게 했는지에 대해 말하고 있다. '훌륭하다!'고 히틀러는 뜨로쯔끼의 ≪나의 생애≫를 그의 추종자들에게 흔들면서 외쳤다. '나는 그것으로부터 매우 많은 것을 배웠는데 당신들 또한 그럴 수 있다!'"

"뜨로쯔끼의 책은 빠르게 반쏘비에트 정보기관들을 위한 교재가 되었다. 그것은 쏘비에트 정권에 반대하는 선전을 위한 기본적 안내로서 받아들여졌다. 일본의 정보경찰은 수감된 일본과 중국의 공산주의자들에게 그것을 강제적으로 읽게 했는데, 그들의 사기를 무너뜨리고, 쏘비에트 러시아가, 중국혁명과, 그들이 그것을 위해 싸우고 있던 대의를 배신했다고 확신시키기 위해서였다. 게슈타포는 그 책을 비슷한 용도로 사용했다. … "

"≪나의 생애≫는 뜨로쯔끼의 수많은 반쏘비에트 선전 캠페인에 있어서 단지 시작일 뿐이었다. 그것의 뒤를 이어 ≪배반당한 혁명≫, ≪위험에 처한 쏘비에트 경제≫, ≪쓰딸린 학파의 위조≫ 그리고 셀 수 없는 다른 반쏘비에트 책들, 팜플렛들 그리고 글들이 나왔는데 그것의 많은 수는 유럽과 미국에서 반동적인 신문들에서 눈부신 머리기사 밑에 처음에 나타났다. 뜨로쯔끼의 '사무국'은 반쏘비에트적인 세계 언론을 위해 계속적인 '누설들', '폭로들' 그리고 '내부의 이야기들'을 제공했다."

"쏘련 내에서의 소비를 위해, 뜨로쯔끼는 그의 공식적인 ≪반대파의 총탄≫을 발행했다. 처음에 터키에서 그리고는 독일, 프랑스, 노르웨이 그리고 다른 나라들에서 인쇄되었고 비밀스런 뜨로쯔끼주의자들에 의해 러시아로 몰래 반입되었는데, 그 ≪총탄≫은 쏘비에트 대중들에 도달하는 것을 의도하지는 않았다. 그것은 한번은 뜨로쯔끼를 추종했거나 혹은 그에 의해 영향을 받을 것 같은 외교관들, 국가 관리들, 군인들, 그리고 지식인들을 목표로 했다. 그 ≪총탄≫은 또한 러시아 국내와 해외에서 뜨로쯔끼주의자들의 선전 작업을 위한 지령들을 포함하고 있었다. 끊임없이, 그 ≪총탄≫은 쏘비에트 정권에 다가오는 재난의 무시무시한 그림을 그렸고, 산업의 위기들, 재발하는 내전, 그리고 외국의 최초의 공격에서 적군의 붕괴를 예언했다. 그 ≪총탄≫은, 사회주의 건설 시기의 극단적인 긴장들과 고난들 때문에, 굳건하지 못하고, 혼란스럽고 그리고 만족하지 못하는 사람들의 마음속에서 일어나는 모든 의심들과 번민들에 대해, 교묘하게 영향을 끼쳤다. 그 ≪총탄≫은 이러한 사람들에게 공공연하게 쏘비에트 정부를 침식하고 그에 반대하는 행동들을 수행할 것을 요구했다."

"여기에 반쏘비에트 선전의 전형적인 약간의 사례들과, 뜨로쯔끼가 쏘련으로부터 그의 추방 후의 시기의 기간에 세계에 퍼뜨렸던 쏘비에트 정권의 폭력적인 타도를 위한 요구가 있다:

"'오늘날의 지도부, 쓰딸린의 조그마한 그룹의 정책은 그 나라를 최고 속도로 위험한 위기들과 붕괴로 이끌고 있다.'"
<쏘련의 공산당원들에게 보내는 편지>, 1930년 3월.

"'쏘비에트 경제의 임박한 위기는 불가피하게 그리고 매우 가까운 장래에 달콤한 전설[사회주의가 한 나라에서 건설될 수 있다는]을 부셔버릴 것이고, 그리고 우리는 의심할 이유가 전혀 없는데, 많은 죽음을 흩뿌릴 것이다. … [쏘비에트] 경제는 물질적 유보도 없이 그리고 계산 없이 기능하고 있다 … 통제되지 않는 관료주의는 이어지는 오류들을 축적함으로써 그것의 위신을 유지하고 있다. … 하나의 위기가 [쏘련에서] 임박하고 있는데 기업들의 강화된 조업중지와 실업 같은 결과들이 뒤따르는 것이다.'"
<위험에 처한 쏘비에트 경제>, 1932년.

"'[쏘련에서] 배고픈 노동자들은 당의 정책들에 불만족하고 있다. 당은 그 지도부에 불만족하고 있다. 농민층은 공업화에 대해, 집단화에 대해, 도시에 대해 불만족하고 있다.'"
≪투사≫(미국)에서의 기사, 1933년 2월 4일.

"'외부적 혹은 내부적인 최초의 사회적 충격은 원자화된 쏘비에트 사회를 내전으로 내던질 수 있다.'" <쏘련과 제4인터내셔널>, 1933.

"쓰딸린 관료주의가 당 혹은 쏘비에트 대회라는 수단에 의해 제거될 수 있다고 생각하는 것은 어린애 같은 것이다. 정상적인, 헌법적인 수단은 더 이상 지배 도당의 제거를 위해 이용될 수 없다. … 그들은 오직 힘에 의해서만 프롤레타리아 전위에게 권력을 넘겨주는 것을 강제당할 수 있다.'"

<반대파의 총탄>, 1933년 10월.

"정치적 위기들은 몰래 기어들고 있는 일반적 위기로 모아진다.'"

<키로프 암살>, 1935.

"당내에서, 쓰딸린은 스스로를 모든 비판과 국가 위에 두고 있다. 암살에 의한 것을 제외하고는 그를 제거하는 것은 불가능하다. 모든 반대파는 사실상 테러리스트가 된다.'"

<윌리엄 랜돌프 허스트와의 인터뷰에서의 진술>, ≪뉴욕 석간≫, 1937년 1월 26일.

"우리가 쏘련이 다가오는 대전쟁에서 패배 없이 나올 수 있다는 것을 기대할 수 있는가? 이 솔직하게 제기된 문제에 대하여, 우리는 솔직하게 대답할 것이다: 그 전쟁이 단지 전쟁으로 남아 있는다면, 쏘련의 패배는 불가피하다. 기술적, 경제적 그리고 군사적 의미에서, 제국주의는 비교할 수 없이 더 강하다. 그것이 서구에서 혁명에 의해 마비되지 않는다면, 제국주의는 현재의 정권을 쓸어버릴 것이다.'"

≪미국의 활기≫에서의 기사, 1937년 3월.

"쏘련의 패배는 새로운 전쟁이 새로운 혁명을 유발하지 않는 경우에는 불가피하다. … 우리가 이론적으로 혁명이 없는 전쟁을 인정한다면, 쏘련의 패배는 불가피하다.'

— 멕시코에서 청문회에서의 증언, 1937년 4월."
pp. 224-227, ≪붉은 별 신문≫

뜨로쯔끼주의 그룹들의 일부는 뜨로쯔끼를 정당화하려는 헛된 시도에서, 뜨로쯔끼의 제국주의 언론과의 관계를 맑스의 1850년대의 ≪뉴욕 데일리 트리뷴≫에의 글들과 비교하였다. 그러나 이 비교는 자세한 검토를 이겨내지 못한다. 여기에 차이들이 있다:

≪데일리 익스프레스≫는 오늘날에 그렇듯이 1929년에 제국주의 언론의 기관지였던 반면에 ≪뉴욕 데일리 트리뷴≫은 1850년대에 미국의 자본주의의 전(前)제국주의 국면—부르주아 민주주의가 여전히 진보적이었고 그것의 의제에서, 예를 들면, 노예제의 폐지와 같은 중요한 진보적 과제들이 있었던 시기—에서 가장 선진적인 민주주의의 기관지였다. 그것은 푸리에주의적인 공상적 사회주의자들의 한 그룹에 의해 세워졌고 노예제에 반대하는 캠페인을 하였고 유럽에서 민주주의 운동을 지지하였다. 메링은 그의 맑스 전기에서 ≪트리뷴≫은 "푸리에주의의 미국적 지류를 위한 그것의 선동에 의해, 자본주의적 사업의 배타적으로 돈만 찾는 활동들 이상의 지위에 스스로를 올려놓았다."고 말하고 있다.(p. 227.)

로드 비버브룩에게는, 어떤 인간적 활동도 돈만 찾는 것보다 더 고귀할 수는 없다는 것은 말할 나위가 없다. 맑스는 유럽 그리고 인도에서 혁명적 민주주의 운동들에 대한 뛰어난 서술의 그리고 철저하게 조사한 과학적인 작업들에 대한 대가로 약간의 달러를 받았던 반면에, 뜨로쯔끼의 지갑은, 당시에 내부적 반대파와 제국주의의 포위에 맞서서 영웅적으로 사회주의를 건설하고 있던 최초의 사회주의 나라에 대한 그의 반동적인 공격들에 대한 대가로 제국주의자들의 피 묻은 돈으로 채워졌다. 맑스가 그의 글들에서 모든 반동을 공격하고 폭로했던 반면에, 뜨로쯔끼는 쏘련의 사회주의를 공격했고 그의 글들은 제국주의에 대한 단 하나의 폭로도 결여하고 있었다. 어쨌거나 비버브룩은 영국 제국주의를 폭로하기 위해서 뜨로쯔끼에게 지불하고 있지 않았다: 그는 쏘련과 코민테른—국제적 공산주의 운동—을 공격하기 위해서 지불하고 있었는데 그것이 뜨로쯔끼가 ≪데일리 익스프레스≫와 다른 제국주의 언론에서 "자유롭게" 쓸 수 있었던 모든 것이다.

앞서 말한 것의 견지에서 맑스의 ≪트리뷴≫의 글들과 ≪데일리 익스프레스≫와 다른 제국주의 신문들에서 뜨로쯔끼의 그것들과의 어떤 비교도 있을 수 없다. 만약에 예를 들면, 맑스가 뜨로쯔끼 식으로 비스마르크의 반사회주의법의 시기에 스스로 몸을 팔아서 반동적인 독일의 시궁창 언론을 위하여 사회주의 지도자들을 공격하는 글을 쓰고 그것의 대가로서 거대한 액수의 돈을 받았다면 우리가 이러한 비교를 생각할 수도 있을 것이다.

쏘련으로부터 추방 후에, 뜨로쯔끼는 계속하여 로드 비버부룩의 <데일리 익스프레스>를 위하여 글을 쓰기 시작했다. 1930년대 내내 그는 제국주의의 일류의 반공산주의의 감각적인 선전가였다. 그의 모든 주요한 작업들은 1929년에 ≪나의 생애≫로부터 쓰딸린에 대한 그의 전기(그가 죽음 직전에 작업하고 있던 쓰딸린에 대한 신경증적인 비방)에 이르기까지 모두 제국주의 언론에 나가는 것을 위하여 쓰여졌다.

그의 반쏘비에트 캠페인에서, 개인적인 복수를 위한 풀릴 줄 모르는 욕망에 의해 추동되어, 뜨로쯔끼는 '고급' 언론에 의한 반공산주의 저널리즘의 객관적으로 요구되는 지독히 낮은 기준에 의해서조차도 신뢰성을 잃는다. 그의 ≪추방의 일기≫에서 뜨로쯔끼는 다음과 같은 말로써 쓰딸린에 대해 쓰고 있다:

"개인적인 복수의 동기는 쓰딸린의 억압적인 정책들에서 언제나 상당한 요인이었다. … 나에 대한 그의 복수의 갈망은 완전히 만족되지 않는다. … 이것이 쓰딸린에 대한 가장 깊은 우려들의 원천이다: 그 무뢰한은 사상들을 두려워하는데, 왜냐하면 그는 그것들의 폭발적인 힘과 그것들에 직면할 경우 그의 약점을 알고 있기 때문이다."

p. 66.

쓰딸린과 뜨로쯔끼 양자의 글들에 대해 익숙한 사람은 누구라도 쓰딸린이 의심의 여지없이 뜨로쯔끼를 경멸로써-소부르주아 지식인적인 젠 체하는 사람에 대한 프롤레타리아적인 경멸-대했던 반면에 개인적인 복수에 대한 생각을 품고 갈망했던 것은 뜨로쯔끼였다는 것을 알 것이다. 쓰딸린의 글에는 (그런 종류의-편집자) 생각을 품는 것의 흔적이 전혀 없다. 쓰딸린과 쏘련에 대한 이 시기(1929-39)의 뜨로쯔끼의 글은 다른 한편으로 그가 레닌에 의해 끊임없이 상처받는다고 느꼈던 1903-17년의 기간 동안에 레닌에 대한 그의 글들처럼 동일한 주관주의적인 성격을 갖고 있다.

그의 "복수에 대한 갈망"에 의해 추동되어서, 뜨로쯔끼는 쓴다:

"관료주의가 당의 내부적 생활을 질식시킨 후에, 쓰딸린주의 최상층은 관료주의 자체의 내부적 생활을 질식시켰다. …""쓰딸린주의 분파는 스스로를 당 위에 그리고 관료주의 자체보다 위에 올려놓았다."
≪키로프 암살≫, pp. 25. 그리고 12.

이 모든 것은 다음에 이른다: '관료주의'는 노동자계급을 '수탈했고' 그리고 쓰딸린은 '관료주의를 수탈했다.' 다른 말로 하면, 쏘련의 노동자계급은 관료주의적 독재에 의해 지배를 받고 그것은 이번에는 쓰딸린의 개인적 독재하에 있게 되는데, 그가 주장하는 바에 의하면, 쓰딸린의 개인적 독재는 관료주의보다는 프롤레타리아트의 이익들에 훨씬 더 소원했다. 쓰딸린이 어떻게 이 '독재적' 권력의 위치를 점하게 되었는가? 정치적 능력과 맑스-레닌주의에 대한 충성을 통해서가 아니라—뜨로쯔끼는 말한다—절대적으로 개인적인 권력에 대한 갈망을 통해서:

"쓰딸린은 하나의 신조-그 스스로에게, 다른 사람들에 대한 지배를 위한 그의 투쟁에 쓸모 있음-에 의해 모든 상황을 측정했다. 다른 모든 것은 지적으로 그의 깊이를 넘어선다. … 그는 또한 그가 지도적 역할을 수행하고 있는 이 과정의 사회적 중요성에 대해 생각하지도 않았다. 그는 그가 경험주의자인 듯이 행동했다."
뜨로쯔끼, ≪쓰딸린≫, p. 386.

그리하여 우리가 하나의 설명으로서 이 변명을 받아들인다면, 우리는 1930년대의 맹렬하고 중대한 발전들-사회주의 공업화와 집단화-그리고 나찌 독일에 대한 쏘련의 승리가 속이 좁은 관료주의자, 절대적인 개인적 권력에 대한 갈망 이상의 어떤 것도 갖고 있지 못한 정치적으로 평범한 사람, 어찌어찌해서 쏘비에트 독재자가 된 사람의 개인적 독재하에서 발생했다는 것을 받아들여야 한다! 이것은 하나의 설명이 아니라 하나의 냉소이다. 이것은 과학이 아니라 마법이다. 그것의 가치는 뜨로쯔끼 자신이 품었던 생각의 표현-엥엘스가 말하듯이 '인정받지 못한 천재'로서의 그의 상처받은 감정들의 표현-에 한정된다.

쓰딸린이 볼쉐비키당에서 예외적인 위치를 점했다는 것에 대해서는 가장 사소한 의심도 있을 수 없다. 그가 이런 거대한 권력을 수행하는 위치(그것이 누군가를 즐겁게 한다면 '독재적인 위치')를 점한 최초의 사람은 아니었을지라도, 다른 누구도 그것을 그렇게 오랫동안 유지하지 못했다. 레닌이 설명했듯이, 개인적 '독재'라는 단순한 사실은, 우리에게 그것의 계급적 성격에 대해 아무것도 알려주지 않는다. 그리고 뜨로쯔끼가 이 초보적인 진실을 파악했던 때(1925년)가 있었다. 그의 팜플렛 <영국은 어디로 가고 있는가?>에서 그는 다음과 같이 쓰고 있다:

"《맨체스터 가디언》과 다른 자유주의적 기관지들에 지도적인 글들을 쓰는, 전혀 사자 같지 않은 삶을 사는 사람들의 뒤를 좇아서, 노동당의 지도자들은 습관적으로 민주주의를, '레닌의 독재' 혹은 '뭇솔리니의 독재'의 형태로 어떤 종류의 독재적 정부와 비교한다. … 자유주의적 속물들은 그들이 우익으로부터의 독재뿐만 아니라 좌익으로부터의 독재에 대해서도 반대한다고 습관적으로 말한다. 비록 실천적으로 그들이 우익의 독재를 지지할 어떤 기회도 놓치지 않을지라도. 그러나 우리에게는 문제는, 어떤 독재는 사회를 앞으로 나아가게 촉진하지만, 다른 것은 사회를 뒤로 잡아끈다는 사실에 의해 결정된다. 무솔리니의 독재는 조숙하게 부패한, 무력하고 철저하게 이탈리아 부르주아지를 부패시킨 독재이다. 그것은 부러진 코의 독재이다. '레닌의 독재'는 새로운 역사적인 계급의 강력한 압력과 구 사회의 모든 힘들과의 초인적인 투쟁을 표현한다. 레닌이 누군가와 비교된다면, 그것은 보나파르트와는 아니고, 더욱이 무솔리니와는 아니며 크롬웰 혹은 로베스피에르와 비교된다. 혹자는 일정 정도의 진실로써 레닌은 20세기의 프롤레타리아 크롬웰이라고 말할 수 있다."

pp. 91-92.

그리고 나아가:

"바보, 아는 체하는 바보 혹은 페이비언주의자들이 크롬웰에게서 단지 개인적 독재자만을 볼 수 있다. 그러나 실제적으로, 여기에서 심오한 사회적 불화의 조건 속에서, 개인적 독재는 계급독재에 의해 채택된 형태였고, 그리고 그 계급만이 그 나라의 핵을 낡은 껍질로부터 자유롭게 할 능력이 있었다."

p. 97.

이리하여 '쓰딸린의 독재'에 대한 설명은 '레닌의 독재'에 대한 그것과 동일한 것임이 명백한데, 왜냐하면 다른 어떤 설명도 의미가 없기 때문이다. 1925년에 '레닌의 독재'에 대해 정확한 설명을 했던 뜨로쯔끼는 '쓰딸린의 독재'를 설명하는 데 이르렀을 때에는 "바보, 아는 체하는 바보 혹은 페이비언주의자"가 되었는데, 그는 쓰딸린에게서 "단지 개인적 독재자"만을 보고 "심오한 사회적 불화의 조건들"을 무시하고 사회를 "홀로 낡은 껍질들로부터 자유롭게 할 능력이 있는" 노동자계급을 무시했기 때문이다.

뜨로쯔끼는 그의 복수를 위한 갈망에서, 쓰딸린을 야만인으로 성격 지운다. 그 야만인의 권력은 환상인데, 왜냐하면 그는 공상적 세계에서 살고 있기 때문인데, 그곳에서 그는 흉내를 통하여 자연의 힘들을 통제할 수 있다고 상상한다 - 즉 그는 호우를 흉내 냄에 의해 비를 부를 수 있다. 다른 한편으로 쓰딸린은 현실의 권력을 행사했다 - 결코 효과 없는 야만인의 방법들에 의해 행사된 적이 없는 권력. 쓰딸린의 권력은 쏘비에트 노동자계급으로부터 나온 것이었다. 그의 개인적인 권위는 사회주의 건설이라는 세계사적인 과제에서 프롤레타리아트 당(쏘련공산당)에 대한 그의 지도력의 표현 이상도 - 그리고 이하도 - 아니었다. 쓰딸린은 '좌익'(뜨로쯔끼주의자)과 우익(부하린주의자) 반대파의 치열한 공격에 맞서 이 투쟁을 이끌었다. 사회주의 건설과 집단화에 대한 쓰딸린의 레닌주의적 노선은 승리하였고 실천은 이 노선의 올바름을 확증했다. 레닌주의 노선의 승리를 위한 이 치열한 투쟁의 과정에서 쓰딸린은 쏘련공산당과 쏘비에트 프롤레타리아트의 가장 대표적인 대변자로 떠올랐다. 그에게 거대하고 그리고 독특한 권위와 권력을 준 것은 그에 의해 훌륭히 제기된 투쟁에 대한 이러한 지도력이었다.

반수정주의 그룹에 의해 작성된 1960년대 말의 뛰어난 팜플렛으로부터의 다음의 인용은 쏘비에트 프롤레타리아트에 대한 쓰딸린의 권력의 원천을 올바르게 추적하고 있다:

"쓰딸린의 권력의 원천은 노동자계급이다. 사실상 그의 개인적 권력은 사회주의 건설에서 노동자계급에 대한 그의 효과적인 지도력 이상의 어떤 것도 아니었다."

"쓰딸린은 러시아 노동자계급을 30년 동안 이끌었다. 이 기간은 쏘련에서 계속적이고, 빠른 그리고 근본적인 사회적 변화의 기간이었다. 정체된 사회에서는 군사적 힘에 기초한 개인적 독재는 관성의 힘에 의해 상대적으로 오랜 기간 동안 계속될 수 있다. 그러나 관성의 힘은 쓰딸린의 위치에 대해 아무것도 설명하지 못한다. 관성의 힘이 그의 위치를 단 1년이라도 유지했던 적은 없었다."

"혁명적 변화의 시기에 어떤 개인적인 정치적 지도자가 권력에 계속 있는 것은, 단지 그 이해가 이 변화에 대한 원동력으로 되는 계급에 대한 그의 효과적인 지도력에 의해서만 설명될 수 있다. 그 이해가 자본주의와 상품체제의 폐지를 요구하는, 쏘련에서 오직 하나의 계급만이 있었는데 그것은 노동자계급이었다. 쓰딸린의 권력이 노동자계급에 대한 그의 효과적인 지도력의 표현이 아니었다면, 그러면 그것은 전적으로 성격에서 불가사의한 것이다."

<뜨로쯔끼주의에 대하여>, 아일랜드 공산주의자 조직, p. xxvii.

시간이 감에 따라, 뜨로쯔끼는 한층 더 비참하게 되었고 좌절하게 되었다. "우익들과 뜨로쯔끼주의자들의 블록에 대한 모스끄바 재판에서 러시아의 제5열의 최후의 붕괴는," 칸과 세이어즈는 말한다, "뜨로쯔끼에게 기절할 만큼의 타격이었다. 절망과 신경증의 분위기가 그의 글들을 지배하기 시작했다. 쏘련에 반대하는 그의 선전은 점차적으로 분별없고, 모순적이고 그리고 터무니없게 되었다. 그는 그 자신의 '역사적 올바름'에 대해 끊임없이 이야기했다. 이오씨프 쓰딸린에 대한 그의 공격들은 이성의 모든 외관을 잃었다. 그는 쏘비에트 지도자가 어린애들의 면전에서 '대마초를 피우는 것'으로부터 가학적인 즐거움을 끌어낸다고 주장하는 글을 썼다. 더욱 더, 쓰딸린에 대한 그의 마음에 파고드는 개인적 증오가 뜨로쯔끼의 생애에서 지배적 힘이 되었다. 그는 그의 비서들에게 부피가 크고 욕설을 담고 있는 ≪쓰딸린의 생애≫에 대해 작업하게 했다."(≪대음모≫, p. 334.)

뜨로쯔끼가 죽은 지 10년 후에, 뜨로쯔끼주의자 전기 작가는 뜨로쯔끼 생애의 마지막 해에 그의 문필적 활동들에 대해 이러한 설명을 하고 있다:

"재정적 어려움들[음식, 옷 그리고 숙소가 아니라 그의 반혁명적 집단에 재정을 조달하는 문제들]은 그를 ≪라이프≫잡지와의 이상한 싸움으로 이끌었다. 1939년 9월 말에 … ≪라이프≫의 편집자들 중의 한 명이 코요아칸[뜨로쯔끼의 멕시코의 요새]으로 와서 그에게 레닌의 죽음[뜨로쯔끼는 쓰딸린이 레닌을 독살했다고 제기하는 ≪쓰딸린≫의 장을 막 끝냈고 이 판이 ≪라이프≫에 발표될 예정이었다]에 대한 글을 의뢰했다. 그의 처음의 글이 10월 2일에 그 잡지에 나타났다. 그것은 상대적으로 거슬리지 않는 회상을 담고 있었지만, 그 글은 친쓰딸린주의적 '자유주의자들'의 분노를 샀고 그들은 ≪라이프≫를 욕설을 담은 항의로 홍수 나게 했다. ≪라이프≫는—뜨로쯔끼가 곤혹스럽게도—이것들(항의들-역자)의 일부를 인쇄했는데, 그는 항의들이 뉴욕에 있는 '게페우 공장'에서 나온 것이고 그의 명예를 훼손하는 것이라고 주장했다. 그는 그럼에도 불구하고 그의 두 번째 글을 보내왔는데, 그것은 레닌의 죽음에 대한 것이었다. 그러나 ≪라이프≫는 그것을 발행하기를 거절했다. 아이러니컬하게 편집자들의 거부는 충분히 합당한 것이었다. 그들은 쓰딸린이 레닌을 독살했다는 뜨로쯔끼의 추측이 불확실하다는 것을 발견했고 그리고 그들은 그에게 '더 적은 추측과 더 많은 의심의 여지없는 사실들'을 요구했다. 그는 ≪라이프≫를 계약의 파기로 고소하겠다고 위협했고 불끈하여 그 글을 ≪토요석간≫과 ≪탄부들≫에 건넸고 거기에서 다시 거절을 당했고 마침내 ≪자유≫가 그것을 발행하였다. 그의 마지막 해에 얼마나 많은 시간을 성나고 그리고 무익한 통신이 잡아먹었는지를 보는 것은 슬프다. 마지막에 ≪라이프≫가 그에게 거절당한 글에 대하여 보수를 지불하였다."

도이처, ≪버림받은 예언자≫, p. 446.

뜨로쯔끼의 쓰딸린에 대한 전기는 너무 자극적이고 상스럽고 그리고 명백히 신경증적이고 토대를 결여한 방식으로 생각한 소문들의 모음이어서 받아들여질 수 없었다-제국주의적 언론 기관들에게만이 아니라 그의 망령든 전기 작가인 아이작 도이처에게도 받아들여질 수 없었는데, 그는 다음과 같이 인정하는 것이 분별 있는 것임을 발견하고 있다:

" … [쓰딸린의] 초상을 구성함에 있어서, 그는 풍부하게 그리고 너무 지나칠 정도로 종종 추리, 추측 그리고 풍문의 자료를 사용하고 있다. 그는 그것이 잔혹함의 흔적을 보여주거나 혹은 젊은 쥬가쉬빌리의 변절을 제기하기만 하면 어떤 가십 혹은 소문이라도 집어 든다. 그는 그 사건들 후에 30년 혹은 그 이상 기간이 흐른 타향살이에서 쓰인 그들의 어린 시절에 대한 회상 속에서, 소년 사소는 '그의 친구들의 기쁨들과 슬픔들에 대해 빈정거리는 냉소만을 가졌다'고 … 혹은 '그의 어린 시절부터 복수심에 불타는 음모들이 그의 모든 노력을 지배하는 목표가 되었다'고 말하는 쓰딸린의 학교동창들 그리고 후에는 적들을 믿는다. 그는 그 젊은이와 그 성인을 거의 앞잡이로 묘사하는 쓰딸린의 적들을 인용한다."

"이러한 접근의 많은 사례들로 들어갈 필요가 전혀 없다. 물론 가장 충격적인 것은 쓰딸린이 레닌을 독살했다는 뜨로쯔끼의 주장이다."

앞의 책, p. 453.

도이처는 쓰딸린에 대한 뜨로쯔끼의 서투른 묘사와 그 자신을 화해시킬 수 없었다. 주장하는 바에 의하면 훌륭한 뜨로쯔끼가 1939년에 이르러서는 너무 타락하여 심지어 그의 찬미자와 숭배자들조차 불편하게 느꼈고 그의 문필적 활동에 당혹해했다. 도이처는 뜨로쯔끼의 쓰딸린에 대한 묘사가 "받아들이기 어렵다"는 것을 발견하는데, 왜냐하면:

"그 괴물은 형성되고, 성장하고, 떠오르지 않는다. 그는 시작부터 거의 성인이다. 그것 없이는 어떤 젊은 사람이 박해받는 혁명적 당에 결코 결합하지 못할 … 어떤 좋은 자질들과 감정들이 거의 완전히 결여되어 있다. 쓰딸린의 당내에서 성장은 장점 혹은 성취에 기인하는 것이 아니며, 그리고 그렇게 그의 이력은 거의 설명할 수 없게 된다. 레닌에 의한 정치국으로의 그의 선출, 볼쉐비키의 내부적인 내각에서 그의 출현, 그리고 서기장의 자리로의 그의 임명은 매우 우연적인 것이다."

앞의 책, p. 455.

1929년부터 그가 죽은 1940년 8월 20일까지 뜨로쯔끼는 제국주의 선전 기제에 대해 헤아릴 수 없을 정도로 반공산주의적인 종복으로서의 봉사를 했고 세상을 떠날 때 그는 적절하게도 그의 기록물들을 제국주의 부르주아지에게 맡겼다. 반면에 맑스는 모든 것을 엥엘스에게 주었고 엥엘스는 모든 것을 독일 사회민주당(당시에는 혁명적인)에게 넘겨주었다. 마찬가지로 레닌과 쓰딸린은 모든 것을 볼쉐비키당에게 물려주었다. 뜨로쯔끼는 그의 기록물들을 하버드 대학에 팔았는데, 거기에서 그것들은 국제 제국주의의 끊임없는 반공산주의 선전에서 '조사' 자료로서 계속하여 사용될 것이었다.

그리고 이 모든 시기 동안에 뜨로쯔끼의 반공산주의적인 문필적 활동은, 뜨로쯔끼의 소위 제4인터내셔널과 추축국 제5열 네트워크 사이의 긴밀한 연계를 통하여 매우 세심하게 협조된 실천적 활동들에 의해 보충되었다. 칸과 세이어즈가 이야기를 하게 하자:

"요새화된 코요아칸의 저택으로부터 뜨로쯔끼는 그의 세계적 규모의 반쏘비에트 조직, 제4인터내셔널을 지도했다."

"유럽, 아시아, 그리고 북미와 남미를 통해서, 긴밀한 연계가 제4인터내셔널과 추축국 제5열 네트워크 간에 존재했다."

"체코슬로바키아에서: 뜨로쯔끼주의자들은 나찌 요원인 콘라드 헨라인과 그의 주데텐 독일당(독일의 주데텐 당)과 협력하여 사업을 하고 있었다. 베를린에서 쏘비에트 대사관의 참사관이었던 뜨로쯔끼주의 밀사인 세르게이 베소노프는, 1938년 재판을 받을 때 1935년 여름에 그가 프라하에서 콘라드 헨라인과 연계들을 수립했다고 증언했다. 베소노프는 자신이 헨라인 그룹과 레온 뜨로쯔끼 간의 중개자로서 개인적으로 활동했다고 진술했다.

프랑스에서: 나찌의 요원이고 파시스트 인민당의 설립자인 자크 도리오는 변절한 공산주의자이자 뜨로쯔끼주의자였다. 도리오는 다른 나찌 요원들과 프랑스의 파시스트들과 같이 뜨로쯔끼주의 제4 인터내셔널의 프랑스 부분과 긴밀하게 함께 작업했다.

스페인에서: 뜨로쯔끼주의자들이 프랑코의 파시스트 봉기를 돕고 있던 제5열 조직인 POUM의 대열로 침투했다. POUM의 우두머리는 안드레아스 닌이었는데 뜨로쯔끼의 오래된 친구이고 동맹이었다."

"중국에서: 뜨로쯔끼주의자들은 일본의 군사 정보기관의 직접적인 지휘 아래 작업하고 있었다. 그들의 작업은 일본의 정보기관의 지도적 관리들에 의해 매우 중시되었다. 베이징에서 활동하는 일본의 간첩 기관의 수장은 1937년에 다음과 같이 진술했다: '우리는 뜨로쯔끼주의자들의 그룹을 지지하고 그들의 성공을 증진시켜야만 하는데, 중국의 다양한 부분들에서 그들의 활동들이 제국에 도움이 되고 이롭게 하기 위해서이다. 왜냐하면 이들 중국인들은 그 나라의 통일에 대해 파괴적이기 때문이다. 그들은 놀랄 만한 솜씨와 기술을 갖고 작업한다.'"

"일본에서: 뜨로쯔끼주의자들은 '봉사의 두뇌위원회'로 불렸다. 그들은 쏘비에트 러시아에서 공산당에 침투하는 것의, 그리고 중국와 일본에서 반파시스트 활동들에 맞서 싸우는 것의 기술들에 대해 특수 학교들에서 일본의 비밀요원들을 교육했다."

"스웨덴에서: 지도적 뜨로쯔끼주의자들의 한 명인 닐스 흭은 친나찌 금융업자이자 사기꾼인 이바 크루거로부터 재정적 보조금을 받았다. 뜨로쯔끼주의 운동에 대한 크루거의 보조에 대한 사실은 크루거의 자살 후에 밝혀졌는데, 그 때 회계감사들은 그의 서류들 가운데에서 아돌프 히틀러를 포함하는 모든 종류의 정치적 모험가들로부터의 영수증들을 발견했다."

"전 세계적으로, 추축국의 정보기관들이 자유주의적인, 급진적인 운동과 노동운동에 그들 자신들의 목적을 위하여 침투하려고 할 때, 뜨로쯔끼주의자들은 정보기관들이 이용하는 침투통로가 되었다."

≪대음모≫, pp. 331-332.

동일한 저자들은 뜨로쯔끼의 사망 후에조차, 제4인터내셔널은 제5열적인 활동들을 계속했다고 강조한다. 영국과 미국으로부터 사례들을 든 후에, 그들은 추가했다:

"미국의 외국의 통신원인 ≪시카고 데일리 뉴스≫의 폴 갈리는 1944년 9월 28일에 스위스로부터, 게슈타포의 의장인 하인리히 히믈러가, 전쟁 후의 사보타주와 술책을 위하여 계획된 나찌 지하(조직-역자)의 부분으로서, 유럽의 뜨로쯔끼주의자들을 이용하고 있다는 것을 보고했다. 갈리는 파시스트 청년 조직들이 뜨로쯔끼주의적인 '맑스주의'로 훈련을 받고 있고 그릇된 문서들과 무기들을 공급받고, 해방된 지역들에서 공산당들에 침투하라는 지시를 받고 연합국 측에 남겨졌다는 것을 보고했다. 프랑스에서는, 갈리가 폭로하기를, 이오씨프 다만드의 파시스트 의용군의 성원들이 나찌에 의해 테러리즘과 전쟁 후의 제5열 활동들을 위해 무장되고 있었다. 갈리의 보고는 추가했다, '프랑스 주민 중의 이 인간쓰레기들은 지금 하인리히 히믈러의 개인적 지시하에, 뜨로쯔끼의 인터내셔널의 전통에 따라 볼쉐비키 활동을 위하여 훈련되고 있다. 그들의 작업은 연합국의 통신선들을 사보타주하고 드골주의 프랑스 정치가들을 암살하는 것이다. 그들은 그들의 동포들에게 현재의 쏘련은 단지 레닌의 원래의 원칙들의 부르주아적 개악만을 대표하고 있고 건강한 볼쉐비키 이념으로 돌아가야 할 때라고 말하도록 훈련받고 있다. 이 붉은 테러리스트 그룹의 형성은 나찌 병균들에 의해 충분히 오염된 제4인터내셔널을 창출하는 것을 목표로 하는 히믈러의 가장 최신의 정책이다. 그것은 영국 그리고 미국 그리고 러시아인들을 목표로 하는데, 특히 러시아인들을 목표로 하는 것이다."

앞의 책, p. 33.

뜨로쯔끼의 이론적 그리고 조직적 큰 실책들은 그의 참을 수 없는 거만함과 그 자신의 무오류성에 대한 믿음에 의해 만들어졌다. 그가 그랬던 것처럼 소부르주아적인 지식인에게 전형적인, 욕이 나올 정도의 부풀어 오른 뜨로쯔끼의 거만함에 대한 맛을 독자들에게 보여주기 위하여, 우리는 이 부록을 뜨로쯔끼의 ≪나의 생애≫로부터의 세 개의 인용들로써 결론짓고자 하는데, 그것들 모두는 그가 실제로 어떤 사람이었는지를 폭로한다 — 새침떼기이고 젠체하는 사람.

1905년 혁명 동안에 뜨로쯔끼는 러시아로 돌아가서 성페테르스부르크 쏘비에트의 두드러진 성원이 되었는데, 그때에 멘쉐비키들의 통제 하에 있었다. 26살에 그는 러시아 혁명의 지도자가 되기로 예정되었다는 확신을 갖고 그 경험으로부터 떠올랐는데, 이미 "운명"과 "혁명적 직관"이라는 말을 하고 있었다. 20년 이상이 지난 후에 그는 썼다:

"나는 1905년 2월에 러시아로 들어갔다. 다른 망명 지도자들은 10월과 11월까지 돌아오지 못했다. 러시아의 동지들 가운데에는, 내가 무엇인가를 배울 수 있는 사람은 한 사람도 없었다. 반대로 나는 내 스스로 교사의 위치를 떠맡아야 했다. … 10월에 나는 거대한 소용돌이 속으로 곧바로 뛰어들었는데, 그것은 개인적 의미에서, 나의 권력들을 위한 가장 위대한 시험이었다. 결정들이 포화 속에서 내려져야 했다. 나는 그 결정들이 나에게 매우 명백하게 다가왔다는 것을 여기서 주목하지 않을 수 없다. … 나는 도제로서의 나의 기간들이 지났다는 것을 근본적으로 느꼈고 … 이어졌던 기간 동안에 내가 학생으로서가 아니라 장인이 배우듯이 배우고 있었다. … 직관 없이는 어떤 위대한 작업도 가능하지 않다. … 1905년의 사건들은 나에게 이 혁명적 직관을 계시했다고 나는 믿는데, 그리고 나로 하여금 나의 나중의 삶의 기간 동안에, 혁명적 직관에 확신을 가지고 의존하는 것을 가능하게 했다. … 모든 양심을 걸고 나는 전체로서 정치적 정세의 그리고 그것의 혁명적 전망들의 평가에서, 나 스스로를 어떤 심각한 판단의 오류들을 범했다고 비난할 수 없다."

1924년 1월 21일에 레닌이 죽었다. 약간의 감기증상으로 인해 코카서스에서 회복 중이었던 뜨로쯔끼는 레닌의 장례식을 위해 모스끄바로 돌아오지 않았고 대신에 수쿰의 해변가의 휴양지에서 머무르고 있었다. 그는 기록한다:

"수쿰에서 나는 바다를 바라보면서 발코니에서 하루 종일 누워 있었다. 1월이었지만 태양은 따듯했고 밝았다. … 나는 공기를 들이쉬면서, 나는 나의 전 존재와 나의 역사적 올바름의 확신을 융합시켰다. …"
≪나의 생애≫

뜨로쯔끼는 그의 책을 이러한 마지막 문장으로 결론짓고 있는데, 새로운 자세의 인상을 주려고 노력하고 있다―이 때에 소부르주아적인 시장 사회주의자이고 현대 무정부주의의 아버지인 프루동으로 되돌아감에 의해:
뜨로쯔끼는 말한다.

" … 프루동은 투사의, 정신적인 사심 없음의, 공식적인 여론을 경멸하는 능력의 성격을 갖고 있었고 마지막으로는 많은 측면의 호기심이 꺼지지 않았다. 이것이 그로 하여금, 그가 모든 동시대의 현실 위에 올랐던 것처럼, 그 자신의 생애 위에 솟아오르게 했다. 1852년 4월 26일에, 프루동은 감옥으로부터 한 친구에게 편지를 썼다:"
"그 운동은 의심의 여지없이 불규칙하고 꼬부라져 있지만 그 경향은 변치 않는 것이다. 모든 정부가 차례로 혁명에 찬성하는 것은 거역할 수 없는 것이다. … 나는 이 광경을 관찰하는 것을 즐기는데, 거기에서 나는 모든 단일한 모습을 이해한다. 나는 위에서 내가 그것들의 설명에 도달했던 듯이 세계의 삶에서 이들 변화를 관찰한다. 다른 사람들을 풀죽게 하는 것이 나를 더욱더 고양시키고 나에게 영감을 주고 나를 강화시킨다. 내가 운명을 비난하고 사람들에 대해 불평하고 그들을 저주하는 것을 당신들은 어떻게 원할 수 있다는 말인가? 운명―나는 그것을 비웃는다. 그리고 사람들에 대해 말하면, 그들은 너무 무지하고, 너무 노예화되어 있어서 내가 그들에게 화를 낼 필요가 없다.'"

"그것들의 약간의 교회적인 웅변의 풍미에도 불구하고 그것들은 멋진 말들이다. 나는 그것들에 찬동한다."

≪나의 생애≫

적어도 프루동이 "모든 동시대의 현실"위에 솟아오르도록 하는 촉구를 느꼈을 때, 그는 사적인 서신교환으로 그렇게 했다. 뜨로쯔끼로 말하자면, 그가 운명을 비웃고 사람들이 "너무 무지하고" "너무 노예화되어 있다"고 경멸하면서, 이 자세의 인상을 주었을 때, 그는 제국주의 언론에서, 즉 무지와 노예상태의 영구화를 위한 바로 그 수단들을 통해서 그렇게 했다. 노동자계급을 어리석은 무지에 묶어두려는 그의 시도들에 대하여 세계의 비버브룩스에 의해 그가 당당하게 보답을 받았다는 것은 놀라운 일이 아니다.

뜨로쯔끼의 프루동주의적 자세의 인상을 주려는 노력은 우리에게 맑스의 이 통찰력 있는 관찰을 생각나게 한다:

" ... 역사에서 큰 중요성이 있는 모든 사실들과 인물들은 말하자면 두 번 일어난다. ... 첫 번째는 비극으로서, 두 번째는 어릿광대극으로서."

≪루이 보나파르트의 브뤼메르 18일≫

1939년에 뜨로쯔끼는 텍사스의 하원의원 마틴 다이즈가 이끄는 의회 위원회와 접촉했다. 반(反)미국적 활동들을 조사하기 위해 설치된 그 위원회는 반쏘비에트 선전을 위한 포럼이 되었다. 뜨로쯔끼는 모스끄바의 협박에 대한 '전문가적 목격자'로서 증언하기 위해 초대되었다. 1939년 12월 8일의 ≪뉴욕 타임즈≫는 뜨로쯔끼가 다이즈 위원회 앞에서 증언하는 것을 그의 정치적 의무라고 생각한다고 말했다고 인용했다. 뜨로쯔끼의 미국으로의 여행을 위한 계획들이 논의되었다. 그러나 그 계획은 실현되지 않았다. 8개월이 지나기 전에 뜨로쯔끼는 그 자신의 추종자들 중의 한 사람인 잭슨에 의해, 멕시코의 코요아칸에 있는 중무장되어 요새화된 저택에서 살해당했다.

부록 3
한 뜨로쯔끼주의자가 뜨로쯔끼를 살해하다

1940년 8월 20일 오후 늦게 코요아칸(멕시코)에 있는 중무장되어 요새화된 저택에서 뜨로쯔끼의 추종자들 중의 한 사람인 프랭크 잭슨이 그의 지도자, 뜨로쯔끼를 알파인 곡괭이로 그의 머리를 박살내어서 살해했다. 그 자신의 제자들 중의 한 명에 의한 뜨로쯔끼의 살해는 뜨로쯔끼 신봉자들이 또 하나의 상상의 범죄를 쓰딸린의 요원들에게 돌리는 경우가 되었다—뜨로쯔끼의 살해. 언제나처럼, 현실은 뜨로쯔끼주의에 의한 그것의 묘사와는 매우 다르다. 여기에 사실들이 있다:

1939년 9월에 프랭크 잭슨이라는 가명(그의 실제 이름은 자콥 모나드 판덴 드레쉐이었다)으로 여행을 하고 있던 유럽의 뜨로쯔끼 신봉자 요원이 미국에 도착했다. 잭슨은 빠리의 소르본에서 학생이있을 때 미국의 뜨로쯔끼 신봉자인 실비아 아젤로프에 의해 뜨로쯔끼주의 운동의 새로운 회원이 되었다. 1939년에 그는 빠리에서 소위 제4인터내셔널의 대표와 접촉하고 멕시코로 가서 뜨로쯔끼의 비서 중의 한 명으로서 봉사하라는 지시를 받았다. 잭슨은 도착했을 때 실비아 아젤로프와 다른 뜨로쯔끼주의자들을 만났고 코요아칸으로 보내졌는데, 거기에서 그는 뜨로쯔끼를 위해 일하기 시작했다. 그의 체포 후에 잭슨은 멕시코의 경찰에게 말했다:

> "뜨로쯔끼는 나를 러시아에서 새로운 상황을 조직하기 위한 목적으로 러시아로 보내려고 했다. … 우리의 임무는 적군(赤軍)을 타락시키고 무기 공장들과 다른 공장들에서 사보타주 행동들을 벌이는 것이었다."

잭슨은 쏘련에 대한 그의 테러리스트적 임무를 결코 수행하지 않았

다. 대신에 그는 코요아칸 저택에서 한 가지를 달성했다. 세이어즈와 칸에게 이야기를 하게 하자:

"멕시코 경찰에 체포되었을 때, 잭슨은 실비아 아젤로프와 결혼하기를 원했지만 뜨로쯔끼가 그 결혼을 금지시켰다고 말했다. 그 여성이 연루된 폭력적인 싸움이 두 남자 간에 발생하였다. '그녀를 위하여' 잭슨은 말했다, '나는 나 스스로를 완전히 희생하기로 결정했다.'"
"그 이후의 진술에서 잭슨은 선언했다:"
"' … 내 스스로가 노동자계급의 해방을 위한 투쟁을 지도하고 있는 정치적 수장을 대면하고 있음을 발견하는 대신에, 나는 내 스스로가 앙갚음과 증오에 대한 그의 필요와 바람을 만족시키는 것 이상의 아무것도 바라지 않는, 그리고 그 자신의 하찮음과 야비한 계산을 감추는 수단을 위하여 노동자의 투쟁을 이용하는, 한 남자 앞에 있는 것을 발견했다. … 그의 집에 관련하여 말하면, 그것을 그는 매우 좋다고 말했는데, 하나의 요새로 전환되어 있었다. 나는 종종 스스로에게, 이러한 작업을 위한 돈이 어디서 나오는지 물었다. … 아마도 종종 그를 방문했던 외국의 큰 나라의 영사가 우리를 위하여 이 질문에 대답할 수 있을 것이다. … "
"'나의 성격, 나의 미래 그리고 나의 모든 애정을 파괴한 것은 뜨로쯔끼였다. 그는 나를 이름이 없는, 나라가 없는 사람으로 변환시켰고 뜨로쯔끼의 도구로 변환시켰다. … 뜨로쯔끼는 내가 마치 종이였던 것처럼 나를 그의 손에서 뭉개버렸다.'"
"레온 뜨로쯔끼의 죽음은 러시아에서 나폴레옹 같은 역할을 위한 하나의 살아있는 후보자를 남겼다: 아돌프 히틀러."

≪대음모≫, pp. 335-336, 1946.